Die Kreuzzüge und die Kultur ihrer Zeit

Otto Henne am Rhyn

Die Kreuzzüge und die Kultur ihrer Zeit

Mit Illustrationen von Gustave Doré

fourierverlag

Komplette und sprachlich auf neuesten Stand gebrachte Neufassung der Urausgaben mit neuem Register und Pagina. Korrekturen auf inhaltliche Fehler wurden vorgenommen, ohne den Charakter der Erstausgaben zu beeinflussen oder den Text zu straffen. Literaturhinweise wurden eingearbeitet bzw. sind im Anhang zu finden. Die Bebilderung erfolgte aus Unterlagen der Ars Libro AG.

Lizenzausgabe mit freundlicher Genehmigung der Rechteinhaber
für Fourier Verlag GmbH, Wiesbaden 2003
Gesamtherstellung: PRINT-AGENTUR, Leopoldshöhe
Covergestaltung: Thomas Jarzina, Köln
Bildnachweis: AKG Berlin
Printed in Germany

ISBN 3-932412-46-X
www.fourierverlag.de

INHALTSVERZEICHNIS

ERSTES BUCH

DER KAMPF ZWISCHEN ISLAM UND CHRISTENTUM VOR DEN KREUZZÜGEN

(612–1096)

Erster Abschnitt:	Das Werk Mohammeds	19
Zweiter Abschnitt:	Der Glanz und die Schwäche des Islam	26
Dritter Abschnitt:	Der erste (arabische) Angriff des Islam gegen das Christentum	31
Vierter Abschnitt:	Die abendländischen Pilgerfahrten und Kriege gegen den Islam vor den Kreuzzügen	39
Fünfter Abschnitt:	Die nächsten Veranlassungen zu den Kreuzzügen	49

ZWEITES BUCH

DIE EROBERUNG JERUSALEMS

(1096–1101)

Erster Abschnitt:	Die Züge der ungeordneten Haufen	65
Zweiter Abschnitt:	Der Aufbruch des geordneten Kreuzheeres	72
Dritter Abschnitt:	Der Krieg mit den Seldschuken	80
Vierter Abschnitt:	Die Kreuzfahrer in Klein-Armenien	87
Fünfter Abschnitt:	Die Einnahme von Antiochia	92
Sechster Abschnitt:	Die äußeren und inneren Kämpfe um Antiochia	102
Siebenter Abschnitt:	Der Marsch nach Jerusalem	109
Achter Abschnitt:	Die Einnahme von Jerusalem	118
Neunter Abschnitt:	Gottfried Beschützer des Heiligen Grabes	128
Zehnter Abschnitt:	Der Kreuzzug von 1101	137

DRITTES BUCH

DIE BESSERE ZEIT DES KÖNIGREICHS JERUSALEM

(1101–1149)

Erster Abschnitt: Balduin I. und die Kämpfe mit Ägypten 147
Zweiter Abschnitt: Eroberung der Seestädte 157
Dritter Abschnitt: Boemunds und Tankreds letzte Taten 164
Vierter Abschnitt: Die Assassinen und die Zeit ihres ersten Auftretens 172
Fünfter Abschnitt: König Balduins II. Gefangenschaft 183
Sechster Abschnitt: Gründung der geistlichen Ritterorden 189
Siebenter Abschnitt: Die Wegnahme Edessas 195
Achter Abschnitt: Erneuerte Kreuzzugs-Begeisterung 201
Neunter Abschnitt: Der sogenannte zweite Kreuzzug 210
Zehnter Abschnitt: Die Belagerung von Damask 220

VIERTES BUCH

DER VERLUST JERUSALEMS

(1149–1189)

Erster Abschnitt: Hindeutung auf das weitere Schicksal der Kreuzzüge 233
Zweiter Abschnitt: Zerrüttung des Königreichs Jerusalem 239
Dritter Abschnitt: Salaheddins Emporkommen 249
Vierter Abschnitt: Salaheddin Alleinherrscher im Orient 259
Fünfter Abschnitt: Auflösung des Königreichs Jerusalem 269
Sechster Abschnitt: Wegnahme Jerusalems durch Salaheddin 278
Siebenter Abschnitt: Der Heilige Gral und das Rittertum 285
Achter Abschnitt: Das höfische Leben zur Zeit der Minnesinger . 294
Neunter Abschnitt: Die Rechtspflege zur Zeit der Kreuzzüge 301

FÜNFTES BUCH

DIE VERSUCHE ZUR WIEDERGEWINNUNG JERUSALEMS

(1190–1198)

Erster Abschnitt: Eindruck des Verlusts von Jerusalem auf das Abendland 309
Zweiter Abschnitt: Kriegs- und Seewesen zur Zeit der Kreuzzüge . 321
Dritter Abschnitt: Der Kreuzzug Friedrich Rotbarts 330

Vierter Abschnitt: Kreuzzug der Könige Richard und Philipp 345
Fünfter Abschnitt: Belagerung und Wiedergewinn von Ptolemais . 354
Sechster Abschnitt: Krieg zwischen Richard und Salaheddin 365
Siebenter Abschnitt: Friede zwischen Richard und Salaheddin 373
Achter Abschnitt: Die Troubadours 383
Neunter Abschnitt: Salaheddins und Richards Ende 390
Zehnter Abschnitt: Kaiser Heinrichs VI. Kreuzzug 401

SECHSTES BUCH

DIE ABRECHNUNG MIT BYZANZ

(1198–1210)

Erster Abschnitt: Allgemeine Lage der Dinge am Ende des zwölften Jahrhunderts 415
Zweiter Abschnitt: Papst Innozenz III. 422
Dritter Abschnitt: Venedig und sein Anteil am sogenannten vierten Kreuzzug 429
Vierter Abschnitt: Das Reich von Byzanz am Vorabend der Abrechnung 439
Fünfter Abschnitt: Der Kreuzzug gegen Konstantinopel 447
Sechster Abschnitt: Die Kreuzfahrer vor Konstantinopel 454
Siebenter Abschnitt: Die Eroberung Konstantinopels durch die Franken 460
Achter Abschnitt: Errichtung des lateinischen Kaisertums 468
Neunter Abschnitt: Das Ende der Beförderer, Teilnehmer und Gegner des byzantinischen Kreuzzugs 474
Zehnter Abschnitt: Palästina zur Zeit des byzantinischen Kreuzzugs 481

SIEBENTES BUCH

DIE ZERSPLITTERUNG DER KREUZZUGSBEWEGUNG

(1210–1241)

Erster Abschnitt: Neue Bestrebungen des Papstes Innozenz III. . 489
Zweiter Abschnitt: Der Kreuzzug gegen die Albigenser 499
Dritter Abschnitt: Die Inquisition 509
Vierter Abschnitt: Der Kinderkreuzzug und weitere Kreuzzugsversuche 514
Fünfter Abschnitt: Die Belagerung von Damiette 522
Sechster Abschnitt: Deutschlands dichterische Blüte zur Zeit der Kreuzzüge 536

Siebenter Abschnitt: Kaiser Friedrich II. und der Papst 547
Achter Abschnitt: Der Kreuzzug Kaiser Friedrichs II. 554
Neunter Abschnitt: Der Kreuzzug gegen die Stedinger und seine Folgen 563
Zehnter Abschnitt: Der letzte Verlust Jerusalems 573

ACHTES BUCH

DAS ENDE DER MORGENLÄNDISCHEN KREUZZÜGE

(1242–1291)

Erster Abschnitt: Innozenz IV., Friedrich II. und Ludwig IX. ... 578
Zweiter Abschnitt: Der Kreuzzug Ludwigs des Heiligen und seine Erfolge in Ägypten 597
Dritter Abschnitt: Ludwigs Unglück in Ägypten 607
Vierter Abschnitt: Ludwig der Heilige in Palästina 619
Fünfter Abschnitt: Palästina und die Mongolen 626
Sechster Abschnitt: Ende des lateinischen Kaisertums 634
Siebenter Abschnitt: Bedrängnis der Christen durch Sultan Bibars . 641
Achter Abschnitt: Das Ende Ludwigs des Heiligen 649
Neunter Abschnitt: Letzte Versuche zur Rettung des Heiligen Landes 657
Zehnter Abschnitt: Gänzlicher Verlust des Heiligen Landes 664

NEUNTES BUCH

DIE FOLGEN DER MORGENLÄNDISCHEN KREUZZÜGE

(1291–1492)

Erster Abschnitt: Die Weltlage am Ende der morgenländischen Kreuzzüge 675
Zweiter Abschnitt: Verspätete Kreuzzugsversuche 681
Dritter Abschnitt: Der Untergang des Templerordens 686
Vierter Abschnitt: Die Johanniter auf Rhodos 695
Fünfter Abschnitt: Ende des Königreichs Armenien 699
Sechster Abschnitt: Das Ende des Königreichs Zypern 702
Siebenter Abschnitt: Schlimme Folgen der morgenländischen Kreuzzüge 707
Achter Abschnitt: Erfreuliche Folgen der morgenländischen Kreuzzüge 714
Neunter Abschnitt: Vorbereitung kirchlicher Reform 721

ZEHNTES BUCH

KREUZZÜGE AUSSERHALB DES HEILIGEN LANDES

Erster Abschnitt:	Die Kreuzzüge an der Ostsee	727
Zweiter Abschnitt:	Die Kreuzzüge auf der iberischen Halbinsel	737
Dritter Abschnitt:	Die völlige Vertreibung der Mauren aus Spanien	748
Vierter Abschnitt:	Der letzte (türkische) Angriff des Islam gegen das Christentum	754
Fünfter Abschnitt:	Die Kreuzzüge gegen die Türken	760
Sechster Abschnitt:	Die Eroberung Konstantinopels durch die Türken	767
Siebenter Abschnitt:	Vollständige Eroberung der Balkanhalbinsel durch die Türken	775
Achter Abschnitt:	Das Vordringen der Türken nach dem Herzen Europas und im Mittelmeer	783
Neunter Abschnitt:	Die Türken im abnehmenden Mond	792

VORWORT

Für jeden, der Geschichte gelernt hat, bilden gewiß immer und unfehlbar, wenn es ihm nicht an Phantasie und poetischem Sinn fehlt, die sogenannten Kreuzzüge eine der anregendsten und am tiefsten im Gedächtnis haftengebliebenen Erinnerungen. Mancherlei Umstände sind es, die dazu beitragen, gewiß aber vor allem zwei: die Begeisterung für den christlichen Glauben und der romantische Schimmer und Glanz, der sich an das bunte Leben und Treiben eines Zusammenstoßes zwischen zwei durch ihre ganze Physiognomie voneinander abstechenden Welten notwendig knüpfen muß. Man braucht nicht jedem Buchstaben der Lehre oder jeder Einzelheit der Gebräuche eines Glaubensbekenntnisses unbedingt ergeben zu sein, um diesem Bekenntnis in seinem Ganzen und Großen, in seinem höhern Geist und tiefern Sinn lebhaftes Mitgefühl und aufrichtige Hingabe entgegenzutragen; ja gerade der wird für das Herrliche und Bewundernswerte im Christentum am aufrichtigsten und glühendsten begeistert sein, der sich nicht zu den einseitigen Katholiken oder Protestanten zählt, welche die höhere Einheit des christlichen Geistes nicht zu erfassen vermögen. Diese höhere begeisterte Stimmung für das Erhabene im Christentum muß aber auch eine wahre Hinneigung zu dem Großen und Edeln in sich schließen, das sich in dem Gedanken der Kreuzzüge kund gab, ohne daß man deshalb gegen die Fehler, Mängel und Schattenseiten, ja Unlauterkeiten und Greueltaten blind zu sein braucht, welche, wie bei jedem menschlichen Unternehmen, so auch bei dem der Kreuzzüge nebenherliefen und die große Idee dieses weltgeschichtlichen Ereignisses in das Gemeine herabzogen und verdunkelten. Stört aber diese Schattenseite der Kreuzzüge die Begeisterung für das dieselben leitende Christentum im großen und ganzen nicht, so wird sich hierdurch noch viel weniger die dichterische Einbildungskraft beirren lassen, welche noch weit unabhängiger vom Nachdenken und Erwägen über gute und schlimme Seiten einer Sache ist als die Begeisterung. Die Einbildungskraft läßt sich vom Wohlgefallen an den mit einem Ereignis verbundenen Erscheinungen hinreißen, das Mißbehagen an anderen Erscheinungen desselben Ereignisses zu unterdrücken und sich gegen dasselbe zu verschließen. Was aber das romantische Behagen an gewissen Begebenheiten im höchsten Grade mehrt, das sind stets

Kontraste zwischen verschiedenen an solchen Begebenheiten beteiligten Menschengruppen und Ländern. Derjenige Kontrast dieser Art aber, der die Phantasie der europäischen Völker stets am meisten angereizt und interessiert hat, ist derjenige zwischen dem *Morgenland* und *Abendland*, d. h. zwischen den Gegenden, in welchen für uns scheinbar die Sonne auf- und untergeht. Halten wir uns fest an die erst seit einigen Jahrhunderten als Wahrheit allgemein anerkannte Kugelgestalt der Erde, so erkennen und bemerken wir nichts von einem bestimmten Morgen- und Abendlande. Jedes östlicher liegende Land ist für das westlichere Morgen- und letzteres für ersteres Abendland. Wie für uns Westasien, so ist für dieses Ostasien, für dieses Amerika und für dieses wieder Europa das Morgenland. Um nach der unter den europäischen Völkern, ohne wissenschaftliche Rücksichten, dem Sprachgebrauch gemäß herrschenden Vorstellung, Europa als das feste Abend- und Westasien als das feste Morgenland zu betrachten, müssen wir uns gleich unseren Voreltern die bewohnte Erde als eine Scheibe vorstellen, welche auf allen Seiten nicht weit über das mittelländische Meer hinausragt und also etwa von der Straße Gibraltars bis in die Mitte Persiens und von der Wüste Sahara bis in die Mitte der Ostsee reicht. Auf dieser Scheibe unterscheiden die unsterblichen Gedichte, die unter dem Namen des *Homeros* auf uns vererbt worden sind, zwischen der Seite der Morgenröte und der Sonne, welche Westasien und Nordafrika, und der Seite der Finsternis, welche Europa begreift. Diese Abgrenzung erklärt sich daraus, daß die homerischen Gedichte in Kleinasien entstanden sind; wäre ihre Heimat das sonnige europäische Griechenland, so hätten sie es schwerlich zur Seite der Finsternis gerechnet. Die erste ausdrückliche Unterscheidung zwischen Morgen- und Abendland finden wir in den letzten Zeiten der römischen Republik, als das die damals bekannte Welt größtenteils umfassende römische Reich zum ersten Mal in eine östliche und eine westliche Abteilung geschieden wurde. Diese Teilung wiederholte sich sehr oft und wurde seit dem Tod des Kaisers *Theodosius* eine dauernde, und zwar fiel dabei die europäische Balkanhalbinsel stets in die östliche Abteilung oder Reichshälfte, so daß man sich bis auf heute daran gewöhnt hat, das ionische und adriatische Meer als die Grenze zwischen dem Abend- und dem Morgenland anzunehmen. Nichtsdestoweniger aber ist stets jeder Angriff von Asien her nach Europa, und betraf er auch nur die im gewöhnlichen Leben zum Morgenland gerechnete Balkanhalbinsel, tatsächlich und namentlich im politischen Sinn als ein Angriff gegen das Abendland aufgefaßt worden. Es galt dies sowohl von dem Krieg der Perser gegen Griechenland ein halbes Jahrtausend *vor*, als von den Festsetzungen der Türken in Europa seit dem vierzehnten Jahrhundert *nach* dem Beginn unserer Zeitrechnung. Daraus geht hervor, daß die Balkanhalbinsel in Wirklichkeit ein Zwischenglied oder Übergangsgebiet zwischen dem sogenannten Morgen- und Abendland ist. Und in dieser Weise waren denn auch die Länder Europas und Westasiens, welche das gewöhnliche Leben „Abend- und Morgenland" nennt, tatsächlich vor den Kreuzzügen, während derselben und nach denselben gruppiert. Blicken wir indessen der Sache tiefer auf den Grund, so müssen wir erkennen und zugeben, daß diese Gruppierung in der damaligen Zeit vorwiegend durch die Religion bestimmt war. Die Länder des Islam bildeten das Morgenland, die der römischen Kirche das Abendland und diejenigen der griechisch- oder orientalisch-christlichen Glaubensform das Übergangsgebiet zwischen beiden.

Es hat eine Zeit gegeben, in welcher Abend- und Morgenland *eines* Glaubens waren, nämlich im vierten Jahrhundert nach Christi Geburt, denn die damals im römischen Reiche noch lebenden Heiden waren kaum mehr zu zählen. Aber diese Zeit war sehr kurz. Noch war das Heidentum nicht vollständig überwunden, als die christliche Kirche in die feindlichen Lager der Arianer und der Athanasianer zerfiel, von denen jene dem Stifter des Christentums nur *ähnliches,* diese aber *gleiches* Wesen mit Gott dem Vater zuschrieben. Zwar teilte dieser Parteistreit die Christenheit noch nicht in verschiedene Gebiete, sondern wütete überall; da er aber im Morgenland den heftigsten Charakter annahm, so trugen seine unfruchtbaren und doch die Geistlichkeit und durch sie einen Teil der Bevölkerung furchtbar aufregenden Fragen im siebenten Jahrhundert nicht wenig zur Verbreitung des *Islam* bei. Diese Glaubensform, eine Reformation des arabischen Heidentums durch entlehnte jüdische und christliche Ansichten, welche der energische Heuchler *Mohammed* aus Mekka in berechnender Weise zusammenstellte, hat innerhalb nicht ganz eines Jahrhunderts dem Christentum Asien und Afrika bis auf wenige kleine Gebiete, und zwar wahrscheinlich für immer, weggenommen. Und das war das Zeichen zum Ausbruch eines Kampfes zwischen Morgen- und Abendland, so lang und so schwer und so einheitlich zusammenhängend, wie er bis dahin niemals erhört worden war. Der Kampf zwishen Morgen- und Abendland, der bis dahin aus vereinzelten Kriegen ohne gemeinsamen Chrakter und mit wechselnden Parteien bestanden, hatte von der Zeit der Ausbreitung des Islam an die fortdauernde und ununterbrochene Bedeutung eines Kampfes zwischen Islam und Christentum, bis er in der neuesten Zeit, im Schritt mit dem auf beiden Seiten abnehmenden Glaubenseifer, nach und nach zu einem fast rein politischen Kampf zwischen dem jetzt absterbenden Türkenreich und seinen europäischen Gegnern geworden ist.

Dieser ganze große Kampf zwischen Christenum und Islam zerfällt in drei große wechselseitige Angriffe, deren erster und dritter vom Islam, der zweite und mittelste aber vom Christentum ausging. Mit dem *ersten* von den *Arabern* ausgehenden *Angriff,* der im siebenten Jahrhundert begann, im achten seinen Höhepunkt erreichte und noch im neunten und zehnten und im Anfang des elften fortdauerte, haben wir uns hier einleitungsweise zu beschäftigen. Der *zweite,* von Europa aus geführte Angriff, den wir besonders als die *Kreuzzüge* bezeichnen, und der, seit der Mitte des elften Jahrhunderts vorbereitet, vom Ende desselben hinweg durch das ganze zwölfte und dreizehnte Jahrhundert hindurch lief, wird den Hauptgegenstand dieses Buches ausmachen. Neben den Kreuzzügen her, doch früher als sie beginnend und länger als sie dauernd, geht, als Rückwirkung des ersten (arabischen) Angriffs der siebenhundertjährige Kampf der spanischen Christen gegen die in ihr Land eingedrungenen Islamiten, und stellt sich gewissermaßen als Vorbild der Zurückweisung des dritten Angriffs dar. Ihn sowohl als den letzteren, der von den *Türken* ausging und im vierzehnten Jahrhundert begann, seit dem siebzehnten aber sich in einen Rückzug verwandelt hat, werden wir in den Schlußabschnitten dieses Buches kurz zu beleuchten haben.

Die Kreuzzüge nehmen sonach die Mitte des großen Kampfes zwischen Islam und Christentum ein, der in Wahrheit in allen seinen Phasen eng zusammenhängt und beinahe keine Unterbrechung erleidet; sie bezeichnen zugleich, nicht den Jahren, aber der Bedeutung nach, die Mitte des Zeitraumes, den wir „Mittelalter" nennen, und sie bilden den entscheidenden Wendepunkt, auf dem sich die Menschheit von dem Gesichtskreis des Mittelmeers loszumachen begann und ihre Blicke auf den weiteren des Weltmeers ahnungsvoll, wenn auch noch unbewußt, hinausgleiten ließ. Die Kreuzzüge, dieser vom Christentum gegen den Islam ausgehende Angriff, haben demnach für Europa eine Bedeutung, welche den beiden vom Islam ausgehenden Angriffen zugunsten des letzteren nicht zusteht. Und zwar kommt es hierbei merkwürdigerweise auf den materiellen Erfolg nicht an. Der arabische Angriff auf Europa, der im Osten (gegen Konstantinopel) mißlang, hatte eine siebenhundert-, ja fast achthundertjährige Herrschaft des Islam in Teilen Spaniens und eine kürzere in anderen Teilen Europas zur Folge, und der türkische Angriff, welchem das gelang, was den Arabern mißlang, nämlich die Eroberung von Konstantinopel – eine neue, bereits über fünfhundert Jahre dauernde und noch nicht beendete islamitische Herrschaft in Südosteuropa. Beide Angriffe schufen somit längere Zeit bestehende islamitische Reiche von bedeutender Ausdehnung und Macht in Europa, deren Abnahme freilich länger dauerte als ihre Zunahme, während der europäische Angriff gegen den Islam nur einen stets auf schwachen Füßen stehenden schmalen Küstenbesitz erwarb, der sich mit Mühe und Not zweihundert Jahre in wechselnder Stärke erhielt.

Die Ungleichheit dieses äußeren Erfolgs auf mohammedanischer und christlicher Seite erklärt sich leicht durch die Verhältnisse der beiderseitigen Entfernungen von den Zielen der Angriffe. Die Araber sowohl als die Türken warfen sich auf europäische Gebiete, die von bereits durch sie eroberten Ländern nur durch schmale Meerengen getrennt waren; denn ihr Ziel war ein allgemeines, sie wollten Ausbreitung ihres Glaubens und ihrer Macht ohne Rücksicht auf eine bestimmte Örtlichkeit. Noch weit weniger hatten sie auf christlichem Gebiet ein Heiligtum ihrer Religion im Auge, die ja in Europa niemals vorher Boden gefaßt hatte. Letzteres war dagegen auf christlicher Seite der Fall. Das größte Heiligtum der Christen, der Ort, wo ihr Erlöser und Gottessohn gelebt und gelitten hatte, gestorben und begraben war, hatten ihnen die Mohammedaner weggenommen; es war altchristliches Gebiet, auf das sie Anspruch erhoben, und zwar leitete sie in erster Linie ein ideales Ziel; erst in der Folge knüpften sich Bestrebungen nach weltlicher Macht und irdischen Schätzen an ihr Unternehmen. Zudem lag ihnen ihr Ziel weit ferner als den Arabern und Türken das von ihnen zunächst begehrte. Das heilige Land war (und ist noch) von West-Europa durch weite Landes- und Meeresstrecken getrennt, und diese Strecken waren zur Zeit der Kreuzzüge teils von geradezu feindlichen islamitischen Mächten, teils von dem griechischen (oströmischen oder byzantinischen) Reich eingenommen, das sich, und zwar mit Grund, für den rechtmäßigen Besitzer des heiligen Landes hielt, welches *ihm* und nicht den Abendländern entrissen war. Da aber den Griechen sowohl die Kraft als die Begeisterung fehlte, das verlorene Heiligtum selbst zu erobern, so suchten sie wenigstens durch List und Ränke das Unternehmen der Abendländer zu vereiteln, was ihnen schließlich auch gelungen ist, wobei freilich zu ihrer Entschuldigung gesagt werden muß, daß ihnen nicht zugemutet werden konnte, ihr Land gutwillig bald zügellosen Horden und bald gewalttätigen Heeren zum Durchzug herzuleihen, ohne daß ihnen neben ungeheuren Nachteilen auch ein Vorteil daraus erwuchs.

So haben wir es im Grunde während der langen Geschichte des Kampfes zwischen Christentum und Islam mit *drei* Mächten zu tun, auf welche schon oben hingewiesen wurde, mit zwei aktiven, dem Abend- und dem islamitischen Morgenland, und mit einer passiven, dem byzantinischen Reich, an der es aber schließlich lag, daß der europäische Angriff auf das Morgenland scheiterte. Durch den letzten, den türkischen Angriff, ist dieses Zwischenglied beseitigt worden, aber gerade dieser Umstand, der zuerst den Islam in großartiger Weise zu stärken schien, ist schließlich zu seinem Verderben geworden, indem er ihn dem früher schwachen, inzwischen aber kolossal erstarkten Abendland näherte und damit dem Gegner widerstandslos preisgab.

Wie lange der anfangs religiöse, dann immer mehr und jetzt weit vorwiegend politisch-soziale Kampf zwischen den Anhängern der beiden Weltreligionen des Westens noch dauern und wie er enden wird, wer kann es wissen? Heute spricht Alles für einen den christlichen Mächten günstigen Ausgang und für einen fortlaufenden unheilbaren Zerfall der Macht des Islam.

Unsere nachfolgenden Ausführungen werden das bis hierher in allgemeinen Zügen Skizzierte näher beleuchten.

Hottingen bei Zürich, im Herbst 1884

Der Verfasser

ERSTES BUCH

Der Kampf zwischen Islam und Christentum vor den Kreuzzügen

(612–1096)

ERSTER ABSCHNITT

Das Werk Mohammeds

Seinen Anfang nahm der noch heute fortdauernde Kampf zwischen dem Kreuz und dem Halbmond, dessen Ende auch jetzt noch nicht abzusehen ist, in der Zeit, da das jüngste der Kulturländer Asiens, *Arabien,* in die Geschichte der Menschheit seinen Einzug hielt. Es war im Jahre 612 nach Christi Geburt, als der wenig über vierzigjährige Beduinenkaufmann *Mohammed* (genau arabisch: Mohammad*, Sohn des Abdallah aus dem Stamm Koraisch, sich in einer Höhle auf dem wilden Berg Hirâ bei Mekka (eigentlich Makka) als Einsiedler religiösen Betrachtungen hinzugeben begann. Das war ein weltgeschichtlicher, für Asien, Afrika und Europa im Umkreis des Mittelmeeres äußerst verhängnisvoller Entschluß. In jener Höhle wollte Mohammed, der an hysterischen Anfällen litt, in einem Traum seine erste Offenbarung durch einen Engel erhalten haben. Zu jener Zeit waren die Araber noch größtenteils Heiden, sie verehrten verschiedene Naturorgane, besonders Sonne, Mond und Sterne, und jene Stämme, welche in der Folge den größten Einfluß ausübten, betrachteten als Bilder ihrer Götter mit Vorliebe schwarze Steine, denen sie opferten und die sie mit dem Blut der Opfertiere begossen. Ein solcher schwarzer Stein ist in der sog. *Kaaba,* dem heiligen Häuschen von Mekka, eingemauert, welches nach der Legende der mythische Stammvater der Araber (und Hebräer) Abraham (arabisch Ibrahim) nach dem Muster eines himmli-

* Die Vokale sind in den semitischen Sprachen nicht die Hauptsache; wichtiger ist bezüglich obigen Namens, daß er zwei m hat und daß der Ton auf die mittelste Silbe fällt. Sonst ist „Muhammed“ ebenso richtig. Das Arabische hat ein u, das aber fast wie o ausgesprochen wird. Wir behalten „Mohammed“ bei, weil die Form „Mohammedaner“ durch drei a nacheinander allzu schwerfällig würde.

schen, von Engeln errichteten Gebäudes erbaut hat; es behielt seine Heiligkeit und seine Zugkraft für Wallfahrten und Pilgerzüge weit über den Fall des Heidentums hinaus und ist noch heute das Ziel der frommen Reisen jedes guten Muslim.* Schon in früher Zeit indessen verbreiteten Juden und Christen ihre Glaubenslehren in Arabien, und es kam ihnen dabei zustatten, daß schon die meisten heidnischen Araber einen höchsten Gott, Allah, als Scheich (Oberhaupt) einer Anzahl von Dämonen (arabisch: Dschinn) verehrten. Unter allen jüdischen und christlichen Sekten hatte jedoch in Arabien keine soviel Erfolg als die *Hanife* (im Arabischen soviel wie Freigeister, Ungläubige), die nichts anderes waren als eine Abzweigung der jüdischen *Essäer* oder Essener, jener sittenreinen, von den Pharisäern und Sadducäern sich absondernden Schwärmer. Ihnen hatte sich Mohammed angeschlossen, und ihre rein monotheistische Lehre ohne dogmatische Färbung war es, aus welcher der Islam hervorging (wörtlich: das Zufriedenstellen und der gleichen Wortwurzel entstammend wie *salâm,* Heil, Friede, sowie *muslim,* demütig, womit die Anhänger der Lehre bezeichnet werden). Die Lehre der Hanife, welcher sich Mohammed widmete, hatte keinen andern Glaubenssatz, als den der Einheit Gottes: *la ilâha illâ 'llâhu,* es gibt keinen Gott außer dem Gott; etwas Neues hat daher Mohammed nicht in die Welt gesetzt; neu war bei ihm nur, was seine Person betraf, nämlich, daß er danach strebte, unter seinen Verwandten, und nachdem dies erreicht war, unter seinen Landsleuten als Abgesandter Gottes zu gelten – ein Ziel, welches er mit einem Gemisch von Schwärmerei und Schlauheit beharrlich verfolgte bis an sein Lebensende. Und in diesem Streben lag bereits der Keim zu dem künftigen Beginnen seiner Anhänger, ihren Glauben durch das Mittel der Gewalt zu verbreiten, und damit auch der Keim zu dem Riesenkampf zwischen Islam und Christenum und zu dessen Haupt- und Mittelperiode, den Kreuzzügen.

Mohammeds ganzes Leben bewies, daß ihm jedes Mittel willkommen war, seine ehrgeizigen Träume zur Wahrheit zu machen. Solche Männer muß es allerdings geben, um die Menschheit aus der Passivität und dem lethargischen Schlummer ihrer Mehrheit aufzurütteln und zu Taten zu bewegen, die am Ende, wenn auch vielfach widersinnig und selbst verbrecherisch, doch zu irgendwelchen Fortschritten in der Erkenntnis und im Vollbringen führen können.

Mit Schwärmerei und mit Schlauheit zugleich, sagten wir, verfolgte Mohammed sein Ziel. Zu ganz hervorragender Weise begünstigt der Wüstenboden die Schwärmerei, und aus solchem Boden besteht der überwiegende Teil Arabiens. Die gewaltigen Szenen der Wüste und des Gebirges, des tropischen Gewitters und der kolossalen Regengüsse, welche die im glühenden Sonnenbrand und Wüstensand schnell versiegenden Flüsse ersetzen müs-

* Wie Kremer glaubt, war die Kaaba, wie auch Wort Ka'b, d. h. viereckiger Block, zeigt, ursprünglich nichts anderes als ein vierseitiger Steinhügel, wie solche bei verschiedenen Völkern als Heiligtümer aufgehäuft werden; die Kaaba ist es, welche die sie rings umschließende große Moschee der heiligen Stadt erst heiligt.

sen, entflammen die Einbildungskraft des Natursohnes. Wenn ihn das treue Kamel, dieser unschätzbare Kulturträger aller Wüstenländer, namentlich aber Arabiens, durch die Nacht unter den glänzenden Sternbildern dahinträgt und er von fern den Schimmer der Lagerfeuer des heimatlichen oder eines gastfreundlichen Stammes erblickt, der ihm ersehnte Ruhe nach heiß vollbrachter Fehde oder Blutrache verspricht, dann sieht er sich in einem geheimnisvollen Zusammenhang mit dem Schicksal, das ihn und seinen Stamm und sein Volk leitet, und fühlt sich bestärkt in dem Glauben, den weise Männer, deren Wort ihn unwiderstehlich fesselte, ihm in feuriger Rede als den allein wahren schilderten. Und spürt er in sich einen Drang, Großes zu tun, so erfaßt ihn leicht der Gedanke, zu einem Führer der Seinigen in Kampf und Not vom Schicksal vorherbestimmt zu sein. Diesen schwärmerischen Gedanken aber helfen dem Beduinen seine angeborene Schlauheit und seine durch blutige Fehden genährte Kampflust in die Tat übersetzen. Ohnehin, wenn er hervorragende Geistesgaben besitzt – womit soll er seine Zeit hinbringen? Die Arbeit ist dem echten Beduinen das Verhaßteste auf der Welt, weil sie die Freiheit beschränkt, wie er sie versteht, d. h. die Ungebundenheit. Gelderwerb auf ehrliche Weise, durch gewerbliche Tätigkeit, ist ihm schimpflich, solcher durch Diebstahl und Raub aber nicht, vielmehr eine ehrenvolle Beschäftigung. Der arabische Beduine ist ein geborener Räuber, und so entspricht dem Einzelnen das Allgemeine: der arabische und nach dessen Vorbild der mohammedanische Staat ist notwendig ein Raubstaat. Diese Tatsache ist für die Unternehmungen der dem Islam huldigenden Völker gegen andersgläubige von der größten Bedeutung und hat sich durch die gesamte Geschichte des Islam hin bewährt. Stets ist der Beduine bewaffnet; aber nicht nur Gewalt, sondern auch List, Betrug, Ränke aller Art, Wortbrüchigkeit und Treulosigkeit erscheinen ihm als erlaubte Mittel, sein Ziel der Herrschaft über andere und des mühelosen Genießens zu erreichen.

Bei dieser Haltung und Gesinnung der Beduinen ist es denn auch begreiflich, daß Arabien niemals von einer fremden Macht erobert worden ist, weder von den Ägyptern, noch von den Assyrern und Chaldäern, noch von den Persern, Makedoniern oder Römern, obschon es die meisten dieser erobernden Völker versuchten. Erst in neuester Zeit haben die Türken in einzelnen Teilen der Halbinsel einen sehr unsichern Besitz erworben. Dagegen haben die Araber zur Zeit der höchsten Blüte ihres Volkstums ganz Westasien und Nordafrika, Sizilien und Spanien unterworfen, und ihre Sprache und Volksart ist noch die herrschende vom afrikanischen Atlas bis zum Westrand des persischen Hochlandes, ja sogar zum Teil auf der europäischen Inselgruppe Malta.

Mohammed, dieser wahre Typus des Beduinen, fand es nicht leicht, sein Ziel der Beherrschung seiner Heimat zu erreichen. Sein Auftreten gegen die alten Götter schuf ihm viele Feinde und sich wie seinen erst wenigen Anhängern blutige Verfolgung. Dies schreckte ihn aber nicht; vielmehr drohte der werdende Papst einer neuen Religion des Morgenlandes seinen Gegnern keck mit der Hölle und mit göttlichen Strafgerichten. Zwar wurde ihm herber Spott zuteil, wenn seine Vorhersagen nicht eintrafen, doch machte ihn auch dieser nicht irre und er gewann zahlreiche Anhänger, die jedoch den Altgläubigen noch lange nicht gewachsen waren und mit dem Propheten in dem denkwürdigen Anfangsjahr der arabischen Zeitrechnung (622) nach Jathrib flüchten mußten, wo die neue Lehre ungehindert aufwachsen und gedeihen, Mohammed aber der Richter und Gesetzgeber des Asyls werden konnte, das von da an den Namen *Medina* (eigentlich Madina) d. h. Gerichtsstätte erhielt. Die Beschäftigung der Glieder dieses Embryo des künftigen Islam-Reiches bestand in frommen Übungen zum ewigen und in Raub zum zeitlichen Heil. Mohammed selbst war, mit wechselndem Glück allerdings, Räuberhauptmann. Und das war bereits der Anfang zum späteren weltgeschichtlichen Verfahren der Mohammedaner; aus den Raubzügen wurden Kriege; die Besiegten wurden mit Gewalt zum Islam bekehrt oder ausgerottet und der „Bote Gottes", wie sich der Prophet jetzt amtlich nannte, hatte die Keckheit, die an Arabien grenzenden mächtigen Reiche der Byzantiner, der Perser, der Abessinier usw. zum Übertritt in die Reihen seiner Gläubigen aufzufordern. Er eroberte seine Vaterstadt Mekka und machte sie zum Mittelpunkt seines Glaubensreiches, das bei seinem Tod im 62. Altersjahr ganz Arabien umfaßte und seine angeblichen Offenbarungen, die auf die ungeordnetste Weise zusammengestoppelt das neue Glaubensbuch des Korân bildeten, als göttliches Wort verehrte.

Von großer Wichtigkeit für das spätere Vorgehen des Islam und seiner Jünger ist die durch denselben in der letzten Zeit von Mohammeds Leben durch die Verteilung der reichen Beuten unter alle Gläubigen bewirkte Veränderung im Charakter der Araber. Lassen wir hierüber dem berühmten Biographen des „Propheten", Sprenger, das Wort: „Die steigende Macht der Muslime war gewiß der Hauptgrund, warum sich die arabischen Stämme dem Mohammed unterwarfen. Es gab aber eine andere Ursache, welche wir so oft aus dem Munde seiner Feinde hören, daß wir sie nicht übersehen dürfen. Die Bande, welche bisher die Stämme vereint hatten, das feste Zusammenhalten der Blutsverwandten, wie auch die Kraft feierlicher Bündnisse wurden durch den Islam gelockert. Es kam häufig vor, daß ein Beduine aus innerer Überzeugung den Propheten anerkannte und seine Verwandten und Verbündeten verriet. Früher war das nie vorgekommen; denn die Ehre des Individuums besteht bei den Beduinen in der Ehre des Stammes, und ein Verräter wurde auch von den Feinden als solcher gebrandmarkt. Ganz anders gestaltete sich die öffentliche Meinung in Medina; der Zweck heiligte das Mittel und der größte Zelot galt als der beste Mann, wenn er auch Verrat geübt hatte. Nicht nur nachdenkende religiöse Männer, sondern auch verwegene Köpfe fühlten sich daher von der neuen Religion angezogen. Die vielen erfolgreichen Raubzüge übten einen unwiderstehlichen Zauber auf Abenteuerer, und sie strömten von allen Seiten nach Medina. Selbst Verbrecher fanden es bequem, das Glaubensbekenntnis abzulegen. Es tilgte ihre früheren Vergehen, schützte sie vor Verfolgung, und die Raubzüge gewährten einen reichlichen Ersatz für die Disziplin, welcher sie sich unterwerfen mußten. Wie die Banditen im südlichen Italien sengen und brennen, so auch fuhren *sie* fort, ihr Gewerbe im Namen Gottes und seines Boten zu treiben. Bigotterie vermehrt die Fähigkeit zu Gewalttaten."

So wurde eine Räuberbande zur Gründerin eines Weltreichs und eines Weltglaubens, der noch heute über anderthalb hundert Millionen Menschen fanatisiert.

Es war gewiß ein genialer Gedanke des feurigen und strengfrommen *Omar,* der nach dem Tode des Propheten und seinen Anhängern drohenden Parteiung dadurch ein Ende zu machen, daß er durch die einfache Zeremonie des Handschlags dem ältesten und ehrwürdigsten Mitglied der Familie Mohammeds, dessen älterem Schwiegervater *Abu Bekr* (er selbst war der jüngere) die Würde eines *Chalifah,* d. h. Stellvertreters des Propheten erteilte, die auch sofort durch allgemeine Wahl der Verwandten, Hilfs- und Fluchtgenossen und am andern Tage durch diejenige des Volkes bestätigt wurde. Damit war das Schicksal einer Welt, der morgenländischen, besiegelt und zugleich in gewissem Grad auf das der abendländischen ein Schlagschatten geworfen. Denn wenn auch das Kalifat seine Stärke nicht bis zum großen Zusammenstoß beider Welten in den Kreuzzügen behielt, so war es doch der Ausdruck der Einheit des Islam, die ohne diese Einrichtung zerfahren wäre, später aber auch ohne das Kalifat zeitweise Wunder wirkte. Der Islam hatte gegenüber den beiden anderen älteren Weltreligionen, der buddhistischen und der christlichen, den großen Vorteil, daß er bei dem Tod seines Stifters bereits ein großes Land beherrschte, während die beiden anderen Glaubensformen bei diesem Anlaß erst bescheidene Gemeinden darstellen. Dennoch war die Einheit des Islam bei dem Tod des Stifters noch nicht vollkommen befestigt. Eine Minderheit der Wähler hatte, wenn auch keinen eigenen Bewerber aufgestellt, doch sich der Zustimmung der Wahl Abu Bekrs enthalten. An ihrer Spitze stand Mohammeds jüngerer Schwiegersohn *Ali.** Die Verschiedenheit der Meinungen betraf die Auffassung des Verhältnisses zwischen den beiden Seiten der Kalifenwürde, der geistlichen und der weltlichen. Ali betonte die geistliche Würde, und wäre es nach seinem Sinn gegangen, so wäre der Kalif ein Papst und kein Eroberer geworden und die ganze Entwicklung des Islam und seines Kampfes mit dem Christentum hätte einen andern Charakter gewonnen. Ihm gegenüber brannten die beiden Schwiegerväter Abu Bekr und Omar und der ältere Schwiegersohn *Osman* nach Ausdehnung der wahren Lehre, wie sie ihnen erschien, durch die Schärfe des Schwertes. Dieser Unterschied ist für die Geschichte des Islam und namentlich für den Bestand seiner Streitkräfte außerordentlich wichtig geworden. Denn in der Folge verwandelte sich die politische Partei, welche im kriegerischen Treiben zum Nachdenken und Spekulieren nicht kam, in den Anhang des Buchstabenglaubens, die geistliche aber, welche ihren Scharfsinn in theologischen Untersuchungen übte, in den Anhang der freien Kritik. Die erste Partei erhielt nach der Sunna, eine Reihe von Sammlungen solcher Ausprüche des Propheten, welche der Koran nicht enthält, welche sie aber neben diesem hoch

* Der Ton liegt auf der letzten Silbe.

ehrt, den Namen der *Sunniten;* die zweite Partei aber, welche von Mohammed nur den Koran anerkennt, neben ihm aber Ali als seinen rechtmäßigen ersten Nachfolger verehrt, und überdies Elemente anderer Religionen, besonders jüdisch-christliche und persische, auch indische, in sich aufgenommen hat und namentlich einen Messias, d. h. den wiederkehrenden Ali oder einen seiner Nachkommen als Erlöser erwartet, ist die der *Schiiten.* Wir werden sehen, welchen gewichtigen Einfluß auf die Geschichte der Kreuzzüge das Verhältnis der Sunniten und der Schiiten ausgeübt hat. Neben ihnen vermochte sich die rationalistische Partei der Motaziliten nicht auf die Dauer zu halten und wurde noch vor dem Beginn der Kreuzzüge unterdrückt. Dieser Sieg der orthodoxen Richtung begünstigte denn auch die seit dem achten Jahrhundert im Schoß des Islam zu Tage tretende asketische Richtung. Nach dem Vorbild der buddhistischen und christlichen Mönche und Einsiedler erstanden mohammedanische Heilige dieser Gattung in Masse, und zwar unter beiden Geschlechtern; merkwürdigerweise war *Jerusalem,* das nicht nur den Juden und Christen, sondern auch den Islamiten als heilige Stadt gilt, ein beliebter Sammelplatz derselben. Dieser Rang der Davidsstadt erklärt es, warum der Islam mit so zäher Standhaftigkeit am Besitz Jerusalems festhielt und nach jedem Verlust dieses auch ihm heiligen Ortes nicht ruhte, bis er ihn wieder gewann. Das bloße politische Interesse würde diesen fanatischen Eifer nicht erklären.

Ein wohltätiges Gegengewicht gegenüber dem asketisch-religiösen Wahn, der die Araber zu Macht und Größe führte, aber auch schließlich ihre geistige Kraft gebrochen hätte, wenn er allein zur Geltung gelangt wäre, bildeten die Neigungen ihrer aufgeweckteren Kreise zu Kunst und Wissenschaft.

Das ursprünglichste und im Grunde allein selbständige geistige Streben der Araber wie aller Semiten liegt in der *Dichtung.* Ihre Nahrung sog dieselbe, gleich der oben erwähnten religiösen Schwärmerei, aus der landschaftlichen Gestaltung und dem wilden Wüstenleben ihrer Heimat. Schon vor Mohammeds Auftreten blühte die arabische Dichtkunst und zwar in weit eigenartigerem und erhabenerem Grade als später unter der Herrschaft des Islam. Mohammed verdammte diese lebenslustigen, wildgenialen und heidnischen Dichter und suchte sie durch sein Werk zu verdrängen; denn der Koran ist selbst ein Gedicht, und zwar teilweise sogar ein erhabenes; sein Schönes wird aber im Ganzen durch rhetorisch-theologischen Wust erdrückt. Unter den Kalifen wurde die arabische Dichtkunst frivol und höfisch und verlor ihren freiheitlustigen sowohl als ihren nationalen Charakter.

Kein echt arabisches Gewächs ist dagegen die *Wissenschaft* dieses Volkes. Sie ist auf dessen Siegeszügen und infolge derselben von Griechen und Persern entlehnt, aber die griechische Kultur überwog im Einfluß auf die Araber die persische weit, weil sie eben die reichhaltigere und bedeutendere war und die persische Literatur fast nur die den Arabern verhaßte zoroastrische Religion behandelte. Indessen war auch die griechische Kultur in ihrer Einführung bei den Arabern durch den Koran beschränkt, indem derselbe alles, was heidnische Mythologie betraf, also gerade das Schönste und Lebendigste, was Hellas geschaffen, unerbittlich ausschloß. Daher waren es allein die der Mythologie fremden Fächer, deren griechische Bearbeitung die Araber anzog, nämlich die Philosophie, die Mathematik mit der Astronomie und die Heilkunde. Aristoteles, Euklid, Ptolemäos und Hippokrates wurden allverehrte Autoritäten der Araber; aber der griechische Geist in seinem wahren Ausdruck blieb ihnen fremd und sie entlehnten denselben nur, was ihrer Neigung zu spitzfindigen Untersuchungen entsprach. Und darauf beruhte denn die ganze arabische Geistesblüte, die sich zu einer Zeit entwickelte, da Europa nur Sinn für die Religion in ihrer hierarchischen Ausbildung und für den Krieg hatte, und dieses Verhältnis ist um so bedeutsamer, als es sich während der Kreuzzüge und nach denselben, wie wir sehen werden, geradezu umkehrte.

ZWEITER ABSCHNITT

Der Glanz und die Schwäche des Islam

Um die in den Kreuzzügen sich bekämpfenden Parteien richtig zu würdigen, muß ein Blick auf den Islam in seiner Glanzperiode geworfen werden, welcher aber auch schon die Keime seines Verfalls deutlich genug erkennen lassen wird. Es wird daraus hervorgehen, warum der Orient stets den Okzident sirenenhaft an sich lockte, und wenn er auch keine Kräfte zeitweise aufsog, ihm doch schließlich unerliegen mußte. Es war eine märchenhafte Pracht, welche die „Stadt des Heils", das glänzende *Bagdad* und den Hof ihrer Kalifen aus dem Hause Abbas erfüllte und umgab, eine Pracht, welche in unserer Zeit des Verfalls im Orient und der materiellen Berechnung im Okzident ein unbegreifliches und unwahrscheinliches Bild darbietet. Ein urkundlich belegtes Beispiel möge nachfolgende Schilderung des Hofes von Bagdad unter dem Kalifen Moktadir bei Gelegenheit des Empfangs einer byzantinischen Gesandtschaft vorführen. Vom Stadttor bis zum Eingang des Palasts war ein Heer von 160 000 Mann aufgestellt. Am Palasttor standen 7000 weiße Sklaven und 700 Kämmerer; im Palast waren hundert lebende Löwen an Ketten befestigt, und in den Korridoren des Palasts an den Wänden zehntausend vergoldete Brustharnische und viele andere Kostbarkeiten aufgehängt. In der Mitte des prächtigsten Saals befand sich ein marmornes Wasserbecken und darin stand ein goldener Baum mit achtzehn Ästen, auf denen künstliche Vögel saßen.

Nicht geringer kann die Pracht etwas über hundert Jahre vor dem eben erwähnten Anlaß gewesen sein, nämlich zur Zeit des Kalifen *Harun Raschid,* eines der ersten Abbasiden und Zeitgenossen Karls des Großen, jenes Herrschers, dessen nächtliche Ausgänge, um das Leben seiner Untertanen zu belauschen, und dessen durch ihre Gerechtigkeit in Staunen versetzende Richtersprüche in den romantischen Erzählungen des jedes jugendliche Gemüt einnehmenden und begeisternden „Tausend und eine Nacht" eine so fesselnde Rolle spielen. Sehen wir nach, wie in Wirklichkeit der Charakter dieses Monarchen und der seiner nächsten Vorgänger und Nachfolger beschaffen war.

Schon der erste Kalif aus dem Haus der Abbasiden, Abul Abbas, hieß bei den Arabern *Saffah,* d. h. der Blutvergießer, weil er seine Herrschaft durch das kaltblütige Hinmorden der den Abbasiden im Kalifat vorangegangenen Ommeijaden befestigt hatte. Sein Bruder und Nachfolger Mansur befleckte sich durch den lange vorbereiteten Mord des Abu Muslim, der ihm zum Thron verholfen hatte, und er war es, welcher Bagdad als befestigtes Lager baute, weil er sich nur umgeben von seinen Truppen sicher fühlte, während das Volk außerhalb der Mauern wohnen mußte. Nicht selten ließ Mansur seine Opfer lebendig einmauern oder politisch Verdächtigen Hände und Füße abhauen. Nicht besser war sein Sohn *Mahdi;* dieser blutige Heuchler vernahm, der Sohn eines seiner Minister achte die Religion nicht; er ließ ihn im Koran prüfen, und als er nichts wußte, in Gegenwart des Vaters töten. Derselbe Blutmensch aber mißachtete den Koran selbst so sehr, daß er nicht nur den verbotenen Wein genoß, sondern dies im Übermaß tat und ungeachtet des Gebots, die Frauen nur verschleiert zu erblicken, seine Tochter in Männerkleidern auf seinen Ausritten mitnahm.

Das Werk dieses Wüterichs, *Bagdad,* war indessen ein weltgeschichtlich bedeutendes. Die Tiefebene des Tigris und Euphrat, mit derjenigen des Nil an Fruchtbarkeit und an Erzeugung großartiger, ja unsterblicher Kultur wetteifernd, war von jeher reich an natürlichen Hauptstädten weiter Staatengebilde. Dort blühten Ninive, die Metropole der Assyrer, Babylon, die der Chaldäer, Seleukia, die der Seleukiden griechischer Bildung, Ktesiphon, die der Sassaniden, der Wiederhersteller des gesunkenen Ormuzd-Dienstes und der heiligen Feueraltäre. Ihnen folgte Bagdad, der stolz der schwarzen Fahne des Abbas-Hauses. Im Gegensatz zu dem Riesenviereck des benachbarten Babel war die Residenz des größten Kalifenhauses kreisförmig angelegt. Die aus mächtigen Ziegelsteinen errichteten Mauern waren am Fuße 90, oben 25 Ellen breit und 60 Ellen hoch, es umgab sie noch ein Außenwall, ein Damm und ein Wallgraben. Nur vier Tore führten in die Stadt, aber so hohe, daß ein Reiter mit erhobener Lanze hindurchreiten konnte, und oben mit vergoldeter Kuppel geziert. In der Mitte der Stadt stand frei, nur von Kasernen, Vorhallen und Regierungsgebäuden umgeben, der Kalifenpalast mit seiner „goldenen Pforte“. Durch Mauern war dieses eine Stunde im Umfang messende Kalifenquartier wieder von der übrigen Stadt abgeschlossen, deren Viertel, sämtlich mit eigenen Mauern und Toren, nach dem Palast hin keinen Ausgang hatten. Vier Vorstädte mit Bazars, Bädern und Moscheen umgaben die Stadt, deren Hauptstraße 50, die Nebenstraßen 16 Ellen breit waren. Prächtige Gärten umschlossen und durchzogen das Ganze. In dieser Prachtstadt, mit ihren zahllosen Palästen, deren alle Prinzen, höheren Beamten und Vornehmen herrliche besaßen, floß aller Reichtum von Vorder- und Mittelasien und Nordafrika zusammen; aber nach dem unabwendbaren Gesetz, daß wo viele Menschen sich zusammenfinden, auch die Extreme der Annehmlichkeit des Daseins sich berühren, stellte sich neben dem Luxus bald auch das Elend in Bagdad ein und entwickelte sich ein solch betäubendes Leben und Treiben, daß sich der Beduine aus der Wüste unheimlich darin fühlte und sich nach der Einsamkeit sehnte. Und nicht nur zu Lande, auch zu Wasser rauschte und brauste das Leben der Großstadt; im Hafen des Tigris lagen ganze Flotten vor Anker, chinesische Dschunken und assyrische Schlauchflöße, Luftjachten der Kalifen mit goldenen Tierbildern am Vorderteil und manigfache andere Fahrzeuge.

Dieses ganze äußerlich blendende Leben war aber innerlich von dem Wurm der zitternden Furcht vor dem Despotismus der Herrscher zerfressen. Mahdis gausamer Sinn vererbte sich auch auf seine Söhne Hadi und Harun. Hadi, der Thronfolger, versuchte seine Mutter zu vergiften und erteilte einem Vertrauten den Auftag, seinen Bruder Harun aus dem Weg zu schaffen, widrigenfalls er selbst seinen Kopf einbüße; nachher sollten alle übrigen Abbasiden und deren gesammter Anhang in einem riesigen Blutbad vernichtet werden. Aber die weniger zärtliche als energische Mutter des Kalifen kam dem wahnwitzigen Mordplan zuvor und tat ihrem Sohn, wie er ihr zu tun beabsichtigt hatte. *Harun,* der Held der Tausend und eine Nacht, der durch diesen Vorfall auf den Thron gelangte, war seines Großvaters, Vaters und Bruders würdig. Blutdurst und wahnsinnige Verschwendung, wie sie durch die Berichte der Zeitgenossen erhärtet sind, trüben gar sehr das märchenhafte Bild, das wahrscheinlich seine Liebe zu Musik und Gesang von ihm geschaffen hat. Aber auch diese Neigung war durch die schlimmere erstgenannte verdunkelt. Den Dichter Abul-Atahija, der seinem Vorgänger Hadi sehr anhänglich war und über dessen Tod so sehr trauerte, daß er keine heiteren Gedichte mehr schaffen mochte, wollte Harun durch Kerkerhaft und Mißhandlungen dazu zwingen; aber ohne Erfolg; es gab auch unter der Schreckensherrschaft der Kalifen noch freie Männerherzen. Die große Mehrzahl der Hofdichter – andere gab es nicht mehr wie im freien Wüstenleben der alten Araber vor den Kalifen – krochen vor dem Mächtigen und schufen ihm und dem verdorbenen Geschmack der Zeit zulieb nur lose Trink- und Liebeslieder ohne sittlichen Ernst und Gehalt. Doch zeigte Harun, so sehr er diesem heruntergekommenen Geschmack huldigte, doch in dessen Kultivierung immerhin eine gewisse Genialität. Er hatte einen Lieblingssänger Ibrahim, den er sehr auszeichnete. Dieser persisch gebildete Mosulaner brachte das Kunststück fertig, sowohl bei Hadi als bei Harun in hoher Gunst zu stehen und bezog ein Monatsgehalt von zehntausend Dirham (zu 80 Pf.) als Hofsänger, bereicherte sich aber noch außerdem durch außerordentliche Geschenke, und indem er Sklaven und Sklavinnen in seiner Kunst ausbildete und dann teuer verkaufte. Der gefürchtete Kalif besuchte ihn selbst nicht selten und ließ ihn oft spät in der Nacht in den Palast kommen, um sich an seinen Klängen zu erfreuen; bei einer einzelnen solchen Gelegenheit schenkte er dem Sänger nicht weniger als hunderttausend Dirham, und gerade diesmal hatte Ibrahim in wahrer Todesangst gesungen, weil er den Kalifen auf eine geheime Meldung seines Polizeimeisters Masrur heftig aufbrausen gesehen. Solche maßlose Freigebigkeit kam bei ihm so leicht zum Durchbruch wie empfindsame Stimmungen, die mit seiner sonstigen Grausamkeit seltsam kontrastierten. Hörte er bei einer Lustfahrt auf dem Tigris ein melancholisches Lied über die vom Mond sanft vergoldeten, sich kräuselnden Wellen hingleiten, so konnte er vor Rührung in Tränen ausbrechen. Noch verschwenderischer als in dem vorhin angeführten Fall war seine Freigebigkeit aber, wenn sie mit einer weiteren seiner Leidenschaften, mit der Liebe zum schönen Geschlecht, zusammenfiel. Dem Muslim ist ja in dieser Hinsicht von seiner Religion viel erlaubt, vor allem aber dem Kalifen. Er opfert dieser Leidenschaft ohne Bedenken den Schweiß seiner Untertanen. Der Staatsschatz gehört ja in den orientalischen Monarchien dem Herrscher, und man weiß nichts anderes. Kam eine Summe in den Palast, gleichviel wo und von wem und wie sie erpreßt war, und der Kalif befand sich in guter Laune, so verteilte er sie an seine Haremsdamen. Einst veranstaltete er einer neu erworbenen schönen Sklavin zu Ehren ein Fest, wobei nicht weniger als zweitausend schöne und geschmückte Sklavinnen, teils als Sängerinnen und Musikerinnen, teils als Dienerinnen mitwirken sollten. Als dieses seine eifersüchtige erste Gattin, die berühmte Zobaida, die übrigens auch seine Base war, vernahm, bat sie sofort seine Halbschwester Olaija, eine gefeierte Dichterin ihrer Zeit, ein neues Lied zu dichten und ließ es dann in aller Eile, um jenem Fest zuvorzukommen, von ihren tausend Sklavinnen dem Kalifen vortragen, der davon so bezaubert wurde, daß er den Inhalt der gesamten Schatzkammern, sechs *Millionen* Dirham, unter die Anwesenden ausstreuen ließ. Eine schöne Sängerin brachte durch einen Vortrag vor dem Kalifen ihrem Herrn das Militär-Kommando und die Steuererhebung in Persien für sieben Jahre ein. Diese Verschwendung eines Fürsten, der sich um die Staatsgeschäfte nicht bekümmerte, alles seinen Wesiren überließ und nur zum Schaden des Staates eingriff, wenn ihn seine Leidenschaften dazu antrieben, gab zu einer ununterbrochenen Reihe von Vorwürfen und Klagen seiner Zobaida und zu endlosen häuslichen Szenen mit ihr Anlaß. Und sie war in gewissem Maße dazu berechtigt; denn wenn sie auch in der Verschwendung selbst mit dem Gemahl wetteiferte, so wog sie dieselbe doch durch Wohltätigkeit und durch Ausgaben zum öffentlichen Wohl auf. Sie ließ z. B. zum Besten der nach Mekka wallfahrenden Pilger eine Wasserleitung nach der Heiligen Stadt des Propheten bauen, welche 1 700 000 Dinar (etwa 13 600 000 Mark) kostete. Von ihrer Verschwendung zeugen z. B. ihre Sänften, welche aus Silber und Ebenholz verfertigt, mit goldenen und silbernen Nägeln und Klammern befestigt und mit Brokat, Hermelin oder Seidendamast überzogen und geschmückt waren; ihre Schuhe waren mit Edelsteinen besetzt, es brannten für sie Kerzen aus Ambra, und sie speiste nur aus goldenem und silbernem Geschirr. Von Harun und seinem Hofe wurden weitere Summen verschwendet für Pferdewettrennen, Hunde- und Hahnenkämpfe, Jagden usw. Raschid selbst führte als neuen Sport das persische Maillespiel zu Pferde ein, wobei auf der eigens dazu eingerichteten Rennbahn eine Art Kolben in vollem Rennen geschleudert und aufgefangen oder damit ein Ball geworfen wurde. Auch die Einführung des Scheibenschießens mit Pfeil und Bogen, auch mit der Armbrust und eines dem englischen Cricket ähnlichen Spiels wird ihm zugeschrieben. Er besoldete geschickte Schachspieler, die ihn mit ihren Figurenturnieren unterhalten mußten, ferner Possenreißer, Hofnarren u. a. unnützes Gesindel. Das Beispiel des Herrschers wirkte ansteckend, und Bagdad wimmelte damals von Spielhöllen!

Die oben genannte Dichterin Olaija, Haruns Schwester von einer andern

Mutter, setzte ihre Gedichte selbst in Töne und trug sie selbst vor. Sie übte während einiger Zeit einen großen Einfluß am Hof aus. Weil sie an der Stirn ein Muttermal hatte, trug sie eine Art Diadem, das man so reizend fand, daß alle Damen Stirnbänder à la Olaija haben wollten. Sie liebte einen Pagen des Kalifen, Tall mit Namen, und soll, um zum Stelldichein mit ihm zu gelangen, den gefährlichen Weg einer Dachtraufe gewählt haben. Der Kalif wollte ihre Neigung gewaltsam unterdrücken, aber er mußte von seinem Vorsatz abstehen; die Liebe war stärker als der Despot.

Ähnliche Vorfälle waren am Kalifenhof nicht selten. Haruns Vater Mahdi ließ einst einen Pagen, der eine seiner Sklavinnen liebte, deshalb peitschen und war auf dem Punkte, ihn, der trotzdem auf seiner Neigung beharrte, auch hinrichten zu lassen, als der standhafte Liebende ihn durch einen Vers auf seine Liebe erweichte, daß er beide ziehen ließ.

In der wiederholt genannten reizenden Märchensammlung sind auch Haruns beide Söhne und Nachfolger, *Amin* und *Mamun,* erwähnt. Der sterbende Despot beging die vielen seiner Art eigene Torheit, sein Reich zu teilen; die Folge war natürlich der Bruder- und Bürgerkrieg, ganz wie unter den fast gleichzeitigen Enkeln Karls des Großen, des Freundes Haruns. Amin war der Sohn Zobaidas und somit durch beide Eltern Urenkel des Kalifen Mansur. Er lebte ebenso verschwenderisch und bekümmerte sich ebensowenig um die Staatsgeschäfte wie sein Vater und wurde noch dazu von der Mutter verhätschelt. Während des Bruderkriegs, als die Hauptstadt nahe daran war, Mamuns Truppen zu unterliegen, hatte der Schwächling für keine größere Sorge Raum, als daß ihm ein Fisch mit goldenen Ohrgehängen aus einem Wasserbehälter in den Tigris entschlüpft war! Es ist kein Wunder, daß Mamun, der jüngere Bruder, siegte, welcher, frei von lächerlichen Despotenlaunen Ernst mit Milde verband. An gewissen Tagen sammelte er Gottes- und Rechtsgelehrte um sich, um sie über die wichtigen Tagesfragen verhandeln zu hören, und er duldete es, daß ihm selbst von Leuten aus dem Volk die Wahrheit gesagt wurde. Ein Sufi (gleich den Derwischen eine religiöse Brüderschaft) trat einst im rauhen Schafwollkittel in einer jener gelehrten Zusammenkünfte ein und interpellierte den Kalifen, ob er seine Stelle durch den Willen des Volkes oder durch Sieg und Gewalt bekleide. Mamun setzte ihm ruhig auseinander, daß er seine Stelle durch Erbrecht einnehme und sich, um den Islam zu retten, auch den Anteil seines Bruders habe zueignen müssen; sobald aber, schloß er seine Rede, das Volk einen Würdigeren wähle, werde er diesem die Herrschaft überlassen. Einen Mamun hat es im Kalifenreich, das von seinem Ende an dem Untergang rettungslos verfallen war, wenn es auch lange hinsiecht, nicht wieder gegeben!

DRITTER ABSCHNITT

Der erste (arabische) Angriff des Islam gegen das Christentum

Als die Araber sich zu Herren eines großen Reiches emporgewachsen sahen, mußte es ihnen klar werden, daß ihre bisherige Staatsverwaltung, welche einfach in Raub und Verteilung desselben unter die Gläubigen bestand, nicht mehr genügte. Sie sahen sich deshalb nach Mustern um und fanden solche bei den von ihnen besiegten Nachbarreichen der Byzantiner und der Perser. Vorzugsweise nach dem Beispiel der ersteren richteten sie, wenn auch anfangs ohne Plan und mit mehrfachen Schwankungen und Abänderungen, ihr Reich ein. Und so wurden sie denn nach und nach auch im *Kriegswesen,* soweit nicht ihre Räuberpraxis in Anwendung kam, Schüler der Byzantiner und der Sassaniden. Die Bewaffnung der Fußgänger unter den ersten Kalifen bestand aus Schild, Lanze und Schwert oder Bogen oder Schleuder. Die Reiterlanzen waren angeblich zehn Ellen lang und mit eiserner Spitze versehen. Schwerter schmiedete man in Südarabien und Syrien; die Scheiden waren von Holz mit Metallbeschlag, die Helme aus Leder oder Metall, oft mit Visir, die selten vorkommenden Panzer aus eisernen Ringen oder aus Leder mit Metallplatten. Das Heer zerfiel in 5 Teile: Mitteltreffen, zwei Flügel, Vor- und Nachhut; sonst war es nach Stämmen abgeteilt, deren jeder seine Fahne hatte. Das Hauptfeldzeichen war die Fahne des Propheten. Die Kriegszucht war eisern, der Angriff stürmisch, die Kriegführung grausam. Gegen die Ungläubigen war so ziemlich alles erlaubt und wurde noch mehr verübt. Apostaten vom Islam zu töten war sogar vorgeschrieben. Kriegerische Strafen waren: Ausstellung am Pranger, Abreißen des Turbans, Abscheren von Bart und Haar, Annageln der Hände, Enthaupten. Den ersten Erfolgen und Eroberungen der Araber war es sehr günstig, daß sich die ihnen vertraute Wüste wie ein Keil zwischen die Kulturgebiete Syriens und Mesopotamiens vordrängt. Die Schlachten wurden gewöhnlich mit Zweikämpfen eröffnet, deren Teilnehmer sich gegenseitig durch Rufe und Trutzlieder herausforderten, aber auch darauf schauten, daß sie einander ebenbürtig waren. Um die eroberten Gebiete zu sichern, errichteten die Araber Standlager in denselben, welche oft zu Städten wurden. Bassora und Kufa sind Beispiele dieser Art. Unter den Ommeijaden wurde die arabische Kriegskunst vervollkommnet. Es wurden Lager nach römischem Muster eingeführt, die man indessen durch die Perser kennengelernt hatte. Dann wurden die Verhältnisse der Besoldung geordnet, und es war nicht nur die hohe Begeisterung für ihren Glauben, sondern auch der größere materielle Vorteil, der die Araber den Nachbarn überlegen machte; denn schon unter Omar bezog der Soldat 50 bis 60, unter dem ersten Aglabiden in Afrika sogar 120 Dirham (= Francs) monatlich. Manche Stämme leisteten auch nur gegen das Versprechen hohen Soldes Kriegsdienste, und es gab oft genug Soldatenaufstände, um höheren Lohn zu ertrotzen, wie auch Bestechungen von seiten der Thronprätendenten viel bewirkten. Das stehende Heer wurde auf 60 000 Mann gebracht und kostete jährlich 60 Millionen Dirham; schon unter dem Kalifen Merwan II. stieg es auf 120 000 Mann, später noch höher. Es wurden zwei Kampfarten ausgebildet, das Gefecht mittels Ansturms und Zurückweichens und dasjenige mittels Linienmarsches, an deren Stelle aber zu Ende der Ommeijadenherrschaft die Bildung kleinerer kompakter Truppenkörper *(Kordus,* d. h. Kohorten) trat, welche nacheinander ins Gefecht rückten. Im Rücken hatten die Araber einen Vereinigungspunkt, wo die Kamele und andere Lasttiere, sowie die Weiber und Kinder ihren Platz hatten, auch die Belagerungsmaschinen, die man von den Byzantinern angenommen hatte, in Bereitschaft gehalten wurden, bis man sich ihrer bediente.

Wir fügen hier die farbenreiche Schilderung des Kulturhistorikers Kremer ein: „Großartig und überwältigend muß der Anblick dieser arabischen Heer gewesen sein, wenn sie das feindliche Gebiet in unabsehbaren Kolonnen durchzogen. Scharen leichter Reiterei in schimmernden Panzerhemden und glänzenden Stahlhelmen mit ihren langen Lanzen, deren obersten Teil ein Büschel schwarzer Straußfedern schmückte, bildeten den Vortrab, ihnen waren Abteilungen der Bogenschützen beigegeben, braune, sehnige, halbnackte Burschen, die fast ebenso schnell liefen als jene ritten. Ebenso wurden die beiden Flügel durch Streifkorps gegen Überfälle gedeckt. Im Zentrum bewegte sich in dichten Massen das Fußvolk, mit Wurfspeeren, Schwert und Schild bewaffnet, in dessen Mitte in langen Reihen die Tausende von Kamelen dahinzogen, die den Proviant, die Zelte, den Waffenvorrat zu tragen hatten, während die Ambulanzen, die Sänften für die Kranken und Verwundeten, dann die in Stücke zerlegten und auf Kamele, Maulesel und Saumrosse verpackten Kriegsmaschinen im Nachtrab folgten. Befand sich aber der Kalif selbst oder einer der Prinzen bei dem Heer, so erhöhte sich die Pracht des Schauspiels durch die bunten goldverzierten Kostüme der fürstlichen Leibgarden: da sah man die persischen Garden mit ihren hohen schwarzen Lammfellmützen, die türkische Palastwache mit glänzend weißen Turbanen, auf den Fahnen und Standarten blinkte der in gold gestickte Namenszug des Herrschers, der in der Mitte seines Hofstaates, umgeben von den obersten Befehlshabern, auf seinem von Gold und Juwelen strahlenden Zelter einherritt. Ihm folgten in nächster Nähe die an ihren verzerrten Zügen leicht erkennbaren Eunuchen und eine Reihe dicht verschleierter Palankine, in denen die auserkorenen Damen des Harems sich befan-

Sarazenische Krieger.

den. Der dumpfe durchdringende Ton der kleinen Doppeltrommel ertönte von Zeit zu Zeit und beherrschte das Geräusch und Getümmel des Marsches. Wenn man aber endlich nach kurzem Tagesmarsch an dem vorher bestimmten Lagerplatz angekommen war, wo schon der Vortrab Verschanzungen und Gräben hergestellt hatte, da entstand plötzlich wie auf den Wink eines Zauberstabes eine große Stadt von Zelten mit Straßen, Märkten und Plätzen, bald flammten die Lagerfeuer und sotten die Kessel, und nach dem einfachen Abendmahl begannen sich Kreise zu bilden, wo man Kriegsabenteuer erzählen oder altarabische Gedichte unter Begleitung der Flöte oder Violine vortragen hörte. Erst wenn die Sterne am nächtlichen Himmel sich senkten, ward es allmählich stille und breitete sich die Ruhe der Nacht über das Lager und seine buntgemischte Bevölkerung."

Das waren die Heere, welche den weltgeschichtlichen Kampf des Morgenlandes mit dem Abendland aufnahmen, um die Lehre des vermeintlichen höchsten und unübertrefflichen Propheten dem Erdkreis aufzudrängen, und damit ein vielhundertjähriges Ringen auf Leben und Tod zwischen zwei Welten eröffneten.

Schon unter *Abu Bekrs* kurzer (zweijähriger) Herrschaft begann mit großem Eifer der Eroberungskrieg nach außen, zunächst gegen Mesopotamien, Persien und Syrien; unter seinem Nachfolger Omar aber eroberte der Islam nicht weniger als vier große Kulturländer der alten Welt, nämlich *Syrien, Ägypten, Assyrien* mit *Babylonien* und *Persien.* Das christliche Hauptreich jener Zeit, das *byzantinische,* büßte durch diese Eroberungen die südliche Hälfte seines Gebietes ein; das Reich der Lehre Zarathustras (Zoroasters) fand dabei vollends seinen Untergang und diese Lehre verlor ihr Vaterland. Auch die Heimat des Juden- und Christentums, *Palästina* fiel dem Islam anheim und *Jerusalem,* 637, der dritten es als Heilige Stadt ehrenden Glaubenspartei. Syrien ist bei großer Übermacht des byzantinischen Heers den Arabern durch den Verrat des griechischen Oberanführers Sergios erlegen. *Damask* war die erste außerarabische Stadt von Bedeutung, welche den Scharen des Islam in die Hände fiel und gleich hier schon begann der blutige *Khalid,* übrigens Omars Feind, die nachher beständig geübte Gewohnheit der Mohammedaner, die ihnen auch ihre Gegner ablernten, die Besiegten niederzumetzeln. Daß Omar den Grausamen vom Oberbefehl entfernte, änderte nichts an der Sache. Jerusalem fiel durch eine Kapitulation, welche Omar selbst leitete und die der Stadt eine schlimme Behandlung ersparte. Die Christen unterlagen jedoch harten Beschränkungen ihres Glaubens und verloren Kreuze und Glocken. Der einfach lebende und fromme Omar erhöhte die Heiligkeit der Stadt in den Augen der Moslemin durch seine Anwesenheit und durch den Bau einer mächtigen Moschee auf der angeblichen Stelle von Salomos Tempel. Mit Sturmeseile nahmen die Araber auch Aleppo, Antiochia und Cäsarea ein, und ein großer Teil der Bevölkerung Syriens, Hohe und Niedere, unterwarf sich aus Eigennutz oder Furcht dem Islam. Ähnlich waren die Erfolge des letztern in den übrigen eroberten Ländern.

Nachdem die kurze Zwischenherrschaft der Schiiten unter Ali und seinem Sohn Hasan von den Sunniten wieder beseitigt und damit einem drohenden Zerfall des Islam vorgebeugt war, schlugen die 661 mit *Muawia* zur Herrschaft gelangenden *Ommeijaden* ihre Residenz außerhalb Arabiens in dem noch vor kurzer Zeit christlichen *Damask* auf, und es begann unter ihnen, im Gegensatze zu den schlichten und mäßigen Kalifen von Medina, das prunkvolle Hofleben, welches später dem Kalifat den Untergang gebracht hat, wie auch die Haremswirtschaft mit singenden und tanzenden Sklavinnen von loser Lebensart an die Stelle der bei den Beduinen ursprünglich meist einfachen Ehe und eines traulichen Familienlebens trat.

Und gerade seit dieser Zeit wendete sich der Islam, der in Asien bereits seine Grenze an dem ihm noch fremdartigen Wunderland Indien gefunden, angriffsweise gegen Europa und das Christentum. Ungeachtet fortwährender Aufstände der Aliden und anderer Parteien, durch welche das Reich des Islam wiederholt in mehrere Kalifate zerrissen wurde, deren Oberhäupter gegeneinander mit Mord und Brand wüteten, hatte doch das arabische Volkstum soviel unverwünstliche Kraft bewiesen, um noch vor dem Ende des siebenten Jahrhunderts das Kreuz aus fast ganz Asien und Afrika durch den Halbmond zu verdrängen und an zwei Meerengen, an den Säulen des Herakles und am Bosporus, vor den Toren Europas zu erscheinen. Europa schien den Arabern eine leichte und willkommmene Beute, das Christentum ein leicht zu bewältigender überwundener Standpunkt. Sie fühlten, wenn auch nicht infolge wissenschaftlicher Erkenntnis, doch instinktiv, daß hier ihr größter Feind wohne, dem sie zuvorkommen müßten, aber sie unterschätzten seine Kraft und rechneten falsch. Von jenen zwei Seiten, aus Asien und Afrika her sollte das nahe jenseitige Ufer genommen und in mächtigen Bogen nach und nach Südeuropa wie von einer riesenhaften Zange eingeklammert, und das Haupt der Christenheit, das stolze Rom, zur Dienerin Mekkas und Medinas herabgewürdigt werden. Der Islam kannte nicht, was in den kälteren Regionen des Nordens an Stärke und Mut lebte, er blickte nur soweit Palmen blühen; aber man wandelt nicht ungestraft unter Palmen, und ein arabisches Rom hätte den Arm der Nordmänner ebenso stark zu fühlen bekommen wie das alte völkerverschlingende Rom ihn fühlen mußte.

Jenen gewaltigen Plan des kräftigen Feldherrn *Musa* vereitelte sein Sturz, der meist gerade die um den Islam verdientesten Feldherren traf, und er wurde daher ohne Übereinstimmung und Einsicht, nur bruchstückweise ausgeführt. Die ersten Ansätze dazu fallen indessen schon in die Zeit vor Musa. Schon im siebenten Jahrhundert betraten die Araber Europa an zwei Orten, in Sizilien, wo sie sich jedoch noch nicht festsetzten, sondern nur Menschen wegschleppten, und in der Umgegend von *Konstantinopel,* wo sie in sieben Jahren nacheinander (668–675) die Hauptstadt des Ostens angriffen, aber an dem *griechischen Feuer* des Kallinikos einen Feind fanden, der ihnen die Wiederholung ihres Unterfangens für diesmal verwehrte.

Auch auf der westlichen Angriffsseite, in *Spanien,* erfolgte der erste Versuch noch im siebenten Jahrhundert; *Okba,* der einen großen Teil Afrikas bis zum atlantischen Ozean erobert, griff von Tanger aus Algesiras an, wurde jedoch von den Leuten des Westgotenkönigs *Wamba* (672–680) zurückgeworfen. Mehr Glück hoffte der erwähnte *Musa* zu haben, der nach vielfachen Verlusten und Aufständen Nordafrika und die Berber schließlich bändigte und es nun von Kairawan aus im Namen des Kalifen beherrschte. Den erhofften Ruhm nahm ihm jedoch *Tarik,* sein Feldherr in Nordwestafrika weg, der 708 das westgotische *Ceuta* angriff, wo Graf *Julian* befehligte und die Stadt mit Glück verteidigte. Doch von Bestand war Julians Treue gegen sein Vaterland nicht. Als Parteigänger der Söhne des von Roderich, dem letzten Gotenherrscher, gestürzten Königs *Witiza* suchte er mit denselben und dem Erzbischof *Oppas* die Hilfe der Araber gegen Roderich nach. Tarik ließ sich nicht zweimal bitten und fuhr 711 mit geringer Macht nach dem ersehnten Europa über die Meerenge, wo er bei dem in der Folge nach ihm benannten Berg (Gebel al Tarik, verkürzt Gibraltar) sein Lager aufschlug. Roderich, mutvoll heranziehend, verlor gegen ihn bei *Heres de la Fontera* Thron und Leben und das Christentum eine seiner schönsten europäischen Provinzen, freilich nur zeitweise. Die begierig und in großer Anzahl aus Afrika nachrückenden Araber und Mauren und die von den Goten bedrückten rachedurstigen spanischen Juden halfen Tarik in kurzer Zeit fast ganz Spanien unterwerfen, wo sich namentlich im Süden große Massen der halb afrikanischen Bevölkerung dem Islam anschlossen, und 712 zogen die Wüstensöhne in Toledo ein. Nun rückte auch *Musa* heran, der dem Untergebenen den Ruhm nicht allein lassen wollte, nahm mehrere von Tarik nicht angegriffene Städte, wie Sevilla ein und ließ in seiner Wut Tarik wegen Insubordination einkerkern, mußte ihn aber auf Befehl des Kalifen freilassen und wurde sogar von letzterem, der von ihm die Errichtung einer selbstständigen Herrschaft in Spanien fürchtete, nach Damask berufen, wo er Kerker und Tod fand.

Gleichzeitig mit der Eroberung Spaniens, die nur ein kleines Gebiet im Norden unter christlicher Herrschaft übig ließ, das aber der neuen Ordnung der Dinge bald gefährlich werden sollte, fand auch ein zweites Unternehmen der Araber im Osten gegen *Byzanz* statt. Gegen den tapferen Kaiser *Leon* den Isaurier, der sich 707 des Thrones bemächtigte, rückte der arabische Feldherr *Maslama,* Bruder des Kalifen *Suleiman,* mit großer Macht heran und schloß das Rom des Ostens ein, aber außer dem griechischen Feuer dezimierten Winterkälte, Pest und Hunger das stolzeste Heer des Islam bis auf traurige Trümmer. Mehrere Raubzüge gegen Byzanz entschädigten die Araber einigermaßen für ihr Unglück, traten aber in den Schatten gegenüber einer Fortführung des Angriffs gegen Europa von Westen, die ebenso kühn war, wie sie für den Islam tragisch endete. Die Araber betrachteten nämlich die Pyrenäen keineswegs als die Grenze ihrer neuesten und glänzendsten Eroberung. Schon 726 hatten sie im Vertrauen auf ihre Unüberwindlichkeit das Gebirge überstiegen und waren bis nach Burgund gestreift; mächtiger und geordneter aber war der Zug des Statthalters *Abderrahman,* der mit aller verfügbaren Macht 732 aufbrach, Bordeaux nahm und die Kirchen der Stadt niederbrannte, aber die Rechnung ohne den Helden gemacht hatte, der ein neues Geschlecht an Stelle der verkommenen Merowinger dem Thron des Frankenreichs entgegenführte. *Karl Martell* (der Hammer) schlug die Eindringlinge zwischen Tours und Poitiers so nachdrücklich, daß sie das Wiederkommen vergaßen und nur im Süden wiederholt plünderten und zerstörten, dagegen doch Narbonne noch bis 759 zu behaupten vermochten. Das arabische Spanien entschädigte sich für seine Niederlage durch sein Emporschwingen zu einem unabhängigen Reich unter *Abderrahman,* einem Sprößling des im Osten von den Abbasiden gestürzten Hauses der *Ommeijaden,* und zwar zu einem Reich, das sich im Glanz der Wissenschaft und edler Humanität hoch über alle mohammedanischen und über die meisten christlichen Staaten des Mittelalters erhoben hat.

Mit den *Abbasiden* zog sich das Kalifat weiter nach Asien, in die Ebenen des Euphrat und Tigris zurück und stand von da an Europa ferner. Der große Doppelangriff gegen letzteres war im Westen und im Osten fehlgeschlagen und lief in kleine Plänkeleien aus, die allerdings noch einige Jahrhunderte fortdauerten. Es konnte ohnehin von einem nachdrücklichen Vorgehen gegen Europa und das Christentum, ungeachtet mehrerer Kriege mit Byzanz, keine Rede mehr sein, einmal weil die Abbasiden bei ihrer Vorliebe für persisches Wesen ihre Aufmerksamkeit mehr dem Osten als dem Westen schenkten, sodann weil unter ihnen im äußersten Westen und Osten das Reich bereits in unabhängige Herrschaften zu zerbröckeln begann und endlich, weil einer der ersten Abbasiden und in mancher Hinsicht der größte Kalif seit Omar, *Harun Arraschid,* zugleich der letzte wahre Kalif war, da er durch die erwähnte Teilung seines Reiches unter seine Söhne den Todeskeim in dasselbe und in seines Hauses Macht und Glanz legte. Haruns freundschaftlicher Verkehr mit seinem erhabenen Zeitgenossen *Karl* dem Großen zeigte übrigens deutlich, daß er dem Westen nichts mehr anhaben wollte und ihn seiner Wege gehen ließ. Nach seinem Tode, noch mehr aber nach dem Ende seines zweiten Sohnes Mamun trat vollends ein unverkennbarer Rückschritt in der Sache des Islam ein. Die arabische Volkskraft war noch rascher als einst die römische, durch Vermischung mit allen möglichen Völkern eines Weltreiches gebrochen. Die Kalifen waren nicht mehr Führer ihres Volkes, sondern nur noch wollüstige, verschwenderische und launenhafte Despoten und fielen immer mehr in die Gewalt kräftiger aber oft gewissenloser Minister. Bei jeder Gelegenheit empörten sich Statthalter und machten sich zu unabhängigen Fürsten, so daß sich endlich das Gebiet der Kalifen auf die Umgegend von Bagdad und ihre Macht auf die Eigenschaft eines geistlichen Oberhaupts des Islam, und zwar wesentlich bloß dem Namen nach, beschränkte, während ein Emir al Omara (Fürst der Fürsten) die wirkliche Macht ausübte und dem Kalifen zum Leben ein armseliges Almosen hinwarf, die seit dem Tod Haruns immer mehr und endlich ganz aus rohen *Türken* bestehenden Leibwachen aber schließlich über Tod und Leben der Unglücklichen verfügten.

Ganz anders als die Kalifen dachten und handelten die kleinen arabischen Despoten, die sich in verschiedenen Teilen Afrikas aufgeworfen hatten, und die aus ihren Raubnestern hervorbrechenden Piratenbanden. Sie stürzten sich wie raubgierige Bestien auf die nördlichen Gestade und auf die Inseln des Mittelmeeres. Im Jahre 712 nahmen sie *Sardinien,* freilich nicht auf die Dauer, 827 *Sizilien* bis auf Palermo, das 832 nachfolgte, plünderten 846 Rom, ohne des Umwegs über beide Meerengen zu bedürfen, aber auch ohne es behalten zu wollen, bedrohten 849 Etrurien, fielen 871 in Campanien, 876 in Benevent ein und verwüsteten 882 die Gegend am Garigliano. Eine interessante Episode aus dieser Reihe von Räubertaten bildet der eigentümliche Versuch der „Sarazenen" im *Alpenland.* Eine Bande derselben hatte von Spanien aus 891 in der Provence den Flecken *Fraxinetum* eingenommen, die christlichen Bewohner gemordet und den Ort stark befestigt, von wo aus sie die ganze Umgegend unsicher machten und ausraubten. Ihre Raubzüge umfaßten nicht weniger als das ganze Rodan- und Po-Gebiet und die dazwischen emporragenden Alpen, wo sie sogar in den Jahren 921–929 wiederholt nach Rom wallende Pilger aus England töteten oder zur Rückkehr zwangen, 940 das Kloster Agaunum (St. Moriz in Wallis) überfielen, plünderten und verbrannten, um dieselbe Zeit in den rätischen Alpen sich festsetzten und das Bistum Chur greulich verwüsteten, ja ihr Wesen 954 bis nach dem Kloster St. Gallen trieben, von dessen Leuten sie jedoch, nach viel angerichtetem Schaden, zurückgejagt wurden; einzelne der Gefangenen, die sie zurücklassen mußten, hungerten sich aus Trotz gegen die Sieger zu Tode. Es war in derselben Zeit, als auch von Osten her die wilden Magyaren dieselbe Gegend mit ihren ungeschlachten Gewohnheiten heimsuchten. Fraxinet wurde später von *Wilhelm,* Graf der Provence, erobert und seine Bewohner fanden dabei teils den Tod, teils verschmolzen sie mit der dortigen Bevölkerung. Noch zeugen in den Alpen zahlreiche arabische Namen vom Aufenthalt der Feinde des Christentums, namentlich im Wallis: Almagell, Alalain, Eien *(ain,* Quelle), Mischabel, der *Monte Moro* und ähnliche Bergnamen. Auch arabisch-afrikanische Münzen aus dem 8. bis 10. Jahrhundert sind in der Schweiz gefunden worden.

Die letzten Besuche der Araber in den nicht von ihnen eroberten Teilen Europas waren ihre Plünderungen und Verwüstungen von 993 in Genua, 1005 in Pisa und 1009 in Cosenza. Noch in demselben Jahrhundert gingen nicht nur die Normannen gegen die Eindringlinge vor, wie wir sehen werden, und nahmen ihnen Sizilien wieder weg, sondern begannen auch die Kreuzzüge, welche Tatsache klar zeigt, daß letztere nicht als eine für sich bestehende Reihe von Ereignissen der Weltgeschichte, sondern bloß als eine neue Periode in einer ununterbrochenen Reihe von Feindseligkeiten zwischen denselben Parteien, dem Islam und Christentum, betrachtet werden müssen.

VIERTER ABSCHNITT

Die abendländischen Pilgerfahrten und Kriege gegen den Islam vor den Kreuzzügen

Daß der Boden, auf welchem der Stifter der christlichen Religion lebte, wirkte, litt und starb, für jeden Christen heilig ist, das kann nicht in Verwunderung setzen; es ist für den Kenner der edleren Regungen des menschlichen Seelenlebens selbstverständlich. Ebenso natürlich ist es aber, daß in einer Zeit, welche so vorwiegend religiöse Bestrebungen verfolgte wie das Mittelalter, die Begeisterung für das Heilige Land und das Heilige Grab geradezu in die Tat übergehen und zu Schritten führen mußte, welche die Gewinnung jener geweihten Stätten für die Christen zum Zwecke hatten. Trotzdem aber wäre es bei aller Begeisterung für die heiligen Orte zur kriegerischen Tat sicher nie gekommen, wenn derselben nicht die kriegerischen Angriffe von seiten des Islam gegen Europa und das Christentum vorangegangen wären, als deren notwendige Fortsetzung und rächende Vergeltung die Kreuzzüge erscheinen. Pilgerfahrten nach dem Heiligen Land sind weit älter als der Islam, aber bewaffnete Züge gegen die Anhänger des letzteren sind nicht nur jünger als die Entstehung der Religion Mohammeds, sondern auch jünger als die oben skizzierten Angriffe der Islamiten gegen Europa; sie sind lediglich eine Gegenwehr gegen diese.

An Wallfahrtsorten ist Europa keineswegs arm. In Rom sehnten sich die Frommen vorzüglich aus dem Westen und Süden des Erdteils, die Stätten des von der Legende erzählten Leidens und Sterbens der Apostel Paulus und Petrus zu besuchen, während der Norden und Osten in Konstantinopel zahlreiche Reliquien verehrte und wohl zugleich einem alten, schon vorchristlichen Sehnen nach dem Morgenland folgte. Nicht nur aus Spanien, sondern weiter her, pilgerte man zu dem Grab des heiligen Jakobus in Santiago de Compostela und nicht aus Italien zu dem wunderbarerweise der Legende zufolge aus Palästina nach Loreto versetzten Häuschen der Gottesmutter, während die den Alpen benachbarten Frommen gerne die schwarze Madonna in Einsiedeln aufsuchten. Allen Wallfahrtsorten voran und obenan stand aber von jeher das „Heilige Land“, wo sich bereits seit dem dritten Jahrhundert Pilger aus allen Gegenden der Erde, wo Christen lebten, sammelten. Es gab seit jener Zeit kaum etwas Verdienstlicheres in den Augen gläubiger Christen, als eine Pilgerfahrt nach Jerusalem, welche die Kirchenväter Hieronymus und Augustinus ihren Zeit- und Glaubensgenossen nicht angelegentlich genug empfehlen konnte, während beide zu gleicher Zeit vor einer einseitigen Wertschätzung jener Wallfahrt warnten, Chrysostomos und Gregor von Nissa aber sich geradezu gegen das Wallen nach Jerusalem aussprachen und es als nutzlos erklärten. Ebenso nutzlos blieben aber diese Abmahnungen selbst, und die Reisen der Frommen nach dem Heiligen Land nahmen einen neuen Aufschwung, nachdem im Jahre 326 die fromme Kaiserin Helena, Konstantins I. Mutter, wie die Legende erzählt, in Jerusalem das Kreuz Jesu oder vielmehr Stücke und Nägel davon aufgefunden hatte. Es gab und gibt wenig bedeutendere Kirchen und Klöster in der Christenheit, welche sich nicht des Besitzes von Stücken des „wahren Kreuzes“ rühmen; im Mittelalter wurde mit solchen oft ein ebenso unwürdiger Handel getrieben wie mit anderen Reliquien. Im Jahre 335 wurde die Kirche des Heiligen Grabes vollendet und in Gegenwart zahlloser Pilger feierlich eingeweiht, welcher rasch mehrere weitere Kirchen folgten, so namentlich die der heiligen Maria im Tale Josaphat, die Auferstehungskirche usw., ebenso in anderen Orten Palästinas, Betlehem, Nazaret, Tiberias, Bethanien, Betsaida u. a. m.

Mit den Kirchen im Heiligen Land mehrten sich wie angedeutet die Pilger nach demselben. Kein Wunder, denn dieselben galten als bevorzugte Wesen. Wo sie auf ihren mühe- und gefahrvollen Reisen, oft während blutiger Kriege, hinkamen, selbst unter barbarischen Völkern, soweit selbe christlich, aber wenigstens nicht christenfeindlich waren, wurden sie gastlich aufgenommen und gelabt, von Reich und Arm, Alt und Jung, Mann und Weib; man nahm ihnen oft für Überfahrten zu Schiff und für Beherbergung nichts ab. Es galt als die verdienstvollste Art von Wallfahrt, den ganzen Weg, so weit es möglich, zu Fuß, am liebsten barfuß, und ohne Sack und Tasche, d. h. ohne Geld und Lebensmittel, zurückzulegen. Der bevorzugte Weg war daher derjenige über Konstantinopel.

Seitdem Christen und so lange nicht Ungläubige in Palästina herrschten, ließen sich gern europäische Christen in Jerusalem und anderen heiligen Orten nieder, namentlich zur Zeit der Völkerwanderung, um den Stürmen derselben und den mannigfachen Verletzungen heiliger Dinge, mit denen sie verbunden war, zu entgehen. Selbst höchste Personen, so z. B. manche Kaiserinnen und Königinnen, folgten diesem Zug des Herzens. Doch nicht nur Fromme, auch weltlich gesinnte Leute benutzten den Zusammenfluß von Menschen aus allen Ländern im Heiligen Land, um daselbst Handel mit allen möglichen Waren zu treiben und ihren Vorteil zu sichern. Auch Juden mengten sich zahlreich unter die Christen, um auf der Stätte ihres einstigen Tempels dessen Untergang zu betrauern.

Doch, es ging nicht lange nach den Neubauten und Verbesserungen von Kirchen und selbst Städten (wie Tiberias und Betlehem), welche der from-

Gastlichkeit gegen Pilger.

me Kaiser *Justinian* im Heiligen Land vornehmen ließ, als Jerusalem in die Hände der Ungläubigen fiel, zuerst vorübergehend in die der sog. Feueranbeter (Zoroastrianer), da der Sassanide *Chosru II.* ganz Syrien und 614 auch Jerusalem einnahm, das „Heilige Kreuz" nach Persien brachte und niemanden zu schonen erklärte, der nicht die Sonne anbete. Es gelang zwar dem Kaiser *Heraklios,* 625 Stadt und Kreuz wieder zu erobern; aber nur dreizehn Jahre vergingen, bis die heiligen Orte alle, wie oben erwähnt, auf längere Dauer in die Hand neuer „Ungläubigen" fielen, denen die Sonnenanbeter bereits erlegen waren.

Jetzt begann die schlimmste Zeit für Palästina und seine Pilger. Zwar verhielten sich nicht alle muslimischen Herrscher des Landes hart gegen die Besucher der geweihten Stätten, aber die milden wechselten mit harten ab und unter allen mußten sich die Pilger einem Tribut und manigfachen Beschränkungen unterwerfen. Der Tribut betraf gewöhnlich zwei Denare (55 Pfennige).

Karl der Große, welchem Mönche aus dem Heiligen Land Reliquien überreichten, verhieß ihnen kräftigen Schutz der Wallfahrt, wenn nötig mit Waffengewalt, nach welcher Äußerung des Kaisers, in Verbindung mit seinem Zug nach dem damals arabischen Spanien, eine das ganze Mittelalter hindurch geglaubte Sage einen Kreuzzug des großen Kaisers nach Jerusalem gedichtet hat. Die Waffengewalt wurde aber nicht erforderlich, weil Karls großer Zeitgenosse *Harun* aus Achtung für jenen seinen ihm übersandten reichen Geschenken das Versprechen, die christlichen Pilger in seinem Reiche zu schützen, beifügte. So lange die beiden befreundeten großen Monarchen des Abend- und Morgenlandes lebten, ging es den Pilgern gut; als aber bald nachher das Kalifenreich zu zerbröckeln, die Macht der Christen in Europa dagegen zu wachsen begann, ließen die kleinen Despoten, welche den größeren Kalifen folgten, ihren Unmut über diese doppelte Erscheinung an den ihre Staaten betretenden Pilgern aus. Die Abgaben derselben wurden erhöht, noch mehr aber jene der christlichen Würdenträger. Der Patriarch von Jerusalem mußte jährlich 580 Solidi (1914 Mark) entrichten. Der Mönch Bernhard mußte 865 in Alexandria sechs Goldstücke bezahlen, um landen, und in Kairo 13 Denare (3 Mark 60 Pf.), um seine Reise fortsetzen zu dürfen. Noch stärker wurden die Bedrückungen am Ende des neunten Jahrhunderts. Aber umsonst flehte der Patriarch *Elias* von Jerusalem den Kaiser Karl III. um Hilfe an, denn eben damals hatten die Einfälle arabischer Piraten in Europa den höchsten Grad erreicht. Nur vorübergehend gelang es dem byzantinischen Kaiser *Nikephoros Phokas,* 950 einen großen Teil Syriens, und seinem Nachfolger *Johannes Zimiskes* 972 sogar Jerusalem u. a. Städte Palästinas zu erobern, das Gewonnene fiel nach wenigen Jahren wieder in die Hände der Jünger Mohammeds.

Die fatimidischen (d. h. schiitischen) Kalifen Ägyptens, diese Nebenbuhler der Abbasiden von Bagdad, die nunmehrigen Besitzer Palästinas, ließen die christlichen Einwohner und Pilger eine Zeitlang frei gewähren; aber seitdem (996) den Thron dieser schiitischen Papstkönige der ursprünglich von Christen stammende Hakim einnahm, konnte seine grausame Gemütsart nicht genug Härte und Druck gegen die Glaubensgenossen seiner Vorfahren erfinden. Mehrere Kirchen im christlichen Land, darunter die Auferstehungskirche, ließ er kurzweg niederreißen. Er fiel 1020 einer Verschwörung zum Opfer, und die zerstörten Kirchen wurden unter seinen Nachfolgern, die in guten Verhältnissen zu Byzanz standen, wieder aufgebaut.

Zu seiner Zeit hatte sich im Abendland der Glaube immer mehr geltend gemacht, daß kein Verbrechen so groß sei, welches nicht durch eine Wallfahrt nach Jerusalem gesühnt werden könne. Schon dieser Umstand vermehrte die Zahl der Pilger, aber es kam noch ein anderer dazu; der Glaube an das tausendjährige Reich verleitete die Christen, im Jahre 1000 den Weltuntergang zu erwarten, und man meinte natürlich dies nirgends besser tun zu können als im Heiligen Land. Die Büßer und Furchtsamen pilgerten jetzt zu Tausenden nach dem Morgenland. Ein bretonischer Herr, *Frotmond,* welcher seinen Oheim und seinen Bruder erschlagen hatte, erschien im Bußgewand vor dem König von Frankreich und den um ihn versammelten Bischöfen, die ihn mit eisernen Ketten belasteten und ihm befahlen, die Stirn mit Asche bestrichen und einen Martergürtel um die Lenden nach dem Heiligen Land zu wallen. Er tat es, mußte aber nach seiner Rückkehr auf Befehl des Papstes, dem die Buße nicht genügte, die Wallfahrt wiederholen; nach seiner Rückkehr jedoch wurde er gleich einem Heiligen geachtet. So büßte einige Zeit später der Präfekt *Cenci* von Rom, welcher den Papst mißhandelt und in einen Kerker geworfen hatte, diese Tat mit einer Palästinafahrt. *Fulko,* genannt Nerra, Graf von Anjou, hatte seinen Bruder in einem Verließ umkommen lassen und in ungerechten Fehden viele andere Schandtaten begangen, so daß ihm in seinen Fieberträumen stetsfort die Gestalten seiner Opfer erschienen und ihm seine Verbrechen vorwarfen (Bild 3). Endlich entschloß er sich, um dieser Qual zu entgehen, zu einer Wallfahrt, durchirrte Jerusalem mit einem Strick um den Hals, von seinen Dienern auf sein Verlangen mit Ruten gepeitscht und stets ausrufend: „Herr, habe Erbarmen mit einem meineidigen und flüchtigen Christen." Den Zutritt zum Heiligen Grab und Kreuz erhielt er (unter der Herrschaft Hakims) nur unter der schändlichen Bedingung, jene heiligen Dinge zu verunreinigen, entging jedoch dieser Schmach durch die sinnreiche List, vorher bereitgehaltenen köstlichen Wein (nach anderer Angabe Rosenwasser) auszugießen, ohne daß es die zynisch lachenden Wächter bemerkten. Er kam mit einem Stück vom Heiligen Kreuz nach Hause, ließ bei seinem Schloß ein Kloster und eine nach dem Heiligen Grab benannte Kirche erbauen, ging aber, in seinem Gewissen noch nicht beruhigt, ein zweites Mal nach Jerusalem, wo er neuerdings Buße tat, und wurde dann nach seiner Rückkehr vom Papst losgesprochen, in seiner Heimat aber, wo er nur noch Gutes tat, allgemein verehrt. Noch immer aber vom Schatten seines Bruders verfolgt, machte er eine dritte Wallfahrt, starb aber auf der Rückreise in Metz und wurde in seiner Grabeskirche bestattet. Um dieselbe Zeit, nämlich in der ersten Hälfte des elfen Jahrhunderts (1035), trieb sein Gewissen *Robert II.,* Herzog der Normandie, von der Volkssage „Robert der Teufel" genannt, Vater Wilhelms des Eroberers, der seinen Bruder Richard vergiftet haben soll, nach dem Heiligen Land. Er reiste mit vielen Rittern und Edelleuten, alle mit Stab und Flasche, im Büßerkleid und barfuß. In Konstantinopel verschmähte er alle vom Kaiser ihm angebotenen Bequemlichkeiten und Vergnügungen. In Kleinasien erkrankt, mußte er sich von Eingeborenen (Mohammedanern) eine Strecke weit in einer Sänfte tragen lassen und sagte zu einem ihm begegnenden Landsmann, der ihn nach Aufträgen in die

Heimat fragte: „Sage meinen Untertanen, daß du ihren Herzog von Teufeln in das Paradies tragen sahest." In Jerusalem bezahlte er für eine Menge armer Pilger den Tribut mit je einem Goldstück, tat Buße, starb aber auf der Heimreise in Nikäa, mitten unter mitgebrachten Reliquien, ohne seine Heimat wiedergesehen zu haben. Noch mehrere dergleichen Beispiele, von Büßern wie von Frommen, auch von Frauen, erzählen die Legenden jener Zeit.

Die im Morgenland wachsende Ungunst der Herrscher und Völker ge-

Ansicht der Kirche des heiligen Grabes.

gen die Christen und die demzufolge sich vermehrenden Gefahren der Pilger drängten diese seit der Mitte des elften Jahrhunderts, sich zu größeren Scharen zu verbinden, die zu Hunderten und Tausenden anwuchsen. Die bedeutendste dieser Scharen war ohne Zweifel diejenige, welche sich 1064 oder 1065 unter dem Erzbischof Sigfrid von Mainz, den Bischöfen *Günther* von Bamberg und *Wilhelm* von Utrecht und vielen anderen geistlichen Würdenträgern, nach einer Angabe 7000, nach einer anderen 13 000 Mann stark sammelte; die Prälaten unter ihnen zogen jedoch nicht in Pilgertracht und zu Fuß mit, sondern in glänzender Rüstung und zu Pferde. Am Tor von Antipatris wurden sie von arabischen Räubern angegriffen, Bischof Wilhelm wurde verwundet, geplündert und für tot liegen gelassen, alle Pferde und Maultiere der Schar gingen verloren. Endlich wurden die Kämpfenden einig, Frieden zu schließen, aber ein verräterischer Emir wollte bei der Unterhandlung mit seinem aufgewickelten Turban den Bischof Günther erdrosseln, wurde jedoch von diesem niedergeworfen. Die acht Emire, welche die Bande anführten, wurden gefesselt, und der Emir von Ramla, ein

Freund der Ordnung (und wohl auch einer guten Belohung) brachte die Pilger in Sicherheit, die dann glücklich Jerusalem erreichten. Nach Hause gelangten von der ganzen Schar angeblich nur 2000, und auch diese meist krank.

Durch diese größeren Pilgerscharen gingen die Wallfahrten allmählich zu größeren Unternehmungen, zu den *Kreuzzügen* über. Die erste Aufforderung zu einem solchen erließ, nach Empfang der Nachrichten von den durch Hakim verübten Freveln an den heiligen Stätten, Papst *Sergius IV.* (1009), indem er die Christenheit in einem Rundschreiben zu einem Krieg aufrief, dessen Ziel die Befreiung des Heiligen Landes sein sollte, zu einem Krieg, schrieb er, in dem es sich nicht um ein armseliges Königreich, sondern um einen ewigen Besitz handle. Er versprach jedem, der um Christi willen Weib und Kind, Haus und Heim verlasse, hundertfache Belohnung. Zugleich versicherte er, die Genuesen und Venetianer hätten zu diesem Zweck bereits eine große Flotte ausgerüstet und es zeige sich in den übrigen Städten Italiens großer Eifer für die gute Sache. – Es blieb aber bei den schönen Worten und kam nicht zu Taten.

Wenn es *einem* der Nachfolger Sergius' IV. wohl anstand, die Sache der Kreuzzüge, die in den Gemütern nach und nach Gestalt anzunehmen begann, zu der seinigen zu machen, so war dies *Gregor VII.*, der ob seiner Charakterstärke und seines Eifers für die Reinheit der Kirche immerhin bewundernswerte Befestiger des Papsttums und zeitweise Überwinder des Kaisertums. Und Gregor erfaßte auch diesen Gedanken wie jeden großen seiner Zeit. Zunächst bewog ihn dazu der byzantinische Kaiser *Michael VII.* Dukas, der ihn um Hilfe gegen die stets zunehmende Macht der Mohammedaner anflehte und ihm sogar eine Wiedervereinigung der morgen- mit der abendländischen Kirche in Aussicht stellte. Byzanz hatte bereits nicht mehr die Kraft, sich des Islam zu erwehren, der, obschon in zahllose Gebiete unter teilweise einander feindlichen Dynastien zersplittert, dem östlichen Rom eine Provinz nach der anderen entriß; der empfindlichste dieser Verluste aber war gerade damals (1074) die Wegnahme Kleinasiens bis auf die Seestädte durch die *Seldschuken* unter *Suleiman,* dem Vater des Sultans *Malek Schah.* Die Seldschuken besaßen bereits fast alles, was einst die Kalifen in Asien besessen, und die letzteren beherrschten nur dem Namen nach Bagdad; mit Kleinasien aber war vollends dem byzantinischen Reich der Fuß abgeschnitten, mit dem es in Asien stand, so daß es seitdem ein hinkendes, erbärmliches Dasein fristete und bald den Mohammedanern einen entehrenden Tribut zahlte, bald die Abendländer um Hilfe anrief, so sehr es deren Glauben verabscheute. Kaiser Michael sah nicht ein, welchen Mißgriff er getan, indem er sich an den Papst wandte, für den es nur entweder ein römisch-katholisches oder ein feindliches Byzanz gab, und in ihm eine Hoffnung erregte, welche, wie er wissen mußte, seine Untertanen ganz und gar nicht teilten. Gregor ergriff indessen diese Gedanken eifrig und sandte den Patriarchen von Vendig nach Konstantinopel, um die Vereinigung beider Kirchen vorzubereiten. Der Patriarch erhielt befriedigende Zusagen und der Papst wandte sich 1074 an mehrere Fürsten, selbst an seinen

Feind *Heinrich IV.* um Geld und Truppen und hatte bereits ein Heer von 50 000 Mann gesammelt, das er bei Viterbo musterte, ja er lud am 2. Januar 1075 alle, die sich dem Zug nach dem Morgenland anschließen wollten, namentlich aus den Ländern jenseits der Alpen ein, zur Verabredung des Weges und anderer Angelegenheiten, die den Zug betreffen, Gesandte nach Rom zu schicken. An die Gräfin Mathilde von Toscana schrieb er: „Wie all mein Sinnen und Trachten nur darauf gerichtet ist, über das Meer zu gehen, um unter dem Beistand des Herrn dort den Christen, die wie das Vieh von den Ungläubigen hingewürgt werden, Hilfe zu leisten, erröte ich anderen zu sagen, damit ich nicht der Leidenschaftlichkeit geziehen werde." Nach diesem Brief gedachte Gregor selbst mit nach dem Heiligen Land zu ziehen und Mathilde, sowie die Kaiserin-Mutter mitzunehmen. Aber der fortdauernde Kampf mit dem Kaiser zwang ihn, den größeren und edleren Gedanken aufzugeben. Zwar nahm denselben 1087 sein Nachfolger *Victor III.* auf, aber mit nicht viel mehr Erfolg. Wohl predigte er bereits eine Art von Kreuzzug, infolgedessen die kühnen Seestädte *Genua* und *Pisa,* noch glühend vor Rache über die vom Halbmond erfahrene Schmach, 1088 den Sarazenen Mehadia in Tunesien wegnahmen und sie zu einem Tribut zwangen; aber da sich der Papst während seiner kurzen Regierungszeit in Rom gegenüber dem kaiserlichen Gegenpapst überhaupt nicht halten konnte und wesentlich Abt von Monte-Cassino blieb, was er vor seiner Wahl war, so hatte sein Aufruf keine weiteren Folgen. Doch kam seitdem die Bewegung, die in der Zeit lag, der großartigen Erscheinung, die wir als die Kreuzzüge kennen, immer näher.

Dem Rachedurst für die Angriffe des Islam gegen das Christentum kam bei dieser Bewegung die Stimmung sehr zustatten, welche im Mittelalter und namentlich in der Zeit unmittelbar vor den Kreuzzügen, im elften Jahrhundert, das römisch-katholische Europa erfüllte. Diese Stimmung war, wie auch die obigen Erzählungen von Pilgerfahrten zeigen, eine vorwiegend asketische, d. h. eine er Entbehrung und dem Leiden für den Glauben geneigte. Die Sehnsucht nach dem Einsiedler-, Kloster- oder Pilgerleben durchzitterte die Herzen von ganz Nord-, Mittel- und Westeuropa. Die kirchliche und klösterliche Disziplin, die vielfach erschlafft war, wurde strenger und schärfer; die weltlichen Wissenschaften verloren ihr Ansehen und mußten entweder der Theologie dienen oder – schweigen; in den Glaubensfragen machte sich immer mehr die materielle und wörtliche Auffassung geltend, so daß z. B. gelehrt wurde: in der Hostie werde der wahre Leib Christi von den Händen des Priesters zerbrochen, von den Gläubigen betastet, von ihren Zähnen zerkaut; die Büßer und Schwärmer wurden mehr verehrt als geistliche und weltliche, selbst die höchsten Würdenträger; Fürsten wurden Mönche und Könige demütigten sich vor Einsiedlern. Die Frauen gehörten zu den eifrigsten Aposteln dieser Richtung; es ist bekannt, wie Mathilde von Toscana das Werk Gregor VII. unterstützte. Das Volk vollends trieb die Reliquien- und Heiligenverehrung bis zur Raserei, wollte es doch einst den heiligen Romuald, Stifter des Camaldulenser-Ordens totschlagen, um seine Gebeine besitzen und verehren zu können! Es ist indessen bemerkenswert,

Fulko von Anjou.

daß in dieser Stimmung die romanischen Völker den Vortrab bildeten und die germanischen ihnen nur langsam und bedächtig nachfolgen. Und so geschah es auch in den Kreuzzügen, in welchen Franzosen und Italiener den Rahm abschöpften und die überall von Unglück verfolgten Deutschen kaum die laue Milch erhielten.

Wohin aber wäre all dies asketische Wesen gelangt ohne eine Hand in Hand mit ihm gehende *kriegerische* Stimmung? Krieg im Geiste gegen das Fleisch und in den Waffen gegen die Ungläubigen, das war die Losung der Zeit und sie hat die *Kreuzzüge* mit all ihrem Erhebenden und mit all ihrem

Abstoßenden, mit ihren edeln Taten und mit ihren Schadtaten geschaffen. Dieser kriegerische Drang machte sich schon vor den Kreuzzügen Luft in dem (freilich mißglückten) Angriff der Byzantiner mit normannischen Söldnern auf *Sizilien* und in dem erwähnten Zug von Pisa und Genua; der Graf von Poitou eilte 1062 und der Herzog Hugo von Burgund, dem mehrere Verwandte nachfolgten, 1076 den *spanischen* Christen gegen die Araber und Mauren zu Hilfe und dieser war *Toledos* Gewinn zu verdanken. Der Normanne Graf *Roger* begann mit Hilfe seines Bruders, des Herzogs Robert Guiskard von Apulien, aus *Sizilien* die dort unter sich zerfallenen Araber zu vertreiben, nahm 1060 Messina, 1072 Palermo, 1086 Syrakus und brachte bis 1091 die ganze Insel in seine Gewalt, deren Graf er wurde. Das waren Vorübungen für die Kreuzzüge, die bereits in der Luft lagen.

FÜNFTER ABSCHNITT

Die nächsten Veranlassungen zu den Kreuzzügen

Es war derselbe *türkische* Völkerstamm, der nicht nur den jüngsten Angriff aus Asien gegen Europa oder des Islam gegen das Christentum vor nun einem halben Jahrtausend ins Werk setzte, sondern schon dreihundert Jahre früher die hauptsächlichste Veranlassung zu den *Kreuzzügen* bildete. Vereinzelt dienten Türken schon seit dem neunten Jahrhundert den Kalifen von Bagdad, unter denen sie, als deren Kraft ging (wie bereits erwähnt), die Rolle der Prätorianer bei den Römern spielten. In größeren Volksmassen aber und als Herrscher und Eroberer traten von der türkischen Familie gegen Ende des zehnten Jahrhunderts zuerst die noch heute in Turkestan nomadisierenden Turkmanen auf, und zwar voran der nach seinem Anführer *Seldschuk* benannten Stamm der Seldschuken. Die Horden derselben ließen sich um 970 bei Bochara nieder und traten zum Islam über. Im vierten Jahrzehnt des elften Jahrhunders waren sie bereits so stark, daß Seldschuks Enkel *Togrul-Beg* es wagen konnte, in Persien einzufallen, das er bis zum Jahre 1050 vollständig dem Herrschergeschlecht der Gasnaviden entriß und zu seinem Reich machte. Aber er strebte noch weiter. Im Jahre 1055, als in Bagdad, dem letzten Rest des Reiches der ganz heruntergekommenen und ohnmächtigen abbasidischen Kalifen, zwischen Sunniten und Schiiten ein heftiger Streit wütete, riefen sowohl der Kalif als sein Vormund (der Emir al Omara, aus der mächtigen und gebildeten Familie der *Buiden*) den mächtigen Seldschuken zu Hilfe gegen die sie bedrängenden türkischen Söldner. Togrul-Beg erschien in Bagdad, schaffte Ruhe und ließ sich selbst, statt des letzten Buiden, den er verbannte, vom Kalifen zum Emir al Omara einsetzen. Als den siebzigjährigen Eroberer 1063 der Tod abrief, erbte das Reich sein Neffe *Alp Arslan* und wandte sich, als ob ein geheimnisvoller Drang die Turkmanen immer weiter nach Westen triebe, gegen den byzantinischen Kaiser *Romanus Diogenes,* den er gefangen nahm, aber ungeachtet seines Trotzes mild behandelte und bald wieder freigab. Er starb von der Hand eines Gefangenen 1072, bereuend, daß er sich überschätzt und für unangreifbar gehalten hatte. Sein Sohn und Nachfolger *Malik-Schah,* ein Beschützer der Wissenschaften, welchen Ruhm er jedoch

Portal der Kirche des heiligen Grabes.

seinem gelehrten Wesir *Rezam el Mulk* verdankte, herrschte bereits von den Grenzen Chinas bis zum Mittelmeer, denn er war der Lehnsherr seines Vetters *Suleiman,* der wie erwähnt, Kleinasien erobert und seinen Sitz in Nikäa aufgeschlagen hatte. Aber die Seldschuken erklämpften noch weitere und folgenreichere Gebietsvergrößerungen. Sie nahmen zwischen 1070 und 1080 den von türkischen Söldnerführern beherrschten fatimidischen Kalifen Ägyptens *Syrien* und *Palästina* weg, wo Malik-Schahs Bruder, der Eroberer des Landes, *Tutusch,* als Statthalter eingesetzt wurde.

Kaum aber waren diese Eroberungen der Seldschuken vollendet, als zwischen ihnen selbst blutige Kämpfe ausbrachen. *Suleiman* eroberte 1084 *Antiochia* und fiel 1086 im Krieg gegen seinen Vetter *Tutusch.* Eine namenlose Verwirrung brach im Seldschukenreich ein, noch bevor *Malik-Schah* (1092) starb, und dasselbe zerfiel in eine Menge kleiner Fürstentürmer, die ihre Herren und Grenzen beständig wechselten. In Kleinasien machte sich vorzugsweise *Kilidsch Arslan,* Suleimans Sohn, geltend. In Syrien bekämpften sich nach Tutuschs Tod dessen Söhne *Ridwan,* der sich in *Haleb,* und *Dekak,* der sich in *Damask* zum Emir aufwarf, und ihre Feindschaft wurde um so erbitterter, als der erstere den fatimidischen, der letztere den abbasidischen Kalifen huldigte. *Jerusalem* hatte Tutusch 1084 dem Turkmanen *Ortok* als eine Art von Statthalterschaft übergeben, in welcher demselben 1091 seine Söhne *Sokman* und *Ilgazi* folgten. Unter diesen Barbaren wurde den Christen und besonders den Pilgern nach dem Heiligen Land die roheste Behandlung zuteil. Plünderungen, Mißhandlungen und Kirchenschändungen von seiten der Türken waren an der Tagesordnung, und kein Pilger konnte unter solchen Umständen mehr ohne Lebensgefahr die heiligen Stätten besuchen.

In dieser trostlosen Lage befand sich das mohammedanische Morgenland, als im *byzantinischen* Reich, das durch die Seldschuken so schwer geschädigt war, *Alexios I.* aus dem Geschlecht der Komnenen regierte. Dieser ehrgeizige, aber tapfere und kluge Mann hatte sich im Jahre 1081 zwar durch Verrat, an dem selbstsüchtigen Usurpator *Nikephoros Botaneiates,* dessen Feldherr er war, des Kaiserthrones bemächtigt, und machte seitdem vielen seit langer Zeit eingerissenen Mißbräuchen und Unsitten am Kaiserhof und im Reich mit kräftiger Hand ein Ende.

Leider aber wurde sein treffliches Streben dadurch beeinträchtigt, daß er fortwährend äußere Feinde zu bekämpfen hatte und daß die sinnlosen Verschwendungen seines Vorgängers, welche die Staatskasse geleert hatten, seine Tatkraft lähmten. Zuerst bedrängte ihn *Robert Guiskard,* Herzog der in Süditalien als Raubschar eingedrungenen und es nun beherrschenden, später aber in den ersten Kreuzzügen eine so große Rolle spielenden Normannen, welcher nicht zufrieden war, die griechischen Besitzungen in Italien seinem Reich einverleibt zu haben und nun 1081 mit Bewilligung Papst *Gregor VII.,* um in Griechenland Eroberungen zu machen, mit einem Heer in Illyrien einfiel und mit wechselndem Glück kämpfte. Aber der kluge Kaiser wußte Venedig durch Handelsprivilegien in seinem Reich und mehrere italienische Fürsten durch Geld für sich und gegen den Eindringling zu gewinnen, dessen Tod, bald nach demjenigen seines Schützlings Gregor VII., ihn 1085 von dieser Vorübung zu späteren Unternehmungen abrief.

Kurze Zeit darauf bedrohte das türkische Volk der *Petschenegen* oder *Petschenären*, Verwandte der Seldschuken, das Reich von Konstantinopel, indem es von der Donau her, wo es seit langem saß, über den Balkan nach der Hauptstadt vordrang; die wilden Horden erlitten jedoch 1091 durch die byzantinischen Truppen eine vernichtende Niederlage. Mehr aber machten dem Kaiser Alexios, ungeachtet ihrer jüngsten Zersplitterung und inneren Zwiste, die *Seldschuken* zu schaffen. Zwar hatte das oströmische Reich in den letzten Jahren sein vorher arg zusammengeschrumpftes Gebiet wieder bedeutend vergrößert, zwar wurden hier die lange vernachlässigten wissenschaftlichen Bestrebungen, namentlich das Studium des klassischen Altertums, wieder vorgenommen, zwar glänzten des Kaisers Tochter, *Anna* Komnena, und der Palastbeamte *Zonaras* als gewandte Geschichtsschreiber, aber die großen Verluste, welche das Reich namentlich durch die Seldschuken erlitten, hatten seine früher so ausgezeichnete Finanzlage erschüttert und die einst glänzende Kriegsmacht, soweit sie auf Angehörigen des Reiches beruhte, auf einen kleinen Rest heruntergebracht, so daß sie durch angeworbene Fremde aller möglichen Völker ergänzt werden mußte, die aber durchweg unzuverlässig waren, mit Ausnahme der dem Kaiser ergebenen skandinavischen Krieger, der *Warangen*, die sich mit ihren zweischneidigen Streitäxten jeden Feind furchtbar machten.

Unter diesen Umständen ist es nicht zu verwundern, daß Kaiser Alexios, um seinem Reich nur die zum Leben notwendigen Bedingungen wieder zu verschaffen, worunter die Wiedererwerbung Kleinasiens die erste Stelle einnahm, in seiner Ratlosigkeit den gleichen, für ihn und sein Reich nutzlosen und schädlichen, und daher entschieden törichten Schritt tat wie einer seiner Vorgänger, Michael VII.; – er rief 1095 den Papst um Hilfe an und führte hierdurch ohne sein Wissen und wider seinen Willen das zweihundertjährige Trauerspiel der *Kreuzzüge* herbei.

Auf dem päpstlichen Stuhl saß damals *Urban II.*; vor seiner Wahl Kardinalbischof Otto von Ostia, wurde er, ein halbes Jahr nach dem Tode Victors III., von den durch die kaiserliche Partei am Zusammentritt in Rom verhinderten Anhängern der Partei Gregor VII. in Terracina am 12. März 1088 zu ihrem Papst gewählt. Er gehörte zur strengen Seite der Gregorianer und erklärte gleich nach der Wahl, daß er in allem dem Beispiel Gregors folgen werde, mit dem er in allen Dingen einig gehe, und bewies dies auch durch die Energie, mit welcher er gegen den gebannten Kaiser und dessen Gegenpapst auftrat. Aber er war nicht nur Gregorianer, sondern auch ebenso eifriges Mitglied der Ordensgesellschaft von Cluny, und diese letztere Eigenschaft milderte in bedeutendem Maße das Strenge und Harte der ersteren. Wie die Cluniacenser stets, war auch Urban bestrebt, an die Stelle des gebieterischen Wesens und rücksichslosen Vorgehens Gregors kluge Benutzung der Umstände zu setzen, er wußte durch scheinbare Versöhnlichkeit im Vorder-, feine Intrigen im Hintergrund mehr zu erreichen als durch Kampf und Streit. War auch dieser nicht zu umgehen, so mußte er in diplomatischer Weise geführt werden, und durch diese Methode hat Urban die damals den Gegnern unterlegene, vielfach beraubte und gedemütigte Kirche gerettet und wieder zu ihrem früheren Glanz erhoben. Er selbst war aus seinem Bischofssitz Ostia vertrieben, und hatte Mühe und Not, ein ärmliches Einkommen für die römische Kirche aufzutreiben, deren Schätze der kaiserliche Gegenpapst Wibert und seine Anhänger genossen. Urban wagte es, in Rom zu verweilen, während sein Nebenbuhler gegen ihn den Bannstrahl schleuderte, aber er konnte sich noch nicht erheben und mußte bei den kirchentreuen Normannen seine Zuflucht suchen. Ein zweites Mal konnte er im Lateran die Weihnacht feiern, aber wieder nicht sich behaupten. Zum Sieg führte ihn erst die Handlung unedler Rache und schnöden Verrats. Von der in Religion und Politik leidenschaftlichen *Mathilde* wurde er gewonnen, gegen Kaiser *Heinrich IV.* mittels der Verleitung seines hoffnungsvollen Sohnes *Konrad* zum Abfall vom verzweifelnden Vater Krieg zu führen (1093). Ja, das dämonische Weib war damit nicht zufrieden, sondern mißbrauchte auf die schmählichste Weise das unglückliche Verhältnis zwischen dem Kaiser und seiner zweiten Gattin *Adelheid*, einer geborenen Russin, zu den schamlosesten Enthüllungen und erntete dafür das Lob des Statthalters Christi auf Erden! Der nächste Erfolg dieser Machinationen war, daß sich Urban in Rom halten konnte, wo er durch Bestechung der Hüter den Lateran an sich brachte, und daß der Abfall vom Kaiser, an dem soeben noch die große Mehrheit der Deutschen und Italiener gehangen, unter den Fürsten und Herren des Reichs größere Ausdehnung annahm als je.

In entsprechender Weise wußte Urban durch Standhaftigkeit und Klugheit die Könige von Frankreich, England, Spanien und alle übrigen europäischen Fürsten, mit denen das Papsttum irgendeinen Span hatte, dahin zu bringen, daß sie gutwillig die Wünsche und Anliegen des Stellvertreters Christi befriedigten und sich seinem Willen beugten. Urban II. triumphierte daher im Jahre 1094 über die gesamte römisch-katholische Christenheit; aber sein Triumph sollte noch weiter reichen. Sandte ja schon im folgenden Jahre das Oberhaupt der griechisch-katholischen Kirche als Hilfesuchender zu ihm, und es sollte nicht lange gehen, so lag auch der Islam zu seinen Füßen, soweit es sich um das Heilige Land handelte! Urban ist in religiöspolitischer Beziehung ein größerer Mann, als die frühere Geschichtschreibung ihn dargestellt hat; die neuesten Forschungen haben gezeigt, daß zu Ende des elften Jahrhunderts niemand so gut wie er seine Zeit verstand. Er wußte alle Menschen bei ihren Schwächen zu fassen und sie glauben zu machen, daß sie schöben, während sie geschoben wurden. Mit kluger Berechnung benutzte er die in seiner Zeit herrschende asketische Richtung durch Lob und Beförderung derselben. Mehr Überzeugung und Pflichttreue als Berechnung war es aber, als er das Richteramt in einem schlimmen Fall in die Hand nahm. König *Philipp I.* von Frankreich, obschon er sich in kirchlichen Dingen Rom unterworfen, beging einen doppelten Ehebruch, indem er die Königin *Berta* verstieß, *Bertrada*, die Gattin des Grafen *Fulko* von Anjou entführte und mit dieser in einer unerlaubten Ehe lebte, welche

Peter von Amiens das Kreuz verteidigend.

französische Bischöfe die Schamlosigkeit gehabt hatten, kirchlich zu weihen! Begreiflicherweise erregte diese Schändlichkeit den Zorn aller Verwandten und Freunde sowohl der Verstoßenen als des beleidigten Ehemannes, sowie natürlich des ehrenhaften Teils der Geistlichkeit. Papst Urban, selbst Franzose von ritterlichem Geschlecht, ergriff die Sache mit Eifer und behandelte sie im März 1095 auf der Synode in *Piacenza,* wo zugleich die Simonie und die Priesterehe aufs neue verurteilt wurden, die Kaiserin öffentlich ihren Gatten an den moralischen Pranger stellen durfte, auf letzteren und seinen Wibert neuer Fluch fiel und der Papst die Gesandten des orientalischen Kaisers empfing, die ihm des Letzteren Hilferuf überbrachten. Ohne Zögern erließ er einen Aufruf an die Gläubigen zum Kampf für die bedrohte Christenheit und das griechische Reich gegen die Seldschuken. In Cremona leistete der verführte Konrad dem Papst den Lehenseid und erhielt das Versprechen der Kaiserkrone. Urbans Reise war ein Triumphzug, und Italien jauchzte dem Mann zu, von dem es Freiheit von deutscher Herrschaft erhoffte.

Im Sommer darauf begab sich Urban nach seinem Vaterland Frankreich, um die Sache des Königs und andere Geschäfte zu behandeln, wurde überall ehrfurchtsvoll und glänzend aufgenommen und berief auf den 18. November eine neue große Synode nach *Clermont* in der Auvergne. Bis dahin war er rastlos tätig in kirchlichen Dingen. Zur festgesetzten Zeit versammelten sich in Clermont 14 Erzbischöfe, 225 oder 250 Bischöfe, 400 Äbte (nach anderer Angabe nur 80 Bischöfe und 90 Äbte) und eine unübersehbare Zahl niederer Geistlichen. Gegen König Philipp und seine Geliebte wurde der verdiente Bann geschleudert und die Schuldigen wurden zur Rückkehr in ihre rechtmäßige Stellung gezwungen. Nach der Abwicklung anderer Gegenstände waren die Verhandlungen bereits geschlossen und man hielt das Konzil für beendet, als der Papst am 26. November die Anwesenden noch einmal zu einer Versammlung berief, zu welcher aber soviel Volk herbeiströmte, daß man genötigt war, sie außerhalb der Stadt auf einem weiten Plan abzuhalten. Hier erhob nun Urban seine Stimme mächtig zu einer hinreißenden Rede, in welcher er die Angelegenheit des Orients zur Sprache brachte, aber so wie sich dieselbe in seinem Geist gestaltet hatte. Er legte nämlich kein Gewicht mehr auf die Unterstützung Konstantinopels gegen die Turkmanen, sondern sprach mit Feuer von der Mißhandlung und Bedrückung der Christen im Heiligen Land, von der Schmach, welche die Ungläubigen dem Heiligen Grab und den übrigen geweihten Stätten antaten, erhob in begeisterten Worten die Bedeutung Jerusalems, der Stadt, die durch das Leben, Leiden und Sterben des Heilands geheiligt und noch fortwährend durch Wunder ausgezeichnet sei und einst das Ziel der Wallfahrt aller Völker der Erde werden müsse. Diese Zeit aber, rief er aus, sei nahe; er erinnerte an die bisherigen Siege des Christentums über die Ungläubigen und schloß mit prophetischem Hinweis auf die Pflicht der Christen, jene Gott geweihten Orte aus der Gewalt der Feinde Christi zu befreien und in den rechtmäßigen Besitz der Gläubigen zurückzuführen.

Das war ein Aufruf zur rechten Zeit und am rechten Ort – zur rechten

Zeit, weil die asketische sowohl als die kriegerische Richtung der Völker des Abendlandes auf dem Höhepunkt angelangt war – am rechten Ort, weil die südlichen Völker feuriger und für alle Eindrücke empfänglicher, auch eifriger im Glauben waren als die nördlichen.*

Schon während Urban sprach, äußerte sich die Begeisterung der Zuhörer in Zurufen und Bewegungen; als er aber seine Rede vollendet hatte, durchbrach der Enthusiasmus alle Schranken. Alles erscholl weithin von dem Ruf „Deus lo volt“ (Dieu le veut, Gott will es), und alles drängte dem Bischof von Puy, *Adhemar* von Monteil nach, der bereits eine Pilgerfahrt nach Jerusalem unternommen hatte und nun der erste vor dem Papst seine Knie beugte und um seinen Segen zu dem Zug nach dem Heiligen Land bat. Adhemar war bei aller Strenggläubigkeit und tadelloser kirchlicher Gesinnung ein weltlustiger Mann, der lebte und leben ließ, und daher bei Geistlichen und Weltlichen gleich hoch angesehen und beliebt war. Alles folgte seinem Beispiel und drängte sich mit leuchtenden Blicken und Tränen in den Augen heran, um die schon bereitgehaltenen roten Kreuze, das Abzeichen der Kreuzfahrer, sich auf die Schulter heften zu lassen und damit die Verpflichtung zur Teilnahme an dem Zug nach dem Heiligen Land auszusprechen. Der vor Freude über die Wirkung seiner Ansprache innerlich bebende Papst ernannte den gewandten Bischof Adhemar zu seinem Legaten, d. h. er beauftragte ihn, an seiner Stelle das Heer der Gläubigen nach dem Ort seiner Bestimmung zu führen, denn er selbst konnte sich, so sehr es von vielen Seiten gewünscht wurde, dem Sitze des Oberhaupts der Christenheit nicht entziehen. Mit jedem Tag erschienen geistliche oder weltliche Fürsten oder ihre Boten, um ihre Teilnahme am Kreuzzug anzukündigen. Allen Teilnehmern am Kreuzzug wurde Vergebung der Süden und Stellung ihres Eigentums unter den Schutz des Gottesfriedens und der Kirche gewährt. Adhemar bezeichnete allen als Ort des Zusammentreffens Konstantinopel; der Papst aber wies alle Bischöfe an, das Volk ihrer Diözesen zur Kreuzfahrt aufzufordern und blieb bis zur Mitte des folgenden Jahres (1096) in Frankreich, um mit Ernst zugleich und gewinnender Liebenswürdigkeit die Zahl der Teilnehmer an dem großen Ereignis zu erweitern; dies wirkte so wunderbar, daß er sich bei seiner Rückkehr im Herbst als Herrn Roms betrachten konnte; die bereits sich ansammelnden Kreuzfahrer, zuerst von den Gegnern Urbans beschimpft, imponierten denselben zuletzt so, daß diese ihre Sache verloren gaben.

Urbans Wirken für den Kreuzzug wurde mit dem besten Erfolg gekrönt, indem die Beisterung für das Bevorstehende sich nicht nur erhielt, sondern täglich wuchs. Die Verhältnisse der Zeit waren der Bewegung im ganzen Abendland außerordentlich günstig. Gräßlicher Druck der Feudalherren in Frankreich auf das Volk, Anarchie und Parteikämpfe in Italien, der Kampf

* Papst Urban II. wandte sich auch in der Tat zunächst an seine Landsleute, die Franzosen, und diese haben es auch nicht nur niemals vergessen, daß sie die zuerst Aufgeforderten waren, sondern sogar stets die Ansicht aufrechterhalten, daß sie die eigentlichen Hauptteilnehmer an den Kreuzzügen und andere Völker dabei nur geduldet wären.

Gott will es.

zwischen Kaiserlichen und Päpstlichen in Deutschland, die Mißhandlung der Angelsachsen und Briten durch die herrschenden Normannen in England hatten das Volk überall zur Verzweiflung gebracht. Nur Spanien hatte die Mohammedaner im eigenen Lande zu bekämpfen und konnte daher hinsichtlich der Fahrt nach dem Morgenland nicht in Betracht kommen. Die Hungersnot, die während des vergangenen Jahres geherrscht hatte, ließ den bevorstehenden Kriegszug als eine Erlösung erscheinen. Alles strömte zur Kreuzverteilung herbei, und den Vorbeiziehenden schloß sich jeder sie erblickende Bauer und Hirte an; überall war nur die Losung zu hören „Gott will es“ (Bild 5).

In dieser Weise gestalteten sich die ersten Vorbereitungen zu den Kreuzzügen nach den Ergebnissen der wahren Geschichte, wie die neueste Forschung sie klargelegt hat. Aber zu allen Zeiten ist der Geist des Menschen dichterisch gewesen, zu allen Zeiten hat er sich mit der nüchternen Wahrheit nicht begnügt, sondern sich aus der unbefriedigenden Wirklichkeit in das Reich der Dichtung geflüchtet. So sind die Anfänge der Selbständigkeit aller Reiche und Staaten, die Ursprünge aller Religionen, die Antriebe zu allen großen Ereignissen mit dem bestechenden Schmuck der Sage und Legende unkleidet worden, und diesem Schicksal hat natürlich die Geschichte der Kreuzzüge, durch welche schon von vornherein ein romantischer Hauch weht, am wenigsten entgehen können. So wurde denn früher die Veranlassung zum Unternehmen der Kreuzzüge folgendermaßen aufgefaßt, erzählt und bis auf unser Zeitalter herab geglaubt: *Peter*, der Einsiedler aus Amiens, habe im Jahre 1094 eine Wallfahrt nach dem Heiligen Grab unternommen und sei dort Zeuge der damals ganz besonders unerträglich gewordenen Bedrückung aller Pilger und übrigen Christen und Schändung aller heiligen Orte durch die Türken gewesen. Einst beim Gebet in der Grabeskirche eingeschlafen, habe er im Traum Christus erblickt, der ihn aufgefordert habe, mit Brief und Siegel vom dortigen Patriarchen in der Heimat von dem Elend, das er gesehen, zu erzählen und die Christen zu bewegen, daß sie Jerusalem aus der Gewalt der Ungläubigen befreien. Der Patriarch *Simeon*, bei dem er sich sodann eingefunden, habe ihn ermutigt und bemerkt, da vom griechischen Kaiser, der weder Macht noch Begeisterung besitze, keine Hilfe zu erwarten, sondern nur von den Christen des Abendlandes, so sei es höchst verdienstlich, wenn er die letzteren und voran den Papst um Hilfe anrufe. Peter sei dann nach Rom gereist und habe dem Papst das Vorgefallene berichtet, worauf Urban das Konzil von Clermont eröffnet und zum Kreuzzug aufgerufen habe.

Es liegt in dieser Erzählung, wie in vielen anderen, sonst als Geschichte, jetzt aber als Sage betrachteten Berichten, nichts Unmögliches; aber es spricht gegen sie, daß kein einziger gleichzeitiger Schriftsteller, sondern nur weit spätere sie in ihre Werke aufgenommen haben, und zwar lediglich aufgrund von *Liedern* hin, die keine einzige wahre Tatsache enthalten, daß gleichzeitige Schriftsteller sogar ausdrücklich sagen, Peter sei auf seiner Wallfahrt vor den Kreuzzügen gar nicht nach Jerusalem gekommen, daß die Berichte über sein Tun und Treiben vor dem Beginn der Kreuzzüge einander

Segnung der Kreuzfahrer.

vielfach widersprechen, daß gleichzeitige Schriftsteller ausdrücklich sagen, der Hilferuf des Kaisers *Alexios* habe den Aufruf zum Kreuzzug veranlaßt, und endlich, daß die durch vier Ohrenzeugen aufbewahrte Rede des Papstes in Clermont von Peter und seiner Vision kein Wort enthält, vielmehr häufige Hilfegesuche aus Konstantinopel und Jerusalem als Beweggründe zu seinem Aufruf bezeichnet, und doch kein Grund vorliegt anzunehmen, der Papst habe Peters Ruhm für sich in Anspruch nehmen wollen, was er in seiner Stellung gewiß nicht nötig hatte. Kurz, der wirkliche erste Kreuzzugsprediger ist und bleibt nach den wahren Quellen und den Ergebnissen der Forschung Papst Urban II. und kein anderer. Auch von Peters Anwesenheit bei der Synode in Clermont, wo er sogar eine Rede gehalten haben soll, weiß keiner der Augenzeugen, welche über diese Versammlung berichten, ein Wort. Er kann wohl dabeigewesen sein, aber in keiner hervorrangenden Eigenschaft.

Peter, meist „der Eremit" genannt, über dessen Herkunft nichts Sicheres bekannt ist, als daß er aus *Amiens* oder dessen Umgegend stammte, dessen Alter, Bildungsgrad, Aufenthalt vor den Kreuzzügen und ursprünglicher Beruf ebenfalls im Dunkeln liegen, trat nachweisbar zum ersten Mal im Winter von 1095 auf 1096 als Kreuzprediger auf (Bild 4). Augen- und Ohrenzeugen schildern ihn als von kleiner Statur, dunkler Gesichtsfarbe und mageren Zügen; er habe einen langen grauen Bart, eine Mönchskutte über einem wollenen Unterkleid, aber weder Beinkleider noch Schuhe getragen und habe seine Reisen auf einem Esel reitend zurückgelegt. Er habe mäßig gelebt und kein Fleisch, angeblich auch kein Brot, dagegen Fische gegessen und Wein getrunken. Sein Charakter wird folgendermaßen geschildert: er war von scharfem Verstand, energisch und entschlossen, derb und rauh, aber begeistert und von feuriger Einbildungskraft, dabei äußerst redegewandt. Das Volk strömte ihm in großen Massen zu, überhäufte ihn mit Geschenken und hielt ihn für einen Heiligen. Kurz, es erfreute sich kein Kreuzzugsprediger nach dem Papst desselben Ansehens wie Peter von Amiens. Da der Zeitraum zwischen dem Konzil von Clermont und seiner Abreise nach dem Morgenland nicht viel über drei Monate betrug, können die Angaben über seine weiten Reisen durch das ganze Abendland unmöglich richtig sein, und diese Reisen beschränken sich sonach wahrscheinlich auf die Strecke zwischen der Landschaft Berry, wo sein Auftreten begonnen haben soll, und dem Rhein, allerdings für jene kurze Zeit kein kleines Gebiet.

In anderen Gegenden predigten zahlreiche andere Männer Gottes das Kreuz. Überall waren die vom Konzil zurückgekehrten Bischöfe fortwährend beschäftigt, Kreuze für die Kreuzzugslustigen zu segnen und diese letzteren selbst zum Heiligen Krieg zu weihen (Bild 6). Die Berichte heimkehrender Pilger taten das Ihre ebenfalls. Auch zahlreiche Geistliche nahmen das Kreuz, entschlossen, mit ihren geistlichen Kindern zu ziehen und wo nötig für die gute Sache zu sterben. Die Hörigen und Eigenen fragten nichts nach dem Willen ihres Herren; das Kreuz schützte sie ja gegen jede weltliche Macht. Die Bewohner ganzer Dörfer verkauften alle ihre Habe zu Spottpreisen, trennten sich von ihren Herden und verließen ihre Heimat, um mit teuer erkauften Waffen ihr Glück im Osten zu suchen. Selbst Frauen und Kinder nahmen das Kreuz, ja viele brannten es sich sogar auf die Arme, um ihre Ergegebenheit gegen das große Vorhaben zu bezeugen. Einsiedler verließen ihre Hütten und Räuber ihre Höhlen; Sünder und Sünderinnen aller Art entschlossen sich, die Kreuzfahrt zur Abbüßung ihrer Untaten mitzumachen. Ganze Bevölkerungen waren verblendet; bald erzählte man von Erdbeben und von Zeichen am Himmel, die vor dem Aufruf zum Kreuzzug vorgekommen, seitdem aber aufgehört hätten, bald glaubte man in der Aufregung Sterne vom Himmel fallen, an letzterem Heere Bekreuzter dahinziehen und Tote aus ihren Gräbern erstehen zu sehen – und das Berichtete fand allgemeinen Glauben.

Und so war Alles bereit zur Ausführung eines Unternehmens, welches ebensowohl das Große und Erhabene, wie das Törichte, Wahnsinnige, ja das Gemeine und Tierische jenes merkwürdigen Zeitalters an den Tag legte.

ZWEITES BUCH

Die Eroberung Jerusalems

(1096–1101)

Ansicht von Jerusalem.

ERSTER ABSCHNITT

Die Züge der ungeordneten Haufen

Für die Abfahrt der Kreuzfahrer zu ihrem beschwerlichen und gefährlichen Unternehmen war in Clermont des Fest der Himmelfahrt im Jahre 1096 festgesetzt worden. Aber der großen Masse des Volkes, so weit es das Kreuz genommen, wurde die Zeit zu lang, der arme Mann schien nicht früh genug in sein Verderben rennen zu können, welches er aber weit entfernt war zu ahnen und statt dessen die unverwüstliche Hoffnung auf unfehlbares Glück und Seelenheil vor seinem geistigen Auge lag. An verschiedenen Orten jener Gegenden, in welchen *Peter* und die übrigen erfolgreicheren Kreuzprediger ihr begeistertes Wort hatten erschallen lassen, also in Nordfrankreich und Westdeutschland, sammelte sich die ungeduldige arme Menge, zu großem Teil auch liederliches Gesindel aller Art, ohne Ordnung, noch genügende Bewaffnung, um die Prediger und anderen Anführer zum plan- und ordnungslosen Auszug. Merkwürdigerweise gingen somit jene Völkerschaften voran, welche anfangs weniger Empfänglichkeit für den Aufruf zum Kreuzzug gezeigt hatten, auch weniger eifrig und feurig im Kirchenglauben waren. Es war die Not, welche sie trieb, denn diese nördlicheren Bevölkerungen litten in ihrem weniger fruchtbaren Land mehr unter dem Druck der schlimmen Zeiten als die weiter südlich, in mildem und fruchtbarem Klima lebenden, und ohnehin waltete in den Italienern und Provenzalen von jeher mehr ritterlicher Geist als im Norden, so daß sie geneigter waren, ihren Rittern und Baronen zu folgen, als in zuchtlosen Horden unter Anführung kriegsuntüchtiger Mönche, Einsiedler und Reiseprediger auszuziehen. Verhältnismäßig wenig Edelleute mischten sich unter diese entsetzlichen Haufen; man nennt den Ritter *Walter* von Pacy, der selbst oft Peter im Predigen vertreten hatte, den Vicomte von *Melun*, den Grafen *Emicho* von Leiningen in der Gegend von Mainz u. a. Zahlreiche Schiffe brachten diesen Horden Verstärkung aus England. Was der Nordwesten Europas, auf den Inseln und dem Festland, elendes, zerlumptes, verkommenes, verzweifeltes Volk barg, das sammelte sich in vier Haufen von je etwa fünfzehntausend Menschen, darunter Weiber und Kinder in Masse, unter *Peter*, den Priestern *Gottschalk* und *Volkmar* und dem Vicomte von *Melun*. Letzterer, auch Wilhelm der Zimmermann genannt, weil er im Gefecht wie mit der Axt dreinschlug und kein Helm oder Panzer ihm widerstand, war von riesenhafter Stärke und von königlicher Abkunft, aus dem Stamm Hugos des Großen.

Ohne Kenntnis der Gegend, ohne bestimmten Reiseplan durchwanderten diese fanatischen und ausschweifenden Heer der Not unter dem Deckmantel des Glaubens die Lande, gleichviel ob diese auf dem Weg nach Jerusalem lagen oder nicht. Man sagt von einem dieser Haufen, er hätte an seiner Spitze einen Gänserich und eine Ziege einherziehen lassen, in der wohl aus heidnischem Aberglauben stammenden Überzeugung, daß diese Tiere den rechten Weg nicht verfehlen könnten.

Peter von Amiens war der erste, welcher mit seinem eigentümlichen Heer aufbrach, und zwar schon in Mitte des März aus Lothringen. Mit ihm zogen Walter de *Pexejo* (von Poix) und dessen Neffe *Walter*, genannt Sinehabere, romanisch *Senzavehor*, deutsch Habenichts. Während sich unaufhörlich Leute dem Zug anschlossen, wo er vorbeikam, gelangte der Haufe am 12. April nach Köln, wo er Ostern feierte und weitere 15 000 Menschen sich mit ihm vereinigten, darunter mehrere Grafen, Freiherren und Bischöfe. Dagegen trennte sich hier ein Teil des Peterschen Heeres, dem die Zeit zu lang wurde, von demselben und zog voraus. Sein Anführer war Walter Habenichts, nach manchen Angaben aber sein Oheim. Der Zug dieser Avantgarde ging so schnell vonstatten, daß sie am 8. Mai bereits Ungarn betrat. Hier ging ihre Reise noch gut vonstatten; aber in Bulgarien, wo die bereits wilderen und trotzigeren Einwohner den ungebetenen Gästen Lebensmittel verweigerten, ergaben sich letztere dem Raub und der Plünderung und trieben die Herden des Landes zusammen, worauf die erbitterten Bulgaren zu den Waffen griffen (Bild 7) und die Fremdlinge so zusammenhieben, daß sie sich in wilder Flucht zerstreuten und ihre Trümmer mit Not wieder gesammelt werden konnten. In Nissa (Nisch) vom Fürsten des Landes gut aufgenommen und mit Führern versehen, gelangten diese Kreuzfahrer, die in Philippopel Walter von Poix durch den Tod verloren, unter Walter Habenichts im Juli nach Konstantinopel.

Peter zog wenige Tage nach den beiden Walter, am 19. April, mit der ihm gebliebenen Schar von Köln ab und nahm seinen Weg durch Süddeutschland, wo je weiter östlich, desto mehr die Einwohner über dieses ihnen unbegreifliche Unternehmen erstaunt und selbst zum Spott geneigt waren, sich aber, von den Kreuzfahrern belehrt, ihnen zahlreich anschlossen. Auch die Reise durch Ungarn verlief friedlich, wenigstens bis nach Semlin. Hier

Zusammenrottung der Bulgaren.

aber beunruhigte die Schar das Gerücht, daß der dortige Graf *Guz*, ein Lehnsmann des Königs *Koloman* von Ungarn, sich mit den Bulgaren verbunden habe, die Kreuzfahrer auszuplündern, und dasselbe schien sich zu bestätigen, als man an den Mauern der Stadt die Waffen von 16 Leuten des Walterschen Zuges als Trophäen aufgehängt sah. Die Stadt wurde vom Kreuzheer Peters erstürmt, der größere Teil der 7000 Mann zählenden Besatzung niedergemacht und die zuchtlosen Sieger ergaben sich bei dem vorgefundenen Überfluß an Lebensmitteln allen Ausschweifungen. Als sie

Grabkirche der Maria im Tal Josaphat.

dann nach Nisch kamen, wurden sie reichlich gespeist; aber als im Weiterziehen einige Kreuzfahrer wegen eines Streits mit einem Bulgaren Mühlen anzündeten, eilte ihnen der Fürsten *Nikita* nach, metzelte einen Teil der Schar nieder und führte deren Weiber gefangen weg. Als dies der schon weit voraus befindliche Peter erfuhr, wünschte er weiteren Unannehmlichkeiten, weil doch seine Leute den Streit angefangen hatten, durch einen Frieden mit Nikita vorzubeugen; aber ein zuchtloser Teil seines Heeres verdarb ihm das Spiel und griff die Bulgaren an, welche dann die Kreuzfahrer so zurichteten, da sie angeblich 10 000 von 40 000 Leuten und die Kriegskasse Peters einbüßten und nach wilder Flucht sich mühsam wieder zusammenfanden.

Der von diesen Vorfällen benachrichtigte byzantinische Kaiser sandte Boten an Peter, der bis Sofia gelangt war, und legte seinem Heer schonende Beschränkungen auf. Ohne weitere Unfälle langte dasselbe am 30. Juli in Konstantinopel an, nachdem eine zweite Gesandtschaft in Adrianopel Peter versichert hatte, wie sehr sich der Kaiser sehne, ihn kennenzulernen, wobei er den Hintergedanken hegen mochte, die unangenehmen Gäste sobald als möglich loszuwerden. In Konstantinopel traf Peter die Reste von Walters Schar und eine Anzahl dort schon früher angekommener Lombarden. *Alexios* sah sich in diesen seinen angeblichen Hilfstruppen bitter getäuscht und wurde durch eine Audienz, in der er Peter empfing, von der Nutzlosigkeit derselben für ihn noch mehr überzeugt; als sie dann vollends Paläste plün-

Sturm auf Wieselburg.

derten und verbrannten und selbst das Blei von den Kirchendächern stahlen, gebot er ihnen die Überfahrt nach Asien, welche sie am 5. August bewerkstelligten. An einem Ort, der bald Helenopolis, bald Civitot genannt wird und dessen Lage streitig ist, bedeuteten kaiserliche Gesandte dem Peter, nicht weiterzuziehen und hier die nachfolgenden Kreuzfahrer zu erwarten. Aber die unverwüstliche Raubsucht dieser Scharen gestattete ihnen nicht, diesen wohlgemeinten Rat zu befolgen; einige tausend Normannen und Franzosen streiften bis nach Nikäa, der damaligen Hauptstadt Kilidsch

Arslans, und wüteten in ihrer Umgebung mit Raub und Mord, 3000 Deutsche und Lombarden aber, die nicht zurückbleiben wollten, besetzten sogar das Kastell *Xerigordon* jenseits Nikäas, wurden aber bald von einem Heer des Sultans überfallen und eingeschlossen, so daß sie in die entsetzlichste Not gerieten. Trotzdem wehrten sie sich tapfer, aber schließlich erlagen sie und wurden, soweit sie nicht vom Christentum abfallen wollten, niedergemacht, die übrigen aber nach fernen Gegenden des Seldschukenreiches gefangen abgeführt. Der siegreiche türkische Feldherr erwartete nun die übrigen Kreuzfahrer, deren Anführer Peter, an Geltendmachung seines Ansehens bei diesen Leuten verzweifelnd, nach Konstantinopel zurückgekehrt war, und welche nun 25 000 Mann stark, ihre Genossen zu rächen, aufgebrochen waren; er schlug und zerstreute sie am 21. Oktober und vernichtete sowohl die Fliehenden als die in Civitot Zurückgebliebenen in fürchterlichster Weise bis auf eine kleine Anzahl, die sich nach der verfallenen Festung Kibotos geflüchtet hatte und nach tapferer Gegenwehr auch noch den Tod fand, bis auf wenige Versprengte, welche Kaiser Alexios durch seine Flotte abholen ließ und in seiner Hauptstadt aufnahm, worauf sie sich zerstreuten. Walter Habenichts war bei diesen Kämpfen von sieben Pfeilen durchbohrt gefallen. Der Kaiser stellte Peter zur Rede ob des Unglücks seiner Genossen, die der Eremit aber als Mordbrenner und Räuber bezeichnete, die nicht würdig seien, am Grabe ihres Erlösers zu beten, über welche Haltung der Kaiser und seine Tochter Anna nicht wenig betroffen waren. Im Abendland lud man alle Schuld an dem Vorgefallenen dem unglücklichen Kreuzprediger auf, und es trat infolgedessen eine merkliche Abkühlung des Kreuzzugsfiebers ein.

Nach Peter machte sich der *dritte* zuchtlose Haufe auf den Weg, ein ganz verächtliches Gesindel, angeführt von dem Priester *Volkmar*, wurde aber in der Mitte des Mai bei Neutra in Ungarn von den wohl über die Räubereien dieser ungebetenen Gäste erbosten Bewohnern vernichtet. Die *vierte* ebenso arge Bande unter dem Priester *Gottschalk* aus der Pfalz, vom Volk der „falsche Schalk Gottes“ genannt, vergaß in Ungarn ob der reichlichen Ernte, über die sie sich gierig hermachte, Jerusalem und das Heilige Grab und beging alle erdenklichen Scheußlichkeiten. Der König Koloman wollte sie unschädlich machen und ließ ihr angeblich unter dem Schein einer friedlichen Unterhandlung hinterlistig die Waffen abnehmen, nach einer wahrscheinlicheren Erzählung aber sie offen angreifen, worauf ein furchtbares Blutbad unter ihnen angerichtet wurde, dem keiner entging.

Die *fünfte* zuchtlose Rotte, die scheußlichste von allen, geführt durch den Vicomte von *Melun*, befleckte sich schon gleich im Beginn ihres Zuges mit einer Tat, an welche die vorhergehenden, so verrucht sie waren, nicht gedacht hatten. Schon in Frankreich hatte sie die Juden verfolgt, ging aber in Deutschland noch weiter in dieser Schmach; in Speyer, Worms und Mainz wurden, in immer steigendem Maße, im Mai die Juden abgeschlachtet, ihre Häuser zerstört und ihre Synagogen verwüstet. Der Graf *Emicho von Leiningen*, welcher sich mit der Bande vereinigt hatte, leistete hierin das Möglichste und sein Vetter, der Erzbischof *Ruthart von Mainz*, tat es ihm gleich an den in seinen Palast geflohenen Unglücklichen. Noch ausgedehnter wurden die Judenschlächtereien in Köln, Neuß und vielen andren Städten der Rheinlande, dann in Regensburg und Prag; man rechnet, daß bei diesen Greueln 12 000 Juden umkamen. In Trier ertränkten sich die verfolgten Hebräer in der Mosel bis auf eine kleine Zahl, welche der Erzbischof zur Taufe zwang. Erzbischof *Hermann von Köln* rettete eine Menge von ihnen, indem er sie aus der Stadt schickte und in die umliegenden Dörfer verteilte. Das Heer dieser Unmenschen, 200 000 Mann zu Fuß und 3000 zu Pferde stark, gelangte in dem für die zuchtlosen Kreuzfahrer so verhängnisvollen Ungarn ebenfalls zu einer verdienten Züchtigung. Die Stadt Meßburg (Mosony), jetzt *Wieselburg*, verschloß ihnen ihre Tore und verweigerte ihnen Lebensmittel. Da unternahmen die Kreuzfahrer ihre Belagerung; aber als sich die Besatzung tapfer wehrte und die Belagerer mit Pfeilen, Steinen und siedendem Öl überschüttete, auch einige Sturmleitern der letzteren brachen (Bild 8), ergriff diese ein panischer Schrecken; sie zogen sich in größter Unordnung zurück und wurden größtenteils niedergemacht. Der Rest kehrte teils nach Hause zurück, teils suchte er einen Weg nach Italien, um sich dorthin ziehenden Kreuzfahrern anzuschließen.

So ging in verdienter Weise der Abschaum der damaligen europäischen Menschheit , der sich angemaßt hatte, den Vortrab eines für den Glauben und die höchsten Ideale damaliger Zeit in den Kampf ziehenden Heeres zu bilden.

ZWEITER ABSCHNITT

Der Aufbruch des geordneten Kreuzheeres

Ganz eine andere Gestalt als bisher, und jetzt erst eine des Zieles würdige, gewannen die Kreuzzüge, als sich statt des zuchtlosen Gesindels, das bisher auf den Schauplatz der Ereignisse getreten war, kriegerisch geordnete Scharen auf den Weg nach dem Heiligen Land begaben. Es ist indessen keineswegs anzunehmen, daß jene zuchtlosen Banden von vornherein aus durchaus schlechten und die geordneten Heere aus durchaus guten Elementen bestanden hätten. Ein großer, vielleicht der größte Teil des zugrunde gegangenen Gesindels bestand aus verarmten Landleuten, welche die Not zur Verzweiflung trieb, die ihnen, in Verbindung mit den wirklichen Galgenkandidaten, die sich unter sie gemengt, die Meinung einflößte, daß ein frommer Zweck jedes Mittel heilige; der Mangel an strammer Leitung und regelrechter Ordnung tat das übrige. Auf der anderen Seite hatte das geordnete Kreuzheer sicherlich ebensolche Elemente unter sich wie die zuchtlosen Horden, aber die kriegerische Zucht bändigte sie und verhinderte sie an Entfaltung ihrer schlimmen Triebe und Leidenschaften. Der Adel, so manche Schwächen und Mängel auch vielen seiner Mitglieder anhafteten, hatte im Feudalwesen bereits eine fest und stramm geordnete Zucht, die er in das Kriegswesen übertrug, wenn sich unter seinen Fahnen Heere bildeten. Eng mit der Geistlichkeit durch gegenseitige Interessen verbunden, war er von Anfang an für den beschlossenen Kreuzzug nicht roh fanatisiert wie das niedergetretene und von jenen beiden Ständen absichtlich in Armut und Unwissenheit erhaltene Volk, sondern hoch begeistert, und es war seinen meisten Mitgliedern gewiß bitter ernst, wenn sie den Schwur ablegten, sich dem Kreuz zu weihen.

In einer solchen Zeit wurden dann auch sicherlich die Namen der Fürsten und großen Herren, welche das Kreuz genommen und Heere um sich sammelten, in aller Welt Munde mit der größten Bewunderung genannt. Einer der bedeutendsten unter ihnen und jedenfalls der bedeutendste unter den nicht zahlreichen deutschen Teilnehmern von Ruf war der Herzog von Niederlothringen, *Gottfried von Bouillon*, Sohn des Grafen *Eustach* von Boulogne und *Idas,* der Schwester des Herzogs von Lothringen, *Gottfried* des Buckligen, eines ergebenen Anhängers und Freundes Kaiser *Heinrich IV.*, welcher 1076 in Antwerpen einem Meuchelmörder erlag, und dessen

Herzogtum sein Neffe 1088 erlangte. Beide Eltern leiteten ihr Geschlecht von *Karl* dem Großen ab. Nach der Legende, welche sich aber erst ausbildete, nachdem er im Heiligen Land eine hervorragende Stellung eingenommen, sollte *Gottfried* bald aus dem Stamm des Ritters mit dem Schwan (Lohengrin, der wieder nach der Sage ein Sohn des vielbesungenen Sagenhelden Parzival war), bald ein Schwager *Heinrichs IV.* gewesen sein; er sollte in dem Kampf zwischen dem letztgenannten Kaiser und seinem Nebenbuhler *Rudolf* von Rheinfelden, Herzog von Schwaben, den letztern getötet und bei der Belagerung Roms die erste Bresche gebrochen, er sollte im Zweikampf mit einem Burgherrn eine beraubte Waise verteidigt haben usw. Entkleidet ihn die Forschung aber alles Nimbus, den die Sage um ihn gewoben, so bleibt ein schlichter, frommer, tapferer Haudegen, der sich weder um den Kaiser, noch um den Papst je starke Sorgen gemacht, sich zwar dem Kreuzzug aus eigenem frommen Antrieb und mit Erlaubnis des Kaisers gewidmet, aber vor der Einnahme Jerusalems keineswegs eine Stellung eingenommen hat, welche jene Überschwenglichkeiten gerechtfertigt hätte. Mit ihm entschlossen sich zur Fahrt seine Brüder *Balduin* und *Eustach,* ersterer kräftig und tätig, ohne stets Maß halten oder seinem Ehrgeiz gebieten zu können, an Körper groß, schlank und blond und in allen ritterlichen Tugenden und Künsten wohl erfahren, letzterer einfach und tapfer, dann *Robert Friso,* Graf von Flandern, der Sohn des Mörders *Gottfrieds* des Buckligen, voll Mut und Kraft, aber von wenig Energie, ein Freund der Ruhe und Ordnung, namentlich aber der Kirche und dieser um so mehr ergeben, da die von *Philipp I.* verstoßene *Berta* seine Verwandte war, daher auch ein Gegner der kaiserlichen Ansprüche. Man sagt: Wie sein Vater der einzige Räuber und Friedensstörer im Lande, sei er der einzige gewesen, der dies nicht war. Sein den Zug ebenfalls mitmachender Vetter *Balduin* von Hainegau* stand nicht gut mit ihm und hielt es mehr mit *Gottfried.*

In der *Normandie* sehen wir den Herzog *Robert,* Sohn Roberts des Teufels und Bruder Wilhelms des Eroberers, dem wilden Kampf zwischen seinen Brüdern *Wilhelm* und *Heinrich* und dem tollen Treiben des Raubadels sich gern entziehen. Seine Herzensgüte wußte der bei aller Tapferkeit schwache Mann zu seinem Unglück nie am rechten Ort anzubringen. Um den Kreuzzug mitmachen zu können, verpfändete der leichtsinnige und genußsüchtige Fürst seinen Besitz dem König und zog mit vielen englischen und normannischen Großen aus. Am Sitz der Könige Frankreichs stand an erster Stelle unter den Bekreuzten der Bruder König *Philipps, Hugo* von Vermandois, ein gegen die Ritter leutseliger, gegen die Geistlichkeit demütiger, wenn auch tapferer, doch an Geist nicht hervorragender prachtliebender und die Zukunft nicht genug erwägender Prinz. Mit ihm schloß sich an der an Burgen reiche *Stephan,* Graf von Blois und Chartres, Schwager des englischen Königs, nach einem zeitgenössischen Geschichtschreiber freige-

---

* Diese Landschaft hat den Namen von dem sie durchströmenden Fluß *Haine*; es ist daher nicht einzusehen, wie sich die jetzt allgemein angenommene Form „Hennegau" rechtfertigen läßt.

big und kühn, aber weder leutselig und kräftig; doch verdiente er den lobenden Teil dieser Charakteristik nicht immer und zeigte sich oft eitel und unbeständig. In der Provence tritt uns Graf *Raimund* von Toulouse und St. Gilles, schon ältlich und dabei einäugig, aber noch lebensmutig, seit kurzem zur dritten Ehe geschritten, reich und der Kirche ergeben (er hatte neben dem Cid in Spanien gekämpft), als Oberanführer der Heere von der Provence, Languedoc, Aquitanien usw. entgegen. Er hatte es nicht nötig gehabt, zum Zweck des Kreuzzugs Land zu verpfänden, und sein Heer war das zahlreichste unter denen der Kreuzfahrer.

Im sonnigen Italien nahmen die aus dem nebligen Norden mit viel Glück eingedrungenen *Normannen* die erste Stelle unter den Kreuzrittern ein; an ihrer Spitze stand einer der merkwürdigsten Männer seiner Zeit, *Boemund,* der älteste Sohn jenes wilden *Robert Guiscard,* der so keck das byzantinische Reich angegriffen und unter welchem er selbst bei dieser Gelegenheit gekämpft, ja ihn selbst vertreten hatte. Für ihn auch waren die geträumten Eroberungen bestimmt. Seit dem Tod seines Vaters war jedoch seine Stellung bescheidenere geworden, da sein jüngerer Halbbruder *Roger,* weil Sohn einer Fürstentochter, das Reich Siziliens erhielt und ihm nur Tarent und Otranto übrigließ. Der Kreuzzug sollte ihn wieder heben; er sammelte Ritter um sich und rief sie in einer Versammlung unvermutet auf, das Kreuz zu nehmen. Diese Überraschung wirkte zündend und sein Heer wurde eines der stattlichen unter denen der Kreuzfahrer. Ihm ordnete sich auch sein in Taten mit ihm wetteifernder Vetter oder Neffe *Tankred* unter, ehrgeizig gleich ihm, aber außerdem nach romantischen Abenteuern begierig, während *Boemund* festen Besitz vorzog. Auch war *Tankred* religiösen Skrupeln unterworfen und von ihnen oft geplagt, während der starke, blonde, blasse und wohlgebaute *Boemund* eher zum Spott über Mönchswesen und Aberglauben geneigt war.

Da als Sammelplatz des Kreuzheeres das ferne Konstantinopel bestimmt, der Weg dahin aber, ob zur See oder zu Land, den einzelnen Führern überlassen war, so brachen dieselben zu sehr verschiedenen Zeiten, manche schon im März 1096, auf. Von *Genua* und *Pisa* ausgerüstete Flotten machten sich ebenfalls zur Fahrt bereit. Es war ein bewegtes Leben überall, wo man die wohl geordneten, gut bekleideten und bewaffneten Kreuzritter mit ihren Reisigen und Fußknechten hinwegfahren sah und ihnen Abschied winkte oder für ihr Wohlergehen betete (Bild 9), und das war auf allen Straßen der Fall – die Züge nahmen kein Ende. Mit Jagd- und Fischereigerät, mit Gold und Edelgestein, mit prächtigen Zelten zogen sie dahin, die Führer begleitet von ihren Gattinnen, die Gemeinen von Frauen aller Art und dienendem Volk in Masse, unter dem stets sich wiederholenden Losungsruf „Gott will es". Durch Italien hinab zogen die Franzosen, um sich mit den apulischen Normannen einzuschiffen, durch die Lombardei, Dalmatien und Slavonien die Provenzalen, durch Deutschland und Ungarn die Lothringer und Niederländer *Gottfrieds.* Kaum dem Namen nach bestand *Adhemars* (der mit *Raimund* zog) Oberbefehl; jeder Führer handelte nach seinem Belieben.

Die Abreise.

Als Hauptteil des unter geordneter Leitung stehenden Kreuzheeres wurde stets das Heer betrachtet, welches *Gottfried* von Lothringen führte und welches gewöhnlich auf 100 000 Fußgänger und 70 000 Reiter geschätzt wird. Dasselbe verließ die Heimat in der Mitte des Monats August und durchzog Süddeutschland ohne Zwischenfälle. Ursache zu Besorgnissen war aber vorhanden, sobald der ungarische Boden, dieses Grab der drei letzten zuchtlosen Banden, betreten wurde; daher hütete sich der vorsichtige *Gottfried*, dies zu tun, ehe er von dem Grenzort Bruck an der Leitha aus eine befriedigende Übereinkunft mit König *Koloman* getroffen hatte, was beinahe den ganzen September in Anspruch nahm. Der König entschuldigte seine Feindseligkeiten gegen die letzten Kreuzfahrer durch deren Ausschreitungen und gewährte in freundlicher Weise den Durchzug gegen die Stellung von Geiseln, wozu *Gottfrieds* Bruder *Balduin*, seine Gattin und seine Ritter erkoren wurden, die nach ungestörtem Durchzug mit dem Dank des Königs ihre Freiheit wiedererhielten. Ebenso günstig verlief die Reise durch Bulgarien und schon in Nisch kamen Gesandte aus Byzanz den Kreuzfahrern entgegen und versprachen ihnen gegen geordnetes Verhalten freundliche Aufnahme und freien Verkehr mit der Bevölkerung.

In Konstantinopel, vor dessen Toren *Gottfrieds* Heer zwei Tage vor Weihnachten anlangte, befanden sich bereits andere Kreuzfahrer, die den Seeweg eingeschlagen hatten. Graf *Hugo* von Bermandois nämlich, der Bruder des Königs von Frankreich, war über Apulien gereist; da aber *Boemunds* Heer noch nicht völlig gerüstet war, schiffte er sich in Bari mit *Tankreds* Bruder *Wilhelm* und dem Vicomte von Melun, der dem Schicksal seiner saubern Rotte unverdienterweise enthronnen war, nach Dyrrachion (Durazzo) ein, wo er sich, wie schon früher in Byzanz durch Briefe, so hier durch eine eigene Gesandtschaft pomphaft angekündigt hatte. Der Kaiser aber hatte indessen Maßregeln getroffen, die bei seiner Lage begreiflich waren. Er hatte die Hilfe des Abendlandes gegen die Seldschuken angerufen und mußte nun gewahr werden, daß sich diese Hilfe, ohne Rücksicht auf seine Not, zu einem Zuge nach Palästina umgestaltet hatte. Nun war aber das Heilige Land als Bestandteil des byzantinischen Reiches in die Gewalt des Islam gefallen und Byzanz hatte weder Lust noch Veranlassung, auf seinen verlorenen rechtmäßigen Besitz zu verzichten; es hatte ihm nur an Macht und an Begeisterung zur Wiedererwerbung desselben gefehlt. Sollte der Kaiser nun die Gutmütigkeit haben, endlose Scharen, von deren Zucht ihm die freilich unfreiwillige Vorhut keinen günstigen Begriff beigebracht hatte, durch sein Land ziehen zu lassen, um eine Eroberung zu machen, die von Rechts wegen ihm gehörte? Das wäre wirklich viel verlangt gewesen. *Alexios* ließ daher die Küste bei Dyrrachion sorgfältig bewachen, denn der Vornehmste der Kreuzfahrer mußte für ihn von unschätzbarer Wichtigkeit sein. *Hugo* wurde durch einen Sturm, der mit dem Kaiser im Bunde zu sein schien, von seinen Begleitern getrennt und erreichte in vernachlässigtem Zustand das Ufer. Hier wurden nun er sowohl als der nachfolgende *Wilhelm* von den aufgestellten Posten in Empfang genommen und, ohne zu wissen, daß sie Gefangene waren, unter dem Schein der Hilfeleistung nach Konstantinopel gebracht, wo ein glänzender Empfang ihnen ihre wirkliche Lage verbarg. So gelang denn dem Kaiser sein Plan über Erwarten gut; der verblendete und leichtsinnige Prinz tat was er wollte, er leistete ihm den Lehenseid für allfällig zu erwerbendes Gebiet im Morgenland. Dahin alle Kreuzfahrer zu bringen, ging eben die Absicht des klugen Byzantiners.

Gottfried erfuhr die Gefangennehmung des Kreuzgenossen, Freundes und Verwandten in Philippopel, und die Stimmung im Heer war infolge dieser Nachricht eine sehr gereizte. Im Zorn darüber ließ er die Umgegend der Hauptstadt plündern und verwüsten. Unterhandlungen mit dem Kaiser, der

Krieger und Ritter zum Kreuzzug.

den Herzog zu sich einlud, führten zwar zu einer Verständigung, doch waltete bei den Franken soviel Mißtrauen gegen die Griechen, daß *Gottfried* das persönliche Zusammentreffen mit dem Kaiser ablehnte. Jedenfalls war dies Mißtrauen gerechtfertigter als das weitere Verhalten *Gottfrieds*, welcher ein Versprechen abgelegt hatte, wie *Hugo* dem Kaiser den Lehenseid zu leisten, aber nicht daran dachte, dasselbe zu halten. Das peinliche Verhältnis dauerte monatelang, während welcher *Gottfried* und sein Heer die ihnen in Pera angewiesenen Quartiere bewohnten, die mit byzantinischen Truppen fremder Herkunft umzingelt und von jedem Verkehr mit den übrigen Kreuzfahrern abgeschnitten waren. Von diesen langte zuerst, am 3. April 1097, der gefürchtete *Boemund* in der Nähe von Konstantinopel an. An demselben Tag fand es *Alexios* an der Zeit, um der Vereinigung der beiden mächtigsten Kreuzfeldherren zuvorzukommen und *Gottfried* zum Lehenseid zu zwingen, die Lothringer zum Streit zu reizen, denen diese Abwechslung in ihrem eintönigen Leben willkommen war. Es kam jedoch, da der Kaiser keinen ernsten Kampf wollte, zu nichts, als daß die Lothringer die Umgebung der Stadt neuerdings plünderten und verwüsteten. *Alexios* sandte nun *Hugo* ab, um mit *Gottfried* zu unterhandeln, der ihn aber zornig anfuhr: „Du, eines Königs Sohn, bist ein Sklave geworden und willst auch mich zum Sklaven machen?“ Da erneuerte sich am folgenden Tag, es war Karfreitag, der Kampf, doch diesmal ernster, und *Gottfried*, im Nachteil befindlich und von *Boemunds* Nähe nichts wissend, schwur, alle zu erobernden, ehemals zum römischen Reich gehörigen Länder und Städte dem Kaiser zu übergeben und demselben stets ein treuer Vasall zu sein. Nun war der Friede hergestellt, der Kaiser empfing den Herzog ehrenvoll, beschenkte ihn reich und der leztere setzte als treuer Anhänger des Kaisers am 8. oder 10. April nach Asien über.

Gottfrieds Beispiel und Einfluß war für die übrigen Kreuzfahrer bestimmend. *Boemund*, gegen den sich auf seinem Marsch durch Illyrien und Makedonien die Einwohner karg in der Hergabe von Lebensmitteln gezeigt hatten, war zu Plünderungen genötigt gewesen; der Kaiser hatte ihm dann Gesandte entgegengeschickt, ihm beste Verpflegung versprochen und ihn nach Konstantinopel eingeladen. *Boemund* übergab den Befehl an *Tankred* und leistete nach seiner Ankunft in der Hauptstadt den Lehenseid ohne Schwierigkeit, wofür ihn Geschenke belohnten, die ihn nach weiteren Schätzen begierig machten, und er hatte die Dreistigkeit, von dem Kaiser überdies das Amt eines Großdomestikus im Orient, das höchste im Reich, zu verlangen, das ihn zum Oberbefehlshaber des Kreuzheeres gemacht und dem Unternehmen seinen abendländischen Charakter und somit auch den Einfluß des Papstes genommen hätte. *Alexios* fürchtete aber, von dem ehrgeizigen Normannen verdrängt zu werden und vertröstete ihn auf die Zukunft. *Robert* von Flandern, welcher bald darauf anlangte, wurde vom Kaiser leicht gewonnen, seine Wünsche zu erfüllen.

Nach beschwerlichem Marsch kamen nun auch *Raimund* und *Adhemar* in der Kaiserstadt am Bosporus an. Der provenzialische Graf zeigte sich nicht so nachgiebig wie *Boemund*; weltliche sowohl als religiöse Bedenken erfüllten ihn gegen eine Versallenschaft unter dem schismatischen Kaiser, der daher, wie bei *Gottfried*, die Waffen sprechen ließ, durch welche das plötzlich angefallene Heer *Raimunds* der Auflösung nahekam. Dem heftigen Zorn des Grafen, der über Verrat schrie, setzte der Kaiser eisige Kälte entgegen, erinnerte ihn an die Plünderungen seiner Leute und versichte seine Friedensliebe. Als nun auch *Boemund* sich auf die Seite des Kaisers stellte, verstand sich *Raimund* wohl dazu, dem letzteren friedliches Verhalten, nicht aber dazu, ihm die Lehenstreue zuzuschwören, womit sich der Kaiser einstweilen zufriedengab. Ein unerwarteter Umstand aber führte zur vollständigen Erfüllung des kaiserlichen Willens. *Tankred* war indessen in Konstantinopel angekommen und, um dem Lehenseid zu entgegen, sofort in einer Vermummung nach Asien hinübergegangen. Obschon *Boemund* dies tadelte und den Neffen zur Nachholung des Vermiedenen zu zwingen versprach, führten des Kaisers Entrüstung und *Raimunds* Haß und Eifersucht gegen die Normannen zum ersehnten Nachgeben des Provenzalen. Weit weniger Schwierigkeiten boten dem Kaiser die zuletzt, in Mitte des Mai, angekommenen Kreuzfahrer, *Robert* von der Normandie, *Stephan* von Blois und andere Nordfranzosen; sie kamen ihm mit Bereitwilligkeit entgegen und waren über seine Liebenswürdigkeit, namentlich aber über seine Schätze und Geschenke ganz entzückt.

So schien damals alles zu allgemeiner Zufriedenheit geordnet, aber es schien nur so. Alle jene dem oströmischen Kaiser geschworenen Eide sind nachher ohne Bedenken gebrochen worden, und alles ging anders, als der unglückliche Beherrscher eines unheilbar dahinsiechenden, weil in seine Zeit nicht mehr passenden Reiches gehofft und erwartet hatte. Das Nächstliegende, was der Kaiser wünschen mußte, die Wegnahme Kleinasiens von den Seldschuken und Rückgabe dieses Landes an sein Reich, haben die Kreuzfahrer zu ihrem eigenen Schaden niemals ernstlich ins Auge gefaßt. Daß sie ein entlegenes Land zu erobern auszogen, ohne für dessen Verbindung mit ihrer Heimat durch befreundete Staaten besorgt zu sein, das zerstörte auch *ihre* Hoffnungen. Beiden, den Kreuzfahrern wie dem Kaiser, hätte nur eine offene und ehrliche Verständigung über eine Teilung des Orients mit gegenseitiger Gewährleistung des Besitzes geholfen. Aber politische und religiöse Verblendung, törichter Eigensinn und Mangel an Einsicht auf beiden Seiten haben jede vernünftige Lösung einer brennenden Frage vereiteilt und nachher den Feinden aller fortschreitenden und veredelnden Kultur, den Türken, den Weg nach Europa gebahnt.

DRITTER ABSCHNITT

Der Krieg mit den Seldschuken

Nikäa, der damalige Hauptsitz der Seldschuken in Kleinasien, die von den Byzantinern so schwer vermißte Prachtstadt, in einem Talbecken an einem See malerisch gelegen, dieser Schlüssel zum Marsch nach Osten, war das nächste Ziel der Kreuzfahrer. Im Laufe des Mai standen sie alle auf asiatischem Boden. Auf dem Weg nach Nikäa nun, sagt ein Bericht, wäre ihnen *Peter* der Eremit nebst den traurigen und übel zugerichteten Resten seines Heeres entgegengekommen, nachdem er in dortiger Gegend überwintert hätte, und er sei von ihnen freundlich aufgenommen worden. Letzteres ist aber sehr zweifelhaft, da diese Unglücklichen ja nach ihrer Niederlage in Konstantinopel Aufnahme gefunden und sich nach ihren Heimaten zerstreut hatten und gewiß kein Verlangen fühlten, nach dem Ort ihres Unheils zurückzukehren. Wahrscheinlich ist jene Angabe ein Mißverständnis des weiteren und durchaus wahrscheinlichen Berichts, daß die Kreuzfahrer auf ihrem ganzen Weg nach Nikäa, entsetzliche Reste der unseligen Begleiter *Walters* und *Peters,* Knochen, Schädel, Waffen usw. vorgefunden haben (Bild 10). Ohne Zweifel hat *Peter* den Winter ruhig in Konstantinopel zugebracht und sich dann dem ersten nach Asien aufbrechenden Heer, demjenigen *Gottfrieds,* angeschlossen. *Gottfried* langte auch, am 6. Mai, zuerst vor Nikäa an, welches stark befestigt und gut verproviantiert war, aber die starken Heere der Kreuzfahrer nur mit Besorgnis herannahen sah. Es waren erst die Lothringer und italiensichen Normannen vor ihren Mauern, als die Stadt bereits zu unterhandeln begann. Aber die Nachricht vom Anmarsch des Sultans *Kilidsch Arslan* aus Armenien, wo er die Bedrängnis seiner Hauptstadt erfuhr, machte den Unterhandlungen ein Ende, und die Kreuzfahrer begannen die Vorbereitungen zur Belagerung und verteilten den Mauerumfang unter ihre Anführer und Heeresteile. *Kilidsch Arslan* war in Eilmärschen angekommen und hielt sich in den Wäldern der Südseite Nikäas verborgen, welche von den Belagerern noch nicht besetzt war. Die Stimmung der letzteren war zuversichtlich und entschlossen, wozu wohl nicht wenig beitrug, daß ihre Geistlichen unaufhörlich die Reihen der Krieger durcheilten und sie zur tapferen Wehr für den Glauben anfeuerten.

Es war am 18. Mai, an einem Sonntag, als der Sultan in der Absicht her-

Trümmer des früheren Heeres.

anrückte, von Süden her, wo die Stadt frei lag, in dieselbe einzudringen, im Norden wieder auszufallen und die Feinde zu überraschen. Aber in demselben Augenblick traf das Heer *Raimunds* vor Nikäa ein, warf sich auf die Türken und schlug sie in die Flucht. Ebenso ging es kleineren Abteilungen, welche sich auf *Gottfried* im Norden werfen wollten, aber deutsche Hiebe zu kosten bekamen. Es sollen 30 000 Türken und nur 3000 Kreuzfahrer an diesem Tag gefallen sein, was wahrscheinlich übertrieben ist. Barbarisch, aber der Zeit gemäß ist es, ob wahr oder unwahr, daß die Sieger tausend Köpfe gefallener Türken dem Kaiser *Alexios* gesandt und über tausend

Die Köpfe der Gefangenen vor Nikäa werden in die Stadt geschleudert.

weitere mit Wurfmaschinen in die belagerte Stadt geschleudert haben sollen (Bild 11), die nun sich selbst überlassen war.

Die Belagerung Nikäas wurde, während die noch fehlende Abteilung der Kreuzfahrer unter *Robert* von der Normandie und *Stephan* von Blois zu Anfang des Juni anlangte, ernstlich in die Hand genommen, aber es war bei allem fühlbar, daß es dem 300 000 Mann starken Gesamtheer an einer einheitlichen Leitung fehlte; jeder Führer griff an, wo, und tat, was ihm gefiel, und so konnte natürlich lange Zeit nichts gelingen, weil die vereinzelten Angreifer von den Belagerten leicht zurückgetrieben werden konnten. Ein

Franzose, der sich unvorsichtig zu nahe an die Mauer gewagt, wurde von den Verteidigern mit eisernen Haken hinaufgezogen, ohne daß es seine Kameraden verhindern konnten. Als die Provenzalen an einer Stelle bereits die Mauer untergraben und einen Turm zu Fall gebracht hatten, aber einfältigerweise am Abend, blieb den Belagerern Zeit genug, die entstandene Bresche bis zum Morgen wieder auszufüllen. Die Belagerungsmaschinen waren im wesentlichen damals die römischen, und dort wurden sie von Griechen bedient, die besser damit umzugehen wußten als die Abendländer.

Die Zuversicht der Belagerten, welche durch jene Bresche bereits einen Stoß erlitten, schwankte noch mehr, als die Kreuzfahrer auf dem See, welcher bisher eine Seite der Stadt freigelassen, Schiffe, die ihnen der Kaiser geschickt, und die man mit großer Mühe über Land schleppte, mit Griechen bemannt, gegen die Stadt heranschwimmen ließen. Nun zeigten sich die Belagerten bereit, auf neue Unterhandlungen einzugehen, welche *Butumites*, der kaiserliche Bevollmächtigte bei dem Kreuzheer, der schon die früheren geleitet, anbahnte. Aber die griechische Schlauheit zeigte sich auch hier wieder und trug den Sieg davon. *Butumites* bewirkte, daß die Belagerten sich dem Kaiser, nicht den Kreuzfahrern, ergeben zu wollen erklärten; es standen in der Nähe griechische Truppen, um diese Art der Übergabe zu unterstützen; *Butumites* ermunterte die Franken am 19. Juni zu einem Sturm von allen Seiten, und in einem günstigen Augenblick öffnete die Besatzung den Byzantinern ihre Tore und schloß sie sofort wieder. Mit Wut erblickten die betrogenen Kreuzfahrer die Fahnen Ost-Roms auf den Zinnern der Stadt, der allerdings hierdurch, wie sich später in anderen Fällen zeigen wird, ein Blutbad erspart wurde, denn die türkischen Einwohner erhielten freien Abzug. Der Kaiser aber hatte gegenüber den Kreuzfahrern den Eid für sich, den sie ihm geschworen. Sie konnten nicht anders als auf die Eroberung, die sie gemacht, verzichten und wurden dafür durch das Versprechen des Kaisers, sie mit einem Heer zu unterstützen, wie auch durch wirklich kaiserliche Geschenke belohnt; ja auch die Armen im Heer wurden nicht vergessen. In einer neuen Unterredung mit dem Kaiser wiederholten die Fürsten ihren Eid, nur *Tankred* weigerte sich beharrlich; da er, wie er sagte, nur seinem Oheim *Boemund* Treue schuldig sei und sie bis zum Tode halten werde. Als die griechischen Höflinge und Beamten weiter in ihn drangen, wandte er sich, um der Sache ein Ende zu machen, an den Kaiser mit den kecken Worten: „Wenn du mir das Zelt, worin du sitzt, mit Gold und Kostbarkeiten füllst und hinzufügst, was du allen übrigen Fürsten zusammen geschenkt, dann will ich den Eid leisten." Auf einen hierüber spottenden Griechen zückte er im Grimm das Schwert; als aber darob ein Tumult entstand, der Kaiser sich zwischen die Streitenden warf und *Boemund* dem hitzigen Neffen heftige Vorwürfe machte, ließ sich dieser endlich zum Eid herbei.

Jetzt war es aber Zeit zum Weitermarsch. Bevor sie ihn antraten, hatten die Fürsten der Kreuzfahrer über die Verhältnisse ihrer Feinde Erkundigungen eingezogen. Mit Befriedigung nahmen sie von der Zersplitterung der Seldschuken Kenntnis und sahen sich nach Bundesgenossen um, die sie in dem mit den Seldschuken in stetem Krieg lebenden Ägypten und in dem

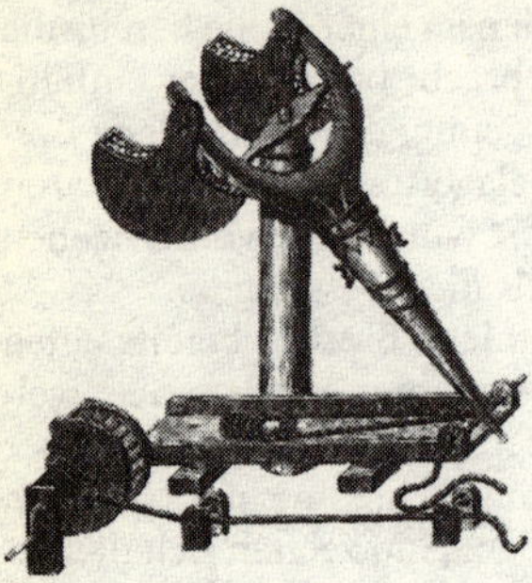

Schleudermaschine aufgezogen zum Wurf.

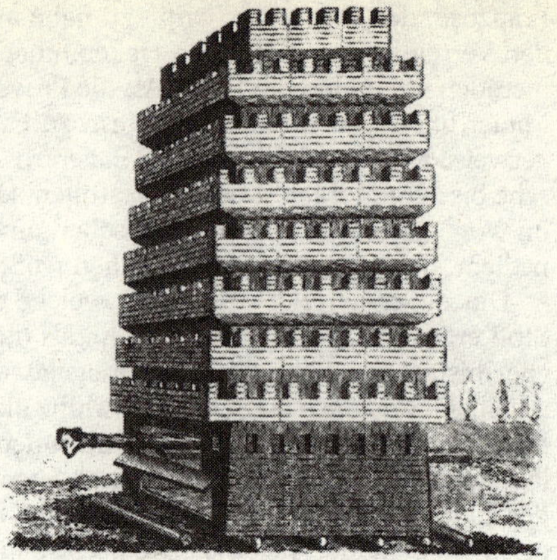

Belagerungsturm mit Mauerbrecher.

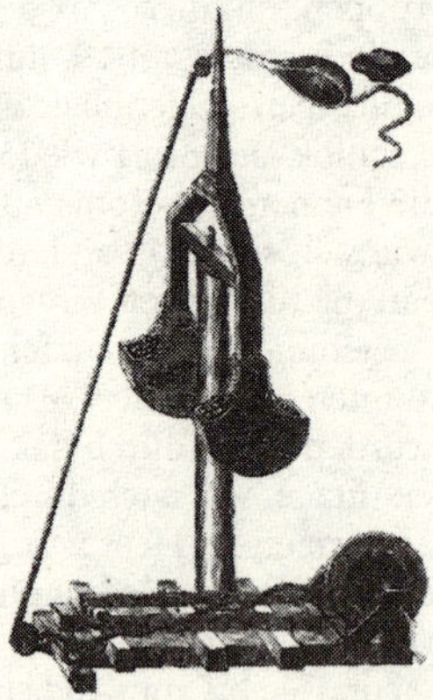

Schleudermaschine, den Stein werfend.

christlichen Armenien erblickten. Nach beiden Ländern ordneten sie Gesandte ab. Das Kreuzheer brach dann am 27. Juni 1097 von seinem Lager bei Nikäa auf und betrat nun das noch immer mohammedanische Gebiet. Aus Mangel an einer Oberleitung teilte sich das Heer während eines Nachtmarsches in zwei Hälften. Die eine, bestehend aus den Normannen und *Stephans* Franzosen, bewegte sich südlicher als die andere, zu der sich die Deutschen, die Provenzalen und *Stephans* Franzosen, bewegte sich südlicher als die andere, zu der sich die Deutschen, die Provenzalen und *Hugos* Franzosen hielten. *Tankred*, welcher der ersten Hälfte wie immer voraus war, bemerkte am 30. Juni zuerst feindliche Truppen. Das erste der beiden

Schlacht bei Doryläon.

Heere lagerte bei *Doryläon*, jetzt Eskischehr, und verbrachte eine ruhige Nacht, aber am Morgen des 1. Juli hatte es *Kilidsch Arslans* gewaltiges Heer von 150 000 Mann vor sich. Der Sultan war von der Trennung seiner Feinde rechtzeitig unterrichtet worden. Mit Ungestüm griffen die Türken an; es entspann sich ein wütendes Gefecht zwischen der beiderseitigen Reiterei, und die Christen begannen bereits zu wanken, als *Boemund* und *Robert* von der Normandie sie zum Stehen brachten. Einer türkischen Schar gelang es jedoch, die Kreuzfahrer zu durchbrechen und das christliche Lager zu erreichen, das sie einnahmen, worauf sie sofort zu morden begannen. Ein

Schriftsteller erzählt, sie hätten allein die Frauen verschont, um sie für ihre Serais zu gewinnen, und fügt die namentlich für Damen des Adels nicht schmeichelhafte Bemerkung hinzu, sie hätten die Sklaverei dem Tode vorgezogen und sich mitten im Kampf schön geschmückt um das Herz ihrer Sieger zu rühren.

Die christlichen Reiter sahen die Gefahr, in der das Lager schwebte und wollten zu Hilfe eilen; *Boemund* untersagte es, er wollte die Heldenscharen ungeschwächt zusammenhalten; aber der ritterliche *Tankred* gehorchte nicht und überfiel mit einer kleinen Schar die Türken im Lager. Sein Bruder *Wilhelm* fiel hier, von Pfeilen durchbohrt, aber das Gefecht blieb unentschieden. Doch wurden die gefangenen Frauen befreit (wie der erwähnte Schriftsteller erzählt) und beeilten sich nun, den Soldaten ihres Glaubens Erfrischungen herbeizubringen. Diese waren in Verzweiflung, die Feinde nicht vertreiben zu können, und die Verwundeten warfen sich zu den Füßen der Priester, um ihre Sünden zu bekennen und Lossprechung zu erlangen.

Endlich aber ertönte aus einer nahenden Staubwolke wie eine Himmelsbotschaft der bekannte Ruf „Gott will es", und es sprengten die in einem günstigen Augenblick von *Boemund* benachrichtigten Deutschen und Provenzalen, ihnen voran *Hugos* Franzosen, herbei. Es gelang ihrem unerschrockenen Anstürmen, die Flanke der Normannen zu gewinnen. Jetzt verließen die erschrockenen Türken das Lager; ihre Landsleute waren auseinandergesprengt, auf allen Seiten drangen die Christen als Sieger vor, und der Kampf war nach fünf Stunden heißen Ringens zugunsten des Kreuzes entschieden (Bild 12). Am folgenden Tag wurden die zahllosen Toten, deren 4000 den Siegern gehörten, bestattet. In den Zelten der Besiegten aber fand man reiche Beute, und die Kreuzfahrer hatten den ersten Anlaß, die reichen Gewänder und Geräte des Morgenlandes zu bewundern oder auch solch weltlicher Dinge zu spotten.

VIERTER ABSCHNITT

Die Kreuzfahrer in Klein-Armenien

Kilidsch Arslan war nach seiner Niederlage bei Doryläon bemüht, den Siegern ihren Weitermarsch dadurch zu erschweren, daß er vor ihnen her alles Land verwüsten und alles Volk ausplündern ließ, damit die Kreuzfahrer weder Lebensmittel noch Unterkunft fänden. Die lezteren waren stets mit kleinen Scharen von Sarazenen beschäftigt, von denen sie beunruhigt wurden, die sie aber leicht in die Flucht schlugen. Doch konnten sie nicht verhindern, daß die sarazenischen Raubbanden vor ihnen her die im Lande noch zahlreich wohnenden Christen erschlugen und ihre Kinder in die Gefangenschaft schleppten, um sie zu Muslimen zu machen. Die Folge jener Verwüstungen waren natürlich manigfache Entbehrungen, welche in dem wasserlosen Innern Kleinasiens zunahmen, je weiter man vorrückte, so daß namentlich die Pferde stark gelichtet wurden und das Gepäck Hunden, Ziegen und anderen Tieren aufgeladen werden mußte. Dennoch waren die Kreuzfahrer guten Mutes und trotz der Verschiedenheit der Sprachen verstand einer den andern; auch teilten sie redlich miteinander und bemühten sich, für verlorene und gefundene Sachen den Eigentümer ausfindig zu machen. *Ikonion*, welches nach der Einnahme von Nikäa die Hauptstadt der kleinasiatischen Seldschuken wurde und bis zu ihrem Untergang blieb, ließ die Kreuzfahrer ohne Widerstand einziehen, erstürmen aber mußten sie *Heraklea* (Erkle oder Eregli) am Eingang in das kleinarmenische Land.

Ein großer Teil der Bewohner des eigentlichen *Armenien* in dem Gebirgsknoten des Ararat war vor den in ihr Land eindringenden Seldschuken nach der noch unter byzantinischer Herrschaft stehenden Landschaft Kilikien im Südosten Kleinasiens und an der Grenze Syriens und Mesopotamiens ausgewandert, wo ihre Führer vom Kaiser gewisse Gebiete als Lehen erhielten. Sie hatten zwar auch hier an den Grenzen sich gegen die Seldschuken zu wehren, aber die armenische Bevölkerung jener Gegend wuchs fortwährend und dehnte sich mit der Zeit weit über das griechische Gebiet hinaus, so daß es mehrere unabhängige armenische Fürstentümer in Mesopotamien, Kölesyrien usw. gab. Sowohl das Streben der Byzantiner, auch diese Kleinstaaten ihrem Reich zu unterwerfen, als ihr Haß gegen die von ihrer Kirche in Glauben und Kult abweichenden Armenier hatten seit der

Mitte des elfen Jahrhunderts einen Krieg zwischen beiden Völkern zur Folge, der mit abwechselnder Unterdrückung und Losreißung armenischer Gebiete geführt wurde. Als die Kreuzfahrer das kleinarmenische Land betraten, lagen die Verhältnisse so, daß von den armenischen Niederlassungen der nördliche Teil durch die Seldschuken erobert, ein Teil im Osten (Melitene) noch von Byzanz behauptet, aber von den Seldschuken bedroht, der mesopotamische Anteil und dessen Grenzland aber, sowie das westliche Land, Kilikien, und das mittlere, um Cäserea in Kappadokien, tatsächlich unter mehreren armenischen Fürsten unabhängig waren. Diese Armenier waren tapfer und freiheitsliebend und hatten gegen Seldschuken sowohl als gegen Byzantiner der Heldentaten viele und mannigfaltige aufzuweisen. Es konnte daher nicht fehlen, daß sie für die Kreuzfahrer in ihren Unternehmungen ein höchst beachtenswertes Element wurden, da sie deren Straße aus dem byzantinischen Reich nach dem Heiligen Land beherrschten.

Die Kreuzfahrer hatten nun das *Taurosgebirge* vor sich und berieten sich, wie sie dasselbe überwinden wollten. Sie entschlossen sich, statt des näheren Wegs durch den beschwerlichsten Teil des Gebirges den weiteren nordöstlich um diesen Teil herum einzuschlagen und nur eine kleinere Schar auf dem näheren Weg vorauszusenden. Der Zweck dieser Anordnung war, das armenische Gebiet in weitestem Umfang unter den Einfluß der Kreuzfahrer zu bringen und in ihr Interesse hineinzuziehen. Zu Führern der durch Kilikien ziehenden Schar wurden *Balduin* und *Tankred* auserkoren. Die letzteren nahmen jeder nur einige hundert Ritter und entsprechendes Fußvolk mit sich.

In den Engpässen des Tauros trennten sich *Balduin* und *Tankred* aus unbekannten Gründen. *Tankred* hatte zuerst das Gebirge hinter sich und gelangte nach *Tarsos*, der Vaterstadt des Apostels Paulus, im oberen Teil Kilikiens, welche bei ihrer leichten und nahen Verbindung mit Syrien im Besitz der Seldschuken und daher von Türken besetzt war. Die letzteren, die den Kreuzfahrern entgegengezogen, aber vor ihrer Übermacht geflohen waren, sahen ein, daß sie zum Widerstand unfähig waren. *Tankred* lagerte sich vor der Stadt, ihre unvermeidliche Ergebung zu erwarten. Aber nun kam *Balduin* nach und verlangte von *Tankred* Anteil an der zu machenden Erorberung. *Tankred* aber weigerte sich dessen. In der Nacht dann flohen die Türken und die christlichen Einwohner luden die Franken ein, die Stadt zu besetzen. Ihre Oberhäupter baten die beiden Kreuzfahrerfürsten, von ihrem Streit abzulassen, die Stadt gebühre dem, der die Türken in die Flucht geschlagen, also *Tankred*. *Balduin* schlug diesem vor, die Stadt gemeinsam zu plündern, aber *Tankred* wies diese Zumutung entschieden von sich; da er jedoch einsah, daß er sich gegen *Balduin* nicht würde halten können, zog er ab und überließ Tarsos seinem Gegner, dessen Schar bald darauf durch flandrische, holländische und friesische Seeräuber verstärkt wurde, die in den dortigen Gewässern seit Jahren ihr Wesen trieben und deren aus Boulogne stammender Anführer *Balduin* als den Sohn seines einstigen Landesherrn erkannt hatte. Damit hatte die Uneinigkeit im Lager der Christen, die schon in Konstantinopel elektrisch gezuckt, ihren ersten tatsächlichen Aus-

Die Stillung des Durstes.

druck gefunden. Es handelte sich um den Gegensatz zwischen *Nord* und *Süd*, der niemals wird völlig ausgeglichen werden können. Stammten auch die Normannen aus dem Norden, so waren sie durch ihren Besitz im Süden Italiener geworden. Sie sowohl als die Lothringer strebten nicht nur nach Befreiung des Heiligen Grabes, sondern auch nach Landesbesitz im Osten und machten ihn sich daher schon früh streitig, und wir haben bereits angedeutet, welche weitere Eifersucht zwischen den im Süden eingewanderten Nordmännern und dem wirklichen Südländer *Raimund* brannte, die ebenfalls im Osten zum Ausbruch kommen sollte.

Der verzichtende *Tankred* setzte nun den ihm vorgeschriebenen Marsch fort, befreundete sich mit dem armenischen Fürsten von *Adana* und nahm die Ergebung der türkischen Besatzung von Mamistra entgegen, wo auch *Balduin* anlangte, nachdem die Normannen es besetzt hatten, welche ihm die Stadt verschlossen. Sie brachten zwar Lebensmittel heraus, aber bald entstand ein Streit zwischen beiden Parteien, der sich zum förmlichen Kampf entwickelte, welcher damit endete, daß die Lothringer die Normannen in die Stadt trieben; doch folgte ein Frieden und *Balduin* zog weiter.

Die Armenier erhoben sich überall, wohin die Kreuzfahrer kamen, und trieben die Türken aus dem ganzen Land hinaus. In Artasia, wo der nachrückende *Tankred* seinen Gegner *Balduin* aus einer Einschließung durch Türken befreite und diese nach Antiochia jagte, versöhnten sich die beiden Führer. *Tankred* beschloß dann, das Hauptheer von Antiochia, dem nächsten gemeinsamen Ziel, zu erwarten und setzte sich bis dahin mit Waffengewalt in Alexandrette fest, während *Balduin* schon jetzt dem Hauptheer entgegenging.

Das letztere war indessen zunächst nach Cäsarea und dann über mehrere andere armenische Orte nach Merasch in der Nähe des Euphrat gezogen. Überall stand es den Armeniern bei und vertrieb die Seldschuken, ließ auch an manchen Orten Besatzungen zurück. Von Koxon aus sandte *Raimund* eine provenzalische Schar auf einem näheren Weg nach Antiochia voraus, weil sich das Gerücht verbreitet hatte, als wäre die Stadt von den Mohammedanern verlassen, und er ihre Besetzung nicht *Balduin* und *Tankred* allein überlassen mochte.

Das Hauptheer mußte indessen noch von seiner Ankunft in Merasch unwirtliche und selbst gefährliche Gebirge bewältigen; die Krieger litten in namenloser Weise an Durst und wo sich eine seltene Quelle fand, wurde sie gleich einer Festung belagert und erstürmt (Bild 13). In Merasch traf *Balduin* mit seinem Bruder zusammen und verlor hier zugleich infolge der Reisestrapazen seine Gattin *Godehild* durch den Tod; vielleicht deshalb verließ er den Ort bald wieder, um auf eigene Faust einen höchst merkwürdigen und folgenreichen Abstecher zu machen.

Während nämlich das Hauptheer ohne weitere Zwischenfälle den Orontes einige Meilen oberhalb Antiochias erreichte, zog *Balduin* mit einer geringen Kriegerschar von Merasch südöstlich, um sich mit den Armeniern jenseits des Euphrat, in Mesopotamien in Verbindung zu setzen, auf deren Freundschaft er zählen konnte. Nach Einnahme mehrerer von Türken besetzten Festen erhielt er von dem jenseits des Euphrat regierenden, wahrscheinlich bedeutendsten armenischen Fürsten *Theodoros* oder *Thoros* in *Edessa* ein dringendes Hilfegesuch mit dem Versprechen, ihn zum Nachfolger in seiner Herrschaft zu bezeichnen. Edessa war, obschon rings umgeben von türkischen Machthabern, eine blühende christliche Stadt, so viele Verwüstungen sie auch von ihren feindlichen Nachbarn zu erdulden hatte. *Balduin* ließ sich nicht zweimal bitten, um seinem Ehrgeiz zu frönen, und schlug sich mit bloß etwa 70 Rittern durch die türkischen Posten über den Euphrat nach Edessa, dessen Bewohner ihn frohlockend aufnahmen. Es war in der Mitte des Februar 1098, als Fürst *Theodoros* seinen ersehnten Retter *Balduin* mittels einer eigentümlichen Zeremonie als Sohn adoptierte. Beide Männer entblößten den Oberleib und drückten die Brust gegeneinander, in Gegenwart aller Würdenträger des Fürsten und der Begleiter *Balduins.* Letzterer verlor indessen keine Zeit und zog nach kurzer Rast mit seinen Leuten und einer Schar von Armeniern aus, den Seldschuken *Balduk* in Samosata am Euphrat zu bekriegen, von dem er aber geschlagen wurde. Dies Mißgeschick hatte ein allzu frühzeitiges Zerwürfnis mit *Thoros* zur Folge und *Balduin* spielte von da an eine Rolle, die ihm nicht ganz zur Ehre gereicht. Er besaß die Zuneigung der Edessaner, und dies machte ihn sicher. In einer Versammlung, die er mit den Vornehmen der Stadt abhielt, wurde beschlossen, den Fürsten zu entsetzen und *Balduin* an seine Stelle zu erheben. Schon am nächsten Tag mußte *Thoros* vor den bewaffneten Einwohnern in die Festung fliehen. Er sah ein, daß er sich nicht halten könne und wünschte freien Abzug nach Melitene, der ihm auch eidlich zugesichert wurde. Aber aus dunkeln Ursachen war die Erbitterung gegen den schuldlosen Mann so groß, daß das wütende Volk den am 9. März zur Abreise sich Anschickenden überfiel, vor *Balduins* Augen, der wohl der Meute Widerstand leistete, aber seinen Adoptiv-Vater nicht genügend schützte, ermordete und den Leichnam durch die Straßen schleppte und in Stücke hieb. *Balduin* ergriff nun die Zügel der Herrschaft, waltete als „Graf" in Edessa und vergrößerte dessen Gebiet durch Einnahme Samosatas und anderer Städte. Wie er höher stieg, wird der weitere Verlauf der Begebenheiten zeigen.

FÜNFTER ABSCHNITT

Die Einnahme von Antiochia

Welch beseligendes Gefühl mußte die Kreuzfahrer ergreifen, als sie nun in Syrien standen, wovon das Heilige Land einen Bestandteil ausmachte! Doch begann ihr Werk in dieser gesegneten Gegend mit einer harten Arbeit. *Antiochia*, die Hauptstadt und der Schlüssel Syriens, eine der prächtigsten Städte des Morgenlands, mußte gewonnen werden, ehe an ein Weiterziehen zu denken war. Und auf den Besitz dieses Kleinods hatte auch der ehrgeizige *Boemund*, dessen Neffe *Tankred* und die übrigen Normannen Unteritaliens nicht geringe Hoffnungen gesetzt! Es war der 20. Oktober 1097, als die 4000 Reiter zählende Vorhut der Kreuzfahrer, wie erwähnt, am Orontes anlangte, und sofort schon begann der Kampf mit einer Schar Sarazenen, welche die dortige eiserne Brücke besetzt hatten, aber schnell zur Flucht gezwungen wurden. Das darauf anlangende Kreuzheer lagerte zu beiden Seiten des Flusses, während *Boemund* seine Ungeduld nicht zügeln konnte, seinen erträumten Fürstensitz in der Nähe zu sehen, und mit dem siegreichen Vortrab bis unter die Mauern Antiochias sprengte, ohne daß die Besatzung sich rührte. Am folgenden Tag rückte das gesammte Heer vor die Stadt, die ihm so viel Anstrengung und Verluste bringen sollte.

Über Antiochia herrschte damals ein Verwandter *Melekschahs* und *Tutuschs*, der tapfere aber grausame Emir *Bagi Sijan* in unabhängiger Stellung, aber eng verbündet mit *Ridwan* von Haleb und *Sokman* in Jerusalem gegen *Ridwans* Bruder *Dekak* von Damask. Er hatte eben mit jenen beiden Verbündeten einen Feldzug gegen den aufrührerischen Statthalter *Ridwans* in Emessa, der es mit Damask hielt, ausgeführt, als er die Bedrohung seiner Stadt durch die Franken erfuhr, und kehrte sofort dahin zurück, nachdem die beiden undankbaren Bundesgenossen ihm jede Hilfe gegen die „Ungläubigen“ verweigert hatten. In seiner Entrüstung über dieses Verhalten trat er sofort zur Gegenpartei über, verständigte sich durch Gesandte und Briefe mit Damask und Emessa und suchte weitere Hilfe bei dem *Sultan Kerbuga von Mosul* und bei *Berkjarok*, einem Sohn *Melekschahs*, dem Emir al Omara und wirklichen Besitzer Bagdads, auch dem Namen nach Oberherrn des Seldschukenreichs. Zugleich ergriff er die wirksamsten Maßregeln, seine Stadt so kräftig wie möglich verteidigen zu können, raubte die Christen Antiochias aus und trieb sie dann, während er ihre Weiber und Kinder zurück-

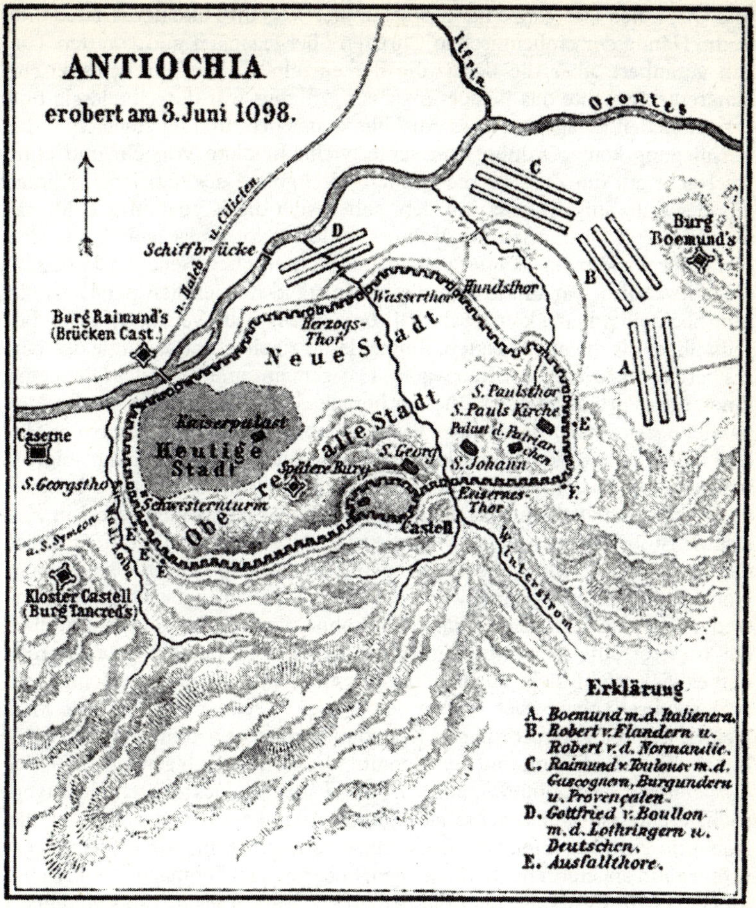

Plan von Antiochia.

behielt, aus den Mauern. Den Patriarchen nahm er dagegen gefangen, damit nicht sein Gebet außerhalb der Stadt die Einnahme derselben befördere. Auch seine Glaubensgenossen sog er durch Steuern nach Kräften aus. Die Mauern der Stadt sollen auf ihrer Oberfläche einem Viergespann Raum geboten haben und von 450 Türmen überragt gewesen sein. Antiochia hat den Orontes im Nordwesten und das syrische Gebirge im Süden, an welchem ihre Straßen damals in fünf- bis sechsmal größerm Umfang als jetzt mehr oder weniger steil emporstiegen, bis zu der auf dem höchsten Punkt angelegten Zitadelle, welche die ganze Gegend bis zum Meer überblickte. Die Belagerung wurde sofort in Angriff genommen, aber nur von Norden und Osten her. Das ganze Land rings umher war mit Hilfe der Kreuzfahrer in die Hände der einheimischen Christen übergegangen und von den Türken gesäubert, aber die Besetzung der einzelnen Orte durch fränkische Scharen schwächte das Belagerungsheer. Anfangs war dasselbe lässig und gestattete den Belagerten Zeit, Ausfälle zu machen, und da zugleich in der Verpflegung keine Ordnung herrschte, vielmehr ohne Vorsicht und ohne Rücksicht auf die Zukunft die reichen Erzeugnisse des herrlichen Klimas mit Begierde aufgebraucht wurden, sahen sich die Kreuzfahrer bald, namentlich aber bei Eintritt des Winters, bitterer Not preisgegeben, die sich nicht nur in Hunger, sondern auch in fürchterlichen Seuchen kundgab. *Gottfried* selbst war krank und dieser Umstand hinsichtlich der Disziplin sehr nachteilig. Dazu kam noch, daß *Bagi Sijans* neue Verbündete sich bereitwilliger als die alten zeigten, ihm zu Hilfe zu eilen und zu Ende des Jahres bereits im Anzug begriffen waren. Das gemeinsame Wohl des Islam ging ihnen über Parteiinteressen, und der heranziehende Statthalter von Emessa handelte sogar zugunsten seines Feindes und gewesenen Oberherrn in Haleb, indem er mit den Damaskanern zuerst eine christliche Schar angriff, welche unter *Boemund* und *Robert* von Flandern, um für das Heer Lebensmittel herzuschaffen, in das aleppinische Gebiet eingefallen war. Ein Zusammenstoß zwischen beiden Parteien bei Albara scheint bei nicht unbedeutenden Verlusten unentschieden geblieben zu sein. Da verließen die von Damask die von Emessa und letztere waren auf Haleb angewiesen; die Christen aber kamen um das Neujahr 1098 ohne die erhofften Lebensmittel in das trauererfüllte Lager von Antiochia zurück. Das Elend wurde so groß, daß es viele nicht mehr aushielten und enflohen, um nach der Heimat zurückzukehren. Nicht allen jedoch wurde dies so schwergemacht, wie zwei Helden der ersten ungeordneten Kreuzfahrerzüge; es waren keine Geringeren als *Peter* der Eremit und der Vicomte von *Melun*, auch genannt *Wilhelm Carpentarius* (der Zimmermann). *Tankred* aber entdeckte ihren Fluchtversuch, ereilte sie und brachte sie zurück. *Melun* wurde, nachdem er die Nacht im Zelt *Boemunds* am Boden liegend zugebracht, von diesem Heerführer rauh angefahren: „Du Unseliger, Schande und Schmach Frankreichs, du Nichtswürdigster, welcher die Erde trägt, warum bist du so schmählich geflohen? Wolltest du etwa unsere Krieger den Feiden Christi überliefern, wie du schon einmal in Spanien getan?“ *Wilhelm* antwortete nichts, und *Boemund*, um Nachsicht für ihn gebeten, verhieß lachend, ihn zu schonen, wenn er die Kreuzfahrt nie wieder verlassen wolle. Aber ein halbes Jahr später entwich er dennoch und diesmal mit Glück, während *Peter* seinem Versprechen treu blieb und ausharrte.

Die Armenier, namentlich ihre Fürsten und Klöster, zeigten nun aber echt christlichen Sinn und ordneten regelmäßige Sendungen von Lebensmitteln an. Für einen andern Ersatz sorgte, diesmal in höchst uneigennütziger Weise, *Raimund* von Toulouse. Die Pferde der Kreuzfahrer waren bis auf etwa siebenhundert gegangen und auch diese waren in elendem Zustand; daher verpflichtete er sich, jeden Verlust an Pferden zu vergüten, und hob hierdurch den Mut der Belagerer nicht wenig.

Boemund auf der Leiter.

Während jenes Streifzugs hatten die Belagerten durch einen Ausfall die Lothringer und Provenzalen nachdrücklich geschlagen, so daß eine Umziehung des christlichen Lagers mit Wall und Graben erforderlich erschien und auch ausgeführt wurde. Es schien indessen diesem Lager an Verdrießlichkeiten nie fehlen zu sollen. Eine neue solche beruhte auf den restlosen Bestrebungen *Boemunds*, der um jeden Preis Fürst von Antiochia werden wollte. Dieses zu verhindern bemühte sich aus allen Kräften der griechische General *Tatikios*, der Bevollmächtigte des Kaisers bei dem Kreuzheer, denn er wußte wohl, daß *Boemund* sich im Fall des Gelingens unabhängig machen und die Lehnshoheit des Kaisers, mit dem er ja wegen *Tankreds* zerfallen war, nicht anerkennen würde. *Boemund* hatte gleich nach seiner Rückkehr von jenem Treffen bei Albara den Fürsten erklärt, er könne die Kosten des Zuges nicht weiter bestreiten und wolle nach Hause zurückkehren. Was er dabei beabsichtigte, geschah dann; seine Mitführer, *Raimund* ausgenommen, welcher jetzt ebenso eifrig an Byzanz hing, als er sich vorher geweigert hatte, sich ihm unterzuordnen, verhießen ihm den Besitz der Stadt, wenn sie eingenommen werde. Diesem Ergebnis arbeitete *Tatikios* wieder entgegen, indem er den Fürsten riet, die Belagerung jetzt aufzuheben und in den Burgen des Landes den Frühling abzuwarten, wo dann ein auf dem Weg befindliches Heer unter Kaiser *Alexios* ihnen zur Einnahme Antiochias behilflich sein werde. *Boemund* aber suchte er durch Abtretung der von *Balduin* und *Tankred* besuchten kilikischen Städte zum Verzicht auf Antiochia zu bewegen; als aber seine Bemühungen ohne Erfolg blieben und *Boemund* in schlauer Berechnung ihm vorgab, die übrigen Fürsten wären gegen ihn erbittert, weil sie das gemeldete Herannahen eines neuen Ersatzheeres griechischem Verrat zuschrieben, und gingen mit Absichten auf sein Leben um, da entfloh der Byzantiner unter dem Vorwand, sich auf seinen Posten im Heer zu begeben. Seitdem war *Boemunds* Absicht in hohem Grad erleichtert.

Aber auch die Scharen des Islam waren nicht müßig. Statt der abgezogenen Damaskaner rückten jetzt, wie angedeutet, die Aleppiner zum Schutze des von ihnen abgefallenen Emirs von Antiochia, 15 000 Mann stark, im Februar heran. Bei der eisernen Brücke erwarteten die Kreuzfahrer in geringer Anzahl unter *Boemund* den Feind, der am 9. geschlagen das Feld räumen und ansehnliche Beute zurücklassen mußte.

Zu derselben Zeit waren mehrere Ausfälle der Belagerten zurückgeschlagen worden. Auch eine ägyptische Gesandtschaft, welche im Lager der Franken ankam und welcher man nach den Begriffen der Zeit einige hundert Köpfe erschlagener Türken zum Geschenk überreichte, hob die Zuversicht der Belagerer, und die eintretende günstigere Witterung besserte ihre Lage zusehends. Dafür gelang aber den Belagerten ein schlimmer Streich. Die Christen erfuhren, daß an der nahen Küste ein genuesisches Geschwader angekommen sei, und wünschten dessen Arbeiter zur Errichtung eines Kastells zu verwenden, durch welches die Brücke über den Orontes gesperrt und Ausfälle der Belagerten verhindert werden sollten. *Boemund* und *Raimund* wurden abgesandt, die Schiffsleute herbeizuholen, aber als

Ein Stück (der Westseite) der Festungsmauern von Antiochia.*

sie dieselben erhalten hatten und auf dem Rückweg begriffen waren, griff sie das inzwischen ausgefallene Heer von Antiochia auf allen Seiten an und kehrte trimphierend nach der Stadt zurück, was die zurückgebliebenen Fürsten, welche den Ausgesandten entgegenzogen, mit ansahen. Nun wurde das gesamte Heer aufgerufen, mit dem sich *Boemund* und *Raimund*, zu-

* Nach Rey, Monuments de l'architecture etc.

rückkehrend, vereinigten, stürzte sich auf die leichtfertig es umschwärmenden Türken, die sich nun vor dem geschlossenen Tor stauten und zu großem Teil in den Fluß fielen, und richtete ein vernichtendes Blutbad unter ihnen an. *Gottfried* soll dabei einem feindlichen Reiter den Leib mitten durchhauen haben und das Pferd mit dem fest sitzen bleibenden Unterleib in die Stadt gerannt sein.

Ohne weitere erhebliche Störung von seiten der eingeschüchterten Besatzung wurde das beabsichtigte Kastell gebaut, dessen Bewachung *Raimund* und einer Schar Provenzalen anheimfiel.

Noch immer war indessen kein Angriff auf die Mauern der Stadt unternommen worden; dagegen umstreifte der kecke *Tankred* rastlos und abenteuerlustig die Stadt und machte Jagd auf alle Muslimen, deren sich bald außerhalb der Mauern keiner mehr sehen ließ.

Seitdem es nun gelungen war, der Besatzung die Zufuhr abzuschneiden, herrschte in der Stadt steigende Hungersnot. Um sie zu heben, beutete *Bagi Sijan* die Wohlhabenden in solcher Weise aus, daß darob große Erbitterung entstand, namentlich unter jenen, die nach der türkischen Eroberung zum Islam übergetreten waren. Unter den am empfindlichsten Getroffenen befand sich der armenische Renegat *Firuz az Zerrad* (d. h. der Panzerschmied), dem an der Wehrseite ein Turm zur Bewachung übertragen war; er schwur dem Emir und mit ihm der türkischen Bevölkerung Antiochias blutige Rache, und er hat seinen Eid in furchtbarer Weise gehalten. Es sandte an *Boemund*, den die Morgenländer allgemein als den Einflußreichsten oder gar als Oberanführer der Kreuzfahrer betrachteten, und fand natürlich bereitwilliges Entgegenkommen. Aber *Boemund* hütete sich wohl, seinen Mitfürsten etwas von seinem Geheimnis zu verraten; er beschränkte sich auf das Versprechen, ihnen die Stadt zu überliefern, wenn ihm deren Besitz zugesichert würde. Dieselben zeigten sich aber nicht so gefügig wie das erste Mal und schützen den Lehenseid bei Kaiser *Alexios* vor. Als aber unheildrohende Nachrichten einliefen, eine nach der andern, als es hieß, die furchtbare Macht *Kerbugas* von Mosul, ja aller Seldschukenfürsten sei im Anzug, und ersterer habe bereits den Euphrat überschritten, da wankte der Widerstand und *Boemund* erhielt zum zweiten Mal die Zusage des Besitzes der Stadt; selbst *Raimund* hatte sich diesmal der allgemeinen Stimmung angeschlossen.

Es war am 2. Juni 1098 spätabends, als *Boemund* eine Schar Normannen, unter dem Vorwand, einem türkischen Heer entgegenzuziehen, die Nacht hindurch im Gebirge herumführte, kurz vor dem Sonnenaufgang des 3. aber an dem Turm des *Firuz* hielt. Es ging eben eine Patrouille mit Fakkeln auf der Mauer hin; man ließ sie vorüberziehen, und nun näherte sich *Boemund* dem Turm. Auf ein Zeichen von ihm ließ *Firuz* einen Strick herab, an welchem eine Strickleiter befestigt und hinaufgezogen wurde. *Boemund* ließ, um den Erfolg abzuwarten und sicher zu sein, zuerst nur sechzig Mann hinaufsteigen. *Firuz* wurde ungeduldig und rief halb spottend nach dem „unbesiegten“ *Boemund*, der nun mit den Übrigen hinankletterte (Bild 14).

Metzelei in Antiochia.

Mit Trägheit war Antiochia belagert, durch Verrat wurde er erstiegen, mit Mord endlich eingenommen! Nachdem die Strickleiter unter der Last der Herbeidrängenden zerrissen, öffneten die Eingestiegenen eine Ausfallpforte, und nun strömte alles hinein. Die übrigen Truppen im Lager wurden zu den Waffen gerufen, und es erbrach eine jede Schar das ihr nächste Tor. Die Türken waren überrascht, Sie verloren den Kopf, und seit den ersten Schritten der sogenannten Christen in die Stadt begann ein entsetzliches

Morden. Niemand wurde verschont, Greise, Weiber, Kinder, alles wurde im Namen des Kreuzes niedergemacht, was nicht getauft war (Bild 15); die Christen der Stadt erkannte man daran, daß sie den Siegern die Schlupfwinkel der angstvoll Fliehenden und sich Verbergenden verrieten und die reichen Häuser bezeichneten oder daß Sie, wenn die Wut sich auf sie warf, geistliche Lieder zu singen begannen. So fiel Antiochia, nach vierzehnjähriger Herrschaft des Islam, in christliche Hände zurück, jedoch in abendländische, statt der früher byzantinischen Macht. Dreitausend Türken warfen sich in die Zitadelle, welche die Sieger umsonst angriffen, *Boemund* voran, der sich aber verwundet zurückziehen mußte. Der Emir *Bagi Sijan*, welcher die Zitadelle bereits im Besitz des Feindes wähnte, floh mit einer beträchtlichen Schar aus der Stadt; aber armenische Landeinwohner metzelten alle seine Begleiter neider, und als er mit einem Sklaven weiter fliehen wollte, aber sich nicht mehr halten konnte und vom Pferd fiel, und der Sklave ihn verließ, erreichten ihn die Armenier, töteten ihn und brachten seinen Kopf und seine Waffen *Boemund*. Nachdem Antiochia ausgemordet war, reinigten die christlichen Einwohner die Stadt von Blut und Leichen, während die Sieger nach Herzenslust in den reichen Häusern plünderten und mit blinder Gier die wenigen aufgefundenen Lebensmittel aufzehrten, uneingedenk dessen, was kommen mußte.

Und dieses längst zu Erwartende kam nur zu bald! *Kerbuga*, der Herrscher von Mosul, hatte ein Heer von mehreren hunderttausend Mann zusammengebracht, das den Kreuzfahrern weit überlegen und weit frischer war als sie, auch den Vorteil hatte, im eigenen Land und in gewohntem Klima zu kämpfen. Mit ihm vereinigten sich die Streitkräfte von Damask, Emessa und Jerusalem, sowie eine arabische Schar, um Antiochia dem Islam zu erhalten oder, wenn man zu spät kam, wiederzugewinnen. Man kam aber zu spät, weil man sich drei Wochen lang damit aufhielt, Emessa zu belagern, wo sich *Balduin* wacker verteidigte, und die Umgegend zu verwüsten, freilich ohne Erfolg. Wiederholte Bitten *Bagi Sijans* hatten am Ende des Mai *Kerbuga* zum Weitermarsch vermocht, auf welchem ihn *Balduin* verfolgte, doch ohne viel auszurichten. Bei der Eisenbrücke des Orontes angekommen, hieben die übermächtigen Ankömmlinge die fränkische Besatzung zusammen und kamen am 6. Juni, also drei Tage nach der Einnahme, vor Antiochia an, nun überzeugt, daß jetzt die Rollen der Belagerer und Belagerten vertauscht waren. Während aber die Christen sich auf die freilich passive Belagerung der Nord- und Ostseite beschränkten, wurde von den Türken die Westseite zum Angriff ausersehen, wozu noch die Angriffe aus der Zitadelle kamen, die *Kerbuga* unter seinen eigenen Befehl übergehen ließ. Jetzt erst erwachten die nun belagerten Christen aus ihrem Taumel, aber zu spät: in der Stadt war nichts mehr zu beißen und zu brechen und die Umgegend war nicht besser daran. So entstand eine neue Hungersnot, gegenüber welcher die im Lager unbedeutend war; in grauenvoller Weise wurden die schmutzigsten und ekelhaftesten Gegenstände begierig verschlungen. Dazu kam, daß ein Ausfall nach Westen am 10. Juni nicht nur vor der Übermacht mißlang, sondern die Feinde drangen zum Teil mit den

Fliehenden in die Stadt, wurden aber wieder hinausgeworfen. Dabei hatte indessen *Kerbuga* die eiserne Kraft der Europäer kennengelernt und ging über den Orontes zurück.

SECHSTER ABSCHNITT

Die äußeren und inneren Kämpfe um Antiochia

So wechselten Heldenmut und Hunger täglich, und seit die Belagerer sich ruhig verhielten, wütete die Besatzung der Zitadelle um so heftiger gegen die Stadt, in welcher vor ihren Pfeilen nichts mehr sicher war. Es mußte gegen diese Gefahr eine eigene Verschanzung aufgeworfen werden. Unter solchen Umständen begannen die Bande der Zucht sich aufzulösen. Es gab sogar Überläufer zu den Türken, während andere sich an Stricken von der Mauer herabließen, an Zahl – man nannte sie die Strickläufer – stets zunahmen, und ihr Heil in den Bergen oder am Meer suchten. Außer dem schon erwähnten „*Wilhelm* dem Zimmermann" befanden sich noch mehrere Vertreter des Adels, hier allerdings nicht des wahren, unter ihnen. Der seiner Gesundheit wegen in Alexandrette weilende *Stephan* von *Blois*, von den Flüchtlingen über die Lage benachrichtigt, hatte einen Augenblick Mut und drang in einer Nacht auf die Höhe nördlich von Antiochia; als er aber das unübersehbare Lager der Türken erblickte, verflog sein Heldentum, der Prinz sank zum Strickläufer herab und rettete sein Leben eilig durch Flucht zur See nach Kleinasien. Dort traf er den Kaiser *Alexios*, der mit einem Heer auf dem Weg war, den Glaubensgenossen im weiteren Sinn beizustehen, vorzüglich aber um Antiochia und wohl noch mehr für sich zu retten; er war bis Philomelion in Phrygien gekommen und ein zweites byzantinisches Herr unter *Johannes Dukas* hatte im Küstenland Lydien die an die Türken verlorenen Städte Smyrna, Sardes, Philadelphia u. a. wieder erobert. Der elende Graf von *Blois* aber bewirkte sowohl durch seine bestechende Persönlichkeit, als durch seinen haarsträubenden Bericht über die Lage Antiochias, wozu noch die Meldung vom Anzug eines unter *Kerbugas* Sohn *Ismail* anrückenden Heeres kam, die Rückkehr der kaiserlichen Heere, deren erstgenanntes dabei die ganze Gegend verwüstete und die mohammedanischen Bewohner gefangen wegführte, um dem Feind unüberwindliche Hindernisse in den Weg zu legen. Der verhängnisvolle Entschluß des Kaisers gereichte indessen nur vorübergehend den Kreuzfahrern, auf die Dauer aber mehr dem byzantinischen Reich selbst zum Verderben. Als man in Antiochia das Geschehene vernahm, griff die helle

Bestattung der Toten nach der Schlacht bei Antiochia.

Verzweiflung um sich, und ohne das kräftige Einschreiten *Boemunds* und *Adhemars* wäre wohl allgemeine Auflösung eingetreten.

Unter den damaligen Verhältnissen konnte nun allerdings der religiöse Fanatismus am wirksamsten helfen. Wirklich wurden Visionen epidemisch, aber keine erregte solches Aufsehen und hatte solche Folgen wie diejenige des Geistlichen *Peter Bartholomäus'* aus Marseille, welcher dem für solche Dinge empfänglichen Grafen *Raimund* berichtete, der heilige Andreas sei ihm erschienen und habe ihm mitgeteilt, daß die *Lanze*, mit welcher Christus am Kreuze verwundet worden, in der Peterskirche vergraben liege und ihre Auffindung alle Not heben werde. Wirklich glaubte dies *Raimund*, der Zweifel des hellsinnigen *Adhemar* nicht achtend. Zum Überfluß meldete auch noch ein Priester *Stephan* den Fürsten, indem er sich erbot, die Wahrheit seiner Erzählung durch ein Gottesurteil zu erhärten, daß ihm und anderen in der Marienkirche Christus selbst und die Heilige Jungfrau erschienen seien und ersterer sie aufgefordert habe, für ihn zu kämpfen und zu siegen. Alles war überzeugt und begeistert, *Tankred* besonders, und die Fürsten legten einen feierlichen Eid im Sinne jener Erscheinung ab. Noch mehr steigerte sich die erregte Stimmung, als die angebliche Heilige Lanze am 14. Juni in der Peterskirche da gefunden wurde, wo die Veranstalter der Komödie sie versteckt hatten. Hunger und Elend waren vergessen, und alles begehrte nach dem Kampf. Aber es dauerte nicht lange so. Der Hunger machte wieder sein Recht geltend, die Geister erschlafften wieder, Krieger entliefen von ihren Posten und ein alleingelassener Dienstmann *Boemunds* mußte sich einst einen ganzen Tag allein gegen dreißig Türken verteidigen. Nun wählten die Fürsten *Boemund* für 14 Tage zum Oberbefehlshaber, welche Würde er in grauenhafter Energie damit eröffnete, daß er in den Quartieren der Stadt, wo Deserteure Unterkunft suchten, Feuer anlegen ließ, welches Paläste, Kirchen und etwa zweitausend Häuser vernichtete. Jetzt waren die Widerspenstigen gebändigt und verlangten ungestüm, zum Kampf geführt zu werden, der endlich unvermeidlich geworden war.

Ehe man zu diesem Mittel schritt, wurde am 24. Juni von der Fürstenversammlung eine Gesandtschaft an *Kerbuga* abgeordnet, und zwar in der Person *Peters* des Einsiedlers nebst einem Dolmetscher. Der an sich schon sonderbare Gesandte muß sich vor dem Sultan recht ungeschickt benommen haben, wenn er auch gewiß nicht so derb auftrat, wie manche Geschichtschreiber großsprecherisch behaupten. Er trug dem Sultan vor, daß Antiochia eine christliche Stadt sei und daß er diese Eigenschaft nicht antasten möchte. Als dies erfolglos war, schlug *Peter* einen Zweikampf als Mittel der Entscheidung vor; aber *Kerbuga* ging auf nichts ein als auf eine Schlacht; im übrigen hätten die Christen nur die Wahl zwischen dem Bekenntnis des Islam und Gefangenschaft oder Tod.

Nun bereitete man sich durch Rüstungen, wie durch Fasten und das Abendmahl auf die Schlacht vor. *Raimund*, welcher krank war, sollte mit einer Schar in der Stadt bleiben, um sie gegen die Zitadelle zu schützen. *Robert* von Flandern, ebenfalls krank, raffte sich gewaltsam auf. Das Heer zählte in sechs ungleich starken Abteilungen nach verschiedenen Angaben 133 bis 165 000 Mann. Es war der 28. Juni als man auszog, voraus die Heilige Lanze und eine Schar Priester, die das Kriegsvolk beständig zur Tapferkeit mahnten, geschwächt von Hunger und Krankheiten, aber stark im Glauben und daher voll Hoffnung – freilich gegen ein Heer, das wohl zahlreich und prächtig, aber innerlich zerrissen war durch die alten Parteien unter den Seldschuken. *Ridwan* von Haleb, welcher allein sich dem Heer nicht angeschlossen hatte, war derjenige, dem die vorübergehende Eintracht der Mohammedaner am schwersten auf das Herz fiel, und seine Ränke und Aufreizungen bewirkten durch Unterhändler nicht wenig Desertionen und steckten auch die übrigen Fürsten mit Mißtrauen und Zwietracht an.

Die Brücke über den Orontes war der Schauplatz der furchtbaren Schlacht, die sich am 28. Juni entspann. Aus unbekannten Gründen ließ jetzt, als die Heere einander gegenüberstanden, *Kerbuga* den Kreuzfahrern melden, er nehme den vorgeschlagenen Zweikampf nun an; aber es war zu spät, die Kampflust der Christen war nicht mehr zu unterdrücken. Auf dem linken Flügel kämpfte *Hugo* von Vermandois bereits mit Glück, als eine türkische Reiterschar mit Ungestüm um den rechten Flügel, den die Provenzalen bildeten, herumraste und den Normannen in den Rücken fiel. *Gottfried*

Ruinen der Mauern von Antiochia.*

und *Robert* der Normanne sandten *Boemund* den Ritter *Reinald* zu Hilfe, der tapfer kämpfte, aber fiel, worauf es *Boemund* gelang, die Feinde auf seiner Seite in wilde Flucht zu schlagen. *Tankred* verfolgte sie, während sein Oheim im Mitteltreffen weiter focht. Entschieden wurde die Schlacht, nachdem die Turkmanen teils geflohen, teils ihre Mitstreiter selbst angegriffen hatten, worauf *Boemund*, die beiden *Robert* und *Gottfried* in geschlossener Reihe vordrangen und den *Kerbuga* damit ohne weitere Kämpfe zum Rückzug zwangen. Mangel an Pferden verhinderte die Verfolgung der Feinde, aber die Sieger entschädigten sich an der reichen Beute im Lager des

* Nach Rey, Monuments de l'architecture etc.

Emirs. So hatte ein hungerndes Heer ein moralisch gespaltenes glänzend besiegt und die Stellung der Kreuzfahrer im Morgenland eine gewaltige Befestigung erlangt.

Während die Christen ihre Toten feierlich bestatteten (Bild 16), eilten die geschlagenen Seldschuken ihrer Heimat zu. Was noch von Türken im Gebiet von Antiochia zu finden war, wurde von der christlichen Bevölkerung niedergemacht. Die Zitadelle der Stadt ergab sich sofort, wandte sich aber aus Irrtum an *Raimund*, der auch begierig nach diesem Anlaß zur Erhöhung seines Ansehens griff; als aber der Anführer aufgeklärt wurde, wollte er sich nur *Boemund* ergeben, ließ sich sogar mit einer Anzahl seiner Krieger taufen und verstärkte die Besatzung der Stadt. Seine übrige Mannschaft, welche *Boemund* nach Haleb geleiten lassen wollte, wurde auf dem Land von den Armeniern vollständig niedergemacht.

Weniger erfreulich als der Sieg des Kreuzes in der alten Patriarchenstadt und um dieselbe war der häßliche Streit, den der zudringliche Versuch *Raimunds*, einen Irrtum zu seinem Vorteil auszubeuten und gegenüber einem Mitstreiter für das Kreuz, das gegebene Wort zu brechen, unter den Fürsten der Christen in Antiochia hervorrief. *Raimund*, der allein noch befestigte Stadtteile besetzt hielt, brachte die Streitfrage um den Besitz Antiochias, nachdem sie zweimal entschieden war, zum dritten Mal auf das Tapet, und verlangte kategorisch Berücksichtigung der Lehnsrechte seines nunmehrigen guten Freundes, des Kaisers *Alexios*. Diese rechtlich durchaus begründete, aber schon zweimal gebrochene Forderung fand diesmal, da die Not nicht mehr drängte, einstimmige Gutheißung im Fürstenrat. Man sandte *Hugo* von Vermandois und *Balduin* von Hainegau an den Kaiser und forderte ihn auf, die Herrschaft über Antiochia zu übernehmen, dagegen aber auch seine Verpflichtungen zur Unterstützung des Kreuzzugs zu erfüllen. *Balduin* fiel jedoch in Kleinasien in Gefangenschaft oder Tod (denn man vernahm nichts mehr von ihm), und *Hugo* kehrte, nach einer Verhandlung mit dem Kaiser, deren Ergebnis unbekannt geblieben ist, nach Frankreich zurück. Unter solchen Umständen, wenn der Kaiser weder die Annahme der Stadt erklärte, noch sein Wort, den Kreuzzug mitzumachen, hielt, waren allerdings seine Rechte verwirkt und die Stadt gebührte niemandem als *Boemund*, allerdings in Abhängigkeit von der noch zu errichtenden Oberleitung des Heiligen Landes, was sich bei dem ganzen Charakter des Kreuzzugs-Unternehmens von selbst verstand.

Um dem Heer Ruhe zu gönnen, hatten die Fürsten den Aufbruch gegen Jerusalem auf den 1. November verschoben. Sie machten dies den abendländischen Staaten bekannt und schrieben zugleich an dieselben, auf jene Zeit habe ihnen der „König der Perser", d. h. das Oberhaupt der Seldschuken in Bagdad (Berkjarok), einen neuen Krieg angesagt. Wohl der größere Teil des Heeres nahm diese Verfügung nicht günstig auf. Die Leute waren ja Krieger von Beruf oder waren es seit dem Auszug geworden und sahen bei einer längeren Ruhe nur Mangel an Unterhalt kommen. Die einzelnen Fürsten entschädigten darauf die Ungeduldigen durch Streifzüge; namentlich setzte *Boemund* nach Kilikien über, um die ihm dort abgetretenen Städte zu besetzen. *Gottfried* besuchte seinen Bruder *Balduin* in Edessa; *Boemund* und *Raimund* unternahmen während seiner Abwesenheit auf sein Geheiß in seltener Eintracht einen erfolglosen kleinen Feldzug gegen die aleppinische Burg Ezaz, deren Besitzer die Franken gegen *Ridwan* um Hilfe gerufen hatte, aber schließlich diesem erlag und den Kopf einbüßte. Einige Monate später, im Oktober, belagerte *Raimund* Albara, mordete die sich ihm vertragsmäßig übergebenden Einwohner treulos und nahm ihr Eigentum mit fort. Auf den Trümmern gründete der fromme Blutmensch ein Bistum. Was man befürchtet, trat aber trotzdem ein. Es brachen durch die Anhäufung von Volk und infolge der langen Hungersnot Krankheiten aus, denen Tausende zum Opfer fielen und unter ihnen auch, zu allgemeiner Trauer, am 1. August der Legat *Adhemar*. Mit diesem Todesfall war, wenn auch nicht der tatsächliche Oberbefehl, den der Bischof von Puy nur zum Schein geführt, aber der wesentlichste religiös-moralische Einfluß auf die Stimmung des Ganzen dahingeschwunden. Die Fürsten baten zwar nun den Papst, sich selbst an ihre Spitze zu stellen, aber ohne Erfolg; *Urban* war wohl Roms, noch nicht aber Italiens so weit sicher, um es verlassen zu dürfen. An *Adhemars* Stelle aber ernannte er den Erzbischof *Dagobert* (Daibert) von Pisa, seinen ergebenen Freund, zu seinem Legaten im Morgenland, der sofort mit einer pisanischen Flotte nach dem Land seiner Bestimmung absegelte.

Im Heer der Kreuzfahrer aber war durch *Adhemars* Tod die bisher nur tatsächliche Anarchie auch eine anerkannte geworden. Dies zeigte sich denn auch bald genug in der Fortführung des Streites um den Besitz Antiochias. *Raimund* weigerte sich, die besetzten Stadtteile herauszugeben, ehe *Boemund* dasselbe täte, und berief sich dabei neuerdings auf den dem Kaiser geleisteten Eid. So mußten die Gegensätze des groß angelegten Geistes *Boemunds* und der kleinlichen rechthaberischen Seele *Raimunds,* zweier Ehrgeizigen, die sich beide mehr nach einem Fürstentum im Orient, als nach dem Heiligen Grab sehnten, notwendig auf einanderplatzen, und diese Gegensätze gaben sich auch bereits bei ihren Truppen kund, deren grundverschiedene Nationalcharaktere sich aneinander rieben, wobei indessen die Franzosen sich noch eifriger zeigten als die Normannen, wenn es galt, die Provenzalen aufzuziehen. Es maß sich dabei der kriegerische Geist und die Zweifelsucht jener mit dem schlauen Erwerbssinn und der unbedingten Gläubigkeit dieser. Offen spotteten jene, namentlich *Boemund,* über das angebliche Wunder oder vielmehr, wie sie sagten, den schlecht in Szene gesetzten Schwindel der Heiligen Lanze, an welcher dagegen *Raimunds* Ruf und der Wahn seiner Leute hing. *Boemund* verfocht mit Beredsamkeit im Fürstenrat die Ansicht, daß die Rechte des Kaisers auf Antiochia verwirkt seien und verlangte energisch, daß Antiochia ihm übergeben werde. *Gottfried* und *Robert* von Flandern gaben ihm Recht und *Raimund,* der keinen Anhang fand, zeigte sich endlich bereit nachzugeben, wenn *Boemund* mit dem Heer nach Jerusalem zöge. Letzterer versprach dies auch, aber beide behielten nicht nur die besetzten Stadtteile, sondern befestigten sie auch gegeneinander. Die Masse des Heeres, soweit sie an jenem Nationalstreit nicht beteiligt war, verlangte immer dringender den Weitermarsch nach dem Heiligen Grab und diesem Verlangen schlossen sich auch die Provenzalen an. Es war bereits zu fürchten, daß sich die Leute empören, zu ihrem Vorhaben selbst Führer wählen und in voller Zuchtlosigkeit verkommen möchten, und so mußten sich die Fürsten, die gar zu sehr an ihrem bequemen Leben in den Burgen um Antiochia und gar zu zähe an ihren Streithändeln hingen, ihren Untergebenen fügen. Der festgesetzte 1. November war bereits hingegangen, ohne daß etwas geschehen, und so war es hohe Zeit, den Kriegern, auf deren Seite ohnehin der Zweck der Kreuzzüge und die damalige Auffassung religiöser Dinge, ja die ganze Zeitlage zweifellos standen, zu entsprechen.

SIEBENTER ABSCHNITT

Der Marsch nach Jerusalem

Raimund war der Erste, welcher den Wegzug von Antiochia begann, und ihm gesellte sich *Robert* von Flandern bei. Sie brachen am 27. November auf und zwar gegen die zu Haleb gehörende Stadt *Maara*, im Südosten von Antiochia, unweit östlich von dem wiederholt genannten Albara. Man hatte in der Eile nur zwei Leitern mitgenommen, um den gut befestigten und stark bevölkerten Platz anzugreifen. So mißlangen natürlich die ersten Versuche zu seiner Einnahme, so sehr auch der Hohn der Belagerten die Kreuzfahrer zur Wut reizte. Dieser Zeitverlust erzeugte bei den letzteren eine solche Hungersnot, daß viele ihre Zuflucht sogar zu dem Fleisch gefallener Feinde nahmen und viele andere, nach der Heimat strebend, ausrissen. Zum Verdruß der Provenzalen kam auch *Boemund* herüber und ärgerte sie noch mehr durch seinen Spott über die fortgesetzten Visionen des *Peter Bartholomäus*. Endlich hatte man Belagerungswerkzeug gefertigt und erstürmte nun die tapfer sich wehrende Stadt. Als der erste erstieg am 11. Dezember die Mauern jener Ritter *Gulfer de la Tour*, von dem die Sage erzählt, er habe einst in der Wildnis einen von einer Schlange umwickelten Löwen durch Tötung derselben gerettet, worauf ihm das edle Tier wie ein Hund durch alle Gefahren des Kreuzzuges gefolgt, endlich aber, als er zu Schiff heimkehrte und die Schiffer den Löwen nicht aufnehmen wollten, seinem Retter nachschwimmend ertrunken sei. Die Stadt wurde geplündert und alle Sarazenen gewissenhaft im Namen des Glaubens gemordet, ohne daß man auf Alter oder Geschlecht Rücksicht nahm. Die Leute, bei denen man Schätze vermutete, wurden gefoltert, um sie herauszugeben, die Moscheen bis auf den letzten Stein zerstört. *Boemund* aber unterhandelte indessen mit einer Schar, die noch eine Mauerstrecke besetzt hielt und versprach ihnen Schonung gegen Überlassung der Festungswerke, in deren Besitz ihn dann *Raimund* wutschnaubend erblickte. Der Streit zwischen beiden Fürsten um Maara glich im kleinen dem größeren um Antiochia und wurde zuletzt, namentlich als *Raimund* die übrigen Fürsten bestechen wollte, damit sie zu seinen Gunsten entschieden, so unerträglich, daß das Kriegsvolk, das nur immer nach Jerusalem drängte, die Mauern Maaras zu zerstören begann, so sehr es auch der Bischof von Albara davon abzuhalten suchte. Als *Boemund* von dieser Zuchtlosigkeit der Leute *Rai-*

Feuerprobe des Bartholomäus.

munds hörte, ergriff er die Gelegenheit und sandte sofort *Tankred* nach Antiochia, wo dieser mit seinen Leuten die von den Provenzalen besetzten Punkte unvermutet angriff und auch nahm. So war *Boemund* tatsächlich Herr der vielbegehrten Stadt geworden. *Raimund* aber konnte im Angesicht des Verlustes Antiochias und der Zerstörung der Befestigungen Maaras nichts tun, als die letztere vollenden und (am 13. Januar 1099) abziehen.

Es ist nun aber merkwürdig, daß, während die übrigen Fürsten, zu denen auch *Robert* von Flandern zurückgekehrt war, hartnäckig in Antiochia blieben, der Normanne *Robert* und *Tankred* sich in Kafertab mit Rittern und Fußvolk zu ihrem bisherigen Gegner *Raimund* gesellten und von ihm Geld annahmen, der erste 10 000, der zweite 5000 Solidi, wofür *Tankred* geradezu *Raimunds* Dienstmann wurde. Ohne Zweifel beabsichtigten sie für *Boemunds* Interessen bei ihm tätig zu sein. Ebenso ohne Zweifel aber war dies ihr Verhalten nicht ritterlich. Der Graf von *Toulouse* zog nun, um sich anderswo für Antiochia zu entschädigen, das Tal des Orontes aufwärts, empfing auf dem Weg die Versicherung der Ergebenheit zahlreicher türkischer und arabischer Stämme und wählte an den Grenzen von Emessa den Weg

Kapelle des heiligen Grabes vom Jahre 1555–1808.

nach Tripolis, um dort am Meer mit den in diesem kreuzenden genuesischen, venezianischen, englischen und griechischen Flotten sich in Verbindung setzen zu können – entgegen dem Rat *Tankreds*, der über Damask nach Jerusalem ziehen wollte, um *Raimund* von der Küste fernzuhalten und an Gründung eines Antiochia benachbarten Fürstentums zu verhindern. Tripolis sollte aber, so dachte *Raimund*, sein Fürstentum werden; er wies daher die Geschenke, die ihm der dortige Emir anbot, zurück und verlangte die Taufe von ihm, d. h. soviel als: er erklärte ihm den Krieg. Man langte am 14. Februar vor Arkas oder Irkha, dem ersten Ort im Gebiete von Tripolis an und begann ihn sofort zu belagern, während einzelne Abteilungen des Heeres die Hafenplätze Tortosa und Maraklea einnahmen. Die Burg aber widerstand den Belagerern hartnäckig und brachte ihnen bedeutende Verluste bei. Unterdessen verbreitete sich die Nachricht, *Berkjarok*, der Emir al Omara von Bagdad, den die Christen, ihm mit dem Kalifen verwechselnd, in allen Mohammedanern aber (wie unser Volk noch jetzt) Türken erblikkend, den „türkischen Papst“ nannten, befinde sich mit einem Heer bereits in Damask und sei im Begriff, nach Irkha zu ziehen. Dies Gerücht war aber falsch; *Berkjarok* war nicht in Damask, wohl aber rüstete der dortige Atabek (Reichsverweser) *Togtekin*, die rechte Hand des nichtsnutzigen Emirs *Dekak*, gegen die Christen, und zwar infolge eines Hilferufs von dem Kadi in Gibela oder *Gibellum* an der syrischen Küste.

Indessen waren die bisher in Antiochia zurückgebliebenen Fürsten mit Ausnahme *Boemunds*, der sich dort festsetzte, am 1. März endlich aufgebrochen, ohne Zweifel von *Tankred*, der den Spion in nicht gerade dem schlimmsten Sinn bei *Raimund* machte, benachrichtigt, was im Werk liege, und gewarnt, die Küste nicht in die Gewalt *Raimunds* fallen zu lassen, und belagerten nun Gibellum. Daher jener Hilferuf! Das falsche Gerücht aber, das in Irkha eingetroffen war, veranlaßte *Raimund* und *Robert* von der Normandie, Gesandte an *Gottfried* und *Robert* von Flandern um Hilfe abzuordnen. Beide folgten dem Ruf sofort und ließen Gibellum liegen, infolgedessen der Heereszug aus Damask unterblieb. Beide Heere belagerten nun Irkha von verschiedenen Seiten. Wie früher *Raimund*, so wiesen jetzt auch sämtliche Fürsten die wiederholen Anerbietungen des Emirs von Tripolis, die jetzt 15 000 Goldstücke, jedes zu 8–9 Solidi, betrugen, zurück. Aber bald kam die alte Zwietracht zwischen ihnen zum Ausbruch. Jeder von ihnen gab sich bei den benachbarten mohammedanischen Städten für den Oberbefehlshaber des Kreuzheeres aus und suchte unter diesem Titel Geld von ihnen zu erpressen. *Tankred* aber bewies nun klar, aus welche Gründen er sich *Raimund* angeschlossen hatte. Gleichviel ob er von diesem seine 5000 Solidi erhalten oder nicht (was verschieden erzählt wird), das steht fest, daß er nun, da er bei *Raimund* nichts mehr zu tun hatte, diesen verließ und zu *Gottfried* überging. Dies nährte den Streit in heftigster Weise. Aufs neue wurde auch die Heilige Lanze ins Spiel gebracht, glücklicher Weise zum letzten Male. Nachdem unter dem Kriegsvolk wieder das Visionsfieber ausgebrochen, entbrannte der Geisteskampf zwischen Aufgeklärten und Gläubigen neuerdings. Jede Partei maß der anderen die Schuld an den erlittenen Mühsalen und Unglücksfällen bei. *Peter Bartholomäus* aber, der fanatische Prophet *Raimunds*, glaubte den höchsten Trumpf auszuspielen, indem er sich erbot, durch die *Feuerprobe*, dieses schwerste der im Mittelalter als höchste Beweismittel geltenden Ordale oder Gottesurteile, die Echtheit der Heiligen Lanze zu erhärten. Alles, gläubig und ungläubig, versammelte sich am Karfreitag um den Scheiterhaufen von Ölbaumholz, der in einer weiten Ebene aufgerichtet war. Als die Flamme emporschlug, erschien *Bartholomäus*, barfuß und im Priesterkleide, die Lanze in der Hand, die mit flatternden Bändern geschmückt war, und ein Priester rief aus: „Wenn dieser *Christum* von Angesicht zu Angesicht gesehen, und wenn der heilige *Andreas* ihm die Heilige Lanze geoffenbart hat, so soll er mit heiler Haut die Flammen durchschreiten; ist er aber einer Lüge schuldig, so werde er

Der Marsch nach Jerusalem.

samt der Lanze, die er trägt, eine Beute des Feuers“ (Bild 17). Alle Anwesenden verneigten sich und antworteten: „Der Wille Gottes geschehe!“ *Bartholomäus* warf sich dann auf die Knie, empfahl sich den Gebeten der Geistlichen und eilte durch den Scheiterhaufen, in welchem ein zwei Fuß breiter Gang offengelassen war. Nachdem er einige Augenblicke im Rauch verschwunden, sah man ihn auf der andern Seite hervorkommen und die Menge rief: „Wunder über Wunder“ und wollte seine Kleider berühren. Er war aber von tödlichen Brandwunden bedeckt und wurde in das Zelt des Grafen von *Toulouse* gebracht, wo er nach einigen Tagen unter Beteuerung

Anblick von Jerusalem.

seiner Wahrheitsliebe und Unschuld starb. Natürlich gab dieser Vorfall dem Glauben an die Heilige Lanze den Todesstoß und schadete der gläubigen Partei unberechenbar.

Auf den Streit der Fürsten aber hatte die mißlungene Feuerprobe keinen Einfluß, denn derselbe hatte ganz andere Grundlagen als den Aberglauben und Fanatismus. Es ist begreiflich, daß der Emir von Tripolis, als er dies erfuhr, alle seine Anerbietungen zurücknahm und den Kreuzfahrern seine

Verachtung bezeigte; er erfuhr aber nur zu bald, daß die so heftig unter sich Streitenden gegen Feinde des Kreuzes einig waren; denn er wurde, als er sich ihnen entgegenstellte, mit vereinten Kräften geschlagen und kroch dann wieder selbst zu Kreuze, d. h. er erneuerte seine Anträge.

Zu gleicher Zeit aber erschienen im christlichen Lager byzantinische Gesandte, klagten heftig über *Boemunds* Verfahren in Antiochia und kündigten an, Kaiser *Alexios* beabsichtige um die Zeit des Johannisfestes in Syrien mit einem Heer anzukommen und den Zug nach Jerusalem mitzumachen, werde auch, wenn die Kreuzfahrer ihn erwarten, ihnen die reichsten Geschenke mitbringen. Natürlich plädierte *Raimund* eifrig dafür, daß man dem Kaiser entspreche. Die anderen Fürsten aber, welche in einem Aufenthalt von fast drei Monaten (es war zu Anfang des April) nur den Weg zur Erreichung der Pläne *Raimunds* und in der Ankunft eines griechischen Heeres Gefahr für *Boemund* erblickten, vor allem aber dem Drang der Mannschaft Rechnung trugen, antworteten den Gesandten sehr derb: der Kaiser habe gegen sie stets eidbrüchig gehandelt und würde auch jetzt seine Versprechungen nicht halten; ihre Pflicht aber sei es, vorwärts zu gehen; haben sie dann Jerusalem genommen, so könne ihnen der Kaiser immer noch zu Hilfe ziehen und Geschenke bringen. Die Gesandten wurden zwar damit entlassen, aber mit dem Aufbruch hatte es deshalb keine Eile. *Raimund* suchte diesen auf alle Weise zu hintertreiben, abermals jedoch machten seine eigenen unbotmäßigen Truppen einen Strich durch seine Rechnung. Der Standpunkt ihres Führers war ganz und gar nicht der ihrige; ja, sie meuterten geradezu, zündeten ihre Zelte an und zogen ordnungslos davon. *Raimund* weinte vor Zorn; *Gottfried* aber bewirkte am 17. Mai die Aufhebung der Belagerung und den Abmarsch nach Tripolis. Nun mußte sich auch *Raimund* fügen, so sehr ihm dies widerstrebte, und zum ersten Mal wohl achtete er nicht auf die Worte seiner Priester, welche ihm mit Berufung und Visionen von der Notwendigkeit des Aufbruchs nach Jerusalem zu überzeugen suchten. Die Würfel aber waren gefallen, es war jetzt kein Hindernis mehr gegen den letzten Schritt des Kreuzzugs vorhanden; die Zuchtlosigkeit der Truppen hatte im Rahmen der Religion die Herrschsucht und Eifersucht der Fürsten überwunden. Nach zahlreichen Andeutungen muß *Peter* der Eremit ein Hauptwühler für den Weiterzug gegen den Willen der Fürsten gewesen sein. Stets hat er das Interesse der Armen den Reichen gegenüber verfochten, und mit dieser seiner Stellung muß es auch zusammenhängen, daß er, wie allerdings ein einziger, aber alter Schriftsteller erwähnt, während des Zuges durch Syrien zum Armenpfleger des Heeres ernannt wurde. Die bezügliche Verordnung, offenbar von der Geistlichkeit ausgehend, setzte fest, daß die Krieger von allem, was sie erbeuten, den zehnten Teil abgeben sollten, weil sich im Heer viel Arme und Kranke befänden. Diese Abgabe aber sollte so verteilt werden, daß ein Viertel den Priestern zufiel, deren Messen die Leute hörten, das zweite Viertel den Bischöfen, die zwei übrigen aber dem Eremiten *Peter*, den man den Armen vorgesetzt habe und der dann ein Viertel den armen Geistlichen und ein Viertel den armen Weltlichen abgeben solle.

Kurz bevor sich der Kreuzzug von Antiochia nach Jerusalem in Bewegung setzte, hatten hier wichtige Veränderungen stattgefunden. Man erinnert sich, daß die Kreuzfahrer nach dem Sieg bei Nikäa eine Gesandtschaft nach Ägypten abgeordnet hatten. Als sie dann vor Antiochia lagen, im Februar 1098, war in ihrem Lager eine ägyptische Gesandtschaft erschienen, durch welche der Wesir *Al Afdal*, der statt des untätigen Fatimiden die Regierung führte, nicht hinlänglich bekannte Vorschläge machte; doch bezweckten die beiderseitigen Unterhandlungen wahrscheinlich eine Teilung Syriens zwischen den Christen und den Fatimiden (erstere sollten wohl Palästina und die Küste, letztere das Innere bekommen?) und um dahin zu gelangen, gemeinsamen Krieg gegen die Seldschuken. Aber nach der Not der Christen in Antiochia und der Niederlage der Seldschuken unter *Kerbuga* hielt *Al Afdal* die Macht beider Parteien für gebrochen und glaubte der einen gegen die andere nicht mehr zu bedürfen; er legte daher nach echt orientalischem Brauch den Gesandten der Kreuzfahrer Ketten an und nahm sie mit sich auf einen Feldzug, den er nach Palästina unternahm und auf welchem er im August 1098 Jerusalem eroberte und die turkmanischen Emire *Sokman* und *Ilgazi* nach Mesopotamien abziehen ließ. Als aber die Christen vor dem zu den ägyptischen Besitzungen gehörenden Gibellum lagen, zog der besorgte Wesir wieder andere Seiten auf und schickte ihnen eine Gesandtschaft mit den befreiten christlichen Gesandten, welche die Kreuzfahrer vor Irkha traf, warnte sie, sein Gebiet zu betreten und erlaubte ihnen gnädig, unbewaffnet in Scharen von zwei- bis dreitausend Mann Jerusalem zu besuchen. Die ägyptischen Gesandten aber wurden mit der derben Antwort heimgeschickt: wenn der Kalif Jerusalem nicht freiwillig herausgebe, so werde man sein Babylon (Kairo) selbst verleiden.

Ohne nennenswerte Zwischenfälle ging der Marsch der Kreuzfahrer über Beirut, Sidon und Tyros nach Akkon oder Ptolemais, dessen Emir ihnen Unterwerfung nach der Einnahme von Jerusalem versprach, von dem man aber bei einer aufgefangenen Taube einen verräterischen Brief an den Emir von Cäsarea fand, worin es hieß: „Laß alle Oberhäupter der muslimischen Städte davon benachrichtigen, damit sie Maßregeln ergreifen, unsere Feinde zu vernichten.“ Zu Cäsarea feierte man aber Pfingsten unbelästigt von Feinden. Vor Joppe verließ man die Küste und zog ins Innere, wo Ramla von allen Mohammedanern verlassen war. In Emmaus erhielten die Kreuzfahrer ein Hilfegesuch aus Betlehem, wohin *Tankred* abging, von den Christen froh bewillkommt, den Ort mitternachts in Besitz nahm und von den Türken räumte. In der Nacht fiel dem marschierenden Heer eine Mondfinsternis auf, auf welcher sich der Mond wie von einem blutigen Schleier verhüllt zeigte. Man erblickte darin mit verzückter Hoffnung eine himmlische Botschaft (Bild 18). In der Frühe des Morgens endlich (am 7. Juni) erstiegen die fast zu Pilgern voll Andacht gewordenen Krieger die letzte Höhe, die sie von der Heiligen Stadt trennte. Sie lag endlich vor ihnen! „Jerusalem, Jerusalem“, erscholl der tausendstimmige Ruf, und alles sank auf die Knie und dankte unter Tränen dem Himmel für seine Führung (Bild 19). „Gott will es, Gott will es“, ertönte es weiter, am Ziel so vielen Leidens und

Mühens, an den Stätten, die der Fuß des Erlösers geheiligt hatte! Und der Entschluß, diesen heiligen Ort aus der Gewalt der Ungläubigen zu befreien, stand fester als je in aller Herzen.

ACHTER ABSCHNITT

Die Einnahme von Jerusalem

Kaum waren die Kreuzfahrer vor der ersehnten Heiligen Stadt angelangt, so verteilten sie ihre Lager auf drei Seiten der Stadt. Im Norden lagerten sich *Robert* von Flandern und sein Namensvetter aus der Normandie, im Westen *Gottfried* und *Tankred*, im Süden *Raimund*, welcher seine anfangs wie früher widerspenstigen Leute zwang, statt im Tal Gehennon, auf der Höhe von Zion bei den dortigen Kirchen sich festzusetzen. Die Ostseite gegen das Tal Josafat, zwischen der Stadt und dem Ölberge, zu belagern, hielt man nicht für notwendig. Dagegen wurden mehrere umliegende Burgen besetzt und viele Sarazenen als Gefangene in die Lager gebracht. Die Stärke der Christen betrug nach der wahrscheinlichsten Angabe nur noch 21 000 Mann, so sehr hatten sie gelitten und so stark waren die in Antiochia bei *Boemund* Zurückbleibenden und die nach Edessa zu *Balduin* Abgezogenen. Die Besatzung der Stadt wird zwischen 40- und 60 000 Mann angegeben.

An Belagerungswerkzeug fehlte es den Christen völlig, aber sie waren so von Glaubensmut erfüllt, daß sie ohne alle Vorsichtsmaßregeln schon am 13. Juni die Stadt angriffen, namentlich da ihnen ein Einsiedler auf dem Ölberg die Einnahme der Stadt auf jenen Tag verheißen hatte. Die einzige Leiter der Belagerer wurde, nach Einnahme einiger Außenwerke im Nordosten, an die innere Mauer angelegt, und an der Spitze der Franzosen war *Reimbold* von *Estourmel* bereits auf der Zinne, als ihm von feindlicher Seite die rechte Hand abgehauen wurde; er mußte ohnmächtig hinuntergetragen und der Sturm ohne bessere Hilfsmittel aufgegeben werden. Dem Bau von Belagerungsmaschinen stellten sich aber große Schwierigkeiten entgegen, da es an Holz und für den zu solcher Arbeit erforderlichen Zeitaufwand an Wasser und Lebensmitteln fehlte. Die berühmte Quelle Siloe gab nur spärliche Ausbeute und die Umgegend war von den Sarazenen völlig verwüstet.

Nach und nach indessen fand sich das Vermißte durch eigentümliches Zusammentreffen von Umständen. Jene genuesische Flotte, welche den Kreuzfahrern vor Antiochia Beistand geleistet, befand sich damals in Joppe und sandte an die Kreuzfahrer nun ihrerseits um Beistand mittels Sendung von Mannschaft. *Raimund* entsprach dem Gesuch; seine Leute machten auf

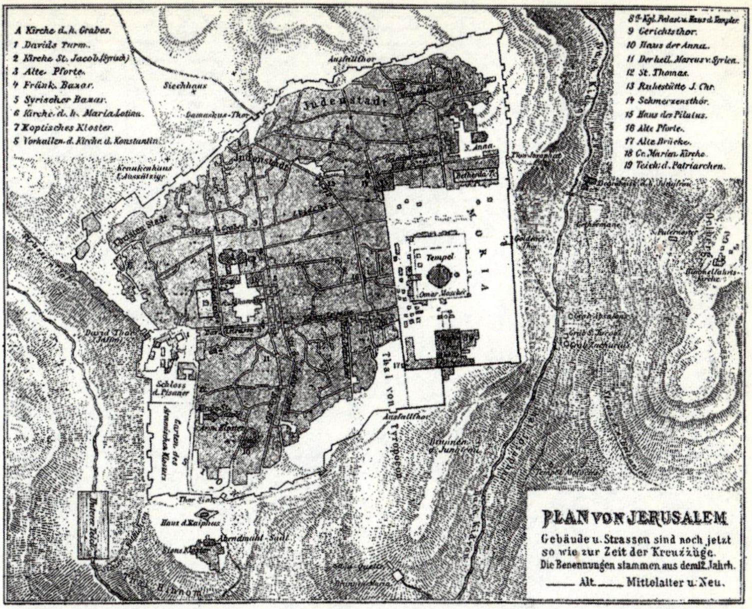

dem Weg Beute an einer arabischen Schar, die sie schlugen, und ergötzten sich in Joppe mit den Genuesen. Als aber eine ägyptische Flotte die Jubelnacht benutzte, den Hafen zu sperren, sah man keinen andern Ausweg, als die Schiffe auszuräumen und all ihre Geräte nebst Lebensmitteln und Arbeitern in die Lager vor Jerusalem zu bringen, wo alles hochwillkommen war. Zu derselben Zeit entdeckten *Tankred* und *Robert* von Flandern Gebüsche und Bäume, aus deren Holz die Belagerer, unterstützt von den genuesischen Schiffszimmerleuten, gewaltige Maschinen fertigten.

Ein neuer Streit zwischen *Raimund* und *Tankred*, weil der letztere Betlehem für sich eingenommen, verschwindet hinter einer religiösen Handlung, zu der sich die Kreuzfahrer veranlaßt fühlten, als ein Provenzale versicherte, ihm sei der verstorbene Bischof *Adhemar* im Traum erschienen und habe eine Prozession des ganzen Heeres um die Stadt befohlen, ohne welche die Einnahme derselben nicht gelingen würde. Der feierliche Umzug fand zu Anfang des Juli statt und es störte dabei die barfuß wallenden und betenden Frommen nicht, daß Araber sie mit Hohn und Pfeilen verfolgten. Auf dem Ölberg aber hielt *Arnulf*, der Kaplan *Roberts* von der Normandie, eine Predigt, die den Zeit- und Ortsumständen angemessen war, und in deren Folge die bisherigen Feinde *Raimund* und *Tankred* sich umarmt und versöhnt haben sollen, die Reichen aber beträchtliche Almosen spendeten. Auch *Peter* der Eremit redete die Menge an und ermahnte sie zum Ausharren bis zum Sieg.

Mißlungener Sturm auf Jerusalem.

Nachdem die Maschinen fertig waren, wurde unverweilt zum Angriffe geschritten; man wollte die Erfahrungen vor Antiochia nicht wiederholen. Die ersten Versuche mißlangen. Die Türme im Norden, Westen und Süden richteten gegen die Festigkeit der Stadtmauern nichts aus und mußten am 9. Juli nach Osten verlegt werden. Am 14. Juli wurde dann ein allgemeiner Angriff angeordnet. Unter Trompetenschall setzte sich alles in Bewegung und die Wurfmaschinen spien riesige Gesteine und andere Geschosse gegen die Mauern, welchen sich zugleich drohend die rollenden Belagerungstürme näherten. *Gottfried*, zu oberst auf dem seinigen, ermutigte seine Leute

Erscheinung St. Georgs auf dem Ölberg.

mit aller Kraft der Rede. Aber der Widerstand war furchtbar; Pfeile, Wurfspieße, siedendes Öl und griechisches Feuer regneten auf die Belagerer, und ein Überfluß an Maschinen schützte die Stadt so wirksam, daß trotz aller erzielten Breschen die Türme *Gottfrieds* und *Tankreds* dienstunfähig wurden und derjenige *Raimunds* in Trümmer fiel (Bild 20). Erst die Nacht aber trennte die Kämpfenden, und diese benutzte man zur Ausbesserung des Schadens auf beiden Seiten. Die Christen waren teils niedergeschlagen, teils wütend über ihren Mißerfolg, aber ihre Priester trösteten sie und erhoben ihren Mut. Kaum war der 15. Juli erschienen, als der Kampf von neuem

Gottfried dringt in Jerusalem ein.

begann, von beiden Seiten mit ungeheurer Erbitterung. Auf den Wällen der Stadt erschienen Zauberinnen, welche die Elemente beschworen, den Sieg der „Ungläubigen“ nicht zuzulassen, aber unter dem Hagel von Steinen und Pfeilen das Leben aushauchten. Ägyptische Gesandte, welche gekommen waren, die Stadt zum Widerstand anzufeuern, wurden von den Christen aufgefangen, der eine niedergemacht und der andere durch eine Maschine in die Stadt geschleudert. Es war Mittag geworden, die Maschinen der Christen brannten und es fehlte an Wasser und Essig, sie zu löschen. Schon wollten die Belagerer an allem Erfolg verzweifeln, verhöhnt von den Feinden, daß ihr Gott ihnen nicht helfe, als sie auf dem Ölberg den heiligen Georg zu Pferde zu sehen glaubten, der ihnen ein Zeichen gab, in die Stadt einzudringen (Bild 21). Da faßte alles neuen Mut; selbst die Kranken eilten zum Streit; Weiber und Kinder schleppten Wasser, Lebensmittel, Waffen herbei. Mitten im schrecklichsten Pfeil- und Feuerregen nahte *Gottfrieds* Turm der Mauer, ließ die Fallbrücke nieder und mitten im Feuer der in Brand gesteckten Maschinen und Schutzmittel der Belagerten setzte *Gottfried* als einer der ersten den Fuß auf die Mauer und drang durch Leichen und Trümmer vor (Bild 22), gefolgt von seinem Bruder Eustach und seinem Vetter *Balduin* und der ganzen Schar seiner Getreuen. Dasselbe gelang kurz

Maschinen zum Abschießen von Pfeilen.

darauf den übrigen Führern, zuletzt *Raimund* von *Toulouse*. Die Muslimen flohen auf allen Seiten und ihr Wutgeheul wurde übertönt durch den betäubenden Ruf: „Gott will es“, unter welchem nun die Kreuzfahrer von allen Seiten in die Stadt eindrangen. Nur im Davidsturm hielten sich eine Anzahl von Sarazenen, übergaben sich aber an *Raimund*, der sie am Leben ließ.

Wie schön wäre es, wenn die Kreuzfahrer ihren durch mannhafte Ausdauer und heldenhafte Tapferkeit errungenen Sieg mit edler Menschlichkeit und Großmut gekrönt hätten! Aber diese Tugenden mußten ihr Angesicht verhüllen bei dem Anblick dessen, was nun geschah. Allerdings hatten die Christen auf ihrer Fahrt zum Heiligen Land namenlos gelitten, allerdings waren sie sehr gereizt, nicht durch den heftigen Widerstand der Belagerten, sondern wohl noch mehr durch den Hohn und die Schmach, womit diese auf den Mauern, die Feinde zu kränken, Kruzifixe beschimpften und schändeten. Auch hatte jene Zeit andere moralische Begriffe als die Gegenwart, namentlich in religiöser Beziehung. Gegen Ungläubige war auf christlicher wie mohammedanischer Seite alles erlaubt, und hier kam noch die Wut über die so lange Besetzung der heiligen Orte durch Feinde des Glaubens dazu. Keine Feder beschreibt die Greuel, welche die Sieger verübten. Wie in Antiochia und Maara wurde kein ungetauftes Wesen verschont. Es war ein Freitag und die Stunde, zu welcher Christus nach der Überlieferung ausgeatmet hatte; aber dieser Tag und diese Stunde wurden so sehr durch Fanatismus und Grausamkeit geschändet, daß, wie christliche Berichterstatter und Augenzeugen (immerhin übertreibend) sagen, das Blut bis an die Knie der Reiter und das Gebiß der Pferde reichte, selbst in den Tempeln, in die sich die unglücklichen Überwundenen geflüchtet hatten. Einen Rest der Verteidiger, der sich im Tempel Salomos ergeben mußte und welchem *Tankred* das Leben zusicherte, mordete man auch noch. Mit gleichem Eifer aber wurde auch geplündert und nach Schätzen gesucht; doch mußte das in den Moscheen, namentlich durch *Tankred*, Geraubte, wieder herausgegeben werden, weil dieselben in Kirchen verwandelt wurden.

Erhebender als das entsetzliche Verhalten der Kreuzfahrer war die rührende Freude der Christen in Jerusalem über ihre Befreiung. Sie eilten den Siegern entgegen, lobten sie und dankten ihnen. Aber auch die letzteren, nachdem der fanatische Blutdurst gestillt war, erinnerten sich ihrer religiösen Pflichten und drängten sich, worin ihnen *Gottfried* voranging, in und vor den christlichen Kirchen, wo noch die Leichen der Ermordeten lagen (Bild 23).

Damit war aber leider das Blutbad noch nicht beendet – nur nahm es von da an den Schein eines geordneten Verfahrens an. Es waren noch Gefangene in den Händen der Sieger, angeblich an Zahl stärker als diese. Man erfuhr, es nähere sich ein ägyptisches Heer der gewonnenen Heiligen Stadt und dies schien zu Maßregeln aufzufordern, welche die Feinde in Schrekken setzen sollten. Nach Albertus Aquensis verurteilte der Fürstenrat diese Gefangenen und alle anderen allfällig noch in Jerusalem lebenden und bei der Einnahme aus Müdigkeit, Mitleid oder Habsucht der Sieger mit dem Mord verschonten Mohammedaner jeden Alters und Geschlechts am 18. Juli zum Tode, und dies sogenannte Urteil wurde von den sogenannten Christen auf die empörendste Weise vollzogen, vom Greis und der Matrone bis zum Säugling. Man zwang die Unglücklichen, von Türmen und Dächern hinunterzuspringen, man ließ sie im Feuer umkommen, man mordete sie in Häusern wie auf der offenen Straße. Weder Tränen noch Geschrei der Weiber und Kinder rührte die frommen Henkersknechte. Und das alles an demselben Ort, wo Christus den Sündern vergeben hatte! Die Stadt war von Leichen bedeckt und von Blut überströmt. Erst eine Woche nach der Einnahme hörte die Mörderei auf. Derselben fielen übrigens nicht nur die Mohammedaner, sondern auch die Juden zum Opfer, deren Synagogen samt den in dieselben Geflohenen verbrannt wurden. Selbst christliche Schriftsteller schätzen die Zahl der bei der bei der Einnahme Jerusalems getöteten Menschen auf siebzigtausend.

Endlich befahlen die Fürsten, um dem Ausbruch von Krankheiten vorzubeugen, die Reinigung der so schmählich befleckten Stadt. Eine letzte Anzahl Sarazenen, welche statt dem Schwert der Sklavenkette anheimgefallen, mußte die Leichen und das Blut ihrer Brüder und Schwestern beseitigen.

Nachdem Ruhe und Ordnung in der Stadt hergestellt war, teilte man sich in die Beute. Die christlichen Krieger eigneten sich nach Belieben die Häuser der Ermordeten an; ein Schild, Kreuz oder anderes Zeichen über

Das Te Deum nach dem Sieg.

der Tür wies das Recht des ersten Besitzergreifers aus und wurde auch geachtet. Die Mehrzahl der Kreuzfahrer bereicherte sich in nicht unbedeutendem Maß. Vielfach teilten die noch vom Mord rauchenden einander brüderlich von dem „Erworbenen" mit und bedachten auch die Kirche und die Armen reichlich. Denn wenn sie auch gegen Ungläubige kein Mitleid kannten – so war nun einmal das Mittelalter –, so kannten sie dafür gegenüber Gläubigen keine Härte. Über alle Schätze aber ging den meisten, namentlich denen von geringerer Herkunft, eine Reliquie. Die kostbarste solche aber befand sich in Jerusalem; die dortigen Christen hatten sie vor den Augen der früheren Herrscher zu verbergen gewußt – es war das Heilige Kreuz, in Wahrheit ein Stück Holz, das man für einen Teil des Kreuzes Christi hielt. Es wurde zur Verehrung der Gläubigen bald in der Stadt umhergetragen, bald in einer Kirche ausgestellt und von den Frommen mit Küssen und Tränen bedeckt.

Vor allem handelte es sich nun darum, der in Jerusalem hergestellten, noch namen- und titellosen christlichen Herrschaft eine Form und ein Oberhaupt zu geben. Die Geistlichkeit verlangte von den Fürsten geradezu die Errichtung einer geistlichen Herrschaft, eines neuen Kirchenstaates. Kein Weltlicher aber war so fromm, daß er nicht die völlige Wehrlosigkeit eines solchen Gebildes mitten in Feindeslanden eingesehen hätte. Die Fürsten waren darüber einig, daß nur einer von ihnen die Zügel der Regierung im Heiligen Land ergreifen könne; nur fragte es sich: Welcher? Ihre Versammlung am 23. Juli trug zuerst die Krone dem ältesten, reichsten und frömmsten unter ihnen, dem Grafen von *Toulouse* und *St. Gilles* an. *Raimund* aber lehnte sie ab aus Rücksicht auf die Heiligkeit des Ortes. Eine zweite, auf *Robert* von der Normandie gefallene Wahl, die ebenfalls keine Annahme fand, ist nicht mit Sicherheit festgestellt. Endlich sah man von einer Königskrone für einmal ganz ab und wählte *Gottfried* von Lothringen einstimmig zum „Beschützer des Heiligen Grabes".

Daß aber diese Wahl nicht allseitig ernst gemeint war, zeigte bald der alte Friedenstörer *Raimund*, der sich weigerte, den von ihm eroberten und noch immer besetzten Davidsturm an den neuen Herrscher herauszugeben, worauf die Fürsten beschlossen, den Turm einem Bischof zu übertragen, der ihn aber sofort an *Gottfried* abtrat. *Raimund* verließ im Zorn die Stadt und begab sich auf die übliche Wallfahrt der Pilger nach dem Jordan.

War auch der erste Anspruch der Geistlichkeit abgewiesen, so mußte diese doch ein Haupt haben. An der Stelle des früheren griechischen wurde ein römisches Patriarchat errichtet und zu dessen Vertreter *Arnulf*, der Kaplan *Roberts* des Normannen gewählt, ein für jene Zeit aufgeklärter Priester, der die Echtheit der Heiligen Lanze bestritten hatte, dafür jetzt die des Heiligen Kreuzes nicht nur anerkannte, sondern auch dasselbe aus seinem Versteck an das Tageslicht gebracht haben soll.

Einen geradezu niederschmetternden Eindruck brachte die Nachricht von der Einnahme Jerusalems durch die Kreuzfahrer bei den Mohammedanern hervor. Der Divan des Kalifen von Bagdad war in Tränen aufgelöst. Man ordnete dort Fasten und Gebete an, um den Zorn des Himmels zu beschwören. Der Dichter *Motaffer Abiverdi* verfaßte folgendes von *Abul-Fida* mitgeteiltes Klagelied über diesen Verlust des Islam:

> Unser Blut mischt sich mit diesen strömenden Tränen und es gibt kein Glied unseres Körpers mehr, das unsere Feinde nicht getroffen haben.
>
> O des Unheils, wenn die Tränen die Stelle der Waffen einnehmen, wenn die blinkenden Schwerter die Flammen des Krieges anfachen!

Wie mag euer Auge seine Lider schließen, wenn Leiden wie die unsrigen diejenigen wecken könnten, welche im tiefsten Schlafe liegen!

Unsere Brüder haben in Syrien nichts, wo sie ruhen könnten, als den Rücken ihrer flinken Rosse oder die Eingeweide der Geier.

Die Franken behandeln sie als elende Sklaven und ihr, ihr lasset die Schleppe der Verweichlichung nachschleifen, als lebet ihr im tiefsten Frieden!

Wieviel Blut ist schon geflossen! Wieviel Frauen sind gezwungen, die Schamröte ihrer Schönheit mit ihren Handgelenken zu verhüllen!

Können denn die Häuptlinge der Araber solche Schande dulden, können die Helden der Perser bei solcher Schmach schweigen?

Ach! Wenn Sie auch nicht aus Eifer ihren Glauben verteidigen, so sollten sie doch aus Eifersucht bewahren, was ihnen wert und heilig ist!

NEUNTER ABSCHNITT

Gottfried Beschützer des Heiligen Grabes

Noch hatten die Eroberer Jerusalems nicht lange geruht, als sie vernahmen, daß der von ihnen abgefallene ägyptische Wesir *Al Afdal* gegen sie rüste, um sie aus dem Heiligen Land zu vertreiben, ja letzteres zur Verhütung aller weiteren Kreuzzüge zu verwüsten und die heilige Stätten zu zerstören. Ihm strömten die Mohammedaner aus allen Landen zu; der schiitische Kalif war jetzt selbst den Sunniten ein Anker der Hoffnung, da der Kalif in Bagdad eine Null und sein Vormund *Berkjarok* in Persien beschäftigt war. *Gottfried* befahl sofort *Tankred* und seinem Bruder *Eustach*, welche die Christen von *Sichem* (Neapolis) zu unterstützen ausgezogen waren, ihren Weg nach der ägyptischen Grenze zu nehmen. In *Ramla* schlugen sie eine ägyptische Schar, das Hauptheer aber stand bei *Askalon*. *Gottfried* brach dann selbst mit *Robert* von Flandern und dem Patriarchen *Arnulf*, während der Eremit *Peter* als Aufseher über die gottesdienstlichen Verrichtungen in Jerusalem blieb, am 10. August nach Askalon auf – am 12. folgten ihnen die übrigen Führer, *Raimund* nur gezwungen und mit Widerstreben. Das ägyptische Heer war dem christlichen wohl um das Zehnfache überlegen, aber es war aus den verschiedenartigsten Elementen, meist aus Arabern und Seldschuken zusammengesetzt und so fehlte es ihm gänzlich an einheitlichem Geist. Die Christen dagegen, eines Sinnes, waren voll Zuversicht, so sehr es ihnen an Frische, an Erholung von ihren Strapazen und an Ausbesserung ihrer materiellen Mängel fehlte; das Kreuz und die wieder zu Ehren gezogene Lanze stählten ihren Mut. Daher wurde es ihnen am 14. August nicht schwer, den an Zahl überlegenen Feind nach der Küste und zu großem Teil ins Wasser zu werfen, ihm empfindliche Verluste beizubringen und in seinem Lager unermeßliche Beute zu machen. In Askalon befanden sich die Seldschuken vom Davidsturm, welche *Raimund* entlassen hatte; sie steckten seine Fahne aus und nun sprach der überall zugreifende und nirgends zum Ziel kommende Frömmler den Platz als ein Gebiet an und fand Anklang bei den Fürsten mit Ausnahme *Gottfrieds*, der die Rechte des neuen Staates verfocht. Da zog der Graf von *Toulouse* ab und Askalon übergab sich gar nicht.

Der Kreuzzug war nun zu Ende und die Heimkehr an der Tagesordnung. *Raimund*, beide *Robert* und *Eustach* nahmen Abschied von *Gottfried*, der

Die Heimkehr.

im Triumph nach Jerusalem zurückkehrte, mit lautem Jubel begrüßt, und zogen nach Norden, wobei sie nicht nur seinen Widerstand, trotz ihrer schlechten Bewaffnung, sondern vielmehr überall Ergebenheit fanden. In *Laodikea* endete durch sie eine eigentümliche Verwicklung. *Robert* von der Normandie hatte die Stadt, welche der angelsächsische Prätendent auf Englands Krone, *Edgar Aetheling*, bei einer Seefahrt nach Osten den Türken abgenommen, auf *Edgars* Einladung während der Belagerung von Antiochia eingenommen; nachdem er sich aber auf dem Weg nach Jerusalem begeben, war vor der meist von Griechen bewohnten Stadt eine griechische Flotte erschienen, welche Kaiser *Alexios* im Frühjahr 1099 zugleich mit einem Heer gegen *Boemund* in Antiochia geschickt, und hatte die Bürger ermutigt, die normannische Besatzung zu vertreiben. Darauf hatte aber *Boemund*, die Stammesgenossen zu rächen, im Verein mit jener pisanischen Flotte unter dem päpstlichen Legaten Erzbischof *Dagobert* die Stadt angegriffen und den Hafen besetzt. Als aber *Robert* auf der Rückkehr bis Gibellum gekommen, gaben *Boemund* und *Dagobert* die Verfolgung ihres Vorhabens auf, während Laodikea den heimkehrenden Fürsten eine demütige Botschaft entgegensandte. *Robert* verzichtete aber, da er keine Lust hatte, im Orient zu bleiben, auf die ihm angetragene Herrschaft, nahm das Anerbieten der Stadt gern an, sie dem Kaiser zu lassen und dagegen auf ihre Kosten heimzukehren, und tat dies mit *Robert* dem Flanderer und Eustach, nahm aber ein trauriges Ende als Gefangener seines Bruder Heinrich I. von England, der ihm nicht nur die Krone vorweg genommen, sondern auch sein Herzogtum geraubt hatte. *Raimund* aber blieb zurück und hielt die Stadt im Namen des Kaisers besetzt, offenbar wartend, ob nicht zuletzt doch noch etwas für ihn abfallen dürfte; als sich aber keine Aussicht hierauf eröffnete, begab er sich zu Anfang 1100 nach Konstantinopel, um bessere Zeiten abzuwarten; denn auf seinen Plan verzichtete er nicht, so lange er lebte.

Außer diesen Fürsten schlug auch *Peter* der Einsiedler den Heimweg ein, wann, wie und mit wem ist unbekannt. Er trat in ein Kloster bei Huy in Belgien, dessen Kirche zu Ehren des Heiligen Grabes erbaut war, wurde dessen Prior und starb im hohen Alter 1115.

Und noch viele andere sahen die Heimat wieder, deren Namen die Geschichte nicht aufbewahrt hat, viele, ja die meisten krank, arm und elend, mit zerstörten Hoffnungen, aber lebendigem Glauben, viele mit kostbaren Reliquien und Palmzweigen vom Jordan versorgt; viele gewiß auch fanden ihre Angehörigen nicht mehr am Leben, und viele endlich wurden von ihren Lieben, die täglich für ihre Rückkehr beteten, umsonst erwartet (Bild 24).

Gottfried bemühte sich während seiner kurzen Regierungszeit redlich, die Zustände des ihm anvertrauten Landes, das übrigens großenteils erst noch erobert werden mußte, zu ordnen und zu befestigen; doch ist nichts Näheres und Zuverlässiges über seine Tätigkeit und deren Erfolge bekannt. Erfreulich waren die Zustände des Landes jedenfalls nicht. Betlehem, Hebron, Nazaret, Ramla und Joppe standen leer und verwüstet, und tatsächlich beherrschte *Gottfried* außer Jerusalem bloß Sichem und Tiberias. Was war da viel zu organisieren? *Gottfried* hatte nach der Abreise der Fürsten nur etwa 120 Ritter in der Hauptstadt, kaum 200 im ganzen kleinen Reich zur Verfügung. Venetianischen Seefahrern, welchen *Gottfried* nach Joppe entgegenkam (im Juni 1100), gestand er, Stadt und Land wären so arm, daß er und seine Leute das Land verlassen müßten, wenn die Venediger ihnen nicht zu Hilfe kämen. Es ist nur zum verwundern, daß die Mohammedaner diesen Zustand nicht benutzten, dem neuen Reich ein leichtes und schnelles Ende zu machen; vermutlich waren sie über dessen Stärke schlecht unter-

Gerard d'Avesnes in Arsuf.

richtet und standen noch unter dem vernichtenden Eindruck der Einnahme Jerusalems. Übrigens führten sie auch beständig Kriege unter sich. Die Straße von Joppe nach Jerusalem, welche die einzige Verbindung mit dem Meer und also auch mit Europa darbot, war außerordentlich rauh und vor lauernden Sarazenen nie sicher. Überall erblickte man nur Trümmer, verwüstete Kirchen, zerstörte Orte. Die Dörfer und das platte Land waren noch lange Zeit ausschließlich von Sarazenen bewohnt, welche den Verkehr zwischen den Städten stets unterbrachen und nie recht unterworfen wurden, vielmehr die Christen beständig mit Raub und Mord heimsuchten, ja die Felder

Emire begrüßen Gottfried.

brach liegen ließen, um ihre Feinde, obschon selbst darunter leidend, auszuhungern.

Trotz all diesem Elend suchte *Gottfried* das nun christliche Gebiet zu vergrößern. So unternahm er im Herbst 1099 die Belagerung von *Arsuf* am Meer, nördlich von Joppe. Durch einen früheren Vertrag, den die Einwohner gebrochen, waren sie noch im Besitz christlicher Geiseln, während die ihrigen bei den Christen aus deren Gewalt entflohen waren. *Gerard d'Avesnes*, einer dieser Geiseln, wurde von den Belagerten an eine hohe Stange gebunden und so auf der Mauerzinne aufgestellt, damit seine Glaubensgenossen entweder ihn erschießen oder von der Belagerung abstehen müßten (Bild 25). *Gerard* beschwor *Gottfried* mit lauter Stimme, ihn durch seinen Rückzug zu retten; aber dieser, so sehr ihm dies Schauspiel das Herz zerriß, rief ihm zu: „Ich kann euch nicht retten, auch wenn ihr mein Bruder wäret; leidet und sterbet, wenn erforderlich, als tapferer Ritter für das Heil eurer Brüder und den Ruhm *Christi*." Diese Worte gaben ihm Mut. Er wurde zwar schwer getroffen, aber kam mit dem Leben davon und erhielt nach seiner baldigen Befreiung von *Gottfried* die Burg St. Abraham am Toten Meer. Die Belagerung Arsufs gelangte zwar diesmal nicht zum Ziel; dagegen sandte die Stadt im Februar 1100, erschreckt durch ein Gefecht vor ihren Mauern, worin die Christen siegten, ihre Schlüssel und versprach einen Tribut. *Gottfried* befestigte damals Joppe und wurde dabei durch christliche Schiffe unterstützt, was solche Wirkung hatte, daß Askalon, Cäsarea und Ptolemais Geschenke und Tribut verhießen und arabische Emire um Waffenstillstand baten. Sie waren erstaunt, als sie den Beschützer des Heiligen Grabes im Lager vor Arsuf ohne Leibwache auf einem Strohsack ruhend trafen, gleich dem geringsten Krieger (Bild 26). Angeblich hieb er in ihrer Gegenwart, um ihnen seine Stärke zu beweisen, einem Kamel mit einem Streich den Kopf ab. Es waltete nun längere Zeit freundschaftlicher Verkehr zwischen jenen Emiren und Städten und den Christen.

Grabmal Gottfrieds von Bouillon.
Inschrift:
Hier ruht der berühmte Herzog Gottfried von Bouillon, welcher dieses ganze Land dem christlichen Glauben gewann und dessen Seele mit Christo herrschen möge. Amen.

Während *Gottfried* so im Süden handelte, tat dasselbe im Norden des Landes der allein ihm treu gebliebene *Tankred*; hier gründete der ritterliche und fromme Degen Kirchen und führte mit 80 Rittern Krieg gegen Damask und gegen Emire der Umgegend, die er mit *Gottfrieds* Hilfe bändigte. In Verbindung mit einer Flotte Venedigs nahm er im Juli 1100 Kaifa ein. Damit konnte Palästina im großen und ganzen als christliche Besitzung betrachtet werden, der es freilich mehr an Leben als an Ruinen gebrach. Zum Dank für *Tankreds* Leistungen ernannte ihn *Gottfried* zum Fürsten von Galiläa und belehnte ihn mit Tiberias und Kaifa.

Von den mit dem Kreuzzug nach dem Morgenland gekommenen Fürsten hatten nun diejenigen, welche bereits Herrschaften gegründet, nämlich *Balduin* in Edessa und *Boemund* in Antiochia, Jerusalem noch nicht besucht. Auch *sie* mußten aber ihr Gelübde einlösen, und sie entschlossen sich auch, dies zu tun, und zwar in Gesellschaft des kürzlich mit *Boemund* (in Laodikea) zusammengetroffenen Erzbischofs *Dagobert* von Pisa. Eine große Zahl der in ihren neuen Staaten angesiedelten oder zurückgebliebenen Franken und die Mannschaft der pisanischen Flotte vor Laodikea verstärkten ihren Zug auf 25 000 Menschen. Alle Städte, durch welche ihr Weg führte, versagten entweder Lebensmittel oder gaben sie nur zu Wucherpreisen ab. Am 21. Dezember 1099 langten sie in Jerusalem an und feierten Weihnachten, wie sich gebührte, in Betlehem. Obschon die Fürsten nur bis zum Neujahr in der Heiligen Stadt blieben, benutzten sie doch ihre kurze Anwesenheit zu einer nicht ganz heiligen Handlung. Der Patriarch *Arnulf,* weil er in Diensten *Roberts* von der Normandie gestanden, war zwar nicht *Gottfried,* aber seit den Ereignissen von Laodikea *Boemund* unangenehm. Der letztere wußte daher zu bewirken, daß *Arnulf* zum Rücktritt bewogen und an seiner Stelle sein neuer Freund *Dagobert* zum Patriarchen von Jerusalem gewählt wurde, der freilich jenen an Geist und Wissen bedeutend übertraf und schon durch seine Stellung als päpstlicher Legat ein bedeutendes Gewicht in die Waagschale legte.

Aber die beiden Freunde, der geistliche und der weltliche, deren Macht und Einfluß durch diese Wahl so hoch gestiegen war, sollten sich ihres Erfolges nicht lange freuen. Das erste, was *Boemund* nach seiner Heimkehr tat, war, daß er den Emir *Ridwan* von Haleb bekriegte, dessen zwischen Antiochia und Edessa eingekeiltes Gebiet er mit Recht als die größte Gefahr für den Fortbestand der christlichen Herrschaft in Nordsyrien betrachtete, wie dies das Emirat von Damask für Südsyrien und Palästina war. *Boemund* schlug die Aleppiner und begann bereits deren Hauptstadt zu belagern, als der armenische Fürst von *Malatia* ihn gegen den seldschukischen Emir *Ibn Danischmend* von Siwas (Sebaste) im östlichen Kleinasien um Hilfe anrief, und ihm für diese sein Land zu übergeben verhieß. Die Ländersucht war *Boemunds* Verderben. Er verließ das Lager von Haleb, eilte gegen Norden, wurde aber unerwartet im Juni 1100 bei Maresch vom Emir überfallen, geschlagen und gefangen! So hatte er mit einem Schlag Haleb, Malatia und die Freiheit verloren!

Dagobert aber wollte nicht nur Patriarch, sondern auch Herr in Jerusalem, gewissermaßen ein Vizepapst für den Orient sein. Stufenweise glaubte er dies erringen zu können und verlangte von dem keineswegs staatsklugen *Gottfried* zuerst nur ein Viertel von Joppe zur Ausstattung des Patriarchats, was er auch ohne Anstand erhielt; dann stieg er aber gleich höher, indem er behauptete, eine Stadt wie Jerusalem dürfe keinen weltlichen, sondern nur einen geistlichen Herrn haben, wie denn auch unter der Herrschaft der Ungläubigen der Patriarch der einzige von christlicher Seite anerkannte Würdenträger in Jerusalem gewesen sei. Und wirklich fügte sich *Gottfried* zu Ostern 1100 dem anmaßenden Verlangen und übergab die Stadt dem Patriarchen feierlich vor Geistlichkeit und Volk, mit einzigem Vorbehalt seines Nießbrauchs bis zu weiterer Vergrößerung des christlichen Besitzes, und erklärte sich selbst als Lehensträger und Verteidiger des Heiligen Grabes und des Patriarchen.

Kirche zu Betlehem, Krönungsstätte Balduins I.*

Gottfried hatte in seiner Schwäche geistlichen Forderungen gegenüber geglaubt, über seinen Tod hinaus verfügen zu können, und ahnte nicht, wie nahe ihm dieser schon war. Er hatte für den Fall, daß er ohne männliche Erben stürbe, die Hauptstadt dem Patriarchen bedingungslos zugesagt, und dieser Fall trat schom am 18. Juli 1100 ein. *Gottfried,* der an den bei der Einnahme der Stadt begangenen Grausamkeiten und Gräueln nicht ganz unschuldig war, büßte durch dieselben, d. h. durch den infolge der Leichenanhäufung erzeugten schlechten Gesundheitszustand in Jerusalem sein Leben ein. Eine Vergiftung durch Mohammedaner ist behauptet, aber nicht erwiesen worden. Er starb zur rechten Zeit, denn eine längere Regierung des schlichten Ritters ohne Furcht und Tadel, aber auch ohne hervorragenden Geist und politische Kraft, wäre der neuen Schöpfung zum Verderben geworden. Sein Grab erhielt er verdientermaßen in der heiligen Grabeskirche. Sein Vermächtnis, durch welches er die Kirche zu seiner Erbin einsetzte, wurde nicht geachtet. Seine eigenen Ritter, die weiter blickten als er, besetzten die Stadtmauern und sandten an seinen wahren Erben, seinen Bruder *Balduin,* Grafen von Edessa, die Einladung, den erledigten Thron anzunehmen. *Dagobert* bebte vor Wut und arbeitete nach Kräften gegen den neuen Herrscher; aber der einzige, der ihm hätte helfen können – wenn er hätte wollen – *Boemund,* lag in den Ketten und Banden der Un-

* Nach Vogüé: Les églises de la terre sainte.

gläubigen, und *Tankred* dachte lediglich daran, Antiochia für sich zu sichern.

Balduin erklärte die Annahme der Nachfolge seines Bruders, übergab Edessa seinem Neffen oder Vetter *Balduin II.* und eilte ohne Säumen über Antiochia und Tripolis, in dessen Nähe die Fürsten von Damask und Emessa ihm einen Hinterhalt gelegt, die er aber aufs Haupt schlug, nach Jerusalem, wo er am 10. November ankam und die Bevölkerung unter Musik, Gesang und festlichen Aufzügen mit brennenden Kerzen ihm zujubelte. Er war noch kaum eine Woche da, als er gegen Askalon auszog und mit 650 Mann 2000 Araber schlug, dann Räuber, die das Land unsicher machten, aus ihren Höhlen bei Ramla herausräucherte und zusammenhieb, endlich die Gegend vom Toten Meer bis zum Sinai von feindlichen Beduinen säuberte. Nach seiner Rückkehr hatte er die Genugtuung, daß der Patriarch *Dagobert* sich der Lage der Dinge unterwarf und den neuen König, der trotz der Heiligen Stadt eine Krone dort zu tragen nicht verschmähte, in der Kirche zu Betlehem am Christtage 1100 selbst krönte. *Tankred* endlich arbeitete erst für *Boemunds* Wahl zum König an *Balduins* Stelle, immer noch eingedenk des Streits um Tarsos mit *Balduin*, setzte dem damaligen Gegner, der jetzt sein König war, eine Zeitlang verbissenen Trotz entgegen, gab aber zuletzt, vor des Königs Gericht geladen, Galiläa an die Krone zurück, der er nicht dienen mochte, und begab sich zu Ostern 1101 nach Antiochia, um seinen gefangenen Oheim zu vertreten, wandte seine Kräfte aber weniger gegen die gefährlicheren, sich wieder hervorwagenden Seldschuken, als gegen die verhaßten Byzantiner, welchen er das von ihnen inzwischen eroberte Kilikien wegnahm, und belagerte Laodikea, das er auch schließlich mit dem Fürstentum seines Bruders vereinigte.

Mit der Krönung *Balduins I.* hatte das Königreich Jerusalem sein wechselvolles und damals noch sehr wenig versprechendes Leben begonnen.

Kapitel in der Kirche zu Bethlehem.

ZEHNTER ABSCHNITT

Der Kreuzzug von 1101

Urban II. hatte die Krönung seines großen Werkes, die Eroberung von Jerusalem, zwar erlebt, aber nicht mehr erfahren; er starb 13 Tage später, noch ehe die Kunde Europa erreicht hatte, am 29. Juli 1099. Nicht weniger eifrig als sein Vorgänger nahm *Paschalis II.* die Sache der Kreuzzüge unter seinen Schutz, und dies wurde ihm noch leichter gemacht, als durch Wort, Brief und Sang die große Kunde von der wunderbaren Einnahme der Heiligen Stadt durch ein verhältnismäßig schwaches Heer sich im Westen verbreitete. Schon dieser gewissermaßen zauberhafte Erfolg lockte dazu an, das Kreuz zu nehmen; noch mehr taten es aber die Berichte der heimkehrenden Kreuzfahrer von den Wundern des Orients, von seiner üppigen Vegetation, seinen Palästen und Gärten und namentlich von der heldenhaften Tapferkeit der christlichen Krieger. Schreckten auch wohl die Nachrichten von den erduldeten Mühseligkeiten, von Hunger, Elend und Krankheiten, manchen ab, so siegte doch der die Zeit beherrschende fromme und kriegerische Geist über alle Bedenken, und dies namentlich, als die im Osten zurückgebliebenen Fürsten dringend um Unterstützung durch neuen Zuzug an Stelle des abgezogenen baten.

Von neuem also rüsteten sich die Kreuzzugslustigen zu Land und zur See. Neben neuen Flotten von Venedig, Genua und Pisa wetteiferte die waffenfähige Mannschaft Italiens, Deutschlands und Frankreichs in Bereitwilligkeit, das Kreuz zu nehmen. Selbst in Spanien zeigte sich großer Eifer, nach Osten zu ziehen, so sehr auch, worauf der Papst selbst nachdrücklich hinwies, der Feind des Kreuzes im eigenen Land die Kraft seiner Arme herausforderte. Der Bann dagegen, der vielgefürchtete, schwebte über den Häuptern jener, welche den Kreuzzug verheißen, aber nicht ausgeführt, und jener, welche ihn schmählich verlassen hatten, wie die „Strickläufer" und ihr königliches Haupt *Stephan* von *Blois,* sowie der ebenso königliche untreue Gesandte *Hugo* von Vermandois.

Von den früheren unterschieden sich die neuen Kreuzfahrer, wenn sie auch nicht weniger als jene für den christlichen Glauben begeistert und von kriegerischem Geist erfüllt waren, besonders dadurch, daß sie sich von vornherein die Sache sehr leicht vorstellten und sich geradezu für unüberwindlich, die Feinde aber, mit denen sie zu kämpfen haben würden, für ver-

Durchschnitt der Kirche des heiligen Grabes.*

ächtliches Gesindel hielten. Auch ihnen schloß sich Volk aller Art an, namentlich fehlten auch diesmal die leichten Truppen der Prostitution nicht.

Im bedeutendsten Maß beteiligten sich bei dem neuen Kreuzzug die Norditaliener, die bei den vorhergehenden schwach oder gar nicht vertreten waren. An die Spitze ihres ungefähr 50 000 Mann zählenden Heeres stellte sich der Erzbischof *Anselm* von Mailand, welcher zur Stärkung der Gläubigen den Arm des heiligen *Ambrosius* mitnahm, um damit das Kriegsvolk zu großen Taten zu weihen. Ihm schlossen sich dann mehrere Bischöfe und Grafen an. Die Lombarden waren die ersten, welche aufbrachen, noch im Herbst 1100; ihr Weg ging durch Friaul, Kärnten, das südliche Ungarn und Serbien, wo sie den Winter zubrachten, aber auch anfingen, in das zuchtlose Wesen der ersten Kreuzfahrer unter *Peter* u. a. zu verfallen, alles auszurauben und sogar Kirchen auszuplündern und zu schänden – obschon Kaiser *Alexios* Verabreichung von Lebensmitteln an sie angeordnet hatte. Diese Leute waren aber gerade gegen die Griechen, denen sie alle schlimmen Erfahrungen der früheren Kreuzfahrer zumaßen, namenlos erbittert und führten gegen dieselben ebensowohl Krieg wie gegen die Seldschuken. Im März 1101 kamen sie nach Konstantinopel, wo sie freundlich aufgenommen wurden, zeigten sich aber hier, dem geschilderten Geist gemäß, bald so zügellos, daß *Alexios* sie nach Asien übersetzen hieß. Darob empörten sie sich aber und begannen schon das Münster Kosmidion zu stürmen, als ihr Erzbischof und dessen Mitführer sie beschwichtigen konnten, und es gelang dann ihren Führern, welche vom Kaiser kostbare Geschenke erhalten hatten, sie über die Meerenge nach Asien zu schaffen, wo sie die Nachfolgenden erwarteten, nämlich die Deutschen und Franzosen, die aber in zwei Heeren ihren Weg zurücklegten. Das erste derselben zählte in seinen Rei-

* Nach Vogüé: Les églises de la terre sainte.

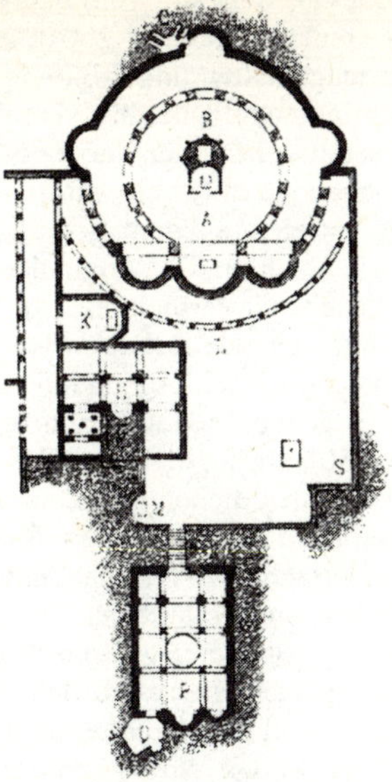

Grundriß der Kirche des heiligen Grabes, VII. Jahrhundert.

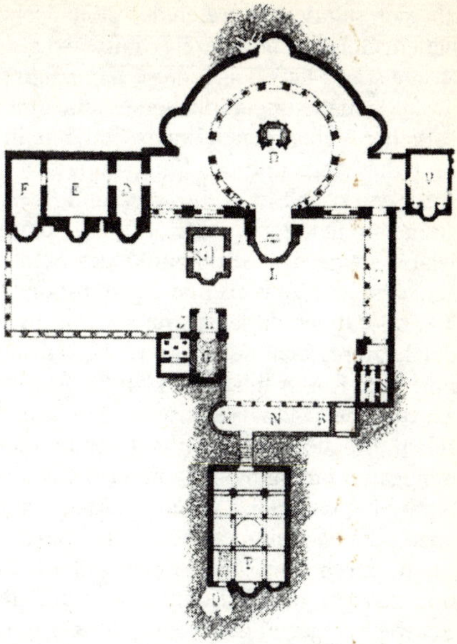

Grundriß der Kirche des heiligen Grabes, XII. Jahrhundert.*

A Rotunde.
B Kapelle des heiligen Grabes.
C Grabstätte des Jos. von Arimathia.
D Kapelle St. Johannes.
E Kapelle der Dreieinigkeit.
F Kapelle des St. Jakobus.
G Golgatha Felsen.
H Adam Kapelle.
J Grabmal Gottfrieds von Bouillon.
K Stein der Ölung.
L Kompaß.
M Kapelle der Schmerzen.
N Kapelle der Kleiderteilung.
P Kuppel der St. Helenenkapelle.
Q Kreuzfindungskapelle.
R Kapelle St. Longin.
S Gefängnis.
T 7 Säulen der heiligen Jungfrau.
V Erscheinungskapelle.

hen *Konrad*, den Marschall Kaiser *Heinrichs IV.*, den Herzog *Stephan* von *Burgund*, den „Strickläufer" Grafen *Stephan* von *Blois*, der seine Schande wiedergutmachen wollte – das zweite *Wilhelm* von Nevers, *Wilhelm IX.* von Poitou, Herzog von Aquitanien, der ungeachtet seines lockeren Lebens als erster Troubadour gefeiert wird, und *Hugo* von *Vermandois*, der fast soviel Ursache wie *Blois* hatte, seinen Ruf wiederherzustellen, dann aus Deutschland Herzog *Welf IV.* von Baiern, die Markgräfin *Ida* von Österreich, den Erzbischof *Thiemo* von Salzburg u. a.

Die Lombarden warteten nur auf das erste deutsch-französische Heer,

* Nach Vogüé: Les églises de la terre sainte.

das sich seit dem Betreten des griechischen Reiches als ungefähr vom nämlichen Geist erfüllt gezeigt hatte wie sie. Zusammen angeblich 260 000 Köpfe stark, ließen sich diese Kreuzfahrer nicht lange halten und faßten in ihrem beinahe unglaublichen Leichtsinns die kopflosesten Pläne. Im Wesen östlicher Völker gleich unwissend, wie in der Gestalt der Länder, der Richtung der Wege und der Entfernung der Orte, hielten sie es für ein Kinderspiel, erst nach Siwas zu ziehen und *Boemund* zu befreien und dann geradezu nach Bagdad, um das Kalifat und damit, wie sie meinten, die Wurzel des Islam, sowie den Mittelpunkt der Seldschukenmacht zu vernichten. Umsonst suchten *Alexios* und der immer noch bei ihm weilende *Raimund* von *Toulouse* ihnen diesen Wahnsinn auszureden, und endlich schloß sich ihnen der letztere sogar selbst an und nahm auch die sogenannte Heilige Lanze mit. Vom Kaiser mit einer kleinen Truppenschar (500 Turkopulen, d. h. byzantinische Söldner türkischer Abkunft), die als Fürsten dienen sollte, versehen, brachen sie zu Anfang des Juni auf, zogen nach Ankyra, das sie für den Kaiser einnahmen, dann nach Gangra, das ihnen schon zu fest war, und dann über den Halys gegen Amasia, indem sie gegen Andersgläubige, Griechen oder Mohammedaner, arge Gräuel verübten, ja sogar eine griechische Stadt, deren Einwohner ihnen mit Kreuzen entgegenkamen, ausmordeten und zerstörten! Die Lombarden schützten nicht einmal ihre Kranken und Schwachen gegen den Feind, der sie stets verfolgte. In den Wildnissen Paphlagoniens litt das Heer furchtbare Hungersnot, und wer sich vom großen Haufen trennte, um Lebensmittel zu suchen, wurde gewiß von Türken erschlagen, die sogar Wald- und Steppenbrände anfachten, in denen Tausende von Kreuzfahrern umkamen. Ehe sie aber Amasia erreichten, kam das Verhängnis vollends über sie. Ein furchtbares Heer, zu welchem Sultan *Kilidsch-Arslan*, der Ermir *Ibn Danischmend*, *Ridwan* von *Haleb* und der Emir von Harran in Mesopotamien ihre Truppen gestellt hatten, überfiel in der zweiten Hälfte des Juli die Kreuzfahrer und schlug sie in zweitägiger Schlacht trotz tapferer Gegenwehr entscheidend aufs Haupt. Graf *Raimund*, welchen *Konrad* und *Stephan* von *Blois* aus großer Gefahr im Gefecht gerettet, verließ mit den Turkopulen das übrige Heer und flüchtete sich in eine griechische Burg, wodurch solcher Schrecken verbreitet wurde, daß sich alles in wilder Flucht auflöste, die Weiber und alles Gepäck zurückließ, sowie alle lästigen Waffen, Überkleider usw. wegwarf, womit die ganze Gegend wie besät war. Die zurückgelassenen Weiber, Kinder, Kranken und Geistlichen wurden von den Türken niedergemacht oder in Gefangenschaft und Sklaverei gebracht. Nur jammvervolle Reste, von allem entblößt, kamen im griechischen Gebiet der Nordküste am Schwarzen Meer an, und nur wenige gelangten nach Konstantinopel, unter ihnen die Hauptführer, Erzbischof *Anselm*, Marschall *Konrad*, *Stephan* von Burgund, sowie *Blois* und zuletzt auch *Raimund*. *Anselm* starb, wohl infolge der Strapazen jener Flucht, am 31. Oktober in Byzanz.

Das zweite deutsch-französische Heer, etwa 100 000 Mann stark, das von manchen Geschichtsschreibern in zwei Heere geteilt wird, was aber wenig Wahrscheinlichkeit hat, durchzog Ungarn und Bulgarien, wo es arge

Die gefangenen Frauen.

Ausschreitungen beging und hierdurch manchen Ritter im Streit mit den Einwohnern verlor, verwüstete im Kampfe mit dem Fürsten *Guz* die Umgebung von Adrianopel und kam bald nach dem Abmarsch des ersten Heeres in Konstantinopel an, wo der Kaiser die Führer freundlich empfing und von ihnen, wie wahrscheinlich auch von ihren Vorgängern, den Lehnseid entgegennahm. Aber auch diese Kreuzfahrer haßten die Griechen bis aufs Blut und ziehen sie des Verrats und der herzlosesten Gleichgültigkeit gegen die Franken. Man sagte, es wäre dem Kaiser, wie er sich geäußert habe, gleich, ob Franken und Türken sich schlagen oder zwei Hunde einander beißen.

Viele hatten vor griechischer Arglist und wohl auch vor türkischen Hieben solche Angst, daß sie nach der Heimat oder ohne zu wissen wohin flohen. Die übrigen zogen, mit dem nämlichen wahnwitzigen Plan wie ihre Vorgänger, nach Ankyra, wo sie aber das Schicksal derselben vernahmen und nun ihre Richtung veränderten und sich nach Süden wandten, um auf demselben Weg wie der ans Ziel gelangte Kreuzzug dasselbe ebenfalls zu erreichen. Schon auf dem Weg von Seldschuken umschwärmt, wurden die Kreuzfahrer bei Heraklea von einem feindlichen Heer, und zwar dem gleichen, das ihre Genossen vernichtet, überfallen und beinahe ohne Gegenwehr teils niedergehauen, teils zerstäubt. *Thiemo* und *Ida* fanden den Tod auf der Flucht, *Hugo* von Vermandois starb in Kilikien, wohin er entkommen; *Wilhelm* von Nevers, *Wilhelm* von Poitou und Welf von Baiern gelangten, beraubt und zerrissen, nach Antiochia, wo *Tankred* sie aufnahm und wohin ihnen zu Anfang des Jahres 1102 auch die Flüchtlinge des zuerst vernichteten Zuges nachfolgten. Die im Heer mitziehenden Frauen wurden, gleich denen des ersten Haufens, in die Harems der Feinde ihres Glaubens gebracht (Bild 27).

So hatte ein einseitiger Zweck, über welchen alles übrige, Einheit des Oberbefehls, Mannszucht, Ordnung in der Verpflegung, durchdachter Zugs- und Kriegsplan, Aufsuchung und Erwerbung von Bundesgenossen usw. vernachlässigt oder für entbehrlich gehalten wurde, im Laufe von sechs Jahren sieben Heere und den größten Teil eines achten, zusammen vielleicht über eine halbe oder gegen eine ganze Million Menschen vernichtet und damit sowohl Europa eine ungeheure Arbeitskraft, als dem Zweck der Kreuzzüge eine unschätzbare Heeresmacht entzogen. Ein großes Ziel war, wenn auch zum Teil mit Anwendung verwerflicher Mittel, errungen, aber noch war nichts geschehen, dieses Ziel zu sichern und das Erreichte zu befestigen. Die folgenden Bücher und Abschnitte werden zeigen, ob und inwieweit die europäische Menschheit der Mitte des Mittelalters fähig und berufen war, nicht nur Ideale zu verfolgen, sondern auch in ihrer Verfolgung Vernunft und Besonnenheit an den Tag zu legen.

Den empfindlichsten Verlust erlitt durch die geschilderte Katastrophe der werdende Christenstaat im Morgenland, dem es so sehr an Verteidigungskräften gebrach. Im Abendland sah man dies vollkommen ein, aber man schreckte vor den gemachten Erfahrungen zurück, die man mit Recht dem Mangel an einer einsichtigen Oberleitung zuschrieb. Aber wo war diese zu finden? Ein unglücklicher alter Mann, verlassen von Weib und Kindern, von Verwandten und Freunden, von seinem Volk, im Bann der Kirche, glaubte sich dazu berufen! *Heinrich IV.* erklärte kurz nach der Thronbesteigung *Paschalis II.* am Weihnachtsfest 1101 den Fürsten, er werde am 1. Februar 1102 nach Rom gehen und ein Konzil berufen, das Frieden zwischen Kaiser und Papst schließen solle; dann wolle er nach Jerusalem ziehen, fügte er in einem Schreiben an Abt *Hugo* von Cluny bei. Am Dreikönigsfest 1103 ließ er diesen Vorsatz im Dom zu Mainz feierlich verkünden; vor der Ausführung desselben wollte er die Krone niederlegen; er bekräftige das Verkündete unter Tränen; aber auch sein ganzes übriges Leben verging unter Tränen; der schwache alte Mann starb unversöhnt mit der Kirche, und was ein Kreuzzug unter ihm geworden wäre, kann bei Betrachtung der Zeitverhältnisse nicht zweifelhaft sein.

DRITTES BUCH

Die bessere Zeit des Königreichs Jerusalem

(1101–1149)

Architektonischer Schmuck an der Kirche des heiligen Grabes zu Jerusalem.

ERSTER ABSCHNITT

Balduin I. und die Kämpfe mit Ägypten

Balduin, der erste König von Jerusalem, war gerade der richtige Mann, um eine Schöpfung zu befestigen, welche den Zweck hatte, der Christenheit ein verlorenes und zugleich durch ihren Stifter und Erlöser geheiligtes Land auf die Dauer wieder einzuverleiben und es gegen die Feinde des Kreuzes zu schützen. Es bedurfte dazu einer zähen und energischen Natur und dieselbe war nur im *deutschen* Charakter zu finden. Wenn auch in französisch sprechendem Gebiet aufgewachsen, so konnten doch die blonden und starkleibigen Söhne des Grafen *Eustach* von Boulogne die fränkische Abstammung nicht verleugnen; der rauhen und ehrlichen Kraft *Gottfrieds* aber setzte *Balduin* eine nicht unbedeutende diplomatische Gewandtheit entgegen und diese war ebensosehr wie seine Tapferkeit und seine Herrsch- und Habsucht geeignet, die Grenzen des neuen Staates zu erweitern und den letzteren nach Innen wie nach Außen in seinem Bestand zu sichern.

In seiner Jugend als dritter Sohn zum Priester bestimmt, hatte *Balduin* beizeiten, seiner Neigung gemäß, die Stola mit dem Wehrgehänge vertauscht; trotzdem wollte man stets in seinem Benehmen eine gewisse geistliche Würde und Haltung bemerken, die sich gar leicht mit orientalischer Grandezza vereinigen ließ, was ihm neben seiner Liebe zu Pracht und Glanz in Edessa wie in Jerusalem zustatten kam. Nach dem oben erwähnten Tod seiner ersten Gattin *Godehild* von Conches hatte er in Edessa eine armenische Fürstentochter geehelicht, trennte sich aber später wegen bloßen Verdachts der Untreue von ihr; denn er war gegen Frauen strenger als gegen sich selbst und genoß bezüglich seines Verhaltens zum andern Geschlecht nicht den besten Ruf, so sehr er auch jede Gewalttätigkeit gegen dasselbe verabscheute und ahndete. Mit dem Chorrock hatte *Balduin* auch jede Bigotterie ausgezogen und teilte nicht nur seines Bruders *Gottfried* Unterwürfigkeit gegenüber der Geistlichkeit nicht, sondern war gegen Anmaßungen der letzteren vielmehr stets gewappnet und kampfbereit. So konnte es denn nicht fehlen, daß der Friedensschluß, infolge dessen ihn *Dagobert*, der neue Patriarch, krönte, nur scheinbar und nicht von Dauer war. Wie der Hader wieder angefacht wurde und aus welcher Veranlassung, ist nicht hinlänglich bekannt. Natürlich stand auf der Seite des Königs der beseitigte Patriarch *Arnulf*, „dieser Erstgeborene des Satans", wie ihn *Wilhelm* von Tyros nennt, der jetzt Archidiakon der Stadt war und die Einkünfte vom „Tempel" und von der Kalvarienkirche bezog. Es scheint aus dem Verlauf des Handels hervorzugehen, daß *Balduin* nach Wiedereinsetzung dieses ihm ergebenen Geistlichen strebte. *Balduin* ging soweit, daß er vor öffentlicher Versammlung dem Patriarchen Meineid und Mord vorwarf, weil er *Boemund* brieflich aufgefordert habe, ihn, den König, auf seiner Reise nach Jerusalem aus dem Leben zu schaffen; davon zwar steht in dem bezüglichen Brief (wie ihn *Wilhelm* von Tyros X, 4 mitteilt) nichts, wohl aber heißt es in demselben, der meist Klagen über Benachteiligung der Kirche und dann die Bitte enthält, *Balduin* vor Antritt der Regierung ohne des Patriarchen Erlaubnis zu warnen: wenn *Balduin* auf diese Forderungen nicht höre und keine Vernunft annehme, so solle *Boemund*, auf *welche Art* er könne, im Notfall auch mit *Gewalt*, *Balduins* Reise nach Jerusalem *verhindern*; doch hat *Boemund* den Brief schwerlich erhalten, da er bereits gefangen war. Ja, der König forderte sogar den Papst auf, den Patriarchen wegen jener angeblichen Verbrechen zu bestrafen. Als dann der päpstliche Legat Kardinal *Moriz* nach Jerusalem kam, fügte *Balduin* seinen Klagen gegen *Dagobert* noch die weitere und damals wohl wirksamste bei, derselbe habe ein Stück vom Heiligen Kreuz verhandelt, worauf der Legat den Beschuldigten im Amt suspendierte, bis er seine Unschuld bewiesen hätte. *Dagobert* aber kannte seine Leute und als es ihn schmerzte, am Osterfest nicht in seinem Glanz fungieren zu können, bestach er unter freundlichen Worten den habsüchtigen, freilich auch aus Mangel an Einkünften der Krone in Geldnot befindlichen König mit dreihundet Goldstücken, daß er bei dem Legaten die Wiedereinsetzung des Patriarchen in seine Rechte bewirkte. Wahrscheinlich aber waren Legat und Patriarch schon von vornherein einverstanden, daß keine Krähe der andern ein Auge aushacke. Die finanzielle Bedrängnis des Königs verleitete diesen indessen, die eröffnete Geldquelle weiter auszubeuten, die ihm *Arnulf* als unerschöpflich schilderte, *Dagobert* aber als erschöpft bezeichnete, so daß der Streit, den nur das Geld geschlichtet, von neuem ausbrach und in der schmutzigsten Weise fortgeführt wurde. *Arnulf* zeigte dem König, wo die Schätze der Kirche verschwelgt wurden, und *Balduin* überraschte die beiden hohen Geistlichen am leckern Mahl. *Dagobert* fand es nun ratsam, sich aus dem Staub zu machen und begab sich nach Antiochia. Seine Beamten und Diener aber wurden eingesperrt und von den Leuten des Königs gezwungen, das Versteck seiner Schätze zu verraten, die man dann auch in so reichlichem Maß vorfand, daß sich der Legat bewogen sah, den entlarvten Freund preiszugeben, und sich mit dem König gut zu stellen suchte.

Das von *Dagobert* so sehnlich erwartete Osterfest 1101 war in der Tat prachtvoll und glänzend. Die tributpflichtigen Mohammedaner in Arsuf, Askalon, Akkon und Tyros waren durch Gesandte vertreten, welche reiche Geschenke brachten. Dem Aberglauben jener Zeit jedoch drohte ein schweres Mißgeschick. Es war herkömmlich, daß am Karsamstag abends die Lampen der Kirche des Heiligen Grabes angeblich durch Feuer vom Himmel, in Wirklichkeit aber durch eine geheime mechanische Vorrichtung entzündet wurden. Die Kirche war dicht gedrängt voll Gläubiger, griechische und römische Geistliche lasen abwechselnd die Messe des Hochamtes; aber zur festgesetzten Stunde blieben die Lampen dunkel, ob wegen eines Mangels in der Vorrichtung oder um der Menge das Bewußtsein ihrer Sündhaftigkeit nachdrücklich einzuprägen, ist ungewiß. Kurz, alles war trostlos und jeder warf sich vor, durch seine Sünden das Wunder vereitelt zu haben. Der Patriarch hatte nun allerdings trefflichen Anlaß, seine Macht zu zeigen; er ließ die Kirche räumen, damit keine Sünde Gott beleidige. Als aber am Morgen des Osterfestes die Lampen noch immer kein Licht ausstrahlten, da griff er zu der Deutung, daß Gott das Feuer nicht mehr zu senden notwendig finde, seitdem die Heilige Stadt wieder christlich geworden; denn vorher würden die Türken (so ging die Sage) alle Pilger hingewürgt haben, wenn das Wunder ausgeblieben wäre. Indessen forderte *Dagobert* doch zu einem Bittgang auf, damit die ängstlicheren Gemüter durch das Wunder beruhigt würden, an welcher Zeremonie dann der König, die Großen des Reiches, die ganze Geistlichkeit mit dem Patriarchen an der Spitze und alles Volk barfuß teilnahm. Während dieses frommen Schauspiels war endlich die Herstellung des Wunders zum Teil gelungen und der Schein einer der Lampen entzückte die zur Kirche zurückkehrenden Pilger im höchsten Grade. Im Laufe des Tages folgten auch die übrigen Lampen nach und hoben die religiöse Begeisterung auf ihren Gipfel.

Nach Ablauf des Waffenstillstands mit den Emiren und Städten der Küste trat nun der *Krieg* wieder in sein Recht. Es kam dem König wohl zustatten, daß gerade damals der Fürst von Damask für 45 Gefangene das enorme Lösegeld von über 50 000 Byzantinern* zahlte. Mit Hilfe der pisanischen und genuesischen Flotte wurde zuerst das am meisten feindliche *Arsuf* belagert, dessen Geschenke der König am Osterfest allein nicht angenommen hatte. Die Stadt ergab sich schon nach drei Tagen und die Einwohner erhielten freies Geleit bis Askalon und durften soviel mitnehmen als sie tragen konnten. *Cäsarea* dagegen mußte mit aller Macht und Anstrengung 15 Tage hindurch bestürmt werden, wurde nach jener Zeit erstiegen und es wiederholten sich auch hier, dem Gebrauch des Zeitalters gemäß, jene furchtbaren Metzeleien, die man keiner durch Gewalt eroberten Stadt ersparen zu dürfen glaubte. Selbst in einer christlichen Kirche wurden die in dieselbe geflohenen Mohammedaner ohne Unterschied des Alters und Geschlechts ermordet (Bild 28)! Doch wurden viele Weiber verschont und als Sklavinnen verkauft. Die Erbitterung der Sarazenen gegen die Christen war

* Ein Byzantiner, auch oft schlechthin als „Goldstück" bezeichnet, hatte einen Metallwert von etwa 8, einen heutigen Geldwert aber von wohl 64 Reichsmark.

Mezelei in Cäsarea.

so groß, daß viele, ehe sie hingemetzelt wurden, ihre Kleinodien verschluckten, um die Habsucht der Sieger zu täuschen. Zu jener Kirche wurde indessen ein angeblich smaragdenes, in Wirklichkeit aus grünem Glas verfertigtes Gefäß erbeutet, in welchem nach der Überlieferung Christus das Abendmahl gestiftet haben sollte. Die Genuesen erhielten es für ihre Hilfeleistung und ihre Stadt bewahrte es über 700 Jahre, bis es (1806) eine Beute der Franzosen wurde; seitdem befindet es sich in Paris. Ohne Zweifel hat dasselbe zu der im zwölften Jahrhundert entstandenen und in diesem wie im dreizehnten so oft dichterisch bearbeiteten Sage vom Heiligen Gral

Ruinen von Cäsarea.*

die Veranlassung dargeboten, auf die wir zurückkommen werden. Die Pisaner und Genuesen waren bereits heimgesegelt, als Cäsarea einen Bischof erhielt und alle Moscheen zu Kirchen geweiht wurden.

Und abermals zog ein gewaltiges ägyptisches Heer gegen das christliche Reich in Palästina heran. Der König konnte ihm, selbst nachdem alle tüchtigen Knappen zu Rittern geschlagen worden, nur 260 Ritter und 900 Fußgänger entgegenstellen, während die Gegner 11 000 der ersteren und 21 000 der letzteren zählten. Die kleine Schar aber baute auf die Hilfe des Heiligen Kreuzes, das ihr vorangetragen wurde. Es kam am 7. September 1101 zur *zweiten* Schlacht bei *Askalon*. Von allen Seiten umringt, verloren die Christen in kurzer Zeit zwei von ihren sechs Abteilungen, worauf die Priester dem König vorstellten, sein ärgerlicher Streit mit dem Patriarchen trage die Schuld an diesem Unglück. Entweder eingeschüchtert oder aus kluger Berechnung fiel er vor dem Kreuz nieder und gelobte Versöhnung; dann stürmte er mit dem Rest seiner Leute auf die Feinde los und richtete eine solche Verwüstung unter denselben an, daß die Muslimen mit einem Verlust von 5000 Mann nach Askalon flohen. *Balduin*, der in der Schlacht so gewütet hatte, daß sein Waffenrock vom Blut der Feinde troff, konnte mit Genugtuung auf diese Heldentat gegenüber einem vierzigmal stärkeren Feind blicken und opferte daher dankbar den zehnten Teil der Beute dem Hospital und den Armen. Der Friede wurde bis zum Frühjahr 1102 nicht mehr getrübt.

In dem letztgenannten Zeitpunkt kamen dann die traurigen Reste des Kreuzzugs von 1101 in Jerusalem an. In Antiochia, wo *Tankred* sie, wie erwähnt, gastlich aufgenommen, hatten sie sich, etwa zehntausend Mann

---

* Nach Vogüé: Les églises de la terre sainte.

stark, aber beinahe sämtlich krank und elend, gesammelt und waren dann, teils zur See und teils zu Land nach der Heiligen Stadt gepilgert. Die auf dem letzeren Weg Herannahenden erwartete König *Balduin* als treuer Beschützer aller Wallfahrer, am Hundesfluß bei Beirut, der angenommenen Grenze der unmittelbaren Herrschaft des Königreichs, und geleitete sie sicher in seine Hauptstadt. Nach Begehung des Osterfestes, bei welchem diesmal die Lampen ohne Schwierigkeiten Feuer fingen, baten die Pilger den König, den Kaiser *Alexios* durch Gesandte von seiner Feindseligkeit gegen die Kreuzfahrer (die ihm nun einmal alle vorwarfen) abzumahnen. *Balduin* entsprach ihnen und sandte zwei Bischöfe, die sich unter ihnen befanden, mit reichen Geschenken nach Byzanz, wo aber der Kaiser in höchstem Eifer beteuerte, daß er an den Leiden der Kreuzfahrer unschuldig wäre, vielmehr sie liebe und ehre und ihr Bestes wolle. Darauf begaben sich mehrere der Kreuzfahrer wieder nach ihrer Heimat, welche aber der greise Herzog *Welf* von Baiern nicht mehr sah, da er auf der Insel Zypern starb, während dagegen Marschall *Konrad* und *Stephan* von *Burgund* danach brannten, am Kampf gegen den Halbmond teilzunehmen und auch *Stephan* von *Blois*, der bereits auf der Heimfahrt gewesen, durch einen Sturm genötigt war, ihre Wagnisse mitzumachen.

Die Gelegenheit dazu blieb auch nicht aus. Die unermüdlichen Ägypter erschienen auch in diesem Frühling bei Askalon, verwüsteten die ganze Gegend und bedrohten Ramla. Es scheint damals in Jerusalem unbegreifliche Sorglosigkeit geherrscht zu haben; denn König *Balduin* mußte erst durch den Bischof von Ramla von der nahenden Gefahr, die doch nun jährlich vorauszusehen sein konnte, benachrichtigt werden; er stieg eilends zu Pferd, begleitet von Marschall *Konrad* und den beiden *Stephanen*, welche sich Rosse borgen mußten, und unterließ, entweder aus Übermut oder in der Eile, das Heilige Kreuz mitzunehmen. Er hatte, ebenso unbegreiflicherweise, geglaubt, mit einer kleinen Schar Mohammedaner zu tun zu haben, sah nun aber ein Heer von 20 000 Mann vor sich, verlor sowohl den Mut als das Gefecht, in welchem *Gerard d'Avesnes*, der Dulder von Arsuf, und mehrere andere tapfere Ritter das Leben einbüßten, und floh mit *Konrad* und den *Stephanen* und etwa 50 Rittern nach Ramla, wo sie sich einschlossen und den Rest des Heeres seinem Schicksal überließen. Ja, *Balduin* verließ in seiner damaligen Kopflosigkeit auch diese Genossen noch und machte sich mit fünf Rittern aus Ramla davon, um über das Gebirge nach Jerusalem zu gelangen, verirrte sich aber und eilte nach Joppe. Hier faßte er Mut und beschloß die Wiederaufnahme des Kampfes, diesmal aber nicht ohne das Heilige Kreuz, dessen Abwesenheit man natürlich das letzte Unglück zuschrieb, und welches 90 Ritter aus Jerusalem (mehr waren dort nicht!) auf die Nachricht von den Unfällen der königlichen Schar, nicht verschont von Überfällen der Feinde, aber tapfer sich wehrend, nach Joppe gebracht hatten. Die Sarazenen, welche sich bereits anschickten, Joppe zu belagern, wurden am 3. Juli von den wenigen Streitern des Kreuzes mit furchtbaren Verlusten geschlagen und ließen auf wilder Flucht reiche Beute zurück.

Verehrung des Kreuzes.

Ein schlimmer Ausgang war den in Ramla Eingeschlossenen beschieden. Am Tag nach *Balduins* unrühmlicher Flucht drangen die Feinde durch die zertrümmerte Mauer ein und wollten die in einem Turm sich verteidigenden Ritter durch Feuer und Rauch ersticken, als diese ausbrachen und der Feinde eine Menge erschlugen. Aber *Stephan* von *Burgund* und *Stephan* von *Blois* fielen, letzterer seine frühere Schmach sühnend, während Marschall *Konrad* die Feinde so zusammenhieb, daß sie ihm gern das Leben dafür ließen, wenn er nur den Kampf einstellte.

Balduin hatte in seiner Not nach Antiochia an *Tankred* und nach Edessa an seinen Vetter und Nachfolger um Hilfe gesandt. Die beiden Fürsten erschienen aber erst im September bei Arsuf, und auch gar nicht in der Absicht zu helfen, welche ohnehin zu spät gekommen wäre, sondern um den Patriarchen *Dagobert,* den sie mit sich brachten, mit dem König zu versöhnen und ihm vor allem seine Würde zurückzugeben. Erst nachdem *Balduin* letzteres ihnen versprochen, kamen sie zu ihm nach Joppe, und machten mit ihm einen Streifzug gegen Askalon, wo sie in einem Gefecht den ägyptischen Statthalter erschlugen.

Aber die Freunde *Dagoberts* hatten sich verrechnet. Nach Jerusalem zurückgekehrt, setzten zwar die Fürsten den Patriarchen wieder in sein Amt ein, aber im nächsten Jahr 1103 versammelte sich in der Heiligen Stadt eine Synode unter dem Vorsitz des Kardinals Bischof *Robert* von Paris, der dem verstorbenen Legaten Moriz nachgefolgt war. Alle römisch-katholischen Prälaten des Morgenlandes und alle als Pilger anwesenden des Abendlandes wohnten der Versammlung bei und diese entsetzte *Dagobert* feierlich auf Grund der gegen ihn erhobenen Auflagen. Gegen entehrende Kirchenstrafen schützte ihn nur die Fürsprache *Tankreds* und *Balduins* von Edessa. An seine Stelle wurde der Priester *Ebremar* gewählt, welcher mit dem ersten Kreuzzug nach Jerusalem gekommen war. *Dagobert* begab sich über Antiochia nach Italien und hatte bereits den Papst für sich gewonnen, als ihn 1103 in Messina der Tod abhielt, das Heilige Land noch einmal in Verwirrung zu bringen. In demselben Jahr waren auch *Ebremar,* dem es mit *Balduin* und *Arnulf* gleich ergangen war wie seinem Vorgänger, und in entgegengesetzter Absicht *Arnulf* selbst in Italien angekommen. Der Papst ordnete eine Untersuchung des Falles an und eine neue Synode erklärte 1108, *Dagobert* sei unrechtmäßig abgesetzt und somit auch *Ebremar* (der dann Erzbischof von Cäsarea wurde) unrechtmäßig gewählt, und ernannte den päpstlichen Legaten *Gibelin* zum Patriarchen, der sich dem König fügte und bis zu seinem Tod 1111 segensreich waltete, worauf das längst Erstrebte und Ersehnte eintrat, nämlich die Wiederwahl Arnulfs, dem es endlich 1115 gelang, die Bestätigung von seiten des Papstes zu erhalten. So hat sogar in dem im Namen der Religion eroberten Land der „Kulturkampf" seine Wellen geworfen! Und er erhob sich auch nachher noch oft, sowohl in Jerusalem als in Antiochia, doch ohne daß wir seinen Wogen ferner folgen werden, da sie frucht- und erfolglos wieder verliefen.

Es wäre nur eintönig und ermüdend, die jedes Jahr sich wiederholenden Kämpfe des jungen Staates und seiner christlichen Verteidiger gegen die Feinde ihres Glaubens zu erzählen. Sehr oft boten diese Kämpfe nichts bemerkenswertes dar; aber regelmäßig in jedem Frühling oder Frühsommer, nach friedlich durchlebtem Winter, zeigten sich die unabtreibbaren ägyptischen Scharen bei Askalon oder gegen Joppe und Ramla hin und die ägyptische Flotte erschien vor den noch dem Herrscher am Nil gehorchenden Seestädten Sidon, Thyros, Berytos, Akkon usw., um sie mit Lebensmittel zu versorgen und gegen den auf die Dauer nicht zu vermeidenden Angriff von seiten der Franken zu stärken, oder auch vor den nun christlichen Hafenplätzen Joppe, Arsuf, Cäsarea usw., um ihnen die Zufuhr abzusperren oder sie mit Einnahme zu bedrohen.

Nicht geringe Gefahr aber hatte das junge Reich von Damask her zu gewärtigen, wo 1104 auf den unfähigen *Dekak* dem Namen nach dessen minderjähriger Sohn *Tutusch*, in Wirklichkeit aber der *Atabek* (wörtlich: Vater-Fürst, wirklich: Reichsverweser) *Togtekin* als Herrscher folgte und auch in der Tat bald *Dekaks* Geschlecht gänzlich beseitigte. Die Kämpfe verliefen mit abwechselndem Glück, aber wenn auch die Mohammedaner bisweilen, doch meist in nicht bedeutendem Maße, die Oberhand hatten, so kam den Christen einerseits die Spaltung jener in Schiiten und Sunniten zustatten, infolgedessen z. B. der streng sunnitische *Togtekin* sich niemals zum Bundesgenossen der fatimidischen Ägypter hergab, während andererseits das Heilige Kreuz, welches *Balduin* nie wieder mitzunehmen vergaß, nachdem angeblich sein Mangel ihm Unglück gebracht, die Christen immer wieder aufs neue begeisterte. Die kostbare und verehrte Reliquie wurde vor dem Kampf von den Priestern bei den knienden Kriegern herumgetragen und ihnen zum Küssen gereicht, worauf sich jeder als unüberwindlichen Helden fühlte. In der Schlacht dann trug ein Priester das Kreuz* in der vordersten oder mittelsten Schar und in seinem Anblick verachtete jeder den Tod. Nach jedem Sieg aber wurde das Kreuz in Jerusalem mit Lobgesängen feierlich empfangen und nach seiner Ruhestätte in der Grabeskirche geleitet, wo es beständig Verehrung genoß (Bild 29).

Kapitel an der Kirche des heiligen Grabes.**

Das in den nächsten Zeiten nach der Rückkehr der meisten Teilnehmer des ersten Kreuzzugs so überaus schwache Heer des Königreichs Jerusalem, pflegte sich jährlich durch bewaffnet ankommende Pilger etwas zu verstärken, aber dies ging höchst langsam vor sich. Im Jahre 1105 blieben sogar die Pilger fast ganz aus, und doch brachte dies Jahr dem jungen Staat mehr Gefahren als die früheren. Ein ägyptisches Heer von 15 000 Mann ging von Askalon gegen Joppe vor, um die Stadt zu belagern, die zugleich von einer Flotte derselben Macht bedroht wurde. Da rief *Balduin* alle waffenfähigen Männer des Landes herbei. Alles rüstete sich, was zu streiten im Stande war, es blieben nur die erforderlichen Kräfte zur Besorgung der

* Nach arabischen Berichten war dasselbe, d. h. ein Stück Holz, das man für ein solches des wahren Kreuzes hielt, mit Gold überzogen und mit Perlen und Edelsteinen besetzt; es hatte mit dem daran gefügten Stiel zum Halten wohl die Größe eines gewöhnlichen Kreuzes, wie es bei Prozessionen oder Beerdigungen getragen wird, und auch die Form eines solche, in deren Mitte jenes Holz eingefügt war.

** Nach Vogüé: Les églises de la terre sainte.

Nachtwachen in den Städten zurück. Den Patriarchen *(Ebremar)* ließ der König ersuchen, für ihn und das Heer zu beten, aber derselbe tat noch mehr; er versammelte die Geistlichkeit und das arme Volk und trieb noch 150 Krieger auf, mit denen er auszog und die er den Scharen des Königs zuführte. Ein entflohener Damaskaner *Mohammed* verstärkte das christliche Heer mit hundert Bogenschützen und doch zählte dasselbe nach Aufbietung aller dieser Kräfte nur 500 Ritter und 2000 Fußgänger. In Jerusalem war kein Mensch zurückgeblieben, der ein Schwert tragen konnte. Ohne Furcht aber zogen am 31. August diese vom Krieg begeisterten kleinen Scharen der Übermacht des Feindes entgegen und erschlugen ihm tausend Mann, darunter den Emir von Askalon und die gewesenen Emire von Arsuf und Ptolemais. Da floh der Rest und auch die Flotte segelte eifrig ab und erlitt durch einen Sturm schweren Schaden; 25 ihrer Schiffe wurden den Christen in die Hände getrieben.

Nicht minder gefährlich als die äußeren waren die inneren Feinde des Königreichs. Die mohammedanische Bevölkerung war, ausgenommen wo sie nach einer Belagerung ausgerottet oder vertrieben worden, noch in Städten, Dörfern und dem flachen Land nicht nur zahlreich vorhanden, sondern bot der Regierung des Landes offen Trotz, Hohn und Ungehorsam. Und nicht besser waren oft die eingeborenen (syrischen) Christen, *Surianen* genannt, welche die Abendländer haßten und sie nicht selten an die Mohammedaner verrieten.

ZWEITER ABSCHNITT

Eroberung der Seestädte

Die Kreuzzüge durch das mohammedanische Kleinasien hatten eine solche entsetzliche Anzahl von Menschenleben vernichtet und soviel Hab und Gut zerstört, daß sich seitdem die meisten Pilger scheuten, jenen Weg zu wählen, obschon er wegen seiner Mühseligkeiten als der verdienstlichere galt, und denjenigen zur See vorzogen. Auch dieser aber war, so lange die bedeutendsten Seestädte Syriens noch in den Händen der Mohammedaner lagen, mit großen Gefahren verbunden, denn leicht konnte die lange Seereise damit enden, daß die Landung den Pilgern versperrt wurde, was selbst in dem christlichen Joppe möglich war und auch nicht selten geschah, solange nicht auch die übrigen Seestädte jener Küste in der Hand der Christen waren. Pilger aber, die ein Sturm nach Häfen Andersgläubiger verschlug, waren verloren. Den Christen im Heiligen Land selbst mußte aus zwei gewichtigen Gründen daran gelegen sein, daß soviel als möglich streitbare Pilger zur See und nicht zu Lande ankamen. Erstens nämlich waren sie dann noch frisch, nicht durch Strapazen entkräftet und dezimiert, und zweitens brachten sie Schiffe mit, welche man zur Erwerbung der Seestädte und nachher zur Bewachung der Küsten verwenden konnte. Den abendländischen Seestädten aber, unter welchen Amalfi und Venedig seit älterer, Pisa und Genua seit jüngerer Zeit die ersten Stellen einnahmen, konnte es nur willkommen sein, wenn ihrem Handel und Verkehr die syrische Küste eröffnet wurde, daher sie gerne zu diesem Zweck mitwirkten, worin dann natürlich die französischen, englischen, deutschen und nordischen, und selbst die schismatischen griechischen Hafenplätze nicht hinter den Italienern zurückbleiben wollten. Umsonst taten die Schiffer es freilich nicht, sondern machten auf Anteil an der Beute und Überlassung besonderer Handelsquartiere in den Seestädten mit gewissen Freiheiten Anspruch.

Von den noch nicht erworbenen Seestädten lag den Christen Jerusalems Askalon am nächsten, aber es war ihnen zu fest, und sie richteten daher ihr Augenmerk zuerst 1103 auf *Akkon* oder *Ptolemais*, dessen Hafen wohl der beste an der syrischen Küste war. *Balduin* belagerte daher diese Stadt mit 5000 Mann, und schon war sie der Übergabe nahe, als den Belagerten Schiffe von Thyros und Tripolis zu Hilfe kamen, was sie so ermutigte, daß sie den Belagerungsturm des Königs zusammenschießen und dessen geschickten Wurfmaschinenmeister *Reinhold* töten konnten, worauf *Balduin* abzog. Im folgenden Jahr bat er eine genuesische Flotte, die vor Laodikea lag, um Hilfe, und die Belagerung konnte nun zu Lande und zur See vor sich gehen. Nach zwanzig Tagen ergab sich Akkon am Himmelfahrtstag 1104 gegen freien Abzug jener Bewohner, die nicht in der Stadt bleiben mochten, mit Weib und Kind und beweglichem Gut, was auch bewilligt wurde. Die Genuesen begannen jedoch treuloserweise, die Abziehenden zu berauben, was auch die Landtruppen zur Nachahmung reizte, und aus der Räuberei wurde auch eine Mörderei, bis die Führer kräftig einschritten. Der König wollte die Räuber exemplarisch bestrafen, aber der Patriarch hielt ihn davon ab.

Akkon war nun im Besitz der Christen, denen es so verhängnisvoll werden sollte, aber die übrigen Seestädte boten der Schwierigkeiten mehr dar als jene. Zunächst wurde *Tripolis* ins Auge gefaßt, die einzige syrische Seestadt, welche nicht den Ägyptern, sondern einem türkischen Häuptling, *Fachr el Moluk ebn Ammar* gehörte und die einzige, welche bereits ein Kreuzfahrer, wie bekannt *Raimund* von Toulouse, sich als Herrschaft ausersehen hatte.

Wie bereits erwähnt, war *Raimund* nach dem verunglückten Kreuzzug von 1101 aus Byzanz abgesegelt und glaubte jetzt die Zeit gekommen, um seine alten Pläne verwirklichen zu können. Bei seiner unvorsichtigen Landung in dem zu Antiochia gehörenden St. Simeonshafen wurde er aber von *Bernhard*, einem Burghauptmann *Boemunds*, unter der Anklage, die Kreuzfahrer infolge von Bestechung durch Kaiser *Alexios* an die Türken verraten zu haben, verhaftet und nach Antiochia gebracht, wo ihn jedoch *Tankred*, auf lebhaftes Ansuchen der übrigen Kreuzzugsführer, welche er, wie schon erwähnt, aufgenommen hatte, freiließ, allerdings nur gegen das feierliche Versprechen, auf den Besitz seiner Stadt zwischen Antiochia und Ptolemais Anspruch machen zu wollen. So wenig wurde aber von *Raimund* das gegebene Wort geachtet, daß der fromme Mann, kaum freigelassen, dasselbe brach. Er zog nämlich mit den Kreuzfahrern, welche sich für ihn verwendet hatten, südwärts, nahm mit ihnen die Stadt *Tortosa* (früher Antarados) ein, täuschte aber auch diese Genossen, indem er nicht mit ihnen, wie sie erwartet hatten, nach Jerusalem zog, sondern in Tortosa blieb und die Stadt seiner Herrschaft unterwarf. Natürlich entstand aus diesem Handstreich ein langwieriger Kampf zwischen ihm und seinem alten Gegner *Tankred*, welcher letztere aber so sehr mit der erwähnten Belagerung von *Laodikea* beschäftigt war, daß sich der Kampf mehr um diese Stadt drehte, die *Raimund* umsonst zu entsetzen suchte, *Tankred* aber 1103 einnahm, und zwar durch folgende List: Er ließ ein so großes Zelt verfertigen, wie man noch keines gesehen, so daß eine mächtige Fichte den Mast bildete, und versteckte darin so viel Krieger zu Pferde als Platz hatten, während das übrige Heer sich entfernte und das Lager in aller Stille dalag. Die Laodikäer glaubten, die Belagerer wären abgezogen, strömten in Menge vor die Stadt und wollten das riesige Zelt besehen, als die darin verborgene Schar herausbrach, die Neugierigen von der Stadt abschnitt und teils erschlug, teils gefangen nahm. Das setzte die zurückgebliebene Besatzung in Schrekken und sie ergab sich. *Raimund* hatte aber inzwischen weiteres Gebiet in Besitz genommen und gegen die Mohammedaner von Emessa, Haleb und Apamea Fehden geführt und begann endlich 1104 *Tripolis* zu belagern, wobei ihm die Genuesen, die bei Ptolemais mitgewirkt, Hilfe leisteten, nachdem sie ihm bereits Klein-Gibellum (Gibelet) einnehmen geholfen. Die sich nun enspinnenden Kämpfe waren furchtbar blutig. *Raimund* wurde, zum Lohn seiner Unternehmungen gegen die Normannen, in seinem jetzigen Beginnen von seinem Gönner, dem Kaiser *Alexios* durch Sendung von Arbeitern und Baumaterial aus Zypern unterstützt, und diese Leute bauten ihm auf einem der belagerten Stadt gegenüberliegenden Berg ein Schloß, das *Pilgerschloß* genannt, wo er der Stadt ihr Wasser abschneiden konnte, das ihr von dorther in Röhren zufloß. *Raimund* machte, um vom Kaiser auch Mannschaft zu erhalten, eine neue Reise nach Konstantinopel und nahm dahin die „heilige" Lanze mit, um auch diese zu seiner alten Kunst des Bestechens zu verwenden. Was er ausrichtete, ist nicht bekannt, aber jedenfalls hatte er keinen Genuß davon; denn kaum war er zurückgefahren, so fand er (Februar 1105) in dem Rauch des Feuers, das *Fachr el Moluk* gegen sein Pilgerschloß schleudern ließ, den Tod der Erstickung und wurde von seiner Witwe *Elvira*, einer natürlichen Tochter des Königs *Alfons* von Kastilien, die ihn auf allen seinen Kreuzfahrten begleitet hatte, auf dem Pilgerberg bestattet.

König *Balduin* verlieh nun Tortosa und Gibelet an *Raimunds* nächsten anwesenden Verwandten *Wilhelm*, Grafen von *Cerdagne*, der die Belagerung von Tripolis eifrig fortsetzte. So ging es drei Jahre hindurch. Endlich, während *Ebn Ammar* nach Bagdad reiste, um den Kalifen und den Emir al Omara *Mohammed* (Berkjaroks Bruder und Nachfolger) um Hilfe anzugehen, schüttelten die schiitischen Tripolitaner seine Herrschaft ab und begaben sich unter diejenige des ägyptischen Kalifen. *Ebn Ammar* diente seitdem *Togtekin*, dem Herrscher von Damask; *Wilhelm* von Cerdagne aber belagerte jene Burg Irkha, welche *Raimund* auf dem Marsch nach Jerusalem erfolglos angegriffen hatte, und nahm sie, nachdem die hungernde Besatzung auf der nicht ungelagerten Bergseite durch die Mauer gebrochen und geflohen war.

Wilhelm konnte jedoch den Lohn seiner Mühen nicht ernten, indem ihm damals *Raimunds* ältester Sohn *Bertram* in die Quere kam, der des Vaters schmutzige Habsucht, nicht aber seine Frömmigkeit geerbt hatte, denn zu Hause suchte er jahrelang die Burg St. Gilles, welche sein Vater vor dem Papst *Urban II.* dem dortigen Stift geschenkt hatte, Urkunden und Eid verachtend, den Mönchen zu entreißen und ärgerte diese durch unsittliches Treiben, daher ihn Papst *Paschalis II.* mit dem Bann belegte, bis er Buße getan hatte. Im März 1109 verließ er seine Heimat und verwüstete mit genuesischen und pisanischen Schiffen, die sich ihm zur Verfügung gestellt hatten, die griechischen Küsten, bis ihn *Alexios* durch Zusage von Geschenken nach Konstantinopel lockte, wo er dem Kaiser wie einst sein Vater, den Lehnseid schwor. Dann fuhr er nach dem Hafen von Antiochia und stellte an *Tankred*, den er zu einer Zusammenarbeit einlud, die freche Zumutung, ihm den Anteil der Stadt herauszugeben, den einst *Raimund* besetzt hatte. *Tankred* aber, auf dessen anfängliche gütliche Vorschläge *Bertram* nicht hören wollte, verwies diesen des Landes und verbot seinen Untertanen, ihm Lebensmittel zu verkaufen. Kaum in dem Bruchstück von Fürstentum seines Vaters angekommen, verlangte er von *Wilhelm* barsch dessen Herausgabe. Da verband sich *Wilhelm* mit *Tankred* gegen ihn, der sich dagegen an König *Balduin* wandte und inzwischen mit den Genuesen *Byblos* (Biblium) einnahm. *Balduin* beschloß nun, die Belagerung von Tripolis selbst in die Hand zu nehmen und den Streit zwischen den Fürsten zu schlichten. Und dies gelang ihm auch. Alle Lehensträger der Krone sammelten sich vor Tripolis um ihn und er versöhnte und befriedigte alle. Trankred anerkannte seine Oberherrschaft und erhielt von ihm auch seine früheren Lehen in Galiläa und sogar den Tempel Salomos zurück. *Bertram* erhielt die Anwartschaft auf Tripolis, *Wilhelm* aber Tortosa. Doch wurde letzterer später in einem Streit zwischen seinen und *Bertrams* Leuten, den er schlichten wollte, ermordet und *Bertram* hatte, was er wollte, die ganze Grafschaft Tripolis, deren Hauptstadt indessen, nach gemeinschaftlicher hartnäckiger Belagerung durch die Kreuzfahrer, Genuesen und Pisaner sich am 10. Juni 1109 dem König ergeben hatte. Auch hier aber war von den ruchlosen Genuesen, wie in Akkon, der vertragsmäßige freie Abzug gebrochen, die Mauern unbefugterweise erstiegen und die noch nicht abgezogenen Einwohner niedergemetzelt worden. Weniger glaubwürdig ist der Bericht eines mohammedanischen Schriftstellers, die Franken hätten in Tripolis eine kostbare Bibliothek von angeblich drei Millionen Bänden (!!) vernichtet. Abgesehen von der Unmöglichkeit, an einem einzigen Ort soviel Handschriften herzustellen, deuten die Berichte klar darauf hin, daß diese „kostbare" Bibliothek lediglich aus Exemplaren und Kommentaren des Koran bestand!

Die nächste Seestadt, welche an die Reihe kam, war *Berytos* oder Beirut; sie wurde nach einer Belagerung von 75 Tagen, während welcher die Reichen und Vornehmen nach Zypern geflohen waren, im April 1110 übergeben, und hier taten die Pisaner und Provenzalen, was anderwärts die Genuesen; sie machten trotz bedungenen freien Abzugs, die zurückgebliebenen Armen aus bloßer Grausamkeit sämtlich nieder.

Die vierte Eroberung an der Küste war die alte Phönikerstadt *Sidon*, und der Ruhm dieser Tat gebührt dem germanischen Norden Europas. Kreuzfahrer aus den Niederlanden, England und Dänemark, 7000 an der Zahl, welche mit einer Flotte angekommen waren, boten schon 1107 dem König *Balduin* gegen das die Christen beständig schädigende Sidon ihre Hilfe an. Schon waren die Vorbereitungen zur Belagerung getroffen, als die Machthaber der bedrohten Stadt dem König 15 000 Byzantiner für ihre Schonung boten. Schwerer, als dies ihm sehr willkommene Geld anzunehmen, fiel es dem König, den bereits fröhlich nach Sidon segelnden ehrlichen Nordländern für ihren Beistand zu danken, ohne sich dessen zu bedienen. Er erfand

Die Schätze des Morgenlandes.

einen Vorwand, und – bezahlte seine Schulden. Die Nordmänner aber segelten traurig nach Hause.

Balduin hätte indessen ahnen können was geschah. Natürlich hielten die Sidonier als würdige Erben punischer Treue den Frieden nicht; ja sie überfielen zwischen Arsuf und Ramla friedliche Pilger, töteten deren 500 und machten die ganze Gegend durch Raub und Mord unsicher, wie sie auch auf dem Meer Seeraub trieben. *Balduin* kam zu spät, sie zu züchtigen und beschloß dies nun 1108 zu tun. Er belagerte Sidon zu Lande, die Flotten der vier italienischen Seestädte taten es zur See. Die Belagerten, und mit ihnen einige Renegaten aus *Raimunds* Gebiet überhäuften auf einem Turm das Kreuzeszeichen mit Spott und Hohn. Dieser Turm soll nach der Legende auf das Gebet der Belagerer plötzlich von selbst zusammengestürzt sein. Da jedoch eine ägyptische Flotte die der Belagerer schlug und es hieß, ein Ersatzheer nahe von Damask her, hob der König die Belagerung auf. Die Sidonier aber verschlossen dem ankommenden *Togtekin* ihre Tore und verweigerten ihm die versprochene Belohnung, so daß er selbst die Stadt bedrängte, bis sie ihn mit Geld abfand.

Tripolis und Beirut waren inzwischen gefallen, als 1110 der Norden abermals, und diesmal ernstlich, auf die Schaubühne trat. Eine Wikingerflotte von sechzig Schiffen unter Führung des jungen norwegischen Königs *Sigurd*, welche auf dem Weg Santiago de Compostela, Lissabon und die Balearen dem Islam abgewonnen und Taten verübt hatte, wie sie die ehrwürdige Edda von Helgi dem Hundingstöter singt, kam im Heiligen Land an. *Balduin* bat *Sigurd* um Hilfe und dieser sagte sie zu, ohne nach anderm Lohn zu fragen als einem Stück des Heiligen Kreuzes. Der König führte dann den nordischen Gast und dessen Landsleute nach Jerusalem und bewirtete sie. Dann wurde Sidon zu Land und zur See eingeschlossen. Ein von den Belagerten zur Ermordung *Balduins* gewonnener arabischer Proselyt im christlichen Lager wurde durch einen Brief entdeckt, den die Christen Sidons an einem Pfeil aus der Stadt schossen, und dann gehängt. Als dies die Sidonier sahen, ergaben sie sich; sechs Wochen hatte die Belagerung gedauert. Die Krieger ließ man nach Askalon abziehen, die arbeitenden Einwohner in der Stadt bleiben. Durch sein Blut wurde diese Eroberung befleckt und die Sieger machten, wie in den übrigen eroberten Seestädten, eine glänzende Beute an Schätzen des üppigen Morgenlandes (Bild 30). Leider aber ergab sich der heimgekehrte *Sigurd*, Jorsalafar (Jerusalemfahrer) genannt, einem lasterhaften Leben und starb in der Blüte der Jahre.

Jetzt waren unter den Seestädten noch Askalon und Thyros unbezwungen. Von Askalon aus wurden die Christen beständig durch Gewalt und List bedroht. Der Emir hatte heuchlerisch bei der Beratung über einen Waffenstillstand eine christliche Besatzung verlangt und *Balduin* allzu vertrauensvoll 300 Ritter gesandt, die dann natürlich ermordet wurden. Ferner versuchten die Leute von Askalon in Warenkisten Waffen in Jerusalem einzuschmuggeln, mit denen die angeblichen Kaufleute sich rüsten, dann mit einem ebenfalls eingeschmuggelten Rufhorn ihre Genossen benachrichtigen und sie durch ein geöffnetes Tor einlassen sollten; aber ein vom König angestellter christlicher Araber, der ihre Unterhaltung verstand, entdeckte sie dem König und die Schmuggler wurden hingerichtet.

Im Jahre 1111 wurde die Belagerung von *Tyros*, das noch immer eine Insel war, in die Hand genommen. Die Behörden der Stadt suchten bei *Togtekin* um Hilfe nach und bestachen einen christlichen Ritter *Reinfrid*, mit 1000 Byzantinern, ihre Güter nach Damask zu geleiten. Dieser aber verriet die Sache dem König, worauf die tyrische Wache durch nächtlichen Hinterhalt überfallen, erschlagen und beraubt wurde. Die Beute schenkte der König seinen Rittern. Die Belagerung begann, und es wurde auf beiden Seiten tapfer gekämpft. Die zwei äußeren Mauern waren bereits bewältigt, als die Belagerten neue Anstrengungen machten und den Christen solchen Schaden zufügten, daß diese im Frühling 1112 die Belagerung aufhoben.

DRITTER ABSCHNITT

Boemunds und Tankreds letzte Taten

Wir müssen nun zu *Tankred* zurückkehren und über ihn aus früherer Zeit berichten, nachdem wir ihn bereits in späteren Jahren auftreten gesehen. Im Jahre 1103 war sein Oheim *Boemund* noch immer bei *Ibn Danischmend* gefangen; aber der Neffe bemühte sich nicht nur nicht, seine Befreiung zu bewirken, sondern faßte die Bemühungen anderer, wie *Balduins* von Edessa und des Patriarchen *Bernhard* in Antiochia zur Auslösung *Boemunds* in gehässiger Weise als Angriffe gegen seine eigene Herrschaft auf, die zu behalten ihm besser behagt hätte. *Ibn Danischmend* verlangte 100 000 Byzantiner für seinen Gefangenen, und da sich kein Landsmann desselben fand, der für ihn ein Opfer gebracht hätte, erlegte endlich der wackere armenische Fürst *Gogh Wasil* die bedeutende Summe (nach anderen Nachrichten freilich taten es die Antiochener), worauf *Boemund* im Sommer 1103 nach Antiochia zurückkehrte. Nur mit Widerstreben räumte ihm *Tankred* den Platz und wollte wenigstens die von ihm selbst eroberten Städte behalten, wurde aber von *Boemund* mit einem geringen Gebiet abgefunden, da der junge Staat nicht ohne Gefahr geteilt werden konnte.

Die ganze Aufmerksamkeit *Boemunds* wurde bald auf seine seldschukischen Nachbarn gerichtet, welche gewaltige Rüstungen gegen Edessa vornahmen. *Boemund* zog mit *Tankred* dem Grafen *Balduin* zu Hilfe. Der letztere hatte inzwischen dem Ritter *Joscelin* von *Courtenay,* der mit dem unseligen Kreuzzug von 1101 nach dem Morgenland gekommen war, seine Schlösser im Westen des Euphrat zu Lehen gegeben; *Joscelin* von *Tell-Baschir,* wie er nach seinem gewöhnlichen Wohnsitz nun genannt wurde, hatte dies Gebiet durch Strecken, die er dem Herrscher von Haleb abnahm, nicht unbedeutend erweitert, und er sowohl als nachher sein Geschlecht spielten von da an im Norden des Kreuzfahrer-Reichs keine kleine Rolle. *Boemund* und *Tankred* vereinigten sich 1104 mit *Balduin* und *Joscelin* vor *Harran,* südlich von Edessa, dem sagenhaften Wohnsitz Abrahams und dem Grab des *Crassus* im Patherkrieg, wo sich in ihrem Lager auch die Patriarchen *Dagobert* von Jerusalem (damals Flüchtling) und *Bernhard* von Antiochia einfanden, um die Christen für den bevorstehenden Kampf zu stärken. Die hungernde türkische Besatzung von Harran ergab sich bald, aber nun stritten sich *Boemund* und *Balduin* um den Besitz der Stadt, die doch vernünftigerweise nur zu Edessa gehören konnte, und – verloren sie hierdurch beide. Denn drohend nahten die Seldschuken unter dem Emir *Dschekermisch* von Mosul heran und zu spät kam nun die Versöhnung der Fürsten. Es folgte die Schlacht bei *Rakkah,* aber aller Heldenmut und alle augenblicklichen Erfolge der Christen waren umsonst, denn als eine neue Schar Türken unvermutet hervorbrach, ergriff das Kriegsvolk von Edessa, welches vorangedrungen war, die Flucht und ließ seine Führer *Balduin* und *Joscelin* zurück, welche nebst dem Bischof von Edessa in Gefangenschaft fielen. *Boemund* und *Tankred,* welche nun heranstürmten, griffen zwar die Feinde an und befreiten den Bischof *Benedikt,* konnten aber die Fürsten nicht erreichen; zwar behaupteten sie das Schlachtfeld, aber auch ihr Fußvolk floh in der Nacht und die Fürsten hatten mit ihren Rittern einen höchst mühevollen Rückzug zu bewerkstelligen, ohne indessen von den Türken verfolgt zu werden. *Tankred* wurde von den betrübten Edessenern zum Stellvertreter ihres Grafen erkoren; *Boemund* aber kehrte nach Antiochia zurück und mußte zusehen, wie die Byzantiner, sein Unglück benutzend, die von *Tankred* eroberten Städte Kilikiens und den Hafen von Laodikea wegnahmen. Zugleich brach *Ridwan* von Haleb auf, nahm alle seinem Land von den Franken entrissenen Orte wieder ein und zerstörte darin, während eine Masse Christen ermordet wurden, alle christlichen Kirchen; der Bischof von Albara wurde vertrieben und die Aleppiner streiften verwüstend bis an die Tore Antiochias.

Es war stets die Eigenheit der Türken, einen errungenen Vorteil nicht sofort, sondern erst nach längerer Zeit zu benutzen, wenn es überhaupt nicht bereits zu spät war. So kamen sie auch erst eine Woche nach der Schlacht bei Rakkah vor *Edessa* und belagerten die Stadt, welche *Tankred* und die Armenier tapfer verteidigten. *Boemund,* vom Neffen benachrichtigt, eilte sofort, ungeachtet seiner eigenen Bedrängnis, mit tausend Mann nach Edessa, kam aber der schwierigen Wege halber erst an, nachdem inzwischen *Tankred* und seine Leute in einer Macht die schlafenden Belagerer überfallen und die nicht Erschlagenen in die Flucht getrieben hatten, wobei *Boemund* noch behilflich sein konnte. Es macht aber den beiden italienischen Normannen keine Ehre, daß sie das Anerbieten *Dschekermischs,* gegen eine von ihnen gefangene vornehme Türkin *Balduin* auszuliefern, anzunehmen zögerten, indem sie außerdem noch Geld zu erhalten hofften. Überdies wünschte *Tankred* die reichen Einkünfte von Edessa auch fernerhin zu beziehen.

Weniger eigennützig zeigte sich *Tankred,* als bald darauf *Boemund* ihn nach Antiochia berief und ihm sowohl als seinen Großen seinen Entschluß verkündete, nach Europa zu reisen und alle abendländischen Fürsten und Völker zum gemeinsamen Krieg sowohl gegen die feindlichen Mohammedaner als gegen die verräterischen Griechen aufzurufen, damit einmal die Erfolge der Kreuzfahrer im Heiligen Land befestigt und gesichert werden könnten. Umsonst versuchte *Tankred,* ihn von seiner Abreise in so gefahrvoller Zeit abzuhalten, umsonst bat er ihn, ihm diese Mission anzuvertrauen. *Boemund* fuhr ab, begleitet von den Patriarchen *Dagobert*, dessen Reise bereits erwähnt ist, *Tankred* zum zweiten Male als Stellvertreter zurücklassend – und dieses Unternehmen erregte überall solches Aufsehen, daß es die märchenhafte (übrigens mehreren Tatsachen des Mittelalters entsprechende) Ausschmückung erhielt, *Boemund* habe die Reise mit einem Sarg gemacht, in welchen er sich legte und über welchem seine Leute wehklagten, als wäre er tot, so oft die Schiffe in einem byzantinischen Hafen landeten – , alles, um den Nachstellungen der Griechen, seiner Feinde, zu entgehen; erst auf Korfu habe er diesem Gaukelspiel ein Ende gemacht und durch den dortigen Statthalter dem Kaiser offen den Krieg erklären lassen.

Boemunds Unternehmen, sowohl gegen die Griechen als gegen die Sarazenen mit sämtlichen zu erlangenden Kräften des Abendlandes vorzugehen, war ebenso kühn und großartig, als kopflos und unmöglich, entsprach aber dem Geist des Mittelalters, welcher stets große Gedanken faßte, ohne sich über die Mittel zu ihrer Durchführung klar zu werden und sich ihre Herschaffung zu sichern. In *Boemund* war es aber nicht nur die Größe seiner Entwürfe, welche ihn alle kleinlichen Rücksichten auf deren Durchführbarkeit außer acht zu lassen verleitete; ihn trieb zu seiner Handlungsweise überdies die Sehnsucht nach glühender Rache an den Griechen, die sich seinen Plänen und den Kreuzzügen überhaupt stets hemmend in den Weg gestellt hatten – allerdings aus guten Gründen von *ihrem* Standpunkt, wie wir bereits gezeigt haben. Guten Grund hatte aber Kaiser *Alexios* überdies zu seiner Feindschaft gegen *Boemund*, von dessen Vater *Robert Guiscard* er seinerzeit ohne Grund auf die ungerechteste Weise angegriffen und geschädigt worden und von dem eines bessern sich zu versehen er um so weniger Veranlassung hatte, als *Boemund* bei jenem Angriff ein äußerst eifriger Teilnehmer gewesen war, ja noch beim ersten Kreuzzug in Konstantinopel seine Genossen zur Eroberung des Ostreiches aufgefordert und selbst nach seiner Versöhnung mit dem Kaiser von diesem dreist eine Stelle verlangt hatte, deren Bekleidung nicht selten den Weg zum Thron gewesen war, und zwar gerade für *Alexios* selbst!

Insofern kam *Boemund* gerade zur rechten Zeit nach Europa, als damals sowohl gegen die Griechen, als gegen die Sarazenen der Haß auf die höchste Stufe gestiegen war – insofern aber nicht, als der Eifer für die Kreuzzüge infolge ihres öfteren grauenvollen Mißlingens bereits zu erkalten angefangen hatte. Allgemein beschuldigte man den Kaiser des Ostens, den Untergang der Kreuzheere von 1101 durch Verrat derselben an die Türken herbeigeführt zu haben und nannte den Grafen *Raimund* als seinen Helfershelfer. Alle Vernunftgründe, namentlich, daß diese beiden Männer gerade jene unbesonnenen Kreuzfahrer von ihem kopflosen Plan abzubringen sich bemüht hatten, waren fruchtlos. Papst *Paschalis II.* selber hatte sich soweit vergessen, auf blindparteiliche Aussagen von Pilgern hin durch Briefe, die er dem Bischof von Barcelona, einem jener (keinesweg belehrten) Gesandten *Balduins* an *Alexios*, mitgab, die Gläubigen zum Krieg gegen Byzanz aufzufordern. Als nun *Boemund* anlangte, loderte der Griechenhaß noch mehr auf, denn es verbreitete sich das Gerücht, *Alexios* habe dem *Ibn Dani-*

schmend 260 000 Goldstücke geboten, wenn er *Boemund* ihm ausliefere. Da es kein Geheimnis war, daß *Boemund* selbst nach dem Kaiserthron trachtete, um von demselben aus die Dinge in Vorderasien nach dem Sinn der Kreuzfahrer zu ordnen, so jubelte alles dem Recken zu, dessen mächtige Gestalt und prächtige Gesichtsbildung wie seine Gewandtheit in der Rede alle Herzen für ihn einnahm. Unverweilt begann er nach seiner Ankunft im väterlichen Erbe Tarent 1105 seine Rüstungen; Ritter und Fußvolk strömten ihm zu. *Alexios* zitterte, als er es vernahm, indem ihn zugleich ein Komet schreckte, und löste, um das Abendland zu gewinnen, gefangene Kreuzfahrer aus ägyptischem Gewahrsam, unter ihnen auch den Marschall *Konrad.* Aber alles war umsonst. Man glaubte nur dem ritterlichen *Boemund.*

Dieser ging 1106 von Italien nach *Frankreich* und rief die fanzösischen Ritter zu seinem Kreuz- und Kriegszug auf, worin ihm ein päpstlicher Legat mit Eifer behilflich war. Zugleich warb er für sich und *Tankred* um zwei Töchter König *Philipps,* jedoch bezeichnenderweise für sich um eine rechtmäßige und für den Neffen um eine Tochter aus jenem aufgelösten unrechtmäßigen Verhältnis des Königs mit *Bertraden.* Ohne zu säumen, feierte er gleich seine Hochzeit mit Prinzeß *Constantia* im Beisein einer glänzenden Versammlung weltlicher und geistlicher Fürsten, wobei ihn die Witwe *Stephans* von Blois reich bewirtete, aber auch durch eine eindringliche Rede über seine Leiden in der Gefangenschaft und sein großartiges Vorhaben mächtige Wirkung erzielte und massenhafte Zusagen bewaffneten Beistandes erhielt. Ebenso sprach er, unterstützt von dem Bischof *Bruno* und dem fürstlichen Troubadour *Wilhelm* von *Poitou,* am 26. Juni auf der Synode von Poitiers, und seine Reden wurden von anwesenden griechischen Flüchtlingen aus den von *Alexios* beraubten Geschlechtern früherer Kaiser bestätigt. Ritter und Leute des Volkes nahmen in Menge das Kreuz, und ebenso ging es in vielen anderen französischen Städten, deren Kirchen *Boemund* reich mit morgenländischen Geräten und mit Reliquien aus dem Heiligen Land beschenkte. Alles schwärmte für den Fürsten von Antiochia und es wurde Mode, neugeborene Knaben *„Boemund“* zu taufen.*

Mit großen Hoffnungen nach Italien zurückgekehrt, rüstete *Boemund* gewaltig, aber die Rüstungen des Kaisers zu seiner Verteidigung hielten mit denen des Angreifers nicht nur gleichen Schritt, sondern überboten sie im Verhältnisse der Hilfsmittel beider Gegner. Was der kleine Fürst nicht konnte, das vermochte der große Kaiser: Bundesgenossen zu werben. *Alexios* gewann wie früher, so auch jetzt wieder durch Handelsvorteile die mächtige Republik Venedig für sich, berief seine besten Feldherren zusammen und schlug bei Thessalonika ein Lager auf. Dagegen scheiterte der Versuch des Admirals *Kontostephanos, Boemund* in Otranto zu überfallen, an der Treue und Tapferkeit der Normannen.

---

* *Boemund* selbst war „Marco“ getauft und hatte den Namen, unter dem er bekannt ist, von seinem Vater zum Scherz nach einem Riesen der Sage erhalten, weil er schon jung von kräftigem Körperbau war.

Endlich fuhr *Boemund,* 1107, mit 34 000 Mann zu Pferd und zu Fuß auf 230 Schiffen von Brindisi ab, landete ungehindert (so sehr schreckte der Anblick dieser Flotte die Griechen) in Albanien bei Aulon und schickte sich zur Belagerung von *Dyrrachion* (Durazzo) an. Zu gleicher Zeit reisten *Alexios* und seine Gattin *Irene* in das Lager von Thessalonika ab. So wiederholte sich ein Krieg, der vor über dreißig Jahren zwischen denselben Gegnern gewütet, noch einmal, ohne daß ein wesentlich anderer Erfolg vorauszusehen war. Dyrrachion war in ausgezeichneter Weise befestigt und verteidigt; auf der andern Seite aber rückte das Heer aus Makedonien langsam heran und umzingelte nach und nach die Belagerer, denen überdies die byzantinische Flotte die Zufuhr abschnitt. Bald entstanden daher in des Wagehalses Lager Hungersnot und Krankheiten und im Frühling 1108 mußte er seine eigene Flotte zerstören, um das nötige Holz zu Belagerungszeug zu gewinnen. Ein mächtiger Turm überragte und bedrohte die Stadt und die Mauer war untergraben; aber den Turm samt Mauerbrecher fraß das griechische Feuer und die unter der Erde Grabenden verscheuchte es aus ihren Gängen, in denen ihnen die Belagerten mit Feuerbränden entgegenkamen. Überdies stiftete der in der Nähe, zu Deavolis angekommene Kaiser durch Briefe Zwietracht unter *Boemunds* Rittern und zwischen diesen und ihm selbst. Mehrere von ihnen wurden zu Verrätern und Überläufern oder schmähten *Boemund,* der endlich im September Frieden bieten mußte, den ihm der Kaiser unter herben Vorwürfen gewährte. Stolz trat diesem *Boemund* entgegen; aber durch die Überlegung, daß ihm jetzt nichts anderes übrig bleibe als Ergebung, wurde er mürbe und tat, was der Kaiser verlangte. Nach dem nun zwischen ihnen geschlossenen Frieden erklärte *Boemund* die ihm von den Kreuzfahrern gemachte Schenkung Antiochias als nichtig und sich als Lehensmann des Kaisers, erhielt Antiochia mit Umgebung auf Lebenszeit als Lehen unter der Bedingung, daß dasselbe nach seinem Tod an das römische Reich zurückfalle, versprach keine byzantinische Stadt sich anzueignen, die ihm nicht der Kaiser übergebe, keinem andern Herrn einen Lehnseid zu schwören und alles zurückzugeben, was *Tankred* erobert hatte, und mußte noch mehrere demütigende Bedingungen eingehen, wogegen er ein kaiserliches Jahrgehalt von 200 Pfund Goldstücken erhielt. Dies alles beschwor er auf das Heilige Kreuz (dies im Geiste) und auf die anwesende Heilige Lanze, die er einst verspottet hatte! Aber der Eid und der ganze Frieden waren gegenstandslos, denn *Boemund,* kaum nach Apulien heimgekehrt, starb dort, im Begriff, nach Syrien abzufahren, im März 1111, wahrscheinlich aus Schmerz über das Scheitern seines kühnen Planes.

Natürlich verlangte *Alexios,* nachdem er des besiegten Gegners Tod erfahren, umsonst von *Tankred,* der nun Fürst von Antiochia war, die Abtretung seiner Besitzungen dem Frieden gemäß; *Tankred* antwortete mit Trotz und Schmähungen und versicherte, er werde Antiochia niemals abtreten. Ebenso umsonst versuchte der Kaiser die christlichen Fürsten Syriens zum Krieg gegen *Tankred* zu bestechen; sie waren ja im gleichen Fall wie letzterer! Endlich aber sah der Kaiser ein, daß er von den Kreuzfahrern nichts

Priester ermuntern das Heer zum Kampf.

erlangen werde, wenn nicht durch Gewalt, zu deren Anwendung er aber noch nicht gerüstet war, und beschloß günstigere Zeiten abzuwarten.

Es ist indessen noch nachzuholen, was *Tankred* seit *Boemunds* Abreise getan und vollbracht hatte. Er befand sich nach derselben in bitterer Not, aber die reichen Bürger seiner Hauptstadt halfen ihm seine Streitmacht wiederherzustellen, und so konnte er 1105 mit Hilfe Edessas fast alles wiedererlangen, was *Ridwan* von Haleb ihm genommen, und in blutiger Schlacht bei Artasia hatte er das Glück, des letzteren Fahne zu erobern. Die ganze Umgegend von Haleb wurde verwüstet. Und nun war *Tankred* das Glück beständig günstig. Er eroberte 1107 die Stadt *Apamea* und 1108 auch wieder die griechischen Städte Kilikiens und regierte nun vom Tauros und vom Meer bis zum Euphrat.

Zu diesem Glück *Tankreds* kam nun noch eine wilde Entzweiung zwischen den Mohammedanern Mesopotamiens. Mosuls Beherrscher *Dschekermisch,* in dessen Gewalt *Balduin* von Edessa und *Joscelin* von Tell-Baschier noch immer schmachteten, wurde auf Befehl Mohammeds, des Emir *al Omara* in Bagdad, durch *Dschawali* vertrieben, und dieser, als ihm dasselbe Schicksal von seiten *Maududs* widerfuhr, schenkte 1109 beiden Grafen die Freiheit für ihren Beistand. Und nun geschah recht Häßliches. *Tankred,* der alle Ursache gehabt hätte, mit seinem Schicksal zufrieden zu sein, ließ seiner Herrsch- und Habsucht wieder freien Lauf und versuchte die Grafen am Betreten ihrer Länder zu verhindern, um diese länger behalten zu können, worauf zwischen beiden Teilen blutige Fehde ausbrach. *Joscelin* aber überbot gewissermaßen den Gegner noch durch gemeine Rachsucht, indem er *Dschawalis* Hilfe gegen ihn in Anspruch nahm, worauf *Tankred* gegenüber *Ridwan* dasselbe tat. Aber *Tankred* hatte sich auch die Armenier zu Feinden gemacht, und *Gogh Wasil,* der Befreier *Boemunds,* schlug sich zu den beiden Grafen und *Dschawali,* während erstere bereits wieder mit *Tankred* unterhandelten, um die Türken beider Parteien zu vernichten! Dieser namenlosen und traurigen Verwirrung folgte glücklicherweise bald die bereits erwähnte Einigung der christlichen Fürsten vor Tripolis.

König *Balduin* hatte sich bei dieser Gelegenheit entschlossen, zur Verteidigung Edessas, dieses Bollwerks der Christen, gegen die unaufhörlichen Angriffe der Glaubensfeinde alle Energie aufzuwenden. Er zog im Juni 1110 mit einem Heer europäischer und armenischer Christen, das auf 15 000 Mann anwuchs, an den Euphrat, als bereits im Auftrag Sultan *Mohammeds Maudud,* der sich in Mosul behauptete, mit den beiden ehemals Jerusalem beherrschenden Turkmanen *Sokman* und *Ilgazi* (welche jetzt das Reich von Mardin im assyrischen Hochland beherrschten) und anderen Emiren Edessa belagerte und das Land verwüstete. Die Belagerer zogen den Christen bis Harran entgegen und wurden noch durch eine Schar aus Damask verstärkt, wie die Christen hinwieder durch *Balduins* von Edessa Ritter und armenische Krieger. Graf *Balduin* klagte hier vor seinem königlichen Vetter den Fürsten *Tankred* des Verrats an; er sei es, der die Feinde herbeigerufen. Der König versammelte hierauf ein Fürstengericht und lud die Gegner vor dasselbe zur Verantwortung. Dann sprach er ihnen so eindringlich zum Herzen, daß sie sich versöhnten. Priester durcheilten zwar die Reihen der Christen und suchten sie eifrig zum Kampf gegen die Ungläubigen anzuregen (Bild 31), aber beide Heere scheuten damals den Angriff; nur die Türken machten bei der Rückkehr der Christen über den Euphrat, als die dazu verwendeten Schiffe versanken, den zurückgebliebenen kleineren Teil des Heeres nieder und raubten das Gepäck desselben. König *Balduin* und *Tankred* vernahmen indessen, daß auch Graf *Balduin* abgeschnitten worden, gingen nochmals über den Strom, suchten ihn auf und geleiteten ihn nach Edessa. Die Türken waren abgezogen und der König kehrte nach Jerusalem zurück, um zur Belagerung von Sidon abzugehen. *Tankred* aber wurde neuerdings von *Ridwan* beunruhigt und geschädigt, der ihn für tot hielt, bewies ihm aber sein Leben durch Einfälle in das Gebiet von Haleb und eroberte um die Fastnacht 1111 *Sarepta* (Atsareb) 6000 Schritte von der Hauptstadt, so sehr ihn auch der gedemütigte *Ridwan* bat davon abzulassen, und dann Sardanah auf dem Gebirge. Damit hatte er nun sowohl Haleb als dessen Machthaber vollkommen in der Hand und es ist unbegreiflich, daß er nicht auch noch der von diesem Rest ewig ausgehenden Bedrängnis der Christen ein kräftiges Ende machte.

Tankred blieb indessen nicht ganz zwei Jahre im selbständigen Besitz seines Fürstentums. Eben im Begriff, den zweideutigen *Ridwan* zu züchtigen, wurde er am 6. Dezember 1112 von einer Krankheit dahingerafft. Auf dem Sterbebett verlobte er seine junge Gattin *Cäcilie* mit dem noch minderjährigen *Pontius,* dem Sohn des vor einem halben Jahr gestorbenen Grafen *Bertram* von Tripolis und vermachte sein Land seinem Neffen *Roger del Prinzipato* bis zur Volljährigkeit des Sohnes *Boemunds,* wo es dann an diesen fallen sollte.

VIERTER ABSCHNITT

Die Assassinen und die Zeit ihres ersten Auftretens

In den nächsten Jahren nach dem Tod *Boemunds* und *Tankreds* ist eine bedeutende Wandlung in der Geschichte der Kreuzzüge oder vielmehr in derjenigen des von den Kreuzfahrern beherrschten Landes im Orient nicht zu verkennen. Die Teilnehmer des ersten Kreuzzuges waren dahin geschwunden bis auf König *Balduin,* welchem auch kein langes Leben mehr beschieden sein sollte. Im Abendland hat die Lust zu Kreuzzügen abgenommen; die harmlosen Pilgerfahrten sind wieder an ihre Stelle getreten und unter den Teilnehmern derselben finden sich immer weniger Waffenfähige, um die schwachen Truppen des Königs von Jerusalem und seiner Vasallen zu verstärken. Es mußten daher neue Faktoren auftreten, um die abgehenden oder fechtenden Kräfte zu ersetzen soweit es möglich war, und es erschienen deren auch, und zwar höchst merkwürdige, aber, was noch merkwürdiger ist, nicht nur auf christlicher Seite, wo sie ein Bedürfnis waren, sondern auch und sogar noch früher auf islamitischer, wo sie eher eine recht empfindliche Störung herbeiführten. Das Merkwürdigste an der Sache ist aber, daß beide Erscheinungen, von deren Dasein man sich in Europa und Vorderasien vor dem Beginn der Kreuzzüge nichts hätte träumen lassen, im Vergleich miteinander die auffallendsten Ähnlichkeiten darbieten.

Auf Seite des Islam ist die hauptsächlichste neue Erscheinung seit der Befestigung des Königreichs Jerusalem unter *Balduin I.* das Auftreten der *Assassinen,* dieser Sekte von Fanatikern und Meuchelmördern. Es ist dies eine der beiden Parteien der sogenannten Imamiten, welche wieder eine der vier Unterabteilungen der Schiiten bilden, und ihre Anhänger heißen ursprünglich und nennen sich selbst *Ismailiten* oder Anhänger *Ismails,* des siebenten Imam (oder sechsten Nachkommen Alis), während die andere Partei zwölf Imame verehrt. Ihnen gehörte die Dynastie der *Fatimiden* in Nordafrika, später in Ägypten an, welche wir wiederholt zu nennen Anlaß hatten, und welche mit *Obeidallah,* dem Nachkommen *Ismails* im vierten Geschlecht ihren Anfang nahm. Natürlich wurde diese Abstammung von den Abbasiden und ihrem Anhang geleugnet. Die Sekte der Ismailiten hatte in Persien ihre Heimat und auf ihre Lehren und Ansichten hatten persische und indische Religionsbegriffe nicht wenig eingewirkt, indem die Seelenwanderung darin eine große Rolle spielt. Außerdem war diese Lehre rein negativ und verhielt sich gegen alle und jede politische und religiöse Ordnung feindlich und zerstörend. Es wurden alle Glaubenslehren als falsch, alle Handlungen, auch die schädlichsten, als erlaubt und gleichgültig bezeichnet und weder die guten als verdienstlich, noch die schlechten als strafbar anerkannt. Die Anhänger dieser Lehre, von ihren Gegnern die Freigeister oder Gottlosen genannt, gingen kriegerisch gegen das Kalifat von Bagdad vor. Im zehnten Jahrhundert errichteten sie (909) das Kalifat der Fatimiden, sie eroberten (920) Mekka unter furchtbarem Blutvergießen und zerstörten den dortigen Tempel. In Ägypten wurde die Lehre der Sekte in ein System gebracht und in 7 bis 9 Graden wurden die Eingeweihten auf der großen Akademie in Kairo (welche der grausame *Hakim* organisierte) nach und nach mit den geheimen Zielen des Systems vertraut gemacht. Missionäre desselben wurden in alle Länder des Islam gesandt, und durch sie wurde *Hasan ibn Sabah,* Sohn eines persischen Schiiten, gewonnen, der nachherige Stifter des Bundes der Assassinen, d. h. derjenigen Ismailiten, welche eine besondere Verbindung zum Zweck des Meuchelmordes an Feinden ihrer Lehre oder auch aus beliebigen anderen Gründen bildeten. *Hasan* war ein Mitschüler des berühmten oben erwähnen Seldschukenministers *Nisam el Mulk,* der ihn zu hohen Ämtern emporhob, aber von ihm nur Undank erfuhr und ihn vom Hof *Melekschahs* entfernen mußte, worauf er rastlos an dem Sturz des gewesenen Freundes arbeitet. Er ergriff dann die Lehre der Ismailiten, mit welcher ihn ein ägyptischer Missionär bekannt machte, wahrscheinlich als ein Mittel zur Rache, mit Eifer, ging selbst nach Ägyten, wo er bei dem Kalifen sehr angesehen war, wurde aber durch Feinde vertrieben und kam als ismailitischer Apostel nach Persien zurück, wo er überall eifrig Jünger anwarb.

Im Jahre 1090 hatte *Hasan* soviel Anhänger gewonnen, daß er sich in den Besitz des Schlosses *Alamut* (Geiernest) in Dilem am Kaspisee setzen konnte. Er erweiterte nun seinen Bund und machte ihn von der ägyptischen Leitung der Sekte unabhängig. In die letzten Ziele des Systems wurden nur Auserwählte eingeweiht, während die gewöhnlichen Helfershelfer dieselben nie erfuhren, sondern blind gehorsam nur die Befehle des Großmeisters *Hasan* und seiner Vertrauten zu vollziehen hatten. Sie waren weiß gekleidet, trugen rote Mützen, Gürtel und Stiefel und einen Dolch. Der Großmeister, ganz weiß gekleidet, hieß „Scheich al Dschebal", d. h. Häuptling des Gebirges, weil der Orden sich stets in Gebirgsgegenden niederließ (nicht „der Alte vom Berge", wie man früher falsch übersetzte). Zwischen ihm und den Handlangern (Mördern) standen die Eingeweihten und die auf dem Weg zur Einweihung Begriffenen, *unter* den Handlangern aber die Kandidaten, die sich zu diesem Versuch einübten, und tiefer noch, ganz außerhalb des Ordens als solchen die Untertanen, d. h. die Bewohner des von dem Bund besetzten Gebietes, welche in strengster Beobachtung der Gebräuche des Islam leben mußten.

Als *Melekschah* auf die aufrührerischen Lehren und Taten der Ismailiten aufmerksam wurde, schritt er mit Heeresmacht gegen sie ein, aber er fiel durch das Gift und sein Wesir *Nisam el Mulk* durch die Dolche der Jünger *Hasans,* ein Opfer der Rache des letzteren. Und nun folgte ein Mord auf den andern und die Täter ließen sich, wenn entdeckt, mit dem größten Gleichmut niedermetzeln oder zur Hinrichtung führen. Der Orden aber nahm rasch zu und besaß zu der Zeit, als die Kreuzfahrer Jerusalem einnahmen, bereits 15 Schlösser in Alt-Persien und Kuhistan. Fast gleichzeitig aber mit den Kreuzfahrern, diesen westlichen, erschienen die Ismailiten, diese östlichen Feinde des Islam auch in Syrien, wo *Ridwan* von Haleb sie begünstigte und aufnahm, um sich ihrer zu seinen verbrecherischen Taten und gegen seine zahlreichen Feinde zu bedienen. Ein Neffe *Hasans, Abulfettah,* gründete hier eine neue Provinz des Mörderreiches im nördlichen Libanon-Gebirge zwischen Tortosa und Apamea und verlor 1110 während des Krieges, den *Tankred* dort gegen *Ridwan* führte, das Leben durch mohammedanische Feinde seiner Lehre und aus Blutrache. Er hatte indessen Nachfolger in seiner Würde als Statthalter der ismailitischen Provinz Syriens, welche 10 Schlösser gezählt haben soll. Hier wurden die Ismailiten von den Franken *Assassinen* oder Assissinen genannt, welcher Name nach der herrschenden Ansicht daher rühren soll, daß sich die Mörder durch ein berauschendes Getränk, das aus einer Hanfart im Orient noch jetzt bereitet wird und nach derselben „Haschische" heißt, zu ihren Untaten begeisterten, wonach sie arabisch „Haschischim" geheißen hätten, woraus die Europäer „Assassinen" machten, ein Name, der im Französischen zur Bezeichnung eines Mörders *(assassin)* geworden ist; nach einer anderen Ansicht soll derselbe dagegen von dem Namen des Stammes *Asasije* kommen, dem die syrischen Assassinen meist angehörten. Einem echt orientalischen Märchen gleicht die Erzählung des Reisenden *Marco Polo* aus Venedig, die aber durch eine arabische Schrift bestätigt wird. Danach wurden die Kandidaten des Ordens durch die „Haschische" in einen Schlaf versetzt, aus dem erwachend sie sich in einem besonders hierzu eingerichten wundervollen Garten befanden, wo Gesang der Vögel, Blumenduft, bezaubernd schöne Mädchen, verschwenderisch ausgestattete Gemächer und köstliche Speisen und Getränke sie entzückten; nach wenigen Tagen des Genusses wären sie dann neuerdings durch jenen Trank betäubt worden und hätten sich bei ihrem Erwachen im früheren Zustand und sehr elend befunden, worauf der Scheich ihnen vorgegeben, sie wären im Paradies gewesen, wohin sie nach dem Tod sicher wieder kommen würden, wenn sie unbedingten Gehorsam leisten; dieser Gedanke habe sie gegen die Folter und jede Strafe und gegen den Tod in jeder Gestalt unempfindlich gemacht. Jedenfalls ist diese Unempfindlichkeit eine Tatsache und die Vollstrecker der Ordensbeschlüsse bedurften ihrer auch, da ihre Mordanschläge beinahe nur Fürsten und andere hervorragende Personen trafen. Wer dem Orden mißfiel, starb durch diesen, wer ihm günstig war, durch die ihn hassenden und fürchtenden Landesherren; es war daher gefährlich von ihm auch nur zu sprechen, gleichviel wie.

Wir schicken voraus, daß *Hasan,* nach einer Herrschaft von 35 Jahren, bei angestrengter Beschäftigung mit Mordplänen, ohne Alamut je verlassen zu haben, 1124 in hohem Alter starb, und nehmen den Faden unserer Geschichte wieder auf, in welcher von nun an die Assassinen eine fast ununterbrochene, wenn auch unheimlich versteckte Rolle spielen.

Ohne Zweifel glaubten die *Seldschuken* und ihr Anhang mehr gegen die Christen auszurichten, wenn sie dieselben, statt wie bisher in Edessas und Antiochias Gebiet, im Hauptteil ihrer Eroberungen, im Königreich *Jerusalem* selbst, in Palästina angriffen. *Maudud* von Mosul, *Togtekin* von Damask, ein Sohn des *Ilgazi,* und mehrere andere Emire zogen im Sommer 1113 geradezu auf die Gegend am See Genezaret los und verwüsteten dieselbe, worin ihnen die mohammedanischen Untertanen des Königreichs nach Kräften behilflich waren. Sichem wurde zerstört. *Balduin* bot eilig seine Streitkräfte auf und zog mit 4700 Mann gegen die Türken, unterlag ihnen aber am 30. Juni und mußte fliehen und das ganze Lager den Feinden als Beute hinterlassen. Drei Tage später langten seine um Beistand angegangenen, aber unvorsichtigerweise nicht erwarteten Vasallen *Balduin, Joscelin, Roger* und *Pontius* an, und den Christen standen nun 16000 Mann zu Gebote. Sie wurden aber von den Türken nicht mehr angegriffen und fanden die Gelegenheit auch nicht günstig, es selbst zu tun. Die Feinde aber zogen ab, und zwar nach Damask, wo *Maudud* von einem Assassinen ermordet wurde, während er mit *Togtekin* im Vorhof der Moschee auf- und abging. Es ist wahrscheinlich, daß letzterer die Mörder gedungen hat, denn er zog damals großen Vorteil aus Verwirrungen der Nachbarstaaten und mochte nach weiterem Gewinn lüstern sein. *Ridwan* starb nämlich damals und sein Sohn *Alp Arslan,* geistesschwach, aber blutdürstig und wollüstig, wurde von dem ebenso liederlichen Sklaven *Lulu* beherrscht, der ihn schließlich tötete und auch die unter *Ridwan* begünstigten Assassinen mit Weib und Kind teils niedermetzeln, teils einkerkern, das Haupt der Sekte aber, *Abulfettah* den Jüngern in Stücke hauen ließ. Aus Furcht vor den Christen bot *Lulu* die Herrschaft über Haleb dem *Togtekin* an, der sie erst nach langem Zögern annahm. Der Tod *Maududs* rief nun noch größere Verwirrung hervor; denn da ihm Sultan *Mohammed* den Emir *Aksonkor* zum Nachfolger mit vermehrter Macht gab und demselben alle muslimischen Fürsten in Syrien und Mesopotamien unterordnete, fühlten sich die letzteren tief beleidigt. *Togtekin* mochte überdies verstimmt sein, weil in seiner Anwesenheit am Hof des Kalifen ein Emir, der vielleicht für ihn gehalten worden, durch die Dolche dreier Assassinen fiel, die sofort niedergehauen wurden. Kurz, er schlug nun (1115), da er Haleb besaß, den christlichen Fürsten ein Bündnis gegen die Oberherrschaft des Sultans in Bagdad über Vorderasien vor, das sie auch bereitwillig annahmen und dem auch *Ilgazi* beitrat, der sich gegen *Aksonkor* empört und ihn geschlagen hatte. Es blieb aber, da *Togtekin* den Christen den Sieg nicht gönnte, bei Verwüstungen und kam zu keiner Schlacht, so lange das unnatürliche Bündnis bestand. Nachdem aber dasselbe zerfallen war, wendete sich das Blatt. Die Christen des Nordens, unter welchen der neue Fürst *Roger* von Antiochia sich höchst wacker benahm und als begeisterten, von materiellen Zielen nicht befangenen Gottesstreiter erwies, wurden von *Lulu* über alle Bewegungen des Feindes unterrichtet, den er gleichzeitig zu täuschen wußte, konnten demzufolge am 14. September bei *Danit* die von Bagdad ausgezogenen Türken, als sie eben im Begriff waren, ihr Lager zu bereiten, überraschen, schlugen sie in heißem Kampf auf glänzende Weise und machten reiche Beute. Jubelnder und prächtiger Empfang lohnte die Sieger in Antiochia. In Haleb aber wurde *Lulu,* der seine Glaubensgenossen verraten, von solchen ermordet, als er sich aus der Burg wagte.

Bald nach diesen Ereignissen ging das Leben König *Balduins* unter unerfreulichen Verhältnissen seinem Ende entgegen. Nachdem er die bereits erwähnte Torheit begangen, seine armenische Gattin wegen eines bloßen Verdachts zu verstoßen, worauf sie sich in ein Kloster zurückzog, ließ er 1113 die weitere Torheit folgen, sich in vorgerücktem Alter zum dritten Mal zu verehelichen, und zwar mit *Adelaide,* Witwe des Herzogs *Roger* von Sizilien. Auf vergoldetem Schiff fuhr die reiche Braut nach dem Heiligen Land, und es ist nicht unwahrscheinlich, daß ihr Gold die wahre Ursache jenes doppelten törichten Schrittes war. Die Hochzeit war prachtvoll und ließ im Land manches Leid vergessen, wurde aber auch bald durch schlimme Nachrichten getrübt. Einige tausend zu Land und zur See heimkehrende Pilger wurden, die ersteren durch Türken, die letzteren durch einen Sturm des Lebens beraubt. Indessen heilte *Balduin* manche Wunden durch Sicherung der Grenzen, welche er bis an das Rote Meer erweiterte, durch Heranziehung christlicher Einwohner syrischer Abstammung, die jenseits des Jordan von Arabern bedrängt wurden, in das verödete Jerusalem usw. Aber als er 1117 erkrankte, machte ihm der Patriarch *Arnulf* das Gewissen schwer wegen seiner Heirat bei Lebzeiten der früheren Gattin und wegen seiner nahen Verwandtschaft mit *Adelaide.* Auf den König wirkte dies; er ordnete eine Untersuchung des Falles an und die Geistlichkeit erklärte in der Tat seine dritte Ehe als ungültig. *Adelaide* kehrte voll Unwillen heim und der Vorfall erregte heftige Erbitterung der Normannen gegen Jerusalem und bewirkte auf lange Zeit Enthaltung derselben von aller Teilnahme an Kreuzzügen. *Balduin* aber untenahm, vielleicht zu seiner Zerstreuung, einen Feldzug mit 616 Mann nach Ägypten bis an den Nil, wo alles vor ihnen geflohen war. Eben wollte er kühn nach *Kairo* aufbrechen, als in El Arisch eine alte Wunde (im März 1118) ihm solche Schmerzen verursachte, daß er vom Pferd gehoben und auf eine Tragbahre gelegt werden mußte, auf der er, umgeben von seinen Getreuen, sein Leben aushauchte (Bild 32), nachdem er seinen Begleitern seine letzten Wünsche kundgetan. Ohne Belästigung konnte der traurige Zug nach Jerusalem gelangen, so sehr fürchteten seine Feinde den toten König.

Über den Ursprung der Wunde, welche *Balduins* Tod beschleunigte, wird folgendes erzählt: Im Jahre 1103 war der König mit zehn Rittern aus Joppe auf die Jagd geritten und tief in die Wälder bei Cäsarea eingedrungen, als er vernahm, daß 60 Sarazenen aus Akkon und Askalon in der Nähe waren. Ohne Panzer, nur im Jagdkleid und bloß mit Bogen und Pfeil bewaff-

Balduins I. Tod.

net, stürzten sich die Ritter auf die Feinde, denen sie große Verluste beibrachten, und da traf den König der Lanzenwurf eines im Busch verborgenen Mohren so stark, daß er blutend niederfiel. In der Wut darüber und ihn für tot haltend, schlugen die Ritter so auf die „Ungläubigen" los, daß diese eilig flohen. Dann sahen sie erst zu ihrer Freude, daß der König noch lebe und brachten ihn auf einer Tragbahre nach Jerusalem, wo er, wenigstens für 15 Jahre, geheilt wurde.

Es ist dem König als Grausamkeit ausgelegt worden, daß er, ähnlich wie

Gottfried gegenüber *Gerard d'Avesnes* vor Arsuf, sich weigerte, den Damaskanern gegen Auslieferung des gefangenen Ritters *Gervasius* drei von ihnen verlangte wichtige Städte, Chaifa, Tiberias und Akkon herauszugeben, während er jede Geldsumme gern geopfert hätte – worauf der Gefangene zu Tode gemartert und seine Kopfhaut mit dem weißen Haar an eine Lanze befestigt wurde, um in jedem Gefecht die Christen zu kränken. Allein ein König hat kein Recht, über das erworbene Gebiet zu verfügen, selbst nicht, um seinen Bruder oder Sohn zu retten, und die Konsequenz solcher Herausgaben von Städten wäre einfach der Ruin des Staates.

Noch erwähnen wir folgenden von *Balduin I.* berichteten schönen Zug. Im Jahre 1101 brachte er von einem Streifzug über den Jordan viele gefangene Araber zurück, darunter die Gattin eines Emirs, die auf dem Wege Mutter wurde. Der König ließ ihr, als die Wehen sich einstellten, sofort ein Lager bereiten, versah sie mit Speise und Trank, gab ihr ihre liebsten Sklavinnen und zwei Kamelstuten zurück, damit sie deren Milch genieße, und noch dazu seinen eigenen Mantel als Schutz gegen Kälte. Der Gatte der so freundlich behandelten Frau vergalt diese Tat später dem König, indem er ihn zu Ramla, wo *Balduin* eingeschlossen war, aber sich damals nicht mutig zeigte, von dem Heranrücken seiner Landsleute benachrichtigte und ihn nach dem Gebirge geleitete, wo er sicher vor Nachstellungen war.

Es war eben Palmsonntags-Umzug in Jerusalem, als die Leiche des Königs ankam und das festlich gestimmte Volk in tiefe Trauer versetzte. Als ob es so sein müßte, ritt zu derselben Stunde der Graf *Balduin* von Edessa in die Stadt, um das Osterfest zu feiern. *Balduin I.* hatte zwei Nachfolger vorgeschlagen: seinen Bruder *Eustach* und seinen Vetter *Balduin;* die Wähler, d. h. die geistlichen und weltlichen Würdenträger des Königreichs zogen begreiflicherweise den Anwesenden vor und *Balduin II.* war König. Die Grafschaft Edessa verlieh er in ihrer Gesamtheit an *Joscelin,* der seine Wahl besonders betrieben hatte, obschon beide in letzter Zeit entzweit waren. Der neue König stand bereits in hohem Alter und kann schon deshalb kaum der Neffe, sondern muß ein Vetter seines Vorgängers gewesen sein. Er war übrigens noch kräftig und rüstig, auch schön gewachsen, dabei fromm und sanft; auch er hatte eine armenische Gemahlin, Tochter des Fürsten *Gabriel* von Melitene, den *Ibn Danischmend* schlug und tötete und dessen Land er in Besitz nahm. Es wird von ihm folgende hübsche Anekdote erzählt. Er war in dringender Geldnot und eben bei seinem Schwiegervater in Melitene auf Besuch und ersann eine List, um Beistand von ihm zu erlangen. Infolge vorheriger Verabredung drangen eines Tages seine Ritter in das Gemach, wo Schwiegervater und Eidam zusammen plauderten, und verlangten ungestüm ihren Sold, indem sie *Balduin* an das Pfand erinnerten, das er ihnen versprochen. Der Armenier fragte, was das für ein Pfand wäre und *Balduin* stellte sich verlegen, worauf ein Ritter antwortete, es sei des Grafen Bart. Nun ist bekannt, wie alle Morgenländer, ob Christen, Mohammedaner oder Juden, den Bart als unverletzliches Heiligtum betrachten. Fürst *Gabriel* schlug die Hände über dem Kopf zusammen vor Entsetzen über dieses beabsichtigte Attentat auf den Bart, gab dem Schwiegersohn bereitwillig die

Ilgazi begnadigt den Kanzler Walther.

ungeheure Summe von 30000 Byzantinern (fast 2 Millionen Mark nach heutigem Geldwert) und nahm ihm das Versprechen ab, niemals wieder seinen Bart zum Pfand zu setzen. Man kann denken wie fröhlich, über den Spaß und über das Geld, *Balduin* und seine Ritter abzogen.

Bald nach *Balduin I.* starb auch sein Freund, der Patriarch *Arnulf.* Die späteren Inhaber dieser Würde haben wenig mehr von sich reden gemacht. Und in demselben Jahr noch ging Kaiser *Alexios,* der durch die Kreuzfahrer soviel gelitten und dieselben hinwieder so viel leiden gemacht, nachdem er noch ohne ihre Hilfe mit wechselndem Glück die Seldschuken bekämpft, zur ewigen Ruhe ein.

Der neue König trat eine schwierige Aufgabe an, auf die er indessen bereits in Edessa Gelegenheit gehabt hatte sich vorzubereiten. Namentlich flößte der Norden, den er jedoch am besten kannte, noch immer die meisten Besorgnisse ein. In Haleb herrschte völlige Anarchie und beständiger Herrscherwechsel, was aber *Roger* von Antiochia zu benutzen wußte, indem er die Stadt in fast völlige Abhängigkeit brachte. Zugleich belagerte und eroberte *Joscelin* die einzige Haleb noch gehörende Burg *Ezaz,* und die Aleppiner mußten um einen Waffenstillstand bitten und dagegen das Gebiet rings umher an die Franken abtreten und ihren Tribut bezahlen. Das kam den Christen aber teuer zu stehen. *Ilgazi* rückte im Juni 1119 mit 60 000 Mann heran und drang verwüstend in die Grenzen von Edessa und Antiochia ein. Da warf sich ihm *Roger* tollkühn entgegen, ohne auf König *Balduin* zu warten, ließ sich vom Patriarchen, der ihn umsonst abmahnte, segnen und verschanzte sich auf dem „Blutacker" bei Sarepta zwischen waldigen Bergen. Am 26. Juni waren die nach dem Kampf brennenden Turkmanen dem Lager bereits nahe. Auf *Rogers* unbesonnenes Andringen erwarteten die nur 3700 Christen die ungeheure Übermacht, obschon die Todesahnung allmählich über sie kam, daher sie am 27. früh von dem Erzbischof von Apamea die Sakramente in Empfang nahmen. Also gestärkt erlaubte sich *Roger* noch einmal das Vergnügen der Jagd, was damals oft in den ernstesten Augenblicken nicht unterlassen wurde; aber schon sah man, nicht ohne Schrecken, die Türken von drei Seiten in das Tal herabkommen und nun waffnete sich alles. Ein Wirbelwind und der türkische Pfeilregen verdunkelte die Luft, und allzu bald hatte die Übermacht gesiegt, obschon die Christen das Heilige Kreuz bei sich hatten. Heldenhaft kämpfend fiel *Roger,* ebenso der Erzbischof, der das Kreuz getragen, und alle Christen starben entweder im Kampf oder nach der Flucht in das Lager, das die Feinde bereits besetzt hatten, oder wurden gefangen und zu Sklaven gemacht. Die meisten der letzteren wurden nachher getötet und nur die 37 Angesehensten von *Ilgazis* Sohn gebunden nach Haleb gebracht.

Zu spät kamen *Togtekin* der einen, *Balduin II.* und *Pontius* der anderen Partei zu Hilfe. Die Burgen um Haleb, welche von *Tankred* eingenommen worden, ergaben sich schimpflicherweise den Mohammedanern. *Balduin* und *Pontius* zogen in Antiochia ein und das Fürstentum wurde dem König übertragen bis des großen *Boemund* gleichnamiger Sohn sein Erbe in Besitz nehmen würde. Nun zog der König gegen die Türken aus; es erging zwar am 1. Juli in der Schlacht bei *Hab* der kleinen Schar anfangs nicht gut, aber dennoch behauptete sie das Feld und durchzog die ganze Gegend unter Kämpfen wechselnden Glückes. Dann kehrte der König nach Jerusalem zurück, um seine Krönung zu feiern. – Im türkischen Lager aber wurde der tapfere Ritter *Robert Fulcoy* gefesselt und zerfleischt eingebracht, wo ihn *Togtekin* erst des Glaubens wegen verhöhnte und ihm dann, da er denselben nicht verlassen wollte, selbst den Kopf abhieb, den er sich später zu einem

Trinkgefäß verarbeiten ließ. Von den übrigen 36 Gefangenen ließen *Ilgazi* und *Togtekin* während eines Festgelages, an dem sie sich schrecklich betranken, 25 unter scheußlichen Qualen niedermachen und halfen lachend eifrig selbst mit. Andere wurden wenigstens auf teuflische Art mißhandelt und es rettete nur *der* Umstand ihr Leben, daß *Ilgazi* eben ein schönes Pferd zum Gechenk erhielt, das er erproben wollte. Unter diesen nicht gemordeten Gefangenen befand sich auch *Rogers* Kanzler *Walter* (Gautier), welcher die Kriege dieses Fürsten als Augenzeuge beschrieben hat und dem, wie es scheint, von *Ilgazi* schließlich das Leben geschenkt wurde (Bild 33). Viel milder als gegen die Christen, die doch rühmlich gekämpft hatten, verfuhren die beiden Barbarenfürsten gegen einen *Assassinen,* der vorher gefangen eingebracht wurde; zwei Gesellen desselben hatten den Statthalter von Haleb auf dem Weg zu *Ilgazi* ermordet und waren von dessen Söhnen niedergemacht worden, aber der dritte war plötzlich erschienen und hatte einen der Söhne ermordet. Obschon von den beiden Emiren nur zum Gefängnis verurteilt, gab er sich vor ihren Augen den Tod.

Der entsetzliche Untergang *Rogers* von Antiochia, der sich mit so vieler Selbstverleugnung einem Lande gewidmet hatte, das doch weder ihm selbst bleiben, noch seinen Nachkommen anheimfallen sollte, kam einer wahren Katastrophe für die Kreuzfahrerstaaten, namentlich im Norden gleich. Zum ersten Mal hatte das Heilige Kreuz seine siegverleihende Kraft versagt, und ging es so fort, so war alles verloren. Es mußte daher irgend etwas geschehen; irgendeine Abänderung im bisherigen Verhalten mußte vorgenommen werden, wenn die glorreichen Siege und Eroberungen für den christlichen Glauben nicht wieder in Staub zerfallen sollten. Es war somit begreiflich, daß die im gelobten Land weilenden Abendländer in sich gingen und sich fragten, woher dieses hereinbrechende Unglück komme, wodurch es verschuldet sei? Die Antwort konnte bei der vorherrschenden religiösen Stimmung nicht zweifelhaft sein: das Geschehene war eine Strafe für die unter den Kreuzfahrern eingerissene Sittenlosigkeit, welche allerdings bereits ein Gegenstand des Hohns auf seiten der Feinde war. Es wird erzählt, daß am Tage vor der Schlacht bei Hab ein Türke einem christlichen Ritter zugerufen habe: „Warum mögt ihr Franken doch euch vergeblich abmühen; euer Gott wird euch ja doch niemals den Sieg verleihen, da ihr weder sein Gesetz haltet, noch unter euch selbst Freundschaft, Treue und Wahrheit übt.“

Aber jene unglückliche Schlacht auf dem Blutacker bei Sarepta war nicht das einzige Anzeichen solcher Strafe Gottes. Schon seit mehreren Jahren hatten furchtbare Erdbeben, Verwüstungen der Felder und Heuschrekken und Maulwürfe usw. Palästina wie Nordsyrien, namentlich aber das christliche Gebiet heimgesucht. Als nun die jüngsten Vorfälle dazukamen, beriefen der König und der Patriarch 1120 einen Landtag nach Neapolis (Sichem), welcher am 23. Januar eine Art Strafgesetzbuch über Vergehen gegen die Religion und Sittlichkeit erließ. Es wurden darin auf arge Ausschweifungen, auf Ehebruch und Doppelehe so schwere Strafen, selbst Verstümmelung und die Todesstrafe gesetzt, daß anzunehmen ist, es müssen diese Verbrechen sehr häufig gewesen sein. Zugleich wurden die Strafen auf Verbrechen gegen das Eigentum in grauenhafter Weise verschärft; falsche Ankläger sollte dieselbe Strafe treffen, welche den Angeklagten getroffen hätte, wenn er schuldig war.

In der Tat besserte sich bald nachher die Lage der Christen so sehr, daß der furchtbare *Ilgazi,* gegen den sich sein eigener Sohn *Suleiman* empörte, von allen Seiten, auch von den christlichen Georgiern am Kaukasus, in die Enge getrieben, die Christen um Waffenstillstand bitten mußte; doch behauptete er sich in Haleb, wenn auch nur in der Stadt, welche zu günstiger Zeit nicht eingenommen zu haben, die Christen alle Ursache hatten, bitter zu bereuen.

FÜNFTER ABSCHNITT

König Balduins II. Gefangenschaft

Neues Unglück der Christen im Morgenland mußte aber bald wieder zu neuen Versuchen der Abhilfe führen.

Der Wüterich *Ilgazi* starb im Jahre 1122 zu Haleb an einer ekelhaften Krankeit; aber statt seiner erstand den Turkmanen eine neue frische Kraft und den Christen ein neuer zu fürchtender Feind in seinem Neffen *Belek Ibn Behram,* der sich bei Melitene eine eigene Herrschaft gebildet hatte, während diejenige seines Oheims unter dessen Söhne und einen andern Neffen geteilt worden war. Es war *Belek* gelungen, *Joscelin* und 60 Ritter gefangenzunehmen. *Balduin II.* zog heran, ihn zu befreien und da er stärker war, zog sich *Belek* vor ihm zurück. Als aber der König im April 1123 von Tell-Baschir her mit geringer Begleitung sich allzuweit über den Euphrat wagte, wurde auch er gefangen und zu *Joscelin* nach der Veste Chertbert gebracht. Am 25. Juni tat *Belek* noch einen weiteren wichtigen Schritt und nahm Haleb ein, das nur zum Schein noch unter einem Sohn *Ridwans* stand, aber von da an für des letzteren Haus verloren war. Im ganzen christlichen Gebiet war nun der schwächste Machthaber, der noch dazu unzuverlässige Graf *Pontius* von Tripolis, der einzige der nicht gefangen lag. Aber während *Belek* die christlichen Burgen um Haleb eroberte, entledigten sich der König und *Joscelin* ihrer Haft in Chertbert mit Hilfe von treuen Armeniern der Umgegend oder von gewonnenen Turkmanen der Besatzung, worauf der König wider den Rat seines Schicksalsgenossen die Burg, in der er gefangen war, sich anzueignen und zu behaupten unternahm. Er sandte *Joscelin* um Beistand an die Christen und dieser schlich sich, obschon der Mond die Nacht erhellte, glücklich durch den Gürtel von Türken, der die Burg umstellt hatte, und zwar mit drei Rittern, deren einer wieder auf demselben Weg zurückkehrte, um dem König die glückliche Flucht zu melden. *Joscelin* und die zwei übrigen Ritter schwammen über den Euphrat, und ersterer sank ermattet in einem Gebüsch um; einer seiner Begleiter ging nach Lebensmitteln aus und brachte einen Armenier, der solche trug, mit sich. Der Bauer aber fiel vor dem Grafen nieder und grüßte ihn bei seinem Namen. Dieser mißtraute jedoch der Sache, bis ihm der Bauer sagte, er sei einst von ihm ebenso gelabt worden. Der Bauer bewies dafür so rührende Dankbarkeit, daß er dem Grafen seine ganze Existenz opferte, um ihn in Sicherheit zu bringen. Vor der Rache der Türken wäre der Retter *Joscelins* in seiner Heimat nicht mehr sicher gewesen, daher führte er den Grafen mit sich und seiner ganzen Familie und Habe auf verborgenen Wegen weiter. *Joscelin* ritt auf einer Eselin und hatte das Bauern Töchterchen vor sich, das er aber der Mutter wiedergeben mußte, weil es sich fürchtete und schrie, so daß Entdeckung zu besorgen war. So kamen sie nach Tell-Baschir, wo der Graf seinem Retter alles ersetzte, was er in seiner Heimat besessen und zurückgelassen, und ihm noch ein Joch Ochsen dazu schenkte. Dann eilte er über Antiochia und Tripolis nach Jerusalem, betete am Heiligen Grab und hängte zum Dank für seine Befreiung eine eiserne und eine silberne Kette dort auf. Die Ritter zogen sofort mit dem Heiligen Kreuz aus, den König zu befreien. In Tell-Baschir aber mußten sie erfahren, daß *Belek* bereits Chertbert wieder eingenommen, die Befreier des Königs und *Joscelins* zu Tode gefoltert, den König in Fesseln nach Harran gesandt und die übrigen Gefangenen ermordet habe. Darauf verwüsteten die Kreuzfahrer die ganze Umgegend von Haleb und zogen mit großer Beute, namentlich an Vieh, nach Jerusalem zurück. Joscelin hielt nach ihrem Abzug nicht weniger als den vereinigten Heeren von *Aksonkor, Belek* und *Togtekin* Stand und zersprengte sie alle miteinander.

Was für ein Mensch übrigens *Belek* trotz seiner Tapferkeit war, zeigt sein Verfahren gegen Glaubensgenossen. Er mißtraute aus unbekannten Gründen dem Fürsten *Hasan* von Mambidsch, nahe dem Euphrat, und wollte ihm daher sein Land wegnehmen. Heuchlerisch sandte er seinen Vetter *Timurtasch, Ilgazis* Sohn an ihn mit der Einladung, ihm gegen *Joscelin* Hilfe zu leisten. Als *Hasan* derselben folgte, ließ ihn *Belek* nackt durch Dornen ziehen und dann einsperren und nahm Mambidsch in Besitz. In der Burg aber hielt sich *Hasans* Bruder *Isa* und bat *Joscelin* um Hilfe gegen *Belek,* wofür er ihm die Stadt versprach. Der Graf sammelte sofort 10 000 christliche Streiter. Aber Belek verlegte ihm den Weg nach Mambidsch und schlug am 8. April 1124 die Christen. Die Gefangenen ließ er töten, aber als er am 5. Mai die Burg umritt, um den Ort des leichtesten Eindringens zu erspähen, traf ihn aus derselben ein Pfeil. Er zog ihn selbst heraus, spie darauf, sagte: „Diese Wunde ist eine tötliche Wunde für alle Gläubigen" – und starb.

Als die Kunde vom Tod ihres gefährlichsten Feindes die Christen erreichte, lagen diese vor *Tyros,* der einzigen von ihnen noch nicht bezwungenen Seestadt (außer Askalon), welche zu unterstützen und womöglich zu entsetzen *Belek* vor seinem Ende beschlossen hatte. In seiner Freude über die Nachricht schlug Graf *Pontius* von Tripolis den Knappen *Joscelins,* der sie brachte, zum Ritter. *Eine* Gefahr war somit abgewendet, aber eine *zweite* hatte inzwischen abermals in Gestalt eines Heeres sowohl als einer Flotte aus dem stets feindlichen Ägypten das Heilige Land zu beunruhigen begonnen. Die Ägypter bedrängten Joppe zu Land und zur See, aber ein christliches Heer von 8000 Mann, dem die heiligen Reliquien vorgetragen wurden, verscheuchte die Flotte, schlug am 14. Juni 1123 das Heer von 30 000 Mann, das angeblich 12 000 derselben verlor, in die Flucht und erbeutete

Die Beichte.

das Lager. Jetzt kam auch eine von dem König schon früher erbetene Flotte *Venedigs* unter dem Dogen *Domenico Michiel* an, verfolgte die ägyptische Flotte bis Askalon, schlug sie glänzend und vernichtete sie größtenteils. Man erzählt, das Meer sei zweitausend Schritt im Umfange vom Blute gerötet gewesen und die ans Ufer getriebenen Leichen haben die Stadt verpestet. Die siegreichen Venetianer wurden in Akkon prachtvoll empfangen, verrichteten ihre Andacht in Jerusalem und erklärten sich zu jedem Dienst bereit. Da die Christen des Südens nun Askalon, die des Nordens aber Tyros zunächst zu belagern wünschten und sich darob heftig stritten, wurde das Los gezogen und entschied für Tyros. In einer Versammlung zu Akkon wurde der Republik Venedig für ihre Hilfe in allen Städten des Reiches eine Straße, eine Kirche, ein Bad und ein Backofen steuerfrei überlassen, in Akkon aber ein größeres Quartier und verschiedene Vorrechte eingeräumt und von den noch zu erobernden Städten Tyros und Askalon ein Drittel mit allen königlichen Rechten zugesagt. Dazu kamen noch mannigfache Vorrechte der einzelnen Venetianer im Heiligen Land.

Die Belagerung der Inselstadt *Tyros,* der mächtigsten unter den Gemeinden des alten Phönikiens, die damals noch bedeutend war und einen guten Hafen besaß, begann am 15. Februar 1124. Den Christen war der Umstand günstig, daß die Stadt zwischen dem ägyptischen Kalifen und dem Atabek *Togtekin* von Damask, der für seinen Beistand einst ein Drittel derselben erhielt, geteilt war und ihre Einwohner demnach als Schiiten und Sunniten einander mehr haßten als jeder ihrer Teile die Christen. Kein Entsatzversuch störte die regelmäßig verlaufende Belagerung; zweimal näherte sich der hartnäckige *Togtekin,* zog sich aber das erste Mal zurück und kapitulierte das zweite Mal für seinen Teil. Der ägyptische Teil scheint dem ohne weiteres beigestimmt zu haben, denn am 7. Juli öffnete Tyros seine Tore und es fand zwischen beiden feindlichen Parteien freundlicher Verkehr statt. Die Banner des Königs, des Grafen von Tripolis und der Republik Venedig flatterten von den Türmen der Stadt Hirams!

Bald darauf wurde *Balduin II.* gegen ein Lösegeld von 100 000 Byzantinern, nach anderer Angabe von fünf Burgen und 80 000 Goldstücken, nach einer Gefangenschaft von 18 Monaten aus Haleb, wohin er noch vor *Beleks* Tod gebracht worden, freigelassen und kehrte in sein Reich zurück. *Timurtasch, Ilgazis* Sohn und Beleks Nachfolger, hatte ihm bei der Entlassung die Bedingung gestellt, mit seinem Schwager, dem arabischen Emir *Dobais,* von dem er Absichten auf Haleb fürchtete, keine Verbindung einzugehen, was *Balduin* auch beschwor. Für die noch nicht bezahlten drei Viertel des Lösegeldes wurden zwölf Kinder von Fürsten und Rittern, darunter eine Tochter des Königs und ein Sohn *Joscelins* als Geiseln gegeben. *Balduin* beabsichtigte aber die Erfüllung der beschworenen Bedingung nicht, ließ sich durch den Patriarchen von Antiochia von seinem Eid entbinden und zeigte dies *Timurtasch* an. Darauf verband er sich mit *Dobais* zur gemeinsamen Belagerung von Haleb, dessen Besitz dem letzteren, dessen Beute aber den Christen zufallen sollte. Die Belagerung wurde angehoben und das Land verwüstet. Von christlicher Seite nahmen *Balduin* und *Joscelin,* von mohammedanischer *Dobais* und mehrere Mißvergnügte, sowie die Prätendenten auf Haleb daran teil. Die Belagerten bewiesen trotz geringer Zahl und arger Hungersnot große Kühnheit, obschon *Timurtasch,* der in Mardin, dem Hauptsitz seiner Familie weilte, sich nicht um die Stadt bekümmerte, deren Herrschaft ihm zu unsicher war. Ja er warf sogar die Abgesandten der Stadt ins Gefängnis, weil er Verrat fürchtete. Sie konnten aber fliehen und eilten nach Mosul zu *Aksonkor,* der krank war, doch bald sich erholte und mit einem Heer nach Haleb marschierte. Sobald dies die Christen und ihre Verbündeten vernahmen, zogen sie ab und überließen ihr Lager den Feinden. *Aksonkor* unterließ ihre Verfolgung; der König aber eilte nach Jerusalem, das ihn mit großem Jubel empfing. Als er aber vernahm, wie *Aksonkor* inzwischen christliche Burgen belagerte und einnahm, begab er sich im März 1125 mit *Pontius* und *Joscelin* nach dem eben bestürmten Ezaz und warf die Feinde nach Haleb zurück. Sie mußten einen Waffenstillstand schließen und *Aksonkor* kehrte heim. Aus der Beute von Ezaz konnte *Balduin* ein Schloß bei Beirut bauen und den größten Teil seines Lösegeldes bestreiten, so daß die, wie es heißt, bei den Türken schlecht behandelten und arg mißhandelten Geiseln zurückkehren konnten.

Im Anfang des Jahres 1126 unternahm König *Balduin* mit seiner ganzen Streitmacht einen Feldzug gegen *Damask,* das schon längst eine Züchtigung verdient hatte, wenn Verteidigung des Glaubens und des Vaterlandes gegen fremde Eindringlinge eine solche verdient. Auf der Ebene Mardsch Suffer, auf welcher nach der Apostelgeschichte Saulus durch die Erscheinung Jesu zum Paulus wurde, stand das Lager *Togtekins* zum Schutz der Grenze und am 31. Januar kam es hier zur Schlacht, wie Wilken meint, der furchtbarsten, welche die Kreuzfahrer in Syrien geschlagen haben. Nach achtstündigem Kampf fiel den Christen, deren Verwundete sich an die Priester herandrängten, um Vergebung ihrer Sünden zu erlangen (Bild 34), der Sieg zu, aber sie verloren an eine Abteilung Turkmanen ihr allzu schwach besetztes Lager. Noch mehrere Feldzüge, bald mit Schlachten, bald bloß mit Verwüstungen und oft mit ungewissem Glück folgten. Wichtiger als dieselben ist der Tod *Aksonkors.* Am 25. November fielen ihn in der Moschee zu Mosul, als er eben seinen Sitz besteigen wollte, acht als Mönche verkleidete Assassinen mit Dolchen an; er wehrte sich und tötete ihrer drei, aber er starb infolge der erhaltenen Wunden noch an demselben Tag; die übrigen Mörder wurden bis auf einen, der entfliehen konnte, vom Volk niedergemacht. Der Flüchtling aber fand schlechten Empfang bei seiner fanatischen Mutter, welche es tief beklagte, daß er den Heldentod seiner Genossen nicht geteilt; sie schnitt ihre Haare ab und schwärzte das Gesicht, das sie bei der Nachricht von der Tat geschminkt hatte.

In jener selben Zeit, im Herbst 1126, kam *Boemund,* der Sohn des gleichnamigen großen Kreuzfahrers, mit 22 Schiffen in Syrien an und der König übertrug ihm feierlich das vom Vater in seiner Bedrängnis preisgegebene Fürstentum Antiochia, und gab ihm überdies seine Tochter *Elise* zur Gattin. Der junge Fürst, erst 18 Jahre zählend, war wohlgebaut, groß von Gestalt, schön von Angesicht und liebenswürdig von Manieren, fromm, leutselig, freigebig, tapfer, kurz eine Zierde der Ritterschaft – aber eines fehlte ihm der große Geist und das kühne Streben seines Vaters.

SECHSTER ABSCHNITT

Gründung der geistlichen Ritterorden

Die Pilgerfahrten nach dem Heiligen Land machten irgendwelche Sorge der begüterteren für die armen und bedürftigen Pilger notwendig, denn wie wäre es mit dem christlichen Glauben beschaffen gewesen, wenn er nicht christliche Barmherzigkeit im Gefolge gehabt hätte? Wir finden schon im Jahre 870 ein Hospital für römisch-katholische Pilger im Tal Josafat erwähnt, welches durch fromme Schenkung Grundstücke und durch Karl den Großen sogar eine Bibliothek erhalten hatte. Noch vor dem Beginn der Kreuzzüge entstand in Jerusalem selbst ein von Italienern, meist aus Amalfi, gestiftetes Hospital mit einer Kirche der Heiligen Jungfrau nahe bei der Kirche des Heiligen Grabes; dieses Hospital war zugleich ein Benediktiner-Kloster, dessen Mönche arme, kranke, ausgeplünderte und verwundete Pilger pflegten und unterstützten. Dieselben Mönche gründeten in einiger Entfernung von jenem nur für Männer bestimmten Hospital auch ein solches für Frauen, welches von frommen Schwestern besorgt wurde. Mit der Zeit genügten aber diese Anstalten nicht mehr und es erstand neben dem genannten Kloster ein neues Hospital mit Kirche, das dem heiligen Patriarchen *Johannes* von Alexandria geweiht war und aus Mangel an eigenem Gut von dem Kloster und den begüterten Pilgern erhalten wurde. Als die Kreuzfahrer Jerusalem einnahmen, war *Gerhard* aus der Provence Vorsteher des Johannes-Hospitals, ein wackerer Mann, der nicht nach dem Glauben der Hilfebedürftigen fragte, sondern Schismatiker und Mohammedaner verpflegte. *Gerhard* und die mit ihm wirkenden Mönche, deren Achtung überall hoch stand, trennten sich später vom Kloster der Heiligen Jungfrau, nahmen eine eigene Regel an und trugen schwarze Kleidung mit einem weißen Kreuz auf der Brust.

Die *Johanniter* oder *Hospitaliter*, wie man sie nannte, erhielten nach und nach durch Schenkungen ein großes Vermögen und 1113 von dem Papst vollkommene Unabhängigkeit und Befreiung von dem an den Patriarchen von Jerusalem zu entrichtenden Zehnten. Sie besaßen sogar Güter und Hospitäler in Frankreich, Italien und Spanien, und unter ihnen befanden sich bereits Ritter, die das Schwert mit der Krankenpflege vertauscht hatten. Einer von ihnen, Raimund *Dupuis*, war zur Zeit des Todes *Balduins I.* Pfleger des Hospitals und gab demselben Verordnungen, die sich durch so strenge Zucht auszeichneten, wie sie kaum in einem Mönchsorden bestand.

Zu derselben Zeit aber, noch 1118 oder 1119, gründeten neun französische Ritter einen neuen Orden, dessen Zweck in der Beschützung der Pilger gegen Anfälle der Ungläubigen bestand. Es war dies offenbar nur eine folgerichtige Fortbildung der Pflege kranker Pilger, welches Streben zwar schön, aber ungenügend war, wenn die Pilger auf ihrem Weg dem Raub und Mord ausgesetzt waren. Der neue Orden behielt daher die ritterliche Rüstung seiner Stifter, während er eine klösterliche Lebensart annahm und den drei Gelübden der Mönche, der Armut, der Keuschheit und dem Gehorsam, als viertes den Schutz der Pilgerstraße nach dem Heiligen Grabe beifügte. Diese Gelübde legten die Stifter in die Hände des Patriarchen von Jerusalem ab und verpflichteten sich, nach der Regel der Chorherren des heiligen Augustinus zu leben. Ihre Anfänge waren bescheiden und sie erhielten sich durch milde Beiträge des Königs, des Patriarchen, der Pilger und der Johanniter. Ihr erster Vorsteher oder „Meister" war Hugo von *Payens*, von dem, neben *Gottfried von St. Omer*, der erste Gedanke zur Stiftung des Ordens ausgegangen war. Davon, daß ihnen *Balduin II.* einen Teil seines Palastes auf der Stelle des ehemaligen Tempels Salomos, der daher auch selbst der „Tempel" hieß, einräumte, erhielten sie den Namen der *Tempelritter* (*milites Templi*), und ihre nachmaligen Niederlassungen wurden alle „Tempel" genannt.

Ältere Tracht der Johanniter.

Bald nach der Gründung des Templerordens, wahrscheinlich noch in demselben Jahr, folgte *Raimund Dupuis*, der Pfleger des Johannes-Hospitals, dem Beispiel der Templer, indem er ebenfalls den Schutz der Pilger und damit den Kampf gegen die Ungläubigen unter die Pflichten seines Ordens aufnahm. Die Ritter unter den Hospitalitern griffen wieder zum Schwert und es wurden neue Ritter sowie Knappen angeworben; in allem übrigen aber blieb *Raimund* streng bei seinen Verordnungen und fuhr auch fort, sich bloß „Pfleger", nicht „Meister" zu nennen, so lange er lebte. Der Johanniterorden blieb daher auch in bescheidenen Verhältnissen, während die *Templer* rasch zu hohem Ansehen emporwuchsen, namentlich da sich *Balduin II.* ihrer ganz besonders warm annahm. Der König riet ihnen, infolge seines Wohlwollens 1127, um die Bestätigung von seiten des Papstes nachzusuchen. Die beiden Brüder Andreas und Gundemar wurden mit einem Schreiben an den damals allmächtigen *Bernhard von Clairvaux* nach Europa gesandt. Der Papst *Honorius II.* empfing sie zuvorkommend und wies sie an das Konzil von Troyes, bei welchem Bernhard, der ihre Schöpfung ungemein lobte, eine hervorragende Stellung einnahm. Das Konzil bestätigte den Orden; er erhielt als definitive Regel diejenige der Benediktiner mit Abänderungen nach dem Muster der Zisterzienser und als Ordenskleid einen weißen Mantel (welchen erst Papst *Eugen III.* 1146 mit einem roten Kreuz schmückte); die Monarchen von Deutschland, England, Frankreich und viele andere Fürsten schenkten dem Orden reiche Güter und um *Hugo von Payens,* welcher 1128 dessen erster Großmeister wurde und Europa besuchte, drängten sich Ritter aus den besten Häusern in Menge mit dem Gesuch um Aufnahme, so daß er mit prächtigem Gefolge von 300 Rittern nach Jerusalem zurückkehrte.

Raimund Dupuis.

Der Orden des Tempels, dessen schwarz und weiße Fahne (*Beauséant* genannt) den Schrecken der Feinde und die Freude der Gläubigen andeutete, breitete sich so unglaublich rasch aus, daß schon 1131 der kinderlose König *Alfonso von Navarra* und Aragon sowohl ihn als die Hospitaliter und die das Heilige Grab hütenden Mönche zu seinen Erben einsetzte, was aber folgenlos blieb, da die Stände beider Reiche nach seinem Tod neue Könige wählten. Übrigens war Hugo von Payens so streng in seinen Anforderungen an Glieder des Ordens, daß er keinen aufnahm, der sich nicht mit seinen Feinden versöhnt und alles begangene Unrecht gut gemacht hätte. Auf geordnetes Verhalten wurde so viel Gewicht gelegt, daß die für ein Vergehen büßenden Brüder beim Essen auf der Erde sitzen mußten und nicht einmal zudringliche Hunde abwehren durften.

Es blieb indessen unter den Templern und Johannitern nicht bei der Beschützung der Pilger; die Beschützung des Königreichs Jerusalem und seiner Vasallenstaaten wurde bei weitem die hervorragendste Wirksamkeit beider Orden. Namentlich die Templer fehlten seit ihrer Bestätigung bei keinem Zug und Treffen der Kreuzfahrer gegen ihre Feinde und hatten der Heldentaten eine Menge aufzuweisen.

Die Templer und die Assassinen, diese Vertreter eines Staates auf christlicher und muslimischer Seite, kamen schon früh in mittelbare Berührung. Da den Assassinen zur Vermehrung ihrer Macht jedes Mittel als erlaubt galt und einer ihrer Angehörigen in *Damask*, wo *Togtekin* 1128 gestorben und die Sekte ebenso stark anwuchs wie in Haleb unter *Ridwan*, sogar Richter geworden war, strebte *Abulwafa*, so hieß derselbe, nach höherer Gewalt und glaubte dies am besten durch die Christen zu erzielen; er schloß daher 1129 mit dem König *Balduin* einen geheimen Vertrag, durch den er Damask an einem Freitag, während des Gottesdienstes in der Moschee, den Christen in die Hände zu liefern versprach und dafür die Zusage des Besitzes von Tyros erhielt. Die Sache schlug aber fehl; denn *Abulwafas* Plan wurde dem Fürsten, Togtekins Sohn *Buri*, verraten und seine Urheber sowohl als der Minister, der ihn zum Richter ernannte, wurden hingerichtet und alle Ismailiten in Damask dem Pöbel überlassen und niedergemacht, angeblich ihrer sechstausend. (Im folgenden Jahr trafen den Fürsten *Buri* dafür die Dolche der Assassinen!) Das anrückende christliche Heer aber, welches sämtliche Kreuzfahrerfürsten und die Templer umfaßte, erlitt indessen ein großes Mißgeschick. Die Vorhut wurde überfallen und teils erschlagen, teils in die Flucht gejagt, das Hauptheer aber auf derselben Ebene des Paulus, wo 1116 die Christen gesiegt hatten, durch ein furchtbares Unwetter zum Rückzug genötigt.

Das war eine neue Erschütterung des christlichen Besitzstandes im Heiligen Land. Eine nicht geringere aber war es, daß innerhalb des Zeitraumes von nicht viel mehr als einem Jahr *sämtliche* christliche Fürsten Syriens und Palästinas mit Tod abgingen und *keiner* von ihnen in einer beruhigenden und zur Befestigung der neuen Zustände beitragenden Weise ersetzt wurde.

Der gleichnamige Sohn des großen *Boemund* begann seine Regierung über Antiochia, indem er, gräuliche Anarchie und Mord der kurzlebigen Machthaber in Haleb benutzend, umliegende Burgen wieder einnahm. Aber leider brach bald zwischen ihm und *Joscelin* Zwietracht aus, wahrscheinlich weil Antiochia von jeher Edessa als sein Lehensland betrachtete. In unwürdiger Weise verband sich *Joscelin* 1127 mit Muslimen gegen seine Glaubensgenossen und König *Balduin* hatte große Mühe, die beiden Fürsten zu versöhnen, wobei sich *Joscelin* als Lehensmann der Fürsten von Antiochia bekannte. Alle drei verbanden sich dann gegen Haleb, wo eine Partei die andere in der Burg belagerte, aber *Balduin* und *Joscelin* ließen sich für Geld zum Abzug bewegen, was *Boemund* verschmähte. Letzterer unternahm 1131 einen Feldzug nach Kilikien, um die Unzufriedenheit der Armenier zu dämpfen, traf aber unvermutet auf den Sohn des *Ibu Danischmend*, der sich im Osten Kleinasiens eine große Herrschaft gegründet hatte, wurde infolge der Überraschung von seinen Leuten verlassen und von den Feinden, die ihn auffingen, getötet. Die Folge dieses traurigen Vorfalles waren arge Unruhen und Parteiungen in Antiochia. Die kaltherzige und über alles Maß

Templer
in Kriegstracht. in Haustracht.

ehrgeizige Witwe des so früh Umgekommenen, *Balduins* Tochter *Elise*, entblödete sich nicht, ihrem eigenen Kind *Constantia* das Erbrecht streitig zu machen, um es an sich zu reißen, und zu diesem Zweck mit den Muslimen sich zu verbinden, und der eigene Vater mußte, um die Tochter zur Ordnung zu weisen, mit Heeresmacht gegen sie ziehen. Sie leistete erst Widerstand, bat dann aber um Gnade. Der König verzieh ihr, wies sie aber auf ihre Witwensitze Laodikea und Gibellum, ließ die Antiochener schwören, das Fürstentum an niemanden als an *Constantia* kommen zu lassen, und nahm ihre Huldigung als Vormund der Fürstin entgegen.

Balduin II. überlebte diese Handlung nicht lange. Bald nach seiner Heimkehr erkrankt, entäußerte er sich allen Schmucks seiner Würde, zog ein Mönchskleid an und übergab das Reich in Gegenwart des Patriarchen von Jerusalem und seiner Großen dem Gatten seiner ältesten Tochter *Melisende*, dem Grafen *Fulko* von Anjou und Maine. Am 21. August 1131 starb er und wurde in der Grabeskirche neben *Gottfried* und *Balduin I.* beigesetzt. *Fulko* lebte schon seit mehreren Jahren in Palästina und kannte daher die Verhältnisse; dagegen regierte die Königin *Melisende* mehr im Reich als ihr königlicher Gatte; wichtig ist daneben der Umstand, daß seit seiner Thronbesteigung und derjenigen des bald zu erwähnenden neuen Fürsten von Antiochia sämtliche christliche Monarchen in Syrien und Palästina *Franzosen* waren, was auch von dem überwiegenden Teil der Templer und der Johanniter gilt, so daß von da an die Franzosen das Heilige Land eigentlich regierten.

Der dritte Todesfall unter den christlichen Machthabern im verhängnisvollen Jahr 1131 war der des Grafen *Joscelin I.* von Edessa; bei der Belagerung eines Schlosses in der Umgegend von Haleb stürzten Trümmer eines Turmes auf ihn und verletzten ihn lebensgefährlich; da vernahm er, daß der Sultan von Ikonion eines seiner Schlösser belagere und befahl seinem gleichnamigen, ihm aber unähnlichen Sohn zum Entsatz auszuziehen. Der liederliche Mensch, der nicht gerade feig, aber beschränkt und daher eigensinnig war, weigerte sich indessen und nun raffte sich der Vater auf und ließ sich in einer Sänfte seinen Kriegern vorantragen, um die Übermacht zu vertreiben; diese war aber bereits abgezogen und nun starb er in freudigem Dankgefühl. *Joscelin II.* aber, der ihm folgte, war bei den Lastern, denen er frönte, und die sich in seiner häßlichen und verkommenen Gestalt ausdrückten, gerade der richtige Mann, sein Land zugrunde zu richten. Schon im ersten Kampf unter seiner Herrschaft erlag er den Aleppinern. – Zum Fürsten von Antiochia und Gemahl *Constantias* wählte *Fulko* den Sohn des Kreuzfahrers Wilhelm von *Poitou*, *Raimund.*

Im folgenden Jahr 1132 wurde *Pontius* von Tripolis durch Türken aus Damask überfallen, gefangen und getötet. Sein Sohn *Raimund* war wahrscheinlich erst zwölf Jahre alt.

Also fortan von Schwächlingen, Weibern und Kindern regiert, ging das Kreuzfahrerreich einer denkwürdigen Katastrophe entgegen. Es befand sich damals auf dem Höhepunkt seiner Entwicklung, die öden Gegenden, welche unter *Gottfried* nur Trümmer und Leichen gezeigt, waren durch fleißige Ansiedler angebaut und das herrliche Klima beförderte den Ertrag ihrer Mühen. Reger Handel brachte Geld in das Land und es erstanden stolze Burgen, herrliche Kirchen, reiche Klöster. Allerdings hätte das Reich noch höher steigen können, aber nur mit ganz anderen Kräften als es besaß. An der Küste fehlte ihm nur noch Askalon, und dies war durch die in Ägypten wütenden Parteikämpfe und Tyrannenmorde lahm gelegt. Auf der anderen Seite hatte es das entschiedene Übergewicht gegenüber Haleb und Damask, aber so lange es diese beiden Einfallspforten der Türken nicht verstopfte, konnte von Sicherheit nicht die Rede sein. In diesem Zustand aber *blieb* das Reich und damit war sein Urteil gesprochen, wenn auch der Vollzug wiederholt verschoben oder nur teilweise ins Werk gesetzt wurde.

SIEBENTER ABSCHNITT

Die Wegnahme Edessas

Von *Mosul* und dessen Umgebung her kamen stets die größten Gefahren für die christlichen Besitzungen in Syrien; aber noch keiner der bisherigen Angriffe von Osten, so verderblich sie auch oft waren, konnte sich an schlimmen Folgen für die Kreuzfahrer mit der Reihe von Angriffen messen, welche erfolgten, seitdem der türkische Kriegsmann *Imadeddin Zenki* (seit 1127) Atabek, d. h. Reichsverweser in Mosul war. Er hatte unter Dschawali, Maudud und Aksonkor in jedem Feldzug gegen die Christen gedient und somit eine gute Schule gemacht, auch viel tapfere Taten verübt, die seinen Namen unter den Muslimen zu einem gefeierten, unter den Christen zu einem gefürchteten machten und ihm seine nunmehrige Stellung verschafften. Schon 1128 bemächtigte er sich der von ihm längst ersehnten Herrschaft in Haleb, dessen bisherigen Machthaber er blenden und töten ließ, und das von da an für die Christen verloren war. Vom Sultan der Seldschuken erlangte er auf Verlangen des Kalifen in Bagdad die Belehnung mit ganz Mesopotamien und Syrien, also auch mit dem gesamten christlichen Gebiete. Gegen die Christen ging er nicht blind wütend, wie seine Vorgänger *Kerbuga*, *Maudud* und *Aksonkor*, *Ilgazi* und *Belek* vor, sondern mit Vorsicht und Klugheit. Vorerst beraubte er alle muslimischen Machthaber in dem ihm verliehenen Land, soweit er es vermochte, ihres Gebietes, um an Stärke zu gewinnen, und sparte dabei weder Gewalt noch Ränke. Mit heuchlerischer Hinterlist nahm er 1130 die Nachbarstädte der Christen, Hama und Emessa, ein. Gegen die Untertanen aber, die er einmal gewonnen, war er gerecht und mild, und seine Soldaten vergötterten ihn und hielten strenge Mannszucht.

Nach Beendigung eines Krieges gegen Bagdad, 1137, rüstete *Zenki* ernstlich gegen die Christen der Kreuzfahrerstaaten. Leider aber war er nicht ihr einziger Feind, denn gegen sie zogen auch ihre schismatischen Bundesgenossen, die Byzantiner, unter dem Kaiser *Johannes* (genannt Kalojohannes, der schöne J., und zwar aus Spott über seine auffallende Häßlichkeit), dem Sohn *Alexios' I.* heran, um den Eidbruch zu rächen, welchen Gottfried, Balduin I. und Boemund an dem oströmischen Reich begangen, und diesem womöglich Syrien wieder untertan zu machen. Dies war um so unerwarteter, als dieser Kaiser bisher den Pilgern nach dem Heiligen Land nichts in den Weg gelegt hatte, auch so mild waltete, daß er während seiner Regierung von 26 Jahren kein Todes- oder Verstümmelungsurteil vollziehen ließ. Die Veranlassung zu diesem Kriegszug war aber die im vorhergehenden Jahre erfolgte Ankunft des neuen Fürsten *Raimund* von Poitou in dem ihm angebotenen Antiochia, wo er mit Hilfe des Patriarchen die Fürstin *Elise*, die ihn selbst zu gewinnen gehofft, getäuscht und ihre ihm bestimmte Tochter *Constantia*, obschon noch fast ein Kind, geehelicht hatte. *Raimund* war schön, tapfer und mäßig, aber treulos, leichtsinnig und dem Spiel ergeben. Schon vor seiner Ankunft hatte seine Schwiegermutter *Elise* und ihr Anhang dem Kaiser Antiochia und seinem Sohn *Manuel* die junge *Constantia* angeboten und ihn herbeigerufen. Er hatte gezögert, diesem Ruf zu folgen, bis er vernahm, Raimund habe den Fürsten *Leo* von Armenien zur Einnahme mehrerer byzantinischer Städte ermuntert. Die Grenzen des antiochenischen Gebiets waren unbeschützt, und es wurde dem Kaiser nicht schwer, den Fürsten Leo zu schlagen, ihn als Gefangenen nach Konstantinopel zu senden, die von *Tankred* eroberten kilikischen Städte wieder einzunehmen und bis vor Antiochia zu ziehen, das er belagerte. Die Bedrängten sandten um Hilfe an König *Fulko*, welcher eben in Tripolis dem Grafen gegen *Zenki* Beistand leistete. *Fulko* wollte, ehe er gegen die Griechen zog, die Feste Barin, welche *Zenki* belagerte, entsetzen, wurde aber von den treulosen Wegweisern in eine Wildnis des Gebirges geführt und dort von *Zenki*, der ihm entgegengezogen, überfallen und geschlagen. *Raimund* von Tripolis wurde gefangen und *Fulko* warf sich mit etwa 30 Flüchtlingen, Tempelherren und anderen Rittern, während das übrige Heer erschlagen und gefangen wurde, nach Barin, das dann der nachfolgende Zenki zu belagern fortfuhr.

Auf die Kunde von diesem Unglück eilte der Patriarch von Jerusalem, nachdem er für die Rettung des Königs hatte beten und fasten lassen, mit eben angekommenen Pilgern und dem Heiligen Kreuz zum Ersatz herbei, ebenso *Raimund* von Antiochia, so sehr er selbst bedrängt war, und *Joscelin II.* von Edessa. Als *Zenki* dies erfuhr, bot er dem König Frieden, bewilligte den Belagerten freien Abzug, gab *Raimund* von Tripolis und andere Gefangene frei, verlangte aber die Schleifung der Festungswerke. Obschon der König nach seinem Abzug den, wenn auch zu spät, zu seiner Rettung herbeiziehenden Truppen von Antiochia und Edessa begegnete, leistete er dennoch Antiochia keine Hilfe, sondern eilte nach Jerusalem, weil indessen Sichem von Damask aus überfallen und ausgemordet worden war.

Bei der merkwürdigen Manier jener Zeit, belagerte Städte niemals oder wenigstens in der Regel nicht von *allen* Seiten einzuschließen, konnte *Raimund* nach Antiochia ebenso ungestört zurückkehren, als er ausgezogen war. Die Beschießung von seiten der Byzantiner wurde aber der Stadt so verderblich, daß *Raimund* durch Zureden angesehener Männer bewogen wurde, auf einen Vertragsvorschlag einzugehen, durch welchen er dem Kaiser Unterwerfung und sogar die Übergabe Antiochias gelobte, sofern ihm die vom Kaiser und den Franken gemeinsam im nächsten Jahr zu erobernden Städte Haleb, Schaisar, Hama und Emessa als Lehen übertragen würden. Der Kaiser und sogar der gebeugte König *Fulko* bewilligten diesen entehrenden Vertrag und *Raimund* schwor vor *Johannes* den Lehnseid für das, was er nicht hatte und niemals erhalten sollte. Die Byzantiner pflanzten in Antiochia ihr Banner auf und zogen nach Kleinasien ab. Der hinterlistige Kaiser aber knüpfte Verbindungen mit *Zenki* an, dem er den gegen ihn verabredeten Plan verheimlichte, und versicherte ihm, er beabsichtige lediglich die Unterwerfung von Klein-Armenien.

Im Frühling 1138 aber rüstete der Kaiser, bot Antiochia und Edessa gegen die Muslimen auf und nahm dem Waffenstillstand mit Zenki zuwider die in Antiochia weilenden Kaufleute und andere Reisende aus Haleb gefangen. Am Osterfest lagerte dann ein prachtvolles kaiserliches Heer von 200 000 Mann vor der aleppinischen Feste Buzaa. *Raimund* von Antiochia und *Joscelin* von Edessa waren noch nicht mitgezogen; sie hatten keine Lust zu diesem Krieg, denn ersterer verlor durch die Eroberung von Haleb Antiochia und letzterer hinwieder beneidete ersteren um die in Aussicht stehende Erwerbung. Sie kamen unwillig und langsam erst ins griechische Lager, als Buzaa nach siebentägiger Belagerung genommen war und die Griechen, den Sturm auf Haleb wegen zu großer Schwierigkeiten aufgebend, *Schaisar* belagerten. Während der Kaiser, überall voran und die Krieger ermutigend, dazu gelangte, einen Teil der Stadt einzunehmen, vergnügten sich *Raimund* und *Joscelin* am Brettspiel. Freilich konnte *Johannes* die Stadt nicht halten; *Zenki* beunruhigte die Christen fortwährend und suchte mit allen Listen die Griechen und Franken gegenseitig aufeinander zu hetzen, und nun vernahm man überdies, daß der Ortokide *Kara Arslan*, Sokmans Sohn, mit 50 000 Mann über den Euphrat gekommen und daß Edessa von den Türken belagert werde. Der Kaiser hob daher gegen Geschenke und das Versprechen eines Tributs am 23. Mai die Belagerung auf und zog ab. *Zenki* ließ dem *Kara Arslan* sagen, er brauche ihn nicht, verfolgte die Griechen, nahm ihnen viele Beute ab und brachte Schaisar und Emessa in seine Gewalt. Buzaa nahm er ebenfalls wieder und metzelte auf dem Grab eines bei der Belagerung durch die Griechen gefallenen Freundes alle dort befindlichen Christen als Schlachtopfer nieder; ebenso gewann er Sarepta und andere Orte.

Raimund und *Joscelin* hatten indessen kein sehnlicheres Verlangen, als den Kaiser aus Syrien hinauszubringen. Sie führten zwar die Zügel seines Pferdes, als er wie ein Triumphator in Antiochia einzog, als ob er etwas gewonnen hätte, und sich ganz als Herr der Stadt benahm; als er aber nun die Übergabe derselben verlangte und Haleb ein anderes Mal zu erobern versprach, erregte *Joscelin* in der Stadt einen heftigen Aufruhr gegen die Griechen, indem er dem Volk vorgab, es würden alle fränkischen Bewohner vertrieben werden, was den Kaiser so erschreckte, daß er eilig abzog und nach Konstantinopel zurückkehrte.

Während so die Christen sich zurückzogen, drang *Zenki* immer weiter vor. Er nahm 1139 *Baalbek*, das alte Heliopolis mit dem Sonnentempel, von dessen Pracht noch seine Trümmer zeugen, wo er die des Lebens versicherten muslimischen Verteidiger treulos an das Kreuz schlagen ließ, belagerte dann Damask, welches allein von allen mohammedanischen Städten Syriens ihm noch nicht gehorchte und wo eben der Fürst, sein Stiefsohn, ermordet worden, und versprach seinem Bruder und Nachfolger, wie seine Gewohnheit war, andere Städte für diese, um sie ihm dann ebenfalls wieder wegzunehmen. Der Wesir *Anar* aber wußte dies wohl und riet dem Fürsten, lieber die Christen um Hilfe gegen Zenki zu bitten. Es geschah, und man versprach dem König von Jerusalem die Rückgabe von *Banias* und eine Kriegsbeisteuer von monatlich 20 000 Goldstücken. Der Vorschlag wurde so bereitwillig angenommen, daß die Christen sogar auf das Gold verzichteten. So schritten denn Franken und Damaszener vereinigt am 1. Mai zur Belagerung von Banias, dessen Befehlshaber es verräterisch mit *Zenki* hielt. Auch die beiden *Raimunde* von Antiochia und Tripolis erschienen. *Anar* und die christlichen Fürsten wetteiferten in ihren Bemühungen und erzielten bald die Übergabe des Platzes.

Erst im Jahre 1142 unternahm der Kaiser *Johannes* von Byzanz seinen zweiten Zug nach Syrien, und zwar in der hauptsächlichen Absicht, aus Antiochia, Kilikien und der Insel Zypern eine Sekundogenitur für seinen jüngsten Sohn *Manuel* zu bilden, dem sehr nach solcher Herrschaft gelüstete. Ohnehin hatte *Manuel* den Kaiserthron in Aussicht, da seine beiden ältesten Brüder auf diesem Heereszug starben und der dritte schwachsinnig war. Der Kaiser hatte den ihm entgegenkommenden Gesandten *Raimunds* vorgegeben, lediglich in Armenien Ordnung schaffen zu wollen, eilte aber nach Tell-Baschir, dem gewöhnlichen Wohnsitz *Joscelins*, und belagerte es im September, bis der Graf ihm seine Tochter als Geisel gab. Von *Raimund* verlangte der Kaiser abermals Übergabe Antiochias als Operationsbasis gegen die Türken, aber vor ihm erschienen Gesandte des Patriarchen, welche die Abtretung der Stadt von seiten des Fürsten als unberechtigt erklärten, da die Barone ihr nicht zugestimmt hätten. Der Kaiser antwortete durch Verwüstung der Umgegend Antiochias, wobei er sogar die Einsiedler aus ihren Hütten vertrieb! In Kilikien überwinternd, sandte er an König *Fulko*, suchte um Bewilligung zum Besuch des Heiligen Grabes nach und bot ihm Beistand gegen seine Feinde an. Der König antwortete, er werde sich über die Ankunft des Kaisers freuen, wenn er bloß 10 000 Mann mitbringe und ihm wider seine Feinde helfe. Das genügte dem stolzen Byzantiner nicht; aber seinen Taten war ohnehin ein Ziel gesetzt. Ohne Syrien erobert zu haben, wie er träumte, starb er 1143 infolge einer auf der Jagd aus Versehen durch einen vergifteten Pfeil erhaltenen Verletzung. Ihm folgte sein Sohn *Manuel*, der sofort nach Konstantinopel zurückkehrte, um sich den Thron zu sichern. In demselben Jahr starb auch König *Fulko*, und zwar ebenfalls auf der Jagd bei Ptolemais, infolge eines Sturzes mit dem Pferd. Er hinterließ zwei Söhne, *Balduin*, 13 Jahre alt, welcher ihm als dritter dieses Namens unter der Vormundschaft seiner Mutter *Melisende* folgte, und *Amalrich*, 7 Jahre alt, der später nach seinem Bruder die Krone tragen sollte.

Bisher waren die Erfolge des gefürchteten *Zenki*, welchen seine christlichen Zeitgenossen bezeichnend *Sanguineus* (den Blutigen) nannten, gegenüber den Christen nicht bedeutend gewesen, aber er hatte ihnen doch einerseits gegen weitere Erwerbungen den Riegel vorgeschoben, anderseits aber zugleich zu einem Schlag ausgeholt, der für die fränkische Herrschaft im Morgenland geradezu vernichtend wurde.

Mit kluger Berechnung hatte Zenki zu diesem Schlag einen Teil der christlichen Besitzungen ausersehen, welcher am meisten fremden Angriffen ausgesetzt und zugleich am schlechtesten verteidigt war. *Edessa*, der einzige der Kreuzfahrerstaaten, der weder durch das Meer noch durch Gebirge geschützt, sondern ohne natürliche Grenzen zwischen mohammedanische Gebiete hinaus gestreckt lag, war in seinem Hauptteil, jenseits des Euphrat, von dem Grafen *Joscelin II.* ganz vernachlässigt, da derselbe sich stets in der ersten Residenz seines Vaters, in Tell-Baschir aufhielt, nur dem Vergnügen lebte und nichts davon wußte, daß *Zenki* sich unablässig auf die Eroberung seines Landes vorbereitete, namentlich da der Atabek seine Angriffe nur gegen Antiochia und gegen mohammedanische Gebiete richtete. Ohne daß es jemand ahnte, erschien am 16. Nov. 1144 sein ungeheures Turkmanenheer vor Edessa und schloß die Stadt rings ein. Die Mauern wurden untergraben und durch Balken gestützt; dann unterhandelte Zenki mit den Bewohnern und zeigte ihnen seine Vorrichtungen, daß er bloß die Balken anzuzünden brauche. *Joscelin*, der erst jetzt erfuhr, was geschah, eilte herbei. *Raimund* von Antiochia, den in blinder und törichter Eifersucht die Not des heimlichen Feindes freute, hatte Vorwände, ihm nicht beizustehen, und ehe die Truppen aus dem entfernten Jerusalem erschienen, hatte am 13. Dezember *Zenki* die Balken verbrannt und die Stadt war von den Siegern überschwemmt, die jeden Christen niedermachten, ohne auf Alter und Geschlecht zu sehen. *Zenki* tat dem Morden Einhalt, so viel er vermochte, was freilich bei dem Fanatismus der Krieger wenig war. Die Christen, welche fliehen konnten, drängten sich so eilig zur Zitadelle, daß über tausend im Gewühl den Tod fanden. Den Erzbischof, der unter ihnen war, aber seine geistlichen Kinder voran ließ, erschlugen die nacheilenden Türken. Den griechischen Bischof, *Basilios*, den die entmenschten Krieger nackt geißelten, rettete *Zenki* und kleidete ihn. Zwei Tage später ergab sich die Burg mit freiem Abzug. Die Gefangenen entließ *Zenki*, verwandelte aber alle Kirchen in Moscheen und ließ alle Kreuze niederreißen. An der Hauptmoschee wurden folgende arabische Verse angeschlagen:

> Bei meinem Erwachen sah ich mich befreit vom Joch dieser Barbaren, stolz, meine Kanzel und meine Fahnen wieder erlangt zu haben. Näher gekommen bin ich der Gerechtigkeit, welche mein Schmuck ist; weiter entfernt bin ich vom Verbrechen und von der Ungerechtigkeit. Rein bin ich in meinem ganzen Umfang. Dschemaleddin ist es, dem ich diesen glorreichen Sieg verdanke.

Dschemaleddin, Emir von Harran, hatte *Zenki* zur Belagerung Edessas aufgefordert und ihm die rechte Zeit dazu bestimmt; er war aber so bescheiden, daß er seinen Namen aus jenen Versen entfernen und Imadeddin (Zenki) dafür hineinsetzen ließ.

Aber schon nach zwei Jahren, im September 1146, wurde Zenki bei der

Belagerung eines Kurdenschlosses von einem Sklaven ermordet, dem er einen heftigen Verweis erteilt hatte. In Haleb folgte ihm sein jüngerer, aber ihm ähnlicher Sohn *Nureddin*, in Mosul der ältere, *Seiffeddin*. Ersterer bedurfte seiner sämtlichen Truppen, um sich seinen Sitz zu sichern, und so war Edessa außer der Burg von Türken frei, was *Joscelin II.* benutzte, sich von den Armeniern die Stadt öffnen zu lassen. In seinem alten Leichtsinn hatte er aber nicht überlegt, wie er sie behaupten würde, und die Zitadelle hatte er ja nicht! Sechs Tage darauf stand *Nureddin* vor den Mauren und in der Nacht versuchte *Joscelin* mit den Christen, Kriegern sowohl als Einwohnern, zu entfliehen, wurde aber von den Soldaten der Burg und den Belagerern zugleich überfallen, und die meisten Christen wurden teils in der Stadt, teils auf der Flucht niedergemacht oder gefangen. Bei beiden Einnahmen sollen 30 000 Christen getötet worden sein; 16 000 wurden gefesselt in ferne Gegenden abgeführt. *Joscelin* und Bischof *Basilios* waren unter den wenigen, welche entkamen. *Nureddin* zerstörte in seinem Zorn Stadt und Burg. Das östliche Bollwerk der Eroberungen des ersten Kreuzzugs war vernichtet!

ACHTER ABSCHNITT

Erneuerte Kreuzzugs-Begeisterung

Zur Zeit der Kreuzzüge schwankte das Abendland fortwährend zwischen den beiden Extremen vollkommener Gleichgültigkeit gegen jenes Unternehmen und überschwenglicher Begeisterung für dasselbe; von *jener* ließ es sich beherrschen, wenn es im Heiligen Land gut ging oder wenigstens nicht geradezu verzweifelte Nachrichten von dorther anlangten; *dieser* huldigte es, wenn ein schwerer Unglücksfall die neue Schöpfung im Morgenland betroffen hatte. Es bedachte nicht, daß es durch fortlaufende, rege, weder lässige noch unbesonnene Unterstützung der Kreuzfahrerstaaten Unfälle schwerer Art wenigstens nach Möglichkeit hätte verhüten können. Ein solches schweres Unglück nun, welches die gesamte römisch-katholische Christenheit tief erregte und in schwere Bekümmernis versetzte, war die Einnahme und spätere Zerstörung *Edessas* durch die Mohammedaner.

Die Nachricht von diesem die gesamten Erfolge der Christenheit seit einem halben Jahrhundert bedrohenden Ereignis rief schon bei ihrem Eintreffen einzelne Rüstungen zu einem neuen Kreuzzug hervor. Allein, um einen solchen zu bewerkstelligen, bedurfte es mehr als des Eifers einzelner. Insofern waren die Verhältnisse noch dieselben, wie vor dem ersten Kreuzzug, als nur ein in hohem Ansehen stehender kräftiger Geist ein solches Unternehmen hervorrufen konnte; insofern aber waren sie anders, als es keinen *Urban II.*, ja überhaupt keinen hervorragenden Papst mehr gab und der Antrieb zu einer allgemeinen Begeisterung für das Kreuz daher von einer anderen Seite kommen mußte. Die Päpste jener Zeit hatten mühsam mit Gegenparteien zu kämpfen und regierten meist nur kurze Zeit. Gerade während des Falles Edessas saßen innerhalb zweier Jahre *vier* römische Patriarchen nacheinander auf dem Stuhle des Petrus. Wenn nun auch das Papsttum noch fortwährend in hohem Ansehen stand, war es doch damals weder der hauptsächlichste Träger der von *Gregor VII.* befestigten Ideen, noch waren diese Ideen so alleinherrschende, wie ein halbes Jahrhundert früher. Einerseits nämlich war der Schwerpunkt der geistlichen Bestrebungen vom römischen Stuhl wieder nach den *Klöstern* verlegt, in denen er schon im neunten und zehnten Jahrhundert geruht hatte und aus denen er infolge ihrer Entartung im elften gewichen war, und anderseits begannen sich gegen die Mitte des zwölften Jahrhunderts kirchenfeindliche oder wenigstens dem herrschenden System in der Kirche abgeneigte Ansichten zu regen und geltend zu machen, die noch am Ende des elften nicht gewagt hätten hervorzutreten. Diese beiden einander widerstrebenden Richtungen, die klösterliche und die ketzerische, gingen von Frankreich aus, welches überhaupt während der ganzen Kreuzzüge die tonangebende Macht in Europa war. Deutschland folgte in beiden Beziehungen nur langsam dem Nachbarland, aber auch hier waren die Geister an einem Wendepunkt angekommen. Der Druck, den Rom seit den Tagen von Canossa mit Unterbrechungen und seit dem Tode *Heinrichs V.* ununterbrochen auf das deutsche Reich ausübte, begann seinen Gegendruck zu finden. Es war eine Reaktion des kaiserlichen Gedankens, den Rom zu zerstören suchte, gegen den Gedanken der päpstlichen Universalmonarchie im Aufkeimen begriffen. Italien aber war in Parteien zerrissen, zwischen denen Ordnung zu schaffen das Papsttum zu ohnmächtig war. Hier wie in Deutschland fühlte man tief das Fehlen der ehedem so glanzvollen kaiserlichen Macht. Ein Wiederaufleben der letztern lag sozusagen in der Luft und wir werden sehen, daß es auch zur Tatsache wurde.

Die in Frankreich begonnene Wiederbelebung des Klosterwesens, deren erste Anfänge mit der Stiftung des Klosters *Cluny* zu Anfang des zehnten Jahrhunderts zusammenfallen, wo die Regel des heiligen Benedikt eine strengere Beobachtung erfuhr als in früherer Zeit, nahm einen größeren Umfang erst durch *Bernhard von Clairvaux* an, welcher 1115 das Kloster dieses Namens (*Clara vallis*) stiftete und dem 1098 entstandenen, nach dem Kloster Citeaux bei Dijon benannten Orden der Zisterzienser angehörte, der die Reformbestrebungen der Cluniazenser fortsetzte und die Regel derselben noch mehr verschärfte. *Bernhards* Einfluß in diesem Orden war so bedeutend, daß derselbe auch nach ihm der Bernhardinerorden genannt wurde. Er war ein rechter Mann seiner Zeit, ein unerschütterlicher Kämpfer für die Einheit und Macht, den Glanz und Ruhm der Kirche und ihrer Spitze, des Papsttums. Durch seine Bemühungen entstanden nicht weniger als 1800 Klöster des neuen Ordens in Frankreich, England, Irland, Deutschland, Dänemark, Schweden und Norwegen. Die Zisterzienser lebten damals ärmlich, enthielten sich alles Aufwandes, trugen den Bischöfen tiefste Demut entgegen und vertauschten die schwarze Kutte der Benediktiner gegen eine weiße mit schwarzem Skapulier. Der Orden wurde durch einen aus den angesehensten Äbten bestehenden hohen Rat unter unmittelbarer Oberaufsicht des Papstes geleitet und die Klöster unterlagen einer jährlichen Untersuchung. In der Folge aber überlebten nur wenige Klöster dieses Ordens die Reformation und diese wenigen hielten dann auch nicht mehr an der Strenge ihrer Regel fest. Indessen wurden selbst in ihrer Blütezeit die Zisterzienser bezüglich der Strenge ihres klösterlichen Lebens noch weit von den *Kartäusern* übertroffen, die nach dem 1084 gestifteten Kloster Chartreuse bei Grenoble benannt sind, beständiges Schweigen beobachten und sich des Fleisches gänzlich enthalten mußten und unter denen Selbstpeinigungen als größtes Verdienst galten. Auch haben die Kartäuser ungleich den Zisterziensern ihre Strenge bis auf den heutigen Tag beibehalten. Des Zusammenhangs wegen erwähnen wir schon hier, daß diese asketische Bewegung auch nach dem Heiligen Land ihre Wellen warf und dort 1156 auf dem Berg Karmel die Gründung des Ordens der *Karmeliter* herbeiführte, der sich naiverweise vom Propheten Elias herleitete. Alle diese Orden mit ihrer staunenswerten Anzahl von Klöstern und Mönchen waren aber trotz alledem nicht fähig, ihrer Zeit das zu werden, dessen sie bedurfte und das Sehnen derselben nach einem ihr selbst unklaren Ziel zu befriedigen. Die Mönche waren eben nur Menschen und konnten daher nicht vollbringen, was nur übermenschlichen Wesen möglich gewesen wäre. Ihnen kam aber zustatten, daß die damalige Menschheit ihrer ganzen Neigung und Bildung gemäß alles Heil von der Geistlichkeit erwartete, so unvollkommen auch diese in den meisten ihrer Vertreter sein mochte.

Bernhard von Clairvaux, einer adeligen Familie Burgunds und sehr frommen Eltern entstammend, wurde 1091 geboren und widmete sich von Jugend auf der Frömmigkeit, so wenig derselben auch seine Geschwister huldigten, die aber schließlich, durch sein Beispiel bewogen, ebenfalls Mönche und Nonnen wurden; zwar waren sie zum Teil verheiratet, aber ihre Gatten und Gattinnen traten ebenfalls in Klöster und am Ende folgte auch der verwitwete Vater dieser asketischen Familie dem Beispiel seiner Kinder. Als Abt von Clairvaux befleißigte sich *Bernhard* mit seinen Mönchen, zu denen auch Prinz *Heinrich*, der Bruder *Ludwigs VII.* gehörte, des strengsten und mäßigsten Lebens und geriet bald in den Ruf, Wunder zu vollbringen. Viele seiner Mönche wurden Äbte, Bischöfe, Erzbischöfe, Kardinäle, ja sogar einer als *Eugen III.* Papst. *Bernhard* galt bald im ganzen römischen Europa als religiöse Autorität, und überall wählte man ihn um so lieber zum Schiedsrichter in schwierigen Fragen, als er stets mit Milde und Sanftmut und ohne unnötige Härte urteilte. Ein so feuriger Anhänger des Papsttums er war, weil er darin die notwendige Einheit der Kirche verkörpert sah, ein so entschiedener Gegner jeder Verweltlichung jener Würde war er stets; er verlangte, daß der Papst bloß geistliches Oberhaupt der Kirche sei und sich sowohl jeder weltlichen Herrschaft als jedes weltlichen Glanzes und Aufwandes enthalten solle, und tadelte offen diejenigen Päpste, die diesem seinem Ideal entgegen handelten. Gegen Verächter der Kirchenlehre, gegen Machthaber, welche die Kirche bedrängten oder benachteiligten, und gegen schismatische Päpste und von diesen gewählte Bischöfe war er unerbittlich und stets sicher, durch die Würde seiner Erscheinung und die Gewalt seiner Rede diese Feinde des römisch-katholischen Glaubens niederzudonnern. In diesem Sinn wirkte er auch in Italien und Deutschland, welche Länder er durchreiste. Weder Naturschönheiten noch Kunstwerke bemerkte und achtete er auf seinen Reisen, weil er in seinem Geist nur mit der Religion beschäftigt war.

Gegen jene Feinde seines Standpunktes nun hatte *Bernhard* namentlich in seinem Vaterland Frankreich Anlaß vorzugehen. Das zunehmende Streben, nach der Wahrheit zu forschen und zwar auch ohne Erlaubnis der Kirche, hatte natürlich mitunter Ergebnisse, welche den Kirchenlehren widersprachen und von der Kirche und den ihr unbedingt Ergebenen „Irrlehren" genannt wurden, während es doch nicht so ohne weiteres von jedermann verlangt werden konnte, in der kirchlichen Ansicht ohne Prüfung unfehlbare Wahrheit zu erkennen. Das Streben der Kirchenhäupter nach weltlicher Gewalt, ihr Leben in Pracht und Glanz, die Einführung des unnatürlichen Zölibats, das Diktieren überschwenglicher und unbegreiflicher Dogmen, namentlich bezüglich des Abendmahls, der vornehmlich während des ersten Kreuzzugs betriebene Schwindel mit Visionen, Wundern und Reliquien (man braucht nur an die Heilige Lanze zu denken) forderte ja denkende Menschen hundert- und tausendfach nicht nur zum Zweifel, sondern geradezu zum Widerspruch heraus!

In weiten Gegenden Frankreichs, wie schon früher Italiens, war das gesamte Volk im Sinne der Kirche ketzerisch gesinnt und betrachtete seine Ansichten als die rechtgläubig katholischen und die des römischen Stuhls als ketzerisch. Der Umgang mit Juden und mit Mohammedanern Spaniens führte vollends zur weitherzigsten Duldsamkeit in Glaubenssachen. Es ist übrigens ganz naturgemäß und der menschlichen Unvollkommenheit entsprechend, daß die von der Kirchenlehre abweichenden Lehrer und Sekten vielfach ebenso große oder noch größere Ungereimtheiten behaupteten, als die Kirche selbst. Tief sittliche sowohl als grell unsittliche Folgerungen ihrer Ansichten kamen bei „Irrlehrern" beiderlei vor; doch waren ja auch die Kirchenlehrer nicht immer streng gegen sich selbst in dieser Beziehung. Gegen die Urheber der Irrlehren kämpfte und predigte *Bernhard* mit Macht, obschon er sie oft gar nicht verstand und in ihren tieferen Sinn nicht eindrang oder nicht eindringen wollte, weil er von vornherein alles als schädlich betrachtete, was im mindesten von der Kirchenlehre abwich. Sein gefürchtetster Gegner war ohne Frage *Peter Abälard*. Dieser berühmte Gelehrte (geb. 1079 in Nantes, gest. 1142 im Kloster Cluny) unterschied sich von früheren Verfechtern der Aufklärung dadurch, daß er sich nicht mit dem Verneinen begnügte, sondern auch aufzubauen suchte und zwischen Glauben und Wissen eine Vermittlung anstrebte. Ob er dieser Aufgabe gewachsen war, ist freilich eine andere Frage. Aber das war jedenfalls eine höchst achtungswerte Kühnheit dieses Geistes, daß er die Grundlehren des Christentums schon vor dessen Erscheinung, in den großen Weisen und Dichtern des klassischen Altertums geahnt und sogar ausgesprochen fand, während er immerhin anerkannte, daß das Christentum zum Gemeingut der Menschheit gemacht hat, was vor ihm nur Auserwählten zu erkennen vergönnt war. Hingegen geißelte er die Christen durch ihren Vergleich mit den geistigen Größen der Alten, die an sittlichem Charakter weit über ihnen standen. Das ganze aufgeklärte Frankreich, und das war nicht wenig, begeisterte sich für *Abälard*; doch nicht nur das: aus Deutschland und England, Italien und Spanien pilgerten Wissensdurstige und im Glauben Zweifelnde zu den Füßen des gefeierten Lehrers nach Paris, wo die spätere Universität sich auf der Grundlage seiner Schule erhob. *Abälard*, welcher vermöge der außerordentlichen Gewalt seiner Rede, der Kühnheit seiner Gedanken und der Romantik seines Lebens wie eine grüne Oase in der dürren Wüste der mittelalterlichen Scholastik (Schulphilosophie) erscheint, leugnete weder die Wunder noch die Gottheit Christi vollkommen, lehrte aber beides in einer Art, aus welcher hervorgeht, daß er sich zwang, an beides zu glauben, um mit seiner Zeit nicht in allzu grellen Widerspruch zu geraten. Er war daher seiner Sache so wenig sicher, als die Kirche, nur daß die letztere in den Augen ihrer Gläubigen die göttliche Offenbarung für sich hatte. Zu dieser Unsicherheit, welche freilich viele seiner Schüler für eine unfehlbare Sicherheit hielten, kamen verschiedene Erschütterungen seines Ansehens, das sogar bei kirchlichen Würdenträgern, selbst in Rom, eingewurzelt war. Freilich schadeten ihm diese Erschütterungen nicht bei seinen feurigen Anhängern, wohl aber bei jenen, die ihr Interesse an andere Bahnen kettete. Das erste, was hierzu beitrug, war sein vielgefeiertes Verhältnis zu seiner Schülerin *Heloise* und seine bezüglich desselben an den Tag gelegte unmännliche Schwäche, sowie die dafür erlittene entehrende und barbarische Strafe, das zweite die Revolution, welche sein Schüler *Arnold von Brescia* in Italien durchführte, das dritte endlich seine Einschüchterung durch seinen Gegner *Bernhard* an der Synode zu *Sens*, 1140, wo er, der Freigeist, sich nicht anders zu helfen wußte, als an den Papst zu appellieren. *Innozenz II.* bestätigte im Gegensatz zu der Ansicht mancher Kardinäle das Verdammungsurteil der Synode, *Bernhard* hatte einen glänzenden Sieg erfochten und der Aufklärer endete als Büßender in einem Kloster vom Orden seines Überwinders! Und diesem erlagen noch mehrere Verfechter freier Forschung, sowohl um des Schwankenden in ihren Ansichten als um des herrschenden Standpunktes willen.

Wie die Aufklärung, so besiegte *Bernhard* auch die der Kirche sich nicht unterordnende Staatsgewalt. Sein junger König *Ludwig VII.*, ursprünglich der Kirche durchaus ergeben, war mit Innozenz II. wegen einer geringschätzigen Äußerung desselben über ihn zerfallen, verfolgte jahrelang den dem Papst ergebenen Erzbischof *Peter* von Bourges und mißachtete sogar die Ermahnungen *Bernhards*. Ein Kirchenbrand aber in einem von ihm geführten inneren Krieg, wobei über tausend Menschen umkamen, peinigte sein Gewissen und er leistete dem verfolgten Erzbischof *Peter* vollkommene Genugtuung. Aber er tat noch mehr. Auf einer Prälatenversammlung zu *Bourges*, in der Weihnacht 1145, wo der aus Palästina zurückgekehrte Bischof *Gottfried* von Langres die traurige Lage der Christen im Orient seit Edessas Fall mit glühenden Farben schilderte, erklärte sich *Ludwig* bereit, das Kreuz zu nehmen. Doch war dies nicht ganz sein eigener Gedanke. Der erste Anstoß zum Kreuzzug war auch diesmal wieder vom Papst infolge von Hilfegesuchen aus dem Morgenland ausgegangen. Der Bischof *Hugo* von Gibellum (Gabala), ein eifriger Verfechter der Rechte des Papstes in Syrien und Gegner der griechischen Ansprüche, hatte *Eugen III.* um Hilfe gebeten und auf den sogenannten „Priester Johannes“ (einen mongolischen Khan nestorianisch-christlichen Glaubens) als ferneren Helfer hingewiesen. Zugleich hatten armenische Gesandte dem Papst die Unterwerfung ihrer Kirche unter Rom in Aussicht gestellt, und daraufhin hatte er am 1. Dezember den König Ludwig und seinen Hof an die Predigt *Urban II.* und die Taten

Ludwig VII. kniet vor Bernhard.

des ersten Kreuzzugs erinnert und zu einem neuen solchen aufgefordert. Überdies hatte der König bereits ein Beistandsgesuch der syrischen Christen erhalten. Sein Minister, Abt *Suger* von St. Denis, der erste Begründer der französischen Staatseinheit, äußerte seine Bedenken gegen eine Abwesenheit des Königs aus dem von den Gelüsten der Vasallen beunruhigten Reich und riet, erst den verehrten *Bernhard* um seine Ansicht zu befragen. Letzterer aber wollte keine Verantwortlichkeit auf sich nehmen, so sehr er das Unternehmen billigte, und wies die des Rates bedürftigen dahin, wo sie vernehmen mußten, was er wünschte, nämlich an seinen ehemaligen Schüler, Papst *Eugen*, welcher natürlich das Vorhaben, das er selbst hervorgerufen, vollkommen billigte und nur bedauerte, Frankreich nicht selbst, wie einst *Urban II.* besuchen zu können, weil ihn *Arnold* von Brescia und seine Republikaner bedrängten und sogar nebst allen Kardinälen aus Rom vertrieben hatten, wohin er allerdings wieder zurückgekehrt war. Er übertrug daher das Amt, den neuen Kreuzzug zu predigen, seinem gewesenen Lehrer und Abt und verhieß dem König und seinen Großen allen Lohn guter Taten und Ablaß für ihre Sünden, wenn sie seinem Auftrag folgten und sich als wackere Kämpfer für das Kreuz und Rächer ihrer erschlagenen Brüder erwiesen. Er nahm ferner die zurückzulassenden Familien unter seinen Schutz, sicherte die Habe der Ausziehenden gegen alle unrechtmäßigen sowohl als gerichtlichen Anfechtungen und sprach sie für die Dauer des Zuges von aller Zinspflicht für Schulden frei, wozu noch viele andere Vergünstigungen kamen, die ihm Anlaß boten, sich als den Herrn über alle irdischen Herren zu zeigen. Dagegen warnte er die Ritter vor allem unnützen Aufwand während der Kreuzfahrt.

Es war zur Veranstaltung dieses Unternehmens ein Reichstag auf das Osterfest 1146 zu *Vézelay* in Burgund festgesetzt worden. Zu demselben strömte eine solche Menge Volks herbei, daß, wie 1095 in Clermont, die Versammlung auf freiem Feld stattfinden mußte. Es war eine Bühne errichtet, auf welcher der König und *Bernhard* vor allem Volk erschienen, ersterer in den Zeichen seiner Würde, letzterer in seiner einfachen Kutte. Der Abt von Clairvaux nahm das Wort und schilderte die Lage des Heiligen Landes und die Notwendigkeit kräftiger Hilfeleistung von seiten der Christen. Allgemeine Begeisterung begleitete seine Worte und auch hier erscholl wieder tausendstimmig der Ruf: „Gott will es, Gott will es!“ Nachdem er geschlossen, warf sich der König ihm zu Füßen und bat um das Kreuz (Bild 35).

Mit demselben geschmückt, richtete er ebenfalls einige Worte an die festlich gestimmte Menge und forderte sie auf, seinem Beispiel zu folgen. Alles drängte sich nun, dem Rang gemäß, herbei, zuerst die Königin *Eleonore*, Erbin von Poitou und Guyenne, dann Prinzen, Fürsten, Grafen, Barone, Ritter, Bischöfe, Äbte, Priester und gemeine Leute, so daß dem Kreuzzugsprediger die Kreuze ausgingen und er welche aus seinem Mönchskleid schneiden mußte. Auf der Stelle der Bühne wurde später eine Kirche errichtet.

Der Aufbruch zum Kreuzzug war auf den Frühling des nächsten Jahres angesetzt, und inzwischen begab sich *Bernhard*, so schwach er sich auch vom Fasten, Beten und Wachen fühlte, auf seine Rundreise, das Kreuz zu predigen. Er durchwanderte ganz Frankreich, wenigsten die bedeutendsten Orte: an die übrigen gelangten Briefe von ihm oder seinen Klostergenossen. Sein Werk hatte glücklichen Erfolg: Alles strömte herbei und wie er selbst berichtet, blieb auf sieben Frauen kaum ein Mann zurück. Doch nahmen auch viele Frauen nach dem Beispiel der Königin das Kreuz.

Auch diesmal aber hatte die Kreuzpredigt, wie bei Anlaß des Auszugs der ungeordneten Scharen vor dem ersten Kreuzzug, nicht nur erhebende, sondern auch grauenhafte Wirkungen, nämlich neue entsetzliche *Judenver-*

folgungen. Man wollte abermals in der Bekämpfung der Feinde Christi mit den nächsten beginnen und warf sich auf die, denen man nicht nur törichterweise den Tod Jesu, durch den doch nach kirchlicher Lehre die Erlösung bewirkt worden ist, sondern argen Wucher und Mißbrauch geraubter und von ihnen angekaufter Kirchengeräte vorwarf. Der ruchlose Anstifter war ein Kreuzprediger niederen Ranges, der Mönch *Radulf* oder *Rudolf*. Eine entsetzliche neue Schlächterei der Juden begann am 8. Mai in Metz und setzte sich wieder nach dem Rhein hin fort, der Lieblingsgegend jenes Greuels; namentlich im August wurden in Köln, Trier, Speyer, Mainz, dann weiter östlich in Augsburg und bis nach Böhmen und Kärnten hin die Juden gemordet, wobei sich die Erzbischöfe von Mainz und Köln und der deutsche König *Konrad III.* der Verfolgten annahmen, aber hierdurch nur die Wut des fanatischen Pöbels auf sich selbst lenkten. Während sich in dieser Hinsicht aber der sonst milde Abt *Peter* von Cluny, wenn auch gegen die Tötung, doch für die Beraubung der Juden aussprach, weil er ihr Gut als unrechtmäßig erworbenes betrachtete, zeigte sich dagegen *Bernhard* von Clairvaux jetzt im schönsten Licht und des höchsten Lobes eines christlichen Lehrers würdig. Er bewies aus dem Evangelium die Verwerflichkeit dieses Treibens und die Bestimmung auch der Juden zur Seligkeit, wenn die Zeit ihrer Erleuchtung und Bekehrung gekommen sein werde. Nicht nur schrieb er an den Erzbischof von Mainz, der ihn um seine Dazwischenkunft im Namen der Menschlichkeit gebeten, verdammende Worte über das Vorgefallene, sondern entschloß sich sogar, selbst nach Deutschland zu reisen und dort einerseits dem Judenmord zu wehren, anderseits das Kreuz zu predigen. Das letztere war eine heilsame Ablenkung für das erstere und zugleich ein gottgefälliges Werk nach dem Glauben der Zeit. In dieser Absicht kam *Bernhard*, seines Sieges gewiß, nach Mainz, und sein erstes war, den elenden *Rudolf*, der sich eben dort befand, ernst zur Rede zu stellen und in sein Kloster zu schicken. Dann ging er an die Kreuzpredigt, und die ersten Erfolge in Worms und Mainz übertrafen Bernhards Erwartungen, die bei der verhältnismäßig geringen Beteiligung der Deutschen am ersten Kreuzzug nicht hoch gespannt sein konnten. Mehr Mühe hatte er, den in Frankfurt weilenden König *Konrad* für seine Mission zu gewinnen.

Konrad aus dem Hause *Staufen*, dessen Erhebung mit ihm begann, wurde von den Anhängern desselben unter den Fürsten auf den Vorschlag seines älteren Bruders, des Herzogs *Friedrich* von Schwaben, der selbst gegenüber Lothar von Sachsen die Krone angesprochen hatte, am 18. Dezember 1127, 32 Jahre alt, zum Gegenkönig gewählt und infolgedessen, da die Geistlichkeit insgesamt für *Lothar* war, vom Papst in den Bann getan, und konnte sich überhaupt nicht geltend machen, so daß er sich endlich genötigt sah, (1135) seinen Nebenbuhler zu unterwerfen. Nach *Lothars* Tod aber, 1138, wurde er einstimmig zum König erhoben und verdankte seine Wahl hauptsächlich dem Einfluß des römischen Hofes, befand sich aber dessenungeachtet nicht in vollem Einverständnis mit demselben, namentlich da der Bund des neuen sizilischen Königs *Roger* mit dem Papst seine Kaiserkrönung verhinderte. Das gefallene kaiserliche Ansehen in Italien suchte er daher 1142 durch einen Bund mit dem byzantinischen Kaiser *Johannes* herzustellen, mit dessen Nachfolger *Manuel* er denselben erneuerte, bei welchen Anlässen *Konrad* unberechtigterweise die kaiserlichen Ehrenrechte für sich in Anspruch nahm. Die Verhandlungen endeten mit der Heirat zwischen *Manuel* und *Konrads* Schwägerin *Berta* (als Kaiserin *Irene* genannt). Der König nahm *Bernhard* sehr gut auf und trug ihn eines Tages, da ihn im Dom das Volk stark umdrängte und beinahe erdrückte, eigenhändig heraus. Zum Kreuzzug dagegen zeigte sich *Konrad* auf *Bernhards* Andringen nicht sogleich bereit. Auf späteres besseres Gelingen hoffend, predigte *Bernhard* inzwischen in Schwaben das Kreuz und war am Weihnachtsvorabend zum Reichstag in *Speyer* eingetroffen, wo er feurig für seine Sache sprach und großen Eindruck erzielte – nur bei dem König noch nicht. Aber *Bernhard* ließ ihm keine Ruhe und hielt am Tage Johannes des Evangelisten im Dom eine so eindringliche Rede an *Konrad*, dem er sogar mit dem letzten Gericht drohte, daß der König in Rührung fiel und sich bereit erklärte, das Kreuz zu nehmen, was er auch unter den die Luft erschütternden Jubelrufen des Volkes tat, worauf ihm *Bernhard* die Fahne zum Heiligen Krieg überreichte. Viele Fürsten folgten seinem Beispiele, unter anderem auch sein Neffe *Friedrich*, der spätere Kaiser Rotbart, was dessen Vater, den kranken Herzog *Friedrich* von Schwaben, so betrübte, daß er vorzeitig starb. *Bernhard* setzte dann seine Reise durch Deutschland fort und fand so wunderbar großen Anklang, daß man von Wundern, namentlich Krankenheilungen erzählte, die bei seinen Predigten geschehen sein sollten. *Bernhard* sprach auch in Deutschland französisch, da er keiner anderen lebenden Sprache mächtig war; man wollte dabei den Umstand als ein Wunder betrachten, daß ihm das Volk trotzdem andächtig zuhörte und auf sein Wort hin das Kreuz nahm; wahrscheinlich aber haben die Gebildeten, welche schon damals, namentlich im Westen Deutschlands, allgemein französisch verstanden, dem Volk den Inhalt der Predigten auszugsweise verdolmetscht. Nach dreimonatiger Abwesenheit kam *Bernhard* mit 30 neu gewonnenen Mönchen, denen später ebenso viele nachfolgten, wieder in Clairvaux an, während im Osten Deutschlands andere begeisterte Prediger sein Werk fortsetzten und ebenfalls bedeutende Erfolge zu verzeichnen hatten. Namentlich versöhnten sich viele Fürsten und Herren, welche bisher einander heftig befehdet hatten, und nahmen einträchtig das Kreuz. Rastlos sandte *Bernhard* auch schriftliche Aufforderungen nach den übrigen Ländern des römisch-katholischen Gebiets, und überall, in England, Skandinavien, Polen, Ungarn und Italien, fanden sich zahlreiche Scharen, die sich rüsteten, am neuen Zug nach dem Heiligen Grab teilzunehmen.

Der Papst aber, welcher diesen Kreuzzug zuerst angeregt, zürnte dem König unter dem Vorwand, daß er diesen Schritt ohne Roms Einwilligung getan; er erblickte darin eine Auflehnung gegen die päpstliche Vormundschaft über Deutschland und konnte zugleich nur mit Grauen daran denken, daß er in dem schon wiederholt vorgekommenen Fall, da er des Königs Hilfe bedürfte, in dem von Parteien zerrissenen Italien sich völlig verlassen sehen müßte.

NEUNTER ABSCHNITT

Der sogenannte zweite Kreuzzug

Im Frühling 1147 wurde nun mit dem neuen Kreuzzug Ernst gemacht. Es wurden zwischen den Königen von Deutschland und Frankreich Verhandlungen über die Zeit und die Art des Aufbruchs und mit den Fürsten der Länder, die durchzogen werden sollten, über den Durchzug gepflogen. König *Roger* von Sizilien machte günstige Anerbietungen, falls das Heer zur See, der byzantinische Kaiser *Manuel*, falls es zu Lande seinen Weg nehmen würde. Man zog den Landweg vor und der Aufbruch der Franzosen sollte acht Tage nach Pfingsten, von Metz aus, vor sich gehen. König *Ludwig VII.* übertrug die Regierung während seiner Abwesenheit dem gewandten und erprobten Abt *Suger*. Der deutsche Reichstag zu Frankfurt am 19. März beschloß, daß das deutsche Heer sich in Regensburg in der Mitte des Mai sammeln, dem französischen Heer vorangehen und sich erst in Konstantinopel mit demselben vereinigen solle. Im letzten Augenblick fand jedoch noch eine unerwartete Trennung statt. Die Sachsen nämlich fanden, nachdem die erste Begeisterung für das Heilige Land verflogen war, bei kühlerer und vernünftigerer Überlegung, daß sie besser täten, sich der nächsten Gefahr zuzuwenden, als einer entfernten, der es ohnehin nicht an bereitwilligen Armen gebreche, doch sie wünschten, statt nach dem Morgenland, einen Kreuzzug gegen die heidnischen *Wenden* zu unternehmen, und ihnen schlossen sich noch weitere deutsche Kreuzfahrer an. *Bernhard* von Clairvaux, den man auch diesmal beriet, gab seine Zustimmung; wir werden aber diese Fahrt und was mit ihr zusammenhängt, an einer andern Stelle dieses Buches erzählen.

Am Reichstag in Frankfurt wurde weiter ein allgemeiner Landfriede während des Kreuzzugs beschlossen und alle Fehden wurden verpönt. Als Stellvertreter des Königs wurde – dessen zehnjähriger Sohn *Heinrich* bestellt und sofort zum König gewählt und am 23. März in Aachen gekrönt. Abt *Wibald* von Stablo war jedoch der wirkliche Regent für den Knaben (welcher drei Jahre später noch vor seinem Vater starb); vorerst jedoch wurde der Abt samt den Bischöfen von Worms und Havelberg an den Papst gesandt, welcher in demonstrativer Weise eine von Konrad gewünschte Zusammenkunft abgelehnt, dagegen den französischen König in dessen Reich aufgesucht hatte. Die Gesandten trafen *Eugen III.* am 30. März in Dijon, wohin ihm *Ludwig VII.* entgegenkam und wo er ihn mit der größten Pracht empfing. Bezeichnend für die damaligen Anschauungen ist die Art und Weise, wie sich bei dieser Gelegenheit der Papst und der König benahmen. Als der letztere den ersteren erblickte, stieg er vom Pferd, eilte zum Papst, umarmte dessen Füße, küßte sie und benetzte sie mit Tränen. Man rief dem Papst zu, dies sei der König, aber *Eugen* stellte sich, als hörte er es nicht und ließ absichtlich den Monarchen in seiner demütigen Haltung verharren, so sehr ihn diese (angeblich ebenfalls zu Tränen) rührte, bis es ihm gefiel, den König zu beachten, worauf er dessen Demut rühmte, aber noch mehr diejenige seines Bruders, der in Clairvaux als Mönch die niedrigsten Dienste verrichte. Der Besuch des Papstes fand indessen in dem von Ketzerei aller Art unterwühlten Frankreich so wenig allgemeinen Anklang als der Kreuzzug, den er betrieb, sogar bei einem Teil der Geistlichkeit, welche sich über die Kosten ärgerte, die der päpstliche Besuch dem Land verursachte. Als der Papst in Paris in der Genoveva-Kirche eine Messe las, griffen Diener dortiger Geistlichen sein Gefolge an und prügelten es durch, wofür die Anstifter später ihre Pfründen verloren. Die erhobenen Kreuzzugssteuern erregten überall, bei Geistlichen wie bei Laien, die, um den Anforderungen zu genügen, ihre Kostbarkeiten verpfänden mußten, große Unzufriedenheit.

Nachdem der Papst auf die Botschaft *Konrads* nichts anderes geantwortet, als daß er den Zug gegen die Wenden genehmige, und nachdem ein Teil der Kreuzfahrer das bevorstehende heilige Werk noch durch eine nachträgliche Judenmetzelei in Würzburg gefeiert, sammelte sich das deutsche Heer in Regensburg zur festgesetzten Zeit. Bei dem König fanden sich ein: sein Neffe, *Friedrich* von Schwaben, seine beiden Halbbrüder aus dem Haus Babenberg, Herzog *Heinrich* (nach seinem Lieblingsschwur Jasomirgott genannt) von Baiern und Österreich und Bischof *Otto* von Freising und viele andere Fürsten und Bischöfe. Das Heer trat dann, der König mit den Vornehmsten zu Schiffe auf der Donau, die übrigen am Ufer hin, seine weite Reise an. Eine Schar von Lothringern und Westfalen hatte sich schon früher in Köln gesammelt und fuhr zu Schiff, durch Niederländer und Engländer verstärkt, nach Spanien, wo wir sie, wie die Wendenfahrer, am passenden Ort wiederfinden werden.

Der Geschichtschreiber der Kreuzzüge, Wilken, schildert den Auszug des deutschen Kreuzheeres in folgender lebensvoller Weise: „Es war im deutschen Reich noch nie eine so herrliche Ritterschaft gesammelt, noch nie ein so wohlgerüstetes Heer gesehen worden. Stattliche Scharen folgten den Herzogen, gebildet aus den trefflichsten Männern ihrer Völker; vor allen zahlreich und prachtvoll gerüstet und geschmückt waren die königlichen Scharen. Der Glanz der Helme und Schilde blendete das Auge, es strahlten von Gold und Silber die köstlichen Wappenkleider, unabsehbar war der Wald der Lanzen und Speere und geziert und erheitert durch flatternde lichte Banner, und die Erde erbebte unter den Tritten der gewaltigen Schlachtrosse … Siebzigtausend war die Zahl allein der geharnischten Ritter, ohne die Leichtbewaffneten zu Roß und das zahllose Fußvolk. Viele mutvolle Frauen folgten ihren Männern in ritterlicher Kleidung und Rü-

Orientierungskarte über die Richtung der Kreuzzüge.

stung, um Anteil an den Gefährlichkeiten und Kämpfen dieser heiligen Heerfahrt zu nehmen. Aber auch eine große Zahl von anderen nicht so mutigen und kraftvollen Weibern erschwerte die Bewegung des Heeres, und unter die edeln, tapfern, frommen deutschen Männer hatte sich viel heimatloses, raubgieriges und sittenloses Volk gemischt, welches die Wallfahrt nur als eine Gelegenheit ansah, ungestraft zu rauben."

Zu Ardacker in Oberösterreich vereinigte sich der König wieder mit seinem Heer und führte es dann selbst nach *Ungarn*. Dies war ein besorgniserregender Schritt; denn *Konrad* hatte erst im vorhergehenden Jahr König Kolomans Sohn *Boris* in seinen Ansprüchen auf die ungarische Krone ermuntert, und derselbe hatte daraufhin mit Hilfe bairischer und österreichischer Anhänger einen Einfall in Ungarn gemacht, der zu einem Krieg zwischen diesem Land und dem Herzog *Heinrich Jasomirgott* führte, so daß *Konrad* Grund hatte, von seiten des damals siegreichen Königs *Geisa* keine freundliche Aufnahme zu erwarten. Der Durchzug, den der König mit den Rittern auf eine Donau-Flotille vollführte, während das Fußvolk am Ufer hinzog, ging jedoch ohne Störung vor sich; denn *Konrad* wollte einen christlichen König nicht angreifen und hielt sich nur zur Verteidigung bereit, die aber nicht erforderlich wurde, weil das kleine Ungarn das große Kreuzheer scheute. *Boris*, der von Konstantinopel, seinem Asyl, hergeeilt war und gehofft hatte, mit Hilfe der Kreuzfahrer sein Ziel zu erreichen, sah sich daher bezüglich der Deutschen getäuscht und hoffte mit den *Franzosen* mehr Glück zu haben.

Diese hatten sich zu Pfingsten bei Metz gesammelt, obschon diese Stadt zum deutschen Reich gehörte, und bildeten ein nicht weniger stattliches

Heer als die Deutschen. Zu dem König, den bei der Abreise von St. Denis der Papst gesegnet hatte, gesellten sich dessen Bruder Graf *Robert* von Perche und seine Oheime, die Grafen von *Maurienne* und *Montserrat* sowie andere hohe Herren und geistliche Würdenträger in Menge. Auch die Lothringer unter den Bischöfen von Metz und Toul und dem Grafen von *Baudemont* schlossen sich dem französischen Heer an, bei dem sich auch, in Erwartung zu machender Geschäfte, viele Kaufleute und Wechsler befanden. Am 29. Juni kam das Heer nach Worms, wo die Franzosen den ehrenvollen Empfang, den ihnen die Bürger bereiteten, durch Übermut und Gewalttätigkeit vergalten, was von seiten der erbitterten und sich bewaffnenden Wormser einen Aufstand und argen Tumult hervorrief. Die schon damals wegen der Menge des Kriegsvolks entstehende Teuerung bewog die Herren von *Maurianne* und *Montserrat*, sowie andere Grafen und Herren, das Heer zu verlassen und ihren Weg über die Alpen zu nehmen, und auch unter den übrigen bewirkten die unmäßige Menge der Gepäckwagen, die Ansprüche der Königin und der anderen Damen mit ihren zahllosen Kammerfrauen und das Ärgernis, das die mitziehenden gemeinen Dirnen verursachten, viele Unzufriedenheit und Entmutigung. So zogen die Franzosen ohne Zwischenfall durch Süddeutschland nach Ungarn, indem sie überall den Spuren der Deutschen folgten und die von denselben gebahnten Wege und geschlagenen Brücken bequem benutzen konnten. Aber auch die Franzosen hatten keine Lust, sich für *Boris* zu schlagen; König *Ludwig* wechselte vielmehr mit König *Geisa* bei einer Zusammenkunft Versicherungen der Freundschaft, schützte aber doch *Boris* gegen alle Nachstellungen von seiten des Königs und verweigerte seine Auslieferung.

Gefahren begannen für beide Heere erst bei dem Betreten des byzantinischen Reiches. Kaiser *Manuel* schickte den Deutschen bis an die griechisch-ungarische Grenze, den Franzosen aber sogar bis nach Regensburg Gesandte entgegen. Ihre mitgebrachten Schreiben waren voll schmeichlerischer und heuchlerischer Phrasen, und die am byzantinischen Hof üblichen demutvollen und kriecherischen Bücklinge machten auf Deutsche und Franzosen einen gleich widerlichen Eindruck. Von jenen aber verlangte der Kaiser lediglich die Zusicherung der Vermeidung jeder feindseligen Handlung gegen die Griechen, von diesen dagegen ein eidliches Versprechen, keine Stadt oder Burg des Reiches in Besitz zu nehmen und Eroberungen von den Türken dem Kaiser herauszugeben; im Weigerungsfall sollten ihnen keine Lebensmittel verabfolgt werden. Der Kriegsrat des französischen Heeres beschloß, die erste jener beiden Forderungen zu gewähren, über die zweite aber mit dem Kaiser selbst zu verhandeln. Der Grund dieses größeren Mißtrauens gegen die Franzosen lag in deren damaligen freundlichen Beziehungen zu dem Beschützer des Papstes, König *Roger* von Sizilien, welcher, gleich seinen Vorgängern Robert *Guiscard* und *Boemund,* einen dritten Krieg gegen das östliche Rom vorbereitete und den Durchzug der Kreuzfahrer durch Unteritalien nur gewünscht hatte, um sie zu diesem Krieg zu verwenden.

Kaiser *Manuel* hatte sich indessen gegen die Kreuzfahrer gerüstet wie gegen den Einfall eines feindlichen Heeres. Seine Truppen waren aufgeboten, seine Städte neu befestigt, und ein Heer aus Petschenegen und Kumanen unter Anführung eines türkischen Söldners mußte die Ankömmlinge beobachten. Allerdings konnte der Kaiser nicht wissen, ob nicht die Deutschen, namentlich aber die Franzosen, dieselben Absichten gegen ihn hegten wie Roger von Sizilien; er mußte fürchten, daß das ganze Abendland gegen ihn zu Felde ziehe, und dies um so mehr, als die italienischen Normannen damals Korfu eroberten, Kephalonia verwüsteten, Korinth, Theben, Malvasia und Euböa plünderten und große Schätze sowie angesehene Personen gefangen aus Griechenland wegführten. *Manuel* tat daher, was auch *Roger* getan, er schloß Frieden mit dem Islam, um gegen das Abendland gerüstet zu sein. Bereits hatte er den Seldschuken ihre kleinasiatischen Eroberungen bis vor die Tore von *Ikonion* weggenommen, und nun ließ er sie wieder los aus der Zange, in die sie mit Hilfe der Kreuzfahrer geraten wären, wenn nicht der Osten der Christenheit dem Westen und der Süden dem Norden mißtraut und Haß entgegengetragen hätte. Und da sollte ein Kreuzzug gelingen?

Unangefochten und auch niemanden anfechtend gelangten die deutschen Kreuzfahrer durch Serbien und Bulgarien bis über den Balkan; aber da begingen sie aus Griechenhaß Verwüstungen und Räubereien, die derjenigen unter *Peter* dem Eremiten und den beiden *Walter* würdig waren. In Philippopel aber entstand bereits ein Kampf mit den Griechen, weil einige abergläubige deutsche Krieger in einer Schenke einen Schlangenbeschwörer, den sie für einen Zauberer hielten, erschlagen hatten, bei welchem Anlaß die Vorstadt in Flammen aufging. Der Weiterweg war ein kleiner Krieg, und in Adrianopel gab es einen zweiten Skandal, weil sog. Griechen (die Byzantiner waren gar keine Griechen, obschon sie Griechisch sprachen, sondern meist Thraker und allerlei Völkergemisch) ein Hospital in Brand steckten, worin ein reicher vornehmer Deutscher krank lag, den sie bei dieser Gelegenheit berauben wollten und der natürlich umkam. Das rächte *Friedrich*, der künftige Rotbart, durch Zerstörung des Klosters, zu dem das Hospital gehörte, und ließ die Brandstifter hinrichten; die Folge war eine kleine Schlacht, welcher Einhalt zu tun jener türkische Offizier den Schwabenherzog bewog.

Es war unter diesen Umständen dem Kaiser *Manuel* gar nicht zu verdenken, daß er Gäste, welche derlei Friedensstörungen verursachten, gern wieder los gewesen wäre und lieber nicht in seiner Hauptstadt gesehen hätte, und ein Gesandter mußte den Deutschen vorstellen, sie möchten doch über den Hellespont statt über den Bosporus ziehen. Die Kreuzfahrer hatten jedoch keine Lust, an der interessanten und beutereichen Kaiserstadt sich vorbeiweisen zu lassen und zogen eben dennoch nach Konstantinopel. Aber bei einer Rast eine kurze Strecke vor der Stadt, wobei sie das Fest von Mariä Geburt (8. September) feiern wollten, in Chörobacchi, trat infolge eines Wolkenbruchs ein Fluß aus und riß ihr Lager fort, wobei viele ertranken und ein großer Wert an Waffen und an Habe zugrunde ging. Der Kaiser ließ ihnen sein Bedauern ausdrücken, aber im Herzen bedauerte er weit mehr

Die Kreuzfahrer von Türken überfallen.

ihre Ankunft in seiner Residenz, wo sie sich allerdings undiszipliniert betrugen und einen kaiserlichen Palast plünderten, auch dessen Park verwüsteten, dann aber rasch in Pera einquartiert wurden, wie einst *Gottfried von Bouillons* Heer. Eine Zusammenkunft der beiden hohen Schwäger scheiterte angeblich an dem byzantinischen Hofzeremoniell, welches *Konrad* nicht als Kaiser anerkennen konnte, als welcher er doch erscheinen wollte, in Wahrheit aber lag der Grund der Entfremdung in der durch die Zusammenstöße der letzten Tage genährten Erbitterung zwischen beiden Völkern.

Obschon *Konrad* seinem gegebenen Versprechen zufolge die Franzosen hier erwarten wollte, mußte er zuletzt den unaufhörlichen Bitten *Manuels,* die zuletzt zu Drohungen mit seiner Waffenmacht und zu bitteren Vorwürfen wegen der Exzesse der Deutschen wurden, nachgeben und über den Bosporus fahren; als aber die dem französischen Heer voranziehenden Lothringer anlangten, mußten auch diese mit nach Asien hinüber. Wenige Tage nachher, zu Ende des September, kam *Ludwig VII.* in Byzanz an, obwohl man auch ihn über den Hellespont zu schicken versucht hatte; ihre strengere Disziplin hatte die Franzosen in Thrakien vor den Mißgeschicken und Missetaten der Deutschen bewahrt. In Konstantinopel dagegen gab es einen Zusammenstoß zwischen Byzantinern und Franzosen, weil die mit den Lothringern ankommenden Teile der letzteren sich nicht wollten über die Meerenge abschieben lassen, ehe ihre Landsleute nachgekommen wären. Als nun vollends die Nachrichten von *Rogers* Taten bei den Franzosen anlangten, hatten viele von ihnen Lust, namentlich der kriegerische Bischof *Gottfried von Langres*, sich mit *Roger* zu verbinden und geradezu Byzanz zu bekriegen; der König aber wollte nichts von solch abenteuerlichem Plan wissen.

Ludwig wurde von *Manuel* festlich und glänzend empfangen, was nicht verhinderte, daß der Kaiser diese Gäste noch schneller fortwünschte als die vorigen, während *Ludwig* seine über Italien gezogenen Leute erwarten wollte. Da wandten die Byzantiner ihren alten Kniff an und logen den Franzosen vor, die Deutschen hätten in Kleinasien bereits große Siege erfochten. Die Nationaleifersucht entschied nun alles und in der Mitte des Oktober zog *Ludwig* mit seinem Heer über den Bosporus. Hier aber hielt *Manuel* die Franzosen wegen der noch ausstehenden Verhandlungen über die Herausgabe ihrer Eroberungen und wegen des ihm zu leistenden Lehnseides fest. Er versprach, wenn diese seine Forderungen erfüllt würden, für Führer und Lebensmittel zu sorgen. Als aber inzwischen die über Italien gezogenen Franzosen ankamen und der König mit ihnen und dem übrigen Heer aufbrechen wollte, kam der Kaiser selbst herüber, um ihn aufzuhalten, und setzte wirklich einen Vertrag durch, wie er ihn wünschte, und der Lehnseid wurde geleistet, während ein Teil des Heeres bereits den Weitermarsch begonnen hatte.

Noch weiter voran aber waren die Deutschen, wenn auch nicht in erfreulicher Weise. Am gleichen Tag, wo die Franzosen dem byzantinischen Kaiser den Eid schworen, hatte sie ein grauses Geschick erreicht; eine wahre Nibelungen-Not war „hinten weit in der Türkei" über sie hereingebrochen. Sie waren von der Meerenge, wo sie einer angeblichen griechischen Zählung zufolge über 900 000 Köpfe (?) gezählt hätten (nach anderer Angabe 300 000), über Nikomedia nach Nikäa und von hier den Spuren der ersten Kreuzfahrer nach gezogen. So unwirtlich das Land war, durch das sie dieser Weg führte, so lockte er sie doch als der nächste zum Kampf! Wahrscheinlich weil die Verpflegung des Heeres auf einem und demselben Weg zu schwierig war, wählten 15 000 Mann Fußvolk unter der Anführung *Ottos* von Freising, Halbbruders des Königs, von Nikäa an einen anderen Weg

Ludwig VII. im Kampf am Berg Kudmus.

rechts längs der Küste hin; ihre militärische Leitung übernahm *Bernhard* Graf von Lavant aus Kärnten. Das Hauptheer brach am 15. Oktober von Nikäa gegen Südosten auf; aber die griechischen Führer sollten es irregeführt haben; wenigstens gebrauchte es mehr als die doppelte Zeit, welche das Heer des ersten Kreuzzugs für die nämliche Strecke verwendet hatte, und die Führer verließen es heimlich. Infolgedessen gingen schon bei Doryläon, glorreichen Andenkens vom ersten Kreuzzuge, die Lebensmittel für Menschen und Pferde aus und zugleich überfielen die bisher verborgenen Türken das Heer, welche Umstände nebst einer schreckenerregenden Sonnenfinsternis allgemeine Entmutigung hervorriefen, die den König am 26. Oktober bewog, den Rückzug anzutreten. Nun waren die Seldschuken in ihrem Element; sie verfolgten die erschöpften und hungernden Scharen hartnäckig, wobei Graf *Bernhard von Plötzke*, nachdem er sich den Verfolgern entgegengestellt und von ihnen eingeschlossen worden, den Heldentod starb. (Er war der letzte seines Stammes und über sein Erbe entbrannte später heftiger Streit zwischen Welfen und Askaniern.) Dreißigtausend Deutsche fielen, der König und andere wurden verwundet und viele gefangen. Eine Menge ging vor Hunger und Ermattung zugrunde. Weit und breit war die Gegend von Leichen und Sterbenden, von verlassenen Weibern und Kindern, die eine Beute der Türken wurden, von Pferdekadavern und Waffen, von Geräten aller Art bedeckt. Traurige zersprengte Reste kamen nach Nikäa zurück. Dort waren inzwischen die Franzosen angekommen. Ludwig ging mitleidsvoll dem deutschen König entgegen und die beiden Monarchen sanken einander weinend in die Arme und beschlossen, den weiteren Weg zusammen zu machen. *Konrad* entließ die meisten seiner Überlebenden nach der Heimat.

Der Schar, welche sich vom Hauptheer getrennt hatte, war dasselbe oder ein noch härteres Schicksal beschieden; sie zog längs dem ägeischen Meer über Pergamon, Smyrna und Ephesos und dann landeinwärts, kam also weiter als das Hauptheer, wurde aber bei Laodikea am Lykos von den Türken geschlagen, wobei Graf *Bernhard* das Leben verlor, und ihre Reste, die sich durch Engpässe des Gebirges nach Pamphylien durchschlugen, wo die Türken sie mit einem Pfeilregen empfingen und von den Bergen Felsen auf sie hinabschleuderten (Bild 36), wurden im Januar 1148 nahe der Küste noch vollends aufgerieben. Nur wenige entkamen, unter ihnen *Otto von Freising*, der zu Schiff nach Syrien gelangte.

Ludwig und *Konrad*, dem der erstere, um ihn zu ehren, zu seinem kleinen Rest von Mannschaft noch die Lothringer, die Savoiarden und andere Truppen übergab, zogen denselben Weg wie die abgesonderte deutsche Schar. Man feierte Weihnacht bei Ephesos, wo *Konrad*, welcher erkrankte, zurückbleiben mußte. Er wollte zwar später den Franzosen nachfolgen, wurde aber vom Kaiser, den vielleicht weniger seine Härte, die er dem König in Konstantinopel gezeigt, dem traurigen Schicksal desselben gegenüber reute, als nach einer Demonstration gegen die Franzosen gelüstete, in seine Hauptstadt eingeladen, was er dankbar annahm. Mit seinem Gefolge in Byzanz angekommen, wurde er sorgfältig verpflegt und nach seiner Genesung mit Festen und Vergnügungen überhäuft.

Ludwig, der schon bei Ephesos eine Schar Türken abgewehrt, fand deren auf seinem Weitermarsch bald mehr, als ihm erwünscht war. Er erfocht zwar noch einen größeren Sieg über sie, aber das Blatt wendete sich, als die Franzosen in die Gebirge kamen, in welchem *Ottos* Schar zugrunde gegangen war. Man sah noch die Blutspuren und Gepäckstücke der Unglücklichen. Aber an der rauhesten und steilsten Stelle des Gebirges, die man unvorsichtig und gegen den Befehl des Königs, den Grafen von *Rançon* und *Maurienne* folgend, überstieg, geschah ein furchtbarer Überfall von seiten der Türken und ein entsetzliches Gemetzel. König *Ludwig* wurde von seinen Leuten getrennt und hatte sich, an einen Baum gelehnt, während seine Begleiter alle fielen, gegen mehrere Sarazenen mit dem Schwert zu verteidigen (Bild 37), bis dieselben endlich von ihm abließen und der Beute nacheilten, worauf seine Leute ihn fanden und retteten, den sie bereits als tot beklagt hatten. Ja dieses Gerücht verbreitete sich sogar nach Syrien sowohl als nach Europa. Die Templer brachten wieder Ordnung in die Trümmer des einst so stolzen Heeres, daher ihnen der König die Führung übertrug, worin sie sich auch unter dem Heermeister *Gilbert* trefflich bewährten. Allgemeine Wut herrschte gegen *Rançon* und *Maurienne,* von deren Bestrafung aber der König abstand, weil er jenen fürchtete und dieser mit ihm verwandt war.

Hungernd und todesmatt zog das seiner Lebensmittel und seiner Zuversicht beraubte Heer weiter und kam am 2. Februar 1148 in Attalia an der südlichen Küste Kleinasiens an. Aber hier reichten die vorhandenen Schiffe nicht aus, das kleine Heer den Strapazen des Landweges zu entziehen. Der König wurde genötigt, sich ihrer zu bedienen und fuhr nach Antiochia, während die größere Schar auf dem Landweg nach Tarsos, von den Griechen schlecht geführt und zuletzt verlassen, von den Türken wie von Krankheit und Hunger aufgerieben wurde. So gingen zwei ungeheure Heere aus Mangel an einsichtiger Führung, an Einheit des Strebens und an byzantinischer – Ehrlichkeit, über welchen Gegenstand damals die unglaublichsten und haarsträubendsten Geschichten erzählt wurden, jammervoll zugrunde und der Moloch der Kreuzzüge hatte neue zahllose Opfer verschlungen.

ZEHNTER ABSCHNITT

Die Belagerung von Damask

Seit *Zenkis* Tod war sein Sohn *Nureddin* der gefährlichste Feind der Christen, weniger weil er die Ansprüche des Vaters auf ganz Syrien vom Euphrat bis zum Meer geerbt, als vielmehr weil seine hervorragenden persönlichen Eigenschaften, seine Energie, Tapferkeit, Gewandtheit im Sprechen und Handeln, Gerechtigkeitsliebe und muslimische Frömmigkeit ihn zu der verehrtesten Persönlichkeit im Gebiet des Islam stempelten und ihn hoch über die damaligen geistig unbedeutenden christlichen Fürsten im Morgenland stellten. Seiner Herrschaft war im angegebenen Gebiet nur noch Damask nicht unmittelbar unterworfen, aber durchaus von ihm abhängig und der bereits genannte *Muineddin Anar*, Reichsverweser für den unfähigen Emir, ihm mit Leib und Seele ergeben; überdies war *Anar Nureddins* Schwiegervater. Die Truppen des letzteren waren ebenso geübt und diszipliniert wie diejenigen seines Vaters, und den Kreuzfahrern vollkommen gewachsen, deren schwere Rüstung und Bewaffnung ihnen ebenso plump erschien, wie sie ihren Vorfahren gewaltig und schrekkenerregend vorgekommen war.

In entsprechender Weise war damals, zur Zeit des sog. zweiten Kreuzzugs, die Regierung des Königreichs Jerusalem und seiner Vasallenstaaten derjenigen *Nureddins* gegenüber schwach und hinfällig. Die herrschsüchtige Regentin *Melisende* in Jerusalem, der rauhe und nicht begabte *Raimund* in Antiochia, der eigennützige *Raimund* von Tripolis und der leichtfertige, auf das rechte Euphratufer beschränkte *Joscelin II.* von Edessa oder *Tell-Baschir* waren nicht die zur Aufrechterhaltung oder gar Befestigung der christlichen Herrschaft geeigneten Kräfte. Und ihnen entsprachen ihre Untertanen, ein Mischvolk aus Franken verschiedener Nationen, Armeniern, Syrern, Arabern usw., aus Christen, Juden und Mohammedanern, wie alle Mischvölker ohne bestimmten Charakter, daher auch ohne dasjenige Gemeingefühl und diejenige Vaterlandsliebe, welche bei gemischten Völkern (z. B. den Schweizern) zwar auch vorkommt, aber nur dann, wenn sich dieselben um einen gewissen einheitlichen und tüchtigen Kern gebildet und durch eine lange gemeinsame Geschichte gestählt haben. Die in Syrien geborenen Kinder von Europäern, vorzugsweise aus gemischten Ehen, *Pullanen* genannt, waren ebenso weichlich und waffenscheu wie später die Kreolen, Mestizen und Mulatten Amerikas, und nahmen vieles, z. B. die Abschließung des weiblichen Geschlechts, von den Morgenländern an; ihre Frauen waren demgemäß auch so ungebildet und ränkesüchtig wie die Haremsdamen. Sie waren meist nur dem Namen nach Christen, verachteten die Begeisterung der Kreuzfahrer, beuteten diese gleich den Byzantinern nach Kräften und ohne Scham aus, kannten nichts höheres als materielle Güter und Vergnügungen und machten sich kein Gewissen aus der ärgsten Sittenlosigkeit, daher sie von den Morgen- wie von den Abendländern gleich gründlich verachtet wurden.

Die Vorfälle in Palästina während des sog. zweiten Kreuzzugs und nach demselben drehten sich um den Besitz des Emirates und der Stadt *Damask*. Ein armenischer Renegat bot die Veranlassung zu dieser Wendung der Dinge. *Tuntasch*, so hieß er, war zum Statthalter des Emirs von Damask über die Städte Bosra und Sarchod in der Landschaft Hauran emporgestiegen, aber in Ungnade gefallen und tat, was im Orient stets jene getan, die im nämlichen Fall waren; er wandte sich an die Christen um Hilfe gegen *Anar*, wofür er ihnen jene beiden Städte überliefern wollte. Zu ihrem Unglück aber gedachten die Christen nicht mehr ihres einstigen Bündnisses mit *Anar* oder *wollten* aus Ländergier desselben nicht mehr gedenken und zogen zu Pfingsten 1147 (zu derselben Zeit als der sog. zweite Kreuzzug aufbrach) unter dem jugendlichen König *Balduin III.* mit dem Heiligen Kreuz aus Jerusalem nach ihrem Sammelplatz Tiberias. Hier vergeudeten sie aber einen ganzen Monat durch Unterhandlungen mit *Anar*, der sie natürlich so lange als möglich hinzuhalten suchte und ihnen die Kosten des Feldzugs zu ersetzen versprach, wenn sie von Feindseligkeiten gegen ihn abständen.

Die Fürsten zeigten sich zum Frieden geneigt, aber das Kriegsvolk war gegenteiliger Ansicht, und da die Mannszucht niemals die starke Seite der Kreuzfahrerheere war, so setzte es seinen Willen durch, nach *Bosra* geführt zu werden; die Muslimen aber hatten Zeit genug gehabt in großer Menge sich zu sammeln und zeigten den Christen dies schon in einer Ebene auf dem Weg, wo jährlich ein großer Markt gehalten wurde. Darüber nicht wenig betroffen, beschlossen die Christen zwar, die nächste Nacht zu ruhen und am andern Tage den Weg nach Bosra zu erzwingen, wurden aber die ganze Nacht von den Feinden durch Geschrei und Waffenschall beunruhigt und am Tag durch den Wassermangel jener wüsten Gegend und die Abneigung ihrer Einwohner nicht wenig gequält und erlitten durch die Pfeile der Feinde viel Verlust. Am Abend des vierten Tages aber vor Bosra angekommen, erfuhren sie, daß sie bereits verraten waren; Bosra hatte, wenn auch nicht durch *Tuntasch* selbst, der bei den Christen war, doch durch dessen Frau aus Furcht den Truppen aus Haleb und Damask, die unter *Nureddin* und *Anar* in mächtiger Anzahl erschienen waren, die Tore geöffnet. Nun blieb den Christen nichts als der Rückzug übrig, und es war ein fürchterlicher. Die Feinde verfolgten und umschwärmten, ja umzingelten sie nicht nur beständig, sondern zündeten auf ihrem Weg Gras und Gebüsch an, worauf aber, wie die Legende sagt, durch Beschwörung mit dem Heiligen Kreuz (oder durch Zufall) ein plötzlicher Wind die Flammen den Feinden entgegenwehte. Die Leute des *Tuntasch* machten den Rückzug mit und zeichneten sich durch Tapferkeit gegen ihre Glaubensgenossen aus; ja einer dieser Leute brachte durch einen kühnen Angriff auf einen Araber die Feinde in solche Verwirrung, daß die Christen ihren Rückzug ruhig fortsetzen konnten. Sie waren aber kaum auf der Grenze der beiderseitigen Gebiete eingetroffen, als *Anar* ihnen Lebensmittel und Erneuerung ihres Bündnisses antrug. Sie mißtrauten ihm jedoch und lehnten den Vorschlag ab. So waren sie noch besser weggekommen, als man gefürchtet hatte. *Tuntasch*, der so unklug war, sich wieder in Damask sehen zu lassen, wurde als Verräter geblendet und starb in elendem Zustande.

Es sollte nicht lange Zeit vergehen, bis der Kampf mit Damask in vergrößertem Maßstab wieder aufgenommen wurde. Dazu gab der tragische Ausgang des sog. zweiten Kreuzzugs Anlaß. Die ohne Heer in Syrien ankommenden Könige Mitteleuropas durften ja nicht heimkehren, ohne Taten für den Kreuzesglauben vollführt zu haben! Ihre Krieger lagen zu Hunderttausenden in Kleinasien begraben und unbegraben; die Blüte der kräftigen männlichen Jugend Deutschlands und Frankreichs war ohne Vorteil für die Christenheit hingeopfert und keine Möglichkeit des Ersatzes, auch keine Lust zu neuen Opfern vorhanden. Und so konnte der Versuch, das Vereitelte nachzuholen, nur jämmerlich ausfallen.

Für *Ludwig VII.* fing der Aufenthalt im Heiligen Land auf häßliche Weise mit einem Familienskandal an. Er gelangte im Februar 1148 nach Antiochia und wurde vom Fürsten *Raimund,* seinem ehemaligen Vasallen an der Küste prachtvoll empfangen. Sein Aufenthalt daselbst war eine Reihe von Festen, deren rauschender Glanz ihm nach den ausgestandenen Mühseligkeiten gefiel, ohne daß er sofort merkte, was dahinter steckte. Indem *Raimund* den König unterhielt und zerstreute dachte er nur, seine Beihilfe zu ersehnten Erweiterungen der Grenzen seines Staates zu gewinnen, und er verfuhr dabei so klug berechnend, daß er vor allem der jungen, üppigen und vergnügungssüchtigen Königin, seiner Nichte, schmeichelte und sie zu zerstreuen suchte. Es gefiel *Eleonore* in Antiochia über alle Maßen gut; am besten aber gefiel ihr der kräftige, schöne, in der Blüte der Jahre stehende Oheim, während sie bezüglich ihres Gemahls fand, er wäre eher für einen Mönch, als für einen König und Helden geschaffen. Sie suchte daher, im Wetteifer mit *Raimund,* den König so lange als möglich in Antiochia zurückzuhalten, und als der fromme *Ludwig* darauf bestand, so bald als möglich am Heiligen Grab zu beten und für die Ausführung der von *Raimund* geäußerten Absichten auf Haleb und andere Städte ganz und gar keine Mittel besaß, vermochte die Leidenschaft im Angesicht der bevorstehenden Trennung und Enttäuschung Onkel und Nichte zu Intrigen, welche mit den ehelichen Pflichten der letzteren nicht gerade vereinbar waren. Ohnehin hatte *Ludwig VII.* seine Gattin nur auf die Kreuzfahrt mitgenommen, um sie besser beaufsichtigen zu können; sie gab ihm aber in Antiochia nicht nur heimlich, sondern selbst offen und nicht nur mit *Raimund,* sondern mit verschiedenen Herren soviel Grund zur Eifersucht, daß er sich aus seiner Willenlosigkeit aufraffte und *Eleonore,* die bereits an Scheidung dachte, zwang, mit ihm sofort nach Jerusalem abzureisen. Eine nicht bessere Meinung als durch *Raimund* von Antiochia erhielt Ludwig aber von der Persönlichkeit der damaligen christlichen Fürsten im Heiligen Land durch seinen kurzen Aufenthalt in Tripolis, währenddessen Graf *Alfons* von Toulouse und St. Gilles, ein Sohn des alten *Raimund* aus dem ersten Kreuzzug, auf seiner Pilgerfahrt nach Jerusalem in Cäsarea an Gift starb, welches ihm, wie man allgemein glaubte, Königin *Melisende* und Graf *Raimund* von Tripolis bereitet hatten, um Erbansprüche von seiner Seite ein Ende zu machen, was durch den Umstand Bestätigung erhält, daß *Raimund* von Tripolis später die Emire *Nureddin, Seifeddin* und *Anar* durch Gesandte bewog, gegen seinen Namensvetter, den Sohn jenes *Alfons*, der allerdings nach dem Besitz von Tripolis trachtete, und das Schloß Oreima besetzt hatte, mit ihren Truppen aufzubrechen und sein Schloß zu belagern. Der Bedrängte mußte sich ergeben, wurde mit aller seiner Mannschaft gefangen und das Schloß wurde geschleift. Zugleich aber sandte *Melisende* den Patriarchen von Jerusalem an Ludwig nach Tripolis, um zu verhüten, daß der dortige Graf ihn allzutief in seine Interessen zöge. So sehr mißtrauten die Pullanen alle einander.

Indessen war dem König *Ludwig* sein Kronen- und Schicksalsgenosse *Konrad* mit dem Besuch in Jerusalem zuvorgekommen. Eine griechische Flotte brachte ihn aus Konstantinopel im April nach Ptolemais und der junge König *Balduin III.* empfing ihn glänzend und bewirtete ihn im Templerhof. Auch Bischof *Otto von Freising*, sein Halbbruder, der dem Blutbad in Kleinasien so glücklich Enthronnene, fand sich dort ein, wie dessen rechter Bruder *Heinrich* von Österreich und mehrere andere mit *Konrad* ausgezogene Fürsten. Erst im Juni kam König *Ludwig* nach, welchem *Konrad* entgegenzog und mit welchem er zwischen Tyros und Ptolemais unter Palmen eine so glänzende Zusammenkunft hielt, daß sie für alle Pilger, welche von dem furchtbaren Untergang der Heere beider Könige gehört hatten und überdies Demut im Lande der Erlösung für den einzigen Weg zum Heil erachteten, ein wahres Ärgernis abgab. Beide Könige bemühten sich, wie sie zusammen beschlossen, unter den damals zahlreich angekommenen bewaffneten Pilgern, namentlich denen, welche ihren Weg über Spanien genommen und Lissabon erobert hatten, Mannschaft anzuwerben, worin sie auch infolge reichlichen Soldversprechens Erfolg hatten. *Ludwig* hatte zu diesem Zweck Geld aus Frankreich kommen lassen und auch welches von den Templern entlehnt. Aber in Jerusalem angekommen, konnten sie sich, da es ihnen bloß auf Taten ankam, die das Abendland blenden sollten, über den zu solchen führenden Weg weder unter sich noch mit den Fürsten des dortigen Reichs verständigen. *Konrad* hatte die Wiedereroberung Edessas im Auge, während die Fürsten der Kreuzfahrerstaaten die einen nach Damask, die anderen nach Askalon strebten; von den ersteren war *Ludwig VII.* bereits in Tripolis gewonnen. Endlich wurde auf einer Versammlung in Ptolemais beschlossen, zur Belagerung von *Damask* zu schreiten, ehe diese Stadt, wie zu erwarten war, völlig in die Gewalt des unbesiegbaren *Nureddin* fiele. Einigkeit war aber trotzdem nicht vorhanden; die beiden *Raimund*

und *Joscelin* waren nicht erschienen, wurden aber aufgefordert, mit ihren Truppen dem Aufbruche beizuwohnen, der von Tripolis aus nach Damask geschehen sollte.

Dieser Aufbruch erfolgte im Juli 1148, und das schön gerüstete zahlreiche Heer von etwa 15 000 Mann, dem der Patriarch das Heilige Kreuz vorantrug, bewegte sich über Tiberias, den Hermon und Antilibanon nach der Ebene der Erleuchtung des Paulus, vier Rasten von Damask. Die Vorhut bildeten die einheimischen Truppen des Königs von Jerusalem und seiner Vasallen, die Mittelschar die des Königs von Frankreich und die Nachhut die Deutschen. Aber in dem prächtigen Heer lauerte der Verrat. Weil nämlich die beiden europäischen Könige nicht Lust hatten, das zu erobernde Land den unzuverlässigen Pullanen preiszugeben, sondern ihm einen Fürsten aus ihrem Gefolge zu geben vorzogen, berieten sich die Einheimischen, wie sie, und wäre es auch im Einverständnis mit den Muslimen, die Abendländer und ihre Ansprüche am besten loswerden könnten.

Damask war durch *Anar* wohl befestigt und verteidigt, und die herrlichen Gärten und Lustwälder um die Stadt mit ihren zahlreichen und prächtigen Schlössern, Villen und Warttürmen waren mit Bewaffneten angefüllt, die hinter jedem Gebüsch und jeder Gartenmauer, an jedem Fenster und jeder Türe und auf jeder Zinne jener Gebäude mit Pfeilen, Wurfspießen und anderen Waffen auf die heranziehenden Feinde des Islam lauerten. Überall außerhalb ihres Bereichs war vorher alles, was zur Nahrung dienen konnte, entfernt und die Brunnen sämtlich verschüttet worden. Als jedoch die Christen näher kamen, gelang es ihrer Unerschrockenheit, die Hinterhalte in den Umgebungen der Stadt von Bewaffneten zu säubern und Gärten und Wälder zu besetzen, wo sie sich mit Früchten versehen konnten. Um aber auch Wasser zu bekommen, mußten sie des Flusses Baradi Herr werden, der aber von den besten Truppen der Feinde besetzt war, unter denen sich *Anar* selbst und einer seiner vorzüglichsten Offiziere, der *Kurde Ejub*, Vater des nachher berühmten (damals erst elfjährigen) *Salaheddin* (Saladin) mit seinen Söhnen befanden. Es wollte jedoch mit dem Angriff der Jerusalemiten nicht recht vorwärts gehen, bis *Konrad*, dies bemerkend, mit seinen Rittern mitten durch die Franzosen in das Vordertreffen sprengte, wo sie abstiegen und zu Fuß die Sarazenen zurückwarfen. Der damals drei- bis vierundfünfzig Jahre alte *Konrad* soll einem gepanzerten Türken mit *einem* Hieb den Kopf, eine Schulter und einen Arm abgehauen haben. Die Christen waren nun Herren des Flusses und konnten sich erquicken.

Damask war davon im höchsten Grade bestürzt und suchte den Zorn Allahs durch Bußübungen zu beschwichtigen; wirklich fühlten die Belagerten sich bald wieder erhoben, als sie sahen, wie die Christen, statt ihren Sieg zu verfolgen, nur die Gärten verwüsteten. Die Belagerten fielen aus und es kam am 26. Juli zu einer neuen Schlacht, in welcher der Träger des Heiligen Kreuzes erschlagen und dessen Verehrer in ihr Lager zurückgetrieben wurden. Dabei fiel auch der „König“ der sog. *Taffurs*, einer Bande von Tollköpfen, die den Kreuzfahrern dienten und eine strenge Disziplin unter sich hielten, die ihnen z. B. auch verbot, Geld zu besitzen. Die Sarazenen fürchteten dieselben sehr, da sie sich bei Hungersnot nichts daraus machten, die Leichen der Feinde zu verzehren. Sie waren mit Streitäxten, Messern und Hellebarden bewaffnet und ihr König mit einem krummen Säbel. König *Balduin* schenke dem damals neu gewählten *Taffurkönig*, der aus Lille und ein Trunkenbold war, eine Krone und eine silberne Keule.

Unterdessen vermehrte sich auch die Zahl der Verteidiger durch reichen Zuzug aus der Umgegend auf 130 000 Mann. Unter den Christen aber erwachte mit dem Verdruß über diese Vorfälle die keimende Zwietracht wieder, und dazu kam noch, daß *Seifeddin* aus Mosul und *Nureddin* aus Haleb mit ihren Heeren aufgebrochen und bereits in Emessa angekommen waren

Patriarch von Jerusalem.

und letzterer seine Truppen in Baalbek zu denen *Anars* stoßen ließ, worauf *Seifeddin* durch Drohungen die Christen zum Abzug zu bewegen suchte, *Anar* sich aber auf Bitten verlegte, weil er bei Fortsetzung des Krieges Annexion von Damask an *Nureddins* Reich zum bessern Schutz der Stadt fürchten mußte. Als dies bei den europäischen Königen nichts fruchtete, bestach *Anar* die Jerusalemiten mit Gold und hatte keine Mühe, seinen Zweck zu erreichen. Die Verräter logen sofort den Europäern vor, die andere Seite der Stadt wäre leichter einzunehmen, und die letzteren ließen sich übertölpeln und verließen die so sauer errungene, wasser- und fruchtreiche Stellung, um eine solche in ganz wüster Gegend zu beziehen, wo die Mauern nicht im geringsten schwächer waren. Inzwischen war die verlassene Stellung von den Feinden wieder besetzt. *Konrad* war wütend über den Verrat und wollte mit den Seinigen sofort abziehen. *Ludwig* widerstrebte noch, bis ihn Graf *Dietrich von Flandern* zu bestimmen wußte, daß er sich ebenfalls zum Rückzug entschloß. *Dietrich* soll mit den Jerusalemiten im Einverständnis gewesen sein, während er sich zugleich bei *Konrad* und *Ludwig* um die künftige Fürstenkrone von Damask bewarb. Der von den syrischen Muslimen und Christen so sehnlich gewünschte Rückzug wurde nachts angetreten, blieb aber, neben dem quälenden Hunger, nicht von Verfolgungen verschont, wobei reiche Beute aus dem Besitz der prachtliebenden Kreuzfahrer in feindliche Hände fiel. Was aber die Verräter am meisten ärgerte und sie in verdienter Weise strafte, war die mißliche Entdeckung, daß das Gold, womit sie bestochen worden – nur vergoldetes Kupfer war! So kehrte man mit Schmach und Schande bedeckt nach Jerusalem zurück. Zwar war, zum Zwecke der Entschädigung, unter den Christen beider Parteien ein Zug nach *Askalon* verabredet worden; aber die Europäer warteten in Joppe vergeblich auf die Heere der syrischen Fürsten; die Verräter blieben einfach aus.

Jetzt war nichts mehr zu tun als heimzukehren, die Posse war ausgespielt. *Konrad* und *Otto* reisten mit ihren Begleitern am 8. September zur See nach Konstantinopel ab, wo der König mit Kaiser *Manuel* einen Bund gegen *Roger* von Sizilien schloß, den beide Monarchen gleichzeitig anzugreifen beschlossen, *Konrad* und seine Begleiter gelangten 1149 auf verschiedenen Wegen nach der Heimat. *Ludwig* dagegen wartete in Jerusalem noch das Osterfest desselben Jahres ab, doch ferne von allem Verkehr mit den Einheimischen, und kehrte nach dem Fest heim, wo ihm der eigene früher angekommene Bruder *Robert* die Krone streitig zu machen suchte, freilich bei *Sugers* Einsicht und Kraft ohne Erfolg. Und das war lange nicht alles Unglück, von dem der bedauernswerte Monarch verfolgt wurde. Sein Schiff fiel während des Krieges zwischen Byzanz und Roger Fahrzeugen der erstern Macht in die Hände, wurde aber von den Sizilianern befreit. Bei der Ankunft in seinem Land am Ende des Jahres wurde er kalt und ohne Festlichkeit empfangen. Das Ärgste aber war, daß er sich genötigt sah, seine Gattin wegen fortgesetzter Untreue zu verstoßen und daß dieser Schmerz nachher noch durch unverdienten Schaden verbittert wurde, indem die Geschiedene sich in zweiter Ehe mit *Heinrich von Anjou-Plantagenet*, dem Erben der englischen Krone verband, wodurch der letzteren die ganze westliche Hälfte Frankreichs, die teils *Eleonorens* Erbgut, teils das ihres zweiten Gatten war, zufiel – eine Erwerbung, welche mehrhundertjährige Kriege zwischen England und Frankreich herbeiführte und diese Länder in hohem Grade schwächte.

Und was hatte nun dieser Kreuzzug dem Abendland gebracht? Den Untergang mehrerer hunderttausend kräftiger Männer und Feindschaft zwischen vorher befreundeten Mächten. Deutschland war mit Byzanz gegen Sizilien, Frankreich mit Sizilien gegen Byzanz verbündet, und so fehlte nicht viel zum Bruch zwischen Deutschland und Frankreich, der wohl nur ausblieb, weil Deutschland wegen innerer Händel nicht zum Krieg gegen *Roger* kam, dem dagegen Kaiser *Manuel* 1149 Korfu wieder wegnahm und selbst

Nachrichten aus dem Heiligen Land.

sein italienisches Land bedrohte. Es war aber nicht zum Verwundern, daß die große Menge, welche nicht tief denkt und noch weniger untersucht, dem Prediger jenes Kreuzzugs, *Bernhard* von Clairvaux, alle Schuld an dessen Mißlingen und namenlosem Unglück beimaß, während er gerade gegen das gepredigt hatte, was diesen Kreuzfahrern den Untergang gebracht, nämlich gegen Zwietracht, Selbstüberhebung, Aufwand und Unmäßigkeit. Viele geachtete Geistliche nahmen dagegen seine Partei und suchten dem Volk seine Unschuld begreiflich zu machen. Beide Ansichten waren extrem; die Wahrheit ist, daß *Bernhard* durch sein Ignorieren aller weltlichen Faktoren geschichtlicher Ereignisse mit Bezug auf die von ihm gepredigte Kreuzfahrt *viel* Schuld an deren Mißlingen trug, aber insofern nicht *alle*, als die von ihm getadelten Laster und dazu die kleinliche Eifersucht der Pullanen gegen die Abendländer ebenfalls große Schuld traf. Auch *Bernhard* selbst blieb übrigens mit seiner Rechtfertigung nicht zurück und tröstete sich mit dem Beispiele des Moses, dessen Gebote sein Volk ebenfalls nicht hielt, wodurch es in sein Verderben rannte. Das Geschehene entmutigte ihn nicht nur nicht, sondern er dachte sogar an eine neue Kreuzfahrt, und Abt *Suger*

Siegel König Balduins I.

Siegel König Konrads III.

unterstützte diesen Gedanken in dem Wunsch, die verletzte französische Waffenehre hergestellt zu sehen; auch König *Ludwig* billigte die Absicht beider Männer. Daß sich der Kreuzzug diesmal im Bund mit *Roger* auch gegen Byzanz richten sollte, konnte unter den waltenden Umständen nicht zweifelhaft sein. In der Tat beförderten *Roger* und der Papst den Plan nach Kräften. Letzterer suchte auch den König *Konrad* in den Bund zu ziehen und von Byzanz zu trennen, ebenso *Bernhard*, aber umsonst. In Deutschland dachte kein Mensch an die Torheit, ein so jammervoll ausgefallenes Unternehmen nach so kurzer Zeit schon zu wiederholen. Die Nachrichten, die aus dem Heiligen Land Frauen und Kinder der Kreuzfahrer erreichten

(Bild 38), waren ja weit häufiger niederschmetternd und entmutigend, als tröstlich und hoffnungsvoll! Selbst in Frankreich war alles Kreuzpredigen *Bernhards* jetzt umsonst. Nicht einmal die Geistlichen unterstützten ihn mehr, und an der nach Chartres zu Ostern 1150 zusammenberufenen Versammlung von hohen Geistlichen verschiedener Länder glänzten die hervorragendsten Prälaten durch ihre Abwesenheit. Die Anwesenden beschlossen trotzdem den Kreuzzug und wählten einstimmig – *Bernhard* zu dessen Anführer, was er in unbegreiflicher Verblendung auch annahm. Er zeigte dies dem schon wieder lau gewordenen Papst an und stachelte diesen mit heftigen Worten zur Bestätigung des Geschehenen auf. Mit Widerstreben gab *Eugen Bernhard* und *Suger* nach, äußerte aber seine Bedenken, ob sich der gebrechliche Prediger zu solchem Amt eigne. Diese Bedenklichkeiten des Hauptes der Christenheit, der Tod *Sugers*, welcher aus eigenen Mitteln einen Kreuzzug vorzubereiten begonnen, am 17. Januar 1151, und der Mangel an Anklang des Unternehmens bewirkten, daß dasselbe bald in aller Stille begraben wurde, was endlich am 20. August 1153 dem unermüdlichen Kreuzzugsprediger das Herz brach.

VIERTES BUCH

Der Verlust Jerusalems

(1149–1189)

Architektonischer Schmuck an der Kirche des heiligen Grabes.*

ERSTER ABSCHNITT

Hindeutung auf das weitere Schicksal der Kreuzzüge

Die Mitte des zwölften Jahrhunderts ist von einer großen Bedeutsamkeit in der Geschichte der Kämpfe zwischen Islam und Christentum, und speziell in derjenigen der Kreuzzüge. Sowohl auf dem Gebiet des Halbmondes als auch demjenigen des Kreuzes gingen zu jener Zeit denkwürdige Veränderungen vor sich. Im *Morgenland* nämlich erwachte damals, nach längerer Erschlaffung ein Kriegseifer gegen die Feinde des Propheten, der den Errungenschaften der Kreuzzüge höchst gefährlich werden mußte, namentlich da sich dieselben in einem heruntergekommenen und elenden Zustand befanden – während zugleich die höhere geistige Tätigkeit, welche an die Stelle des zur Zeit Mohammeds erwachten, aber später wieder eingeschlummerten Kriegseifers der Araber getreten war, ihrerseits wieder versiegte. Umgekehrt erschlaffte zu jener Zeit der Kreuzzugseifer im *Abendland* infolge des grauenhaften Ausgangs der letzten Kreuzfahrten – zugleich verminderte dieser Ausgang das Ansehen der Mönchsorden, welche jene Fahrten gepredigt hatten, in solchem Grade, daß sie dies nicht wieder wagen durften, und wieder zu gleicher Zeit erwachte die Aufklärung, welche man durch jene Mönchsorden niedergedonnert glaubte, mit neuer Macht. Einige Daten von beiden Seiten des Mittelmeeres sollen diese Tatsachen nachweisen.

Die *arabischen* Philosophen, zugleich auch Mathematiker, Astronomen und Ärzte, Schüler (im Geiste nämlich) des Aristoteles, Hippokrates und Ptolemäos, waren zum größten Teil, wie namentlich ihr hervorragendster

* Nach Vogüê, Les églises de la terre sainte.

unter denen der früheren Zeit, *Abu Ali Ibn Sina* aus Bochara, von den Christen genannt *Avicenna*, der die Ewigkeit der Welt lehrte und daher die Schöpfung leugnete, schon längst vor dem Beginn der Kreuzzüge tot. Im Anfang der letzteren lebte nur noch *Algazzali* aus Tus in Persien, aber er war bereits kein kühner Denker mehr, sondern ein Orthodoxer, der sich mit dem *Koran* gut zu stellen suchte, und starb übrigens schon 1127. Zur Zeit, von der wir sprechen, wirkte allein *Abu Bekr Ibn Tofail*, ein spanischer Araber, der in einem philosophischen Roman die Entwicklung des Menschen von tierischen Anfängen zur höchsten Ausbildung des Geistes darzustellen versuchte – ein orientalischer Darwin vor siebenhundert Jahren! Erst in spätere Zeit fällt zwar die Blüte seines Schülers, des *Pantheisten Mohammed Ibn Roschd*, von den Christen genannt Averroës, aus Cordova (geb. 1126, gest. 1198), des ebenbürtigen Gegners von *Avicenna*, der zugleich auch den gläubigen *Algazzali* kühn angriff; aber wenn auch *nach* der Zeit wirkend, die wir schildern, stand er doch allein und war der *letzte* arabische Gelehrte auf dem genannten Forschungsfeld. Zugleich mit ihm und nach ihm nennt die Geschichte der arabischen Wissenschaft nur noch vereinzelte Geographen und Geschichtschreiber, die keine Blüteperiode mehr darstellen und ohnehin in allem, was nicht das Gebiet des *Islam* betraf, vollkommene Unwissenheit an den Tag legten. Sie lebten auch nicht zu gleicher Zeit, sondern zerstreut in verschiedenen Perioden: *Edrisi* in Mitte des zwölften, *Jakut* im zwölften und dreizehnten, *Abulfida* im dreizehnten und vierzehnten Jahrhundert. Der größte arabische Geschichtschreiber, *Ibn Chaldun*, trat erst im vierzehnten Jahrhundert ganz vereinzelt auf. Die arabischen *Dichter* waren, soweit sie diesen Namen verdienen, in der Mitte des zwölften Jahrhunderts völlig ausgestorben, zuletzt der schalkhafte Verfasser der besten Makamen (gereimten Novellen), *Hariri* aus Bassora (1121). Die *Perser*, welche sowohl vor, als während und nach den Kreuzzügen große Dichter besaßen (*Firdusi – Saadi – Hafis*), bilden einen eigenen Kulturkreis, der von dem Streit zwischen Kreuz und Halbmond gar nicht berührt wurde. Die *Türken* dagegen, welche in diesem Streit seit dem Erschlaffen der Araber die größte Rolle spielen, haben in Dichtung und Wissenschaft nichts Nennenswertes geleistet, und seit dem vierzehnten Jahrhundert ist unter den Anhängern des *Islam* überhaupt alle selbständige geistige Tätigkeit verschwunden und aufs neue von blinder Gläubigkeit abgelöst!

Den umgekehrten Weg, nämlich den von der religiösen Befangenheit zur Aufklärung, ging, langsam aber sicher, das christliche *Abendland*. Als einen Apostel der Wahrheit und der Freiheit nannten wir bereits den unverdrossen kämpfenden *Arnold von Brescia*. In ihm verkörperte sich das Streben der italienischen Republikaner höherer Bildung und unabhängigen Strebens und Forschens auf der praktischen Grundlage bestehender städtischer Freiheiten, eines Strebens, das sich, wenn auch nicht zu den kosmopolitischen uneigennützigen Idealen unserer Zeit, doch weit über die engeren Kampfziele der damaligen Welfen und Ghibellinen erhob. *Arnold* war zu Anfang des zwölften Jahrhunderts in dem freiheitliebenden und verhältnismäßig aufgeklärten Brescia geboren. In Frankreich war er *Abälards* Schüler und beteiligte sich nach seiner Heimkehr, obschon erst Vorstand der Augustiner-Chorherren geworden, mit Eifer an den politischen Kämpfen seiner Vaterstadt auf seiten der demokratischen und antiklerikalen Partei. Es galt damals namentlich den Kampf gegen die weltliche Herrschaft des Papsttums und den Güterbesitz der Geistlichkeit, welche beide Übelstände *Arnold*, der selbst ganz arm lebte, unchristlich nannte, womit er den leitenden Grundsatz aller oppositionellen Sekten jener Zeit aufstellte. Wohl zustatten kam ihm die Hand in Hand mit dem Reichtum des Klerus gehende Sittenlosigkeit desselben, gegen welche *Gregor VII.*, wie der Geschichtschreiber des mittelalterlichen Rom (*Gregorovius*) sagt, umsonst gewirkt zu haben schien. Allerdings hatte er das, dank seiner Zwangsvorschrift zugunsten des Zölibats; ohne diese wäre vieles besser geworden. Die damaligen Reformer nahmen jedoch keine Rücksicht auf diesen wichtigen Punkt und sahen die Wurzel des Übels allein im weltlichen Besitz des Papstes wie der übrigen Geistlichkeit. Das war indessen damals die gefürchtetste Ketzerei, welche den Machtkreis der Kirche in weit stärkerer Weise bedrohte, als jede solche in Glaubenssachen; denn die damaligen Kirchenhäupter waren sehr wenig glaubenseifrig und desto größere Freunde guter und fetter Einkünfte. Es war aber auch die beliebteste Ketzerei, und *Arnolds* Auftreten und Lehre fanden ebenso allgemeinen und begeisterten Widerhall in ganz Italien, wie Erbitterung und wütende Entrüstung auf Seite der Kurie. Diese fühlte das Herannahen des Sturmes, der ihr Reich zu erschüttern drohte; sie erkannte mit Entsetzen, daß die Zeit allgemeiner Anerkennung ihres Ansehens vorbei und diejenige der Abnahme desselben im Anzug war. Die durch die Kirche selbst geleitete Erziehung der Völker hatte nicht nur nicht die gewünschten Früchte getragen, sondern durch die Bildung hatten die Völker auch Selbständigkeit des Urteils gewonnen, welche sie befähigte, die Schwächen der Kirche zu erkennen, letztere bei denselben zu packen, hierdurch die Herrschaft der Geistlichen über die Weltlichen zu stürzen und der letzteren Freiheit zu erkämpfen.

Papst *Innozenz II.* verdammte daher 1139 *Arnold von Brescia* als Schismatiker und befahl ihm Stillschweigen. Diese bequeme Kampfesweise verfing schon bei untergeordneteren Geistern nichts mehr, am wenigsten bei einem *Arnold*. Er begab sich, entsetzt und verbannt, nach Paris zu seinem Lehrer *Abälard* und unterstützte ihn im Geisteskampf gegen *Bernhard von Clairvaux*, den wir bereits als Wortführer der mönchischen Reform im Sinne äußerster Regelstrenge kennengelernt, der zwar selbst mit größter Schärfe gegen weltliche Bestrebungen der Kirchenhäupter eiferte, aber das Papsttum über alles hochhielt und daher sowohl *Arnold* als auch *Abälard* der Ketzerei anklagte, weil sie sich gegen den Papst auflehnten, während er doch *Arnolds* Sittenreinheit und Mäßigkeit anerkennen mußte. Als aber „der lebensmüde Freund *Heloisens*" ermattete und in Cluny als Büßer starb, setzte der feurige Italiener den Kampf gegen *Bernhard* fort und lehrte öffentlich zu Paris in seinem Sinne; aber *Bernhard* bewirkte bei dem König seine Ausweisung, worauf er als Apostel kirchlicher und politischer Freiheit in den Ländern um die Alpen umherirrte; aber selbst der päpstliche Legat,

Kardinal *Guido von Castello*, sein gewesener Mitschüler, schützte ihn auf deutschem Boden gegen *Bernhards* Verfolgungen. Nach einigen Jahren finden wir ihn in der Höhle des Löwen, wo er Buße tat und bei dem Papst Verzeihung fand. Dieser aber, *Eugen III.*, wie erwähnt ein Schüler *Bernhards*, mußte damals vor den aufrührerischen Römern fliehen (1145), und Rom, dessen Senat und Volk die Paläste der Vornehmen und der Kardinäle plünderte, wurde Republik. Bei dem Wankelmut der Römer des Mittelalters war aber selbe nicht von Dauer. Sie vertrugen sich mit dem Papst, der ihre Verfassung und ihren Senat anerkannte und die Oberherrschaft wieder übernahm, für kurze Zeit, bis sie ihn 1146 abermals zur Flucht zwangen. Erst als der Papst Frankreich besuchte (1147), verkündigte *Arnold* in Rom seine Lehre von der Armut und fand vielen Anhang. Der Papst aber belegte ihn von seiner Heimat Brescia aus mit dem großen Kirchenbann. Da trat *Arnold* förmlich in den Dienst der Republik und predigte rastlos gegen Papst und Kardinäle. Bald stand er an der Spitze der Republik und umsonst führte der Papst ein Heer gegen Rom, das ihm widerstand. Aber als nach *Eugens* Tod der auf die leonische Stadt beschränkte Engländer *Hadrian IV.* (1154) des Predigers Ausweisung verlangte und die ewige Stadt mit dem Interdikt belegte, da winselten die „stolzen Republikaner" nach kurzem Widerstand unter der gefürchteten Kirchenstrafe, deren Aufhebung sie durch die Vertreibung ihres treuen Ratgebers erkauften. Den bei Freunden Verborgenen gab aus Eigennutz der nach der Krönung lüsterne *Friedrich* der Rotbart preis, als der Papst seine Auslieferung von ihm verlangte; und der Prophet wurde in den Gewahrsam der Kirche gebracht. Ein blutiger Aufstand der Römer zu seinen Gunsten beschleunigte nur sein Schicksal und er wurde 1155 als Rebell an einem Pfahl erwürgt, verbrannt und seine Asche in den Tiber gestreut. Durch seine Saat aber, die in den lombardischen Städten aufschoß, büßte der deutsche Kaiser bitter ein unbesonnenes Verfahren gegen den schuldlosen Freiheitmann, und zum empfindlichen Schaden der Kirche waren die folgenden Reformatoren und „Ketzer" bis zur Zeit der Reformation sämtlich *Arnolds* Nachfolger und mittelbare Schüler, und der rote Faden, der durch ihre Lehre ging, war der schon erwähnte Grundsatz der christlichen Armut und der Eifer gegen die weltlichen Kirchengüter.

Der allgemeine Name derjenigen von der katholischen Kirche abweichenden Sekten, welche im zwölften und dreizehnten Jahrhundert die christliche Welt in Bewegung und Aufregung setzten, ist derjenige der *Katharer* (καθαροί, die Reinen), wie sie sich selbst im Gegensatz zu der verdorbenen herrschenden Kirche nannten. Ihre Spuren gehen bis an das Ende des zehnten Jahrhunderts zurück und sind in mehreren oben schon genannten Ketzern zu finden. Auch *Arnold von Brescia* gehört ihnen an. Man nannte sie ferner Patarener, Bulgaren (daher das franz. *bougres*); die gangbarste Benennung wurde aber die aus „Katharer" (im lombardischen Dialekte *gazzari*) korrumpierte der „Ketzer". Außer dem ihnen allen gemeinsamen Grundsatz der christlichen Armut sind bei ihnen Elemente der Gnostiker, der Manichäer, der Arianer und vieler anderer „irrgläubiger" Sekten zu finden. Ihre Lehre war bisweilen reich an den sonderbarsten Grillen. Wichtiger für uns als ihre dogmatischen Ansichten sind ihre praktischen Konsequenzen, welche fast bei allen auf Verwerfung der römischen Hierarchie und ihrer Einrichtungen, bei manchen auf Abschaffung des Priesterstandes, der Ehe, der Bibel als Quelle der Offenbarung, der Messe usw. zielten. Ja es kam bei manchen, infolge ihres Dualismus, zur Annahme einer Teilung der Menschen in von Anfang an Begnadete und Verfluchte und damit zur Geringschätzung aller Sittlichkeit. Hauptsitz der Katharer waren Oberitalien und Frankreich, mehr vereinzelt auch England und Westdeutschland.

Die bedeutendste und ehrenwerteste Gruppe der Katharer bilden die *Waldenser* (*Vaudois*) in den Alpentälern Piemonts, benannt nach ihrem Gründer um 1170, dem Kaufmann *Petrus Waldus* aus Lyon, doch auch bezeichnet als Leonisten (nach der Heimat des Stifters), Arme von Lyon, Sabataten oder Humiliaten. Weil sie sich mit dem Grundsatz der Armut nicht begnügten, sondern auf eigene Faust Änderungen in der Hierarchie trafen und auch Laien in der Gemeinde auftreten ließen, überhaupt möglichst zu den Zuständen der ersten Christen zurückzukehren suchten, bannte sie Papst *Lucius III.* 1184. Sie mißachteten aber nicht nur den Bann, sondern verbreiteten sich trotz aller gegen sie angehobenen Verfolgungen über Teile Italiens, Frankreichs und Spaniens und weiter, so daß sie damals von Egland nach Rom reisend jede Nacht bei Brüdern zubringen konnten – und verwarfen nach und nach die Sakramente, besonders die Beichte, die Fest- und Fasttage usw. und, was den *Klerus* besonders empörte, den Zehnten. Die Hauptsache ihres Gottesdienstes wurde die Predigt; sie zeichneten sich übrigens durch Achtung der Sitte und des Staates und durch treues Zusammenhalten aus.

Was aber folgte aus diesen Erscheinungen bezüglich des ferneren Schicksals der Kreuzzüge? Wenn das Morgenland sich von den Wissenschaften abwendete, durch deren Pflege es einige Zeit hindurch seine Angriffe gegen das Abendland unterbrochen hatte, bis es von diesem selbst angegriffen wurde, wenn es infolgedessen wieder zum Waffenhandwerk griff, in dem es unter den ersten Kalifen so großartige Erfolge aufzuweisen gehabt – wenn dagegen im Abendland das Unglück des sog. zweiten Kreuzzugs eine allgemeine Unlust an weiteren Unternehmungen dieser Art und Richtung herbeiführte, wenn zugleich Widerstand gegen den von der Kirche befohlenen Glauben und das von den Häuptern der Kirche geführte Leben immer weiter um sich griff, ein Widerstand, dessen weitere Folge eine wachsende Hinneigung zu weltlicher Dichtung und Wissenschaft war (der wir weiter unten in ihrer bedeutenden Entwicklung begegnen werden) –, so mußte notwendig im Abendland der Eifer zu Kreuzzügen immer mehr erlahmen und im Morgenland der Kampf gegen das von den Kreuzfahrern Errungene immer mehr erstarken; die Eroberungen der Kreuzfahrer mußten immer mehr zusammenschmelzen und endlich hinschwinden, und selbst dann, wenn dieses Unglück das Abendland noch einmal oder sogar noch einige Male aufrüttelte, wenn selbst *neue* Kreuzzüge unternommen wurden, dann konnte, so lange das feindselige und verräterische *Byzanz* beide Parteien trennte, ein Unternehmen, das mit einer so beschwerlichen und gefährlichen Reise und mit Kämpfen in einem ungewohnten Klima verbunden war, nur wiederholt scheitern gegenüber einem inzwischen durch die Gebote gemeinsamer Not und Gefahr neu gesammelten, geeinten und gestärkten Morgenland, dessen Angehörige in ihrem gewohnten Klima, umgeben von Glaubensgenossen und mit dem stählenden Bewußtsein der Verteidigung des Vaterlandes kämpften.

ZWEITER ABSCHNITT

Zerrüttung des Königreichs Jerusalem

Wenn der Kreuzzugseifer im Abendland schon infolge der erlittenen großen Verluste an Menschenleben abnahm, so mußte ihm die erwachende Aufklärung noch mehr Abbruch tun, weil sie die Einheit der Kirche und damit die Leitung der ihr ergebenen Völker durch das Papsttum untergrub. Dies verstopfte den Kreuzfahrerstaaten den Zuzug an bewaffneten Pilgern, was für sie um so empfindlicher war, als gerade damals die Mohammedaner unter dem tüchtigen *Nureddin* mit aller Macht und auf allen Seiten gegen die jeder erfahrenen und kräftigen Leitung entbehrenden christlichen Reiche Syriens heranstürmten. Der gleichzeitige Geschichtschreiber der Kreuzzüge und des Königreichs Jerusalem, Erzbischof *Wilhelm von Tyros*, sagt darüber: „Von nun an verschlimmerte sich der Zustand der Christen; denn unsere Feinde hatten mit Schadenfreude gesehen, wie die Bemühungen unserer vornehmsten und mächtigsten Könige, welche als die stärksten Säulen der Christenheit betrachtet wurden, vereitelt, ihre Macht vernichtet und ihre Herrlichkeit zuschanden geworden waren; sie hatten diejenigen, deren Namen sie zuvor geschreckt, ungestraft verhöhnt, als sie anwesend waren. Darum stieg ihre Kühnheit und ihr Übermut so sehr, daß sie seitdem ihren Kräften alles zutrauten und uns viel heftiger ängstigten als früher.“ *Muineddin Anar* brach 1148 im Königreich Jerusalem und *Nureddin* selbst 1149 im Fürstentum Antiochia ein, wo er zwar zuerst vom Fürsten *Raimund* geschlagen wurde, ihn aber bald mit verstärkter Macht bei Bosra schlug; bei einem späteren Zusammenstoß am 29. Juni wurde aber *Raimund* vollends von den Türken umringt; er kämpfte tapfer, aber seine Truppen waren nicht seines Geistes, flohen und ließen ihn allein den Heldentod sterben. *Nureddin* sandte seinen Kopf und seine Hände an den Kalifen von Bagdad! Antiochia aber wurde bis an die Mauern der Stadt verwüstet und *Nureddin* nahm sinnbildlich von dem Land bis an das Meer Besitz, indem er sich in letzterm vor den Augen seines Heeres badete. Die Burgen des Fürstentums brach er und nahm Apamea wieder in muslimischen Besitz. Auf diese Siege dichtete der Scheich *Abu-Abdallah* folgende Verse:

„Warum sollte das Glück unserer Tage nicht des höchsten Lobes würdig sein, da wir Mahmud zum Sultan haben?
Das Schwert des wahren Glaubens führt keinen Streich, welcher dem Unglauben nicht ein Glied abhiebe!
Und es geschieht keine Heldentat, bei welcher *Nureddin* nicht gegenwärtig wäre!“

Auf die verlangte Übergabe der Stadt Antiochia verzichtete *Nureddin*, als der König von Jerusalem zu ihrem Schutz herbeizog, der jedoch weiter nichts erreichte. Auch der Seldschuken-Emir *Masud von Ikonion* brach in das christliche Gebiet ein und belagerte *Tell-Baschir*, bis *Joscelin II.* gegen zwölf Ritterrüstungen und Freilassung der gefangenen Mohammedaner den Frieden von ihm erkaufte. Als aber im nächsten Jahr (1150) *Joscelin* wieder einen Erfolg gewann, *Nureddins* Waffenträger mit dieses Fürsten Rüstung gefangennahm und diese höhnend dem Emir *Masud* sandte, schwur ihm *Nureddin* Rache, ließ ihm von Turkmanen auflauern und ihn bei einer Reise nach Antiochia gefangennehmen. Der nicht unverdienterweise von diesem Schicksal Betroffene brachte noch neun Jahre in der Gewalt der Muslimen zu und starb im Kerker, der ihn umfing. *König Balduin III.*, ein schöner, tapferer, sittlicher und gebildeter junger Mann, dem aber die Mittel und Kräfte fehlten, das Reich gegen dessen Feinde zu stärken, gab sich alle Mühe, *Joscelin* zu befreien; als er aber einsah, daß dies ebenso unmöglich war wie die Beschützung des Rests der Grafschaft Edessa gegen die Muslimen, trat er diesen Rest dem byzantinischen Kaiser *Manuel* ab, der dieses Gebiet wünschte, aber die Abtretung war nicht von Dauer; noch in demselben Jahr nahm *Nureddin* das ganze Gebiet ein. *Joscelins* Frau und Kinder waren noch vorher glücklich nach Antiochia gebracht worden.

Nicht besser ging es dem armen *Balduin III.* in seinem eigenen Land. Statt seiner regierte in Wahrheit noch immer seine Mutter *Melisende*, und war noch schlimmer war, mit ihr auch ihr Günstling und Vetter *Manasse*, den sie zum Connetable ernannt hatte. Unterstützt von den größtenteils unzufriedenen Baronen verlangte *Balduin* endlich seine Krönung. Die Anhänger der Königin wollten, daß diese mit ihm gekrönt werde aber durch eine List wußte *Balduin* einen Aufschub der Zeremonie zu bewirken und krönte sich dann 1152 plötzlich zur Überraschung aller allein. *Melisende* aber wollte nicht weichen und berief sich darauf, daß ihr Gatte *Fulko* nur mit ihr und durch sie das Reich gewonnen habe. Nach langwierigem Streit verfiel man endlich auf den unglücklichen Ausweg einer Teilung des ohnehin kleinen Reiches, dessen nördliche Hälfte, Tyros und Ptolemais, *Balduin*, die südliche aber, Neapolis und Jerusalem, seine Mutter wählte. Jeder der beiden Reichsteile erhielt seine eigenen Kronbeamten!

Balduin gab aber sein Trachten nach der Alleinherrschaft nicht auf, und die meisten Barone im Anteil *Melisendes* traten zu ihm über. Ja der Sohn belagerte *Manasses* Burg Mirabel, trieb diesen aus dem Lande, eroberte Neapolis und zog gegen seine Mutter vor Jerusalem, das ihm die Bürger öffneten, worauf er die Königsburg, wo *Melisende* sich verschanzt hatte,

Belagerungsturm mit Fallbrücke

stürmte. Nach vielem Blutvergießen verglich man sich dahin, daß Jerusalem dem König und Neapolis der Königin-Mutter überlassen wurde. Es blieb aber soviel Haß zurück, daß kein Anhänger der Königin dem König auf dessen Kriegszügen Heeresfolge leistete. Auf einer von *Balduin* zur Herstellung der Eintracht unter den christlichen Fürsten Syriens nach Tripolis zusammenberufenen Versammlung gelangte man zu keinem Ziel. Nicht nur dauerte die Entzweiung zwischen Mutter und Sohn fort, auch in Tripolis lebte der Graf *Raimund* mit seiner Gattin *Hodierna, Melisendes* Schwester, in offenem Streit, der zu einer Trennung führte, und bald darauf wurde *Raimund* unter dem Tor seiner Hauptstadt von Assassinen ermordet, worauf das wütende Volk alle Mohammedaner, die man antraf, niedermachte. Der zwölfjährige *Raimund III.*, des ersten Kreuzfahrers *Raimund* Urenkel, erhielt die Grafschaft. In Antiochia aber weigerte sich die verwitwete leichtsinnige Fürstin *Constantia*, eine standesgemäße Ehe einzugehen und wählte einen zwar schönen und kühnen, aber weder ebenbürtigen, noch dem Geist nach edlen Ritter, *Rainald von Chatillon* zum Gatten und zum Regenten mit dem Fürstentitel bis zur Volljährigkeit ihres Sohnes *Boemund.*

Rainald bewies seine unritterliche Sinnesart gleich dadurch, daß er den greisen Patriarchen *Aimerich*, auf dessen Geld und Ansehen er eifersüchtig war, ergreifen und ihn an einem heißen Tag mit bloßem Haupt, das mit Honig bestrichen wurde, den Stichen der Insekten preisgeben ließ. Nur eine Mahnung des Königs bewirkte die Freilassung des Unglücklichen, der natürlich sofort Antiochia verließ.

In Jerusalem ließen die *Johanniter* nicht nur stets den im Bann befindlichen Personen und Orten in ihren Kirchen die Sakramente zukommen, was bei guter Absicht löblich gewesen wäre, sondern störten sogar den Gottesdienst in der Grabeskirche auf feindselige und ärgerliche Weise; der fast hundertjährige Patriarch reiste mit mehreren Bischöfen selbst nach Rom, um über den Orden zu klagen, aber *Hadrian IV.*, im Krieg mit Kaiser *Friedrich* und von den Hospitalitern bereits gewonnen, wich den Klägern aus und gab ihren Gegnern Recht!

Nicht edler benahm sich damals (1155) der andere geistliche Ritterorden, denn die *Templer* begingen die Niederträchtigkeit, den flüchtigen und von ihnen gefangenen Ägypter *Nasreddin*, der sich taufen zu lassen beabsichtigte, für das Blutgeld von 60 000 Goldstücken seinen Henkern auszuliefern, die ihn grausam zu Tode marterten. Gegen die Feinde des Kreuzes wurden aber ungeachtet dieser schmachvollen inneren Zustände immer noch wackere Taten ausgeführt. *Timurtasch*, *Ilgazis* Sohn, war 1152 in das Reich eingefallen und bis auf den Ölberg gekommen, wurde aber von den Christen vertrieben und der größte Teil seiner Mannschaft auf der Flucht erschlagen.

Dies machte den Jerusalemiten Mut, und der König beschloß zur Freude seiner Ritter, *Askalon*, die letzte noch dem *Islam* angehörende Küstenstadt anzugreifen. Alles beteiligte sich nun an diesem Unternehmen und sammelte sich um das Heilige Kreuz, dessen Anblick die Christen aller Stände, vom Fürsten bis zum armen Pilger, hoch begeisterte (Bild 39). Die Belagerung begann am 24. Januar 1153 und bot nicht geringe Schwierigkeiten dar, da die Lage der Stadt es nicht möglich machte, ihr die Zufuhr vom Meer her abzuschneiden. Einen Hafen besaß die Stadt nicht, sie war gut befestigt, wohl mit Lebensmitteln versehen und ihre Besatzung betrug etwa das Doppelte des Belagerungsheeres. Zur Verhütung von Überfällen wurden die Mauern nachts mit Öllaternen beleuchtet. Mit Hilfe der europäischen Pilger, welche darin geschickter waren als die Pullanen, wurde ein mächtiger Belagerungsturm errichtet, der die ganze Stadt beherrschte.

Schleudermaschine für Griechisches Feuer.

Eine ägyptische Flotte kam den Bewohnern *Askalons* erst im sechsten Monat der Belagerung zu Hilfe und vertrieb zwar die kleinere christliche Flotte; aber trotzdem wäre zu dieser Zeit die Stadt beinahe genommen worden. Die Belagerten hatten auf der Mauer ein mächtiges Feuer angezündet, um den Turm der Christen anzuzünden, aber ein Sturm trieb die Flammen in entgegengesetzter Richtung, infolgedessen ein Teil der Mauer, aber auch der Turm der Christen einstürzte. Schon drangen die Templer in die Bresche, aber da sie aus Habsucht, um die Beute allein zu besitzen, allen anderen das Nachdringen wehrten, wurde ihre geringe Zahl von den Feinden umringt,

Das Kreuz begeistert das Heer.

niedergehauen und ihre Leichname auf der schnell notdürftig ausgebesserten Mauer den Belagerern zum Hohn ausgestellt. Im achten Monat der Belagerung verzweifelte *Balduin* am Gelingen und wollte die Belagerung aufheben, aber die Johanniter, der Patriarch und die Bischöfe drangen auf Fortsetzung des Unternehmens. Ein Ausfall der Belagerten wurde sodann tapfer zurückgeschlagen und dies brach die Zuversicht derselben, denen ohnehin *Nureddin* nicht Hilfe bringen konnte, so daß sie endlich die Übergabe gegen freien Abzug anboten. Am 12. August nahmen die Christen von Askalon Besitz und weihten die Kirchen wieder ein. Den abziehenden Mohammedanern geschah von christlicher Seite nichts Böses, wohl aber wurden sie von einer türkischen Horde überfallen und ausgeraubt. Der König verlieh Askalon als Grafschaft seinem Bruder *Amalrich*, der bereits Graf von Joppe war.

Die Einnahme Askalons war ein schwerer Schlag für den *Islam*, und das fühlte niemand besser als *Nureddin*. Er war durch den Fürsten von Damask, welcher den Christen ergeben und sogar zinspflichtig war und mit ihnen vereint gegen ihn gekämpft hatte, verhindert worden, Askalon Hilfe zu leisten; denn der Weg dahin mußte über Damask gehen und der ratlose Fürst, der keinen *Anar* mehr als Wesir hatte, gab den Durchzug nicht zu. Diesem Verhältnis ein Ende zu machen, zog 1154 *Nureddin* vor Damask und die Stadt fiel durch Verrat, die Burg durch Übergabe in seine Hände; *Nureddin* war Herr des ganzen nichtchristlichen Syrien, und Damask wurde seine Hauptstadt. So hatte Askalon seinen gefährlichen Gegenstoß gefunden; doch schloß *Nureddin* einen zweijährigen Waffenstillstand mit den Christen: beide Teile bedurften der Erholung.

Diesen später auf ein Jahr erneuerten Waffenstillstand brach aber *Balduin* im Januar 1157, auf Einflüsterungen falscher Ratgeber oder aus Geldnot, indem er mohammedanische Nomaden, denen er Aufenthalt bei Banias gestattet, überfiel und ihnen ihr Vieh raubte. Die Folge war natürlich der Wiederausbruch des Krieges. *Nureddin* begann seine Rache mit unnachsichtlicher Tötung aller Christen, die bei einem Überfall gefangen wurden, als sie der bedrohten Stadt *Banias* Mannschaft, Waffen und Lebensmittel bringen wollten; er belagerte, erstürmte und zerstörte darauf Banias selbst, ohne zwar die Burg zu bewältigen, und als *Balduin* die verlassene Stadt wieder aufbaute, wurde er auf dem Rückweg, mit wenigen Rittern allein ziehend, bei dem Übergang über den Jordan in der Nähe des Toten Meeres am 18. Juni von den Türken überfallen und rettete sich mit Not durch die Flucht. Die Gefangenen wurden in Damask dem Volk zur Schau ausgestellt.

Durch dieses Unglück ließ sich *Balduin* nicht abhalten, an seine Vermählung zu denken; er erhielt *Theodora*, die Nichte des Kaisers *Manuel*, mit großartiger Aussteuer zur Gattin; er hoffte hierdurch der Hilfe seines Schwiegeroheims und der Versöhnung zwischen griechischen und römischen Christen sicher geworden zu sein, und überdies ermutigte ihn die Ankunft eines tapferen und ihm verwandten Kreuzfahrers, des durch die Belagerung von Damask, wenn auch nicht in ganz vorteilhafter Weise bekannten Grafen *Dietrich von Flandern*, dessen Gattin *Sibylle* eine Schwester der Königin *Melisende* war. Ihn begleiteten 400 Ritter, und das ermutigte die Fürsten des Heiligen Landes, eine Krankheit *Nureddins* und Uneinigkeit unter seinen Untertanen zu benutzen und *Cäsarea* zu belagern. Schon war die untere Stadt genommen, als wieder die alte Zwietracht um den Besitz ausbrach, auf den *Dietrich* hoffte, während *Reinald von Antiochia* auf die Oberlehnsherrschaft Anspruch erhob, welche *Dietrich* nur dem König zugestehen wollte. Und schmählicherweise gaben ob diesem Streit die Christen die eroberte Stadt, die ihnen auch Haleb in die Hände geliefert hatte, auf und zogen ab! Ein kleiner Ersatz war 1158 die Einnahme der seit neun Jahren von den Leuten *Nureddins* besetzten Burg *Harim* bei

Antiochia. Als dann der wieder gesund gewordene *Nureddin* im Königreich Jerusalem einfiel, wurde er am 15. Juli bei dem Ausfluß des Jordan aus dem See Genezaret von *Balduins* Heer so empfindlich auf das Haupt geschlagen, wie es lange nicht geschehen war und entging persönlich mit Not der Gefangenschaft. Doch verfolgten die Christen törichterweise diesen Sieg nicht weiter und bald darauf kehrte *Dietrich von Flandern* nach Europa zurück, während seine Gattin im Kloster Bethanien blieb.

Die nun eingetretene Ruhe nahm jedoch ein baldiges Ende durch die Schuld des elenden Fürsten *Reinald von Antiochia,* welcher seine Stammes-

Belagerungsturm (Wandelturm).

und Glaubensgenossen fortwährend zu schädigen und zuletzt ins Verderben zu stürzen sich vorgenommen zu haben schien. Er hatte frecherweise 1157 die Insel *Zypern* überfallen, geplündert und die angesehensten Einwohner, darunter den Statthalter *Johannes,* Neffen des Kaisers *Manuel,* sowie den Bischof und die Äbte als Gefangene weggeführt. Allerdings war diese Gewalttat nicht ohne Veranlassung. Kaiser *Manuel* nämlich war, nachdem er den erwähnten Angriff König *Rogers* (1149) abgewehrt und das Eingebüßte wieder erobert hatte, an Übermut so gewachsen, daß er mit dem kühnen Gedanken umging, die Kaiserkrone des Westens den Deutschen zu nehmen und das alte römische Reich in vergrößertem Maßstab wiederherzustellen. Zwar hatte er in dieser Richtung keine Aussicht auf Gelingen, aber im Norden (gegen Serbien und Ungarn) und im Osten gegen die Seldschuken errang er manche Erfolge und gab namentlich die Absichten seines Hauses auf *Antiochia* niemals auf. Der Schlüssel zu diesem Fürstentum jedoch, Kilikien, das einst *Tankred* und seine Nachfolger besessen hatten, war nach und nach von Byzanz immer unabhängiger und zuletzt unter dem Statthalter *Toros* zu einem selbständigen armenischen Fürstentum geworden. *Manuel* hatte den *Rainald* zur Bekämpfung der Armenier aufgefordert, und dieser, zu jeder kopflosen Tat stets bereit, hatte Folge geleistet. Weil aber die von dem Kaiser zu diesem Feldzug versprochenen Hilfsgelder ausblieben, hatte er den Überfall Zyperns ins Werk gesetzt. Zwei Jahre nach diesem aber, 1159, nahte die Rache heran. *Manuel* erschien mit einem wohlausgerüsteten Heere anden Grenzen Syriens. *Toros* war in die Gebirge geflohen und hatte sein Land den Byzantinern preisgegeben. *Rainald* aber ging mit Gefolge in das kaiserliche Lager bei Mamistra und unterwarf sich dem Kaiser in der kriecherischsten Weise. Mit bloßem Kopf und Füßen fielen die Antiochener vor dem Kaiser auf die Knie und *Rainald* überreichte ihm sein Schwert. Er anerkannte dann die Hoheit des Kaisers über Antiochia und erfüllte so endlich nach langem, was *Boemund I.* vor *Alexios I.* verheißen hatte.

Eine ehrenvollere Aufnahme fand im kaiserlichen Lager König *Balduin*; er erwirkte bei *Manuel* Verzeihung für *Toros*, welcher sodann den größeren Teil seines verlorenen kleinen Reiches vom Kaiser als Lehen empfing. Der letztere zog feierlich in Antiochia ein, indem er alle Zeichen seiner Würde trug, die königlichen Brüder von Jerusalem aber unbewaffnet auf seinen beiden Seiten ritten. Aber aus Furcht vor Meuchelmord von seiten griechenfeindlicher Franken trug *Manuel* einen doppelten Panzer und darüber einen dichten Waffenrock. Es folgte eine unübersehbare Reihe von Festlichkeiten, darunter Turniere, wobei *Manuel* seine Gewandtheit zeigte, und Jagden, wobei er den König *Balduin*, der bei einem Sturz den Arm gebrochen, in geschickter Weise selbst verband. Obschon der Kaiser sich als Oberlehnsherr der Kreuzfahrerstaaten fühlte, leistete er ihnen doch keine Hilfe gegen *Nureddin*, sondern führte lediglich einen prunkenden Heereszug in der Richtung gegen Haleb aus, schloß dann mit *Nureddin* einen Waffenstillstand, durch welchen gegen prachtvolle kaiserliche Geschenke alle Christen frei wurden, und zog wieder ab. *Rainald* aber, welcher zu dem Zug des Kaisers die Veranlassung dargeboten hatte, wurde 1160, als er einen Versuch wagte, das ehemalige Gebiet *Joscelins* wieder zu erobern, von den Aleppinern aufgehalten, nach kurzem Kampf gefangen nach Haleb gebracht und dem dortigen Pöbel zum Spott preisgegeben. König *Balduin* übertrug die Regierung Antiochias einstweilen dem dortigen Patriarchen.

Es ging nicht lange, so entstanden wieder neue Mißhelligkeiten zwischen Byzanz und den Kreuzfahrerstaaten. Kaiser *Manuel*, welcher Witwer geworden, suchte seine zweite Gattin unter den fränkischen Fürstenhäusern des Morgenlandes, und zwar wollte er (1161) zwischen *Raimunds von Tripolis* Schwester *Melusina* und des verstorbenen *Raimund von Antiochia* Tochter *Maria* wählen. *Balduin*, bei welchem die kaiserlichen Gesandten zuerst erschienen, riet ihnen, in erster Linie *Tripolis* zu besuchen. Graf *Raimund* hatte bei der ersten Nachricht von dieser Werbung seine Schwester glänzend ausgestattet. Es wurden für sie „kostbare Geschmeide von unermeßlichem Werte" bestellt, wie „goldene Ketten, Ohrengehänge, Spangen, Gürtel, Ringe, Halsbänder und Diademe vom reinsten Gold, ferner silberne Gefäße von großem Umfang und Gewicht, die für die Küche, zum Essen, Trinken und Waschen bestimmt waren, außerdem Sessel, Zäume und alle Arten von Hausrat, und alles wurde mit unermeßlichen Kosten so sorgfältig verfertigt, daß die Arbeit allein schon königliche Pracht überstieg." (*Wilhelm von Tyros*). Es ist weiter bezeichnend für die Sitten und Anschauungen jener Zeit, daß die Gesandten nicht nur jene Ausstattung, sondern auch die Gräfin selbst (doch dies wohl durch Damen) genau in Augenschein nahmen, ob sie zur Kaisergattin tauge. Beides fiel zu ihrer Zufriedenheit aus, und doch scheint die junge Dame nicht tauglich gewesen zu sein, denn kaum hatte sie das Schiff bestiegen, so bekam sie die Seekrankheit, und so bei jedem folgenden Versuch, wodurch (angeblich) ihre Reize verlorengingen. Überdies bezweifelte man, wegen Mißverhältnisses zwischen ihren Eltern, ihre rechtmäßige Geburt. Um sich in dieser schlimmen Sache Rat zu holen, schlug der byzantinische Gesandte die Bibel auf, und der gefundene Spruch bestimmte ihn, auf Tripolis zu verzichten. Der junge Graf und seine Edelleute waren wütend über die Griechen, namentlich wegen der aufgelaufenen Kosten (es waren noch außer der erwähnten Ausstattung zwölf Galeeren zur Überführung der Braut nach Byzanz ausgerüstet worden und die Gesandten und andere Gäste waren auch nicht anspruchslos gewesen). In seinem Zorn überließ der Graf seine Galeeren Seeräubern, die er beauftragte, byzantinische Inseln und Küsten auszuplündern und zu verwüsten. Damit aber begnügten sich dieselben nicht und rauben auch die nach Palästina reisenden und von dort zuürckkehrenden Pilger aus! Das waren herrliche Zustände in einem für den Glauben eroberten Lande!

Eine zweite griechische Gesandtschaft begab sich nun nach *Antiochia* und warb um Prinzeß *Maria*. In Abwesenheit ihres gefangenen Stiefvaters mußte König *Balduin* als Vormund die Verhandlungen leiten, so ungern er es nach den Vorfällen von Tripolis tat. Glücklicherweise fiel aber diese Werbung besser aus und *Maria* wurde Kaiserin von Konstantinopel.

Diese Vermählung war aber *Balduins* letzte Regentenhandlung gewesen. Es wird erzählt, der muslimische Leibarzt *Raimunds von Tripolis*, von dem er mittelalterlicher Sitte gemäß die jährliche Blutreinigungsarznei begehrte, habe ihn vergiftet; er starb in Beirut am 10. Februar 1162, erst 32 Jahre alt. Seine Mutter *Melisende* war ihm um fünf Monate vorausgegangen. Nach seiner Bestimmung folgte ihm sein damals 26 Jahre zählender jüngerer Bruder, *Amalrich*, Graf von Joppe und Askalon, welchen, der Abneigung mehrerer Barone gegenüber, die Geistlichkeit aufrecht hielt. Er verstand es aber nicht, oder war nicht fähig, sich beliebt zu machen, denn er war häßlich, finster, verschlossen, habsüchtig und wollüstig, aber aufgeweckten Verstandes und stets begierig sich in allem Möglichen zu unterrichten. In der ersten Zeit seiner Regierung trennte er sich schon auf Verlangen der Geistlichkeit von seiner Gattin *Agnes*, Tochter *Joscelins II.*, wegen zu naher Verwandtschaft, und beide Teile durften wieder heiraten, obschon ihre Kinder *Bal-*

duin und *Sibylle* rechtmäßig erklärt wurden! *Amalrich* vermählte sich mit einer byzantinischen Prinzeß *Maria*.

Amalrich war kaum auf dem Thron Jerusalems eingewöhnt, als sich die Aufmerksamkeit seines Reiches, die seit seinem Großvater *Balduin II.* vollständig dem Osten gewidmet war, wieder wie unter *Balduin I.* nach dem Nilland wandte, und zwar auf Veranlassung eines außerordentlichen Mannes, der den Reichen der Christen in Syrien verhängnisvoll werden sollte.

DRITTER ABSCHNITT

Salaheddins Emporkommen

Die fatimidischen Kalifen Ägyptens hatten alle Macht verloren und die statt ihrer schon früher regierenden Wesire hatten zuletzt den Titel und auch die Gewalt von Sultanen angenommen. Der erste, welcher dies tat, *Schawer*, wurde bald nach *Amalrichs* Regierungsantritt durch *Dargam* gestürzt (beide waren als Sklaven geboren und hatten sich durch kriegerische Fähigkeiten, Soldatenlaunen und Mord emporgeschwungen), und floh aus dem Lande nach Damask, wo er bei *Nureddin* Hilfe suchte. Zu gleicher Zeit aber benutzte *Amalrich* den Vorfall, um von Ägypten einen Tribut zu fordern, und zog mit einem Heer dahin, wo er bei Pelusium den *Dargam* schlug. Den gleichen Zug aber unternahm sofort auch *Nureddins* Heerführer, der Kurde *Schirkuh*, indem er den *Schawer* mit sich nahm. Er wurde zwar von *Dargan* geschlagen, aber da dieser bald darauf ermordet wurde, war für *Schawer* der Weg gebahnt und er zog wieder als Sultan in Kairo ein, wo er alle seine Feinde niedermetzeln ließ. *Schirkuh* blieb aber an der Grenze, um von *Schawer* den für *Nureddins* Hilfe versprochenen Zins einzutreiben. Bei ihm befand sich als höchst einflußreicher Führer sein junger Neffe *Jusuf*, später als Herrscher *Salaheddin* (d. h. Heil des Glaubens, bei den Christen Saladin) genannt, der Sohn des *Ejub*, der als kurdischer Söldner des Sultans von Bagdad emporgestiegen und infolge wichtiger dem *Atabek Zenki* geleisteter Dienste Statthalter von Baalbek geworden war; beide Brüder, *Ejub* und *Schirkuh*, hatten namentlich viel zur Unterwerfung von Damask beigetragen. *Salaheddin*, bis zu dem Zug nach Ägypten der Fama unbekannt, war strenger *Sunnit*, mäßig, redlich, meist mild, tapfer, einsichtig, gerecht und wurde selbst von den Christen einstimmig als echter Ritter gepriesen; wenn es sich aber um Erringung oder Vergrößerung seiner Herrschaft oder um das Wohl des Glaubens handelte, kannte er keinerlei Rücksichten und vermochte sowohl hinterlistig als grausam zu sein. *Schawer* durchschaute rasch, was er von diesen Kurden zu fürchten hatte und wandte sich an die Christen Jerusalems um Hilfe gegen dieselben. Ohne Zögern brach *Amalrich* mit seinen Truppen auf und hielt bald mit *Schawer* bei Pelusium die Kurden umschlossen. Dies hatte jedoch für jetzt keine weitere Folge, weil *Amalrich* durch schlimme Nachrichten aus dem Norden bewogen wurde, mit *Schirkuh* Frieden zu schließen und heimzukehren.

Nureddin nämlich hatte einen Heereszug gegen Tripolis unternommen, war aber von einer Schar Christen, aus Templern und neu angekommenen französischen Pilgern bestehend, überfallen worden, die in das Lager der Türken einbrachen, als diese Mittagsruhe hielten. *Nureddin* selbst wäre ihnen nicht entkommen, wenn nicht ein Kurde das Seil abgehauen hätte, an welchem des *Emirs* Pferd angebunden war, auf dem er dann entfloh, während der treue Kurde niedergehauen wurde, dessen Kindern *Nureddin* Jahrgehalte aussetzte. Der Emir war von dieser Niederlage so ergriffen, daß er die Angehörigen aller Gefallenen reich entschädigte. Da machte ihm ein alter Scheich den Vorwurf: wie er hoffen könne zu siegen, da sein Lager von Musikanten angefüllt sei und seine Truppen ohne Scheu Wein tränken! Das wirkte so tief auf ihn, daß er ein Büßerkleid anzog und Fasten und Gebete anordnete, damit seinen Heeren der Sieg wieder leuchte. Nachdem er sich ermannt, ging er an seine Rache und belagerte 1164 Harim bei Antiochia wieder, welcher Burg eine neue Generation der schnell lebenden christlich-orientalen Fürsten zu Hilfe zog, nämlich *Boemund III.*, Sohn *Raimunds* von Antiochia, *Raimund III.* von Tripolis und *Joscelin,* der Sohn des letzten Edessaners nebst dem Armenier *Toros* und einer byzantinischen Schar unter dem Statthalter von Kilikien. Aber in unkluger Verfolgung der Feinde gerieten sie in einen Hinterhalt, wurden jämmerlich zusammengehauen, und die drei Pullanen, von denen zwei bereits einen gefangenen Vater oder Stiefvater hatten, unterlagen nach schmählicher Ergebung demselben Schicksal und wurden wie Sklaven gefesselt nach Haleb geführt und eingesperrt, während der Armenier fliehen konnte. Von den drei Gefangenen war übrigens einer so falsch, sittenlos und nichtswürdig wie der andere und eigentlich wäre nichts an ihnen verloren gewesen. *Nureddin* gewann hierauf Harim aufs neue und Banias noch dazu, also beide vielumstrittene Vorposten von Haleb und Damask oder von Antiochia und Jerusalem. *Amalrich* aber zog mit dem zum vierten Mal als Pilger erschienenen *Dietrich* von Flandern nach Antiochia und bewirkte wenigstens die Befreiung *Boemunds*, welcher später durch Verstoßung seiner Gattin *Theodora*, einer Nichte des Kaisers *Manuel*, an deren Stelle er eine Buhlerin setzte, einen argen Skandal im Heiligen Land verursachte und keinen Ermahnungen der geistlichen und weltlichen Großen des Reichs Gehör gab. Dagegen mußte der nicht bessere *Raimund* acht Jahre im Kerker schmachten, bis er sich mit 80 000 Goldstücken auslösen konnte – keineswegs zum Vorteil des Reiches, wie wir bald sehen werden.

Sowohl *Nureddin* als *Amalrich* behielten aber *Ägypten* stets im Auge. Ja, der ganze Orient richtete sein Augenmerk dahin. Der abbasidische Kalif rief alle Gläubigen auf, seinen Nebenbuhler in Kairo zu stürzen, und *Schirkuh* brach 1167 mit einem neuen Heer auf, dem der schönste Lohn im Paradies verheißen wurde, wieder begleitet von seinem Neffen *Salaheddin.* Aber auch *Amalrich* rüstete und zog, von *Schawer* freudig als Bundesgenosse empfangen, in Kairo ein, in dessen Nähe er sich lagerte. *Schirkuh* war indessen in der syrischen Wüste von einem furchtbaren Sturm überfallen worden (Bild 40), bei dem er viele Kamele und allen Proviant verlor. Er überwand aber alle Schwierigkeiten und Entfernungen so wunderbar schnell, daß er an dem vereinigten christlichen und ägyptischen Heer vorbei unbelästigt über den Nil gelangte und bei den ehrwürdigen Pyramiden von Giseh lagern konnte. Nun ging *Schawer* den König *Amalrich* an, mit ihm einen Bundesvertrag gegen *Schirkuh* zu schließen. Der König sollte nach demselben 400 000 Goldstücke und zwar die Hälfte davon vorauserhalten und dagegen in Ägypten verharren, bis *Schirkuh* aus dem Land vertrieben sein würde. *Amalrich* ging darauf ein, verlangte aber gegen seinen Eid auch den des Kalifen, da er den des Sultans nicht für genügend erachtete. Was nun erfolgte, ist sowohl für die orientalische Prachtliebe als für die dortigen mittelalterlichen Sitten höchst sprechend.

Es war durchaus gegen die Würde des Kalifen, mit Ungläubigen zu verhandeln und sie sogar in seine Nähe kommen zu lassen, aber die Not lehrte davon eine Ausnahme machen. Baron *Hugo* von Cäsarea und der Templer *Gottfried* gingen als Gesandte in den Palast des Kalifen und wußten, wie erzählt wird, „nicht Worte zu finden, um den Reichtum, die Pracht und Herrlichkeit zu schildern, die sie im Kasr (Palast zu Kairo)gesehen. Nicht nur ward ihr Erstaunen erregt durch die ungeheure Zahl der Wachen, womit der Palast besetzt war, besonders der schwarzen Leibwache und deren seltsame Rüstung und Bewaffnung und die ungewohnte Weise, wie sie den Sultan, wenn er sich ihnen näherte, begrüßten, sondern noch mehr durch die vielfältigen Mittel einer den abendländischen Rittern unbekannten Bequemlichkeit und der verfeinerten Genüsse, welche die Weichlichkeit des Morgenlandes ersonnen. Von einer zahlreichen Schar Trabanten mit gewaltigem Waffengetöse begleitet, führte der Sultan *Schawer* sie zum Palast; durch lange dunkle Gänge, deren Eingänge von Negern bewacht wurden, kamen sie zu einem inneren Hof. Das Innere der prächtigen Säulengänge, welche diesen Hof einschlossen, war mit den herrlichsten Kunstgebilden geziert, der Fußboden mit allerlei Kunstwerk ausgelegt und die Säulen selbst von schönem Marmor künstlich gearbeitet. In der Mitte des Hofes sahen sie Teiche und Springbrunnen klaren Wassers und Vögel des prachtvollsten Gefieders und des lieblichsten Gesangs. Weiter kamen sie zu einem noch prachtvolleren Hof, wo sie eine Menge noch nie von ihnen gesehener vierfüßiger Tiere erblickten, jedes seiner Natur gemäß gepflegt. Endlich gelangten sie an einen prachtvollen Bau, wo die größere Zahl von Bewaffneten und Dienern, sowie deren prunkvollere Rüstung und Kleidung und überhaupt die regere Bewegung ihnen die Nähe des Kalifen verkündigte. Der Sultan führte sie in einen Saal, dessen Pracht alles übertraf, was sie bisher gesehen. Die Mitte des Saals teilte ein seidener Vorhang, mit Perlen und Gold auf das kostbarste geschmückt. Zweimal warf sich der Sultan nach diesem prachtvollen Vorhang hin auf den Boden, und als er das dritte Mal sich niedergeworfen, legte er das Schwert ab, das von seinen Schultern herabhing – worauf mit bewundernswürdiger Schnelligkeit der Vorhang sich zusammenrollte und die erstaunten Gesandten den Kalifen *Al Adhid* erblickten, einen jungen Mann von schönem stattlichem Wuchs, mit verhülltem Angesicht und in reicher Kleidung auf einem goldenen Thron sitzend, nur von wenigen

Hofdienern und Eunuchen umgeben. Hierauf nahte sich der Sultan dem Thron, und nachdem er knieend die Füße des Herrschers geküßt, trug er das Verlangen in kurzen und ehrerbietigen Worten vor, worauf unter denen, welche um den Thron des Kalifen standen, ein heftiges Gemurmel der Unzufriedenheit sich erhob über ein solch unerhörtes Begehren. Der Kalif aber antwortete mit freundlichen Worten und reichte, jedoch nicht ohne Widerstreben, Herrn *Hugo* von Cäsarea seine Rechte zum Schwur. Dann wurden die Gesandten mit kostbaren Geschenken entlassen.".

Der Besuch der Gesandten bei dem Nachkommen *Alis* hatte das gemeinsame kriegerische Vorgehen der Christen und der Ägypter gegen die Kurden verzögert, und daher konnte *Schirkuh* eine so vorteilhafte Stellung beziehen, daß er den Gegnern den Übergang über den Nil zu verwehren imstande war. Bei Babein, nahe den Ruinen von Hermopolis, kam es zur Schlacht. *Schirkuh* verstand es dabei, durch eine List die Gegner, welche das Zentrum seines Heeres anzugreifen wähnten, aber nur auf eine schwache sich sofort zurückziehende Schar trafen, in Verwirrung zu bringen, und schlug sie dann leicht in die Flucht. *Amalrich* zog sich mit wenigen nach Kairo zurück. *Schirkuh* aber eilte nach Alexandria, besetzte die Stadt, ohne Widerstand zu finden und unternahm dann einen Feldzug nach Oberägypten. *Amalrich,* mit den Ägyptern vereinigt, folgte ihm unablässig, und beide Bundesgenossen belagerten dann Alexandria, wo *Schirkuh* den *Salaheddin* zurückgelassen hatte, und dahin kamen auch christliche Schiffe, um die Stadt zur See zu belagern. Es entstand arge Hungersnot in derselben, deren Volk von *Salaheddin* mit Not gebändigt wurde. Als *Schirkuh* die schlimme Lage seines Neffen erfuhr, eilte er herbei. Da aber damals die Christen der Belagerung müde waren und ihre Rückkehr nach Syrien erforderlich wurde, wo *Nureddin* bereits der Küste sehr nahe war, sandte *Schirkuh* den von ihm gefangenen *Hugo* von Cäsarea an *Amalrich* und schloß im August mit den Christen einen Frieden, nach welchem beide Parteien Ägypten verlassen sollten. Christen und Kurden verkehrten nun freundschaftlich miteinander und gingen in Alexandria aus und ein, wo aber *Schawer* über die Verräter strenges Gericht hielt. Bald hatten dann alle Fremden das Nilland geräumt, *Schirkuh* aber mit dem festen Vorhaben, bei erster Gelegenheit sich desselben zu bemächtigen.

Aber auch den König *Amalrich* verleitete seine Habsucht zu unredlichen Absichten. Die durch Verschwendung verschuldeten Johanniter überredeten ihn 1168 zu einem neuen Unternehmen gegen Ägypten, und der König wußte den nun mit den syrischen Christen durch zwei Heiraten verbundenen Kaiser *Manuel* zur Beihilfe zu bestimmen. Es wurde ein Vertrag zwischen Konstantinopel und Jerusalem geschlossen, den natürlich die falschen Pullanen nicht zu halten gedachten. Sie brachen denn auch vor Ankunft der griechischen Hilfe auf und fielen mit gleicher Treulosigkeit in das Land ihres Bundesgenossen *Schawer* ein, wo sie wie Räuber hausten und einen Sohn und Neffen *Schawers* gefangennahmen, um für sie ein großes Lösegeld zu erpressen. Viele Ritter oder jetzt Räuber drangen auf die Erstürmung von Kairo, aber *Amalrich* zog der Plünderung, welche nur einzelne

Das syrische Heer im Sturm.

bereichern würde, eine hohe Auslösungssumme zu seinen eigenen Gunsten vor. Der schlaue *Schawer* versprach ihm eine solche von zwei Millionen und zahlte vorläufig 100 000 Goldstücke, um ihn sicher zu machen; unterdessen aber hatte er seinen bisherigen Feind *Nureddin* um Hilfe gebeten, welchem Gesuch sich auch der Kalif *Al Adhid* beigesellte, indem er in eigentümlicher Weise dem Emir Haare seiner Frauen sandte, als flehten diese ihn ebenfalls um Hilfe an im Angesicht der ihnen von den Christen drohenden Schmach und Gefahr.

Schnell zog *Schirkuh* mit seinen flinken Reitern und zahlreichem Fußvolk durch die Wüste her, um für seine gewesenen Feinde gegen seine gewesenen Freunde zu kämpfen und vor allem, um beide zu übervorteilen und Ägypten zu erobern. Dazu ebnete ihm der zu Beraubende selbst die Wege und bezahlte ihm sogar die Kosten seiner Beraubung mit 200 000 Byzantinern. *Amalrich* konnte den Kampf mit *Schirkuhs* Heer nicht wagen und kehrte von seinem Raubzug nach Jerusalem zurück, nachdem er am Nil in entsetzlicher Verblendung seinem eigenen Reich das Grab gegraben und den Untergang der Kreuzzugsschöpfungen vorbereitet hatte, vor welchem nur der fortgesetzte Bund mit Ägypten gegen die östlichen Mohammedaner die Christen retten konnte.

Schirkuh und *Salaheddin* wurden 1169 in Kairo prachtvoll empfangen und erhielten kostbare Geschenke. Bald aber suchte *Schirkuh* Streit mit *Schawer,* dem er Betrugs- und sogar Mordgedanken gegen ihn und sein Heer zuschrieb und vorwarf. Es wurde dann mit ihm kurzer Prozeß gemacht. Als er in das kurdisch-türkische Lager kam, wurde er von *Salaheddin* vom Pferd gerissen und gefangengenommen. Das Gefolge des Sultans floh und der feige Kalif, nur dem Erfolg huldigend, verlangte selbst *Schawers* Hinrichtung und ernannte, als ihm dessen Kopf gebracht wurde, *Schirkuh* zu seinem Wesir. Als dieser jedoch schon nach zwei Monaten starb, gelangte *Salaheddin* an seine Stelle und zwar mit dem Königstitel! Er unterdrückte jeden Widerstand gegen seine Herrschaft mit blutiger Strenge und war jetzt Herr von Ägypten, freilich noch im Namen *Nureddins,* den er als seinen wahren Oberherrn zu betrachten fortfuhr (Bild 41); die Christen Syriens waren demnach zwischen zwei große, unter einer und derselben Herrschaft stehende Länder eingeschlossen, und dieser Herrschaft gehorchte auch die ägyptische Küste, von welcher aus ihre ganze Verbindung mit dem Meer abgeschnitten oder wenigstens gestört werden konnte!

Jetzt waren den treulosen Pullanen die Abendländer wieder gut genug, um von ihnen Hilfe gegen ihre große und dabei selbstverschuldete Bedrängnis zu erbitten. Mit Recht jedoch fanden sie bei denselben, denen der Verrat vor Damask noch in frischer Erinnerung lag, kein Gehör, abgesehen davon, daß Papst und Kaiser hier, England und Frankreich dort, gegeneinander im Feld und Staat und Kirche überall miteinander im Streit begriffen waren!

Auch Kaiser *Manuel,* welcher seine Versprechungen redlich erfüllte, kam jetzt mit seiner Hilfe gegen Ägypten zu spät und für die nicht zu neuem Krieg gerüsteten Jerusalemiten zu früh. Dennoch wurde ein gemeinschaftlicher Zug zu Lande und zur See nach *Damiette* beschlossen, das aber schnell von *Salaheddin* in Verteidigungszustand gesetzt war. Die Belagerung dagegen von byzantinischer und pullanischer Seite wurde (seit dem 26. Oktober 1169) ungeschickt in Angriff genommen, und zwischen beiden Teilen der Belagerer herrschte Mißtrauen und Entfremdung. So erlitten sie an Schiffen, die von der Stadt aus verbrannt wurden, und an Mannschaft großen Schaden, ohne der Stadt solchen zuzufügen. Zu allgemeiner Befriedigung von Heer und Flotte wurde nach sechs Wochen der Abzug beschlossen und die Christen des Orients hatten ein Fiasko erlitten, das ihnen für die

Salaheddin.

Zukunft allen Nimbus nehmen mußte. Der Halbmond war im Osten im Aufgehen und Wachsen, das Kreuz im Untergehen und Erbleichen begriffen, weil seine Anhänger an die Stelle der Begeisterung der ersten Kreuzfahrer nur Habsucht und Unsitten, Untreue und Wortbruch, Zwietracht und Mißtrauen unter sich hatten treten lassen.

Die Strafe des Verhaltens der Pullanen blieb aber nicht aus. Kaum hatte im Jahre 1170 ein furchtbares Erdbeben ihre Städte nördlich vom eigentlichen Palästina, besonders Tripolis und Antiochia, fast gänzlich zerstört und zahllose Menschenleben vernichtet, so brach *Salaheddin* mit einem starken, türkischen Reiterheer in das Königreich Jerusalem ein und belagerte die von *Amalrich* erbaute Burg *Darum*. Ein mit Not zusammengebrachtes kleines christliches Heer konnte nichts ausrichten und es auch nicht verhindern, daß *Salaheddin* die von *Balduin III.* neu erbaute Stadt *Gaza* erstürmte, ausmordete und verwüstete und weiter den Christen die Spitze des Roten Meeres mit der Stadt *Ailah* wegnahm. Bald darauf tat *Salaheddin* einen weiteren Schritt zur Befestigung seiner Herrschaft in Ägypten, dessen Eingangstore er soeben in seine Gewalt gebracht hatte. Im September 1171 starb plötzlich der fatimidische Kalif *Al Adhid* und man sagte allgemein, *Salaheddin* habe ihn ermordet. Wenigstens wurde kein weitere Kalif eingesetzt, es wurde vielmehr seitdem am Nil für den Kalifen von Bagdad gebetet (was *Nureddin* schon früher verlangt, *Salaheddin* aber aus Klugheit unterlassen hatte), und die Schätze des Toten nahm *Salaheddin* für sich in Besitz. An seine eigene Stelle als Wesir, denn er war jetzt Sultan, berief er seinen Vater *Ejub*, der ihm mit guten Räten beistand und ihn unterrichtete, wie er sich verhalten müsse, um zu verhindern, daß *Nureddin* ihn seiner Stellung beraube, sich vielmehr, wie er längst wünschte, von demselben unabhängig zu machen und sich dann womöglich auch an seine Stelle zu setzen. *Ejub* starb indessen schon 1173 infolge eines Sturzes vom Pferd und *Salaheddin* sah sich nun für den Fall, daß ihn *Nureddin* aus Ägypten vertreiben würde, um ein anderes Reich um, indem er, mit *Nureddins* Zustimmung, seinen Bruder *Turanschah* mit einem Heer nach *Yemen* in Süd-Arabien sandte, dessen Herrscher sich gegen den abbasidischen Kalifen aufgelehnt hatte. *Turanschah* eroberte in der Tat Yemen nebst Aden. Äußerlich bewahrte *Salaheddin* stets noch Unterwürfigkeit gegen *Nureddin*; dieser durchschaute zwar seine Pläne; aber er war mit Kriegen zwischen seinen Neffen um den Besitz von Mosul beschäftigt, worin er Ordnung schuf. Endlich jedoch im Begriff, gegen den untreuen Schützling in Ägypten einzuschreiten und ihn für den immer offener hervortretenden Abfall zu züchtigen, starb er im Mai 1174, indem er nur einen Sohn hinterließ, der noch beinahe ein Kind war.

Unterdessen war König *Amalrich* ratlos. *Salaheddins* Macht drohte ihn von allen Seiten immer enger wie mit Zangen einzuschließen, das Abendland war kreuzzugsmüde und sandte nichts mehr nach den heiligen Orten als vereinzelte Pilger, die selten waffenkundig waren, die Byzantiner aber vergaßen es den Pullanen nicht, daß sie vor Damiette von ihnen gegen schweres Geld mit Mühe kärgliche Lebensmittel hatten erhalten können. Wo sollte da Hilfe herkommen? Am ehesten war doch immer noch, der Verwandtschaft wegen, von Kaiser *Manuel* etwas zu hören; der König entschloß sich daher, selbst nach Byzanz zu gehen und fuhr im Frühling 1171 mit zehn Galeeren dahin ab, begleitet von Bischöfen, Baronen und Rittern. Die Aufnahme am Kaiserhof war glänzend über alle Beschreibung. Der König durfte, was bei dem steifen byzantinischen Zeremoniell viel besagen will, die Treppe vom Bosporus zum kaiserlichen Palast hinaufsteigen, die sonst nur der Kaiser selbst betreten durfte. „Eine zahlreiche Menge prächtig gekleideter Hofleute stand am Eingang des Palastes schon bereit, den König und sein Gefolge in den Saal zu führen, wo hinter einem prunkreichen Vorhang der Kaiser auf seinem Thron saß. Einige der vornehmsten Hofbeamten führten den König hinter diesen Vorhang, wo ihn der Kaiser freundlich, von seinem Thron sich erhebend, begrüßte. Dann rollte der Vorhang auf und die fränkischen Herren sahen ihren König neben dem Kaiser, der auf seinem goldenen Thron saß, ebenfalls sitzend auf einem prächtigen Sessel, doch auf einem niedrigeren, als der kaiserliche Thron. Auch die Barone wurden hierauf zum Friedenskuß zugelassen und vernahmen freundliche Worte aus dem Munde des Kaisers." Es wurde eine endlose Reihe von Festen gefeiert; Musikaufführungen, Tanzveranstaltungen, Schauspiele im Zirkus, Betrachtung der Merkwürdigkeiten und Kunstwerke Konstantinopels lösten einander ab.

Wider alle Befürchtung zeigte sich der Kaiser einem neuen gemeinschaftlichen Waffengang mit dem König von Jerusalem gegen die Sarazenen sehr geneigt und schloß hierüber einen Vertrag mit ihm ab. Reiche Geschenke erfreuten die abziehenden Jerusalemiten.

Aber alles war eitle Hoffnung; wie es scheint, hatte der Kaiser die Sache nicht sehr ernst genommen, denn er sandte damals keine Hilfe. Und so folgte sich Unglück ohne Ende und drückte den Hof wie das Volk in solchem Grade nieder, daß man mit dem stattlichen, nach Taten begehrenden Gefolge, das der tapfere *Heinrich* der Löwe, Herzog von Sachsen und Gegner Kaiser *Rotbarts* 1172 nach Palästina brachte, nichts anzufangen wußte und der sonst so kühne Welfe im Heiligen Land nichts tun konnte als am Heiligen Grab beten. Alles schien sich verschworen zu haben, die Kreuzfahrerstaaten zu höhnen und zu beugen. Ein leichtfertiger Abkömmling des Strickläufers *Stephan* von Blois und Chartres, gleichen Namens, der, um eine Tochter des Königs zu freien, gekommen, trat zurück, als er nur Kämpfe und Mühseligkeiten vor sich sah; der an die europäischen Mächte gesandte Bischof *Wilhelm* von Ptolemais wurde in Adrianopel von einem Geistlichen seines Gefolges ermordet, der wahrscheinlich wahnsinnig geworden war. Des armenischen Fürsten *Toros* Bruder und Nachfolger *Malik* verbündete sich mit *Nureddin* gegen die syrischen Fürsten, verwüstete das Land Antiochia und raubte alle in seinem Land befindlichen Güter der Templer, denen er doch selbst angehört hatte. *Salaheddin* selbst fiel zweimal nacheinander in Palästina ein, verwüstete dessen südlichen Teil und machte reiche Beute. Endlich wurde auch von seiten der Templer wieder ein schlechter Streich verübt. Der „Fürst des Gebirges" der *Assassinen* auf dem Libanon, *Sinan*, zeigte damals Lust, mit seiner ganzen Sekte zum Christentum überzutreten (denn bisher hatte sein Orden zweierlei Feinde, im Falle der Ausführung dieses Entschlusses aber nur noch einen, die Mohammedaner), unter der Bedingung, daß die Templer seinen in der Nähe ihrer Burgen wohnenden Untertanen eine von denselben erhobene Abgabe nachließen. *Amalrich*, dem er dies anzeigte, war einverstanden und wollte den Templern selbst ihren hieraus entstehenden Verlust ersetzen. Die Templer aber trauten, wie es scheint, diesem Versprechen bei dem Charakter des Königs und dem Finanzzustand des Landes nicht; vielleicht auch wollten sie es verhindern, daß jene Meuchelmörder Christen würden, wovon sie nichts Gutes erwarteten; vielleicht aber war der Orden mit der nun folgenden Freveltat gar nicht einverstanden. Tatsache ist nur, daß einer seiner Ritter, *Walter du Mesnil,* den Boten des Scheichs, als er mit günstiger Antwort vom König kam und heimkehrte, erstach! Dem hierüber wütenden König wurde die Auslieferung des Mörders vom Orden verweigert; derselbe sollte dem Papst zur Buße zugesandt werden! Da ließ der König den Verbrecher mit Gewalt aus dem Tempelhaus in Sidon reißen und gefesselt nach Tyros schleppen. Natürlich machte diese Geschichte, welche dem Christentum einen bedeutenden Zuwachs entzog, den Orden bei allen Christen höchst unbeliebt. Der Todesstrafe entging der Mörder wahrscheinlich nur dadurch, daß König *Amalrich* dem Schicksal aller Kreuzesfürsten im Morgenland seit geraumer Zeit, jung hinzuscheiden, ebenfalls unterlag. An einem Fieber, das die Ärzte ungeschickt behandelten, starb er am 11. Juli 1173, nicht viel über 37 Jahre alt. Vier Tage später wurde sein dreizehnjähriger Sohn *Balduin IV.* zum König von Jerusalem gekrönt. Der seit kurzem aus seiner langen Gefangenschaft befreite Graf *Raimund III.* von Tripolis bewarb sich um die Reichsverweser- und Vormundschaft, die ihm hauptsächlich der Günstling *Amalrichs*, der Seneschall Milo von *Plancy*, jetzt tatsächlicher Regent, streitig machte, der aber, allgemein verhaßt, in Ptolemais auf offener Straße von gedungenen Meuchelmördern grausam erschlagen wurde. Nun erlangte *Raimund* ohne Widerstand von der Reichsversammlung in Jerusalem die Wahl zum Regenten. Der junge König war nicht ohne Anlagen, aber kränklich, er litt an der entsetzlichen orientalischen Krankheit des Aussatzes, ein lebendiges Bild von der Entartung in den Geschlechtern der Kreuzfahrer in einem für sie nicht geeigneten Klima!

VIERTER ABSCHNITT

Salaheddin Alleinherrscher im Orient

Gegenüber dem verhängnisvoll wachsenden Unglück der Christen erstieg der Glücksstern *Salaheddins* seine höchste Stufe. Mit wenig Anstrengung wurde er 1174 eines Aufruhrs in Oberägypten und einer den Anhängern der Fatimiden nach Alexandria zu Hilfe kommenden normannisch-sizilischen Flotte Meister. *Nureddins* Sohn *Al Melik as Salih Ismail* anerkannte er zwar noch anfangs als einen Souverän, aber die Bevölkerung des damaszenischen Reiches liebte die Regierung eines Kindes nicht, namentlich in dieser Zeit des Kampfes gegen die Christen. Von vielen Seiten, welchen die Lage im richtigen Licht erschien, wurde daher *Salaheddin* aufgefordert, die Regierung zu übernehmen; selbst der Emir *Ibn Mokaddem,* Vormund *Ismails,* schloß sich diesen Stimmen an. Kurz entschlossen wie immer zog *Salaheddin* im Dezember 1174 nach Damask und fand offene Tore; auch die übrigen Städte des nichtchristlichen Syriens anerkannten ihn als Herrscher, während er selbst die Regierung im Namen *Ismails* führte; nur *Haleb* widerstand ihm und es wurden von dort Assassinen ausgesandt, ihn zu ermorden, aber von seinen Leuten ergriffen und erschlagen. *Salaheddin* belagerte nun Haleb; aber hinter seinem Rücken empörte sich Emessa und rief die Christen gegen ihn um Hilfe an. Graf *Raimund* folgte bereitwillig, mußte aber wieder zurückkehren, da ein Heer aus Mosul gegen *Salaheddin* heranzog, dessen Hilfe die Emessaner der christlichen vorzogen.

Der gleichnamige Sohn von *Nureddins* Bruder *Seifeddin* hatte bereits Mesopotamien eingenommen und war nicht gewillt, seinem Hause Syrien gleich Ägypten entgehen zu lassen. Im Anblick dieser von seiten seiner Glaubensgenossen ihm drohenden Gefahr eilte *Salaheddin* 1175, Emessa zu unterwerfen und so auch Baalbek, und nun näherte sich ihm gar noch Graf *Raimund*, dessen Konnetabel *Humfried* von Toron längst in verräterischer Verbindung mit ihm stand, und verpflichtete sich, ihn in seinem Kampf gegen *Nureddins* Haus nicht zu hindern, mit anderen Worten: der Untergrabung des Königreichs Jerusalem, das er verwaltete, ruhig zuzusehen. So waren eben die Pullanen, ein durch und durch verdorbenes, ehrloses Geschlecht! Es kam *Salaheddin* aber nicht nur diese Gesinnungslosigkeit zustatten, sondern auch der gegenseitige Haß und Verrat zwischen *Sei-*

feddin und seinen Brüdern. So wurde es ihm nicht schwer, am 13. April bei *Hama* die Mosulaner zu schlagen, wie später ein zweites Heer, das *Seifeddin* selbst führte. Nun sagte er sich ganz von *Ismail* los, ließ Münzen und Gebete auf *seinen* Namen lauten, und nannte sich Sultan. Doch überließ er dem *Ismail* Haleb nach dreimaliger vergeblicher Belagerung. Um die Assassinen für den gegen ihn angestifteten Meuchelmord, den sie vor Haleb noch einmal, und zwar dreimal in einem Tage zu vollführen ersuchten, so daß er sich in seinem Zelt verbergen mußte, zu strafen, verwüstete er 1176 ihr Gebiet auf dem Libanon und kehrte dann als der mächtigste Fürst seiner Zeit nach Ägypten zurück.

Indessen hatte das Königreich Jerusalem seine liebe Not mit der Bestellung eines Reichsverwesers statt des Grafen *Raimund*, der sich dieses Amtes immer unwürdiger und unfähiger zeigte. Man versuchte es, da man fühlte, wie wenig man den Pullanen Zutrauen schenken durfte, mit Europäern, und zwar zuerst mit Markgraf *Wilhelm von Montserrat*, welcher des aussätzigen Königs Schwester *Sibylle* heiratete, aber bald starb, dann mit Graf *Philipp* von Flandern, *Dietrichs* Sohn, der sich aber, wie in Europa grausam, so im Orient heimtückisch erwies und eigennützige Pläne verfolgte, nach deren Fehlschlagen er aus Ärger eine griechische Flotte, die nun endlich gemäß dem Vertrag zwischen *Amalrich* und *Manuel* einen Feldzug gegen Ägypten mitmachen wollte, zurücksandte, bald darauf aber abdankte und heimkehrte. Da griff man in der Verlegenheit zu dem eben aus der Gefangenschaft ausgelösten gewesenen Fürsten von Antiochia, dem nichtswürdigen *Rainald*. Aber trotz allen diesen unerfreulichen Verhältnissen lächelte das Glück den Christen noch einmal. *Salaheddin* war wieder in Judäa eingefallen, hatte Ramla zerstört und eine Schar seines Heeres war bis vor Jerusalem gedrungen, dessen Bewohner bereits in die Davidsburg flohen. Da brachen am 25. November 1177 die in Askalon versammelten Ritter, der kranke junge König und *Rainald* an der Spitze, der ebenfalls befreite Graf *Joscelin* ebenfalls mit, im ganzen nur 370 Mann, das Heilige Kreuz voran, mutig auf, warfen sich auf *Salaheddins* 26 000 Streiter und schlugen sie so, daß selbst der Sultan mit seinen Mameluken schmählich floh und wenige mit dem Leben davonkamen (Bild 42). Räuberische Araber plünderten indessen das Gepäck ihrer Glaubensgenossen.

Doch, dieser Glücksfall wurde wieder, nach einiger Zeit der Ruhe, durch neues Unheil aufgewogen. Die Christen erlitten auf einer Streiferei bei Banias am 11. September 1179 einen Überfall, bei welchem der Konnetabel *Humfried* von *Toron*, indem er den kranken König gegen Verwundungen schützen wollte, zu Tode getroffen wurde und starb. *Salaheddin* aber war bereits wieder so keck gegenüber den Christen, daß er geradezu durch ihr Land zog und es bei Sidon verwüstete, als er einen Zug gegen die Armenier unternahm. Der König zog ihm nach Banias entgegen, wurde aber, weil sich seine Truppen, um zu marodieren, zerstreuten, schmählich in die Flucht geschlagen, wobei der Templer-Großmeister *Odo* von *St. Amand* gefangen wurde und viele tapfere Ritter fielen. Odo, welcher dem Orden nur zum moralischen Schaden gewirkt hat, obschon derselbe unter ihm den höchsten materiellen Glanz erreichte, starb in der Gefangenschaft der Feinde Christi. Auch ein drittes Unglück ließ nicht auf sich warten; *Salaheddin* belagerte ein von den Templern an der Jakobsfurt des Jordan neu erbautes Schloß, zu dessen Entsatz der König sich nicht heranwagte, erstürmte und zerstörte es und ließ die gefangenen Templer teils hinrichten, teils in die Gefangenschaft schleppen. So folgten sich mehrere Überfälle. Und um diese Zeit traf überdies der kranke König, der wegen seines Zustands beständig Entsetzung oder Tod fürchtete, eine sehr unglückliche Wahl eines zweiten Gatten für seine Schwester *Sibylle*; dieselbe fiel nämlich auf den Ritter *Guido von Lusignan*, dessen Geschlecht im Volksbuch von der Nixe *Melusina* abgeleitet wird, einen rechtlichen, aber geistig ganz unfähigen Mann ohne Ansehen, der zugleich, wie sein Vorgänger, die Grafschaften Joppe und Askalon erhielt. Es war, als sollten die Nullen in dem unglücklichen Land immer mehr überhandnehmen, um es noch völlig zugrunde zu richten; denn anderes blieb nicht mehr übrig, wo es soweit gekommen war, daß die Fürsten einzeln *Salaheddin* um Waffenstillstand bitten mußten, wenn sie nicht ihr Gebiet rastlos verwüsten lassen sollten.

Zu alledem kam noch, daß damals, am 24. September 1180, der Kaiser *Manuel* starb, der einzige Byzantiner, welcher den Kreuzfahrern verhältnismäßig günstig gesinnt gewesen; es hatte ihm das Herz gebrochen, daß mehreren glücklichen Erfolgen gegen die *Seldschuken*, die bereits ganz von ihm abhängig geworden, 1176 eine furchtbare Niederlage seines Heeres durch dieselben in einem phrygischen Engpaß gefolgt war, durch welche der Kern Kleinasiens den Griechen für immer verlorenging und damit auch für die Kreuzzüge die Hoffnung einer Verbindung des Heiligen Landes mit Europa durch christliches Gebiet völlig dahinschwand.

Manuels Tod führte übrigens auch im Innern des Reiches tragische Ereignisse und bejammernswerte Zustände herbei, welche ohne wichtige und schwere Folgen für die Kreuzzüge blieben und manches im ferneren Verlauf der letzteren erklären. Für seinen erst dreizehnjährigen Sohn und Nachfolger *Alexios II.* führte jene *Maria* von Antiochia, seine erst dreißigjährige und noch schöne Mutter, die Regentschaft, in Wahrheit aber ein Verwandter des Hauses, der Protosebastos (ein bloßer Titel, etwa wie Exzellenz) *Alexios*. Natürlich hatte dieser Feinde, und das um so mehr, als die Kaiserin-Mutter Maria ihrer Herkunft gemäß die Franken begünstigte. Die Folge war eine byzantinisch-griechische Reaktion, an deren Spitze sich der bereits 67 Jahre alte *Andronikos*, auch ein Komnene, stellte, der in seiner Jugend eine Art Don Juan gewesen war. Unter dem Vorwand, den jungen Kaiser von schlechten Ratgebern zu befreien, zog er 1182 mit einem Heer gegen Konstantinopel, wo der Pöbel sich für ihn erklärte, und durch diesen Bund fielen die Herrschenden. Der Protosebastos wurde gestürzt und geblendet, die Franken, besonders die reichen italienischen Kaufleute ermordet, ihre Häuser ausgeplündert und niedergebrannt; ein Jahr später ließ *Andronikos* die unglückliche *Maria* und wieder nach einem Jahr den sorglos sich vergnügenden jungen Kaiser ermorden. Ungeachtet dieser Schandtaten zeigte sich *Andronikos*, der sich jetzt zum Kaiser aufwarf, als einen tüchtigen Regenten, der Ordnung im Land handhabte. Aber schnell nahte die Nemesis für seine Verbrechen. *Isaak Komnenos* riß die Insel Zypern 1184 vom Reich los und beherrschte sie unabhängig mit dem Kaisertitel. Die Normannen erneuerten 1185 die Tage *Roberts* und *Boemunds* und erlangten, was letzteren mißlungen war, die Eroberung Dyrrachions, ja drangen bis Thessalonika und stürmten schon auf Konstantinopel los, und zugleich erhob sich gegen den Kaiser *Isaak Angelos*, den er hatte verhaften und beseitigen lassen wollen wie alle Vornehmen, von denen er seinen Sturz fürchtete. Er gewann Adel, Volk und Truppen und wurde zum Kaiser ausgerufen, *Andronikos* aber „in gräulicher Weise hingeschlachtet." Mit ihm trat das Herrscherhaus der Komnenen, befleckt durch manche Bluttaten, aber auch glorreich durch manche Siege, die den längst drohenden Fall des Reiches für lange Zeit aufschoben, vom Schauplatz der Geschichte ab. *Isaak* war ein feiger Wicht, aber sein General *Alexios Branas* schlug für ihn die Normannen, trieb sie nach Hause und rettete das Reich. Diese Vorfälle alle waren nur geeignet, die Abendländer noch bitterer gegen Byzanz zu stimmen, als sie es schon waren, wenn dies überhaupt möglich war.

Im Heiligen Land hatte indessen der wilde *Rainald*, der seit seiner Entlassung von der Reichsverweserschaft das Land jenseits des Jordans verwaltete, 1181 den Waffenstillstand mit *Salaheddin* gebrochen und verwüstete die arabische Grenzgegend. Der Sultan rächte sich durch weitere Verwüstungen (1182), und nun bewirkte *Rainald* in der Reichsversammlung den Beschluß, dem Sultan am Toten Meer den Weg nach Damask zu versperren. Man versuchte es wohl, doch natürlich ohne den Zweck zu erreichen, denn die Wüste war lang und weit und ließ sich nicht sperren, und *Salaheddin* kam ungestört nach seiner syrischen Hauptstadt. Nun versuchten die Christen von Sepphoris in Galiläa aus Einfälle der Feinde zu verhindern, aber wieder umsonst; es gab der Eingangstore mehr, und die Gegend am See Genezaret wurde von den benachbarten Emiren verwüstet. *Salaheddins* Heer lagerte sich in der Nähe von *Tiberias* und zog dann den Christen entgegen. Bei der Feste *Belveir* zwischen Tiberias und Baisan kam es zur Schlacht zwischen 700 Christen und über 20 000 türkischen Reitern, und erstere hielten sich diesmal trotz furchtbarer Hitze wieder so trefflich, daß sie die Übermacht über den Jordan zurücktrieben. Die arabischen Geschichtschreiber erwähnen diesen Kampf nicht, berichten aber statt desselben über einen Sieg *ihrer* Leute, wobei *Imadeddin* die hochtrabenden Worte anwendet: „... Die Nacht kam. Die Nacht haßt die Ungläubigen, weil sie selbst ungläubig genannt wird. Die von den Mameluken abgeschossenen Pfeile trafen ihr Ziel; auf jedem Boden ruhte der Tod; wie Heuschrecken flogen die Geschosse und hinter ihnen folgte das Verderben; in dieser Nacht träumten jene nicht; es war wie eine Nacht, in welcher der Traum zum Sterben aufweckt. Die Pfeile flogen unter die schwarze Schar, wie die Sterne blitzen in der Dunkelheit ... Die Pferde drängten auf sie ein, sowie wenn man jemand ins Gefängnis abführt; gefangen waren jene, so wie die Ohrenringe im Ohr. Das war einer von den Tagen, an welchen das Feuer der Hölle hoch auflodert, um die Seelen der Ungläubigen in sich aufzunehmen."

Schlacht bei Askalon (1177).

Nun benutzte *Salaheddin* den Besitz Ägyptens auch zu Angriffen von der See her. Dreißig seiner Schiffe erschienen vor *Beirut,* während er zu Lande dahinzog und der Stadt durch eine ungeheure Mauer jeden Zuzug abschnitt. Zugleich brach sein Bruder *Melik al Adil* von Süden her in Palästina ein. Aber Beirut wehrte sich so wacker, daß der Sultan, als er von der Annäherung des jerusalemitischen Heeres hörte, an einem Erfolg verzweifelnd und selbst am Auge verwundet, die Belagerung aufhob und nach Damask zurückkehrte.

Inzwischen war *Ismail*, ein trefflicher junger Mann, in Haleb, wie man glaubte, an Gift gestorben. *Salaheddin* benutzte 1183 diesen Anlaß, um nicht nur *Haleb*, sondern auch ganz *Mesopotamien* den unter sich feilschenden Verwandten *Nureddins* wegzunehmen und kam hierdurch, indem er alles möglichst in *eine* Hand brachte, seinem Ziel, die christliche Herrschaft in Syrien erst lahm zu legen und später desto leichter zu vernichten, wesentlich näher. Die christlichen Fürsten fühlten dies; sie rächten sich während seiner Abwesenheit durch einen verheerenden Einfall in das Gebiet von Damask und eroberten eine strategisch wichtige dreifache Höhle, die ihnen früher genommen worden.

Der König und Graf *Raimund*, die sich gegenseitig haßten und mißtrauten, zogen dann im Dezember, um *Salaheddins* Abwesenheit noch ferner zu benutzen, bei der Jakobsfurt über den Jordan bis in die Nähe von Damask, aber ohne etwas auszurichten. Denn *Raimund* war überall, ob er nun auch *damals*, wie er später tat, den Verräter spielte oder nicht, das zurückhaltende Element in den Unternehmungen der Christen und wirkte hierdurch gleich schädlich wie sein Gegenpol *Rainald*, der immer allzu hitzig dreinzuschlagen begehrte. Der letztere vollführte einen Überfall des jüngst verlorenen Hafens Ailah am Roten Meer und ein Teil seiner Leute fuhr mit erbeuteten Schiffen bis nach Ägypten, wo sie an der Küste plünderten. Aber *Salaheddins* Bruder und Statthalter war ebenso schnell, vertrieb *Rainald* von Ailah, und hielt seine Flotte von dem Vorhaben ab, Mekka und Medina zu erobern und die Wiegen des „Irrglaubens“ zu zerstören; die Seeleute wurden teils erschlagen, teils gefangen und in Arabien von den Mekkapilgern statt der sonst geopferten Tiere geschlachtet; dieser bei dem furchtbaren Religionshaß jener Zeit erklärliche Fall ist um so glaubwürdiger, als er *nur* von orientalischen Schriftstellern erzählt wird.

Diese und die früheren Unglücksfälle, namentlich aber die Einnahme von *Haleb* durch *Salaheddin* und die hierdurch vollendete Einschließung der Kreuzfahrerstaaten durch das Reich des Sultans, verbreiteten unter den Christen im Heiligen Land eine furchtbare Bestürzung und eine tödliche Angst vor bevorstehenden größerem Unheil und dem völligen Untergang der christlichen Herrschaft. Es war daher kein Wunder, daß damals sowohl Leute mit friedlicher Beschäftigung als Krieger auf dem Marsch in ihrer aufgeregten Einbildungskraft allerlei Zeichen, Wunder und Erscheinungen am Himmel und auf der Erde zu erblicken glaubten (Bild 43). Ein vom König in Jerusalem versammelter Reichstag im Februar 1183 beriet über die schlimme Lage des Reiches, welche nicht einmal mehr die Besoldung der Ritter gestattete. Man beschloß eine allgemeine Vermögenssteuer von allen zu erheben; die, welche wenigstens hundert Byzantiner besaßen, sollten ein, von jährlichen Einkünften aber zwei Prozent und die weniger als jene Summe Besitzenden, je nach den Verhältnissen, einen oder einen halben Byzantiner oder wenigstens eine Kleinigkeit zahlen. Besitzer von Dörfern oder Flecken aber hatten von jeder Feuerstätte ihres Ortes einen Byzantiner zu erlegen.

Erscheinungen.

In jeder Stadt wurden vier Schatzmeister aufgestellt, welche alles Vermögen zu schätzen und die Steuern einzuziehen hatten. Der Ertrag sollte ausschließlich für die Verteidigung des Landes verwendet, auch diese Steuer nur einmal erhoben und nicht wiederholt werden.

Es kamen zwar bald wieder neue bewaffnete niederländische und französische Pilger auf italienischen Schiffen an, die mit der Bemannung der letzteren das Heer Jerusalems auf über 15 000 Mann brachten; aber als *Salaheddin* das von den Einwohnern verlassene Basian ausplünderte und zerstörte und Nazaret bedrohte, ja das Kloster auf dem Berg Tabor belagerte, worauf *Guido von Joppe* ein christliches Heer den Feinden entgegenführte, bewirkte des Anführers Unbeliebtheit allgemeine Entmutigung, und man wagte trotz den Herausforderungen *Salaheddins* keinen Kampf. Unverrichteterdinge kehrten die angekommenen Pilger wieder heim.

Nicht besser erging es dem leichtfertigen und hitzigen *Rainald* von Chatillon, welcher sich auf seinem festen Schloß *Karak* an der arabischen Grenze für vollkommen sicher hielt. Er feierte dort die Hochzeit seines Stiefsohnes *Humfried* von Toron mit des Königs Schwester Elisabeth von Isabella, welche dem Reich einst drei weitere Gatten zu Scheinkönigen geben sollte, mit Festen voll Prunk und Pracht, wobei Gaukler, Musiker und Sängerinnen tollen Jubel verursachten, als plötzlich *Salaheddin,* dieser Überall und Nirgends, die Burg zu belagern begann, die ihm für die Verbindung zwischen Ägypten und Syrien von höchster Wichtigkeit war. Truppen beider Länder befanden sich in seinem Heer, die Ägypter unter seinem Bruder *Melik al Adil.* Der Weiler bei der Burg wurde bald eingenommen und die letztere unablässig mit mächtigen Steinen beworfen und die Bewohner gerieten in die höchste Not. Trotzdem hob *Salaheddin,* als ein Heer aus Jerusalem zum Entsatz herannahte, die Belagerung auf.

Dort, in der Hauptstadt, drangen indessen die Fürsten und Barone heftig in den König, der wegen seiner sich stets verschlimmernden Krankheit sich von den Regierungsgeschäften zurückgezogen und den Grafen *Guido* zum Reichsverweser bestellt hatte, diesen allgemein unbeliebten und unfähigen Mann von seiner Stelle zu entlassen. *Balduin,* gegen den sich *Guido* bereits widerspenstig gezeigt hatte, war ihm selbst abgeneigt und gegen den Verhaßten arbeitete sogar seine eigene Gattin *Sibylla,* weil sie auf dem Thron künftig lieber ihren Sohn erster Ehe, als ihren zweiten Gatten zu sehen wünschte. Der König erklärte nun, die Regierung wieder selbst übernehmen zu wollen, ernannte zugleich, in Voraussicht seines baldigen Todes, seinen sechsjährigen Neffen *Balduin,* Sohn *Sibyllens* und *Wilhelms* von Montserrat, als den fünften des Namens zu seinem Nachfolger und ließ ihn auf alle Fälle hin sofort, am 20. November 1183, krönen; nach der Feierlichkeit trug einer der Großen des Reiches den kleinen König in feierlicher Prozession aus der Kirche in den Palast. Jerusalem hatte nun zwei Könige, einen Sterbenden und ein Kind, und das verursachte viele Unzufriedenheit. Man verlangte allgemein einen Reichsverweser; aber der König wußte nichts Vernünftigeres zu tun, als den schon einmal dieser Würde beraubten und des Verrates verdächtigen Grafen *Raimund* von Tripolis zu ernennen, der aber diesen Ruf nicht ohne wichtige Bedingungen annahm, so z. B. die Entsagung von aller Verantwortlichkeit für das Leben des jungen Königs und den Besitz einer Stadt im Reich, als welche Beirut bestimmt wurde. Zugleich nahm die Abneigung des Königs gegen seinen Schwager *Guido* seinem Zustand gemäß einen geradezu krankhaften Charakter an; er verlangte von dem Patriarchen *Heraklius* die Trennung der Ehe zwischen dem Grafen und seiner Schwester, lud selbst Guido vor das Ehegericht, und zog, als derselbe nicht erschien, nach dessen Stadt Askalon, wo er aber nicht eingelassen wurde und unter dem Hohn des Volkes abziehen mußte. Dagegen wurde er in Joppe gut aufgenommen und entzog nun dem Grafen diese Stadt. Umsonst suchten der Patriarch und die beiden Großmeister den König mild zu stimmen. Die Folge war, daß *Guido* 1184 zum Aufruhr schritt und einen unter dem Schutz des Königs stehenden Araberstamm beraubte. Bald darauf starb der König, 24 Jahre alt, und der Seneschall *Joscelin*, (Sohn Graf *Joscelins II.*) zum Hüter des jungen Königs bestimmt, nahm diesen mit sich nach Ptolemais; wahrscheinlich hielt man Jerusalem bereits nicht mehr für sicher.

In der ersten Zeit seiner Regierung zeigte sich *Raimund* eifriger als während seiner ersten Reichsverweserschaft; es gelang ihm, *Salaheddin* vom Reich entfernt zu halten und einen Waffenstillstand mit ihm zu erlangen, freilich gegen 60 000 Byzantiner, so daß wieder Lebensmittel in das Land kamen. Er wurde hierdurch sehr beliebt; als aber der neue König schon 1186 starb, überredete ihn der Seneschall *Joscelin*, sein Feind, die Leiche *Balduins V.* nicht zur Ruhestätte zu begleiten, sondern dies den Templern zu überlassen. Die Templer aber waren mit *Joscelin* und *Rainald* verschworen, *Raimund* zu stürzen und *Guido*, der mit seiner Frau wieder versöhnt war, zum König zu erheben. Da nun der Vertrag, durch welchen *Raimund* die Reichsverweserschaft übernommen, für den Fall des Todes *Balduins V.* vor seiner Volljährigkeit die Wahl des Königs dem Papst, dem römisch-deutschen Kaiser und den Königen von Frankreich und England übertrug, so konnte die Verschwörung nur durch List und Treubruch gelingen, und so

Siegel der Abtei
d. h. Maria Latine.

Siegel der Stadt Jerusalem
unter König Amalrich I.

Siegel des Kanoniker
des heil. Grabes.

Siegel des
Tempelherren-
Ordens.

Siegel des Johanniter-
Hospitals.

geschah es auch. *Sibylla* und *Guido* bemächtigten sich in Abwesenheit *Raimunds* der Stadt Jerusalem und beredeten den Patriarchen *Heraklius* und die beiden Großmeister, welche die drei Schlüssel zum Verwahrsam der beiden Kronen für König und Königin in Händen hatten, dieselben herauszugeben. Der Patriarch tat es, weil *Sibylla* seine Wahl befördert hatte und auch sonst seine Freundin war, der Templer, weil *Raimund* als Lehnsherr einer Dame, die jener zur Ehe wünschte, dieselbe ihm verweigert hatte, was die Ursache seines Eintritts in den Orden war; der Johanniter ließ sich nur mit Widerstreben dazu herbei. Der saubere Patriarch krönte dann die Gräfin als eigentliche Erbin, welche dann die andere Krone ihrem, in allem eine untergeordnete Rolle spielenden Gatten überreichte. *Raimund* hatte indessen die Barone und Prälaten des Reichs in Neapolis versammelt und dieselben protestierten gegen das Geschehene und wählten ihrerseits den Grafen *Humfried* von Toron, Enkel des Konnetabel gleichen Namens und Gatten *Isabellas*, der jüngeren Schwester *Sibylles*, zum König, der aber nicht der Mann dazu war, sondern verzagt nach Jerusalem floh und seinem Schwager und seiner Schwägerin als König und Königin huldigte. Dies bestimmte nun die Reichsversammlung, *Guido* und *Sibylla* ebenfalls anzuerkennen, und *Raimund* stand allein da als Gegner des usurpatorischen Paares, aber auch als – der einzige Verräter. Als er nämlich vernahm, daß *Guido* gegen ihn einschreiten und ihn in *Tiberias*, wo er weilte (er war durch seine Heirat mit der Witwe des Fürsten *Walter* von Galiläa dortiger Landesherr geworden) belagern wollte, schämte er sich nicht, die Drohung, die er bereits in Neapolis ausgesprochen, zu verwirklichen und *Salaheddin* gegen *Guido* und die übrigen Fürsten und Herren des Königreichs Jerusalem zu Hilfe zu rufen. Ohne Bedenken erhielt er die letztere und nahm – eine vom Sultan ihm bereitwillig gesandte Schar türkischer Reiter in Tiberias auf, während ein größeres Heer in der Nähe dieser Stadt sich lagerte. Und damit begann der Untergang!

FÜNFTER ABSCHNITT

Auflösung des Königreichs Jerusalem

Salaheddin hatte, um seinem Reich in Syrien, Mesopotamien, Ägypten und Arabien die wünschbare Abrundung zu geben, in Voderasien völliger Alleinherrscher zu sein und die Ungläubigen aus diesem, ihm, wie er glaubte, zur Herrschaft bestimmten Gebiet zu vertreiben, alle Ursache, Jerusalems christlicher Herrschaft schnell ein Ende zu machen, denn einerseits standen in den unglücklichen Kreuzfahrerstaaten, wo seit längerer Zeit nur noch Schwächlinge, Kranke, Weiber, Kinder und – Verräter regierten, die Dinge außerordentlich günstig für ihn, und andererseits lagen bereits wieder neue Kreuzzüge in der Luft, die, wenn den Christen die Heilige Stadt entrissen war, ein weit schwereres Werk vor sich hatten als im entgegengesetzten Fall. Schon am 16. Januar 1181 forderte Papst *Alexander III.* die Geistlichkeit und die Gläubigen auf, der herben Not der syrischen Christen abzuhelfen, und auf seine Veranlassung legten am 27. April die Könige von Frankreich und England in Nonancourt einen Eid ab, miteinander nach Palästina abzufahren, hielten denselben jedoch nicht. Da jene Not immer größer wurde, ordnete Papst *Lucius III.* 1183 eine allgemeine Kreuzpredigt an und im folgenden Jahr kamen nach dem Abendland als Hilfesuchende der Patriarch *Heraklius* von Jerusalem und die Großmeister der Templer und Johanniter, hatten in Italien Unterredungen mit Papst und Kaiser und begaben sich auch nach Paris und London, konnten aber keinen der besuchten Monarchen bewegen, das Kreuz zu nehmen. Zu derselben Zeit verhieß Kaiser *Friedrich I.* (Barbarossa), der das Heilige Land schon einmal mit seinem Oheim *Konrad III.* besucht hatte, auf einem Tag in Verona einen Kreuzzug in Betracht zu ziehen, aber die verwickelten inneren Landesangelegenheiten gestatteten ihm nicht, dem Gedanken näherzutreten.

So war *Salaheddin* noch für geraume Zeit sicher vor einem Kreuzzug und hatte daher gewonnenes Spiel.

Was die Absichten des großen Sultans auf Jerusalem am meisten begünstigte, war der Unfriede und die Sittenlosigkeit, welche in der Heiligen Stadt herrschten. Hoch und Nieder, Geistlich und Weltlich, Mann und Weib waren von dem Wurm des Mangels an einem kräftigen Nationalgefühl und an aller Begeisterung für einen gesunden Glauben in einer charakterlosen

Mischbevölkerung zerfressen. Wie schlimm schon die Spitzen derselben waren, zeigt die Treulosigkeit gegen Verträge, wie sie *Sibylla* und *Guido* übten, der Patriarch und die Großmeister unterstützten. Am schlimmsten aber war wohl dieser Patriarch *Heraklius*, früher Erzbsichof von Cäsarea, vor dessen Wahl zu einem Amt, in welchem er dem ganzen Land als herrliches Beispiel hätte voranleuchten sollen, der Erzbischof von Tyros umsonst gewarnt hatte. *Heraklius* entblödete sich nicht, die Witwe eines Gewürzkrämers aus Neapolis nach Jerusalem kommen, hier förmlich als seine Geliebte wohnen und in reichem Putz öffentlich auftreten zu lassen. Ja es gab nicht selten Pullanen und sogar aus Europa kommende Pilger, welche zu den Muslimen überliefen und ihren Glauben gegen den der letzteren vertauschten, so z. B. auch ein Templer *Robert von Saint-Alban*, welcher eine Offiziersstelle bei *Salaheddin* annahm und in dessen Heeren die Christen bekriegte und ihr Land verwüstete. Dieser und mehrere andere oben erzählte Vorfälle machten neben dem Patriarchen hauptsächlich die Templer verhaßt, denen man nun jeden Verrat und jedes Unglück in die Schuhe schob. Nicht weniger verachtet waren folgerichtig der von dem Patriarchen und den Templern emporgehobene König *Guido* und sein Weib *Sibylla*.

Im Frühling 1187, dieses Unglücksjahres für die Christen im Heiligen Land, als zahlreiche waffenfähige Pilger, namentlich englische Ritter angekommen waren, welche nach Taten brannten, *Guido* aber den kurz zuvor auf drei Jahre verlängerten Waffenstillstand mit *Salaheddin* nicht brechen wollte, tat das letztere ohne Bedenken der ewige Friedenstörer und Hauptraufbold *Rainald von Chatillon*, der gewesene Regent von Antiochia. Von seiner Festung Karak aus griff er eine Karawane an, bei der sich auch eine Schwester des Sultans befand, und plünderte die reichen Waren und Schätze, welche die dazugehörenden Kaufleute mit sich führten. Damit war das Zeichen zum Untergang des Kreuzes in Jerusalem gegeben. Nachdem *Salaheddin* vergebens Ersatz des Raubes verlangt, schwor er dem Täter Rache und den Tod von eigener Hand! Natürlich erfüllte auch *Guido* nicht die Zumutung, seinen Freund und Mit-Königsmacher zur Rechenschaft zu ziehen. Da rief *Salaheddin* alle „Gläubigen" zum Heiligen Krieg auf und erinnerte sie an die Freuden des Paradieses, welche den in einem solchen Krieg Fallenden blühen würden. Aus allen Ecken und Enden seines Reiches und der mit ihm verbündeten Nachbarländer strömten die Kriegslustigen in dichten Scharen ihm zu. Am 13. März brach er mit seiner Leibgarde von Damask auf, umschloß Karak, wohin sich *Rainald* zurückgezogen hatte, und vereinigte sich nach und nach mit seinen übrigen Truppen.

Nun rüstete auch der König *Guido*; vor allem aber baten ihn die zusammenberufenen Vasallen, sich mit *Raimund* von Tripolis zu versöhnen. *Guido* war sofort dazu bereit und sandte die beiden Großmeister, zwei Bischöfe u. a. Herren an seinen bisherigen Feind; dieser aber hatte bereits dem Sohn des Sultans, *Malik al Afdal*, der 7000 Mann aus Damask, Haleb, Harran und Edessa führte, einen Einmarsch über den Jordan in seine Grafschaft Tiberias zur Rekognoszierung des christlichen Gebiets gestattet, aber jede Verwüstung untersagt, die Rückkehr am Abend desselben Tages ausbedungen und sowohl die Bevölkerung als die Gesandten vor einem Zusammentreffen mit den Muslimen gewarnt. Dieser elende Ausweg, um sowohl seinen Glaubens- als Bundesgenossen zu genügen, konnte nur Unheil bringen. Der Templergroßmeister *Gerard Ridefort,* ohnehin *Raimunds* Feind, bot sofort seine Ordensbrüder auf und lud auch die Johanniter zu einem Waffengang ein. Es sammelten sich 140 Ritter beider Orden, sowie königliche aus Nazaret und 500 Fußknechte, welche am 1. Mai bei dem Bach *Kischon* sich den Sarazenen entgegenstellten. Die gewöhnliche anfängliche Scheinflucht der letzteren verfolgend, fielen die infolge ihrer Schnelligkeit von den Fußknechten getrennten Ritter einer bisher verborgenen türkischen Schar in die Hände, welche sie so eng umringte, daß sie sich nicht mehr rühren konnten und alle erschlagen oder gefangen wurden, vier Templer, darunter der Großmeister, ausgenommen welche fliehen konnten. Der Großmeister der Johanniter fiel, auf die ruhmvolle Weise, aber der Marschall des Tempels, *Jaques de Mailly* aus Tours, welcher als Letztüberlebender gegen Tausende den Kampf fortsetzte, den angebotenen Pardon ausschlug und so durch eine Menge Pfeile gleich einem edlen Wild erlegt wurde (Bild 44). „Da er einen Schimmel ritt und das weiße Templerkleid ihm ein überirdisches Ansehen gab, hielten ihn die Türken für den heiligen Georg und rühmten sich seiner Niederlage hoch!“ Sie schnitten auch, herrschendem Aberglauben zufolge, Teile seines Körpers ab, um sich durch dieselben Tapferkeit anzueignen. *Mailly* hatte diesen Kampf abgeraten, der entflohene Großmeister ihn aber durchgesetzt.

Der Kampf hatte das blühende Korn des Feldes, in dem er stattfand, spurlos weggefegt. Die Sieger kehrten sich nun nicht mehr an *Raimunds* Bedingungen, sondern plünderten und brannten nach Herzenslust und zeigten der Besatzung von Tiberias im Vorbeiziehen höhnend die auf ihre Lanzen gesteckten Köpfe der Gefallenen und die gefesselten Gefangenen. Ein Geschichtsschreiber jener Tage erzählt den rührenden Zug von den Nazarenern: Weil es der erste Mai war, wo sie sonst Rosen und andere Blumen zu pflücken pflegten, sammelten sie diesmal auf den Feldern die Körper der gefallenen Christen und begruben sie auf dem Friedhof der heiligen Maria in Nazareth und feierten ihnen in herbem Schmerz ein einfaches aber ergreifendes Trauerfest.

Ohne von diesem Kampf und dem Schicksal der beiden Großmeister etwas zu wissen, setzten die übrigen Gesandten ihren Weg fort, erfuhren dann das Geschehene zu ihrer Bestürzung, trafen in Nazareth den Templergroßmeister und begaben sich dann zu *Raimund,* der sie ehrerbietig empfing, sich zur Versöhnung mit dem König bereit erklärte und sofort alle muslimische Mannschaft aus seinem Gebiet verwies. König und Graf zogen einander entgegen; *Raimund* fiel vor *Guido* nieder, dieser hob ihn auf und sie umarmten sich. Dann zogen sie zusammen nach Jerusalem, wo sie festlich empfangen wurden. Zum Zweck der Landesverteidigung stellten die Templer den ihnen anvertrauten Teil des Schatzes zur Verfügung, den König *Heinrich II.* von England als Buße für den von ihm verschuldeten Mord des Erzbischofs *Thomas a Becket* von Canterbury dem Wohl des Heiligen

Landes gewidmet hatte.* Dann wurden die Vasallen an den üblichen Versammlungsort bei der Quelle Suffuria in der Mitte zwischen Tiberias und der Meeresküste einberufen und fanden sich in ungewohnter Zahl und mit bedeutenden Kräften aus dem ganzen Land und den Nebenländern zusammen, auch *Boemunds* von Antiochia Sohn *Raimund* erschien. Im ganzen waren es, abgesehen von zahllosen Turkopulen (Söldnern türkischer Abkunft) 2000 Ritter und 18 000 Mann Fußvolk. *Raimund* von Tripolis, die Templer und die Johanniter hatten ihre ganze Macht beigetragen, auch *Rainald* aus Karak eine stattliche Schar. Leider aber war in dem prachtvollen Heer Unlust am Kampf und Lust zu kopflosem Dreinfahren gleichstark vertreten; dazu kam allgemeines Mißtrauen gegen *Raimund* und es brachte ferner einen sehr schlimmen Eindruck hervor, daß der elende Patriarch sich weigerte, mit dem Heiligen Kreuz auszuziehen und es zwei Bischöfen übertrug mit der frechen Rede, er möge seine Geliebte nicht verlassen! Man soll sich dabei an die Weissagung des Erzbischofs *Wilhelm* von Tyros erinnert haben: das Heilige Kreuz, unter einem *Heraklius* gewonnen, werde auch unter einem *Heraklius* verloren gehen, eine Prophezeiung, die damals nicht schwierig war, vielleicht aber wie viele andere erst nachher entstand. Das Kreuz wurde dann dem versammelten Heer gezeigt, um es zur Tapferkeit zu ermuntern, aber die alte Begeisterung für jene Reliquie war nicht mehr vorhanden; die Krieger verließen sich weit mehr auf ihre Arme und Waffen. Viel zäher hielt sich der aus dem Heidentum stammende Aberglaube jener Zeit, wie folgender Fall zeigt: Bei Nazareth wurde ein altes Weib aufgefangen, das man durch die Folter zu der Aussage zwang, sie sei von *Salaheddin* gesandt, um die Christen zu verfluchen und dem Verderben zu weihen (ähnlich wie einst *Bileam* gegenüber den Hebräern in der Wüste). Sie gestand ferner, sie habe das christliche Heer schon zweimal während der Nacht umkreist und in der nächsten Nacht durch eine dritte Umkreisung ihren Zauber vollenden wollen; schon das bisher Vollbrachte aber genüge, zu bewirken, daß nur wenig Christen dem Untergang entrinnen werden, ausgenommen wenn das christliche Heer wieder die nämliche Stellung einnehme, die es vor Beginn des Zaubers eingenommen habe. Das Weib wurde sofort als Hexe dem Scheiterhaufen überliefert, sprang aber angeblich im Feuer wiederholt in die Höhe, ohne verbrannt zu werden, bis ein Krieger sie mit der Lanze durchbohrte.

Salaheddin und sein Sohn vereinigten sich nun, empfingen die Hilfsscharen aus Mardin und Mosul, und am 26. Juni hielt der Sultan östlich

---

* *Heinrich* mußte wegen dieses Mordes, den vier seiner Ritter infolge seiner Frage: ob niemand seine Schmach an dem Pfaffen rächen wolle (der wegen des vom König gegen ihn geführten „Kulturkampfes" angesehene Beamte mit dem Bann belegte), am Altar begangen hatten (1170), infolge eines Vertrags mit dem Papst (1172), in der Kirche zu Caen öffentlich seine Unschuld beschwören und machte 1174 freiwillig noch eine Wallfahrt nach dem Grab seines Opfers, auf dem er sich mit Ruten geißeln ließ und gegen hohen Preis ein Fläschchen mit dem Blut desselben kaufte. Die Mörder selbst wurden *nicht gestraft* und mußten nur zur Buße eine Wallfahrt nach Jerusalem machen!

Heldentod Jacques de Maillys.

vom See Genezareth Heerschau über seine mächtigen Legionen. Am 3. Juli rückte er gegen Tiberias vor, während die Christen bei Nazareth noch ruhig blieben. Er wandte sich zuerst gegen die Stadt Tiberias und erstürmte sie nach kurzem Kampf bis auf die Burg, in welcher *Raimunds* Gattin sich befand. Seine Leute mordeten und plünderten, was zu töten und zu rauben war, und überdies ging dabei die Stadt in Flammen auf. Als die Christen das vernahmen, wollten die Templer und *Rainald* sofort den Damen in der Zitadelle von Tiberias zu Hilfe eilen, während *Raimund*, den sie der Feigheit beschuldigten, lieber seine Stadt und selbst seine Gattin preisgaben, als das Heer auf dem dortigen ungünstigen Boden in das Unglück stürzen zu wollen erklärte. *Guido* erklärte sich nach anfänglichem Schwanken mit ihm einverstanden. In der Nacht aber begab sich der Großmeister *Gerard* zum König und überredete ihn, *Raimunds* „verräterischen" Rat nicht zu beachten und die Schmach nicht zu dulden, daß man die Zerstörung der Stadt ungerächt lasse, was die Templer unter keiner Bedingung zugeben würden. Vorzüglich aus Anerkennung für die materielle Hilfe der Templer befahl *Guido* am 4. Juli den Aufbruch und marschierte ungeachtet der Vorstellungen mehrerer Barone gegen Tiberias, worüber sich *Salaheddin* freute, denn das hatte er gerade gewünscht. Bei den Christen führte *Raimund* als dortiger Landesherr übungsgemäß die Vorhut, *Guido* das Mitteltreffen und die Templer die Nachhut. Lange schwankte der Kampf hin und her, aber am Nachmittag zwang die Hitze zum Rückzug. Nach *Raimunds* verderblichem Rat schlug man auf den Höhen von *Hattin*, wohin die Legende die Bergpredigt Jesu verlegt, ein Lager und brachte trotz furchtbarer Erschöpfung die Nacht unter den Waffen zu. Nur die Ritter behielten den Mut; aber auch von ihnen gingen sechs Elende während der Nacht zum Feind über und verrieten ihm die herrschende Mutlosigkeit. Die Sarazenen dagegen waren voll Jubel. *Salaheddin* ließ 400 Kamellasten von Pfeilen austeilen, dann die Felder rings um das christliche Lager in Brand stecken und dasselbe zugleich mit Mannschaft umringen. Kaum erschien der Morgen des 5. Juli, als die Türken das Treffen mit einem furchtbaren Pfeilregen begannen (die Pfeile waren im Feuer glühend gemacht). *Raimund* mit der Vorhut sprengte nun auf die Feinde los, die den in Wahrheit sein Heil in der Flucht suchenden Verräter mit wenig Begleitern durch ihre sich plötzlich öffnenden Reihen hindurchließen, seine übrige Mannschaft aber zurücktrieben. Die weiteren Angreifer von christlicher Seite hatten den Qualm des brennenden Gesträuchs im Gesicht und doch war der Anprall so kräftig, daß die schon beim ersten Angriff zagenden Sarazenen zu wanken begannen und nur durch *Salaheddins* Ermahnungen bewogen wurden Stand zu halten. *Al Afdal*, der diesem Kampf als seinem ersten beiwohnte, erzählt über das Verhalten seines Vaters bei diesen Angriffen, die er bewundernswerte nennt: „Ich betrachtete ihn und sah, daß er voll Betrübnis war, die Farbe gewechselt hatte, sinnend seinen Bart in der Hand hielt und mit dem Ausruf vorwärts ritt: ‚Möchte doch der Teufel einer Lüge geziehen werden!'" Als nun die Mohammedaner wieder vorwärts drangen, konnten die Ritter nichts mehr ausrichten und die Fußknechte flohen nach der Höhe von Hattin zurück und erklärten dem sie anfeuernden *Guido*, sie seien von Hitze und Durst verschmachtet. Auch die Ritter taten nun so; sie stiegen ab, lagerten sich um das Kreuz, dessen Träger, der Bischof von Akkon, gefallen war, jeder selbst in Kreuzesstellung mit ausgebreiteten Armen, und erwarteten so in dumpfer Apathie und Resignation ihr Schicksal (Bild 45). Die Muslimen bemerkten das kaum, als sie mit Jubelgeschrei nach der Anhöhe hin stürmten. Das Lager war bald vernichtet. Als das königliche Zelt fiel, stieg *Salaheddin* vom Pferd, warf sich zu einem Dankgebet nieder und weinte vor

Niederlage bei Hattin.

Freude. Die Christen leisteten nur wenig Widerstand mehr, bloß noch die Templer und Johanniter, und wurden teils niedergehauen, teils gefangen. Entkommen waren wie gesagt *Raimund* von Tripolis und seine vier Stiefsöhne (eigene hatte er nicht), *Raimund* von Antiochia und im Ganzen etwa tausend Mann, darunter zweihundert Ritter. Das Los der Gefangenschaft teilten König *Guido* und seine Brüder *Amalrich* und *Gottfried*, Bischof von Lydda, der zweite Träger des Kreuzes, *Rainald* von Karak, Seneschall *Joscelin* und mehrere andere, zusammen einige Tausend. Die Genannten wurden unter dem Jubel der Feinde in *Salaheddins* Lager geführt. Der Sieger ließ ihre Vornehmsten in sein reich mit Fahnen geschmücktes Zelt bringen und tröstete zuerst den König über sein Unglück. *Guido* bat um Wasser, erhielt es, trank und wollte den Becher *Rainald* anbieten. Das erinnerte den Sultan an seinen Schwur und er sagte, der morgenländischen Anschauungen über Gastfreundschaft gedenkend: „Mit meiner Erlaubnis wird dieser Verfluchte nicht trinken, und wenn er es auch täte, so wird er doch nicht seines Lebens sicher und mir heilig sein!" Dann trat er vor den Verhaßten hin, warf ihm seine Untaten gegen muslimische Pilger und Karawanen vor und verspach ihm Vergebung, wenn er zum Islam überträte. *Rainald* erwiderte trotzig, er habe nur getan, was andere Fürsten auch, und sühnte sein wildes Leben durch Standhaftigkeit im Glauben und verächtliche Ablehnung von dessen Verleugnung. Da befleckte seinerseits *Salaheddin* seinen Ruhm und Charakter durch eine schmähliche Tat gegen einen Wehrlosen. Er ließ *Rainald* nach einer Angabe durch seine Mameluken niederhauen, nach einer anderen tötete er ihn selbst mit dem Säbel, nachdem er ihn zu Boden geworfen. *Guido* erbleichte, als der Leichnam an seinen Füßen vorbei hinaus geschleift wurde, aber *Salaheddin* beruhigte ihn: es werde ihm nichts geschehen.

Der Sultan lieferte aber sofort noch weitere Beweise, wie grausam er sein konnte. Die gefangenen Templer und Johanniter, die er den Assassinen gleich stellte, obschon sie niemanden ermorden ließen und die Assassinen keine Kranken pflegten und Pilger beschützten, ließ er, mit Ausnahme des Großmeisters der Templer, 230 an der Zahl, sämtlich niederhauen und zahlte seinen Soldaten für jeden Kopf eines Gefangenen, den sie abhieben, 50 Goldstücke; ja der Wüterich forderte sogar seine Priester und Schriftgelehrten auf, ebenfalls an der Metzelei teilzunehmen, was aber die meisten schaudernd ablehnten. Wie der Herr, so die Knechte; die Muslimen verstümmelten und zerfleischten die Gefallenen in schauderhafter Weise. Der Leichengeruch verpestete die ganze Umgegend. Die Gefangenen aber waren so entmutigt, daß sich große Mengen zusammengebunden von wenig Sarazenen an Stricken fortführen ließen, bis ihr Schicksal sie erreichte. Viele Gefangene wurden als Sklaven verkauft. Die Beute wurde unter die Mannschaft verteilt; ihr kostbarstes Stück aber, das Heilige Kreuz, ging damals den Christen für immer verloren.

Guido, sein Bruder *Amalrich*, der Templergroßmeister u. a. Herren wurden nach Damask geführt. *Salaheddin* aber zog ohne Säumen nach Akkon, dessen Brüder ihm auf den Rat *Joscelins* die Stadt ohne Widerstand übergaben! Die meisten Einwohner flohen, Blut wurde jedoch keines vergossen, wohl aber alles ausgeplündert, die Kathedrale in eine Moschee umgewandelt und *Al Afdal* zum Stadthalter ernannt.

Rasch folgten weitere Eroberungen. In Tiberias hatte schon gleich nach der Schlacht bei Hattin *Raimunds* Gattin gegen freien Abzug kapituliert. *Salaheddins* Bruder *Al Adil* nahm von Ägypten aus *Joppe*, seine Feldherren zerstörten *Nazareth*, dessen Bewohner niedergemacht oder gefangen fortgeschleppt, die Frauen geschändet wurden, plünderten Suffuria aus, nahmen *Cäsarea*, wo die Kirchen verwüstet wurden, ebenso *Arsuf*, *Samaria*,

Neapolis, Sarepta und *Sidon*. Beirut allein fiel nach tapferer Gegenwehr und nur infolge der Feigheit des in die Stadt geflohenen Landvolks oder durch Verrat und endlich wurde *Gabala* von dessen gefangenem Fürsten *Hugo* gegen seine Freilassung verschachert.

SECHSTER ABSCHNITT

Wegnahme Jerusalems durch Salaheddin

Kurz nachdem *Salaheddin* im Gebiet von Tripolis eindrang, starb daselbst der dorthin geflohene Graf *Raimund* nach verschiedenen Angaben an einer Krankheit, aus Gram über das Unglück der Christen oder im Wahnsinn über die Folgen seines Verrats. Es wird erzählt, man habe an seinem Leichnam das Glaubenszeichen der Mohammedaner gefunden, während dagegen die arabischen Schriftsteller von seinem Verrat nichts wissen und ihn stets als gefährlichen Feind behandeln. Seine Grafschaft fiel an *Boemund* von Antiochia.

Salaheddin ging nun zunächst an die Belagerung von *Tyros*, wo die meisten von Hattin und aus den eroberten Festungen geflohenen Krieger weilten, fand aber unerwarteten Widerstand. Markgraf *Konrad von Monferrat*, des verstorbenen *Wilhelm* Bruder, war in Konstantinopel in die Dienste des Kaisers *Isaak II. Angelos* getreten, der mit seinem Hof schwelgte, während das Volk am Hungertuch nagte. Deshalb und weil dieser Kaiser wieder die Franken begünstigte, empörte sich *Alexios Branas*, der ihn einst gerettet, und warb selbst um den Thron. *Konrad* aber, der des Kaisers Schwager geworden, schlug die Rebellen und erlegte den *Branas* selbst im Kampf. Aber er wurde von dem Kaiser, dem er den Thron gerettet, undankbar behandelt, verließ ihn und kam nach Akkon, ohne von der Übergabe der Stadt etwas zu wissen und war daher bei der Einfahrt in den Hafen sehr erstaunt, keinen festlichen Empfang und am Ufer Leute ganz anderer Tracht und Physiognomie zu finden, als er erwartet hatte. Er erriet den traurigen Grund, gab sich für einen Kaufmann aus und hielt die Behörden mit Förmlichkeiten bezüglich des Ausladens seiner angeblichen Waren hin, bis ihm der günstige Wind gestattete, in einem unbewachten Augenblick zu entkommen, allerdings nicht ohne verfolgt zu werden. Dann hatte er sich nach Tyros begeben, das ihn zum einstweiligen Herrn der Stadt erwählte, in welcher Eigenschaft er die Stadt in trefflichen Verteidigungszustand setzte und mehrere glückliche Ausfälle vollführte, so daß sich der Sultan bewogen fand, die Belagerung aufzuheben. Zum Ersatz wandte er sich gegen *Askalon*, dessen Hafen eine ägyptische Flotte sperrte. Der gefangene schwache König *Guido*, von *Salaheddin* durch das Versprechen der Freiheit geködert, wenn er ihm die noch übrigen Städte in die Hände liefere, forderte Askalon zur

Anrufung Mahomeds.

Übergabe auf, hatte es aber mit Ehrenmännern zu tun, welche die eigennützige Zumutung mit Entrüstung zurückwiesen; dennoch mußten sie, als den Belagerern die Untergrabung der Mauer gelang, nach nur vier- bis fünfunddreißigjährigem christlichem Besitz am 5. September kapitulieren – sie erhielten freien Abzug, die einziehenden Muslime aber verwüsteten die Kirchen.

Da außer den genannten Städten noch eine große Zahl minder bedeutender, aber doch starker Festungen erobert wurden, so bestand nun das Königreich Jerusalem nur noch aus Tyros und der Hauptstadt. *Salaheddin* wollte zuerst letztere nehmen und dann sein Werk mit Eroberung der einzigen den Christen gebliebenen Seestadt krönen. Bald war es überall bekannt, daß der Angriff auf Jerusalem bevorstehe, was unter Mohammedanern wie Christen ungeheure Aufregung verursachte. In allen Moscheen wurde für glückliche Eroberung (Bild 46), in allen Kirchen für Erhaltung der Heiligen Stadt und Abwendung ihres Falls gebetet. Schon raubten und brannten die Mohammedaner in der Umgegend von Jerusalem, wo sie die Kirche des Heiligen Grabes in Bethanien, die auf dem Ölberg und die der Himmelfahrt *Marias* im Tal Josafat zerstörten.

Salaheddin suchte eine Belagerung Jerusalems zu vermeiden, weil er die Heilige Stadt nicht beschädigen mochte. Er bot daher ihren Bewohnern einen Waffenstillstand und verhältnismäßig günstige Bedingungen der Übergabe. Sie antworteten ihm aber mit einer entschiedenen Weigerung. Ihr Befehlshaber *Balian von Ibelin*, welcher viele Waffentaten der letzten Zeit mitgemacht, bei der Übergabe von Akkon aber dem Sultan hatte versprechen müssen, die Waffen nicht mehr gegen ihn zu tragen, war von dem Patriarchen *Heraklius*, der mit allen angesehenen Einwohnern ihn zu bleiben bestürmte, seines Eides entbunden und mit Geldmitteln versehen woden. Die Streitkräfte der Stadt waren gering und es fehlte an Rittern, da die von Jerusalem bei Hattin alle gefallen waren, so daß *Balian* mehrere der tapfersten Bürgersöhne zu Rittern schlug. Desto zahlreicher war das nicht waffenfähige, in die Stadt geflohene Volk, dessen Heimwesen zerstört waren.

Am 19. September langten die Feinde vor der Stadt an und begannen gleich am folgenden Tag die Belagerung, welche anfangs eine Zeitlang nicht recht vorrücken wollte und wenig ausrichtete, bis endlich durch Untergrabung der Mauer eine Bresche gebrochen war und dies verursachte unter den Bewohnern große Mutlosigkeit, so sehr auch ein großer Teil der Besatzung und selbst die Geistlichkeit von Streitlust und Todesverachtung beseelt war. Die Weiber und Kinder suchten durch Beten, Beichten und Umzüge zu helfen. Viele Verteidiger flohen und die griechischen und syrischen Christen sowie die Pullanen drangen auf Übergabe der Stadt. *Balian* begab sich vor die Mauern zu *Salaheddin* und begann mit ihm zu unterhandeln, als zugleich die Belagerer einen Sturm anhoben und einen Teil der Mauern erstiegen. Da schwor der Sultan, er werde mit den Bewohnern verfahren wie seinerzeit die Kreuzfahrer mit den damaligen. Die Feinde wurden aber inzwischen von den tapferen Verteidigern wieder zurückgetrieben und ihre bereits auf den Mauern aufgepflanzten Banner in die Gräben geworfen. Erbittert brach nun *Salaheddin* die Unterhandlungen ab. Die Beschießung wurde fortgesetzt und am nächsten Tag wies *Salaheddin* eine Gesandtschaft aus der Stadt, welche ein Lösegeld von 100 000 Byzantinern bot, abermals ab, bestand aber doch nicht mehr auf der Eroberung der Stadt durch Waffengewalt, sondern verlangte nur ein höheres Lösegeld, das von der Zahl der Bewohner abhängen sollte, nämlich für jeden Mann 20, jede Frau 10 und jedes Kind 5 Byzantiner. *Balian* entgegnete, daß die wenigsten dies zahlen könnten und bewog bei seiner Rückkehr den Großmeister der Johanniter, den diesem Orden übergebenen Teil jenes englischen Bußgeldes zur Auslösung der ar-

Die Moscheen El Aska („die entfernte") und Es Sakrah („Felsendom").

men Bewohner zu bewilligen. Mit dieser tröstlichen Aussicht ging er zu einer dritten Unterhandlung, sprach zum Sultan mit großer Festigkeit und Kühnheit und drohte ihm im Falle fernerer Weigerung, daß die Männer Jerusalems ihre Frauen und Kinder sowie die 5000 muslimischen Gefangenen töten, ihre Habe und die Gotteshäuser, auf deren Wiedererlangung die Mohammedaner hofften, verbrennen, alle Tiere schlachten und so dafür sorgen würden, daß die Eroberer weder Gefangene noch Beute in der Stadt finden, dann aber würden sie sämtlich ausfallen und ihr Leben teuer verkaufen. *Salaheddin*, sichtlich erschreckt, beriet sich mit seinen Großen und bewilligte dann eine Kapitulation gegen zehn Byzantiner für jeden Mann, fünf für jede Frau, zwei für jedes Kind über und einen für jedes Kind unter sieben Jahren. Dieses Lösegeld sollte in vierzig Tagen nach der Kapitulation bezahlt sein, widrigenfalls die Betreffenden der Sklaverei verfallen würden. Jedoch mußten die abziehenden Christen ihre Pferde und Waffen in Jerusalem zurücklassen, der Sultan aber verpflichtete sich, sie unter sicherem Geleit nach christlichem Gebiet bringen zu lassen. *Balian* bemühte sich darauf, diese Bedingungen möglichst zu mildern und letzteres geschah zuletzt in der Weise, daß für 30000 Byzantiner, die *Balian* sofort bezahlte, 7000 Männer frei sein und daß es gestattet sein sollte, für das Lösegeld eines Mannes zwei Frauen oder zehn Kinder loszukaufen. Die Jerusalemiten (die dies nicht mehr lange sein sollten) billigten diese Bedingungen, als *Balian* sie ihnen mitteilte. Nur die armen, die kein Lösegeld zahlen konnten, erhoben großes Klagegeschrei und nannten *Balian* einen zweiten *Judas Ischariot.* Jedoch ohne Erfolg. Am 2. Oktober wurden die Tore geöffnet und an jedem derselben ließen zwei Beamte, von denen der eine das Geld empfing und der andere den Empfangsschein aushändigte, die sich Auslösenden zwischen sich hinausziehen. Obschon des Sultans Bruder *Al Adil* den Loskauf überwachte, kam doch mancher Unterschleif vor, so daß die Emire den Ertrag viel zu gering erachteten. „Viele Christen nämlich ließen sich nachts an Stricken von der Mauer nieder und entwischten, andere bestachen die Einnehmer und wurden von ihnen durchgelassen, noch andere wurden infolge von Fürsprache oder Vermittlung freigelassen, während manche sich als Tote oder Kranke forttragen ließen oder als Muslime verkleidet entkamen." Was die Armen betrifft, die nicht zahlen konnten, so erbat *Al Adil* von *Salaheddin* tausend Sklaven, erhielt sie und ließ sie sogleich frei. Auch auf die Bitten des Patriarchen und *Balians* wurden jedem fünfhundert Arme bewilligt. Dann ließ *Salaheddin* noch überdies einen Tag lang das Lazarus-Tor offen, durch welches Arme unentgeltlich ausziehen konnten. Tatsächlich aber ließ man nur die Alten passieren, während Männer, Frauen und Kinder zurückgehalten wurden. Ohne Lösegeld wurden die Königin *Sybille*, eine als Nonne in Jerusalem lebende griechische Prinzeß und die Frauen und Töchter der bei Hattin gefallenen oder gefangenen Ritter entlassen, ebenso 1500 Armenier. Auch durfte der Patriarch die Kirchengeräte mitnehmen. Die Stadt soll damals, 88 Jahre nach der christlichen Eroberung, nach welcher sie bekanntlich fast verödet war, wieder über 100 000 Einwohner gehabt haben. Davon blieben noch elftausend arme Leute, die kein Lösegeld zahlen konnten und bei den anderen Auslösungen nicht das Glück hatten inbegriffen zu sein, als Sklaven im Besitz *Salaheddins* und seiner Leute.

Die Abziehenden wurden unter Bedeckung, von der sie gute Behandlung erfuhren, während die Pullanen sich hart und schmutzig gegen sie benahmen, in Abteilungen nach Seehäfen, um sich nach Europa einzuschiffen oder nach den noch in christlichem Besitz stehenden Gebieten Syriens geleitet. – Die griechischen Christen, die man als Feinde der römischen sehr begünstigte, blieben zurück und erhielten gegen 40 000 Byzantiner die Bewachung des Heiligen Grabes. Dagegen wurden Mönche und Büßer ohne Gnade vertrieben. Noch schlimmer ging es den armen Nonnen, welche von den einziehenden Muslimen geschändet wurden, die überhaupt wie Randalen hausten. Überall wurden die Kreuze heruntergerissen und in den Schmutz geworfen, die Glocken zertrümmert, die Gräber der Könige von Jerusalem verwüstet, Kirchen entehrt und sogar zu Pferdeställen verwendet. Die früheren Moscheen wurden wieder als solche eingeweiht.* *Salaheddin* wohnte diesen Feiern mit großer Andacht bei. Die von einigen Fanatikern verlangte Niederreißung der Kirche des Heiligen Grabes verweigerte er, verschloß dieselbe jedoch unduldsamerweise den römischen Christen, ausgenommen waffenlosen Pilgern gegen die Gebühr von einem Byzanti-

* Die zwei Hauptmoscheen Jerusalems auf der angeblichen Stelle des salomonischen Tempels, waren und sind noch heute: 1. El Aksa („die entfernte"), vor der Eroberung Jerusalems durch die Araber, Kirche der heil. Jungfrau, während der Existenz des Königreichs Jerusalem Residenz der Könige, daneben das Haus der Templer mit eigener Kirche. 2. Es Sakrah (Felsendom), von Omar errichtet, von Gottfried bis auf Salaheddin kathol. Hauptkirche (Templum Domini), achteckig mit Kuppel (auf dem Bild im Vordergrund).

Architektonischer Schmuck an der Kirche des heiligen Grabes.

ner* und gab ihnen dafür die Auferstehungskirche frei. Dagegen erhielten die Juden große Vergünstigungen. So suchte er oft auf eine Weise zwischen den Extremen hindurchzuschiffen, welche großherzig und streng zugleich sein sollte, in Wahrheit aber zwecklos und kleinlich war.

Im ganzen Gebiet des Islam war ein Jubel und ein Lobpreisen des Eroberers von Jerusalem. Es regnete Gedichte auf ihn und auf das wiederkehrende Glück des Islam, wie auf die, wie man glaubte, bevorstehende Ausrottung der Ungläubigen. *Salaheddin* hatte Briefe in Masse zu schreiben und zu empfangen, welche das große Ereignis mitteilten oder dazu Glück wünschten. Aber die Pflicht rief ihn ab. Seine Emire in Sidon und Beirut mahnten ihn, endlich den beschlossenen Angriff auf Tyros zu beginnen, welches sich immer mehr und stärker befestigte. Er zog daher am 30. Oktober von Jerusalem ab und begann am 12. November die Belagerung der ehemaligen Inselstadt, die seit ihrer Eroberung durch die Christen eine Halbinselstadt geworden war. Aber es zeigt sich bei diesem Anlaß, daß denn doch nicht alles nach seinem Wunsch ging. Die Stadt war stark befestigt, die Landzunge, welche sie jetzt mit dem festen Land verband, mit tiefen Gräben und gewaltigen Mauern versehen, der Hafen von genuesischen und pisanischen, mit Bogenschützen bemannten Schiffen besetzt. *Konrad von Montferrat,* welchen die damaligen arabischen Geschichtschreiber den „gottlosesten der Ungläubigen, einen Unglückssatan, böser als ein Wolf, gemeiner als ein Hund, von Haus aus einen Verführer“ nennen, „wie seinesgleichen nicht gefunden wurde“, wies mit männlicher Würde alle Unterhandlungen und Versprechungen des Sultans zurück. Auch der große Sturm vom 25. November, auf den alle Anstrengungen verwendet wurden, blieb erfolglos und im Heer *Salaheddins* erhob sich Meuterei, die der Sultan vergeblich durch Geschenke zu beschwören suchte. Die Verteidigung war so geschickt, daß sie den Belagerern ihre Schiffe wegnahm und *Salaheddin* endlich die Belagerung aufheben mußte. Ebenso erging es den Mohammedanern vor einer Templer- und einer Johanniterfestung, wo sie große Verluste erlitten.

Nachdem *Salaheddin* den Neubau der Stadt und Festung Akkon angeordnet, kehrte er am 5. Mai 1188 nach Damask zurück, aber nur um Anordnungen zu einem neuen Feldzug zu treffen. Diesmal galt es der Graf-

* Nach anderen Berichten geschah dies nur für die nächste Zeit nach der Eroberung.

schaft *Tripolis*, wo er das im ersten Kreuzzug von den Christen so lang erfolglos belagerte Irkha oder Araka schnell einnahm und die ganze Gegend verwüsten ließ, ohne einen Angriff gegen das gut bewehrte *Tripolis* zu wagen. Es folgten die Einnahmen von *Tortosa* und *Laodikea* (dessen Einwohner sich in zwei benachbarte Bergschlösser geflüchtet hatten, wo sie nach tapferer Verteidigung freien Abzug erhielten) und mehreren kleineren Festungen bis in die Nähe von *Antiochia*, welche Stadt *Salaheddin* nun ebenfalls angreifen wollte, als Fürst *Boemund* durch die Freilassung aller muslimischen Gefangenen einen Waffenstillstand erkaufte. Am 24. Oktober war er mit seinem sehr ermatteten Heer wieder in Damask. Aber sein Haß gegen die Templer und Johanniter ließ ihm keine Ruhe, bis er, nach drittem Ausmarsch in den Norden Syriens, jene beiden Festungen der beiden Orden genommen hatte.

Während dieser Züge hatte *Salaheddin* den König *Guido* und dessen Leidensgefährten verspäteterweise aus der Gefangenschaft befreit und ihnen den Eid abgenommen, nicht mehr gegen ihn zu kämpfen, welches unnatürlichen Versprechens sie aber, wie damals immer in solchen Fällen, vom Patriarchen entbunden wurden. Aber das Reich Jerusalem bestand nur noch aus der Festung Tyros und seine Vasallenstaaten aus den Festungen Tripolis und Antiochia. *Guido* war durch seine ehrsüchtige und sittenlose Gattin, durch seine falschen und treulosen Ratgeber, durch seine entarteten Untertanen und durch seine eigene Schwäche ein „König ohne Land“ geworden. Und selbst gegen diese drei noch übriggebliebenen Festungen bereitete *Salaheddin*, der mit dem Kaiser *Isaak II.* von Byzanz und mit dem Komnenen *Isaak*, Fürsten von Zypern, Bündnisse geschlossen, unablässig den Angriff vor und sah sich ebenso ratlos nach weiteren Bundesgenossen um. Aber trotz alledem verloren die Christen vom Schlage *Konrads* von Montferrat, dieses „Unglückssatans“ für die Muslime, den Mut nicht. Es kamen wieder häufiger Pilger an, pisanische, genuesische und jetzt namentlich sizilische Schiffe kreuzten vor den syrischen Küsten, letztere unter dem kühnen Admiral *Margarit*, der einst bei Laodikea eine Unterredung mit *Salaheddin* gehabt und ihm keck mit einem baldigen Kreuzzug aus dem Abendland gedroht hatte, jetzt aber die Verproviantierung von Akkon verhinderte. Freilich, die alte Uneinigkeit unter den Anführern lebte selbst jetzt noch fort. *Konrad* verwehrte *Guido* den Einzug in dessen nunmehrige einzige Stadt und also notgedrungene Hauptstadt Tyros, die er allein besitzen wollte, worauf der König ohne Land den kühnen Entschluß faßte, mit seinem kleinen Heer von 9700 Mann das feste *Akkon* zu belagern und dies im August 1189 begann. Zugleich unternahmen die Christen von Tyros und Antiochia aus oft kecke und glückliche Streifzüge in das Gebiet von Haleb und selbst die Armenier rührten sich wieder gegen die Muslime, gegen welche zugleich in Europa ein neues Gewitter sich ansammelte.

SIEBENTER ABSCHNITT

Der Heilige Gral und das Rittertum

Jerusalem, die Heilige Stadt, wo der Erlöser gewandelt, gelitten, gestorben und auferstanden, war gefallen, war in die Hände der Ungläubigen, der „Heiden“, wie man sie damals irrtümlich nannte, zurückgelangt, denen sie nicht ganz hundert Jahre vorher mit so unsäglicher Anstrengung war entrungen worden. Waren nun auch die damaligen Europäer durch den unglücklichen Ausgang des letzten Kreuzzugs noch so sehr einem neuen derartigen Unternehmen abgeneigt und gegenüber allem, was im Heiligen Land vorging, es mochte noch so schiefgehen, gleichgültig geworden – der Verlust *Jerusalems* war ein Ereignis, das alles aufrütteln, das den faulsten Schläfer aus dem dumpfsten Schlaf gleich der Posaune des Weltgerichts aufschrecken mußte. Jerusalem war das Zauberwort, an dem Seele und Seeligkeit hing, der Talisman, dessen Gewinn oder Verlust gleichbedeutend war mit dem Gewinn oder Verlust des ewigen Heils und an Wichtigkeit hoch über jedem irdischen oder materiellen Gewinn oder Verlust stand. Es war aber in dieser Hinsicht zu der Zeit, als Jerusalem in die Gewalt des größten mohammedanischen Fürsten seiner Zeit fiel, im Abendland nicht mehr allein der dogmatische Standpunkt der maßgebende.

Das Ansehen der *Mönche* war im Abnehmen, dasjenige der *Ritter* im Zunehmen begriffen, denn jene hatten nur zu Kreuzzügen aufgefordert, diese aber dabei ihr Gut und Blut eingesetzt. So erhielt das, wofür die Christen im Morgenland kämpften, statt des bloß theologischen, einen allgemein menschlichen, aber nicht materiellen, sondern idealen Charakter. Es war nicht bloß das Heilige Grab, wofür man stritt und litt, nein, der Name „Jerusalem“ umfaßte mehr, er begriff alles Schöne, Wahre und Gute, was die Menschheit sich wünschte und worin sie ihr zeitliches und ewiges Glück zu finden hoffte. Und die Ritter waren es ja, welche für all dies, für die Liebe der Frauen, für die Sicherheit des Staates und seines Vertreters, des Königs und für den Glauben kämpften. Sie waren daher nicht so unbedingt an eine Glaubensform gebunden wie die Mönche und mit ihnen konnte fühlen, auch wer den Mönchen und ihrem engherzigen Glauben nicht ergeben war. So bildete sich nach und nach in den Gemütern der höher strebenden Gesellschaftsklassen ein eigenes, von den herrschenden kirchlichen Ansichten unabhängiges Ideal aus, das auch seine von der Kirche unabhängigen Formen fand.

Es erhob sich nach und nach in den Sprachen des Abendlandes eine Welt der Dichtung, welche gegen die in der Kirche waltenden Mißbräuche so kühn auftrat und sich um das Gebot Roms und seinen Bannstrahl nicht kümmerte, wie es hundert Jahre vorher niemand gewagt hätte. Und in den Werken dieser Dichtung baute sich eine Welt von Gedanken auf, so kühn, daß das Papsttum alles von ihr fürchten mußte, und zwar um so mehr, als die Grundlage dieser kühnen Gedanken ebensosehr im christlichen Glauben lag, wie diejenige des kirchlichen Gebäudes – nur in einer reineren Form desselben.

Es war das Reich des Heiligen *Gral*, in welchem diese dichterische Welt ihren Ausdruck fand. „Gral" (vom spätlatein. gradalis, provenzalisch gra-

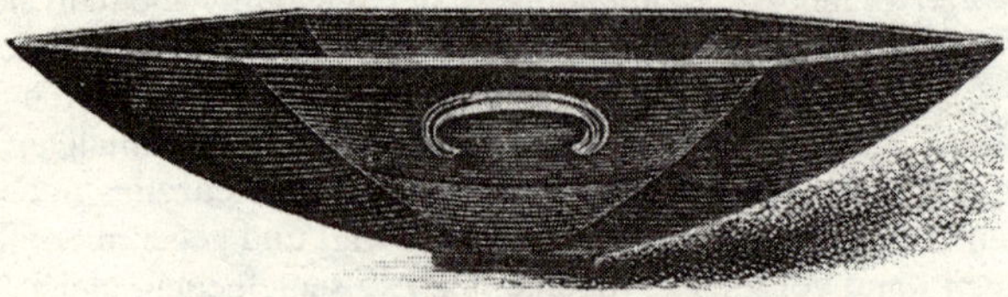

Die erbeutete Schale von Cäsarea (¼ d. nat. Gr.).

zal, d. h. Schüssel) hieß das Gefäß, woraus Christus mit seinen Jüngern das Abendmahl genommen und in welchem nach der Legende auch sein Blut am Kreuz aufgefangen sein sollte. Nach einer weiteren Ausbildung der Sage war der Gral aus einem der Krone *Lucifers* (des „Lichtbringers") bei dessen Sturz aus dem Himmel entfallenen Edelstein (Smaragd) gearbeitet. Ein Gefäß dieser Art, aber nur aus grünem Glas, ist oben als Beute bei der Eroberung von Cäsarea* erwähnt. Dem Besitzer des Grals dient dieselbe durch drei wertvolle Eigenschaften, nämlich erstens schafft er ihm Essen und Trinken in Hülle und Fülle, wodurch er ihm ermöglicht, dem geistigen Leben die Zeit zu widmen, die sonst von der Sorge für das tägliche Brot in

* Diese Schale wird in der Schatzkammer der Kathedrale von St. Lorenzo in Genua aufbewahrt und ist nur gegen eine besondere Erlaubnis des Magistrats zu sehen. Es ist eine flache Schale von gleichmäßiger tief dunkelgrüner Farbe; bei flüchtiger Betrachtung erscheint sie dunkelblau. Die Schale ist sechskantig und hat zwei Henkel. Das Material ist Glas, 1 Zentimeter stark und 25 Zentimeter Durchmesser. 1806 kam dieselbe nach Paris, wurde aber 1814 zurückgegeben, jedoch ein Teil derselben in Stücke zerbrochen, aber wieder zusammengesetzt. Leider fehlt ein Stückchen. Man hat den Rand mit einer Girlande von Gold und Emailblättern versehen und die Schale auf einem Untergestell in schräger Stellung befesetigt, so daß man das fehlende Stück nicht bemerkt. Dem Zuschauer entgegengesetzt trägt sie ein Schwan mit dem Hals und den beiden Flügeln, vorn sind zwei Löwentatzen mit Schwanenflügeln in Gold angebracht. Das ganze steht in einer vergoldeten Messingkapsel, deren Wände sich herunterklappen lassen.

Anspruch genommen wird, zweitens erteilt er durch leuchtende Inschriften auf seiner Grundfläche heilsame Lehren und Orakelsprüche, und drittens erhält er seinen Besitzer durch seinen Anblick am Leben. Besitzer des Grals ist aber nicht etwa der Papst mit seinen Kardinälen, sondern ein verheirateter Priesterkönig auf einem dichterisch ausgemalten Schloß in abgelegener menschenleerer Gegend, das nur Auserwählte auffinden können, während es anderen ewig unsichtbar bleibt. Der Gralkönig ist umgeben von einem geistlichen Ritterbund, den *Templeisen*, deren Name an die Templer erinnert, die sich nach und nach ebenfalls vom Papsttum unabhängig gemacht hatten und den vom Bann Verfolgten in ihren Kirchen die Tröstungen der Religion verabreichten, wie sie auch schon seit der Mitte des zwölften Jahrhunderts für Ketzer gehalten wurden. Die Templeisen verteidigen den Gral, d. h. das Ideal jener Zeit, gegen alle Feinde und stehen und fallen für ihren Herrn und ihre Herrin. Den Gral kann aber nur eine reine Jungfrau erheben, jedem anderen ist er zu schwer. Darin liegt die Frauenverehrung in schönem Bild ausgedrückt. Der Gral erwählt sich selbst seinen Besitzer und seine Hüter, worin die Auswahl der Besten und Tüchtigsten zum Rittertum als Grundsatz ausgesprochen ist. Außer dem Gral wird in dessen Schloß noch die Heilige Lanze verehrt, bei deren Anblick alles wehklagt und die ja auch in den Kreuzzügen eine Rolle spielt. Der Kult besteht sonach im Andenken an das Leiden Christi. Von Beichte, Messe usw. ist dabei keine Rede. Es ist ein Bund des Leidens für die Menschheit!

Nach einer poetischen Darstellung ist das Gewölbe der Gralburg ein blauer, sternfunkelnder Himmel, durch welchen die goldene Sonne und der silberne Mond tönend hinziehen. Der Boden gleicht dem Meer, durch seinen Kristall schimmern Fische und andere Seetiere, an den Wänden des Saals wachsen goldene Bäume mit singenden Vögeln und herrlichen Früchten, blühen Rosen, Lilien und andere Blumen. Das ist ein Bild der Welt und das Reich des Grals bedeutet daher diese in *idealer* Auffassung.

Die Zeit des Rittertums und Frauendienstes, in welcher die Begeisterung für die Kreuzzüge, der heiße Kampf zwischen Papst und Kaiser und die Hingabe an das dichterische Ideal einander begegneten und das Sinnen und Trachten der gebildeten Zeitgenossen erfüllten, ist noch selten in dem Zusammenhang ihrer Erscheinungen gewürdigt worden. Man ist schnell fertig mit Absprechen über das „finstere Mittelalter", ohne näher zu untersuchen, ob in dieser Zeit nicht Sterne geleuchtet haben, die sich mit denen anderer Perioden wohl vergleichen lassen dürfen. Jene Wegwerfung des Mittelalters, die übrigens in der wissenschaftlich gebildeten Welt immer mehr schwindet, hat schlechterdings keine Berechtigung. Es gibt keinen Zweig geistigen Lebens, in welchem jene Zeit nicht hervorragende und kostbare Leistungen des menschlichen Geistes aufzuweisen hätte. Befand sich auch die Philosophie noch in den Fesseln der Theologie und die Naturwissenschaft noch in ihren schüchternsten Anfängen, so erstanden doch damals die herrlichen Bauten des romanischen und des gotischen Stils, welche selbst unsere Zeit noch nachzuahmen liebt, schuf die Bildhauerei Arbeiten, wie sie die Renaissance 287neben der in ihr überwiegenden Malerei nicht zu überbieten vermochte, erfreuten die Troubadours des Westens und die Minnesinger des Ostens jedes Herz mit tiefgefühlten und geistvollen Dichtwerken, zauberte ein Dante sein Gemälde der jenseitigen Welt mit einer Gewalt hin, die wir jetzt noch sprachlos anstaunen. Nun hat aber eine jede Zeit wie jede Nation ihre Vorzüge nicht nur, sondern auch ihre Fehler – lauter Licht ist in keiner Periode zu finden und überhaupt gibt es kein Licht ohne Schatten. So ist denn auch die Zeit der Minnesinger, nämlich die des zwölften und dreizehnten Jahrhunderts, zwar eine solche künstlerischer und dichterischer, religiöser und poetischer Begeisterung, allein sie ist nicht mehr die kraftvolle Zeit, in welcher die durch Völkerwanderung neu gebildeten Nationen durch sittliche Tüchtigkeit hervorragten, wenn schon zu ihrer Rechtfertigung gesagt werden kann, daß in keiner Periode die Tugend allein herrschte und leider keine solche von allerlei Mängeln und selbst Lastern frei war. Die Zeit, von welcher wir sprechen, war eine solche der Verfeinerung und mit dieser geht – das ist eben der Lauf der Welt – auch stets eine Verweichlichung Hand in Hand. Diese Verfeinerung ging von einem Mittelpunkt aus, von Frankreich, was sich übrigens später noch oft wiederholte, und bezog sich vorzugsweise auf den Adel, der darum an den üblen Folgen dieser Erscheinung moralisch zugrunde ging und am Ende der eben von uns angedeuteten zweihundertjährigen Periode seine schöne Schaffenskraft verlor. Sehen wir uns indessen sein Leben und Treiben während der Blütezeit seines Wirkens etwas näher an!

Spricht man vom Rittertum, so denkt man dabei wohl regelmäßig vor allem an seine Wohnungen, an die *Ritterburgen*, deren Trümmer so viele Hügel Deutschlands schmücken, daß einer Landschaft ohne sie etwas zu fehlen scheint, was notwendig zu ihren Reizen gehört. Einer der empfindlichen Mängel des Mittelalters war derjenige an Polizei und damit auch an öffentlicher Sicherheit. Alles befestigte sich im Mittelalter und schloß sich in Mauern ein, die Bürger in Stadtmauern, die Mönche in Klostermauern, der Adel in Burgmauern. Je mächtiger ein Herr war, desto umfangreicher und geräumiger war seine Burg. Es wurde natürlich stets darauf gesehen, daß die Natur der Burgbefestigung eine Grundlage darbot, sei es durch Gewässer im ebenen oder durch steile Felsen im gebirgigen Land. Die Burgen letzterer Art zeichnen sich meist durch Wahl eines Punktes mit herrlicher Fernsicht aus. Es ist dies bekanntlich vorzugsweise am Rhein der Fall, mit dessen Burgen in dieser Hinsicht sich aber der Hohentwiel, Hohenstaufen und Hohenzollern im Schwabenland, die Wartburg in Thüringen, der Kynast in Schlesien am Riesengebirge wohl messen können. Durch die äußeren Befestigungen einer Burg führten Tore zwischen Schutzmauern in den Zwinger und über den Graben Zugbrücken weiter in den eigentlichen Burgplatz und über diesen in die Burg selbst. Den Hauptteil der letzteren bildete der Turm, in dessen unterstem Geschoß sich jene schauerlichen Verliese befanden, die in Ritterromanen schwerlich allzuschwarz gemalt sind, indem sie sich in den Ruinen vieler Burgen in hinlänglich abschrekkender Gestalt noch den Blicken der Besucher darbieten. Die einzige Öffnung war die, durch welche der unglückliche Gefangene an Stricken hinuntergelassen wurde, von frischer Luft und Licht war keine Rede, ebensowenig von Entfernung des Unrats und außerdem war Überfluß an Gewürm, Ungeziefer und Grundwasser da. Natürlich beherbergten humane Burgherren ihre Gefangenen von Stand in besseren Räumen. Weiter oben im Turm befanden sich die Gemächer, in welche sich der Burgherr mit Familie in Fällen der Gefahr zurückzog und zuoberst der Raum für den

Äußeres Burgtor.

Inneres Burgtor.

Fenstersitze.

Turmwärter, der mit dem Horn nicht nur die Ankunft von Gästen oder Feinden, sondern auch täglich den Sonnenaufgang und damit die Zeit des Aufstehens verkündete. Bezeichnenderweise hatten schon die heidnischen Germanen in dem Asen Heimdall einen Wächter der Götterburg (Asgard), die ganz nach Art prachtvollerer Burgen eingerichtet war, nur natürlich mit der leicht zu beschaffenden Verschwendung der Poesie und, wie sich für eine Burg geziemte, welche eigentlich den Himmel bedeutete, wie die goldenen Schilde, mit denen sie bedeckt war, Bilder der Sterne sind. Die gewöhnlichen Wohnräume der ritterlichen Familie befanden sich in den niederen Gebäuden der Burg, welche insgemein „Palas“ genannt wurden. Da es indessen den Burgbesitzern mehr um Sicherheit ihrer Feste als um Bequemlichkeit und Schönheit zu tun war, so sah es wohl meist in den Wohnräumen, der dicken Mauern und schmalen hoch angebrachten Fenster wegen, recht düster aus, denn es kam vor allem darauf an, daß in die Burg geschleuderte Geschosse nicht leicht in die Zimmer dringen konnten. Hinaussehen und die Aussicht bewundern konnte man meist nur mit Hilfe von steinernen Sitzen, die an den Fenstern angebracht waren. Übrigens war aber im Mittelalter und überhaupt etwa bis zur Mitte des achtzehnten Jahrhunderts selbst die zivilisierte Menschheit nicht sehr begierig nach Naturschönheit, schwärmte nicht für landschaftliche Szenerie und freute sich, wenn es hoch kam, an Einzelheiten wie am Gesang der Vögel, am Duft der Blumen, am Sonnenschein usw. Einen Gesamteindruck des Erblickten vermochten selbst die hoch gebildeten Griechen und Römer nicht aufzufassen, daher ihnen auch die Landschaftsmalerei unbekannt war. Wo es indessen die Sicherheit gestattete, liebte man es, breite Fenster, unterbrochen durch Säulchen, die durch Rundbögen miteinander verbunden wurden, anzubringen. Gegen die Kälte war man schlecht geschützt. Da die allein zur Heizung verwendeten Kamine keine solide Wärme boten, so mußte man des Winters selbst in den Stuben Pelze oder sonst schwere Kleider tragen.

Das Zeitalter, von welchem wir sprechen, wird vorzugsweise das „höfische" genannt; es rührt dieser Name von der Art der damals in den gebildeten Ständen herrschenden Form der Bildung her, welche als „höveschheit", franz. „courtoisie" bezeichnet wurde, weil man die Höfe der Fürsten als den Ort ansah, wo die feinste Bildung erworben werden konnte. Von „höfisch" stammt noch unser „höflich" und zusammengezogen ist ersteres zu „hübsch" geworden, bei welchem Wort man jetzt gewiß nicht mehr an einen Hof denkt. Der Gegensatz zum höfischen Wesen war das ländliche, gewöhnlich dörfisch genannt. Ein „Dörper", franz. „villain" (was vom mittellatein. villa, Dorf, kommt, jetzt aber geradezu ein Schurke heißt) war der Inbegriff der Rohheit und Tölpelhaftigkeit, die Dörperie, „villenie" der Gegenpol zur Höflichkeit, „courtoisie". Die Art der Äußerung des höfischen Wesens hieß allgemein „Zucht" und wurde, wenn sich der Vater nicht selbst damit befassen konnte, den Kindern durch einen „Zuchtmeister", d. h. Erzieher beigebracht. Lesen und Schreiben gehörte nicht notwendig dazu, wenigstens letzteres in der Regel nicht. Dies überließ man dem Geistlichen und jede Burg hatte ja ihren Kaplan, das geistige Faktotum der Familie. Dagegen hielt man auf Sprachkenntnis. Nicht gerade selten lernten die Söhne der höfischen Ritter Lateinisch und manchmal sogar Griechisch. Allgemein aber gehörte das Französische, damals meist „wälsch" genannt, zum guten Ton. Man bewunderte allgemein die Franzosen um ihrer „courtoisie" willen und besonders beliebt war es bereits, nach Paris zu reisen, um sich dieselbe anzueignen. Doch war vieles hohl dabei und schon Hugo von Trimberg sagt:

Manger hin ze Paris vert (fährt),
der wenik lernet und viel verzert.

Sodann aber waren Waffenübungen eine Hauptsache. Zunächst lernten die Knaben laufen, klettern, springen, Bogenschießen, Speerwerfen, dann Fechten mit Schwert und Schild (was man „schirmen", auch parieren nannte, davon entstellt das franz. „escrime") nebst Reiten, Ringen, Steinwerfen und das gefährliche Messerwerfen sowie die Jagd. Jene Knaben, die sich in den körperlichen Übungen nicht tüchtig erwiesen, wurden dem Ritterstand entzogen oder zu Geistlichen bestimmt. Im anderen Fall kamen sie im Alter von wenigstens zwölf Jahren an einen Hof, wo sie von einem Ritter überwacht wurden, der sie zur Vervollkommnung in allen ritterlichen Übungen anhielt. Als Knappen mußten sie ihren fürstlichen Herrn bedienen und ihn stets, auch in den Krieg, begleiten,welche dienstliche Stellung erst aufhörte, wenn der Knappe ein Ritter wurde. Die Zeremonien des Ritterschlages waren nach Gegenden verschieden, am feierlichsten in Frankreich, wo der Knappe zunächst ein warmes Bad nahm, um rein in den neuen Stand zu treten, dann in der Kirche eine Nachtwache hielt (was jedoch nicht regelmäßig geschehen zu sein scheint) darauf mit Sporen, Harnisch und Helm bekleidet und mit dem Schwert umgürtet wurde (was der entscheidende Punkt war) und endlich den Ritterschlag erhielt, der aber an sich nicht die Hauptsache sondern nur eine symbolische Handlung war, welche gleichsam die Erinnerung an die Ritterweihe befestigte. Der Ritter war den Fürsten ebenbürtig und hatte Anspruch auf die höchsten Ehrenstellen. Je nach dem Ort des Ritterschlages hießen die Ritter: die „Besten", wenn sie bei Kaiserkrönungen in Rom, „Ritter ohne Mühe", wenn sie bei Anlaß einer Königswahl oder eines Reichstags, die „Gestrengen", wenn sie vor oder nach Schlachten und die „Würdigen", wenn sie während eines *Kreuzzuges*, namentlich in Jerusalem zum Ritter geschlagen waren. Bei dem Ritterschlag wurde gesprochen:

Zuo Gotes unde Marien Er,
disen Slac unde keinen mer!
Wis, küene, biderbe und gerecht,
bezzer Ritter denne Knecht!

Auch auf die Erziehung der *Damen* des Ritterstandes kam viel an. Die Mädchen mußten sowohl die notwendigsten Sprachen und damaligen Wissenschaften als die Hausgeschäfte erlernen. Sie mußten im Nähen und Spinnen bewandert sein, die Kleider sowohl für sich als für die Männer zu fertigen verstehen und in Stickereien u. a. feinen Arbeiten, namentlich zu höfischen und kirchlichen Zwecken, Geschicklichkeit besitzen. Auch die Mädchen erhielten ihren Schliff am Hof und wurden namentlich auch in der feinen Anstandslehre unterrichtet. Es galt z. B. als fein und züchtig, mit kleinen Schritten zu gehen, den Blick zu senken, nicht laut und nicht viel zu sprechen, Männer nicht anzureden sondern ihnen nur zu antworten usw. Auch wurde darauf gehalten, daß die Frauen in einer Zeit, die an gebildeten Ärzten Mangel litt, von der Heilkunde etwas verständen, um ihre kranken Familienglieder verpflegen zu können. Ihre Vorbilder suchten angehende

Schwertleite
Miniatur im Codex des Mathäus Paris (Oxford).

Ritter und Damen in den zahlreichen Ritterromanen ihrer Zeit, deren idealen Gestalten sie nachzueifern strebten. Mit diesen Phantasiegebilden hat man oft das wirkliche Mittelalter verwechselt und sich vorgestellt, die reizenden Ritterfräulein hätten den ganzen Tag nur den Roman oder die Laute in den schönen Händen gehabt und höchstens zur Verzierung ein Bund Schlüssel am Gretchentäschchen getragen. In Wirklichkeit hatten die Burgdamen ein sehr fleißiges und nützliches Leben zu führen, zu arbeiten und zu ordnen, und es blieben ihnen für Poesie und Musik höchstens einige Mußestunden übrig und auch dies gewiß nicht täglich. Unter ihrer Aufsicht stand eine zahlreiche Dienerschaft verschiedener Klassen, vom Leibeigenen hinauf bis zu den Hofbeamten, die Leute von Stand und Bildung waren. Fürsten, deren es weit mehr gab als heutzutage, hatten jeder seinen Truchseß, der für das Essen, seinen Schenken, der für das Trinken, seinen Kämmerer, der für den Inhalt der Zimmer und Kammern, für Mobilien, Kleidung und den Schatz und seinen Marschall, der für die Bewohner des Stalles zu sorgen hatte und von denen jeder wieder über ein Heer von Dienern gesetzt war, neben denen, wo es passend war, Mägde hilfreiche Hand leisteten. Wir wissen zwar nicht, wie groß die Löhne damals waren, aber einzelne Beispiele zeigen deren Geringfügigkeit nach unseren Begriffen. Einer Kammerfrau, welche einen Ritter liebte und welche dieses Verhältnisses wegen ihren Dienst zu verlieren fürchtete, versprach ihr Verehrer, ihr ihren Jahrlohn, bestehend in – einem Schilling und einem Hemd, zu ersetzen. Einer Dienerin, welche ihre Stellung verlassen wollte, drohte die Herrin, ihr alles Zerbrochene und Verlorene am Lohn abzuziehen. Als nun die geriebene Magd ihrerseits drohte, der Herrin Liebesabenteuer an den Tag zu bringen, erhielt sie für den Fall des Bleibens dreißig Pfennige, zwei paar Schuhe, sechs Ellen Leinwand und einen 20 Groschen werten Schleier als Jahrlohn zugesichert. Leibeigene, welche dem Herrn gehörten, erhielten natürlich gar nichts.

Es gab aber in der höfischen Zeit nicht nur nützliche, sondern auch solche Dienerschaft, die nach unseren Begriffen höchst überflüssig erscheint. Es gehören dazu namentlich die *Narren* und die *Zwerge*, welche beiden Eigenschaften oft vereinigt waren. Die Zwerge an sich zeichneten sich neben ihrer Kleinheit und Verwachsenheit meist durch ihre Unverschämtheit aus, über die man sich, wie über die Witze der Narren, belustigte. Wenn sie zu toll wurden, so entschädigte man sich durch Prügel. Mit solchen schlagenden Argumenten war man überhaupt sehr freigebig. Daß Männer ihre Frauen und Eltern ihre sogar erwachsenen Kinder schlugen, war nicht nur nicht anstößig, sondern geradezu selbstverständlich. Ja sogar die Beichtväter hatten dieses „Recht" gegenüber ihren Beichtkindern, selbst wenn dies erwachsene Leute von Stand und sogar Damen waren. Höherstehende redeten ihre Untergebenen ohne Unterschied des Standes (ein König also alle Untertanen) mit *Du,* diese jene aber mit *Ihr* an. Die Leserinnen wird es interessieren, daß jede ältere Dame von Stand, auch wenn unverheiratet, „Frau", und jede jüngere, auch wenn verheiratet, „Jungfrau" genannt wurde. Mit welchem Alter diese bedenkliche Grenze eintrat, vermögen wir leider nicht zu sagen. Jedenfalls verrät dieser Gebrauch keine große Empfindlichkeit auf weiblicher Seite gegen Mangel an Galanterie. Bei dem männlichen Geschlecht wurde derselbe Unterschied zwischen „Herr" und „Jungherr" (davon: Junker) gemacht. Interessanter glauben wir indessen, wird den Leserinnen die Mitteilung sein, was im höfischen Zeitalter unter Schönheit verstanden wurde. Die Gestalt der schönen Dame sollte, wie die Dichter anordneten, mäßig hoch, die Haare goldblond und in natürliche Locken gekräuselt, der Scheitel weiß, die Stirn weiß, glatt und rundlich, die Augenbrauen dunkel, schmal, gewölbt und nicht zusammenstoßend, die Augen leuchtend und beweglich, die Nase mäßig lang, nicht zu sehr vorstehend, gerade, nicht gebogen, die Wangen weich und rosig angehaucht, der Mund klein, die Lippen weich und feurig rot, die Zähne klein, weiß, gleich und dicht gestellt, das Kinn zierlich, rundlich, weiß und mit einem Grübchen, die Ohren klein, weiß und rundlich, der Hals mäßig lang und stark, platt und weich, die Schultern schmal, die Hände weiß, lang und weich, die Finger lang, rundlich, dünn, rosig, die Nägel glänzend und gut gepflegt sein.

ACHTER ABSCHNITT

Das höfische Leben zur Zeit der Minnesinger

Man hatte in dem Zeitalter, von dem unser Buch handelt, die löbliche Gewohnheit, früh aufzustehen und früh wieder zu Bett zu gehen. Nach dem Aufstehen begnügten sich die Leute der besseren Stände nicht mit bloßem Waschen, sondern nahmen ein Bad, welche Einrichtung sehr beliebt war. Merkwürdig ist aber, daß damals Frömmigkeit und Reinlichkeit als unvereinbare Begriffe galten und berühmte fromme Personen, wie z. B. die heilige Elisabeth von Thüringen, sich gegen das Baden sträubten. Die Toilette der nicht so weltfeindlich gesinnten Damen war nichts weniger als primitiv. Zwar waren Spiegel noch nicht von bedeutender Größe vorhanden, sondern nur klein und man hatte für sie schöne elfenbeinerne oder bronzene Kapseln mit geschnitzten oder gegossenen Figuren. Aber das Tragen fremder Haare, sogar von Toten, war zum Ärger der Frommen stark verbreitet. Jungfrauen trugen in der Regel keine Kopfbedeckung sondern Blumen oder Bänder im Haar. Frauen zeichneten sich durch einen Schleier aus. Erst später kamen bei dem schönen Geschlecht Hüte auf. Auch das Schminken, obwohl nicht als wohlanständig betrachtet, ging sehr im Schwange. Unter den verschiedenen Kleidungsstücken und Kleidungsteilen der Damen, die uns hier zu weit führen würden, erwähnen wir als noch heute viel besprochene die Schleppe, damals etwas derb „Schwanz“ genannt, gegen welche sich bereits viel nutzlose Opposition erhob. Ein französischer Schriftsteller jener Zeit sagt: „Die Damen ziehen ihre Schleppen mehr als eine Elle hinter sich her und sündigen damit ganz wunderbar, weil sie mit schwerem Geld sie erkaufen, Christus und die Armen berauben, den Staub aufwühlen, Flöhe sammeln, die Erde bedecken, in der Kirche die Andächtigen stören, so daß sie auf ihren Schleppen den Teufel tragen usw.“

Nicht mehr aber als die Damen vernachlässigten auch die Männer den Kultus ihres lieben Ich. Sie scheitelten und kräuselten ihr Haar, dessen Länge jedoch von Jahrhundert zu Jahrhundert abnahm, ja sie flochten es sogar bisweilen in Zöpfe, wie man an Statuen und Gemälden sieht. Auch der Bart nahm ab und in der Zeit, die uns hier beschäftigt, war die Sitte, ihn ganz zu rasieren, vorherrschend. Die in der Zeit der Minnesinger herrschende Ver-

Gastmahl. Miniatur aus der Geschichte des heiligen Graal (Paris, Nat.-Bibl.).

Salzfaß.
Original im Louvre (in Paris).

weichlichung charakterisiert sich ferner durch die schlaffe Mode der sog. Schnabelschuhe, deren spitz zulaufende Enden mit Schnüren festgebunden werden mußten, um nicht auf der Erde zu schleifen. Dazu paßt auch, daß Männer- und Frauenkleider, natürlich von der kriegerischen Tracht abgesehen, einander äußerst ähnlich waren, denn auch die Männer trugen im Frieden lange Röcke, so daß sie auf Abbildungen mit ihren glatten Gesichtern oft von Frauen schwer zu unterscheiden sind. Auch die langen und vorn weiten, beim Handgelenk oft bis auf die Füße herabhängenden Ärmel hatten etwas Weibisches. Junge Männer trugen sogar nicht selten Blumenkränze auf dem Kopf wie die Mädchen und hochgeborne Diademe mit Edelsteinen wie die Fürstinnen. Die Handschuhe Vornehmer waren mit Gold gestickt oder mit Hermelin verbrämt.

Im ganzen war die Tracht jener Zeit vornehm, imponierend; am Oberkörper enganliegend, brachte sie schöne Formen zur Geltung, unten weit und lang, gab sie Anlaß zu geschmackvollem und künstlerischem Faltenwurf. Sie eignete sich sogar zur skulptorischen Darstellung, was z. B. von unseren heutigen Kostümen ganz und gar nicht zu sagen ist. Auch liebte man damals die lebhaften Farben, z. B. scharlachrot, himmelblau, grasgrün etc, was das gesellige Leben gar farbenprächtig machte, so daß alles glänzte und schillerte, während heute die düsteren Misch- und Mißfarben grau und braun nebst schwarz u. a. dunklen Tinten vorherrschend geworden sind.

Nachdem die Ritter des Morgens angekleidet waren, bestand ihre erste Beschäftigung im Anhören der Messe. Allgemein übliche Stunden für die Mahlzeiten gab es noch nicht. Man nahm deren zwei täglich ein, das Morgen- und das Abendessen, aber beide hier früher und dort später. Im ganzen sind während des Mittelalters und der neuen Zeit diese beiden Mähler, gleichwie das Aufstehen und Schlafengehen immer später hinausverlegt worden, so daß mit der Zeit das Frühstück entstand, damit man nicht bis zur ersten Mahlzeit allzu hungrig wurde. Nach der ersten Mahlzeit, wenn und wo sie nicht gar zu früh stattfand, tat man ein Schläfchen, nach der zweiten begab man sich gleich zu Bett. Die häufig betriebene Jagd brachte es schon mit sich, daß die Speisen der Vornehmen beinahe nur aus Fleisch bestanden. Das Gemüse überließ man den Bauern und verachtete es allgemein. Außer Brot und Obst genossen die Bevorzugten selten Pflanzenkost, waren daher nichts weniger als Vegetarier. Man aß überdies weit mehr als heutzutage und die Quantitäten, welche bei Mahlzeiten verzehrt wurden und von welchen öfter Verzeichnisse veröffentlicht worden sind, setzen geradezu in Erstaunen. Es ging übrigens auf ähnliche Weise bis in das vorige Jahrhundert herein, in welchem man nach dieser Richtung mäßiger wurde. Ähnlich verhielt es sich mit dem Trinken. Der Weinbau war im Mittelalter viel weiter verbreitet als jetzt. Man pflanzte Wein in ganz Norddeutschland, freilich, was wird das für ein Gewächs gewesen sein? Indessen suchte man die Qualität durch allerlei Zugaben zu verbessern, welche jetzt nicht mehr nach dem Geschmack der meisten Trinker sein dürften. Es war der sog. Würzwein, der sich damals der größten Beliebtheit erfreute, nämlich Wein versetzt mit Honig, Kräutern, Beeren, Zucker, Muskatnüssen, Ingwer, Gewürznelken usw. Man trieb übrigens bei Gelagen oft argen Luxus. Die Wände wurden bei solchen Gelegenheiten über und über mit gestickten Teppichen behängt, welche Szenen aus Geschichte und Sage darstellten. Der ohnehin mit Teppichen überdeckte steinerne Boden wurde noch zudem dicht mit Blumen bestreut, die, wenn sie zertreten wurden, den Teppichen übel mitgespielt haben mögen. Die Gefäße und Geschirre waren so kostbar, als man sie nur auftreiben konnte, bei den Vornehmsten von Gold und Silber und reichverziertem Glas, welches verhältnismäßig noch selten war. Außerdem indessen, daß man noch immer (und noch lange hernach) weder Messer noch Gabel brauchte und mit den bloßen Händen aß, kam manches vor, was den romantischen Vorstellungen von der Ritterzeit wenig entspricht, denn manche Dichter jener Zeit schrieben Lebensregeln nieder und auch wie man sich bei Tisch zu betragen habe und nannten dabei Dinge als zu unterlassende, die sich selbst weniger Gebildete kaum werden zuschulden kommen lassen.

Man *reiste* in der Zeit des höfischen Lebens nur selten zu Wagen, welche einesteils noch sehr unvollkommen und unbequem waren und andernteils der durchweg schlechten Straßen wegen kaum eine angenehme Fahrt darboten, sondern in der Regel zu Pferde, und es trieben die Vornehmen den Luxus so weit, daß ihre Sattel nicht von schlichtem Leder wie jetzt, sondern von Elfenbein mit darauf geschnitzten Figuren, mit goldenen Zierraten und eingesetzten Edelsteinen sein mußten und überdies mit Satteldecken aus kostbarem Zeug bekleidet waren. Meist aber waren die Sattel aus Hagebuchenholz, das bemalt und vergoldet wurde, hatten ein Filzpolster und trugen eine gestickte und befranste Decke aus kostbarem Stoff. Die Steigbügel waren von Gold oder Silber, bei Mönchen und Leuten, die den Aufwand scheuten, von Holz. Ähnlich verhielt es sich mit dem übrigen Reitzeug. Die Damenpferde erhielten einen Kopfputz aus Metallschmuck oder Blumen und einen Schellenbehang. Es galt damals bereits, was in früherer Zeit nicht der Fall war, als unschicklich, wenn Damen allein reisten. Einesteils waren, worauf wir zurückkommen werden, die Sitten schon zu verdorben, als daß dies anging und anderenteils waren, wie schon angedeutet, die Straßen äußerst unsicher. Nirgends war Mangel an *Räubern*, die ihr Wesen meist ungestraft trieben, denn eine eigentliche Staatsgewalt gab es nicht unter der Herrschaft des Feudalwesens, wo in derselben Gegend diese Rechte diesem

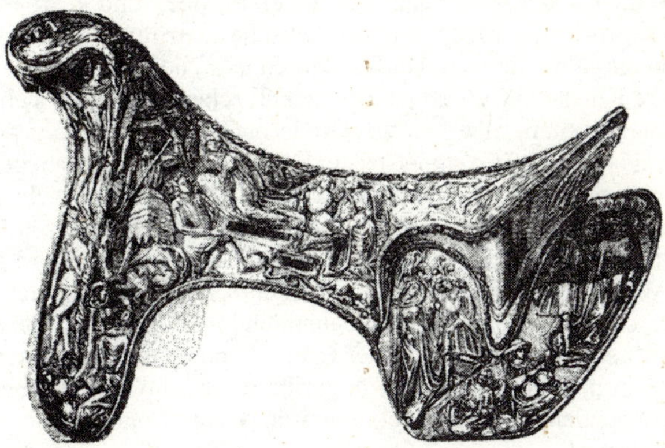

Elfenbeinsattel.
Original im Museum zu Pest.

und jene einem anderen Herrn oder einem Kloster oder einer freien Stadt gehörten und oft die größte Verwirrung bestand, die es ungewiß ließ, wem eigentlich die Herrschaft zustehe. Die Räuber rekrutierten sich aus entlassenem Kriegsvolk, entlaufenen Verbrechern und herabgekommenen Rittern, den berüchtigten Raubrittern, vor denen kein Eigentum, kein Menschenleben und keine Frauenehre sicher war. Zwar waren nach gemeinem Recht Friedensstörer mit Abhauen der Hand, Diebe mit Blendung, Räuber mit dem Strick, Brandstifter mit Schwert oder Feuer und Mörder mit dem Rad bedroht; aber wo war die Polizei, welche sie einfing? Das gelang wohl nur durch Aufbieten von Kriegsknechten, die oft nicht besser waren als die Verfolgten. Im zwölften Jahrhundert (um 1177) war es in London Gewohnheit geworden, daß die Söhne und Verwandten der Adligen nachts in die Häuser der Reichen einbrachen und auf den Straßen betroffene Bürger niedermachten! Durch die Tapferkeit einer Überfallenen wurden damals einige der Verbrecher gefangen und nachher hingerichtet, die übrigen konnten entfliehen. Man kann denken, in welchem Zustand in einer solchen Zeit die Wirtshäuser sich befanden, welchen Mangel an genügender Speise, an bequemen Lagerstätten und an Reinlichkeit sie darboten. Eine Entschädigung für diese Mängel bot die Gastfreundschaft, welche die meisten Burgherren und die Klöster gegen Leute aller Stände übten, die dann auch bei beiden sehr gut aufgehoben waren. Namentlich sahen sich natürlich Wallfahrer und besonders Pilger zum und vom Heiligen Grab bevorzugt. Lästig für gastfreundliche Mauern waren die zahllosen, oft verkrüppelten und aussätzigen Bettler, welche mit den Räubern um die Wette das Land unsicher machten.

Die Zeitgenossen ließen sich jedoch durch solche Übelstände nicht abhalten, sich auf alle erdenkliche Weise lustig zu machen. Das beliebteste Vergnügen unter allen war der *Tanz,* auch trieb man Ballspiel, Würfelspiel, das Brettspiel Tricktrack, Schach (mit äußerst großen und kostbaren Figuren auf riesigen Brettern), spielte musikalische Instrumente, besonders Fideln, kleine Orgeln, Gitarren, Harfen, Flöten usw., ließ Gaukler verschiedener Art ihre Künste aufführen usw. Es gab Taschenspieler, die sich aber in acht nehmen mußten, nicht gar zu wunderbare Kunststücke zu produzieren, wenn sie nicht als Hexenmeister und Zauberer mit dem Scheiterhaufen bekannt werden wollten. Es gab Kunstreiter, welche zum Teil mehr konnten als die heutigen, denn es wird erzählt, daß 1237 bei der Hochzeit Roberts, des Bruders Ludwigs des Heiligen, ein solcher Künstler zu Pferd auf dem Seil ritt. Während man Sänger und Spielleute, die oft von guter Familie waren, verschwenderisch belohnte, behandelte man Spaßmacher und Possenreißer oft schlecht. Ein belgischer Graf versprach einem solchen armen Teufel ein Pferd, wenn er, wie er sich gerühmt, ein Faß Bier in einem Zuge austrinke. Nachdem er es aber getan, wurde er zum Lohn auf das hölzerne Folterroß gesetzt!

Eine der größten Vergnügungen war die *Jagd* mit Falken. Der ritterlichen Periode aber ging nichts über ein *Turnier,* so grausam es oft dabei zuging. Harmloser und auch – loser war die Erstürmung einer sog. von Damen besetzten „Minneburg" durch jugendliche Ritter, deren Waffen Obst und Zuckerzeug, Blumen und Wohlgerüche waren. Ein solches Fest war besonders charakteristisch für den herrschenden *Minnedienst,* den man sich übrigens nicht allzu ideal vorstellen darf. An die Stelle des Schmachtens trat oft genug der derbste Genuß, wozu Sorglosigkeit der Existenz, Abwesenheit des Weltschmerzes und philisophischer Grübelei, Überfluß an Speise und Trank und die vielfach betriebene erotische Poesie das Ihre beitrugen, wie nicht minder der Umstand, daß jene Zeit eine solche des Verfalls der alten Klosterzucht war, infolgedessen die Geistlichen, statt ein gutes Beispiel zu geben und von der Leichtfertigkeit abzumahnen, vielmehr das Gegenteil taten. Bischöfe sogar lebten oft auf die ärgerlichste Weise und hinterließen offenkundig eine Menge natürlicher Söhne und Töchter. Sogar die Nonnenklöster glichen nicht selten den liederlichsten Häusern. Daher gab es denn auch unter den Weltlichen nicht viel Skrupel in dieser Beziehung. Die Gedichte jener Zeit sind voll der lüsternsten Situationen und die Heldinnen der Romane werden weder immer keusch, noch die Helden immer gewissenhaft gezeichnet. Die sogenannten ritterlichen oder minniglichen Liebesbünde, gleichviel ob die Verbundenen anderweit schon verheiratet waren oder nicht, genossen in jener kirchlich so gläubigen Zeit sogar gesetzliche Anerkennung! Manche Ritter nahmen sich das in den Kreuzzügen bei den Mohammedanern beobachtete Beispiel so zu Herzen, daß sie zu Hause wahre Harems hielten. Doch entbehrten die genannten Minnebünde keineswegs der reinen Liebe. Die Ritter gebärdeten sich, ehe sie erhört wurden, ganz wie heutige Verliebte, schnitten den Namen der Angebeteten in Baumrinden, überhäuften sie mit Geschenken, zogen mir ihrem Schleier am Ärmel oder Schild in den Krieg, welche Trophäe die Geliebte dann zerrissen und blutig mit Stolz trug. War die Geliebte verheiratet, so hatten die beiden unendlich durch List und Mühe zu kämpfen, wenn sie sich treffen wollten, denn der hintergangene Ehemann hatte das Recht, den Verführer zu töten. Die sogenannten Liebeshöfe jedoch, von welchen die Dichter der Zeit sprechen, scheinen deren Erfindung zu sein und nie wirklich existiert zu haben. Merkwürdig ist, daß in der geschilderten Zeit die kirchliche Trauung, obschon von der Kirche schon seit Jahrhunderten vorgeschrieben, immer noch auf engere Kreise beschränkt war und in den volkstümlichen Gedichten wie z. B. im Nibelungenlied immer nur von einer Hochzeit die Rede ist, bei welcher die Braut ohne Beteiligung eines Priesters von ihren Verwandten dem Bräutigam übergeben wurde. Die Hauptsache war, daß die „Hochzeit" (wie auch andere Feste hießen) recht glänzend und lärmend mit prächtigen Aufzügen, Gelagen und Lustbarkeiten gefeiert wurde.

Ritter und Dame auf der Reise rastend. Miniatur aus dem lateinischen Psalterium (Paris, Nat.-Bibl.).

Es wurde indessen in der höfischen Zeit einem Ritter übel vermerkt, wenn er sich dem Wohlleben und dem Frauendienst hingeben wollte, ohne die hauptsächlichen Pflichten seines Standes, nämlich das Waffenhandwerk, fleißig zu üben. Ein solcher unwürdiger Ritter wurde allgemein verachtet. Es gab verschiedene Anlässe, dieser Pflicht zu genügen. Den unschädlichsten bildeten die Waffenübungen, welchen nicht nur junge Leute, die Ritter werden wollten, sondern diese selbst mit Eifer oblagen. Es gehörten dazu Übungen im Ringen, Fechten, Scheibenschießen mit Speeren zu Pferd usw. Gefährlicher waren schon die *Turniere*, die bei keinem Fest fehlen durften. Dieselben sollen von dem 1066 erschlagenen Ritter *Godefroi de Preuilly* erfunden worden sein. Von drei Päpsten des zwölften Jahrhunderts wurden sie verboten, aber trotz der gläubigen Kirchlichkeit jener Zeit ohne Erfolg. Richard Löwenherz hob das unter seinen Vorgängern noch beobachtete Verbot für England auf, damit seine Ritter im Waffenhandwerk den französischen gewachsen wären, veranstaltete selbst Turniere und seine Ritter spotteten des Eiferns der Mönche. In Deutschland und Frankreich wurde das Verbot überhaupt nie beachtet. Das Turnier war trotz der Anwendung stumpfer Waffen stets lebensgefährlich. Viele Ritter starben an Verwundungen in Turnieren, andere erstickten dabei durch Hitze und Staub.

Einen besonderen Anlaß zu Turnieren bildeten die Abenteuerfahrten. Die merkwürdigste ist wohl die des *Ulrich von Lichtenstein*, welcher im Jahr 1227 als „Frau Venus" gekleidet, in weißem Gewand mit fliegenden Zöpfen von Venedig nach Böhmen zog und jedem, der einen Speer an ihm brach, einen goldenen Ring für seine Geliebte, dem, der ihn besiegte, die Rosse, die er mit sich führte, versprach. Für den Fall aber, daß er selbst siegte, nur verlangte, daß der Besiegte sich seiner (Ulrichs) Dame zu Ehren nach den vier Himmelsgegenden verneige. So verstach er in vier Wochen 307 Speere und verteilte 271 Ringe.

Zur Nutzanwendung der auf den Turnieren bewiesenen Kraft und Gewandtheit dienten zunächst die *Fehden*, die eigentlich verboten waren, aber bei der Rauflust der Ritter doch stets vorkamen. Die Kirche suchte sie durch Verkündigung des „Gottesfriedens" (treuga dei) zu beschränken, indem sie für gewisse Feste und Zeiten jede Friedensstörung verpönte. Die Zeiten des Verbots nahmen zusammen beinahe die Hälfte des Jahres ein, was aber nicht viel half. Manche Ritter waren so tief gesunken, daß sie nur um des Raubes willen Fehden unternahmen. Gegenüber solchem Unfug erschienen die Fehden um des Kampfes willen ehrenhaft. Dieselben gipfelten meist in Zweikämpfen zwischen Gegnern, natürlich auf Leben und Tod.

Minneburg (elfenbeinerne Spiegelkapsel).
Original im Museum zu Pest.

NEUNTER ABSCHNITT

Die Rechtspflege zur Zeit der Kreuzzüge

Um das Zeitalter, welches unserer Darstellung zugrunde liegt, richtig zu verstehen, müssen auch die Grundsätze und Gebräuche, nach und mit welchem Recht gesprochen und vollzogen wurde, in Berücksichtigung fallen.

Jedes Gericht mußte damals seine eigene „ordentliche oder gemeine Hegungstätte" haben, seine „recht Malstatt" oder „echte Dingstatt", welche bis zum vierzehnten Jahrhundert in der Regel nicht verändert werden konnte. Es gab offene und geschlossene Gerichtsstätten, erstere unter „heiterem Himmel", wahrscheinlich auf ehemaligen heidnischen Opferplätzen. Sie wurden unter gewissen Gebräuchen zur Malstatt eingeweiht, z. B. indem man den Platz auf eine Elle tief ausgrub und die Freien des Gerichts Asche, Kohle und Ziegelsteine hineinwarfen, dann bedeckte man die Grube wieder und ließ sie von Gras bewachsen. Wenn später jemand an der Echtheit der Stelle zweifelte, so grub man den Boden auf, um die eingegrabenen Stoffe zu finden und wenn man sie nicht fand, so waren alle an dem betreffenden Ort gesprochenen Urteile ungültig. Der Sitz der Richter wurde besonders abgesteckt und in Form eines Kreises, später eines Vierecks mit natürlicher Hecke oder künstlicher Umzäunung eingefriedet. Letztere mußte der Höhe nach so beschaffen sein, daß man die Richter vom Kopf bis zur Schulter bequem sehen konnte. Tisch und Stühle oder Bänke der Richter bestanden bald aus Holz, bald aus oft rohen Steinblöcken. Den Platz zu offenen Gerichtsstätten wählte man am liebsten in Wäldern, auf Bergen, in Gruben, in freiem Gefilde, an Fluß- oder Seeufern (sogar auf Brücken) und an stark begangenen Straßen. Andere Gerichtsstätten befanden sich auf bereits aus anderer Veranlassung umfriedeten Räumen unter freiem Himmel, nämlich in den Höfen von Burgen und Schlössern, von Kirchen und Klöstern, vor Toren und an Gräben usw., manchmal ausdrücklich auf Treppenstufen solcher Plätze. Offene Gerichtsstätten hatten stets ein Merkmal, an dem man sie erkannte, meist einen Baum oder Stein, auch Brunnen, Gebäude, Kreuze, Mühlen, Wege usw. Dazu gehörten auch die Steinbilder, z. B. die Rolande, welche als Wahrzeichen der Markt- und Gerichtsfreiheit auf öffentlichen Plätzen der Städte errichtet wurden. Zu den *geschlossenen* Gerichtsstätten endlich gehörten Gerichtslauben, Kirchen, Pfalzen, sog. Spielhäuser, Rathäuser, zuletzt eigentliche Gerichtshäuser und in diesen wieder die der Gerichtshandlung besonders gewidmeten Räume, Säle, Kammern (Kemnaten) usw.

Es gereicht dem älteren deutschen Strafrecht zur ewigen Ehre, daß seine Ausübung von den Makeln eigentlicher Barbarei frei war. Was bei derselben gegen Leib und Leben der Menschen geschah, trägt im ganzen den Charakter zugleich entschiedener, kräftiger Männlichkeit und naiver, rührender Kindlichkeit. Schon daß nach dem deutschen Recht auch im Strafprozeß sich Ankläger und Angeklagter gegenüberstanden wie die zwei Parteien des Zivilprozesses, befreite den Angeklagten von Willkürlichkeit und Grausamkeit; ja es war Gebrauch, daß letzterem der erste Beweis vor Gericht zustand. Die Mittel, welche dazu dienten, seine Schuld oder Unschuld zu beweisen, waren der *Eid* und die *Ordalien* oder *Gottesurteile*. Beide stammten aus dem Heidentum. Der erste fand im Zivil- und Strafprozeß Anwendung, die letzteren nur im Strafprozeß. Geschworen wurde allein oder mit Zeugen oder mit bloßen Eideshelfern, welche letztere keine Zeugen des Tatbestandes sondern bloß von der Unschuld ihres Freundes überzeugt zu sein brauchten – und zwar immer mit Berührung irgendeines Gegenstandes, bei Männern des Schwertes (daher die Verwandtschaft dieses Wortes mit „schwören"), des Bartes, bei Frauen der Brust, des Haarzopfes usw. Die *Ordalien* (Or dael, Urspruch, ein Wort mit Urteil, Urtel) bestanden in einer Probe auf Leibes- und Lebensgefahr, welcher sich der Angeklagte freiwillig unterzog. Ging er unversehrt daraus hervor, so war er unschuldig, sonst aber schuldig. Man entzog sich durch diese Probe dem oft unzuverlässigen Urteil der Menschen und glaubte fest, daß Gott den Ausgang derselben bestimmte. Die christliche Kirche erteilte diesem aus Indien stammenden Heidenbrauch ihre Weihe. Die hauptsächlichsten Arten desselben waren: die *Wasserprobe*, entweder in siedendem Wasser, in das man die Hand steckte oder aus dem man einen Gegenstand hervorholte, oder in kaltem Wasser, in das man geworfen wurde, wobei der Untersinkende unschuldig, der schwimmende schuldig war; die *Feuerprobe*, bestehend im Schreiten über glühende Kohlen, im Tragen solcher, im Gehen zwischen oder durch Scheiterhaufen, oft in einem wächsernen Hemd, im Gehen über glühendes Eisen oder Berühren von solchem, im Anziehen eines glühenden eisernen Handschuhs; die *Kreuzprobe*, weit unschädlicher als die vorigen, bei welcher man mit aufgehobenen oder ausgebreiteten Händen an einem Kreuz stand, bis einige Messen gelesen waren und der schuldig war, der sich zuerst bewegte oder bei welcher von zwei Würfeln, deren einer ein Kreuz trug, einer gezogen wurde, von denen der mit dem Kreuz die Unschuld bewies. Noch abergläubiger war die Probe des *geweihten Bissens*, den der Schuldige angeblich nicht verschlucken konnte und die des *Abendmahls*, von dem dasselbe angenommen wurde; beide kamen meist nur bei Geistlichen vor. Unschädlich, aber schauerlich war das *Bahrrecht*, das noch im siebzehnten Jahrhundert häufig vorkam und darin bestand, daß die eines Mordes Verdächtigen den auf der Bahre liegenden Toten berühren mußten. Bei der Berührung durch den Mörder sollte der Leichnam bluten. Das häufigste und am längsten, außerrechtlich noch jetzt fortdauernde Ordal aber ist der *Zweikampf* oder das *Duell*, bei welchem sich nicht nur der Angeklagte sondern auch der Ankläger der Lebensgefahr aussetzte und auf der Seite des Siegenden das Recht vermutet wurde, während der Unterliegende, wenn er am Leben blieb, der Strafe des Meineids verfiel. Dieser Gebrauch bestand, wie Tacitus und Bellejus bezeugen, schon bei den alten Germanen. Als rechtliches Gesetz erscheint er zuerst bei den Burgundern. Wenn hier der Beklagte die Schuld eidlich ablehnte, stand es dem Kläger frei, diesen Eid zu verwerfen und den Zweikampf zu verlangen. Letzterer kam aber auch im bürgerlichen Rechtsstreit vor. Bei den Bayern und Alamannen konnten zwei Ansprecher desselben Grundstücks um dasselbe kämpfen, nachdem sie in Gegenwart des Grafen etwas Erde und einige Zweige von demselben in einen Sack gesteckt, den der Graf versiegelte und den sie dann mit den Schwertern berührten. Der Sieger erhielt das Grundstück. Nach der Vorschrift des Sachsenspiegels mußte bei dem gerichtlichen Zweikampf der Kämpfer mit vorne bloßem Kopf und bloßen Füßen erscheinen, an den Händen dünne Handschuhe, in der einen Hand ein gezogenes Schwert, in der anderen einen hölzernen, mit Leder überzogenen Schild, dessen Buckel allein von Eisen sein durfte. Unter Rittern waren Kämpfe zu Pferd mit Speeren häufiger. Nicht nur Männer aber, sondern auch Frauen konnten sich an diesem Gottesurteil beteiligen. Wurde z. B. eine Frau ohne Zeugen genotzüchtigt, so konnte sie den Reinigungseid des Beklagten mit dem Zweikampf abweisen. Der Beklagte wurde bis zur Mitte des Leibes in eine Grube gestellt und mit einem bloßen Stab bewaffnet, die Frau aber mit einem in ein Tuch eingebundenen Stein. Machte sie den Gegner wehrlos, so wurde er als überführt betrachtet und in der Grube lebendig begraben. Im entgegengesetzten Fall traf dasselbe Schicksal die Frau. Nach anderen Vorschriften wurde der unterliegenden Frau die Hand, dem besiegten Mann der Kopf abgeschlagen. Die Stadtrechte von Augsburg und Freising vom Ende des dreizehnten Jahrhunderts enthalten dieses Rechtsmittel, welches sich bis zum Ende des Mittelalters erhielt.

Im *Strafrecht* des Mittelalters, besonders im deutschen, trat nicht der Staatszweck wie heutzutage, sondern der Einzelmensch in den Vordergrund. Verbrechen waren damals, bei weniger geordneten staatlichen Zuständen und geringerer Bildung, weit häufiger als gegenwärtig, wenigstens die groben, mit Gewalttat verbundenen Verbrechen. Das am meisten berücksichtigte war die Tötung, die natürlich bei den häufigen Fehden nichts seltenes war. Es kam dabei vor allem darauf an, ob sie als eine ehrliche oder unehrliche angesehen werden sollte. Bei einer Tötung im ehrlichen Kampf oder aus Fahrlässigkeit schritten die Behörden vorerst gar nicht ein, denn noch galt die Blutrache von seiten der „Freundschaft“ (Familie) des Erschlagenen. Ihr war des Täters Leib erlaubt und dessen Tötung straflos. Manchmal aber verständigten sich die beiderseitigen Familien, mittels Erlegung einer Geldsumme an diejenige des Getöteten, gütlich, und zwar kamen solche „liebliche Richtungen“ oder „Thädigungen“ bis zum Ende des siebzehnten Jahrhunderts vor. Bis dieser Vergleich zustande kam, mußte sich der Täter vom Anblick der Verwandten seines Opfers fernhalten, sie zu „Weg und Steg scheuen“. Im Vergleich wurde dann gewöhnlich auch die

Buße vorgeschrieben, welcher sich der Täter zu unterwerfen hatte. Er mußte z. B. während des Gottesdienstes im bloßen Hemd vor dem Altar der Kirche knien, in der einen Hand eine brennende Kerze, in der anderen die tödliche Waffe, nach beendigter heiliger Handlung mit beiden Gegenständen auf das Grab des Erschlagenen gehen, auf demselben sich niederwerfen, ihn dreimal laut rufen und um Verzeihung bitten, dann sich auf das Rathaus begeben und sein Urteil erwarten und endlich am Ort der Tat ein steinernes Kreuz oder eine Kapelle errichten lassen, der Kirche aber eine Buße an Wachs geben. Bis zur Abbüßung war ihm auch das Ehrenzeichen des freien Mannes im Mittelalter und bis in die neueste Zeit herab, das Tragen des Schwertes untersagt. Die Obrigkeit leitete selbst den Gang des Vergleichs und sorgte für dessen Vollzug. Bis zur Beilegung der Sache blieb der Erschlagene oder wenigstens dessen abgeschnittene Hand unbeerdigt und wurde dann feierlich nachträglich bestattet.

Unter allen Umständen als unehrlich galt der Diebstahl. Ein Vergleich wurde hier gar nicht gestattet, ja sogar der, welcher solchen einging, dem Dieb gleich bestraft. Noch erhielt sich der Gebrauch, daß der Bestohlene selbst die Todesstrafe am Dieb vollziehen mußte. Es kam aber auch vor, daß ein verurteilter Dieb gegen die Verpflichtung, als Henker zu dienen, begnadigt wurde; an einigen Orten schnitt man ihm jedoch bei diesem Anlaß die Ohren ab!

Die gewöhnliche *Todesstrafe* war im Mittelalter das *Hängen*, daher auch der Scharfrichter bis heute vorzugsweise Henker heißt, doch kamen auch die Enthauptung und das Ertränken und bei Ketzern und Hexen das Verbrennen häufig vor. Aber weder die Folter, noch ein System raffiniert grausamer und blutiger Straftaten waren im eigentlichen Mittelalter (bis Ende des vierzehnten Jahrhunderts) in dem Grad ausgebildet, wie die später verknöcherte und herzlose Justiz sie handhabte. Im Mittelalter war noch kein Justiz-Fanatismus herrschend wie im fünfzehnten bis achtzehnten Jahrhundert; vielmehr wurde die Rechtspflege nicht nur mit altdeutscher Gemütlichkeit sondern sogar mit Humor betrieben. Das zeigt sich namentlich in der Rolle, welche das damalige Hauptwerkzeug der Todesstrafe, der *Galgen*, im deutschen Sprichwort spielt. Die ältesten Galgen waren Bäume, an denen schon die Germanen des Tacitus ihre Verräter und Überläufer aufhängten. Noch im sechzehnten Jahrhundert nannte man daher den Galgen „grün". Der künstliche Galgen war meist dreibeinig mit drei Querhölzern und einem darüber erhöhten solchen für den „Erzdieb". Er bot in der Regel für sieben Übeltäter Raum. Er war das Sinnbild der Gerichtsbarkeit über Leben und Tod und der „Galgenberg" das unvermeidliche Wahrzeichen jedes größeren Ortes.

Bei der Errichtung eines neuen Galgens mußten sämtliche im Gerichstbezirk wohnenden Handwerker mitwirken, damit keiner dem anderen aus dieser unehrlichen Beschäftigung einen Vorwurf machen konnte. Jedes Handwerk hatte einen bestimmten Beitrag zu liefern, z. B. die Schmiede die Klammern, die Zimmerleute die Nägel, die Müller die Leiter usw.

Im Zeitalter der Kreuzzüge kommen aber vereinzelt auch schon raffiniert grausame Todesstrafen vor. Bereits im dreizehnten Jahrhundert erscheint das entsetzliche Rädern, wobei der „arme Sünder" zur Richtstätte geschleift wurde, schon früher sogar das Vierteilen durch Pferde, das Aufhängen an den Füßen, das Schinden und darauf Hängen, das Pfählen usw. Hochverräter wurden erst von Pferden zerrissen, dann gehängt, geköpft, und zuletzt (die Leiche) noch verbrannt.

Außer der Todesstrafe spielten *Geldbußen* die größte Rolle im mittelalterlichen Strafrecht, statt welcher auch, bei der Unzulänglichkeit umlaufender Münzen in damaliger Zeit, Wertgegenstände, meist Lebensmittel oder lebende Tiere als Buße vorgeschrieben und gegeben wurden. Bezeichnend sind die *Körperstrafen* des Mittelalters. Ziemlich allgemein galt das Recht, daß derjenige Körperteil, mit welchem man gefehlt, abgeschnitten werden sollte, z. B. die Zunge bei Gotteslästerung, die Schwurfinger bei Meineid, die Hand bei Forstfreveln usw. Noch andere grausame *Verstümmelungen* kamen vor, so Abhauen der Füße, Nasen, Ohren, Einschlagen der Zähne, Ausstechen der Augen, Entmannen usw. Auch war die Folter bereits üblich, namentlich die Daumenschrauben. Noch grausamer aber war sie bei den *Sarazenen*, welche ihren Gefangenen oft heißes Wasser eingossen, sie dann an den Beinen aufhängten und mit Stöcken auf den angeschwollenen Leib schlugen. Ein Verrücker von Marksteinen sollte in die Grube gegraben werden, in welche er den Stein versetzt hatte, und man sollte dann mit dem Pflug über ihn hinfahren. Eine häufig angewandte Strafe, besonders für politische Vergehen, war die *Verbannung*.

Es ist von Interesse, das Verhältnis in Auge zu fassen, in welchem die *Kirche* zum Strafrecht des Mittelalters stand. Ofenbrüggen sagt darüber: „Daß die christliche Kirche in ihrer großen Mission für die Kulturentwicklung der germanischen Völker auch zur Veredlung des Strafrechtes beitrug, ist gewiß; aber ebensosehr, daß sie dem konsequenten Fortschritt des öffentlichen Strafrechts vielfach hemmend entgegengetreten ist und sich in der Strafrechtspflege eine Rolle angemaßt hat, die ihr nicht zukam. Während sie die Blutrache als unchristlich verwarf und zur Mäßigung ermahnte, während sie das Motto hatte: ‚die Kirche dürstet nicht nach Blut', zündete sie die Scheiterhaufen an und während sie die heidnischen Ordalien zurückdrängte, ließ sie die Folterung in allen Formen und Steigerungen für sich ausbilden. Während sie der gewalttätigen Eigenmacht und Selbsthilfe gegenüber den Verfolgten ihre Tore öffnete, hat sie oft genug Verbrecher geschützt und der gerechten Strafe entzogen, welche auch nach dem kanonischen Recht den Schutz nicht beanspruchen konnten. Während sie anfangs die Sonderung der beiden Gebiete der Kirche und des Staates in der Weise geltend machte, daß sie die Gerichtsbarkeit über die Geistlichen, auch in allen Straffällen, ausübte und über Laien in Fällen wie Abfall vom Glauben und Ketzerei richtete, zeigte sie ihre Macht auch bald bei Vergehen, welche eine Übertretung kirchlicher und staatlicher Ordnung enthielten, wie Ehebruch, Inzest und Meineid und von hier aus war ein weiteres Vordringen ganz im Charakter der Hierarchie. Die Kirche wußte den Arm der weltlichen Macht sich vielfach dienstbar zu machen, wie kaiserliche Verordnungen zeigen; aber es entstand auch ein langdauernder Wetteifer der geistlichen und weltlichen Gerichte und dieser ist ein nicht geringes Stück des großen Kampfes zwischen der Kirche und der weltlichen Macht im stürmischen Mittelalter."

Das mittelalterliche wesentlich deutsche und volkstümliche Recht verlor seinen Einfluß und seine allgemeine Geltung durch das Eindringen des *römischen* und des *kanonischen* oder des weltlichen und geistlichen gelehrten *Rechts* seit dem dreizehnten Jahrhundert. Das römische Recht war im byzantinischen Reich seit Justinian gesammelt und im zwölften Jahrhundert zu einem abgeschlossenen Werk („Corpus juris civilis") gediehen. Das Gesetzbuch des *kanonischen* Rechts entstand nach und nach durch Konzilienbeschlüsse und päpstliche Verordnungen, worunter selbst gefälschte Aufnahme fanden und erhielt seinen Abschluß 1313 durch die Beschlüsse des Konzils von Vienne. Mit der Einführung dieser beiden Sammlungen trat an die Stelle des altdeutschen Strebens nach Gerechtigkeit für jeden einzelnen dasjenige nach Geltendmachung abstrakter unerbittlicher Theorien, ohne Rücksicht auf das Wohl und Wehe der Menschen. Die Rechtspflege, bis dahin eine Anstalt des Volkes für das Volk, reich an Poesie und Humor, wurde eine solche für grämliche Rechtsgelehrte, eine Maschine von Papier und Blut, mit dem entsetzlichen Wahlspruch: „Fiat justitia et pereat mundus!"

FÜNFTES BUCH

Die Versuche zur Wiedergewinnung Jerusalems

(1190–1198)

Ruinen der Georgskirche in Lydda.

ERSTER ABSCHNITT

Eindruck des Verlusts von Jerusalem auf das Abendland

Es bedurfte einer so ungeheuerlichen, niederschmetternden Kunde wie derjenigen vom Fall Jerusalems nach fast neunzigjähriger christlicher Herrschaft, um das kreuzzugsmüde Abendland wieder aufzurütteln zum neuen Kampf für das Heilige Land, die Heilige Stadt und das Heilige Grab gegen die Ungläubigen, die sich dieser Heiligtümer aufs neue bemächtigt hatten. Die Hilferufe aus dem erst durch Uneinigkeit und Sittenlosigkeit der dort lebenden Christen, dann durch ihre unrühmliche Niederlage geschändeten Morgenland, welche so lange nur tauben Ohren erklungen waren, die jetzt aber mit außergewöhnlich vielen und starken Erdbeben, Überschwemmungen und Teuerungen im Abendland und mit furchterwekkenden Kometen, Sonnen- und Mondfinsternissen zusammenfielen, begannen zu wirken. Die eindringlichsten und folgenreichsten gingen von den wenigen, die Katastrophe von 1187 überlebenden Tempelrittern und von dem tapferen Verteidiger der Feste Tyros, *Konrad von Montferrat* aus, und der Erzbischof derselben Stadt, der Geschichtsschreiber *Wilhelm II.* von Sizilien, in dessen Land ihn seine Reise zunächst führte. Der König drückte seine bittere Reue darüber aus, daß er viele Pilger, statt sie nach dem Heiligen Land ziehen zu lassen, zum Krieg gegen Byzanz verwendet hatte und versprach, diesen Fehler durch Sendung einer Flotte und eines Heeres nach Syrien gutzumachen, woran ihn jedoch (1189) der Tod verhinderte. Wilhelm von Tyros begab sich von Neapel weiter nach Rom und von hier zu den Königen von Frankreich und England, wozu ihn der eben neu gewählte Papst *Gregor VIII.*, der frühere päpstliche Kanzler *Albert*, bevollmächtigt hatte. Sein Vorgänger *Urban III.* soll aus Schmerz über die Niederlage von Hattin (am 5. Juli), welche er erst am 18. Oktober erfuhr, gestorben sein (20. Oktober), als er eben im Begriff war, über Kaiser *Friedrich I.* den Bann zu verhängen. Erst als der Nachfolger gewählt war, erfuhr man am 11. November, die am 2. Oktober vollzogene Übergabe Jerusalems; aber man war bereits in der peinlichen Besorgnis und traf diese Wahl eines hochachtbaren Greises mit Rücksicht auf die Lage des Heiligen Landes, ohne zu ahnen, daß der Neugewählte schon nach zwei Monaten nicht mehr unter den Lebenden weilen würde. Doch hatte er diese kurze Zeit benutzt, dem Kaiser versöhnlich entgegenzukommen und zugleich ihn und seinen Sohn *Heinrich* und alle deutschen Fürsten für die Sache des Heiligen Landes zu begeistern. Ihm folgte *Clemens III.*, welcher den beabsichtigten Kreuzzug durch einen Ablaß zugunsten der Kreuzfahrer sowie durch Anordnung von Messen und Gebeten beförderte und zwischen den sich befehdenden Städten Oberitaliens Frieden bewirkte.

Gregor VIII. hatte bereits in allen katholischen Ländern die Kreuzpredigt angeordnet. Es waren jedoch nicht mehr Mönche, welche sie hielten, sondern Kardinäle, Erzbischöfe, Bischöfe, päpstliche Legaten, welche plötzlich das Unrecht ihres Prunklebens einsahen und Gelübde der Einfachheit und Mäßigkeit ablegten. Die Weltgeistlichkeit begann den Klöstern den Rang abzulaufen, während in allem, was nicht rein geistlich war, die Weltlichen mehr und mehr hervortraten, wie wir bei dem nun folgenden Kreuzzug sehen werden. Buß- und Klagelieder, Zeichnungen, in welchen die Ungläubigen die heiligen Orte und gar den Erlöser selbst schändeten, regten das Volk allerorten auf.

Der erste, der das Kreuz nahm, war *Richard*, Herzog von Guienne und Graf von Poitou, Sohn König *Heinrichs II.* von England und jener *Eleonore*, die von *Ludwig VII.* geschieden war, der spätere Löwenherz. Sein Vater war mit König *Philipp II.* August von Frankreich, dem seit 1180 regierenden Sohn *Ludwigs VII.*, und seiner zweiten Gattin *Constantia* von Castilien, aus Anlaß jener unseligen Erbschaft im Streit, indem er, der Eroberer von Irland, sich für seine französischen Besitzungen nicht in die Stellung eines Vasallen zu einem König finden konnte, den er an Macht übertraf. Zugleich war Heinrich, der den grauenhaften Mord Thomas *Beckets* (1170) so empfindlich büßen mußte, mit seinen von ihm zu früh unabhängig gemachten Söhnen, namentlich mit dem in Südfrankreich bei den wilden Troubadours aufgewachsenen Richard im blutigen Krieg und die Söhne verbanden sich sogar mit den Feinden des Vaters, mit Frankreich und Schottland gegen ihn. Aber mit Ausdauer und List besiegte Heinrich einen seiner Gegner nach dem anderen; nur die Söhne blieben hartnäckig bis zu seinem Tod. *Heinrich II.* verständigte sich also früher mit *Philipp* von Frankreich als mit seinen eigenen Söhnen, wenn auch nicht auf die Dauer. Die beiden Könige trafen am 13. Januar 1188 an der Grenze ihrer Besitzungen, d. h. des eigentlichen

Die Kreuzzugssteuer.

königlichen Gebiets von Frankreich und der unter England stehenden Normandie, bei *Gisors* zusammen, wo eine prachtvolle riesige Ulme das Wahrzeichen dieses hergebrachten Platzes für Verhandlungen zwischen beiden Ländern abgab. Unerwartet schnell wurden sie, die zwei Nachbarkönige, über das Vorhaben eines Kreuzzuges einig und empfingen das Kreuz aus den Händen des anwesenden Erzbischofs *Wilhelm* von Tyros und der beiderseitigen Erzbischöfe von Reims und Rouen. Diese Einigung galt den Gläubigen jener Zeit als ein Wunder. Alle bedeutenderen geistlichen und weltlichen Fürsten beider Länder folgten dem Beispiel der Monarchen;

auch der anwesende, obschon mit seinem Vater stets gespannte Richard erneuerte sein Gelübde. Es wurde festgelegt, daß sich die Franzosen durch rote, die Engländer durch weiße und die ebenfalls vertretenen Flamen durch grüne Kreuze unterscheiden sollten, sowie daß der Ort dieser frommen Handlung, auf dem man sofort ein Kreuz aufpflanzte, künftig der „Heilige Acker" heißen und eine Kirche tragen solle. Wie diese Heiligkeit geachtet wurde, sollte sich bald in abstoßender Weise zeigen.

Es offenbarte sich sofort in beiden Ländern eine große Begeisterung für das Kreuz, welches Leute aller Stände in Masse nahmen, und die Zurückbleibenden erschienen so verächtlich, daß man ihnen eine Spindel und Wolle als Zeichen weiblichen Charakters zusandte.

Beide Könige ordneten vor allem eine Steuer an, welche in Erinnerung an den Eroberer Jerusalems, gleichsam zur Aufstachelung der Rache an ihm, der „Saladinszehnten" genannt wurde und von allen Personen, die nicht das Kreuz genommen, in Frankreich mit Ausnahme der Zisterzienser und Kartäuser und der Nonnen von Fontevraud, eingezogen werden sollte. Die Lehnsherren erhoben sie von den Lehnsmännern, die Bischöfe von den Geistlichen; aber auch die reicheren Kreuzfahrer waren nicht frei von der Abgabe; nur durften Kleider, Waffen und Rüstungen sowie heilige Geräte und Bücher nicht besteuert werden. Die Geistlichen zogen in jeder Gemeinde die Steuern sowie freiwillige Beiträge von ihren Pfarrkindern ein (Bild 47) und lieferten das Erhaltene weiter an die Bischöfe ab. Die Nichtzahlenden wurden mit dem Bann bedroht und in England ins Gefängnis gesteckt, bis sie zahlten, den Zahlenden dagegen wurde der Lohn des Himmels verheißen. Natürlich mußten auch die Juden bei der Steuer herhalten und wurden, ebenso aber auch die reichen Christen, furchtbar gebrandschatzt. Überdies wurde bis zum Kreuzzug alles Schwören und Fluchen, alles Spielen und aller Aufwand in Kleidung und Speise, d. h. besonders Scharlach und Pelzwerk und mehr als zwei Gerichte am Mittagsmahl streng verboten. Den Kreuzfahrern wurde einfache Ausrüstung anbefohlen, das Mitnehmen von Weibern aber untersagt, Wäscherinnen ausgenommen, die jedoch zu Fuß gehen sollten. Dagegen erhielten die Kreuzfahrer verschiedene Vergünstigungen für den Fall der Verpfändung ihrer Güter, deren Einkünfte ihnen in dem Jahr des Auszugs noch zufallen würden. Dagegen sollte alles was sie mit sich nähmen, im Fall ihres Todes den Heergesellen, dem Heiligen Land und den Armen zugute kommen.

Wie wenig tief aber in den beiden Reichen, welche uns hier zunächst beschäftigen, der fromme Vorsatz einer großen Tat für den christlichen Glauben gedrungen war, zeigte sich nur allzubald. Zwischen Richard und einigen der ihm untergeordneten Barone entstand eine blutige Fehde, weil ersterer die letzteren wegen eines von ihren Leuten begangenen Mordes züchtigte und dies benutzte Graf *Raimund* von Toulouse und St. Gilles, ein Nachkomme des aus dem ersten Kreuzzug bekannten Raimund, auch seinerseits Richard zu überfallen und sein Land mit Raub und Mord zu erfüllen, wofür Richard natürlich die Rache nicht schuldig blieb. Nicht nur wurden in dieser Fehde selbst Pilger mißhandelt und gefangengenommen, sondern sogar das für den Kreuzzug gesammelte Geld wurde für dieselbe verwendet! Schwert und Feuer verheerten das ganze schöne Südfrankreich. Da legte sich der König *Philipp* ins Mittel, nahm eigentümlicherweise für den *zuletzt* angegriffenen Raimund Partei und beschuldigte sogar den König von England, seinen Sohn zu dieser Fehde aufgefordert zu haben, ja verlangte Entschädigung von ihm! Dann zog er mit Heeresmacht in das englische, von Richard verwaltete Gebiet und nahm Schlösser ein, was nun natürlich wieder zur Folge hatte, daß Heinrich den Krieg gegen Frankreich eröffnete und so die Kreuzfahrer gegenseitig einander beraubten und mit dem Kreuz auf der Brust Mord und Brand in christliche Länder trugen. Endlich, im September 1188, wurde auf dem Ulmenplatz bei Gisors zum Zweck eines Friedens eine Zusammenkunft gehalten. Die Engländer, zuerst angekommen, lagerten sich im Schatten der Ulme uund ließen den Franzosen nur die sonnige Ebene übrig, worüber sie dieselben noch verspotteten. Das führte statt zu einem Vergleich zu einem Gefecht, das den Platz der Kreuzübernahme schändete und in welchem die Engländer vertrieben wurden, worauf König Philipp in seinem Zorn die Barbarei beging, die prachtvolle Ulme niederhauen zu lassen, zum Zeichen, daß er keinen Frieden mehr mit seinem Gegner wollte. Die französischen Barone waren jedoch der abscheulichen Fehde müde, erklärten, nicht mehr gegen Christen kämpfen zu wollen und zwangen ihren König, die Friedensunterhandlungen zu erneuern. Dieselben führten zwar zu keinem Ziel, aber den englischen König verhinderte an der Fortsetzung des Kriegs der förmliche Abfall seines Sohnes Richard. Dieser hatte längst nach dem Königstitel gestrebt, den sein verstorbener älterer Bruder Heinrich getragen, den ihm aber der Vater vorenthielt, der freilich für jene Gunst nur Undank geerntet. Auch hatte Heinrich die seinem Schutz anvertraute *Alice*, Richards Braut und Philipps Schwester, zur Gefangenen gemacht und nun trat Richard, hierüber erbittert, offen auf die französische Seite und huldigte dem König Philipp als Lehnsträger für die englischen Besitzungen in Frankreich.

Diese Wendung der Dinge drängte in Heinrich alle Rücksichten hinter dem Durst nach Rache zurück. Philipp und Richard verlangten beide von ihm die Vermählung von Alice mit letzterem und dessen Anerkennung als Thronerben. Heinrich verweigerte die Erfüllung dieser Forderungen und ein Jahr nach der Kreuzübernahme, 1189, begann der Krieg von neuem, nur daß jetzt Richard an der Spitze Frankreichs gegen seinen Vater stritt! Viele der englisch-französischen Barone fielen von dem greisen Heinrich ab und wandten sich der neu aufgehenden Sonne Richards zu. Umsonst mahnte der Papst durch seinen Legaten, der über Richard als Anstifter des Kriegs den Bann aussprach, zum Frieden; umsonst drohte der Kardinallegat jedem Friedensstörer mit dem Bann – die beiden Könige verachteten diesen. Heinrich wurde in Le Mans von Philipp und Richard belagert, wobei die Stadt in Flammen aufging und erobert wurde. Heinrich floh nach Tours, aber auch diese Stadt wurde eingenommen und nun fiel noch Heinrichs jüngster Sohn Johann von ihm ab. Endlich unterwarf sich der schwer erkrankte alte König am 4. Juli seinem Lehnsherrn (für die festländischen Besitzungen). Man erzählte damals, daß während der Unterhandlungen ein Blitz und Donnerschlag vom heiteren Himmel niedergefahren wäre, um Gottes Zorn an den Tag zu legen, daß zwei Söhne ihren Vater demütigen halfen. Heinrich selbst fluchte beiden und starb schon zwei Tage später, unversöhnt mit ihnen, in Chinon vor dem Altar der Kirche, wohin er sich hatte tragen lassen und wo er von den anwesenden Bischöfen Vergebung seiner Sünden erlangt und die Sakramente empfangen hatte. Richard „begegnete dem Leichnam seines Vaters auf dem Weg nach Fontevraud, wohin er im geöffneten Sarg geführt wurde, mit entblößtem Angesicht und allen Zeichen der königlichen Würde, Krone, Szepter, Schwert und goldene Sporen, um mit königlichem Gepränge in der Kirche des Nonnenklosters beigesetzt zu werden. Als Richard die königliche Leiche erblickte, ergriff ihn plötzlich die Reue wegen der Vergehen, die er wider seinen Vater begangen und er hob an laut zu weinen. Der Leichnam der Königs aber soll, wie die Zeitgenossen berichten, geblutet haben, als der ungeratene Sohn sich ihm nahte. Von Reue gemartert, folgte Richard der Leiche nach Fontevraud" (Wilken).

Das verhinderte aber den nunmehrigen König Richard nicht, *Stephan* von Tours, den Seneschall von Anjou, weil er seinem Vater treu geblieben, in Ketten und Banden zu werfen und ihm seine Ämter und sogar seine Gattin zu nehmen und diese mit einem seiner Ritter zu vermählen. So wenig streng nahm man es, wie auch andere in diesem Buch erzählte Beispiele zeigen, im frommen Mittelalter mit dem katholischen Grundatz der Unauflöslichkeit der Ehe! Dagegen begnadigte er in bezeichnender Weise alle übrigen Anhänger seines Vaters und nahm dessen Knechte in seinen Dienst, während er die zu ihm übergetretenen Ritter und Geistlichen verächtlich behandelte und die im gleichen Fall befindlichen Diener fortschickte.

Dann empfing er in Rouen das Schwert, das die Herzogswürde der Normandie bezeichnete und begab sich ohne Säumen nach England, um die ihm zugefallene Krone in Empfang zu nehmen und sich zu dem Kreuzzug zu rüsten, dem nun kein Hindernis mehr im Weg stand.

Langsamer als in Frankreich und England, aber mit ungleich reinerem Charakter und weit großartigerem Erfolg, erhob sich in *Deutschland* die Begeisterung für den neuen Kreuzzug. Auf einem Reichstag in Straßburg am 1. Dezember 1187 forderten päpstliche Legaten die Versammelten auf, das Kreuz zu nehmen. Selbst als der Bischof Heinrich von Straßburg das Wort ergriff und den Rittern zu Gemüte führte: sie würden doch gewiß ihrem bedrängten Lehnsherrn Hilfe leisten, um wieviel mehr nicht dem leidenden Herrn und Heiland, dessen Heimat in der Gewalt der Ungläubigen schmachte – herrschte noch Schweigen in den ritterlichen Reihen. Endlich trat einer hervor, der reiche Dienstmann *Sigfrid* aus dem Elsaß, und verlangte das Kreuz. Nun waren die Schleusen geöffnet, der verhaltene Strom der Begeisterung brach hervor und an fünfhundert Ritter und eine große Menge Leute aus dem Volk nahmen das Kreuz aus den Händen der Geistlichen. Alles blickte nun auf den *Kaiser*. Er war wohl tief ergriffen, aber er hatte sich noch nicht zu einem zweiten Kreuzzug seines Lebens entschlossen, als ob er ahnte, daß er ihn nicht bis zum Ziel führen sollte!

Friedrich von Schwaben, genannt der Rotbart (italienisch Barbarossa), wurde zu Frankfurt am 4. März 1152 im jugendlich-männlichen Alter von einunddreißig Jahren zum Nachfolger seines Oheims Konrad III. gewählt. Er war, so schildert ihn Giesebrecht, „von schlankem Wuchs, nicht ungewöhnlich groß, aber die Glieder im vollkommensten Ebenmaß, die Brust kräftig, der ganze Körperbau straff und männlich, die Hände von auffallender Schönheit. Sein Antlitz von großer Regelmäßigkeit hatte einen eigentümlich ruhigen und heiteren Ausdruck, den auch die größten Aufregungen nicht veränderten. Die weiße Gesichtsfarbe mit durchscheinender Röte, die blonde Farbe des welligen Haupthaares und Bartes, die hellen lebendigen Augen, die blendenden Zähne im feinen Mund gaben dem Antlitz einen leuchtenden Schimmer." Über den Charakter des neuen Königs sagt derselbe Geschichtsforscher: „Man bemerkte in ihm einen scharfen Verstand, rasche Entschlossenheit und eine ungewöhnliche Beredsamkeit. Herablassend im Umgang gewann er leicht die Menschen und wußte sie an sich zu fesseln. Es unterstützte ihn dabei ein überaus glückliches Gedächtnis, denn er konnte Personen, die er viele Jahre nicht gesehen hatte, wieder begrüßen, als ob sie nie von seiner Seite gekommen wären. Freigebig ohne Verschwendung, beständigen Sinnes, Meister seiner Leidenschaften, fand er leicht Freunde und Diener, welchen er unbedingt trauen konnte. Sein Gemüt war gottesfürchtig; täglich wohnte er des Morgens der Messe bei, stets bewies er der Kirche und ihren Dienern die gebührende Ehrfurcht, selbst in den schweren Kämpfen, die ihm mit dem Papsttum bevorstanden. Reichlich hat er zu allen Zeiten die Armen bedacht."

Friedrich I. Ziel war die Wiederaufrichtung des deutschen Reichs in seiner Macht und Herrlichkeit, wie es zur Zeit Karls des Großen und der Ottonen geblüht hatte, aber nur in Verbindung mit der Obmacht in *Italien*, ohne welche das Reich nicht eine Fortsetzung des römischen hätte heißen können. Er mußte daher notwendig auch die Befestigung der päpstlichen Vormundschaft, unter der das Reich in der ersten Hälfte seines Jahrhunderts geseufzt hatte, ins Auge fassen. Daher suchte er zweierlei vornehmlich zu befördern: die Festigkeit der Gesetze und die Kriegstüchtigkeit seines Volkes. Er „begünstigte gegen die Sitte seiner Vorfahren das geschriebene Recht ... Unermüdlich saß er selbst zu Gericht und stets zeigte er sich als ein strenger Richter ... Jeder Kampf reizte ihn mehr als er ihn schreckte. Zu den Waffen geboren und erzogen, ein ritterlicher Mann durch und durch, liebte er den Krieg, seine Gefahren und seinen Ruhm ... Überall wo er mit den Seinen dem Feind gegenüberstand, war er in den vordersten Reihen, suchte das Handgemenge, der Held schien den König zu vergessen." „Ohne Frage," schließt Giesebrecht seine Charakteristik des größten deutschen Kaisers im Mittelalter nach Karl und Otto den Großen, „war Friedrich hochstrebenden Sinnes, ruhmbegierig und stolz. Bedenklich war es, sein Selbstgefühl zu verletzen; denn keine Beleidigung ließ er, solange er seine Waffen führen konnte, ungerächt. Wo er sein Recht gekränkt sah, konnte er streng bis zur furchtbarsten Härte sein."

Unter den damaligen Verhältnissen der Zerrissenheit des sog. römischen

Reiches fehlte es Friedrich I. seit seiner Thronbesteigung nicht an Gelegenheit zu Streitigkeiten mit widerspenstigen Reichsangehörigen, die sich seinem Streben nach Einheit im Reich nicht fügten. Nirgends aber war die Gefahr des Zerfalls so groß wie in Italien, wo die übermütige Stadt *Mailand* sich solche Übergriffe erlaubte, daß er sie durch Vernichtung ihrer Zwingburgen züchtigen mußte und so zu seiner unversöhnlichen Feindin machte. Mit dem Engländer Breakspear, der indessen als *Hadrian IV.* Papst geworden war, hatte er den ersten Streit wegen seines Widerstandes gegen die lächerliche Zeremonie, auf welche der „Statthalter Christi" das höchste Gewicht legte, daß der Kaiser dem Papst den Steigbügel halten sollte – fügte sich ihr aber und half dem Papst sogar die römische Republik *Arnolds* von Brescia zertrümmern, um von ihm (1155) die Kaiserkrone zu erhalten.

Mit der gleichen Rücksichtslosigkeit wie die italienischen Republikaner bändigte er die deutschen Fürsten und es war seit langem unter seiner Regierung wieder Gesetz und Recht im Land Meister. Der stets wieder aufs neue gegen den Kaiser sich erhebenden Stadt *Mailand* machte Friedrich, nachdem er sie zweimal tief gedemütigt, durch ihre barbarische Zerstörung (1162) für geraume Zeit ein Ende.* Aber der republikanische Geist Mailands lebte wieder auf im lombardischen Städtebund (1167), welcher die geschändete Stadt brüderlich wieder aufbaute, unter der Ägide des vom Kaiser aus Rom vertriebenen Papstes *Alexander III.* die Festung Alessandria errichtete und 1176 den stolzen Kaiser bei Legano schlug. Es ist bezeichnend für die damaligen Anschauungen, daß Friedrichs Hauptkämpfer gegen die Italiener ein Geistlicher war, Christian von Buch, den er an der Stelle eines Gegners zum Erzbischof von Mainz erhoben hatte. Christian, der in der Politik wie in den Sprachen wundersam bewandert, aber den Frauen und der Weltlust für einen Priester allzusehr ergeben war, führte in der Schlacht den Streitkolben mit zermalmender Gewalt und man fand nichts besonderes darin, daß seine am vorhergehenden Tag noch von Blut triefenden Hände am folgenden das Volk segneten und am Altar das heiligste Opfer darbrachten. Friedrich mußte schließlich mit solchen Kämpfern, zu denen auch der Erzbischof Rainald von Köln gehörte, notwendig siegen. Mit dem Papst Alexander versöhnte er sich und empfing 1183 in Konstanz die Huldigung der Lombarden, deren Freiheit er anerkannte. Um seinen Plan der Beherrschung Italiens zu vollenden, verschaffte er seinem Sohn *Heinrich*, der schon im Alter von vier Jahren, 1169, römischer König geworden, 1186 die Hand der Erbin des Normannenreiches von Neapel und Sizilien und als der Papst diese Heirat, die Rom mit deutscher Macht zu umstricken drohte, zu hintertreiben suchte, unterstützten den Kaiser die ihm nun treuen Lombarden, und in ihrer Stadt Mailand fand die Hochzeit

* Ein Beispiel der Grausamkeit jener Zeit ist, daß Friedrich damals sechs gefangenen Mailändern je ein Auge ausreißen, sechs anderen die Nasen bis zur Stirn abschneiden und ein Auge ausstechen, sechs weitere auf beiden Augen blenden ließ. Die Mailänder hatten es aber vorher mit den von ihnen besiegten Einwohnern Lodis und Comos nicht besser gemacht.

Der römische Kaiser deutscher Nation im vollen Ornat.

statt und wurde der junge König mit der eisernen Krone Italiens geschmückt. Daraus war der Bruch und selbst Krieg mit Urban III. hervorgegangen, in welchem Kaiser und König siegten.

Nicht geringeren Widerstand als in Italien hatte Friedrich in Deutschland zu brechen. *Heinrich den Löwen*, den in Sachsen gebietenden starren, hochmütigen und geldgierigen Welfen, hatte er auf alle Weise erhoben und ihn durch Verleihung Bayerns zum mächtigsten deutschen Fürsten gemacht, der von der Nordsee bis zu den Alpen gebot, und ihn gegen seine Feinde kräftig beschützt. Dennoch hatte ihm dieser Undankbare seine Hilfe gegen Italien verweigert und dadurch ihn zu seinem Feind gemacht und sein eigenes Unglück begründet, denn auch hier siegte Friedrich. Er nahm dem gegen seine Befehle Widerspenstigen 1180 seine beiden Herzogtümer und ließ ihm, der umsonst vor ihm auf die Knie fiel, nur das kleine Braunschweig. Die Zeit der großen Vasallen war vorbei.

Dagegen war dies die Zeit des höchsten Glanzes für das Papsttum und das Kaisertum zugleich und doch auch die Zeit des erbittertsten Kampfes zwischen beiden, während gerade die Christenheit um das Grab ihres Erlösers mit dem Islam kämpfte. Es war ein Ringen von Extremen überall, die nach Weltherrschaft strebten, weil sie nicht in gleicher Macht nebeneinander bestehen konnten. Ein *Grab* war der Gegenstand des Weltstreits im Osten; ein lebensvoller Wunder- und Zaubergarten, das reizvolle und verführerische Italien, war es im Westen, und doch auch ein Grab, aber nicht nur für einen, sondern für viele Tausende, die dem Kampf um dasselbe zum Opfer fielen.

Auf solcher Höhe seines Ruhms und seiner Macht hatte *Friedrich I.* 1184 bei Mainz in einer eigens dazu erbauten Zelt- und Barackenstadt mit Palast und Kirche einen so glänzenden Krontag gefeiert, daß er in ganz Europa als nur mit der Pracht orientalischer und antiker Fürsten vergleichbar angestaunt wurde. Es hatten diesem Prunkfest 70 große Fürsten und 70 000 Herren von Stand aus allen abendländischen Reichen beigewohnt und der Kaiser hatte an demselben seine beiden älteren Söhne, König Heinrich VI. und Herzog Friedrich von Schwaben, mit dem Schwert des Ritters umgürtet.

Friedrich sah alle seine Feinde zu seinen Füßen, als der neue Kreuzzug die Gemüter der Christenheit erregte. Wohl durfte sich der 66 Jahre alte Monarch, der schon einen Kreuzzug und fünf Römerzüge hinter sich hatte, besinnen, ehe er das Kreuz abermals nahm. Die Lage des Heiligen Landes schmerzte ihn tief und er vergoß Tränen an jenem Reichstag in Straßburg. Überhaupt war er jetzt frommer als je gestimmt, und er sagt selbst in einer Urkunde, wenige Monate vor dem Fall Jerusalems: er steige demütig zuweilen von der Höhe seines kaiserlichen Thrones herab, um in sich einzukehren und an das Heil seiner Seele zu denken. Von seiner Teilnahme an einem Kreuzzug fürchtete er aber schwere Gefahren für das Reich während seiner Abwesenheit. Namentlich verursachte ihm der widerspenstige Erzbischof *Philipp* von Köln Sorge, den er erhoben und der ihm jetzt wie Heinrich der Löwe, im Bund mit vielen unzufriedenen Fürsten und Herren, grellen Undank bewies. Noch vor einem Jahr war dieser Bund mächtig und sicher der Unterstützung des Papstes, vielleicht auch Englands und Frankreichs, wenn diese einig gewesen wären. Aber Urban III. war gestorben und der Verlust Jerusalems stimmte viele andere Gegner Friedrichs versöhnlich.

Der Kaiser hatte indessen noch vor dem Ende jenes Unglücksjahres mit dem französischen König eine Zusammenkunft bei Mouzon und besprach mit ihm sowohl ein Bündnis als den Kreuzzug. Auf den 27. März 1188 wurde dann ein Reichstag nach Mainz ausgeschrieben und bis dahin bereiste der Kardinallegat von *Albano*, mit dem dieser Reichstag verabredet war, die Niederlande und Rheinlande, um für den Kreuzzug Streiter zu gewinnen und predigte namentlich eindringlich in Köln. Vielleicht war dies die Ursache, daß sich Erzbischof Philipp, der letzte noch übrige Gegner des Kaisers,

Handschuhe.

Sandalen.

Kaisermantel.

an jenem Reichstag ihm unterwarf. Ungemein zahlreich war der „Hoftag Christi", wie man ihn nannte, weil man sich den Heiland als den wahren Vorsitzenden im Geiste dachte, daher Friedrich nicht auf dem Thron Platz nahm. Der Kardinal von Albano und Bischof *Gottfried* von Würzburg sprachen machtvolle und so wirksame Worte, daß alles in Rührung aufgelöst war und der greise Kaiser, dem alles begeistert zurief, nicht länger zögerte, von dem Bischof Gottfried unter allgemeinem Jubel des Volks das Kreuz zu nehmen. Seinem Beispiel folgten sein zweiter Sohn, Herzog *Friedrich* von Schwaben, Landgraf *Ludwig* von Thüringen, mehrere andere weltliche Fürsten und Grafen, mehrere Bischöfe, etwa viertausend Ritter, zusammen etwa 13 000 Menschen. Der Auszug wurde auf den 23. April 1189 festgesetzt, weil es der Georgstag, der Tag des Patrons der Kreuzfahrer war.

Und nun wurde auf den Kreuzzug hin nach Kräften gerüstet. Der sog. dritte Kreuzzug sticht jedoch, wie alle folgenden, gewaltig gegen die beiden sogenannten ersten ab. Diese waren in allem, von Anfang bis ans Ende durch die Geistlichen geleitet. Jetzt hatten zwar auch Geistliche das Kreuz gepredigt und ausgeteilt, allein damit war ihre Beteiligung abgeschlossen; denn sobald die Waffen und die Heere in Frage kamen, da verschwanden die Kapuzen und Kutten, die Mitren und Chorröcke vom Schauplatz der Geschichte. Es begleiteten keine päpstlichen Legaten, keine Schlüsselbanner die Heere. Die Fürsten leiteten alles selbständig und alles wurde auf weltliche Weise geordnet. Kriegerische Zucht trat an die Stelle der religiösen Begeisterung, mit der man zwar manche Siege erfochten, trotz der man aber auch viel Unglück erlitten hatte. Von Verzückungen, Geschichten und Wundern war keine Rede mehr, von der Heiligen Lanze, dem Heiligen Kreuz oder anderen Reliquien ebensowenig. Was aber das beste war, die ganze Masse von unnützem elendem Gesindel und von liederlichem Weibervolk, welche um des Glaubens willen früher hatte geduldet werden müssen, war jetzt ausgeschlossen. Es durften nur Krieger mitziehen und jeder Teilnehmende hatte den Besitz von wenigstens 3 Mark* nachzuweisen. Reiter mußten ein eigenes Pferd besitzen, sie und die Fußgänger in den Waffen geübt sein und ihren Unterhalt zwei Jahre lang selbst bestreiten können.

So sehen wir von nun an rein militärische Kreuzzüge nach dem Osten aufbrechen und dies ist daher die passende Stelle, das Kriegs- und Seewesen zur Zeit der Kreuzzüge etwas näher zu betrachten.

---

* Die alte deutsche Münze, Pfund genannt, geteilt in 20 Schillinge (solidi) zu 12 Pfennigen (denarii) war, solange die Pfennige aus reinem Silber geschlagen wurden, auch in der Tat einem Pfund Silber gleich, also nach heutigem Geld etwa 80 Mark wert. Je mehr aber das Münzrecht an geistliche und weltliche Herren und an Städte verliehen wurde, desto mehr verschlechterten sich die Pfennige und ging daher auch das Münzpfund im Wert herunter. In Köln, welches die vornehmste Stadt Deutschlands und ein Vorbild für alle übrigen Städte war, hieß seit 1042 die Hälfte des Pfundes „Mark"; aber zu der Zeit, in welcher unsere Erzählung angekommen ist, war das Münzpfund bereits auf den Wert einer kölnischen Mark heruntergegangen. Jene drei Mark mochten also an heutigem Metallwert etwa 120 neue Reichsmark, an heutigem Geldwert dagegen, die Verteuerung aller Waren im Laufe der Zeit in Anschlag gebracht, etwa das Zehnfache betragen.

ZWEITER ABSCHNITT

Kriegs- und Seewesen zur Zeit der Kreuzzüge

Die Heere des zwölften Jahrhunderts waren, wie aus den Berichten über die Kreuzzüge u. a. Kriege hervorgeht, oft von bedeutender Stärke. Das Kreuzheer Friedrichs I. wird auf 90–100 000 Mann angegeben. Da aber Friedrich schon vor Mailand 100 000 Mann beisammen hatte, so dürfte sein Kreuzheer weit stärker gewesen sein. Richard Löwenherz hatte ein Heer von 3000 Rittern und 80 000 Fußgängern. Die Heere zerfielen in Abteilungen von tausend Mann, die man *Legionen* nannte. Der Oberanführer, „Leiter“, „Hauptmann“ oder „Meister“ genannt, wurde vom Fürsten gewählt, wenn nicht dieser den Oberbefehl selbst führte. Eigentliche Uniformen gab es noch nicht, doch trugen die Leute eines Fürsten oder Grafen, der sie ja kleiden ließ, oft gleichmäßige Ausrüstung, woraus die späteren Uniformen wahrscheinlich entstanden sind. Angehörige eines Heeres erkannten sich an Feldbinden, die Kreuzfahrer aber am leichtesten am Kreuz und in Schlachten durch ihre ganze, von den Mohammedanern so sehr abweichende Bekleidungsart. Jedes Heer führte überdies eine Fahne mit sich, die bei den Deutschen zu Pferd vorangetragen wurde, was auch von der französischen Reichsfahne, der „Oriflamme“ gilt. Auf den Besitz der Fahne war man äußerst eifersüchtig und ihr Verlust galt als die tiefste Schmach. Die Italiener führten schon im elften Jahrhundert, damit die Fahne weiter gesehen werden konnte, den *Fahnenwagen* („Carroccio“) ein, einen von Ochsen gezogenen vierrädrigen Karren, in dem ein Mast befestigt war, an dem die Fahne wehte. Zuweilen kam noch eine Glocke dazu, welche das Zeichen zum Vorrücken gab. Zum zwölften Jahrhundert nahmen auch Deutsche und Engländer den Fahnenwagen an und nannten ihn jene Heerwagen, diese Standart. Auf dem Wagen standen oder saßen Soldaten zum Schutz der Fahne.

Das Heer zerfiel in die Vorhut, das Hauptheer oder den „Gewalthaufen“ und die Nachhut. In der Vorhut befanden sich die Wegearbeiter, die bei dem damaligen Mangel an Straßen und Brücken doppelt notwendig waren sowie Ritter und Schützen. Statt der Bogen kamen in der Zeit von welcher wir sprechen, nach und nach die Armbrüste (eigentlich Arcubalisten, d. h.

Bogenwurfmaschinen) in Gebrauch, vor welchen man lange eine große Scheu hatte, bis sie zu Ende des zwölften Jahrhunderts allgemein wurden. Schleudern und Wurfspieße wurden indessen daneben immer noch verwendet.

Die gewöhnlichen Fußtruppen, welche mit dem Hauptteil der Ritter, dem von Maultieren getragenen und gezogenen Gepäck und den ebenso transportierten Kriegsmaschinen den Gewalthaufen bildeten, waren meist mit Picken oder Lanzen bis zu zehn Fuß Länge bewaffnet. Daneben kamen noch Kriegssensen, Halmbarten (Hellebarden), Streitäxte, Keulen, Kriegsflegel u. a. eigentümliche Waffen zur Verwendung; auch trugen die meisten Soldaten außerdem ein Schwert. Helm oder Haube, Schild und Rüstung als Schutzwaffen sind bekannt und waren von sehr verschiedener Gestalt und Beschaffenheit. Aus keinen allgemein üblichen Bestandteilen scheint die Nachhut zusammengesetzt gewesen zu sein. Sie diente zum Schutz des Heeres gegen Überfälle von hinten und enthielt daher wohl schwerlich nicht streitbare Leute.

Daß auch Weiber von allerlei Qualität in den Heeren mitgenommen wurden, haben wir bei den früheren Kreuzzügen wiederholt zu bemerken Anlaß gehabt und ebenso bei Gelegenheit der Vorbereitungen zum „dritten“ Kreuzzug die erste Abhilfe gegen dieses Übel erwähnt. Und so besserte sich auch mit der Zeit, wenn schon sehr langsam, die Kriegszucht. Eine solche hatte im „ersten“ Kreuzzug fast ganz gefehlt und das Kriegsvolk hatte getan, was es mochte. Im „dritten“ Kreuzzug war diese Willkür bedeutend beschränkt und im Dienst selbst ganz ausgeschlossen, während in Waffenstillständen, nach Schlachten und Belagerungen usw. immer noch Ausschreitungen vorkamen, die scheußlichen Metzeleien der früheren Zeit jedoch wegfielen.

Die Zeit der Kreuzzüge kennt sehr strenge Kriegsgesetze, wenn sie auch in früherer Zeit und noch im „zweiten“ Kreuzzug sehr schlaff beobachtet wurden, ja auch später hinsichtlich ihrer kräftigen Durchführung viel zu wünschen übrigließen. Aus der Periode, in welcher wir jetzt stehen, ist das Statut *Heinrichs II.* von England von 1188 bereits erwähnt.

Die ungemein strengen Kriegsartikel Kaiser *Friedrichs I.*, die indessen schon 1154 erlassen waren, teilen wir in ihren wesentlichen Punkten nach den Angaben Ottos von Freising mit:

> „Wir bestimmen und wollen streng beobachtet wissen, daß weder ein Ritter noch ein Soldat es wage, Streit anzufangen. Wenn einer mit dem anderen Händel bekommen hat, soll keiner von beiden den Lagerruf schreien*, damit dadurch seine Leute nicht zum Kampf erregt werden. Wenn Streit entstanden ist, soll niemand mit Waffen hineilen, sondern den Streit soll man schlichten, gerü-

* Der Lagerruf (signum, franz. enseigne) war ein Sammelzeichen, andererseits ein Hilferuf. Die Gefolgschaft eines jeden Fürsten und Herrn hatte ihr eigenes Kriegsgeschrei, dessen Ruf leicht allzugroße Ansammlungen und Erschwerung der Händel herbeiführen konnte.

stet mit dem Harnisch, dem Schild, dem Helm und nur mit einem Prügel bewaffnet sein.

Wer einen verwundet hat und leugnet dies, so soll ihm, wenn der Verwundete ihn durch zwei wahrhaftige, ihm nicht verwandte Zeugen überführen kann, die Hand abgehauen werden. Wenn die Zeugen fehlen und jener sich durch den Eid reinigen will, so kann der Kläger den Eid zurückweisen und mit ihm im Zweikampf die Sache ausfechten.

Wenn jemand einen Mord begangen hat und von einem Verwandten, Freund oder Gefährten durch zwei wahrhaftige, dem Ermordeten nicht verwandte Zeugen überführt wird, so verfällt er der Todesstrafe. Wenn jedoch die Zeugen fehlen und der Mörder sich durch den Eid reinigen will, so kann der Freund, der Verwandte des Ermordeten, mit ihm im Zweikampf die Sache ausfechten.

Der Ritter, der einen Kaufmann beraubt hat, soll das Genommene doppelt wiedergeben und schwören, daß er nicht wußte, jener sei ein Kaufmann. Wenn dies ein Knecht getan hat, so wird er geschoren, am Kinnbacken gebrandmarkt oder sein Herr erstattet für ihn den Raub zurück.

Niemand soll ein Weib in seiner Herberge haben; wer sich das jedoch untersteht, dem soll man seinen ganzen Harnisch fortnehmen und ihn für ausgestoßen halten; dem Weib wird die Nase abgeschnitten.

Wenn ein Knecht einen Diebstahl begeht oder dabei ertappt wird, so soll er, wenn er früher noch kein Dieb war, deshalb nicht gehängt, sondern geschoren, geprügelt und am Kinnbacken gebrandmarkt werden, falls ihn sein Herr nicht mit seinem ganzen Harnisch loskauft. War er schon früher ein Dieb, so wird er gehängt.

Wenn ein Knecht des Diebstahls bezichtigt, aber nicht auf frischer Tat ertappt wird, so soll er sich den folgenden Tag durch die Probe mit dem glühenden Eisen reinigen oder sein Herr für ihn den Reinigungseid schwören.

Wenn jemand ein Dorf oder ein Haus anzündet, so wird er geschoren, am Kinnbacken gebrandmarkt und geprügelt.

Wenn ein deutscher Kaufmann in eine Stadt geht, Waren kauft, sie zum Heer bringt und sie da im Heer zu teuer verkauft, soll ihm der Kämmerer seinen ganzen Kram fortnehmen, ihn prügeln, scheren und am Kinnbacken brandmarken lassen.

Wenn einer volle Weinfässer findet, so soll er den Wein so vorsichtig abziehen, daß er die Fässer nicht zerbricht, damit nicht zum Schaden des Heeres der ganze Wein verschüttet wird.

Wenn ein Schloß erobert worden ist, sollen die darin befindlichen Güter fortgenommen werden; es selbst aber wird nicht angezündet, wenn dies nicht der Marschall tut."

Noch strenger ist das Gesetz, welches Richard Löwenherz vor seinem Kreuzzug im Juni 1190 zu Chinon erließ. Dasselbe sagt:

„Wer auf dem Schiff einen Menschen tötet, wird mit der Leiche zusammengebunden ins Meer geworfen. Wenn er ihn aber am Land getötet hat, so wird er, mit dem Toten zusammengebunden, in die Erde begraben. Wenn einer aber durch gesetzmäßige Zeugen überführt wird, daß er das Messer gezogen, um nach einem anderen zu stechen oder er einen anderen blutig gestochen hat, so soll er die Faust verlieren.

Wenn einer aber mit der bloßen Hand den anderen geschlagen hat, ohne Blut zu vergießen, so soll er dreimal ins Meer getaucht werden.

Wenn einer gegen einen Gefährten Schmähungen, Spottreden, Verwünschungen ausstößt, soll er so viele Unzen Silber zahlen, so oft er ihn geschmäht hat. Ein des Diebstahls überführter Dieb wird geschoren nach Art eines Zweikämpfers, siedendes Pech ihm aufs Haupt gegossen, Bettfedern auf das Haupt ihm geschüttet und er wird an der ersten Landungsstelle ausgesetzt."

Über das Spielen insbesondere erließen Philipp August und Richard Löwenherz am 8. Oktober 1190 in Messina folgende Bestimmungen:

„Niemand soll im ganzen Heer irgendein Spiel des Gewinns halber spielen, außer den Rittern, welche die ganze Nacht und den ganzen Tag hindurch nur 30 Solidi verlieren sollen. Wenn aber Ritter mehr als 30 Solidi den ganzen natürlichen Tag hindurch (von einem Sonnenuntergang bis zum folgenden) verspielen, so oft sie die 30 Solidi überschritten haben, sollen sie 100 Solidi geben, welche in die gemeinsame Kasse fallen. Die Könige jedoch sollen nach ihrem Belieben spielen. In der Herberge der beiden Könige können Knechte nach Befehl derselben bis 20 Solidi verspielen, ebenso in Gegenwart und nach Befehl der Erzbischöfe und Bischöfe. Wenn jedoch bei den Knechten oder Schiffsleuten oder anderen Dienern gefunden wird, daß sie für sich spielen, so werden die Knechte, wenn sie sich nach dem Ermessen des Vorerwähnten nicht loskaufen wollen, drei Tage nackt vor dem ganzen Heer Schläge bekommen und die anderen Diener desgleichen. Die Schiffsleute jedoch werden, falls sie gespielt haben, an drei Tagen des Morgens früh ins Meer getaucht und nach Brauch der Seeleute täglich einmal, wenn sie sich nicht loskaufen wollen."

Man besaß zur Zeit der Kreuzzüge bereits *Landkarten*, wenn auch wie es scheint, erst in späterer Zeit und nicht allgemein. Wo und solange sie fehlten, mußten Verzeichnisse der bewohnten Orte, der Berge, Flüsse und Straßen, die man auf dem Weg traf, genügen. Die Richtung des Weges war ein Geheimnis der Anführer, die gemeinen Leute durften nichts davon erfahren. Seekarten wurden schon früher und allgemeiner verwendet.

Da die Byzantiner die Erben der Römer waren und deren Kriegslust bewahrt hatten, so waren sie darin die Vorbilder und Lehrer sowohl der Morgen- als der Abendländer. Namentlich sind das Mittelalter hindurch die *Lager* mehr oder weniger nach römischem Muster geschlagen und die Belagerungen nach demselben durchgeführt worden. Nach jedem Tagesmarsch wurde für die Nacht und an jedem Ruhepunkt für die Dauer des Aufenthalts ein Lager aufgeschlagen und im ersteren Fall wenigstens auf vorher geebnetem Boden mit Wall und Graben, im letzteren auch noch mit Palisaden u. a. Befestigungen geschützt. Die Krieger wohnten im Lager in Zelten, welche für die Fürsten und Vornehmen je nach dem Rang außerordentlich prächtig waren. *Friedrich I.* erhielt von der Königin von Ungarn ein Zelt, das kaum auf drei Wagen fortbewegt werden konnte, mit Scharlach und Tapeten, worauf Jagdgegenstände abgebildet, geziert war, ein kostbar ausgestattetes Bett und einen gepolsterten Stuhl von Elfenbein enthielt – *Heinrich II;* von England schenkte ihm ein solches, das über fünf Joch Boden bedeckte. In den Romanen und Geschichten jener Zeit werden die Zelte besonders gern mit märchenhafter Pracht geschildert. Zelte aus Samt, Seide und kostbaren Stickereien scheinen nicht selten gewesen zu sein.

In den Lagern der Kreuzzüge, wenigstens bei den Engländern unter *Richard Löwenherz,* war es Sitte, „daß in jeder Nacht, ehe sie sich zum Schlafen niederlegten, ein dazu bestimmter Mann mit lauter Stimme inmitten des Heeres den gewöhnlichen Spruch rief: ‚Hilf Heiliges Grab!‘ In diesen Ruf stimmten alle ein, wiederholten ihn, streckten mit reichlichen Tränen die Hände zum Himmel empor und erflehten Gottes Barmherzigkeit und Hilfe.“ Und so dreimal.

Zur Vorsorge gegen Überfälle stellte man nachts Schildwachen auf, die sich nicht selten die Zeit mit Musik und wohl auch mit dem verpönten Glücksspiel vertrieben. Wer bei den Wachen vorbeiging, mußte sich durch die „Losung“ als Freund ausweisen. Am Morgen wurden die Schlafenden durch den „Heerrufer“ geweckt. Diese Herolde verkündeten auch die Zeit des Aufbruchs oder einer Verschiebung desselben.

Wenn eine *Schlacht* bevorstand, so wurden die Waffen gereinigt und in guten Zustand gebracht. Die Truppen wurden in Schlachthaufen eingeteilt, deren in der Regel jeder sowohl aus Rittern als Fußknechten bestand, manchmal aber auch nur aus den einen oder anderen. Die Krieger hörten die Messe, beichteten, nahmen das Sakrament und machten ihren letzten Willen. Man liebte zur Schlacht schönes Wetter und einen ebenen Boden. Ein dreifaches Hörnerzeichen rief zur Rüstung und Sammlung. Der Anführer redete die Mannschaft an, ermutigte sie und versprach ihr reichen Lohn, erinnerte sie wohl auch an ihre Geliebten und Angehörigen. Das Fußvolk zog voran, die Ritter folgten mit eingelegten Lanzen. Vor der Schlacht wurde ein Gebet gesprochen und ein Gesang angestimmt. Ein solcher, der z. B. 1190 vor Akkon und noch über hundert Jahre später in anderen Schlachten gesungen wurde, war:

> Sant Marei, muoter und maid,
> all unsre not sei dir gechlait.

Ein anderes Kreuzfahrer-Schlachtlied lautet:

> Nu helff uns das heilige grab
> und der sich durch uns darin gab
> mit sinen heren wunden
> das wir zu Jerusalem funden
> werden frohliche
> und in dem himmelriche;
> Got gebe uns der werden lon
> und singen: Kyrieeleyson.

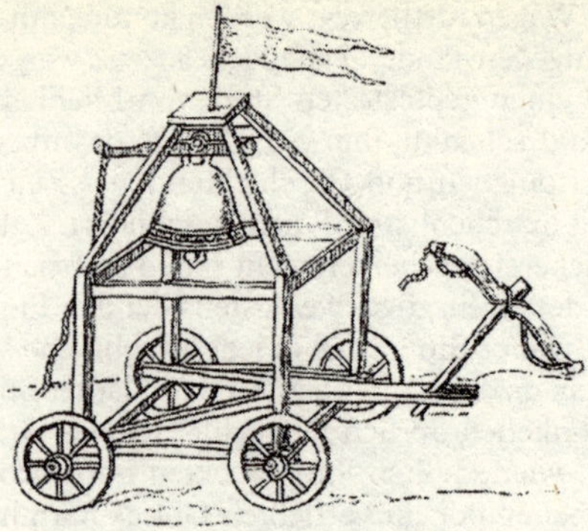

Carroccio (Fahnenwagen).*

Den Mittelpunkt der Aufstellung bildete die Fahne oder Standarte auf dem Fahnenwagen; zu derselben wurden auch die Kranken, Verwundeten und vornehmen Gefallenen gebracht.

Man drang auf die Feinde mit lautem *Kriegsgeschrei* ein. Ein solches der Kreuzfahrer verschiedener Abstammung war das schon erwähnte: „Hilf Heiliges Grab“ (saint sepulcre aïe); das besondere der Franzosen lautete „Monjoie Saint-Denis“, der Normannen „Dex aïe“ (Gott helfe), das *Friedrichs I.* „Rom“. Darin erschallen Pauken und Trompeten. Besonders geordnet scheinen die Angriffe nicht gewesen zu sein. Es kam vor Erfindung der Feuerwaffen vorzüglich auf tüchtiges Dreinschlagen an.

Nach der Schlacht zählte man die Überlebenden und schätzte danach die Verluste; man brachte die Verwundeten in Pflege (die bei dem damaligen niedrigen Stand der Heilkunde und dem Mangel an unterrichteten Krankenwärtern wohl keine besonders gute gewesen sein wird) und begrub die Toten unter Hörnerschall. Die toten Feinde dagegen wurden ausgeplündert, nicht selten auch die Verwundeten derselben vollends getötet. Doch wurden in den Schlachtberichten die Verluste der eigenen Partei immer herabgesetzt und die der Feinde übertrieben. Zur Feier eines Sieges zechte man bis tief in die Nacht. Von der damaligen Grausamkeit gegen Gefangene und Besiegte hatten und haben wir leider an vielen Stellen dieses Buches schauderhafte Beispiele anzuführen. Solche Unglückliche wurden oft gefesselt, mit verbundenen Augen und geknebeltem Mund auf Pferden weggeführt und nicht selten wurden die schrecklichen oben geschildeten Burgverliese ihr Los. Am besten ging es ihnen, wenn sie reich waren und hohe Lösegelder bezahlen konnten.

Mit *Belagerungen* fester Plätze hatten und haben wir uns noch ferner in diesem Buch viel zu beschäftigen. Es ist merkwürdig, was alles in die belagerten Städte durch Wurfmachinen geschleudert wurde. Es waren diese

* Nach Platina, Historia Mantuae Vindob. 1675.

Belagerungsmaschinen der Kreuzfahrer.

Geschosse vornehmlich behauene Steinkugeln, die man wog und je nach dem Gewicht verwendete, dann aber auch in Töpfe gegossene Bleimassen, Brandstoffe wie griechisches Feuer und eine Art von Bomben, nämlich glühende eiserne Fässer mit siedendem Öl gefüllt, die dann platzten, ebenso Fässer mit gepulvertem Kalk, der den Leuten in die Augen fuhr, endlich sogar Bienenkörbe, welche nach dem Wurf zerschellten, worauf die wütenden Bienen Menschen und Tiere jämmerlich zerstachen. Mehr zur Kränkung als zur Beschädigung wurden Köpfe der Angehörigen und sogar lebende Gefangene in die Festungen geschleudert. Gleiches verübten in allen Fällen auch die Belagerten gegen ihre Feinde. Für die Belagerungs- und Verteidigungswerkzeuge (Bild 48) liebte man die Namen von Tieren, z. B. *Kater*, aus doppelten Planken gezimmerte und mit Häuten gegen Brandgeschosse überzogene Gebäude, unter denen die Minirer geborgen waren, welche die Mauern untergruben; *Widder*, Balken mit eisernem Kopf zur Zertrümmerung der Mauern unter Schutzdächern an Ketten schwebend; *Mäuschen*, Schutzbauten für die Leute, welche die großen, oft erwähnten Belagerungstürme an die Mauern zogen und schoben; *Katzen*, lange, niedrige, fortschiebbare Gebäude, welche über den Graben an die Mauer geschoben werden konnten; *Säue*, *Füchse*, und *Maulwürfe*, ähnliche solche Schutzdächer; *Krebse*, Haken oder Zangen, mittels derer man Steine aus der Mauer herausreißen konnte; *Wölfe*, eiserne Vorrichtungen, welche von der Festung her den Widder packen und seinen Stoß unschädlich machen konnten.

Schauerlich sind die Erzählungen von Hungersnot, welche oft in belagerten Städten herrschte und gräßlich diejenigen, von den gegen die Einwohner einer eroberten Stadt verübten Grausamkeiten und namenlosen Rohheiten, die nicht selten durch die völlige Zerstörung der Stadt gekrönt wurden.

Bei den Kreuzzügen spielte, wenn man nicht den großen und gefährlichen Landweg einschlug, der Natur der Dinge gemäß die *Schiffahrt* eine große Rolle, obwohl man bei Benutzung derselben von seiten der sarazenischen *Seeräuber* von der ihnen gehörenden afrikanischen Küste her nicht weniger Gefahren zu bestehen hatte. Dieselben überfielen die nicht stark beschützten Schiffe, brachten ihnen ein Leck bei, plünderten sie aus und machten die Mannschaft nieder oder verkauften sie in die Sklaverei. Eine andere Gefahr waren die Stürme und noch mehr ihre Folgen. Denn nicht nur gestrandete Waren fielen als Eigentum dem Landesherrn zu, sondern auch die vom Sturm verschlagenen Menschen wurden als Sklaven desselben behandelt.

Man rechnete von Marseille bis Akkon 3200 Meilen, welcher Weg durch die Stationen von Sardinien, Sizilien und Kreta in vier ungefähr gleich lange Teile zerfiel. Von Brindisi nach Akkon zählte man 1800 Meilen. Wollte man den kürzesten Weg nehmen, so segelte man südlich von allen jenen Inseln hin, ohne sie zu berühren; nur die Kriegsschiffe (Galeen) hielten sich an die Nähe der Küsten. Man brauchte bei gutem Wind von Akkon bis Bari sechs Wochen; Richard Löwenherz fuhr auf seiner Rückkehr aus dem Heiligen Land in 33 Tagen von Akkon nach Korfu. Zweimal jährlich, im März und August gingen Flotten aus Europa nach dem Heiligen Land ab.

Die *Schiffe* der Kreuzfahrer wurden in der Regel von einer Seestadt, vorzugsweise von Venedig, gemietet. Es waren vornehmlich die Seefahrten, welche im Lauf der Zeit die Kosten der Kreuzzüge steigerten. Philipp August gab jedem Ritter monatlich drei, der freigebigere Richard jedem vier Byzantiner, Ludwig der Heilige aber nur ein halbes Jahrhundert später beinahe sechs, so daß die jährlichen Kosten eines jeden der drei Könige für jeden Ritter nach jetzigem französischen Geld bei Philipp auf 7300, bei Richard auf 9700 und bei Ludwig auf 13 500 Francs kamen!

Es gab verschiedene Arten von Schiffen, unter denen zwei die bedeutendsten sind: Größere Kriegsschiffe mit meist zwei, seltener drei Ruderreihen hießen *Galeen*, kleinere mit nur einer Reihe *Galionen*, beide hatten am Vorderteil einen mit Eisen beschlagenen „Sporn“, mit dem man die feindlichen Schiffe in den Grund zu bohren suchte. Auch Brander, Taucherboote und einzelne Taucher bereiteten oft feindlichen Schiffen wesentlichen Schaden. Byzantiner und Sarazenen hatten weit größere, aber wohl auch unbehilflichere Schiffe, *Dromonen* genannt, die ihnen aber trotzdem die Abendländer nachmachten. Auf dem Verdeck hatten die Kriegsschiffe oft eine Art Kastelle, auf der in der Seeschlacht Schützen ihren Stand hatten. Die Zahl der Masten stieg bis auf drei.

DRITTER ABSCHNITT

Der Kreuzzug Friedrich Rotbarts

Kaiser Friedrich wählte zu seinem Kreuzzug den Landweg, obschon er dessen Gefahren aus eigener Wahrnehmung kannte. Es bewogen ihn dazu einerseits die Kostspieligkeit des Seewegs und der Mangel an Seehäfen des Heiligen Landes, die im Besitz der Christen geblieben waren, andererseits aber seine freundschaftlichen Beziehungen zu dem Sultan *Kilidsch Arslan II.* von Ikonion und seine freilich unbegründeten Erwartungen, mit dem oben erwähnten, halb fabelhaften Priester *Johannes* Verbindungen anzuknüpfen. Von *Kilidsch Arslan* aber, der einst um eine Tochter des Kaisers geworben, die ihm auch zugesagt wurde, aber starb, und der beabsichtigt haben soll, mit seinen Untertanen sich taufen zu lassen, trennte ihn das byzantinische Reich, dessen Kaiser *Isaak II.* sowohl diesem Sultan als ihm selbst feindlich war und im Bund mit *Salaheddin* stand und wenn auch die Sage vom Priester *Johannes* auf einem nestorianischen (aber keineswegs priesterlichen) Mongolenkhan beruht, so hat dieser mit den Kreuzfahrten niemals Verbindungen gesucht noch gepflogen und konnte es auch nicht, da ihn die mächtigen Seldschuken von denselben trennten; zwei Schreiben des „Priesters *Johannes*“, die 1165 an die Kaiser *Manuel* und *Friedrich* gelangten, waren Fälschungen eines Nestorianers.

Wie *Friedrich* in allem den großen *Karl* zum Muster nahm, so auch in seinen Beziehungen zum Orient. Dem freundlichen Verkehr seines großen Vorgängers mit dem Kalifen *Harun* entsprach der seinige mit dem damaligen größten Herrscher des Morgenlandes, mit *Salaheddin.* Und jetzt sollten sie Feinde werden! *Friedrich* wollte diese Veränderung nicht ohne Warnung oder Kriegserklärung eintreten lassen und sandte den Grafen *Heinrich von Dietz* mit einem Schreiben an den Sultan, worin er ihn aufforderte, „das Gebiet des Königreichs Jerusalem zu räumen, das Heilige Kreuz zurückzustellen und für die im letzten Krieg umgekommenen Christen Genugtuung zu leisten, widrigenfalls das römische Reich ‚ja der ganze Erdkreis‘ gegen ihn zu Feld ziehen werde.“

An die Monarchen der zu durchziehenden Länder, den König *Bela III.* von Ungarn, den Fürsten von Serbien, den byzantinischen Kaiser und den Sultan von Ikonion wurden ebenfalls Gesandte abgeordnet.

Bereitwillige Antworten und freundliche Einladungen brachten Gegengesandtschaften aus Serbien und Ikonion (von hier angeblich tausend Mann mit 500 Pferden), Mißtrauen bezeugte die Gesandtschaft des Byzantiners, der nur gegen Bürgschaften sein Reich öffnen wollte, die Friedrich auch mit einem Bischof und zwei Herzogen als Eideshelfer beschwor, worauf er die Bewilligung des Durchzugs erhielt, aber zur Überwachung der Anordnungen des Kaisers eine neue Gesandtschaft mit hundert Rittern nach Konstantinopel schickte. Endlich antwortete auch *Salaheddin* und weigerte sich nicht nur, etwas herauszugeben, sondern verlangte vielmehr alles heraus, was die Christen in Syrien noch besaßen, wogegen er das Heilige Kreuz und die christlichen Gefangenen herausgeben und am Heiligen Grab einen Priester und alle Pilgerfahrten dulden wollte.

Nun konnte nichts anderes mehr als Krieg zwischen beiden großen Monarchen und ihren Völkern sein. Die Regentschaft im Reich während des Kaisers Abwesenheit war bereits König *Heinrich*, seinem ältesten Sohn übertragen, und Fiedrich forderte zu Weihnachten alle Fürsten auf, sich am festgesetzten Georgstag mit ihren Völkern in Regensburg sicher einzufinden.

Mit großem Eifer bestrebte sich alles, dieser Aufforderung Folge zu leisten. Man rüstete mit allen Kräften, es wurde Belagerungsgeschütz und eine Flotte gebaut, die auf der Donau das Gepäck befördern sollte. Als der Tag der Sammlung herannahte, wimmelten alle Straßen des Reichs von Reitern und Fußgängern, die damaligen Jahrbücher sagen: so zahlreich wie der Sand am Meer und die Sterne am Himmel. Genauer geben die Zeitgenossen leider die Zahl des Kreuzheeres nicht an; aber aus den Schätzungen späterer Chronisten kann geschlossen werden, daß dasselbe etwas über 100 000 Mann zählte; also wenig gegenüber denen der früheren Kreuzzüge; aber es fehlte ja diesmal alles Gesindel. Überdies waren schon im Frühling des vorhergehenden Jahres Kreuzfahrer aus dem mit dem Kaiser immer noch nicht wahrhaft versöhnten Rheinland, namentlich aus Köln, sowie aus Bremen, Friesland, Flandern und Dänemark auf dem Seeweg in zwei Geschwadern nach dem Morgenland abgefahren, welche sich in Portugal an dem dortigen Krieg gegen die Mauren beteiligten, wie schon ein Teil der Pilger des „zweiten“ Kreuzzugs; wir werden ihnen an geeigneter Stelle dort wieder begegnen. Auch Landgraf *Ludwig* von Thüringen, der als Genosse des Kölners dem Kaiser noch grollte, hatte seinen eigenen Weg über Brindisi eingeschlagen.

Kaiser *Friedrich* selbst nahm am Osterfest in Hagenau die Sinnbilder der Pilgerfahrt, Stab und Flasche in Empfang und zog am 15. April mit den Elsässern von dort ab nach *Regensburg*, wo er am Georgstag einen Reichstag eröffnete. Wie immer dauerte aber die Sammlung länger als vorgeschrieben war, und erst am 11. Mai konnte das Heer aufbrechen. Der Kaiser fuhr zu Schiff auf der Donau wie einst sein Oheim Konrad, während das Heer zu Land längs dem Strom hinzog. Streng und unerbittlich handhabte er überall Ordnung, freilich auf die barbarische Weise der Zeit. So ließ er den Flecken Mauthausen an der Donau in Österreich zerstören, weil dort den Kreuzfahrern ein unberechtigter Zoll abgefordert wurde. In Wien schied er gegen

500 Strolche und Diebe aus, die sich in das Heer einzuschleichen gewußt hatten. In Belgrad ließ er zwei elsässische Ritter, welche sich Gewalttätigkeiten erlaubt hatten, enthaupten und vier Knechten die Hände abhauen. Elendes Gesindel in Bulgarien, das die Kreuzfahrer frech mit vergifteten Pfeilen angriff und einzelne packte und grausam zu Tode marterte, hängte man massenhaft mit den Köpfen nach unten an die Bäume. Die Verworfenen hatten gestanden, vom byzantinischen Kaiser zu solchen Räubereien angestiftet zu sein, und so drohte auch diesen Kreuzfahrern wie allen früheren das Schlimmste bei den treulosen, fälschlich sich so nennenden Griechen, die freilich auch stets schlimmes von diesen Zügen geerntet hatten.

Friedrich hätte gar zu gern den Herzog *Leopold V.* von Österreich (der Gestrenge genannt, Sohn und seit 1177 Nachfolger *Heinrichs* „Jasomirgott"), und den König *Bela III.* von Ungarn auf seiner Kreuzfahrt mit sich genommen. Beide nahmen ihn und seine Leute gastfreundlich und glänzend auf, aber der erstere, welcher schon 1182 eine friedliche Pilgerfahrt nach Jerusalem gemacht hatte, war durch dringende Landesgeschäfte verhindert und zog erst später als Keuzfahrer ins Heilige Land, wo wir ihn wiederfinden werden. Bela dagegen, welcher ebenfalls einheimische Verwicklungen zu bewältigen hatte, gab auf Bitten des Kaisers seinen gefangenen Bruder *Geisa* frei und dieser verstärkte mit zahlreichen Magyaren das Kreuzheer. *Friedrich* aus Schwaben, der Kaisersohn, verlobte sich mit einer ungarischen Königstochter. Prachtvolle Geschenke erfreuten die vornehmen, reichliche Lebensmittel die geringeren Kreuzfahrer. Dagegen klagten diese viel über Beeinträchtigungen von seiten der Ungarn beim Geldwechseln.

Wie *Friedrich* beim Eintritt in Ungarn vor Preßburg einen Reichstag gehalten und seinem Sohn *Heinrich* das Reich feierlich übertragen hatte, so hielt er beim Austritt vor Belgrad, ehe er das griechische Reich betrat, Heerschau und Gericht, veranstaltete ein Turnier und schlug 90 Knappen zu Rittern. Zum Abschied schenkte er seine Donauflotte dem König von Ungarn.

Und nun begannen, wie schon angedeutet, die Schwierigkeiten. Keine byzantinischen Gesandten waren zur Bewillkommnung an der Grenze und als später solche erschienen, stellten sie sich, als wüßten sie nicht, daß die Ankunft der Kreuzfahrer ihrem Kaiser angezeigt worden! Nicht selten waren die Wege durch Verhaue gesperrt und es begannen die schon erwähnten hinterlistigen Angriffe. Das byzantinische Gebiet umgab hier das im Aufstand gegen den östlichen Kaiser begriffene Serbische. Nicht nur der serbische Großfürst *Stephan*, welcher an *Friedrich* bereits Gesandte geschickt hatte, empfing diese äußerst freundlich – auch die Brüder *Peter* und *Asan*, welche ein bulgarisch-walachisches Reich beherrschten, sandten an ihn und baten um einen Bund mit ihnen gegen Byzanz. Ja der Serbe fügte dieser Bitte noch das Anerbieten des Lehnseides an Deutschland bei. *Friedrich* lehnte jedoch diesen ab mit der Bemerkung, das Heilige Land sei sein eiziges Ziel.

Neue griechische Gesandte versicherten zwar dem Kaiser alle Freundschaft und entschuldigten den anfänglichen Mangel an Aufmerksamkeit durch die Abwesenheit ihres Kaisers auf einem Kriegszug in Kleinasien.

Die Kreuzfahrer in den Engpässen des Taurus.

Friedrich jedoch traute ihnen umsoweniger, als in Sofia ein byzantinisches Heer angeblich gegen die Serben stand und er teilte zu Nizza sein Heer in vier Haufen, die in Schlachtordnung weiter ziehen sollten und deren vordersten sein Sohn, den hintersten er selbst befehligte. In den Bergpässen des Balkan mehrten sich die feindlichen Überfälle und die Verhaue, welche namentlich die berühmte Trajanspforte sperrten. Die Deutschen besiegten alles, die Überfälle durch das Schwert und die Verhaue durch das Feuer. Und nun trafen sie bei Sofia das angekündigte griechische Heer, das sich aber beim ersten Anblick der Deutschen davonmachte.

Endlich gelangten sie in die üppige orientalische Landschaft Thrakiens und am 24. August nach *Philippopel*, in welche Stadt sie, da sie von den Einwohnern größtenteils verlassen war, ohne Widerstand einzogen. Hier entschädigten sie sich für die ausgestandenen Strapazen reichlich und den Kaiser mochte es eigentümlich berühren, hier eine Botschaft seines Kaiserkollegen und Nebenbuhlers *Isaak*, der gleich ihm sich römischer Kaiser nannte, zu erhalten, welcher behauptete, von allen Seiten (er log sogar: von den Königen Frankreichs und Englands) gehört zu haben, daß *Friedrich* in feindseliger Absicht komme und seinen Sohn auf den Thron Konstantins setzen wolle! Des Kaisers Verkehr mit den Serben und Bulgaren, versicherte er, habe ihn mißtrauisch gemacht und nur wenn die Deutschen ihm Geiseln geben und ihm die Hälfte ihrer allfälligen Eroberungen abzutreten versprächen, könne er seine Zusage des freien Durchpasses erfüllen.

Aber nicht wie *Isaak sprach*, sondern wie er *handelte*, verriet seine wahre Gesinnung. Er hatte die aus Deutschland an ihn gesandten Herren und Ritter mißhandeln und einkerkern lassen und sie schmachteten noch in der Haft; er hatte dann Gesandte *Salaheddins* mit reichen Geschenken empfangen und – mit den Pferden der gefangenen Deutschen wieder beschenkt, den Mohammedanern in Konstantinopel eine Moschee eingeräumt (ohne zu ahnen, daß sie einst dort herrschen würden!), alle Abendländer aus dem Reich vertrieben, seinen Untertanen bei Kerkerstrafe verboten, das Kreuz zu nehmen, alle Ausfuhr von Lebensmitteln nach den Resten der christlichen Herrschaft in Syrien gesperrt, dem Sultan Ägyptens und Syriens eine Hilfsflotte von 100 Galeeren und mögliche Erschwerung des Durchmarschs der Kreuzfahrer versprochen! *Salaheddin* hatte dagegen bevorzugte Zulassung des griechischen Kultus in Palästina und wahrscheinlich Gebietserweiterungen (etwa durch Teilung des Reichs von Ikonion und Syriens) verheißen. Das war der wiederholt angedeutete Bund ihrer christlichen und mohammedanischen Feinde gegen die Kreuzfahrer, welcher in wenigen Jahren dem byzantinischen Reich und *Isaak* selbst die bittersten Früchte tragen sollte!

Ein neues griechisches Heer, das vor Philippopel erschien, um die Deutschen zu reizen, führte eine Zeitlang förmlichen Kriegszustand zwischen diesen und den Byzantinern herbei, die ja schon von früher her einander nicht als die besten Freunde zu betrachten pflegten! Die Griechen gedachten der Ausschreitungen des vorigen Kreuzzugs, die doch jetzt nicht mehr vorkamen, die Deutschen aber der weit jüngeren Niedermetzelung aller Abendländer unter *Andronikos*, und dazu kam das religiöse Schisma, das beide Teile gegeneinander verbitterte. Die deutschen Gefangenen erzählten später, wie der Patriarch von Konstantinopel gepredigt habe, der Mord an zehn Griechen könne durch denjenigen an hundert „fränkischen Hunden" gesühnt werden. Es gab Scharmützel, eine Schar Alanen unter Theodor Branas, dem Besieger der Normannen, wurde mit diesem niedergehauen, während die Byzantiner nirgends standhielten; viele Burgen und Städte wurden eingenommen und geplündert.

Um bessere Ordnung herbeizuführen, teilte *Friedrich* sein Heer in Abteilungen von 500 Mann, deren jede einen Obersten als Führer und Richter erhielt und ernannte eine Behörde von 60 Männern zur Beaufsichtigung aller Heeresangelegenheiten. Dann schickte er Gesandte nach Byzanz, welche dem Kaiser *Isaak* frisch die Wahrheit sagten über sein Verhalten und seine Lügen, worauf er die gefangenen Gesandten nach Philippopel entließ. Dreitausend Reisige ritten ihnen am 28. Oktober entgegen und empfingen sie jubelnd mit Waffengetöse, daß die anwesenden Griechen vor Angst zitterten. Das deutsche Kriegsvolk rief freudig: „hiute ist Herre din tac." Der Kaiser selbst umarmte die Befreiten, die angeblich in halbnacktem Zustand angekommen waren.

Auch jetzt noch, im Angesicht dieser Gefangenen, die ein lebendiges Bild seiner Perfidie waren, konnte *Isaak* seinen Hochmut nicht lassen und hatte die Frechheit, sich in dem Schreiben an *Friedrich* „römischer Kaiser", diesen aber ohne Nennung seines Namens bloß König von Deutschland zu nennen. Im übrigen bot er den Deutschen mit heuchlerischen Worten billigen Markt und Schiffe zur Überfahrt nach Asien an. Die Deutschen aber, durch Armenier aufmerksam gemacht, erblickten hierin einen Versuch, sie während der Überfahrt zu trennen und dann zu überfallen und lehnten die Anerbietungen ab, während *Friedrich* den Gesandten, die er demütigte, indem er nicht nur ihnen sondern auch ihren Dienern gestattete, in seiner Gegenwart zu sitzen, mündlich und deutsch seine Meinung sagte: ob denn ihr Herr von ihm noch nichts gehört habe, daß er seinen Namen und Titel nicht zu kennen sich stelle, den doch sein Vorgänger *Manuel* sehr gut gekannt habe? Er warf ihm vor, alles Völkerrecht mit Füßen getreten zu haben und verlangte die ihm gebührenden Titel, vollen Schadensersatz an die gefangen Gewesenen und Stellung der nächsten Verwandten und obersten Beamten *Isaaks* als Geiseln.

Der Kaiser und sein Heer hatten gar keine Eile, aus dem schönen Thrakien aufzubrechen; das Land war ihnen als Winterquartier erwünscht. Er verteilte daher seine Truppen und schlug selbst seine Wohnung in dem ebenfalls verlassenen *Adrianopel* auf, wo er am 22. November ankam und reichliche Vorräte fand. Sein Sohn stürmte zwei Tage später die feste Stadt *Demotika* und seine sowie andere deutsche Scharen streiften bis vor die Tore Konstantinopels, nach Enos an das ägäische Meer und über den hohen Rodope nach Makedonien und schlugen überall die Griechen, die ihnen stets Hinterhalte und Überfälle bereiteten. Man trieb zwar die Rache an den Byzantinern viel zu weit; Städte, die man verließ, wurden niedergebrannt, so auch Philippopel, wo freilich die Griechen eine zurückgebliebene kleine Schar Deutscher mörderisch überfallen hatten. Aber der Kaiser hielt strenges Gericht und bestrafte alle Ausschreitungen soviel wie möglich, oft selbst mit dem Tod und jeder Grieche, der bei ihm Schutz suchte, fand ihn auch.

Indessen bewog das peinliche Verhältnis zwischen beiden Kaisern den König von Ungarn, welcher *Isaaks* Schwiegersohn war, seine Truppen zurückzuziehen, da er sie wohl gegen die Mohammedaner, aber nicht gegen die Byzantiner verwenden lassen wollte. Dagegen waren mehrere deutsche

Scharen dem Kreuzheer nachgezogen und hatten sich auf byzantinischem Gebiet mit ihnen vereinigt.

Während des ganzen Winters wurden die Unterhandlungen zwischen beiden Kaisern fortgesetzt, scheiterten aber immer an *Isaaks* Hochmut und Falschheit, so daß *Friedrich* in Versuchung geriet, der faulen Wirtschaft in Byzanz ein Ende zu machen. Er schrieb an seinen Sohn *Heinrich*, die Zusendung von Schiffen aus Venedig, Genua und Pisa an ihn zu bewirken, mit denen er Konstantinopel bedrohen wollte und den Papst zur Veranstaltung von Kreuzpredigten in allen Ländern – gegen die Griechen zu bewegen. Er verlangte von den Serben und Walachen Hilfstruppen, die ihm bereitwillig in der Stärke von 60 000 Mann zur Verfügung gestellt wurden.

Kurz, Friedrich war auf dem Punkt, zu vollführen, was 14 Jahre später die Franzosen und Venetianer taten, als unerwartet am 14. Februar 1190 der Friedensvertrag zwischen beiden zustande kam. In demselben wurde den gefangen gewesenen deutschen Gesandten voller Schadensersatz nach *Friedrichs* Gutfinden zugesagt. Alle Gefangenen, welche die Griechen gemacht, sollten freigelassen, allen byzantinischen Untertanen, welche die Kreuzfahrer unterstützten, wurde Straflosigkeit zugesichert und für den von den Deutschen verursachten Schaden kein Ersatz verlangt. Letztere sollten binnen zwanzig Tagen aufbrechen und unter Vermeidung aller Gewalttätigkeiten an den Hellespont und über diesen ziehen, während sich die griechischen Truppen von ihnen fernhielten usw. Fünfhundert Bürger von Konstantinopel sollten in der Sophienkirche und ebensoviel Ritter im Lager der Kreuzfahrer den Vertrag beschwören und Kaiser *Isaak* stellte sechs Prinzen, sechs Beamte und sechs Bürger als Geiseln, bis die Deutschen in Asien angekommen wären. Nach Unterzeichnung des Vertrags baten sowohl der Kaiser *Isaak* als der bulgarisch-walachische Fürst *Peter* jeder den Kaiser *Friedrich* gegen den anderen um Hilfe; aber es war für beide zu spät und Friedrich mußte beide abweisen.

Der Aufbruch geschah am 1. März, am 21. sahen die Kreuzfahrer jene Wogen branden, welche *Xerxes* gezüchtigt und in denen Leander seinen frühen Tod gefunden hatte. Den von Byzanz anbefohlenen Übergang über den Hellespont, der die Verschonung der Hauptstadt zum Zweck hatte und bei diesem Kreuzzug zum ersten Mal erreicht wurde, vollführten sie bei Gallipoli in der Osterzeit gegen Ende März und er ging in aller Ordnung vor sich, obschon ein wütender Sturm die zwei Erdteile trennenden Wellen peitschte, welcher aber auch seine gute Seite hatte, indem er venetianische Schiffe mit Lebensmitteln, die den Kreuzfahrern hatten entgehen und den vorteilhafteren Markt in Konstantinopel besuchen wollen, ersteren wieder in die Hände trieb.

Nachdem er seine Verdränger losgeworden , schrieb der kaiserliche Spion und Verräter *Isaak*, der ironischer Weise Angelos (der Engel) hieß, an seinen Bundesgenossen *Salaheddin*: „Wenn du die Wahrheit hören willst, die Deutschen haben viel mehr Schaden gelitten als mir zugefügt. Das Geld ist ihnen ausgegangen, das Zugvieh gefallen, in Gefecht um Gefecht haben sie eine Masse von Leuten verloren. Nur mit schwerer Not haben sie sich

Schlacht bei Ikonion.

durch meine Provinzen durchgeschlagen und sind jetzt so geschwächt, daß sie kaum mehr bis an dein Gebiet gelangen können. Jedenfalls werden sie es in einem Zustand erreichen, der es ihnen unmöglich macht, etwas gegen dich auszurichten." *Isaak* belog also nicht nur seine Feinde (denn an Mannschaft hatten die Deutschen sehr wenig eingebüßt), sondern auch seine Bundesgenossen und hatte dennoch die Frechheit, am Ende seines Briefes *Salaheddin* vorzuwerfen: „Warum hast du, unseres Bundes vergessend, meiner Majestät (byzantinischer Hofstil!) nichts von deinen Absichten, von deinen Unternehmungen mitgeteilt? Meine Majestät erkennt nun klar, daß ihr die Freundschaft mit dir nichts eingetragen hat als die Feindschaft des ganzen Frankengeschlechts.“

Friedrich zog mit seinem Heer an den Ruinen Trojas vorbei und dann südwärts. Am 21. April erreichten die Kreuzfahrer *Philadelphia*, wo der Kaiser die letzten der Geiseln (die übrigen schon am Hellespont) zurücksandte. Dort entstand ein Handgemenge mit den Griechen, welche die Verwüstung ihres Landes durch den Heereszug kränkte und die den Deutschen übertriebene Preise abforderten, und man begann schon die Stadt, aus der die Gäste vertrieben wurden, zu beschießen, aber der Kaiser befahl weiterzuziehen und die Griechen, welche die Abziehenden verfolgen wollten, flohen beim Anblick der riesigen Gestalten derselben. Der Weitermarsch ging südostwärts; schon sah man Türken und hatte sie abzuwehren, was zwar glücklich geschah, aber in der wüsten Gegend hatte man mit vielen Entbehrungen zu kämpfen und die Städte waren meist verlassen. Nachdem das griechische Gebiet mit dem mohammedanischen vertauscht war und die Fahrt nun auf verräterische Anweisung türkischer Führer ostwärts ging (hinter Laodikea am Mäander, wo die Kreuzfahrer ausnahmsweise gut empfangen wurden), verstärkten und vermehrten sich sowohl die Strapazen als die feindlichen Angriffe, welche jedoch stets tapfer abgewehrt wurden, wobei sich besonders die Böhmen, die Herzoge von Schwaben und Meran und der Graf *Ulrich* von Kiburg aus der Schweiz auszeichneten, welcher letztere allein 17 Feinde zusammenhieb. Das Schlachtvieh ging alles darauf und die beschwerlichen Gebirgsübergänge richteten die meisten Pferde zugrunde und zwangen zur Zurücklassung alles entbehrlichen Gepäcks und vieler Waffen (Bild 49). Auch hier wie bei Hattin legten sich viele erschöpft in Kreuzform nieder, die türkischen Todesstreiche erwartend. Ein steiler Bergpaß, den die Feinde besetzt hatten, mußte erstürmt werden, wobei Herzog *Friedrich* verwundet wurde und am 6. Mai starb der Minnesinger Friedrich von *Hausen* durch einen Sturz vom Pferd bei Verfolgung der Feinde, worüber sich allgemeines Klagen erhob.

Die Kreuzfahrer hofften immer noch, es würde besser werden, wenn sie nach dem Marsch durch das neutrale Gebiet räuberischer und nomadischer Turkmanen, welche sich zwischen den Reichen von Byzanz und Ikonion festgesetzt hatten, den Boden des befreundeten Seldschukensultans *Kilidsch Arslan II.* betreten würden. Aber wie herb sollten sie sich täuschen! Noch vor dem Abzug aus Adrianopel hatte *Friedrich* ein Schreiben des Sultans erhalten, dessen Gesandte vorher in Konstantinopel gefangengehalten und beraubt wurden – worin die früheren Versicherungen der Freundschaft wiederholt und jede Unterstützung des Heeres zugesagt war. Auch nachdem unglücklicher Weise der lebensmüde Kilidsch Arslan bald darauf sein Reich unter seine zehn Söhne verteilt, hatte der neue Beherrscher von Ikonion, *Kutbeddin*, ebenfalls ein freundschaftliches Schreiben an Friedrich nach Adrianopel gesandt, wie auch seine das Kreuzheer begleitenden Gesandten seine guten Gesinnungen beteuerten. Aber als das Gebiet von Ikonien erreicht war, eilten diese Gesandten voraus unter dem Vorwand, die Ankunft der werten Gäste zu verkündigen und nahmen den Gesandten

Friedrichs an Kilidsch Arslan, der mit ihnen nach Konstantinopel gekommen war, mit sich, in Wahrheit als ihren Gefangenen. Und nun war auch hier Verrat das Los der arglos angekommenen Deutschen, denn Kutbeddin hatte inzwischen eine Tochter Salaheddins geheiratet und war auf des Mächtigen Seite übergetreten! So kam es, daß die Kreuzfahrer, als sie bei *Philomelion* lagerten, am 7. Mai von den Türken wütend überfallen wurden; sie wiesen sie aber mit großen Verlusten zurück und steckten die Stadt in Brand.

Der Weitermarsch war nun eine endlose Reihe von Kämpfen, entsetzlicher Hungersnot und herben Verlusten. Bei einem dieser Überfälle mag die Tat vorgekommen sein, welche *Uhland* als „Schwabenstreich" besang. Die Lebensmittel waren so selten und teuer geworden, daß sie für die Masse nicht mehr zu erschwingen waren und endlich hatte man nichts mehr als Leder zum Genießen. Nur Pferdefleisch war noch ein seltener Leckerbisses für die Reichen. So war das Pfingstmahl am 13. Mai beschaffen, aber herberes brachte der nächste Tag. Die furchtbar zusammengeschwundenen Christen, die nur noch 600 Berittene zählten, stießen auf das zu 3 bis 400 000 Mann geschätzte Heer des Sultans *Kutbeddin.* Aber die von dem Bischof von Würzburg angefeuerten Krieger des Kreuzes, die in ihrer durch Entbehrungen aller Art und religiöse Begeisterung erhitzten Phantasie den heiligen Georg oder Engel des Himmels zu erblicken glaubten, erfochten einen glänzenden Sieg; *Kutbeddin* selbst wurde vom Pferd gerissen und entging mit Mühe der Gefangennehmung. Die Not wurde jedoch so groß, daß man die ekelhaftesten Dinge genoß und zum Kochen Kleider, Sattel und alles mögliche in Anspruch nahm.

Und in diesem jammervollen Zustand näherte man sich dem stark befestigten *Ikonion*, das von Hunderttausenden wohlgerüsteten Türken verteidigt war. Dennoch entschloß man sich zur Erstürmung der Stadt, welche allein den Rest des Heeres vor dem Untergang retten konnte. Der Sultan, die Tapferkeit der Deutschen fürchtend, bot ihnen durch einen Gesandten freien Durchzug und Lebensmittel an, wenn der Kaiser eine Summe Geld zahlen und sich mit ihm gegen die Armenier verbünden wolle. Mit Entrüstung aber wies *Friedrich* die Zumutung ab, gegen Christen zu kämpfen – und der Zusammenstoß war unvermeidlich. Zwar versuchte der Sultan – zu spät – nochmals Unterhandlungen und gab den gefangenen Gesandten, *Gottfried* von Wiesenbach, frei, der aber seine Landsleute ermutigte, die Stadt anzugreifen, die ihnen nicht widerstehen könne. – Nun ordnete *Friedrich* seine Leute in zwei Schlachthaufen unter seinem Sohn und ihm selbst. Der entscheidende Kampf fand am 17. statt; die Türken wurden in wunderbarem Ansturm von den erschöpften und in einem Gewitter völlig durchnäßten Kreuzfahrern siegreich in die Stadt getrieben und diese war im nu von der Schar unter *Friedrich* von Schwaben erstürmt, wobei alles niedergemetzelt und weder Weiber noch Kinder verschont wurden. Der Sultan hatte sich in ein nahes Bergschloß retten können, wohin schon früher die meisten Bewohner geflohen waren. Inzwischen aber war jener Teil der Christen, bei dem der Kaiser selbst war, nicht nur noch außerhalb der Mauern, sondern auch von den zahllosen Feinden aufs neue stark bedrängt und die Krieger begannen schon zu verzagen und sich zum Tode vorzubereiten, als plötzlich der greise Kaiser mitten in den Kampf stürzte, die Seinigen anfeuernd mit dem Ruf: „Christus ist unser König, unser Kaiser und Christus siegt!" Die Christen siegten auch hier glänzend und die Türken erlitten namenlose Verluste (Bild 50). Nun konnte auch der Kaiser mit seinen Leuten einziehen und dieselben konnten sich erquicken und erholen, denn groß war natürlich die Beute an Kostbarkeiten, Lebensmitteln, Pferden und Waffen. Am nächsten Tag feierten die Sieger ein herrliches Dankfest.

Jetzt krochen die Türken zum Kreuz; der alte *Kilidsch Arslan*, welcher nun sah, wohin die Frontveränderung seines Sohnes führte, übernahm selbst wieder die Zügel, wenigstens für die Verhandlungen mit den Christen. Er bat den Kaiser, den er nach wie vor verehrte, flehentlich um Schonung und erfüllte sofort die Forderungen *Friedrichs*, die ihm ungemein mild erschienen: billigen Markt, Sicherheit des Weitermarsches und zwanzig Emire und Würdenträger als Geiseln. Es trat Frieden ein und die Deutschen bezahlten alles, ohne irgend etwas mit Gewalt sich anzueignen.

Am 26. Mai zogen sie gestärkt weiter und seitdem man den Geiseln mit dem Tod gedroht hatte, auch unbelästigt. Sie zählten aber wahrscheinlich nicht mehr 40 000 Mann und waren daher froh, als sie das armenische Gebiet erreichten und wieder Kreuze an den Wegen stehen sahen.

Nicht ohne große Pläne betrat der Kaiser dieses christliche Land. Nicht nur für das Kreuz sondern auch für sein Reich, für die Macht und Herrlichkeit des deutschen Volkes wollte er wirken und kämpfen. Der im Königreich Jerusalem festgegründeten Macht der Franzosen beabsichtigte er im Norden des Heiligen Landes und in Armenien eine deutsche Obmacht gegenüberzustellen. Fürst *Leo II.* von Armenien liebte die Deutschen und richtete seinen Hof nach dem Muster des kaiserlichen ein. *Friedrich* bot ihm die Königskrone an, wahrscheinlich unter der Oberherrlichkeit des deutschen Reiches und wurde prächtig und freundlichst empfangen; es war an einer Brücke über den Salef (im Altertum Kalykadnos), wo *Leos* Gesandte dem Kaiser Land und Leute zur freien Verfügung stellten. *Leo* ging von seiner Residenz Mopsuestia (oder Mamistra) ab, um selbst mit dem Kaiser in Seleukia am Meer zu seiner Bewillkommnung zusammenzutreffen und sandte einstweilen dem wieder von Hunger und im unwegsamen Gebirgsland von Erschöpfung geplagten Heer Lebensmittel, die freilich nicht genügten.

Aber nun geschah das entsetzlichste. Schon sahen die Deutschen Seleukia und damit das Ende ihrer Mühseligkeiten vor sich, als der Kaiser, am 9. oder 10. Juni mit geringer Mannschaft einen näheren Weg einschlagend, der über den Salef führte, an einer Ruhestelle von der Hitze sich zu einem Bad in dem eiskalten Bergstrom verleiten ließ und darin von einem Schlagfluß getroffen in den Fluten versank. Mit Mühe wurde der edle Leichnam den Wellen entrissen. Nach einer anderen Angabe ertrank der Kaiser, während er zu Pferde über den Fluß setzen wollte. Es ist ungewiß, welcher von den beiden Berichten der wahrscheinlichere ist; edler und würdiger endet der Kaiser offenbar nach dem zweitgenannten.

Friedrichs von Schwaben Heer geht zugrunde.

Das war ein furchtbarer Schlag für die Christen, für Friedrichs Heer nicht nur, sondern für das deutsche Reich und für die Sache der Kreuzzüge. Der Chronist von Köln drückt dies in rührender Weise aus: „An dieser Stelle und in diesem traurigen Bericht versagt uns die Feder und die Rede verstummt, unzulänglich, die Angst und die Trübsal des Pilgerheers zu schildern in dieser größten Not. Das überlassen wir zu fühlen, nicht zu lesen dem Urteil eines jeden, daß er erwäge die Klage, die Trauer und die Verzweiflung der Menge, die im fremden Land gelassen war, ratlos ohne Trost, ohne Haupt. – Gott, dessen Gewalt niemand widerstehen kann und unter dem sich beugen müssen, die den Erdkreis tragen, hat nach seinem Gefallen gehandelt, zwar gerecht nach seines Ratschlusses unabänderlichem, unbeugsamem Willen, aber nicht barmherzig, wenn so gesagt werden darf, für den Zustand der heiligen Kirche und die lange Verwüstung im Land der Verheißung."

Auf der anderen Seite war Friedrichs tragisches Ende ein unberechenbares Glück für den Islam, dessen Bekenner im ganzen Morgenland voll Jubel waren und das Ereignis mit Tanz und Musik feierten. *Salaheddin* selbst war sich klar über die Folgen desselben und es war wohl in seinem Sinne, daß ein arabischer Schriftsteller sagt: „Wenn Gott durch eine gnädige Fügung für uns nicht hätte den deutschen Kaiser sterben lassen, und zwar in dem Augenblick, als er in Syrien einfallen wollte, so hätte man in späteren Tagen von Syrien und Ägypten sagen können: Hier regierten einst die Muslimen." Man erinnerte sich, daß schon Mohammed in Anspielung auf die germanischen Söldner der Byzantiner gesagt haben soll: „Hütet euch vor den Gelbhaarigen; sie sind die größten Feinde des Islam."

Freilich war damit für *Salaheddin* noch nicht alle Gefahr vorbei, denn noch lebte ja das deutsche Heer. Er befahl in seiner Besorgnis, die Mauern von Laodikea, Gabala, Tortosa, Byblos, Beirut und Sidon niederzureißen, damit sie den heranziehenden gefürchteten Deutschen keine Stützpunkte darbieten. Aber das Schicksal sollte ihn wunderbarerweise begünstigen. Denn dieses Heer, das erste seit dem ersten Kreuzzug, dem es gelungen war, ganz Kleinasien zu durchkreuzen, das erste überhaupt, dem sehr wenig schwerere Exzesse und Gewalttaten vorgeworfen werden konnten, das bestdisziplinierte von allen Kreuzheeren, dieses Heer löste sich zu beträchtlichen Teilen auf, nachdem es seinen greisen und tapferen Führer verloren hatte! Viele Kreuzfahrer kehrten entweder sofort nach Hause um oder blieben in Armenien oder schifften sich unmittelbar in Seleukia nach Tripolis ein. Doch war es immerhin noch der größte Teil, welcher unter Anführung des edlen *Friedrich* von Schwaben über Tarsos weiterzog, wobei *Leo* von Armenien, der jetzt freilich auf seine Krone länger warten mußte, die Kreuzfahrer bestens unterstützte. Aber der moralische Zusammenhang fehlte unter den Weiterziehenden und dazu kamen neue Überfälle von Türken, welch ihnen der flinke *Salaheddin* bereits zu blutigem Willkommen entgegengesandt hatte. Eine von drei Scharen, welche der in Mopsuestia erkrankte Herzog voraus gesandt hatte, wurde von der Besatzung der Festung Bagras, welche sich noch in christlichen Händen wähnte, zusammengehauen und eine zweite, die sich in das Gebiet von Haleb verirrt hatte, dort aufgerieben und ihre Gefangenen in Haleb verkauft. So ging das einst stolze deutsche Heer jammervoll in den Wüsten Asiens zugrunde (Bild 51). *Friedrich* kam mit den Trümmern seines Heeres am 21. Juni in *Antiochia* an, wo er den Leib des Vaters in einem Marmorsarg beisetzen ließ (die Eingeweide schon in Tarsos, die Knochen führte er weiter mit sich und es ist unbekannt, wohin sie gerieten); aber die erhoffte Erholung wurde durch den Ausbruch der Pest vereitelt, an welcher Bischöfe und Grafen und eine Menge Krieger hinstarben. Ungeachtet dieser Zustände war der Name, der

Friedrich vorausging, um seines Vaters und seinetwillen, so achtunggebietend, daß ihm Fürst *Boemund* freiwillig Antiochia mit allen festen Punkten einräumte, um kräftigeren Schutz zu gewinnen.

Doch – auf ferne Geschlechter hat der Untergang des gesamten Heeres nicht so viel Eindruck gemacht, als derjenige seines erlauchten Führers. Nicht weil er etwa zu früh hingeschieden – er war 70 Jahre alt –, aber weil es in fremdem, fernem Land geschah und auf so tragische Weise, bevor er die Taten ausüben konnte, die ihn nach dem Morgenland lockten und die seine Feinde, selbst der große *Salaheddin*, bereits fürchteten und vor denen sie zitterten. Ein so aufregendes Ereignis mußte wie jedes andere zu Sagenbildungen führen. Der so plötzlich, so traurig und so fern Hingeschiedene, seinem Volk unerbittlich Entrückte konnte im Glauben des letzteren, das ihn ja nicht sterben gesehen, nicht tot sein, er mußte fortleben, und zwar, wie die alten Götter und wie alle Lieblingshelden der Deutschen, in einem hohlen Berg. Man hat sich bemüht nachzuweisen, daß die bekannte *Kiffhäusersage* sich nicht auf *Friedrich I.*, sondern auf seinen Enkel *Friedrich II.* bezieht, aber es ist nicht zu vergessen, daß die Sagen von Helden in Bergen weit älter sind als beide Friedriche, möge nun dieser oder jener Berg genannt sein. Schon *Karl* der Große lebte im Untersberg bei Salzburg fort und schon vor ihm der Gott Odin oder Wuotan und verschiedene Heroen in vielen verschiedenen Bergen.

Die erste Erwähnung vom Fortleben *Friedrich Barbarossas*, und zwar an einem *unbekannten Ort*, findet sich in Enenkels Weltchronik, welche etwa fünfzig Jahre nach des Kaisers Tod und vor demjenigen *Friedrichs II.* geschrieben wurde. Hier heißt es, der Kaiser sei auf die Falkenjagd gegangen und:

Siegel Friedrichs I.

Münze Friedrichs I.

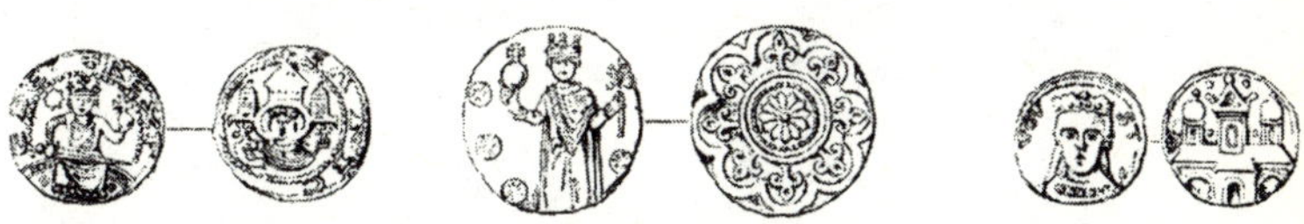

Münzen Friedrichs I.

dor nach der keiser wert verholn
den kristen allen vor verstoln
wan nieman wast diu maere
wa er hin komen waere,
ob er waere tôt an der zît.
dâ von ist waerlich noch ein strît
in Walhenlant über al.
die jehent mit grozem schal,
daz er sî erstorben
und in ein grap verborgen.
so habent sumlich disen strît,
er lebe noch in der welte wît.
welchez under in diu wurheit sî,
des maeres bin ich von in frî.

Die späteren Erwähnungen der Sage im 13. und 14. Jahrhundert und damit die Sage, die sich speziell auf den Kiffhäuser bezieht, mögen sich allerdings eher auf *Friedrich II.* beziehen, bei dessen Taten wir auf sie zurückkommen werden. Vom 16. Jahrhundert an jedoch ist ausdrücklich bei dieser Sage wieder auf *Friedrich I.* (mit ainem langen rotten bart, den die Wahlen nenten Barbarossa) zurückgegriffen worden.

VIERTER ABSCHNITT

Kreuzzug der Könige Richard und Philipp

R*ichard* Löwenherz ließ sich am 3. September 1189 zu Westminster krönen. Als er am Krönungsmahl saß, wagten es die Vorsteher der Juden von London, ihm ihre Glückwünsche und Geschenke darzubringen; da erwachte aber das ganze Bewußtsein des Kreuzfahrers in ihm, gepaart mit dem Fanatismus seines Zeitalters, und er ließ mit unritterlicher Rohheit die Unglücklichen unter Schlägen hinausjagen. Das war das Zeichen zu einer Judenhetze, welche die Engländer ihrem neuen König nachäffen zu sollen glaubten und welche sich von London über mehrere andere Städte verbreiterte. Die meisten Judenhäuser in London wurden verbrannt und viele Juden ermordet oder zur Taufe gezwungen. In seiner Verblendung aber bedachte der Pöbel nicht, daß mit den Judenhäusern auch andere verbrennen könnten, und ein großer Teil Londons ging in Flammen auf. Dem König aber war dieses denn doch zu weit gegangen; er ließ die Anstifter der Hetze mit dem Tod bestrafen, erklärte die Juden für die Zukunft als unverletzlich und gestattete den gewaltsam Getauften die Rückkehr zu ihrem alten Glauben. Das war aber immer Richards Fehler und wird auch während seines Kreuzzugs noch oft genug hervortreten, daß er stets zuerst, vom Eindruck des Augenblicks getrieben, handelte und erst nachher bedachte, was er damit angerichtet hatte.

Nachdem der König die Huldigung der Stände seines Reichs empfangen, ordnete er in allen Hafenplätzen desselben die Herstellung von Schiffen für die Kreuzfahrt an und zog Gelder für dieselbe aus dem Verkauf von Dörfern, Gütern, Schlössern, Stellen und Würden, nicht ohne Anlaß zu manigfacher Unzufriedenheit zu geben. Vom Papst erwirkte er das Recht, alle, die dafür bezahlten, vom Gelübde eines Kreuzzugs loszusprechen!

Philipp II. von Frankreich und sein Parlament hatten inzwischen beschlossen, daß am 1. April 1190 die Kreuzfahrer in Vézelay, dem Orte der verhängnisvollen Kreuzpredigt *Bernhards* von Clairvaux, sich sammeln sollten, und der König zeigte das seinem Freund *Richard* durch Gesandte an. Dieser, nachdem er sich, wie schon vorher *Philipp*, zum Kreuzzug kirchlich hatte weihen lassen, fuhr am 11. Dezember mit den Bischöfen, die ihn begleiten wollten, nach Frankreich hinüber. Auf Zusammenkünften in Nonancourt und anderen Orten trafen beide Könige die erforderlichen Maßregeln, sahen sich aber, wegen der Todesfälle *Wilhelms II.* von Sizilien, der *Richards* Schwager war, und der Gattin König *Philipps*, veranlaßt, den Aufbruch auf den 24. Juni, den St. Johannestag zu verschieben.

Ehe die englischen Kreuzfahrer den Weg antraten, sich mit ihrem König zu vereinigen, benutzten sie im März seine Abwesenheit zu einer zweiten und noch ärgeren Judenhetze, angeblich weil Juden einen getauften Genossen mißhandelt hätten, worauf Kreuzzügler und anderes Gesindel über sie herfielen und auf die gewohnte Weise mit ihnen umsprangen. Szenen dieser Art fanden in Lynn, Norwich, Stanford, besonders aber in York statt, wo es vor allem einem gewissen *Benedikt* galt, einem jener Deputierten an *Richard*, welcher mit Gewalt getauft worden und zwar zum Judentum zurückgekehrt, aber an den erlittenen Mißhandlungen gestorben war. Der Pöbel erstürmte sein Haus, plünderte und verbrannte es. *Benedikts* Mitgesandter *Joceus* und andere Juden flüchteten sich in die Burg, wurden aber belagert und zur Taufe aufgefordert. Als nun eines Tages der Burgwart die Festung verließ, fürchteten die Juden, er werde sie verraten und wollten ihn nicht mehr einlassen; aber nach mehreren Tagen tapferer Gegenwehr machten die ausgehungerten Juden, nachdem sie das Gebäude angezündet, selbst ihrem Leben gegenseitig ein Ende, bis auf wenige, welche die Taufe dem Tod vorzogen, aber von den Belagerern niedergemacht wurden. Der erbitterte König entsetzte den Burgwart seines Amtes.

Noch schlimmer in dieser Hinsicht als *Richard* war sein Kreuzzugsgenosse *Philipp*; er war der Hauptjudenhetzer seines Landes; schon 1180 hatte er alle Juden desselben ohne Grund an einem Sabbat in den Synagogen verhaften und einkerkern, gegen ein großes Lösegeld zwar wieder in Freiheit setzen lassen, aber bald darauf alle ihre Schuldforderungen an Christen aufgehoben und sie zuletzt aus dem Land getrieben.

In Aquitanien, seiner eigentlichen Heimat, erließ *Richard* sein schon erwähntes hartes Strafgesetz für Heer und Flotte und ernannte Richter zu dessen Aufrechterhaltung. In Vézelay trafen sich am 4. Mai die Könige und setzten sich dann mit ihren glänzenden Heeren von etwa 100 000 Mann über Lyon, wo sich die beiden Heere trennten, nach dem Mittelmeer in Bewegung. Der allgemeine Sammelplatz der Engländer und Franzosen war *Messina*. Nach manchen Wechselfällen hier angekommen, entschlossen sich der herrschenden Stürme wegen beide Könige, daselbst zu überwintern. Aber *Richard* erbitterte durch sein gewalttätiges Verfahren die ganze Bevölkerung Messinas, so daß viele seiner Leute aus Rache ermordet wurden. Als er dann vollends eine Insel in der Meerenge besetzte und die Mönche des auf derselben stehenden Klosters vertrieb, kam es am 3. Oktober zu einem Aufstand der Bewohner Messinas, welche *Richard* die Tore verschlossen, worauf die Engländer aus ihrem Lager gegen sie zogen. *Richard* sprengte zwischen beide Parteien und teilte beiden Stockschläge aus, aber umsonst; nach fruchtlosen Unterhandlungen wurde der Streit zu einem kleinen Krieg; die Engländer drangen in Messina ein, trieben die sizilische

Übermacht zu paren, verbrannten die messinesischen Schiffe im Hafen, richteten ein furchtbares Blutbad an und machten große Beute und viele Gefangene, bis endlich *Richard* ihnen Schonung gebot.

Philipp, der sich bisher passiv verhalten, während seine Soldaten geradezu die Sizilier gegen die Engländer unterstützten, verlangte jetzt, daß neben den englischen auch die französischen Fahnen in Messina aufgepflanzt würden, was *Richard,* so groß sein Zorn über diese Zumutung war, auf Zureden seiner Barone bewilligte. Dann wandte er sich nach Palermo an den König von Sizilien, *Tankred,* einen unechten Vetter seines Vorgängers *Wilhelm II.*, an den er überdies Ansprüche im Namen seiner Schwester *Johanna* (Wilhelms Witwe) zu stellen hatte, die *Tankred* gefangengehalten, aber bei *Richards* Annäherung freigegeben hatte. Dieser Usurpator, welcher den deutschen König *Heinrich VI.* als rechtmäßigen Herrscher Siziliens anerkannt hatte, bevor er zum König gewählt war, welche Würde er dann aus Vaterlandsliebe, um das Reich nicht an die Deutschen fallen zu lassen, annahm, regierte mit Weisheit und Edelmut und schlug das Heer *Heinrichs* trotz des Anhangs, den dieser unter dem Adel hatte, siegreich zurück. Auf *Richards* maßlose Forderungen* antwortete er, er werde nach Recht und Landesbrauch verfahren und verhieß Genugtuung, sobald er sich mit den Großen seines Landes beraten hätte. *Richard* aber schrieb diese ausweichende Antwort französischem Einfluß zu, und da *Philipp* zugleich die Hälfte der Beute verlangte, drohte ein vollständiger Bruch zwischen beiden Königen, der aber durch einen Freundschaftsvertrag notdürftig verhütet wurde, und in diesem fand auch die schon erwähnte Verordnung gegen das Spielen nebst vielen anderen Bestimmungen über Handel und Wandel beider Nationen Aufnahme. Auch zwischen *Tankred* und *Richard* kam am 11. November ein Friede zustande, in welchem letzterer auf alle seine Forderungen gegen 40 000 Unzen Gold verzichtete** und sich zur Verteidigung Siziliens gegen alle Feinde des Landes verpflichtete. Die beiden Könige richteten sich dann mit ihren Heeren für den Winter in Messina ein, *Richard* aber tat vor seinen Geistlichen harte Kirchenbuße, weil er Christenblut statt des sarazenischen vergossen hatte und unternahm eine Wallfahrt.

Ganz ungestört aber blieb der Friede während dieses Aufenthalts nicht, so viel Achtung auch die Sizilier jetzt den Engländern bezeugten. Ein blutiger Streit entstand zwischen den Seeleuten der Engländer und Franzosen und denen der Pisaner und Genuesen, die ebenfalls Flotten vor Anker hat-

---

* Sie bestanden: in einem goldenen Tisch von zwölf Fuß Länge und anderthalb Fuß Breite, zwei goldenen Dreifüßen, einem seidenen Zelt, in welchem zweihundert Ritter bewirtet werden konnten, 24 silbernen Schalen, ebensoviel silbernen Schüsseln, 66 000 Lasten Getreide, 60 Lasten Wein und 100 bewaffneten und völlig ausgerüsteten, auf zwei Jahre mit Lebensmitteln versehenen Galeeren. *Richard* behauptete, alles dies habe *Wilhelm II.* seinem Vater *Heinrich II.* als Mitgift *Johannas* versprochen. Diese hatte aber bereits eine Million Tarenen (Münze von Tarent) erhalten.

** Mit der Million, die *Johanna* bereits erhalten, beträgt jene Summe nach heutigem Geld 5 049 900 Mark, ein damals unerhörter Betrag.

ten. Ein weiterer, noch ärgerlicherer Handel aber entspann sich durch *Richards* eigenes Verhalten und hatte seinen Grund darin, daß dieser König es oft nicht verschmähte, sich mit Geringeren gemein zu machen und dennoch hierbei den damit unverträglichen königlichen Stolz zu bewahren suchte. Mit englischen und französischen Rittern von einem lustigen Ausflug zurückkehrend, traf die Gesellschaft in Messina einen Bauer, der einen mit Rohr beladenen Esel vor sich hertrieb. *Richard* und die Ritter machen sich nun den Spaß, von diesen Rohrstäben zu nehmen und damit aufeinander loszuschlagen. So schlug sich *Richard* mit dem französischen Ritter Wilhelm des *Barres*, von dessen kräftigem Schlag sein Helm gebrochen wurde. Der König aber, der gern als der Stärkste gelten wollte, rannte so wütend gegen den Franzosen, daß er selbst vom Pferd stürzte. Darüber rasend vor Zorn, stieß er sehr unkönigliche Drohungen gegen den Ritter aus und verhieß ihm, als er ihn nicht besiegen konnte, furchtbare Rache. *Philipp*, dessen Schutz *Barres* angerufen, und die vornehmsten Franzosen baten umsonst *Richard*, Milde gegen seinen Widerpart walten zu lassen und veranlaßten dann diesen abzureisen. Erst nachher versprach *Richard*, dem Ritter, so lange der Kreuzzug daure, nichts Böses zuzufügen, und suchte *Philipp* durch Abtretung von Schiffen zu versöhnen. Man wird sehen, daß *Richard* im Großen gerade so war bei bei diesem kleinen Streithandel: kopflos im Angriff und nachher in seiner Versöhnlichkeit überschwänglich.

Indessen wurden die Kreuzfahrer, sowohl die englischen als die französischen, ungeduldig, namentlich auch wegen des teuern Lebens in Messina; *Richard* beschwichtigte seine Ritter durch reiche Geschenke, was ihm der geizige und auch ärmere *Philipp* zu seinem Ärger nachtun mußte. Aber er fürchtete die Fortsetzung, bat den König von Ungarn um Lebensmittel für seine Kreuzfahrer und drängte *Richard* im Januar 1191 zur Abfahrt. Dies verstimmte den englischen König, aber noch mehr Ursache dazu hatte der französische. *Richard* war wie erwähnt mit *Philipps* Schwester *Alice* verlobt, und nun wurde plötzlich bekannt, daß er diese Verlobung im geheimen aufgelöst und sie durch eine solche mit *Berengaria*, Tochter König *Sanchos* von Navarra, ersetzt hatte; ja, er zeigte sich so rücksichtslos, in Messina vor *Philipps* Augen seine Hochzeit mit *Berengaria* vorzubereiten, welche mit seiner Mutter *Eleonore* auf der Reise dahin begriffen war. *Eleonore*, die gewesene Gattin Ludwigs VII., war es auch, welche aus Haß gegen Frankreich diese neue Verlobung eingefädelt hatte. Der Aufforderung *Philipps* bezüglich der Abfahrt setzte *Richard* seine feste Weigerung entgegen, früher als im August aufzubrechen, da seine Flotte der Ausbesserung bedürfe und seine Belagerungswerkzeuge noch nicht vollendet seien. Da kehrte *Philipp* den Oberlehnsherrn hervor und erklärte den Aufbruch im März als das einzige Mittel, seine Rache für die Verstoßung seiner Schwester abzuwenden, im andern Fall würde er auf *Richards* Verbindung mit *Alice* dringen. Die französischen Barone aus *Richards* Besitzungen erklärten sich für *Philipp*, dem sie den Eid des Gehorsams für den Kreuzzug geschworen, und so war die Feindschaft zwischen beiden Königen ausgebrochen, wenn auch dem Schein nach noch Frieden herrschte.

Als zu Anfang des März König *Tankred* aus Palermo zu einer Zusammenkunft mit *Richard* in Catania erschien, wo sie feierlich empfangen wurden und einander beschenkten, zeigte sich *Tankred* entzückt über *Richards* Ritterlichkeit und teilte ihm einen Brief *Philipps* mit, worin derselbe *Richard* beschuldigte, daß er gekommen wäre, *Tankred* aus seinem Reich zu vertreiben, und diesem Hilfe gegen jenen versprach. *Richard* war aufs tiefste empört und ließ *Philipp*, der sich über seine Verstimmung wunderte, den Brief vorweisen, den aber dieser für eine Fälschung erklärte, zu dem Zweck gemacht, um der Verlobung mit *Alice* ledig zu werden. Darauf aber erhob *Richard* Beschuldigungen gegen *Alice*, welche, so arg sie waren, doch so begründet sein mußten, daß *Philipp* sich bereit erklärte, gegen 10 000 Mark Silber auf die Verbindung seiner Schwester mit *Richard* zu verzichten. Als aber letzterer ungeachtet dieses Vergleichs auf der Verschiebung des Aufbruchs beharrte, fuhr *Philipp* am 30. März zornvoll ab.*

Richard, der indessen seine Mutter und seine Braut empfangen und mit ihnen einen glanzvollen Einzug in Messina gehalten hatte, worauf *Eleonore* heimkehrte, *Berengaria* aber bei ihrem Verlobten blieb, folgte mit seiner Flotte schon am 10. April, also vier Monate früher, als er scheinbar beabsichtigt hatte, offenbar mit dem Zweck, seinen Kreuzzug allein und ungestört zu vollbringen. *Johanna* und *Berengaria* befanden sich auf einem der großen Kriegsschiffe oder Dromonen, welche voraus segelten, *Richard* auf einem Schiff der Hauptflotte, er verfügte im Ganzen über mehr als zweihundert Fahrzeuge.

Während *Philipp* schon am 13. April vor dem von den Christen belagerten *Akkon* anlangte, sollte die Fahrt *Richards* länger dauern. Aber nicht nur durch die zu erwähnenden Abenteuer wurde seine Fahrt verzögert, sondern auch durch einen furchtbaren Sturm und dessen Folgen. Die gleichzeitige „Reisebeschreibung des Königs Richard" schildert denselben folgendermaßen: „Da merkten wir plötzlich, daß der Wind aufhörte, so daß wir notgedrungen unbewegt zwischen Kalabrien und dem Monte Gibello (Ätna) vor Anker gehen mußten. Am folgenden Tag (am Gründonnerstag) bestimmte Er, der die Winde zurückhält und aus seinem Schatz wieder hervorgehen läßt, uns einen Wind, der den ganzen Tag anhielt, aber doch zu wenig ausreichte und die Flotte nur mäßig vorwärts trieb. In der folgenden Nacht schlief er ganz ein. Am Karfreitag aber erhob sich ein heftiger konträrer Wind und trieb uns nach links,

> reizte das Meer, das darob aus tiefstem Grunde erkochte,

indem die Fluten sich überstürzten und der Sturm anschwoll. Das Getöse der zusammenschlagenden Wogen, das Stöhnen der Schiffe unter der Gewalt des Sturmes, das setzte alle in nicht geringe Angst. Bei der übermäßigen Macht des einstürmenden Orkans hörte aller Dienst der Seeleute auf; denn so herumgeschleuderte Schiffe konnte das Steuer nicht mehr regieren.

* Das wahrscheinlichste ist, daß *beide* Könige Absichten auf Sizilien hatten und daß dies ihre Feindschaft zum Ausbruch brachte.

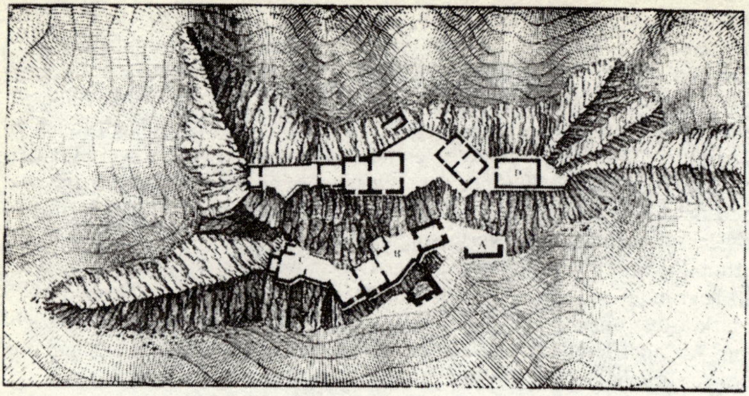

Buffavent.
A. Terrasse. B. Terrasse mit Brustwehr. C. Gebäude. D. Kaserne.

Ins Ungewisse werden sie getrieben, die Reihe der Schiffe gebrochen, die nach verschiedenen Richtungen hin verschlagen werden; Gottes Steuer allein vertrauen sie, an menschlicher Hilfe schon verzweifelnd. Soweit es die menschliche Schwäche zuließ, beschlossen wir, alles geduldig zu ertragen, im Hinblick auf unseren Erlöser, der an diesem Tag für uns das unverdiente Leiden getragen hat. Vereinzelt irren die Schiffe umher, nach verschiedenen Richtungen zerstreut; die Magen der Leute werden bei dem so starken Herumwerfen krank, die Beschwerden veranlassen Erbrechen und schon ist der geringste Teil von kranken Leuten nicht zu unterscheiden. Als aber der Abend herankam, beruhigte sich der Sturm einigermaßen, und auch das Toben des Meeres milderte sich. Da der Wind in erwünschter Weise günstig blieb, so kamen die Schiffer wieder zu Kräften, faßten Mut und strebten auf dem rechten Weg vorwärts zu kommen."

Richard ließ zwar während dieses Sturms, der am 12. April wütete, am Hauptmast seines Schiffes eine brennende Laterne aufhängen, damit sich alle Schiffe dahin zurückfänden, aber ihrer 25 verschwanden aus dem Gesichtskreis der übrigen; zwei scheiterten an der Küste von *Zypern*, wohin auch das Damenschiff verschlagen wurde, aber unversehrt blieb und die übrige Flotte, vor *Limissol* ankernd, erwartete. Diese gelangte am 17. nach Kreta und segelte dann weiter nach *Rhodos*, wo der erkrankte König zehn Tage bleiben mußte.

Indessen hatte der oben erwähnte, mit *Salaheddin* verbündete Kaiser *Isaak Komnenos* auf Zypern, zwar nur von mütterlicher Seite ein Komnene und, was Ehrlichkeit betrifft, ein würdiger Namensvetter des *Isaak Angelos* in Konstantinopel, dessen Schwäche er jedoch Grausamkeit entgegensetzte, vom „Strandrecht" Gebrauch gemacht, wie er immer, und zwar am rücksichtslosesten gegen Pilger tat, und somit die gestrandeten englischen Kreuzfahrer ausplündern und einsperren lassen. Es gelang ihnen jedoch am

2. Mai zu fliehen, ihre Wächter zu vertreiben und mit Hilfe der Mannschaft des Damenschiffes sogar den Hafen von Limissol zu erobern. Noch an demselben Tag kam *Isaak* dahin, bedauerte das Geschehene heuchlerisch und versprach den Engländern Schadensersatz und freien Verkehr, während er zugleich sein Heer sammelte. Auch hatte er die Damen eingeladen, ans Land zu kommen, und zugleich Maßregeln getroffen, sie gefangenzunehmen, und sie waren schon, nach anfänglicher Weigerung, im Begriff, der Einladung zu folgen, als am 5. Mai *Richards* Flotte in Sicht kam und am folgenden Tag ankerte. Das war so recht ein Handel für den König von England, der sofort durch zwei Ritter von *Isaak* Genugtuung forderte. Dieser antwortete höhnisch und trotzig, und nun eröffnete *Richard* den Angriff auf den von den Griechen gesperrten Hafen von Limissol. Aber fünf vor demselben aufgestellte Kriegsschiffe wurden von den englischen Pfeilen geräumt und dann genommen und das am Strand aufgestellte Heer von *Richard* an der Spitze seiner Leute stürmisch angegriffen und nach kurzem Kampf in die Flucht geschlagen. Umsonst forderte er laut den sog. Kaiser zum Zweikampfe, aber kein Grieche hielt stand. Von dem nun völlig eroberten Limissol drang der König ohne Säumen nach dem Innern der Insel vor und verjagte überall die Truppen des Komnenen. In einem Tal stießen die Engländer auf dessen Hauptmacht, *Richard* warf *Isaak* selbst vom Pferd, der jedoch entkam, und erbeutete mit eigener Hand die Fahne desselben. Das verlassene griechische Lager bot reichliche Beute dar. *Richard*, jetzt auch mit Pferden versehen, ließ bekannt machen, daß er alle, die sich mit ihm vereinigen würden, als Freunde aufnehme, und nun gingen viel Vornehme der Insel, deren Bevölkerung allgemein über den Despoten *Isaak* murrte, zu ihm über.

Am 11. Mai erschienen auf Zypern König *Guido* von Jerusalem, sein Bruder *Gottfried, Boemund III.* von Antiochia und Tripolis, *Humfried* von Toron u. a. vornehme Pullanen, um *Richard* gegen *Philipp* zu Hilfe zu rufen, der die Ansprüche *Konrads* von Montserrat in Tyros auf die Krone Jerusalems unterstützte. So sah sich *Richard* bereits als Schiedsrichter über den christlichen Orient angerufen. Nachdem er dann mit dem ihm gebührenden Pomp seine Hochzeit mit *Berengaria* gefeiert, und nachdem auch seine anderwärts verschlagenen Schiffe nachgekommen, setzte er die Verfolgung des zyprischen Tyrannen fort. Auf sein Ansuchen fand er sich zu einer Unterhandlung mit ihm ein und trat ihm in königlicher Pracht gegenüber. „Er bestieg sein mutiges andalusisches Roß, das goldene Zügel und eine golddurchwirkte grüne Decke trug, während auf dessen Hinterteil zwei Löwen von Gold mit aufgehobenen Tatzen glänzten. Er selbst trug einen Hut von Scharlach mit goldgestickten Tiergestalten, ein rosenfarbenes Wams von Samt, darüber eine seidene Schärpe und einen Mantel, in welchem goldene Sonnen und silberne Halbmonde eingestickt waren; seine Sporen waren von gediegenem Gold wie das Heft seines Schwertes, während das Wehrgehänge von Seide und die Scheide mit Silber geschlagen war." *Richard* verlangte von *Isaak* seine Beteiligung am Kreuzzug zur Sühne seiner Despotie, mit 1000 Mann Truppen, die Auslieferung seiner Waffen und Festungen und eine größere Geldsumme; nach Erfüllung dieser Bedingungen solle er sein Land wiedererhalten. *Isaak* fügte sich und beschwor die ihm vorgelegten Punkte. In der Nacht aber floh der treulose Byzantiner nach *Famagusta*, angeblich weil ihm sein Ratgeber vorgelogen, *Richard* trachte ihm nach dem Leben. Letzterer verfolgte ihn, bewachte Famagusta und zog dann nach *Nikosia*, der dritten Stadt des Eilandes, wurde aber von zyprischen Bogenschützen angegriffen, unter denen sich *Isaak* befand, der selbst zwei vergiftete Pfeile auf ihn abschoß, aber fehlte, und sofort vor ihm floh. Nikosia ergab sich den Engländern bereitwillig. Es macht jedoch einen kindischen Eindruck, daß *Richard* seine noch nicht völlig gesicherte Herrschaft in Zypern auf keine vernünftigere Weise einzuweihen wußte, als daß er den Bewohnern den orientalischen Vollbart abzunehmen und sich so zu tragen befahl wie er selbst, nach normannischer Sitte. *Isaak* rächte sich dafür, indem er die in seiner Gewalt befindlichen englischen Pilger grausam im Gesicht, an Armen und Beinen verstümmeln ließ.

Siegel Richard Löwenherz.

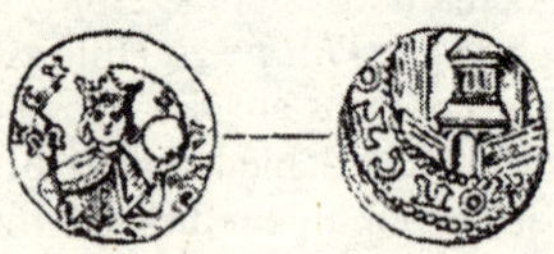

Münzen.

Guido, der sich *Richard* angeschlossen hatte, eroberte die drei stärksten Festungen der Insel und mit *Richard*, der inzwischen krank gelegen, eine vierte, das für uneinnehmbar gehaltenee *Buffavent*. Jetzt, (am 31. Mai) ergab sich der Komnene, kam in Trauerkleidung zum englischen König, warf sich ihm zu Füßen, und bat, ihn nur nicht in Eisen zu legen, sonst aber mit ihm zu tun, was man wolle. *Richard* nam ihn freundlich auf und ließ ihn in *silbernen* Fesseln nach der Johanniterfestung Markab bei Tripolis bringen, wo er starb. Seine Tochter übergab *Richard* der Königin *Berengaria* zur Erziehung.

So war es *Richard* trotz seinem gewöhnlich kopflosen Dreinfahren gelungen, in etwa drei Wochen eine Insel zu erobern, welche sich Kaisertum nannte und nachher Jahrhunderte lang ein Königreich war; er hatte seltsamerweise mehr erreicht als irgendein Kreuzfahrer, freilich aber nicht im Kampf mit Ungläubigen, sondern mit Christen, was ihm die Kreuzfahrer im Heiligen Lande, mit Ausnahme *Guidos* und seines Anhangs, sehr übelnahmen. Er war aber offenbar *zu diesem* Abenteuer durch *Isaak Komnenos* gezwungen worden, und darum hatte er auch Erfolg gehabt; auch wollte er keineswegs das gelobte Land vernachlässigen oder die Muslimen schonen, und daher traf er die erforderlichen Maßregeln, Zypern, dem er im übrigen seine bisherigen Gesetze ließ, in seinem Namen durch englische Ritter verwalten zu lassen und segelte am 5. Juni von Famagusta mit seiner Flotte nach Syrien ab.

Bevor er aber das Heilige Land erreichte, hatte er noch, was er ja am meisten liebte, einen Kampf zu bestehen. Zwischen Sidon und Beirut stieß er am 7. Juni auf einen großen, bunt angstrichenen Dreimaster (Dromon), der sich, angerufen, zuerst für ein französisches, dann für ein genuesisches Schiff ausgab, aber ein sarazenisches war. Auf einmal, während man verhandelte, ergoß sich von dem fremden Schiff ein Regen von Pfeilen und griechischem Feuer auf die Engländer, welche bereits zagten, bis *Richard* sie energisch zum Angriff trieb. Mehrere seiner Leute sprangen ins Wasser und versuchten das Steuer des Feindes festzubinden, mußten aber mit dem Verlust von Köpfen, Armen oder Beinen ihre Keckheit büßen. Das erbitterte die übrigen so, daß sie heftiger angriffen, das Verdeck des Feindes erkletterten und unter letzterem ein arges Blutbad anrichteten. Die Türken wehrten sich tapfer und es wurde hart gekämpft, beiderseits mit großen Verlusten. Schon waren die Engländer aus dem Schiff wieder vertrieben, als *Richard* den Seinigen befahl, mit den Sporen ihrer Galions das Fahrzeug anzubohren. Man nahm einen Anlauf und schoß dann gegen den Dromon, der leck wurde und zu sinken begann. Mit Ausnahme der Maschinisten, die man brauchen konnte, wurde die Mannschaft niedergemacht und reiche Beute gewonnen. Angeblich hatte das gekaperte Schiff 1500 Mann, darunter 800 Vornehme und sieben Emire, hundert Kamellasten von Waffen aller Art, Schalen voll griechischen Feuers und zweihundert giftige Schlangen (?) zum Kampf gegen die Christen an Bord.

Nach diesem Sieg segelte *Richard* über Tyros nach dem Lager vor *Akkon*. Alle Häupter des Belagerungsheeres, selbst *Philipp*, empfingen ihn feudig und sahen bereits ein, daß die Eroberung Zyperns, wenn auch gegen Christen gerichtet, der Sache des Kreuzes zum großen Vorteil gereichen müsse.

FÜNFTER ABSCHNITT

Belagerung und Wiedergewinn von Ptolemais

Es ist im vorigen Buch gesagt worden, daß König *Guido,* welchem *Konrad* von Montserrat den Eintritt in Tyros verweigert hatte, in der Mitte des August 1189 sich zu dem Entschluß aufraffte, mit höchstens 9000 Kriegern, die ihm zur Verfügung standen, *Akkon* oder *Ptolemais* anzugreifen, jene Stadt, die mit soviel Feigheit sich *Salaheddin* ergeben hatte und an deren Wiedergewinn für die Kreuzfahrer unendlich viel lag. Am 27. August kamen die Christen vor der Stadt an, welche in Gestalt eines unregelmäßigen Dreiecks dessen längste Seite nordostwärts dem Lande, die beiden kürzeren aber der See zuwandte. Sie war durch *Salaheddin,* der den Rat, sie zu zerstören, zurückgewiesen, neu und auf das trefflichste befestigt worden und die Besatzung blickte mit Hohn auf das, wie sie glaubte, wahnwitzige Unterfangen der Belagerer hinab, welche sie an Zahl um das Vierfache übertraf und, wie die arabischen Geschichtsschreiber jener Zeit zu sagen pflegten, als „bellende Hunde“ und „schreiende Teufel“ verachtete, die, „wenn sie nicht von allen Seiten schossen und schleuderten“, sich „in Geschrei und Gebrüll gleich Hunden und wilden Tieren“ gebärdeten. Den ruhigen Morgenländern mußte freilich die Lebhaftigkeit der Europäer seltsam vorkommen.

Sobald *Salaheddin* von dem Unternehmen erfuhr, zog er heran und stellte sein Heer zwischen dem Fluß Belos und dem Berg Ajadhia auf, so daß die Christen nun von zwei feindlichen Lagern eingeschlossen waren. Dagegen waren sie in Verbindung mit dem Meer, auf dem ihnen schon am dritten Tag der Belagerung, nachdem sie bereits mit *Salaheddin* zu kämpfen gehabt, fünfzig Schiffe mit 10 000 Mann aus den Niederlanden und Dänemark unter *Jakob* von *Avesnes* zu Hilfe kamen; es war ein Teil jener Kreuzfahrer, welche in Portugal gekämpft hatten. Gegen die Mitte des September kamen Franzosen aus der Champagne an, gegen Ende des Monats aber der Landgraf *Ludwig* von Thüringen, der über Brindisi nach Tyros gekommen war und den mit ihm verwandten Margrafen *Konrad* bewogen hatte, sich der gemeinsamen Sache nicht länger zu entziehen und sich mit *Guido* zu versöhnen.

Schlacht bei Ptolomais.

So gelang es den Christen, die Stadt rings zu umschließen und ihr das Wasser abzuschneiden. *Salaheddin* hatte erst geglaubt, die Christen gebrauchten die List, von Zeit zu Zeit Schiffe auf das Meer hinauszusenden, die dann wieder zurückkehrten, überzeugte sich aber bald vom wahren Sachverhalt und beschloß nun einen energischen Angriff, dem die Belagerten von der anderen Seite zu Hilfe kamen. Die Schlacht begann am 12. September und dauerte vier volle Tage. Mit Riesenkräften widerstanden die Christen beiden Angriffen und hielten sich wie Mauern; an die Stelle jedes Gefallenen trat sofort der Hintermann (Bild 52). Sie mußten aber endlich weichen und den Feinden die Verbindung zwischen dem Entsatzheer und der Stadt überlassen, so daß *Salaheddin* diese besuchen und das Zeltlager der Christen vernichten konnte.

Weitere, aber nicht entscheidende Gefechte füllten den ganzen Rest des September aus. Vor allem nun mußte den Christen daran liegen, die Stadt wieder von *Salaheddins* Heer zu trennen und darum griffen sie am 4. Oktober den Berg Ajadhia an, voran die Schützen in undurchdringlichen Waffenröcken, dann die Franzosen und die Johanniter unter *Guido*, dem ein in Atlas gebundenes Evangelienbuch (wohl anstelle des Heiligen Kreuzes?) vorangetragen wurde, hierauf dann nacheinander *Konrad* von Montserrat, die Pisaner, die Deutschen und die Dänen unter dem Landgrafen *Ludwig*, zuletzt die Templer und die Katalonier. Zuerst warfen die Templer den rechten Flügel der Sarazenen, und auch im Zentrum durchbrachen die Christen die Reihen der Feinde und drangen in *Salaheddins* Lager vor, dessen Gepäck bereits von den Troßknechten des Sultans geplündert wurde. Schon flohen die Muslimen massenhaft gegen Tiberias, ja sogar weiter gegen Damask. Es sollte jedoch anders kommen. Einige deutsche Ritter verfolgten ein flüchtiges Pferd und die Feinde hielten dies für eine Flucht, sammelten sich wieder und zwangen die in der Hitze zu weit vorgedrungenen Christen zum ordnungslosen Rückzug. *Jakob* von Avesnes behielt das Leben nur durch einen seiner Ritter, der sich für ihn niederhauen ließ; *Konrad* rettete seinen früheren Feind *Guido* vom Tode, der Templergroßmeister *Gerard* wurde gefangen, und so viele hunderte. Die gefallenen Christen wurden von den Siegern in den Belos geworfen, damit sie ihren Glaubensgenossen die Luft verpesteten.

Die Sarazenen jubelten und *Salaheddin* verkündete die Siegesbotschaft nach allen Winden, so sehr er innerlich über das Herannahen des deutschen Kaisers besorgt war. Zugleich war er krank und verlegte deshalb das Lager weiter zurück in eine gesundere Gegend, so daß die Christen die Stadt wieder vollständig einschließen konnten. Seitdem verkehrte *Salaheddin* mit derselben teils durch Brieftauben, teils durch einen Taucher, der aber einst, als er drei Beutel mit tausend Denaren bei sich führte, unter der Last des Geldes erlag und ertrank. Auch legten die Christen einen eigenen Hafen an, denn damals, zu Anfang des Oktobers, erhielten sie wieder neue Verstärkung aus Italien und Frankreich, sowie durch die über Portugal gekommenen Rheinländer und Skandinavier. Wären alle diese und die später ankommenden Streitkräfte nach Jerusalem aufgebrochen – die Heilige Stadt und das ganze Land hätten ihnen nicht widerstehen können. Statt dessen vergeudete man alle Mittel dieses Unglücks-Kreuzzuges an die Wiedereroberung einer einzigen Stadt, die sich doch nach Jerusalems Fall nicht lange hätte halten können!

Am Ende des Oktober zwang eine ägyptische Flotte von fünfzig Schiffen die christlichen Fahrzeuge, nach Tyros abzusegeln. Ein Transportschiff davon fiel in die Gewalt der Feinde, welche die Mannschaft auf der Mauer zu Tode marterten und überdies den Christen zum Hohne Kruzifixe schändeten und beschimpften. Natürlich rächten sich die Christen an ihren Gefangenen. Aber sie litten an den Ausdünstungen des Sumpfbodens und an schlechter Nahrung und im Winter vollends von Kälte und Stürmen, die ihre Zelte fortrissen, an Krankheiten und Hunger, denen fast alle ihre Pferde erlagen, und demzufolge an furchtbarer Teuerung – während die Belagerten immer wieder neue Verstärkungen und Proviant aus Ägypten und *Salaheddins* Truppen alles Nötige reichlich aus Syrien erhielten. Merkwürdig ist aber, daß gerade zu dieser Zeit, wo die Muslimen im Vorteil waren, *Salaheddin* in einem Brief an den Kalifen von Bagdad über die Gleichgültigkeit seiner Glaubensgenossen gegen die Sache des Islam, über ihre Lässigkeit und Entmutigung klagte und ihnen den Opfermut, die Standhaftigkeit und Glaubenstreue der Christen als Beispiel hinstellte! Er erhielt zwar statt des erwarteten Zuzugs von dem freilich armen Kalifen nichts als leere Versprechungen, im Frühjahr aber zwei Lasten Naphta und zwei Lasten arabischer Lanzen, sowie Kreditbriefe, die aber der Sultan nicht annahm.

In der Tat verloren auch die Christen bei allem Unglück den Mut nicht. Ja, sie wagten am 10. März 1190 einen Angriff auf die Feinde, deren Sultan auf der Jagd war, und hatten einigen Erfolg. Sie befestigten ihr Lager stark, bauten mit unsäglicher Mühe drei Belagerungstürme, jeden von fünf Stockwerken und 60 Ellen Höhe, so daß sie die Mauer überragten, zu denen aber das Holz aus Italien hergebracht werden mußte und deren Kosten Landgraf *Ludwig*, die Genuesen und die übrigen Mitstreiter übernahmen. Zum Schutz gegen das griechische Feuer wurden dieselben mit essiggetränkten Fellen bekleidet und in den unteren Stockwerken hatten sie Wurfmaschinen und Mauerbrecher. Bahnen wurden über die Gräben nach der Mauer hin angelegt, auf denen die Maschinen bequem fortbewegt werden konnten.

Salaheddin wollte diese Arbeiten stören und griff am 27. April die Christen an, doch ohne Erfolg; am 3. Mai trieb er sie in ihr Lager zurück. Auch an den zwei folgenden Tagen dauerten diese Angriffe fort, während zugleich durch aus der Stadt geworfenes Naphta die drei Türme in Brand gesteckt wurden und deren Besatzung sich mit Not rettete. In der Stadt aber herrschte jetzt gräßliche Hungersnot und neue Angriffe *Salaheddins*, um derselben abzuhelfen scheiterten an der Tapferkeit und guten Verschanzung der Christen.

So wechselte immer Glück und Unglück auf beiden Seiten. Ging es den Belagerten schlecht, so rückte die Arbeit der Belagerer hübsch vorwärts; erhielten jene oder die Sultanstruppen Stärkungen und Verstärkungen aus Ägypten oder aus Mosul usw., so lockerte sich die Mannszucht der eingeschlossenen Belagerer. So brach von diesen am 25. Juli eine wilde Schar von 10 000 Mann ohne Anführer und Ermächtigung in das Lager *Malik al Adils* ein, raubte und zechte dort, bis *Salaheddin* und sein Bruder über sie herfielen und sie teils niedermachten, teils gefangen fortschleppten. Ein Waffenstillstand zur Bestattung der Toten wurde den Christen abgeschlagen, damit *Salaheddin* sein Verpestungssystem fortsetzen konnte.

Schon nach zwei Tagen aber kamen großartige Verstärkungen an: aus Frankreich Graf *Heinrich* von der Champagne mit vielen Edeln und Rittern und aus England ebenfalls eine stattliche Schar von Rittern. Ihre Fahrten waren vielfach durch verkappte Sarazenen gefährdet worden, welche, um die Kreuzfahrer irre zu machen und an sich zu locken, in europäischen Sprachen redeten, abendländische Flaggen führten, ja sogar Kreuze und – Schweine (das dem Muslim verhaßteste Tier!) an Bord hatten!

Im Oberbefehl des Belagerungsheers wechselten zuerst *Ludwig* von Thüringen und *Jakob* von Avesnes ab, was aber die gegenseitige Abneigung der Deutschen und Franzosen nicht länger ertrug. Nachdem Graf *Heinrich* von Champagne angekommen, erhielt er den Oberbefehl, und seitdem übten die Franzosen unverändert den größten Einfluß im Lager aus und ließen namentlich den Deutschen ihren Haß fühlen, womit sie auch die übrigen vertretenen Nationen ansteckten. Offenbar war es nicht nur Krankheit, sondern die Kränkung über diese Entwicklung der Dinge, was den Landgrafen *Ludwig* bewog, zu Anfang des Oktober die Heimreise anzutreten. Er sollte jedoch die waldigen Berge seiner schönen Heimat nicht mehr sehen. Auf Zypern starb er am 15. Oktober. Sein Bruder ließ, wie es damals gebräuchlich war, da man auf einem Feldzug vornehme Leichen, die man heimführen wollte, nicht einbalsamieren konnte, den Körper sieden und das Herz pulverisieren. Durch ersteres Verfahren löste sich das Fleisch von den Knochen; dasselbe wurde in Zypern beerdigt, die Knochen und das Herz aber wanderten nach Deutschland und wurden in Reinhardsbrunn beigesetzt. Gleich vielen anderen hervorragenden christlichen Führern, die mit *Salaheddin*, den großen Gegner achtend, Geschenke und Höflichkeiten ausgetauscht hatten, entging auch er nicht der beliebten Beschuldigung des Verrats.

Sein Abgang wurde für die Deutschen zwar durch die Ankunft Herzog *Friedrichs* von Schwaben ersetzt, aber leider nicht für lange. Der Tod seines Vaters hatte die Belagerten ungemein ermutigt und sie verhöhnten die Belagerer darüber: „Was hofft ihr noch weiter? Euer Kaiser ist ertrunken!“ So riefen sie, auf den Mauern tanzend und musizierend. Bei Tripolis hatte *Friedrich* mit Anstrengung die ihm entgegengesandten Truppen unter einem Sohn *Salaheddins* geschlagen; aber auch die Christen hatten ihm den Markgrafen *Konrad* entgegengesandt, der ihn nach Tyros geleitete und von dort, nach einiger Rast, zu Schiff mit ihm am 7. Oktober vor Akkon eintraf. Aber weil er mit dem Markgrafen verwandt war, galt er gleich als ein Gegner des Königs *Guido* und wurde von den Franzosen ohnehin als Deutscher scheel angesehen. Auch hatte er Unglück im Kampf sowohl als mit seinen Belagerungsmaschinen, welche in Brand geschossen wurden; doch widerfuhr das letztere auch französischen Maschinen. Seine Mannschaft, ohnehin zusammengeschmolzen, wurde durch die furchtbaren Leiden des an Hungersnot und Krankheiten überreichen nächsten Winters fast ganz aufgerieben und am 20. Januar 1191 starb er selbst an der Pest, worauf nun freilich die sämtlichen Belagerer ihm zu Ehren ihre Zelte beleuchteten, so daß die Feinde glaubten, das Lager brenne – seine Soldaten aber sich teils zerstreuten, teils dem Markgrafen *Konrad* oder dem Herzog *Leopold* V. von Österreich anschlossen, der im Frühjahr von Venedig her anlangte, nachdem er durch Stürme lange aufgehalten worden.

Diese stete Verminderung und nur schwache Vermehrung der Deutschen weckte nun immer mehr den Heldenmut der Franzosen in ihrer schmählichen Behandlung des kleinen Häufchens. Der damals oder später dort anwesende ehrliche *Fridank* klagt:

Nu spottents unser zaller Zît:
si sprechend: aleiz unde rît
in dîn lant hin über mer.

Und weiter:

Swer schuldic sî, daz rihte got,
daz wir da sin der Walhe spot
und möhten tiusche liute
daz lant gewinnen hiute,
die Walhe sint in so gehaz,
si gunnens heiden michels baz.

Unerschöpflich ist der wackere deutsche Sittenschilderer in Ausmalung der Leiden vor Akkon und faßt seine Klage zusammen in den Versen:

Z'Akers ist des todes grunt,
dâ ist niuwan tôt und ungesunt;
vnd sturben hunderttusend dâ,
man klagete ein esel mê anderswâ.

Die Sturmversuche gegen die Festungsmauer sowohl als gegen den verhängnisvollen, den Hafen sperrenden „Fliegenturm" waren fortwährend unglücklich; nicht nur gingen alle Belagerungsmaschinen zugrunde, selbst ein glühender Widderkopf von hundert Zentnern Schwere wurde von den Belagerten mit Haken aufgefangen und in die Stadt gebracht, wo man ihn erst nach einigen Tagen löschen konnte und dann dem Sultan schickte. Auch gab es verwegene Beduinen, welche sich zur Nachtzeit in das christliche Lager schlichen und die Krieger entweder niederstießen oder sie mit vorgehaltenem Dolch zwangen, ihnen als Gefangene zu folgen. Die Gefechte mit dem Entsatzheer waren zwar zahllos, aber nie entscheidend; wohl erfochten einzelne Scharen, namentlich die verachteten Deutschen, bisweilen Siege, aber in der Regel unterlagen die Christen, freilich ohne den Feinden den Weg nach der Stadt zu öffnen.

Weiter als jeder bisherige Sturm brachte es der in der Nacht vom 4. zum 5. Januar 1191, wo die Deutschen und Engländer bereits eine Bresche erkletterten, aber aus Mangel an Unterstützung zurückgeschlagen wurden.

Merkwürdig sind die Gegensätze, die sich im christlichen Lager nebeneinander fanden. Neben den nationalen Anfeindungen offenbarte sich ein festes Zusammenhalten gegen den äußern Feind, neben der furchtbaren Not und Teuerung im Winter von 1190 auf 1191 ein sorgloses und selbst liederliches Leben, neben dem letzteren wieder die rührende Hingabe an den Kampf für den Glauben, so aussichtslos er zu sein fortfuhr. Die Teuerung war so weit gestiegen, daß eine Bürde Weizen 100 Goldstücke, ein Scheffel Getreide 60, ein Huhn 12 Solidi, ein Ei oder ein Apfel 3 bis 6 Goldstücke kostete, daß man für die Eingeweide eines toten Pferdes 10 Solidi zahlte, Knochen abnagte, welche Hunde liegen gelassen, das geringste Genießbare sorgfältig verbarg, vor den Bäckereien sich blutig raufte und selbst Edelleute Brot stahlen. Zwei Kreuzfahrer kauften für ihr letztes Goldstück 13 Bohnen, und als sie eine davon wurmstichig fanden, ging der eine zum Verkäufer zurück und bat um eine andere. Es gab welche, die aus Hunger zu den Feinden überliefen und für ein Stück Brot ihren Glauben wechselten, ja sogar den Feinden als Kundschafter und Seeräuber dienten und Christen in die Sklaverei verkauften. Es herrschte die Krankheit „Arnaldia", deren Opfer die Glieder anschwollen und die Zähne ausfielen. Und daneben gab es Schenken und liederliche Häuser, in denen die Unseligen allen Lastern frönten! Als jedoch im Februar eine Proviantflotte erschien, wurde vieles besser und der Scheffel Weizen fiel sofort von 100 tyrischen Denaren (etwa 1100 Francs) auf 4 bis 8 im Preis.

Und trotz alledem nötigten, wie Röhricht sagt, die Heldenkraft und Aufopferung, die Geduld und Ergebung der Christen selbst den Sultan zu aufrichtiger Bewunderung, während im Lager der Muslimen, wo unerschöpfliche Fülle an Lebensmitteln neben der dem Orient eigenen Mäßigkeit im Genuß herrschte, wiederholte Meutereien ausbrachen und *Salaheddin* seine Emire oft genug dringend bitten mußte auszuharren, aber viele derselben sogar für hohe Geldanerbietungen sich nicht mehr bewegen ließen, die Belagerten zu verstärken. Längst wären diese entmutigt zusammengesunken, wenn sie nicht zum Befehlshaber den tapfern und unbeugsamen *Bohaeddin Karakusch* und zum Statthalter den mutigen Kurden *Seifeddin* gehabt hätten, welche die einzigen waren, die während der ganzen Zeit der Belagerung in der Stadt aushielten.

Das namentlich spricht für den unter den Christen vorwiegend guten Geist, daß, als jene furchtbare Krankheit herrschte und an einem Tag tausend daran Gestorbene beerdigt wurden, Bischöfe verschiedener Nationen zusammentraten, um die Not durch wohltätige Beisteuern zu lindern. Noch Größeres aber taten oder begründeten vielmehr deutsche Pilger aus Lübeck und Bremen, aus dem Gefolge des Grafen *Adolf* von Holstein, welche ein Hospital stifteten, das *erste* im Lager, zuerst nur aus Segeltüchern bestehend, das aber Herzog *Friedrich* besser ausstattete. Als dann die Stiftung Grundbesitz erwarb, und Papst *Clemens III.* sie bestätigte, wurde sie fester und fester, und aus diesen Anfängen hat sich der dritte große geistliche Ritterorden, den die Kreuzzüge ins Leben riefen, der Orden der *Deutschen Ritter* (1198) entwickelt, den wir freilich vorwiegend auf einem ganz anderen Gebiet als dem des islamitischen Morgenlandes wieder treffen werden.

Es gab indessen in den Zeiten zwischen den ernsteren Kämpfen, die manchmal ziemlich lange dauerten, Augenblicke, wo sich die Krieger beider Parteien als Menschen fühlten und die Glaubensverschiedenheit vorübergehend vergaßen. Man kam bisweilen von beiden Lagern zu Spiel und

Turnier bei Ptolomais.

Scherz zusammen oder hielt Turniere zwischen christlichen und muslimischen Rittern ab, denen man gemeinsam zuschaute (Bild 53). Auch forderten sich von diesem gemischten Publikum Knaben beider Parteien zum Kampf heraus, und wenn die einen die anderen besiegten, wurden letztere von ihrer Partei mit Geld ausgelöst. Überhaupt hat kein Ereignis in dem Maße wie die Kreuzzüge dazu beigetragen, das Gefühl, dem sie ursprünglich dienen sollten, den einseitigen Glaubensfanatismus, zu zerstören und dessen Gegenteil, die Duldung Andersgläubiger und die Anerkennung ihrer guten Seiten und Eigenschaften zu befördern.

Was aber den Christen wohl am meisten, materiell sowohl als moralisch schadete, das war die Zwietracht, ja Feindschaft zwischen ihren Oberanführern, welche bei dem alten Mangel an einem gemeinsamen Oberhaupt (welches freilich unter den damaligen Umständen nur der Papst hätte sein können, der sich aber niemals auf diesen gefährlichen Posten stellte) freilich unvermeidlich war. Es herrschte eine doppelte Eifersucht, nämlich eine solche zwischen den Ansprechern der Krone von Jerusalem und zwischen den Führern der verschiedenen am Kreuzzug beteiligten Völker, welche beiden Verhältnisse sich wieder in mannigfacher Weise verquickten.

Der Grundstock dieser unerquicklichen Wirren war die Nebenbuhlerschaft zwischen *Guido* von *Lusignan* und *Konrad* von *Montserrat*, welche nach längerem Schlummer wieder in ihrer Gehässigkeit ausbrach, als im Oktober 1190 die Königin *Sibylla* starb. Markgraf *Konrad* sah nun hierin einen willkommenen Anlaß, seine alten Pläne auf die Krone von Jerusalem der Verwirklichung näher zu bringen. Er wies nach, daß Guido nur durch seine Gattin König geworden und durch deren Tod sowohl als durch seine Unfähigkeit und unmännliche Schwäche die Krone verwirkt habe. Das gab nun allerdings *ihm* noch keine Rechte auf dieselbe, aber der gewalttätige Mann wußte sich zu helfen. Er warf seine Augen auf Elisabeth oder *Isabella*, die jüngere Schwester *Sibyllas*, welche, erst 8 Jahre alt, 1180 mit dem ebenfalls schwachen und unmännlichen *Humfried* von Toron verehelicht worden war*. Er verlangte, daß sie von ihrem Mann geschieden werde, weil eine so früh eingegangene Ehe nicht als gültig betrachtet werden könne, und daß er selbst sie zur Gattin erhalte. Merkwürdigerweise willfahrte das geistliche Gericht diesem eigentümlichen Doppelverlangen und *Konrad* wurde am 24. November der zweite Gatte *Isabellas*. Nun sah er sich als den rechtmäßigen König von Jerusalem an, ohne zu bedenken, daß er durch diesen Schritt große Mißstimmung gegen sich hervorgerufen hatte, so daß man ihn sogar des Verrats beschuldigte.

Nun geschah aber das Sonderbare, daß König *Philipp* von Frankreich, der am 13. April 1191 bei Akkon landete, aber gleich mit seinen sieben Belagerungsmaschinen Unglück hatte, indem sie alle Feuer fingen, sich auf die Seite *Konrad*s schlug, obschon dieser stets ein Freund der Deutschen gewesen und *Guido* ein Franzose war. Guido wandte sich deshalb, wie wir bereits gesehen, nach Zypern an König *Richard*, mit dem er am 8. Juni ankam. Um so mehr brach nun die Feindschaft der Könige von England und Frankreich wieder aus. Richard machte seinem Gegner ohne Scheu Ritter abspenstig, indem er ihnen mehr Geld bot, und nahm die Huldigung der Pisaner und Genuesen an, die von *Philipp* abgefallen waren. Letzterer schrieb daher ersterem das Unglück zu, das er stets im Kampfe gegen *Salaheddin* hatte. Da man somit nicht wußte, wer Koch und wer Kellner war, wurde die oberste Leitung einem aus englischen und französischen Rittern gebildeten

---

* Verheiratungen von Kindern zu politischen Zwecken waren damals nichts Ungewöhnliches.

Kriegsrat übertragen, dem beide Könige Gehorsam leisten mußten, die übrigens fast beständig krank lagen.

Als nun in der Mitte des Juni der tapfere *Gottfried* von *Lusignan* den Gegner seines Bruders, *Konrad,* öffentlich einen Verräter nannte und ihn zum gottesgerichtlichen Zweikampf herausforderte, tat *Konrad* abermals, was ihm am meisten schaden mußte – er floh nach Tyros, kam aber bald, von Philipp gerufen und beschützt, wieder zurück, ohne die Herausforderung anzunehmen.

Auf der andern Seite suchte und fand *Richard* die Freundschaft des ihm als tapferer Held äußerst sympathischen *Salaheddin* und wechselte mit ihm Geschenke, was auch *ihm* viele Vorwürfe und Feindschaften eintrug. Dagegen war es merkwürdig, welches Glück *Richard* in die Arbeit der Belagerer gebracht und welches er selbst hatte. Seit seiner Ankunft schritten jene Arbeiten zum ersten Male vor und seine Türme waren die einzigen, welche unverletzt blieben. Er legte Bresche auf Bresche und mehrere Emire flohen aus der Stadt zum Sultan, der sie voll Verachtung empfing. Der kranke *Richard* ließ sich auf Kissen zu den Maschinen tragen und schoß rastlos auf die Belagerten. Für jeden aus der Mauer gebrochenen Stein zahlte er zwei bis vier Goldstücke!

Im Lager des Sultans war abermals Meuterei ausgebrochen, in der Stadt herrschte Entmutigung unter der stark gelichteten Besatzung, die Mauern und Türme waren voller Breschen. Am 24. Juni begann der Befehlshaber zu unterhandeln und bot die Übergabe der Stadt gegen freien Abzug an. Die Christen verlangten unbedingte Ergebung sowie Rückgabe des Heiligen Kreuzes und des Königreichs Jerusalem. Da brach man die Verhandlungen ab, nahm sie aber zu Anfang des Juli wieder auf. Es heißt, *Salaheddin* habe das Königreich mit Ausnahme von Askalon, Karak und Schaubak angeboten, wenn die Christen ihm 9000 Mann gegen Kutbeddin, den Sohn *Nureddins,* Fürsten von Diarbekr, gegen reichen Sold zu Hilfe sendeten. *Richard* und *Philipp* aber weigerten sich dessen.

Inzwischen lösten sich die Besatzungstruppen zum Teil auf, flohen oder stürzten sich gar von den Mauern. Es wurde wieder gestürmt, zugleich von den Christen gegen die Stadt und von den Sarazenen gegen das christliche Lager, überall mit rasender Erbitterung und heldischer Tapferkeit.

Am 12. Juli bot dann der Befehlshaber die Übergabe sowie das Heilige Kreuz und 700, später 2000 gefangene Christen an. Man verlangte außerdem hundert Vornehme, darunter den Befehlshaber und den Statthalter, und einen Teil der Besatzung als Geiseln und 200 000 Denare als Lösegeld für die Besatzung, und daraufhin wurde die Stadt, fast zwei Jahre nach Beginn der Belagerung und fast vier Jahre nach ihrem Übergang an die Muslimen, den Christen wieder übergeben, denen sie fast genau noch hundert Jahre lang verbleiben sollte. Die Geiseln wurden als Gefangene behandelt und unter die beiden Könige verteilt. Der freigelassene Teil der Besatzung zog in trefflicher Haltung, wenn auch unbewaffnet und in schwacher Anzahl aus. Die Christen aber hielten unter Freudengesängen ihren Einzug. Salaheddin zog betrübt ab.

Nach dem Einzug entfremdeten sich beide Könige durch ihre Rücksichtlosigkeit gegen alle anderen als ihre eigenen Nationen die Angehörigen derselben. Während jedoch *Richard* sich bis zu der Rohheit verstieg, von den auf die Türme und Basteien gepflanzten Bannern der Fürsten das des Herzogs von *Österreich* herunterzureißen und in den Schmutz zu werfen, hatte *Philipp* wenigstens den Gerechtigkeitssinn, den ehemaligen christlichen Einwohnern von Akkon, denen früher die Muslimen und jetzt die Ritter ihre Häuser weggenommen hatten, dieselben zurückzugeben. Natürlich wurden die Kirchen der Stadt durch die vielen anwesenden Bischöfe wieder eingeweiht.

Zwischen *Konrad* und *Guido* mußte nun endlich das Feld klar werden. Eine Versammlung im königlichen Schlosse zu Ptolemais am 28. Juli sprach, nach allseitiger Besprechung der Sache und Anhörung beider Parteien, das Urteil: *Guido* solle bis zu seinem Tod König bleiben, danach aber *Konrad* ihm nachfolgen; bis dahin sollten sich beide in die Einnahmen des Reiches teilen. *Konrad* erhielt den erblichen Besitz von Tyros, Sidon und Beirut, *Guido* den von Joppe wieder.

Dieser Friede zwischen den zwei jerusalemitischen Prätendenten bedingte aber noch nicht denjenigen zwischen den beiden europäischen Königen. Ihr Verhältnis war so unheilbar verdorben, daß sich *Philipp* entschloß heimzukehren. *Richard* nannte dies schimpflich, wollte es aber nicht verhindern. Als *Philipp*, wie er schon einmal versucht, die Hälfte von Zypern verlangte, schlug dies Richard ab, schenkte ihm aber zwei und nachher noch drei Galeeren und forderte von ihm einen Eid, in seiner Abwesenheit und bis 40 Tage nach seiner Rückkehr England nicht zu bekriegen. *Philipp* schwor dies unter Bürgschaft des Herzogs von Burgund und des Grafen von Champagne, übergab ersterem die Leitung der zurückbleibenden Franzosen und fuhr am 31. Juli nach Hause ab, über seinen Schritt viel Erbitterung zurücklassend.

SECHSTER ABSCHNITT

Krieg zwischen Richard und Salaheddin

War wir bisher von *Richard Löwenherz* erzählen mußten, zeigt klar, was von Kreuzfahrern zu erwarten war, unter denen er jetzt unzweifelhaft als der bedeutendste und höchststehende hervorragte – nämlich tollkühne Taten, aber nichts Durchdachtes und daher auch nichts Fruchtbares. *Richard* war unbeständig und wankelmütig; hätte er gegen Jerusalem nur genauso gehandelt, wie gegen Zypern, so hätte er es unfehlbar erobert; allein auf dieser Insel wurde er ohne Vorbereitung zum Losschlagen hingerissen, und da war er in seinem Element – während von der Wiedereinnahme Jerusalems seit langem alles sprach und träumte, und das lähmte von vornherein seine Art und Weise des Handelns. Aber ebensosehr ist in beiden Fällen die Natur seines Gegners zu berücksichtigen. Ein *Salaheddin* stand in allen Beziehungen so hoch über einem Isaak Komnenos, daß er jedem Angreifer gegenüber hundertfache Aussichten auf erfolgreichen Widerstand darbot.

Nach seinem alten unwillkürlichen Grundsatz „vorgetan und nachbedacht“, begann dann auch *Richard* seine, wennschon nicht rechtliche, doch tatsächliche und unwidersprochene Herrschaft im christlichen Teil Syriens, dessen König *Guido* ja nur sein Werkzeug war, durch eine entsetzliche Bluttat. Es wurden zwischen ihm und *Salaheddin* Unterhandlungen zum Vollzug der Kapitulationsbedingungen von Akkon angeknüpft. *Salaheddin* sammelte die ausbedungene Auslösungssumme und hatte die Hälfte derselben zur Abgabe bereit, wie auch das Heilige Kreuz und 600 gefangene Christen, und sandte den beiden Königen (an *Philipp* nach Tyros, wo er auf der Reise noch weilte) Geschenke, um sie gegen die Verzögerung des Ganzen seiner Verpflichtungen milde zu stimmen. *Richard* verlangte inzwischen von *Konrad* in Tyros die ihm übergebenen Geiseln vom Anteil des Königs von Frankreich und zugleich Wiedereintritt in den Heeresdienst. *Konrad* weigerte sich dessen, gab aber endlich die Geiseln heraus, als Abgeordnete *Richards* kamen, ihn dazu zu bewegen. Als jedoch an dem mit *Salaheddin* verabredeten Termin zur Austauschung der Geiseln und des Geldes nebst dem Kreuz und den Gefangenen, am 12. August, von *Salaheddins* Seite weder dessen zum Unterhändler bestimmter Bruder *Malik al Adil*, noch ein anderer Vollmachtträger erschien, drohte *Richard* am folgenden Tag dem Sultan, er werde, wenn die Sache nicht Erledigung finde, die Geiseln hinrichten lassen. Darauf antwortete *Salaheddin* einfach mit der Ankündigung von Repressalien an den gefangenen Christen. Trotzdem ließ er sich gleich darauf zu neuen Unterhandlungen herbei und sandte dem König sogar Geschenke, indem er sich selbst zur Auswechslung der Bedingungen einzufinden versprach. Allein abermals hielt er sein Wort nicht, ja er ließ sich nicht einmal entschuldigen, und antwortete den englischen Gesandten, die ihn zur Rede stellten, er könne den Vertrag ja doch nicht erfüllen. So erzählen die Engländer, während die mohammedanischen Zeitgenossen einfach berichten, *Salaheddin* habe den Zusagen der Christen nicht getraut, wenn nicht die Templer (denen er doch bis dahin seinen grimmigsten Haß bewiesen) für die Erfüllung jener Zusagen eidliche Bürgschaft leisteten, wessen sich aber die Templer geweigert hätten, und darauf habe *Salaheddin* die Geiseln ihrem Schicksal überlassen. Wir finden, keine von beiden Erzählungen spreche zu *Salaheddins* Gunsten, der nach beiden keinerlei wirksame Schritte getan hat, das Leben seiner Leute zu retten; aber dies entschuldigt, da Menschenleben unter allen Umständen höher stehen als Vertragsbedingungen und nicht als Ersatz der Erfüllung solcher gelten können, keineswegs *Richards* nun folgende Schandtat. Er ließ, als am 20. August der letzte Termin abgelaufen war, die über zweitausend gefangenen tapferen Verteidiger von Ptolemais, mit Ausnahme der Vornehmsten und einiger besonders kräftigen Leute, vor das Tor der Stadt führen und einem nach dem andern den Kopf abschlagen (Bild 54). Ein christlicher Schriftsteller erzählt sogar, man habe die Eingeweide der Gemordeten nach verschlucktem Gold durchsucht und ihre Lebern zu angeblich medizinischen (wohl eher abergläubigen) Zwecken aufbewahrt!

Salaheddin, so grausam er sonst sein konnte und so sehr er es bei Hattin gegen tapfere Krieger war, die ihm nichts zu Leide getan, zeigte sich diesmal menschlicher als *Richard*; er ließ keinem christlichen Gefangenen das Leben nehmen, sandte aber alle zur Auslieferung bereit Gehaltenen in die Sklaverei zurück und gab das Heilige Kreuz nicht heraus. Jedoch schwor er, künftig das Leben keines gefangenen Christen mehr zu schonen. Daß *Richard* aber jene Bluttat längst beabsichtigt und trotz Erfüllung der Bedingungen vollzogen hätte, wie die Mohammedaner und seine christlichen Feinde behaupten, ist unwahrscheinlich und widerspricht seinem stets nur nach den Eingebungen des Augenblicks handelnden Charakter. Es wird übrigens erzählt, wenn auch nicht ganz zuverlässig, daß jener Massenmord mit der Zustimmung der übrigen Fürsten geschehen und daß der Herzog von Burgund die dem König von Frankreich zugewiesenen Geiseln ebenfalls habe enthaupten lassen.

Richard hatte schon vor dieser Tat den Auszug zur Eroberung von *Askalon* angeordnet, allein er hatte es mit einem erschöpften, entmutigten, sittlich verwilderten und aller Begeisterung für die heilige Sache fremden Heer oder vielmehr mit einem Haufen der verschiedenartigsten Scharen zu tun, bei denen er nur durch sein Gold wirklichen und durch sein gewalttätiges

Hinrichtung der Gefangenen.

Auftreten scheinbaren guten Willen hervorrufen konnte. Wer sich dem Waffendienst entziehen konnte, tat es durch Flucht oder andere Mittel. Schon zwei Tage nach dem Massenmord zog *Richard* mit den Engländern und Franzosen, die er zur Gefolgschaft geradezu zwingen mußte, in der Richtung nach Joppe ab, während Schiffe längs der Küste das Belagerungsgerät und die Lebensmittel führten.

Salaheddin, der noch immer in der Nähe von Ptolemais weilte, hatte kaum diesen Auszug bemerkt, als er den Kreuzfahrern folgte und sie durch kleine Reiterscharen fortwährend beunruhigen und angreifen ließ, ohne ihnen jedoch Schaden zuzufügen. Voran führte *Richard* seine Engländer und Normannen, die Ritter stets von dichten Massen Armbrustschützen umgeben, und in der Mitte fuhr der Fahnenwagen (*Carroccio* oder Standart) mit *Richards* Panier auf hohem Mast. Den zweiten Teil des Hauptheeres bildete *Hugo* von Burgund mit den Franzosen; die Vorhut war den Templern, die Nachhut den Johannitern anvertraut. Die Überfälle der Türken nahmen kein Ende, aber *Richards* wuchtiger Arm wies sie stets zurück, und neben ihm zeichnete sich *Eberhard* aus Salisbury aus, dem die rechte Hand im Gefecht abgehauen wurde und der unerschrocken das Schwert in die Linke nahm und weiter focht. Auch *Wilhelm* des *Barres*, der sich dem Kreuzzug wieder angeschlossen hatte, erwarb sich hier durch seine Tapferkeit die in Messina eingebüßte Gunst des englischen Königs wieder. Der Weg an den Küstengebirgen, besonders dem Karmel hin war sehr schwierig und es fehlte oft an Lebensmitteln; die üppigen und dornigen Gesträuche, die furchtbare Hitze und die lästigen Insekten trugen noch mehr zu den auszuhaltenden Strapazen bei. Städte und Dörfer am Weg waren auf *Salaheddins* Befehl bereits verwüstet und entvölkert, denn die Christen erwarteten immer Nachzüge aus Ptolemais und marschierten darum langsam und mit öfteren Rasten. *Richard* tat sein Möglichstes, um den Mut der Krieger anzufeuern, und das war sehr notwendig, da selbst die Ritter wenig Kampfesmut zeigten und den König oft zur Verzweiflung brachten. *Salaheddin* aber hielt sein Wort und ließ ohne Gnade jeden bei den immer heftigeren Überfällen in seine Hände fallenden Christen töten. Hart hinter dem ebenfalls gründlich zerstörten *Cäsarea* wurde von *Salaheddin* selbst am 1. September der heftigste der bisherigen Angriffe gemacht, aber ohne Erfolg, und dabei fiel ein durch seine riesige Gestalt und Kraft berühmter Mameluck des Sultans, den die Christen *Ajas* nannten. Als nach wiederholten unaufhörlichen Angriffen wieder Hungersnot ausbrach, verordnete *Richard*, daß jeder, der armen Fußknechten ein totes Pferd unentgeltlich überließe, dafür ein lebendes erhalten sollte.

Mehr und mehr hatten die Christen Anlaß, eine Schlacht zu erwarten; da versuchte *Richard* mit des Sultans Bruder *Malik al Adil* Friedensunterhandlungen, die sich aber zerschlugen, weil der König die Rückgabe des Reiches Jerusalem verlangte. Da rüsteten sich am 7. September beide Heere zur Schlacht bei *Arsuf*; angeblich waren es 100 000 Kreuzfahrer gegen 300 000 Mohammedaner, dabei Türken, Beduinen und Neger, letztere in roten Turbanen und mit Keulen bewaffnet. *Richard* wollte entweder die Schlacht vermeiden, um Askalon zu erreichen, oder dann nur in geschlossenen Massen kämpfen, und untersagte daher allen Widerstand, bis das Zeichen dazu gegeben wäre. Aber der Angriff der Sarazenen war ein furchtbarer, unter dem besonders das Fußvolk zu leiden hatte und viele Pferde fielen (Bild 55). Tiefer Unwille erfüllte die Ritter, namentlich die Johanniter, als *Richard* mit dem Zeichen zum Widerstand immer noch zögerte, und sie rannten endlich ohne Befehl auf die Feinde los, und so nach und nach alle Ritter des Heeres, und warfen in ihrem Ansturm die Türken in Massen nieder. Nun mußte *Richard*, der in seinem Verhalten bei dieser Gelegenheit bis dahin seine Natur

Schlacht bei Arsuf.

verleugnet hatte, wohl oder übel auch losschlagen; er sprengte auf seinem dem Zyprier *Isaak* abgenommenen trefflichen Roß allen Rittern voran und schlug im furchtbarsten Gedränge mit seinem Streitkolben alles um sich nieder (Bild 56). Der aufgewirbelte Staub war so dicht, daß die Ritter oft nichts Deutliches vor sich sahen und ihre eigenen Genossen verwundeten. Endlich aber mußten die Türken, welche *Salaheddin* und sein Bruder umsonst zusammenzuhalten suchten, über Hals und Kopf fliehen; manche entkamen ins Gebirge; viele stürzten in das Meer, andere verbargen sich auf Bäumen, von denen sie aber heruntergeschossen wurden.

Bald indessen hätte der Sieg schließlich noch vergällt werden können, indem die von der Verfolgung der fliehenden Feinde zum Fahnenwagen zurückeilenden Ritter von einer in Reserve gehaltenen sarazenischen Reiterschar mit gelben Fahnen angegriffen und umringt wurden, aber *Wilhelm des Barres* und *Richard* selbst eilten ihnen zu Hilfe, zersprengten die Türken und machten den Weg zur Standarte frei. Zwei Rasten weit war der Boden mit sarazenischen, weißen, braunen und schwarzen Leichen, mit toten Pferden und Kamelen, mit Waffen und Geschossen aller Art bedeckt. Die Leibwache *Salaheddins* war bis auf 17 Mann vernichtet und der Sultan selbst völlig zerschmettert vor Schmerz. Unter den gefallenen Christen befand sich der tapfere *Jakob* von *Avesnes*, der feierlich bestattet wurde.

Richard aber stellte die Ordnung im Heer wieder her und lagerte sich vor Arsuf; ein sofortiger Angriff aus der Stadt wurde unter dem Ruf: „Helfe uns Gott und das Heilige Grab!" in raschem Ansturm zurückgeschlagen. Der Weitermarsch nach Joppe am 10. September wurde abermals durch rastlose feindliche Angriffe beunruhigt. Bei der zerstörten Stadt *Joppe* fanden die Christen einen herrlichen Lagerplatz unter zahllosen Fruchtbäumen und einen bequemen Landungsplatz für die sie mit Lebensmitteln versorgenden Schiffe, welche aber auch wieder alle Versuchungen zu Schlemmerei, Trunk und Üppigkeit aus Akkon herbrachten. Zugleich vernahm man, daß *Salaheddin,* der sich nach der Schlacht bei Arsuf nach Ramla zurückgezogen hatte, bereits begonnen habe, *Askalon,* das die Araber die „Braut von Syrien" nannten, zu zerstören, um den Christen diesen Stützpunkt zu rauben; er tat es indessen nur mit Widerstreben und erklärte, lieber seine Söhne zu verlieren. Es war eine harte Arbeit, die fast eine Lanzenlänge dicken und 9 bis 10 Ellen in die Erde gegründeten Mauern niederzuwerfen; die Stadt selbst, deren Bewohner wehklagend auszogen, wurde verbrannt.

Richard beriet mit seinem Kriegsrat, ob man lieber die Zerstörung von Askalon verhindern oder gegen *Jerusalem* ziehen wolle. *Richard* war für Askalon; für Jerusalem war niemand, und auf Antrieb der Franzosen erklärte sich alles für den Wiederaufbau von Joppe, um hier des Wohllebens zu genießen und neuen Mühseligkeiten zu entgehen. Während man langsam und gemächlich an die Arbeit ging, begaben sich viele nach Akkon zurück und ergaben sich dort wieder einem liederlichen Leben. Inzwischen aber ließ *Salaheddin* nicht nur *Askalon* noch vollständig zerstören, sondern noch *Ramla* und *Lydda* dazu*. Das brachte dem König *Richard* die Gefahr, in welcher die Kreuzfahrer schwebten, wieder lebhafter vor Augen, und er begab sich, nachdem dies der König *Guido* in seinem Auftrag umsonst versucht hatte, selbst nach *Akkon,* um die Kriegsscheuen an ihre Pflicht zu mahnen und brachte sie, wie auch seine Gattin und Schwester, mit sich nach Joppe. Weiter aber geschah nichts und *Salaheddin* erhielt willkommene Zeit, Jerusalem, gegen welches er die nächsten Bewegungen der Christen gerichtet zu sehen erwartete, stärker zu befestigen, wobei er fleißig anwesend war und selbst auf dem Sattel seines Pferdes herbeitrug, was seine

---

* Kopfleiste V. Buch 1. Abschn.

Richard in der Schlacht bei Arsuf.

Großen und alle Soldaten und Einwohner der Stadt eifrig nachahmten. *Richard* schwankte beständig zwischen Vorsätzen, auf Jerusalem loszuziehen und – die Heimreise anzutreten, letzteres, wenn er, wie sooft, krank war oder der wachsende Geldmangel ihm zum Bewußtsein kam oder er Angriffe des Königs *Philipp* auf sein Land besorgte. Auch unter den Franzosen nahmen das „Heimweh" und die Kreuzzugsmüdigkeit überhand.

Während der sieben Wochen, welche *Richards* Heer ohne kriegerische Taten in und bei *Joppe* blieb, ging er bisweilen auf die Jagd oder auf Abenteuer mit geringer Begleitung und wurde einst unversehens von Türken umringt; er wäre auch gefangen worden, wenn nicht der Ritter *Wilhelm Despreaux* die Geistesgegenwart gehabt hätte, sich für ihn auszugeben, worauf er ergriffen wurde und *Richard* gerettet war. *Wilhelm* wurde später gegen zehn gefangene vornehme Türken ausgewechselt.

Am Ende des Oktober befahl endlich *Richard* den Aufbruch und übertrug die Fortsetzung des Wiederaufbaus von Joppe einigen seiner Großen; aber es geschah nichts, als daß einige Gefechte mit den Feinden geliefert wurden; denn *Richard* hatte den Feldzug immer mehr satt und betrieb immer ernster Friedensunterhandlungen mit *Salaheddin*, welcher hierzu seinen Bruder *Malik al Adil* beauftragte; denn auch *er* war des Krieges müde. Auf der andern Seite aber knüpfte auch *Konrad* von Tyros Unterhandlungen mit dem Sultan an, aber geradezu verräterische. Mehr als die längst ersehnte Krone zu erlangen, schien ihm an einem festen Besitz gelegen, und er bot *Salaheddin* gegen die Überlassungen von Beirut und Sidon – seine Hilfe gegen die Christen, ja sogar zur Eroberung von Akkon an! Es war für den Sultan höchst günstig, beide Fürsten, deren Zwietracht ihn erfreute, durch Unterhandlungen hinzuhalten und hierdurch den einen gegen den andern noch mehr aufbringen zu können.

SIEBENTER ABSCHNITT

Friede zwischen Richard und Salaheddin

Als *Richard* im Verlauf dieser Unterhandlungen einsah, daß er den Sultan niemals würde bewegen können, Jerusalem herauszugeben, machte er dessen Bruder *Malik al Adil* den fantastischen Vorschlag, seine Schwester *Johanna*, die Witwe des Königs *Wilhelm* von Sizilien, zu heiraten, diesem Paar möge *Salaheddin* Jerusalem überlassen, und er, Richard würde seiner Schwester als Mitgift geben, was die Christen in Palästina noch besitzen. *Al Adil* soll sich diesem Vorschlag zugeneigt und ihn seinem Bruder angelegentlich empfohlen haben. Auch der Sultan stimmte bei, doch wahrscheinlich in der Überzeugung, daß *Johanna* keinen Muslim zum Mann nehmen würde und daß *Richard* dies bloß vorschlage, um ihn zu anderen Zugeständnissen geneigt zu machen. Und so war es auch, und zeigte sich deutlich, als *Richard* der widerstrebenden Schwester die leere Hoffnung machte, *Al Adil* würde vielleicht Christ werden (! ?). Am 8. November hatten *Richard* und *Al Adil* eine glänzende Zusammenkunft, bei welcher sie sich gegenseitig mit ihren Lieblingsgerichten bewirteten, einander die Gesänge ihrer Heimat hören ließen und gegenseitige Freundschaft schlossen. *Richards* Wunsch aber, *Salaheddin* selbst kennenzulernen, was *Al Adil* seinem Bruder empfahl, wies der Sultan für jetzt mit der Bemerkung zurück: dies würde sich erst nach geschlossenem Frieden schicken. Seinen Freunden dagegen, die nach Frieden schmachteten, sagte *Salaheddin*: wenn es *jetzt* nicht gelänge, die Christen aus Syrien zu vertreiben, so werde es später *nie* gelingen und er wolle lieber im Heiligen Krieg fallen, als einen nachteiligen Frieden schließen. Auf Andringen der Emire jedoch, welche durchweg für den Frieden mit *Richard* und gegen ein Abkommen mit *Konrad* waren, zeigte sich *Salaheddin* endlich bereit, mit den Christen das ehemalige Königreich Jerusalem zu teilen und ihnen das Heilige Kreuz herauszugeben. Aber auch dieser Unterhandlungen wurde *Richard* wie aller Dinge bald müde und brach sie ab, welcher Wankelmut ihm bei den Muslimen wenig Ehre eintrug, während ihn unter den Christen viele des Verrats beschuldigten. Indessen hatten auch während der Unterhandlungen blutige Zusammenstöße nicht gefehlt und *Richard* selbst die Köpfe besiegter Türken im Lager als Beweis gegen seinen Verrat vorgezeigt! Zweiundzwanzig Tage wieder hatten so die Christen untätig zwischen den Trümmern von

Ramla und Lydda gelegen und verteilten sich dann während der Regenzeit des Winters in die Trümmer der benachbarten Städte und Burgen.

Und jetzt kam Richard in seiner wetterwendischen Laune, zu Ende des Jahres 1191 oder anfangs 1192, plötzlich auf den Gedanken, gegen *Jerusalem* zu ziehen, bevor dessen Befestigung vollendet wäre, und er ordnete alle Zurüstungen zu diesem Zug an. Alles war voll Begeisterung bei dem Gedanken an ein Unternehmen, das den Kreuzzug krönen und beenden und ihnen allen die Seligkeit sichern mußte. Als das Heer sich dann wirklich ostwärts in Bewegung setzte, ließen sich selbst die Kranken in Betten und auf Bahren nachtragen und scheuten weder den furchtbar wütenden, mit Schnee, Hagel und Regen gemischten Wintersturm, der die Zelte niederriß, noch die gewohnten Angriffe der Türken, die sich mit Vorliebe auf die Kranken warfen, und sie, die sich nicht wehren konnten, niedermachten.

Das Heer war nur noch eine Tagereise von Jerusalem entfernt, als die Laune des Königs wieder einen Sprung rückwärts machte, unbeständiger diesmal als da Wetter, das mit einer Hartnäckigkeit ohnegleichen weiter raste. Unglücklicherweise für die Sache der Kreuzzüge waren im Kriegsrat die Pisaner, sowie die Templer und Johanniter seiner Meinung, indem sie die Einnahme von Jerusalem als unmöglich und unzweckmäßig zugleich erklärten, ersteres wegen der um die Stadt angesammelten feindlichen Heeresmacht, letzteres, weil die Pilger nach vollbrachter Andacht am Heiligen Grab ihr Gelübde als gelöst betrachteten und heimkehren würden, wie dies stets der Fall gewesen, so daß die Eroberung, auch wenn gelungen, bald wieder auf dem Spiel stände. Die Vertreter dieser Ansicht rieten dagegen eifrig, die Stadt *Askalon* wieder aufzubauen und zu besetzen, und damit erklärte sich auch *Richard* einverstanden. Es ist nicht zu beschreiben, welchen bitteren Zorn und wilden Schmerz und welche Empörung gegen ihre Führer dieser Beschluß unter den Kreuzfahrern hervorrief. Umsonst waren alle die unsäglichen Strapazen des Heermarsches gewesen, umsonst waren nun auch die noch härteren des Rückzugs! Zum gräulichen Wetter und schlechten Weg kamen noch Mangel und Hunger, und all das verfolgte die Unglücklichen bis zu den Trümmern von Askalon, über die es kaum möglich war, in das Innere der gewesenen Stadt einzudringen. Wie *Wilken* richtig sagt, war „seit der Einnahme von Ptolemais, außer wenig entscheidenden Gefechten und gegenseitigen Beraubungen der Krieg hauptsächlich von seiten des Sultans *Salaheddin* durch Niederreißen von Städten und Burgen, von seiten der Kreuzfahrer durch deren Wiederaufbau geführt worden." Infolgedessen konnte *Richard* etwa 20 000 ausschweifende Müßiggänger aus Akkon entfernen und in Joppe, Askalon und anderswo beschäftigen, während *Salaheddin* mit der Unterbringung der vertriebenen Einwohner zerstörter Städte nicht wenig Mühe und Sorge hatte.

Während des Wiederaufbaus von Askalon hatte *Richard* das Glück, eine türkische Schar, welche 1200 gefangene Franzosen nach Ägypten führen sollte, vor der Burg Darum zu schlagen und die Gefangenen zu befreien; die Bauleute hingegen gerieten durch den Sturm, der ihre Proviantschiffe an der Küste zerschellte, in arge Hungersnot. *Richard* feuerte durch sein eige-

Richard befreit Joppe.

nes Beispiel, wie *Salaheddin* in Jerusalem, nicht nur die Arbeiter und gemeinen Krieger, sondern selbst geistliche und weltliche Vornehme zur Mitwirkung am Werk auf. Der Herzog *Leopold* von Österreich jedoch, über dessen Betätigung seit der Einnahme Akkons nichts berichtet wird, schloß sich, eingedenk der ihm von *Richard* widerfahrenen Schmach, von der Arbeit mit den stolzen Worten aus, sein Vater wäre weder ein Zimmermann noch ein Maurer gewesen, und verließ bald das Heilige Land, seine Rache im Auge behaltend. Auch die Franzosen, deren Führer, *Hugo* von *Burgund*, mit *Richard* ebenfalls im Unfrieden lebte, entzogen sich fast sämtlich der lästigen Beschäftigung und blieben in Ptolemais oder kehrten dahin zurück. Das unerquickliche Verhältnis aber waltete fortwährend zwischen *Richard* und *Konrad*, der seine verräterischen Verbindungen mit dem Sultan stets unterhielt. Verschlimmert wurde dasselbe noch durch einen in Akkon ausgebrochenen Streit zwischen den Pisanern, welche es mit *Richard* und *Guido*, und den Genuesen, die es mit *Konrad* und den Franzosen hielten. Bei einem Handgemenge zwischen diesen Gegnern wurde *Hugo* von *Burgund* aus dem Sattel geworfen und die Franzosen aus der Stadt vertrieben, worauf sie sich nach Tyros wandten. Da zog *Konrad* mit seiner Partei gegen Ptolemais zu Felde und in der unglücklichen Stadt wurden Christen von Christen drei Tage lang belagert. Die Pisaner wehrten sich zwar tapfer, waren aber doch in der Minderzahl und riefen *Richard* um Hilfe, bei dessen sofortigem Anzug am 20. Februar *Konrad* die Belagerung aufhob. *Richard* stiftete Frieden zwischen den Angehörigen der beiden rivalisierenden italienischen Seestädte und knüpfte Unterhandlungen mit *Konrad* an; als aber dieser nicht schlechthin tat, was der König wollte, klagte dieser ihn bei einer sogenannten Reichsversammlung des Verrats an, und bewirkte, daß ihm sein Anteil an den Reichseinkünften entzogen wurde.

Richard, der in Ptolemais einen Neffen *Salaheddins* zum Ritter geschlagen, beschloß, nach Askalon zurückgekehrt, wieder einmal den Krieg gegen *Salaheddin*, welcher letztere es als übles Vorzeichen betrachtete, daß in Jerusalem am Osterfest das heilge Feuer, obschon er es zweimal gewaltsam hatte löschen lassen, immer wieder brannte. *Richard* faßte die Belagerung von Gaza und Darum ins Auge, als ihm aus England durch einen Abgeordneten berichtet wurde, daß ihm sein jüngerer Bruder *Johann* das Reich streitig mache. Der König zeigte dies der Reichsversammlung des zertrümmerten Königreichs Jerusalem an und erbot sich, wenn er auch heimkehren müsse, 300 Ritter und 2000 Fußgänger zurückzulassen; die Versammelten aber legten zu seiner bittern Enttäuschung das Hauptgewicht nicht hierauf, sondern auf die Notwendigkeit, dem Reich einen kräftigen König zu geben und wählten dann, zu seinem noch größeren Ärger, *Konrad* zum König, womit also *Richards* Schützling *Guido* abgesetzt war. Der englische König machte gute Miene zum bösen Spiele und lud *Konrad* ein, von seiner Würde Besitz zu ergreifen. Dieser aber glaubte sich die Krone am besten dadurch zu sichern, daß er seine Unterhandlungen mit *Salaheddin*, welche doch allgemein mißfielen und welchen man durch seine Wahl ein Ende zu machen gehofft hatte, zum Abschluß zu bringen suchte. Der Sultan beharrte aber auf der Bedingung, der *Konrad* ihm gegen die übrigen Christen bewaffnet beistände; dann wollte er das Königreich Jerusalem mit ihm teilen. Wie es scheint, war *Konrad*, welcher eher mit den Muslimen als mit *Richard* sich vertragen mochte, eben im Begriff, *Salaheddins* Bedingungen anzunehmen, als ihn am 28. April in einer Straße von Tyros die Dolche zweier *Assassinen* trafen, welche ihm zuriefen: „du wirst weder Markgraf, noch König sein." Die Verbrecher waren zu diesem Zweck scheinbar Christen geworden und hatten sich hierdurch Zutritt zu ihrem Opfer verschafft. Der eine wurde sofort von der Begleitung des als König Bezeichneten niedergehauen, der andere flüchtete sich in eine nahe Kirche, in welche man auch den Verwundeten brachte, dem dann der Mörder noch vollends das Leben nahm; er wurde später gefoltert und hingerichtet. Man hat vielfach *Richard* als den Urheber des Mordes bezeichnet, aber mit Sicherheit ist weder seine Schuld noch seine Unschuld nachgewiesen worden. Zwar hatte *Konrad* einst dem Scheich *Sinan* ein Schiff wegnehmen und plündern lassen; aber das erklärt die Tat nicht; wegen solcher Kleinigkeiten wurden die *Assassinen* nicht auf Mord ausgesandt.

Die Barone von Tyros trugen nun die dortige Herrschaft und die Hand der Witwe des Markgrafen dem Grafen *Heinrich* von Champagne, einem Neffen *Richards* an und drückten zugleich den Wunsch aus, daß diesem auch die Krone von Jerusalem übertragen würde. Nur mit Widerstreben und auch zu *Richards* Mißvergnügen wurde *Heinrich* der dritte Gatte der untreuen Isabella, die den Wechsel in der Ehe so leicht nahm und gerade damals – Mutterfreuden entgegenging; aber die Herrschaft und die ihm ohne Widerspruch übertragene Krone lockten ihn. Er hielt einen feierlichen Einzug in das reichgeschmückte Ptolemais, dessen Krieger, Bürger, Frauen und Geistliche ihn jubelnd empfingen; er wurde jedoch nur kirchlich geweiht, nicht gekrönt, wohl weil man damals noch hoffte, Jerusalem zu gewinnen und diese feierliche Handlung bis dahin aufschieben wollte. *Heinrich* hat sich auch selbst niemals König, sondern nur Graf genannt, denn seine Einkünfte waren überdies so gering, daß er bei den Kaufleuten Schulden machen und seine Gläubiger, wenn sie auf europäische Märkte reisten, auf seinen Besitz in der Champagne anweisen mußte. *Heinrich* war übrigens ein wackerer und beliebter Mann, wenn auch kein selbständiger Charakter. Er begünstigte die Muslimen und trug oft ihre Tracht, einen Turban und Kaftan, die ihm der Sultan geschenkt hatte.

Richard aber fand sich verpflichtet, den armen abgesetzten *Guido* zu entschädigen und übertrug ihm *Zypern* als Königreich, welches dauerhafter sein sollte als das von Jerusalem. Die Templer hatten zwar die Insel für 25 000 Mark Silber gekauft, traten sie aber dem neuen König gegen eine Entschädigung ab, deren Höhe verschieden oder auch gar nicht angegeben wird.

Nun führte *Richard* sein Vorhaben, das von *Salaheddin* stark befestigte *Darum* zu belagern, aus und nahm es nach fünftägigem Kampf am 22. Mai; die Verteidiger ließ der christliche (?) König in die Sklaverei abführen. Aber hinter seinem Rücken beschlossen die Franzosen nicht nur, sondern selbst die Engländer in Askalon, gleichviel ob er mitmache oder nicht, zu großer Freude aller Kreuzfahrer, gegen Jerusalem zu ziehen. Hier also von seinen Untergebenen verlassen, während zugleich die Nachrichten sich drängten, daß seine Krone vom Bruder *Johann* und seine Lande von *Philipp* immer ernstlicher bedroht wurden, wußte er sich vor Schmerz und Zorn nicht zu fassen. Auf Zureden des Kapellans *Wilhelm* von Poitou ging er endlich nach Askalon und überraschte die Kreuzfahrer freudig durch seine Zustimmung zu ihrem Beschluß.

Am 7. Juni begann der zweite Marsch nach Jerusalem, aber *Richard* wäre ja seinem eigenen Charakter untreu gewesen, wenn er auf seiner Ergebung in den allgemeinen Willen beharrt hätte. Er legte dem Marsch alle möglichen Hindernisse in den Weg und verzögerte ihn durch übermäßig lange Rasten, so in Baitnubah, wo man vom ersten Marsch zurückgekehrt war, über einen Monat lang, während welches Aufenthalts er oft mit türkischen Scharen stritt und einmal Jerusalem von ferne erblickte.

Nach verschiedenen Gefechten und Ausplünderung ägyptischer Karawanen, deren kriegerische Begleitung geschlagen wurde, und nach Auffindung zweier angeblicher Stücke des Heiligen Kreuzes, brach *Richard* ohne Scheu zum zweiten Mal sein gegebenes Wort, Jerusalem zu belagern, obschon die Heilige Stadt damals schwach besetzt, ihre neue Befestigung noch unvollendet, keine Hilfsvölker für den Sultan in Aussicht und dieser, ohnehin alt geworden, sowohl krank als niedergeschlagen war und die Wegnahme Jerusalems durch die Christen als bestimmt bevorstehend erwartete. Als echter Muslim ergab er sich bereits in das für unvermeidlich gehaltene Schicksal, und man sah ihn in der Moschee Omars unter strömenden Tränen im Gebet versunken. Nichtsdestoweniger tat er alles, die Heilige Stadt zu behaupten und zweifelte unter allen Umständen nicht an dem auf ihren allfälligen Verlust folgenden Wiedergewinn.

Richard war indessen geradezu unerschöpflich in Bedenklichkeiten, erklärte zwar, nichts gegen die Belagerung Jerusalems zu haben, aber sich aller Verantwortlichkeit für dieselbe entschlagen zu wollen und überließ endlich die Entscheidung dem Spruch eines sog. Geschworenengerichtes, das aus je fünf Templern, Johannitern, Kreuzfahrern und Pullanen gebildet wurde und sich dahin aussprach, statt der Belagerung Jerusalems einen Zug nach Ägypten zu unternehmen. In diesem Augenblick aber lag dem englischen König schon wieder weit mehr, als an jeder anderen Sache, an dem Bestreben, seinen Feind, den Herzog von *Burgund* bloßzustellen. *Salaheddin* hatte demselben Geschenke geschickt und *Richard* dies erfahren, den Überbringern auflauern und sie gefangennehmen lassen, obschon er selbst öfter von derselben Seite Geschenke angenommen hatte. Er schwor dann in Gegenwart des Herzogs und der höchsten Würdenträger, auf heilige Reliquien, sein Wort bezüglich Jerusalems zu halten und verlangte vom Herzog denselben Schwur. Dieser aber weigerte sich, vermutlich weil er wußte, was ein Schwur *Richards* wert war, und nun nannte ihn letzterer einen Verräter, überwies ihn, wie er glaubte, durch die Gefangenen und ließ dann – diese mit Pfeilen erschießen! Durch diese neue Schmachtat war es ihm endlich gelungen, jeden Rest von Zusammenhalten im Kreuzheer zu zerstören – vielleicht *wollte* er eben das, um heimkehren zu können; er und der Herzog verhöhnten einander gegenseitig durch Spottlieder und nun brach er seinen Eid, wie schon zweimal sein Wort, und die unwürdigen Kreuzfahrer zogen, zerrissen unter sich und stets verfolgt von den Türken, unter namenlosen Mühseligkeiten nach Joppe zurück.

Nachdem neue Unterhandlungen zwischen *Richard* und *Salaheddin* sich zerschlugen, benutzte letzterer die Abwesenheit des ersteren in Akkon, die Belagerung von *Joppe* zu unternehmen, dessen kleine Besatzung sich tapfer

Helenenkapelle mit dem Eingang zur *Kreuzfindungskapelle*
in der Kirche d. h. Grabes.

verteidigte; da sich aber in der Stadt eine feige Partei befand, mußte sich am 31. Juli die bedrängte Besatzung in die Burg zurückziehen, während die eindringenden Türken die zurückgebliebenen Kranken und alle übrigen Christen mordeten. Schon war auch die Besatzung in der Burg zur Übergabe entschlossen, als *Richard*, der schon die Vorbereitungen zur Heimreise getroffen, diese aber verschoben hatte, als ihm durch Abgeordnete die Not Joffes berichtet wurde, mit den Pisanern und Genuesen herbeieilte, während die Franzosen ihre Hilfe verweigerten und nach Tyros zogen, wo ihr Anführer *Hugo* von Burgund, wie es heißt, in eine Geisteskrankheit verfiel und plötzlich starb, was man als eine Strafe Gottes ansah. *Richard* fuhr zu Schiff, König *Heinrich* zu Land heran. Als *Salaheddin* dies wahrnahm, zog er sich zurück, die Unterhändler der Besatzung gefesselt mit sich führend. *Richard* aber sprang, als er sah, wie die Dinge standen, aus dem Schiff ins Wasser des seichten Hafens, watete an das Ufer und seine Ritter ihm nach (Bild 57), warf die zurückgebliebenen Türken zurück und schlug sie in jämmerliche Flucht.

Vereint mit *Richards* Mannschaft verfolgte die Besatzung der Burg die Türken und brachte ihnen große Verluste bei. Die stark beschädigte Mauer der entsetzten Stadt wurde ausgebessert. König *Heinrich* aber, auf seinem Weg von den Türken stets angegriffen, kam zu spät.

Noch an demselben Tag, am 1. August, knüpfte *Richard* seine Friedensverhandlungen mit dem Feind dringender als je an. Aber während des Verlaufs derselben wurde *Richard* am 5. August in einem Lager vor Joppe von feindlicher Übermacht überfallen, entledigte sich ihrer jedoch mittelst seiner wirklich dämonischen Tapferkeit in Fällen der Gefahr. So trieb er allein hundert Türken, die ihn umringten, in den Tod oder die Flucht und hieb einem Emir, der, über die Trägheit seiner Leute schimpfend auf ihn eindrang, mit einem Schwertschlage den Kopf, die rechte Schulter und den Arm ab. Dann jagte er im Fluge die während des Überfalls in Joppe eingedrungenen Türken rasch aus der Stadt, bei welcher Gelegenheit sich die Mohammedaner durchweg erbärmlich gehalten haben – zum großen Verdruß *Salaheddins*, der dann zu seiner Freude bald Verstärkungen aus Mosul und Ägypten als Ersatz für seine bisherigen abgearbeiteten Soldaten erhielt.

Richard aber verfolgte, seinem Charakter gemäß, den Vorteil dieses Sieges nicht weiter; freilich war er krank und die Franzosen versagten ihm fortwährend jede Hilfe; auch die Templer und Johanniter, die es überhaupt mit ihm, wie mit jedem Kreuzfahrerfürsten, nie ehrlich gemeint, weil sie von ihnen allen Beeinträchtigung ihres Machtbesitzes und Einflusses fürchteten, fielen jetzt offen von ihm ab und sein Anhang schmolz zu einem winzigen Häuflein zusammen. Und nun war ihm beinahe *jeder* Friedensschluß willkommen. *Salaheddin* hatte daher die Sache in der Hand, und am 1. September kam folgender Vertrag zustande: Der Friede sollte drei Jahre dauern, die Stadt Askalon von Arbeitern beider Parteien gemeinsam niedergerissen werden, den Christen das Küstengebiet von Tyros im Norden bis Joppe, im Süden nebst den Städten Ramla und Lydda überlassen und sowohl alle mohammedanischen Länder, als das Gebiet der Assassinen, das Fürstentum

Friede zwischen Richard und Salaheddin.

Antiochia und die Herrschaft Tiberias in den Frieden eingeschlossen werden. Endlich wurde den Christen die freie und kostenlose Wallfahrt nach Jerusalem geöffnet. Die christlichen Barone genehmigten den Vertrag und am Abend des 2. September begaben sich *Humfried* von Toron und *Balian* von Ibelin mit glänzendem Gefolge in *Salaheddins* Lager, wurden in einem prachtvollen Zelt beherbergt und am 3. September beschworen der Sultan, sein Bruder und seine Söhne, sowie alle anwesenden Emire den Vertrag (Bild 58). Derselbe wurde öffentlich bekannt gemacht und – Askalon wurde zerstört und blieb eine Steinwüste bis auf den heutigen Tag. Die Muslimen jubelten über die Beendigung des Krieges; die Christen verfluchten *Richard* als Verräter, der Besseres zustande bringen konnte, wenn er gewollt, und der nicht einmal an die Auswechselung der gefangenen Christen gedacht hatte, während er mohammedanisches Lösegeld – für sich behielt! Jene Gefangenen mußten – Jerusalem befestigen helfen, das zu nehmen ihre Glaubensgenossen nicht den Mut und die Einigkeit gehabt hatten.

Jetzt traten die Männer beider feindlicher Heere miteinander in freundlichen Verkehr und besuchten gegenseitig ihre Lager. Die Pilgerfahrt nach Jerusalem stand allen frei und es wurde starker Gebrauch davon gemacht. Nur *Richard,* für welchen der Bischof von Salisbury die Andacht am Heiligen Grab verrichtete, grollte fortwährend, namentlich auf die Franzosen, und sobald er sich besser fühlte, fuhr er am 9. Oktober zu Schiff ab – wohin werden wir bald sehen. Seine Gattin und Schwester waren schon 11 Tage vorher abgesegelt.

Richards Charakter und seinen eigenen zeichnete *Salaheddin* treffend mit folgenden an die englischen Gesandten gerichteten Worten: „Daß euerem König bewundernswürdige Tapferkeit und Kühnheit eigen ist, haben wir wohl erfahren; doch meine ich, daß er oft, ich will nicht sagen mit Unverstand, aber doch mit Verwegenheit und ohne Nutzen sein Leben auf das Spiel setzt; ich für meinen Teil würde lieber fürstliche Größe in Freigebigkeit und Bescheidenheit, als in Vermessenheit und Tollkühnheit suchen."

Im Morgenland aber verging der Ruf von *Richards* Tapferkeit und von seiner Härte nicht; die Mütter schreckten ihre Kinder mit seinem Namen und die Reiter fragten ihre scheuenden Pferde, ob Richard vor ihnen stände. Das Abendland aber hatte mit dem Verlust von mehreren hunderttausend Menschenleben – zwei Städte, Ptolemais und Joppe und ein schmales Küstengebiet zurück erworben!

ACHTER ABSCHNITT

Die Troubadours

Ohne Zweifel war *Richard Löwenherz* einer der tapfersten Helden und einer der merkwürdigsten Charaktere des Zeitalters der Kreuzzüge; aber es war sein Unglück und zugleich das der Kreuzzüge selbst, daß er nicht einfacher Ritter unter den Befehlen eines einsichtigen Fürsten, sondern selbst König war und zu befehlen hatte; denn es fehlte ihm durchaus an der zu würdiger Bekleidung solch hoher Stellung notwendigen Klugheit, Ruhe und Beständigkeit. Den Grund dieser verhängnisvollen Eigenart erblicken wir aber in seiner Erziehung und frühesten Umgebung; er war nicht zum König, sondern zum ritterlichen Sänger oder zum sängerlichen Ritter, mit einem Wort zum *Troubadour* nach dem vollen Begriff dieses Namens im Übergang vom zwölften zum dreizehnten Jahrhundert erzogen; er war nicht geschaffen, im nebligen England mit ruhiger Berechnung sein Volk zu regieren, sondern unter dem sonnigen Azurhimmel an den blumigen Gestaden der Garonne Leier und Schwert zu führen, zu singen, zu lieben und zu fechten, er war nach seiner ganzen Anlage ein Sohn jenes heißblütigen Südens, dessen melodische romanische Zunge auch, und nicht das rauhe germanische Angelsächsisch, seine Muttersprache war.

Die Poesie der Troubadours ist, was auch Abenteuerliches über ihre Entstehung oder gar Entlehnung aus dem Ausland gesagt werden mag, ein selbständiges Gewächs aus dem Schoß der unabhängigen, aus Iberern, Ligurern und Römern gemischten *provenzalischen* Nationalität, welche heute leider von den Franzosen ihrer Eigenart beraubt ist, deren Sprache aber (die *langue d'oc*, im Gegensatze zur französischen *langue d'oil*, jetzt *oui*) in ihrem ganzen Wesen dem volltönenden Spanischen und dem anmutigen Italienischen weit näher steht als dem gezierten und geschniegelten, wenn auch feinen und eleganten Französischen. Die Natur des gallischen Südens, zu welchem auch der Volksmischung nach das überpyrenäische Katalonien, teilweise Piemont und Lugurien, sowie alles Land im Süden der Loire und des Jura gehört, in Verbindung mit der bewegten Geschichte dieses Landstrichs, auf dessen Fluren sich Goten und Sarazenen begegneten, genügt vollkommen, um die Erscheinung der Troubadours und ihrer aufregenden Dichtungen zu erklären. Sie ist einfach die Entwicklung einer schon längst vorhandenen volkstümlichen Literatur poetischen Inhalts zu einer höheren

Stufe der Ausbildung, welche dem eigentlichen Volksleben entfremdet, auf das Verständnis der bevorzugten Klassen beschränkt, und deren Charakter vom Rittertum und von der selbstlosen Frauenliebe bestimmt wurde. Diese beiden Umstände vereinigten sich, eine dichterische Blütezeit zu schaffen, mit welcher die Provenzalen kühn neben derjenigen jeder andern Nationalität auftreten dürfen. Ganz eigentümlich haben sich aber bei ihnen sowohl *Rittertum* als *Frauenliebe* gestaltet, was dem poetischen Schaffen der Troubadours seinen eigentlichen Stempel aufdrückt.

Über die Gestaltung des *Rittertums* im Gebiet der provenzalischen Sprache sagt Charles Aubertin: „Im Süden war die Ritterwürde weniger streng als im Norden an den Grundbesitz geknüpft und machte nicht einen so wesentlichen Teil der Lehnsrechte aus wie dort. Der Adel teilte sich durch seine eigenen Tugenden, durch eine Art moralischer Weihe mit, außerhalb der ursprünglichen und materiellen Bedeutung des Lehens. Auch überschritt die Ritterlichkeit die Grenzen der feudalen Kreise, breitete sich über den Mittelstand der alten Städte aus und stieg sogar zum Dorfbewohner herab, wenn er Verdienst und Ehre besaß. Der Adel des Südens war der freisinnigste des Abendlandes. Diese Ritter ohne Land, die kein anderes Erbteil hatten als ihre persönlichen Vorzüge und deren Adel nur im Reich der Gedanken bestand, bildeten eine sehr beträchtliche Klasse. Befreit von den Pflichten der Lehenschaft, hatten sie unbeschränkte Verfügung über sich selbst, konnten nach ihrer Neigung lieben oder hassen, traten in den Dienst der reichen Barone und mächtigen Fürsten. Sie lebten ihrem Beruf mit einer glühenden Hingebung und widmeten sich dem Ideal der ritterlichen Vollkommenheit mit ihrem ganzen Leben und ihrer ganzen Seele. Der in demselben inbegriffene Dienst der Damen sah in ihnen treue und ergebene Anhänger und die Dichtkunst zählte unter ihnen ihre feurigsten Jünger."

Von der Eigenartigkeit des *Frauendienstes* im gallischen Süden sagt *Fauriel*: „Da die Frauen dort berechtigt waren, Lehen zu besitzen, so richteten sich die Heiraten beinahe stets nach politischen Beweggründen. Daher gab es viele unpassende Ehen und häufige Scheidungen und es wurde zur Gewohnheit, die Liebe außerhalb der Ehe zu suchen. Diese von den Dichtern besungene unregelmäßige Liebe war aber nicht immer schuldbar. Oft beschränkte sie sich auf eine der sinnlichen Begierde fremde Zärtlichkeit. Auch gab es zwischen der reinen Liebe und der rohen Leidenschaft viele schlüpfrige Übergänge, mehr oder weniger erlaubte Gunstbezeugungen und Genüsse."

Immerhin besteht etwa die Hälfte, und zwar die bedeutendere der Troubadours aus geborenen Edelleuten und Rittern; selbst Fürsten und Könige befinden sich unter ihnen; aber außer dem besitzlosen Adel ist auch die Bürgerschaft stark unter ihnen vertreten und viele sind selbst von ganz dunkler Herkunft. Der Name „Troubadour" aber, provenzalisch Trobador, von *trobar* (*trouver*), finden, erfinden, dichten, abgeleitet, kommt zu Anfang des zwölften Jahrhunderts zuerst vor und man nennt den uns als Teilnehmer an dem verunglückten Kreuzzug von 1101 bekannten Herzog *Wil-*

Troubadoure besingen die Kreuzzüge.

helm von Aquitanien und Poitou als den ersten Troubadour. Die „Kunst des Findens“ (*art de trobar*), oder die „fröhliche Wissenschaft“ (*gaya scienza*), welche die Troubadours übten, hatte ihren Charakter teils in dem Bestreben, nicht um Lohn oder Gunst der Großen, sondern aus eigenem freiem Antrieb und ohne Eigennutz zu singen, nur der Ehre und des Ruhmes wegen, teils aber in der höheren Kunst, in der feineren Form der Dichtung, welche vor dem Zeitalter dieser ritterlichen Sänger unbekannt war und auch während jenes Zeitalters von den umherwandernden, um Lohn und Gunst singenden gewerbsmäßigen Sängern, den „Jongleurs“ nicht erreicht wurde. Die Troubadours widmeten sich in ihrer Blütezeit ausschließlich der lyrischen Dichtkunst, deren Erzeugnisse sie auch selbst in Musik umsetzten; alles andere überließen sie den weit älteren Jongleurs, die übrigens nicht immer in einer untergeordneten Stellung blieben, sondern teils sich in nicht lyrischen Dichtungen auszeichneten, teils sich zu Troubadours emporschwangen oder sich denselben als ihre Gehilfen anschlossen, indem sie Chöre oder Kapellen bildeten, welche im Dienst hochstehender Troubadours deren Lieder sangen oder mit Instrumenten begleiteten. Oft aber sanken sie auch zu bloßen Spaßmachern (was übrigens ihr Name, vom lat. *joculator*, ursprünglich bedeutet) und Gauklern, zu Athleten, Seiltänzern, Schauspielern (nicht im künstlerischen Sinn, der damals noch keine Rolle spielte) herab. Auf der anderen Seite aber gab es auch Troubadours, die zu Jongleurs wurden oder wenigstens ihre Kunst zur materiellen Bereicherung herabwürdigten, sich aber doch von den Jongleurs durch ihre höhere Begabung unterschieden.

Von wem die Troubadours ihre Kunst lernten, sagt ihr Genosse, der Provenzale *Jaufre Rudel* (Prinz von Blaya): „Ich habe Lehrer genug um mich; die Fluren, die Gärten, die Bäume, die Blumen und den Gesang der Vögel.“ Bezeichnend ist es, wie dieser Sänger zur Zeit der Kreuzzüge das Streben der Troubadours an sich selbst verwirklichte. Er hatte die große Schönheit der Gräfin von Tripolis (wahrscheinlich der Gattin *Raimunds*, des Sohnes *Boemunds III.* von Antiochia) rühmen gehört, verliebte sich in sie, ohne sie je gesehen zu haben, besang sie auch glühend und reiste endlich nach dem Heiligen Land, um sie kennenzulernen: Er wurde aber während der Seefahrt krank, kam in diesem Zustand nach Tripolis, und starb, sich glücklich preisend, in den Armen der auf die Nachricht von seiner Ankunft und Krankheit herbeigeeilten Gräfin, die sich sofort nach dem Tod ihres Verehrers, (den sie prachtvoll bestatten ließ), in ein Kloster begab!

Die sog. Liebeshöfe (*Corts d'amor*), welche die Dichter zu ihren Schöpfungen angeregt haben sollen, sind eine Erfindung der Romane jener Zeit. Es gab lediglich zufällige und vorübergehende Schiedsgerichte in Liebeshändeln.

Die Fürsten wetteiferten in Begünstigung der Troubadours; sie beherbergten sie an ihren Höfen und richteten sich nicht selten durch Freigebigkeit in dieser Hinsicht zugrunde. Während des Winters arbeiteten die Sänger an ihren Dichtungen; sobald aber der Frühling erschien, begannen sie ihre Rundreisen an den Höfen, was sie „durch die Welt wandern“ nannten. Hierdurch schieden sie sich in gewisse Gruppen je nach ihrer vorherrschenden Wirksamkeit: die Gruppen von Limousin, Auvergne, Toulouse und Provence sind die bedeutendsten geworden. Aber weit über das provenzalische Sprachgebiet hinaus ist die höhere Poesie desselben gedrungen. Die Sprache und Dichtkunst der Troubadours beherrschten während ihres Zeitalter, das mit demjenigen der Kreuzzüge zusammenfällt, die Höfe und alle gebildeten Kreise Frankreichs, Englands, Spaniens und Italiens, und selbst die deutschen Minnesänger, obschon sie ihre Muttersprache zu Ehren brachten, waren gleich den nordfranzösischen Trouvères, von denen das nämliche gilt, bei aller nationalen Ursprünglichkeit und Eigenartigkeit, was die Form betrifft, großenteils Nachahmer der Troubadours.

Die hauptsächlichsten Gattungen der provenzalischen Lyrik oder des Wirkens der Troubadours waren die *Chansons,* in welchen die Liebe und Schönheit nicht immer in edelster, sondern auch vielfach in frivoler und weniger in echt dichterischer, als in künstlich anempfundener Art besungen wurde, und die *Sirventes,* welche den Krieg und die Fehde feierten und gegen Feinde die blutigsten Ausdrücke der Rache und des Hasses schleuderten, oder auch die Wunden beklagten, welche der Tod in die Reihen geliebter und verehrter Wesen gerissen hatte. Streitgedichte, sei es im Gebiete der Liebe oder des Hasses, waren die *Tensons,* Erzählungen von Abenteuern der *Romanzen*; das gefährliche Gebiet sinnlicher Genüsse feierten die *Aubades* und *Serenades* (Morgen- und Abendlieder), das Hirtenleben die *Pastourelles,* den Tanz die *Balladen* und *Dansas* usw.

Einer der größten Meister im Chanson war *Bernard de Ventadour* (1140–1195), Sohn des Ofenheizers im Schlosse des Grafen *Ebles* von *Ventadour,* durch seine Anlagen aber zum Gefährten von Fürsten und Königen emporgestiegen. Es mögen hier einige seiner Verse Platz finden:

„Wenn die grünen Blätter sich öffnen, wenn der Zweig des Baumes weiß wird von Blüten, bei dem süßen Gesang des Vogels zittert mein Herz vor Fröhlichkeit. Wenn es die Bäume blühen sieht und die Nachtigall schlagen hört, soll sich der nicht freuen, der die wahre Liebe begreift?"

. . . .

„Im April, wenn ich die Fluren grünen, die Baumgärten sich in Blüten kleiden sehe, wenn die Welle durchsichtig geworden ist und ich die Vögel frohlokken höre, so rufen der Duft der blühenden Gräser, der süße Gesang des plaudernden Vogels die Freude in meinem Herzen wach."

. . . .

„Ich sehe sie nicht am Fenster, sie, die frisch und weiß ist wie der Schnee zu Weihnachten."

. . . .

Pierre *d'Auvergne* (1120 oder 1130 bis etwas nach 1200), Sohn eines Bürgers in Clermont, singt:

„Wenn die Luft sich verjüngt und sanft wird, dann muß auch mein Herz sich verjüngen, und das, was in ihm gekeimt hat, aufbrechen und blühen vor aller Welt."

Meister der Sirvente dagegen waren *Richards* Zeitgenosse und Freund *Bertrand de Born* (1145–1210) und der Auvergnat *Peire* (Peter) *Cardinal* (blühte 1210–1230). *Bertrand de Born,* Kastellan des Bischofs von Perigueux und Vicomte de Hautefort, welches Schloß an tausend Bewohner hatte, führte beständige Fehden mit seinem Bruder, mit allen benachbarten Herren, mit den Königen seiner Zeit, und er war es vorzüglich, der Heinrichs II. von England Söhne zum Krieg gegen ihren Vater aufreizte. Er war ein wackerer Ritter, tapferer Krieger, trefflicher Dichter, hingebender Freund der Damen, wohl unterrichtet und gewandt in der Sprache und wußte sich sowohl im Glück als im Unglück gut zu beherrschen, endete aber schließlich in einem Kloster. Er vergaß selbst in Liebesgedichten nicht Anspielungen auf sein wildes Kriegerleben und sang vom letzteren in folgender schriller Weise:

„Wohl gefällt mir der sanfte Frühling, der Blätter und Blüten hervorsprossen läßt; gern höre ich die Freude der Vögel, welche ihre Lieder durch das Gehölz erschallen lassen. Ich liebe es aber auch, auf der Flur aufgespannte Zelte zu sehen; ich liebe es im innersten Herzen, auf dem Felde Ritter und gewappnete Rosse gereiht zu erblicken. Es freut mich, wenn die Renner Leute und Herden vor sich herjagen, wenn ihnen lange Reihen Bewaffneter laut rufend folgen, und ich empfinde große Lust, wenn ich feste Schlösser belagern, Mauern niederreißen und zertrümmern sehe. Ich sehne mich nach dem Anblick, wenn Lanzen und Schwerter die prächtigen Helme und bunten Schilde zerschmettern, wenn die Ritter aufeinander losschlagen, wenn die Pferde der Toten und Verwundeten davonjagen, wenn kein reich geschmückter Krieger an anderes denkt, als Köpfe und Arme abzuhauen, denn besser ist ein toter als ein lebender Besiegter. Ich sage euch: Essen, Trinken und Schlafen haben nicht so viel Reiz für mich, als wenn ich beide feindliche Heere rufen höre: Auf sie los: und die ihrer Reiter beraubten Pferde im Walde wiehern und wenn gerufen wird: zu Hilfe! und wenn ich Groß und Klein in die Gräben stürzen und Tote sehe, deren Leichen verstümmelt sind."

Gewiß war es eine namenlose Verirrung für unsere Begriffe, sich über Tod und Wunden zu freuen; aber das war eben eine wilde Zeit!

Unter diesen Umständen war es nicht anders möglich, als daß die Troubadours auch die *Kreuzzüge* besangen; es geschah dies namentlich auf öffentlichen Plätzen, wie auch in Versammlungen von Rittern und Edelleuten (Bild 59). Es sind namentlich viele ihrer Gedichte übrig, welche die Taten *Friedrich Rotbarts*, *Richard Löwenherz'* und *Philipp Augusts* feiern, ebenso auch die heißen Kämpfe der benachbarten spanischen Christen gegen die Mauren, welche mitzufechten Provenzalen und namentlich auch Troubadours über die Pyrenäen eilten. Aber diese Lieder atmen nicht den wilden Geist jener, die von einheimischen Fehden sangen, sondern lassen die frommen Gefühle mehr hervortreten, welche ursprünglich zu den Kreuzzügen begeisterten. Diese Gedichte hießen daher *prezicansas*, Predigten. Es wird darin namentlich auch die Feigheit jener Fürsten gegeißelt, welche das Kreuz flohen und die Züge nach dem Heiligen Land scheuten.

So singt z. B. Pons de *Capdueil*:

„Seht wie groß ist die Torheit dessen, der hier bleibt! Hieß Jesus nicht seine Apostel ihm folgen und den, der ihm folgte, seine Freunde und seinen Reichtum zurücklassen? Die Zeit ist gekommen, dieser Aufforderung Folge zu leisten.

Wer jenseits des Meeres stirbt, ist glücklicher als wenn er lebte, und wer diesseits lebt, unglücklicher als wenn er stürbe. Was ist ein feiges und schmachvolles Leben wert? Ach! Wer ruhmvoll stirbt, triumphiert über den Tod selbst und lebt in der Seligkeit wieder auf.

Der höre doch auf, sich als tapfer zu rühmen, der als Ritter sich nicht waffnet, um dem Kreuz und dem Heiligen Grab zu Hilfe zu eilen! Wer aber, wegen Alter oder Krankheit, gezwungen ist, hier zu bleiben, der gebe doch sein Geld denen, die sich bewaffnen. Es ist wohlgetan, einen andern an seiner Stelle zu senden, wenn man nur nicht aus Feigheit zurückbleibt. Ach! Was werden am Tage des Gerichts die antworten, welche zurückgeblieben sind? Gott wird erscheinen und wird sagen: Falsche Menschen! voll von Feigheit! Für euch bin ich gestorben, für euch bin ich gegeißelt worden. Wird dann selbst der Gerechte ohne Furcht sein?"

Und folgendes sind die Zornausbrüche des Folquet de *Romans*:

„Welcher Jammer! Welche Verzweiflung! Welche Tränen! wenn Gott sagen wird: Gehet, Unglückliche, gehet zur Hölle, wo ihr auf immer gepeinigt sein werdet mit Strafen und mit Schmerzen! Ihr erleidet Strafe, weil ihr nicht geglaubt habt, daß ich ein grausames Leiden ausgestanden habe! Ich bin *für euch* gestorben und ihr, ihr habt es vergessen! Aber jene, welche im Kreuzzuge den Tod finden, werden sagen können: Und wir, o Herr, wir sind *für dich* gestorben!"

Aber nicht nur für Gott starben viele Troubadours als Kreuzfahrer, sondern auch für ihre angebeteten Damen. Nicht selten wurden die Ritter im Ansturm zur Schlacht von ihren Führern ermahnt, daß jeder an seine Geliebte (*sa mie*) denke. Der Kastellan von *Coucy,* welcher zwar nicht den provenzalischen Troubadours, sondern den französischen Trouvères angehört, die aber den ganzen Gefühlskreis der ersteren auch zu dem ihrigen machten und der gleich *Bertrand de Born* und *Rudel* von unserem ehrwürdigen Uhland besungen wurde, hatte in einem Gedicht Abschied von seinem Vaterland genommen, worin er sagte: er gehe nach dem Heiligen Land, um drei für einen Ritter wertvolle Dinge zu erlangen: das Paradies, Ruhm und die Liebe seiner Dame. Er fiel an der Seite seines Königs *Richard,* und nachdem er den tödlichen Streich erhalten, beichtete er, bevor er den letzten Seufzer ausstieß, dem päpstlichen Legaten und befahl dann seinem Stallmeister, sein Herz der Dame von *Fayel* zu bringen. Der treue Diener tat es; aber die rührende Gabe fiel in die Hände des eifersüchtigen Gemahls der Angebeteten, der das Herz braten ließ und es seiner Gattin vorsetzte, die es aß, ohne zu wissen, daß es von einem Menschen, und noch weniger, von welchem Mann es war! Sie starb an gebrochenem Herzen; der kanibalische Gatte aber, von Gewissensbissen und vom Abscheu der öffentlichen Meinung verfolgt, büßte seine Tat durch eine Kreuzfahrt nach dem Heiligen Grab.

NEUNTER ABSCHNITT

Salaheddins und Richards Ende

Nach *Richards* Abreise aus dem gelobten Land war in dessen Verhältnissen, wie in denen der Kreuzzüge, ein unverkennbarer Ruhepunkt eingetreten. Es stand vorläufig kein weiterer Kreuzzug in Aussicht, und es war zum ersten Mal zwischen abendländischen Christen und Mohammedanern ein Friedensvertrag geschlossen worden. Und nun kam zu diesen beiden wichtigen Umständen noch ein dritter ebenso bedeutungsvoller: *Salaheddins* Tod. Infolge einer Erkältung, die er sich am 19. Februar zugezogen, als er einer Karawane von aus Mekka zurückkehrenden Pilgern entgegenreiten wollte, und wohl nicht minder an ungeschickter Behandlung durch die Ärzte, die einen Aderlaß bei ihm anwendeten, starb er in Damask am 3. März 1193, im noch nicht vollendeten 57sten Jahre. Seine Feigebigkeit war stets so groß gewesen, daß er nichts als einen Dinar (= 6,33 Mark) und 47 Dirham (zu 80 Pf.) hinterließ und die Kosten seiner Beerdigung geborgt werden mußten. Sein Sohn *Malik al Afdal* ließ ihm neben der großen Moschee in Damask ein Grabmal errichten. Von dem großen Lob seiner Menschlichkeit, welches sowohl Christen als Mohammedaner nach seinem Tod anstimmten, wird immerhin jene Reihe von Greueltaten, die er nach der Schlacht bei Hattin an wehrlosen Gefangenen verübte, auszunehmen sein. Imadaddin, sein Kanzler und Geschichtsschreiber, rühmt von ihm: „wie von Haß entflammt gegen die Ungläubigen, so war sein Herz voll Liebe für die Muslime." Daß er außer dem Koran nichts gelten ließ, zeigt, daß er sehr geringe oder keine wissenschaftlichen Kenntnisse gesammelt, und daß er infolge jener Stimmung beabsichtigt hatte, nach der von ihm so sehr ersehnten Vertreibung der Christen aus Syrien Europa zum Islam zu bekehren und das Christentum zu vertilgen, lehrt uns, wie wenig er von Europa, dem Christentum und der Weltgeschichte, ja von dem wahren Wesen des Islam selbst wußte. Unverkümmert bleibe dagegen das Lob seiner Uneigennützigkeit und Redlichkeit, seiner Mäßigkeit, seiner Milde im Frieden und sehr oft im Krieg, selbst gegen Feinde, sowie seiner Liebe zu seinen Kindern. Die letztere ging soweit, daß er ihr die mühevolle Schöpfung seines Lebens, sein Reich und damit auch die Sicherheit des Islam gegen die Christen opferte!

Salaheddin hinterließ nämlich nicht weniger als 17 Söhne und hatte eine

Teilung seines Reichs unter dieselben angeordnet, aber keine festen und genauen Bestimmungen hierüber getroffen. Und das war sehr unklug gehandelt. *Malik al Afdal,* sein ältester Sohn, der mit ihm in der letzten Zeit nicht in gutem Einvernehmen gestanden, trat die Herrschaft in Damask an, führte sie aber nicht selbst, sondern überließ sie einem Wesir und ergab sich einem liederlichen Leben, bis er dessen überdrüssig wurde und zum Extrem der Bußfertigkeit übersprang. *Ägyptens* hatte sich der zweite Sohn, *Malik al Aziz* bemächtigt, war aber damit nicht zufrieden, bekriegte seinen älteren Bruder, nahm ihm sein Reich ab und machte sich zum Sultan mit der Machtausdehnung des Vaters, nur daß er Lehnfürstentümer errichtete und Damask seinem Oheim *Malik al Adil, Haleb* aber seinem jüngeren Bruder *Malik ad Daher* überließ. Jerusalem gehörte nach dieser Teilung zu Damask. Unter der scheinbaren Einheit war aber tatsächlich Anarchie vorhanden und die Christen hatten alle Ursache, über Verletzungen des Waffenstillstandes und fortwährende Belästigungen von seiten der sich für unabhängig fühlenden kleinen Emire zu klagen.

Boemund III. von Antiochia, der auch über Tripolis gebot, wo zum Schein einer seiner Söhne die Herrschaft führte, hatte sich nach *Richards* Abfahrt um die Gunst *Salaheddins* beworben und sich damit in Abhängigkeit von ihm begeben; dann war er aber mit dem armenischen Fürsten *Leo II.* in Streit und sogar in Krieg geraten, aus keinem andern Grund, als weil jeder sein Gebiet auf Kosten des andern zu vergrößern wünschte. *Boemund* fiel mit Gattin und Sohn durch List in *Leos* Gefangenschaft. Da mußte sich *Heinrich,* der sogenannte König von Jerusalem, ins Mittel legen und Frieden stiften, kraft dessen sich *Boemund* Armenien unterordnete und *Leo,* der sein Land immer mehr nach europäischem Muster einrichtete und sich sogar dem Papst unterwerfen wollte, den Königstitel erhielt.

Diese und andere Streitigkeiten ließen Heinrich wünschen, das Land verlassen und nach Europa zurückkehren zu dürfen. Es wird von ihm erzählt, er habe damals auch das Gebiet der *Assassinen* bereist, deren Oberhaupt ihn freundlich aufnahm, ihm alle Merkwürdigkeiten zeigte und um zu beweisen, wie seine Leute ihm blinden Gehorsam leisten, zweien derselben befahl, sich von der Zinne eines Turmes in die Tiefe zu stürzen, was sie sofort taten! *Heinrich* war entsetzt und bekannte, daß er auf solchen Gehorsam seiner Diener nicht zählen könnte. –

Während so das „Heilige Land" ein jämmerliches Scheinleben führte und nicht einmal durch den der dortigen christlichen Herrschaft so außerordentlich günstigen Tod des einzigen großen Feindes derselben und die nach diesem Ereignis in seinem Reich eingerissene Anarchie zum tatkräftigen Handeln aufgerüttelt werden konnte, irrte der einzige christliche Fürst, der damals berufen war, die Sache der Kreuzzüge zu retten, sie aber durch seine argen Charaktermängel nur auf das gründlichste verderbt hatte, von Feinden umringt – er wußte selbst nicht wohin. Wir müssen uns nun, ehe wir die Irrfahrt *Richards* weiterverfolgen können, die damaligen Verhältnisse des Landes, in dem der abenteuernde König seine nächsten Schicksale erleben sollte, nämlich *Deutschlands,* etwas vergegenwärtigen.

Nach der Abfahrt *Friedrichs I.* zu seinem Kreuzzug hatte, wie erzählt, der vierundzwanzigjährige König *Heinrich VI.* das Ruder des Reiches in die Hand genommen. Er war, wie sein Geschichtsschreiber *Toeche* sagt, „von zartem Körperbau, von untersetzter und schmächtiger Gestalt, seine Brust jedoch breit und hochgewölbt, sein Gesicht mager, aber nicht unschön, seine Stirn groß und edel, sein Haar rötlichblond, sein Bart nur spärlich. Er liebte die Leibesübungen, namentlich die Jagd und Falkenbeize; in den Waffen und in der Kunst des Krieges war er weniger geübt. Aber seine staatsmännische Begabung, Umsicht, Gewandtheit, Scharfblick und Entschlossenheit ersetzten diesen Mangel. Die ausgezeichnete Erziehung, die Friedrich I. seinem Lieblingssohn hatte geben lassen, und die frühe, weitgreifende Teilnahme an den Staatsgeschäften entwickelten die reichen Anlagen seines Geistes zu großer Fülle und schneller Reife. Alle Zeitgenossen rühmen seine hohe wissenschaftliche Bildung; er war der lateinischen Sprache mächtig, unterrichtet im kanonischen und römischen Recht. Seine Anschauungen waren nicht so aufgeklärt, wie diejenigen seines Sohnes; er übte noch die Gottesurteile des Zweikampfes und des glühenden Eisens. Man liebte ihn als gerecht, obwohl arge Rechtsverschleppungen, offenbare Bestechlichkeit und eigensüchtige Willkür ihm nachzuweisen sind; es waren Fehler der Zeit, deren man sich noch nicht bewußt war oder die man als unabänderlich trug. Einstimmig ist das Lob über sein privates Leben. Er war leutselig, eifrig besorgt für die Armen, gegen sie und die Freunde überaus freigebig."

Heinrich hatte Glück im Anfang seiner Regierung; der größte Feind seines Vaters in letzter Zeit, Erzbischof *Philipp* von Köln, dessen Unterwerfung vor Antritt des Kreuzzuges durch den Kaiser noch nicht recht ernst gewesen, versöhnte sich im Oktober 1189 mit dem Sohn Friedrichs vollständig, und auch alle übrigen damaligen zahlreichen Streithändel im Reich endeten zugunsten der kaiserlichen Macht. Mit Besorgnis aber mußte der junge König einem Handel entgegensehen, der ernster war als die bisherigen. Der seinem Haus unabänderlich feindselige Welfe, *Heinrich der Löwe*, brach seinen Eid, verließ sein Exil in England und versuchte das verlorene Sachsen widerruflich sich anzueignen. Der damalige Herzog, *Bernhard* von Anhalt, war zu schwach an Land und Leuten eigenen Erbes, um zu widerstehen; überall hatten sich Fürsten emporgeschwungen, die mächtiger waren als der Herzog, der seine Würde umsonst geltend zu machen versuchte, und es herrschte blutige Gesetzlosigkeit und allgemeine Unsicherheit auf Weg und Steg. Selbst christliche Fürsten betrieben das Raubrittertum. *Heinrich* der Löwe hatte doch, so untreu sein Verhalten gegen Kaiser und Reich war, Ordnung im Innern gehalten und Stärke gegen die Dänen des Nordens und die Slawen des Ostens an den Tag gelegt. Und dieser Umstand war ihm günstig; ganz Sachsen ging zu ihm über. Der König zog gegen ihn zu Felde; es wurde mit abwechselndem Glück gestritten, bis beide Teile zum Frieden geneigt waren und solchen in der Mitte des Juli 1190 zu Fulda schlossen. *Heinrich* der Löwe erhielt zwar das Herzogtum nicht wieder, aber die Hälfte von Lübeck, und mußte vom König im Land geduldet werden; auch zog er in seinem Gefolge nach Italien.

Blondel vor Richards Gefängnis.

Daß hier das echt normannische Haus mit *Wilhelm II.* ausgestorben und *Heinrichs* durch die Ehe mit dessen Tante *Constantia* erworbene Erbrechte in Kraft getreten waren, die Sizilier jedoch (mit Zustimmung des Papstes) den Grafen *Tankred* von Lecce, einen natürlichen Enkel Rogers *II.*, zu ihrem König gewählt hatten, ist bereits erwähnt. *Richards* Auftreten in Messina, seine Anmaßungen und seine Brandschatzung des sizilischen Kronschatzes mußten auch *Heinrich* gegen ihn erbittern. Zu derselben Zeit, als *Richard* Sizilien verließ, rückte *Heinrich* gegen Rom heran, um sowohl die Kaiserkrone seines im fernen Osten so unglücklich dahingeschiedenen Vaters zu erwerben, als sein Erbreich im Süden Italiens zu erobern. Die Kunde vom Tod des Kaisers hatte ganz Deutschland in tiefe Trauer versetzt und aufs neue an das Haus Staufen gekettet, so viel Unruhen gegen dasselbe auch *Heinrich* der Löwe neuerdings erweckte. Vielen Anhang fand *Heinrich* auch im Norden und in der Mitte Italiens zur Verfolgung seiner beiden Ziele, aber ihnen beiden trat der römische Hof entgegen, welcher einerseits *Tankreds* Krönung unterstützt hatte, andererseits gegen *Heinrichs* zahlreiches Heer mit Mißtrauen erfüllt war. Der damals neu gewählte Papst *Cölestin III.*, ein Orsini, trotz seiner 85 Jahre aber nur *Diakon*, schob seine Priesterweihe auf, um den König nicht krönen zu können. Nur durch ein schweres Opfer besiegte *Heinrich* diesen Widerstand, indem er nämlich die ihm ergebene Stadt *Tusculum* scheinbar dem Papst, in Wirklichkeit aber den ihr feindlich gesinnten Römern preisgab, welche sie am Osterfest 1191 in blutigem Rachedurst ausplünderten, ausmordeten und zerstörten, während der König den Blutpreis dafür, die Kaiserkrone empfing.

Und nun ging es gegen Neapel los. Aber eine Seuche und Verrat der Welfen zwangen den Kaiser vor den Toren der Hauptstadt zur Umkehr, und seinem Heer ging es ähnlich, wie in jener Zeit den Kreuzheeren, obschon es sich auf einem den Deutschen längst vertrauten Boden bewegte. *Heinrichs* erstes Werk in Deutschland sollte die Rache an den Welfen sein, welche den Frieden von Fulda in keiner Weise gehalten hatten. Aber neu entflammter Kampf zwischen Staat und Kirche vereitelte den Plan; wahrscheinlich nicht ohne *Heinrichs* Schuld wurde der päpstlich gesinnte Bischof von Lüttich, dem er einen kaiserlichen gegenübergestellt, ermordet. Seine Anhänger fielen deshalb großenteils von ihm ab und den Welfen zu und der Bund gegen ihn wuchs durch das ganze Reich hin mehr und mehr an. Des Kaisers Lage war bereits schreckenerregend; da kam ihm ein Vorfall zu Hilfe, den man sich nicht hatte träumen lassen – das war *Richards* Ankunft in Deutschland. –

König *Richard* stets ein Freund von Abenteuern, huldigte dieser Neigung auf der Rückreise aus dem Morgenland ebensosehr wie auf der Hinreise nach demselben und während seines Aufenthalts daselbst. Es war übrigens keine leichte Aufgabe für ihn, einen Weg zu finden, auf dem er vor Nachstellungen seiner zahlreichen Feinde sicher war, wenn er nicht den ausschließlichen Seeweg durch die Straße von Gibraltar einschlug, und gerade dies tat er nicht. Beide Landwege, zwischen denen er wählen konnte, derjenige durch das adriatische Meer und Deutschland und derjenige durch das tyrrhenische Meer und Frankreich, waren für ihn gleich gefährlich. *Dort* harrte *Leopold* von Österreich auf Rache für den Schimpf von Ptolemais, konnte Kaiser *Heinrich* in dem Reisenden nur einen Freund der ihm feindlichen Welfen und Normannen erblicken und waren wohl alle deutschen Fürsten mit Ausnahme der Welfen dem nicht grün, der im Heiligen Land ihre Angehörigen hochfahrend, ja feindselig behandelt hatte. *Hier* aber war König *Philipp August*, in Verbindung mit Richards untreuem Bruder *Johann*, jeden Augenblick bereit, dem Heimkehrenden Freiheit und Krone zu rauben und waren ihm selbst seine Vasallen in Westfrankreich nicht freundlich gesinnt. Das schlimmste aber war, daß sich beide Gruppen seiner Feinde bereits in Verbindung miteinander gesetzt hatten. Sein tödlichster Feind *Philipp* hatte bereits den Papst gegen ihn eingenommen und den Kaiser gegen ihn aufgehetzt, und dies nicht ohne Erfolg, denn dem hohen Ziel *Heinrichs VI.*, das Kaiserreich wieder zur wirklichen Obmacht im Abendlande zu erheben, stand niemand so hartnäckig im Weg wie der waghalsige englische König. *Heinrich* erließ daher, noch ehe *Richard* nach Deutschland kam, einen kaiserlichen Befehl, auf ihn zu fahnden und bedrohte jeden mit Strafe, der seiner schonen würde.

Entweder aus Unkenntnis der Ländergrenzen seiner Feinde und Freunde oder geradezu aus Tollkühnheit beschloß *Richard* seinen Weg durch Deutschland zu nehmen, wo er sich vielleicht das Gebiet seines Schwagers, *Heinrichs* des *Löwen*, in der Ausdehnung dachte, die es einst gehabt hatte. Nachdem er auf Korfu mit einem Seeräuber, der ihn angegriffen, Frieden geschlossen, mietete er von demselben ein Schiff und fuhr das adriatische Meer entlang, bis er an der Küste zwischen Venedig und Aquileja Schiffbruch litt. Mit Not entging er der Gefangennahme durch den Grafen *Meinhard* von Görz, einen Neffen *Konrads* von Montserrat, seines Feindes, dem er unter der Maske eines Kaufmanns einen Edelstein geschickt hatte mit der Bitte um freien Durchpaß, der ihn aber gerade daran erkannte. Gleiche Gefahr drohte ihm in Kärnten, wo Meinhards Bruder waltete, dessen Dienstmann aber, ein Normanne, dem König in Friesach ein Pferd lieh und seine Flucht beförderte, während dessen meiste Begleiter dort verhaftet wurden. Nun war aber seine Straße bekannt und für seinen bittersten Feind *Leopold* war es nicht mehr schwierig, seiner habhaft zu werden. Als *Richard* nach langem Umherirren in einem kleinen Dorf bei Wien rastete, verriet er sich selbst durch einen Ring, den er nicht ablegte, und durch morgenländische Goldstücke, die sein Diener ausgab, sowie durch die Leckereien, die derselbe einkaufte. Er wurde am 21. Dezember 1192 entdeckt und seine Herberge umzingelt, wollte sich jedoch nur dem Herzog selbst ergeben, der dann auch bei ihm erschien, und wurde dann in der Burg *Dürnstein* an der Donau zwischen Linz und Wien ohne Fesseln verwahrt, aber streng bewacht.

Als der Kaiser die Kunde vernahm, empfand er große Freude, und auf seine Weisung brachte im Januar 1193 *Leopold* seinen Gefangenen an den Hoftag nach Regensburg, wo über das Schicksal desselben entschieden werden sollte. *Heinrich* und *Leopold* aber mißtrauten einander gegenseitig; jeder argwöhnte, daß der andere einen größeren Vorteil bei der Auslösung des Gefangenen erzielen wollte, und so kam zwischen ihnen erst am 14. Februar ein Vertrag zustande, nach welchem der Kaiser für die Auslösung *Richards* 50 000 Mark Silber verlangen und von diesen dem Herzog 20 000 abtreten sollte. Gegen dieses Versprechen übergab *Leopold* dem Kaiser den Gefangenen.

Inzwischen hatte man auch in *England* des Königs Gefangenschaft erfahren, nur wußte man nicht, an welchem Ort sich *Richard* befand. Aus dieser Ungewißheit ist die romantische Sage entstanden, nach welcher des

Königs Freund, der Sänger *Blondel de Nesle* aus Arras ausgezogen wäre, *Richards* Aufenthalt auszukundschaften; nach langem Umherwandern wäre er zufällig vor die Burg in Österreich gekommen, in welcher sich der Gefangene befand und hätte sein Lied (Bild 60) angestimmt, das beide einst (in französischer Sprache) miteinander gedichtet, das aber sonst niemand kannte, worauf dann *Richards* wohlbekannte Stimme die Fortsetzung gesungen hätte; hierdurch wäre, indem *Blondel* das Vorgefallene in England bekannt machte, die Befreiung des Königs bewerkstelligt worden.*

Die urkundliche Geschichte erzählt die Freilassung *Richards* anders, wenn auch prosaischer. Bei der Nachricht von *Richards* Schicksal erhob sich die große Mehrheit der Bevölkerung Englands zu seinen Gunsten und gegen seine das Land bedrückenden Feinde und vertrieb diese. Eine Reichsversammlung in Oxford beschloß eine Abordnung nach Deutschland, und dieselbe wurde zwei englischen Äbten übertragen, die den König aufsuchen und Schritte zu seiner Freilassung einleiten sollten. Sie trafen ihn zu Ochsenfurt am Main, während er eben aus Österreich her dem Kaiser zugeführt wurde. Er war guter Dinge und beklagte sich nicht über sein Los, sondern nur über den Verrat seines Bruders *Johann*, der aber bereits allen Halt in England verloren hatte. Das Volk daselbst war sehr erbittert über die Deutschen, daß sie einen Kreuzfahrer gefangenhielten, während jede Belästigung eines solchen schweren kirchlichen Strafen unterlag. Trotzdem aber tat der schwache Papst *Cölestin*, der doch die nächste Pflicht dazu hatte, nichts für ihn, weil er dem König persönlich nicht geneigt war; nicht einmal auf die flehentlichen Bitten der über Italien heimreisenden Gattin und Schwester *Richards* wollte er sich für ihn bei dem Kaiser verwenden. Erst auf Andringen mehrerer Bischöfe drohte der dem Kaiser mit dem Bann, wenn er den Gefangenen nicht freiließe, und ebenso dem König von Frankreich, wenn er *Richards* Staaten angreifen und hierdurch seinen Eid brechen würde. Denn *Philipp* sowohl als der Usurpator *Johann* taten nicht nur dies, sondern bemühten sich sogar, bei dem Kaiser eine längere Fortdauer der Gefangenschaft *Richards* zu bewirken. Den größten Eifer für den Gefangenen aber bewies seine Mutter *Eleonore*; sie verlangte vom Papst geradezu, daß er sich selbst nach Deutschland begebe oder einen Legaten dahin sende, um ihren Sohn zu befreien, welche Maßregeln doch oft aus geringfügigeren Ursachen Anwendung fänden. Aber ohne Erfolg.

Sobald *Richard* dem Kaiser abgeliefert wurde, ließ dieser ihn vor den eben (in der Karwoche) versammelten Reichstag in *Speyer* bringen und in Anwesenheit der zahlreich erschienenen Fürsten und Herren vor seinen Thron führen und erhob gegen ihn die Anklagen: den Usurpator *Tankred* von Sizilien unterstützt, den „Kaiser" *Isaak* von Zypern seines Landes be-

---

* Es gab einen Trouvère Blondiaus oder Blondel aus der Landschaft Artois, dessen Werke aber keinen Anhaltspunkt für diese Sage bieten, die nur von einer Chronik des dreizehnten Jahrhunderts, nicht aber von Zeitgenossen erzählt wird. Auch ist nicht recht einzusehen, wie ein Franzose, und zwar aus dem nicht unter englischer Herrschaft stehenden Teil Frankreichs, dazu gekommen wäre, Richards Freund zu sein.

raubt, den Markgrafen *Konrad* durch Assassinen aus dem Wege geschafft, die deutschen Kreuzfahrer mißhandelt, das Banner des Herzogs von Österreich beschimpft, das Heilige Land an *Salaheddin* verraten und gegen seinen Lehnsherrn *Philipp* von Frankreich Untreue begangen zu haben. Das war jedoch alles nur eine Form und diente lediglich dem Zweck, des Kaisers Lehnsherrlichkeit über alle Könige zu bekräftigen; denn es bedurfte nur einer kurzen Verteidigungsrede *Richards*, die er mit königlichem Anstand und Freimut hielt, und in welcher er die geringe Begründung der gegen ihn erhobenen Anklage teils leicht nachweisen konnte, teils nachzuweisen versuchte – und *Heinrich* stieg vom Thron herab und umarmte den Angeklagten, während die Fürsten sich der Rührung über diesen Auftritt nicht bemeistern konnten.

Darauf wurde dem gefangenen König die Burg *Trifels* in der Pfalz zum Aufenthalt angewiesen, wo ihm völlig freie Bewegung und am Tage ritterliche Gesellschaft bewilligt war. Er befand sich wohl dabei und vergnügte sich oft damit, seine Wächter im Ringkampf niederzuwerfen oder sie trunken zu machen.

Schon am 25. März war zwar zwischen *Heinrich* und *Richard* ein Vertrag abgeschlossen worden, welcher das Lösegeld des letzteren auf 100 000 Mark festsetzte und den König verpflichtete, dem Kaiser auf ein Jahr mit zwanzig Rittern und fünfzig Galeeren zu dienen. *Heinrich* machte jedoch die Freilassung *Richards* von einem bleibenden untergeordneten Verhältnis abhängig und der letztere mußte ihm vor einer Versammlung von Fürsten seinen Königshut überreichen, wogegen ihm der Kaiser ein goldenes Doppelkreuz, als Sinnbild der Belehnung mit England einhändigte. Aber auch jetzt noch zogen sich die von *Richards* Untertanen eifrig betriebenen, von normannischen und englischen Bischöfen geführten Unterhandlungen über das zu zahlende Lösegeld in die Länge, was hauptsächlich eine Folge seiner fortdauernden Zuneigung zu den Welfen war. Ja, am 29. Juni wurde das Lösegeld sogar auf 150 000 Mark Silber erhöht, wovon wie früher 20 000 für den Herzog *Leopold* bestimmt waren. Nachdem *Richard* davon 100 000 Mark bezahlt und dem Kaiser sechzig, dem Herzog sieben Geiseln gestellt, sollte er in Freiheit gesetzt werden. Die übrigen 50 000 Mark sollten ihm jedoch geschenkt sein, wenn er dem Kaiser gegen *Heinrich* den *Löwen* Hilfe leistete; dies hatte er selbst versprochen, um die Angelegenheit rascher erledigt zu sehen.

Es kostete große Mühe, das Geld in England zusammenzubringen; man mußte zu diesem Zweck die Kirchen silbernen und goldenen Schmucks berauben. Aber auch nach Entrichtung der verlangten Summe bewirkten *Philipp* und *Johann* bei dem Kaiser noch eine längere Verzögerung; ja sie überboten *Richards* Lösegeld, wenn dessen Haft verlängert würde, unter der heuchlerischen Vorgabe, es würde ewiger Unfriede in der Welt sein, wenn man diesen Ruhestörer *Richard* frei ließe, während doch die neuesten Friedensbrüche gerade von jenen beiden ausgegangen waren! *Heinrich* aber benutzte diese Verhältnisse mit berechnender Klugheit zu seinem Vorteil, indem er erst durch Milderung des Loses *Richards*, den er aus dem Gefängnis an seinen Hof zog, einen guten Teil seiner Gegner gewann, die natürlich auf der Seite seines Gefangenen standen, und dann durch scheinbare Anknüpfung eines Bundes mit Frankreich den Rest seiner vorher so zahlreichen Feinde schreckte und hierdurch an sich fesselte.

Noch immer schwankte der Kaiser infolge der französischen Einflüsterungen, ob er *Richard* freilassen oder dessen Gefangenschaft weiter zu seinem Nutzen und zur Demütigung der Welfen und der Normannen ausbeuten wolle, als ganz in der Stille *Heinrich* von Braunschweig, des *Löwen* Sohn, die Tochter des rheinischen Pfalzgrafen *Konrad* (des Kaisers Bruder), um welche *Philipp* von Frankreich geworben hatte, heiratete und zwar infolge gegenseitiger Herzensneigung. Da brannte der Kaiser in heftigem Zorn gegen die Welfen auf und war weniger als je geneigt, *Richard* freizugeben. Aber der Bischof *Adolf* von Köln bewirkte endlich eine Versöhnung des Kaisers mit *Heinrich* von Braunschweig, und in Verbindung mit vielen anderen Fürsten schließlich auch nicht nur die Freilassung *Richards*, sondern selbst eine kaiserliche Mahnung an *Philipp* und *Johann*, herauszugeben, was sie *Richard* weggenommen hatten. Ja, viele deutsche Fürsten versprachen *Richard* Heeresfolge gegen Frankreich. So wurde denn der schwergeprüfte gefangene König am 4. Februar 1194 seiner nach Deutschland gekommenen Mutter übergeben und in Köln von Erzbischof, Geistlichkeit und Bürgerschaft feierlich empfangen.

Am 13. März langte *Richard* auf britischem Boden an, wo er, weil er durch seine Gefangenschaft sich entehrt glaubte, sich noch einmal krönen ließ. Zwar ordnete er die Entrichtung des noch übrigen Lösegeldes an, klagte aber zugleich bei dem Papst über den Kaiser und den Herzog von Österreich, die ihn wie ein Stück Vieh verhandelt hätten, und bewirkte, daß *Cölestin* am 6. Juni den Herzog *Leopold* mit dem Bann und sein Land mit dem Interdikt belegte. Das hierdurch in seinen religiösen Bedürfnissen beeinträchtigte österreichische Volk sah in Feuersbrünsten, Überschwemmungen und Hungersnot Folgen jener Maßregel, die übrigens entweder gar nicht oder nur in geringem Maß vollzogen worden zu sein scheint. *Leopold* jedoch, durchaus nicht erschreckt, drohte einfach die englischen Geiseln um das Leben zu bringen, wenn der Vertrag nicht erfüllt würde, worauf dies sofort geschah.

Nicht lange jedoch überlebte der tapfere und mutige *Leopold* diese Verwicklung, und starb einen eines schmerzverachtenden Kriegers würdigen Tod. Am 26. Dezember 1194 stürzte er in einem Turnier zu Graz mit dem Pferd und zerschmetterte sich dabei ein Bein so entsetzlich, daß der Brand eintrat und eine Amputation notwendig wurde, wenn das Leben des Fürsten erhalten bleiben sollte. Die Wundarzneikunde war jedoch noch auf so niedriger Stufe, daß kein Arzt diese Operation wagte. Da legte *Leopold* ein scharfes Beil mit der Schneide auf das kranke Bein und befahl seinem Kämmerer, mit einem Hammer darauf zu schlagen. Aber erst der *dritte* Schlag trennte das Glied ab, und das Leben, das man auf diese verzweifelte Art retten wollte, war nun unrettbar verloren. *Leopold* starb, nachdem er mit der Kirche Frieden gesucht und der Erzbischof von Salzburg ihn unter der

Bedingung vom Bann losgesprochen, daß er das empfangene Lösegeld *Richards* wieder herausgebe und die englischen Geiseln entlasse, was der Sterbende auch verheißen hatte. Sein Sohn und Nachfolger *Friedrich I.* verweigerte jedoch die Erfüllung dieses Versprechens und entließ die Geiseln mit einem Teil des Lösegeldes erst, als die Geistlichkeit, welche seinem Vater ein ehrliches Begräbnis verweigerte, das Gelobte erfüllt hatte. Da jedoch die Geiseln wegen der damaligen Unsicherheit der Straßen das Geld nicht mitnehmen wollten, behielt es der Herzog und gab es selbst auf die Ermahnungen des damaligen und des ihm folgenden Papstes nicht heraus. Und dieser Fürst erhielt den Beinamen des „Katholischen!"

Auch *Richard* überlebte seine Freilassung nur um wenige Jahre. Er war erst einige Monate in England, als er schon wieder nach dem Festland aufbrach, um mit *Philipp August* abzurechnen. Es kam jedoch nur zu unbedeutenden, wenn auch mehrjährigen Fehden, welchen ein Waffenstillstand ein Ende machte. Darauf belagerte *Richard* in einer neuen Fehde *Chaluz–Chabrol*, eine Burg des Vicomte von *Limoges* in Guienne, und wurde bei diesem Anlaß am 28. März 1199 durch einen Pfeil am linken Arm verwundet. Nachdem inzwischen die Feste erstürmt war, wurde die gesamte Besatzung gehängt mit einziger Ausnahme des Bogenschützen *Bertrand Gordon*, der den König verwundet hatte. Der sterbende *Richard* ließ denselben vor sich kommen und fragte ihn nach der Ursache seiner Tat, worauf er die Antwort erhielt: „du hast meinen Vater und meine zwei Brüder eigenhändig getötet und wolltest mir dasselbe Schicksal bereiten; jetzt räche dich an mir!" Dem König gefiel dieser Mut und er schenkte dem Schützen das Leben und eine Geldsumme. Nachdem er aber am 6. April 1199, im 42sten Lebensjahr, und zwar auch infolge ärztlicher Ungeschicklichkeit, seiner Wunde erlegen, ließ der Anführer seiner gefürchteten brabantischen Söldner, *Markart*, den Unglücklichen, den er heimlich hatte ergreifen lassen, zu Tode martern.

Wir schließen die Erzählung vom Leben und Tod *Richards* mit einem Gedicht, das er (provenzalisch) im Gefängnis dichtete und das mit den Unbeständigkeiten sowohl als Härten seines Charakters versöhnen dürfte:

Zwar redet ein Gefang'ner, übermannt
von Schmerz und Pein, nicht eben mit Verstand;
doch dichtet er, weil so das Leid er bannt.
Freund' hab' ich viel, doch karg ist ihre Hand;
schon lieg' ich – Schmach! – weil sie nicht Geld gesandt,
zwei Winter hier in Haft.

Nun ist es meinen Mannen doch bekannt –
in Normandie, Poitou und Engelland:
so armen Kriegsmann hab' ich nicht im Land,
den ich im Kerker ließ um solchen Tand.
Nicht hab' ich dies zu ihrem Schimpf bekannt,
doch bin ich noch in Haft.

Wol ist es mir gewiß zu dieser Zeit:
tot und gefangen tut man Niemand leid,
und werd' ich ob des Goldes nicht befreit,
ist mir's um mich, mehr um mein Volk noch leid,
dem man nach meinem Tod es nicht verzeiht,
wenn ich hier bleib' in Haft.

Erhalt' euch Gott, ihr Schwester hochverehrt,
samt ihr, der Schönen, die mir teuerwert
und die mich hält in Haft.

ZEHNTER ABSCHNITT

Kaiser Heinrichs VI. Kreuzzug

So jung auch *Heinrich* war, als er die Kaiserwürde erhielt und so jung er enden mußte, so hatte doch seit Jahrhunderten das dem Namen nach römische, in der Tat aber deutsche Kaisertum nicht soviel Ruhm und eine so mächtige, achtunggebietende Stellung erlangt, wie zu der Zeit unmittelbar nach *Richards* Freilassung, als *Heinrich,* wie schon mit *Heinrichs* des *Löwen* Sohn, so nun auch mit dem Vater, dem langjährigen Feind seines Hauses, der bald darauf (am 1. April 1195) aus dem Leben schied, versöhnt war und auch die Kirche, wenn sie ihm schon nicht grün war, doch gegen ihn keine Schritte wagte, wie sie solche gegen so manche seiner Vorgänger in demütigender Weise gewagt hatte.

Diesen natürlichen Ruhepunkt benutzen wir, um die zum Gesamtbild der Kultur des Zeitalters der Kreuzzüge notwendig gehörende Kaiserkrönung zu schildern, was bei diesem Anlaß selbst wegen der sich vor- und nachher häufenden Ereignisse nicht möglich war.

An seinem Krönungstag zog der König mit der Königin und glänzendem Gefolge durch das bei der Engelsburg befindliche Tor in die leonische Stadt ein. Bei der Kirche S. Maria Traspontina erwartete ihn die Geistlichkeit und geleitete ihn zur Basilika des Vatikan. Vor ihm schritten einher der Stadtpräfekt, das entblößte Schwert tragend, der lateranische Pfalzgraf, der Senator und die vornehmen städtischen Beamten und Richter; deutsche und italienische Bischöfe und Fürsten, Patriarchen, Herzoge folgten. Königliche Kämmerer, dem Zug vorausgehend und folgend, warfen Geld unter die Menge. Dreimal beschwor der König die städtischen Rechte. Oben an den Stufen der zur Kirche führenden Plattform bei S. Maria *in turri* saß der Papst, von den Kardinälen umgeben, auf dem Thron. Als der König die Stufen erreichte, verließ er sein Pferd, erstieg sie, bezeigte dem Papst seine Ehrfurcht, kniete mit der Königin und allen vom Gefolge nieder und leistete auf das Evangelienbuch den gebräuchlichen Eid: „Ich, *Heinrich,* König der Römer und künftiger Kaiser, schwöre auf dies heilige Buch vor Gott und dem heiligen Petrus aufrichtig und ohne Rückhalt der römischen Kirche, dem Papst und seinen Nachfolgern treu zu sein, sie mit aller Macht zu schützen und im Notfall zu verteidigen zur Erhaltung ihres Besitztums, ihrer Ehren und Rechte. So möge Gott mir helfen und sein heiliges Evangelium." Dreimal fragte dann der Papst den König, ob er mit der Kirche im Frieden leben und ihr ein ehrfurchtsvoller Sohn sein wolle. „Ich will es“, war die Antwort. „Und ich“, sprach der Papst, nehme dich zum geliebten Sohne an und gebe dir den Frieden, wie Christus ihn seinen Jüngern gegeben hat.“ Hierauf setzte sich der Zug in Bewegung und gelangte durch die Vorhalle zur Mitteltür der Kirche, wo der künftige Kaiser das Glaubensbekenntnis ablegte, Verfolgung der Ketzer (!!), Beschützung der Armen und Pilger versprach und die Diakonatsweihe empfing, die ihn zur Teilnahme an den kirchlichen Zeremonien befähigte. Nun trat man in die Kirche. Der Kardinal von Ostia salbte den König, welchem der Papst Ring, Szepter und Schwert überreichte und endlich die Krone auf das Haupt setzte, worauf auch die Königin gekrönt ward. Am Hochaltar feierte der Papst das Meßopfer. Bei den *Laudes* sang der Chor dreimal: „Langes Leben unserm Herrn *Cölestin*, durch Gottes Gnade Pontifex und allgemeiner Papst! Sieg und langes Leben unserm Herrn *Heinrich*, dem großen und friedfertigen nach Gottes Beschluß gekrönten Kaiser! Langes Leben seiner Gemahlin, der erlauchten Kaiserin Constanze! Sieg dem römischen und deutschen Heere!“ Der Kaiser legte Schwert und Krone ab, brachte Brot, Wachs und Gold dar und empfing das heilige Sakrament. Nach der Messe zog der Pfalzgraf dem Gekrönten die kaiserlichen Stiefel an, woran er die Sporen des heiligen Mauritius befestigte. Nun begann der feierliche Zug, wobei der Kaiser dem Papst den Steigbügel seines Zelters hielt und ihn dann zu Pferd begleitete. Der Klerus sang Psalmen, auf welche die Menge antwortete. Die Kaiserin, die geistlichen und weltlichen Würdenträger waren beim Zug; die Stadt war festlich geschmückt, alle Glocken läuteten. So gelangte man zum Lateran. Beim Gastmahl saß der Kaiser zur Rechten des Papstes (wie der Sohn zu der des Vaters!), die Kaiserin speiste in dem nach der Kaiserin *Julia* benannten Saal mit den Großen ihres Gefolges.

So hoch stand also das Papsttum am Ende des zwölften Jahrhunderts, daß seine Überordnung gegenüber dem Kaisertum als selbstverständlich galt. Der Mann geringster Herkunft – das war höchst bemerkenswert in dem auf die Abkunft so viel haltenden Mittelalter und ein unter anderen Umständen wohltuender demokratischer Zug – konnte sich von dem Abkömmling der erlauchtesten Geschlechter, dem Herrscher über Millionen, bedienen lassen und ihn zu Gnaden annehmen. Höher konnte das Papsttum nicht steigen.

Aber im Hintergrund hegte damals *Heinrich VI.* Pläne, welche dem Fortbestand der päpstlichen Oberherrlichkeit nichts weniger als günstig waren. Dieselben sollten erst deutlicher hervortreten, nachdem er sein zweites großes Ziel, das der Unterwerfung des ererbten Unteritalien und damit der Beherrschung ganz Italiens und Deutschlands, erreicht hätte. Der Krieg in Apulien war auch in seiner Abwesenheit fortgesetzt worden. *Constantia*, welche während des ersten Feldzuges in Salerno zuvorkommende Aufnahme gefunden, aber nach des kranken Kaisers Heimkehr von der Partei *Tankreds* gefangen worden, befand sich in Messina, wohin man sie gebracht hatte, aber gut behandelte. Ja, *Tankred* entließ sie nach Rom auf Befehl des

Papstes, der dem Kaiser wenigstens in etwas gefällig sein wollte, während derselbe sich nur durch vollständige Preisgebung *Tankreds* befriedigt finden konnte, *Cölestin* aber im Gegenteil aus dieses Königs Lage nur Vorteile für die Kirche zu ziehen und deren Rechte in seinem Reich zu erweitern strebte, nachdem er dies aber erlangt, *Tankred* neuerdings mit Sizilien belehnte. Der Kaiser rächte sich für dieses schmähliche Doppelspiel durch Verhängung strengster Strafen gegen jeden, der nach Rom ginge! Indessen drangen die Deutschen und die kaiserlich gesinnten Italiener immer weiter vor, aber als *Tankred* sie eben wieder geschlagen hatte, starb er plötzlich am 20. Februar 1194. Sein jüngerer Sohn *Wilhelm III.* wurde zwar gekrönt, aber alles hatte den Mut verloren und das Festland wurde den Kaiserlichen überlassen. Nun rüstete auch der Kaiser mit dem Lösegeld *Richards* ein Heer, zog im Mai nach Italien, rüstete in Genua und Pisa mit Hilfe dieser Städte Flotten aus, empfing in Apulien die Huldigung aller Städte, züchtigte die früher feindlichen, namentlich aber Salerno für den Verrat an der Kaiserin, durch Zerstörung und Verwüstung, während die Flotten den größten Teil Siziliens unterwarfen, die Pisaner und Genuesen aber blutig hintereinander gerieten. Im Oktober zog *Heinrich* triumphierend in *Messina* ein, wo er seine Feinde, darunter den tapferen Admiral *Margarito*, den wir in Palästina kennengelernt, beraubte und verbannte und andere grausam hinrichten ließ. Als jedoch schließlich *Palermo* eingenommen wurde, welches *Margarito* übergab, ernannte er diesen zum „Herzog von Durazzo und Fürsten des Meeres", welch letzteren Titel er als Bändiger der Seeräuber weit und breit wohl verdiente. Auch die Juden und Araber unterwarfen sich und *Heinrich*, der jetzt Herr von der Nordsee bis zum Südkap Siziliens war, hielt strenge Mannszucht und ließ niemanden außergerichtlich verletzen. Am 20. November zog er in das teppich- und blumengeschmückte Palermo ein. Nur in der altarabischen Festung Kalat al Bellut (*Calatabellota*) weilte noch die Witwe *Tankreds, Sibylla*, mit ihren Kindern. Der Kaiser verhieß ihr die Grafschaft Lecce, ihrem Sohn Tarent und ihrem Eigentum Sicherheit, worauf sie sich ergab. Nachdem er aber gekrönt war und ihm von einer Verschwörung berichtet wurde, an deren Spitze die Königin stehen sollte, wurde sie, ihre Kinder und alle *Tankred* bis zuletzt treu gewesenen Edelleute, darunter auch *Margarito* und der Bischof von Salerno, eingekerkert. Die von *Heinrichs* Feinden bezweifelte Verschwörung läßt sich schwerlich bestreiten, waren ja solche in diesem Reich, wie in ganz Italien stets an der Tagesordnung gewesen und war sie ja in diesem Fall sehr natürlich! Viel weniger glaubwürdig sind die bisher herrschenden Erzählungen über die Bestrafung der Verschwörer. Es ist erwiesen, daß keiner derselben mit dem Tod bestraft, daß alle Angeklagten nur verbannt wurden, und zwar nach Deutschland. *Sibylla* und ihre Töchter lebten lange im elsässischen Nonnenkloster Hohenburg, wo sie aber nach des Kaisers Tod auf Verlangen des Papstes entlassen wurden und heimkehren konnten. *Wilhelm III.* starb bald, angeblich als Mönch, zu Hohenems in Voraralberg. *Margarito* und seine Genossen wurden in Trifels eingesperrt, wie einst *Richard*. Der Reichsschatz und alle Kostbarkeiten Siziliens wurden nach den kaiserlichen

Schlössern Deutschlands, besonders nach Trifels gebracht. Ein Mantel, den die Araber Siziliens *Roger II.* geschenkt hatten und auf dem Koransprüche eingewebt waren, wurde von da an als Krönungsmantel der deutschen Kaiser verwendet. Dem Kaiser und neuen König beider Sizilien aber wurde am 26. Dezember sein Erbe, der spätere *Friedrich II.* in Jesi geboren. *Heinrich* ließ seine Gattin als Regentin in Palermo zurück, verlieh vielen Deutschen große Besitztümer in Italien und begab sich nach der Nordhälfte seines weiten Reiches.

Heinrich VI. gehorchte nicht nur seit der Eroberung beider Sizilien ganz Italien, als ob es zu diesem seinem Erbreich gehörte, nicht nur war seine Obmacht in Deutschland seit der Versöhnung mit den Welfen unbestritten, nicht nur betrachtete und behandelte er seit dem Lehnseid *Richards* England als Vasallenstaat seines Reiches, sondern er dachte jetzt sogar daran, *Frankreich* demselben zu unterwerfen und nach und nach das Deutsch-römische Reich in der ursprünglichen Bedeutung und Ausdehnung seiner Gründung durch Karl den Großen wiederherzustellen. Er sandte *Richard* im Sommer 1195 eine kostbare Goldkrone, mahnte ihn zugleich bei seiner Lehnstreue zur rastlosen Fortführung des Krieges gegen Frankreich und mißbilligte es, als *Richard* und *Philipp* einen Frieden schlossen, weil sie sich durch den Sieg der Mauren über die spanischen Christen bei Alarcos gefährdet sahen. Ja *Heinrich* warf seinen weiten Blick bis nach *Spanien*, immerhin aber in Verknüpfung mit näherliegenden Verhältnissen. Zu den Überlieferungen des deutsch-römischen Reiches gehörte namentlich auch die Beherrschung des Reiches *Burgund* oder Arelat, welche aber schon seit Jahrhunderten kaum dem Namen nach bestand. *Heinrich* hatte schon bei *Richards* Freilassung diesem die burgundische Krone verheißen, über welche er zwar noch nicht verfügen konnte, in deren Bereich er aber bereits oberherrliche Rechte ausübte, die vor ihm in Vergessenheit geraten waren. Zu den Lehensfürstentümern Burgunds gehörte aber auch das spanische Reich *Aragon*, das von der Provence ausgegangen war und immer noch Teile Südfrankreichs umfaßte. *Heinrich* war bereits soweit gegangen, Genua zur Miterwerbung von Aragon aufzufordern, um es von seinen Einmischungen im sizilischen Reich abzulenken.

Heinrich beschränkte sich aber in seinen Plänen nicht auf das Abendland. Er wollte nicht nur west-, sondern alleiniger römischer Kaiser, alleiniger Oberherr der Christenheit werden; ihn lockte die Krone von Konstantinopel, welche ununterbrochen von den Römern ererbt war, was von der deutschen nicht gesagt werden konnte. Schon sein Vater hatte nicht nur auf Gleichberechtigung mit Byzanz bestanden, sondern dachte einen Augenblick an dessen Verschmelzung mit seinem Kaisertum; *Heinrich* faßte dies Ziel schärfer ins Auge und es war das um so aussichtvoller, als den kräftigen Komnenen ein entartetes Geschlecht gefolgt war, unter dem das Reich unaufhaltsam seinem Verfall entgegenging. Er nahm damit zugleich die Pläne seiner Vorgänger im normannisch-sizilischen Reich wieder auf. Ihm kam es daher sehr gelegen, als ihn der elende *Isaak* gegen seinen aufrührerischen Bruder *Alexios* zu Hilfe rief. Er gestattete byzantinische Werbungen in seinem Reich und verlangte als Gegenleistung durch Gesandte in Konstantinopel nichts geringeres als die Abtretung von Griechenland, das dem Normannen Wilhelm II. nur durch Verrat entrissen worden sei. Jene Werbungen retteten aber *Isaak* nicht; er wurde am 8. April 1195 von seinem Bruder entthront, geblendet und nebst seinem Sohne *Alexios* eingekerkert. Die angeworbenen deutschen und italienischen Söldner gingen zwar zum Sieger über, *Heinrich* aber trat für den Besiegten ein, den er in seinen Schutz nahm und dessen Nachfolge er seinem eigenen Bruder *Philipp* zuzuwenden dachte, der mit einer Tochter *Isaaks* verlobt war und also nach byzantinischem Recht allerdings Erbansprüche in Aussicht hatte. Alles schien damals *Heinrichs* Plänen entgegenzukommen und ihn mit ruhmvollen Aussichten überhäufen zu wollen. *Leo* von Armenien schickte Gesandte an ihn mit der Bitte, ihm die Königskrone zu verleihen und ihn zu seinem Vasallen anzunehmen. *Amalrich* von Lusignan, der seinem Bruder *Guido* 1195 in Zypern folgte, tat dasselbe in noch dringenderer Weise, und sein Gesandter leistete gleich den Lehnseid. Beide Fürsten erklärten auch die kirchliche Unterwerfung ihrer Länder unter Rom, und ihre Gesandten nahmen von Kaiser und Papst günstige Zusicherungen mit. Die früher von *Roger II.* unterworfene, aber wieder an die Sarazenen verlorene *afrikanische* Küste zwischen Tunis und Tripolis faßte *Heinrich* ebenfalls in das Auge und die einander feindlichen maurischen Herrscher aus den Häusern und Sekten der Almoraviden und Almohaden sandten ihm Tribut, da ihn die eine Partei gegen die andre zu benutzen hoffte.

Zu weiterem Vorgehen aber fehlte *Heinrich* noch eines: die Versöhnung mit der Kirche Roms. Der Papst war noch immer sowohl durch die Eroberung Siziliens, als durch die Annahme eines Lösegeldes für den gefangenen Kreuzfahrer *Richard* – wenn auch ohnmächtig, verstimmt. Zwar hatte *Heinrich* dem englischen König bedeutende Beträge des Lösegeldes geschenkt und ihm seine Geiseln zugesandt, war aber keineswegs, wie der Papst verlangte, das Erhaltene zurückzuzahlen gesonnen. Daß *Cölestin* an *Leopold* von Österreich die nämliche Forderung stellte, aber gegen ihn kräftiger einschritt, haben wir bereits gesehen. Die gedachte Versöhnung wurde schon während der Rückkehr *Heinrichs* von der Eroberung Siziliens angebahnt, indem er in *Bari*, wo er damals einen Reichstag hielt, zur Osterzeit 1195 das Kreuz nahm und eine Kreuzpredigt anordnete. Damit erzielte er sowohl die Versöhnung mit der Kirche, als, wie er hoffte, eine Ausdehnung seiner Macht im Osten, die ihm ermöglichte, Byzanz von zwei Seiten anzugreifen. Religiöse Beweggründe lagen ihm durchaus fern. Zu dem Kreuzzug dachte er die in Sizilien erbeuteten Schätze zu verwenden. Ein höchst liebreicher, von allen Vorwürfen freier Brief *Cölestins* an *Heinrich* vom 26. April krönte die durch vertraute Geistliche geführten Unterhandlungen zwischen Kaiser und Papst. Ein Kreuzzug hatte schon lange in des letzteren Wunsch gelegen und er hatte für einen solchen in Venedig und England Schritte getan, die Turniere verpönt und allen Kreuzfahrern Ablaß verheißen. Nur mit der Beteiligung aller katholischen Länder und mit der Wiedereinnahme Jerusalems konnte nach seiner Ansicht der Kreuzzug ein vollkommener sein, aber dazu war jetzt nach *Salaheddins* Tod die Lage der Dinge sehr günstig.

Der Kreuzzugsplan des Papstes fand jedoch weder in England noch in Frankreich Anklang; die Könige beider Länder hatten im letzten Kreuzzug Erfahrungen gemacht, welche ihm eine Wiederholung nicht wünschbar erscheinen ließen, und überdies waren sie in gegenseitiger Fehde begriffen und keiner traute der Friedensliebe des andern während seiner Abwesenheit. Das war aber nur dem Kaiser willkommen; er wollte den Kreuzzug allein unternehmen und allein dessen Früchte ernten. In Deutschland aber trug der beabsichtigte Kreuzzug überall zur Versöhnung unter Feinden bei und auch dies konnte dem Kaiser nur willkommen sein. Er und der Papst bemühten sich angelegentlich, Deutschland und Italien für den Kreuzzug zu begeistern und Rüstungen für denselben ins Werk zu setzen, und sie fanden großartigen Anklang. Eine bedeutende Menge Fürsten und Herren nahmen im Oktober auf dem Reichstag zu Gelnhausen und am 6. Dezember auf demjenigen im Dom zu Worms das Kreuz, wo der Kaiser acht Tage hindurch täglich mehrere Stunden auf dem Thron saß und die Gelübde der Kreuzfahrer entgegennahm. Von Kardinälen herab bis zu den gewöhnlichen Priestern wurde das Kreuz im ganzen Reich rastlos gepredigt. Ja, der Erfolg war größer als unter *Friedrich I.* Die hervorragendsten weltlichen Fürsten, welche sich beteiligten (neben vielen geistlichen), waren die Herzoge *Friedrich I.* von Österreich, *Ulrich* von Kärnten, *Heinrich* von Brabant, *Heinrich* von Braunschweig (des Löwen Sohn), Landgraf *Hermann* von Thüringen, Markgraf *Otto* von Brandenburg. Ihnen folgte eine Menge Grafen, und als Dichterfürst reihte sich *Hartmann* von der *Aue* an. Für den Kreuzzug wurde der Seeweg gewählt und als Zeit des Aufbruchs Weihnachten 1196 bestimmt.

Inzwischen arbeitete *Heinrich* rastlos an seinen Plänen, und zwar zunächst an den die innere Politik betreffenden. In dieser Richtung strebte er danach, das deutsch-römische Reich zu einem erblichen in seinem Haus zu machen und sein sizilisches Königtum mit jenem Reich zu einem Ganzen zu verbinden. Das erstere war nichts neues im deutschen Reich; die Karolinger, die Sachsen, die Salier hatten nacheinander die tatsächliche Erblichkeit der Krone besessen bis zum Aussterben ihres Stammes, und *Friedrich I.* hatte sich rastlos wenn auch erfolglos bemüht, seinen ältesten Sohn zum Mitkaiser erheben zu lassen und ihm hierdurch die Nachfolge zu sichern. Aber *Heinrich* wollte alle diese Bestrebungen, die doch nur vorübergehend und nicht gesetzlich begründet waren, für immer befestigen, somit die bisherige Wahlordnung aufheben. Ganz neu aber war der zweite Punkt, welcher Deutschland und Italien zu einem Ganzen, zu einem Weltreich ohne nationale Beschränkung vereinigte. Um die Fürsten seinen Plänen geneigt zu machen, konnte er ihnen freilich keinen Ersatz für das Wahlrecht schaffen, das sie verlieren sollten, aber er tat, was er konnte, er stellte ihnen volle statt der bisher beschränkten Erblichkeit ihrer Lehen in Aussicht. Da aber viele weltliche Fürsten diese volle Erblichkeit bereits erlangt hatten, und für die vielen geistlichen Fürsten dieselbe keinen Wert hatte, die Aufhebung des Wahlrechts aber und die Erhöhung der königlichen Macht den Fürsten nur Gefahren in Aussicht stellten, wozu für die Deutschen und die Norditaliener durch die Einverleibung Siziliens noch die Last hinzukam, auch für *dieses* Gebiet mit einstehen zu müssen, endlich aber die kaiserlichen Vorschläge den Einfluß des Papstes bei Königswahlen, der den Fürsten oft sehr wertvoll war, beseitigten, so waren die Aussichten für eine Genehmigung der Vorschläge, die *Heinrich* dem erwähnten Reichstag in Worms vorlegte, nicht nur ihres Inhalts wegen, sondern auch deshalb nicht günstige, weil der Kaiser sie mittels gebieterischen Auftretens durchzudrücken suchte. Trotzdem machten sich die nicht zahlreichen Teilnehmer jenes Reichstags verbindlich, die Vorschläge an dem nächsten Reichstag in Würzburg, im April 1196, zu unterstützen, und gegen alle Erwartung fanden sie Annahme! Es trat nämlich der für *Heinrich* günstige Umstand ein, daß gerade die am meisten zu einer Opposition geneigten Fürsten aus den Vorschlägen den meisten Vorteil zogen, und viele, vielleicht die meisten, stimmten aus Rücksicht auf den Kreuzzug bei, der im Fall ihres Widerstandes gefährdet gewesen wäre. Nichtsdestoweniger bildete sich eine den Bestrebungen des Kaisers feindliche Partei, an deren Spitze der Erzbischof *Adolf* von Köln sich stellte und die meist aus dem westfälischen und lothringischen Adel sowie dem Herzog vom Zäringen bestand.

Eine ebensolche Partei traf aber der Kaiser auch in Italien, wohin er im Sommer 1196 mit geringer Begleitung ging, sowohl um seinen erst anderthalbjährigen Sohn zum König, d. h. jetzt zum erblichen Thronfolger krönen zu lassen, als um die Abfahrt des Kreuzheeres von Apulien aus zu überwachen. Es war ein neuer lombardischer Bund, an dessen Spitze das auf seine Freiheit eifersüchtige Mailand stand, gegen den Kaiser zusammengetreten, um die durch den Frieden von Konstanz bestätigten Stadtfreiheiten zu schützen. Auch der Papst hatte wieder angefangen, sich von *Heinrich* abzuwenden, teils verletzt durch das kräftige, aber eigenmächtige Auftreten *Philipps* von Staufen, den sein kaiserlicher Bruder zum Herzog von Tuscien (Toscana) gemacht, und durch die Einsperrung oder Verbannung normannisch gesinnter Bischöfe, teils verstimmt durch die beschlossene Erblichkeit der Kaiserkrone und durch die Wahrnehmung, daß *Heinrich* mit dem Kreuzzug nur weltliche Ziele verfolge. Er begann bereits mit dem oströmischen Kaiser, gegen den *Heinrich* rüstete, ein Bündnis anzubahnen, das aber scheiterte, indem die byzantinischen Gesandten von deutschen Kriegern aufgegriffen wurden. Es war mehr Schlauheit als Ehrlichkeit, die man überhaupt in der mittelalterlichen Politik ebenso selten findet wie in der heutigen, daß *Heinrich* den Papst durch harte Verfolgungen der „Ketzer", d. h. der damaligen frömmsten Leute zu beschwichtigen und von neuem zu versöhnen suchte und zugleich seinen Schatz durch Einziehung der Habe dieser Unglücklichen bereicherte. Im übrigen wies er die Beschwerden des Papstes ohne viel Umstände ab und verlangte von ihm überdies die Krönung seines Königskindes, mit welcher der Papst sowohl jeden künftigen Einspruch gegen Krönungen, als die ehemalige Lehnshoheit über das Reich beider Sizilien preisgegeben hätte, da *Heinrich* den als Bedingung der Krönung verlangten Lehnseid rundweg verweigerte. Damit zerschlugen sich dann die Unterhandlungen, die sich bis zum Ende des Jahres hingezogen hatten. Ebenso unerwartet aber war dem Kaiser, daß ein deutscher Fürstentag in Erfurt sowohl seine Ermahnungen zur Beschleunigung des Kreuzzuges von der Hand wies, als seine Reformpläne ablehnte. Nun setzte *Heinrich* seine Forderungen herab und beschränkte sie auf die eine: daß sein Sohn zum römischen König gewählt werde. Und dies geschah nun bereitwillig am Reichstag zu Frankfurt gegen Ende des Jahres 1196. Zugleich hatte *Heinrich* den Fürsten überlassen, zu verfügen, ob er selbst den Kreuzzug mitmachen solle oder nicht. Sie entschieden sich für das letztere, wahrscheinlich aus Furcht vor Wiederholung des traurigen Schicksals *Friedrichs I.* Er sollte, wie er selbst vorgeschlagen hatte, in Europa bleiben und die Lebensmittelzufuhr für das Kreuzheer leiten.

In seinem Innern aber ließ *Heinrich* seine Pläne keineswegs fallen und deutete dies sogar in öffentlichen Akten an, indem er nämlich die sizilischen Barone als Zeugen zu Reichsurkunden beizog und das Bild des noch nicht gekrönten Königskindes auf seinen Münzen prägen ließ.

In seinem südlichen Erbland aber verursachte *Heinrich* durch seine und seiner Beamten Härte und die Ausschweifungen seiner Leute 1197 einen Aufstand, den der Papst und des Kaisers Gattin, die Regentin *Constantia* begünstigten, und zwar während er selbst im Lande war. Es wurde ein Gegenkönig aufgestellt, der in vertrautem Verkehr mit der treulosen Königin stand. Es handelte sich um die Ermordung des Kaisers und die Vertreibung aller Deutschen, aber die Verschwörung wurde verraten. *Heinrich* schloß sich in Messina ein und warb Mannschaften. Bei Katania kam es zu einer Schlacht, in welcher die Sizilier geschlagen wurden. Die Stadt ging bei dem Kampf, den die siegenden Kaiserlichen in ihren Straßen fortsetzten, in Flammen auf, die Burgen der Verschwörer fielen und Palermo ergab sich. Der Kaiser verzieh seiner Gattin; die Aufständischen aber ließ er weit härter büßen als jene vor zwei Jahren; auch diese jedoch mußten nun mit büßen. Mit Ausnahme der gestürzten königlichen Familie wurden sie teils geblendet (so *Margarito*), teils getötet. Die Teilnehmer am *neuen* Aufstand wurden gehängt, enthauptet, ertränkt, verbrannt, zersägt, gepfählt usw., dem Anführer aber, in blutigem Hohn, eine glühende Krone auf dem Kopfe angenagelt, und *Constantia* mußte zusehen, das war *ihre* Strafe! Man fand in jener Zeit solche Barbarei am Platze und gerade die Lobredner des Kaisers erwähnen ihrer eingehend und rühmend! Seine Feinde sogar geben ihm in diesem Fall Recht. Die Troubadours hingegen wiesen mit Abscheu, wie überhaupt auf die Herrschaft der Deutschen in Italien, so namentlich auf jene Grausamkeiten hin. Freilich war es nur durch *solche* Mittel möglich, das Reich auf die Dauer zu unterwerfen.

Zu Weihnachten 1196 waren *Heinrichs* Gesandte in Konstantinopel angekommen, um seine Forderung der Abtretung Griechenlands geltend zu machen. Sie spotteten herb der Diamantenpracht, mit der ihnen der Kaiser entgegentrat, um sie, wie er kindisch wähnte, in Staunen zu versetzen. Jetzt sei *Eisen* die passende Kleidung, bemerkten sie. Für den Frieden verlangten sie einen Jahrestribut von 5000 Pfund Gold, welchen *Heinrich* auf 16 Goldtalente herabsetzte. Diese „deutsche Steuer" lastete schwer auf den byzantinischen Völkern und wurde mit Not durch Beraubung der Kirchen und selbst der kaiserlichen Gräber aufgebracht.

Zu dem sogenannten Kreuzzug oder vielmehr dem Krieg gegen den Orient brachen die Deutschen, teilweise unter dem Erzbischof *Konrad* von Mainz, zur festgesetzten Zeit auf, teilweise aber erst im Frühjahr 1197. Sie zogen über die Alpen nach Italien und im Mai waren in Apulien an 60 000 Mann versammelt, ein prächtigeres Heer als das des Rotbarts, obschon viele das Kreuz schmählicherweise wieder abgelegt hatten. Das italienische Volk empfing die Kreuzfahrer mißtrauisch als Unterdrücker seiner Freiheit. Dreißig Schiffe fuhren schon im März ab, von denen aber zwei versanken; im August kam die Hauptflotte mit 44 Fahrzeugen über England und Spanien in Messina an. Den ganzen Zug leitete der Erzieher und Kanzler des Kaisers, *Konrad* von Querfurt, damals Bischof von Hildesheim, ein weltlich gesinnter und lebender, prachtliebender aber kluger und einsichtiger Mann, der Gold- und Silbergeschirre im Werte von tausend Mark mit sich nahm und welchem der Kaiser in Messina überdies reiche Schätze zur Belohnung der tapferen Krieger mitgab.

Zu Anfang September fuhr das Heer auf der Flotte ab und landete schon am 22. desselben Monats in Akkon. Der Kanzler *Konrad* krönte auf dem Weg den König von *Zypern* in Nikosia als deutsch-römischen Lehensfürsten und Erzbischof *Konrad* später den Fürsten *Leo* von *Armenien* in Tarsos zum König seines Volkes in derselben Eigenschaft. Obschon diese letztere in beiden kleinen Königreichen keine längere Dauer hatte, konnte sich doch nach ersterem Akt (den zweiten erlebte er nicht) der zweiunddreißigjährige Kaiser einer Macht rühmen, wie sie nie ein Deutscher besessen und wohl niemals einer wieder erringen wird. Aber das Schicksal läßt sich unter kein Szepter, nicht einmal unter das mächtige beugen und eine grausame Ironie Fortunas war es, als ein tückisches Fieber auf einer Jagd in sumpfigem Grund bei Messina im August 1197 den Höchststrebenden aller mittelalterlichen Fürsten packte und den nach der Stadt gebrachten am 28. September dahinraffte. Seine Schöpfungen fielen mit ihm jäh in Staub zusammen.

Sein Kreuzzug war, wie leider alle Unternehmungen der Deutschen in jener Periode, vom Unglück verfolgt. Die Kreuzfahrer, die zuerst angekommen waren, konnten nicht verhindern, daß *Malik al Adil* im August Joppe erstürmte, ausmordete und zerstörte. Die erst nach diesem Unglück ankommende Hauptmacht fand schlechte Aufnahme bei dem Scheinkönig Grafen *Heinrich*, der aber am 10. September durch einen Sturz aus dem Fenster umkam, was man für eine Strafe des Himmels ansah. *Konrad* von Hildesheim bewirkte dann die Wahl des Königs *Amalrich* von Zypern zum Herrscher der ärmlichen Reste des Königreichs Jerusalem, mit denen er zugleich als vierter Gemahl die nun endlich zur ersehnten Krone gelangende *Isabella* übernahm.

Unter Anführung des Herzogs *Heinrich* von Brabant zogen die Kreuzfahrer nordwärts, um *Beirut* zu belagern, welches die Verbindung zwischen den christlichen Küstenplätzen unterbrach. *Malik al Adil* war ihnen aber zuvorgekommen, hatte die Festungswerke mit Ausnahme der Burg geschleift und fiel dann am 24. Oktober dem christlichen Heer in die Seite, fand aber tapfere Gegenwehr. Die Christen zogen weiter nach *Sidon*, das schon von *Salaheddin* größtenteils zerstört worden, wo sie ihre Pferde in Häusern einstellten, die mit Zedernholz geziert waren, und mit solchem ihre Speisen kochten. Am folgenden Tag wurde *Beirut*, dessen Besatzung aus Christensklaven bestand, von diesen, welche ihre Aufseher erschlugen, der Flotte jubelnd geöffnet , worauf auch das Heer einzog. Die Stadt wurde *Amalrich II.* übergeben und dessen Krönung und Trauung daselbst gefeiert, worauf die Kreuzfahrer zwei bis drei Wochen in Saus und Braus verbrachten. *Boemund* von Antiochia, der dem Fest beigewohnt hatte, nahm in raschem Anlauf *Gabala* und *Laodikea* und man wollte eben frisch auf die Muslimen losstürmen, ja man hielt sogar die Eroberung Jerusalems für möglich, als die Trauerkunde vom Tod des Kaisers anlangte. Das Heer schwur dem Sohn des großen Toten Treue und belagerte dann, infolge des eigennützigen Einflusses der Pullanen jeden Gedanken an Jerusalem aufgebend, die Burg *Toron*, fünf Meilen von Tyros, während *Malik al Adil* Sidon noch völlig zerstörte und sich bei Tyros lagerte. Das von den zahlreichen Bergleuten aus dem Harz im deutschen Heer bedenklich untergrabene Toron war im

Siegel Münze

Heinrichs VI.

Begriff, sich zu ergeben, als allerlei Ränke die Sache rückgängig machten, und man wollte am 2. Februar 1198 die Burg stürmen, als ein panischer Schrecken das Heer ergriff, teils aus Furcht vor dem nahen Sarazenenheer, teils vor einem Hagelwetter. Die meisten schifften sich in Tyros und Akkon ein, in welcher Städte einer der Herzog *Friedrich* von Österreich am 16. April starb. Ein Rest der Kreuzfahrer aber bewerkstelligte, vereint mit den vornehmsten einheimischen Christen, noch wenigstens *eine* verdienstvolle Schöpfung, nämlich am 5. März diejenige des *Deutschen Ritterordens*, der, vom Kaiser *Heinrich* in seinen letzten Tagen noch mit Grundbesitz beschenkt, für unsere Nationalität werden sollte, was die nicht ohne Grund viel angefochtenen Templer und Johanniter für die romanischen Völker waren. *Amalrich II.* schloß dann mit den Sarazenen einen Waffenstillstand, der ihm Beirut überließ.

Der Kreuzzug *Heinrichs VI.* schloß die Reihe der von dem Vater dieses Kaisers begonnenen, durch den Verlust Jerusalems veranlaßten Kreuzzüge mit dem Zweck des Wiedergewinnes der Heiligen Stadt. Er war seinem ganzen Charakter gemäß ein Nachtrag zu den Kreuzzügen *Friedrichs I.* und der Könige von Frankreich und England; zugleich aber bildete er, was indessen schon von dem Kreuzzug des Rotbarts gilt, die Einleitung zu dem großen Ereignis, welches bei dem zwischen den westlichen und östlichen Christen schon seit dem ersten Kreuzzug aufgehäuften Zündstoff nicht ausbleiben konnte, nämlich zu einer Abrechnung mit dem die Unternehmungen der Abendländer nach dem Morgenland kreuzenden *Byzanz*.

SECHSTES BUCH

Die Abrechnung mit Byzanz

(1198–1210)

ERSTER ABSCHNITT

Allgemeine Lage der Dinge am Ende des zwölften Jahrhunderts

Das Ende des zwölften Jahrhunderts bildet den weitaus bedeutsamsten Wendepunkt in der Geschichte der Kreuzzüge; *diesen* Zeitpunkt, der beinahe genau in die Mitte der zwei Jahrhunderte fällt, welche die Kreuzzüge nach dem Heiligen Land in Anspruch nahmen, bezeichnet eine teilweise schon früher, aber nie in so allgemeiner und weitgreifender Weise eingetretene Ermüdung im Kampf für das Kreuz und gegen den Halbmond. Ein reger Eifer in dieser Beziehung ist, wo er in größeren Kreisen vorkommt, nur äußerlich geweckt und nicht dauerhaft; die größere Menge sucht sich ihres Gelübdes sobald wie möglich wieder zu entledigen; ernst und andauernd ist die Neigung zu Kreuzzügen nur noch auf der Seite der höheren Geistlichkeit, namentlich des Papsttums, und weniger hervorragenden weltlichen Persönlichkeiten von besonders frommer Gesinnung. Charaktere anderer Art, d. h. von selbständiger freier Überzeugung beteiligen sich an den Kreuzzügen lediglich aus politischen Gründen und geradezu im Trotz gegen das Papsttum und gegen die in jener Periode auftretenden fanatischen und unduldsamen Richtungen, und zwar, was das merkwürdigste ist, mit Glück, während die klerikal gefärbten Unternehmungen sämtlich fehlschlagen und mißlingen, um schließlich ohne Erfolg völlig zu erlahmen. Der Hauptgründe dieser Erscheinung sind zwei, deren keiner sie allein erklärt, nämlich einerseits die erfolglosen und daher alles abschreckenden Mühseligkeiten und Menschenverluste auf den Kreuzzügen und anderseits die durch die letzteren mehr und mehr genährte sogenannte Ketzerei. In keinem der bisher geschilderten Kreuzzüge hat mehr als in dem sogenannten dritten, namentlich während der Belagerung von Akkon und der Feldzüge *Richards* in Palästina, gegenseitiger freundlicher Verkehr zwischen Christen und Muslimen stattgefunden. Lernte man sich so näher kennen und mußte man dabei erfahren, daß auch Nichtchristen ehrliche Menschen sein können, ja oft bessere als die Christen, erlebte man zugleich in oft empfindlichster Weise die Tatsache, daß die Christen im Kampf wie auf der Kreuzfahrt von ihrem Gott und ihren Heiligen keineswegs beschützt, vielmehr oft grausam verlassen wurden, ihr Glaube also unmöglich der allein richtige, der unfehlbare sein konnte, so war es nicht anders möglich, als daß man zu Zweifeln und endlich zu Ansichten gelangte, die von dem herrschenden Glauben mehr oder weniger abwichen und sich dem der so oft vom Schicksal begünstigten Feinde mehr oder weniger näherten. Was aber die Heimgekehrten, die also die Andersgläubigen nicht mehr vor Augen hatten, ganz besonders in ihrer „Ketzerei" bestärken und diese noch weiter, selbst unter solchen, die niemals einen Kreuzzug mitgemacht, verbreiten mußte, das war das fast durchweg mit wenigen Ausnahmen sittenlose und unwürdige, verschwenderische und weltliche Leben der Geistlichen, deren Bestimmung und Pflicht es doch war, ihren Gläubigen mit einem guten Beispiel voranzuleuchten. Schon in früheren Zeiten waren die gegen diesen Übelstand ergriffenen Maßregeln zahlreich, aber zu keiner Zeit in *dem* Maße, wie in der zweiten Hälfte des zwölften Jahrhunderts, namentlich über im letzten Viertel desselben. Es mußte durch Konzilsbeschlüsse untersagt werden, daß ein Erzbischof mehr als vierzig bis fünfzig, ein Bischof mehr als zwanzig bis dreißig, ein Dekan mehr als zwei Pferde halte, daß Geistliche mit Jagdhunden und Jagdfalken ausziehen und verschwenderisch tafeln, daß die Bischöfe ihre Untergebenen ungerecht besteuern, daß Leute ohne vorherige Ermahnung exkommuniziert, daß Weiber in Klöstern beherbergt werden. Es mußten zahllose Verordnungen und Strafen von seiten geistlicher Gerichte gegen Meineid, Fälschung, Amtserschleichung, unerlaubte Ämterhäufung, Wucher, Erpressung unberechtigter Gebühren, Diebstahl, Mord, Unzucht, ja gegen Ketzerei und Teufelsbeschwörung erlassen werden. Vielfach lebten Geistliche nicht nur in sträflichen Verbindungen, sondern waren den päpstlichen Verboten zuwider sogar verheiratet und hatten anerkannte Kinder, die ihnen nicht selten ohne Scheu im Amte folgten. Würfel- und andere Spiele waren täglicher Zeitvertreib und ohne Bedenken erschienen Geistliche in bunter weltlicher Kleidung oder machten in Waffenrüstung Kriege und Schlachten mit. All dies aber war desto ärger, je näher die Geistlichen Rom waren, und die Stadt Rom war am meisten unter allen Städten ketzerisch gesinnt, wie schon die Geschichte *Arnolds von Brescia* beweist. Die Gedichte des Troubadours, die der deutschen Dichter in der damals emporstrebenden mittelalterlichen Blüteperiode unserer Nation, die derben mittelalterlichen Lieder der „fahrenden Schüler" sind voll von Klagen über diesen Gegenstand. Noch mehr aber sind es die Predigten des Zisterzienserabtes *Joachim* im Kloster Floris bei Cosenza in Kalabrien, so rechtgläubig und der Kirche, selbst dem Papsttum ergeben sie auch sind, so daß alle Päpste seiner Zeit ihn hoch ehrten und die Könige *Richard* und *Philipp* ihn nach Messina kommen ließen, um seine Ansicht über den Ausgang ihres Kreuzzuges zu hören, auch die Kaiserin *Constantia* beschied ihn nach Palermo, um ihm zu beichten. Er nannte die Geistlichen Diebe, die Kardinäle Räuber und erblickte sogar in einem kommenden Papst den Antichrist.

Überall waren es gerade die frommen Leute, welche am meisten über die Geistlichkeit klagten, und sie waren es auch, welche die Ketzersekten bevölkerten. Es ist eine unleugbare Tatsache, daß die Ketzer des Mittelalters weit gläubiger dachten und weit sittlicher lebten als die Anhänger der römischen Kirche.

Ebensosehr aber wie die Entartung des geistlichen Standes mußten zur Opposition gegen das römische System und damit auch zur Ausbreitung ketzerischer Ansichten die Mißbräuche und Übertreibungen beitragen, welche sich mit der Zeit in den Gottesdienst der christlichen Kirche eingeschlichen hatten.

Dahin gehören vor allem die Äußerungen überschwenglicher Verehrung der *Heiligen* als Vorbilder christlichen Tuns und Lassens, d. h. also namentlich der Kultus der *Reliquien*, der *Wallfahrten* und was damit zusammenhängt. In der früheren Zeit war die Eigenschaft eines Heiligen lediglich Sache der einzelnen Kirchen; diese wählten ihre Heiligen und erst infolge damit verbundener Mißbräuche behielten die Päpste (seit 1170) die Heilig-

Ansicht eines Reliquienkastens.

sprechung sich selbst vor. Da somit jede Kirche im weiten Gebiet des Christentums ihre eigenen Heiligen hatte, erhob sich von seiten der einzelnen Kirchen große Nachfrage in Rom, wo ja so viele derselben den Märtyrertod erlitten, nach Überbleibseln derselben. Man trug angebliche Feilspäne von Ketten der Märtyrer in goldenen Kapseln um den Hals. Man versandte goldene Kreuzchen mit angeblichen Holzsplittern vom Kreuze Christi. Man handelte mit Öl von den Lampen, welche vor den Märtyrergräbern brannten, indem man Baumwolle darein tauchte und diese in etikettierten Vasen mit den Namen der betreffenden Heiligen verschloß. Alle diese Gegenstände galten als Schutzmittel gegen Krankheiten u. a. Übel und als wunderwirkend. Die Päpste teilten selbst diesen Glauben, jedenfalls beförderten sie ihn, wie auch denjenigen an Erscheinungen der Heiligen und sogar der Teufel. Die Römer trieben einen großartigen Handel mit Gebeinen, Gegenständen und Bildern der Heiligen, wobei ihnen die Katakomben als unerschöpfliche Magazine dienten. Teuer bezahlten die frommen Pilger diese Kostbarkeiten, mit deren Ausweisen es so wenig genau genommen wurde, daß in der Folge von manchen Heiligen mehrere Köpfe und große Mengen von Armen, Beinen usw. in verschiedenen Kirchen gezeigt und als echt ausgegeben wurden. Übrigens trugen auch Diebe, welche sich in den Katakomben einschlichen, und Betrüger, die unter der Hand Reliquien verkauften, zu dieser für den Frommen nicht bestehenden Verwirrung bei. Ja die leichnambedürftigen Kirchen ließen in Rom selbst Gebeine stehlen, und es gab fromme Raubritter, welche heilige Gebeine zusammenraubten, wie *Sico* und sein Sohn *Sicardo* von Benevent, von denen ersterer den Neapolitanern ihren heiligen *Januarius* wegnahm.

Auch die Pilgerfahrten erhielten eine häßliche Kehrseite in den *Büßerzügen*. Scharen der verworfensten Verbrecher machten sich auf, mit einer Bescheinigung ihres Bischofs über ihre Vergehungen, in Rom Buße zu tun. Diese sonderbaren Empfehlungen wurden in dem sonst gegen Verbrecher so grausamen Mittelalter überall mit Achtung aufgenommen und ihre Besitzer sorgsam verpflegt. Niemand durfte diese mit heiligem Paß reisenden Scheusale verhaften oder bestrafen. Manche trugen indessen als Buße auf Geheiß des Bischofs Ketten und Halsringe, so z. B. die Elternmörder. Am Bestimmungsort geißelten sie sich auf den heiligen Gräbern. Es kam auch vor, daß Gauner sich für solche schwere Verbrecher ausgaben, um kostenfrei reisen und bei dieser Gelegenheit ihre Streiche verüben zu können. Manche stellten sich besessen, um dann an heiligen Orten die Geheilten zu spielen und von entzückten Frommen Geschenke zu erhalten, was natürlich zur Wiederholung ermunterte. Auch die verbrecherischen Könige blieben nicht zurück bei diesen Bußfahrten. Im Jahre 1050 erschien in Rom der blutige *Makbeth* aus Schottlands Hochlanden und suchte sein beschwertes Gewissen durch Almosengeben zu erleichtern.

Ähnlich verhielt es sich mit den Straf-, Buß- und Zuchtmitteln der Kirche. Dahin gehört vorab der *Ablaß* (*indulgentia*), ursprünglich lediglich eine Abkürzung oder Milderung von Kirchenstrafen. Noch im neunten bis elften Jahrhundert zwar mußte ein Mönch, der einen Ordensbruder ermordet hatte, zwölf Jahre büßen, nämlich drei Jahre weinend vor der Kirchtür stehen, zwei Jahre dem Gottesdienste beiwohnen, aber vom Abendmahl ausgeschlossen sein und dann noch sieben Jahre zwar das Abendmahl genießen, aber kein Opfer (d. h. wohl Meßopfer) darbringen. Die Anhänger des Photios, d. h. der morgenländischen Kirche, mußten zwei Jahre vor der Kirche stehen, zwei Jahre dem Gottesdienst zusehen, ohne während dieser vier Jahre Fleisch und Wein zu genießen und dann drei Jahre zu den „Stehenden“ gehören, dabei an drei Wochentagen fasten und nur an Festtagen des Erlösers das Abendmahl nehmen. Als aber der Mönch Pier Damiani dem Erzbischof Guido von Mailand eine Buße von hundert Jahren auferlegte, konnte sie dieser auf jedes Jahr mit *einer Summe Geldes* zum Vorteile der Kirche und der Armen auslösen. Damit war der Weg zum *Ablaßkauf* gebahnt. Auch der *Bann* oder die *Exkommunikation* hatte früher lediglich in der einen Teil der erwähnten Kirchenstrafen bildenden Ausschließung vom Abendmahl bestanden. Als aber Zuchtlosigkeit sowohl unter Laien als Geistlichen immer mehr einriß und die bisherigen Kirchenstrafen nichts mehr fruchteten und ausrichteten, vielmehr das Faustrecht alle Sicherheit und Ordnung untergrub, griffen die besseren Elemente unter den Lenkern der Kirche zu dem Mittel, auf Synoden das Volk öffentlich zum Frieden zu mahnen. Dies hatte unter der naiven und gläubigen Bevölkerung eine so wunderbare Wirkung, das alles „Friede, Friede" rief und manche sogar von einem ewigen Frieden träumten. Derselbe trat indessen lediglich in der Form eines allgemeinen Ruhens alles Streitens mit und ohne Waffen von Mittwoch Abend bis Montag früh ein (1041) und hieß der *Gottesfriede* (*treuga Dei*). Da sich dies, wie es scheint, als zu lange erwies und wohl nicht gehalten wurde, verkürzte die Synode von Clermont; auf welcher der erste Kreuzzug beschlossen wurde, 1095 den Gottesfrieden auf die Zeit von Donnerstag bis Sonntag jeder Woche, fügte aber noch die ganze Adventszeit bis acht Tage nach Epiphanias und die ganze Fastenzeit bis acht Tage nach Pfingsten bei. Um dieser Vorschrift Achtung zu verschaffen, wurde auf ihren Bruch sowie auch auf andere grobe Laster, außer der gewöhnlichen Exkommunikation überdies das auf ganze Städte, Bezirke oder Länder ausgedehnte *Interdikt* gesetzt. Das von einem solchen Fluch betroffene Land war von allem öffentlichen Gottesdienst ausgeschlossen. Nur hinter verschlossenen Kirchentüren und vor kahlen Altären fand solcher statt. Es wurde nicht getauft, keine Ehe eingesegnet, kein Abendmahl ausgeteilt, ausgenommen an Sterbende, keine kirchlichen Beerdigungen gestattet, außer bei Geistlichen, Bettlern (!) und kleinen Kindern. Niemand durfte Fleisch essen, niemand die Haare kürzen oder scheren, bis die Schuldigen ihr Vergehen gesühnt hatten. Schauerlich war die den Kirchenbann oder das Interdikt beschließende Zeremonie, bei welcher in der Kirche feierlich die Kerzen ausgelöscht wurden. Die Geistlichkeit machte jedoch von diesem ihre Macht so sehr ausdehnenden Recht so häufigen Gebrauch, ja wandte es so oft in leichtfertiger Weise an, oft schon bei geringfügigen Vergehungen, daß es schon gegen Ende des zwölften Jahrhunderts an Wirksamkeit stark abgenommen hatte. Die Häupter der Kirche mußten daher einlenken und einen anderen Weg einschlagen. Es trat wieder größere Milde ein, die aber allzuoft in Schlaffheit umschlug. Immer mehr griff die Übung Platz, kirchliche Strafen mit Beten, Fasten und Almosen abbüßen zu lassen. Den Kreuzfahrern bewilligte man vollkommenen Ablaß, ebenso den Klöstern und Wallfahrtorten, was Innozenz III. zu beschränken suchte, doch ohne bleibenden Erfolg.

Zu den Übertreibungen des gottesdienstlichen Lebens im Mittelalter rechnen wir endlich noch die *Geheimnissucht* und die Überflutung mit *Heiligen* und *Festen*. Ein Geheimnis zu suchen, wo nie eines war und in die Überlieferung von der einfachsten und klarsten Handlung, die der Stifter des Christentums beim Abschied von seinen Jüngern begehen konnte, die unnatürlichsten und vernunftwidrigsten Deutungen hineinzudichten, war eine der eifrigsten Bestrebungen des Mittelalters. Jedenfalls ist dieses sog. Geheimnis des Altarsakramentes nur nach und nach ein solches geworden, und zwar in notwendiger Entwicklung der schwärmerischen Ideen, welche das Christentum mit der Vergöttlichung seines Stifters in die europäische Welt hineingetragen hat. Kein Glaubenssatz wie dieser vom Essen des Leibes und Trinken des Blutes hat die Menschheit so sehr in Aufregung versetzt, und zwar in eine Aufregung, welche so weit ging, daß bloße ritualistische Änderungen in der Übung dieses Genießens, wie z. B. der Wechsel zwischen *einer* Gestalt und *zweien* solchen, sogar blutige Kriege und Länderverheerungen hervorrufen konnten. Den Höhepunkt erreichte dieser verhängnisvolle Glaubenssatz unter *Innozenz III.*, als das Niederwerfen vor der Hostie und deren Aufbewahrung in prachtvollen Gehäusen und Behältnissen (Monstranzen und Tabernakeln) aufkam. Es war daher nur folgerichtig, als dieser Glaubenssatz 1240 auf Veranlassung einer Vision der Nonne *Juliana* durch Bischof *Robert* von Lüttich sein eigenes Fest, dasjenige des „Leibes Christi" (Fronleichnamsfest) erhielt, dessen Einführung *Urban IV.* infolge eines sog. Wunders während einer Messe zu Bolsena 1264 bestätigte, was zu einer der pompösesten Feiern der Geschichte Anlaß gab, zu welcher *Thomas* von Aquino seinen verherrlichenden Hymnos dichtete.

In die nämliche Zeit fällt eine immer mehr steigende Verhimmelung der *Maria.* In der ersten Zeit der Kreuzzüge, zu Ende des elften Jahrhunderts, entstand das an sie gerichtete Gebet, das Ave Maria, das in der katholischen Kirche als Gegenstück des Vaterunser gilt und in seinen Wiederholungen mit letzterem die Kette des Rosenkranzes bildet, dessen Idee ebenso rührend, wie seine Ausführung mechanisch und geisttötend ist. Es häuften sich in auffallender Menge Feste zu Ehren *Marias*, wie das ihrer Himmelfahrt, ihrer Geburt, ihrer unbefleckten Empfängnis (1140 in Lyon eingeführt), ihrer Heimsuchung usw. Es entstanden Wallfahrtorte zu ihrer Verherrlichung in Loreto, wohin Engel ihr Haus aus Nazaret getragen haben sollten, zu Zell in Steiermark, zu Einsiedeln in der Schweiz, wo die Kirche von Christus und seinen Engeln mit Messe usw. eingeweiht sein sollte. Eigentümlich ist ihre beliebte Darstellung mit schwarzer Gesichtsfarbe.

Von der Übertreibung der gottesdienstlichen Übungen war nur ein Schritt zu ihrer Verspottung und Verhöhnung von christlicher, und zwar nicht etwa ketzerischer, sondern streng kirchlicher Seite selbst. Außer dem mittelalterlichen Theater gehören hierher als rein kirchliche Selbstparodien des frommen Mittelalters die berüchtigten Narren- und Tafelfeste. Die letzteren wurden seit dem neunten Jahrhundert, besonders in Frankreich, Italien und Spanien, an Weihnachten zu Ehren gefeiert, auf welchem Jesus in Jerusalem eingezogen, und im Juni zu Ehren desjenigen, auf welchen Maria mit ihrem Kinde nach Ägypten geflohen sein soll, haben aber vielleicht einen älteren Ursprung aus dem Heidentum mit christlicher Deutung. Man bewahrte in Verona die Gebeine des letztgemeinten Esels auf, der trockenen Fußes aus Palästina nach Italien gelangt sein sollte. Zu Beauvais war das Eselsfest am 14. Januar besonders prächtig; man führte einen kostbar aufgeputzten und mit geistlichem Gewand bekleideten Esel in die Kirche vor den Altar, wo die Messe gehalten wurde, bei welcher Priester und Gemeinde statt des Segens ein Eselgeschrei ausstießen. Die *Narrenfeste* haben ihren Ursprung wahrscheinlich in den römischen Saturnalien, den kirchlichen Charakter aber durch den Umstand erhalten, daß es der Kirche nicht gelingen wollte, jene heidnischen Feiern zu verdrängen, so daß sie sich genötigt sahen, ihre Zugeständnisse zu machen. Die christlichen Narrenfeste, welche man seit dem zwölften Jahrhundert erwähnt findet, wurden denn auch zu derselben Zeit wie die Saturnalien gefeiert und dauerten meist von Weihnachten bis zum Sonntag nach Epiphanias. Mit Erlaubnis und unter beifälligem Zusehen des höheren Klerus waren es die niederen Geistlichen, Chorknaben und Laien, welche sich beteiligten und einen Narrenbischof wählten, der unter lächerlichen Zeremonien in der Kirche am Platz des wirklichen Bischofs eingesetzt wurde und das Hochamt wie den Segen unter komischen Gebärden nachahmte. Die als Narren gekleideten Teilnehmer sangen unterdessen in der Kirche Noten, schmusten und zechten und verübten anstößige Dinge. Den Schauplatz des Unfugs bildeten besonders Frankreich und die Rheinlande. Seit 1198 erfolgten von seiten der Päpste, Bischöfe und Konzilien zahlreiche Verbote der Narren- und später auch der Eselsfeste, die ebenfalls mit Ausschweifungen verbunden waren. Doch dauerten beide Nachäffungen kirchlicher Überschwenglichkeit bis in die Zeiten der Reformation, ja teilweise bis in das siebzehnte Jahrhundert fort. Auch hier konnte man sagen: Vom Erhabenen zum Lächerlichen ist nur ein Schritt.

ZWEITER ABSCHNITT

Papst Innozenz III.

In der Geschichte nicht nur der Kreuzzüge, sondern der gesamten Christenheit und der mit ihr in Verbindung stehenden Kreise bildet das Ende des zwölften Jahrhunderts auch insofern einen Wendepunkt, als in diesem Zeitpunkt die Weltherrschaft von dem Kaisertum wieder an das Papsttum überging. Heinrich VI. hatte keinen Nachfolger; denn sein Sohn war ein Kind und von seinen Brüdern war der Aufgabe, sein Werk fortzusetzen, keiner gewachsen. Dem schwachen Papst *Cölestin* aber, der in der ersten Woche des Jahres 1198 starb, folgte ein jugendlich kräftiger, Lothar, Graf von *Segni,* erst 37 Jahre alt, als Innozenz III., neben Gregor VII. der Größte, insofern nämlich die Größe eines Papstes darin besteht, das Papsttum, nicht aber die Kirche und das Christentum im wahren Sinne groß zu machen. Erst am Tag vor seiner Einsetzung auf den Heiligen Stuhl, am 21. Februar, hatte der Kardinaldiakon *Lothar* die Priesterweihe empfangen. Gleichzeitig mit diesem Thronwechsel vollzog sich eine allgemeine Erhebung in Italien gegen die Deutschen und gegen die Schöpfungen *Heinrichs VI. Constantia,* die Regentin Siziliens, war die Erste, welche die Landsleute ihres Gatten vertrieb, indem sie sich als Italienerin geltend machte und wohl beabsichtigte, ihren Sohn gänzlich in südlichen Anschauungen aufzuziehen. Sie überlebte jedoch diesen Schritt nicht lange; schon am 27. November desselben Jahres schied sie dahin und nach ihrem letzten Willen wurde der neue Papst Reichsverweser beider Sizilien und Vormund des Thronerben derselben, des nun vier Jahre zählenden *Friedrich. Innozenz* war damit Herr Italiens und sollte bald noch mehr werden. Wohl zustatten kam ihm dabei seine Abneigung gegen alles Dreinfahren, seine besonne Ruhe und unerschütterliche Beharrlichkeit im Verfolgen eines großen Planes, seine sittliche Reinheit und seine erhabene Idee von der Kirche und vom Papsttum. Man nannte ihn einen Jüngling an Jahren, aber einen Greis an Erfahrung und Klugheit. „Mit einem überaus angenehmen Äußeren", sagt Wilken, „verband er eine Kraft und eine Würde, welche Vertrauen und Achtung einflößten; er war von mittlerer Gestalt, seine Gesichtszüge waren gefällig und edel, seine Haltung kräftig und männlich. Seinen durchdringenden Verstand unterstützte ein äußerst treues Gedächnis. „Er war streng gegen Halsstarrige, leutselig und sanft gegen Demütige, gerecht, aber auch mild, freimütig und offen, jeder Ungerechtigkeit und Unredlichkeit feindselig und fern von Begierde nach unrechtmäßtigem Gewinn, zwar nicht verschwenderisch, aber auch nicht karg und in Almosen freigiebig, geneigt zu Aufwallung des Zornes, aber auch versöhnlich, weltklug, aber auch großmütig. Er liebte und beförderte die Ton- und Baukunst als die Künste, welche die Kirche besonders verherrlichen, und hat Rom viele prächtige Bauten geschenkt.

Eines fühlte gleich ganz Europa und der naheliegende Orient heraus; seitdem das weltliche Kaiserreich erledigt oder wenigstens machtlos war, werde der große Streit innerhalb der Christenheit für die nächste Zeit, statt zwischen Papst- und Kaisertum, zwischen dem römischen und griechischen Katholizismus, zwischen dem Frankentum und Byzanz entbrennen; selbst die *Feinde* des verstorbenen Kaisers in Westeuropa waren jeden Augenblick geneigt, seinen großen Gedanken der Züchtigung des Griechenreiches für dessen Haltung in den Kreuzzügen, den übrigens der Normanne Boemund zuerst gefaßt, ins Werk zu setzen.

Ehe jedoch dieses geschah, wurde das Deutsche Reich, dessen Ansehen *Friedrich I.* und sein ältester Sohn so hoch gehoben hatten, durch eine traurige Entzweiung zerrüttet. Die nächste Folge des Todes *Heinrich VI.* war neben tiefster Trauer volle Anarchie, während ohnehin eine furchtbare Hungersnot herrschte. Die bedeutendsten Fürsten waren aus dem Morgenland noch nicht zurückgekehrt und im Land selbst war kein Vertreter des kaiserlichen Hauses anwesend. An die Wahl des jungen *Friedrich* zum Reichsnachfolger hielt sich niemand gebunden. Der natürliche Stellvertreter desselben war sein Oheim Philipp, Friedrich Barbarossas jüngster Sohn und Heinrich VI. Lieblingsbruder; er war als Knabe zum Geistlichen bestimmt und sogar zum Bischof von Würzburg ernannt, was er aber als Kind nicht werden konnte, 1193 jedoch an den Hof gezogen und zum Herzog von Tuscien, 1196 dann anstelle seines ermordeten Bruders Konrad zum Herzog von Schwaben erhoben. Auf einen Zug nach Italien, um Friedrich auf Befehl des Kaisers nach Deutschland zur Krönung zu holen, hatte er den Tod des Bruders erfahren. Er kehrte sofort zurück und fand Deutschland in Parteien zerstritten. Zwar betrachtete er sich nur als Regenten für seinen Neffen; aber er fand seinen Anklang mit dieser Auffassung und die staufische Partei verlangte, daß er selbst als Bewerber um die Krone aufträte, wenn sein Haus dieselbe nicht ganz verlieren solle. Er mußte nachgeben, und eine Fürstenversammlung zu Mühlhausen in Thüringen, deren bedeutendste Teilnehmer die Erzbischöfe von Magdeburg und Salzburg und die Herzöge von Bayern und Sachsen waren, wählte im März 1198 Philipp zum König. Die antistaufische oder welfische Partei, deren Mittelpunkt Köln war, erkor dagegen am 9. Juni den erst sechzehnjährigen zweiten Sohn Heinrichs des Löwen, *Otto*, der kaum ein Deutscher, weil er in der Normandie geboren und stets im Gefolge seines Oheims Richard Löwenherz gewesen, der ihn zum Grafen von York, Marche und Poitou gemacht hatte, und er in seinem Aussehen sowohl als in seinem Charakter auffallend glich. Ohne Zweifel hatte *Philipp* die Mehrheit der Bevölkerung für sich; aber nachdem *Otto* die von *Philipps* Leuten besetzte Krönungsstadt Aachen eingenommen, besserten sich seine Aussichten und er wurde deshalb schon am 12. Juni durch den Erzbischof *Adolf* von Köln gekrönt, *Philipp* aber erst am 8. September, und zwar in Mainz, was als eine Unregelmäßigkeit galt.

Diese Doppelwahl hat Deutschland und Italien in einen zehnjährigen Bürgerkrieg gestürzt, der uns hier nicht beschäftigen kann; wir müssen uns der vom Papst Innozenz III. verfolgten Kreuzzugsidee zuwenden. Dieselbe scheint unter seinen hochfliegenden Plänen schon längst eine hervorragende Stelle eingenommen zu haben, denn er beobachtete schon in den ersten Monaten seiner Regierung die Schicksale des von *Heinrich* veranstalteten Kreuzzuges, der sein Ende zwar bereits gefunden, was er aber noch nicht erfahren hatte, und erließ an die bei dem Zug beteiligten Bischöfe wiederholte Ermahnungen, den Kampf gegen die Ungläubigen tapfer durchzusetzen und für einen tugendhaften Wandel ihrer Pflegebefohlenen besorgt zu sein.

Das Mißlingen jenes Kreuzzuges machte den Papst in seinem Streben keineswegs irre. Doch ehe die unglücklichen Kreuzfahrer zurückgekehrt waren, schon im Sommer 1198, forderte er die italienische Geistlichkeit zur neuen Kreuzpredigt auf und richtete bald nachher die gleiche Ermahnung auch an die Bistumsvorsteher Frankreichs, Englands und Ungarn, indem er das am letzten Kreuzzug vorzugsweise beteiligte Deutschland nicht nur überging, sondern geradezu seinen Kreuzfahrern die Schuld des Fehlschlagens beimaß. Er sandte zwei Kardinallegaten, einen nach Frankreich und England, den anderen nach Venedig, das Kreuz zu predigen, befahl den Kirchenfürsten, im März des nächsten Jahres Streitkräfte oder Geldmittel bereitzuhalten (wonach er sich also den Kreuzzug wieder als einen solchen unter geistlicher Leitung vorstellte) und versprach allen Kreuzfahrern Ablaß, Schutz ihrer Besitzungen und Befreiung von der Schuldbetreibung und Zinszahlung. Er schrieb an die einzelnen Könige und Fürsten und ermahnte sie, für ihre Sünden durch Beteiligung am Kreuzzug oder auf andere Weise zu büßen. An Venedig erließ er die Aufforderung, allen Handel und Verkehr mit den Mohammedanern zu unterbrechen und stellte den Zuwiderhandelnden den Bann in Aussicht, beschränkte aber dieses Verbot, als Bitten der Handelsstadt um Milderung an ihn gelangten, auf die Lieferung von Schiffsbaumaterialien an die Ungläubigen. An den byzantinischen Kaiser *Alexios III.* endlich richtete er die Mahnung, zur alleinseligmachenden Kirche zurückzukehren, was derselbe aber mit runder Weigerung und derben Vorwürfen über das Betragen der Kreuzfahrer im griechischen Reich erwiderte.

Die zurückkehrenden Kreuzfahrer und andere Botschafter überbrachten inzwischen dringende Bitten der Christen des Morgenlandes, namentlich der Könige von Armenien und von Zypern, um Hilfe gegen ihre Feinde. Der Papst tröstete sie, ermahnte sie zur Ausdauer und nahm sie in seinen besonderen Schutz. Die Kreuzprediger aber fanden geringen Anklang, namentlich da sie unter der Hand vielfach das Gegenteil dessen taten, was sie sollten und den Papst beschuldigten, er wolle die Kreuzzugspfennige zu ande-

Der Schwur der Kreuzfahrer.

ren, sogar zu eigennützigen Zwecken verwenden. Da befahl *Innozenz* zu Anfang des Jahres 1199 den Erzbischöfen und Bischöfen seines ganzen geistlichen Reiches, Spanien ausgenommen, welches ja immer seine eigenen Kreuzzüge hatte, von jedem Geistlichen, mit Ausnahme der wirkliche Armut übenden Mönchsorden, binnen drei Monaten den vierzigsten Teil seines Vermögens und Einkommens für die Befreiung des Heiligen Landes einzuziehen und abzuliefern und drohte allen, die sich weigerten oder einen Teil ihrer Habe verheimlichten, mit schweren Strafen. Um selbst mit gutem Beispiel voranzugehen, zeigte er zugleich an, daß er den zehnten Teil seiner Einkünfte zum Kreuzzug verwenden werde. Für milde Gaben der Weltlichen ließ er in jeder Kirche einen Almosenstock aufstellen und ordnete Messen zum Seelenheil der Beitragenden an. Den Ertrag aller dieser Gaben bestimmte er zur Unterstützung solcher Kreuzfahrer, welche sich nicht aus eigenen Mitteln ausrüsten konnten.

Diese Maßnahmen verstärkten aber den schwachen Kreuzzugseifer nicht bedeutend. Die Geistlichen waren nicht besonders eilig in Ablieferung der geforderten Steuer, und *Innozenz* drohte ihnen mit dem Bann und machte ihnen die schwersten Vorwürfe, z. B. daß sie lieber Possenreißer unterstützten als den Heiland und mehr an Hunde und Falken verwenden als an die Sache Gottes.

So war das letzte Jahr des zwölften Jahrhunderts erschienen, ohne daß die Sache des Kreuzzugs weiter gediehen wäre. Um sie kräftiger anzustoßen, ließ der Papst aus eigenen Mitteln ein Schiff bauen, das 1300 Pfund Silber kostete, er ließ es mit Lebensmitteln beladen und befahl es nach dem Heiligen Lande zu bringen; die Führer aber, ein Johanniter und ein Mönch, verkauften die Ladung, eines Sturmes wegen, in Messina, und verwendeten dann den Betrag in noch wirksamerer Weise zugunsten der armen Christen Palästinas. Aber die Verhältnisse des Abendlandes waren dem Vorhaben des Papstes nicht günstig. Deutschland und Italien standen im Beginn des Bürgerkriegs, England hatte soeben seinen König Richard verloren und in Frankreich ahmte *Philipp II.* das Beispiel seines gleichnamigen Urgroßvaters zur Zeit des ersten Kreuzzuges nach, indem er seine Gattin verstieß und eine andere zu sich nahm, wodurch sich *Innozenz* gezwungen sah, über den Bann und über sein Land das Interdikt zu verhängen. Das hatte zur Folge, daß die Predigten des Legaten wenig Beachtung fanden. Dagegen hatte ein freiwilliger Kreuzprediger mehr Erfolg. Es war der Magister *Fulko*, Kaplan von Neuilly bei Paris, ein noch junger Mann, der seit kurzem ein leichtsinniges Leben mit Bußfertigkeit vertauschte und durch seltenen Eifer sich so bedeutende Redegabe angeeignet hatte, daß bei seiner Anhörung alles in Reue und Rührung zerfloß. Neben dem Kreuzzug, zu dem er, im Lande umherziehend, aufrief, geißelte er die Irrlehren und alle Laster, namentlich die der Geistlichen, und forderte alle Sünder zur Buße auf. Der Papst hörte mit Entzücken von ihm, ermunterte ihn und unterstützte ihn auf jede Weise. Man erzählte Wunder von ihm: Heilung von Tauben, Blinden, Lahmen, Kranken aller Art, und der Zudrang zu ihm war ein ungeheurer, ein bisher unerhörter, das Volk betete ihn beinahe an und ertrug seine Derbheit mit wunderbarer Geduld. Oft brach er sich mit dem Stocke Bahn durch das ihn hart umdrängende Volk und schlug rechts und links um sich. Als einst ein Mann sein Kleid ungestüm erfassen wollte, um ein Stück davon zu erlangen, rief er laut „Zereißet nicht mein Kleid, das nicht gesegnet ist; ich will aber das Kleid dieses Mannes segnen.“ Er tat es und das Volk riß dem Ungestümen die Kleider völlig vom Leibe, um sich Stücke davon als wundertätige Reliquien aufzubewahren. Es sollen in drei Jahren (bis 1201) 200 000 Menschen von ihm das Kreuz empfangen haben, und man glaubte in ihm bereits einen zweiten Peter zu erblicken, der seine Anhänger selbst nach dem Heiligen Land führen würde. Er starb aber schon im nächsten Jahr an einem Fieber, wohl einer Folge seiner aufregenden Lebensweise. Zu einem Waffenkreuzzug ohne Disziplin kam es daher glücklicherweise nicht und das von *Fulko* reichlich gesammelte Geld wirkte besseres; es heilte in Syrien manche durch ein Erdbeben u. a. Umstände geschlagenen Wunden. *Fulko* hatte zwar eine große Menge Nacheiferer und Nachahmer in Frankreich und England, aber viele davon erwiesen sich als eigennützige und sogar betrügerische Leute. Ein würdiger Nachfolger erwuchs ihm nicht, und es fand sich auch immer noch kein Weltlicher, der geeignet und geneigt gewesen wäre, die Führung des Kreuzheeres zu übernehmen.

Es kam überhaupt in die Ritterschaft und zwar zuerst in die französische, erst etwas Kreuzzugseifer, seitdem der 22 Jahre alte Graf *Thibaut* von Champagne, der jüngere Bruder des gewesenen Königs *Heinrich* von Jerusalem und Gemahl Blankas, der Erbin von Navarra, ein Jüngling von großen Anlagen des Geistes und Gemüts, das Kreuz nahm. Es geschah, wie erzählt wird, an einem lustigen Turnier, das er zu Ende November 1200 dem Adel Frankreichs gab und wobei Fulko erschien und jenen Entschluß hervorrief. Ihm gesellte sich der um fünf Jahre ältere Graf *Ludwig* von Blois und Chartes bei, und da beide mit dem König von Frankreich nahe verwandt waren, fand ihr Beispiel bald Nacheiferung. Auch der später als Henker der Albigenser auf so traurige Weise berühmt gewordene Graf *Simon* von *Montfort* gehörte zu diesen Bekreuzten, ferner Graf *Walter* von *Brienne, Graf Balduin* von Flandern und Hainegau und dessen Gattin *Maria, Thibauts Schwester*, sowie sein Bruder *Heinrich*, dann sein *Neffe Dietrich* und *Jacob von Avesnes*, Söhne berühmter Kreuzfahrer, und viele andere. Der König dagegen hatte keine Lust, die Kreuzfahrt noch einmal zu wagen, und so spielte der der Zeit nach zuerst Bekreuzte unter dem Adel, *Thibaut von Champagne*, anfangs die bedeutendste Rolle und wohl auch der Begeistertste, welche Stimmung seine Gattin vollkommen teilte. Bei beiden hatte aber den größten Einfluß ihr Marschall *Gottfried* von *Villehardouin*, der Geschichtsschreiber des nun folgenden Kreuzzugs, der während der Minderjährigkeit des Grafen Regent seines Landes gewesen war, und zwar zugleich mit dem Marschall *Gottfried* von *Joinville*, dem Oheim des ebenso berühmten Geschichtsschreibers der Kreuzzüge Ludwigs des Heiligen.

Die neuen Kreuzfahrer, deren Schwüre an dem Grabmal eines Ahnen unser Bild (61) zeigt, hielten mehrere Versammlungen ab und beschlossen endlich, den Seeweg zu wählen und zu diesem Zweck vertraute Männer, die ebenfalls das Kreuz genommen, nach bedeutenden Seehäfen zu senden, um dort Verträge betreffs der Überfahrt nach dem Heiligen Land abzuschließen. *Thibaut* betraute mit dieser Aufgabe seinen Marschall *Villehardouin* und den *Milo* von *Brabant*; *Balduin* und *Ludwig* sandten jeder zwei weitere Ritter. Diese Sechs vereinigten sich, in Venedig ihr Glück zu versuchen und nahmen sofort ihren Weg dahin.

DRITTER ABSCHNITT

Venedig und sein Anteil am sogenannten vierten Kreuzzug

Eine ganz eigenartige Erscheinung in der Geschichte Europas ist jene ehrwürdige Republik, die, durch Flüchtlinge vor Goten und Hunnen auf Anschwemmungen der Zuflüsse des Adria-Meeres entstanden, über ein Jahrtausend, also länger als Athens und Roms Freistaaten, den Stürmen der Zeit Trotz geboten hat, aber schließlich den in ihrem Schoß großgezogenen Widersprüchen des Scheins der Freiheit nach außen und furchtbarer Unterdrückung im Innern zum Opfer gefallen ist. Es knüpft sich ein romantischer Zauber des Geheimnisvollen und Märchenhaften an diese Lagunenstätte mit ihren Wasserstraßen zwischen düsteren Palästen, ihren Gondeln, ihrem Karneval, ihren geheimen Gerichten und Hinrichtungen, ein Zauber, der aber bei näherer Untersuchung sich in kaufmännische Berechnung und politische Intrigen auflöst.

Doch hatte Venedig zu Ende des zwölften Jahrhunderts keine seiner späteren bis zur Adda westwärts und zum Isonzo ostwärts ausgedehnten Besitzungen auf dem Festland Italiens mit Ausnahme eines schmalen Küsterstriches am Ufer der Lagunen; aber es beherrschte bereits seit Jahrhunderten den Handel des adriatischen und ionischen und kämpfte seit dem Beginn der Kreuzzüge mit Genua und Pisa um die Beherrschung des mittelalterlichen Meeres. Es versorgte ganz Oberitalien und durch dessen Vermittlung auch Deutschland und Frankreich mit den Erzeugnissen Unteritaliens, der Balkanhalbinsel und des Orients und die letzten Länder wieder mit abendländischen Waren, wobei es sich nicht scheute, den Feinden des Christentums Schiffbauholz und Waffen, ja sogar Sklaven zuzuführen. Die Macht dieser Phöniker des Mittelalters war unter der nicht viel mehr als nominellen Oberhoheit der byzantinischen Kaiser emporgewachsen, deren Reich sie einst für mehr als ein halbes Jahrhundert stürzen sollten, und jenen Schein der Oberhoheit hatten sie die Behauptung ihrer Unabhängigkeit gegenüber den weltlichen Kaisern und den italienischen Fürsten zu verdanken. Es bekämpften sich übrigens in der Lagunenstadt fortwährend weltliche und östliche Hinneigungen, zuletzt aber siegt keine dieser Parteien, sondern beide unterlagen einer dritten, welche die vollkommene Unabhängigkeit von jeder Art Herren auf ihre Fahnen geschrieben hatte und durch welche Venedig, namentlich seit Eroberung der istrischen und dalmatischen Küstenstädte (997) wahrhaft groß und achtunggebietend geworden ist. So schwang sich die Inselstadt nach und nach von einer Untergebenen Konstantinopels und einem Ziel deutsch-römischer Machterweiterung zu einer gesuchten Bundesgenossin beider Kaiserreiche je nach Umständen empor. Durch die Hilfe, die sie dem Reich von Byzanz gegen die fortwährenden Angriffe von seiten der sizilischen Normannen leistete, wurde sie zur „meistbegünstigten Nation" in den Hafenplätzen des ersteren. Schon zu Anfang des zwölften Jahrhunderts jedoch trat ein Bruch zwischen den beiden Mächten ein, weil der Kaiser *Johannes*, eifersüchtig auf Venedigs Macht und Selbstgefühl, der Republik ihre Vorrechte in seinem Reich nicht mehr bestätigten wollte, worauf die Venetianer griechische Inseln und Küsten brandschatzten. Später wechselten bessere und schlimmere Verhältnisse zwischen beiden Staaten, aber eine aufrichtige Freundschaft trat nicht mehr zwischen ihnen ein. So haben die Venetianer einst, während sie im Bund mit den Byzantinern das vom Normannen *Roger* besetzte Korfu belagerten (1149), in einem Streit mit den Griechen das Kaiserliche Schiff weggenommen und in der reich mit Gold geschmückten Purpurkajüte des Kaisers *Manuel*, mit Anspielung auf dessen dunkle Gesichtsfarbe einen Neger (oder Mauren?) auf possenhafte Weise gekrönt, was ihnen wohl niemals völlig vergessen worden ist. Unter *Manuels* oben erwähntem hochfliegenden Plan, sich auch der weltlichen Kaiserkrone zu bemächtigen, hatten vorab die zahlreichen italienischen Handelsniederlassungen in seinem Reich zu leiden, die er zum Kriegsdienste anhielt und so seinen Untertanen gleichzustellen suchte; durch sie hoffte er auch zur Herrschaft über die Mutterstädte zu gelangen. Er hetzte die Pisaner, Genuesen und Venetianer abwechselnd hintereinander, und nachdem sich die letzteren hierdurch (1171) zu einem Angriff auf die Genuesen hatten verleiten lassen, ließ er an einem Tag alle Venetianer in Konstantinopel (10 000 an der Zahl) einkerkern und ihre Habe mit Beschlag belegen. Ein Krieg und lange Unterbrechung des Verkehrs waren die Folge. Später trat allerdings wieder Annäherung ein; aber das blutige Verfahren des Usurpators *Andronikos* gegen die Franken (1182) ließ in diesen einen unvertilgbaren Stachel zurück, und doch kamen sie nicht auf den Gedanken eines Zusammenstehens gegen solche Gewalttaten, weil sie stets unter sich Fehden auszufechten hatten, um ihrer gegenseitigen Eifersucht Luft zu machen, und wenn eine der italienischen Seestädte die Griechen gegen die andere benutzen konnte, so tat sie es gewiß. Aus Handelsrücksichten indessen durften es keine von ihnen mit Byzanz völlig verderben, denn alle drei waren durch ihre zahlreichen Niederlassungen und deren vielfach bedeutende Gerechtsame und Einkünfte, wozu namentlich auch reiche Kirchen gehörten, sowohl im europäischen als im asiatischen Teil des Reiches an dessen Ruhe und Besitzstand gefesselt.

Die Macht Venedigs hatte indessen durch die Kreuzzüge stetig zugenommen und seine Bürger erlangten in den Kreuzfahrerstaaten durch die Hilfe, welche sie ihnen gebracht, ebenso bedeutende oder noch bedeutendere

Rechte als im greichischen Reich. Während dieser Zeit (1163) hat die Republik auch ihren mehrhundertjährigen Feind, den Patriarchen von *Aquileja*, welcher den Würdenträger dieses Titels in Venedig (oder Grado) als Usurpator betrachtete und wiederholt überfiel, endlich gedemütigt und zu einem burlesken Tribut genötigt; derselbe bestand in der jährlichen Ablieferung (am sogenannten fetten Donnerstag) eines Bullen und eines Dutzends Schweine, welche die Patriarchen und seine Chorherren vorstellen sollten und in Gegenwart des Dogen feierlich geschlachtet wurden.

Dieser knabenhafte Übermut paßte schlecht zu dem Ernst der Zeit. Denn blutige Wirren gaben neun Jahre später zu einer neuen Veränderung der Verfassung des Staates, unter vielen solchen, Anlaß. Unter den bisherigen, seit 697 auf Lebenszeit eingesetzten Dogen, 38 an der Zahl, waren nur vierzehn eines natürlichen Todes gestorben und fünf freiwillig abgetreten, dagegen neun verbannt oder entsetzt, fünf geblendet und verbannt und fünf ermordet (darunter gerade der letzte, *Vitale Michiel*, wegen seiner Verluste in einem Krieg gegen Byzanz), also die Kräfte auf andere als gesetzliche Art aus ihrem Amt geschieden. Um solche Unregelmäßigkeiten für die Zukunft auszuschließen oder wenigstens zu beschränken, beschloß man in dem erwähnten Zeitpunkt, zwischen das Volk und den Dogen eine Mittelbehörde zu stellen; es war dies der Große Rat von 470 Mitgliedern, welche durch zwölf von den sechs Quartieren der Stadt abgeordnete Wähler ernannt wurden. Dieser Große Rat gab dem Dogen jährlich sechs Räte, einen aus jedem Quartier, den sogenannten Geheimen Rat, an die Seite, ohne welchen das Staatsoberhaupt keinen Entscheid treffen konnte. Zur Besorgung der laufenden Geschäfte aber wählte der Große Rat aus seiner Mitte einen Senat von sechzig Mitgliedern. Endlich wurde dem Volk, das durch diese Behörden das Recht zu Versammlungen und Beschlüssen nach und nach verlor, auch noch die Wahl des Dogen genommen und für das nächste Mal elf Wählern übertragen, in der Folge aber weit verwickelter eingerichtet. Aus älterer Zeit wurde der Gerichtshof von vierzig Männern beibehalten. Im Jahre 1178 fügte man den genannten Behörden zur Beaufsichtigung ihrer Amtsführung noch die drei sogenannten Avogadori bei. Durch diese Einrichtungen befestigte sich nach und nach die sechshundert Jahre alt gewordene felsenharte Aristokratie der Lagunenstadt.

Zu der Zeit, in welcher die Gesandten der französischen Kreuzfahrer die Hilfe Venedigs zu suchen kamen, befand sich die Republik in einer höchst günstigen Lage. Es gab seine Macht, welche sie zu fürchten hatte. Das byzantinische Reich schwebte zwischen Leben und Tod, das deutsch-römische war zerrissen, das sizilische hatte die nämlichen Feinde wie Venedig: Byzanz und die Sarazenen, Frankreich und England lagen zu entfernt, ebenso die Mohammedaner. Zu den Zeiten, als noch die westlichen Kaiser eine große Rolle spielten, hatte Venedig stets gegen sie den Papst unterstützt, um gegen eine Einverleibung in das Reich geschützt zu sein. Es hatte in der Lagunenstadt einen unauslöschlichen Eindruck gemacht, als *Alexander III.*, der von Barbarossa bedrängt, auf jenen Inseln eine Zuflucht gefunden, dort (1177) den Besuch des mit ihm Frieden schließenden Kaisers empfing, als

Dandolo fordert zum Kreuzzug auf.

Friedrich sich vor ihm niederwerfen und ihm den Fuß küssen mußte, der Papst aber denselben auf das gekrönte Haupt setzte und den Psalm anstimmte: „ich werde auf Schlangen und Basilisken treten und den Fuß auf Löwen und Drachen setzen", worauf der Kaiser sagte: „es gilt nicht dir, sondern Petrus", der Papst aber: „mir *und* Petrus!" Damals verlieh *Alexander* dem Dogen das Recht, vor sich her tragen zu lassen: eine brennende Kerze, ein Schwert, einen Sonnenschirm, einen Lehnsessel, ein vergoldetes Kissen, Trompeten und Fahnen, und gab ihm einen Ring mit den Worten: „Empfange ihn von mir als Zeichen der Herrschaft über das Meer; du und deine

Nachfolger sollen sich jedes Jahr mit demselben vermählen, damit die Nachwelt weiß, daß das Meer euch gehört durch das Recht des Sieges und daß es eurer Republik unterworfen sein soll wie die Gattin dem Gatten.“

Seit dem Jahre 1192 war *Heinrich Dandolo* Doge von Venedig, zur Zeit seiner Wahl 84 Jahre alt. Er war, wenn nicht ganz, doch beinahe blind, und zwar infolge einer Schändlichkeit des Kaisers *Manuel*, welcher, im Krieg mit Venedig (1179), eine von der Republik erlittene Niederlage benutzend, ihrem Gesandten seinen Haß fühlen lassen wollte, weil er durch sein standhaftes Auftreten für die Interessen seiner Vaterstadt die grausame Despotenlaune gereizt hatte. Er hat ihn nach byzantinischer Mode, angeblich durch einen Brennspiegel während einer Audienz, blenden lassen, doch ohne seine vollständige Blindheit zu erzielen. Merkwürdigerweise hatte die Republik diese Schmach nicht sofort, nachdem sie sich wieder erholt, gerächt; sie sollte es später tun, und zwar unter der Anführung des greisen Geschändeten, und dem längst angesammelten Groll gegen das östliche Kaisertum mit einem Male Luft machen.

Die Gesandten der drei französischen Grafen überreichten dem Dogen ihre Beglaubigungsschreiben, wollten aber ihr Anliegen nur in Gegenwart des Geheimen Rates vortragen und wurden dann, an dem hierfür festgesetzten Tag, in dem damals schon prächtigen Palast des Dogen von ihm und seinem Rat empfangen. Dann richteten sie ihre Botschaft aus und baten die Republik um Schiffe und alles übrige, was die Kreuzfahrt nach dem Heiligen Land erforderte. Der Doge verlangte acht Tage Bedenkzeit und zeigte ihnen nach deren Ablauf an, daß die Republik ihnen, wenn der große Rat zustimme, Schiffe zur Überfahrt von 4500 Pferden, 9000 Knappen, 4500 Rittern und 20 000 Fußsoldaten leihen, sowie für Menschen und Pferde Lebensmittel auf neun Monate liefern werde, gegen eine Vergütung von vier Mark Silber für jedes Pferd und zwei für jeden Mann, zusammen 85 000 Mark. All dieses solle den Franzosen, vom nächsten Peter- und Paulsfest (1201) an ein Jahr lang zur Verfügung stehen. Venedig wolle aber noch mehr tun: es wolle wenigstens fünfzig Galeeren ausrüsten, um auch seinerseits zu einem so ruhmvollen Vorhaben beizutragen, unter der Bedingung daß Venetianer und Franzosen, so lange ihre Vereinigung dauere, alle Eroberungen zu Land und zur See miteinander teilen werden. Die Gesandten erklärten sich damit einverstanden und der Senat, wie der Große Rat von Venedig genehmigten den Vertrag ebenfalls. Damals aber hatte in Venedig das Volk noch nicht alle Rechte verloren und die Volksversammlung besaß noch die Befugnis, über wichtige Beschlüsse das letzte Wort zu sprechen. Es wurden zu diesem Zweck am 31. März zehntausend Bürger in die Markuskirche berufen. Nach angehörter Messe traten die allseitig mit lebhafter Neugierde angestaunten Franzosen vor das Volk und der Marschall von *Villehardouin* nahm das Wort, schilderte in bewegter Sprache den Venetianern die traurige Lage des Heiligen Landes, das unter der Sklaverei der Türken seufze, und beschwor sie, die dem Heiland angetane Schmach zu rächen und ihnen zur Wiedereroberung der heiligen Stätten behilflich zu sein. Darauf warfen sich die sechs Gesandten vor dem Volk schluchzend auf die

Knie. Der Doge und das Volk aber riefen, die Hände zum Himmel emporstreckend: „Wir gewähren es, wir gewähren es!" Es war ein Summen und Brausen in der Versammlung, daß man das Meer branden zu hören glaubte. Nachdem sich die Aufregung etwas gelegt, bestieg der Doge die Kanzel und legte dem Volk die Sache eindringlich dar, und der Vertrag wurde einstimmig genehmigt.

Am folgenden Tag wurden die erforderlichen Urkunden ausgefertigt und es wurde näher bestimmt, daß die Kreuzfahrt *Ägypten* zum nächsten Ziel nehmen solle, von wo aus man leichter als von jedem anderen Ort die Macht der Türken zerstören könne; die Zeit der Abfahrt wurde auf das nächste Jahr festgesetzt und am Fest Johannes des Täufers sollten sich die Kreuzfahrer in Venedig einfinden, wo die Schiffe zu ihrer Verfügung stehen würden. Als der Doge den Gesandten die Ausfertigung des Vertrags übergab, war er so erregt, daß er weinend auf die Knie fiel. Er und der Rat schworen auf die Evangelien, den Vertrag getreulich zu halten und ebenso die Gesandten im Namen ihrer Herren. Alle weinten vor Rührung.

Sie sandten dann den Vertrag dem Papst zur Genehmigung, welcher ihn jedoch, gleich vielen Kreuzfahrern, mit Mißtrauen aufnahm und ihn nur unter der Bedingung bestätigte, daß die Kreuzfahrer in keiner Weise *andere Christen* angriffen und beschädigten. Er ahnte gleichsam, wohin die Sache hinauslaufen werde.

Die Franzosen nahmen in Venedig eine Anleihe von 2000 Mark Silber auf, womit sie dem Dogen eine Abschlagszahlung machten, um die notwendigsten Kosten und Schiffsausrüstung zu bestreiten, und reisten ab. Vier von ihnen begaben sich nach Pisa und Genua, um auch dort ihr Glück zu versuchen, hatten aber wenig Erfolg, *Villehardouin* dagegen kehrte sofort nach Hause zurück. Auf dem Weg traf er *Walter von Brienne* u. a. Ritter, die das Kreuz genommen hatten und nun auszogen, um die Ansprüche von *Walters Gattin,* die eine Tochter des Königs *Tankred von Sizilien* war, auf Teile des Königreichs Neapel geltend zu machen, welches Unternehmen sie von der Teilnahme am Kreuzzug abhielt. Ein noch empfindlicherer Verlust aber wartete des Marschalls in der Heimat. Seinen jungen Herrn *Thibaut* von Champagne fand er in Troyes krank und hatte den Schmerz, ihn in seinen und seiner Gattin Armen sterben zu sehen. Er hinterließ nur eine Tochter, nach seinem Tode aber gebar *Blanka* noch einen Sohn, der den Namen des Vaters erhielt und dem wir als Kreuzfahrer und Sänger wiederbegegnen werden.

Die französischen Kreuzfahrer trugen nun die erlegte Anführerschaft dem Herzog *Endes oder Odo von Burgund* an, dem Sohn des zu Tyros gestorbenen *Hugo,* den wir als Feind *Richards* kennenlernten. Er lehnte jedoch diese Ehre ab, und so auch Graf *Thiebaut von Bar-le-Duc*; endlich aber nahm sie der von dem unermüdlichen *Villehardouin* vorgeschlagene Markgraf *Bonifaz* von Montferrat an, der dritte Bruder der im Heiligen Land aus dem Leben geschiedenen Markgrafen *Wilhelm* und *Konrad,* der also gewichtige Familienerinnerungen für sich hatte, und seine Wahl wurde von König Philipp bestätigt.

Auf einer Versammlung in *Soissons* baten die Kreuzfahrer den Markgrafen, den sie feierlich eingeholt hatten, kniefällig, das Kreuz zu nehmen und sie nach dem Heiligen Land zu führen. Er entsprach ihnen und viele weitere Ritter folgten seinem Beispiel, namentlich in seiner Heimat Oberitalien.

Zwischen Ostern und Pfingsten des Jahres 1202 brachen nun viele Kreuzfahrer auf und begaben sich nach Venedig. Viele andere aber, welche entweder die Venetianer nicht liebten oder die Stürme des adriatischen Meeres scheuten, schifften sich in Marseille unmittelbar nach Syrien ein, was ihnen von seiten der ersteren heftigen Tadel eintrug, da es den Vertrag mit Venedig in bedenklicher Weise beeinträchtigte. Auch nach anderen Seehäfen begaben sich manche, und eine flandrische Flotte unter *Johann von Neele*, dem Burgvogt zu *Brügge*, und *Dietrich*, *Balduins Neffen*, zu welcher der *Graf Balduin* stark beigesteuert hatte, nahm den Weg durch die Straße von Gibraltar, und ließ sich trotz dem Versprechen der Führer nicht in Venedig sehen.

Hier nun war die Vertragsmäßig auf das herrlichste ausgerüstete venetianische Flotte segelfertig, aber die angekommenen Kreuzfahrer genügten kaum, den dritten Teil der Schiffe zu bemannen. So mußten einerseits die in Venedig eingetroffenen Kreuzfahrer mehr bezahlen als es sie sonst getroffen hätte, und anderseits fehlten den Venetianern, da die ganze Summe, die man ihnen schuldete, nicht aufgebracht wurde, obschon die Ritter all ihr Gold und Silber und ihre Kostbarkeiten herbeischafften, immer noch 34 000 Mark Silber an ihrem Guthaben. Als gute Kaufleute waren sie jedoch nicht geneigt, von ihrer Forderung auch nur einen Pfennig abzulassen, und der Doge, nun 94 Jahre alt, war noch eben so eifrig für das Wohl seiner Vaterstadt bedacht wie damals, da ihm diese Gesinnung das Licht der Augen gekostet hatte. Kaufmann und Staatsmann zugleich, faßte er den klugen Gedanken, die Verlegenheit der Franzosen, welche sich bereits in heftiger Parteiung unter denselben kundgab, zum Vorteil der Republik auszunutzen, und er schlug dem Geheimen Rat vor, die Dienste der Kreuzfahrer, gegen Stundung des Restes ihrer Schuld, zur Wiedereroberung der Stadt *Zara* in Dalmatien anzusprechen, welche *Bela III.*, König von Ungarn, der Republik weggenommen hatte; dieser Feldzug würde den Kreuzfahrern die fehlende Summe verschaffen.

Der Rat ergriff diesen Ausweg mit Freuden, ebenso auch ein Teil der Kreuzfahrer, während ein anderer Teil an Mut bereits soviel eingebüßt hatte oder so wenig besaß, daß ihm jedes Mittel willkommen gewesen wäre, des lästigen Kreuzzuges ledig zu werden. Die große Mehrheit aber sprach sich zugunsten des venetianischen Vorschlags aus.

Am 8. September waren in der Markuskirche Venetianer und Kreuzfahrer zahlreich zum Gottesdienst versammelt. Da stieg der Doge von seinem Thron, trat vor das Volk und sprach: er sei alt, schwach und hinfällig und wisse dennoch, daß niemand den Kreuzzug so gut führen könne, wie er, weil er eben Doge sei; die Anwesenden möchten ihm daher gestatten das Kreuz zu nehmen und seinen Sohn an seiner Stelle zurückzulassen. Er werde gerne mit ihnen und den Pilgern kämpfen und sterben (Bild 62). Und alles rief begeistert: „Tue es, wir beschwören dich, führe uns!“ Wieder weinte alles vor Rührung und *Dandolo* stieg von den erhöhten Stufen herab, warf sich am Altar auf die Knie und ließ sich das Kreuz anheften. Da nahmen auch viele Venetianer das Kreuz. Und nun rüstete man aus allen Kräften zur Abfahrt.

Zu derselben Zeit wie *Fulko* von Neuilly in Frankreich, hatte in Süddeutschland und zwar im Elsaß und dessen Nachbarschaft der Abt *Martin* aus dem Zisterzienserkloster *Päris* bei Orbey in der Nähe von Kolmar das Kreuz zu predigen begonnen und namentlich im September 1201 in dem nahen *Basel* in der Marienkirche eine große Menge Volkes, es heißt viele Tausende, bewogen das Kreuz zu nehmen, indem er ihnen nicht nur ideale, sondern auch materielle Vorteile in Aussicht stellte. Wir werden an noch dramatischeren Beispielen sehen, was für ein eigener Kauz dieser Abt *Martin* war. Er behauptete in päpstlichem Auftrag zu predigen, doch liegt hierfür kein Beweis vor, dagegen suchte und erhielt er zu dem Kreuzzug eine Ermächtigung von seiten des Ordenskonvents von Litauen. Von Basel aus brach er in der Mitte des April 1202 mit elsässischen, schwäbischen und schweizerischen Kreuzfahrern auf und zog über den Brenner nach Venedig. Auf der Reise zeigte er sich höchst aufopfernd gegenüber seinen Mitpilgern; er teilte mit ihnen seine mäßige Barschaft und mit einem sogar, getreu dem Vorbild seines Namenspatrons, seinen Mantel. Auch fand er überall freundliche Aufnahme, besonders in Verona, wo er des Bischofs Gast war und die Behörden wie das Volk für seine Leute brüderlich sorgten. Am Ende des Juli traf er mit seiner Schar in Venedig ein, wo bald nachher noch weitere deutsche Zuzüge anlangten, geführt von dem Bischof *Konrad* von Halberstadt und mehreren Edeln, unter denen der Graf *Berthold von Katzenellenbogen* hervorragte.

Die deutschen Kreuzfahrer waren nichts weniger als erbaut über den beabsichtigten Zug nach Dalmatien; denn sie waren gekommen, gegen die Ungläubigen und nicht gegen Christen zu kämpfen. Sie verlangten laut die Ausführung des beschlossenen Zugs nach Ägypten. Da sie ebensowenig wie die Franzosen die venezianischen Schiffe bezahlen konnten, so machte ihr Widerwille gegen den Zug nach Zara auf die Venezianer nicht den mindesten Eindruck. Viele von ihnen begaben sich daher, empört über das ihnen zugemutete Verhalten, nach Ungarn, um vielleicht dort die Mittel zu einem wirklichen Kreuzzug zu erhalten, aber nach Rom, um sich durch den Kampf von ihrem Gelübde lossprechen zu lassen und ihm Anzeige von dem ruchlosen Unternehmen zu machen. *Innozenz III.* war über dasselbe sehr ungehalten; lossprechen wollte er zwar keinen Kreuzfahrer, aber ihnen die wahre Richtung weisen; daher sandte er den Kardinal *Peter von Capua* als Kreuzzugslegaten nach Venedig, um dort den sofortigen Aufbruch gegen die Sarazenen zu gebieten und den Zug gegen diese zu begleiten. Die Venetianer weigerten sich jedoch einfach, ihn als Legaten anzunehmen und er bemühte sich nun wenigstens, zu tun, was er konnte, indem er dem Bischof *Konrad* und dem Abt *Martin* zur Pflicht machte, die deutschen Pilger auf dem nun unabwendbar gewordenen Zug zu begleiten und soviel als möglich Blutvergießen unter Christen zu verhüten.

Als der Papst die Abweisung seines Legaten erfuhr, drohte er allen Christen, welche Zara bekämpften würden, mit dem Bann, aber nur wenige gehorchten ihm, während die meisten, wohl von den Venetianern bewogen, sich entschlossen, an dem Zug nach Dalmatien teilzunehmen.

Ehe aber derselbe angetreten wurde, erschienen in Venedig Abgesandte des byzantinischen *Prinzen Alexios Angelos,* Sohn des Kaisers *Isaak*, welche von den Kreuzfahrern Beistand gegen den Usurpator *Alexios III.*, des Prinzen Oheim, erbaten. Sowohl der geblendete *Isaak* der sein Sohn waren nach einigen Jahren der Gefangenschaft, nachdem der Bruder und Oheim sie nicht mehr fürchten zu müssen glaubte, in Freiheit gesetzt worden. Der junge *Alexios* jedoch, der sich trotzdem nicht für sicher hielt, jedenfalls aber seines Vaters und seine Wiedereinsetzung in ihre Rechte betreiben wollten, floh verkleidet und mit geschorenem Kopf auf einem pisanischen Schiff, das ihn heimlich aufnahm, nach Italien, wo er den Papst um Hilfe ansprach. Diesem jedoch wollte es keineswegs zusagen, daß der Kreuzzug ein anderes Ziel als Palästina erhalten sollte und ebensowenig hatte er Lust, die Pläne des Verwandten eines Staufers zu begünstigen. Darauf begab sich *Alexios* zu seiner Schwester *Irene* (nun *Maria)* und ihrem Gatten, dem neuen deutschen König *Philipp*. Am Hofe des letzteren nun wurde der Plan gefaßt, die Kreuzfahrer zum Sturz *Alexios III.* zu verwenden und damit dem Vater und Bruder *Irenens* den Weg zum Thron zu bahnen. Für diesen Gedanken wurde auch der damals auf dem Weg aus Frankreich nach Italien am befreundeten deutschen Königshof ankehrende Markgraf *Bonifaz* von Montferrat durch *Philipp* um so leichter gewonnen, als er selbst ein Verwandter des verdrängten Kaisers war. Er betrieb die Sache eifrigst und blieb wohl deshalb dem Zug nach Zara fern, um durch viele Nachgiebigkeiten gegenüber dem Papst, mit dem er über die Sache verhandelte, denselben für den Zug nach Byzanz zu gewinnen. Er hatte hier freilich keinen Erfolg, befürwortete daher um so lebhafter das Gesuch des Prinzen bei den Kreuzfahrern und den Venetianern und traf bei beiden auf große Bereitwilligkeit. *Dandolo* war es willkommen, so mache der Republik Venedig und auch die ihm selbst zugefügte Unbill an Byzanz zu rächen, und seinen Landsleuten wohl auch, den Kreuzzug von Ägypten, wo er ihrem Handel schaden konn-

Dogenmütze.

te, abzulenken. Daher ordneten die Kreuzfahrer, welchen bei einem Zug nach Byzanz Abenteuer, Ruhm und Beute winkten, auch ihrerseits Gesandte an König *Philipp* und den Prinzen *Alexios* ab, um mit beiden über gegenseitige Unterstützung zu unterhandeln.

Wenden wir nun unsere Blicke nach dem damaligen Zustand des byzantinischen Reiches, nach dessen Gestaden die erzählte Wendung der Dinge dem Kreuzzug unvermuteterweise seine Richtung gab.

VIERTER ABSCHNITT

Das Reich von Byzanz am Vorabend der Abrechnung

Das Byzantinische Reich nimmt in der Geschichte eine ganz eigentümliche Stellung ein und bietet eine ganz außerordentliche Erscheinung dar. Es sitzt im Kreis seiner Zeitgenossen und Nachbarn wie der Geist des Banko in Mitte der Lebenden da, denn es wurzelt als unmittelbarer Nachfolger des römischen Reiches mit seinen Erinnerungen und Einrichtungen im Altertum, wenn auch vorwiegend in dessen entarteter Zeit, und steht doch vermöge seiner Völkervermischung, seines christlichen Glaubens und seiner Verhältnisse zu anderen Mächten im Mittelalter, über dessen Anfänge kein anderer gleichzeitig bestehender Staat zurückschaut. Ein ganz ähnlicher Charakter hat sich auf das an die Stelle des byzantinischen getretene osmanische Reich vererbt und es scheint das Schicksal des Bosporus und des Hellespont, dieser wichtigen Völkerbrücken zu sein, sich im Besitz anachronistischer Staatsgebilde zu befinden.

Drei Umstände haben an dem Lebenswerk des byzantinischen Reiches gezehrt, bis es nach allerdings beispiellos zähem Todeskampf aus der Reihe der Lebenden schied: erstens sein Altertum, das sich nie recht mit einer neu angebrochenen Zeit zu versöhnen vermochte, zweitens seine eigenartige kirchliche Richtung, die sich sowohl mit dem Islam, als mit der abendländischen Kirche reiben mußte und so zwischen zwei Feuer kam, und drittens seine inneren Händel, die fast beständig durch Revolutionen, durch Einkerkerung, Blendung oder Ermordung von Kaisern und Prinzen ausgefochten wurden. Dieser letztere Übelstand, die vereinigte Erbschaft des altrömischen und des orientalischen Despotismus, zwischen welchen beiden der Zeit und dem Raum nach das Reich sich bewegte, wurde am Hof von Konstantinopel rastlos durch Verleumdung und Treulosigkeit genährt, zu dem Zweck, hochstehende Personen zugunsten anderer ihres Einflusses und ihrer Besitztümer zu berauben. Diese inneren Händel waren um so gefährlicher, als sie sich in zweierlei Kreisen bewegten, die zwar in einer gemeinsamen Spitze gipfelten, aber doch mit beständiger Eifersucht gegeneinander erfüllt waren, nämlich in dem weltlichen und dem geistlichen Kreis. Die griechische Kirche war ein Staat im Staate, eine Hirarchie neben der Hirarchie, die mit ihren Legionen von Geistlichen, Mönchen und Nonnen das Volk in weit höherem Grade hinter sich hatte als der Staat, und deren Klöster und Kirchen mehr Geld verschlangen als Heer und Flotte. So war es möglich, daß der Patriarch von Konstantinopel, obschon dem Kaiser untergeordnet oft ähnlich dem Papst auftreten und den Monarchen bannen durfte, ohne daß ihm beizukommen war.

Wahrscheinlich ist keine Stadt der Welt, nicht einmal das alte Rom oder das neuere Paris, in dem Maßstab die Hauptsache des Staates geworden, der ohne sie nichts bedeutete, als Byzanz zu den Zeiten, da die Kaiser dort herrschten. Die „große Stadt", die „königliche Stadt", die „Stadt der Städte", wie sie genannt wurde, durfte wohl mit Memphis und Ninive im Altertum, mit Paris und London in der Neuzeit wetteifern und scheint zur Zeit ihrer Blüte das alte Rom in seiner höchsten Entwicklung an Größe und Pracht übertroffen zu haben.

Das prachtvolle Gebäude des christlichen Konstantinopel war die Mutterkirche der „heiligen Sophia", d.h. der göttlichen Weisheit, welche *Justinian I.* nach dem großen Brand infolge des Zirkus-Aufruhrs vom Jahre 532 neu aufbaute. Krause schildert sie folgendermaßen: „Diese Kirche war nicht bloß durch ihre Größe und Pracht ausgezeichnet, sondern auch als Kunstwerk der Architektur, namentlich in Beziehung auf die überaus kühne und leichte Bauart ihrer gleichsam in der Luft schwebenden Kuppeln und Bogen, welche auf leichten Säulen ruhte. Das Schiff der Kirche bildete ein Oval, welches seine Hauptbeleuchtung durch vierzig Glasfenster der Hauptkuppel und zehn Fenster der Halbkuppeln erhielt ... Der zweite innere Altarraum sollte zugleich als heiliges, unverletzbares Asyl für Verfolgte dienen, um solchen, mochten sie schuldig oder unschuldig sein, wenigstens noch einen letzten Zufluchtsort von seiten der Kirche offen zu lassen ... Neuerwählte Kaiser, welche sich noch in einer der Provinzen befanden, zogen bei ihrer Rückkehr durch die goldene Pforte in die Residenz ein und wurden nach alter herkömmlicher Sitte in der Sophienkirche mit dem Diadem geschmückt ... Wie großartig die Ausstattung der Sophienkirche mit Ornamenten und Dekorationen der verschiedenen Kunstwerke gewesen sein muß, läßt sich schon daraus abnehmen, daß die Anzahl der nach hier aufgestellten Statuen die zahl von 427 erreicht haben soll."

Groß war die Zahl der Kirchen, der Paläste, der Bäder, großartig waren die Wasserleitungen, der Haupthafen, die Schiffswerften. „Kolonnaden führten von einem Hauptplatz zum anderen, von einer Hauptstraße zur anderen ... Denkwürdige kolossale Säulen, mit aufgesetzten Statuen geschmückt, hatte die Residenz an verschiedenen Plätzen ... Das Hauptwerk dieser Art war die hohe Porphyrsäule mit der Statue Konstantins. Sie stürzte einst während gewaltiger Stürme unter der Regierung des *Alexios Komnenos* herab und erschlug zehn Menschen, Männer und Frauen. Das Augusteum war der schönste Platz der Residenz, es grenzte einerseits an die Sophienkirche, andererseits an den großen Kaiserpalast und an den Hippodrom."

Es fehlte nicht an Hospitälern und Gasthäusern. *Isaak Angelos* ließ einen Gasthof (Pandocheion) für hundert Personen mit Stallung für hundert Pferde bauen, worin unentgeltliche Beherbergung stattfand, wahrscheinlich indessen nur für kaiserliche Beamte, die aus den Provinzen in Geschäften nach der Hauptstadt kamen, doch wohl auch für Arme. Derselbe Kaiser errichtete auch ein Krankenhaus (Nosokomeion) und räumte zu demselben Zweck noch einen bisherigen Palast ein. Prachtvoll waren die Grabmäler der Kaiser (Mausoleen) in Kirchen und Klöstern, besonders die Gruft, welche der grausame, aber gerechte *Andronikos Komnenos* in der Kirche der vierzig Märtyrer herstellen ließ.

Die meisten palastartigen Häuser der hohen und Vornehmen waren oft durch starke Türme befestigt, um bei Volksaufständen verteidigt zu werden. Sie waren meist hoch und außen mit Farbe bemalt. Doch gab es viele bloß hölzerne Häuser und daher auch häufige Feuersbrünste.

Ungemein reich war Konstantinopel an Kunstwerken aus dem Altertum und stieß sich ungeachtet der zahlreichen Bilderstürmereien gegen christliche Bilder und der schließlich zum Sieg gelangten Abneigung gegen Skulpturen aller Art, nicht an dem heidnischen Charakter jener Werke, so allgemein herrschte, ungeachtet aller orthodoxen Borniertheit, die Achtung vor dem Schönen und der Kunst, worin die Griechen jener Zeit und sogar die Pseudo-Griechen von Byzanz, wie in der wissenschaftlichen Betätigung, den Lateinern weit voraus waren. „Freie Plätze, Portale, Hallen, Rotunden, Nischen waren nicht selten mit ganzen Statuengruppen ausgeschmückt, so daß antike und spätere christliche Werke nebeneinanderstanden … So hatte der innere Raum des wichtigen Platzes Milion viele Porträt-Statuen von Kaisern und Kaiserinnnen. „Die byzantinische *Mosaik*-Arbeit übertraf wohl diejenige des Altertums und stellte z. B. Pfauen in ihrer Farbenpracht höchst naturgetreu dar, ebenso Früchte und Blumen, weniger gut Menschengestalten. Paläste und Kirchen waren reich an solchen Arbeiten, ebenso an Wänden mit farbigen Glastafeln, mit Malereien auf Goldgrund usw. Der von uns oft erwähnte Kaiser *Manuel* hatte „an den anmutigen Gestaden der Propontis (des Marmarameeres) prächtige Sommerpaläste aufführen lassen, wo er sich von Zeit zu Zeit der Erholung und dem heiteren Lebensgenuß hingab", und stellte darin große von Säulen umgebene Zimmer und Säle her, zu deren Ausschmückung „Gold und edle Steinarten verwendet und Gemälde mit vielfarbigen Darstellungen angebracht wurden."

Großartig war auch das byzantinische *Kunstgewerbe* in der Herstellung von Gefäßen aus Gold, Silber, Onyx, Alabaster, Kristall usw. nach antiken Mustern, sowohl zum kirchlichen als zum häuslichen Gebrauch der Großen, besonders der Kaiser, ferner von kostbaren Kirchenschmucksachen, wie Kreuzen, Kruzifixen, Heiligenbildern, aus Edelmetall, Elfenbein usw., von Ringen, Arm- und Halsbändern, Ketten, Kronen u. a. persönlichem Schmuck, von Elfenbein-Schnitzwerk, von höchst merkwürdigen Automaten, z. B. singenden Vögeln, brüllenden Löwen in naturgetreuer Nachahmung der Gestalt und Stimme, endlich von Uhren, deren Beschaffenheit jedoch nicht näher bekannt ist, von musikalischen, mathematischen und astronomischen Instrumenten, von Belagerungswerkzeug und Waffen, von

Geweben mit farbigen und goldgestickten Figuren. „Die Amtstrachten, durch Gesetz und Regel normiert, hatten eine hunderfache Abstufung in Stoff und Form und Ausstattung. Je nach dem einen oder anderen großen Fest, je nach der Art der dabei vorgenommenen feierlichen Handlungen, je nach dem Rang der Beamten und Würdenträger wurde, namentlich bei Hofe, eine verschiedene Amtstracht angewendet. In den Kirchen waren stets geweihte Gewänder, Altar- und Tischdecken mit Gold und Purpur durchwebt zu finden. Bei Triumph-Aufzügen entfaltete sich die äußerste Pracht, besonders in Beziehung auf Flaggen, Fahnen und Teppiche. Bei einem Triumph-Aufzug des mehrerwähnten Kaisers *Johannes* waren die Hauptstraßen der Residenz mit großen, golddurchwirkten, purpurumsäumten Teppichen und Vorhängen ausgeschmückt. Da erblickte man eingewirkte Figuren, welche zu leben schienen.“ (Niketas).

Die *Bevölkerung* Konstantinopels war eine sehr gemischte, aus den verschiedensten Völkern Europas, Asiens und wohl auch Afrikas zusammengesetzt und vermengte sich fortwährend durch Zuströmen aus den Provinzen und vom Ausland zugleich mit ihrer Vermehrung, die in den günstigsten Zeiten wahrscheinlich weit über eine Million stieg. Sie war demgemäß auch höchst unruhig und stets zu Aufläufen und selbst zum Aufruhr aufgelegt, wobei nicht selten sogar Kaiser das Leben oder wenigstens den Thron verloren. Oft genug bekundete das Volk dabei entschiedenen Gerechtigkeitssinn, rettete Verfolgte und ungerecht Eingekerkerte und bestrafte grausame Despoten auf verdiente Weise. In der Zeit, welche uns hier beschäftigt, erfreute sich die Bevölkerung Konstantinopels keines guten Rufes; sie galt als tief heruntergekommen und durchweg sittenlos, obschon es an Beispielen hoher Tugenden und strenger Rechtlichkeit und Sittlichkeit nicht mangelte. Namentlich hat der wohlhabende Teil der Bevölkerung wiederholt seine Vaterlandsliebe durch namhafte Opfer zum Zweck der Verteidigung gegen auswärtige Feinde an den Tag gelegt. Daß aber viele Verbrechen u. a. Schlechtigkeiten vorkamen, das führte die Mannigfaltigkeit der Zusammensetzung des Volkes und der stete Wechsel der Einwohner mit sich. Diese Umstände gaben auch der äußeren Erscheinung der letzteren ein eigentümliches Gepräge; denn seit dem Vordringen der Mohammedaner gegen Byzanz sah man häufig genug türkisch-arabische und seit den Kreuzzügen auch westeuropäische Trachten, wie auch aus allen möglichen Bestandteilen gemischte Kostüme auf den Straßen der Stadt.

Zu den Eigenschaften der Byzantiner gehörte in den höheren Ständen eine große Vorliebe für elegante Beredsamkeit, für formelreiche schriftliche Ausfertigungen, für Ausschmückungen aller Art und in allen Lebensverhältnissen, unter dem Volk aber eine stark ausgebildete Spottsucht und eine unersättliche Vergnügungssucht. Man liebte große Gastmähler, ebensosehr aber auch seit den alten Römerzeiten immer noch die Schauspiele des Zirkus oder Hippodrom, namentlich die Wagenrennen, wobei sich verschiedene Parteien, besonders aber die hellgrüne *(Veneta)* und die violettblaue *(Prasina)* mit grauenhafter Leidenschaft bekämpften und nicht selten blutige Schlachten und Revolutionen ausbrachen. Auch Seiltänzer, Gaukler, seltene Tiere (wie Elefanten und Giraffen) wurden dem schaulustigen Volk vielfach vorgeführt.

Man kann sagen, daß die absolute Monarchie des byzantinischen Reichs durch die allen Völkern angehörenden Söldner des Heeres und durch das Volk von Konstantinopel beschränkt war. Es kam vielfach vor, daß ein ungebildeter, roher und despotischer Emporkömmling den Thron nach kurzer Zeit verlor, während wackere Kaiser ihn gewöhnlich auf ihre Nachkommen vererbten. Waren keine solche vorhanden, oder mochte man sie nicht, so wählte der Senat oder das Heer einen neuen Kaiser (letzteres natürlich seinen Feldherren) oder es wurde ein solcher durch einen Volksaufstand auf den Thron gesetzt. Die Politik ging den Kaisern über alle Rücksichten; ohne alle Bedenken verheirateten sie selbst minderjährige Töchter, wenn es ihr Vorteil gebot, an fremde, sogar an barbarische (z. B. bulgarische) oder gar an ungläubige (türkische) Fürsten; ohne Bedenken blendeten oder mordeten sie, um des Thrones sicher zu sein oder ihn zu erlangen, Brüder u. a. Verwandte, ja es gab Kaiserinnen, welche ihre Söhne auf diese Weise behandelten! Überhaupt kennt die byzantinische Geschichte eine auffallend lange Reihe von Kaiserinnen, welche einen bald wohltätigen, bald schädlichen Einfluß auf die Schicksale des Staates ausübten. Noch weniger Umstände machte man daher mit anderen Personen, auch wenn nur ein unbegründeter Verdacht vorhanden war, als ständen sie dem Herrscher im Wege. Überhaupt hat das Christentum der Byzantiner bei ihnen durchaus keine Sinnesart hervorgebracht, die sie über die heidnischen Römer in der verkommensten Zeit und über die mohammedanischen Orientalen stellen würde, namentlich was die Mittel zum Zwecke des Herrschens betraf, von denen schlechterdings keines als unerlaubt galt. Selbst von Kaisern, welche im übrigen gerecht und wohlwollend waren und auf Ordnung im Reich hielten, werden empörende Grausamkeiten aus Argwohn oder Herrschsucht erzählt. Andere Kaiser wieder vergeudeten ihre Zeit und Kräfte in schwelgerischem Wohlleben und endlosen Vergnügungen, während die meisten in der Regel mäßig lebten. Ein Beispiel jener Verschwender ist der später geblendete *Isaak*, für welchen so unverdienterweise (freilich mit Hintergedanken nicht uneigennütziger Art) die Kreuzfahrer ihre Waffen gegen Byzanz wandten. „Er machte ungeheuren Aufwand bei seinen Gastgelagen, trug stets neue Prachtgewänder und keines derselben zweimal. Er freute sich auch an lieblichen Gesängen und witziger Unterhaltung. Der Kaiserpalast stand Mimen, Possenreitern, wunderlichen Zwergen, Sängern und Musikern stets offen. Dem Genuß des Weines ergeben, war er zugleich in erotischen Angelegenheiten höchst ausgelassen. Er duftete stets von den feinsten Wohlgerüchen. Zugleich war er für landschaftliche Anmut und Naturschönheit äußerst empfänglich und verweilte daher bald in dieser, bald in jener Villa einer reizenden Gegend. Kein Wunder also, daß ein in solcher Weise nur auf Genuß des Lebens bedachter Regent von seinem eigenen Bruder, von welchem er nichts arges besorgte, leicht verdrängt werden konnte, welcher ein großes Verlangen nach demselben Glanz und Lebensgenuß in sich tragen mochte."

Der Kaiser hatte unbedingtes Verfügungsrecht über den Staatsschatz; aber er konnte auch alles zum Unterhalt des Hofes notwendige aus den umfangreichen kaiserlichen Gütern beziehen. Manche Kaiser, wie z. B. der uns bekannte *Johannes*, zeichneten sich durch Freigebigkeit gegen das Volk aus, das sie oft bewirteten und unter das sie zuweilen Gold verteilen ließen, was bei Triumphzügen gewöhnliche Sitte war. Dagegen waren bei festlichen Gelegenheiten gewisse in überschwänglichen Ausdrücken bestehende Zurufe des Volkes, des Heeres, der Beamten usw. an den Kaiser gebräuchlich, welche von besonders dazu bestellten Herolden, die man Rufer oder Schreier nannte, angestimmt wurden.

Wiederholt haben wir zu bemerken Anlaß gehabt, daß die byzantinischen Heere den altrömischen nachgebildet waren und unter mehreren ausgezeichneten Feldherren treffliche Leistungen aufzuweisen hatten, aber auch oft schlecht geführt wurden und mit der Zeit immer mehr aus fremden Söldnern bestanden, die seine Vaterlandsliebe kannten. Man war auch zu wenig darauf bedacht, den Eigentümlichkeiten des Kriegswesens der Gegner, wie z. B. der türkischen Art, den Feind in Hinterhalte zu locken und dann durch furchtbaren Pfeilhagel zu vernichten, durch entsprechende Einrichtungen und Verbesserungen zu begegnen, und so führte die zunehmende Schwäche des Heeres zunehmende Gebietsverluste herbei, die wieder das Wehrwesen aufs neue herabdrückten, bis das Reich zugrunde ging.

Die *Beamten* des byzantinischen Reiches bildeten eine so enggeschlossene, mächtige und zahlreiche Kaste und ihr Geschäftsgang war ein so musterhafter, daß die Bürokratie dieses Reiches als die Mutter und das Muster aller späteren Bürokratien bis auf die Gegenwart betrachtet werden kann. Freilich gab es daneben auch eine Menge Sinekuren mit den glänzendsten Titeln, wie Sebastokrator, Protosebastos und Panypersebastos, die an unsere oft unnützen Exellenzen, Hof- und Geheimräte erinnern. Die obersten wirklichen Beamten, eine Art höchster Minister, waren die oft genannten Großdomestikus und Großlogothetes, während als einfache Domestiken und Logotheten eine Menge Beamte figurierten, die nach verschiedenen Verwaltungszweigen benannt waren. Ein sehr hoher Beamter und Vertrauter des Kaisers, der bald Diplomat und bald General war, hieß sonderbarerweise Protobestiarius (eigentlich Vestiarius, d. h. Kleiderverwalter). Übrigens wechselten die vielen Titel oft in ihrer Bedeutung, je nach den Fähigkeiten der Inhaber. Auch befreundete Fürsten wurden bisweilen durch glänzende byzantinische Titel ausgezeichnet. Mit sämtlichen derselben könnten Bücher ausgefüllt werden. Auch die Bürokratie war, gleich dem Hofe, der Kirche und dem Heer, ein Herd der schmählichsten Ränke, um emporzukommen und andere zu stürzen oder am Aufsteigen zu verhindern.

Der bürokratische zugleich und der orthodoxe Charakter des Reiches führten es mit sich, daß die haupsächlichsten Unterrichtsgegenstände der zum höheren Staatsdienst bestimmten Jünglinge die Beredsamkeit nebst der Sprachkenntnis und die Religionslehre waren. Die Philosophie der Alten kam ihrem sachlichen Inhalt nach nicht in Betracht. Die altgriechische Sprache blieb mit wenigen Verderbnissen die amtliche, gelehrte und kirchliche bis zum Sturz des Reiches und hatte noch in später Zeit ausgezeichnete Vertreter in der Literatur, nämlich was ihre Reinheit, freilich nicht, was ihre Schönheit und Gedankenfülle betrifft. Die kirchliche Orthodoxie legte dem Gedankenflug stets Fesseln an. Namentlich zählte Byzanz eine Reihe trefflicher Geschichtsschreiber, unter denen, wie erwähnt, die Kaisertochter *Anna Komnena* eine hervorragende Stellung einnimmt, eine Frau mit männlichem und sogar derbem Charakter, die gern an Stelle ihres Bruders *Johannes* Kaiserin geworden wäre, wozu sich aber ihr kluger Gemahl *Nikephoros Bryennios* (ebenfalls Geschichtsschreiber) nicht hergab.

Im Gottesdienst wurde ein großes Gewicht stets auf den Gesang gelegt und zu würdiger Ausführung desselben Knabenchöre gebildet und auf Staatskosten unterhalten. Auch die Toten wurden von Sängerchören zum Grab geleitet. Sehr viel wurde auch auf die Verehrung der „Mutter Gottes" gehalten; sie wurde in den Schlachten angerufen und nach Siegen brachte man ihr Dankfeste dar. Sehr viele hohe Personen und selbst Kaiser und Kaiserinnen liebten es, ihre Frömmigkeit dadurch an den Tag zu legen, daß sie sich vor ihrem Ende in ein Kloster begaben oder wenigstens sich in Mönchs- oder Nonnenkleidung in Klöstern bestatten ließen. Die Kaiser zeichneten besonders die merkwürdige Mönchskolonie auf dem Berg *Athos* durch ihre Gunst aus und *Alexios I.* erklärte dieselbe unabhängig von Patriarchen, befreite sie von allen Abgaben und nahm sie in den besonderen kaiserlichen Schutz. Sie zählte damals 180 Wohnungen und 700 Mönche. Große Staatsmänner zogen sich dahin zurück, 1195 auch der serbische Fürst *Stephan Nemanja,* der dort 1200 starb. Oft traten Töchter der Kaiser und anderer hoher Personen schon zeitig in das Klosterleben. *Isaak Angelos* ließ für seine nach dem Nonnengewand begehrende Tochter auf eigene Kosten ein großes Kloster errichten. Die Speise der Klosterbewohner war ausschließlich Fastenspeise. Im übrigen läßt sich von den griechischen Klöstern dasselbe sagen, was von den römischen; auch sie widmeten sich teilweise gelehrten und künstlerischen Arbeiten, teilweise der Üppigkeit und dem Wohlleben.

Dem *Aberglauben* aller Art, wie an Astrologie, an Zauberei, an Weissagungen, an die Gottesurteile, an Physiognomik, Chiromantie usw., frönten die Byzantiner gleich den Abendländern und blendeten sogenante Zauberer wie diese später Hexen verbrannten.

Wenden wir nun unsere Blicke von der Hauptstadt, die zwar allerdings das meiste, was das Reich an bedeutendem besaß, aber doch nicht alles in sich schloß, weiter nach den Provinzen, so finden wir hier unmittelbar vor dem ersten Sturz des byzantinischen Reiches manches, was der Glanz der Residenz nicht ahnen ließ. Wir finden nämlich vor allem eine fortschreitende Bedrängnis des Reiches durch äußere Feinde, namentlich durch die Bulgaren im Nordwesten und durch die Seldschuken im Südosten, mit welcher wir uns übrigens wiederholt beschäftigt haben. Sodann stoßen wir auf eine beginnende Zersetzung des Reiches durch ein *Freudalwesen* nach Art desjenigen im Westen Europas, und endlich auf eine furchbare Aussaugung des Volkes durch *Abgaben* an den Staat.

Ein aufkeimendes Feudalwesen im Byzantinerreich finden wir bezeichnenderweise gerade seit dem Eingreifen der Abendländer in die Geschicke des Reiches, also seit der Zeit der normannischen Angriffe von Unteritalien her und der Kreuzzüge oder seit der Herrschaft des Komnenen-Hauses. Die Statthalter der Provinzen strebten nach Erblichkeit ihrer Würde und möglichster Unabhängigkeit, die großen Grundbesitzer nach fürstlicher Macht. Schon unter *Alexios I.* war Trapezunt am Schwarzen Meer und unter *Alexios II.* oder *Isaak II.* die Insel Kreta ein Lehnsstaat geworden. Vornehme oder sogenannten Archonten erhoben sich namentlich auch in den Landschaften der Halbinsel Peloponnes, in Lakonien und Messenien, namentlich aber in Nauplia, wo die Familie *Sguros* sich der Herrschaft bemächtigte und sie längere Zeit zu behaupten wußte. Ähnliches begann in Epiros und Thessalien.

Mit diesem Überstand fiel nun namentlich unter den Kaisern des Hauses *Angelos* der erwähnte Steuerdruck zusammen, unter dem besonders das eigentliche Greichenland zu leiden hatte, vor allem aber das durch seine klassische Vergangenheit geweihte *Athen*. Alten Rechtsamen zufolge hatte dort das Reich gar keine Abgaben zu erheben und ebenso keine Gerichtsbarkeit auszuüben. Nur bei dem Regierungsantritt eines Kaisers mußte die Stadt des Phidias und Sokrates einen goldenen Kranz abliefern. Seit der Zeit des Kaisers *Manuel* aber, namentlich unter *Isaak II.*, wurde dies anders. Infolge einer nicht näher bekannten Verlegenheit konnte Athen dem letztgenannten Imperator seinen Kranz nicht spenden. Dies fiel auf; die noch immer vorhandenen prachtvollen Denkmäler der Baukunst des Altertums ließen die Stadt reicher erscheinen als sie war. Bürgerliche und militärische Beamte warfen sich auf sie, griffen die Kirchengüter an, forderten unerschwingliche Kontributionen an Vieh, Geflügel, Fischen, Getreide, Wein usw., und verlangten unter dem Vorwand der Verteidigung gegen Seeräuber, Lieferungen an Geld und Schiffen. Athen sank daher damals in bedeutendem Grade an Bevölkerung, Wohlstand und geistigem Schaffen. Der ausgezeichnete, sittlich wackere und klassisch gebildete Erzbischof *Michael Akominatos*, Bruder des byzantinischen Rhetors und Historikers *Niketas Choniates*, tat sein möglichstes, um diesen Druck von der geliebten Vaterstadt abzuwenden, und richtete an den Kaiser *Alexios III.* eine freimütige und beredte Klageschrift gegen die willkürlichen Beamten. Es ist nicht bekannt, ob und was er erreicht hat – wahrscheinlich nichts, wie es denn überhaupt die Unfähigkeit zum Fortschritt und die chinesenhafte Stagnation waren, die den Untergang des Reiches unvermeidlich machten und auch wieder den des ihm folgenden Kolosses nur noch als eine Frage der Zeit erscheinen lassen.

FÜNFTER ABSCHNITT

Der Kreuzzug gegen Konstantinopel

Doch ohne zu ahnen, wohin dieser Zug sie führen werde, fuhren am 8. Oktober 1202 die Kreuzfahrer und die Venetianer, etwa 40 000 Mann stark, auf einer stattlichen Flotte von 480 Schiffen aus Venedig ab und nahmen über dreihundert Wurfmaschinen mit. *Villehardiun* rühmt begeistert, wie die bunten Schilder der Ritter, längs den Borden der Fahrzeuge aufgehängt, blinkten, wie die zahleichen Banner von den Masten und Kastellen flatterten und meint, es sei wohl nie ein schöneres Seeheer von seinem Hafen gesegelt, und man hätte ihn wohl zutrauen können, die Welt zu erobern.

Die Zwillingshafenstädte *Triest* und *Muggia*, welche Venedig durch Seeräuberei geschädigt hatten, ergaben sich ohne Widerstand dem zu ihrer Züchtigung sich ihnen nähernden Heer und versprachen einen Tribut an die Republik zu entrichten. Am 10. November kam man vor *Zara* an, dessen starke Befestigungen in den Kreuzfahrern Zweifel erweckten, ob ihre Einnahme möglich sein würde. Schon am anderen Tage aber wurde die Hafenkette gesprengt, der Hafen eingenommen und die Belagerung der Stadt begonnen, die jedoch schon am 12. November ihre Übergabe gegen Sicherung der Personen anbot. Aber während der Doge hierüber mit den Anführern der Franzosen beriet, flüsterten einige Verräter, darunter der spätere Albigenser-Bluthund *Simon von Montfort*, den Abgeordneten Zaras ein, sich doch lieber zu halten. Es geschah dies im Einverständnis mit dem Abt *Guido von Sernay*, der zugleich sich anmaßte, im Name des Papstes den Kreuzfahrern die Belagerung der Stadt zu verbieten. Der Abt war in Gefahr, von den Venetianern gelüncht zu werden; die Zaraner aber hatten dem Rat der Verräter Folge geleistet und die Belagerung nahm ihren Fortgang, wenn auch ohne Beteiligung der päpstlich Gesinnten. Am 18. November aber ergab sich die Stadt den Venetianern, welche mit den Kreuzfahrern die Beute teilten.

Letztere wären nun der großen Mehrzahl nach gerne weiter nach Ägypten, ihrem Bestimmungsort gesegelt, allein ihren Anführern gefiel es in Zara, und da es ohnehin der Wunsch der Venetianer war, hier zu bleiben und ihre Herrschaft zu befestigen, so richtete man sich für den Winter häuslich ein und teilte die Quartiere der Stadt zwischen den Venetianern, die am Hafen, und den Kreuzfahrern, die landeinwärts sich niederließen. Der Unwille der letzteren gegen die ersteren nahm aber stetig zu und schon am dritten Tag nach dem Einzug entstand in den Straßen der Stadt ein heftiger Kampf zwischen beiden Parteien; Schwerter blitzten, Pfeile flogen, und es fehlte nicht an Toten und Verwundeten. Der Kampf dauerte bis in die Nacht und erst nach einigen Tagen gelang dem Dogen und den Baronen die Beruhigung der erhitzten Gemüter.

Zwei Wochen später kamen der Markgraf von *Montferrat* und die übrigen Herren, welche nicht hatten gegen Zara kämpfen wollen, aus Venedig an und nach weiteren zwei Wochen folgten ihnen die vom Prinzen *Alexios* und vom deutschen König *Philipp* neuerdings abgeordneten Gesandten. Sie baten den Dogen und die übrigen Führer im Namen *Philipps*, dem Prinzen zur Wiedererlangung seiner Rechte behilflich zu sein, wogegen sie versprachen, *Alexios* werde sich und das byzantinische Reich dem römischen Stuhl unterwerfen, ihnen 200 000 Mark Silber zahlen und dem ganzen Heer Lebensmittel liefern, auch entweder selbst mit nach Ägypten ziehen oder zu diesem Zug auf seine Kosten 10 000 Mann stellen, und endlich zeit seines Lebens stets 500 Mann zur Verteidigung des Heiligen Landes bereithalten.

Es wurde über diese Vorschläge im Kriegsrat verhandelt; die Päpstlichen, wie Abt *Guido* und *Simon von Montfort* verwahrten sich gegen jeden Angriff auf Christen und bestanden auf der Fahrt nach Ägypten, während die aus den Venetianern und den kriegs- und beutelustigen Baronen bestehende Partei darlegte, daß die Eroberung des Ostreiches das beste und einzig wirksame Mittel zur Gewinnung des Heiligen Landes sei. Selbst Geistliche waren dieser Ansicht.

Als die Venetianer und die dem Zug nach Byzanz geneigten Barone sahen, daß diese Gegensätze schwer oder gar nicht zu vereinigen wären, entschlossen sie sich, der Sache ein schnelles Ende zu machen. *Dadolo, Bonifaz von Montferrat, Balduin von Flandern, Ludwig von Blois* u. a. schlossen kurzweg mit den Gesandten des Königs *Philipp* und des *Prinzen Alexios* den vorgeschlagenen Vertrag, mit dem Zusatz, daß sich der Prinz vierzehn Tage nach Ostern in Zara einfinden sollte. Aber die große Mehrheit der Kreuzfahrer verabscheute dieses Vorgehen, die päpstliche Partei, welche von Anfang an diesen Zug zu vereiteln suchte, nahm zu und viele verließen bereits das Heer zu Land oder auf Handelsschiffen, um nach Hause zurückzukehren oder geradewegs nach Syrien zu segeln. Viele von ihnen kamen aber durch slawische Räuber oder durch Überladung der Schiffe um und andere kehrten, erschreckt durch die Mühseligkeiten der Reise, nach Zara zurück.

Um weiteren Zerfall des Kreuzheeres vorzubeugen, dessen Hauptgrung ja der Widerwille des Papstes gegen die Richtung dieses Zuges bildete, beschlossen die Anführer eine Gesandtschaft an *Innozenz III.*, welche für die Übertretung seines Verbotes seine Verzeihung erflehten und ihn von der Verkündigung des angedrohten Bannes abhalten sollte, zu welchem Zweck

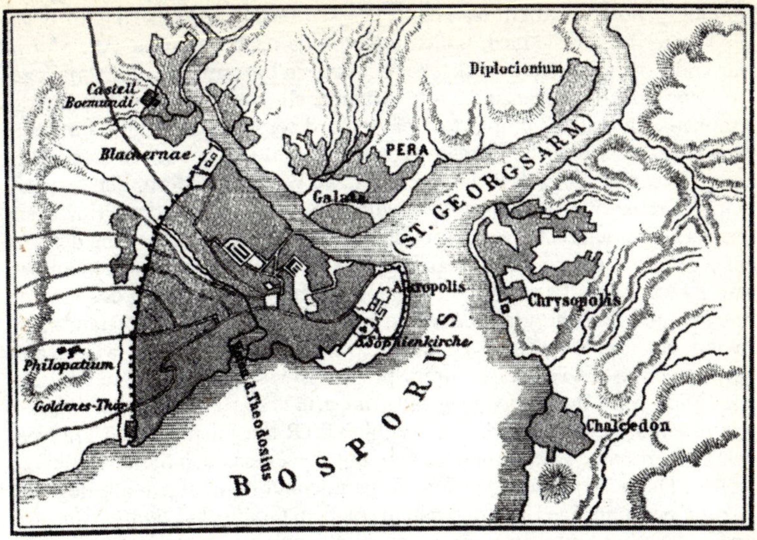

Plan von Konstantinopel. 12. Jahrhundert.

die Kreuzfahrer jede Buße auf sich nehmen wollten. An die Spitze der Gesandtschaft wurde der Bischof von Soissons gestellt und die deutschen Kreuzfahrer waren in derselben durch den Abt *Martin* vertreten.

Der Papst nahm diese Botschaft gnädig auf, verwies aber den Kreuzfahrern ihr Verhalten und gebot ihnen, jede Beschädigung Zaras zu verhindern, die Beute an den König von Ungarn herauszugeben und denselben um Verzeihung zu bitten. Unter diesen Voraussetzungen wollte er die Kreuzfahrer mit dem verwirkten Bann verschonen, den er jedoch gegen die Venetianer ohne Gnade ergehen ließ. Von dem byzantinischen Zug mahnte er die Kreuzfahrer ernstlich ab, da sie zu demselben kein Recht hätten.

Wie sehr damals die Kreuzzüge, entgegen ihrem anfangs geträumten Zweck, den Gehorsam gegen Rom und den Glauben an dessen Lehren bereits untergraben hatten, war deutlich daraus zu ersehen, daß diese päpstliche Botschaft auf die Kreuzfahrerfürsten keinen Eindruck machte. *Bonifaz von Montferrat* unterschlug geradezu den Bann gegen Venedig, damit sich nicht infolge desselben das Heer noch mehr auflöste, und die Barone waren der Ansicht, es sei dem Papst mit seiner Sorgfalt für Byzanz und seiner Abneigung gegen den Zug dahin gar nicht ernst. Alle Rücksichten auf den Papst aber fielen vollends dahin, als der *Prinz Alexios* sich in Zara einfand und mit großer Freude empfangen wurde. Man war bereits segelfertig, die Venetianer schleiften noch, gleichsam dem Papst zum Trotz, die Mauern von Zara, die Kreuzfahrer versorgten sich in derselben Gesinnung noch reich mit Beute, und zu Ostern 1203 fuhr die Flotte ab und segelte südostwärts längs der Küste hin. *Simon von Montfort* und seine päpstlichen Gesinnungsgenossen hatten das Herr verlassen und sich nach Ungarn begeben; später fuhren sie nach Italien und von da nach Palästina. Abt *Martin* war von Rom gar nicht zurückgekehrt, sondern fuhr mit dem Kardinallegaten *Peter von Capua* nach Akkon, wo er nach Ausbruch der Pest für die Kranken sich rastlos aufopferte. Später wurde er von jener Stadt, um Hilfe gegen die das christliche Gebiet wieder bedrohenden Sarazenen zu suchen, an die Kreuzfahrer nach Byzanz gesandt, wo wir ihn wiederfinden werden.

Die Kreuzflotte kehrte bei *Dyrrachion* an, welche Stadt den Prinzen sofort als Kaiser anerkannte und ihm huldigte, und landete zu Anfang des Mai auf *Korfu*, wo ein Teil der Kreuzfahrer bereits seit Wochen angekommen war. Es wurde ein Lager aufgeschlagen, dassen Mitte die Zelte des Prinzen *Alexios* und des Markgrafen *Bonifaz* einnahmen. Aber hier entstand neue Zwietracht über das Ziel der Fahrt. Ein Teil der Kreuzfahrer, wie erzählt wird, mehr als die Hälfte, an ihrer Spitze *Otto von Champlitte*, der *Kastellan Guido von Coucy*, *Jacob von Avesnes* u. a. erklärten, die *Schar Walters von Brienne*, welcher inzwischen mit bloß 60 Rittern den größten Teil Neapels erobert hatte, erwarten, und dann mit derselben nach Syrien fahren zu wollen. Diese Partei hielt geheime Zusammenkünfte in einem abgelegenen Tal und bedrohte das Unternehmen in solchem Grade, daß *Bonifaz* und seine für den Zug nach Konstantinopel eingenommenen Anhänger sich nicht anders zu helfen wußten, als daß sie mit dem Prinzen sich nach dem Ort jener Versammlung begaben, vor den Meuterern auf die Knie fielen und ihnen alle möglichen Versicherungen gaben, wodurch sie endlich erzielten, daß jene sich bereit erklärten, bis zum Michaelstag bei dem Heer zu bleiben unter der Bedingung, daß sie dann Schiffe zur Fahrt nach Syrien erhielten. Es wurde hierüber ein Vertrag geschlossen und beschworen, und es herrschte große Freude im Lager. Die Kreuzfahrer verließen Korfu, wo sie weder zur Anerkennung des Prinzen, noch zum Anschluß an die römische Kirche Bereitwilligkeit fanden, am 24. Mai, und fuhren um die Südspitze Griechenlands herum. Hier trafen sie zwei Schiffe mit jenen Kreuzfahrern, welche von Marseille aus den direkten Weg nach Syrien genommen hatten, und nun zurückkehrten. Diese Leute schämten sich vor der stattlichen Flotte, aber doch fand sich unter ihnen nur *ein* Mann, der sich dem Kreuzheer, das neuen Taten entgegenging, anschloß. Auf der Weiterfahrt brandschatzte *Bonifaz* die Insel *Andros* und zwang ihre Bewohner, dem Prinzen *Alexios* zu huldigen.

Als die Flotte im Hellespont angekommen war, ergab sich ihr *Abydos* und versah sie mit Getreide, und am 23. Juni erreichte man das Stephanskloster drei Stunden von Konstantionopel. Hier erblickten die Kreuzfahrer bereits die Kaiserstadt und versenkten sich mit Erstaunen und Rührung in den Anblick derselben, ihrer zahllosen Türme und Paläste und der wundervollen, in der Herrlichkeit der Jahreszeit und des üppigen Klimas prangenden Umgegend dieses herlichen Fleckes Erde, während zugleich lebhafte Besorgnisse sie überwältigten und selbst den kühnsten das Herz zitterte bei dem Gedanken, ob dieses kleine Heer imstande sein würde, jenes überaus festen Platzes Meister zu werden.

Im Stephanskloster wurde von den ans Land gestiegenen Führern des Kreuzheeres ein Kriegsrat gehalten, in welchem *Dandolo* verlangte, daß dem Heer nicht gestattet werde, auszusteigen, indem sich die Krieger durch Beutesucht leicht verleiten lassen könnten, sich zu zerstreuen. Aber nachdem man am folgenden Tag an der Hauptstadt vorbeigefahren, und zwar so nahe, daß Pfeile, welche die sehr beträchtliche Besatzung der Mauern und Türme abschoß, die Schiffe erreichten, schlug man den Rat des greisen Dogen in den Wind und verließ am asiatischen Ufer zu *Chalkedon*, dem heutigen *Kadiköi*, insgesamt die Schiffe. Nach drei Tagen begab man sich weiter, die Truppen zu Lande, nach Chrysopolis, das damals nach einem Lustschloß des Kaisers *Manuel* seit kurzem den Namen *Skutarion* trug.

Kaiser *Alexios III.* hatte diesen Zug erwartet und machte sich an den Trinkgelagen mit seinen Günstlingen über die Kreuzfahrer nur lustig. Und doch besaß der Leichtfertige nicht einmal eine Flotte, denn sein Schwager der Admiral *Stryphnos*, hatte die früheren unbrauchbar gewordenen Schiffe bis auf die Nägel verkauft, aber noch keine neue bauen lassen, weil der Kaiser in seinen Wäldern keinen Baum fällen ließ, um sich sein Jagdvergnügen nicht schmälern zu lassen. Erst auf die Nachricht von dem Herannahen der Kreuzfahrer hatte man einige wurmstichige Schiffe aufgetrieben und Truppen in die Stadt geworfen. Auch wurden nun an beiden Ufern des Bosporus, auf einer Anhöhe hart bei den Kreuzfahrern in Asien und ihnen gegenüber in Europa, byzantinische Lager errichtet und drohten die Franken von zwei Seiten einzuschließen. Diese Umstände und der Mangel an allen Kundgebungen aus der Stadt zugunsten des Prätendenten, den sie mit sich führten, machten die sogenannten Kreuzfahrer nicht wenig stutzig. Sie konnten sich indessen nicht lange besinnen und sich nicht ruhig die Lebensmittelzufuhr abschneiden lassen. Eine kleine Schar unter Anführung der Brüder *Otto und Wilhelm von Champlitte* griff die bei Skutari gelagerten Griechen an, schlug sie in die Flucht, nahm ihr Lager und machte reiche Beute. Dieser erste Erfolg hob den Mut der Franken nicht wenig und dämpfte dagegen die Zuversicht der Griechen.

Am folgenden Tag kam ein geborener Italiener, der in Byzanz lebte, als Gesandter des Kaisers zu *Bonifaz von Montferrat* und verlangte in hochfahrender Rede den Abzug der Franken aus dem Reich des Kaisers. Im Auftrag der Ritter antwortete ihm *Conon von Bethune* beißend: Dies Reich sei ja gar nicht das des Herrn, der ihn gesandt, sondern das des Prinzen *Alexios*, seines Neffen; wolle jener sich diesem unterwerfen, so werde man sich dafür verwenden, daß ihm seine Thronanmaßung verziehen werde.

Man beschloß nun, den Byzantinern ihren rechtmäßigen Kaiser zu zeigen. Zu diesem Zweck segelte am nächsten Tag Prinz *Alexios* in kaiserlichem Schmuck zwischen Dogen und dem Markgrafen in einem prächtigen Schiff und hinter diesem die ganze Flotte in glänzender Ausrüstung an den Mauern der Hauptstadt vorbei, und die Franken riefen den Soldaten und Bürgern laut zu: „Seht hier euren rechtmäßigen Herrn; wisset, daß wir nicht hierhergekommen sind, euch Übles anzutun, sondern um euch zu verteidigen, wenn ihr eure Pflicht tut; ihr wißt, daß der, dem ihr jetzt gehorcht, sich boshafter und ungerechterweise der Herrschaft bemächtigt hat und es ist euch bekannt, wie unredlich er an seinem Kaiser und Bruder gehandelt, dem er das Augenlicht und das Reich genommen hat, und dessen rechtmäßigen Erben ihr hier unter uns seht. Wenn ihr euch ihm anschließt, so tut ihr, was recht ist, im entgegengesetzten Fall zweifelt nicht, daß wir euch so viel Schaden zufügen als wir können." Aber die Furcht vor dem regierenden Kaiser war so groß, das keine Seele wagte, jener Aufforderung nachzukommen.

Infolge einer Beratung am nächsten Tage, die zu Pferde im Lager stattfand, teilten die Franken ihr Heer in sechs Schlachthaufen unter *Balduin* von Flandern (der die tapfersten Ritter und geübtesten Schützen hatte), seinem Bruder *Heinrich*, dem Grafen *Hugo* und *St. Paul, Ludwig von Blois, Mathias von Montmorency* (unter dem die Leute aus Champagne und Burgund dienten) und *Bonifaz von Montferrat*, der die Italiener und Deutschen führte. Den Venetianern wurden die Schiffe zur Hut übergeben.

Wie die Franken auf der asiatischen Seite das griechische Heer vertrieben, so wollten sie auch auf der europäischen Küste tun und dann den Hafen des goldenen Horns, der durch eine von Galata nach der Akropolis oder der kaiserlichen Hauptburg gespannte Kette gesperrt war, in ihre Gewalt bringen. Man bereitete sich zum Kampf, beichtete und betete. Am 5. Juli wurden die trefflich gerüsteten Schiffe bestiegen und die Flotte segelte stolz unter Trompetengeschmetter nach dem von den Byzantinern besetzten europäischen Ufer. Viele Ritter sprangen vor Ungeduld, noch ehe die Brücken geworfen waren, in das Strandwasser, das ihnen bis zum Gürtel ging, und das zahlreiche byzantinische Heer floh vor den ungestüm das Ufer besteigenden Franken. Diese wandten sich sofort nach dem griechischen Lager, das samt all seinem reichen Inhalt ihre Beute wurde, und nun lagerten sie sich vor *Galata*, dem Schlüssel zum Hafen von Konstantinopel. Damit nahm die Belagerung der Hauptstadt des Ostens ihren Anfang.

„In den großen Hafen (des ‚goldenen Horns', dessen Gewinnung jetzt das nächste Ziel der Franken war) konnten", sagt *Krause*, „Schiffe, wenn sie mit günstigem Wind eingelaufen waren, überall anlanden und derselbe bot sowohl gegen Stürme als gegen feindliche Angriffe hinreichend Schutz. An der Mündung dieses langen Hafens, wo sich die gewaltigen Strömungen vom Bosporuskanal her und anderseits von der Propontis und der Chersonesos (Halbinsel von Gallipoli) aus begegnen mußten, war jedenfalls in uralter Zeit eine Meeresbucht gewesen, welche durch die begrenzten hier zusammenstoßenden Strömungen nach und nach weiter ausgespült wurde, bis endlich der langgestreckte Hafen seine Gestalt erhielt … Trotz der hindernden Strömung hatten ankommende feindliche Flotten dennoch gewöhnlich die Absicht, in den Hafen einzudringen und von hier aus gegen die Stadt vorzugehen. War die Einfahrt gelungen, so konnten sie zwar von dieser Seite aus der Residenz großen Schaden zufügen, waren aber auch in Gefahr, durch die gewaltigen Wurfmaschinen, sowie durch das griechische Feuer arg mitgenommen oder ganz zugrunde gerichtet zu werden. Von dem der Stadt zugewandten Ufer her war wenigstens die feindliche Flotte allen

Angriffen ausgesetzt, solange es nicht gelungen war, ihre Mannschaften und ihre Belagerungsapparate auf demselben Ufer aufzustellen."

Die dem langen Hafen zugewandte Stadtmauer hatte fünf Tore, wovon das mittlere, das am kaiserlichen Palast der *Blachernen*, das bedeutendste war, die Mauer der Landseite hatten sieben Tore. Die Landseite war 3000, die Hafenseite 2400, die übrige Waffenseite des unregelmäßigen Dreiecks der Stadt 3600 Toisen lang.

SECHSTER ABSCHNITT

Die Kreuzfahrer vor Konstantinopel

Aus dem Turm von *Galata* machte am 6. Juni die aus englischen, pisanischen, dakischen (rumänischen) und orientalischen Söldnern bestehende Besatzung einen Ausfall auf die Belagerer, von denen sich *Jacob von Avesnes* mit seinen Rittern ihr entgegenwarf, aber schwer verwundet wurde und mit Not der Gefangenschaft oder dem Tod entging. Die byzantinischen Söldner, soweit sie nicht fielen, flohen bald und ertranken großenteils im Hafen. Sie hatten auch keine Zeit mehr, den Turm zu verschließen, in den nun die Belagerer eindrangen. Nun konnte die Kette, welche den Hafen verschloß, gesprengt werden, die Schiffe fuhren in das goldene Horn ein und machten der elenden Flotte des Kaisers ein Ende. Nun beschlossen die zu Herren des Hafens gewordenen Franken, daß die Venetianer die Stadt von der Hafenseite, die übrigen aber von der Landseite berennen sollten. Demgemäß zogen die letzteren über den kleinen Fluß, der sich in das goldene Horn an dessen Spitze ergießte, und lagerten sich vor den durch einen tiefen Graben geschützten doppelten Mauern der Landseite, nahmen aber nur den an den Hafen grenzenden Teil derselben in Angriff, weil sie für die gesamte drei Stunden lange Strecke zu wenig zahlreich waren. Sie befestigten ihr Lager und beschossen vorzugsweise den kaiserlichen Palast der Blachernen, indem die sechs Schlachthaufen bei Bedienung der Maschinen abwechselten. Die Venetianer aber errichteten auf ihren Schiffen Gerüste von hundert Fuß Höhe, welche die Mauern überragten und auf denen Schützen die Belagerten bequem treffen konnten; auch hatte jedes Schiff seine Wurfmaschine und war durch Ochsenhäuten gegen griechisches Feuer geschützt. Die Belagerten machten häufige Ausfälle, oft sechs- bis siebenmal am Tage, und ließen den Franken schlechterdings keine Ruhe, die jedoch stets siegten und deren Armbrüstschützen namentlich den Byzantinern verhängnisvoll wurden. Diese beständigen Ausfälle verhinderten jedoch die Belagerer, sich auf dem Land Lebensmittel zu verschaffen, und sie litten bald bittere Not. Diese drängte sie aber dazu, die Belagerung zu beschleunigen und am 17. Juli unternahmen vier ihrer Scharen den Sturm, während zwei unter *Montferrat* und *Montmorency* das Lager bewachten. Schon hatte eine Anzahl die Mauer erstiegen, wurde aber zurückgeschlagen und hinterließ zwei Gefangene. Ebenso erging es einer anderen

Schar, welche einen Turm niedergeworfen hatte und durch die Bresche eindrang. Die tapfere Gegenwehr war jedoch keineswegs das Werk der Griechen, sondern ihrer pisanischen und nordischen Söldner. Die Pisaner waren hier wie in Galata besonders bereitwillig, gegen ihre Nebenbuhler, die Venetianer und deren Bundesgenossen zu kämpfen, auf die sie noch erbitterter sein mußten, nachdem bei der Nachricht vom Herannahen der Venetianer die Griechen Konstantinopels auf alle dortigen Italiener ohne Unterschied heftige Angriffe gemacht hatten.

Glücklicher als die Kreuzfahrer kämpften indessen die Venetianer auf der Hafenseite, denen der alte und fast blinde Doge überall, das Markusbanner mit dem geflügelten Löwen vor sich, durch seine Kühnheit voranleuchtete. Sie erstiegen mit Leichtigkeit einen Teil der Mauer und nahmen 25 Türme, deren Besitz sie durch Anzündung des anstoßenden Teils der Stadt sicherten.

Endlich zwang den bisher untätig den Ereignissen zusehenden Kaiser *Alexios* der Unwille der Bevölkerung, sich am 17. Juli an die Spitze des Heeres zu stellen und mit sechzig Schlachthaufen den bloß sechs und weit kleineren der Franken nach der Landseite entgegenzurücken. Er wagte jedoch keinen Angriff auf das inzwischen durch die Venetianer verstärkte Heer und zog sich wieder in die Stadt zurück. In der nächsten Nacht aber floh er mit seiner Tochter *Irene* und möglichst vielen Schützen, indem er seine Gattin *Euphrosyne* und seine übrigen Kinder zurückließ, aus Byzanz nach der bulgarischen Stadt Zagora. Sofort wurde der geblendete Kaiser *Isaak* mit seiner Gattin *Margareta*, der Schwester des damaligen Königs von Ungarn, aus seiner Zurückgezogenheit hervorgeholt, in den Blachernenpalast geführt und wieder in die kaiserliche Würde eingesetzt.

Nachdem die Kreuzfahrer dies zu ihrer großen Freude erfahren, schickten sie vier Gesandte, *Montmorency, Villehardouin* und zwei Venetianer, an *Isaak*, um von ihm zu verlangen, daß er den mit seinem Sohn *Alexios* abgeschlossenen Vertrag anerkenne und vollziehe; bis dies geschehen, würde *Alexios* im fränkischen Lager zurückbehalten. Die Gesandten, durch eine doppelte Reihe mit Beilen bewaffneter nordischer Söldner schreitend, fanden den neuen oder vielmehr den alten wiedereingesetzten Kaiser und die Kaiserin in prachtvoller Kleidung und glänzender Umgebung. *Villehardouin* trug ihm die Botschaft vor, welche ihn nicht wenig bestürzt machte. Er fand die Bedingungen des Vertrages schwierig und fast unausführbar, verpflichtete sich aber doch zur Erfüllung derselben durch eine sofort ausgefertigte Urkunde, welcher sein Siegel in einer goldenen Kapsel angehängt wurde und welche die Gesandten triumphierend mitnahmen.

Nun entließen die Kreuzfahrer den Prinzen *Alexios* nach der Stadt und gaben ihm ein Gefolge mit, das von dem rührenden Wiedersehen zwischen Vater und Sohn Zeuge war. Auch die Bevölkerung bezeugte offen ihre Zufriedenheit mit dem Vorgefallenen. Auf Verlangen des Kaisers zogen sich die Franken wieder nach dem jenseitigen Ufer des Hafens zurück, wo ihnen Lebensmittel in Hülle und Fülle gereicht wurden. Es fand freier und ungestörter Verkehr zwischen Franken und Griechen statt; erstere besuchten die

Stadt und letztere das Lager. Auch die Venetianer und die Pisaner versöhnten sich nun auf besonderen Wunsch des alten Kaisers, wohl besonders aber deshalb, weil Eifersucht auf Genua sie beide verband. Während die gemeinen Krieger die Paläste der Kaiserstadt bewunderten und in ihren Kirchen sich der Andacht widmeten, wurden ihre Führer vom Kaiser an den Hof eingeladen und zur Tafel gezogen, und er wurde nicht müde, ihnen seinen Dank für ihre Hilfe auszusprechen. Seinen Sohn, welcher dieselben Gefühle noch lebhafter äußerte, nahm er zum Mitregenten an und ließ ihn in der Sophienkirche mit großer Pracht krönen. Auch wurde in den Kreuzfahrern der Glaube erweckt und genährt, als ob nun wirklich die östliche Kirche sich unter das Gebot des Papstes begeben werde, woran aber die Byzantiner nicht dachten, und man machte die Franken noch sicherer durch Auszahlung eines Teiles der vertragsmäßig festgesetzten Summe, welche den Franzosen wenigstens das den Venetianern bezahlte Geld ersetzte. Freilich hatten die beiden Kaiser zu diesem Zweck einen großen Teil des Kirchenschmucks verwendet, und dieser Umstand sowohl, als ihr vertraulicher Verkehr mit den Fremden erregten nach und nach unter der Bevölkerung von Byzanz großen Unwillen. Die Kaiser bedurften daher des Schutzes der Franken noch ferner und baten sie inständig, bis zum nächsten Frühjahr zu bleiben, bis zu welcher Zeit sie alle ihre Verbindlichkeiten zu lösen versprachen. Diejenigen Kreuzfahrer aber, welche stets gegen den Zug nach Byzanz eingenommen waren, verlangten sofort die ihnen verheißene Überfahrt nach Syrien. Man beschwichtigte sie jedoch durch die Vorstellung, daß zur Winterzeit in Syrien nichts auszurichten und es daher besser sei, dieselbe in Konstantinopel zuzubringen.

Welch verhängnisvoller Aufenthalt sollte das aber werden, und welche bittere Prüfung und Erfahrung für das byzantinische Reich und zugleich welch täuschender, unhaltbarer Triumph für die Kreuzfahrer!

Während Markgraf *Bonifaz* dem jungen *Alexios IV.* mit einer kleinen Anzahl von Rittern Beistand leistete, den vertriebenen *Alexios III.*, der sich wieder hervorgewagt und Adrianopel besetzt hatte, zurückzutreiben und zugleich die Umgegend der neuen Regierung zu unterwerfen, ließ sich ein Teil der Franken von der Kreuzfahrerkrankheit des Fanatismus hinreißen, die in Konstantinopel lebenden Mohamedaner und ihre auf Verwendung *Salaheddins* s. Z. errichtete Moschee zu plündern. Als aber die Byzantiner ihre Pflicht taten und sich der unter ihrem Schutz Lebenden annahmen, legten jene Elenden in der Nähe der Moschee Feuer an, welches acht Tage lang wütete und einen großen und zwar einen der schönsten Teile der Stadt verzehrte. Es war nicht anders denkbar, als daß dieser Vorfall den Bruch zwischen Lateinern und Griechen in seiner ganzen Größe wieder aufriß. Die 15000 in Byzanz lebenden Franken, ohnehin meist durch das Feuer des Obdachs beraubt, mußten zugleich vor der Wut der Griechen fliehen und im fränkischen Lager Zuflucht suchen, wo man den Brand mit Staunen, Schmerz und Unwillen bemerkt hatte. Daß *Isaak* fortfuhr, zugunsten der Fremden die Kirchen zu berauben, näherte den Haß, und es hörte endlich aller Verkehr zwischen Einheimischen und Fremden auf. Zugleich sank in

Konstantinopel die Achtung vor den beiden Kaisern, namentlich da *Alexios IV.* viel Zeit mit Spiel und Trinkgelagen im fränkischen Lager verbrachte. Die Volkswut richtete sich zuerst gegen das herrliche Kolossalbild der Athene (vielleicht das früher auf der Akropolis von Athen befindlich gewesene) auf dem Markt Konstantius und zertrümmerte es, angeblich „weil die gegen Abend gerichteten Augen der Göttin durch ihren Wink die verhaßten abendländischen Barbaren zur Eroberung des Reiches aufzuopfern schienen." Aus dieser Stimmung konnten *Isaak* und *Alexios IV.* wohl den Schluß ziehen, daß ihnen keine andere Wahl blieb, als entweder mit den Fremden zu brechen oder sich auf ihren eigenen Sturz vorzubereiten. Sie wählten aber vorerst einen dritten und wohl den schlimmsten Weg; sie schoben je-

Ansicht von Konstantinopel.

der die Schuld auf den anderen und verleumdeten so einander gegenseitig bei ihren Angehörigen. Statt sich mit Kraft dem vernachlässigten Staatswesen zu widmen, lebten beide im Müßiggang, in den der Vater durch Frömmelei und Aberglauben, der Sohn durch Schwelgerei und Üppigkeit Abwechslung zu bringen suchte. Die Uneinigkeit gedieh soweit, daß *Alexios* seinen Namen in Urkunden und bei anderen Anlässen vor denjenigen des Vaters setzen ließ. Zugleich stellte er, um sich bei seinen Untertanen beliebt zu machen, seine Besuche bei den Franken sowohl als die Zahlungen an dieselben ein und achtete nicht auf ihre Mahnungen. Sie hatten bereits Vorkehrungen getroffen, im nächsten Frühling nach Ägypten und Syrien abzusegeln, aber dieses Verfahren bewog sie zu anderen Schritten. Sie schickten an *Isaak* und *Alexios* sechs Gesandte, drei Franzosen, unter ihnen *Villehardouin*, und drei Venetianer, welche die beiden Kaiser nebeneinander auf Thronen sitzend trafen, ihnen ernstlich und kräftig vorhielten, daß sie ihre Verpflichtungen nicht erfüllten und ihnen offen erklärten, die Barone und der Doge würden sie künftig weder als Kaiser noch als Freunde mehr anerkennen, wenn sie in ihrem bisherigen Benehmen verharrten. Die Erbitterung der Kaiser und des Hofes über diese kühne Sprache war so groß, daß die Gesandten froh waren, mit heiler Haut davonzukommen.

Und nun begann sofort der Kampf zwischen den beiden neuen Kaisern und denen, welchen sie ihre Throne verdankten. Kirchen und Paläste wurden von den Franken geplündert und verbrannt, während die Griechen die Flotte derselben zu zerstören versuchten. Sie ließen in einer Nacht 17 brennende Schiffe gegen dieselben treiben, von welcher bereits mehrere Fahrzeuge in Flammen gerieten. Den Venetianern gelang es jedoch, die Brander mit Haken aus dem Hafen zu schaffen und hierdurch ihre Flotte zu retten, obschon sie bei dieser Arbeit durch einen unaufhörlichen Pfeilregen der Griechen belästigt wurden.

Unter diesen furchtbaren Folgen des Zuges nach Byzanz brach das verhängnisvolle Jahr 1204 an, und am ersten Tage desselben erschien der mehrerwähnte Abt *Martin* im Lager der Kreuzfahrer, um Hilfe für die bedrängte Stadt *Ptolemais* zu suchen. Natürlich konnten sie dem Gesuch unter den waltenden Umständen nicht entsprechen und mußten die Christen Syriens auf eine günstige Zeit vertrösten.

In der Tat wurden die Verhältnisse immer verwickelter und peinlicher. Es hatte den beiden Kaisern nichts genützt, daß sie sich von den Kreuzfahrern zurückzogen; ihre Untertanen trauten ihnen nun einmal nicht, sie mochten tun, was sie wollten. Zu ihrem Unheil trug überdies der Umstand bei, daß *Alexios* einen Menschen zu seinem Vertrauten gemacht hatte, der im Verdacht stand, s. Z. zur Blendung seines Vaters Isaak verwendet worden zu sein. Er war ein Mitglied der kaiserlichen Familie, *Alexios Dukas*, genannt *Murzuflos*, was im damaligen Griechisch (oder Volksdialekt?) einen bezeichnete, dessen Augenbrauen zusammengewachsen sind, und er war es, der den jungen Kaiser zu allen seinen Kopflosigkeiten beredet hatte, um ihn zu verderben und sich an seine Stelle zu setzen. Er war aber zugleich ein tapferer Krieger und daher beim Volk wie beim Heer angesehen und selbst von den Kreuzfahrern als Feind geachtet. Da nun damals der Kaiser *Isaak* sehr krank war und dem Tod entgegenging, beschlossen die einflußreicheren Byzantiner mit Umgehung des von Fremden emporgehobenen *Alexios* und seiner Günstlinge, einen Kaiser aus einem noch nicht durch Verrat befleckten Haus aufzustellen, und eine Versammlung in der Sophienkirche am 25. Januar 1204 beschäftigte sich mit dieser Angelegenheit. Umsonst warnten Besonnenere, namentlich der Geschichtsschreiber *Niketas*, vor einem übereilten Schritt und vor der Gewißheit, daß die Kreuzfahrer den *Alexios* auf sein Gesuch unterstützen würden. Nach mehreren Ablehnungen angesehener und vornehmer Männer wurde ein gewisser *Nikolaos Kanabos*, ein junger Mann nicht ohne gute Anlagen, zum Kaiser gewählt.

Als dies *Alexios IV.* erfuhr und die Gefahr erkannte, in welcher er schwebte und aus welcher ihn nur die Kreuzfahrer retten konnten, beschloß er, sich diesen wieder zu nähern und ihre Hilfe anzurufen, wählte aber als Gesandten an sie zu seinem Unglück den *Murzuflos*. Dieser trug, im Lager angekommen, dem Markgrafen *Bonifaz* die freie Verfügung über den Blachernen-Palast an, wenn die Kreuzfahrer dem Kaiser *Alexios* Beistand leisten würden. Aber bei seiner Rückkehr in die Stadt stellte er unter Bürgern und Soldaten das Verhalten des Kaisers so dar, daß es als Verrat am

Reich erschien, und gewann hierdurch auch den zu allen Ränken bereitwilligen kaiserlichen Schatzmeister sowie die Leibwache der nordischen Waräger für sich. *Alexios IV.* aber verlor plötzlich den Mut, durchzuführen, was er den Franken angetragen hatte, und verschloß dem nach der Stadt kommenden und das Versprochene fordernden Markgrafen das Tor des Palastes. Das gab dem *Murzuflos* immer mehr Waffen in die Hand, und er kam, wozu ihn seine Stellung berechtigte, in der nächsten Nacht in des jungen Kaisers Schlafgemach, sagte ihm, es sei alles verloren, wenn er sich nicht ihm anvertraue, und brachte dann, unter der Vorgabe, ihn zu retten, den Feigling in ein dunkles Gefängnis.

Nun huldigten das bereits bearbeitete Volk und Heer dem Usurpator, und während der alte, blinde *Isaak* vor Furcht und Schrecken starb, wurde auch *Kanabos*, den seine Wähler im Stich ließen, in einen Kerker gesteckt. *Alexios V.*, wie er sich in seiner ephemeren Größe nannte, legte jetzt die Purpurstiefel an, welche als das untrüglichste Zeichen der kaiserlichen Würde galten, und versammelte an seinem kurzlebigen Hof alles, was gegen die letzte Regierung eingenommen war, und in ihm hatten die Kreuzfahrer einen neuen Gegner zu bekämpfen, was ihnen aber nicht allzuviel Mühe kosten sollte.

SIEBENTER ABSCHNITT

Die Eroberung Konstantinopels durch die Franken

Von neuem begann nun der Kampf zwischen Griechen und Franken vor der Hauptstadt des byzantinischen Reiches und um dieselbe. Auf seiten der ersteren suchte *Murzuflos* durch sein Beispiel Tapferkeit und nationales Gefühl im Kampf gegen fremden Einfluß und fremden Glauben – auf seiten der letzteren suchten die Geistlichen durch ihre feurigen Reden die Begeisterung für den wahren Glauben und für die Herrschaft des Rechtes gegen einen verbrecherischen und schismatischen Usurpator wachzurufen und aufzustacheln. *Murzuflos* brachte zwar unter den Seinigen den besten Eindruck dadurch hervor, daß er wie ein gemeiner Soldat in Reihe und Glied tapfer kämpfte, aber es zeigte sich bald, daß er seinen Gegnern nicht gewachsen war. Er glaubte eine fränkische Streifschar, welche vom Gestade des Schwarzen Meeres her Lebensmittel als Beute in das Lager brachte, leicht überwinden zu können, traf aber auf solchen Widerstand, daß er mit Not seine Person rettete und sein Banner sowie viele Gefährten verlor. Nicht besser gelang ihm ein zweiter Versuch, die Flotte der Kreuzfahrer in Brand zu strecken. Dieses Fehlschlagen seiner Unternehmungen und sein barsches, unfreundliches Wesen, wie seine Erpressungen machten ihn nicht nur nicht beliebt, sondern entfremdeten ihm die Herzen seiner Landsleute.

Als *Murzuflos* vernahm, daß die Kreuzfahrer sich zur zweiten Belagerung Konstantinopels rüsteten, versuchte er, in tückischer Absicht, sie zu einer Unterhaltung in die Hauptstadt einzuladen; aber da der Doge *Danadolo* die Byzantiner kannte, hüteten sich seine Bundesgenossen wohl, derselben zu folgen. Da kam eine Unterredung am Ufer des großen Hafens zwischen dem Kaiser und dem Dogen zustande. *Dandolo* fuhr auf einer hohen Galeere zum Ufer, von welchem aus *Murzuflos* zu Pferde in die Brandung hineinritt. Der Doge verlangte eine Entschädigung von fünfzig Zentnern Goldes, die Bestätigung der von *Alexios IV.* und *Issak* eingegangenen Verbindlichkeiten, die Wiedereinsetzung des ersteren und daß *Murzuflos* die Kreuzfahrer und den rechtmäßigen Kaiser wegen seines Benehmens um Verzeihung bitte (Bild 63). Der Usurpator aber wies alle drei Forderungen kurz zurück, verteidigte sein Verhalten und brach die Verhandlung ab, worauf er beinahe von herbeisprengenden Kreuzfahrern gefangengenommen wurde.

Heimgekehrt beschloß er keine Zeit zu verlieren und was er nicht ändern wollte, zu einer fertigen Tatsache zu machen. Nachdem er bereits wiederholt den gefangenen Ex-Kaiser zu vergiften versucht, doch ohne Erfolg, erwürgte er ihn in seinem Gefängnis (Bild 64) oder ließ ihn erwürgen und die Nachricht verbreiten, er wäre eines natürlichen Todes gestorben. Doch umsonst; alles wußte, woran man mit ihm war. Die Kreuzfahrer errieten leicht, was geschehen, und daß sie um die Früchte des mit dem Toten und seinem ebenfalls toten Vater geschlossenen Vertrages für immer geprellt waren. Rücksichten brauchten sie nun keine mehr zu nehmen und sie trafen daher in der Fastenzeit die nötigen Vorbereitungen zur zweiten Belagerung der Hauptstadt seit ihrer Ankunft. Ebenso emsig ließ *Murzuflos* an der Verteidigung der Stadt arbeiten.

Den Kreuzfahrern blieb allerdings, wenn sie nicht, verfolgt von einem erbitterten Feind, abziehen oder bei längerem Bleiben in das tiefste Elend geraten wollten, nichts übrig als die Eroberung Konstantinopels, welche zugleich eine Abrechnung für die von da aus den Kreuzzügen stets bereiteten Hindernisse, eine Erweiterung des Gebietes der römischen Kirche und eine Sicherung der Straße nach dem Heiligen Lande bedeutete.

Die Franzosen und Venetianer verabredeten daher bereits die Art und Weise der Teilung des ihnen durch die bevorstehende Eroberung erwachsenden Vorteils und der Verfügung über die künftige Regierung des Reichs. Die Kaiserpaläste in Byzanz und ein Viertel des Reichs sollten dem künftigen Kaiser und der Rest zu gleichen Teilen den Kreuzfahrern und den Venetianern zufallen. Demjenigen Teil, aus welchem der Kaiser nicht gewählt würde, sollte die Wahl des Patriarchen zukommen, die übrigen Kirchen aber sollten zu gleichen Teilen den Franzosen und den Venetianern überlassen werden. Alle aber sollten sich eidlich verpflichten, bis zum März 1205 im byzantinischen Reich zu bleiben und den neuen Kaiser und die Kirche zu beschützen.

Mit diesem Vertrag hatten die Kreuzfahrer den Kreuzzug endgültig aufgegeben und ihr Unternehmen mit der Eroberung Konstantinopels als abgeschlossen erklärt.

Am 8. April begaben sich die Belagerer auf die Schiffe und fuhren in imponierender Entfaltung kriegerischen Prunkes vor die Stadtmauer der Hafenseite. Bei einem Kloster an dem zumeist der Belagerung von dieser Seite ausgesetzten Punkte der Mauer hatte *Murzuflos* ein prächtiges Lager mit einem Purpurzelt für sich selbst errichten lassen. Die Belagerung und die Verteidigung waren gleich hartnäckig und von entsprechenden Verlusten begleitet. Der Sturm des 9. April mißlang und endete mit einem Rückzug. Am 12. April wurde ein zweiter Sturm in der Weise unternommen, daß je zwei Schiffe, durch Ketten miteinander verbunden, gegen einen Turm stritten. Der Kampf war ebenso furchtbar wie die Verluste auf beiden Seiten beträchtlich. Am Mittag aber trieb ein Nordwind die Schiffe näher an die Mauer und nun gelang den zwei Schiffen der Bischöfe von Soissons und Troyes zuerst die Ersteigung ihres Turms, dessen Besatzung floh. Der Wett-

Murzuflos unterhandelt mit Dandolo.

eifer wirkte und nun fiel ein Turm nach dem anderen in die Gewalt der Belagerer, und ein Tor nach dem anderen wurde gesprengt, und überall flohen die Byzantiner. An der Spitze der ersten, welche ein Stadttor sprengten, befand sich ein riesengroßer Ritter, der seltsamerweise den Namen *Peter von Amiens* führte. Endlich drang das gesamte Heer der Kreuzfahrer in die Stadt (Bild 65), während das sich auflösende griechische Heer mit dem Kaiser sich nach dem Hauptpalast Bukoleon (an der Stelle des heutigen Serail) wandte. Die Kreuzfahrer verfolgten die Feinde und machten reiche Beute, während die Griechen entweder bereits die Stadt verlassen hatten oder sich in den zwei Palästen verschanzten. Die Sieger hielten auf einem öffentli-

Murzuflos erwürgt den Kaiser Alexios.

chen Platz Kriegsrat und beschlossen der Vorsicht halber, daß alles beisammen bleiben und niemand des Plünderns wegen sich zerstreuen sollte. *Balduin von Flandern* schlug seine Wohnung in des gestürzten Eintagskaisers Purpurzelt auf – ein Omen!

Ihren leichten, fast ohne Verlust erfochtenen Sieg befleckten die Kreuzfahrer, den Ermahnungen ihrer Geistlichen folgend, an diesem Tag durch keine Gewalttat; solche erlaubten sich nur die früher vertriebenen und jetzt zurückkehrenden fränkischen Einwohner. Nachts aber unterfingen sich Kreuzfahrer aus *Montferrats* Schar, einige Häuser anzuzünden, um Angriffen von byzantinischer Seite vorzubeugen, wodurch eine dritte arge Feuersbrunst entstand, welche vom besten Teil der Stadt noch alles zerstörte, was die zwei ersten Brände gelassen hatten. *Murzuflos* wagte sich wieder in die Straßen und suchte, wen er fand, zur Gegenwehr wider die eingedrungenen Feinde anzufeuern, aber ohne Erfolg. Da sah er, daß seine Sache verloren war und entfloh nach einer Regierung von wenig über zwei Monaten in einem Boot mit der Kaiserin *Euphrosyne*, der verlassenen Gattin des entflohenen *Alexios III.* und ihrer Tochter *Endoxia*, die ihm einst verlobt worden. Die in die Sophienkirche Geflüchteten suchten *Theodor Dukas* und *Theodor Laskaris,* jeder zu seiner Erhebung auf den verwaisten Thron zu bewegen und die Geistlichkeit bewirkte die Wahl des letzteren, eines Schwiegersohnes *Alexios III.*, der aber in seinen beredten Ansprachen an Volk und Soldaten nicht mehr Glück hatte als der Entflohene und nun denselben Weg wählen mußte. Bald waren auch die letzten, die sich am Kampf beteiligten, aus der Stadt entwichen. Die Kreuzfahrer, dies nicht wissend, waren am folgenden Morgen erstaunt, nirgends mehr auf Feinde zu stoßen. Auch die Kaiserpaläste wurden ihnen nun geöffnet und im Bukoleon fand man zwei Kaiserinnen: *Agnes,* Tochter Ludwigs VII. von Frankreich und Witwe der Kaiser *Alexios II.* und *Andronikos I.*, und M*argareta,* Tochter *Belas III.* von Ungarn und Witwe des Kaisers *Isaak*, sowie ungeheure Schätze. Jetzt, als die Plünderung gestattet war, holten die Kreuzfahrer im wildesten Sturm mittelalterliche Rohheit nach, was am ersten Tag ihnen nicht erlaubt gewesen. Die armen Einwohner wurden bis auf die Haut ausgeraubt und ihre Häuser in Beschlag genommen, so daß ihnen nur die Auswanderung offenstand, die man ihnen gnädigst erlaubte. Nur niedriges Gesindel suchte sich durch Schacher mit den von den Soldaten leichfertig verschleuderten Ergebnissen der Plünderung Vorteile zu schaffen. Auch wurde trotz strengstem Verbot der Fürsten und trotz dem Bann, mit dem die Geistlichkeit den Übertretern drohte, die weibliche Ehre der fliehenden oder zurückgebliebenen Bewohnerinnen sehr wenig geachtet. Selbst die Kirchen und ihre Heiligtümer waren gegen Plünderung und Entehrung nicht geschützt, und man setzte sogar eine liederliche Dirne auf den Stuhl des Patriarchen. Die Kaisergräber in der an die Apostelkirche gebauten Gruft wurden alles Schmukkes beraubt, auch die noch unversehrte Leiche des vor mehr als sechshundert Jahren gestorbenen Kaisers Justinian. Der durch und durch mit Gold gewirkte Vorhang der Sophienkirche, im Wert von 10000 Minen Silber, wurde heruntergerissen.

Konstantinopel war reicher als irgendeine andere Stadt an *Reliquien* und auf diese waren die zugleich bigotten und halbsüchtigen Kreuzfahrer ebenso erpicht wie auf materielle Kostbarkeiten. Eine besonderes hervorragende Rolle in dieser Beziehung spielte der uns bekannte Abt *Martin,* welcher an Reliquien zusammenstahl, was nur immer ging, und er wurde, dem damaligen Zeitgeist gemäß, bei seiner Rückkehr nach Hause darob ebenso gewaltig gepriesen, wie Krieger ob ihrer Heldentaten, und ebenso auch Bischof *Konrad* von Halberstadt und andere Kreuzfahrer, die bei dieser Gelegenheit einer Menge von Kirchen des Abendlandes diejenigen Reliquien gebracht haben, auf welche sie seitdem am stolzesten waren.

Einzug der Kreuzfahrer in Konstantinopel.

Es ist nicht zu beschreiben, wie hart die ausgeraubten Byzantiner von den Siegern behandelt wurden, die ihren Pferden und Maultieren, wie ihren Dirnen zum Hohn die gewöhnlichen Kleidungsstücke der Bewohner umhängten. Kurz, sie benahmen sich einfach wie eine Räuberbande, damit ist alles gesagt. Der Geschichtsschreiber *Niketas*, dessen schönes und großes Haus verbrannte, nachdem ihn *Murzuflos* seines Amtes als Kanzler der Kaiser beraubt, welcher durch Plünderung noch alles verlor, was er gerettet, und endlich in rauher Witterung, schlecht gekleidet mit Weib und Kind fliehen mußte, wobei er Zeuge endloser empörender Gewalttaten an den Fliehenden war, dieser Gelehrte, der das Unglück seiner Vaterstadt mit den ergreifenden Farben schilderte, konnte doch selbst an diesem unheilvollen Tag der herrschenden byzantinischen Neigung zu schwülstigen Reden so wenig widerstehen, daß er sich, vor der Mauer angekommen, zu Boden warf und diese Mauer in den gewähltesten Sätzen anredete, ihr die Schmach der Stadt mit dichterischem Schwunge darlegte und seine Sehnsucht nach wiederkehrenden besseren Zeiten in zierliche Worte kleidete. Der Patriarch von Konstantinopel rettete sich auf einem Esel, aller Zeichen seiner Würde bar. Was aber die Auswandernden am meisten kränkte, war, daß das Landvolk sie nicht nur gut aufnahm, sondern, aus Rache für den sonstigen Übermut der Städter, sie ob ihres Unglücks noch verhöhnte!

Was aber für die *spätere Zeit* bei der Eroberung und Plünderung von Konstantinopel durch die Franken das bedauerlichste, das war die ungeheure Zerstörung an Schätzen der *Wissenschaft* und *Kunst*. Die auf dem Markt Konstantinopels stehende eherne Bildsäule der Hera wurde, wie *Niketas* berichtet, zerschlagen, um Münzen daraus zu prägen; ihr Kopf konnte kaum von einem mit vier Ochsen bespannten Wagen fortgeschafft werden. Dasselbe geschah mit dem Bild des Paris, welcher der Aphrodite den goldenen Eris-Apfel überreicht – ebenso mit den Bildsäulen der Rennbahn. Zu den letzteren gehörte der prachtvolle Herakles des Lysippos mit der Löwenhaut, „welche selbst im Erz furchtbar blickte"; seine Daumen hatten die Dicke und seine Unterschenkel die Höhe eines Mannes, dann die Helena mit einem Gewand zarter als Spinngewebe und einer den Schimmer des Goldes und edler Gesteine nachahmenden Krone, mit bezauberndem Blick und Lächeln, das sie aber, wie *Niketas* beredt klagt, nicht gegen ihr herbes Schicksal schützte, die Glücksgöttin der Stadt, die einen Reiter zu Pferde kunstvoll in der Hand hielt, die naturgetreuen Bilder von Wagenlenkern usw. Auf einem andern damals zerstörten ehernen Kunstwerk war jeder Singvogel abgebildet, sein Frühlingslied singend, die Werke der Feldarbeiter, Flöten, Milcheimer, das Blöken der Schafe und das Hüpfen der Lämmer; auch das weite Meer breitete sich aus, in welchem man Scharen von Fischern sah, deren einige die Netze ausbeuteten und munter wieder die Tiefe des Meeres gewannen; Liebesgötter kämpften miteinander, je zwei und drei, warfen sich mit Äpfeln und wurden „von lieblichem Lachen geschüttelt". Auf der Höhe dieses Bildes, welches wie eine Pyramide in einer Spitze sich endete, schwebte die Gestalt eines Weibes, welche vom Wind herumgetrieben wurde. Ein weiteres Bildwerk stellte wahrscheinlich den Bellerophon auf dem Pegasos dar, in dessen einem Huf das Bild eines Mannes in fremdartiger Tracht verborgen war, das bei Gelegenheit der Zerstörung herausgenommen und ebenfalls ins Feuer geworfen wurde. Dasselbe Schicksal hatte der bepackte und „mit Brüllen fortschreitende" Esel und der ihm folgende Eseltreiber, welche *Augustus* nach dem Sieg bei Aktion aufstellen ließ, weil ihm vor der Schlacht ein Mann mit einem Esel begegnet war, welcher *Nikon* und dessen *Tier Nikandros* hieß, was ihm als eine glückliche Vorbedeutung des Sieges galt. Ebenso ging die Wölfin unter, von welcher Romulus und Remus gesäugt wurden, ein Mann, der mit einem Löwen kämpfte, ein Nilpferd mit schuppigem und stachligem Schwanz, ein Elefant mit beweglichem Rüssel, mehrere merkwürdige Sphingen, ein wildes Roß, das die Ohren spitzte und wieherte, eine Skylla, welche bis zur Hüfte die Gestalt eines Weibes voll Wildheit darbot, unten aber in Tiere sich spaltete, welche die Gefährten des Odysseus verschlagen, ein eherner Adler, der eine sich windende Schlange in den Klauen hielt und an dessen Flügeln eine Art Sonnenuhr angebracht war, angeblich ein Werk des Wundertäters Apollonios von Tyana, der durch dasselbe Schlangen vertrieben haben soll, welche eine Plage von Byzanz waren.

Niketas schließt seine traurige Schilderung der im Jahre 1204 mutwillig und frevelhaft zerstörten Kunstwerke mit derjenigen zweier, nicht genau festgestellten kämpfenden Tiere und knüpft daran die richtige Betrachtung: „Mir fällt dabei ein zu bemerken, daß alles Schlimme und Unheilbringende und was verderblich ist für die Menschen, wie es sich gegenseitig zerstört und miteinander dem Tod sich zuführt, nicht bloß in Bildnissen dargestellt wird, oder bei den starken Tieren vorkommt, sondern auch noch bei den Völkern vorhanden ist, welche gegen uns Römer ihre Waffen kehrten, aber mordlustig widereinander selbst sind und ihren Untergang finden durch die Macht Christi, welche die nur den Krieg wollen, zerstreut und kein Wohlgefallen findet am Blutvergießen, den Gerechten aber auf Schlange und Basilisk einherschreiten und auf Löwe und Drachen treten läßt.“

ACHTER ABSCHNITT

Errichtung des lateinischen Kaisertums

Am Vorabend der Eroberung von Konstantinopel war den Kreuzfahrern verkündet worden, daß jede Verheimlichung erbeuteter Sachen und jeder Diebstahl mit dem Strang bestraft würde, und diese Strafe war auch an mehreren, selbst an einem Ritter vollzogen worden; alle Beute sollte in drei dazu bestimmten Kirchen an besondere hierfür aufgestellte Herren abgeliefert werden; dessenungeachtet aber fanden bedeutende Unterschlagungen statt und während des Osterfestes wurde viel des Erbeuteten, im Angesicht des Elendes der unglücklichen Byzantiner, verpraßt und verjubelt. Abgeliefert und verteilt wurden aber immer noch zwanzigtausend Pferde und 800 000 Mark Silber, und zwar je zur Hälfte den Venetianern und den Kreuzfahrern, und zwar so, daß ein Ritter soviel bekam als zwei berittene Knechte und ein solcher soviel als zwei Fußknechte. Doch hatten die Franzosen den Venetianern noch 50 000 Mark als Rest ihrer Schuld zu bezahlen.

Es handelte sich nun aber auch darum, der Eroberung eine bestimmte Gestalt zu geben. Daß das byzantinische Kaiserreich in ein lateinisches verwandelt und an die Stelle der griechischen Kirche die römische treten sollte, darüber waren die Sieger schon vor der Eroberung einig. Wir haben ja wiederholt gesehen, daß es schon seit den ersten Kreuzzügen ein allmählich immer tiefer greifender Gedanke der Abendländer war, durch Romanisierung des östlichen Kaiserreichs den Kreuzfahrern einen leichteren und ungestörteren Weg nach dem Heiligen Land zu bahnen, wohin zu gelangen das byzantinische Reich bis dahin das größte Hindernis dargeboten hatte. Ob aber abendländische Herrscher, Gesetze und Gewohnheiten dem Osten sich so leicht aufdrängen ließen und auf einen längeren Bestand Aussicht hätten, das untersuchten die Kreuzfahrer nicht und waren auch wohl, da jene Zeit nur für Taten, nicht aber für Theorien Sinn hatte, nicht fähig dazu.

Es war bereits festgesetzt worden, daß sechs Kreuzfahrer und sechs Venetianer den Kaiser wählen, und wenn die Stimmen sich nicht gleich ständen, das Los entscheiden sollte. Man ernannte nun diese Wähler und zwar von seiten der Kreuzfahrer fünf Bischöfe; zwei französische (Soissons und Troyes), einen deutschen (Halberstadt) und zwei orientalische (Bethlehem und Ptolemais) und einen Abt, von venetianischer Seite aber sechs Weltliche. Darüber war jedoch kein Zweifel, daß die Kaiserwahl entweder auf den Markgrafen *Bonifaz von Montferrat* oder auf den Grafen *Balduin von Flandern* fallen werde, und diese beiden verabredeten denn miteinander, daß der Erwählte den anderen das asiatische Gebiet des Reiches und Teile von Griechenland abtreten und dieser jenem als Lehnsherren huldigten sollte. Am 9. Mai versammelten sich die Wähler in einer schön ausgeschmückten Kapelle des Palastes Bukoleon. Die beiden französischen Bischöfe schlugen vor, zur Vermeidung von Streit keinen jener beiden Fürsten, sondern den Dogen von Venedig zu wählen; aber die Venetianer traten dem entgegen, indem die Republik es nicht passend finden konnte, ihr Oberhaupt zu einem Monarchen gemacht zu sehen. Da wählte man einstimmig den Grafen *Balduin.* Es war bereits Mitternacht, als die Wähler sich zu den in fieberhafter Spannung des Ergebnisses harrenden Baronen begaben und ihnen die vorgenommene Wahl feierlich mitteilten. Allgemeiner Jubel erhob sich und selbst der übergangene Markgraf beteiligte sich lebhaft, als nach alter französischer Sitte die Barone den Erwählten auf einen Schild hoben, um ihm dem versammelten Kriegsvolk zu zeigen. Am 16. Mai wurde der neue Kaiser des Orients in der Sophienkirche feierlich gekrönt. Die Barone, unter ihnen voran *Bonifaz,* der sich inzwischen mit *Margareta* von Ungarn, der noch jugendlichen Witwe *Isaaks,* vermählt hatte, huldigten dem Gekrönten und selbst die noch anwesenden Griechen stimmten in den allgemeinen Jubel ein, der die teppichgeschmückten Straßen erfüllte. Man konnte nicht ahnen, wie kurz das Glück und wie schrecklich das baldige Ende des so märchenhaft schnell emporgestiegenen, erst 32 Jahre alten, blühenden und tapferen Monarchen sein würde.

Laut der getroffenen Verabredung fiel nun das Patriarchat von Byzanz, aber ein römisches statt des griechischen, den Venetianern zu, und die anwesende Geistlichkeit der letzteren wählte den Subdiakon *Thomas Morosini,* einen gelehrten und frommen Mann, der aber natürlich den Griechen, die sich nicht nur an seinem Glauben, sondern auch namentlich an seiner engen Kleidung und seiner Bartlosigkeit stießen, ein Dorn im Auge war und von *Niketas* wegen seiner Wohlbeleibtheit nicht sehr ästhetisch mit einem Mastschwein verglichen wurde.

Es lag nun den Kreuzfahrern und besonders den Venetianern daran, den den ersteren angedrohten und auf den letzteren wirklich ruhenden Bann zu beseitigen, bei dessen Fortdauer sie auf Zuzug aus dem Abendland verzichten mußten. Der Doge sandte daher an den Papst zwei Nobili mit einem Schreiben, worin er die Eroberung von Konstantinopel als unausweichliche Folge der Ereignisse verteidigte, das Verdienst der Kreuzfahrer betonte, dieses Reich der römischen Kirche unterworfen zu haben, und auch die Einnahmen von Zara als eine notwendige Maßregel entschuldigte. Zugleich zeigte *Baldiun* dem Papst seine Wahl an und bat ihn um Bestätigung des Vertrages mit Venedig, um Aufnahme des neuen Reichs in seinen Schutz, und um Sendung von Geistlichen in genügender Anzahl nach Konstantinopel. Den Briefen wurden kostbare Geschenke und Reliquien beigefügt.

Innozenz III. war über die gewaltige Ausdehnung des Reiches seiner Kirche so sehr erfreut, daß er gern den Bann gegen Venedig aufhob und die Bitten des Kaisers erfüllte. Doch sprach er die Kreuzfahrer nicht von ihrem Gelübte eines Zuges nach dem Heiligen Land frei und tadelte entschieden sowohl die Einschließung kirchlichen Gutes in die Beuteteilung, als die Wahl des Patriarchen ohne Anerkennung der Wähler von seiner Seite. Doch bestätigte er den Patriarchen und erteilte ihm die noch fehlenden Weihen. Viel weniger Beifall fand der neue Patriarch bei den französischen Geistlichen im neuen Reich, welche seine Rechtmäßigkeit anfochten und ihm jeden Gehorsam verweigerten. Der Papst mußte sie mit Androhung des Bannes zur Unterordnung bringen.

Mit der Eroberung Konstantinopels war indessen noch keineswegs das gesamte byzantinische Reich in der Gewalt der Kreuzfahrer. Zwar belehnte Kaiser *Balduin* sofort nach seiner Krönung der getroffenen Verabredung gemäß den Markgrafen von *Montferrat* mit dem asiatischen Teil des Reiches. Dem neu vermählten *Bonifaz* war es jedoch nicht erwünscht, sich sein Reich erst erobern zu sollen, und er erbat sich daher statt jenes Gebietes ein anderes, und zwar in Europa und in möglichster Nähe des Reiches seines Schwagers, des Königs von Ungarn, nämlich Makedonien, unter dem Titel eines Königreiches *Thessalonika,* das ihm auch gewährt wurde und für welches er dem Kaiser den Lehnseid leistete.

Da indessen nicht nur in Asien das lateinische Kaiserreich noch nicht Boden gefaßt hatte, sondern auch in Europa demselben außer der nächsten Umgebung Konstantinopels noch sehr wenig Gebiet unterworfen war, da vielmehr die vertriebenen Kaiser sich wieder rührten, *Alexios III.* die Stadt Mosynopolis am Rodope-Gebirge und *Murzuflos* die Stadt *Tzurulos* besetzt hatte und noch weitere Byzantiner in verschiedenen Gegenden eigene Fürstentümer gegründet hatten oder zu gründen suchten, so machte sich des Kaisers Bruder, Graf *Heinrich von Flandern,* mit nur hundert Rittern auf den Weg und unterwarf jede Stadt, die er betrat, mit leichter Mühe, deren Huldigung dann der mit *Villehardouin* u. a. Herren ihm folgende Kaiser entgegennahm. Durch diesen Zug war wenigstens die Strecke von Konstantinopel bis und mit Adrianopel dem neuen Kaisertum unterworfen und zu dieser Strecke gehörte auch Tzurulos, dessen bisheriger Besitz *Murzuflos* sich entschlossen hatte, bei seinem Schwiegervater Zuflucht zu suchen. Er hatte nämlich inzwischen seine Braut *Eudoxia* geheiratet und hoffte nun, daß *Alexios* infolge ihrer nahen Verwandtschaft ihm seinen Übertritt zu *Alexios IV.* und seine nachherige eigene Usurpation verzeihen werde. Aber er hatte die Despotennatur, obschon er selbst eine war, nicht gründlich studiert. Zwar traute er seinem Vorgänger anfangs nicht recht, sondern lagerte sich mit seiner Begleitung vor den Toren Mosynopels. Mit ihm war auch, wie erwähnt, seine Schwiegermutter *Euphrosyne* und es scheint, daß *Alexios III.* sich nicht besonders freute, seine Gattin, die er ja bei seiner Flucht zurückgelassen, wiederzusehen. Heuchlerisch lud er den Schwiegersohn und dessen Begleitung zu sich ein und empfing ihn mit allen Ehren; aber kaum war *Murzuflos* in den festlich geschmückten Empfangssaal getreten, so wurde er von bereitstehenden Henkersknechten ergriffen, niedergeschlagen, in echt byzantinischer Manier seiner Augen beraubt, und dann, blind, arm und allen Trostes bar, in das Elend hinausgestoßen. Der ehrliche *Villehardouin* sagte dazu: „Man mag aus dieser Tatsache urteilen, ob so treulosen Menschen irgendeine Herrschaft anvertraut werden darf, welche bei jeder Gelegenheit gegen andere solche abscheulichen Grausamkeiten begehen."

Inzwischen hatte *Balduin* seine Herrschaft bis nach Philippopel erweitert und zog nun mit seiner Schar gegen Mosynopel. Aber der *Exkaiser Alexios* floh sofort und die Stadt ergab sich dem lateinischen Kaiser. Dieser erwartete hier den Markgrafen *Bonifaz*, wie zwischen ihnen verabredet war, um mit ihm sein neues Königreich Thessalonika zu erobern. Als aber *Bonifaz* ankam, erklärte er dem Kaiser zu dessen Erstaunen: er habe gehört, daß das Volk von Thessalonika ihn als König wolle und könne dieses sein Land allein in Besitz nehmen, bitte daher den Kaiser, dieses Land nicht mit seinen Truppen zu belästigen; lieber wollen sie zusammen gegen den König der Walachen und Bulgaren ziehen, der einen Teil des Reiches unrechtmäßigerweise besetzt hatte. Diese anscheinend unbotmäßige Rede, aus welcher vielleicht der Groll über die dem Markgrafen entgangene Kaiserkrone herauszuhören war, verletzte den Kaiser tief, der seine Lehnshoheit nicht aufzugeben und dem neuen König sein Land nicht zu freier Verfügung zu überlassen gesonnen war. Es kam zu harten Worten und Drohungen, und während *Balduin* sich nicht abhalten ließ, mit seinen Truppen nach Thessalonika zu ziehen und dies auch wirklich unterwarf, trennte sich *Bonifaz* von ihm, besetzte die Stadt Didymoteichon und belagerte im Verein mit zahlreichen, sich ihm anschließenden Griechen Adrianopel! Ja er ging so weit, seinen Stiefsohn *Manuel* zum Kaiser zu ernennen! Das ging dem greisen Dogen, der die Hauptstadt inzwischen hütete, tief ans Herz und er beauftragte den wackeren Marschall *Villehardouin*, zwischen Kaiser und König den Frieden herzustellen. *Bonifaz* unterwarf sich sofort, der mit großer Erbitterung gegen jenen zurückkehrenden *Balduin* aber erst nach längerem Zögern einem Schiedsgericht unter dem Vorsitz des Dogen. Dasselbe setzte fest, daß es bei der anfänglichen Abmachung bleiben solle und die beiden Monarchen erklärten sich zufrieden. *Bonifaz* ging nach Thessalonika und lebte seitdem mit seinem kaiserlichen Lehnsherrn im besten Frieden. Er durfte dies auch, denn es war ihm ein weites Feld der Tätigkeit eröffnet, das ihm große Macht einbringen konnte. Die Eroberung von ganz Griechenland war ihm überlassen und er machte hier schon bald Fortschritte, indem er Thessalien mit seinem Reich vereinigte. Es standen ihm jedoch zwei Griechen im Wege, *Leon Sguros*, der sich 1202 zum Herrn von Korinth, Argos und Nauplia aufgeworfen hatte, Athen verheerte, dessen Akropolis jedoch unter dem wackeren Erzbischof *Michael* ihm widerstand, und später auch Theben eroberte, und *Michael*, ein unechter Abkömmling der Familie *Angelos* und *Komnenos*, der seine Statthalterschaft Dyrrachion zur Herrschaft erhob und in der Folge Epiros unterwarf. Und so zerfiel das gesamte ehemalige byzantinische Reich teils in griechische, dem lateinischen Kaisertum widerstrebende, teils in lateinische, demselben sich unterwerfende größere und kleinere Herrschaften.

In Asien, das dem Grafen *Ludwig von Blois* als Herzogtum Nikäa zugedacht war, konnten trotz wiederholten hartnäckigen Kämpfen die Lateiner nur einem Teil der Küstenlandschaft gewinnen; denn in Nikäa hatte jener Theodor *Laskaris*, der in der Nacht der Eroberung von Konstantinopel zum Kaiser gewählt worden, dieser seiner Würde eine Zufluchtstätte bereitet und dort setzte sich das byzantinische Reich fort, bis es seine wirkliche Hauptstadt, wie wir sehen werden, wieder errang. Im nördlichen Kleinasien aber gründeten die Nachkommen der Komnenen ein eigenes sog. Kaisertum mit der Hauptstadt Trapezunt und bekriegten die Kaiser von Nikäa wiederholt, mit ihnen um Asien ringend zum Vorteil der Feinde ihrer Nation.

Die bedeutendten Küstenstädte in dem von den Franken eroberten Gebiet und fast sämtliche Inseln, sowie die Städte Adrianopel und Mosynopel und ein Teil (drei Achtel) von Konstantinopel fielen unter die Herrschaft der Venetianer, und diese Besitzungen erwiesen sich in der Folge als viel dauerhafter denn die von den Franzosen und ihren Verbündeten gewonnenen. Über sie regierte ein in Konstantinopel sitzender, demjenigen in Venedig nachgebildeten Rat mit einem Podesta an der Spitze. Mehrere teile dieser Besitzungen wurden in der Folge, immerhin als Lehen der Republik, Herzog- und Fürstentümer venetianischer Familien; dasjenigen von *Naxos* unter der Familie *Sanudo* hielt sich ein Jahrhundert aufrecht und die ionischen Inseln verblieben der Republik sogar bis zu deren eigenem Untergang und überlebten sie als besonderer Freistaat noch lange. Es lag den Venetianern an diesem ihren levantinischen Reich so viel, daß die Erzählung entstand, im Jahre 1225, habe der Rat im Ernst den abenteuerlichen Antrag behandelt, die Republik völlig nach Konstantinopel zu verlegen, was mit nur einer Stimme Mehrheit, die man die Stimme der Vorsehung nannte, verworfen worden sei! Sicher ist dagegen, daß die Republik im Orient und in Byzanz selbst soviel oder mehr Macht ausübte als der Kaiser.

Hatte auch Venedig namentlich auf *Kreta*, noch lange gegen die Ansprüche Genuas und gegen beständigen Aufruhr der Eingeborenen zu kämpfen, so bewies es doch im Mittelalter auf den Inseln des östlichen Mittelmeeres eine Kolonisations- und Regierungsfähigkeit, welche derjenigen der Phöniker der Altertums zur Seite stand und in der Neuzeit nur von den Engländern übertroffen worden ist.

Das lateinische Kaisertum, auch das Reich *Romanien* genannt, wurde, wie das gewesene Königreich Jerusalem, ganz nach dem Muster der abendländischen Reiche, namentlich aber Frankreichs eingerichtet und die Titel des byzantinischen Hofstaates verschwanden bis auf den des Despoten, wie ehemals gewöhnlich der nächste Verwandte des Kaisers hieß, und den des Protovestiarius. Erstere Würde fiel dem Dogen *Dandolo*, letztere dem Ritter *Conon de Bethune* zu. *Villehardouin* dagegen wurde Marschall und andere Ritter erhielten die Ämter eines Seneschall, Konnetabel usw.

Die griechischen Untertanen des Reiches wurden, namentlich in der ersten Zeit, in empörendster Weise behandelt und ihre dem Reich angebotenen Dienste verächtlich abgelehnt; auch *Bonifaz* schüttelte die Griechen von sich, nachdem er seine Herrschaft befestigt hatte. Diese grenzenlose Unklugheit legte schon anfangs den Keim des Vererbens in die neue Schöpfung, und als man in späterer Zeit die Griechen, deren Aufstände den Lateinern eine Lehre waren, etwas mehr heranziehen wollte, war es zu spät! Jedoch muß der Gerechtigkeit wegen erwähnt werden, daß man in Hinsicht auf die *Lokalverwaltung* und die *Rechtspflege* den Griechen ihre alten Gesetze, nämlich diejenigen, welche Justinian gesammelt hatte, ungeschmälert ließ und daß sie sich durch ihre eigenen Richter Recht sprechen lassen konnten. Nur war leider den Franken alles gegen sie gestattet! Für die Kreuzfahrer aber, die sich noch immer als solche betrachteten und auch den Schlachtruf des Heiligen Grabes beibehielten, wurden die Gesetzte *(Assises)* des Königreichs Jerusalem eingeführt, von den Venetianern sogar für alle ihre Untertanen, für die sie daher diese „Assissen" ins Griechische übersetzen ließen.

Auch in *kirchlichen* Dingen wurde den Griechen scheinbar Glaubensfreiheit gewährt, aber tatsächlich standen sie unter der religiösen Oberleitung der römischen Prälaten, die so unduldsam als möglich verfuhren, und die Verhältnisse zwischen Staat und Kirche wurden niemals vollständig geordnet. Diese neue Ordnung der Dinge war aber schon deshalb auf die Dauer unhaltbar, weil die Abneigung gegen die kirchliche Oberherrschaft Roms den Griechen in Fleisch und Blut übergegangen war und ihnen auch in Zukunft stets der verhaßteste Gedanke, verhaßter womöglich noch als die türkische Herrschaft, sein wird.

Woran es demnach dem neuen Reich fehlte, das war vor allem politische Einheit, ein starkes Gemeingefühl und Boden in der Bevölkerung, dann aber namentlich auch genügende *Kriegsmannschaft*. Der gehoffte Zuzug solcher blieb ungeachtet der eifrigsten Bemühungen des *Kaisers Balduin* und der angelegentlichsten Unterstützung derselben von seiten des Papstes, aus, da der Kreuzzugseifer wieder ganz eingeschlafen war und selbst bewaffnete Pilger ihre Kräfte nicht den unsicheren Zuständen des lateinischen Kaisertums widmen mochten. Aber auch im Reich selbst hatte der Unabhängkeitstrieb der Ritter solche Bestimmungen für den Waffendienst geschaffen, daß der Kaiser zu keiner Zeit auf soviel Mannschaft hoffen konnte, wie sie zur Erhaltung des Reichs gegen dessen zahlreiche Feinde erforderlich war, und deshalb lebte eigentlich die kurze ihm zugemessene Zeit nur durch die Schwäche der Griechen und deren Zwietracht unter sich fort. Auch die Venetianer griffen, um ihr Seereich zusammenzuhalten, zu dem verzweifelten Mittel, taugliche Pilger, die ihre Schiffe zur Überfahrt nach dem Heiligen Land benutzten, nach ihren Besitzungen zu bringen und dort gewaltsam zum Kriegsdienst zu verwenden.

NEUNTER ABSCHNITT

Das Ende der Beförderer, Teilnehmer und Gegner des byzantinischen Kreuzzugs

Es war ein eigentümliches Verhältnis, daß in den nächsten Jahren nach der Eroberung Konstantinopels durch die Franken sämtliche Männer, welche dieses Ereignis ins Leben gerufen, an demselben in hervorragender Weise teilgenommen, oder dasselbe bekämpft haben, ein mehr oder weniger tragisches Ende fanden. Zwei von ihnen, die von den Franken eingesetzten Kaiser *Isaak* und *Alexios IV.*, traf jenes Schicksal schon früher, vor der Eroberung ihrer Hauptstadt, welches Ereignis sie durch ihr zweideutiges Verhalten beschleunigt haben. Zunächst folgten ihnen die beiden Usurpatoren, ihr Vorgänger und ihr Nachfolger, *Alexios III.*, welcher den Vater, seinen Bruder, entthront und geblendet, und *Alexios V. Murzuflos*, welcher den Sohn erwürgt und darauf von dessen Oheim und seinem eigenen Schwiegervater in der erzählten Weise behandelt wurde.

Murzuflos, der bereits gräßlich bestrafte Verbrecher, irrte verzweifelnd umher und versuchte nach Asien zu entkommen, wo es ihm schwerlich besser ergangen wäre als in Europa, wurde aber noch im Herbst 1204 von einem deutschen Ritter, *Dietrich von Loos*, ergriffen und nach Konstantinopel gebracht. Das Gericht unter Vorsitz des Kaisers *Balduin* verurteilte den Mörder zum Tode und der bereits Geblendete wurde auf ebenso grausame Weise hingerichtet, nämlich von der Spitze der Säule auf dem Forum des *Thedosios* unter großem Zulauf der Bevölkerung herabgestürzt und zerschmettert.

Einige Zeit nachher wurde auch sein Schwiegervater, der in der teuflischen Praxis des Blendens so sehr geübte Ex-Kaiser *Alexios III.* gefangen. Nach seiner Flucht aus Mosynopel hatte er sich zu *Leon Sguros* begeben, dem er *Eudoxia*, die Witwe des *Murzuflos* vermählte, und *Morea* gegen *Bonifaz* von Thessalonika verteiligen helfen wollte – floh aber vor dessen Truppen bei den Thermopylen schimpflich, wurde aufgegriffen, sollte nach Montferrat, des Königs alter Heimant, geschickt werden, bestach aber den genuesischen Käpitän, der ihn führte, daß er ihn an der Küste von Epiros landen ließ, und wollte von hier aus das lateinische Kaisertum bekriegen. Da aber der dortige Despot *Michael* mit diesem Reiche Frieden schloß, ging er zu demselben Zwecke nach Asien zu seinem ältesten Schwiegersohn, *Theodor Laskaris,* Kaiser von Nikäa, mit dem er sich aber natürlich nicht vertrug, denn beide strebten nach dem Throne von Byzanz. Er wandte sich dann an den *Seldschuken-Sultan Kaikosru* von Ikonion und begann vereint mit ihm den Krieg gegen *Theodor,* wurde aber von diesem, der den Sultan in offenem Zweikampf vor den Heeren erschlug, besiegt, gefangen und wider sein Verdienen sehr mild behandelt, nämlich in ein Kloster gesteckt, in welchem er starb.

Das traurigste Los unter allen Helden des byzantinischen Kreuzzugs sollte dem am höchsten unter ihnen Gestiegenen, dem Kaiser Balduin zuteil werden. Und zwar war sein Unglück in ergreifender Weise ein doppeltes. Seine junge und schöne Gattin, *Marie von Champagne,* die mit ihm das Kreuz genommen, war durch ihre bevorstehende Niederkunft verhindert, ihn zu begleiten; sobald sie aber genesen, wollte sie ihm folgen, nur wußte sie nicht wohin, da sie von der Richtung, die die Kreuzfahrer genommen, nichts erfahren hatte. Sie suchte ihn im Heiligen Land und erfuhr erst in Akkon, daß ihr Gemahl Kaiser in Konstantinopel war, indem Fürst *Boemund von Antiochia* sie zu ihrem Erstaunen als Kaiserin begrüßte. Sofort ordnete sie die Reise nach Byzanz an, aber die Überraschung war so überwältigend gewesen, daß sie den zarten Körper brach und *Marie* teilte das Schicksal ihres Bruders *Thibaut,* jung zu sterben. Ihre Reste wurden auf dem Schiff, das der Kaiser zu ihrer Abholung gesandt, und das ihm nun statt Glück nur Trauer brachte, nach Byzanz geführt und in der Sophienkirche bestattet. Aber auch *Balduin* sollte nicht lange in dem Schmerz seiner frühen Witwerschaft verharren. Wie *Bonifaz* nach Süden, so war sein Lehnsherr bezüglich der Erweiterung seiner Macht nach Norden gewiesen, vorläufig abgesehen von Asien, dessen Unterwerfung noch ohne Aussicht war. In jenem Norden hauste aber die wilde, unbändige Macht der vereinten *Walachen* und *Bulgaren,* deren Herrschaft anstelle jener die Gunst *Friedrich* Rotbarts suchenden Brüder *Peter* und *Asan,* des letzteren Sohn, der kühne, aber grausame *Johann* (Joannischa) führte. Einen Bundesantrag von seiner Seite hatte *Balduin* vornehm abgewiesen, indem er ihn einen von Byzanz abgefallenen Sklaven nannte; die Rache für diesen Schimpf sollte eine furchtbare sein. *Johann,* von einem päpstlichen Lagaten im November 1204 zum König gekrönt, faßte die Besetzung von Philippopel durch die Franken als eine Herausforderung auf und knüpfte Verbindungen mit den gegen die Lateiner ja ohnehin erbitterten Griechen an, die sich, während das fränkische Heer unter *Heinrich von Flandern* in Kleinasien stand, in ganz Thrakien erhoben und die Besatzung von Adrianopel vertrieben. *Balduin* zog mit dem Grafen von Blois gegen Ende März 1205 aus, *Dandolo* folgte ihm, Adrianopel wurde belagert und *Johann* eilte zum Entsatz heran. In der verhängnisvollen Schlacht bei *Adrianopel* am 15. April lockten die kumanischen Söldner, welche die Hauptmacht *Johanns* bildeten, in scheinbarer Flucht die fränkischen Ritter zur Verfolgung in einen Hinterhalt, wo *Johann* selbst gegen sie hervorbrach und Pfeile und Wurfspieße von allen Seiten auf sie regneten. Die schwergewappneten Ritter erlagen in Masse, ohne sich wehren zu können, und als *Balduin* zu ihrer Unterstützung herbeistürmte, fiel er den Barbaren, kein Jahr nach seiner Kaiserwahl, in die Hände. Es waren 700 Ritter niedergemacht worden, und es war ein furchtbarer Rückzug, den die Überlebenden unter *Dandolo* und *Villehardouin*, dem Marschall von Romanien, von den Feinden beständig verfolgt, nach dem Marmarameer vollführten, wobei sie sich jedoch mit einem Heldenmut hielten, der zu den glorreichen Taten der Geschichte gehört. (Unser Bild 66 zeigt die Auffindung zersprengter und ausgeplünderter Krieger auf diesem Rückzug.) Die Besatzung in Philippopel war völlig abgeschnitten und die Kumanen streiften bis vor Konstantinopel, aus welchem nebst zwei anderen Küstenstädten, in diesem trüben Augenblick das Reich Romanien bestand. Infolge der ausgestandenen Mühseligkeiten starb der ehrwürdige *Dandolo* am 1. Juni in Byzanz, nur drei Jahre weniger als ein Jahrhundert alt.

Nun kam Graf *Heinrich*, des Kaisers Bruder, aus Asien herüber dem bedrängten Reich zu Hilfe. Weit tüchtiger im Staate wie im Kriege als *Balduin*, trieb er, zum Reichsregenten ernannt, die Bulgaren und Kumanen, die mit dem zivilisierten Lande nichts anzufangen wußten, aus Thrakien hinaus, und die Griechen, froh, die Barbaren los zu sein, die das Land beinahe in eine Wüste verwandelt hatten, unterwarfen sich wieder ihren abendländischen Gebietern. In Adrianopel stellte Heinrich die Verbindung mit der Besatzung von Philippopel wieder her, die sich nach dem Schloß Stanimaki begeben hatte und die Zerstörung der Stadt durch die Bulgaren nicht verhindern konnte. Hier vernahm er aber auch die entsetzliche Kunde, daß der gefangene *Balduin* nicht mehr unter den Lebenden war. Es sind viele abenteuerliche Erzählungen über sein Ende entstanden; wahrscheinlich ist er auf Befehl des blutdürstigen *Johann*, aus Wut über das Mißlingen seines anfangs glücklichen Feldzuges und über den Abfall der Griechen, ermordet worden. Dem Papst, der ihn zur Rede stellte, gab der Barbar vor, der Kaiser sei an seinen Wunden gestorben. Wie ganz anders und glücklich hätte die Sache ausfallen können, wenn der unbesonnene *Balduin* den Bulgaren zum Bundesgenossen angenommen und an der Zivilisation seines noch rohen Volkes gearbeitet hätte! Indessen suchte *Heinrich* das Versäumte einigermaßen gutzumachen und wenigstens die Griechen zu versöhnen, indem er und die Venetianer dem trefflichen *Theodor Branas*, dem Gatten der Kaiserwitwe *Agnes* von Frankreich, die beiden Städte Adrianopel und Didymoteichon übertrugen. Die Franken erhielten in ihm und seinen bekehrten Landsleuten eine starke Mauer gegen die Bulgaren und konnten nun mit größerer Zuversicht den wackeren *Heinrich* als Nachfolger seines Bruders (im August 1206) mir der Kaiserkrone schmücken. *Niketas*, obschon kein Freund der Franken, rühmte es seinen Landsleuten als nachahmenswertes Beispiel, daß *Heinrich* mit Annahme der Krone gewartet hatte, bis er vom Tod seines Bruders überzeugt war. Ein Byzantiner hätte diese Geduld nicht gehabt!

Nicht viel glücklicher als *Balduin* endete sein gewesener Nebenbuhler *Bonifaz*. Gegen ihn wandte sich der unbändige Bulgare, nachdem es ihm nicht gelungen, das Reich von Konstantinopel zu zerstören, zog auf Thessa-

Auffindung von Versprengten.

lonika los und belagerte die Stadt Seres. Auch hier schlossen sich die kurzsichtigen Griechen, noch nicht gewitzt durch das Schicksal ihrer Landsleute in Thrakien, den Barbaren an und belagerten mit ihnen das Schloß der Hauptstadt, wo die Königin weilte, während der König in Morea beschäftigt war. Seine hierdurch bewirkte Rückkehr vertrieb zwar die Feinde, hielt aber seine Fortschritte in Hellas auf. Freilich hatte er dort nicht wenig vollbracht. Des *Leon Sguros* Reich war zertrümmert, in Thessalien dem Grafen von *Katzenellenbogen* eine Herrschaft gegründet, aus Theben und dem noch immer mit herrlichen Bauwerken prangenden Athen ein Fürstentum (später Herzogtum) unter dem burgundischen Ritter *Otto de la Roche* gebildet, dem *Jacob von Avesnes Euböa* übertragen und Morea dem *Wilhelm von Champlitte* und dem jungen *Gottfried von Villehardouin*, dem Neffen des Historikers und Marschalls, zur Eroberung überlassen, die dort ein Fürstentum Achaja gründeten, in welchem der letztere dem ersteren nachfolgte. So wurde die ganze Halbinsel umgestaltet und dort ganz neue Verhältnisse eingeführt. Bedauerlicherweise begann bei dieser Gelegenheit die Zerstörung der weltgeschichtlichen Akropolis von Athen, deren Parthenon, damals ein prächtiger Mariendom, die fränkischen Soldaten schmählich plünderten. Der Erzbischof *Michael* begab sich gebrochen in ein Kloster auf der Insel Keos.

Alle die genannten Gebiete wurden nach dem abendländischen Feudalsystem eingerichtet, so daß der Besitz der Lehen auf seiten der Ritter die den Oberen zu leistende Waffenfolge bestimmte. So hatte das am besten geordnete Fürstentum „Achaja", das damals erst den Namen „Morea" (Verdrehung aus Romäa) erhielt, unter *Villehardouin* zehn Baronien, von denen je eine den Templern, Johannitern und Deutschrittern gehörte, und unter diesen standen wieder 94 Ritterlehen, ohne des Fürsten eigene Besitzungen und die ihrem Erzbischof übertragene Stadt Patras zu rechnen.

Nach Thessalonika zurückgekehrt, rettete zwar *Bonifaz* seine Hauptstadt, hatte aber nicht das Glück, die Bulgaren ganz zu vertreiben, die vielmehr 1206 mit neuer Macht angerückt kamen, und nun auch die enttäuschten Griechen bedrohten, viele Städte zerstörten und alles Land umher verwüsteten. Zwar errang *Bonifaz*, in freundschaftlichem Bunde mit dem Kaiser *Heinrich*, der sein Schwiegersohn wurde, manche Erfolge über die Barbaren, aber im Juli 1207 fiel er auf einem Streifzug bei Mosynopel in einen ihm von den Bulgaren bereiteten Hinterhalt und fand in unbedeutendem Gefecht seinen Tod. Doch befreite bald darauf, im Oktober 1207, die Ermordung Joannischas durch sein unbändiges Weib die Balkanländer für lange von der bulgarischen Not, denn Bulgaro-Walachien zerfiel hierdurch in mehrere kleine Staaten.

Bonifaz' Reich fiel an seinen erst zweijährigen *Sohn Demetrios* unter Vormundschaft der Witwe *Margareta* und unter der Regierung zwei italienischer Ritter, die aber das Land eifrigst vom Kaiserreich abzulösen trachteten, während die neuen Herren in Griechenland umgekehrt von Makedonien loskommen und nur den Kaiser über sich anerkennen wollten. *Heinrich* mußte die widerspenstigen Lombarden bändigen, deren schlimmster, der Graf *Biandrate*, das Land bald verließ, und wurde überall von den Griechen als Befreier begrüßt. Auch der Despot *Michael* unterwarf sich ihm und unter ihm konnte man für Romanien die besten Hoffnungen hegen!

Leider schied dieser treffliche Monarch schon im Jahre 1216, noch nicht vierzig Jahre alt, aus dem Leben, und mit ihm war auch die Lebensfähigkeit des romanischen Reiches dahin. Wahrscheinlich verschuldete diesen traurigen Fall das Gift des Grafen *Biandrate*, der nach Thessalonika zurückgekehrt war, um der Witwe und dem Sohn *Bonifaz'* ihr Reich zu entreißen. Diese Gewalttat zu verhindern, war *Heinrich* nach jener Stadt gezogen und dort hatte ihn der Tod ereilt! Nur um wenige Jahre waren ihm vorausgegangen: der Despot *Michael von Epiros*, der Patriarch *Morosini*, der Marschall *Villehardouin* und der Rhetor *Niketas* (am Hofe von Nikäa), also die Historiker beider Parteien, welche uns jene große Umwälzung im Osten überliefert haben, wie auch des letzteren Bruder, der gewesene Erzbischof *Michael von Athen*, in seiner Zelle auf der Insel Keos. Es war, als sollte niemand, der mit jener Umwälzung zusammengehangen, sie lange überleben.

Auch *den* traf dies merkwürdige Schicksal, der zwar infolge seiner Stellung nicht unmittelbar mit dem byzantinischen Kreuzzug zu tun, der ihn aber hauptsächlich ins Leben gerufen hatte, nämlich den deutschen König *Philipp von Schwaben*, den jüngsten Sohn *Barbarossas*. Die erste und entscheidene Ursache zu dieser Haltung *Philipps* war natürlich seine Verwandtschaft mit dem gestürzten und geblendeten *Isaak*, dessen Tochter er zur Gattin hatte. Nicht selten sind geschichtliche Ereignisse durch Frauen zuerst angeregt worden, und so hat auch denjenigen des byzantinischen Kreuzzuges ohne Zweifel der Einfluß der schönen *Maria* (sonst *Irene)* auf ihren sie so sehr verehrenden königlichen Gatten die ersten Lebenskeime verliehen. Nach langem Ringen mit seinem Gegner *Otto IV.* lachte Philipp endlich das Glück. Mehrere Fürsten fielen von *Otto* ab, weil er ihre auf ihn gesetzten Hoffnungen nicht erfüllte, und wandten sich *Philipp* zu. Dieser wurde vom Kölner Erzbischof *Adolf*, der seinen Gegner gekrönt hatte und nun ebenfalls zu ihm übergetreten war, 1205 in Aachen gekrönt, so daß er nun die richtige Salbung hatte, worauf aber *Innozenz* den Erzbischof bannte und absetzte. *Philipp* war jedoch bald allgemein als König anerkannt, *Otto* floh nach England und suchte Hilfe bei König *Johann*, während *Philipp* von Frankreich ihm Poitou wegnahm. Aber gerade als *Philipp* auf dem Punkte war, seine Anerkennung von seiten des zwischen beiden Königen schwankenden Papstes zu erhalten, dessen Bannflüche gegen *Philipp* und seine Anhänger durchaus fruchtlos geblieben waren, als somit der Friede zwischen König und Papst vollständig schien, traf den wackeren *Philipp*, diesen „zähen Vorkämpfer deutscher Unabhängigkeit gegen die Einmischungsgelüste Roms“ (Winkelmann) am 21. Juni 1208 im bischöflichen Palast zu Bamberg der von Privatrache geführte Mordstahl des Pfalzgrafen *Otto von Wittelsbach. Philipp* war ein schöner, tapferer, milder, heiterer und frommer Mann; er war kaum 30 Jahre alt geworden. Sein Tod schmetterte die mit dem rauhen Norden nur durch seine Liebe versöhnte griechische Kaisertochter *Maria* völlig nieder; sie folgte ihm schon am 27. August in die Ewigkeit. Jetzt war *Otto IV.* aus einem Niedergeworfenen plötzlich zum alleinigen König in Deutschland geworden, den auch noch die Kaiserkrone schmücken sollte, und es ehrt ihn, daß er auf die Klage der Tochter des Ermordeten, *Beatrix*, vor dem Reichstag in Frankfurt, den Mörder ächtete, der auf der Flucht im März 1209 durch den Reichsmarschall *Heinrich von Kaldern* erschlagen wurde. Daß der überfromme, päpstlich gesinnte *Otto*, als er *Philipps Tochter Beatrix* ehelichte, auch die staufische Politik gegenüber dem Papst zu der seinigen machte und schließlich (1218) noch beinahe im Bann starb, von dem er sich durch Geißelungen loszumachen suchte, und daß gegen ihn vom Papst als Gegenkönig ein Staufer aufgestellt wurde, der selbst später wieder als der gefährlichste Gegner Roms erschien, das alles gehörte unter den eigentümlichen Einrichtungen des Abendlandes im Mittelalter zu den unvermeidlichen Ironien der Weltgeschichte!

ZEHNTER ABSCHNITT

Palästina zur Zeit des byzantinischen Kreuzzugs

Sein eigentliches Ziel hatte der sogenannte vierte Kreuzzug, wie wir gesehen, nicht erreicht, sondern lediglich, wenn auch gegen die ursprüngliche Absicht seiner Teilnehmer, einen Konflikt zum Abschluß gebracht, welchen die früheren Kreuzzüge immer brennender und einer Erledigung bedürftiger gemacht hatten, den klaffenden Riß nämlich zwischen den Keuzfahrern und dem ihre Bestrebungen stets hindernden und kreuzenden byzantinischen Reich. Was während des Verlaufs dieses Kreuzzuges im Heiligen Land vorfiel, kann daher nicht von großer Bedeutung sein, muß aber zur Herstellung des Zusammenhangs zwischen den vorhergegehenden und nachfolgenden Begebenheiten nachgeholt werden.

Hätte Salaheddin noch gelebt oder einen ebenbürtigen Nachfolger gehabt, so wäre zu jener Zeit kein Fußbreit Boden im Heiligen Land mehr christliches Besitztum gewesen. Aber die Nachkommen des großen Eijubiden waren kaum Schatten seiner Größe und befehdeten überdies einander gegenseitig – zum Vorteil der Christen, wenn diese einig und kräftig gewesen wären. Daß sie es in gewissem Grade sein konnten, zeigte die Eroberung von Konstantinopel, deren wirkende Kräfte, nach dem ursprünglichen Ziel des Kreuzzuges gerichtet, ohne Zweifel ganz Ägypten und Syrien unter christliche Herrschaft gebracht hätten, während ihre damalige Verwendung zu spät kam und den Kreuzzügen keinen Nutzen mehr bringen konnte. Hätte der erste Kreuzzug vollbracht, was der sogenannte vierte, so hätte der nächstfolgenden einer das Ziel des ersten weit leichter erreicht und auf weit längere Zeit befestigt, und überdies dem späteren Vordringen der Türken nach Europa einen Riegel vorgeschoben. Doch, wohin führen diese Vermutungen? Was geschehen, ist nicht zu ändern, das Mittelalter hatte unsere Begriffe von Disziplin und energischer Verfolgung eines durchdachten Planes nun einmal nicht, und wir müssen in dem traurigen Bericht über die zwecklose Verschwendung von Menschenleben und Menschenglück in den Kreuzzügen fortfahren.

Während der in der Folge nach Konstantinopel gerichtete Kreuzzug vorbereitet wurde, hatte Salaheddins Bruder, *Malik al Adil*, weit tüchtiger als alle Söhne des großen Toten, Ägypten, wo *Malik al Aziz* starb, an sich gerissen und die Macht seiner übrigen, sämtlich unbedeutenden Neffen auf das Maß ihrer geistigen Armseligkeit heruntergedrückt. Er besaß nun die volle Macht seines Bruders, wenn auch deshalb noch nicht seinen Geist. Einen Angriff gegen die Christen wagte er nicht, so ärmlich auch damals deren Besitz in dem von ihm angesprochenen Lande war. Der Waffenstillstand von 1198 dauerte fort und dazu trug wohl, außer beiderseitiger Schwäche, mannigfaches Landesunglück in Syrien und Ägypten bei. Mangelhafte Überschwemmungen des Nil verursachten Hungersnot und Seuchen; es folgte 1202 wieder ein furchtbares Erdbeben in Syrien, namentlich im christlichen Teil, der Königspalast in Akkon, fast alle Türme und die Mauer von Tyros, die Burg Irkha, ein Teil von Tripolis usw. wurden niedergeworfen und zertrümmert, aber auch Hama und Damask stark beschädigt. Die weiter ausbrechende Pest in Syrien, bei welcher sich der Abt Martin hilfreich erwies, haben wir bereits erwähnt. Mißwachs und Teuerung schlossen sich diesen Plagen zum Überfluß noch an. Zum Troste der Bedrängten und Betroffenen flossen viele milde Gaben und Kreuzzugssteuern nach dem Heiligen Land. Die mohammedanischen Gefangenen und Juden mußten am Wiederaufbau der zerstörten Gebäude arbeiten und unter ihnen befand sich damals der große persische Nachtigallen- und Rosendichter Moslicheddin *Saadi* aus Schiras, welcher als Einsiedler bei Jerusalem in christliche Gefangenschaft geraten war, aber ein Freund aus Haleb kaufte ihn mit zehn Goldstücken los und gab ihm seine Tochter zur Frau, mit der er jedoch nicht glücklich lebte, da sie ihm eine ehemalige Dienstbarkeit unedel vorwarf.

Im Jahre 1203 kamen jene flandrischen Keuzfahrer (mit *Johann van Steele* und *Balduins* Neffen *Dietrich* von Flandern) nach Ptolemais, welche ihr Wort, das sie dem Grafen *Balduin* gegeben, sich mit dem großen Kreuzzug zu vereinigen, nicht gehalten hatten, ebenso der Graf *Simon von Montfort* und seine Genossen, welche sich bei Zara vom Kreuzheer getrennt hatten, und noch viele andere untreue und eidbrüchige Freunde einer ungefährlichen Pilgerfahrt, die sich entweder in Venedig oder anderswo von den Kreuzfahrern getrennt oder gar nicht bei denselben eingefunden hatten. Ja, es waren ihrer zusammen mehr, als nach Konstantinopel zogen, so daß sie, wenn sie Helden gewesen wären, ebenso leicht hätten Jerusalem nehmen können wie jene Byzanz. In der Tat machten diese Scharen den Sultan von Ägypten und Syrien, der sie natürlich für Männer hielt, betroffen, aber er erfuhr nur zu bald, daß er keinen Grund zur Besorgnis hatte.

Mehr als ein Kreuzzug und vielleicht auch mehr als das Heilige Grab beschäftigte damals die in Syrien anwesenden Christen ein Streit um die Erbfolge im Fürstentum *Antiochia*. Fürst *Boemund III.* war 1201 gestorben und seiner Nachfolge bemächtigte sich sein zweiter Sohn, der bisherige Graf von Tripolis, *Boemund IV.*, gegen dessen Erbrecht jedoch eine starke Partei protestierte, an deren Spitze der Patriarch von Antiochia und König *Leo* von Armenien standen. Der oben erwähnte Friede, den König *Heinrich* von Jerusalem zwischen *Leo* und *Beomund III.* stiftete, war nämlich auch durch eine Heirat zwischen *Raimund*, dem ältesten Sohn *Boemunds*, und

Alix, der Bruderstochter *Leos,* besiegelt worden. Aus dieser Ehe war ein Sohn, Namens *Rufinus* oder *Rupin,* entsprossen, der nach dem frühen Tode seines Vaters dessen Namen *Raimund* erhielt und für welchen sein Großoheim *Leo,* der ihn erziehen ließ, jetzt umsomehr die Krone von Antiochia forderte, als *Boemund III.* selbst diesen Enkel zu seinem Nachfolger bestimmt und ihm hatte huldigen lassen. *Boemund von Tripolis* aber, der aus unbekannten Gründen im Bann stand, wurde von dem Kern des Volkes und von den Templern unterstützt, während die Geistlichkeit und die Johanniter für *Leo* und *Raimund* eintraten. Im Jahre 1202 sandte Papst *Innozenz III.* zwei Legaten nach Syrien und beauftragte sie besonders mit Schlichtung

Mosaik aus der Sophienkirche zu Konstantinopel.

dieses antiochenischen Handels. Als ihre Bemühungen ohne Erfolg waren, fiel *Leo* 1203 feindlich im Gebiet von Antiochia ein, aber die Legaten verboten ihm weiteres Vorgehen und Leo fügte sich, indem er zugleich versprach, falls seines Schutzbefohlenen Rechte anerkannt würden, dem Heiligen Land 20 000 Mann zur Verfügung zu stellen. Aber weder *Boemund* noch *Leo* und *Raimund* waren zu einem Vergleich zu bewegen und nach fruchloser Arbeit reisten die Legaten ab, nachdem sie über *Leo,* welchen die ihm feindlichen Templer aus Armenien vertrieben, den Bann und über sein Land das Interdikt verhängt hatten. Hierüber klagte Leo bei dem Papst. Dieser tadelte die Legaten, daß sie das Heilige Land in dessen Not verlassen hatten, und stellte ein Schiedsgericht aus geistlichen und weltlichen Pilgern auf, das aber, wie es scheint, nichts ausrichtete. Inzwischen hoffte *Boemund IV.* seine Herrschaft dadurch zu retten, daß er das Fürstentum dem Kaiser *Balduin* zur Lehen gab, und huldigte deshalb dessen damals in Ptolemais anwesender Gattin als Kaiserin. Aber dies war ohne Erfolg. Seine Gegner, welche die Oberhand gewonnen, öffneten 1206 dem König *Leo* die Tore, der mit *Raimund* einzog, und letzterer schwor den Lehnseid dem Patriarchen von Antiochia und empfing die Huldigung der Barone. *Boemund* aber, der während dieser Zeremonie in der Burg weilte, wußte sich der Stadt bald wieder zu bemächtigen, sperrte den Patriarchen in einen Kerker, in dem er starb, und fiel dafür in den Bann, worauf er mit seinem Anhang zur griechischen Kirche übertrat und mit dem Emir von Haleb ein Bündnis schloß. *Leo* brach 1210 abermals in Antiochia ein und verheerte das Land furchtbar, raubte es aus und schonte selbst der Kirchengüter nicht, so daß der Papst den Bann gegen ihn bestätigte und ihn trotz aller Bitten und Versprechungen des Königs aufrecht erhielt. Zur Entscheidung des Streits aber geschah gar nichts und *Boemund IV.* blieb Fürst von Antiochia, welches zwar 1216 *Raimund* noch einmal einnahm, aber 1219 wieder verlassen mußte – beide Male durch Verrat.

Inzwischen waren die in Syrien anwesenden sogenannten Kreuzfahrer doch nach einem Krieglein begierig, um sich einen Namen zu machen, und man erlebte das Seltsame und wenig Erfreuliche, daß die Flanderer dem König *Leo* und die Franzosen, darunter *Simon von Montfort*, dem Fürsten Boemund zuzogen und so unter dem Zeichen des Kreuzes Christen gegen Christen fochten, während das Heilige Land ihrer Waffen so sehr bedurfte! Achtzig französische Ritter wurden von den Armeniern in einem Hinterhalt erschlagen, *Montfort* – zum Jammer der Albigenser – leider nicht.

Im November 1203 hob König *Amalrich II.*, in Zypern von sarazenischen Seeräubern bedrängt, für deren Taten *Malik al Adil* keine Genugtuung leistete, den Waffenstillstand auf, nahm ägyptische Schiffe weg und sandte, wie angedeutet, den Abt *Martin* um Hilfe nach Konstantinopel. Die Waffenfähigen wurden zusammenberufen und die Ritter zogen aus Ptolemais, machten einen Streifzug auf muslimisches Gebiet und kehrten mit Beute zurück. Es folgten noch weitere Züge, sogar einer zur See nach Ägypten, wo die Stadt Fuah geplündert wurde; aber da *Malik al Adil* die Feindseligkeiten nicht erwiderte, eine Seuche ausbrach und die meisten Kreuzfahrer wieder heimkehrten, wurde der Waffenstillstand erneuert. Die Nachricht von der Eroberung Konstantinopels hatte damals der Welt des Islam so furchtbaren Schrecken eingejagt, daß mit tüchtigen Leuten unter richtiger Leitung großes zu vollbringen gewesen wäre.

Bald nach diesen schwächlichen Ereignissen starb *Amalrich*, infolge übermäßigen Genusses von Fischen, am 1. April 1205. Dieser Todesfall trennte die Kronen von Zypern und Jerusalem wieder; denn nach dem bestehenden Erbfolgerecht kam jene an *Amalrichs* Sohn aus erster Ehe, *Hugo*, diese aber an die älteste Tochter der kurz vorher verstorbenen Königin *Isabella*, aus ihrer Ehe mit *Konrad von Montferrat, Maria*. Für letztere, die noch minderjährig war, wurde *Johann von Ibelin* zum Reichsverweser bestellt. Nun war aber im verstümmelten Königreich Jerusalem die Lage die umgekehrte wie früher. Die Christen, von allem Zuzug bewaffneter Pilger verlassen, suchten den Frieden zu erhalten, die Mohammedaner aber, diese Schwäche benutzend, wieder Krieg zu beginnen. Sie waren während der letzten Friedenszeit wieder erstarkt; *Malik al Adil* hatte keine zu fürchtenden Feinde mehr und die Venetianer hatten ihm mit Ablenkung des Kreuzzuges von Ägypten nach Byzanz einen unschätzbaren Dienst erwiesen, für den er ihnen denn auch um 1208 durch einen höchst vorteilhaften Handelsvertrag dankte. Es ist kaum daran zu zweifeln, daß sie dies von Anfang an beabsichtigt haben.

Der wieder zuversichtlich gewordene Sultan brach also den Waffenstillstand mit den Christen, erschien vor Ptolemais, erzwang die Auslieferung der gefangenen Muslimen und drohte Tripolis zu belagern. Um die Lage des Staates sicherer zu stellen, beschlossen die Barone, die junge Königin zu verheiraten und wählten zu ihrem Gatten den Gafen *Johann von Brienne*, den jüngeren Bruder jenes *Walter*, der, statt den Kreuzzug mitzumachen, Ansprüche auf Teile des Königreichs Neapel geltend gemacht hatte und dabei 1205 an einer Kampfwunde gestorben war. *Johann*, in seiner Jugend zum Geistlichen bestimmt, war aus dem Kloster entwichen, weshalb ihn sein Vater enterbte, war Ritter geworden und hatte die Eroberung von Konstantinopel mitgemacht. Mit Einwilligung des Papstes und des Königs von Frankreich nahm er die ihm angetragene Braut und Krone an, ging 1210 mit reicher Unterstützung des Papstes und 300 Rittern nach Palästina ab und feierte in Ptolemais Hochzeit, Huldigung und Krönung.

Inzwischen war der Waffenstillstand mit den Ungläubigen abgelaufen und König *Johann* konnte seine Regierung gleich mit Gefechten beginnen, die aber keinen bedeutenden Maßstab annahmen. Seine Fähigkeiten waren nicht bedeutende und mit Not und nur durch die damalige Schwäche der Gegner behauptete er den christlichen Besitz; auch fehlte es ihm an allen tüchtigen Gehilfen im Waffenhandwerk und in der Staatskunst; und so geschah unter ihm nichts, was der Rede wert wäre. *Johann* sah auch selbst ein, daß er seiner Stellung nicht gewachsen war und wandte sich an den Papst um Beistand. Was dieser weiter tat im Interesse der Kreuzzüge, wird das nächste Buch zu zeigen haben.

SIEBENTES BUCH

Die Zersplitterung der Kreuzzugsbewegung

(1210–1241)

Päpstliche Krone mit Schlüssel.

ERSTER ABSCHNITT

Neue Bestrebungen des Papstes Innozenz III.

Innozenz III. trat uns bisher nur in seinem Wirken für die Kreuzzüge und in seinem Einschreiten gegen die sich seinen Geboten nicht unbedingt unterordnenden weltlichen Großen vor Augen. Diese Richtungen seiner Tätigkeit bildeten indessen nur einen kleinen Teil derselben und weder gerade denjenigen, in welchem er wahrhaft groß und bewunderswert, noch denjenigen, in welchem er für uns heutige Menschen geradezu abstoßend und widerwärtig erscheint. Er unterschied sich in den genannten Punkten nicht wesentlich von anderen großen Päpsten, wie einem *Gregor VII., Urban II., Alexander III.*

Innozenz III. stieg in seinen Bestrebungen über alle diese geistlichen Weltherrscher empor und überschritt ihren Wirkungskreis; was jene nur in einzelnen Richtungen vollbrachten, das dehnte er über sämtliche Momente aus, welche das allumfassende System des römischen Primates in der katholischen Kirche nur immer berühren kann. Es geschah nichts auf dem weiten religiösen Gebiet, dem ja damals alle übrigen Dinge untergeordnet waren, was nicht durch seine Hände ging. Er regierte nicht nur in die Angelegenheiten des deutsch-römischen Reiches und der Kreuzfahrten, sondern in diejenigen aller Länder Europas und der seinem Bannstrahl erreichbaren übrigen Erdgegenden hinein. Soweit *Heinrich VI.* die Kaiserkrone, gerade soweit oder noch weiter wollte *Innozenz III.* die päpstliche Tiara über das Erdrund leuchten lassen. Er war der wahre und wirkliche Völkerbeherrscher seiner Zeit – ob auchVölkerhirt, wird sich zeigen; die Untertanen suchten und fanden zwar in ihm einen Schützer gegen ungerechte Gewalt der Fürsten, die Schafe seiner großen christlichen Herde eine Stütze gegen die ihr Amt vergessenden oder mißbrauchenden Bischöfe.

Aber dieser ganze Ruhm und Glanz des großen Papstes, der auf die glücklichere, wenn schon von Unglück stark heimgesuchte Zeit der Kreuzzüge zurück- und auf ihren jammervollen, durch keine große Tat mehr erhellten Zerfall vorausschaute, wird für unser jetziges Bewußtsein verdunkelt und ist auch tatsächlich beinahe vergessen durch den schwarzen Schatten, den die Verfolgung der sogenannten *Ketzter* auf die Zeit seiner Regierung wirft. Freilich erschien diese Schattenseite seiner Wirkamkeit im schauerlichen, dumpfen Wahn des größten Teiles seiner Zeitgenossen als eine Lichtseite. Zu einer Zeit, in welcher ein allgemeiner Glaube die überwiegende Mehrheit der Christenheit mit deren angebeteten geistlichen Fürsten verknüpfte und dieser Glaube jede Abweichung von der Kirchenlehre mit dem Verlust der Seligkeit bedrohte, erschien den Gläubigen jede solche Abweichung als ein ebenso verabscheuenswürdiges und der Todesstrafe verfallenes Verbrechen wie Mord oder Raub, ja als ein noch viel strafbareres, weil eine Irrlehre als Mord an der Seele, als Raub der Seligkeit und somit als ein Angriff auf Gott selbst betrachet wurde. Die Organe der Kirche waren in durchaus gleicher Weise wie heute die Staatsorgane bei Verfolgung von gemeinen Verbrechen fest überzeugt, mit Verfolgung und Vernichtung der Ketzer ein verdienstvolles, ja ein Gott wohlgefälliges und das Heil der Welt beförderndes Werk zu tun. Gerade zu Innozenz III. Zeit häuften und verbreiteten sich aber die von der allgemeinen Kirchenlehre abweichenden Sekten in einem bis dahin noch nicht erhörten Maße. Schon im ersten Jahr seiner Regierung erließ er an sämtliche südfranzösische (provenzalische) Bischöfe und Barone sowie an die Bevölkerung dieser Gegend heftige Schreiben gegen die „Teufelslehrer", welche „die Einheit der katholischen Kirche zu zerreißen suchen, indem sie das Verständnis der Heiligen Schrift durch ihre abergläubischen und erdichteten Erfindungen verkehren." Er beauftagte zwei Zisterzienser, Bann und Interdikt gegen alle anzuwenden, welche auf ihre Ermahnungen nicht horchen würden.

Im südlichen Frankreich hatten sich nämlich, infolge langer Pflege griechischer und römischer Kultur, allerlei heidnische Gebräuche weit länger erhalten als in anderen Ländern und zudem waren dort zahlreiche Juden niedergelassen und aus Spanien her mohammedanische Vorstellungen eingedrungen, so daß die dortigen Christen schon von vornherein sehr gemischte Ansichten hatten. Um so leichter bildete sich dort ein Hauptherd ketzerischer Lehrer, welche vom Morgenland ausgegangen waren und sich in umgekehrter Richtung von derjenigen der Kreuzzüge, aber schon über hundert Jahre vor dem Beginn der letzteren, über ganz Europa ausgedehnt hatten. Innozenz III. hat selbst anerkannt, daß die Hauptursache dieser Erscheinung in dem schlechten Lebenswandel und den verderbten Ansichten der Priester seiner eigenen Kirche liege, und gleich ihm haben sich rechtgläubige Kirchenlehrer in dieser Beziehung weit schärfer ausgedrückt als irgendein Ketzer. Doch hatte diese Erscheinung auch noch andere Ursachen, so: die Überreste früherer Ketzereien, die sich allmählich verbreitende Kenntnis der Bibel nach Übersetzungen in die Landessprachen, die beginnende, mit dem strengen Kirchenglauben unverträgliche wissenschaftliche Aufklärung usw. Längst war mit allen Waffen der Kirche und des der letzteren zur Verfügung sich stellenden Staates, mit Bann und Interdikt, mit Gütereinziehung und Niederreißung der Häuser, mit Versagung ehrlichen Begräbnisses, endlich auch mit Kerker, Schwert und Scheiterhaufen gegen die Ketzer eingeschritten worden, doch ohne daß all dies ihrer Verbreitung Einhalt tun konnte.

Natürlich waren diese Ketzereien sehr verschiedener Art; die am höchsten stehenden waren philosophisch begründet, andere neigten sich dem Judentum zu, wieder andere stützten sich auf den Wortlaut der Bibel; aber weitaus die meiste Ausdehnung, namentlich in Bulgarien, Ungarn, den Niederlanden, Italien und Frankreich, hatten diejenigen Ketzersekten, deren Lehre von den Manichäern (den Anhängern des im 3. Jahrhundert hingerichteten Persers Manes oder Mani) stammte, und zwar traten dieselben schon vor dem Jahre 1000 in Mitteleuropa auf. Im Jahre 991 legte *Gerbert* bei seiner Wahl zum Erzbischof von Reims ein Glaubensbekenntnis ab, welches ganz genau diejenigen Sätze enthielt, welche die Manichäer bestritten; im Jahre 1000 verkündete ein sonst obskurer Sektierer in Frankreich, den man für wahnsinnig hielt, offen manichäische Lehren, und in der nächsten Zeit äußerten sich ganz ähnlich andere Sektenprediger in Frankreich, Italien und Spanien. Aus dem Namen *Katharer* (im Griechischen soviel als „Reine"), den sich die Mitglieder dieser Sekten beilegten, ist durch gehässige Verdrehung das Wort „Ketzer" entstanden. In Italien hießen sie meist *Patarener,* nach Pataria, einem Stadtteil von Mailand. Auch nannte man sie nach dem Lande Europas, in welchem sie zuerst auftraten, *Bulgaren,* woraus der französische Name für „Ketzer", *bougres,* entstanden ist. In Südfrankreich aber, wo sie am zahlreichsten waren, im Lande der provenzalischen Sprache und Dichtung und der Troubadours, hießen sie *Albigenser,* weil ihr Hauptsitz die nach der Stadt Albi benannte und den größten Teil der Provence umfassende Landschaft Albigeois war. Auch die Albigenser zählten unter sich die verschiedensten Ansichten; doch wogen darunter die an die Manichäer erinnernden entschieden vor, denn durchschnittlich war die Lehre der Albigenser die folgende:

Wie die Manichäer die persische Lehre des Zoroaster, die das Gute und das Böse von zwei verschiedenen Göttern, dem lichten Ormuzd und dem dunklen Ahriman ableitete, mit den Christentum vermengten, so glaubten auch die Albigenser an zwei Schöpfer, einen solchen der unsichtbaren Welt, den guten Gott und Urheber des neuen Testaments, und einen der sichtbaren Welt, auch der bösen Geister, Luzifer, den Urheber des alten Testaments. Die Leiber der Menschen sollten von Luzifer geschaffen, die Seelen aber von Gott hineingesandt sein. Auch wurde von einem doppelten Christus gefabelt, einem bösen, der im irdischen Bethlehem geboren und gekreuzigt worden, und einem guten, der im unsichtbaren Bethlehem geboren, nur zum Schein auf der Erde lebte und dessen Geist in den Apostel Paulus fuhr. Die Albigenser verwarfen die Dreifaltigkeit, das alte Testament, die Verehrung Johannes des Täufers, dann allen äußerlichen Gottesdienst: Kirchen, Bilder, Feste, Fasten, die Sakramente alle; vom Abendmahl sagten sie: der Leib Christi müßte, wenn er auch so groß wie die Alpen wäre, längst aufgegessen sein. Ferner verwarfen sie die Auferstehung des Fleisches, indem sie glaubten, daß die Seelen nach dem Tod in verklärte Leiber übergehen, in denen sie schon vor der Geburt gewesen, ebenso das Fegefeuer, die Fürbitten für die Verstorbenen, den Heiligen- und Reliquiendienst und den Eid. Sie zerfielen in die „Vollkommenen", welche schwarz gekleidet waren, jede *Lüge* streng mieden, sich des Genusses von Fleisch, Eiern und Käse enthielten, vollkommene Keuschheit beobachteten und die Stelle der Priester vertraten und zu denen nicht nur Männer, sondern auch Frauen gehörten, und in die „Gäubigen", welche sich an keine festen Regeln hielten und oft ein ebenso lockeres Leben führten wie die meisten „Rechtgläubigen", indem sie glaubten, daß durch Händeauflegen und Gebet (oder die „Tröstung") eines „Vollkommenen" ihnen alle Sünden vergeben würden, wenn ein „Vollkommener" aber nicht streng nach den genannten Vorschriften lebe, alle Seelen der von ihm „getrösteten" Toten aus dem Himmel fallen, die Volkommenen mithin alle Verantwortung für das Tun und Treiben der „Gläubigen" tragen müßten.

Die Ansichten der Albigenser waren mithin ein Gemisch von Aufklärung und religiösem Wahn; doch war ihre Aufklärung keine freisinnige oder vorurteilslose, sondern eine wieder nur aus Glaubenswahn hervorgegangene. Sie waren mithin nicht wesentlich aufgeklärter als die Römischgesinnten und sittlich weder besser noch schlimmer als diese; doch ist immerhin anzuerkennen, daß sie dem Grundsatz der freien Forschung huldigten und jedem Glaubenszwang abhold waren. Jedenfalls haben sie die gegen sie von den damaligen Vertretern der „Religion der Liebe" ins Werk gesetzte Ausrottung nicht verdient.

Die beiden Zisterzienser, welche *Innozenz* zur Bekehrung der Ketzer in die schöne Provence gesandt hatte, richteten hier wenig aus. Im Gegenteil: die Zahl der Albigenser nahm fortwährend zu und selbst vornehme Damen, wie z. B. die Schwester des Grafen von *Foix*, ließen sich im Jahre 1204 von dem allverehrten Propheten jener „Ketzer", *Guillabert von Castres*, in die Gemeinschaft der „Vollkommenen" aufnehmen. Der Papst wechselte daher

Zeichen am Himmel.

mehrere Male seine Legaten; seit dem Ende des Jahres 1203 waren es die Zisterzienser *Peter von Castelnau* und *Raoul,* welche die Einwohner von Toulouse zur Vertreibung aller Ketzer aus der Stadt zwangen. Der Papst übertrug ihnen sodann alle Gerichtsbarkeit über die Ketzer anstelle der Bischöfe und ordnete ihnen weiter den Abt *Arnaud* von Citeaux bei. Sie machten von dieser Vollmacht einen weitausgedehnten Gebrauch, suspendierten Bischöfe, die ihnen nicht eifrig genug erschienen, und nötigten im Mai 1205 den damals bald fünfzigjährigen Grafen *Raimund VI.* von Toulouse und St. Gilles, Urenkel des aus dem ersten Kreuzzug bekannten Grafen Raimund (IV.), der bisher die Ketzer beschützt hatte und daher vielfach für einen Anhänger derselben gehalten wurde, zu einem Eid, dieselben aus seinem Gebiet zu vertreiben. Aber auch diese Schritte bewirkten keine Verminderung der Albigenser und die Legaten wollten eben verzweifelnd ihr Amt niederlegen, als im Juli 1206 der aus Rom angekommene spanische Bischof *Diego,* in dessen Gefolge sich der später heilige *Domingo Guzman* befand, sie aufmunterte, nicht nachzulassen und gleich den Aposteln herumzureisen im ganzen Land und an der Bekehrung der Ketzer zu arbeiten. Ja er erbot sich, sie selbst zu begleiten und tat es auch, und die Bekehrungsgesellschaft wurde durch Zuzug von Mönchen aus Citeaux immer größer; auch der bei Anlaß des Zuges nach Zara erwähnte Abt *Guido* von Baux-Cernay bei Paris schloß sich ihnen an. Allen Fürsten des Landes wurde anbefohlen, ihre Fehden unter sich einzustellen und nur auf die Unterdrükkung der Ketzerei bedacht zu sein. Der Graf von Toulouse, welcher diesem Gebot am längsten widerstand und, wie es scheint, auch seinen erzwungenen Eid nicht hielt, wurde durch *Peter von Castelnau* exkommuniziert und sein Land mit dem Interdikt belegt, was der Papst am 29. Mai 1207 bestätigte, indem er zugleich an den Gebannten ein eindringliches Ermahnungsschreiben, angefüllt von Drohungen mit dem ewigen Höllenfeuer, erließ. Das Schreiben erreichte seinen Zweck und der unbeständige Graf unterwarf sich. Die Bekehrer veranstalteten Religionsgespräche mit den letzteren und führten ihrer mehrere zum römischen Glauben zurück; ja es gab solche, namentlich unter den Waldensern, welche selbst einen mönchischen Verein zur Bekehrung der Ketzer gründeten; sie sollen jedoch bald nachher wieder zu ihren früheren Ansichten zurückgekehrt sein. Als *Diego* und *Raoul* starben und *Arnaud* von Angelegenheiten seines Ordens in Anspruch genommen wurde, setzten *Peter, Guido und Domingo* das begonnene Werk fort und letzterer legte 1211 zu Prouille im Bistum Toulouse den ersten Grund zur Stiftung des nach ihm benannten Ordens der Dominikaner. Da aber die wenigen Albigenser, die sich bekehrten, von den „Aposteln" mit Ruten gezüchtigt wurden, hatte die Bekehrung wenig Glück und Innozenz entschloß sich daher 1207 den König und die Fürsten Frankreichs zu einem *bewaffneten Kreuzzug* gegen die Albigenser aufzufordern, indem er ihnen zur Belohnung die Güter der Ketzer und allen Kreuzfahrern denselben Ablaß versprach, den die Teilnehmer an den Kreuzzügen nach dem Heiligen Land genossen.

Und damit, daß der „Stellvertreter Gottes" sich offen auf die Seite des

Raubes stellte, wenn auch um des Glaubens willen, der damals alles zudeckte, war der erste von jenen verhängnisvollen Schritten getan, durch welche vier aufeinanderfolgende Päpste des dreizehnten Jahrhunderts die Kreuzzüge nach dem Heiligen Land zugrunde gerichtet haben. Hat auch bei diesen letzteren viel Aberglaube und Fanatismus mitgespielt, und sind dabei namenlose Greuel verübt und in leichtfertigster, kopflosester Weise Millionen Menschenleben ohne Nutzen aufgeopfert worden, so war doch der Grundgedanke der Kreuzzüge: dem Ideal der christlichen Gesellschaft des Mittelalters (das nun einmal kein anderes als das Heilige Land, der Schauplatz der Erlösung des Menschengeschlechtes, sein konnte) nachzustreben und das Übergewicht der Europäer über die Ufer-Gebiete des Mittelmeeres zum Schutze ihrer eigenen Länder geltend zu machen, ein vollkommen berechtigter. Hätten die Kreuzzüge, gleichviel aus welchem Grunde, gesiegt, so wäre nicht nur mit der Zeit der sie begleitende Wahn dem Anwachsen der Aufklärung von selbst erlegen, sondern das Eindringen der Türken in Europa (bis vor Wien!) und damit die unheilbare Verwüstung der Balkanhalbinsel wäre unmöglich gemacht und der ganze Jammer der orientalischen Frage und ihrer blutigen Kriege wäre uns erspart worden!

Dadurch aber, daß *Innozenz III.* den Krieg gegen zivilisierte Europäer, wegen bloßer religiöser Ansichten dem Kampf gegen die rohen Türken gleichstellte, daß *Honorius III.* die Kreuzfahrer vor Damiette verhinderte, durch einen günstigen Vertrag Jerusalem in ihre Gewalt zu bekommen, daß *Gregor IX.* den Kaiser *Friedrich II.* aus nichtigen Gründen bannte und damit die Erwerbung Jerusalems durch denselben zu einer bloß vorübergehenden machte, und daß *Innozenz IV.* den Ertrag der Kreuzzugssteuern zum Kampf gegen den verhaßten Kaiser und sein Haus verwendete – durch diese vier nie genug zu beklagenden Maßnahmen sind, wenn auch nicht absichtlich, doch tatsächlich, die Kreuzzüge nach dem Morgenland vernichtet und ist den Türken der Weg nach Konstantinopel und bis vor Wien geöffnet und die Zivilisation in Südosteuropa zerstört worden! Denn es ist nicht zu vergessen, daß zur Zeit der Kreuzzüge die gebildeten Araber, die einst Spanien zu hoher Blüte emporgehoben hatten, längst vom Schauplatz der Geschichte abgetreten und die fanatischen rohen Seldschuken und Turkmanen an ihre Stelle gerückt waren, welche das Scheitern der Kreuzzüge verlocken mußte, die für ohnmächtig gehaltenen Europäer in ihrem eigenen Lande zu unterdrücken und dasselbe zu verwüsten, wie ja stets ihre Leidenschaft war. Diesem Unheil hätte aber das Unterlassen der Kreuzzüge keineswegs vorgebeugt, denn es war ja gerade das Vordringen der Seldschuken bis vor die Tore von Byzanz, welches den ersten Anstoß zu den Kreuzzügen gab. Sie *mußten* eintreten, wenn Europa sich selbst sichern wollte, und ihr schließlicher Sieg wäre eine Wohltat für Europa gewesen und hätte auch dem *griechischen* Land den Fortschritt gewährt, dessen das übrige Europa seit den Kreuzzügen sich erfreute.

Die erste böse Frucht der Anordnung des ungeheuerlichen, alle Menschenwürde verhöhnenden Kreuzzugs gegen die Abligenser war die am 15. Januar 1208 vollzogene Ermordung des Legaten *Peter von Castelnau.* Derselbe hatte mit dem Grafen *Raimund* eine Unterredung gehabt, um ihn zu eifrigerer Verfolgung der Ketzer anzutreiben, der Graf aber hatte wie gewöhnlich zwischen Unterwürfigkeit und Widerstand geschwankt, war schließlich aber mit Drohungen vom Legaten geschieden. Am anderen Tag wurde der letztere von einem ihm auflauernden Unbekannten, angeblich einem Dienstmann des Grafen, mit einem Lanzenstich tödlich verwundet. Der Unglückliche verzieh sterbend seinem Mörder, aber der Papst und Abt *Guido* beschuldigten den Grafen *Raimund* der Urheberschaft, während derselbe über die Tat auf das äußerste erbittert war. Der Papst belegte den Grafen mit dem Bann, entband jedermann der ihm geschworenen Eide, erlaubte jedem, ihm sein Land wegzunehmen, und gewährte jedem Ablaß, der gegen ihn zu Felde zöge. Ja er rief ganz Frankreich zum Kreuzzug auf, sowohl gegen den Grafen und alle am Mord beteiligten, als gegen die Ketzer. Der Herzog *Odo III.* von Burgund, Graf *Simon von Montfort* und viele andere Grafen und Herren nahmen das Kreuz und trugen es auf ganz gleiche Weise, wie es die Kreuzfahrer nach dem Heiligen Land schmückte. Zahllose Heerscharen versammelten sich, denn die Strapazen waren auf diesem Feldzug im eigenen Land nicht so groß wie auf einem solchen nach dem Morgenlande; Beute und Ablaß waren dieselben. Da unterwarf sich der Graf *Raimund* 1209 wieder einmal dem Papst, an den er Gesandte schickte, und erlangte gegen das Unterpfand sieben fester Schlösser Lossprechung vom Bann. Er mußte aber zu diesem Zweck auch noch Kirchenbuße tun, nämlich am 14. Juli in der Kirche von St. Gilles mit entblößtem Oberleib vor dem Legaten und über zwanzig Bischöfen auf den Leib Christi und heilige Reliquien Gehorsam gegen die Gebote der Kirche geloben, dann mit einem Strick um den Hals sich in die Kirche führen lassen und Geißelhiebe aushalten, worauf er endlich die Lossprechung erlangte. Ja er ging, natürlich auf Andringen seiner Peiniger, soweit, selbst um das Kreuz zu bitten und dem Kreuzheer in allen Dingen Willfährigkeit zu versprechen. Höchst bezeichnend für das Verfahren Roms in dieser Angelegenheit ist ein Schreiben des Papstes an zwei Bischöfe und an den Abt *Arnaud*, worin er ihnen empfahl, den Grafen durch falsche Vorspiegelungen so lange hinzuhalten, bis die anderen (die Ketzer) seiner Hilfe beraubt und unterdrückt seien; dann werde es um so leichter sein, gegen den Alleinstehenden zu verfahren. Darauf antwortete der als Gehilfe des Abtes von Citeaux an *Raimund* gesandte Legat *Milo* in ebenso bezeichnender Weise dem Papst: „er habe den Grafen wenigstens fünfzehn Punkte beschwören lassen, die derselbe bis zu dem bestimmten Zeitpunkt nicht zu halten imstande sei. Dann *sei es ein leichtes, ihn völlig seines Landes zu berauben*, das er durch sein schändliches Leben allzu lange befleckt habe, da die Kirche ja bereits sieben seiner Schlösser im Besitz habe und die Behörden dreier Städte sich derselben zu unterwerfen geschworen haben. Darum möge der Papst seine Versprechungen nicht annehmen, sondern vielmehr die Hand der Kirche immer schwerer auf ihm lasten lassen."

So bereitete sich der „Kreuzzug" gegen die Albigenser vor, der den Namen der Kreuzzüge für immer schändete. Dabei ist es denn bezeichnend, daß außer dem römischen Stuhl und den ihm blind ergebenen Schafen kein ehrlicher Mensch für diese Schmach eintrat. Herrlich hielten sich sie *Troubadours*, die damit alle ihre Schwächen und Fehler aufwogen. Wenn wir von *Fulko* aus Marseille absehen, welcher 1195 einen Kreuzzug gegen die Almohaden in Spanien predigte, später Mönch und endlich Bischof von Toulouse wurde (in welcher Stellung wir ihn kennenlernen werden), der aber seitdem nicht mehr als Troubadour zu betrachten ist, so nahm nur ein einziger dieser Sänger, *Perdigon* aus Gévaudan, für den sogenannten Kreuzzug Partei; er endete, von allen übrigen verachtet, sein elendes Leben in einem Kloster. Ohne sich zugunsten der „Ketzer" zu erklären, tadelten die Troubadours sowohl den religiösen Wahn der letzteren, als Mittel, welche angewendet wurden, ihn zu bekämpfen. Es regnete beißende Satiren gegen die Habgier, die Treulosigkeit, die Laster und die Tyrannei der Geistlichkeit, Kampflieder gegen die Grausamkeit und Raubsucht der sogenannten Kreuzfahrer. Es war zugleich ein Kampf der Aufgeklärten gegen das Papsttum, und eine Notwehr der Provenzalen gegen die Franzosen; denn die Kreuzfahrer waren meist Nordfranzosen und der sogenannte Kreuzzug wurde zuletzt zu einem Unternehmen der Unterdrückung des provenzalischen durch das französische Volkstum. Seit diesem unseligen Krieg lag das nationale provenzalische Wesen zu Boden und die Franzosen gründeten mit demselben ihre Herrschaft über ganz Gallien, während ursprünglich nur die nördliche Hälfte dieses Landes ihre Heimat, d. h. die Werkstätte der Vermischung von Kelten-, Römer- und Frankentum gewesen ist.

Freilich, von dichterischem Wert sind jene Streitlieder der Troubadours gegen Rom und die Franzosen nicht gerade; die Redlichkeit der Gesinnung und die Gerechtigkeit ihrer Sache, welche die der Freiheit und der Menschlichkeit war, mußte das poetische Talent ersetzen. In jener wilden Zeit galt, wie im körperlichen Kampf, der für den besten, der die schwersten Streiche austeilte und die tiefsten Wunden schlug. So sang z. B. *Guillem von Figueiras* in 23 Strophen zu 11 Versen ein Strafgedicht gegen Rom, wovon folgende Zeilen ein Auszug sind:

> „Ich will ein Sirvent singen nach der Weise, die mir ansteht, ein Sirvent über diese Fälscher voll Lug und Trug, über Rom, welches das Haupt des Verfalls ist, worin alles Gute geht … Rom, du nagst den Einfältigen das Fleisch und den Knochen ab und du führst die Blinden mit dir in den Abgrund. Du überschreitest die Gebote Gottes zu stark, denn deine Begehrlichkeit ist so groß, daß du die Sünden für Geld vergibst; du beladest dich mit zu großer Mühe … Rom, so groß ist deine Pflichtvergessenheit, daß du Gott und seine Heiligen verachtest … Rom, Gott erhalte und stärke diesen guten Grafen von Toulouse, welcher die Franzosen schert, schindet und hängt und aus ihnen eine Brücke baut, wenn sie mit ihm kämpfen … *Rom,* mit falschen Lockvögeln spannst du deine Netze und du verschlingst manch schlimmen Bissen … Du hast das Gesicht eines Lammes beim ersten Anblick; innen aber bist du ein wütender Wolf, eine gekrönte Schlange, eine Vipernbrut; daher betrachtet dich der Teufel als seine Kreatur."

In ähnlicher Weise sang Peire *Cardinal*:

> „Sie heißen zwar Hirten, doch sind sie vielmehr Mörder; ihr Kleid scheint heilig; aber sie gleichen dem Wolf, der in eine Herde schlich, aber umhängt mit einem Hammelfell, die Hunde zu täuschen, und dann alle Schafe auffraß. Je höher sie stehen, desto schlimmer sind sie; die Lüge wächst bei ihnen auf Unkosten der Wahrheit und die Ränkesucht ersetzt die Wissenschaft, während von Demut nicht ein Haar gefunden wird. Niemand war von jeher Gott so feindselig als diese Pfaffenbande."

Der Papst war natürlich anderer Ansicht. Nachdem er den Grafen Raimund einstweilen zur Ruhe gebracht, widmete er sich mit erneutem Eifer dem Aufruf zum Kreuzzug gegen die Ketzer, die Vorgänger des Antichrists, die Diener der alten Schlange, wie er sie einst nannte; er forderte die Gläubigen auf, um ewigen Ruhmes willen, für Gott zu kämpfen; von den Geistlichen verlangte er unter Androhung von Kirchenstrafen einen Teil ihrer Einkünfte zur Unterstützung des Kreuzheeres, und versprach, einen größeren Teil von seinen eigenen Einkünften beizutragen.

ZWEITER ABSCHNITT

Der Kreuzzug gegen die Albigenser

In Lyon hatte sich zur Zeit des Johannesfestes 1209 ein sogenanntes Kreuzheer versammelt, dessen Stärke auf 200 000 bis 500 000 Mann angegeben wird, und dessen Mannschaft aus ganz Frankreich, zum Teil auch aus Deutschland* und Italien stammte. Der Glaubenseifer nahm in den Gegenden außerhalb des Albigensergebietes so überhand, daß man an vielen Orten, wie überhaupt während der Kreuzzüge sehr oft Kreuze und andere Zeichen am Himmel zu sehen glaubte (Bild 67). Das Kreuzheer nahm seinen Weg nach Montpellier. Hier kam ihm der junge *Vicomte Raimund Roger* von *Beziers, Neffe Raimunds* von *Toulouse,* der sein Land zunächst bedroht glaubte, mit der Absicht entgegen Frieden zu schließen. Er wurde beschuldigt, die Ketzer begünstigt zu haben, und die Kreuzfahrer scheinen ebenfalls dieser Meinung gewesen zu sein, da sie auf seine Vorschläge nicht eingingen. Wahrscheinlich war sein Untergang wie derjenige seines Oheims eine von vornherein beschlossene Sache. Das Kreuzheer rückte unaufhaltsam gegen Beziers vor und wurde, noch ehe es dort ankam, durch zwei Scharen unter dem Erzbischof von *Bordeaux* und dem Bischof von *Puy* verstärkt. Aber auch der Vicomte hatte ein tapferes Heer unter seinen Befehlen, und seine Städte *Carcassone* und *Beziers* waren stark befestigt und verweigerten die von ihnen verlangte Übergabe. Aber am 22. Juli nahmen die Kreuzfahrer *Beziers* ein und hausten dabei wie die wilden Tiere; sie mordeten alles, Weib und Kind, Greise und Priester, in einer einzigen Kirche siebentausend Menschen, in ganzen nach dem Bericht der Legaten an den Papst 20 000, nach anderen Berichten gar 60 000. Natürlich waren das nicht lauter Ketzer, und als man dies dem Abt *Arnaud* vorstellte, rief, wie die Überlieferung berichtet, dieses Ungeheuer: „Tötet nur alles, der Herr wird die Seinen schon erkennen." Natürlich wurde die Stadt auch geplündert und niedergebrannt, und die Legaten nannten das Geschehene eine wunderbare göttliche Rache! Der Hauptzweck dieser Handlungsweise

---

* Aus Deutschland nahmen an diesem oder einem späteren Zug gegen die Albigenser teil: der Erzbischof Engelbert von Köln und die Grafen von Jülich und Berg.

war aber, das Land in Schrecken zu setzen, und dies wurde auch in solchem Grade erzielt, daß eine Menge anderer Städte, obschon sie sich hätten verteidigen können, sich ergaben. Nur *Carcassonne* machte eine Ausnahme, angeblich das ärgste „Ketzernest" nach römischer Sprechweise. Als die Stadt (seit dem 1. August) belagert wurde, erschien der König *Pedro* von *Aragon* im Lager der Kreuzfahrer und suchte zwischen ihnen und dem in der Stadt befindlichen Vicomte zu vermitteln. Er stellte jenen vor, daß dieser noch jung und niemals ein Ketzer gewesen, auch solche nie begünstigt habe. Die Kreuzfahrer verlangten aber, daß sich die ganze Stadt, bis auf den Vicomte und zwölf Ritter, die abziehen dürften, auf Gnade und Ungnade ergebe. Der wackere Jüngling antwortete auf diese schmähliche Zumutung: er lasse sich lieber lebendig zerreißen, als daß er den geringsten seiner Untertanen verließe. Endlich aber, nach langer tapferer Wehr, zwang Wassermangel den Vicomte, das ihm vom Legaten zugesagte „freie Geleit" zu einer Unterredung anzunehmen. Allein wie verstanden die päpstlichen Krieger ihr Wort? Der Vicomte wurde als Gefangener zurückbehalten, die Einwohner mußten sich durch einen unterirdischen Gang flüchten und die „Kreuzfahrer" nahmen die Stadt am 15. August in Besitz. Der unglückliche Gefangene aber, in einem Turm seiner Stadt verwahrt, starb dort am 10. November wahrscheinlich auf gewaltsame Weise. Der Papst gab dies in einem Schreiben ausdrücklich zu, indem er ihn als „ermordet" *(interfectus)* bezeichnete.

Die siegreiche Räuber- und Mordbrennerbande, wie man das Kreuzheer der Wahrheit gemäß nennen muß, verfügte nun über ihre Beute und teilte sie, da der Herzog von Burgund sie ausschlug, dem blutigen *Simon* von *Montfort* und Leicester zu.

Die meisten Kreuzfahrer hatten sich nur für vierzig Tage gebunden, und als diese Zeit um war, verließen sie das Heer. Doch waren immer noch genug Leute vorhanden, um das Werk der Zerstörung fortzusetzen. *Montfort* nahm viele Festen und Burgen ein und griff den Grafen von *Foix* an, welcher seine Unterwerfung anbot und seinen Sohn zur Geisel gab. Aber nun stellte sich dem päpstlichen Eroberer der König *Pedro* von *Aragon* entgegen und nahm ihm von seiner Beute nicht weniger als vierzig feste Plätze ab, so daß ihm nur noch acht übrig blieben. Doch bestätigte ihm Papst *Innozenz* den erblichen Besitz des eroberten Landes und forderte den Kaiser *Otto* und die Könige von Kastilien und Aragon auf, ihn zu unterstützen. *Montfort* und seine Mitschuldigen hatten jedoch den von ihnen so sehr verehrten Papst derart belogen, daß derselbe in der Meinung befangen war, es seien an 500 Städte und Burgen von der „Herrschaft des Teufels in diejenige des Heiligen Geistes" übergegangen. Die Kreuzfahrer sprach der über ihre „Leistungen" entzückte Papst von jeder Zinszahlung frei und befahl ihren Gläubigern, die Zahlungstermine bis zur Beendigung des Kreuzzuges zu verlängern.

Der Papst und seine Legaten fuhren indessen in ihrem hinterlistigen Treiben fort. Als die letzteren den Grafen von *Toulouse*, zu dessen ersehnter Ausraubung sie endlich die Zeit gekommen wähnten, wiederholt mit dem Bann belegten, weil er nicht auf ihr Verlangen jeden bloß Verdächtigen sofort als Ketzer vertrieb, der Bedrohte aber sich an den Papst wandte, nahm dieser (1210) ihn wohlwollend auf und zeigte sich geneigt, ihn nach völliger Reinigung von den auf ihn lastenden Anklagen, vom Bann zu lösen und ihm die verpfändeten Burgen zurückzugeben. Daß er dabei aber nicht aufrichtig handelte, bewies der Umstand, daß er die Angelegenheit des Grafen, seinem ärgsten Feind, dem Abt *Arnaud* übertrug, diesen insgeheim anwies, die Vermittlung anderer Personen in Anspruch zu nehmen, und sich äußerte: wenn der Graf nicht volle Genugtuung leiste, so werde er härter als bisher behandelt werden. Auch wurden zugleich die Behörden seiner Stadt Toulouse, weil sie nicht soviel zur Bekämpfung der Ketzer zahlten, als von ihnen verlangt wurde, mit dem Bann und die Stadt mit dem Interdikt belegt. Erst als sie Geiseln stellten, wurden sie losgesprochen. Dem Grafen *Raimund* aber wurden von den Legaten so schwere Bedingungen zur Losprechung gestellt, daß ihm diese rein unmöglich gemacht wurde. Offenbar hintertrieb man dieselbe absichtlich, um ihm sein Land wegnehmen zu können. Es wurde ihm daher endlich zu bunt; er verließ das Konzil in Arles, auf dem mit ihm verhandelt werden sollte, erklärte sich mit mehreren Grafen und Vicomtes und mit Einwilligung des Königs von England als Feind des Kreuzheeres und wurde darauf von jenem Konzil mit dem Bann belegt und seiner Besitzungen verlustig erklärt. Der Papst bestätigte den Bann und bereitete den König von Frankreich auf den Plan vor, das Gebiet von *Toulouse* zu besetzen. Die Sachen standen überdies noch insofern günstig für das Kreuzheer, als *Pedro* von Aragon sich mit *Montfort*, der mehrere der verlorenen Burgen wieder genommen, völlig ausgesöhnt und sogar verschwägert hatte.

Nun sammelte *Montfort* in Carcassonne 1211 ein neues beträchtliches Heer um sich und eroberte am 3. Mai nach längerer Belagerung die Burg *Lavaux*, einen Hauptsitz der Albigenser; die Besitzerin *Giralda* wurde in einen Brunnen geworfen, ihr Bruder gehängt, viele Verteidiger verbrannt. Der Graf von *Foix* hatte während dieses Feldzuges in *Toulouse* eine deutsche Kreuzfahrerschar niedergemacht, Graf *Raimund* aber wieder eine schwankende und zweideutige Rolle gespielt, bis er endlich nicht mehr daran zweifeln konnte, daß es nun gegen ihn losging. Das Kreuzheer zog von Lavaux weg sofort gegen seine Besitzungen, aber auch jetzt noch wollte er sich ihm gegen Schonung seines Lebens und Sicherung der Erbfolge unterwerfen, wurde jedoch nicht nur schnöde abgewiesen, sondern selbst mit dem Tod bedroht. Seiner Stadt wurde Schonung versprochen, wenn sie ihn vertreibe und sich dem ihr von der Kirche bestimmten Herrn unterwerfe. Die Bürger aber wiesen diese ehrlose Zumutung mit Entrüstung von sich und das Kreuzheer begann die Belagerung von *Toulouse*, dessen Umgebung gründlich verwüstet und in dieser alle vorgefundenen Leute ermordet wurden. Die Einwohner verteidigten sich tapfer, ließen Tag und Nacht die Tore offen und machten noch weitere Öffnungen in die Mauer, durch welche sie beständig ausfielen, bis die durch diese Ausfälle stark geschädigten Kreuzfahrer zu Ende des Juni 1211 die Belagerung aufhoben.

Montfort verheerte darauf die Grafschaft *Foix*, und nun griff ihn endlich *Raimund* an und belagerte ihn in Castelnaudari, wohin er sich geworfen hatte, stand aber davon ab, als eine andere Schar der Kreuzfahrer den Grafen von *Foix* seiner meisten Mannschaft beraubt hatte.

Es trat nun eine längere, tatenlose Zeit ein, während welcher 1212 zwei Hauptbeförderer des Kreuzzuges für ihre „Verdienste" belohnt wurden, Abt *Guido* mit dem Bistum Carcassonne und Abt *Arnaud* mit dem Erzbistum *Narbonne*, mit dem er aber nicht zufrieden war, sondern, eigenmächtig zugreifend, gleich auch das ganze Herzogtum gleichen Namens in Besitz nahm.

Um jene Zeit erhielt *Montfort* bedeutende Verstärkungen durch französische, deutsche und italienische Kreuzfahrer, mit denen er mehrere der verlorenen Burgen wieder einnahm, während dem Grafen *Raimund* nur noch zwei Plätze, *Toulouse* und *Montauban* blieben und seine Verbündeten, die Grafen von *Foix* und *Comminges* ihr Land fast ganz an *Montfort* verloren. Die drei Grafen setzten nun ihre Hoffnungen auf *Pedro von Aragon*; *Raimund* begab sich zu diesem, und derselbe wandte sich 1213 an den Papst, und zwar nicht ohne Erfolg. *Innozenz* erließ ein sehr ungnädiges Schreiben an den Erzbischof von Narbonne, worin er diesem und *Montfort* in strafenden Worten vorhielt, nicht nur ketzerische, sondern auch rechtgläubige Orte eingenommen und sich ohne alle Rücksicht fremdes Eigentum angemaßt zu haben. Zugleich teilte er dem Erzbischof in für *Raimund* wohlwollenden Ausdrücken mit, daß dieser Buße tun wolle und daß seine Angelegenheit von einem Konzil behandelt werden müsse. Dem so bloßgestellten, aber trotzdem keine Scham empfindenden Länderräuber *Montfort* aber befahl der Papst ohne viel Worte sehr barsch, dem König von Aragon und seinen Vasallen die geraubten Länder herauszugeben, „damit nicht scheine, als hätte er mehr zu seinem eigenen Nutzen denn zu dem der Kirche unerlaubterweise sich angeeignet", und tadelte überdies, daß er seine Pflichten als Vasall Aragons für die Grafschaft *Carcassonne* nicht so erfülle, wie dies früher der Vicomte von Beziers getan habe.

Es ging aber dem Papst wie dem Zauberlehrling: die er rief, die Geister, wurde er nicht mehr los; es war, als fühlte er, welchen schlimmen Weg er mit dem Kreuzzug gegen die Albigenser eingeschlagen und was für böse Gesellen er zur Ausführung seines Werkes angeworben hatte. Er vermochte bereits nichts mehr über die unter dem Deckmantel des Glaubenseifers entfesselte nackte Raubgier. Bei dem Konzil in *Lavaux* verlangte König *Pedro*, daß die Grafschaft *Toulouse* dem unschuldigen Sohn *Raimunds* erhalten bleibe und die Grafschaften Foix und Comminges ihren niemals der Ketzerei verdächtig gewesenen Herren herausgeben würden. Aber das Konzil überging dieses letztere Verlangen mit Stillschweigen und beschränkte sich darauf, den Grafen *Raimund* so schwarz als möglich zu malen und jede Herausgabe von Land an ihn oder selbst an seinen Sohn als eine Gefährdung für den Glauben darzustellen.

Nun nahm der König in edler, selbstverleugnender Weise, obschon ihn *Arnaud* mit dem Bann bedrohte, und obschon er mit den Ketzern in keiner

Weise sympathisierte, die drei unterdrückten Grafen in seinen Schutz. Aber das Konzil bearbeitete den Papst in seiner Weise und man muß wirklich an der vielbewunderten Größe des letzteren irre werden, wenn man in seinem zunächst erlassenen Schreiben an den König liest, wie er sein letztes förmlich zurücknimmt, dem König vorwirft, einen plötzlichen Befehl zugunsten von Beschützern der Ketzer „erschlichen“ zu haben, in anweist, mit *Montfort* einen Waffenstillstand zu schließen, davon aber die Ketzer auszunehmen, „mit denen Rechtgläubige schicklicherweise weder Waffenstillstand noch Frieden schließen dürfen, da keine Gemeinschaft zwischen Licht und Finsternis bestehen könne“, und mit der Drohung endet: er werde den Ablaß für die Kreuzfahrer erneuern und die Gläubigen zur Vertilgung der Pest des Ketzerwesens „mit göttlicher Hilfe“ auffordern, wenn die Grafen in „ihrem Irrtum“ beharren. Es war eine Kundgebung der ungescheuten, auf keine Vernunftgründe hörenden Parteinahme für die rohe Gewalt.

Umsonst schickte *Pedro* Gesandte an den Papst, und nun erklärten der König und *Montfort* einander den Krieg. Letzterer verheerte das Gebiet der drei Grafen und *Pedro* belagerte vom 10. September an Muret. Aber die Kreuzfahrer wurden von den Bischöfen zur rücksichtslosen Verfolgung eines bestimmten Planes angefeuert, während es ihren Gegnern an einem solchen fehlte, da sie nicht müde wurden, ihre Ergebenheit gegen den Papst zu versichern, der doch alles tat, sie zu verderben. Zudem wollte es das Unglück, daß *Pedro* bei der Belagerung von Muret in tapferem Kampf fiel. Die Kreuzfahrer siegten leicht über das nun führerlose Heer und *Montfort,* der den fünfjährigen Sohn und Nachfolger des gefallenen Königs in seine Gewalt bekommen, dehnte seine Eroberungen bis nach Nismes aus. *Innozenz* konnte im Beginn des Jahres 1214 ein triumphierendes Schreiben in der Bildersprache der Apokalypse an die provenzalischen Bischöfe erlassen, gab aber doch seinem neuen Lagaten den Auftrag, die Berechtigung *Montforts* zur Wegnahme von Nismes zu untersuchen und die Herausgabe des jungen Königs von Aragon zu verlangen. Zugleich unterwarfen sich die sämtlichen Grafen, die gegen das Kreuzheer gekämpft hatten, auch *Raimund,* der Kirche. *Foix* und *Comminges* mußten Festungen als Unterpfänder ihrer guten Gesinnung geben, *Raimund* und die Bürger von Toulouse aber sich ohne alle Bedingungen dem Machtgebot Roms, falle es aus wie es wolle, beugen.

Ohne aber auf diese Vorgänge Rücksicht zu nehmen, setzte *Montfort* seine Eroberungen, auch in den Gebieten der sich Unterwerfenden, fort, und der Legat bestätigte dieselben, ja das Konzil von Montpellier wählte 1215 *Montfort* förmlich zum Fürsten und Monarchen des ganzen Landes; der Bischof *Fulko* von Toulouse aber nahm die Stadt dieses Namens für den Legaten in Besitz, welcher letztere dieselbe auch noch *Montfort* übergab, und noch dazu *Foix* auslieferte. Zu diesen Eroberungen gehörte aber auch das Herzogtum Narbonne, welches, wie erwähnt, der Erzbischof *Arnaud* ansprach; beide Kreuzfahrer und Ketzervertilger gerieten daher in Streit. *Montfort,* von *Arnaud* mit dem Bann belegt, nahm Narbonne mit Gewalt und ließ sich als Herzog huldigen. Trotzdem beschloß zu Ende des Jahres das glänzende lateranische Konzil in Rom, das größte, das bis dahin stattgefunden, unter dem Vorsitz *Innozenz III.*, nachdem es den Grafen *Raimund* von der Herrschaft seines Landes für immer ausgeschlossen, das ganze Gebiet, das die Kreuzfahrer erobert, nebst *Toulouse* und *Mautauban* dem Grafen von *Montfort* zu überlassen. Nur der nicht eroberte Teil der Grafschaft *Toulouse* wurde dem Sohn des Grafen *Raimund* vorbehalten, falls er sich einst dessen würdig zeigen sollte. Umsonst sperrte sich der Papst, für den in Rom anwesenden *Raimund* günstig gestimmt, gegen diesen unqualifizierten Beschluß – der große Kirchenfürst wurde von den Fanatikern überstimmt und die Kirche verfügte gegen alles Recht, alles Herkommen und alle Vernunft über weltlichem Besitz zugunsten eines selbst im Bann befindlichen gewalttätigen Länderräubers und Führers zügelloser Horden.

Nun konnte *Montfort* die Besitznahme seiner Eroberungen vollenden. Er ließ sich in Toulouse 1216 huldigen und die Befestigungen der Stadt schleifen. Dann erhielt er auch, merkwürdigerweise ohne Anstand, die Belehnung von seiten des Königs *Philipp August*, der, wie ausdrücklich erzählt wird, jene Verfügungen über seine Vasallenländer sowohl, als die Beteiligung seines geistig beschränkten Sohnes und Nachfolgers *Ludwig* am Kreuzzug mit großem Mißvergnügen gesehen, aber nicht das mindeste getan hatte, beides zu verhindern.

Raimund von Toulouse, der nicht ohne seine Schuld Beraubte, Entsetzte und Vertriebene, dem der Papst beim Abschied von Rom nur leeren Trost hatte mitgeben können, gab indessen, vermöge seines stets zwischen Unterwerfung und Widerstand schwankenden Charakters, dem Albigenserkrieg eine neue Gestalt. Es war von nun an kein Religionskrieg mehr, sondern ein politischer Kampf um die Herrschaft über Südfrankreich oder die Provence und Languedoc; die Ketzer traten als kriegsführende Macht zurück, freilich nur, um später als Verfolgte wieder aufzutauchen; was jetzt noch geschah, ist jedoch so sehr eine Folge des bis dahin Geschehenen, daß es nicht übergangen werden kann.

Raimund und sein gleichnamiger Sohn begaben sich in den nicht eroberten, weil von der Grafschaft Toulouse entlegenen und, wie es scheint, nicht von Ketzern, aber auch nicht von blinden Anhängern Roms bewohnten Teil ihrer Besitzungen, nach der eigentlichen Provence. In *Marseille* mit großem Jubel empfangen, wurden sie von *Avignon* aus eingeladen, sich dort als Grafen von St. Gilles huldigen zu lassen, und erhielten von ihren dortigen treuen Untertanen, die sie begeistert aufnahmen, die Versicherung, ihnen zur Wiedererwerbung von Toulouse behilflich zu sein. Auf dies hin erklärte *Raimund* dem Grafen von *Montfort* den Krieg und begann ihn mit Belagerung der kleinen Feste *Beaucaire*, die von *Montforts* Leuten besetzt war, während die Bewohner der Stadt seinen Sohn aufnahmen, der aber wieder von *Montfort* selbst und seinen Söhnen eingeschlossen wurde, bis nach monatelangem Kampf der letztere sich gezwungen sah, die notleidende Festung zu übergeben und sich zurückzuziehen. *Raimund* selbst sammelte in Aragon ein Heer und war sicher, daß *Toulouse* sich gerne wieder ihm anschließen würde. Dieser *Montfort* wohl bekannte Umstand ärgerte den Raubritter so sehr, daß er in feindlicher Absicht gegen Toulouse zog; die

Städter aber, welche ihr verräterischer Bischof *Fulko* bewog, *Simon* entgegenzugehen, der ihnen gnädig sein werde, ließ dieser sofort binden und abführen, worauf die übrigen sich in die Stadt zurückzogen, die Leute des Bischofs, die indessen zu plündern begonnen hatten, hinaustrieben und dem nachkommenden *Simon*, der die Stadt an drei Orten anzünden ließ, ein gleiches taten. Der verräterische Bischof jedoch wußte sie durch schöne Worte zu kirren, daß sie Geiseln gaben und ihre Waffen ablieferten, worauf *Simon* sie um 30 000 Mark Silber brandschatzte, sie überdies ganz ausplünderte und die noch stehengebliebenen Befestigungen niederreißen ließ. Dann bemächtigte sich der Räuber noch der Grafschaft *Foix* und spottete hierdurch gleichsam des Papstes *Innozenz*, der kurz vorher gestorben war.

Im Jahre 1217 begann der Krieg von neuem. Erst hatte *Montfort* großes Glück; aber plötzlich erschien der alte Graf *Raimund* mit spanischen Truppen und mit dem Grafen von *Foix* und *Comminges* und zog am 13. September in Toulouse ein, das er in der Eile nun befestigen ließ. *Montforts* Angriffe wurden zurückgeschlagen, viele Edelleute fielen von ihm ab und er begann Toulouse zu belagern. Der neue Papst *Honorius III.* setzte Himmel und Erde in Bewegung, sowohl um dem Länderräuber Zuzug, als um Abfall von *Raimund* zu bewirken, selbst des letzteren Sohn wurde vom Papst aufgefordert, den Vater zu verlassen. Aber alles war umsonst! *Toulouse* hielt sich bereits neun Monate lang, als am 25. Juni 1218 ein großer Ausfall gemacht wurde. *Montfort* befand sich eben in dieser Messe, aber obschon ihm die Gefahr angezeigt wurde, harrte er aus, bis er die Hostie erheben gesehen und stürmte nun erst, gestärkt durch diesen Anblick (so erzählt wenigstens ein von seinen Taten entzückter Mönch) hinaus, wurde aber bald von einem durch ein Wurfgeschoß geschleuderten Stein so getroffen, daß er den Geist aufgab. Der genannte Mönch erlaubte sich die Blasphemie, die angeblich fünf Wunden, welche der gräfliche Räuberhauptmann erhalten, mit denen des Erlösers zu vergleichen! Der Tote war wohl ein tapferer und frommer, aber auch ein gewissenloser Mann, der, wo es sich um Hab- und Herrschsucht handelte, selbst die Gebote Roms in den Wind schlug; doch hat er das Glück gehabt, obschon er wiederholt in den Bann fiel, von allen damaligen Anhängern des Papsttums in den Himmel erhoben zu werden. Der Legat, ohne zu fragen, ob er eine Befugnis dazu habe, erklärte sofort *Montforts* ältesten Sohn *Amalrich* zu seinem Erben und Nachfolger, das auf so verbrecherische Weise zusammengeraffte Erbe war aber damals in schlimmem Zustand; das Land war größtenteils im Aufstand und in der Rückkehr zu seinen rechtmäßigen Herren begriffen, die Kasse leer, das Heer in Auflösung begriffen und die Belagerung mußte aufgehoben werden. Einer nach dem anderen von den so schnöde beraubten Grafen nahm seine Besitzungen wieder ein. *Honorius III.* aber erkannte den Sohn des Räubers als Besitzer des Raubes an und ließ das Kreuz gegen die rechtmäßigen Besitzer predigen. Auf seine dringenden Mahnungen rüstete sich der König von Frankreich, der jetzt die Kirche mehr fürchtete als früher die großen Vasallen, und sandte 1219 seinen Sohn *Ludwig* zum Kreuzzug. Umsonst aber belagerte dieser Toulouse und mußte abziehen. Der Papst war in Verzweiflung und rief Jahre lang umsonst zum Kreuzzug gegen die Ketzer auf, welche, seit längerer Zeit nicht mehr beachtet, jetzt plötzlich wieder auf den Schauplatz traten, doch ohne daß die früher verdrängten und jetzt wieder stets siegreichen Grafen sie unterstützten. Der Hauptteil der Albigenser hielt 1222 in Pieussan eine große Versammlung und stellte sogar für jenen Ort einen Bischof auf. In ihrer Ratlosigkeit boten der Papst und der junge *Montfort* die geraubten Länder, die sie nicht mehr besaßen, dem König von Frankreich an, der sie jedoch nicht annahm, und die Partei des Länderraubes mußte es erleben, daß der von ihr so blutig Verfolgte *Raimund IV.* im beinahe vollständigen Besitz seiner Erblande starb, und zwar, wenn auch im Bann, doch in durchaus kirchlicher Gesinnung. Er küßte im Sterben das Kruzifix, das ein Johanniterbruder, um ihn nicht zu berühren, auf ihn geworfen hatte. Die Kirche aber bewies ihm ihren über das Grab hinaus dauernden Haß durch Verweigerung eines ehrlichen Begräbnisses, so sehr sich auch sein Sohn *Raimund VII.* bemühte, ein solches zu bewirken.

Die Päpstlichen schöpften neue Hoffnung, als am 14. Juli 1223 der sie zwar nicht bekämpfende, ihnen aber auch nicht ergebene König *Philipp August,* der einstige Kreuzzugsgefährte und Feind *Richard Löwenherz'* starb. *Ludwig VIII.,* sein Sohn und Nachfolger, war dem Papst sklavisch ergeben und ein eifriger Kreuzfahrer gegen die Ketzer. Während die Grafen ihre alten Gebiete noch vollends wieder eroberten und auch der junge *Trencavel,* Sohn des ermordeten Vicomte von *Beziers,* sein väterliches Erbe wiedererlangte, ging der beinahe land-, geld- und heerlose *Amalrich von Montfort,* der 1224 mit den Grafen einen ihm nachteiligen Waffenstillstand hatte schließen müssen, nach Paris und trat dem neuen König seine angeblichen Besitzungen in Südfrankreich ab, wofür er von ihm die Würde eines Konnetabel erhielt. *Ludwig VIII.* nahm jedoch die Abtretung nur unter mannigfachen Bedingungen an, welche das Gelingen des zur Eroberung jener Länder und zugleich zur Unterdrückung der Albigenser erforderlichen Kreuzzugs sichern sollten. Dazu gehörte namentlich, daß der Papst alle französischen Barone, die sich dem Kreuzzug nicht anschließen würden, um ihre Länder mit Bann und Interdikt belege und den Grafen, die gegen die Kreuzfahrer gekämpft, ihre Länder für immer absprechen und dem König und seinen Erben für immer zuteile, und so noch mehreres in demselben Geiste. Der Papst aber nahm unerwarteterweise diese Bedingungen nicht an; denn einesteils hatte sich bei ihm der König von England für *Raimund VII.* verwendet und andererseits war wieder ein Kreuzzug nach dem Heiligen Land in Vorbereitung , welchem denn noch dieser Papst vor einem solchen gegen Christen abweichender Ansicht den Vorrang zu geben die Ehrenhaftigkeit hatte, und *Honorius* forderte daher zu einem Frieden mit den bedrohten Grafen auf.

Dieser Aufforderung kam *Ludwig* VIII. auch nach. Es wurden Unterhandlungen gepflogen, bei welchen die Grafen die damals freilich unausweichliche Zusicherung gaben, ihre Länder von der Ketzerei zu befreien; aber *Montfort* und seine Anhänger, wozu die meisten Prälaten und die Legaten gehörten, hintertrieben den Frieden nach Kräften. Ohne diesen abzuwarten, beschloß der von dieser Partei rastlos bearbeitete schwache König im Jahre 1226 den Kreuzzug auszuführen, und der fanatische Legat *Romain* belegte den niemals auch nur in Gedanken ketzerisch gewesenen *Raimund VII.* „als der Ketzerei überwiesen (!)“ mit dem Bann. Der König nahm das Kreuz, der Legat ließ es predigen, der ebenfalls für die schlechte Sache gewonnene Papst verbot den Königen von England und Aragon unter Androhung des Bannes jede Unterstützung *Raimunds,* und nun folgten auch die eingeschüchterten kleinen Herren und Städte in Menge nach und boten ihre Beihilfe zum Kreuzzug an, sogar das den geächteten Grafen einst so sehr ergebene *Avignon. Raimund* dagegen zur Abwehr des schreienden Unrechts entschlossen, suchte zur Hilfe zu gewinnen, wen er konnte und erteilte den anderen Grafen seiner Gegend Ländereien und den Städten seines Gebietes große Freiheiten.

Am 28. Mai langte König *Ludwig* mit einem bedeutenden Heer in Lyon an. Alle Städte, die an seinem Weg lagen, alle Herren, durch deren Gebiet derselbe führte, unterwarfen sich schon im voraus. Nur *Avignon,* das sich dem König so zuvorkommend erwiesen, schloß vor seinem anrückenden Heer die Tore; wahrscheinlich wollte die Stadt wohl dem Bann, der wegen ihrer Anhänglichkeit an die Grafen auf ihr lastete, losgesprochen, aber nicht von den Franzosen ausgesogen werden. Auf Befehl des Legaten wurde die Stadt belagert, aber sie verteidigte sich tapfer. Nach dreimonatiger Belagerung ergab sie sich, mußte 200 Bürger als Geiseln stellen, die Festungswerke schleifen lassen und wurde nach harter Demütigung vom Bann losgesprochen. Die Franzosen aber hatten durch die Belagerung an Krankheiten und Wunden gegen 2000 Mann verloren.

Indessen hatte der Erzbischof von *Narbonne* (Arnauds Nachfolger) durch seine Predigten im Gebiet von *Toulouse* so starken Abfall von *Raimund* erzielt, daß der König auf seinem Marsch bis nach Toulouse auf keinen Widerstand stieß. Aber seine kurze Laufbahn war am Ende angekommen. Am 29. Oktober erkrankte er in Montpensier und starb nach zehn Tagen. Sein Nachfolger, *Ludwig IX.*, der spätere Heilige, war erst zwölf Jahre alt und das Kreuzheer daher führerlos, so daß *Raimund* neuen Mut schöpfte und schon zum Angriff überging. Aber *Papst Gregor IX.*, welcher 1227 auf *Honorius III.* folgte, forderte den jungen König, beziehungsweise dessen Regierung, dringend zur Fortsetzung des Kreuzzuges auf. Er wurde jedoch nur schwach weitergeführt, da keine große Lust dazu vorhanden war, so daß der Legat endlich dem mit Glück kämpfenden *Raimund* Friedensvorschläge machte, die auch angenommen wurden. Dieselben kamen erst im Januar 1229 in Paris zum Abschluß. Nach diesem Frieden versprach *Raimund* der Krone Frankreichs und der Kirche Treue, unermüdliche Bekämpfung und Unterdrückung der Ketzerei, eine Menge Vergünstigungen für die Kirche und Geistlichkeit und Vermählung seiner Tochter mit einem Bruder des Königs nebst dem Bistum *Toulouse* als Mitgift. Endlich ließ der König dem Grafen nur ein Drittel seiner Erdlande, ein zweites mußte er an die Krone und ein drittes an die Kirche abtreten. Gegen seine Bundesgenossen, wenn diese sich nicht unterwerfen wollten, mußte *Raimund* Waffenhilfe versprechen, die Mauern von Toulouse niederreißen und die Gräben ausfüllen, ebenso bei dreißig anderen Städten und Plätzen nach Auswahl des Legaten. *Raimund* mußte schließlich zu Notre-Dame in Paris Kirchenbuße tun und erhielt dann Lossprechung vom Bann. Dem Grafen von *Foix* wurden ebenso harte Friedensbedingungen auferlegt; *Montfort* aber verzichtete auf die von seinem Vater gemachten Eroberungen.

DRITTER ABSCHNITT

Die Inquisition

Der dem Papsttum unbequeme Graf von Toulouse war nun unterdrückt und es blieb nur noch die Vernichtung der von ihm weniger beschützten als menschlich behandelten Albigenser übrig. Menschlichkeit gegen Ketzer war aber in den Augen der Kirche Roms stets ein ebenso großes Verbrechen wie die Ketzerei selbst; das hat die Geschichte des Mord-, Brand- und Raubkrieges gegen diejenigen bewiesen, welche die Albigenser nicht durch Mord, Brand und Raub ausrotten wollten und die Geschichte der *Inquisition,* welche sich bezeichnenderweise unmittelbar an den Albigenser-Kreuzzug anschließt, sollte weitere Beweise beifügen. Im Jahre 1215 wurde durch *Innozenz III.* auf dem oben erwähnten lateranischen Konzil in Rom der Grund zu jener die Menschheit schändenden Anstalt gelegt, welche unter dem Namen der Inquisition jahrhundertelang, nicht etwa gegen Ungläubige und Frivole, oder gar gegen Verbrecher, sondern vorzugsweise gegen fromme Leute gewütet hat, deren Frömmigkeit entweder in ihrer Formulierung von der *befohlenen* Frömmigkeit abwich oder deren Rechtgläubigkeit bloß verdächtig war.

Im Gebiet der geistlichen Gerichtsbarkeit hatte bis zum zwölften Jahrhundert das „Anklageverfahren" (der *Akkusationsprozeß*) geherrscht, d. h. es trat nur dann kirchliche Strafverfolgung ein, wenn von bestimmten Personen über Verletzungen geklagt wurde, die in das geistliche Gebiet fielen. Dasselbe hatte sich aber, bei der zunehmenden Sittenlosigkeit des Klerus, welche unter solchen Umständen gar zu oft straflos ausging, längst als ungenügend erwiesen, und es trat daher, mittels päpstlicher Dekrete nach und nach das „Untersuchungsverfahren" (oder der *Inquisitionsprozeß*) an die Stelle des Anklageverfahrens, d. h. es wurde von nun an Strafverfolgung angehoben, wenn es die geistlichen Gerichte selbst für gut fanden. Diese Dekrete faßte *Innozenz III.* auf jener lateranischen Kirchenversammlung zusammen; aber er benutzte diese Gelegenheit, um in die erste Linie der von der kirchlichen Inquisition zu Verfolgenden nicht die fehlbaren Geistlichen, denen er doch selbst die Schuld an der Ketzerei beigemessen hatte, sondern die Ketzer zu stellen, unter welche er alle im geringsten von den Lehren und Verordnungen der Kirche Abweichenden rechnete, und welchen er noch ihre Begünstiger sowie die Gotteslästerer, Kirchenschänder,

Teufelsbeschwörer und vom Christentum Abfallenden beigesellte. Außerdem fielen in den Bereich der Inquisition: Verharren in der Exkommunikation ohne Nachsuchen der Absolution, Ungehorsam und Auflehnung gegen die Inquisition, ferner Sachwalter, welche Ketzern Rat erteilten oder deren Schriften verheimlichten, solche, welche Ketzern ein christliches Begräbnis veranstalteten, Juden und Mohammedaner, welche Katholiken zu ihrem Glauben zu bekehren suchten (obschon sonst Ungetaufte dem Glaubensgericht nicht unterworfen waren); ja sogar die Toten, in welchen man nachträglich Ketzer entdeckte, wurden ausgegraben und verbrannt. Von der Verfolgung durch die Inquisition wurden jedoch ausdrücklich der Papst, die Bischöfe, die päpstlichen Offiziale, die Legaten und die Inquisitoren selbst ausgenommen, konnten aber durch den Papst derselben überantwortet werden. In bezug auf Könige und andere weltliche Würdenträger fand bezeichnenderweise keine Ausnahme statt. In der Praxis wurde nach den Anordnungen *Innozenz III.* jeder als Ketzer betrachtet, der nicht wenigstens dreimal im Jahr beichtete, der nicht fastete, der die Bibel nicht las usw. Kranken, welche der Ketzerei verdächtig waren, wurde ärztliche Hilfe verweigert.

Die Organisation und das Verfahren der Inquisition ruhten, mit Berücksichtigung der im Laufe der Zeit eingetretenen Erweiterungen und Verschärfungen jenes teuflischen Instituts, auf folgenden, gleich dem bereits Gesagten für die ganze Lebensdauer desselben geltenden Grundsätzen: Zur Anhebung der inquisitorischen Verfolgung waren in jeder Diözese sowohl der Bischof, als der Inquisitor berechtigt. Letzteren ernannte der Papst oder ließ ihn ernennen, und zwar in der Regel aus den damals neu gestifteten beiden Bettelorden der *Franziskaner* und *Dominikaner*, deren Oberen jedoch die Inquisition als solche nicht verantwortlich waren, sondern einzig dem Papst. Im Jahre 1233 entzog *Gregor IX.* die Inquisition den bischöflichen Gerichten und bestellte die Dominikaner zu ständigen päpstlichen Inquisitoren. Bischof und Inquisitor konnten jeder für sich einschreiten, jedoch nur in Gemeinsamkeit foltern lassen und verurteilen. Waren sie verschiedener Ansicht, so entschied der Papst. Die weltlichen Beamten waren verpflichtet, die Inquisition nach Kräften zu unterstützen und ihren Anordnungen Folge zu leisten, widrigenfalls sie, je nach der Stufe der Unbotmäßigkeit, der Exkommunikation, einer schimpflichen öffentlichen Kirchenbuße und dem Interdikt auf ihren Amtsbezirk unterworfen wurden. Jedermann war bei Strafe der Exkommunikation verpflichtet, alle ketzerischen Anzeichen, von denen er erfuhr, dem Inquisitor zu melden; wer dies tat, wurde mit *Ablaß* belohnt. Wer sich selbst als Ketzer anklagen wollte, durfte es nicht unter dem Siegel der Beichte tun, damit er nicht der Strafe entgehe, ausgenommen, wenn er seine ketzerischen Ansichten sonst noch niemandem mitgeteilt hatte. Da es jedoch nicht genügte, sich auf Anzeigen zu verlassen, reisten die Inquisitoren selbst mit Schreibern, Gerichtsdienern und bewaffneten Häschern im Lande umher, um Ketzer aufzuspüren und nahmen zu diesem Zweck die weltlichen Beamten in Anspruch, die ihnen zu der erwähnten Handlangerei verpflichtet waren.

Dominikaner und Franziskaner.

Das Verfahren der Inquisition war durchaus *geheim*, es wurden keine Verteidiger oder sonstigen Anwälte der Angeklagten zugelassen, die Verhandlungen wurden der Öffentlichkeit vollständig entzogen, den Anzeigern wurde Stillschweigen über ihre Person gelobt und wohl auch meist gehalten, daher auch keine Gegenüberstellung der Angeklagten mit Anklägern oder Zeugen stattfand. Dagegen wurde nichts unterlassen, den Angeklagten zur Anzeige weiterer Ketzer zu bringen, vorzugsweise aber aus ihm herauszulocken, ob Verwandte oder Freunde von ihm denselben „Irrlehren" huldigten. Es kam indessen vor allem darauf an, ein Geständnis des Angeklagten zu erlangen, wozu jedes Mittel (Verstellung, Lüge, Schrecken usw.) erlaubt war. Gestand der Angeklagte nicht, so wurde er meistens gefoltert. Kam dabei nichts zutage, so wurde er freigesprochen, jedoch nicht definitiv, sondern nur bis zum Erscheinen neuer Beweise. Erschien er als verdächtig, so mußte er je nach dem Grad des Verdachts eine mehr oder minder schwere Kirchenbuße tun und seine „Irrtümer" abschwören. War der Verdacht stark, so wurde der Delinquent an gewissen Tagen in der Kirche mit brennenden Wachskerzen ausgestellt und an diesen Tagen in den Kirchen der Umgegend kein Gottesdienst gehalten. War der Verdacht sehr stark, so erfolgte Verurteilung zu ewigem Gefängnis und zu zeitweiser Ausstellung in der Kirche in gelbem mit roten Kreuzen besetztem Gewand. Ähnliche Strafen erfolgten, wenn der Gefangene gestand und Reue zeigte. Bewies er dagegen keine Reue, oder war er rückfällig, so wurde er, wie die Formel lautete, „dem weltlichen Arm übergeben." Die Kirche nämlich, um als mild zu erscheinen, verurteilte nicht selbst zum Tode, sondern überließ dieses Geschäft dem Staat. Es wurde damit die heuchlerische Bitte an die weltliche Gewalt verbunden, kein Todesurteil zu fällen. Der weltliche Richter hütete sich jedoch wohl, diese Bitte zu erfüllen; denn in diesem Fall wurde er wegen „Begünstigung der Ketzerei" selbst der Inquisition überliefert. Auch einen nicht Geständigen, aber Überführten traf die „weltliche Strafe", welche in lebenslänglichem Kerker, Verbrennung bei lebendigem Leibe oder Erdrosselung und darauffolgender Verbrennung des Leichnams bestand. Hatte sich der Verurteilte beizeiten flüchten können, so wurde wenigstens sein Bild verbrannt, was natürlich ihm selbst galt und also seine lebenslängliche Verbannung zur Folge hatte, wenn er nicht selbst der Inquisition in die Krallen geraten wollte.

Diese entsetzliche Anstalt nun wurde im November 1229 von einem Konzil in Toulouse zur Verfolgung der Albigenser, Waldenser und übrigen Ketzer Frankreichs eingeführt, und zwar sofort mit allen den oben erwähnten Verschärfungen der lateranischen Dekrete. Alle Knaben von 14 und Mädchen von 12 Jahren mußten die Ketzerei abschwören, doch bedachte man nicht, daß sie hierdurch gerade mit derselben bekannt gemacht wurden! Die erste Frucht dieser Maßnahmen war die Verhaftung und *Verbrennung* von zwanzig „Ketzern“, darunter des Obersten der Albigenser, *Guillebert de Castres*. Der gedemütigte und eingeschüchterte *Raimund VII.* mußte nach Kräften der Inquisition Handlangerdienste tun und Opfer in ihre Kerker und auf ihre Scheiterhaufen liefern, wofür er zur Belohnung die Grafschaft Forcalquier und die Stadt Marseille erhielt, um welche er aber erst mit dem Grafen der Provence Krieg führen mußte. Zeigte er sich in der Folge zu wenig eifrig, so wurde er durch furchtbare Drohungen zu neuem Eifer aufgestachelt. Für ein scharfes Edikt gegen die Ketzer erhielt er das Marquisat der Provence.

Die fortwährend verschärften Schritte gegen die Albigenser und Waldenser führten 1234 einen Aufstand herbei. In Narbonne, Albi, Toulouse und anderen Orten wurden die Inquisitoren beschimpft, mißhandelt und vertrieben. Dies mußte, als allgemeiner Sündenbock, wieder *Raimund* verschuldet haben, daher er neuerdings in den Bann fiel und der Papst den König zum Krieg gegen ihn aufforderte, auf Verwendung seitens des milden Königs jedoch in seiner Strenge nachließ. Die Inquisitoren aber kannten keine menschlichen Gefühle. Sie ließen Tote, die sie im Verdacht hatten, als Ketzer gestorben zu sein, ausgraben und ihre Gebeine öffentlich durch die Straßen schleifen, wobei man allen Ketzern gleiches Schicksal androhte, und dann wurden jene Gebeine verbrannt. Die Behörden von *Toulouse*, welche sich weigerten, Ketzer zu verbrennen, wurden in den Bann getan. Der allgemeine, nicht zu unterdrückende Widerwille zwang die Ketzerrichter, im Gebiet von Toulouse vier Jahre lang (1237 bis 1241) die Inquisition ruhen zu lassen. Nachher wütete sie zwar wieder wie vorher, aber auch wieder mit demselben Erfolg; ja es wurden jetzt Inquisitoren vom Volk ermordet. *Raimund* ließ die Mörder hängen, um nicht aufs neue in den ihm inzwischen abgenommenen Bann zu fallen. Da er aber im Bunde mit England, den spanischen Königen und mehreren französischen Vasallen einen Krieg gegen seinen König unternommen hatte, um sein volles Erbgut wieder zu erlangen, worin er aber Unglück hatte, mußte er sich durch neuen Eifer gegen die Ketzer vor schlimmen Folgen schützen. Im Jahre 1244 wurde der letzte Zufluchtsort der Ketzer, die Feste *Montsegur* in den Pyrenäen, eingenommen und die Bewohner, obschon ihnen das Leben zugesichert war, wenn sie 200 Ketzer ausliefern würden, beinahe alle verbrannt, darunter auch Frauen. *Raimund* ließ selbst, um sich seinen Drängern angenehm zu machen, im Jahre 1240 achtzig Ketzer lebendig verbrennen, starb aber noch in demselben Jahre, worauf seine Besitzungen an seine Tochter und deren Gemahl *Alfons*, Bruder des Königs, übergingen und so dasselbe Schicksal hatten wie nach und nach diejenigen aller übrigen französischen Vasallen. Hierdurch fand dann auch die provenzalische Poesie ihr Ende; die Troubadours , durch keine einheimischen Fürsten mehr unterstützt und ermuntert, verstummten, oder wanderten nach Italien und Spanien aus, und was zurückblieb, verknöcherte in gewerbsmäßiger, schwungloser Dichterei. Der Süden Galliens wurde nach und nach eine Provinz des Franzosentums; doch sind selbst heute noch seine eigenartigen Klänge nicht ausgestorben.

Weder die Inquisition noch die Ketzerei hörten nach *Raimunds* Tod auf, sondern bekämpften einander noch lange Zeit, und je mannigfaltigere Gestalten die letztere annahm, desto furchtbarer sah sich die erstere zu wüten veranlaßt. Ja, die „Irrlehren" drangen bis nach Rom, das der aus seiner Verbannung zurückkehrende Gregor IX. von Ketzern angefüllt fand. Während Tausende sich mit dem Strick des heiligen Franziskus umgürteten, fielen andere Tausende vom „allgemeinen" Glauben ab. Da fuhr *Gregor* wutentbrannt unter sie und fügte seinen mannigfachen Wohltaten auch die nach seiner Ansicht nicht minder verdienstliche eines Ketzergerichts bei. Damals, 1230, war es das erste Mal, daß in Rom Scheiterhaufen mit Ketzern brannten. Die Inquisition tagte öffentlich, vom Volk umgafft, vor den Kirchentüren und auf demselben Platz fanden auch die entsetzlichen Vollziehungen statt, welche die Leiter und Verteidiger der katholischen Sache so gerne von sich abwälzen möchten. Ein Ketzeredikt, welches der *Senator Anibaldo Anibaldi* 1231 auf Befehl des Papstes erließ, setzte fest, daß jeder Senator beim Antritt seines Amtes die Ketzer in der Stadt und ihre Anhänger zu ächten, alle von der Inquisition angezeigten Häretiker zu ergreifen und nach gefälltem Urteilsspruch innerhalb acht Tagen zu richten habe. Das Ketzergut sollte zwischen die Angeber und den Senator verteilt und zur Ausbesserung der Stadtmauern bestimmt werden. Die Ketzerherbergen sollten niedergerissen werden; auf Verheimlichung der Ketzer wurde Geld- oder Leibesstrafe und Verlust aller bürgerlichen Rechte gesetzt. Jeder Senator sollte dieses Edikt beschwören und als nicht im Amte betrachtet werden, ehe er darauf vereidigt worden war. Wenn er dagegen handelte, so wurde er in Geldbuße verfällt und zu allen Ämtern unfähig. – Dieses aller menschlichen Gesinnung und aller sittlichen Grundsätze bare Gesetz ermunterte die Angeberei förmlich und machte jeden vogelfrei, der überhaupt Feinde hatte. So ist denn Rom als die Heimat und das Papsttum als die Quelle der Inquisition in ihrer scheußlichsten Gestalt nachgewiesen. Sein Beispiel war es, welches Könige und Republiken, in welchen blinder Glaubenswahn herrschte, anfeuerte, ein gleiches zu tun, und überall flammten von da an die Scheiterhaufen, und zwar keiner von ihnen ohne Ermächtigung und Billigung von seiten der römischen Kirchengewalt.

VIERTER ABSCHNITT

Der Kinderkreuzzug und weitere Kreuzzugsversuche

Während des Vertilgungskrieges gegen die Albigenser und ihre vorgeblichen Beschützer hatten die Kreuzzüge und Versuche solcher nach dem Heiligen Land keineswegs aufgehört, nur nahmen sie geraume Zeit in der Geschichte lediglich eine untergeordnete Stellung ein.

Die erste dieser Unternehmungen und zugleich die eigentümliche und ergreifendste war der *Kinderkreuzzug*. Kinder waren stets und sind überall im höchsten Grade geneigt, die Handlungen der Erwachsenen nachzuahmen. Was in irgendeiner Zeit die letzteren tun und treiben, das spielt auch stets eine Rolle in den gleichzeitigen Spielen der Kinder, nur daß alles, wozu Ehrgeiz oder Gewinnsucht oder Glaubenswahn die Großen antreibt, im kindlichen Gemüt einen uneigennützigen, rein idealen Charakter annimmt. In einer Zeit nun, wo alles von Kreuzzügen sprach und zahllose Menschen an solchen teilnahmen, mußte dieser Gedanke auch in den gläubigen Seelen ihrer und anderer Kinder Platz greifen. Auch die Kleinen mußte der Wunsch erfassen, nach dem Grab des Heilands zu pilgern und es aus der Gewalt der Ungläubigen zu befreien.

Dieser rührende und zugleich traurige Wahn nahm seinen Anfang in *Frankreich*. Ein Hirtenknabe *Stephan* trat 1212 in Cloies bei Vendome auf, welcher sich von Gott berufen glaubte, das Heilige Land wieder an die Christen zu bringen. Er wähnte, das Meer würde den jugendlichen Kreuzfahrern eine Straße darbieten, auf der sie wie einst die Kinder Israels trockenen Fußes die Stätten erreichen würden, auf denen der Erlöser einst gewandelt. In diesem Sinne zog er singend und predigend von Ort zu Ort. Man schrieb ihm Wunder zu, er erhielt zahlreiche Nacheiferer und von allen Seiten strömten Kinderscharen, sowohl Knaben als Mädchen, singend und betend, mit Kreuzen und Fahnen herbei, was zwar zuerst Eltern und Priester angstvoll und wohlmeinend zu verhindern suchten, wofür sie aber von der Menge des Volkes getadelt wurden, weil sie das Unternehmen als eine Führung Gottes betrachtete, der man sich nicht widersetzen dürfe (s. Bild 68). Versuche der Angehörigen und selbst des Königs, sie zurückzuhalten, sogar gewaltsam, fruchteten nichts; sie machten sich weinend und em-

Der Kinderkreuzzug.

pört davon und verehrten ihren Führer *Stephan* wie einst die Erwachsenen einen *Peter* und *Fulko*. Fragte man sie, wohin sie wollten, so antworteten sie: „zu Gott übers Meer." Die Einwohner der Orte, die sie durchzogen, unterstützten sie mit Geld und Lebensmitteln. Selbst Papst *Innozenz III.* war ergriffen von der Erscheinung und äußerte sich: „Diese Kinder beschämen uns; während wir schlafen, ziehen sie fröhlich aus, das Heilige Land zu erobern." Erwachsene in Menge schlossen sich ihnen an, und der Zug, voran *Stephan* auf einem Wagen mit einem Kreuz, kam, etwa 30 000 Seelen stark, nach Marseille. Leider fehlte es nicht an elenden Seelenverkäufern, welche sieben Schiffe mit betörten Kindern beluden, von denen zwei in der Nähe der Insel Sardinien zugrunde gingen, fünf aber nach Afrika gelangten, wo die Unglücklichen den Mohammedanern als Sklaven verkauft wurden, und mit ihnen angeblich 400 sie begleitende Priester, die aber unter den *Muslimen* ihrem Glauben standhaft treu blieben.

Wie vieles andere schon damals den Franzosen nachgeäfft wurde und leider noch jetzt wird, so fand auch dieser Wahn der französischen Kinder bei den *Deutschen* Nachahmung. Ein Knabe, namens *Nikolaus*, noch nicht zehn Jahre alt, wurde von seinem ruchlosen Vater aus eigennützigen und schlechten Absichten zu dem Unternehmen mißbraucht. Er zog mit einem kreuzartigen Gestell umher und versammelte, wie *Stephan*, etwa 20 000 Knaben und Mädchen um sich, aber auch viel liederliches Gesindel, und zog mit seinem Gefolge über die Alpen nach Italien. Es gingen Tausende unterwegs in Not oder durch Räuber zugrunde oder kehrten enttäuscht wieder um, aber auch Tausende kamen nach Genua, und als sie hier von der Stadtbehörde, aus Furcht vor einer deutschen Kriegslist im damaligen Kampf gegen den Papst, größtenteils* weggewiesen wurden, nach Brindisi, wo aber der Bischof, vom Papst unterstützt, ihnen umzukehren befahl. Auch auf dem Rückweg kamen Unzählige durch Hunger um ihr Leben und durch elende Verführer um ihre Ehre und ein kleiner Rest gelangte abgezehrt oder verdorben nach der Heimat. Einer Anzahl von Knaben, welche sich nach Rom wendeten, um sich von ihrem Gelübde lossprechen zu lassen, schlug dies der Papst ab und verlängerte bloß die Zeit der Erfüllung desselben bis zum Antritt des Mannesalters. Einige der gewissenlosen Jugendverderber sollen am Galgen geendet haben.

Vielleicht hat dieser traurige Kinderkreuzzug, verbunden mit mythologischen Zügen, zu der gegen Ende desselben Jahrhunderts erzählten Sage von dem Rattenfänger in Hameln Anlaß geboten.

Der Kinderkreuzzug mußte *Innozenz III.* noch mehr als bisher anspornen, unter den Erwachsenen für ein Wiedererwachen der Kreuzzugslust zu wirken. Freilich hatte er selbst den wahren Kreuzzügen nach dem Heiligen Land durch seinen falschen Kreuzzug gegen die Albigenser einen Riegel vorgeschoben und dies fiel jetzt, im Jahre 1213, schwer auf sein Gewissen. Wie sehr dies der Fall war, zeigte sich, als er damals nicht nur die ganze Christenheit durch eindringliche Breven zum allgemeinen Krieg gegen den Islam aufforderte, und zu diesem Zweck tägliches Kirchengebet und monatliche Umzüge anordnete, sondern sogar solche, welche das Kreuz gegen die Albigenser genommen, von dem Zug gegen diese abmahnte und ihnen zuredete, ihr Gelübde lieber in der Richtung nach dem Osten zu lösen, was er jetzt als weit verdienstvoller darstellte, obwohl, was er 1209 beabsichtigt hatte, noch keineswegs und noch lange nicht erfüllt war. Er gestattete sogar, reuevollen Verbrechern das Kreuz zu erteilen, ohne zu bedenken, daß dies

* Von einer Minderzahl Aufgenommener sollen genuesische Familien abstammen.

Das christliche Heer im Libanon.

so mißbraucht würde wie wirklich geschah, nämlich daß fanatische Legaten nicht nur Verbrecher ohne Unterschied, sondern auch Untaugliche aller Art: Krüppel, Lahme, Blinde, Taubstumme, Idioten, Aussätzige, hinfällige Greise, Weiber, Kinder usw. mit dem Kreuz schmückten. Gegen alle Erwartung flackerte das Kreuzfeuer noch einmal auf und es nahmen zahllose Massen in Frankreich, Italien, Deutschland und England das Kreuz oder trugen wenigstens mit Geldspenden zum Kreuzzug bei. Der französische

König *Philipp August* bewilligte zu diesem Zweck den vierzigsten Teil seines Einkommens und Papst *Innozenz III.* den zehnten des seinigen und überdies 30 000 Mark Silber aus seinem Vermögen.

Es verursachte großen Eindruck, als *Innozenz* darauf hinwies, daß von den 666 Jahren, welche das Tier der „Offenbarung", als welches er den Islam auslegte, leben sollte, beinahe 600 verflossen wären; er ahnte nicht, daß nach völligem Verflusse jener Zeit die Kreuzzüge bereits ausgeatmet haben würden. Es trug ferner viel zur Wirksamkeit seiner Kreuzpredigt bei, daß damals die Beschützer der Albigenser (1213) bei Muret und sein Gegner *Otto IV.* (1214) bei Bouvines geschlagen wurden, sein hoffnungsvoller, energischer Schützling König *Friedrich II.* das Kreuz nahm, ebenso die Könige *Johann* von England *(Richards* treuloser Bruder) und *Andreas* von Ungarn, und daß derselbe *Johann* und *Pedro* von Aragon sich als Vasallen des Heiligen Stuhls erklärt hatten. Dazu kam, daß damals in Spanien die Christen über die Mauren große Siege davontrugen und im Heiligen Land die Sarazenen uneinig und schwach waren. Alles dies erhöhte den Nimbus des Papstes, noch mehr aber das wiederholt erwähnte lateranische Konzil im November 1215, welchem die lateinischen Patriarchen von Jerusalem und Konstantinopel, 71 Erzbischöfe, 412 Bischöfe, über 800 Äbte und Prioren, die Gesandten des römischen und des östlichen lateinischen Kaisers, aller christlichen Könige und vieler Fürsten beiwohnten; diese glänzendste Kirchenversammlung seit dem Bestand des Christentums war es, welche einen Kaiser *(Otto IV.)* absetzte und einen solchen *(Friedrich II.)* anerkannte, nicht ahnend, was er der Kirche werden sollte, der über den Besitz Südfrankreichs verfügte, die Inquisition begründete, den Kreuzzug auf das Jahr 1217 festsetzte und für vier Jahre jeden Krieg unter Christen, sowie für drei Jahre alle Turniere untersagte usw.

Bereits forderte *Innozenz* auf diesem Gipfel seiner Größe vom Sultan *Malik al Adil* die Herausgabe Jerusalems, als seinem Streben, das kaum mehr höher steigen konnte, ein außerordentlich frühes Ziel gesetzt wurde. In einem so wenig vorgerückten Alter, wie es nur selten Päpste sogar beim Antritt ihres Amtes gezählt, mit 54 Jahren nur, also in der Fülle der Kraft, schied er, am 16. Juli 1216, zu Perugia von dieser Welt.

Und damit stürzte auch das mühsam errichtete Gebäude seines Kreuzzuges zusammen. Sein greiser Nachfolger *Honorius III.*, bisher *Cencius Savelli*, ein milder, friedlicher Charakter, ohne Selbstsucht und Herrschgier, setzte zwar nicht nur das Werk der Beförderung des Kreuzzuges fort, sondern widmete sich ihm ganz und legte besonders dem *König Friedrich II.* eifrig und wiederholt die Lösung seines Gelübdes an das Herz; zwar widmeten sich demselben Werk zahlreiche geschickte Kreuzzugsprediger; aber dennoch kam weder diesmal noch jemals wieder ein allgemein christlicher Kreuzzug, wie der beabsichtigte gewesen wäre, zustande. Deutschland und mit ihm Italien, war im Kaiserstreit begriffen und selbst nach Beendigung desselben durch *Ottos IV.* Tod gab es manche Hindernisse, wie wir noch sehen werden. England, wo nicht viel später König *Johann* starb, war ebenfalls durch innere Streitigkeiten zerrüttet, Frankreich war mit den Albigensern beschäftigt und ohnedies jedem gemeinsamen Unternehmen mit den Deutschen abgeneigt; überhaupt aber mangelte damals der Christenheit jede gemeinsame Leitung.

Hatte nun auch der jüngste Kreuzzugsplan nicht den gewünschten Erfolg, so ist doch das Wirken wenigstens *eines* Kreuzpredigers außerordentlich genug, um eine eingehendere Erwähnung zu verdienen. Es war dies *Jakob* von *Vitry,* der früher sowohl gegen die Albigenser, als, wie manche andere Kreuzprediger, zum großen Ärger der Geistlichkeit, gegen das Sittenverderbnis der letzteren geeifert hatte. Es war gewiß eine eigentümliche Idee, die bisher noch nicht vorgekommen, das Kreuz im Heiligen Lande selbst zu predigen; *Jakob von Vitry,* zum Bischof von Ptolemais bestimmt, tat dieses seit dem Ende des Jahres 1216 und fand dazu Stoff genug am Ort seiner Bestimmung. Die Bevölkerung von Akkon war damals, wie die Pullanen ja schon längst, in der ärgsten Sittenlosigkeit versunken; es gab keine Sicherheit des Lebens, des Eigentums, der weiblichen Ehre. Es wurden öffentlich auf dem Markt Gifte verkauft mit Anweisung des Grades ihrer Wirkung und selbst Geistliche befaßten sich damit und beteiligten sich auch an anderen Verbrechen und Lastern. *Jakobs* Auftreten wurde zuerst mit Mißtrauen und Spott aufgenommen, errang sich aber bald Geltung, und sobald er die Unsicherheit im Lande, das überall von sarazenischen Räubern beunruhigt war, nicht mehr so sehr zu fürchten hatte, durchzog er die christlichen Besitzungen in Syrien und predigte das Kreuz, und zwar fast überall mit gutem Erfolg. Es sollen sich sogar viele Tausende von Muslimen zur Taufe gemeldet haben. Er gewann auf dieser Reise den Eindruck, daß die damaligen Zustände der Mohammedaner in Syrien und Ägypten höchst zerrissene und daher die Verhältnisse einem Kreuzzug sehr günstig wären.

Der neue Kreuzzug fand nur an zwei Stellen namhafte Beteiligung, nämlich einerseits in Ungarn und Österreich und andererseits in Friesland und am Niederrhein. Dem damaligen König *Andreas* von Ungarn war von seinem 1196 verstorbenen Vater *Bela III.* das Gelübde einer Kreuzfahrt, das er selbst nicht hatte lösen können, übertragen worden; aber innere Wirren hatten ihn bisher stets an der Ausführung seines Vorhabens verhindert. Endlich im Jahre 1217 wurde ihm diese möglich, nicht ohne daß hierauf die ihm eröffnete Aussicht eingewirkt hätte, die lateinische Kaiserkrone von Konstantinopel an des Kaisers *Heinrich* Stelle zu erhalten; diese fiel aber eben damals seinem Schwiegervater, dem Schwager *Heinrichs, Peter* von Courtenay zu, der sie zwar nicht erlangte, indem er auf der Reise nach Byzanz von dem Despoten *Theodor* in Epiros überfallen wurde und in dessen Gefangenschaft starb, die Krone aber doch auf seine Söhne vererbte. *Andreas* rüstete nichtdestoweniger die Kreuzfahrt, deren Kosten er in wenig für einen Kreuzfahrer passenden Weise durch Beraubung des Schatzes der bischöflichen Kirche in Veszprim und durch Verschlechterung der Münzen aufbrachte. Mit ihm zogen viele geistliche und weltliche Herren seines Reiches, aus Deutschland aber die Herzoge *Leopold VI.* der Glorreiche von Österreich, der jüngere Sohn des aus dem „dritten" Kreuzzug bekannten *Leopold V.*, und *Otto* von Meran, die Bischöfe von Bamberg, Zeitz, Münster und Utrecht und andere Herren beider Stände. Diese Kreuzfahrer trafen sich zu *Spalato* in Dalmatien, ihrem Einschiffungsort, wo sie von der Geistlichkeit und der Bürgerschaft mit großer Feierlichkeit empfangen wurden. Es waren nicht genug Schiffe vorhanden, um das Heer von 10 000 Reisenden mit entsprechendem Fußvolk aufzunehmen, so daß ein Teil der Kreuzfahrer in Spalato überwintern mußte; *Leopold* von Österreich kam im September, *Andreas* von Ungarn im Oktober zu Akkon an. Auch der König *Hugo* von Zypern und Fürst *Boemund* von Antiochia fanden sich nebst den syrischen Bischöfen bei dem Kreuzheer ein; natürlich schloß sich ihm vor allem der König *Johann* von Jerusalem an. Die Kreuzfahrer hielten sich jedoch schlecht; mit Ausnahme der Leute des Herzogs *Leopold* begingen sie, Vornehme wie Geringe, Gewalttaten und Ausschweifungen aller Art und mißhandelten die Einwohner von Akkon. Im Kriegsrat dachte man gar nicht daran, Jerusalem zum Ziel des Angriffs zu nehmen und die Führer schweiften törichterweise in ihren Plänen bis nach Damask, während *Al Adil* bereits in Ramla stand, um sowohl Jerusalem als Damask zu decken. Ohne daß man weiß, was für ein Zug beschlossen war, zog das Kreuzheer zu Anfang des November von Akkon aus. Bei dem nächsten Dorf kam ihm der Patriarch von Jerusalem mit einem neuen Heiligen Kreuz entgegen, dessen Herkunft unbekannt ist, dem aber das Heer barfuß entgegenging und das *Andreas* und *Leopold* küssen durften. Angeblich über 50 000 Mann stark, zogen die Kreuzfahrer in der Richtung nach dem See Genezareth und über den Jordan, in welchem sie badeten. Sowohl dieser Feldzug indessen, als zwei weitere, welche noch vor Ende des Jahres 1217 gemacht wurden, bestanden lediglich in Streitereien und Plünderungen; Gefechte gab es keine, da *Al-Muazzam*, der Sohn *Al Adils*, die seinen Kampfesmut peinigende Weisung von seinem Vater hatte, jedem Zusammenstoß auszuweichen, wodurch die Christen ermüdet und zum Rückzug geneigt sein würden. Auf dem zweiten Zug versuchten dieselben umsonst, die Feste *Tabor* zu nehmen, wo, jedoch König *Johann* den Befehlshaber und einen Emir zusammenhieb. Auf dem dritten Zug aber, den nur ein Teil des Heeres unternahm, um eine Feste, welche Sidon beunruhigte, zu erobern, gerieten die Kreuzfahrer in die ihnen unbekannten und unwegsamen Schluchten des *Libanon* (Billd 69), wo sie rastlos herumirrten und schließlich teils von den Geschossen der Feinde, teils vom Winterfrost aufgerieben wurden, so daß nur wenige zurückkehrten.

Schon eine Woche nach Beginn des Jahres 1218 verließ der König *Andreas* das Land, in dem er so schlimme Erfahrungen gemacht, ohne sich daran zu kehren, daß der Patriarch von Jerusalem ihn wegen Nichterfüllung seines Gelübdes in den Bann tat. Er wählte den Landweg und machte eine wahre Freierreise; denn er freite die Tochter des armenischen Königs *Leo* für seinen Sohn *Andreas*, die des Kaisers *Theodor Laskaris* in Nikäa für seinen Sohn *Bela* und seine eigene Tochter versprach er dem Bulgarenfürsten *Johann Asan*, dem Sohn des wilden *Joannischa*. Nach Hause brachte er von seinem wenig rühmlichen Kreuzzug die Köpfe des heiligen *Stephan* und der heiligen *Margareta*, zwei Apostelhände, ein Stück vom Stabe *Aarons* und einen Krug von der Hochzeit zu Kana, war aber nicht imstande, die Schulden zu bezahlen, die er dieser Fahrt wegen gemacht hatte, und zudem hatten rebellische Magnaten während seiner Abwesenheit die Reichskasse geplündert!

Indessen verlegten sich die im Heiligen Land gebliebenen Kreuzfahrer im Verein mit dem König *Johann* auf Befestigungen und Kriegsbauten. Es wurde die halbzerstörte Burg von *Cäsarea* wieder neu befestigt, und Herzog *Leopold* half mit dem Deutschen Ritterorden das mächtige *Pilgerschloß* der Templer auf einem Berg bei Chaifa bauen. Im Frühling kamen dann endlich die Kreuzfahrer an, welche, aus den Gegenden an der Nordsee und am Niederrhein zur See abgefahren, sich, gleich mehreren Vorgängern, in Portugal und Spanien am Kampf gegen die Mauren beteiligt hatten. Mit ihnen vereinigten sich die österreichischen und die übrigen anwesenden Kreuzfahrer zu einem Feldzug nach *Ägypten*, welchen schon vor Ankunft *Leopolds* und *Andreas'* König *Johann* und die drei Großmeister beschlossen hatten und zu welchem der Kreuzprediger und Domherr *Olivarius* aus Köln in hinreißender Rede die Kreuzfahrer nun aufmunterte, ohne zu ahnen, wie trübselig er enden sollte.

Ruinen des Pilgerschlosses.

FÜNFTER ABSCHNITT

Die Belagerung von Damiette

Wie wir oben gesehen, war der Plan, Ägypten zu erobern und durch diese Tat das Heilige Land der Christenheit zu sichern, kein neuer, indem schon König *Amalrich I.* von Jerusalem daran gearbeitet hatte, und auch der Kreuzzug, welcher durch die Gewalt der Umstände nach Konstantinopel gelangte, war ja ursprünglich nach dem Nilland bestimmt. Das letztere war damals sehr schlecht verteidigt, d. h. durch die Menschen; von der Natur war es in dieser Beziehung immer in hohem Grade begünstigt. Selbst der Sultan *Malik al Adil* war in seinem Lager bei Damask abwesend.

Die Kreuzfahrer verließen am 24. Mai 1218 *Ptolemais* mit dem Heiligen Kreuz, das der Patriarch *Lothar* von Jerusalem voran trug, schifften sich bei dem Schloß der Pilger ein und fuhren in zwei Abteilungen, erst die rheinischen und friesischen Seefahrer, dann einige Tage später die Jerusalemiten, die Ritterorden und *Leopold* von Österreich, nach *Damiette*, der für die nächste Zeit so bedeutenden Stadt rechts an der östlichsten Mündung des Nil, weit unterhalb ihrer heutigen Lage. Am 3. Juni waren alle vor derselben versammelt; man schätzte sie auf 70 000 Reiter und 400 000 Fußsoldaten, und sie lagerten sich auf der vom Nil, einem Kanal und dem Meer umgebenen Insel im Westen von Damiette.

Die Stadt war von drei starken Mauern und auf der Landseite überdies von einem tiefen Graben und von 28 hohen Türmen geschützt. Auf einer künstlichen Unterlage mitten im Nil stand ein weiterer wichtiger Turm mit siebzig Kammern, jede mit drei Schießscharten, welchen zwei starke Ketten mit dem nächsten Turm der Stadtmauer (dem Sultansturm) und mit dem linken Nilufer verbanden, so daß sie den Fluß allen fremden Schiffen sperrten. Überdies hatte *Salaheddin,* von dem die Verbesserung der Befestigung Damiettes herrührte, den Kettenturm mit der Stadt durch eine Schiffbrücke verbinden lassen. Höchstes Erstaunen erfaßte die Kreuzfahrer, die ersten Abendländer, welche seit der Römerzeit sich in kriegerischer Absicht an seinen Gestaden einfanden, über die Wunder dieses Landes, die herrlichen Palmen auf dem Lande und die zauberischen Lotosblumen auf der Wasserfläche, die mächtigen und entsetzenerregenden Nilpferde, die Hühnerbrütöfen, die fremdartige Tracht der Bewohner, und vor allem über den mächtigen, das Land befruchtenden Nil, von dem man damals glaubte, daß er einer der vier Ströme wäre, welche dem Paradies entsprangen!

Malik al Kamil, der für seinen Vater *Al Adil* Ägypten verwaltete, hatte kaum durch Taubenpost die Ankunft der ungebetenen Gäste in seinem Lande erfahren, als er mit sämtlichen verfügbaren Truppen aufbrach und sich südlich von Damiette lagerte, um den Übergang der Christen auf das Ufer, an welchem die Stadt lag, zu verhindern. Um zu einem Angriff auf die Fremden schreiten zu können, mußte er erst weitere Truppen erwarten, die ihm sein Vater aus Damask sandte, und benutzte diese Zeit, die Stadt mit Lebensmitteln zu versehen, ihre Bewohner in den Waffen zu üben und die benachbarten Beduinen zum Kampf gegen die Eindringlinge aufzurufen.

Die Christen hatten ihr Lager verschanzt und richteten ihre Aufmerksamkeit zunächst auf den Kettenturm. Man beschoß ihn, ja manche Pfeile und Steine flogen bis in die Stadt, so daß die Umwohner sich bewogen fanden zu fliehen. Die Friesen wagten sich sogar über den Strom und machten Beute, wurden aber von den Heeresobersten zurückgerufen und jeder Übergang über den Nil vor Eroberung des Kettenturmes verboten. Es wurden am 1. Juli Schiffe mit Belagerungswerkzeug versehen und dem Turm nahe gebracht, aber bei dem ersten Versuch, denselben mit Fallbrücken zu erreichen, brachen diese und über hundert Ritter fanden unter dem Hohngeschrei der Belagerten den Tod in den Wellen. Die Christen zogen sich nun zurück, da ihre Schiffe vom griechischen Feuer der Belagerten viel zu leiden hatten und in Brand gerieten. Kairo war bei der Nachricht voll Jubel und alle Häuser wurden beleuchtet.

Indessen gelang es den Christen, die Brücke zwischen dem Turm und der Stadt durch Wurfgeschosse zu zerstören und so die Verbindung zwischen beiden Orten aufzuheben. Dann verbanden sie mit Balken und Tauen zwei Schiffe und errichteten auf denselben einen Belagerungsturm mit zwei Fallbrücken. Aber nun wurden sie von den durch den Regenten *Kamil* aufgebotenen Beduinen angegriffen und beunruhigt; dieselben verwüsteten die ganze Umgegend, was auf seiner Seite auch *Kamil* tat; hierdurch wurde Hungersnot und durch das schlammige Nilwasser zugleich eine Krankheit erzeugt, und überdies mußten die Christen hören, daß *Al Adil* ihre Städte in Syrien arg bedränge. Sie trösteten sich aber, damaligem Aberglauben gemäß, mit einer Mondfinsternis, in welcher sie ein Zeichen ihres Sieges über den Halbmond erblickten!

Nach einer vorgenommenen Andacht zum Heiligen Kreuz wurde nun am 24. August der mächtige Belagerungsturm dem Kettenturm nahe gebracht, während am Ufer eine Prozession der Geistlichen für den Erfolg betete. Man warf Anker an der Nordseite des Turmes, den man nun zu stürmen begann, den aber seine Besatzung heldenmütig verteidigte. Unter dem Hagel der Wurfgeschosse und des griechischen Feuers von der Stadt wie vom Turm aus hatten die Christen eine harte Arbeit. Ihre größere Fallbrükke geriet in Brand und das Banner von Österreich ging verloren. Nachdem das Feuer gelöscht war, begann der Sturm von neuem und bald gelang die Ersteigung des Kettenturmes einem Ritter aus Lüttich, der das Banner des

Sultans erbeutete. Es folgten weitere Kämpfer in Masse und pflanzten das Zeichen des Kreuzes und den wiedererkämpften Adler Österreichs auf die Zinne. Aber die in das untere Stockwerk hinabgestiegenen Sarazenen steckten das obere in Brand, der die Christen zwang, sich wieder auf ihr Schiff zu begeben, wo sie nun aber durch Mauerbrecher und Feuer das untere Stockwerk des Turmes den Rest des Tages und die ganze Nacht hindurch bestürmten. Endlich boten am 25. die bedrängten Ägypter Übergabe gegen Sicherung des Lebens an und wurden Gefangene des Herzogs von Österreich. Die Ketten, die den Nil sperrten, konnten jetzt entfernt werden.

Furchtbar war der Eindruck, den der Verlust des Kettenturmes auf die Muslimen machte, die ihn als die Pforte von Ägypten betrachteten. Ja den 75 Jahre alten *Al Adil,* den Bruder *Salaheddins,* tötete die Nachricht am 31. August in Damask. Hier folgte ihm sein Sohn *Al Muazzam,* in Ägypten aber *Kamil,* der es bereits tatsächlich beherrschte. Törichterweise begünstigten diesen die Christen selbst, indem sie nichts taten, ihren Sieg weiter zu verfolgen. Wohl wurde ein Teil der Friesen, welcher sofort heimkehrte, durch zahlreiche und besonders viele vornehme französische, italienische und englische Kreuzfahrer ersetzt und der Papst *Honorius* bemühte sich außerordentlich, Geld und Mannschaft zur Unterstützung der Kreuzfahrer aufzubringen, aber die Christen vor Damiette waren uneinig unter sich und es wurden namentlich der König *Johann* von Jerusalem und die geistlichen Ritterorden eigennütziger Handlungen und die übrigen Führer der Untätigkeit beschuldigt. Noch ärger wurde aber dieser Mißstand, als der mit römischen Pilgern ankommende päpstliche Legat *Pelagius,* ein Spanier, auf den Oberbefehl des Heeres Anspruch machte, den ihm aber der König *Johann* nicht abtreten wollte, und zugunsten beider Machthaber sich Parteien bildeten. Da die Christen aber bemerkten, daß Damiette immer reich mit allem Nötigen versehen wurde, der Sultan, der sein Lager stark befestigt hatte, stets mit der Stadt verkehrte und die Tore auf der Landseite offen standen wie in vollem Frieden, so sahen sie ein, daß handeln not tat und daß sie keinen Schritt weiter kämen, ehe sie sich auf der Seite des Stromes, wo die Stadt lag, festgesetzt hätten. Zudem wurden sie unaufhörlich sowohl von den Beduinen auf ihrem, als von dem Sultan vom anderen Ufer her über eine zu diesem Zweck geschlagene Schiffbrücke angegriffen; aber so viele Überfälle vorgenommen wurden, sie scheiterten alle an der tapferen Gegenwehr der Christen. Diese wirkte so, daß viele Ägypter mit Lebensgefahr über den Strom setzten, zu den Christen übergingen und sich taufen ließen.

Zu Ende des November verursachte ein furchtbarer Nordsturm, der viele Schiffe zertrümmerte, sowohl im ägyptischen, als im fränkischen Lager, in welche beide er die Wellen des Meeres und des Nil trieb, so daß die Fische darin herumschwammen, unermeßlichen Schaden, und die Regenzeit führte verheerende Seuchen herbei, denen der sechste Teil des Heeres zum Opfer fiel. Diese Widerwärtigkeiten aber, welchen der Kardinal *Pelagius* umsonst durch Bittgänge mit entbößten Füßen abzuhelfen suchte, hielten die Kreuzfahrer nicht ab, nun mit Ernst den Übergang nach dem rechten Stromufer, der für sie eine Lebensfrage war, zu versuchen. Der erste An-

Sturm auf Damiette.

sturm endete mit bedeutendem Verlust an Menschen und Schiffen, deren eines, von den Feinden geentert, mit beiden kämpfenden Parteien unterging, und als endlich eine kleine Anzahl Friesen und Rheinländer, die Bezwinger des Kettenturmes, die Zerstörung der feindlichen Schiffbrücke bewirkten, ersetzte der Sultan diesen Schaden durch versenkte Schiffe und Pfahlwerk, so daß die durch die Seuche und ihre Zwistigkeiten gelähmten Christen auf Monate hin entmutigt wurden. Nach einem abgehaltenen Bußtag ordnete *Pelagius* am 3. Februar 1219 den Beginn des Kampfes an. Wohl beseitigten die Christen wider Erwarten leicht die Stromhindernisse, aber ein furchtbarer Hagel vereitelte den ersten Angriff. Am 5. Februar sollte der zweite unternommen werden, und denselben erleichterte unverhoffterweise eine Meuterei im feindlichen Lager. Der Kurde *Emadeddin Ahmed,* Sohn *Seifeddin Meschtubs,* des Verteidigers von Ptolemais, versuchte nämlich einen Bruder des Sultans *Kamil* an dessen Stelle zu setzen, und diesen Plan begünstigte eine unter Volk und Heer herrschende Unzufriedenheit über den verlängerten Krieg mit dessen üblen Folgen, die nicht einmal durch Beute gutgemacht wurden. Obwohl nun der Sultan, von der Verschwörung unterrichtet, deren Teilnehmer leicht einschüchterte, hatte er doch Furcht vor ähnlichen weiteren Versuchen und floh nach Aschmum Tanah, in der Absicht, sich nach Arabien in Sicherheit zu begeben. Das ägyptische Heer löste sich sofort auf, ein Renegat rief den Christen die Nachricht hinüber und nun gewannen diese leicht das verlassene Ufer und große Beute. Die Umgebung der Stadt wurde von allen noch zurückgebliebenen Feinden gesäubert und die Christen feierten ein großes Dankfest.

Die Friesen und Rheinländer blieben im Lager am westlichen Ufer und beide Lager wurden durch eine neue Schiffbrücke verbunden. Nun begann man die Belagerung der Stadt, ohne zu wissen, in welchem elenden, unhaltbaren Zustand sie sich befand.

Aber unterdessen war aus Syrien der Sultan *Al Muazzam* angekommen, hatte den aufrührerischen Kurden und seinen Prätendenten nach Asien bringen lassen und es hierdurch seinem Bruder *Kamil* möglich gemacht, sein Heer wieder zu sammeln. Als trotzdem die wohlhabenden Untertanen keine Kriegssteuern mehr zahlen wollten, erhob der Sultan solche gewaltsam bei den in seinem Reich wohnenden Christen, die an einigen Orten vom fanatischen Volk ermordet wurden, und ließ in Alexandria eine christliche Kirche niederreißen. Noch Frevelhafteres tat der nach Syrien zurückkehrende *Al Muazzam;* um eine Eroberung *Jerusalems* durch die Christen zu verhindern, befahl der Barbar geradezu die Zerstörung der Stadt und man begann bereits mit der Mauer. Von Schrecken und Verzweiflung getrieben, wanderten die Beduinen aus und kamen auf dem wüsten Land größtenteils durch Hunger und Durst um, während ihre zurückgelassene Habe von zügellosem Volk geplündert wurde. Zuletzt blieben nur noch die syrischen Christen zurück; im Lande aber erhob sich allgemeine Entrüstung über die befohlene Maßregel.

Durch syrische Truppen verstärkt, begann *Kamil* im März das christliche Lager vor Damiette anzugreifen, aber diese Versuche wurden teils durch Stürme, teils durch die Tapferkeit der Christen abgewiesen und die Ägypter erlitten dabei große Verluste. Die Christen sicherten dann ihre Stellung durch eine zweite Schiffbrücke und durch Türme.

Die Heimkehr des Herzogs *Leopold* von Österreich am 1. Mai war ein herber Verlust für die Kreuzfahrer. Es kam damals den meisten der letzteren weniger auf die Durchführung eines einmal unternommenen Vorhabens, als auf das Gefühl an, ihr Kreuzzugsgelübde erfüllt zu haben, und obwohl der Herzog durch seine Tapferkeit der gemeinsamen Sache große Dienste leistete, fand er doch seine Anwesenheit in seinem Land notwendiger als in Ägypten. Seine Abreise ermutigte nach zwei Wochen die Sarazenen zu einem neuen Sturm auf das stark befestigte christliche Lager, aber sie büßten zweitausend Mann ein, ohne etwas zu erreichen. Nicht besser gelangen ihnen weitere Angriffe, doch störten sie damit immerhin die Arbeiten der Christen, welche Belagerungszeug bauten, aber durch Minen nichts ausrichten konnten, weil diese in dem sumpfigen Boden bald mit Wasser angefüllt waren. Es war Ende Juni geworden, als nicht nur noch kein Fortschritt in der Belagerung gemacht, sondern das Drängen des Legaten *Pelagius* von den weltlichen Führern zurückgewiesen war, worauf der letztere, durch Nachrichten über den elenden Zustand der Stadt ermutigt, auf eigene Gefahr mit den Italienern den Sturm begann, der aber, im Juli viermal unternommen, stets am griechischen Feuer und an der Tapferkeit der Belagerten scheiterte. Schon hatten am 31. Juli die Pisaner einen Turm erstiegen und mehrere Sarazenen erschlagen (Bild 70), aber sie mußten das Errungene wieder aufgeben und sich auf ihre Schiffe flüchten. Ebenso ging es den Genuesen mit einem anderen Turm, aber ihre Sturmleiter geriet in Brand und sie mußten weichen und ihr Zeug im Stich lassen. Zu diesem Mißgeschick kam noch, daß *Kamils* Flotte, der Stadt zu Hilfe eilend, die Schiffbrücke der Christen angriff und sein Heer sogar das christliche Lager erstürmte; beide wurden jedoch nach hartem Kampf zurückgeschlagen. Neue Angriffe der Feinde vereitelten auch im August stets das Unternehmen eines Sturmes und ermöglichten es den Belagerten, das Sturmzeug der Christen zu zerstören. Um diesem Übelstand ein Ende zu machen, beschloß man einen energischen Angriff auf das nahe ägyptische Lager. Am 29. August zog man dahin; aber die Feinde wichen dem Angriff aus und zogen mit Sack und Pack ab. Sobald aber die Christen, die nichts ausrichten konnten, den Rückzug antraten, kehrten die Feinde um und überfielen jene in so überraschender und gewaltiger Weise, daß sich ein großer Teil des christlichen Heeres in schmählicher Flucht auflöste und nur ein kleiner Teil, dabei namentlich der König *Johann,* die Ritterorden und mehrere weltliche Ritter, standhielt, aber dem allgemeinen Rückzug und der Verfolgung durch die Feinde bis zum eigenen Lager nicht wehren konnte; nur das Eindringen der Feinde in letzteres verhinderten die Templer. Die Besatzung von Damiette jubelte mit Pauken und Trompeten und *Kairo* schmückte sich festlich und begaffte die zur Schau hingebrachten Gefangenen (Bild 71), während man die Köpfe der gefallenen Christen in alle ägyptischen Städte sandte.

Entmutigt wandten sich wieder viele Kreuzfahrer der Heimat zu; *Pelagius* suchte sie durch den Bann abzuschrecken und nahm nur solche von diesem aus, welche ihr ganzes Vermögen zum Vorteile des Heiligen Krieges zurückließen, selbst die Armen nicht ausgenommen, die ihn vergeblich flehend um Nachsicht baten. Die Schiffer suchte er durch einen Eid von der Mitnahme der Kreuzzugsmüden abzuhalten, allein ohne Erfolg; es fanden sich Schiffer, welche die Heimkehrenden heimlich aufnahmen.

Indessen ging aber die Stadt dem Hungertod entgegen und *Kamils* Heer selbst wurde durch die letzten Kämpfe geschwächt. Die Besatzung konnte mit ihren Landsleuten nur durch Taucher verkehren, die im Nil nach der Stadt schwammen, aber in der Folge durch von den Christen gespannte Netze aufgefangen und grausam verstümmelt nach dem Lager des Sultans gesandt wurden. Da beschloß der letztere im September zu unterhandeln und sandte einen gefangenen Ritter zu den Christen. Als aber schon wieder viele Kreuzfahrer abfuhren, brach der Sultan die Verhandlungen ab und ging neuerdings zu Angriffen auf das christliche Lager über, die aber tapfer abgeschlagen wurden; zugleich erschienen neue Pilgerscharen, welche den Abgang ersetzten. Auch auf die Schiffbrücken hatten Angriffe stattgefunden, begünstigt durch erkaufte christliche Verräter, die aber entdeckt und exemplarisch bestraft wurden. Auch die Ägypter hatten keinen Mangel an Verrätern auf ihrer Seite, welche die Christen von allen Unternehmungen des Sultans benachrichtigten. Da blieb dem Letzteren, der vergebens einen seiner Brüder nach Syrien um Hilfe sandte und ebenso vergebens im eigenen Lande Aufgebote zum Waffendienst erließ, nichts übrig, als Wiederholung seiner Anträge zu Unterhandlungen. Er machte am 1. November durch *Emire* den Christen gegen Räumung Ägyptens folgende Anerbietungen:

Herausgabe des Heiligen Kreuzes, der Stadt Jerusalem und des ganzen ebenen Landes, das ehemals zum Königreich dieses Namens gehörte, eine Entschädigung von 30 000 Byzantinern für den aus den Bergfestungen Karak und Schaubak bestehenden Rest, die Kosten der Wiederherstellung der zerstörten Festungen Palästinas, einen jährlichen Tribut, zwanzig Geiseln für zwei Jahre und einen dreißigjährigen Frieden.

Das war ein Vertrag, sofern er nämlich ehrlich gemeint war, was allerdings ungewiß ist, wie ihn die Christen seit dem Verlust Jerusalems nicht so glänzend erwarten konnten. Aber die Christen spalteten sich darüber in zwei Parteien. Alles Weltliche, voran der König *Johann*, war für Annahme, alles Geistliche, besonders der Legat, dann der Patriarch und die Ritterorden, für Ablehnung. Die letzteren hielten die Vorschläge für hinterlistig, sahen gerade in den vorenthaltenen, den Weg nach Mekka beherrschenden Festungen den Hintergedanken, das abgetretene Land nach Abgang der Pilger wieder zu erobern und wiesen darauf hin, daß *Salaheddin* das Heilige Kreuz oft versprochen, aber angeblich niemals habe auffinden können. Die Boten des Sultans freute diese Uneinigkeit, und als *Kamil* in der zweitfolgenden Nacht mitten durch das christliche Lager neue Truppen in die Stadt zu werfen versuchte, welche von den Templern und Johannitern zurückgeschlagen wurden, triumphierte die Partei der Ablehnung. Man brach die Unterhandlungen ab, verschärfte die Mannszucht, verdoppelte die Wachsamkeit und bereitete den Sturm auf Damiette vor. Aber der eifrige *Pelagius* erwartete dessen Anordnung nicht, sondern führte in der stürmischen Nacht vom 5. zum 6. November seine Italiener an die Mauer der Stadt; sie überschritten auf Balken und Leitern den Graben, steckten ein Tor in Brand und drangen durch die Flammen hinein, während andere die Mauer erstiegen. Bald hatten sie bei schwachem Widerstand der Belagerten einen Turm genommen, und als dies die Christen im Lager sahen, stürmten alle heran,

Die Gefangenen in Kairo.

bewältigten weitere Tore und Türme und hatten bald die fast verödete Stadt ohne Schwertstreich in ihren Händen.

Kamil und *Muazzam*, als sie das für sie Entsetzliche vernahmen, zerflossen in Tränen und zerrauften sich die Bärte, und ersterer brach sofort sein Lager ab, und zog sich gegen Kairo hin zurück. Die Christen aber zogen triumphierend in Damiette ein; doch was sie gewonnen hatten, waren Ruinen, angefüllt mit Leichen und wenigen kranken und hungernden Überresten der ehemals zahlreichen Bevölkerung (es heißt 3000 bis 4000 von

60 000 bis 80 000). Es wurde trotzdem Beute gemacht, wo es nur immer ging, und selbst Sterbenden das ihrige abgenommen. Die Ablieferung alles Erbeuteten war bei Strafe des Bannes verordnet, aber wie in Konstantinopel wurde auch hier massenhaft geraubt. Doch erreichte die Summe des Abgelieferten immer noch 400 000 Byzantiner. Herber Streit entspann sich über die Beute, indem der Legat ihre Verteilung zu verhindern versuchte, was ihm allgemeinen Haß und selbst Empörung gegen seine Anmaßung eintrug. König *Johann* bewirkte dann einen Vertrag, durch welchen das vorhandene Gold unter die 100 000 Köpfe des Heeres verteilt wurde. Der Legat, der kaum sein Leben hatte retten können, weihte, nachdem sich der Sturm gelegt hatte, die Hauptmoschee, welche 141 Marmorsäulen schmückten, am 2. Februar 1220 mit großem Pomp als Dom der Heiligen Dreifaltigkeit und auch die übrigen Moscheen als Kirchen ein. Die gefangenen Einwohner und Soldaten wurden als Sklaven verkauft, die Kinder sollten zu Christen erzogen werden, starben aber in Masse hin, erschöpft durch die Leiden der Belagerung. Die Nachricht von der Eroberung Damiettes, erregte auswärts einen sehr verschiedenen Eindruck. Am Hof des Kalifen von Bagdad war Entsetzen und Verzweiflung die Losung; denn zugleich nahten sich die furchtbaren Horden der Mongolen unter dem blutigen Dschingis-Khan der „Stadt des Heils" immer mehr; man fürchtete, das Ende des Islam sei gekommen und viele Mohammedaner, an *Allahs* Hilfe verzweifelnd, verließen ihren Glauben. Dagegen welcher Jubel erscholl im Abendlande! Der Papst nannte den Legaten *Pelagius* einen zweiten *Josua* und in vielen Städten feierte man das Ereignis durch Umzüge und Dankfeste. Ein Glückwunsch kam sogar vom fernen Fuße des Kaukasus, von wo der König *Georg* von *Georgien* den Kreuzfahrern mitteilte, daß er bereit sei, mit seinem Heer ihnen Damask oder irgendwelche andere sarazenische Stadt gewinnen zu helfen.

Bald nach der Einnahme von Damiette war auch die Stadt *Tanis* in der Nähe des Sees *Menzaleh* (am 23. November 1219) eingenommen, und die Kreuzfahrer besaßen nun einen beträchtlichen Teil der ägyptischen Küste. Sie hielten bereits die Eroberung von ganz Ägypten nur für eine Frage der Zeit und glaubten, daß danach der Gewinn Jerusalems ihnen ein leichter sein würde. Aber es erhob sich unter ihnen ein unwürdiger Streit. Der König *Johann* nahm das Eroberte für das Königreich Jerusalem in Anspruch, aber wie gewöhnlich widersprach ihm der Legat, um für Rom etwas herauszuschlagen und wollte das Erworbene nur als Gemeinbesitz der Christen gelten lassen. Man einigte sich endlich zu dem sonderbaren, die verwickelten Besitzverhältnisse des Mittelalters kennzeichnenden Vergleiche, die Stadt zwar dem Königreich Jerusalem, aber von ihren Türmen einen der römischen Kirche und jeden der übrigen einem der an der Eroberung beteiligten Völker zuzuweisen. Aber auch nachdem dieser Streit geschlichtet war, blieb noch eine allgemeine Verstimmung unter den Kreuzfahrern bestehen, indem sie die Führer im Verdacht hatten, als verwendeten sie die Beiträge der Gläubigen für die Kreuzzüge zu eigennützigen Zwecken. Viele Pilger kehrten deshalb unmutig heim, sobald es ihnen möglich war. Auch König

Johann verließ damals das Heer, da er mit dem Gedanken umging, Ansprüche auf das Königreich Armenien zu erheben, denn er war seit dem Tod seiner ersten Gattin, die ihm das Königreich Jerusalem mitgebracht, mit einer Tochter des Königs *Leo* vermählt, welcher im Jahre 1219 hingeschieden war. Aber diesen Plan vernichtete eben damals das Ableben seiner zweiten Frau, angeblich infolge einer Mißhandlung von seiner Seite, weil sie seine Tochter erster Ehe, *Isabella*, die rechtmäßige Erbin der Krone von Jerusalem, durch Gift aus dem Wege zu räumen versucht habe – ein neues trauriges Beispiel der Entsittlichung unter den Pullanen! Es war übrigens sehr zweifelhaft, ob nach bestehendem Recht *Johann* mit dem Tode seiner ersten Frau nicht alle Ansprüche auf die Krone verloren hatte und statt zweier, auf die er gerechnet, eigentlich gar keine tragen durfte.

Um dieselbe Zeit (1220) eroberte und zerstörte *Muazzam* Cäsarea, verwüstete ganz Palästina, belagerte jedoch zweimal umsonst das Pilgerschloß. Sein Bruder *Kamil* aber hatte südwestlich von Damiette, wo sich der Kanal von Aschmum aus dem Damietteschen Nil abzweigte, ein neues Lager errichtet und begann dort eine neue Stadt mit einem Palast für sich, vielen Bädern und anderen großartigen Bauten ins Leben zu rufen, welcher er den Namen *Mansura*, d. h. die siegreiche, gab.

Als nun damals neue Pilgerscharen aus Deutschland und Italien anlangten und zugleich Kaiser *Friedrich II.* seine bevorstehende Ankunft ankündigen ließ, betrieb *Pelagius* die Wiedereröffnung der Feindseligkeiten gegen Ägypten, welcher die Geistlichen zustimmten, gegen welche aber die Ritter einwendeten, daß es in Abwesenheit des Königs *Johann* an einem geeigneten Führer fehle. Als der Kardinal auch mit der Wiederholung dieser Anregung kein Glück machte, schleuderte er den Bann gegen die Kreuzfahrer und verlangte von seinen Söldnern den Sold zurück – aber alles ohne Erfolg.

Diese Untätigkeit der Christen ermutigte die Ägypter zu Vorbereitungen auf neuen Kampf. Als die Templer die Stadt *Burlos* an der Küste eingenommen hatten und mit Beute zurückkehrten, waren ihnen viele Kreuzfahrer entgegengezogen, um sie festlich zu empfangen, wurden aber unvermutet von einer sarazenischen Schar überfallen und teils in die Flucht geschlagen, teils gefangen. Schiffe, welche neue Kreuzfahrer brachten, wurden aufgefangen, geplündert, verbrannt oder wenigstens angegriffen. Unter diesen Umständen entwickelte sich in Damiette, wie in Zeiten der Untätigkeit an großen Orten immer, ein höchst sittenloses Leben, welches namentlich den heiligen *Franciskus* von Assisi kränkte, der damals in Ägypten angekommen war. Er hatte den Mut sich in das Lager des Sultans *Kamil* zu begeben, der damals für jeden Christenkopf einen Byzantiner bezahlte, und ihm das Evangelium zu predigen (Bild 72). Zwar bekehrte er ihn nicht, erwarb aber seine hohe Achtung und es wurden ihm reiche Geschenke angeboten, die er natürlich ablehnte. An der Besserung seiner Landsleute verzweifelte er jedoch und kehrte unverrichteter Dinge heim.

Wie schon unzählige Male im Verlauf der Kreuzzüge, hatten die Kreuzfahrer auch diesmal wieder durch eigene Schuld den rechten Augenblick zum Handeln versäumt, und zwar lag die größte Schuld am König *Johann*, der nach der Einnahme von Damiette das Heer verlassen hatte, statt sofort, den Schrecken der Ägypter über jenes Ereignis benutzend, die Waffen gegen das Innere des Landes zu wenden. Länger als ein Jahr ließ er so die ihn als ihren Befehlshaber betrachtenden Kreuzfahrer führerlos, und als er endlich am 7. Juli 1221 wieder in Damiette erschien, hatten dieselben bereits, nachdem sich der neu angekommene Herzog *Ludwig* von Bayern den Bestrebungen des Legaten angeschlossen, alle Vorbereitungen zu einem Marsch nach *Kairo* getroffen. Zwar fand *Johann* den Zeitpunkt nicht so gut gewählt, konnte aber nicht gegen den Beschluß aufkommen. Das Heer zog sehr langsam nilaufwärts und ihm zur Seite fuhr eine Flotte von 600 Schiffen auf dem Strom. Die Ritter bildeten die Mitte, die Bogenschützen und Speerträger den linken, die Schiffe den rechten Flügel. Auch hier zogen Geistliche und Weiber in Menge mit und versahen die weiter vom Fluß entfernten Krieger mit Wasser aus demselben. König *Johann* hielt im Verein mit Herzog *Ludwig* und den drei Großmeistern strenge Ordnung.

Die Ägypter waren in großer Furcht vor dem Kreuzherr, *Kamil* aber, der sich immer mehr als trefflicher Fürst zeigte, handelte entschlossen. Er stellte bei Mansura eine Flotte im Nil auf, sammelte alle Männer des Landes um sich, die Waffen tragen konnten, zu welchem Zweck jedem Fernbleibenden der Strang in Aussicht gestellt und alle Häuser durchsucht wurden, und sandte überdies an seine Verwandten in Syrien und Mesopotamien um Hilfe. Die Städte beherbergten nur noch Greise, Weiber und Kinder und ihre Tore waren geschlossen. *Kamil* sandte eine Truppenabteilung den Christen bis Fariskur (zwischen Damiette und Mansura) entgegen und erwartete sie selbst in Mansura. So wurde denn der am 17. Juli angetretene Marsch der Christen beständig von den Einheimischen umschwärmt und beunruhigt, und zwar mit steigender Energie; die auf dem Weg des Heeres liegenden Orte wurden zerstört und das Land verwüstet. Dies konnte aber in der Eile nicht im ganzen Umfang erreicht werden, und so gelangten die Christen, ohne Not zu leiden, am 24. Juli zur Flußgabelung bei Mansura, wo sie sich lagerten, während ihnen gegenüber die Ägypter die Befestigungen ihres Lagers verbesserten und die Christen bereits zu beschießen begannen.

Kamil aber betrat noch einmal den Weg der Unterhandlungen und bot den Christen genau dasselbe an wie vor der Eroberung von Damiette; auch jetzt bildeten sich bezüglich dieser Vorschläge dieselben Parteien unter den Christen, und auch jetzt drang der Kardinal *Pelagius* mit dem Verlangen durch, diesen Vertrag abzulehnen, indem er behauptete, der Papst und der Kaiser hätten jeden Waffenstillstand oder Frieden mit den Ungläubigen untersagt. Der Aufenthalt aber, zu dem die Christen gezwungen waren, wirkte sehr schlimm auf sie ein; viele von ihnen verließen das Heer, während das der Feinde stets Verstärkungen erhielt, und zwar jetzt auch aus Asien. *Muazzam* erschien, dann *Aschraf*, ein weiterer Bruder der Sultane, sowie die Emire von *Hama*, *Emessa* und *Baalbek*, alle mit trefflich ausgerüsteten tapferen Scharen.

Das Steigen des Nil, so verhängnisvoll für Ägyptens Kultur und Ge-

Franz von Assisi vor Malik al Kamil.

schichte, hatte auch jetzt seine Bedeutung, er ermöglichte den Sarazenen, Schiffe in den Rücken der Christen zu bringen und ihnen alle Zufuhr von Damiette abzuschneiden, und am 18. August nahmen oder vernichteten sie einen großen Teil der christlichen Flotte. Die Dämme wurden durchstochen, das Land unter Wasser gesetzt und die Christen nicht nur völlig isoliert, sondern auch von den feindlichen Truppen rings umzingelt. Nun blieb den Kreuzfahrern nichts anderes übrig als den Rückzug anzutreten, soweit dies möglich war. Sie brachen in der Nacht vom 26. zum 27. August ihr Lager ab. Weil aber einige so kopflos waren, die Zelte anzuzünden und andere sogar zu den Feinden überliefen, wußten diese sofort, was sich vorbereitete; sie überfielen die Christen, fingen oder töteten viele, die sich mit dem Wein, den man nicht mitnehmen konnte, berauscht hatten, sowie die, welche im Wasser und Schlamm nur schwer fortkamen, und erbeuteten die Wagen, Kamele und Maultiere, welche das Gepäck trugen. Viele Christen hatten sich auf die ihnen gebliebenen Schiffe gerettet, die aber infolge ihrer Überladung untersanken oder in die Hände der Feinde fielen. Den Übrigbleibenden stand nur ein schmaler, schlüpfriger Weg zwischen ungeheuren Wasserflächen offen; auf jener links waren es die Schiffe, auf jener rechts, die nicht sehr tief war, die flinken Reiterscharen der Ägypter, die sie stets beunruhigten, und im Rücken verfolgten unablässig Negertruppen die Fliehenden. Trotzdem wehrten sich die letzteren tapfer, besonders König *Johann*, die Templer und Johanniter, und trieben die Feinde oft zurück. In der Nacht wurde das notdürftig aufgeschlagene Lager vom Wasser überschwemmt, dessen Schleusen die Feinde geöffnet hatten, und viele ertranken. Mit der Frühe des Morgens von neuem angegriffen, hatten die Christen nur noch die Wahl, um Frieden zu bitten und einen schlechten anzunehmen, nachdem sie den guten abgelehnt hatten. Wer aber das Maß der Schmach voll machte, das war *Imbert*, ein Rat des Legaten *Pelagius*, welcher zum Feind überging, was er nach des *Olivarius* Angabe längst beabsichtigt hatte, und ihm den trostlosen Zustand seiner bisherigen Genossen schilderte. Nun zeigte sich *Kamil* im schönsten Licht. Obwohl manche seiner Emire zur völligen Vertilgung des Kreuzheeres rieten, bewilligte er nicht nur den Frieden, sondern begegnete den Feinden mit der größten Achtung, und versah sie sogar mit Lebensmitteln und Schiffen.

Am 30. August wurde nun ein Friede geschlossen, zu dem diesmal die Christen der Erlaubnis vom Papst und Kaiser nicht bedurften; derselbe sollte acht Jahre dauern oder bis ein europäischer König ihn künden würde; die Christen sollten Damiette herausgeben und dafür das verlorene Heilige Kreuz (dessen Schicksal niemand kannte!) erhalten; beiderseitig sollten die Gefangenen ohne Lösegeld entlassen und Geiseln gestellt werden. Die Christen lieferten den König *Johann*, den Herzog *Ludwig*, die drei Großmeister und 18 andere Vornehme, die Ägypter einen Sohn und einen Bruder des Sultans nebst mehreren Emiren aus.

Jetzt verkehrten beide Heere freundlich miteinander und namentlich die beiden Monarchen lernten sich achten und schlossen geradezu Freundschaft.

Eben in Damiette neu angekommene Kreuzfahrer hörten von dem Friedensschluß in namenloser Erbitterung und weigerten sich ihn anzuerkennen und zu vollziehen; je es wurde ein wütender Angriff, namentlich von Venezianern, gegen die Wohnungen des Königs und der Großmeister unternommen, die sie am 2. September erstürmten. Aber bald kehrte die Besinnung zurück und die Tatsache machte sich geltend, daß die anwesenden Kreuzfahrer nicht imstande waren Damiette zu verteidigen. Man beschloß daher den Vollzug des Friedens und am 7. September zogen die Christen aus Damiette ab, welches sie 22 Monate besessen hatten, und die Geistlichen zerstörten die heiligen Gegenstände der Kirchen, damit sie von den Mohammedanern nicht entweiht würden. *Kamil* zog am folgenden Tag in die wiedergewonnene Stadt ein und genoß in seinem Land der höchsten Triumphe; ganz Ägypten schwamm im Festjubel. Die Geiseln wurden nun entlassen und die Kreuzfahrer begaben sich teils nach Palästina, teils in ihre Heimat. So unglücklich endete eine Unternehmung, die wie alle zur Zeit der Kreuzzüge bei Einheit und kräftiger Leitung alle Wahrscheinlichkeit des Gelingens für sich gehabt hätte.

SECHSTER ABSCHNITT

Deutschlands dichterische Blüte zur Zeit der Kreuzzüge

Seit dem Jahre 1213, als den Papst *Innozenz III.* das Verfehlte des nach Konstantinopel verschlagenen Kreuzzuges, das Verbrecherische desjenigen gegen die Albigenser, und das Verrückte des Kinderkreuzzuges zur energischen Betreibung eines neuen Unternehmens geeigneter Kräfte nach dem Heiligen Land bewogen, waren alle nach dem letzten gerichteten Fahrten gewissermaßen nur Bruchstücke eines einzigen Kreuzzuges, der aber gemäß dem ganzen Charakter der kreuzzüglerischen Bewegung des dreizehnten Jahrhunderts zersplittert blieb und keine Einheit gewinnen konnte. Der Zug des Königs *Andreas* von Ungarn und seinen drei unnützen Streifereien, der Zug nach Damiette mit seinen vielen größeren und kleineren Zuzügen – alles waren Früchte *einer* Bewegung, die aber ihre Spitze erst durch das Unternehmen desjenigen erhalten sollte, welchen ihr Urheber als seinen Schützling betrachtete, des deutsch-römischen Kaisers *Friedrich II.* Seit vielen Jahren lag dessen Kreuzzug im Plan und sollte noch mehrere fernere Jahre unausgeführt bleiben, damit sich das tragische Schicksal der Kreuzzüge erfülle. Doch richteten sich in jener Zeit aller Welt Blicke auf den Kaiser, der gewissermaßen bereits als der Oberbefehlshaber des Kreuzzugs galt und als solcher ohne sein Wissen und seinen Willen bei der Belagerung und Eroberung von Damiette eine Rolle gespielt hat, indem man sich bei allen Schritten auf ihn berief, ihn auch übrigens beständig beim Heer erwartete.

Ehe wir nun aber auch *unsere* Aufmerksamkeit dem Kaiser widmen und ihn auf seiner Laufbahn verfolgen, müssen wir einen Blick auf die Blüte werfen, welche *Deutschland*, der Hauptteil seines Reiches und das Vaterland seines Hauses (leider nicht seine eigene Heimat, diese war und blieb Sizilien), im Übergang vom zwölften zum dreizehnten Jahrhundert, zu Anfang des Verfalles der Kreuzzüge in der Pflege seiner Sprache und Dichtung erreichte. Auf diese Blüte haben die Kreuzzüge offenbar keinen geringen Einfluß ausgeübt; denn ihre Träger waren zugleich die hauptsächlichen Stützen der Kreuzzüge, nämlich die *Ritter*. Ohne sie wären in diesen Zügen keine Erfolge errungen worden; man hat in trauriger Weise erfahren, was aus den Kreuzfahrten wurde, an denen außer den Priestern nur ungebildetes Volk teilnahm. Durch die *Taten* der Ritter in jener Zeit, durch ihre Unentbehrlichkeit bei den den Charakter derselben am treuesten abspiegelnden Unternehmungen war ihr Selbstgefühl gewachsen, und war auch ihre wissenschaftliche Bildung unbedeutend, ja selbst die Kunst des Schreibens ihnen größtenteils unbekannt, so ersetzte diesen Mangel die *höfische Bildung*, deren wir bereits Erwähnung getan haben. Und war auch diese im ganzen aus dem galanten Frankreich eingeführt, so erhielt sie doch in Deutschland eigenartige Elemente, namentlich eine lebhafte Empfänglichkeit für die heimischen Überlieferungen und Sagen und die Tiefe und Innigkeit des deutschen Gemütes. Diese Elemente gestatteten der deutschen Dichtung jener Zeit, an welcher übrigens auch bürgerliche Poeten mitwirkten, eine Vielseitigkeit, welcher die ihr vorangehende französische und provenzalische Dichtung sich nicht rühmen konnten. Es bildete sich nämlich zu gleicher Zeit nach französischen Mustern eine dieselben jedoch an dichterischer Kraft weit überragende *ritterliche* und auf der Grundlage heimischer Überlieferungen und Sagen eine künstlerisch ebenso hoch entwickelte *volkstümliche* poetische Literatur in Deutschland aus. Es beförderten sie nach Kräften vaterlandliebende und kunstsinnige Fürsten, namentlich die Herzoge von *Österreich* aus dem babenbergischen Hause und die Landgrafen von *Thüringen* auf der *Wartburg*. Der durch die Kämpfe in Italien um die Kaiserkrone und danach durch die Kreuzzüge und nach dem Heiligen Land erweiterte Gesichtskreis der Deutschen machte dieselben mit der antiken Formenschönheit des sonnigen Südens, wie mit der märchenhaften Pracht des heißblütigen Orients vertraut, und so vereinigte sich alles, in dem wunderbar lieblichen und doch männlich kräftigen *Mittelhochdeutsch* zur Glanzzeit der Herrschaft des staufischen Hauses eine Reihe von Werken zu schaffen, welche in ihrem Kern noch heute der Stolz und die Freude der gebildeten und teilweise auch weiterer Kreise des deutschen Volkes ausmachen.

Das deutsche Schrifttum in der Zeit der Kreuzzüge hat uns in weniger als einem halben Jahrhundert nicht weniger als vier der Weltliteratur angehörende neben einer Menge weniger bedeutender großer Heldengedichte, eine unabsehbare Reihe von Minneliedern, unter deren Sängern wir freilich nur *einen* großen Namen finden, und eine höchst merkwürdige dichterische Spruchsammlung geschenkt, von weniger wichtigen Erzeugnissen der Muse hier zu schweigen. Von den angedeuteten vier Heldengedichten ersten Ranges gehört weder eines zu den damals beliebten Verkleidungen antiker (trojanischer, griechischer und römischer) Stoffe in mittelalterliches Gewand, noch zu dem mit ebensolcher Vorliebe gepflegten Sagenkreis *Karls des Großen*, der wegen seiner Kämpfe gegen die spanischen Araber bezeichnender- und beharrlicherweise zum Kreuzfahrer gestempelt wurde, und seiner Paladine, und doch vertreten jene vier hellen Sterne am poetischen Himmel ebenso viele verschiedene Standpunkte und Auffassungen hohen dichterischen Strebens. Paarweise lassen sie sich nach mannigfaltigen Gesichtspunkten gruppieren. Zwei von bekannten Dichtern herrührende Meisterwerke, der *Parzival* Wolframs von Eschenbach und Gottfrieds von Straßburg *Tristan und Isolde*, beide in gepaart reimenden Kurzzeilen, behandeln fremde Mären, die ihre Urheimat bei dem den Germanen verwandten keltischen Volksstamme haben und nach französischen Vorbildern gedichtet sind, die sich aber nicht über die Stufe der Reimchroniken erhoben. Die zwei anderen, von unbekannten Verfassern, das *Nibelungenlied* und die *Kudrun*, beide in kunstvollen Strophen aufgebaut, bewegen sich auf dem trauten Gebiet der ergreifenden deutschen Heldensage, die hier freilich ihre alten Götter vergessen und sich dem Christentum zugewandt hat. Die Nibelungen und Tristan enden mit furchtbar tragischer Bestrafung der Untreue, sei es gegen die Lehnsherrschaft, sei es in der Ehe, Kudrun und Parzival aber sanft versöhnend mit erhebender Belohnung der Treue, sei es in der Liebe, sei es im Glauben. Parzival und die Nibelungen hinwieder bringen in idealistischer Auffassung erschütternde Kämpfe des Menschenherzens zur Lösung, während Tristan und Kudrun des Lebens Liebe, Lust und Leid in realistisch frischer Farbe schildern.

Beginnen wir die nähere Betrachtung dieser vier Riesenwerke, soweit sie der Zweck unseres Buches erlaubt, mit demjenigen, in welchem die Kreuzzüge am mächtigsten anklingen, wenn sie auch, gleichwie in den drei übrigen, nicht selbst erwähnt sind. Es ist dies *Parzival*, durch welchen der Gegensatz und Kampf zwischen Morgen- und Abendland beständig und in allen Fibern hindurchklingt. Es ist dabei ein großartiger Gedanke des Gedichtes, daß die handelnden Mächte beider Längergruppen von Brüdern geleitet werden, die sich erst spät kennenlernen und in erhebender Weise versöhnen. Das Werk Wolframs von Eschenbach, eines armen Ritters aus der Gegend von Ansbach in Franken, gehört dem Sagenkreis des Heiligen *Gral* an, dessen fromm christlichen, aber des Papstes und seiner Klerisei völlig entratenden Ordensreiches wir bereits eingehend gedacht haben, das Wolfram unverändert in seine Dichtung aufnahm, so streng christlich sie auch durchgeführt erscheint. Nur etwa die Hälfte des Gedichtes handelt von Parzival selbst, dessen Vater *Gamuret* erst mit der stolzen Mohrenkönigin *Belakane* in naiverweise halb schwarzen und halb weißen *Feirefiz* und dann mit der sanften Europäerin *Herzeloide* den Helden erzeugt hat. Der letztere, von seiner Mutter aus Furcht, er möchte auf blutigem Schlachtfelde enden wie sein Vater, in absichtlicher Unbekanntheit mit ritterlichem Wesen in dichtem Wald erzogen, sieht zufällig Ritter und beschließt sofort auch einer zu werden. Von der Mutter, abermals absichtlich, in ärmlich-lächerlicher Weise ausgestattet, damit er bald wieder zurückkehre, erschlägt er den sogenannten roten Ritter, dessen Rüstung er anlegt. So kommt er in das durch den Krieg ausgehungerte Land der lieblichen Königin *Condwiramur*, die er von ihren Feinden befreit und deren Hand sein süßer Lohn wird. Aber Abenteuerlust reißt ihn aus den Armen des geliebten Weibes, und er gelangt auf die einsame Gralsburg, wo sein Oheim *Amfortas* ihn unerkannt herrlich bewirtet und er den Kultus der blutigen Lanze und des leuchtenden Gral mitansieht, ohne nach der Bedeutung des Beoachteten zu fragen. Erst am Morgen erfährt er die Folgen dieser Unterlassungssünde.

Das ganze Schloß ist wie ausgestorben; nur ein Knappe, der ihm öffnet, verhöhnt ihn und seine Base *Sigune* verflucht ihn sogar zu seiner Verwunderung. Dann kommt er zum Lager des Königs *Artus*, der den roten Ritter zu suchen ausgezogen ist, wird aber, in etwas überschwenglicher Sentimentalität, durch drei Blutstropfen, die eine vom Falken geraubte Gans in den Schnee fallen läßt, an seine *Condwiramur* erinnert und gerät hierdurch in einen sonderbar bewußtlosen Zustand, in welchem er aber zwei Ritter des Königs, die ihn als Eindringling angreifen, niederwirft. *Artus* nimmt ihn glänzend auf und in die Tafelrunde, aber die Freude wird grausam gestört durch *Cundrie*, die mißgestaltete und über alle Begriffe häßliche Botin des Gral, welche ankommt, um Parzival wegen seines Nichtfragens zu verfluchen. Nun allgemeine Bestürzung! Parzival ist so erschüttert, daß er an Gott verzweifelt und bitter fragt:

wé waz is got?
wär der gewaldec, sölhen spot
het er uns niht gegeben …
nu wilich im dienest widersagen:
hat er haz, den wil ich tragen.

So wird er ein mittelalterlicher Faust, verschwindet aber leider unseren Augen für geraume Zeit, denn nicht weniger als 6 Bücher (vom 7. an) beschäftigen sich fast allein mit seinem Freund und Gegenpol *Gawan*, der gleich ihm den *Gral* suchte. Nur ein Buch, das 9., unterbricht jene mit Parzival wenig und mit dem Gral gar nicht zusammenhängenden Abenteuer teilweise höchst wunderlicher Art; aber dies Buch ist höchst bedeutsam, es bildet den Mittelpunkt, die hauptsächliche Entwicklung des ganzen Gedichtes und des Charakters seines Helden. Diese Katastrophe geht in der Nähe der für *Parzival* noch unsichtbaren Gralburg vor sich, und zwar stufenweise, erst in der Einsiedelei *Sigunens*, die eine Klausnerin beim Grab ihres Geliebten geworden, vorzüglich aber bei *Parzivals* Oheim *Trevrizent*, der ebenfalls Einsiedler ist und ihn über den Gral und dessen Geschichte belehrt; wir erfahren, daß eine Schrift am *Gral* verkündet habe, den wegen weltlicher Liebe zur Strafe erkrankten Gralkönig Amfortas werde ein Ritter durch seine Frage nach den Geheimnissen des Gral heilen. Diese Erzählungen belehren unseren Helden und führen ihn zu Gott zurück.

Die Auffassung der Parzival- und Gralsage durch *Wolfram* von Eschenbach ist nicht ohne Fehler, die jedoch in der Sage selbst zu liegen scheinen. Es ist nicht recht erklärlich, einerseits warum Parzival in der Gralsburg den Ursachen der ihm unbegreiflichen Erscheinungen nicht nachfragt und andererseits warum ihm dieses Nichtnachfragen zum schweren Vergehen angerechnet wird. Beides ist in der Begründung schwach; denn er konnte keine Veranlassung haben, das Fragen als notwendig zu erachten, so einfältig es auch erscheint, daß er es bloß deshalb unterläßt, weil ihm sein Gastfreund *Gurnemanz* geraten, nicht viel (keineswegs aber: nichts) zu fragen. Der Zug ist ein in vielen Märchen und Sagen vorkommender, indem sehr oft von

Die Bekehrung.

einer Frage die Erlösung verwünschter Personen abhängt, also ein mythischer, kann aber keine psychologische Schuld begründen, denn es ist offenbar eine weit bindendere Pflicht des Wissenden, zu belehren, als des Unwissenden, zu fragen, namentlich wenn letzterer wie *Parzival* in tiefster Unwissenheit erzogen wurde, also für seine Ungeschicklichkeit nicht verantwortlich gemacht werden kann. Trotzdem aber wäre dieser Fehler in der Begründung des Konflikts, in den der Held des Gedichtes gerät, verhältnismäßig gut zu machen gewesen, wenn *Parzival*, um zur Versöhnung und zum beseligenden Besitz des Gral zu gelangen, irgendwelche großen Taten, irgend etwas mit dem idealen Charakter jenes Kleinods Zusammenhängendes auszuführen gehabt hätte, und es ist in dieser Beziehung seine Gegenüberstellung mit seinem Freund *Gawan,* der das materielle Streben des Rittertums vertritt, verfehlt, denn *Parzival* tut nichts anderes als *Gawan,* ja noch weniger als dieser, der doch vier Königinnen und ihren Hofstaat aus der dämonischen Gewalt des Zauberers *Klinschor* erlöst; trotz des Zweifels an Gott, der ihn verzehrt, lebt er nur als irrender Ritter gewöhnlichen Schlages, bis ihn *Trevrizent* über seine Pflichten belehrt, zu Gott bekehrt und zum Gralkönigtum tüchtig macht. Freilich muß er, ehe er dasselbe erlangt, noch mit seinem Freund *Gawan* und seinem Halbbruder *Feirefiz* kämpfen und im ersteren das weltliche Rittertum, im letzteren das Heidentum besiegen; aber beides geschieht, ohne daß er weiß, was er tut, durch kein anderes Mittel als seine körperliche Stärke und seine Tapferkeit; mit geistigen Waffen kämpft er nicht, Großes vollführt er nicht. Die Idee, welcher dieser ganzen ziemlich unbehilflichen Wendung liegt, ist die christlich-mystische, daß nicht selbstbewußte Taten, sondern nur Demut und Selbstverleugnung, Uneigennützigkeit und Reinheit des Herzens die Krone innerlichen Glücks verdienen. Diese Erfordernisse wären für das klassische Altertum wie für unsere neuere Zeit ungenügend zur Erreichung des Ideals gewesen, für das Mittelalter genügten sie, wie sie im Orient genügt hätten. Wir verlangen jetzt Taten und spotten der Demut wie die Griechen und Römer. Inder aber, Ägypter und mittelalterliche Christen setzen die Resignation im Glauben über das Drängen nach außen, daher denn auch in diesen Kreisen der Kultur das Priestertum die erste Stelle im Gemeinwesen einnahm und das Handeln der übrigen Stände danach zu bestimmen suchte, so es der priesterlichen Lehre entspreche oder nicht.

Da indessen die Parzival- und Gralssage zu der Zeit des Minnedienstes, der überschwenglichen Frauenverehrung sich ausbildete, welche, wenn auch nicht das wirkliche Leben, so doch das Dichten und ideale Streben beherrschte und die Himmelskönigin beinahe dem Himmelskönig gleichsetzte, ja ihr tatsächlich einen stärkeren Einfluß auf das Menschenleben einräumte als jenem, so mußten sich die Tugenden, durch welche *Parzival* das Gralkönigtum verdiente, durch diejenigen seiner Gattin ergänzen. Diese, die Königin *Condwiramur,* d.h. *Coin de vrai amour,* Stempel der wahren Liebe, wetteifert an herzerhebender Reinheit, Treue und Keuschheit mit *Reponse de Joie,* der Tante, und *Herzeloide,* der Mutter ihres Gatten, und ist daher würdig, anstelle der ersteren den Gral zu tragen, sie, die *ir kiuschen wiplichen sin behielt unz an ir lones stat, da si in hohe saelde* trat. Wie herzig rein und schelmisch reizend ist nicht die Schilderung der Szene bei *Wolfram,* als sich Parzival und sein Weib nach vielen Jahren der Trennung wiedersahen und er die Schlafende überraschte:

sie blicket uf und sah ir man,
se hete niht wan'z hemde an:
umb sich sie'z teclachen swanc,
für'z bette ufen teppech spranc

Cundwiramur diu lieht gemal.
ouch umbevienc sie Parzival:
man sagte mir si kusten sich.
sie sprach „mir hat gelücke dich
gesendet, herzen fröude min".
sie bat in willekomen sin:
un solde ich zürnen; i'ne mac.
gêrt si din wile und dirre tac,
ich han nu des min herze gert,
sorge ist an mir vil ungewert. (nun bin ich von aller Sorge frei.)

Es wäre nicht möglich, einfacher, keuscher und herzgewinnender zu schreiben. *Wolfram,* der von manchen Literaturhistorikern als der *reine* Mystiker und *Asket* hingestellt wird, wodurch gewiß schon manche Leser von seinem Werk abgeschreckt worden sind, weiß übrigens auch den losen Schalk hervorzukehren, und wir dürften manche seiner Anspielungen und Schilderungen heute nicht öffentlich wiederholen. Desto anmutiger und der Teilnahme würdiger sind andere Stellen, in denen er teils Tugenden preist, teils die Reize der Natur schildert, teils sein dichterisches Seelenleben feiert, immer aber in wenigen schlichten Worten den tiefsten Eindruck hervorbringt. Wie einfach und edel preist er die Gastfreundschaft, indem er den kranken Amfortas seinem zu wenig neugierigen Gaste und Neffen *Parzival* ein Schwert schenken läßt, zur Entschädigung für mangelhafte Pflege! Wie sinnig und ergreifend ist das Bild, daß dem in der Gralburg schlafenden Helden „künftige Leiden ihre Boten sandten", so daß er nicht alleine schlief. Oder wenn der Tag hinschwindet, sein Schein beinahe erloschen ist und die Sterne erscheinen und eilen, ihrer Königin, der Nacht, Herberge zu bestellen! Oder wenn Frau *Aventiure* bei dem Dichter anklopft: *„ich wil in'z herze din zuo dir",* und auf seine Einwendung, da sei ja nicht viel Raum, versichert, sie bedürfe keines großen!

Den Kreuzzügen, d. h. dem Kampf zwischen Morgen- und Abendland und dem von ihnen verfochtenen von den gebildeten Kreisen des Mittelalters auch unter dem Bild des Gral verehrten Ideal reinen Christentums stehen die drei übrigen der genannten vier mittelhochdeutschen Meisterepopöen weit ferner als der jenes Ideal verherrlichende *Parzival*; ja es ist überhaupt schwer, in ihnen Anklänge an die Kreuzzüge zu finden. *Tristan und Isolde* bilden den vielbesprochenen Gegensatz zu *Parzival*; an die Stelle des Ideals tritt hier das reale soziale Leben und machen sich dessen Kämpfe geltend. Es ist bezeichnend, daß damals, wie nach fünf- und sechshundert Jahren wieder die dichterische Verwertung des Konfliktes zwischen Pflicht und Neigung von Frankreich her ihre Wanderung nach Deutschland angetreten hat. Es ist aber nur die Leichtigkeit des Hinwegschreitens über diesen herben Kampf, welche den deutschen Dichter mit seinen welschen Mustern verbindet; in der Auffassung verrät er eine echt griechische Freiheit und Schönheit der plastischen und malerischen Kunst durch das Mittel des Wortes, er erhebt sich zu einer Vorurteilslosigkeit in Glaubenssachen, vertieft sich zu einer Innigkeit der Seelenschilderung, von der die damaligen französischen Reimer keine Vorstellung hatten. Es war ein wirklich hoher und freier Geist, dieser stolze Straßburger Bürger, der auch seinen adeligen Zeit- und Strebensgenossen den üblichen Titel „Herr" versagte, den er selbst nicht tragen konnte, der sich frei und frank über die Gottesurteile und andere Vorurteile lustig machte, vor denen seine Zeit zitterte, der seinen Gegenpart *Wolfram*, ohne ihn zu nennen, seiner religiösen und romantischen Bestrebungen wegen unter die „Erfinder wilder Mären und Wilderer in denselben" rechnete, welche „stumpfe Sinne betrügen und aus Tand den Kindern Gold machen, edelen Herzen aber keine Lust bereiten."

Ohne weiter Wasser ins Meer der unerschöpflichen *Nibelungenliteratur* tragen zu wollen, möchten wir in den aus uralter Zeit Deutschlands nach dem Norden entführten und aus diesem wieder in die Heimat zurückgekehrten Sagenstoff durch das von allen Nachdichtern und Übersetzern unerreichte mittelhochdeutsche Prachtgedicht gerne den Gedanken hineingetragen sehen, daß die Nibelungen, d. h. die Deutschen, auf dem donauabwärts führenden Landwege die drei ersten großen Kreuzzüge in den sicheren Tod rennen und daß die grimme Kriemhild im „Hunnenlande" wesentlich tut, was damals den Kreuzfahrern die Bulgaren, Byzantiner und Sarazenensultane anzutun wünschten oder auch antaten, welche harte „Not" das Nibelungenlied ebenso erschütternd schildert, als es die Völkeruntergänge in Vorderasien wirklich und wahrhaftig waren.

Am weitesten vom Bereich der Kreuzzüge ab liegt die deutsche Odyssee, die *Kudrun-Epopöe*, denn ihren Stoff enthält bereits die *Edda*, und sie bewegt sich an dem den warmen Gestaden des Mittelmeeres entgegengesetzten kühlen und feuchten Nordseestrand bei den seefahrenden Friesen und Normannen, die freilich auch im hellen Süden und im fernen Morgenland ihre Rolle gespielt haben und dort ebenso kräftig dreinschlugen wie die Hegelingen des Königs *Hetel* und ihre Genossen und Gegner. Die Gestalten sind echt altdeutsch, derb, aber treu und tapfer, die Frauen lieblich und anmutig, rein und keusch; nicht wohl zu verkennen ist aber der Einfluß der Kreuzzüge in der Bezeichnung „Mohrenland", die wohl aus dem echt einheimischen „Moorland" entstellt ist; schon der Name des Herrschers *Sigfrid* schließt die Echtheit ersteren Namens aus, den wohl die drei größten friesischen Fahrten nach Portugal und Spanien und die heißen Kämpfe dieser kühnen Schiffer mit den dortigen Mauren in das Gedicht brachten. In allen vier Meistergedichten aber fehlt es nicht an zahlreichen morgenländischen Anspielungen auf die Pracht indischer, persischer und arabischer Kleidungsstoffe und Schmuckgegenstände. Die von den epischen Dichtern des deutschen Mittelalters vermiedenen ausdrücklichen Erwähnungen der Kreuzzüge treffen wir dagegen in reichem Maße bei den zwei größten nicht epischen Dichtern derselben nationalen Entwicklungsstufe, bei dem König der Minnesinger, *Walter von der Vogelweide* und bei dem einsam dastehenden, schlichten aber kräftigen Spruchdichter *Fridank*. Beide haben Kreuzzüge mitgemacht, nur ist nicht sicher, welche, wahrscheinlich ersterer den mit Herzog *Leopold* von Österreich, letzterer den mit Kaiser *Friedrich II.*

Walter von der Vogelweide, der sangeslustige Tiroler und feurig und tief vaterländisch fühlende Deutsche, den *Gottfried von Straßburg* als die „Meisterin in der lieben Schar" der Minnesinger-Nachtigallen feiert, fühlte tief die traurige Lage des Heiligen Landes zu seiner Zeit, und so lose und schalkhaft der junge Dichter in Liebesangelegenheiten singen konnte, so ernst klagte er in seinem Alter:

Ez ist wol kunt uns allen,
wie jämmerliche es stat,
daz here lant vil reine,
gar helfelos und eine (allein, verlassen).
Jerusalem, nu weine,

wie din vergezzen ist!
Der heiden überhêre (Übermut)
hat dich verschelket (geknechtet) sêre.
Durch diner namen êre
la dich erbarmen Krist!

Kühler ist das angeblich im gelobten Land gedichtete, vielleicht letzte Lied des Sängers, doch ist dessen letzte Strophe für die Anschauung seiner Zeit, namentlich über das Recht der Kreuzzüge, bezeichnend:

Juden, kristen unde heiden
jehent daz diz ir erbe sî:
Got müez es ze rehte scheiden
durch die sîne namen drî.
Al diu werlt diu strîtet her:
wîr sîn an der rehten ger (allein berechtigt),
reht ist daz er uns gewer (gewähre).

Ebenso bezeichnend für die Stimmung seiner Zeit ist *Walters* unermüdlicher Eifer gegen die Habsucht der Geistlichkeit und die Anmaßungen des Papsttums, durch welche die Kreuzzüge so vielfach wider ihre Bestimmung mißbraucht wurden und das deutsche Reich unheilbare Erschütterungen erlitt. Er zeiht den Papst, der heute *Otto* IV. gegen *Philipp* unterstützte und morgen bannte, der Doppelzüngigkeit und trotzt freimütig seinem Bannstrahl, wie er hinwieder ebenso offen den zugleich rohen und sittenlosen und frömmelnden Kaiser *Otto* geißelt und die falschen Höflinge an den Pranger stellt. Sein größter Zorn entbrannte aber über das bald zu zeichnende schmähliche Verfahren des Papstes gegen *Friedrich II.* Stets tritt er mit aller Kraft seines Genius für Recht, Sitte und Glauben gegen Unterdrükkung, Unsitten und Heuchelei ein, und tief ergreift sein wilder Schmerz über den Verfall der Herrlichkeit des deutschen Reiches. Trotz seiner Armut, die ihn auf das Wohlwollen der Mächtigen anwies, hat er niemals geschmeichelt und stets die getreue Stimme der Wahrheit gegenüber allen

Ungeradheiten der Zeit vertreten. Unter allen Minnesingern ist er allein unsterblich geworden; denn keiner der zahllosen übrigen, unter denen Graf *Kraft von Toggenburg* aus der Schweiz vielleicht das Urbild zu dem sprichwörtlich gewordenen Schillerschen Ritter Toggenburg darbot, schwang sich von Frauenreizen, Nachtigallengesang, Blumenduft und Sonnenschein, gleich *Walter von der Vogelweide,* zu höheren Gedanken über das Menschenleben und die großen Zeitbestrebungen empor, wenn sie auch alle dem deutschen Kaisertum zu- und dem römischen Papsttum abgeneigt waren.

Der unter dem Namen *Fridank* bekannte, seiner Persönlichkeit nach jedoch leider ganz unbekannt gebliebene Spruchdichter, wahrscheinlich ein Schwabe, hat in seiner ganzen Tendenz große Ähnlichkeit mit *Walter.* Wie er den traurigen Zustand des Lebens und der Sitten in Akkon beklagte, haben wir bereits erwähnt. Noch tiefer aber als *Walters* Entrüstung geht die seinige über den Bann, durch welchen *Gregor* IX., wie wir sehen werden, den Kreuzzügen den Todesstoß versetzte. „Wo", klagt er, „soll man Gott loben, wenn seine Stadt gebannt ist? Dieser Bann verhöhnt das Heilige Grab und die gesamte Christenheit und vergrößert nur das Reich der Ungläubigen." Doch verhindert auch ihn seine Anhänglichkeit an den Kaiser nicht, dessen heimlichen Verkehr mit dem Sultan in Ägypten offenherzig zu tadeln, ebenso wie die Wertschätzung der „Heiden" im Handel und Wandel der christlichen Städte. In seiner Wahrheitsliebe läßt er denn auch dem Papste, den er ob seines gegen den Kaiser geschleuderten Bannes so scharf getadelt hatte, hinsichtlich seines sittlichen Charakters alle Gerechtigkeit widerfahren. Unerbittlich geißelt er aber gleich *Walter* die Anmaßung und die Heuchelei der Geistlichkeit und den mit dem Ablaß verbundenen Unfug. Er sagt über letzteren Punkt:

> Der babest hat ein schoene lebn,
> möhte er sünde ân riuwe vergebn,
> so solte man in steinen (steinigen),
> ob er der Kristen einen
> oder keiner muoter barn (geborenen)
> lieze hin zer helle varn (fahren).
> . . . .
>
> Der babest ist ein irdisch got,
> und ist doch dicke der Rômaer spot.
> Ze Rome ist babstes êre kranc,
> in vremediu lant gât sin getwanc.
> Sin hof vil dicke wüeste stât.
> so er niht vremeder tôren hât;
> swenne alle krümbe werdent slet,
> so findet man ze Rome reht.

Fridank ist kein Ketzer, die er vielfach verdammt; dennoch geht er mit einer Grundlehre derselben, nämlich mit der Verwerflichkeit irdischen Besitzes und Reichtums der Geistlichen, vollkommen einig, wofür er sich gleich den Ketzern auf die Armut Jesu beruft. Auch gibt er offen zu: wenn Ketzer, Juden und Heiden von Gott verworfen werden, so komme dem Teufel das größere Heer zu; eines aber kann er, wenn auch mit Neid nicht leugnen, daß Gott den Christen, Juden und Heiden dasselbe Wetter gebe. Es liegt darin doch schon ein Anfang zur Duldsamkeit.

Fridanks Spruchwerk „Bescheidenheit" ist gleich *Walters* Liedern und Sprüchen ein Spiegel der öffentlichen Meinung ihrer Zeit, soweit sie sich bei nur einigermaßen denkenden Menschen im Bereiche der Christenheit, namentlich aber bei den Deutschen gestaltete, und daher sind beide Dichter bezüglich ihres Zeugnisses vom Leben und Trachten zur Zeit der Kreuzzüge unschätzbar; auch die Werke ihrer vielen hier nicht genannten Zeitgenossen und Mitstrebenden bestätigen dies in vollem Maße.

Wir wissen nicht, ob die Legende Grund hat, daß ein Pilger oder Mönch auf irgendeinem Kreuzzug nach dem Heiligen Land, von sarazenischen Pfeilen durchbohrt, nachdem alle seine Gefährten den Heldentod gestorben, die ihn neugierig umstehenden Sieger, selbst sterbend, mit dem Kreuz in der Hand zum Christentum bekehrt haben soll (Bild 73). Aber die mit den Kreuzzügen hinsterbende, unabhängig, vernünftig-christlich und rein sittlich denkende und fühlende mittelhochdeutsche Dichtung hat unzweifelhaft ihre sie in weiteren Kreisen nicht verstehende Zeit und die ihrer Blüte ein Ende machenden materiellen Interessen überstrahlt und überwunden und ihren Ruhm durch Jahrhunderte hin bewahrt und wird gleich unsterblich sein wie der den Kreuzzügen zugrunde liegende ideale Gedanke.

SIEBENTER ABSCHNITT

Kaiser Friedrich II. und der Papst

Kaiser *Friedrich II.*, der einzige Sohn Kaiser *Heinrichs* VI. und damals tatsächlich der einzige Vertreter des staufischen Hauses, war in Sizilien ohne Vater und Mutter und daher auch ohne rechte Anleitung zu gesunden moralischen und religiösen Grundsätzen, zwar wohl unter der Vormundschaft des dritten *Innozenz,* aber ferne von ihm aufgewachsen, mitten unter Anarchie, Fremden und Bürgerkriegen und blutigen Greueln. Trotzdem hatte er sich wacker ausgebildet, das Griechische, das in Sizilien noch immer lebte, und das Arabische, das die noch zahlreichen Sarazenen sprachen, erlernt, sich in der Mathematik, Philosophie und sogar in der Heilkunde der arabischen Gelehrten umgesehen, Deutsch und Italienisch zugleich als Muttersprachen geübt. Mit 13 Jahren (1208) volljährig geworden, wurde er wider seinen Willen von dem Papst mit der zehn Jahre älteren *Constantia* von Aragon, Witwe des Königs *Emmerich* von Ungarn (älteren Bruders und Vorgängers des verfehlten Kreuzfahrers *Andreas*) vermählt, was auf seine Sittlichkeit den nachteiligsten Einfluß hatte. In demselben Jahre dachte er bereits daran, an des ermordeten *Philipp* Stelle seine Wahl als Kind zum deutschen König geltend zu machen und trotzte dem Vormund gegenüber auf seine königlichen Rechte; nachdem aber derselbe mit Kaiser *Otto* IV. zerfallen war und ihn gebannt hatte, bewirkte er bei der ihm ergebenen Partei Deutschlands 1211 in Nürnberg die Wahl *Friedrich*s zum König. Frischweg entschloß er sich zur Annahme, des Widerspruchs der Gattin und der Sizilianer nicht achtend, ließ seinen eben geborenen Sohn *Heinrich* 1212 zum König von Sizilien krönen und brach nach Deutschland auf, das Reich in Besitz zu nehmen. Der Papst begünstigte sein Unternehmen natürlich nur gegen Leistung des Lehnseides für sein Erbreich. Ohne Geld und ohne Heer, nur mit wenig Begleitern wagte er sich über die Alpen. Im Osten der jetzigen Schweiz fand er unter den geistlichen Fürsten seine ersten Anhänger; Banndrohung des Papstes verschaffte ihm Aufnahme in Konstanz; Schwaben, das Erbland seines Hauses, fiel ihm ohnehin zu und so machte er reißende Fortschritte, gewann, während *Otto* gegen Norden floh, den ganzen Süden Deutschlands, nicht nur durch des Papstes Hilfe, sondern auch durch den Ruhm des staufischen Namens, wurde von Frankreich unterstützt und in Mainz gekrönt. Vollständig aber machte *Friedrich*s Sieg erst ein für Deutschlands Ehre nicht erfreuliches, doch damals unausweichliches Ereignis, die Niederlage *Ottos* und des mit ihm verwandten und verbündeten Königs *Johann* von England 1214 bei *Bouvines* durch die französischen Waffen. So wurde es möglich, daß *Friedrich* 1215 am richtigen Krönungsort Aachen die deutsche Krone empfing, welche Feierlichkeit er mit der alle Gläubigen hoch überraschenden Übernahme des Kreuzes verband, und seinem Beispiel folgte sofort eine Menge geistlicher und weltlicher Fürsten. Der junge König saß mehrere Tage vom Morgen bis zum Abend in der Marienkirche, in welcher das Kreuz gepredigt wurde und wohnte der Kreuzzugsgelübde vieler Tausender bei. Zugleich half er eigenhändig bei der feierlichen Verwahrung der Asche *Karls* des Großen in einem von der Stadt Aachen dem Reich hierzu geschenkten Sarkophag. Alles sah damals in Europa hoffnungsvoll dem im Jahre 1217 zu eröffnenden großen Kreuzzug entgegen, von dem man mindestens Wiedererwerbung alles Verlorenen, womöglich aber noch mehr erwartete und der doch so jämmerlich zersplittern und in seinen Bruchteilen scheitern sollte.

Wir haben bereits gesehen, wie dies kam. Wahrscheinlich wäre es anders gekommen, wenn *Friedrich II.* sich dem Kreuzzug zur festgesetzten Zeit angeschlossen oder vielmehr sich an dessen Spitze gestellt hätte, und wir kommen nun an den betrüblichen Bericht über die Ursachen der Verzögerung und über die schließlich unbefriedigende Weise der Ausführung dieses Vorhabens. *Honorius* III. war wie gesagt ein milder Oberhirte und erinnerte den König nur von Zeit zu Zeit an sein Gelübde, ohne ihn stark zu dessen Lösung zu drängen. *Friedrich* hatte, nachdem *Ottos* IV. Tod ihm das Reich ungeteilt in die Hände gegeben, keinen guten Grund mehr zu weiterem Aufschub, soweit es von ihm abhing. Aber das war eben nicht der Fall. Die Fürsten, welche mit ihm das Kreuz genommen, geistliche wie weltliche, waren lässig in Erfüllung ihrer Zusagen, so daß der König selbst 1219 den Papst bat, denselben mit dem Bann zu drohen und die Zeit des Aufbruchs hinauszuschieben. Der Papst tat, was der König wünschte und setzte den 24. Juni, und später, als *Friedrich* diesen Tag nicht einhalten zu können erklärte, den 1. Oktober für die Abfahrt zum Kreuzzug fest, und so ging es weiter. *Friedrich* war voll des besten Willens und betrieb die Rüstungen zum Kreuzzug, aber den Fürsten fehlte jede Begeisterung und dann auch jede Bereitwilligkeit zum großen Werk. Der Termin war bereits auf den 1. Mai 1220 hinausgeschoben, als der Papst einen Legaten nach Deutschland senden mußte, um den Eifer für das Kreuz aufzufrischen. Ein glänzender Reichstag zu Frankfurt im April beschloß, daß der Kreuzzug sich unmittelbar an die unverzüglich vorzunehmende Kaiserkrönung in Rom schließen solle. Der König bewog neue Tausende, das Kreuz zu nehmen, und auf seinen Wunsch wurde sein achtjähriger Sohn *Heinrich*, den er aus Sizilien hatte holen lassen, im Hinblick auf seine bevorstehende Abwesenheit zum König gewählt. Obschon aber immer wieder neue Verzögerungen eintraten und der Bann nun eintreten sollte, sprach ihn doch *Honorius* nicht aus, sondern begnügte sich mit einer Kirchenbuße, die der auf dem Römerzug befindliche König wirklich über sich ergehen ließ, wenn er auch mit Unwillen gegen die Begründung des Bannes protestierte. Am 22. November empfing *Friedrich*, nicht mit dem Glanz wie sein Vater, sondern in sehr schlichter Feier, die Kaiserkrone, die manche seiner Vorgänger mit größeren Opfern hatten erkaufen müssen. Denn es fiel ihm nicht schwer, zu tun, was die Kirche von ihm als Gegenleistung verlangte, nämlich eine Reihe furchtbarer Gesetze gegen die Ketzerei zu bestätigen, durch welche ähnliche Verfolgungen, wie sie damals die Albigenser erduldeten, auch in seinen Reichen eingeführt wurden. Durch diese Gesetzte verfiel jeder, der ein Jahr lang im Kirchenbann war, auch in den Bann des Kaisers. Ketzer sollten zu ewiger Ehrlosigkeit, Acht, Güterverlust und ihre Kinder zum Verlust des Erbrechtes verurteilt, und selbst die Verdächtigen, die sich nicht innerhalb eines Jahres über ihre Rechtgläubigkeit ausweisen konnten, ebenso Hehler, Gönner und Verteidiger der Ketzer, gleich letzteren behandelt werden. Alle Gerichtsbeamten sollten bei Antritt ihres Amtes einen Eid leisten, die Ketzer zu verfolgen, und wenn ein Fürst sein Land nicht in einem Jahr von der Ketzerei reinigte, so sollte es den Rechtgläubigen preisgegeben werden, freilich ohne seine Rechte anzutasten, *sofern* er der Maßregel keine Hindernisse bereitete. In denselben Gesetzen wurden die Geistlichen sowohl in bürgerlichen Streit- als in Straffällen von jedem weltlichen Gericht, die Kirchen, fromme Stiftungen und geistliche Personen von allen Abgaben befreit. Kaiser *Friedrich II.* war persönlich durchaus ohne religiöses Vorurteil, und weil er demzufolge für die Dogmen der Ketzer nicht mehr Teilnahme fühlte, als für die der Kirche, so hatte er um so weniger Bedenken, die Ketzer preiszugeben, wenn er dafür die mächtige Kirche auf seiner Seite hatte und durch sie in seinen politischen Plänen nicht nur nicht gehemmt, sondern selbst unterstützt wurde. Natürlich mußte er auch sein Kreuzgelübde erneuern und es ist merkwürdig, daß der Kardinal von Ostia ihm das Kreuz überreichte, der ihn später als *Gregor* IX. des Kreuzzuges wegen bannte. Friedrich mußte geloben, im August des folgenden Jahres (1221) den Kreuzzug endlich gewiß anzutreten. Er setzte alles in Bewegung, um Sizilien zur Stellung von Schiffen, die italienischen Städte zur Lieferung von Geld und Mannschaft zu bewegen, und ermahnte in einem ungemein pomphaft klingenden Manifest von Salerno aus die Gläubigen zur Teilnahme am Kreuzzug. Man erwartete damals in dem eroberten Damiette des bestimmtesten seine nahe Ankunft, welche vorausfahrende deutsche Kreuzfahrer unter Herzog *Ludwig* von Bayern ankündigten, wie bereits erzählt ist.

Es wurde eine Kreuzzugssteuer erhoben, zu welcher die Geistlichen den zwanzigsten, die Weltlichen den zehnten Teil ihres Einkommens beitragen mußten, und hatte guten Fortgang. *Friedrich* sandte den Ertrag mit einem sizilianischen Geschwader nach Damiette; er kam aber zu spät, als die Stadt und mit ihr Ägypten dem Kreuz bereits verloren war. Wir haben die Unruhen bereits erwähnt, welche der Protest der Überbringer gegen die Übergabe der Stadt zur Folge hatte.

Seit dem Unglück von Damiette wurde, obschon an demselben ganz allein der Vertreter der Kirche, Kardinal *Pelagius*, schuld war, der bisher milde Papst *Honorius* unangenehm. Er und sein Hof kehrten die Sache gerade um und schoben alle Schuld auf den Kaiser, natürlich um die Kirche reinzuwaschen, und da zugleich der Termin zur Kreuzfahrt verflossen war, mahnte er ihn, unter Erinnerung an den Bann, sein Gelübde zu erfüllen. Er ließ ihn aus Sizilien, wo *Friedrich* mit dringenden Angelegenheiten dieses Reiches beschäftigt war, zu Unterhandlungen kommen, die sich bis in das Jahr 1222 hinüberzogen und mit einem Aufschub bis zum Jahr 1225 endeten, zu welcher Zeit *Friedrich* den Zug zu unternehmen schwor. Damit er denselben mit um so größerem Gewichte vollführen könne, wurde ihm, der eben Witwer geworden, vom Papst der in politischer Hinsicht sehr zweckmäßige Vorschlag gemacht, durch eine Heirat mit des Königs *Johann* von Jerusalem Tochter *Isabella* (unrichtig auch *Jolanta* genannt) Ansprüche auf die Krone von Jerusalem zu erwerben. *Friedrich* hatte inzwischen auf Sizilien einen furchtbaren Aufstand der dort noch lebenden Araber und auf dem Festland widerspenstige Barone zu bekämpfen. Er besiegte beide Teile, grenzte die sich unterwerfenden Sarazenen in eine Militärkolonie bei der Stadt *Luceria* ein, formte überhaupt seine südliche Monarchie aus einem Lehnstaat in einen Einheitsstaat um, den ersten seit dem Mittelalter, und gab ihm eine geistige Spitze in der Universität Neapel, in der er alle höheren Lehranstalten mit Ausnahme der altehrwürdigen Arzneischule von Salerno vereinigte.

Es gab nichts Ungerechteres, als was in jenen Zeiten das Papsttum in steigendem Maße tat, nämlich den Kaiser für den fortgesetzten Aufschub seines Kreuzzuges verantwortlich zu machen. *Friedrich* tat alles, was er konnte; im März 1224 hatte er in den sizilianischen Häfen schon hundert Galeeren und fünfzig Lastschiffe zur Fortschaffung von 2000 Rittern und Pferden und 10 000 Fußgängern bereit; ja er bot den Teilnehmern freie Überfahrt und Lebensmittel an. Aber das, was fehlte, war, und zwar in der gesamten Christenheit, die Bereitwilligkeit zum Kreuzzug, sowohl unter den Fürsten als unter ihren besseren Untertanen. Die Kreuzprediger, übrigens meist unwissende Bettelmönche, wurden verhöhnt, und was sich zum Kreuz herbeidrängte, war Gesindel, um unter dessen Deckmantel den schlimmsten Trieben zu frönen. König *Johann* von Jerusalem war selbst nach Europa gekommen und suchte dessen Monarchen für den Kreuzzug zu gewinnen. Aber diese mißtrauten einander; keiner wollte sein Land verlassen, aus Furcht, ein anderer würde in dasselbe einfallen. In Deutschland wirkte der Großmeister des Deutschen Ordens, *Hermann* von Salza, mit dem ganzen Gewicht seiner tüchtigen Persönlichkeit, aber nicht viel besserem Erfolg. Und dazu kam noch, daß auch die christlichen Spanier um Hilfe gegen die Mauren riefen, daß das zerfallende lateinische Reich Konstantinopels gar sehr des Beistandes bedurfte; ja sogar für den schmählichen Krieg gegen die Albigenser wurde eifrig geworben. So war es dem Kaiser abermals unmöglich geworden, seinen Schwur zu halten. Er stellte dies dem Papst dringend vor, suchte sich aber zugleich auf kluge Weise gegen einen ungünstigen Entscheid zu sichern, indem er die Bischöfe seines Erbreiches zusammenberief und gleichsam als Geiseln behielt, bis *Honorius*, den seine Römer wieder einmal aus der ewigen Stadt vertrieben hatten, mürbe wurde. Es waren gerade zehn Jahre seit dem ersten Kreuzgelübde *Friedrich*s verflossen, als Papst und Kaiser im Beisein vieler geistlicher und weltlicher Fürsten (am 25. Juli 1225) in San Germano einen Vertrag schlossen, in welchem der Kaiser schwor, im August 1227 seine Kreuzfahrt anzutreten und die erwähnte Kriegsmacht zwei Jahre lang im Heiligen Land zu unterhalten, und zum besten desselben in fünf Terminen 100 000 Goldunzen (nach verschiedenen Berechnungen fünf bis neun Millionen Mark) zu zahlen versprach, die ihm aber, wenn er den Zug anträte, zurückerstattet werden sollten, wofür er nichts geringeres als das Königreich Sizilien zum Pfande setzte; im Falle seines Todes vor Antritt des Zuges sollte sein Nachfolger die nämliche Verpflichtung haben, er aber, im Falle er sein Gelübde nicht hielte, unnachsichtlich dem Bann unterliege. Wie hart und rücksichtslos bei diesem Vertrag der römische Stuhl verfuhr, ergibt sich erst aus der Vergleichung mit anderen Fällen und aus der Hinweisung auf Möglichkeiten. Keinem fürstlichen Zeitgenossen *Friedrich*s, der das Kreuz genommen, sind solche Bedingungen gestellt, keiner derselben ist mit dem Bann belegt worden. Ja bei *Friedrich* wurde nicht einmal der Fall, daß er durch Krankheit oder andere dringende Fälle in die Unmöglichkeit versetzt würde, sein Gelübde zu lösen, in Betracht gezogen!

Friedrich verlor indessen keine Zeit, auch seine Rechte auf *Jerusalem* sicherzustellen. Sein Freund Erzbischof *Jakob* von Capua ging nach Ptolemais und gelobte in seinem Namen der Prinzeß *Isabella* die Ehe, worauf sie nicht nur mit Zustimmung, sondern sogar auf Befehl ihres Vaters in Tyros als Königin von Jerusalem gekrönt wurde. *Johann* von Brienne aber begriff nicht, daß er durch Anordnung dieses Aktes als König abgedankt hatte, was er streng genommen schon seit dem Tod seiner ersten Frau nicht mehr war, und zeigte sich daher sehr erstaunt, als nach Ankunft seiner Tochter in Italien und ihrer Vermählung mit dem Kaiser, der letztere, der nach jerusalemitischem Rechte jetzt König des Heiligen Landes war, von ihm den Verzicht auf diese Würde verlangte. Was wollte er aber tun? Er fügte sich zwar, verstieg sich aber bald zu Drohungen, dem Kaiser seinen Neffen *Walter* von Brienne entgegenzustellen, dessen gleichnamiger Vater einst das Königreich Neapel zum Teil erobert hatte. Schwiegervater und Schwiegersohn schieden nach erhitztem *Streit* im heftigsten Groll. *Walter*, von *Friedrich* bedroht, floh nach seiner Heimat in Frankreich; *Johann* aber, noch mehr empört, als sich *Friedrich* in Italien von den Großen Jerusalems huldigen und zum König ihres Reiches krönen ließ, suchte in Rom den Papst und die Kurie gegen den Kaiser aufzuhetzen, und fand nicht ungeneigte Ohren, denn der Papst, meinte er, hätte zu diesem Kronwechsel auch etwas zu sagen gehabt. Zugleich stand der Papst in bestem Einvernehmen mit den das Ansehen und die Gebote des Kaisers in keiner Weise achtenden *lombardischen* Städten, obschon sie offen die Ketzerei begünstigten und vorzugsweise wegen der erwähnten kaiserlichen Gesetze gegen die Ketzer in ihrem aufrührerischen Sinn verharrten, auch nicht nur jede Teilnahme am Kreuzzug verweigerten, den der Papst so eifrig betrieb, sondern durch ihre beständigen Fehden unter sich den Frieden störten, der doch zum Antritt eines Kreuzzuges das wesentliche Erfordernis war. Es war gerade die rechte Hand des schwachen Papstes, der Kardinal *Ugolino* von Ostia, welcher rastlos die lombardischen Städte wieder zu einer dem Papst ergebenen, dem Kaiser aber widerstrebenden Vereinigung zu bringen suchte und die meisten derselben auch brachte. Als *Friedrich* nun ernste Schritte tat, mit seinen sizilianischen Truppen den Trotz der Lombarden zu beugen, und einen Reichstag nach Cremona ausschrieb, um den Kreuzzug zu beraten und die Ketzergesetze in Vollzug zu setzen, erneuerten nicht weniger als zwanzig der bedeutendsten lombardischen Städte, Mailand an der Spitze, sowie der Markgraf von Montferrat und der Graf von Biandrate den lombardischen Bund und verboten in ihrem Kreis jeden Verkehr mit dem Kaiser. *Friedrich* war aber zu schwach, diese das Reich im höchsten Grade gefährdende Macht zu bekämpfen und befahl seinem Sohn, ihm deutsche Truppen zuzuführen, welchen aber die Lombarden den Eintritt in ihr Land an der berühmten Klause von Verona sperrten. Ein angebahnter Vergleich scheiterte, da die Abgeordneten der Lombarden nicht zur Besprechung erschienen. Die Geistlichkeit hielt es, anders als ihr Haupt, mit dem Kaiser, weil es sich ja um Einschreiten gegen die Ketzer und um Beförderung des Kreuzzuges handelte, und gebrauchte den mit den Lombarden unter einer Decke steckenden Papst wider seinen Willen als Waffe gegen dieselben. Der Bischof *Konrad* von Hildesheim, päpstlicher Großpönitentiar, las am 11. Juli 1126 in der Hauptkirche von Borgo San Donnino die päpstliche Bulle vor, welche ihn mit der Predigt des Kreuzes beauftragte und ihn bevollmächtigte, alle mit dem Bann zu belegen, welche dem Kreuzzug des Kaisers Hindernisse bereiten würden, und sprach infolge dieser Ermächtigung den Bann und das Interdikt über den lombardischen Bund und dessen Mitglieder aus, worauf der Kaiser sich ebenfalls erhob, über die Betroffenen auch die Reichsacht verhängte, alle den Lombarden vom Reich bewilligten Rechte widerrief, und alle Bürger der verbündeten Städte vogelfrei erklärte.

Diese Maßregel hatte jedoch nicht die mindeste Wirkung auf die Lombarden und *Friedrich* mußte sich mit dem gegen ihn gereizten Papst zu vertragen suchen. Zögernd ließ sich letzterer zu einer Vermittlung herbei und befahl den Lombarden, die Gesetze gegen die Ketzer zu vollziehen und Mannschaft zum Kreuzzug zu stellen, wogegen er Bann und Interdikt, die in seinem Namen ausgesprochen waren, zurücknahm. Die Lombarden fügten sich aber auch diesem Vertrag nicht, und ehe etwas weiteres geschah, starb *Honorius* III. am 19. März 1227, nachdem er noch den Kaiser mit seinem Schwiegervater *Johann* von Brienne versöhnt hatte. Ihm folgte der Kardinal *Ugolino* als *Gregor* IX., ein bereits über achtzigjähriger, würdiger und rüstiger Greis von tadellosem Leben. *Innozenz* III. war nicht nur mit ihm verwandt, sondern auch sein Vorbild und gleich diesem hatte er seinen schwachen Vorgänger geleitet, ohne ihn völlig zu den gewünschten kräftigen Schritten bewegen zu können.

Von nun an erfuhr *Friedrich II.* erst, was ein energischer Papst war. Das hauptsächliche Streben des letzteren bestand in der Wiederbelebung der von *Innozenz* betriebenen Idee eines allgemeinen Kreuzzugs, während *Honorius* sich zuletzt mit einem solchen des einzigen kleinen sizilianischen Reiches begnügt hatte. Mit allem Nachdruck bot er die ganze Christenheit auf, und auch sofort mit besserem Erfolg. Dem Kaiser drohte er mit unnachsichtigem Bann, wenn er jetzt sein Gelübde nicht hielte, und dieser spannte noch einmal alle seine Kräfte an, um in Deutschland und Italien Teilnehmer zu gewinnen. *Hermann* von Salza bewog allein, freilich nur durch Geld und gute Worte, viele Fürsten und Prälaten zur Kreuzannahme; 700 Ritter und auch mehrere Reichsstädte rafften sich auf, und Worms allein stellte z. B. 400 Mann. Landgraf *Ludwig* von Thüringen zog mit Angeworbenen über die Alpen dem Kaiser zu. In Brindisi sammelten sich 60 000 Mann, meist Deutsche und Engländer (letztere freilich meist armes Volk); aus Italien beteiligte sich fast nur die kaiserfreundliche Geistlichkeit, aus Frankreich, weil es ein *deutscher* Kreuzzug war, natürlich fast niemand. Aber die Menschenmenge, die Sommerhitze und die ungewohnte Lebensweise erzeugten Krankheiten und die Vorbereitungen zur Abfahrt waren nicht in hinlänglichem Maße getroffen, so daß viele tausend Pilger wieder heimkehrten. Am 8. September, also nicht lange nach der gelobten Zeit, schiffte sich der Kaiser ein, obschon er krank war; dieses Übel aber nahm so zu, daß er mit dem Landgrafen von Thüringen am 11. in Otranto wieder an das Land ging, wo der letztere starb. Die übrige Flotte fuhr unter dem Befehl des Herzogs vom Limburg ab und segelte nach Zypern.

Unglücklicherweise waren nun zwei bedauerliche Umstände vorhanden, welche das Schicksal des Kaisers und damit der Kreuzzüge überhaupt in tragischer Weise besiegelten. Der eine war, daß der Vertrag von San Germano eine Krankheit nicht vorsah und der andere, daß der neue Papst, allerdings nach den Vorgängen nicht ohne scheinbaren Grund, wenn auch gewiß ohne Recht, der redlichen Absicht des Kaisers mißtraute. Es ist nicht einzusehen, welche Umstände den Kaiser bewogen haben könnten, sich bloß zu stellen, als ob er krank wäre. Der Papst hatte auch keine Spur eines Beweises für das Vorhandensein einer Verstellung; er war also wahrscheinlich von vornherein entschlossen, den Kaiser in den Bann zu tun, was er auch, ohne zwei Gesandtschaften, durch die sich *Friedrich* entschuldigte, einer Beachtung zu würdigen, am 29. September ausführte. Dieser wohl buchstäblich, aber in keiner Weise moralisch begründete Schritt, nach Aussage eines damaligen Mönches vom Teufel eingegeben, hat den Kreuzzügen mehr geschadet als alle Sarazenensiege!

ACHTER ABSCHNITT

Der Kreuzzug Kaiser Friedrichs II.

Die Bannbulle, welche *Gregor* IX. gegen den Kaiser erließ, könnte, für sich beachtet den Charakter dieses Papstes nur im ungünstigten Licht zeigen, denn sie besteht aus lauter Ungereimtheiten, Unwahrheiten und Verdrehungen. Sie wirft dem Kaiser vor, seinen Eid, den Kreuzzug betreffend, gebrochen zu haben, ohne zu untersuchen, ob er imstande gewesen, ihn zu halten. Er habe, heißt es lügenhaft, die Kreuzfahrer in Brindisi festgehalten, so daß sie meist hinstarben, er habe (was doch der päpstliche Legat getan) den Verlust von Damiette verschuldet, er habe die bedungenen Zahlungen nicht geleistet (während er sie tatsächlich geleistet hat) und die vorgeschriebene Zahl von Mannschaft nicht gestellt (wovon ebenfalls das Gegenteil wahr ist). Ein Grund allein ist richtig, daß der Kaiser die Kreuzfahrt nicht zur bestimmten Zeit angetreten, die Gründe hierfür aber wurden in keiner Weise berücksichtigt.

In einer äußerst ruhigen und sachgemäßen Erwiderung, welche *Friedrich* an alle christlichen Fürsten abgehen ließ, legte er die Niederträchtigkeit des päpstlichen Machwerkes dar und wies zugleich nach, daß in Anbetracht der Lage des Heiligen Landes in jenem Jahr der Kreuzzug erfolglos gewesen wäre. Die Kurie antwortete natürlich nichts auf dieses gediegene Aktenstück, das der römische Senat vom Kapitol herab durch einen kaiserlichen Bevollmächtigten öffentlich vorlesen ließ. Ja es fand in Rom ein Betrüger Raum, der um Geld als falscher Papst Kreuzzugsgelübde löste, das Stück zu vier Mark, und es brach sogar ein Aufruhr gegen den Papst aus, der eben in der Peterskirche die Messe las, dem er mit Not entging und vor dem er schließlich aus Rom fliehen mußte. Er wollte nun Versöhnung mit dem Kaiser suchen, der ihn aber kurz abwies und, ohne sich um den wiederholten Bann weiter zu bekümmern, Vorbereitungen zum Kreuzzug im Frühling 1228 traf und Steuern dafür einzog, deren Bezahlung der Papst freilich den Gläubigern verbot, worauf *Friedrich* der Geistlichkeit seines Königreichs die Beachtung des Interdikts einfach untersagte. Der römische Hof aber tat sein möglichstes, den Kreuzzug zu verhindern und seine Freunde, die Lombarden, beraubten die Deutschen, die dem Kaiser zuzogen. In anderer Beziehung aber waren letzterem die Umstände äußerst günstig. Der Sultan *Kamil* hatte ihn gegen seinen mit ihm zerfallenen Bruder *Muazzam* von Damask um Hilfe angerufen und ihm dafür den Hauptteil des Königreichs Jerusalem angeboten. Der Kaiser sandte den Erzbischof von Palermo nach Ägypten, von wo er mit Bestätigung jenes Anerbietens und reichen Geschenken (unter denen sich ein Elefant befand) zurückkehrte, freilich auch mit einer schnöden Antwort *Muazzams*, den er für denselben Plan zu gewinnen gesucht, der aber dem Kaiser sagen ließ, für ihn habe er nur das Schwert. Zu derselben Zeit starb zwar *Muazzam*, aber zwischen seinem Sohn und *Kamil* dauerte der Streit fort. Um diesen zu seinem Vorteil auszunutzen, sandte *Friedrich* im Frühling den energischen Marschall Richard *Filangieri* mit 500 Rittern nach dem Orient.

Burg Dieu d'Amour oder St. Hilarion auf Zypern.

Indessen wurde dem Kaiser (am 26. April) ein rechtmäßiger Erbe des Königreichs Jerusalem (der spätere König *Konrad*) geboren, was aber leider schon am 8. Mai der jungen Mutter das Leben kostete. Mitten zwischen dem freudigen und dem schmerzlichen Ereignis hielt der Kaiser bei Barletta unter freiem Himmel vor zahllosem Volk einen (sizilianischen) Reichstag ab, welchem er für den Fall seines Ablebens auf dem Kreuzzug seinen letzten Willen eröffnete, namentlich was die Erbfolge in seinen Reichen betraf, denn auch eines noch jungen und kräftigen Mannes Leben konnte bei solchem Unternehmen gefährdet sein. Die Beamten des Königreichs beschworen *Friedrich*s Verfügungen und das ganze Volk leistete den feierlichen Eid mit.

Der Papst scheute sich indessen nicht, durch zwei Franziskaner dem Kaiser, so lange er sich nicht gedemütigt hätte, denselben Kreuzzug zu untersagen, wegen dessen Verschiebung er ihn mit dem Bann belegt hatte! Aber noch mehr: *Friedrich* hatte Berichte in den Händen, daß der Papst in seiner Abwesenheit sein Land angreifen wolle; um dies möglichst zu verhindern, kam er diesem Angriff zuvor, nahm diejenigen Gebiete des Kirchenstaates in Besitz, welche die Päpste im Laufe der Zeit dem Reich entzogen hatten und stellte ein Heer auf, das größtenteils aus sizilianischen Sarazenen bestand.

Am 28. Juni schiffte sich *Friedrich* in Brindisi ein und strafte damit die Motive des Bannes Lügen; seine Flotte zählte 40 Fahrzeuge, seine Mannschaft höchstens 10 000 Mann.

Die Kreuzflotte des Kaisers fuhr über Korfu und die übrigen ionischen Inseln, an Kreta und Rhodos vorbei zunächst nach Zypern, wo sie am 21. Juli anlangte. Der Kaiser betrachtete die Insel, deren junger König *Heinrich* noch unter Vormundschaft stand, immer noch als Lehnsland des Reiches, was sie unter seinem Vater geworden war. Entschlossen, die Auffrischung dieses in letzter Zeit dort nicht mehr beachteten Verhältnisses zu erwirken, verlangte er an einem Festmahl von dem Reichsverweser *Johann von Ibelin* plötzlich die Anerkennung der kaiserlichen Oberhoheit und gab diesem Verlangen durch Bewaffnete Nachdruck, mit denen er den Saal füllen ließ. Es gab ärgerliche Auftritte, die mit einem Vergleich endeten, der wohl nicht ernst gemeint war; denn *Ibelin* floh in das Innere der Insel und schloß sich in der Burg *Dieu d'Amour* oder St. Hilarion ein, gegen welche *Friedrich* mit einer Heeresabteilung zog. Da ergab sich *Ibelin*, leistete dem Kaiser den Lehnseid und überließ ihm die Vormundschaft des jungen Königs und, so lange diese dauerte, die Ansprüche auf alle Einkünfte des Staates. Am 2. September fuhr dann der Kaiser ab und landete am 7. in Akkon, wo er zwar feierlich empfangen wurde, die Geistlichen aber, die Templer und die Johanniter ihn den Bann fühlen ließen und nicht mit ihm speisen wollten, auch sandte der Papst seine zwei Franziskaner bis dorthin, ließ allen Kreuzfahrern verbieten, dem gebannten Kaiser zu gehorchen und bestellte sogar selbst die Oberanführer der einzelnen vertretenen Völker. Das machte den Kaiser denn doch stutzig und er versuchte von dort aus Schritte zur Versöhnung mit dem Papst. Auch außerdem erwarteten den Kaiser in Syrien nicht angenehme Aussichten. Obschon von den im vorigen Jahr voraus gezogenen Kreuzfahrern, weil ihnen der Kaiser nicht gefolgt, die meisten heimgekehrt waren, hatte der Papst, als ob er von Wahnwitz befallen wäre, dem übriggebliebenen Häuflein von 100 000 Mann befohlen, den Frieden von Damiette zu brechen; die Feindseligkeiten hatten begonnen und hätten sehr schlimm enden können, wenn nicht *Muazzam* gestorben wäre. Auf diese Nachricht aber überfielen die in Akkon weilenden Franzosen Sidon und vertrieben von dort die Mohammedaner, welche die Stadt vertragsgemäß gemeinsam mit den Christen besaßen. Andere Kreuzfahrer befestigten Cäsarea. Die Mohammedaner hatten diese Schritte nicht gestört, denn sie bekriegten sich selbst untereinander. *Kamil* zog gegen seinen Neffen *Dawud* (David) von Damask, eroberte Jerusalem und andere syrische Städte und verabredete mit seinem Bruder *Aschraf* eine Teilung des Reiches von Damask. Es war demnach anzunehmen, daß er das dem Kaiser gemachte Anerbieten nicht halten würde, namentlich da *Muazzam*, der es veranlaßt hatte, tot war; aber es trat der eigentümliche Umstand ein, daß sowohl *Kamil* als *Friedrich* jeder sich zu schwach glaubte, dem anderen entgegenzutreten. Der Kaiser konnte sich nur auf die Deutschen Ritter und die wenigen übrigen Deutschen verlassen und schlug daher den Weg der Unterhandlungen ein, für welche die Dinge glücklich standen, denn das ganze Morgenland zitterte vor *Friedrichs* Namen, der allein ein Heer aufwog. Er erinnerte durch Gesandte den Sultan an seine Zusage der Herausgabe Jerusalems.

Ruinen des Klosters der Kanoniker d. hl. Grabes.

Kamil gab keine Antwort, aber beide nahmen voneinander Geschenke an. Der Sultan sandte dem Kaiser einen Elefanten, zehn Kamele, zehn arabische Stuten, Affen, Edelsteine, goldene Gefäße und farbige Stoffe und seine gelehrten Gesandten suchten den Kaiser zu philosophischen Gesprächen zu veranlassen, worauf er nicht nur gern einging, sondern selbst durch die Boten Fragen gelehrten Inhalts an den Sultan richtete, die so schwierig waren, daß er erst seine Hofgelehrten berief, ehe er sie beantwortete. Sowohl *Kamil* als seine Boten bewunderten des Kaisers Freisinnigkeit und Gelehrsamkeit. Als aber dabei nichts den politischen Zweck der Verhandlungen förderndes herauskam, dachte *Friedrich* den Ägypter durch Fortsetzung der Befestigung *Joppes* herauszufordern, wozu ihm indessen die Templer und Johanniter den Gehorsam verweigerten, weil ihr Leben bloß der Kirche gewidmet wäre, der sie allein gehorchten, und diese habe ihnen jede Gemeinschaft mit dem Kaiser untersagt. Nach glaubwürdigen Berichten gingen diese beiden welschen Orden noch weiter; sie verrieten durch einen Brief dem

Sultan, daß der Kaiser zu Fuß den Jordan zu besuchen beabsichtige, bei welcher Gelegenheit *Kamil* ihn leicht auffangen oder aus dem Wege schaffen könne. Der Sultan war empört über diese Verräterei der Christen und sandte den Brief dem Kaiser, der zwar seine Wallfahrt aufgab, aber den Verrat nur mit stillschweigender Verachtung strafte. Als auf diese Weise eine Trennung der christlichen Streitkräfte bevorstand, ergriff *Friedrich* den Ausweg, zu verkündigen, daß von nun an alle Befehle „im Namen Gottes und der Christenheit" erfolgen sollten, worauf sich alles vereinigte und die Befestigung in Angriff nahm.

Während dies geschah, vernahm *Friedrich*, daß der Papst am 31. Juli die Untertanen beider Sizilien vom Eide der Treue losgesprochen, daß dann der Krieg zwischen ihm und dem kaiserlichen Statthalter *Rainald* von Spoleto ausgebrochen und daß sein gewesener Schwiegervater *Johann* von Brienne, der in die Dienste des Papstes getreten, mit den aus lombardischem Geld angeworbenen „Schlüsselsoldaten" im neapolitanischen Gebiet eingefallen war. Der Papst wandte also die allerbrutalsten Mittel an, einen angeblich ungehorsamen Sohn der Kirche zu seiner Pflicht zurückzuführen, indem er nämlich dessen Erbe angriff. Dem Kaiser brannte nun der Sand Syriens unter den Sohlen; er ließ seine Schiffe zur Heimfahrt rüsten und nach Hause berichten, er werde bald kommen, und beschleunigte die Unterhandlungen mit *Kamil*, so daß am 11. Februar 1229 ein Vertrag auf zehn Jahre zwischen den beiden mächtigsten Monarchen des Morgen- und Abendlandes zustande kam, den der Kaiser am 18., als eben die Befestigung Joppes vollendet war, und einige Tage darauf der Sultan vor Bevollmächtigten beider Parteien beschworen. Darin trat *Kamil* dem Kaiser und seinen Vertretern die Stadt *Jerusalem* zu vollständiger Verfügung ab, unter der Bedingung, daß die beiden Moscheen Aksa und Sahra den Mohammedanern verblieben und von Christen nicht betreten werden durften. Ferner begriff die Abtretung Bethlehem, Nazaret und die Straßen zwischen diesen Orten und Jerusalem, dann Ramla, Lydda, Sidon; auch durften diese Orte befestigt werden. Die mohammedanischen Einwohner von Jerusalem erhielten einen eigenen Kadi, und beide Fürsten gelobten einander Schutz gegen jeden Angriff.

So hatte ein von der Kirche gebannter Fürst gegen den Willen derselben, ohne einen Tropfen Blut zu vergießen, das gewonnen, was mit Unterstützung der Kirche nur entweder durch ungeheuere Opfer an Menschenleben oder trotz solchen Opfern gar nicht gelungen war. Jerusalem kam so nach 42 Jahren abermaligen muslimischen Besitzes zum zweiten Male, leider (dank dem Papst *Gregor*!) nur für kurze Zeit, in christlichen Besitz. Als ein Gebannter konnte *Friedrich* der Christenheit das überreichen, was sie so lange begehrt hatte! Und er wollte dies auch. Er ließ durch seinen treuen *Hermann* von Salza mit dem Patriarchen von Jerusalem, *Gerold*, Bischof von Lausanne, der ja durch ihn erst zu seinem wahren Sitze kam, doch freilich zugleich päpstlicher Legat war, Unterhandlungen anknüpfen. Aber der Pfaffe war nicht gerührt. Er äußerte sich wegwerfend und verächtlich über das „wenige" durch den Vertrag Erlangte und ärgerlich über das viele nicht

Erhaltene, am empörtesten aber über die Duldung der Mohammedaner in Jerusalem und über den mit ihnen vereinbarten Schutz und Trutz. *Gerold* wies daher jede Unterhandlung mit dem Kaiser von sich und verbot allen Pilgern den Besuch der heiligen Stätten.

Für *Friedrich* galt es nun zu handeln, und war es auch gegen den Willen der Kirche, namentlich da er hörte, daß die Soldaten derselben sein Land in grauenhaftester Weise verwüsteten und daher seine Heimkehr immer dringender wurde. Er begab sich eilig nach dem befreiten *Jerusalem,* wo er am 17. März anlangte und ein Bevollmächtigter des Sultans ihm die Stadt übergab. Die in derselben wohnenden Christen empfingen die freudig einziehenden Pilger jubelnd und die Deutschen feierten den Triumph ihres Kaisers

Ruinen des Nordportals d. gr. Marienkirche in Jerusalem.

mit Gesängen und Beleuchtung. Derselbe hätte gern trotz seinem Unglauben den Tag durch ein Hochamt gefeiert, aber der Gebannte durfte dies ja nicht! Am folgenden Tag setzte er sich in der von treugesinnten Pilgern angefüllten Grabeskirche „zu Ehren des ewigen Königs" selbst die Krone von Jerusalem auf das Haupt und *Hermann* von Salza verlas darauf in deutscher und lateinischer Sprache eine Denkschrift, welche den Kaiser gegen den Bann des Papstes verteidigte. *Friedrich,* voll von Freude und Versöhnung, erließ noch an demselben Tag eine Botschaft an den Papst über das Geschehene; aber was sie wirken werde, konnte er daraus ersehen, daß am nächsten Tag der Erzbischof von Cäsarea im Namen des Patriarchen die heiligen Stätten mit dem Interdikt belegte. Damit war das Maß der in diesem Handel von der römischen Kirche getriebenen Schmach voll! Unter den deutschen Kreuzfahrern herrschte nur *ein* Gefühl der Wut und Entrüstung über diesen Wahnwitz.

Die Mohammedaner waren über den Frieden, der ihnen Jerusalem entriß, ebenso oder vielleicht noch mehr empört als die Papisten, und es ist bezeichnend, daß seitdem ihre Schriftsteller bei Erwähnung *Kamils* sich nur noch der Beifügung bedienten „Gott erbarme sich seiner." Er mußte sich bei ihnen (und das war nicht ganz ehrlich) entschuldigen, er habe dem Kaiser ja nur zerstörte Kirchen und Häuser abgetreten, die bald wieder erobert werden könnten. Dagegen konnten die Sarazenen nicht umhin den Kaiser (den sie stets nur *Enberûr,* d. h. *Emperer* nannten) zu bewundern, namentlich wegen der Hinneigung zu ihrem Glauben und der Verachtung des römischen Priestertums, die er keineswegs verbarg. Als der Sultan aus Rücksicht auf *Friedrich* befahl, daß während dessen Anwesenheit in Jerusalem die Muezzim den Ruf der Gebete von den Minaretts herab unterlassen sollten und der Kaiser dies vermißte, ließ er den Kadi zu sich kommen und sagte ihm, es sei damit Unrecht geschehen; seinetwillen sollten die Muslimen nicht ihr Gesetz und ihren Glauben ändern; denn auch in seinem Lande seien diese frei. Von seinem persönlichen Aussehen waren sie freilich nicht entzückt; sie schilderten ihn als glatzköpfig rothaarig (d. h. blond) und kurzsichtig*, und fügen bezeichnend bei: ein Sklavenhändler hätte für ihn nicht 200 Drachmen gegeben!

Nachdem *Friedrich* die nötigsten Befehle zur Befestigung Jerusalems erteilt, zu welcher sich die, denen die Verteidigung der Heiligen Stadt am ehesten oblag, gar nicht eifrig gezeigt hatten, sprengte er „von niemandem gegrüßt" zur Stadt hinaus gegen Joppe. Der heuchlerische Patriarch aber bezog nun ohne Bedenken die von ihm mit dem Bann belegten Stätten! Die Kreuzfahrer folgten dem Kaiser und die Mohammedaner begaben sich wehklagend zum Sultan, der ihnen aber barsch befahl, „sich wieder nach Hause zu packen." In Damask aber, dessen Sultan *Dawud* sich mit gewissem Recht als wahren Herrn Jerusalems betrachtete, verfluchte man den Namen *Kamils* und rüstete gegen ihn, der jedoch dem Plan zuvorkam und seinerseits Damask einschloß.

Friedrich wurde in Ptolemais nicht freundlich empfangen. Auch hierher folgte ihm der Patriarch und begann Mannschaften anzuwerben, um entweder den Kaiser oder dem Frieden zum Trotz den Sultan zu bekriegen. Der Kaiser verbot diesen Unfug energisch und berief eine Versammlung, vor welcher er den Patriarchen und die Templer der Widersetzlichkeit anklagte. Allen Kreuzfahrern befahl er, mit ihm das Heilige Land zu verlassen, ließ den Patriarchen und die Templer in ihren Palästen bewachen, und die Bettelmönche, welche im Auftrag des Patriarchen den Bann gegen ihn und sogar gegen die Stadt Akkon verkündeten, von den Kanzeln herunterreißen und durch die Straßen peitschen. Die Kriegsmaschinen und Waffenvorräte in Akkon ließ er einschiffen, beschenkte noch den treuen Deutschen Orden reich und trat am 1. Mai, nach achtmonatiger Anwesenheit in Syrien, die Heimreise an.

---

* Daraus ließe sich schließen, daß das bei den Germanen auffallend frühe Verlieren der Haare und Verderben der Augen nicht der neuesten Zeit angehört, also keine Folge des vielen Studierens ist.

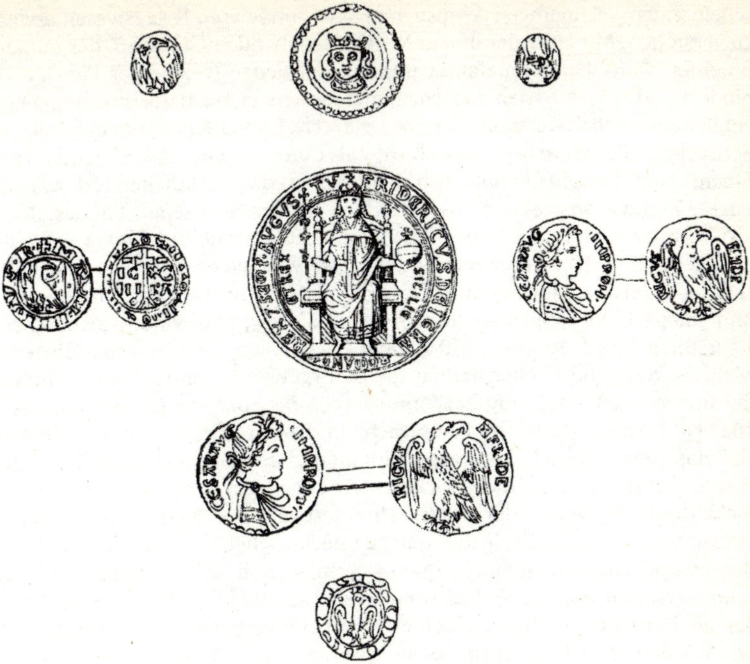

Münzen und Siegel Kaiser Friedrichs II.

Am 10. Juni landete der Kaiser, den übrigen Kreuzfahrern voraus, ohne Aufsehen in seinem Erbreich. Und was fand er? Ein vom Papst und seinen Ergebenen in seiner Treue gegen ihn unterwühltes, von den Schlüsselsoldaten des Heiligen Vaters ausgeplündertes und verheertes Land! Seine zehnjährige Sorge um die Wohlfahrt desselben war dahin! Aber auch das deutsche Reich sollte untergraben werden. Herzog *Ludwig* von Bayern, welcher für den jungen König *Heinrich* die Regierung führte, wirkte verräterisch für den Papst, der ernstlich mit der gänzlichen Vernichtung des staufischen Hauses umging. Der Verrat wurde jedoch entdeckt und *Ludwig* mußte sich unterwerfen.

Trotz alledem machte *Friedrich* sofort nach seiner Ankunft dem Papst Versöhnungsanträge, die aber nicht nur schnöde abgewiesen, sondern mit neuen Bannflüchen erwidert wurden, die der Papst damit begründete, daß der Kaiser mit den Ungläubigen Frieden geschlossen, und ihren Gottesdienst in Jerusalem gestattet habe. Natürlich hatte der Patriarch *Gerold* die Sache nach seinem Sinne dargestellt. Nun mußte die Entscheidung durch das Recht der Waffen eintreten. Für *Friedrich* war es ein Glück, daß gegen ihn die beiden früheren Feinde, *Johann* von Brienne und Kardinal *Pelagius* im Felde standen, von denen letzterer wie schon in Ägypten, auf die entscheidenden Verfügungen Anspruch machte, ohne vom Kriegswesen etwas zu verstehen. Mit Hilfe der ihm in Menge zuziehenden Getreuen, der mitgebrachten deutschen Kreuzfahrer und neuer solcher, welche der Papst verhindert hatte, nach Syrien zu ziehen, marschierte er, nach abermaligem vergeblichem Friedensversuch, auf das belagerte Capua los. Da packte feiger Schrecken die Welschen. Der Kardinal *Colonna* gab das Zeichen zur Flucht; auch Pelagius konnte sich nicht halten, das päpstliche Heer war in kurzer Zeit wie weggeblasen und *Friedrich* wieder Herr seines Landes, dessen Verräter er streng bestrafte. Auch der lombardische Bund löste sich auf und gehorchte dem Papst nicht mehr. Jetzt war letzterer mürbe und ließ sich in Unterhandlungen ein, bei welchen sich zwar die Kurie so benahm und solche Forderungen stellte, als ob sie die Siegerin wäre, welche aber schließlich am 28. August 1230 zu dem Frieden von *San Germano* führten. Mehrere deutsche Fürsten hatten dieses Ergebnis vermittelt, unter ihnen der uns aus dem Kreuzzug bekannte Herzog *Leopold* von Österreich, welcher bald darauf starb. Die Hauptsache in diesem Frieden war, daß *Friedrich* das Gebiet des Kirchenstaates räumte und den Geistlichen beider Sizilien Befreiung von weltlichen Gerichten zugestand. Vom Kreuzzug war nicht die Rede, womit der Papst indirekt zugab, den Kaiser mit Unrecht gebannt zu haben und seinen Kreuzzug nachträglich anerkannte. Die beiden Häupter der Christenheit trafen sich in Anagni, wo der Bann vor drei Jahren erlassen worden, und versöhnten sich vollständig, ohne weitere Zeugen als *Hermann* von Salza. Doch war das neue Verhältnis nicht von Dauer, wir würden aufrichtig sagen „leider“, wenn es überhaupt erfreuliche und nicht sehr traurige Folgen gehabt hätte, wie der nächste Abschnitt zeigen wird.

NEUNTER ABSCHNITT

Der Kreuzzug gegen die Stedinger und seine Folgen

Auch auf Deutschland hatte der Friede von San Germano zwischen Kaiser und Papst seinen Einfluß. Die deutschen Fürsten, welche zu demselben mitgewirkt hatten, standen damals so mächtig und achtunggebietend da, daß der junge König *Heinrich* als Stellvertreter seines kaiserlichen Vaters es nicht vermeiden konnte, ihnen an dem Hoftag in *Worms*, Ende April und Anfang Mai 1231 so ausgedehnte Rechte zu erteilen, daß sie hierdurch zu förmlichen Landesherren wurden und die königliche Gewalt in ihren Gebieten keinen Bestand mehr hatte, mithin zum traurigen Schattenbild ihrer einstigen Größe wurde und die nachherige politische Zerrissenheit Deutschlands ihre rechtliche Grundlage erhielt. Zu derselben Zeit fand auch eine vollständige Aussöhnung zwischen der Krone und dem abtrünnig gewesenen Herzog *Ludwig* von Bayern statt, welcher aber unglücklicherweise schon am 16. September desselben Jahres auf der Donaubrücke bei Kelheim von einem Unbekannten ermordet wurde. Man vermutete, daß es ein Assassine gewesen und es fehlte nicht an Stimmen, und zwar an unparteiischen, ja sogar kaiserfreundlichen, welche diesen Mord dem Kaiser zur Last legten, doch hat dies nie bewiesen werden können. Jedenfalls war *Ludwig*s Sohn und Nachfolger *Otto* seitdem ein Gegner des Hofes.

Die Verstärkung der Fürstenmacht in Deutschland trug nicht zur Beseitigung der allgemeinen Unsicherheit damaliger Zustände bei. Die unabhängigen Fürsten konnten weit ungestörter einander befehden als die abhängigen, und dazu kam noch, daß der Friede zwischen Kaiser und Papst das Vorgehen gegen die Ketzer, zu dem der erstere aus politischen Gründen ohnehin nicht ungeneigt war, verschärft hatte. *Friedrich*, welcher selbst nichts oder nicht viel glaubte, zum Ärger der frommen Christen sich in Sizilien fast ausschließlich mit Sarazenen umgab, ja ein Harem von sarazenischen Mädchen hielt und überhaupt locker lebte, worin es ihm sein Sohn *Heinrich* in Deutschland ziemlich gleich zu tun suchte, hatte schon 1224 befohlen, alle der Ketzerei Überführten zu verbrennen oder ihnen die Zunge auszuschneiden und versprach 1231 dem Papst, alle Feinde der Kirche (was er doch selbst war!) nachsichtslos auszurotten. Im März 1232 erließ er auch für Deutschland neue Ketzergesetze, nach welchen alle wegen dieses „Verbrechens" Verurteilten mit dem Tode, nur wer widerrufe, zu lebenslänglichem Gefängnis, im Rückfall aber ebenfalls mit dem Tode und Begünstiger der Ketzer gleich diesen bestraft werden, die Nachkommen dieser Unglücklichen aber bis in das zweite Geschlecht ehr- und rechtlos sein sollten, mit Ausnahme der Kinder, welche ihre Eltern selbst anzeigten! Mit der Aufspürung und Vernichtung der Ketzer beauftragte der Kaiser im Einverständnis mit dem Papst die diesfalls so berüchtigt gewordenen Dominikaner.

Schon bisher war in Deutschland die Inquisition leider nicht unbekannt gewesen. In Straßburg waren schon 1211 achtzig Personen, welche das Gottesurteil des glühenden Eisens nicht bestanden, verbrannt worden. Seit 1214 aber wirkte im päpstlichen Auftrag der entsetzliche Ketzerrichter *Konrad von Marburg*, ein Franziskaner und Beichtvater der heiligen *Elisabeth*, Gattin des Landgrafen *Ludwig* von Thüringen, in welchem Lande er über alle geistlichen Stellen verfügte. Obschon weit gebildeter und weltkundiger, wirkte der Bischof *Konrad* von Hildesheim in gleichem Geiste, wie er denn z. B. den Probst *Minnike* von Goslar absetzte, der 1224 wegen eigentümlicher Ansichten über die Dreieinigkeit als Ketzer verbrannt wurde. Der Verfasser der Wormser Jahrbücher erzählt naiv, daß die Ketzerspürer den Fürsten und Bischöfen Teilung des Nachlasses der Verbrannten zur Hälfte zwischen der geistlichen und weltlichen Macht versprachen, worüber sich dieselben sehr freuten. In der Tat erließ König *Heinrich* am 2. Juni 1231 in Worms ein Gesetz, welches die beweglichen Güter der Ketzer, nach Abzug der Kosten des Verbrennens, ihren Vorgesetzten überwies.

Unter solchen Umständen erlebte Deutschland zu seiner Schmach ein würdiges Gegenstück zu dem scheußlichen Kreuzzug gegen die Albigenser, nämlich denjenigen gegen die *Stedinger*. Dieser schlichte Bauernstamm lebte damals am linken Ufer der Weser zwischen den Einflüssen der Achtum und der Brake, unterhalb Bremens, in jetzt oldenburgischem Gebiet, sowie am rechten Ufer desselben Stromes von der Gegend gegenüber der Huntemündung bis zum Einfluß der Lüne, in jetzt preußisch-hannoverischem Gebiet, und hatte seinen Namen von diesen seinen Wohnsitzen am „Gestade". Ihr Gebiet war in jener Zeit noch gar nicht lange bebaut und bewohnt, ja in seinen unteren Teilen vorwiegend erst seit dem Anfang des 13. Jahrhunderts. Als Herrn des größten Teils von Stedingen betrachtete sich der Erzbischof von *Bremen*, der auch das Land teils selbst durch herbeigerufene Anbauer urbar machen lassen, teils dasselbe zu diesem Zweck in Lehen gegeben hatte. Die Anbauer jener Gegenden, eben die Stedinger, waren keine Friesen, wie sie meist genannt wurden, sondern Sachsen. Durch den gemeinsamen Anbau wuchsen sie zu einem gleichartigen, freien Stamm zusammen und lebten nach altem Recht (Hollerrecht) frei und ohne Herren auf dem von ihnen den Elementen entrissenen Boden; nur zahlten sie dem Erzbischof einen Zins, soweit seine Rechte reichten; außer ihm waren noch das Domkapitel und mehrere Klöster zinsberechtigt. Einige Höfe aber, welche jener Vorrechte nicht teilhaftig waren, blieben dem Erzbischof oder dem Herzog von Sachsen untertan. Die Stedinger hatten daher keine gemeinsame Verfassung. Zwar ließ der Erzbischof schon 1158 seine Ansprüche auf ganz Stedingen vom Kaiser bestätigen, was aber damals noch keineswegs dem tatsächlichen Besitz gleichkam; auch verlieh er wieder Teile dieses Gebietes an die Grafen von Oldenburg und Warflet.

Die Stedinger jedoch waren zugleich voll Liebe zur Freiheit, und geübt in den Waffen; die Nachbarschaft der freien Friesen wirkte auch auf sie anregend. Als nun zu Anfang des 13. Jahrhunderts die Vögte zweier Burgen in Nordstedingen sich Gewalttaten gegen das Landvolk erlaubten, Frauen und Mädchen entführten und Lösegeld zu erpressen suchten, versammelten sich die West-Stedinger an der Hunte in einer wüsten Gegend und beschlossen gegen die Vögte einzuschreiten, deren Burgen sie dann auch brachen.

Dies beschloß der Erzbischof *Hartwig* zu rächen und zog mit Heeresmacht gegen die trotzigen Bauern, kehrte jedoch zurück, als ihm die Zinse gezahlt wurden. In der nächsten Zeit nach *Hartwigs* Tode (1207) war das Erzstift von inneren Kämpfen zwischen der kaiserlichen und päpstlichen Partei, deren jede ihren Erzbischof aufgestellt hatte, erschüttert: die Stedinger unterstützten die erstere Partei, legten kein geringes Gewicht in die Waagschale und brachen wieder die Burgen ihrer Gegner (1213), wurden aber von dem Grafen von Hoya geschlagen; dagegen warfen sie die oldenburgische Feste Stotel nieder. Als jedoch *Friedrichs II.* vom Papst gestützte Macht in Deutschland reißend zunahm, traten auch die Stedinger zu ihm über und dies entschied auch den Kampf zwischen den beiden Bewerbern um das Erzstift Bremen. Der siegreiche Erzbischof *Gerhard I.* aus dem Hause Oldenburg war den Stedingenern dankbar und belästigte sie nicht; anders sein Nachfolger seit 1219, *Gerhard II.* von der Lippe. Er hatte ihnen nichts zu danken, wohl aber über früheres mit ihnen abzurechnen. Er war eifrig bedacht, die Zinse und Zehnten von ihnen einzufordern, welche seine ihre Arme bedürftigen Vorgänger nicht erhoben hatten, so daß die Stedinger tatsächlich von jeder fürstlichen Herrschaft frei waren. Diesem nach seinen Ansichten unstatthaftem Zustand wollte er ein Ende machen. Als er auf dem Weg der Güte nichts erreichte, sammelte sein Bruder Herr *Hermann von der Lippe* ein Heer, das mit dem des Erzbischofs 1229 über die gefrorenen Moore gegen die Stedinger aufbrach. Mit diesen hatten sich wohl mehrere dem Erzbischof feindliche Edelleute vereinigt, aber weder die Friesen, noch die Bürger von Bremen unterstützten die, welche ähnliche Interessen mit ihnen verbanden. Dennoch siegten in der Schlacht am Weihnachtsabend die tapferen Bauern; der Herr von der Lippe fiel und seine Scharen und die des Erzbischofs flohen.

Der Erzbischof, über die Niederlage der Seinigen und den Verlust seines Bruders doppelt wütend, verfiel als würdiger Schüler *Innozenz* III. auf ein Mittel, das nach seiner Überzeugung zum Ziele führen sollte: die Stedinger mußten zu Ketzern gestempelt werden! Eine von ihm 1230 zusammenberufene Diözesansynode verdammte einfach, ohne Anhörung der Angeklagten und ohne Anführung irgendeines Beweises, die Stedinger als Ketzer. Als

Gründe dieser Maßregel waren lauter solche angeführt, unter denen man umsonst nach irgendeiner irrigen Lehrmeinung sucht; sie bestanden lediglich in Gewalttaten gegen Klöster und Mönche, die in dem Kriegszustand gegen die Erzbischöfe hinlängliche Erklärung finden, in der Vernachlässigung kirchlicher Gebräuche und in der Hegung abergläubischer Ansichten und Sitten, wie sie, obschon aus dem Heidentum stammend, heute noch unter dem Volk verbreitet sind.

Da aber der Bann keine Wirkung gegen diejenigen versprach, die unter einem gebannten Kaiser für einen ebenso gebannten Erzbischof gefochten hatten, so wandte sich *Gerhard* an den Papst *Gregor* IX. mit dem Gesuch, gegen die Stedinger das *Kreuz* predigen zu lassen. Erst am 26. Juli 1231 entsprach ihm der Papst, obschon er die Anschuldigungen der Bremer Synode einfach als Tatsachen annahm – doch nur in ungenügender Weise, indem er ihn bloß bevollmächtigte, die Schuldigen mit Gewalt zum Glauben zurückzuführen. Auch ging es noch eine Zeitlang, ehe der Erzbischof die erforderlichen Kräfte zusammenbrachte, um die sich indessen tüchtig rüstenden und unverzagten Stedinger unter dem geschändeten Banner des Kreuzes für seinen Privatnutzen zu bekriegen; denn es fehlte sowohl die Bewilligung zum Kreuzzug, als die Zustimmung des Kaisers. Die letztere erfolgte aber bald, entsprechend dem Verhältnis *Friedrichs* zum Papst, zugleich mit seinen allgemeinen Blutgesetzen gegen die Ketzer, und nun folgte auch die Bulle vom 29. Oktober 1232 nach, welche die Ungeheuerlichkeit eines Kreuzzugs gegen widerspenstige christliche Bauern gestattete und sie den Bischöfen von Lübeck, Ratzeburg und Minden, später auch denen von Paderborn, Hildesheim, Verden, Münster und Osnabrück übertrug. Auch forderte *Gregor* die Bürger von Bremen zu dem Kreuzzuge gegen die ihm vorher gewiß nicht einmal dem Namen nach bekannten Stedinger auf. Die für den Zug angeführten Gründe waren noch immer die von der Bremer Synode, nur in schwülstiger Sprache und mit Übertreibungen; aus den erschlagenen Mönchen waren „aus Hohn gegen Christus gekreuzigte“ geworden.

Nun fanden sich auch die Kreuzfahrer, bestehend aus Raubrittern und allerlei Gesindel. *Otto von Lüneburg* aber, ein Enkel *Heinrichs* des Löwen, erklärte sich aus Feindschaft gegen den Erzbischof für die Stedinger und zog gegen Bremen, während die Stedinger sowohl das bischöfliche Gebiet als Oldenburg angriffen, und das *erste* Kreuzheer wurde vernichtet. Da gewann der Erzbischof die Bürger von Bremen und die Grafen von Oldenburg, sowie 90 seiner und ihrer Dienstleute durch Aufhebung lästiger Zölle und anderer Abgaben für sich. Weitere Scharen zogen aus Westfalen und Engern herbei und bildeten das *zweite* Kreuzheer, welches am 26. Juni 1233 zu Schiff und zu Land gegen das von der Natur nicht geschützte Ost-Stedingen zog, dort im Namen des Kreuzes plünderte, Männer, Weiber und Kinder mordete und nicht nur Häuser, sondern auch angebliche Ketzer verbrannte. Aber obwohl die West-Stedinger ihren Brüdern nicht beistehen konnten, hielten sich diese wacker aufrecht und trotzten den Bedrängern.

Da griff der Paffe *Gregor*, dessen Leben in Fluch bestand, in den Schatz seines Ablasses und spendete ihn den Kreuzfahrern gegen die Stedinger in vollem Maße, was bis dahin noch nicht der Fall war.

Nun erging die *dritte* dieser sauberen Kreuzfahrten und zwar diesmal gegen den Westen, endete aber mit einer furchtbaren Niederlage der bekreuzten Mordbrenner, deren Anführer Graf *Burchard* von *Oldenburg* den Tod fand. Ein *vierter* Zug noch in demselben Jahre war unbedeutend und wieder ohne Erfolg.

Desto verhängnisvoller wurde der *fünfte* Stedinger-Kreuzzug im Jahre 1234. Um *Otto* von Lüneburg unschädlich zu machen, bedrohte man ihn mit dem Bann und brachte ihn sogar dazu – das Kreuz zu nehmen, wenn auch nicht gegen die Stedinger, doch gegen andere deutsche Ketzer. Die Kreuzfahrer gegen jene vermehrten sich infolge der von Mönchen mit wildem Fanatismus betriebenen sogenannten Kreuzpredigt, welche die Verfolgten in schwärzester Farbe ausmalte, und den nicht Teilnehmenden mit dem Bann drohte. Es strömten Scharen aus Friesland und Holland, ja aus Flandern und Brabant, sogar aus England herbei. Niemand regte eine Hand oder sprach nur ein Wort für die so schmählich Behandelten. Obschon nun Papst *Gregor* endlich einmal einen lichten Augenblick hatte und den Erzbischof ermahnte, nicht mit Mord und Brand, sondern mit heilsamen Ermahnungen vorzugehen, sammelte sich im April das Kreuzheer unter dem Herzog von Brabant, den Grafen von Oldenburg, Geldern, Holland, Jülich und Kleve. Es überschritt am 27. Mai die Weser und stieß bei *Altenesch* auf die kampfbereiten Stedinger unter den wackeren Führern *Volke* von Bardenflet, *Tammo* von Huntorp und *Detmar* von Dieke, welche sie feurig zum Widerstand ermunterten. Bewaffnet waren sie nur mit kurzen Schwertern, langen Knotenspießen und Lederschilden. Unter den Kirchengesängen der Geistlichkeit ordnete der Herzog von Brabant das Kreuzheer und es begann ein furchtbares Ringen. Graf *Heinrich* von Oldenburg erlitt das Schicksal seines Bruders und desjenigen des Erzbischofs, und so noch manche Edeln und Ritter; allein die Übermacht erdrückte und endlich die heldenhaft kämpfenden Bauern, deren Anführer, wie auch mitfechtende Frauen fielen. Graf *Dietrich* von Kleve entschied den Sieg der Fanatiker für das mißbrauchte Kreuz und wenige der braven Stedinger entrannen dem Todeslose zu den Friesen und nach den Hansa-Städten. Die „Sieger“ wüteten in gewohnter Weise. Mit so entsetzlichen Opfern an Blut und Gut, mit solchem Verrat an Ehrlichkeit und Religion hatte Erzbischof *Gerhard* seine Zehnten und Zinse erkauft! Weil man unter der Masse der Toten die „Ketzer“ von den Rechtgläubigen nicht unterscheiden konnte, erlaubte der Papst, die durch die Bestattung jener mit diesen entweihten Friedhöfe neu zu weihen! *Gerhard* aber feierte mit Dankfesten seinen Sieg.

Das Land der erschlagenen Stedinger erteilte der Erzbischof Kreuzfahrern, sogar das von noch Lebenden, so daß sich eine ganz neue Bevölkerung in Stedingen bildete. Der auf dem Lande ruhende Bann wurde erst im August 1235 aufgehoben, als *Gerhard* glaubte, daß von den Stedingern nichts mehr zu fürchten wäre, aber er irrte sich. Die friesischen *Rüstringer* an der Jade und auf dem Boden des jetzigen Jadebusens erhoben sich bald darauf, von den flüchtigen Stedingern wohl aufgefordert, in Gemeinschaft mit den Niederstedingern gegen die deren Land als Lehen besitzenden Grafen von Oldenburg, hatten viele Erfolge und zwangen ihre Gegner zur Anerkennung ihrer Rechte. Oberstedingen dagegen blieb unterjocht.

Indessen dauerte auch im übrigen Deutschland die Ketzerverfolgung rastlos fort. Keine Gnade ward geübt, jeder Angeklagte ohne Unterschied verurteilt, weder Appellation noch Verteidigung zugelassen und die Verurteilten brannten noch am Tage der Anklage und Verurteilung selbst. In Masse wurden Gläubige verbrannt, welche noch in den Flammen die Mutter Gottes und die Heiligen anriefen, selbst solche, welche vorher ihre Unschuld beschworen hatten, während dagegen jeder, der sich schuldig bekannte, mit Scherung des Hauptes und einer Kirchenbuße davon kam, die Lüge also freies Spiel hatte und belohnt wurde. Selbst von Kindern, Gatten und Geschwistern wurden Anklagen angenommen, wenn man nur recht viele verbrennen und ihr Besitztum einziehen konnte. Die lächerlichsten Anklagen, welche auch in das Gebiet der Hexerei einschlugen, wurden vorgebracht, z. B. gegen den Grafen *Heinrich* von *Sayn,* welcher „auf einem Krebse zu reiten" beschuldigt, aber von einem Konzil freigesprochen wurde. *Konrad* von Marburg, hiermit nicht zufrieden, predigte gegen den Grafen und andere „Ketzer" das Kreuz und war eben im Begriff, die Flammen des Bürgerkrieges zu entzünden, als er am 30. Juli 1233 nebst einem anderen seines Ordens bei Marburg ermordet wurde. Es war eine Tat der Verzweiflung, welche bei der durch das schändliche Treiben der Ketzerspürer längst im höchsten Grade großgezogenen allgemeinen und namenlosen Erbitterung des mißhandelten Volkes nicht in Verwunderung setzen kann. Auch die meisten Bischöfe waren gegen das in ihre Befugnisse eingreifende unregelmäßige Wüten der Ketzerspürer von Entrüstung erfüllt und bewirkten eine Reaktion gegen dasselbe, der zufolge mehrere falsche Zeugen mit dem Tode bestraft wurden. Auch der Papst erklärte sich nachträglich gegen die Überschreitung seiner Vollmachten durch seine Beauftragten, von der er keine Kenntnis gehabt zu haben behauptete, und schaffte das von ihnen beobachtete Verfahren ab, oder vielmehr er mußte es wider seinen Willen tun, wenn er nicht alles Ansehen in Deutschland einbüßen wollte. Seine Aufträge nahm er jedoch keineswegs zurück, sondern ließ vielmehr aufs neue gegen die einheimischen Ketzer das Kreuz predigen und Ablaß versprechen wie für das Heilige Land, wobei er indessen einschränkende Weisungen erteilte. Als er aber vollends *Konrads* Ende vernahm, war sein Zorn so groß, daß er die einschränkenden Weisungen zurücknahm; auch pries er das Ungeheuer *Konrad* in überschwenglichster Weise.

Konrad von Hildesheim predigte sofort in Sachsen und Thüringen gegen die Ketzer, und als ihn König *Heinrich* daran hindern wollte, stellte er ihm die Befehle des Papstes entgegen. Der wachgerufene Widerstand gegen das Treiben war aber nicht mehr zu beseitigen; selbst ein Prälat äußerte sich, *Konrad* von Marburg verdiene ausgegraben und selbst verbrannt zu werden. Ein Fürstengericht auf freiem Felde bei Frankfurt unter dem Vorsitz des Königs sprach 1234 den Grafen von Sayn frei, zu dessen Gunsten sogar

Franziskaner und Dominikaner zeugten; ebenso den Grafen von *Solms,* der sich aus Furcht vor dem Feuertod schuldig bekannt hatte. In demselben Jahr beschloß ein Hoftag in Frankfurt den Landfrieden, mithin Ausschluß aller inneren Kreuzzüge, und die Beurteilung der Ketzer war von da an den weltlichen Gerichten übertragen.

Während so der sonst in vielen Dingen unfähige und unzuverlässige junge König *Heinrich* in der Ketzerangelegenheit sowohl im Interesse des ihm anvertrauten deutschen Volkes, als in Übereinstimmung mit dem geistigen Standpunkt seines Vaters handelte, war sein Auftreten durchaus nicht nach dem Sinne des letzteren. *Friedrich,* der gegen die Mohammedaner von Toleranz überfloß, haßte, wie wiederholt bemerkt, auf das grimmigste die christlichen Ketzer, einmal weil sie einem religiösen Glauben huldigten,

Reste der Himmelsfahrtskirche am Ölberg.

während ihm jeder solche ein Greuel war, und sodann weil sie die Einheit der Kirche störten, die ihm vonnöten war, um durch den mit ihm versöhnten Papst alle Christen beherrschen zu können. Er hatte wohl viele gute Eigenschaften, aber alle ordneten sich der Herrschsucht unter, in welcher er einen ganz orientalischen Standpunkt einnahm, wie er denn in seinem Sizilien von den ihm Nahenden Niederwerfung nach morgenländischer Art verlangte. Um das Verhältnis zum Papst, das ihm von Nutzen war, zu erhalten, unterstützte er ihn gegen die aufständischen Römer und jetzt verband er sich sogar förmlich mit ihm gegen seinen eigenen toleranten Sohn, der ihm freilich auch durch seine weitgehenden Zugeständnisse an die Fürsten und durch verschiedene Ungeschicklichkeiten Waffen in die Hände gegeben hatte; denn der Sohn war durch ein dem Vater gegebenes Versprechen zu unbedingtem Gehorsam gegen ihn verpflichtet, in dessen Ermangelung ihm Absetzung und Bann angedroht waren. Der Kaiser ging nun wirklich mit dem Gedanken um, gegen den „Edeln *Heinrich*", wie er ihn nannte, diese beiden Strafen anzuwenden, ohne zu bedenken, daß die erste auch einmal und die zweite noch einmal ihn selbst treffen könnte! In dieser Weise bedroht, griff *Heinrich* zum offenen Aufstand gegen den Vater, nicht wie einige frühere unglückliche Kaisersöhne im Interesse des Papstes, nein, der Mut des jungen Mannes ist anzuerkennen, er tritt, obschon sich selbst wohl unklar, tatsächlich für Deutschland gegen Kaiser und Papst zugleich, d. h. gegen das sein Land untergrabende ausländische Wesen, freilich mit unzulänglichen Kräften und daher auch nicht nach dem Sinn der Erbfolganbeter! Es war kühn von *Heinrich*, sich mit den Lombarden, d. h. mit der Freiheit Italiens zu verbinden und verzweifelt, mit Frankreich ein Bündnis zu suchen, das aber der Papst hintertrieb. In Deutschland waren die Städte und der niedere Adel für den hochstrebenden Jüngling, die Fürsten aber, die er so hoch gehoben, gegen ihn, und das war sein Verderben. *Friedrich* kam (1235) kaum über die Alpen, und zwar ohne Heer, so fiel ihm, wie 23 Jahre früher, alles zu und vom Sohne ab, der sich ihm unterwarf, ohne Gnade zu finden; sein Los war lebenslanger Kerker, während der harte Vater seine dritte Ehe mit *Isabella* von England prachtvoll feierte. Ein glänzender Reichstag in Mainz, der erste, der auch in deutscher Sprache Gesetze erließ, stellte die Ordnung im Reich wieder her und verbesserte die Rechtspflege.

Es kann indessen nur eine gerechte Nemesis genannt werden, daß dem Kaiser seine mit dem Blut der Ketzer erkaufte Papstfreundschaft schließlich wieder in *das* umschlug, was ihr vorangegangen war, in den *Bann!* Der auf jenem Reichstag in Mainz beschlossene Krieg des Kaisers gegen die rebellischen Lombarden, die der Papst unmöglich dem Hause überlassen konnte, das schon Unteritalien besaß und ihn somit eingeschlossen hätte, wenn es in diesem Kampfe siegte, führte nach drei Jahren zu einer neuen Katastrophe. Der Papst arbeitete ja stets an dem Untergang dieses Hauses, dessen glaubensloses Haupt für ihn die flammenden Scheiterhaufen der Ketzer schürte. Lange hatte er zugewartet, aber sobald der Kaiser in Oberitalien Mißerfolge hatte, beauftragte er zwei Bischöfe mit einer Untersuchung gegen *Friedrich II.* Die Anklagen des Papstes gegen den Kaiser gingen meist auf Benachteiligungen von Kirchen, Klöstern, Orden und einzelnen Geistlichen, die wohl größtenteils erfunden oder übertrieben waren, dann auf Gefangenhaltung eines Prinzen von Tunis, der sich angeblich hatte wollen taufen lassen, der aber in Wahrheit nur bei seinen Glaubensgenossen in Luceria eingegrenzt war, weil er auf die Herrschaft in Tunis Anspruch machte, mit dessen Herrscher *Friedrich* in freundschaftlichen Beziehungen stand und vorteilhaften Handel trieb. Ferner sollte der Kaiser die päpstliche Herrschaft in Rom unterwühlt haben, was allerdings nicht ohne Grund war, da er dort die Gegner des Papstes, welche aus den Denkmälern der klassischen Baukunst Festungen machten und sie dadurch zerstörten, stets unterstützte. Endlich folgte die Auflage, daß *Friedrich* durch seinen Krieg mit den Lombarden die Sache des Heiligen Landes schädige. Der Kaiser wurde in Cremona förmlich hierüber verhört, wozu er sich willig hergab und worin er sich teilweise rechtfertigte. Aber der Papst wollte ja einen Bruch um jeden Preis, seitdem er des Kaisers nicht mehr bedurfte, und er bewirkte einen schon vorher vorbereiteten Bund zwischen Genua und Venedig gegen den Kaiser unter seinem Schutz. Es nützte *Friedrich* nichts, daß er seine entsetzlichen Ketzergesetze erneuerte; am 20. März 1239, demselben Tage, an dem ihm sein treuester Freund, *Hermann von Salza*, durch den Tod beraubt, er selbst aber in einem glänzenden Feste von der Stadt Padua gefeiert wurde, erfolgte gegen ihn der zweite große Bannfluch! Des Kaisers Leib wurde „dem Satan übergeben, damit seine Seele einst am Tage des Gerichtes erlöst werde" und jeder seiner Aufenthaltsorte mit dem Interdikt belegt! Als Gründe dieser Maßregel wurden die oben genannten Beschwerden aufgeführt.

In seiner Erwiderung, die statt zu einer Verteidigung, zu einer förmlichen Gegenanklage wurde, beschuldigte *Friedrich* den Papst, daß er den Sultan *Kamil* bearbeitet habe, ihm Jerusalem nicht abzutreten und daß er den Sultan und die Templer aufgefordert, ihm nach dem Leben zu trachten, was sich schwerlich so verhält. In kirchlicher Beziehung aber warf er ihm geradezu *Simonie*, Verschleuderung der Kirchengüter und Bestechung vor und versprach, vor einem Konzil seine völlige Unwürdigkeit zu beweisen.

Hierauf erließ *Gregor* eine Replik, in welcher er den Kaiser mit dem lästernden Tiere der Offenbarung des Johannes verglich, ihn beschuldigte, den Landgrafen *Ludwig* von Thüringen, der zugleich mit ihm erkrankte, oder starb, vergiftet zu haben und ihm endlich neben mehreren freigeistigen Äußerungen auch die Urheberschaft des frivolen Ausspruches zuschrieb, daß Mose, Christus und Mohammed „drei Betrüger" gewesen seien, wofür aber gar kein Nachweis vorliegt (ein Buch unter jenem Titel erschien erst am Ende des 16. Jahrhunderts). *Friedrich* legte indessen dieser letztern Anklage soviel Gewicht bei, daß er sie in einer besondern Duplik als durchaus falsch zurückwies; daß er zugleich seine vollkommene Rechtgläubigkeit versicherte, verdient allerdings weniger Glauben; denn seine aller Dogmatik abgewandte Gesinnung war zu seiner Zeit allgemein bekannt. Aber ein anderes war seine *persönliche* Ansicht und ein anderes die von einem *Kaiser* als solchem geforderte!

Der Kaiser machte sich indessen wenig aus dem Bann. Wie er dem ersten zum Trotz das Heilige Land erreicht und genommen und seine Aufhebung nur aus politischen Gründen angestrebt, so unterhielt er dem zweiten zum Trotz freundschaftliche Verbindungen mit mohammedanischen Herrschern. Mit *Kamil* blieb er nicht nur bis zu dessen Tode (1238) in Freundschaft, sondern setzte dieselbe auch mit seinen Söhnen fort. Mit *Tunis* unterhielt er ähnliche Verhältnisse, wie bereits angedeutet, und ebenso mit *Marokko*. Mit allen diesen Ländern schloß er Handelsverträge ab, die ihm ungeheure Reichtümer nach Sizilien brachten, und bezog Söldner von ihnen, wie auch reiche Geschenke an Edelsteinen, kostbaren Kleiderstoffen und einem Zelt mit einer kunstvollen Uhr im Werte von 20 000 damaligen (800 000 heutigen) Mark, sowie an seltenen Tieren: Elefanten, Löwen, edeln arabischen Pferd usw. Unter seiner Regierung kam die erste Giraffe (d. h. wohl seit dem Ende des römischen Reiches) nach Europa. Sein Hof war der glänzendste Europas in jener Zeit, doch herrschte an ihm wohl auch das lockerste Leben unter den damaligen Höfen. Daneben liebte er es aber stets, arabische, wie auch jüdische und griechische Gelehrte und Ärzte, ja sogar Astrologen um sich zu haben; denn während er der Kirche Glauben nicht achtete, war er doch von Aberglauben nicht frei, was ja oft der Fall ist, wenn die Aufklärung nicht eine gründlich durchgedrungene ist, was sie damals ja noch nicht sein konnte.

ZEHNTER ABSCHNITT

Der letzte Verlust Jerusalems

Nach dem Wiedergewinn Jerusalems durch *Friedrich II.* und nach der Abreise des Kaisers aus dem Heiligen Lande traten für dasselbe womöglich noch traurigere Zustände ein, als die vorherigen gewesen waren. Die Heilige Stadt, deren Befestigung ja in so kurzer Zeit nicht vollendet sein konnte, wurde wiederholt von zuchtlosen sarazenischen Scharen überfallen, so daß sich die christlichen Einwohner in den „Turm Davids“ flüchten mußten. Die Statthalter des Kaisers in Akkon zogen ihnen mit einer bewaffneten Schar zu Hilfe und machten über zweitausend Feinde nieder. Trauriger aber als diese auswärtige Gefahr war für den Bestand des christlichen Reiches eine in dessen Innern entstehende Parteiung. *Johann* von *Ibelin,* der allerdings, wie wir gesehen, Grund zur Feindschaft gegen den Kaiser hatte, setzte sofort nach dessen Abfahrt im Einverständnis der Königin *Alice,* der Mutter des unmündigen Königs *Heinrich* von Zypern, von seinem Stammsitz Beirut nach der Insel über, schlug am 24. Juni 1229 die Anhänger des Kaisers bei Nikosia und nahm auch die Festungen St. Hilarion oder *Dieu d'Amour* und Kantara ein, in die sie sich geflüchtet hatten. *Alice* aber strebte weiter; sie erschien plötzlich in Akkon, wo sie als Enkelin des Königs *Amalrich I.* die Krone von Jerusalem ansprach. Die Barone Syriens aber erklärten des Kaisers Sohn *Konrad* als ihren allein rechtmäßigen König und wandten sich an *Friedrich* nach Italien mit der Bitte, den jungen König seinem Reich zu überlassen, erhielten aber nur eine ausweichende Antwort. Im Jahre 1231 sandte dann *Friedrich* eine kleine Heeresmacht zur Behauptung des königlichen Ansehens, unter der Anführung des erprobten Marschalls Richard *Filangieri,* und der deutsche Orden ein Schiff nach Syrien. Die Angekommenen legten sich vor *Beirut,* dessen Herr in Zypern war; auch wurden *Ibelins* Güter im Königreich Jerusalem mit Beschlag belegt. Tyros ergab sich; aber den in Akkon versammelten Baronen gefiel die Sache nicht; sie wollten keinen Herrn über sich, der ihnen einfach befahl, erklärten ihren Widerstand und verbanden sich mit *Johann* von Ibelin, der 1232 mit König *Heinrich* nach Syrien kam und die Verschwörung organisierte, an welcher 43 Barone teilnahmen und deren Herd die seinerzeit durch König *Balduin I.* gegründete Hadriansbrüderschaft bildete. Einige andere Barone, sowie der Patriarch von Jerusalem, die Templer und Johanniter und die Konsuln der drei italienischen Seestädte suchten umsonst zu vermitteln. Es kam zu einem Angriffe auf die in Akkon befindlichen kaiserlichen Schiffe, welche erobert wurden, und die Barone schickten sich an, das kaiserliche Tyros zu belagern, worauf der Marschall von Beirut abzog, um jene Stadt zu verteidigen. Aber in der Nacht vom 2. auf den 3. Mai benutzte er die Sorglosigkeit seiner Gegner, überfiel sie in ihrem Lager, schlug sie gänzlich, wobei der junge König *Heinrich* mit Not der Gefangenschaft entging, und erbeutete ihr Lager. *Johann* von Ibelin hatte nun Mühe, den Abfall mehrerer seiner Anhänger zu verhindern, gewann sie nur durch Geld und wollte sich nach Cypern begeben, als ihm Marschall *Richard* dahin zuvorkam, Cerines und Famagusta eroberte und die mehrerwähnte feste Burg *St. Hilarion* oder *Dieu d'Amour* belagerte, wo die Schwestern des Königs sich aufhielten. Die Burg, obschon schwach mit Lebensmitteln versehen, widerstand kräftig und indessen kam *Ibelin* mit bedeutender Verstärkung durch syrische Barone nach der Insel und landete in Famagusta. Marschall *Richard* gab diese Stadt auf, verbrannte seine Schiffe und zog sich in das Innere der Insel zurück, erlitt aber durch die ihm folgenden Barone in einer furchtbaren Schlacht große Verluste. Die Sieger verfolgten jedoch den errungenen Vorteil nicht und ließen den Gegner nach Syrien entkommen.

Indessen hatten sich aber Papst und Kaiser, wie bekannt, versöhnt; *Gregor* anerkannte nun die Errungenschaften *Friedrichs* in Palästina und seine Krönung in Jerusalem, entsetzte den kaiserfeindlichen Patriarchen *Gerold* seiner Eigenschaft als Legat, und der Erzbischof *Theodorich* von Ravenna wurde 1232 von beiden Häuptern der Christenheit nach Syrien gesandt, um die Unterwerfung der Barone zu verlangen. Er löste die Hadriansbrüderschaft auf (1235) und belegte Akkon mit Bann und Interdikt. Aber Papst und Kaiser entzweiten sich, wie erwähnt, aufs neue, und zwar nicht zum wenigsten, weil ersterer beständig zu neuen Kreuzzügen trieb, letzterer aber den bis 1239 dauernden Frieden erhalten wollte. Akkon zwar löste der Papst vom Bann, aber mit den Baronen kam es zu keinem dauernden Frieden, wie sich später zeigen wird.

Gregor hatte indessen nicht nur an der Herbeiführung neuer Kreuzzüge gearbeitet, sondern auch naive Versuche gemacht, die mohammedanischen Herrscher von Ägypten, Syrien und Mesopotamien, denen er Franziskaner sandte, zum Christentum zu bekehren. Natürlich fruchteten diese Versuche nichts; dagegen hatten diejenigen zugunsten von Kreuzfahrten einigen Erfolg. Der König von Navarra und Graf von Champagne, *Thibaut*, nachgeborener Sohn jenes gleichnamigen Grafen, der durch frühen Tod verhindert wurde, sich am Kreuzzug nach Konstantinopel zu beteiligen, und viele andere französische, sowie flämische Herren nahmen 1235 das Kreuz. Der Wunsch des Papstes aber, daß diese Kreuzfahrt zunächst dem lateinischen Kaisertum in Konstantinopel Hilfe bringen möchte, fand keine Beachtung. Auch in England erwachte wieder einiger Kreuzeifer; Graf *Richard* von Cornwall, Bruder König *Heinrichs III.*, und Neffe von *Richard* Löwenherz, sowie mehrere andere Herren hefteten sich das Kreuzeszeichen auf.

Aber eine größere Beteiligung verhinderten sowohl die allgemein verbreitete Meinung, daß die von den Legaten des Papstes gesammelten und vielfach durch Banndrohung erzwungenen Kreuzzugssteuern zu seinem eigenen Nutzen verwendet wurden, wie auch das anmaßende Betragen der Kreuzprediger, denen man nicht genug Ehre erweisen konnte, und die Leichtfertigkeit, mit welcher sie für Geld das abgelegte Gelübde wieder lösten und überhaupt Geldbeitragenden denselben Ablaß bewilligten wie Kreuzfahrern. Die Armen unter den letzteren waren daher fast die Einzigen, welche das Kreuz behielten, aber Not sowohl als Mangel an Bildung und menschlichem Sinne verleiteten dieselben wieder zu jenen Greueln gegen die *Juden*, die schon in früheren Kreuzzügen vorgekommen waren. Es gereicht indessen dem Papste zur Ehre, daß er diese Ausschreitungen verdammte und davon noch Kräften abmahnte, und eine Synode in Tours 1236 auf seine Veranlassung jede Mißhandlung der Juden untersagte.

Als im Jahre 1237 die Templer im Heiligen Land bei Darbesak eine furchtbare Niederlage durch die Sarazenen erlitten, beschleunigten die Herren, welche das Kreuz genommen hatten, ihre Rüstungen und verpfändeten zu diesem Zweck, was sie konnten. Aber obschon eben damals das lateinische Kaisertum immer mehr sowohl von den Bulgaren als von den Byzantinern in die Enge getrieben wurde, und der Papst wiederholt die Hilfe auf diesem Punkte für dringender erklärte, als diejenige im Heiligen Lande, beharrten doch die Bekreuzten fest auf der Absicht, nur dem letztern ihren Beistand angedeihen zu lassen. Und so trat das eigentümliche, dem früheren geradezu entgegengesetzte Verhältnis ein, daß der Papst die Fahrt nach dem Heiligen Lande auf jede Weise zu hintertreiben suchte, der Kaiser aber, da der zehnjährige Friede seinem Ende entgegenging, sie nach Kräften beförderte. Auch der König *Ludwig IX.* von Frankreich, der spätere Heilige, war von ganzem Herzen für die Richtung nach dem Heiligen Lande eingenommen.

König *Thibaut*, ein eifriger Minnesänger in französischer Sprache (Trouvère) und Freund des bekannten Kastellans von Coucy, dichtete zum Abschied, ehe er die Kreuzfahrt antrat, ein rührendes Lied, das bei der Abreise von Sängern und Musikern erscholl (Bild 74)

DAME, ensi est qu'il m'en covient aler,*
Et departir de la doce contrée,
Où tant ai mauz soffers & endurez,
Quant je vos lais, droiz est, que je m'en hée,
Dex! porpuoi fu la terre d'outremer,
Qui tant Amans aura fait desevrer,
Dont puis ne fu l'Amour reconforté,
Ne ne porent lor joie** remembrer?
Ja sans amor ne porroie durer,

* Il partit de Marseille au mois d'Août 1238, ou 39.

** lor foie rassembler.

Tant paritruis fermement ma pensée,
Ne mes fins cuers ne m'i laist retorner.
Ains suis à li là où il veut & bée,
Trop ai apris durement à amer,
Pour ce ne voi coment puisse durer
Sans joie avoir de la plus desirée,
C'onques nus homs osast merci crier.

Je ne voi pas, quant de lui sui partiz,
Que je puisse avoir bien, ne solas ne joie,
Car oncques riens ne fis si à enviz,
Com vos laissier : se je jamés vos voie,
Trop par ensui dolant & esbahiz,
Par maintefois m'en serai repantiz,
Quant j'oncques voil aler en ceste voie,
Et je recors vos debonaires dis.

Beau Sire Dex, vers vos me suis guenchiz,
Tout lais por vos, ce que je tant amoie,
Li guerredon en doit être floriz,
Quant por vos pert* & mon cuer & ma joie;
De vos servir sui touz pres & garniz,
A vos me rent, beau pere Jhesus-Criz,
Si bon Seignor avoir je ne porroie;
Cil qui vos sert ne puet estre traïs.

Bien doit mes cuers estre liés & dolanz;
Dolanz de ce que je part de ma Dame,
Et liés de ce que je sui desiranz
De servir Deu, qui est mes cuer & m'ame;
Iceste Amors est trop fine & poissanz,
Par là convient venir les plus saichanz,
C'est li rubis, l'émeraude & la jame,
Qui tour garist les viez pechiez puants.

*

Dame des Ciex, grans Roine poissanz,
Au grant bosoig me soiz secorranz,
De vos amer puisse avoir droite flame,
Quant Dame perc, Dame me soit aidanz.

* O mon siulas O ma joie;

Das Abschiedslied Thibauts.

Er bedachte aber in seinen Lieder nicht nur seine Dame mit den ergreifendsten Versicherungen seiner Liebe, sondern erließ auch geharnischte Sirventen gegen die Mißbräuche der Zeit, und ermangelte nicht, dem Papst über seine Feindschaft gegen den Kaiser, womit er der Kreuzfahrt so sehr schadete, offen die Wahrheit zu sagen.

Mitten unter dem Brande der verfolgten Albigenser, während gerade 83 seiner Untertanen auf dem Scheiterhaufen brieten, verließ *Thibaut* 1239 sein Erbland und gesellte sich in Lyon zu den übrigen Kreuzfahrern; aber dort trat ihnen ein päpstlicher Legat entgegen, der ihnen die Kreuzfahrt bis zum folgenden Jahre verbot! Große Entrüstung bemächtigte sich ihrer über diese Sinnesänderung Gregors, der sie selbst zu dieser Fahrt aufgerufen und zu so großen Kosten veranlaßt hatte; aber sie wurden von Botschaftern des Kaisers in ihrem Vorhaben ermuntert, der sich durch den neuen auf ihm lastenden Bann entschuldigte, nicht selbst an dem Kreuzzug teilnehmen zu können und ihnen anzeigte, daß er seine Beamten in Syrien angewiesen, ihnen jede Unterstützung zu gewähren. Einige von ihnen, darunter der gleichnamige Sohn Simons von *Montfort* und Leicester, gehorchten dem Papst; die meisten aber fuhren auf verschiedenen Wegen nach dem Heiligen Land ab und kamen glücklich dort an.

Zwar waren damals die von den Nachkommen Eijubs beherrschten Länder Vorderasiens in der entsetzlichsten Anarchie versunken. Durch den Mord seines Bruders Al Adil II. setzte sich Kamils zweiter Sohn *As Saleh Eijub*, der schon Syrien erobert hatte, auch in den Besitz Ägyptens. Aber den neuen Kreuzfahrern fehlte es trotz ansehnlicher Stärke, welche 41 500 Mann betrug, doch an Einheit und tüchtiger Leitung. Die Führer waren verschiedener Ansicht über das Vorzunehmende. Einer von ihnen, Peter von *Bretagne*, unternahm einen Raubzug in das Gebiet von Damask, der Herzog *Hugo* von Burgund und andere machten einen solchen nach dem Süden des Landes. Die Jerusalemiten, welche die Heilige Stadt wieder befestigt hatten, rieten von diesem Zug ab, aber ohne Erfolg. Derselbe ging nach Askalon ab und Thibaut folgte ihm von ferne, um ihm wenn nötig, Hilfe zu leisten. In Joppe angekommen, beschlossen die Teilnehmer die Besatzung von *Gaza* anzugreifen, benahmen sich dabei aber so sorglos, daß es dem Emir von Gaza leicht wurde, sie zu überraschen. Von den Templern, Johannitern, dem Herzog von Burgund und vielen anderen Rittern, welche die Annahme des Kampfes für eine Tollkühnheit erklärten, verlassen, wurden die hartnäckig auf ihrem Vorhaben beharrenden Kreuzfahrer am 13. November von der feindlichen Übermacht erdrückt und bis auf wenige fliehende Ritter vernichtet. Graf Heinrich von *Bar* starb den Heldentod, Amalrich von *Montfort*, Simons Erbe in Languedoc, wurden gefangen. Als Thibaut ankam, war alles vorbei, und die Leichen der Gefallenen bereits völlig ausgeplündert. Die Kreuzfahrer zogen sich nach Ptolemais zurück, während in Kairo die Gefangenen auf Maultieren und Kamelen unter dem Jubel des Volkes eingebracht und dem Kerker übergeben wurden. Kaiser *Friedrich* verwendete sich später für ihre Befreiung; die Schuld an dem Unglück maß er nicht mit Unrecht dem Papst bei, und der König von Frankreich entzog den beiden Orden, welche ihre Brüder verlassen hatten, seine Unterstützungen.

Jetzt ermannten sich die Muslimen wieder, durch diesen Erfolg ermuntert. *Dawud*, der vertriebene Sultan von Damask, damals nur Herr der Burgen Karak und Schaubak, zog rasch nach *Jerusalem*, eroberte die Stadt im Fluge, ließ alle Christen niedermetzeln und zerstörte sowohl die Mauern als den Turm Davids. Er verfolgte aber diesen Sieg nicht weiter, sondern wandte sich wieder den Fehden gegen seine Verwandten zu.

Im Verlaufe dieser Fehden hatte sich der Emir *Ismail* von Baalbek, ein weiterer Bruder Kamils, der Stadt Damask bemächtigt; da er aber nicht hoffen konnte, sich darin ohne fremde Hilfe lange zu behaupten, bot er den Kreuzfahrern ein Bündnis gegen Ägypten an, wogegen er ihnen Tiberias und andere wichtige Orte Palästinas abzutreten versprach. Sein Vorschlag wurde angenommen und der Bund von beiden Seiten beschworen; auch die versprochene Abtretung fand statt, und die Kreuzfahrer zogen dem Vertrag gemäß nach Joppe. Ismail lagerte in ihrer Nähe und mit ihm auch der Emir *Ibrahim* von Emessa. Aber die Untertanen und selbst die Truppen beider Fürsten empörten sich gegen ihr Zusammenhalten mit den Ungläubigen, wenn auch nicht offen; sie setzten sich mit den agyptischen Truppen ins Einvernehmen und als es zur Schlacht kam (1240), liefen sie zu denselben

Ruinen des Hospitaliterschlosses Krak.

über und halfen ihnen bei Askalon die Christen zur Flucht zwingen. Viele Gefangene kamen abermals nach Kairo und wurden zu harter Arbeit verwendet. Die Kreuzfahrer aber beachteten jetzt das Bündnis mit Ismail, der nach Damask geflohen war, nicht weiter und leiteten einen Frieden mit Eijub von Ägypten ein, der ihnen die abgetretenen Plätze überließ. Nur die Templer nahmen an den Verhandlungen keinen Teil. Thibaut und seine Mitkreuzfahrer aber traten, enttäuscht und kreuzzugsmüde, am 24. September ihre Heimreise an.

Nicht lange vorher, am Auffahrtsfest, hatte Graf *Richard* von Cornwall seinen Kreuzzug angetreten. Er nahm seinen Weg durch Frankreich, dessen König ihn zu Paris herzlich begrüßte, lernte aber die Bürger von Vienne als ein Raubgesindel kennen, das ihm seine Schiffe, mit denen er auf dem Rodan fahren wollte, wegnahm und erst zu spät zur Besinnung zurückkehrte. In St. Giles, wo er eine Wallfahrt vollbrachte, trafen ihn zwei päpstliche Legaten und verboten ihm im Namen des Papstes die Kreuzfahrt, wie gleichzeitig in Deutschland der Archidiakon *Albrecht* von Passau jeden, der das Kreuz nahm, mit dem Bann bedrohte. *Richard* achtete dessen jedoch nicht; voll Unwillen über den Wankelmut und die Unredlichkeit des Papstes, bat er den Kaiser *Friedrich* um Weisungen über sein Verhalten im Orient, schiffte sich in Roque ein und langte am 8. Oktober in Ptolemais an, dessen Bevölkerung ihn feierlich empfing und unter Glockenklang und Gesang in die Stadt geleitete. Templer und Johanniter buhlten beide um seine Gunst, jene, um ihn für das Bündnis mit Damask, diese aber für den Frieden mit Ägypten zu gewinnen. Er entschied sich für die letztere Partei, d. h. für diejenige *Friedrichs*, und schickte Gesandte nach Kairo, vor denen Sultan *Eijub*, nachdem er sie bis zum folgenden Jahre (1241) aufgehalten, den Frieden beschwor. Dann verband er sich mit den Templern, die sich nachträglich, obschon widerstrebend, dem Frieden angeschlossen hatten und mit den Deutschrittern, sowie mit französischen Pilgern zur Errichtung eines festen Schlosses, um die Stadt *Askalon* gegen feindliche Angriffe zu sichern. Nach ihrer Vollendung übergab er die Burg einem Statthalter und kehrte, da er sein Gelübde als gelöst betrachtete, ohne kriegerische Taten vollbracht zu haben, aber empört und betrübt über die verkommenen Sitten und trostlosen Zustände im „Heiligen Lande“, am 3. Mai 1241 nach Europa zurück, begleitet von den durch den Frieden aus Kairo befreiten französischen Rittern. In Sizilien wurde er von Kaiser *Friedrich*, seinem Schwager, freundlichst aufgenommen und mit Besuchsfeierlichkeiten überschüttet, aber auch gebeten, einen Frieden zwischen ihm und dem Papst zu vermitteln. Mit weitgehenden Vollmachten begab er sich nach Rom, wurde aber mit Hohn empfangen und stieß auf den unbeugsamen Eigensinn des hochbetagten Papstes, worauf der Kaiser zu den Waffen griff, um Frieden zu erzwingen, unter deren wildem Klang aber *Gregor* unversöhnt starb. In Rom verschied damals auch der mit Richard reisende Amalrich von *Montfort* an den Folgen seiner harten ägyptischen Gefangenschaft. Im Frühling 1242 zog Richard mit glänzendem Gefolge und unter festlichem Gepränge in London ein.

Zwei trübe Ereignisse begründeten nach diesen kleinen tatenlosen Kreuzfahrten den Aufbruch einer neuen, und zwar der letzten Periode der Kreuzzüge nach dem Morgenlande, nämlich die Entfernung des Hauses Staufen vom Thron Jerusalems und der letzte Verlust der durch dieses Haus der undankbaren Christenheit wiedergewonnenen Heiligen Stadt.

Bald nach Richards Heimkehr brach der wilde Kampf zwischen den Parteien des Königtums und des Feudaladels in dem traurigen Torso des Königreichs Jerusalem von neuem aus. Für den Kaiser und König arbeiteten jetzt neben den Deutschrittern auch die Johanniter, für die Barone aber die Templer und die Venetianer, deren Handelsvorrechte der Kaiser zu wenig achtete. Als dann im Jahre 1243 eine Gesandtschaft des nun 15 Jahre alt und damit großjährig gewordenen, damals Deutschland für den Kaiser regierenden Königs *Konrad* erschien, um die Huldigung für ihn entgegenzunehmen, verweigerten dies die Barone, da sie, wie sie ausweichend sagten, nur dem Könige selbst Treue schwören würden; ja sie gingen bald weiter und erhoben die Königin *Alice* auf den Thron und ihren zweiten Gemahl *Radulf* von Soissons zum Mitregenten ihres Reiches, das somit dem Hause des deutschen Kaisers entrissen war. *Tyros*, der letzte Hort desselben, wurde erobert, d. h. sein Befehlshaber *Lothar Filangieri* zur Übergabe gezwungen, indem die Aufrührer ihm drohten, im Weigerungsfall seinen von ihnen gefangenen Bruder, den Marschall *Richard*, aufzuhängen. Jetzt regierten in dem Rest des Reiches die Ibelins, die Templer und die Venetianer. *Radulf* von Soissons, der bei diesen Ereignissen nicht beachtet wurde, ärgerte sich darüber, forderte Tyros für sich, und als man ihn abwies, verließ er das Land und kehrte nach Frankreich zurück. Die Königin starb 1246 und ihr Sohn *Heinrich* war von da an König von Zypern und Jerusalem zugleich.

Nachdem inzwischen die Christen mit dem Fürsten *Dawud*, der Jerusalem erobert hatte, eine längere Fehde geführt, verbanden sich die Emire von Damask und Emessa mit demselben gegen den Plan des Sultans *Eijub* von

Ruinen des Hospitaliterschlosses Krak.

Ägypten, *Salaheddins* ganzes Reich unter seinem Zepter wieder zu vereinigen, und alle drei suchten 1243 das Bündnis der Christen, denen sie dafür *Jerusalem* wieder abtraten, und zwar mit Inbegriff der beiden Moscheen, die ihnen überlassen sein sollten. Ja, diese muslimischen Bundesgenossen waren dem Bund mit den Christen so treu, daß sie eine Verschwörung gefangener Sarazenen, die sich zu Safed in der Gewalt der Templer befanden und jenen Fürsten die Auslieferung der dortigen Burg anboten, den Templern verrieten, welche die Beschwörer, tausend an der Zahl, nach Ptolemais brachten und niedermachten.

Eijub, der sich von diesem mächtigen Bund bedroht sah, erbat 1244 den

Beistand türkischer Horden, die von dem mongolischen Eroberer *Dschingis-Khan* aus ihrer Heimat Chowarezm (in Turkestan um Chiwa) und aus dem von da aus beherrschten Reich (das ganz Persien umfaßte) überhaupt vertrieben waren und nun nach Türkenart die Länder am Tigris und Euphrat ausraubten. Ohne sich zweimal bitten zu lassen, stürmten die *Chowarezmier*, zehntausend Reiter stark, nach Syrien und verwünschten alles Land, das sie durchzogen, und so auch ganz Palästina außerhalb der Festungen, mit Feuer und Schwert, während die Bewohner überall flohen. Dies taten sie auch in *Jerusalem*; aber als sie sich auf dem halben Weg nach Joppe befanden, wurde ihnen von Christen mitgeteilt, daß wieder christliche Fahnen von den Türmen der Heiligen Stadt wehten. Sie kehrten zurück,

Ruinen des Hospitaliterschlosses Markab.

aber jene Fahnen waren nur eine Kriegslist; sie waren von einer Anzahl jener Barbaren aufgesteckt worden, die sich der Stadt bemächtigt hatten und die Bewohner auch noch ihrer letzten Habe zu berauben und zu morden oder als Sklaven zu behandeln verlangten und sie daher zur Rückkehr zu veranlassen suchten. Kaum waren die Flüchtlinge wieder in der Stadt, aus der sich die chowarezmischen Plänkler natürlich zurückzogen, so kam deren Hauptheer herangerast und belagerte die Stadt. Die Einwohner, welche einsahen, daß sie diesen Feinden nicht gewachsen waren, zogen großenteils in der Nacht zum zweiten Mal aus, fielen aber in einen Hinterhalt der Turkmanen, und es wurden da an die siebentausend Christen auf gräßliche Weise niedergemetzelt, die Jünglinge und Jungfrauen aber als Sklaven fortgeführt. Dann wandten sich die Barbaren nach der Stadt, wo die Alten, Schwachen und Kranken, sowie Mönche und Priester zurückgeblieben und sich in den heiligen Stätten zusammengedrängt hatten. Diese aber machten keinen Eindruck auf die Mordbrenner, die sich auf die Unglücklichen warfen und die Kirchen mit dem Blut von vielen Tausenden Unschuldiger befleckten, das Heilige Grab zerstörten, die Gräber der Könige und den Tempel verwüsteten, alle Kirchen auch der Umgegend mit Einschluß Bethlehems dem Erdboden gleich machten und nach echt türkischer Manier nichts als Ruinen zurückließen.

Das war das entsetzliche Ende des christlichen Jerusalems, fünfzehn Jahre nach seiner zweiten Eroberung. Seitdem war und ist die Stadt noch jetzt nur ein Schatten ihrer einstigen Größe, wie Konstantinopel und alles was jemals in Türkenhände fiel.

Die Christen riefen nun die Hilfe ihrer muslimischen Verbündeten an, empfingen sie in Ptolemais prunkvoll und zogen mit ihnen im Oktober 1244 nach Joppe, wo sich ihnen der Graf Walter von *Brienne, Johanns* Sohn, anschloß, und dann weiter nach Askalon. Die Chowarezmier aber hatten die Scharen der Ägypter verstärkt. Es kam am 18. zur Schlacht bei Gaza. Aber kaum hatte der Angriff begonnen, so verließen auch diesmal, gerade wie vorher bei Askalon, die mohammedanischen Bundesgenossen das christliche Heer und überließen dieses der feindlichen Übermacht, vor der es nach kurzem Kampf die Flucht ergriff. Die Blüte der christlichen Ritterschaft fiel an diesem Unglückstag. Die Ägypter benutzten ihren Sieg trefflich. Bald war ganz Palästina mit Ausnahme der Festungen in ihren Händen.

Ruinen des Hospitaliterschlosses Markab.

Kairo war wieder einmal voll Jubel und beleuchtet und die Köpfe der Erschlagenen prangten auf den Mauern. Der gefangene *Walter* von Brienne wurde im Gefängnis ermordet. *Eijub* benutzte die Chowarezmier 1245 noch, um *Ismail* von Damask und seine Genossen für den Bund mit den

Christen zu züchtigen; als er sie aber nicht genug belohnte, gingen sie zu diesen ihren bisherigen Feinden über; *Ibrahim* jedoch, welchem diese Verbindung mißfiel, verband sich nun mit *Eijub* und besiegte 1247 die Chowarezmier in einer furchtbaren Schlacht, worauf sich ihr überlebender Rest auflöste und teils in verschiedene Söldnerdienste trat, teils auf Streifereien vernichtet wurde. *Eijub* besaß jetzt, nachdem er *Ismail* aus Damsk vertrieben, das Reich *Salaheddins* größtenteils; nachdem er noch *Askalon* erobert, hatte das Königreich Jerusalem nur noch den Küstenstrich inne, den es besaß, als Richard *Löwenherz* das Land verließ. Es war der Anfang vom Ende. Schlimmeres konnte nicht mehr kommen, als der nun unvermeidlich gewordene gänzliche Verlust des Heiligen Landes.

ACHTES BUCH

Das Ende der morgenländischen Kreuzzüge

(1242–1291)

ERSTER ABSCHNITT

Innozenz IV., Friedrich II. und Ludwig IX.

Kaiser *Friedrichs* II. Kämpfe mit dem Papsttum sollten nicht vor seinem Leben ein Ende nehmen. Die Reihe halsstarriger Inhaber des Heiligen Stuhles, welche ihrem Eigenwillen zuliebe, den sie für die wahre Stimme der Kirche hielten, diese selbst, die von ihr ins Leben gerufenen Kreuzzüge und das zu ihrem Schutz berufene Reich zugrunde richteten, sollte leider nicht abgeschlossen sein. Auf Gregor IX. folgte erst die bloß einige Monate dauernde Regierung Cölestins IV., dann eine siebenmonatige papstlose Zeit und auf diese am 25. Juni 1243 die Wahl des Kardinals *Sinibald* aus dem erlauchten Hause Fiesco zu Genua. Indem der Ernannte den Namen *Innozenz* IV. annahm, legte er seine Absicht an den Tag, im Geist des letzten Trägers dieses Namens zu walten, dem er auch in vielen Dingen ähnlich war. Eine bedeutende Rechtskenntnis zeichnete ihn außerdem aus. Für die Neubelebung der Kreuzzüge bewies er gleich anfangs einen großen Eifer; sein erstes Kreisschreiben an die Gläubigen forderte zu Gebeten für die Sache des Heiligen Landes auf. Die tatsächlichen Zustände des letzten aber und die ebenso tatsächlich eingerissene Gleichgültigkeit des Abendlandes gegen die Idee der Kreuzzüge straften seine Hoffnungen Lügen. Nicht ein Jahr nach seiner Wahl ging Jerusalem für immer verloren; das lateinische Kaisertum in Byzanz eilte mit raschen Schritten seinem Ende entgegen und umfaßte beinahe nur noch seine Hauptstadt, und statt daß die Christen nach Osten drangen, überschwemmten von daher die blut- und beutegierigen Horden der *Mongolen* die Fluren und Städte Vorderasiens und Osteuropas und verwandelten sie in Wüsten. Bis nach Deutschland waren sie vorgedrungen, dessen Ritterschaft ihnen aber bei *Wahlstadt* in Schlesien (1241), obschon unterliegend, so empfindliche Verluste beigebracht hatte, daß sie das Land der germanischen Recken flohen.

Viel mehr Aussichten als für das Zustandekommen eines Kreuzzuges waren damals für einen traurigen Wiederausbruch des unaufhörlichen Kampfes zwischen Kaiser und Papst vorhanden. *Sinibald* war vor seiner Wahl ein Freund *Friedrichs* gewesen; nach derselben konnte er es so wenig bleiben wie seine Vorgänger, oder wollte es wenigstens nicht. Beide hatten zwar einander alles Gute versprochen, aber es kam allzufrüh anders. Der neue Papst verlangte gegen Aufhebung des Bannes für alle seine Anhänger

Aufnahme in den Frieden des Kaisers, aber ohne die Anhänger des letzteren in den seinigen aufzunehmen. An diesem Punkt, der vorzüglich die gegen den Kaiser aufständischen Lombarten betraf, und an der Weigerung des Kaisers, die von ihm im letzten Kampf besetzten Teile des Kirchenstaates *unbedingt* herauszugeben, drohte der Friede zwischen den beiden Häuptern der Christenheit zu scheitern; aber wieder war es (1244) der Kaiser, welcher nachgab und endlich alles versprach, was der Papst verlangte. Aber das war nicht, was letzterer wollte; er wollte Vernichtung des Kaisertums oder wenigstens dessen Herabwürdigung zu einer dem Papsttum in allen Dingen untergeordneten Stelle; er wußte daher allerlei an den Versprechungen des Kaisers auszusetzen, behauptete sogar, dieser habe seinen Eid gebrochen, wich den Unterhandlungen beständig aus und floh endlich, als er dies nicht mehr konnte, indem er ohne allen Grund vorgab, daß der Kaiser Schlimmes gegen ihn beabsichtigte, nach seiner Heimat *Genua*, wo er festlich empfangen wurde. Er suchte dann um Aufnahme in Frankreich nach; der fromme König *Ludwig* IX. verhielt sich neutral gegenüber dem Streit zwischen Kaiser und Papst; seine Barone aber verweigerten dem letzteren die Aufnahme. Da ging er nach *Lyon*, welches damals noch unter der Regierung seines Erzbischofs ein Lehen des deutsch-römischen Reiches war, aber beinahe in gar keinem Zusammenhang mehr mit diesem stand. Hierher berief er vier Tage vor Ende des Jahres ein längst zu dem Zweck der Beseitigung des lästigen Kaisers beabsichtigtes Konzil, das in sechs Monaten (Ende Juni 1245) zusammentreten sollte; als Zweck der Einberufung war angegeben: „Damit die Kirche durch den heilsamen Rat und Beistand ihrer Getreuen den ihr angemessenen Schmuck der Ehren gewinne, dem beklagenswerten Mißgeschick des Heiligen Landes und dem schwer betroffenen römischen Imperium eiligst Hilfe geschafft, auch ein Heilmittel gegen die *Tartaren** und *andere Verächter des Glaubens und Verfolger der Christenheit*, ferner in betreff des schwebenden Streites zwischen der Kirche und *dem Fürsten* (d.h. dem Kaiser!) gefunden werde."

Wie schon während der Flucht des Papstes, so auch nach der Einberufung des sogenannten Konzils bot sich der Kaiser wiederholt an, die Forderungen des ersteren zu erfüllen, freilich in Formen des Rechtes, die der Papst aber nicht achtete. Derselbe nannte das Konzil ein allgemeines, lud aber die Deutschen nicht an dasselbe ein. Es kamen auch keine Bischöfe aus dem eigentlichen Deutschland, sondern nur aus nicht deutschen Teilen des Reiches. Die meisten Teilnehmer waren Franzosen und alle übrigen Länder scheinen sehr spärlich vertreten gewesen zu sein. Es waren höchstens 150 Prälaten da, während *Innozenz III.* im Lateran dreißig Jahre früher ihrer beinahe 500 versammelt hatte. Von Fürsten königlichen Ranges war nur der Scheinkaiser Balduin II. von Konstantinopel erschienen, und

* „Tataren" (nach den von den Chinesen „Tata" genannten Nomadenvölkern ihrer Nachbarschaft) oder mit einem Wortspiel „Tartaren" (Söhne des Tartaros, der Unterwelt oder Hölle) nannte man damals (und nennt teilweise noch!) die *Mongolen* oder auch türkische Stämme; ein Volk jenes Namens hat es in Wirklichkeit niemals gegeben.

Gelübte Ludwigs des Heiligen.

zwar nur deshalb, weil er gerade damals das Abendland um Hilfe für seinen Flitterthron abbettelte. Gesandte des Kaisers vertraten dessen Sache, über welche allein ernstlich verhandelt wurde; alles andere war nur Schein. *Innozenz* verglich zwar fünf Schmerzen, die ihn peinigten, mit den fünf Wunden Christi; diese fünf Schmerzen waren: die Verwüstungen der Mongolen, die Widerspenstigkeit der Griechen gegen die römische Kirche; die Ketzerei, die Wegnahme Jerusalems und die „Lasterhaftigkeit" des Kaisers *Friedrich*. Es lagen Anklageschriften gegen den Kaiser vor, welche in lügenhafter Schmähsucht das Äußerste leisteten. Dagegen stand des Kaisers Vertreter Thaddäus von *Suessa* mannhaft für ihn ein und die englische Gesandtschaft beschwerte sich freimütig über die Bedrückungen, unter denen England durch die römische Kurie zu leiden habe. Den Patriarchen von Aquileja, welcher für den Frieden mit dem Kaiser sprach, hieß *Innozenz* Schweigen, sonst würde er ihm sein Amt nehmen! Dann verlas er das bereits von 150 Prälaten unterzeichnete und besiegelte Dekret, welches den Kaiser wegen Meineides, Kirchenschändung, Verdachts der Ketzerei und Felonie, sowohl im Kaisertum als in allen seinen Königreichen des *Todes* würdig und für *abgesetzt* erklärte! Thaddäus rief: „Dies ist der Tag des Zorns, des Unglücks und des Elends"; der Papst aber erwiderte: „Ich habe getan, was ich tun mußte; möge Gott es vollenden nach seinem Willen." Dann stimmte er ein Te Deum an, die Geistlichen fielen alle ein und senkten ihre Fackeln zu Boden, um anzudeuten, daß so des Kaisers Glanz verlöschen solle. Er erlosch aber nicht; *Friedrich* konnte nicht nur Zeit seines Lebens, so sehr auch der Papst mit allen Waffen der Bestechung und des Verrates gegen ihn arbeitete, von keinem seiner Throne verdrängt werden; sondern sein Ruhm hat ungeachtet seiner vielen und großen Fehler denjenigen seiner anmaßenden Absetzer in alle Zukunft hinaus weit überstrahlt! Außer der Absetzung des Kaisers wurde in Lyon noch – ebenso fruchtlos – die Veranstaltung eines allgemeinen Kreuzzuges beschlossen. Die Kreuzpredigt wurde allen Geistlichen zur Pflicht gemacht und den Kreuzfahrern der Ablaß wie früher verheißen. Auch wurde für vier Jahre ein allgemeiner Friede unter den Christen geboten und aller Handel und Verkehr mit den Sarazenen untersagt.

Die Kreuzpredigt fand jedoch nur in *Frankreich* einigen Anklang und selbst hier keinen bedeutenden, denn überall war die Meinung verbreitet, als würden die Kreuzzugspfennige lediglich zugunsten der römischen Streitmacht verwendet. In Deutschland wollte man wegen des empörenden weil rechtlosen Verfahrens gegen den Kaiser, in England wegen der schlimmen Erfahrungen *Richards* von Cornwall nichts mehr von einem Kreuzzug auf päpstliches Verlangen wissen. König *Heinrich III.*, ein Freund Kaiser *Friedrichs*, verbot sogar das Kreuz in seinem Lande zu predigen und sagte zu dem damit beauftragten Bischof von Beirut: seine Untertanen seien so oft von den Kreuzpredigern betrogen worden, daß sie sich nicht wieder täuschen lassen wollten und er bedürfe ihrer selbst sowohl gegen den Papst, der es mit seinen Feinden halte, als gegen andere Widersacher. Auch in Frankreich aber wäre der Kreuzeseifer noch ärmlicher ausgefallen, wenn nicht der König *Ludwig IX.* die Sache des Kreuzes mit aller Inbrunst seines frommen Herzens zu der seinigen gemacht hätte. *Ludwig* hatte bei Anlaß einer schweren Krankheit im vorigen Jahre (1244) das Bewußtsein und die Sprache verloren, so daß man sein Leben bereits als verloren ansah; der erste Gebrauch aber, den er, wieder zu sich gekommen, von der Sprache machte, war, daß er das Kreuz zu nehmen verlangte und gelobte, weder Speise noch Trank zu genießen, ehe ihm die aus Besorgnis für ihn seinem Verlangen widerstrebende Umgebung nachgab, worauf ihm der Bischof von Paris das Kreuz weinend erteilte. Es mag nach seiner Genesung geschehen

Grabmal Joinvilles.

sein, daß er, umgeben von seiner jungen Familie, an heiliger Stätte sein Gelübde wiederholte und sein Schwert der Sache des Christenglaubens widmete (Bild 75). Er brannte vor Eifer, das Heilige Land aus den Händen seiner wilden und grausamen Bedrücker zu retten und der Beschluß des Konzils in Lyon bestärkte ihn in seinem Entschluß, daher er auch die Kreuzpredigt in Frankreich nicht nur unterstützte, sondern selbst ins Leben rief. Auf einem zu diesem Zweck nach Paris berufenen Parlament nahmen auch seine drei Brüder, die Grafen *Robert* von Artois, *Alfons* von Poitiers und *Karl* von Anjou, das Kreuz und so noch viele weltliche und geistliche Große, unter welchen der als der bemerkenswerteste, wenn auch nicht höchste, *Jean Sire* von *Joinville*, Seneschall von Champagne erscheint, der Gerichtsschreiber des Kreuzzuges *Ludwigs IX.* Der König besprach sich in Cluny mit dem Papst, dem er sein Mißvergnügen über das Verfahren gegen den von ihm verehrten Kaiser *Friedrich* nicht verhehlte und den er zum Frieden mit dem Kaiser sowohl als mit dem König *Heinrich III.* von England zu bewegen suchte. Der Papst verwunderte sich wohl, daß sein Aufruf in Deutschland und England keine Beachtung fand, aber in seines Hochmutes arger Verblendung sah er nicht ein, daß er allein die Schuld daran trug. Er versprach zwar dem König, mit dem Kaiser glimpflich umzugehen, falls sich dieser ihm unterwürfe; aber jeder Einsichtige wußte damals, das dies dem Papst gar nicht einfiel, und war überzeugt, daß nach der letzten dem Kaiser wider alles Recht angetanen Schmach eine Aussöhnung unmöglich geworden war. Kaiser und Papst gaben vielmehr der Welt das traurige Schauspiel, einander gegenseitig zu beschuldigen, daß der eine dem andern nach dem Leben getrachtet hätte! Wie bisher stets, tat zwar *Friedrich* auch jetzt sein Möglichstes; er legte dem Kreuzzug, der von seinen unrechtmäßigen und ungerechten Richtern beschlossen war, nicht nur kein Hindernis in den Weg, sondern beförderte ihn vielmehr, bot dem König *Ludwig* sogar seine oder seines Sohnes *Konrad* Teilnahme am Kreuzzug an und ersuchte den König um Übernahme des Schiedsrichteramtes zwischen ihm und dem Papst. Seinen Beamten in beiden Sizilien befahl er, die Kreuzfahrt *Ludwigs* in jeder Weise durch billige Lieferung alles Notwendigen zu unterstützen. Als aber *Friedrich*, den der noch immer in Lyon weilende Papst zu seiner Rechtfertigung vor sich zitiert hatte, sich rüstete (1247), mit einem Heer dahin und weiter nach Deutschland zu ziehen, und der Papst dem König *Ludwig* vorgab, daß dies ein feindseliger Zug gegen Frankreich wäre, machte *Ludwig* von des Kaisers Anerbietungen keinen Gebrauch, sondern bot dem Papst vielmehr seine Waffen gegen *Friedrich* an, dessen Zug jedoch wegen der Unruhen in Italien nicht zustande kam.

Indessen waren damals die Dinge in Frankreich zu einem Kreuzzug des Königs noch nicht reif. Nicht einmal seine eigenen Höflinge hatten das Kreuz genommen; um sie dazu zu bringen, griff der König zu einem frommen Betrug; er ließ an den neuen Kleidern, mit denen er sie übungsgemäß zur Weihnacht beschenkte, heimlich das bindende Kreuzeszeichen anbringen, worauf sie ihn mit trübseligem Scherz einen Menschenfischer und Pilgerjäger nannten.

Abfahrt von Aigues Mortes.

Gab sich somit auch *Ludwig* alle Mühe, den Kreuzzug zustande zu bringen und verhandelte er auch bereits mit Genua über Lieferung der erforderlichen Schiffe, so tat dagegen der Papst, der doch den Kreuzzug angeregt und befohlen, sein Möglichstes, ihn zu vereiteln. Er löste um Geld das Gelübde eines jeden, der es nur wünschte oder gestattete auch einen bequemeren und müheloseren Kreuzzug statt desjenigen nach dem Heiligen Land, so z. B. dem König *Hakon* von Norwegen einen solchen gegen die heidnischen Finnen und Lappen des eigenen Landes. Anderen wieder gestattete er Züge gegen die Albigenser in Frankreich, gegen die Mongolen in Ungarn, gegen die Esten und Liven an der Ostsee, gegen die Byzantiner zugunsten des lateinischen Reiches – endlich aber auch, was das abscheulichste und entsittlichendste war, den Krieg im Dienste der von der päpstlichen Partei in Deutschland aufgestellten Gegenkönige gegen den Kaiser, anstelle eines Kreuzzuges nach dem Heiligen Land. Den Dominikanern trug er ausdrücklich auf, gegen das Haus Staufen – das Kreuz zu predigen, und für den Krieg gegen dasselbe den nämlichen Ablaß zu verheißen wie für einen wahren Kreuzzug, verfälschte so den Grundgedanken der Kreuzzüge und tat damit wohl den entscheidendsten Schritt zum gänzlichen Verlust des Heiligen Landes. In Italien hetzte er beständig die Lombarden und Welfen überhaupt gegen den Kaiser und die Untertanen beider Sizilien gegen ihren König auf und versprach den Rebellen allen möglichen dies- und jenseitigen Lohn. Seine noch vorhandenen Briefe bieten hinglängliches Zeugnis für diese Tatsachen dar.

Zugleich aber war es im Heiligen Land schlimmer geworden als je. Statt *eines* Feindes hatten jetzt die dortigen ohnehin in ihrem Besitz so furchtbar geschmälerten Christen *zwei* mächtige Gegner zu fürchten, nämlich außer den *Sarazenen* noch die *Mongolen*, welche besonders das Fürstentum *Antiochia* bedrängten und 1246 sogar zinsbar machten. Das Königreich *Jerusalem* aber wurde durch die Kopflosigkeit der Thronentsetzung des staufischen Hauses, die ihm den kaiserfreundlichen Sultan Ägyptens zum Feinde machte, geradezu zur Ohnmacht verurteilt und in die äußerste Gefahr gebracht. Eijub verweigerte geradezu den Templern und Johannitern die verlangte Herausgabe ihrer von ihm gefangenen Brüder, indem er sie Rebellen und Verräter ihres Königs nannte und ihnen ihre Feindschaften unter sich und ihr zuchtloses Leben bitter vorwarf. Auch hier machte der Papst nichts gut, indem er förmlich die Entsetzung der Staufer und die Wahl des Königs von Zypern zum König von Jerusalem bestätigte und die mohammedanischen Fürsten durch Briefe und Mönche fortwährend zu belehren suchte; er mußte von denselben nicht nur runde Ablehnung, sondern auch überschwängliches Lob des verhaßten Kaisers und sogar den Vorwurf hören, daß er Christum weniger ehre als die Mohammedaner! Selbst die Sekten der Jakobiten und Nestorianer, welche, wie früher die Maroniten, sich der römischen Kirche unterwarfen, um von ihren christlichen Brüdern gegen die Sarazenen unterstützt zu werden, sowie der armenische Patriarch machten den Papst darauf aufmerksam, daß sein Verfahren gegen den Kaiser keineswegs demjenigen des Heilandes gegen die Sünder entspreche, denen er zu verzeihen lehrte und klagten zugleich, wie sehr ihre Glaubensgenossen von den römischen Christen im Morgenland unterdrückt würden.

Auf einem neuen Parlament in Paris wurde die Kreuzfahrt des Königs *Ludwig* für den Johannistag des Jahres 1248 festgesetzt. Jetzt erst zog der Papst wieder andere Seiten auf. Er ermahnte auf *Ludwigs* Bitte seine Legaten, keine Lösung oder Umwandlung des Kreuzgelübdes zu dulden und pries im Schreiben an alle Welt den frommen König Frankreichs und sein gottgefälliges Unternehmen. Nur in Deutschland ließ er, in schreiendem Widerspruch mit diesen Äußerungen, fortwährend gegen den Kaiser *Fried-*

rich – das Kreuz predigen und gestattete diese merkwürdige Gattung von Kreuzfahrt stetsfort als Ersatz einer solchen nach dem Osten. So wurden friesische Kreuzfahrer, welche sich nach dem Heiligen Land begeben wollten, 1248 durch die Predigermönche auf Geheiß des Papstes bewogen, unter dem Zeichen des Kreuzes die Stadt *Aachen* für den Gegenkönig *Wilhelm* von Holland einnehmen zu helfen, damit er sich dort (mit einer nachgemachten Krone) schmücken lassen konnte! Hierdurch fiel die Eigenschaft eines Kreuzfahrers so sehr in Mißachtung, daß z. B. der Rat von Regensburg den Bewohnern jener Stadt das Tragen des Kreuzes bei Todesstrafe verbot!

Selbst in Frankreich rief dieses tolle Gebaren des Papstes und seines Anhanges eine Reaktion hervor. Eine Anzahl bekreuzter Ritter bildete einen Verein gegen die geistliche Gerichtsbarkeit über Weltliche und gegen die Zusammenscharrung von Reichtümern auf Kosten der Weltlichen durch die Geistlichen. Der Herzog von *Burgund* und mehrere bedeutende Grafen standen an der Spitze dieses Bundes, der dem Papst so gefährlich schien, daß er, wie der fromme Chronist *Mathäus* Paris, ein bei König *Ludwig* sehr angesehener Mönch, erzählt, die einzelnen Mitglieder durch Geschenke, Verleihung von Pfründen an Verwandte usw. bestach, von dem Bunde abzulassen.

Außer den französischen Kreuzfahrern schlossen sich noch mehrere *englische* Bischöfe, Herren und Ritter dem Kreuzzug *Ludwigs IX.* an, nachdem *Heinrich III.* auf die Bitte des Patriarchen von Jerusalem und der übrigen syrischen Würdenträger sein Verbot zurückgenommen hatte. Unter den Bekreuzten ragten die Grafen *Wilhelm* von *Salisbury* und *Simon* von *Montfort* und *Leicester*, der Sohn des Würgers der Albigenser hervor.

Aber jetzt wurden auf einmal die *französischen* Kreuzfahrer von Besorgnissen für den König und das Land erfüllt, falls dieser die Kreuzfahrt mitmachte. Die Mutter Ludwigs, *Blanca*, scheint diese Bedenklichkeiten hervorgerufen zu haben, und in ihrem Sinne stellte der Bischof von Paris dem König vor, daß sein Reich von Deutschland und England her bedroht werde und die Albigenser noch nicht völlig besiegt wären, seine Abwesenheit daher nur unheilvoll wirken könne. Der König habe, fuhr der Bischof fort, sein Gelübde in einer Krankheit abgelegt, da er nicht seiner Sinne völlig mächtig gewesen, daher werde es auch leicht zu lösen sein. Statt einer Antwort in Worten riß der über diese Zumutung empörte König das Kreuz ab; als aber der Bischof seine Freude darüber äußerte, entgegnete *Ludwig*, jetzt nehme er als Gesunder das Kreuz noch einmal, und die Sache war abgetan. Es war ein merkwürdiges Zeichen der Zeit, was Joinville aus jenen Tagen erzählt. Drei „Serjanten“ (Soldaten oder Trabanten) des Königs, welche das Volk aussogen und auch einen Geistlichen beraubten, wurden von diesem in einem Wutanfall sämtlich getötet, wofür der König den Täter dadurch strafte, daß er ihn zum Kreuzzug verpflichtete.

Es wurde nun auf Leib und Leben in Frankreich gerüstet, dabei aber auf die größte Einfachheit und auf Vermeidung allen Aufwandes gesehen, worin der König mit seinem Beispiel voranleuchtete. Er trug, was damals allgemein auffiel, nur geringe dunkle Kleidung, ohne Farbenprunk und Schmuck, und nur eiserne Sporen statt der goldenen; zugleich ordnete er an, daß alle Streitigkeiten geschlichtet und alle begründeten Klagen erledigt würden, ehe der Kreuzzug beginne. Dann ließen sich er und seine Brüder am 12. Juni 1248 in der Kirche zu St. Denis die Oriflamme, Frankreichs Banner, und die Abzeichen der Pilgerfahrt, Stab und Tasche, reichen, und diesem Beispiel folgten auch die übrigen Kreuzfahrer. An demselben Tag reiste der König von Paris ab, mit ihm seine Gattin *Margareta* und zwei seiner Brüder mit ihren Frauen. Dem dritten Bruder, *Alfons* von Poitiers, welcher einstweilen zurückblieb, und seiner Mutter übertrug er in Corbeil die Regentschaft während seiner Abwesenheit. Dann reiste er südwärts, suchte in Lyon noch einmal umsonst den Papst zum Frieden mit dem Kaiser zu bewegen und erhielt seinen Segen, während sein Hof einige tausend überdrüssig gewordene Fußgänger des Kreuzzuges um Geld von ihrem Gelübde löste. Auf der Weiterfahrt durch dieses damals noch nicht der französischen Krone untergebene Land eroberte und schleifte der König die Burg eines Raubritters bei Avignon, wurde von den über die Verfolgung der Albigenser erbitterten Bürgern dieser Stadt feindlich angegriffen, und ebenso in Marseille, verweigerte aber seinen erbitterten Baronen jede Rache für diese Unbilden. Der einzige dem König gehörende Hafen am Mittelmeere war *Aigues Mortes*; er selbst hatte denselben befestigt und mit einem Leuchtturm versehen. Am 25. August schifften sich die Kreuzfahrer ein und am 28. trieb ein günstiger Wind die mit dem König segelnde Flotte unter den religiösen Gesängen der Geistlichen in die Meereswogen hinaus (Bild 76). Ein anderer Teil der Kreuzfahrer, worunter auch der Seneschall von *Joinville,* fuhr um dieselbe Zeit von Marseille ab.

ZWEITER ABSCHNITT

Der Kreuzzug Ludwigs des Heiligen und seine Erfolge in Ägypten

Ludwig IX. hatte als Sammelplatz seines Heeres die Insel *Zypern,* als Landungspunkt seines Zuges aber *Ägypten* bestimmt. Die Zeit der Kreuzfahrer war so abgemessen, daß er mit seinen Leuten gerade zur Zeit des Sinkens der Gewässer des Nil an dessen Ufern angekommen wäre, und dies würde auch eingetroffen sein, wenn nicht auf der genannten Insel ein längerer Aufenthalt stattgefunden hätte. Da aber ein Teil der Kreuzfahrer sich verspätete, mußte sich der König entschließen, in Nikosia, wo er am 17. September angelangt war, zu überwintern. Zwar erfreuten der König *Heinrich* von Zypern und mehrere seiner Ritter die Angekommenen durch ihren Entschluß, ebenfalls das Kreuz zu nehmen; allein wie immer während eines längeren Aufenthaltes damaliger Heere entstanden auch diesmal einerseits Geldnot und andererseits Streitigkeiten. Dem Seneschall von *Joinville,* welcher diesen Kreuzzug mit so unnachahmlicher Naivität und ritterlichem Sinn beschrieben* und der nach Bezahlung seiner Schiffsmiete nur noch 240 Livres übrig hatte, schenkte der König, als ihn seine mitgebrachten zehn Ritter und zwei Bannerträger zu verlassen drohten, 800 Livres. Zwischen dem Vicomte von Chateaudun aber und seinen ge-

* Der in umstehendem Faksimile enthaltene Anfang des Werkes *Joinvilles* lautet in Übersetzung: „Seinem guten Herrn *Ludwig,* Sohn des Königs von Frankreich, von Gottes Gnaden König von Navarra, Pfalzgraf von Champagne und Brie (gemeint ist *Ludwig X.* genannt *Hutin,* zu dessen Zeit *Joinville* sein Werk schrieb und welcher damals wohl König von Navarra, aber noch nicht von Frankreich war, was er erst 1314 wurde), entbietet *Jean,* Herr von *Joinville,* sein *Seneschall* von Champagne, Gruß, Liebe und Ehre und seinen stets bereitwilligen Dienst. Teurer Herr, ich tue Euch zu wissen, daß die Frau Königin Eure Mutter (*Johanna* von Navarra, Gemahlin *Philipps* des Schönen, gestorben 1304), welche mich sehr liebte, und welcher Gott Gnade schenken möge, mich, so dringend sie nur konnte, bat, daß ich für sie ein Buch über die heiligen Worte und guten Taten unseres Königs, des heiligen *Ludwig* schriebe." *Joinville* wurde 1224 geboren und starb 1319, ist also 95 Jahre alt geworden. Da seine Herrschaft in weiblicher Erbfolge auf das Haus Lothringen überging, stammt das jetzige österreichische Herrscherhaus von ihm ab.

nuesischen Schiffern kam es sogar zu einem blutigen Kampf, worin zwei Genuesen fielen und derselbe Vicomte, sowie ein Graf von *Montfort* und andere Herren wollten sogar den König verlassen und in Palästina auf eigene Faust den Krieg führen, aber *Ludwig* traf ernste Maßregeln, um jede solche Desertion zu verhindern und ließ alle Häfen der Insel durch seine Kriegsschiffe bewachen. Auch zwischen den französischen Soldaten und Seeleuten fiel ein blutiger Streit vor, dessen Anstifter von beiden Seiten der König festnehmen ließ. Zu diesen Mißhelligkeiten kamen noch Seuchen, welchen der Bischof von Beauvais, jener Graf *Montfort*, dann der letzte Sprößling des alten Hauses Bourbon, mehrere andere Herren und 260 Ritter zum Opfer fielen; auch die Königin und Graf *Artois* erkrankten.

Es fehlte dem König *Ludwig* auf Zypern nicht an Botschaften, welche dort ankamen, sei es um Hilfe, wie vom König Armeniens, vom Fürsten Antiochias, von der Kaiserin von Konstantinopel (*Johann* von Briennes Tochter, *Balduins II.* Gattin), sei es um eine Art Bündnis, wie von den Mongolen in Vorderasien, deren Gesandte ihren Fürsten und sich selbst lügenhafterweise für Christen ausgaben, um die Absichten des Königs auszuspionieren. Die Betrüger wurden mit reichen Geschenken entlassen und ihnen drei Mönche, zwei Weltgeistliche und zwei Knappen als Gesandte, mit einer vollständig ausgerüsteten Kapelle als Geschenk in einem Zelte aus Scharlach, mit bildlicher Darstellung der christlichen Glaubenssätze mitgegeben, um den Khan in seinem angeblichen Christentum zu bestärken. Von der Enttäuschung dieser Gesandten werden wir später hören; dagegen wissen wir nicht, ob die während der Anwesenheit der Kreuzfahrer auf Zypern dem Legaten des Kreuzheeres, *Odo* von Tuskulum gelungene Bekehrung des griechischen Erzbischofs der Insel und seiner Glaubensgenossen zur römischen Kirche und von 57 gefangenen Sarazenen zum Christentum eine aufrichtige und dauerhafte war.

Im Frühling 1249, nachdem während des Winters zahlreiche Nachzügler das französische Heer verstärkt hatten, wollte *Ludwig* nach Ägypten abfahren. Es bedurfte vieler Anstrengungen, um in Ptolemais von den dort einander blutig befehdenden Venetianern, Genuesen und Pisanern die noch fehlenden Schiffe zu erhalten, und so verzögerte sich die Abreise bis zum Himmelsfahrtsfest und wegen ungünstigen Windes noch etwas länger. Am 22. Mai sollte sie stattfinden, aber ein Sturm zerstreute die Schiffe, so daß der König, dessen Absicht es war, in Alexandrien zu landen, erst am 4. Juni, und zwar aus Unkenntnis der Seeleute vor *Damiette* ankerte. Die Nilmündung war von einer starken feindlichen Flotte und die Küste von einem stattlichen Heer besetzt, dessen Pauken und Trompeten den Christen schauerlich in die Ohren klangen. Ohne die wegen des Sturmes noch fehlenden Teile seines Heeres zu erwarten, und obschon es ihnen sehr an den zur Landung allein geeigneten Boten und andern kleineren Fahrzeugen fehlte, stiegen sie ans Land, *Joinville* und seine Leute zuerst, und zwar ganz in der Nähe einer feindlichen Schar, welche aber die Flucht ergriff. Mehrere Ritter und selbst der König sprangen ungeduldig ins Wasser, um schneller zu landen, und als *Ludwig* auf festem Boden stand, warf er sich

A son bon seigneur loys filz du roy de france. par la grace de dieu roy de navarre. de champaigne et de brie conte palazin. Jehan sire de joinville son seneschal de champaigne salut et amour. et honneur. et son servise appareille. Chier sire je vous fais a savoir que ma dame la royne vostre mere qui moult mamoit a cui dieu bone merci faces me pria si a certes come elle pot que je li feisse faire .i. livre des saites paroles et des bons

Joinville überreicht Ludwig X. sein Buch.

nieder und betete. Dann bestieg er sein Pferd und betrachtete mit Rührung das Land, an welchem schon vor 31 Jahren, und zwar auf derselben Nilmündungsinsel, die Christen angelangt waren. (Bild 77) Obschon der die ägyptische Mannschaft führende Emir *Fachreddin* in Syrien die Truppen befehligt hatte, welche in den letzten Kämpfen die Christen bei Gaza so empfindlich schlugen, hatte er sich hier unfähig gezeigt, das Land seines Herrn zu schützen. Auch in dem Kampf, der sich sofort nach der Landung des Königs entspann, hielt er nicht stand, sondern zog sich eilig nach dem Lager des Sultans in Aschmum Tamah zurück. Auch die Flotte der Ägypter hatte dasselbe getan und die der Christen konnte nun die Nilmündung besetzen. Die Einwohnerschaft der Umgegend war in Verzweiflung und Furcht, namentlich da der Sultan an einer gefährlichen Krankheit litt und von ihm daher wenig oder keine Hilfe zu erwarten war. Alles löste sich in Zuchtlosigkeit auf und selbst aus der gut befestigten und wohl verproviantierten Stadt *Damiette* entfloh die Besatzung und ihr nach die gesamte mohammedanische Bevölkerung mit Zurücklassung aller Geräte und Lebensmittel. Vorher hatten die Araber der Besatzung noch die in Damiette gefangen gehaltenen Christen größtenteils auf grausame Art niedergemacht; diesem Blutbad konnten aber zwei Männer entrinnen, welche sich sofort in das christliche Lager begaben und ihren Glaubensgenossen die Räumung der Stadt anzeigten. *Ludwig* hielt das für so unwahrscheinlich, daß er erst Kundschaft aussandte, welche aber bestätigte, daß die Stadt offen stand. Unter Lobgesängen zogen nun die Christen über die beinahe unbeschädigte Schiffbrücke in die verlassene Stadt ein, wo zwar einige inzwischen zurückgekehrte Ägypter sie mit griechischem Feuer bewarfen, aber schnell vertrieben wurden. Nachdem die Stadt von den Spuren der letzten Gräuelszenen etwas gereinigt war, hielt König *Ludwig* am 6. Juni seinen feierlichen Einzug in dieselbe und begab sich zuerst in die Hauptmoschee, welche die Christen nach der früheren Einnahme vor dreißig Jahren zur Kirche der Heiligen Dreifaltigkeit eingeweiht hatten und welche nun diese Umwandlung zum zweiten Mal erfuhr.

Es wurden in Damiette noch 53 Christensklaven vorgefunden, welche seit 22 Jahren dort schmachteten; den in der Stadt wohnenden griechischen Christen, welche den Kreuzfahrern mit Kreuz und Fahnen entgegenzogen, wurde Kultusfreiheit gewährt, die Moscheen aber alle in katholische Kirchen verwandelt, welche der König auch beschenkte, und ein Bischof wurde eingesetzt. Die Fürsten und Barone des Kreuzheeres erhielten die besten Häuser und Grundstücke zur Verfügung. Um früheren schlimmen Erfahrungen vorzubeugen, ließ der König alle Beute zusammenbringen und unter seiner Aufsicht verwalten, und wich damit zum Mißvergnügen vieler Kreuzfahrer von dem früheren Gebrauch derselben ab, zwei Drittel an die Pilger zu verteilen, was stets eine schnelle Verschleuderung der Vorräte zur Folge gehabt hatte. Auch befahl er, die Feinde wo immer möglich nur gefangen zu nehmen und nicht zu töten und verbot streng jede Gewalttat gegen gefangene Frauen und Kinder der Sarazenen, die er lediglich taufen zu lassen befahl. Freiwillig unterzogen sich dieser Zeremonie mehrere Muslimen der Umgebung, welche in dem raschen Erfolg der Christen deren besondere Beschützung durch Gott zu erkennen glaubten. In Damiette ließ *Ludwig* bloß eine Besatzung von 300 Rittern und verteilte das übrige Heer in Lagern auf beiden Ufern des Nil. Er konnte aber nicht verhindern, daß sich die Soldaten und namentlich die Ritter an den vorgefundenen und mitgebrachten Lebensmitteln allzu gütlich taten und sich einem schwelgerischen und sittenlosen Leben ergaben, sogar in der Nähe des sittenreinen Königs.

Aus diesem Taumel sollten sie indessen früh genug aufgerüttelt werden.

Sultan Eijub hatte sich nach der von seinem Vater erbauten Stadt *Mansura* zurückgezogen und dort Flotte und Heer um sich versammelt. Über die Flucht seiner Leute war er auf das äußerste erbittert. Der am meisten fehlbare Emir *Fachreddin* kam zwar, da der Sultan in seiner Krankheit

Ludwigs Landung bei Damiette.

selbst sein baldiges Ende vor Augen sah, mit einem starken Verweis davon; fünfzig Führer der arabischen Besatzung von Damiette aber wurden mit dem Tode bestraft und einem unter ihnen befindlichen Vater wurde die Bitte, vor seinem Sohn sterben zu dürfen, abgeschlagen. Es wird erzählt, der Kopf des bedeutendsten der hingerichteten Emire sei im Serai* des Sultans den Frauen derselben als Zeugnis seiner Strenge gezeigt worden (Bild 78).

Nachdem sich *Sultan Eijub* von seiner ersten Bestürzung etwas erholt

* Serai ist ein persisches Wort und „Serail" nur dessen französische Form.

und Verstärkungen an sich gezogen, sandte er an König *Ludwig* eine höhnische Botschaft, in welcher er darauf anspielte, daß sein Aufenthalt in Ägypten nicht lange währen werde. Ludwig antwortete darauf in würdiger Weise, ebenso auch, als ihn nun der Sultan zum Kampf herausforderte, was auch bald zur Tat wurde, indem das christliche Lager von ägyptischen Reitern angegriffen wurde. Ungeachtet der König befohlen hatte, sich auf die Verteidigung zu beschränken und das Lager nicht zu verlassen, stürmten einige Hitzköpfe von Rittern auf die Feinde los, welche Keckheit Gauchier *d'Autreche* mit dem Leben büßte, indem er mit dem Pferde stürzte und die Feinde ihn so zurichteten, daß er, ins Lager zurückgebracht, bald starb. *Ludwig* bemerkte, er möchte nicht tausend so ungehorsame Ritter haben. Weit mehr Nachteil brachten aber den Kreuzfahrern Scharen von Beduinen, welche das Lager umschwärmten und nachts in dasselbe eindrangen, um Christen gefangen wegzuführen oder zu töten und ihre Köpfe dem Sultan zu bringen, der gleich seinem Vater für jeden einen Byzantiner bezahlte. Der König ordnete darum die Nachtwachen fortan auf zweckmäßigere Weise.

Ludwig IX. hatte zwei gewichtige Gründe, eine weitere Benutzung der errungenen Erfolge zu verschieben; er mußte nämlich einerseits den Ablauf der damals eben beginnenden Nilüberschwemmung und anderseits die Ankunft seines Bruders, des Grafen *Poitiers* mit neuen Verstärkungen abwarten. In der Zwischenzeit wollte er in und bei Damiette bleiben und ließ daher das Lager stark befestigen. Inzwischen kamen immer mehr Kreuzfahrer an, auch zahlreiche Templer und Johanniter aus Syrien, dann die 200 englischen Ritter, welche das Kreuz genommen hatten, unter Führung des Grafen *Salisbury*. Alfons von *Poitiers* aber ließ noch immer auf sich warten und dies erweckte, namentlich da heftige Stürme damals wüteten, im gesamten Kreuzheer die lebhaftesten Besorgnisse. Es war bereits Oktober geworden und noch immer keine Nachricht von dem Erwarteten angelangt. Es wurden, um dessen glückliche Ankunft zu erflehen, Bittgänge abgehalten und in Menge harrten die Kreuzfahrer am Ufer des Meeres, um Schiffe in Sicht zu erspähen. Endlich, am 24. Oktober wurden (Bild 79) solche erblickt, zum großen Jubel der Harrenden. Es war die erwartete Hilfe, welche glücklich ankam und dem Heer einen ansehnlichen Zuwachs brachte.

Wie beinahe während des gesamten Verlaufs der Kreuzzüge, schien es auch diesmal, als ob das Unglück der Vorgänger den Nachfolgern, auch wenn sich diese ganz im nämlichen Fall befanden, nicht zur Warnung dienen sollte. Ungeachtet des verständigen Vorschlages, den Graf Pierre von *Bretagne* und andere Barone im Kriegsrat machten, zunächst die Städte Rosette und Alexandria anzugreifen und wo möglich zu erobern und hierdurch die ganze ägyptische Küste in die Gewalt des Kreuzheeres zu bringen, entschied sich der König für die Meinung seines tollkühnen Bruders Grafen *Artois*, sofort gegen Kairo zu ziehen, d.h. denselben Weg, auf welchem die letzte Unternehmung der Kreuzfahrer gegen Ägypten in so entsetzlicher Weise gescheitert war. Die meisten Geistlichen und die Damen blieben nebst einer angemessenen Besatzung in Damiette und am 20. No-

Der Kopf des Emirs im Serai gezeigt.

vember trat das Kreuzheer, welches 20 000 Ritter und 40 000 Fußgänger zählte, seinen verhängnisvollen Marsch an, während eine stattliche Flotte dasselbe auf dem Nil begleitete. Über den Kanal, welcher bei Fariskur aus dem Strome sich abzweigte, mußte ein Damm errichtet werden; hier blieb man aber aus unbekannten Ursachen über zwei Wochen lang liegen und verlor damit die schönste Zeit. Sultan *Eijub* war am Tage nach dem Abmarsch des Heeres in Mansura gestorben und dieser Fall, obschon ihn die Familie des Sultans zu verheimlichen suchte, verurteilte die Ägypter zur Untätigkeit. Diese und die nun folgenden Thronwirren wären dem Vorrükken der Kreuzfahrer außerordentlich günstig gewesen. Der einzige Sohn des Verstorbenen, *Ali Muazzam Turanschah,* befand sich fern als Statthalter in Mesopotamien und war zudem seines Leichtsinns wegen durch seines Vaters letzten Willen von der Thronfolge ausgeschlossen. Dieser Verfügung gemäß sollte der Kalif in Bagdad angegangen werden, dem Nilland einen neuen Herrscher zu geben, aber der von der schönen und intriganten Sultan-Witwe *Schedscher-Ebdur* zum Reichsverweser ernannte Emir *Fachreddin* zog es vor, nach seinem Gutdünken zu verfahren. Er stellte einen ebenfalls von *Malik al Adil* abstammenden jungen Prinzen Namens *Omar* als Sultan auf; aber ihm wirkte der Statthalter von Kairo, *Husameddin,* entgegen, indem er den jungen *Omar* in seine Gewalt brachte. Die Sultanin-Witwe aber, deren Erwartungen *Fachreddin* so wenig erfüllte, sandte Boten an *Turanschah,* lud ihn ein so schnell wie möglich in Mansura zu erscheinen und ließ ihm durch die Truppen huldigen, bis zu seiner Ankunft aber stetsfort die Meinung unterhalten, als ob *Eijub* noch lebte. Man gab vor, er wäre krank und der Dienst seiner Person wurde zum Schein in allen Beziehungen fortgeführt.

Die Kreuzfahrer brachen am 6. Dezember wieder auf; der König hatte verboten, sich in Kämpfe mit den Sarazenen einzulassen; aber als die an der Spitze des Zuges ziehenden Templer angegriffen wurden, erwiderten sie dieses kräftig und ihnen folgten sämtliche Ritter des Kreuzheeres und errangen ohne viel Mühe einen großen Sieg, der beinahe alle Angreifer aufrieb. Der Vormarsch ging indessen beispiellos langsam vonstatten; erst am 21. Dezember lagerten die Kreuzfahrer am Kanal gegenüber Mansura, dem verhängnisvollen Punkt, bis zu welchem ihre Vorgänger von 1220 gekommen waren.

Fachreddin hatte indessen einen flammenden Aufruf an die Gläubigen erlassen, sich bis auf den letzten Mann gegen „die Franken (die Gott verfluchen möge“!) zu bewaffnen und sie zu vertreiben. Das muslimische Heer wuchs infolge dieses Appells an die Glaubenstreue bedeutend an und bald befanden sich die Christen an demselben Ort in derselben Falle wie ihre Vorgänger. Wohl versuchten sie, den breiten und tiefen Kanal von Aschmum durch einen Damm zu überwinden; allein das war eine andere Arbeit als an dem schmalen Kanal von Fariskur! Sie mußten für die langaussehende Dauer dieses schwierigen Werkes ihr Lager befestigen und Türme zum Schutze der Dammarbeiter bauen; denn diese und das Lager wurden fortwährend aus je sechszehn Maschinen von den Feinden beschossen. Zwar stellten die Christen denselben achtzehn Wurfmaschinen entgegen, aber ihre Leute wurden ohne Ende von verwegenen Feinden, die über den Kanal schwammen, gefangen oder getötet. Ebenso ließ es die ägyptische Flotte nicht an Feindseligkeiten gegen die christliche fehlen und nahm oder zerstörte ihr manches Schiff. Zu Weihnachten waren die Christen bereits umgangen und wurden im Rücken angegriffen; ja die Feinde drangen hier in ihr Lager ein, aus dem sie erst nach manchem angerichteten Schaden wieder vertrieben werden konnten; doch mußte das Lager nun auch auf jener Seite befestigt werden.

Ankunft der Hilfe vor Damiette.

Kaum war das Jahr 1250 angebrochen, als sich auf jener Seite im Rükken der Christen ein mächtiges ägyptisches Heer aufstellte, das vom Kanal bis an den Nilarm von Damiette reichte und die Christen vollständig zwischen sich und diese Gewässer einschloß. Die Brüder des Königs, unter welche der letztere das Heer in Schlachtordnungen geteilt hatte, hielten sich nicht nur tapfer in der Verteidigung des Lagers, sondern durchbrachen auch die Reihen der Feinde; aber sie gerieten arg in die Klemme und retteten mit Not ihr Leben, während viele andere Ritter in die Gefangenschaft der Feinde fielen.

Als der Damm mit namenloser Mühe vorschritt und die Ägypter gegen ihre Erwartung seiner Vollendung entgegensehen mußten, machten sie eine weite und tiefe Grube und leiteten den Kanal in diese ab, so daß anstelle des letzteren ein beträchtlicher See sich ausbreitete, an dessen Überwindung nicht zu denken war. Als die Christen dessenungeachtet (zu welchem Zweck, ist unerklärlich) in ihrer Arbeit fortfuhren, wurde griechisches Feuer auf dieselben geschleudert, das die Nacht taghell machte und einen der Schutztürme in Brand steckte, der von den wachehaltenden Rittern, zu denen *Joinville* gehörte, mit Mühe gelöscht werden konnte, während ein Pfeilhagel auf sie herüber raste. Der Damm wurde so mit Steinen beschossen, daß sich niemand auf denselben wagen durfte, und endlich brannten beide Schutztürme rettungslos nieder. Ein neuer Turm, zu dessen Bau man Holz der Schiffe im Werte von 10 000 Livres geopfert hatte, erfuhr dasselbe Schicksal! Jetzt erst sah der König ein, daß man sich umsonst bemüht und in Kosten gestürzt hatte. Aber was nun zu tun war – dafür war guter Rat teuer!

DRITTER ABSCHNITT

Ludwigs Unglück in Ägypten

Wie über die meisten Kreuzzüge, war nun auch über den des Königs *Ludwig* das Unglück in unabwendbarem Maße hereingebrochen. Wie Kleinasien das Grab der ersten, so wurde Ägypten ohne Gnade das der letzten Kreuzfahrer nach dem Morgenland. Wie dreißig Jahre vorher, so sahen auch jetzt die neue Stadt Mansura, der Nil und der Kanal von Aschmum dumpfe Verzweiflung unter den schlecht geleiteten und kopflos vorgedrungenen Christen ausbrechen. Es kam unter ihnen bis zur Gotteslästerung: „Wie mag sich dieser Gott“, sagten sie nach der Erzählung des Mathäus Paris, „einen Herrn der Heerscharen nennen, da er von seinen Feinden so oft überwunden wird?Wozu frommen unsere Andacht, die Gebete der Geistlichkeit und die Almosen unserer Freunde? Ist nicht das Gesetz Mohammeds mächtiger als der Glaube Christi?“ Es zeigten sich auch bereits Fälle von Fahnenflucht und Widerspenstigkeit. Die Engländer hielten sich um so weniger für gebunden an die Mannszucht des Königs, als sie, obschon von diesem freundlich behandelt, von den übrigen Franzosen fast nur geneckt und verspottet wurden. Wilhelm Graf *Salisbury* zog daher, des königlichen Gebotes nicht achtend, daß sich niemand vom Heer entfernen solle, eigenmächtig mit seiner Schar umher, streifte bis in die Nähe von Alexandria und nahm dort auf eigene Faust und ohne Kampf einen Turm, wo er eine Anzahl Frauen, die dort Zuflucht gesucht, zu Gefangenen und große Beute machte. Noch bedeutenderen Nutzen gewann er durch den Überfall einer Karawane, die er nach kurzem Kampf, in dem wenige seiner Leute fielen, mit Mann und Maus niedermachte. Als er aber mit dem Raub in das Lager kam, nahmen ihm die Franzosen, unter dem Vorwurf, dem Heerbefehl nicht gehorcht zu haben, alles Mitgebrachte und behielten es für sich. Als er darüber bei dem König klagte, bat ihn dieser, dem Frieden zulieb alles zu vergessen; sein Bruder *Artois* wollte ihn darauf gegen die Engländer aufreizen, doch ohne Erfolg. Der König blieb bei seinem friedliebenden Bescheid und nun verließ ihn der Engländer mit der kränkenden Rede: einem so schwachen König diene er nicht länger, und begab sich mit seinen Landsleuten nach Syrien. Wie wenig der gute und fromme König Ernst und Kraft zu handhaben verstand und wie wenig er daher zum Führer eines Heeres geschaffen war, zeigt schon das vorstehende; noch greller aber tritt diese Eigenschaft hervor in der Tatsache, daß er nachher diese Engländer wieder zurückrief, indem er ihnen die Aussicht eröffnete, bald leicht nach Kairo zu gelangen. Nicht nur diese grundlose Hoffnung aber bildet einen ferneren Beweis der Unfähigkeit *Ludwigs*, sondern noch auffallender spricht hierfür der Umstand, daß man Zeit, Mühe und Geld an den Damm durch den Kanal von Aschmum verschwendet hatte, ohne sich um die Beschaffenheit dieses Kanals zu bekümmern. Es klänge geradezu komisch, wenn die begleitenden Umstände nicht so traurig wären, daß kurz nach dem Fehlschlagen jenes Dammbaues ein Beduine den Christen gegen eine Belohnung von 500 Byzantinern eine seichte Stelle im Kanal zu zeigen versprach.

Am 7. Februar beschloß der Kriegsrat, am folgenden Tage den Übergang des Kanals an jener seichten Stelle zu wagen, allerdings nur mit der Reiterei. Die Furt war nun freilich nicht so seicht, wie man erwartet hatte. Die Pferde mußten bis zur Mitte des Kanals schwimmen, wobei mehrere Ritter von der Strömung fortgerissen wurden und ertranken. Der Graf *Artois* war der erste drüben angekommen; er hatte sich diese Gunst von seinem königlichen Bruder erbeten, aber nur gegen das Versprechen, sich zu keinem Kampf mit den Feinden verlocken zu lassen, ehe der Übergang vollendet wäre. Aber er hielt sein Wort nicht; eine Schar Sarazenen sehen und auf sie losstürmen war das Werk eines Augenblicks. Mit ihm waren die früher von ihm mißhandelten Engländer, und als die ihm nachgesandten Befehle nichts fruchteten, folgten auch die Templer nach, die stets eifersüchtig auf das Recht waren, die vordersten im Kampf zu sein. Die christlichen Tollköpfe verfolgten die Ägypter bis in die Stadt *Mansura*, in welcher sie alles, was sie trafen, alt und jung, Mann und Weib, niedersäbelten. Bis über die Stadt hinaus ging die Hetzjagd und bis an den Nil; aber nun verbarrikadierten die von ihrem Schrecken sich erholenden Einwohner die Stadt; die verfolgten Feinde wandten sich, und so zwischen zwei Feuer genommen, wurden *Artois* und *Salisbury*, die gewesenen Feinde, nebst mehreren hundert ihrer beiderseitigen Ritter und achtzig Templern jämmerlich zusammengehauen.

Auch die übrigen Christen nun, so wie sie über das Wasser kamen, griffen die Ägypter an, überfielen ihr Lager bei Mansura und erschlugen eine Menge. Der Emir *Fachreddin*, welcher sich eben im Bad befand, warf sich nackt zu Pferde, stürzte sich in den Kampf und fand den Heldentod. *Joinville* geriet mit einem Häuptling in ernstes Handgemenge, aus dem er sich mit Mühe rettete, indem er den Gegner zur Flucht zwang. Als aber die Christen vom Überfall des Lagers zurückkehrten, stürzte ihnen ein neues Heer von 6000 feindlichen Reitern entgegen; es waren die *Mamelucken*, deren Schar Sultan *Eijub* errichtet hatte, ohne zu ahnen, daß sie sein Geschlecht vertilgen und sein Reich Jahrhunderte hindurch beherrschen würden, und ebenso wenig ahnten die Christen, daß sie in dem Anführer ihren neuen Gegner, Rokneddin *Bibars*, den künftigen Zerstörer ihrer Herrschaft im Heiligen Lande vor sich hatten. Jetzt kam *Joinville* mit noch anderen Rittern in weit schlimmeres Gedränge und bittere Not, aus der sie Graf *Anjou* befreite. Nun zog erst das Haupttheer des Königs mit Pauken- und Hörnerschall heran und wurde bald in ebenso harten Kampf mit den Ma-

Aufsuchung der Leichen von Artois und Salisbury.

melucken gerissen, die es an Zahl weit übertrafen. Der König verlor den Kopf und zeigte seine völlige Unfähigkeit als Feldherr immer mehr; er wußte nicht, wo helfen und änderte alle Augenblicke seine Befehle. So wurde sein Heer teils vom übrigen getrennt, teils an den Kanal gedrängt und löste sich endlich ganz auf, wobei viele Ritter, die sich über das Wasser zu retten suchten, ertranken und der Kanal mit Waffenstücken, Pferde- und Männerleichen bedeckt dahinrauschte. Mit Not entging der König diesmal noch der Gefangenschaft durch seine Tapferkeit, und nach und nach sammelte sich wieder wenigstens ein Kern der Ritterschaft um ihn, der aber aufs neue arg bedrängt wurde, während andere Scharen, die der des Königs gern zu Hilfe gekommen wären, sich von ihm abgeschnitten sahen und selbst immer wieder furchtbare Angriffe erlitten, namentlich auch durch das griechische Feuer, durch das *Joinville* an fünf und sein Pferd an fünfzehn Stellen schwer verwundet wurden.

Der Kampf hatte vom Morgen bis zum Abend gedauert, als die im Lager zurückgelassenen Truppen, welche unterdessen aus dem Holz der Schiffe und Belagerungsmaschinen eine Notbrücke über den Kanal gebaut hatten, dem bedrängten Ritterheer zu Hilfe kamen. Dies wandte unerwarteterweise den Sieg nach der christlichen Seite. Die Ägypter hatten bisher nur durch ihre Übermacht gewirkt, aber seit *Fachreddins* Fall ohne Leitung und Ordnung gekämpft. Die Kriegsmaschinen der Feinde fielen alle den Christen in die Hände, die nun an der Stelle des von den Beduinen bereits ausgeraubten und daher beutelosen Lagers das ihrige aufschlugen.

Seltsamerweise schrieben die Muslimen den Sieg sich zu und Kairo schwamm in Jubel, während doch Flüchtlinge in Menge vom Schlachtfeld zu seinen offen gehaltenen Toren hereinkamen. Aber auch für die Christen war der Sieg sowohl ein schwer erkaufter als ein fruchtloser. Die Feinde ließen ihnen keine Ruhe, deren sie so sehr bedurften und überfielen das Lager noch vor Tagesanbruch, wurden aber zurückgeschlagen, wobei der Kaplan *Joinvilles, Johann* von *Vassey,* allein acht Sarazenen erschlug oder vertrieb.

In den nächsten Tagen nicht belästigt, bauten die Christen aus den eroberten Kriegsmaschinen eine Brücke über den Kanal. Am 11. Februar aber fand wieder ein heftiger Angriff durch ein starkes Heer statt. Hart wogte die Schlacht mit abwechselndem Glück hin und her. Der Templergroßmeister *Wilhelm* von *Sonnac,* dem im letzten Kampf das eine und in diesem das andere Auge von einem Pfeil durchbohrt wurde, und *Josserand von Brançon, Joinvilles* Oheim, der 36 Schlachten mitgemacht hatte, starben den Heldentod. Endlich zogen sich die Ägypter zurück, ohne daß eine von beiden Parteien sich den Sieg zuschreiben konnte. Die Christen behaupteten jedoch ihre Stellung; ein trauriger Beruf war es ihnen aber, die Leichname ihrer erschlagenen und ertrunkenen Genossen, unter denen sie namentlich diejenigen der nun im Tode vereinten Grafen *Artois* und *Salisbury* suchten, aber nicht fanden, unter dem Haufen der zahllosen muslimischen Körper aus dem Kanal herauszufischen (Bild 80), eine Arbeit, welche etwa acht Tage in Anspruch nahm. Wohl hätten sie besser getan, ihre mühsam errungenen Vorteile zu benutzen; aber sie wußten offenbar nicht, wodurch sie dies erreichen konnten, und dies rührte vom Mangel an einer kundigen und besonnenen Leitung, wofür sie hart genug büßen mußten.

Inzwischen war der neue Sultan *Turanschah* in Mansura angekommen und hatte sofort das richtige Mittel gefunden, die Feinde seines Landes zu vernichten; er unternahm es, sie von ihrem Stützpunkt Damiette abzuschneiden. Es zeugt für den gesunden Verstand des jungen Türken, daß er eine Anzahl Schiffe auseinandernehmen und auf Kamelen über Land an den Nil unterhalb der christlichen Stellung bringen und dort wieder zusammen-

Ludwig der Heilige gefangen.

setzen ließ. Nun wurde die christliche Flotte vorne und im Rücken zugleich angegriffen und, so viel von ihr im Nil lag, bis auf ein kleines Fahrzeug, das dem König die Hiobsbotschaft bringen konnte, vollständig vernichtet und alle Mannschaft erschlagen. Es war nun den Ägyptern leicht, das nämliche Werk auch zu Lande zu vollführen und den Christen selbst die Lebensmittelzufuhr zu unterbinden. Nun trat der Hunger seine Herrschaft bei den in der Falle befindlichen Christen an, im Verein mit den ihn und ein ungewohntes Klima gewöhnlich begleitenden Krankheiten, bei Menschen sowohl als Pferden. Viele Kreuzfahrer starben dahin. Unter wütenden Angriffen der Feinde zogen sich die Christen kämpfend auf das nördliche Ufer des Kanals zurück, ohne daß ihnen dies den mindesten Vorteil brachte, und daher entschloß sich *Ludwig*, dem Sultan einen Frieden vorzuschlagen, nach welchem die Christen Damiette abtreten und dagegen das ehemalige Königreich Jerusalem erhalten würden. Der Antrag wurde aber entschieden abgelehnt. Nun wußten die Christen kein anderes Rettungsmittel mehr als genau dasselbe, das ihre unglücklichen Vorgänger vor 29 Jahren angewendet hatten: nächtliche Flucht. Sie wurde vom 5. auf den 6. April von dem elenden Rest des einst stattlichen Heeres angetreten, ohne daß man an die zur Sicherung des Unternehmens höchst notwendige Zerstörung der beiden Kanalbrücken gedacht hätte. So hatte man im buchstäblichen Sinn dem Feinde Brücken gebaut! Derselbe bemerkte auch die Flucht sofort, erschlug die Kranken, als man sie auf die im Kanal befindlichen und daher geretteten Schiffe laden wollte, und verfolgte die Fliehenden mit grimmiger Wut. *Ludwig* selbst war krank und konnte, trotzdem er es versuchte, den Kampf nicht aushalten. Er mußte nach einem Haus geführt und einer bei dem Heer befindlichen französischen Frau in den Schoß gelegt werden, und man erwartete bereits sein Ableben. Doch konnte er noch *Philipp* von *Montfort* ermächtigen, mit dem Emir, mit dem man die letzten Unterhandlungen begonnen und den *Montfort* unter den Feinden bemerkte, einen Vertrag abzuschließen. Der Emir war geneigt dazu, aber es fand sich unter den Franzosen ein Verräter, *Marcel*, der den Rittern vorgab, der König habe Einstellung des Kampfes befohlen, worauf sie sich den Feinden ergaben. Nun stand der Emir vom Vertrag ab und der Rest des Heeres fiel ebenfalls in Gefangenschaft, nicht ohne mannhafte Verteidigung, bei welcher der Bischof von *Soissons* und *Walter* von *Chatillon* wie Helfen fielen. Auch der König entging diesem Schicksal nicht; doch enthalten die Quellen keine nähere Mitteilung über seine Gefangennahme. Endlich wurden auch noch die Schiffe mit den Kranken und Verwundeten, unter denen sich *Joinville* befand, abgefangen, nachdem sie durch einen Hagel von Pfeilen und griechischem Feuer zur Ergebung gezwungen waren. Die Kranken auf den genommenen Schiffen wurden getötet und die Schiffe selbst ausgeplündert. *Joinville*, der sich am längsten wehrte, doch dreimal niedgeworfen wurde und das Messer an der Kehle hatte, wurde dadurch gerettet, daß sein Schiffer ihn für einen Verwandten des Königs ausgab; er wurde sorgsam gepflegt, und als er nachher in seiner Wahrheitsliebe gestand, jener Verwandtschaft sich nicht rühmen zu können, hingegen ein Verwandter des Kaisers *Friedrich* zusein, erregte dies hohe Freude bei den Sarazenen. Ein arabischer Schriftsteller gibt die Zahl der bei dieser Katastrophe getöteten Christen auf 7000 und die der Gefangenen auf 20 000 an.

Der König *Ludwig* und seine Brüder wurden mit Ketten gefesselt (Bild 81), die übrigen gefangenen Christen aber mit Stricken gebunden nach Mansura gebracht, wo der Pöbel sie verhöhnte. Des Königs mit Hermelin verbrämten Purpurmantel sandte der Sultan nach Damask, dessen Statthalter sich darin öffentlich brüstete. Die Franzosen empfanden die Gefangenschaft des Königs als eine unauslöschlich auf ihnen ruhende Schmach. Vom

Ermordung Turanschah-Almoadams.

Sultan *Turanschah* wurde er aber nicht nur mit Schonung, sondern selbst mit Zuvorkommenheit behandelt, soviel Stolz und Selbstbewußtsein er auch seinen Besiegern gegenüber an den Tag legte. Man versah ihn sogar mit einem Priester, Brevier und Meßbuch, und der Sultan sandte ihm seine Ärzte.

Nicht weniger Rücksicht schenkte man den Baronen, zu denen auch *Joinville* nach Mansura gebracht wurde. In das Gebäude, worin man sie verwahrte, drang eines Tages ein Haufen bewaffneter junger Leute, die einen alten und lahmen Scheich mit sich führten, der die Gefangenen fragte, ob sie wirklich an einen Gott glaubten, der für ihre Sünden am Kreuze gestorben wäre. Auf ihre bejahende Antwort richtete er die Worte an sie: „Es soll euch daher nicht kränken, daß ihr diese Leiden für ihn erduldet; denn noch seid ihr ja für ihn nicht gestorben wie er für euch, und wenn er die Macht hatte aufzuerstehen, so wird er euch befreien, sobald es ihm gutdünkt." Dann entfernten sich die Ankömmlinge zur großen Erleichterung der Barone, die bereits geglaubt hatten, jene wäre gekommen, die Wehrlosen zu töten.

Die geringeren christlichen Gefangenen endlich wurden auf Befehl des Sultans, dem sie zur Last waren, ohne Umstände niedergemacht und in das Wasser geworfen, unter ihnen auch *Joinvilles* tapferer Kaplan und sein Diakon, welche beide krank lagen. Nur jenen schenkte man das Leben, die zum Islam übertraten. Man konnte ja von diesen Leuten kein Lösegeld beziehen wie von den Vornehmen und namentlich vom König, mit denen daher unverweilt Unterhandlungen angeknüpft wurden, um möglichst viel von ihnen zu erpressen. Sowohl dem König als den Baronen drohte man mit Folter und Hinrichtung, wenn sie für ihre Befreiung nicht Burgen des Heiligen Landes räumen würden, über die sie doch nicht verfügen konnten. Endlich forderte der Sultan für die Freilassung des Königs die Räumung von Damiette und für diejenige der Barone eine Million Byzantiner.* Sehr wunderten sich die Muslimen, als der König die Entscheidung hierüber vom Willen der Königin abhängig machte, die er dem galanten Sinne der Zeit gemäß seine Gebieterin nannte. Schnell wurde man einig über diese Vorschläge, und die Bereitwilligkeit des Königs, jene ungeheure Summe für die Freiheit seiner Barone zu bezahlen, rührte den Sultan so sehr, daß er gleich ein Fünftel des geforderten Lösegeldes nachließ. Es wurde ferner ein Waffenstillstand von zehn Jahren mit Einschluß der christlichen Besitzungen in Syrien und gegenseitige Freilassung der seit dem Frieden mit dem Kaiser gemachten Gefangenen vereinbart.

Unterdessen waren die vom Kreuzheer in Damiette zurückgelassenen Christen, vor allem aber die Königin *Margareta* in der entsetzlichen Angst um das Schicksal des Königs und seiner Waffengefährten gewesen. Die Königin, die ihrer Niederkunft entgegensah, lag in beständigem Fieber und ein alter Ritter von 80 Jahren mußte an ihrem Lager wachen und sie beruhigen. Drei Tage, nachdem sie die Gefangenschaft ihres Gatten erfahren, wurde sie Mutter eines Sohnes, der in Anbetracht der traurigen Umstände bei seiner Geburt zu seinem eigentlichen Namen *Johann* noch den Beinamen *Tristan* erhielt. Als die Italiener, von Hunger geplagt, die Stadt verlassen wollten, ließ die Königin sie zu sich kommen, bat sie, sie doch nicht zu verlassen und schenkte ihnen Lebensmittel für 360 000 Livres.** Auf ihre Bitten allein stimmte die unter der Führung des Herzogs von Burgund stehende Besatzung dem Frieden zwischen König und Sultan bei, dem sie mißtrauten. Der Sultan aber sandte der hohen Wöchnerin 10 000 Stück Sumak (was

---

* Im Metallwert etwa 10, nach heutigem Geldwert aber wohl 100 Millionen Mark.

** Das damalige Livre wird zum Wert von 20 Mark angenommen.

wahrscheinlich eine Frucht bezeichnet), eine goldene Wiege und königliche Kleider.

Aber dieser Unglückliche sollte die ersten von ihm an den Tag gelegten Proben so wesentlicher Regentenschaften wie Einsicht im Kriege und Großmut gegen Besiegte (allerdings die Gemeinen abgerechnet!) nicht lange überdauern. Schon freute er sich, nach Beendigung des Krieges in seinem neu in aller Eile aus Holz erbauten Lustschloß bei Fariskur der Ruhe und dem Vergnügen leben zu können. Aber er hatte sich durch Rücksichtslosigkeit einen gewaltigen Feind geschaffen: das waren die *Mamelucken,* welche ihm seine Gleichgültigkeit gegen ihre Macht nicht verzeihen konnten und von letzterer bald eine erste blutige Probe ablegen sollten. Diese unter türkischen, kaukasischen und anderen Völkern als Kinder aufgekauften und im Waffenhandwerk erzogenen Söldner blickten mit heftigem Neid auf die Höflinge, welche *Turanschah* aus Mesopotamien mitgebracht hatte und mit Gunstbezeugungen überhäufte, während er sie nicht zu bemerken schien. Über dasselbe hatten sich aber auch die ägyptischen Emire zu beklagen, und das war höchst unklug von *Turanschah* und bewies, daß er lange nicht alle Regententugenden besaß. Ob er nun, namentlich bei seiner Jugend, ein so tragisches Schicksal verdiente, wie ihm zuteil wurde, läßt sich zwar fragen, kam aber bei orientalischen Zuständen, die nur vom äußeren Eindruck und nicht von inneren Erwägungen beherrscht werden, nicht in Betracht.

Den Gipfel erreichte die Entrüstung der Mamelucken gegen *Turanschah,* nachdem dieser seinen Frieden mit den Christen ohne die Mitwirkung dieser Prätorianer geschlossen hatte, und sie wurden von der ränkevollen Sultanin *Schedscher-Eddur,* welche ihr Stiefsohn über die Verwendung des Staatsschatzes zur Rede gestellt hatte, noch mehr in ihren verbrecherischen Absichten bestärkt.

Eben waren die gefangenen Christen auf ihrem Weg nach Damiette in Fariskur angekommen, wo Ludwig nahe bei dem Lustschloß des Sultans in einem Zelt untergebracht wurde, die meisten übrigen Kreuzfahrer aber auf den Schiffen blieben, als am 2. Mai der wilde *Bibars* in das Zimmer des Sultans eindrang und ohne weiteres mit dem Säbel nach ihm hieb, in der Absicht, ihm den Kopf zu spalten. *Turanschah* fing den Hieb mit der Hand auf, die allerdings schwer verwundet wurde, rief um Hilfe, worauf der Mörder entfloh, und begab sich in einen Turm, wo er sich verbinden ließ. Die Mamelucken aber, welche einsahen, daß sie nun, nach der mißlungenen Tat ihres Genossen nur noch handeln oder untergehen konnten, wußten die dem Sultan treuen Truppen unter dem Vorwand zu entfernen, daß sie ihnen vorgaben, *Turanschuh* wolle mit ihnen nach Damiette ziehen. Dann belagerten sie den Turm, schafften jeden bei Seite, der sich ihnen entgegenstellte, um den Sultan zu retten, und zündeten, als dieser sich ihnen nicht ergab, den Turm an. Nun mußte er, wenn er nicht verbrennen wollte, herabkommen, suchte dann seine Mörder durch Versprechungen zu beschwichtigen, aber umsonst, und floh endlich, von ihren Pfeilen verfolgt, nach dem Nil, indem er eines seiner Schiffe schwimmend zu erreichen suchte. Die Verfolger erhaschten ihn aber und im Angesicht der entsetzten Kreuzfahrer, ganz nahe bei ihrem Schiff, erhielt er von *Bibars* im Wasser den Todesstoß (Bild 82). Der Emit *Oktai* aber, welchen der Sultan nicht nur vernachlässigt, sondern sogar bedroht hatte, riß ihm mit dem Säbel den Leib auf und das Herz heraus. Die Leiche ließ man zwei Tage unbestattet am Stromufer liegen. Die Muslimen betrachteten den grausen Mord ohne Rührung als göttliche Vergeltung für denjenigen, welche des Opfers Vater Eijub an seinem Bruder *Al Adil* verübt hatte.

Die entsetzliche Tat war kaum geschehen, als etwa dreißig der Mörder mit Schwertern und Streitäxten in eines der Schiffe drangen, in welchem die gefangenen Kreuzfahrer sich befanden und ihnen mit dem Tode drohten. Die Sache war jedoch nicht so gefährlich und man begnügte sich, die Gefangenen vom Verdeck zu entfernen und in den unteren Raum einzusperren, der so eng war, daß sie sich kaum bewegen konnten. Hier ließ man sie jenen Tag und die nächste Nacht. Von *Ludwig* aber hatte der Emir *Oktai*, dessen Hand noch vom Blut des Opfers befleckt war, die Frechheit, für den Tod seines „Feindes" eine Belohnung zu verlangen, was der König mit schweigender Verachtung beantwortete. Andere Ägypter oder Mamelucken bedrohten ihn mit wütender Gebärde, wurden aber mit solcher Würde empfangen, daß sie sich zuletzt des furchtbaren Vorfalles wegen entschuldigten.

Die Emire übertrugen die Regierung Ägyptens zunächst der Sultanin *Schedscher-Eddur* und die Reichsverweserschaft dem Emir *Aseddin Aibek*, einem Türken. Diese im Gebiet des Islam höchst ungewöhnliche Bestimmung wurde vom Kalifen in Bagdad streng getadelt, indem er fragte, ob denn in Ägypten keine Männer zu finden wären?

Der Emir *Husameddin* wurde von seinen in der Wirklichkeit regierenden Standesgenossen beauftragt, die Verhandlungen mit dem König wieder aufzunehmen. Die eingesperrten Kreuzfahrer, unter denen auch *Joinville* war, wurden aus ihrem engen Behälter befreit und, soweit sie nicht krank waren, auf dem Land in ein Gebäude gebracht. Ein Mönch tröstete sie über ihre Lage und hörte ihre Beichte an. Die Emire verhandelten dann mit ihnen (Bild 83). Es wurde im Ganzen der frühere Vertrag bestätigt, mit der Beifügung, daß der König sein Lösegeld in zwei Terminen zu bezahlen habe, die eine Hälfte vor seiner Abfahrt aus Ägypten und die andere nach seiner Ankunft in Ptolemais. Es gab noch Anstände in bezug auf den vom König zu schwörenden Eid. Die Emire verlangten auf den Rat eines Renegaten, *Ludwig* solle schwören: wenn er seinen Eid nicht hielte, wollte er wie einer betrachtet werden, der das Heilige Kreuz bespieen und mit Füßen getreten hätte. Er weigerte sich aber, so gotteslästerliche Worte auch nur auszusprechen. Da glaubten die Emire, der Patriarch von Jerusalem habe ihn zu diesem Bedenken veranlaßt, und banden den achtzigjährigen Mann so, daß er vor Schmerzen dem König zurief, doch nur zu schwören, er nehme den Eid auf sich. Damit war die Sache erledigt und die Gefangenen wurden nach Damiette gebracht, wo die Übergabe der Stadt ins Werk gesetzt wurde.

Nun dachten aber die Muslimen keineswegs den Vertrag zu halten, nach-

Die gefangenen französischen Ritter in Kairo.

dem Damiette ihnen wieder gehörte. Die Gefangenen wurden nicht entlassen, vielmehr die Kranken in der Stadt, sowie alle Christen, welche sich aus derselben hinauswagten, ermordet und ihre Leichen aus Hohn zusammen mit dem in den Vorratskammern gefundenen Schweinefleisch hoch aufgehäuft und öffentlich verbrannt. Ja, es kamen welche dieser Mörder zu den Gefangenen und zeigten ihnen ihre von Christenblut triefenden Säbel. Es ist unglaublich, aber wahr, daß die Emire darüber berieten, ob der Vertrag gehalten oder der König und seine Barone getötet werden sollten, und daß ein so angesehener Mann wie *Husameddin* sich für den Vertragsbruch aussprach – weil der König zuviel von den Geheimnissen der ägyptischen Regierung erfahren habe! Dagegen bewirkten die Vorstellungen des Reichsverwesers *Aseddin* und – die Habsucht der übrigen Emire, daß der Vollzug des Vertrages beschlossen wurde. Jetzt endlich wurden die Gefangenen freigegeben, mit Ausnahme des Grafen von *Poitiers*, der als Geisel dablieb. Der König aber, sowie *Joinville* und andere Getreue beschlossen, bis zur Auslösung des Grafen auf ihren Schiffen in Ägypten zu bleiben. Die Hälfte des Lösegeldes wurde bezahlt, nachdem man 30 000 Livres, welche noch fehlten, den Templern mit halber Gewalt abgenommen hatte. Dann wurde *Poitiers* entlassen und fuhr mit dem König zu seinen Getreuen nach Ptolemais.

Die Emire aber wählten ein sehr einfaches Mittel, eine dritte Eroberung von Damiette durch die Christen zu vereiteln, indem sie die Stadt zerstörten. Sie wurde später weiter oben am Nil, wo sie heute noch steht, wieder aufgebaut.

VIERTER ABSCHNITT

Ludwig der Heilige in Palästina

König *Ludwig* verbrachte die Seereise von Damiette nach Ptolemais unter frommen Betrachtungen und Gesprächen mit *Joinville*, und es betrübte ihn sehr, daß sein Bruder *Karl* von *Anjou*, der spätere Thronräuber von Neapel, sich die Zeit lieber mit Würfelspielen vertrieb. Er nahm dem Grafen und seinem Mitspieler *Walter* von *Nemours* das Spielbrett und die Würfel weg und warf sie ins Meer, während *Nemours* das Geld, um das sie spielten, noch schnell genug einstecken und retten konnte. In Akkon wurden die Ankömmlinge feierlich empfangen. Aber sie hatten, soweit sie nicht zur königlichen Familie gehörten, mit harter Not zu kämpfen, was die Grafen *Anjou* und *Poitiers* nicht vom geliebten Würfelspiel abhielt; doch verteilte *Poitiers* stets, was er gewonnen, während der habsüchtige *Anjou* fern davon war. Auch herrschten verheerende Krankheiten, wie immer an jenem ungesunden Ort, so auch damals.

Im Abendland und namentlich in Frankreich wollte man an das den Kreuzfahrern in Ägypten widerfahrene Unglück lange nicht glauben und die Regentschaft der Königin *Blanca* bestrafte sogar Verbreiter jener Nachricht mit dem Tode. Als man aber nicht mehr daran zweifeln durfte, wurde jede Belustigung untersagt; denn die meisten Familien hatten Gefallene zu beklagen. *Blanca* bat ihren königlichen Sohn inständigst zurückzukehren, namentlich, da sie von seiten Englands nichts gutes erwartete und es nur für Verdeckung eines feindseligen Planes gegen Frankreich hielt, daß König *Heinrich III.*, welcher die Kreuzpredigt erst untersagt und nachher gestattet hatte, nun selbst das Kreuz nahm, während es wohl eher ein Vorwand zur Steuererpressung war. Die mit *Ludwig* in Ptolemais befindlichen französichen Ritter (nur noch hundert von 2800, mit denen er aufgebrochen war), namentlich seine Brüder bestürmten ihn, dem Wunsch der Mutter zu entsprechen, während hiervon *Joinville* und der Marschall von Frankreich, *Wilhelm* von *Beaumont*, eine Ausnahme machten und es nicht für ehrenhaft hielten, das Heilige Land zu verlassen, ohne es befreit zu haben. Mit den letzteren vereinigten sich auch die syrischen Barone, indem sie den König baten, zu bleiben und das Heilige Land nicht im Stich zu lassen. Der König entschied sich nach einigem Überlegen für den letzteren Rat, wozu ihn namentlich der Umstand bestimmte, daß die ägyptischen Emire den Vertrag nicht vollständig hielten, indem sie von mindestens 12 000 in ihrem Land zerstreut gefangenen Christen nur etwa 400, und zwar gegen ein Lösegeld freigegeben und viele andere gewaltsam bekehrt oder getötet hatten. Um indessen seiner Mutter und seinen Untertanen einigen Trost zu spenden, sandte der König im August seine beiden Brüder und mehrere andere Barone zu ihrer Freude nach Hause und gaben ihnen ein Schreiben mit, in welchem er an sein Volk den Aufruf richtete, sich für das Heilige Land zu waffnen, damit im nächsten Jahre (1251) ein ansehnliches Heer daselbst erscheinen könne.

Gern hätte der König schon früher Ritter in seinem Dienst gehabt, da seine kriegerische Begleitung sehr zusammengeschmolzen war und er ohne eine ansehnliche solche nicht seinem Range gemäß auftreten konnte. Aber die Umstände waren ihm nicht günstig. Es kamen damals nur Pilger, keine Kreuzfahrer nach Palästina und auch die, welche sich zum Waffendienst bereitfinden ließen, stellten unerschwingliche Forderungen. *Joinville,* welcher in Ägypten alle seine mitgenommene Habe verloren hatte, warb drei Ritter an, für welche der König ihm zwölfhundert und noch dazu für ihn selbst achthundert Livres gab, damit er sich standesgemäß ausrüsten konnte.

Inzwischen machte *Ludwig* mit einem härenen Hemd auf dem bloßen Leibe eine Wallfahrt nach Nazareth. Dann war er rastlos für die Befreiung der gefangenen Christen in Ägypten bemüht. Damals war das muslimische Morgenland in der ärgsten Zerrüttung begriffen und die grellste Zwietracht herrschte zwischen den asiatischen Eijubiden und den Ägyptern, denen erstere die Ermordung *Turanschahs* nicht vergessen konnten. Damask empörte sich daher gegen die Ägypter und bot die Krone der Malik an *Nasir-Jusuf,* einem Urenkel *Salaheddins,* damals Sultan von Haleb an, der sie auch willig annahm und die ägyptisch gesinnten Mamelucken einsperren ließ. In Ägypten selbst aber herrschte Anarchie und die Emire setzten alle Augenblicke einen anderen Sultan ein und wieder ab. Um *Turanschah* zu rächen, suchte *Jusuf* nicht nur Bündnisse mit den benachbarten muslimischen Fürsten, sondern auch ein solches mit Ludwig. Dieser sagte ihm zu für den Fall, daß die Ägypter seine Forderungen nicht erfüllen würden. Da sich diese aber beeilten, die Gefangenen loszugeben und auch weitere Forderungen des Königs befriedigten, nämlich die im Islam erzogenen Christenkinder und die in Kairo aufgesteckten Christenköpfe herausgaben*, verband er sich umgekehrt mit ihnen gegen Damask, wofür sie ihm das Königreich Jerusalem zu verschaffen versprachen. Aber was konnte er tun ohne Heer?

Auch der Scheich der *Assassinen* sandte an *Ludwig* und hatte die Stirn, ihm durch seine Botschafter drei Dolche und ein Leichentuch zu schicken, d. h. ihm mit dem Tode zu drohen, falls er sein Verlangen nicht erfüllen, nämlich ihn nicht von seinem Tribut an die Templer und Johanniter befreien würde. Die Großmeister der beiden Orden, die der König kommen ließ, sagten jedoch den Gesandten des Mörderhäuptlings so derb die Wahrheit, daß sie bald darauf, aber ohne Drohung und mit kostbaren Geschenken wiederkamen. Die symbolische Sprache des Scheichs bestand diesmal in einem Hemd und einem Ring, was bedeuten sollte, daß niemand ihm so nahe sei als der französische König und daß er mit ihm für immer verbunden sein wolle. *Ludwig* erwiderte diese Botschaft durch eine solche mit Gegengeschenken.

Inzwischen fruchtete Ludwigs Aufforderung an sein Volk zu einem Kreuzzug wenig. Die Erfahrungen der letzten Jahre waren so abschrekkend, daß man keine Lust fühlte, sie an sich zu wiederholen. Ein alter Mönch namens *Jakob*, der „ungarische Meister" genannt, welcher zu Anfang des Jahres 1251 das Kreuz predigte, eine Art Schwindler, der einen Brief von der Mutter Gottes erhalten zu haben behauptete, versammelte nur Gesindel um sich, und bald wirkte die Nachahmungssucht und es wimmelte von solchen betrügerischen Kreuzpredigern, die sich alle geistlichen Verrichtungen anmaßten. Das Gesindel, das diesen Menschen folgte und das man die Pastourellen nannte, wuchs in die hunderttausende an, durchzog ganz Frankreich und erregte Unruhen gegen die Geistlichkeit, welche von den Wahnwitzigen blutig verfolgt wurde, die auch zugleich gegen die Juden wüteten, während das Volk sie vielfach zuvorkommend aufnahm. Die Geistlichkeit verhängte aber den Bann gegen diese sonderbaren Schwärmer, worauf sie sich zerstreuten, der Meister *Jakob* aber von einem Enttäuschten erschlagen wurde, und so noch mehrere seiner Gehilfen; einige wurden auch hingerichtet. Mehrere der Mißgeleiteten nahmen dagegen im ernsten Sinn das Kreuz und zogen zu König *Ludwig* nach dem Morgenland. Unter der großen Mehrheit der Bevölkerung aber vermehrten diese traurigen Vorfälle nur die herrschend gewordene Abneigung gegen die Kreuzzüge. Zwar erneuerte Papst *Innozenz IV.* stets wieder seine Aufforderungen zum Dienst des Kreuzes, allein man wußte ja, was man davon zu halten hatte, und daß der Papst jeden Augenblick im Stande war, die gegen den Halbmond bestimmten Waffen gegen einen ihm mißbeliebigen christlichen König zu wenden. Der dreifach gekrönte Fanatiker hatte erst in letzter Zeit noch die Bitte der heimkehrenden Grafen von Poitiers und Anjou, sich mit *Friedrich II.* zu versöhnen, mißachtet. Noch mehr aber empörte es Tausende, als am 13. Dezember 1250 der von ihm so grimmig gehaßte Kaiser im Schloß Fiorentino zwischen Foggia und Luceria, wenn auch im Bann, doch ungebeugten Geistes und im Vollbesitz seiner Würden sein vielbewegtes Leben schloß und nun der Nachfolger des Allverzeihenden in noch vorhandenen Briefen an die Erzbischöfe von Palermo und Salerno einen maßlosen Jubel anstimmte und den großen, wenngleich nicht schuldlosen Toten mit den gemeinsten Beschimpfungen überhäufte. Ja, er setzte seinen zelotischen Kampf gegen den Sohn des Verstorbenen, König *Konrad*, fort, verlangte von allen Deutschen den Abfall von ihm und predigte das Kreuz gegen ihn, und so tat er auch in Italien, als er aus Lyon nach Rom zurückkehrte. Die Antwort des deutschen Volkes auf dieses schamlose Treiben war, daß es den toten Kaiser in seine Sage, d.h. in sein Herz einschloß. Erst seit *Friedrich II.* erhielt die alte Vorstellung von einem in hohlem Berge fortlebenden König oder Helden einen bestimmten politischen Bezug auf den großen deutschen Kaiser, der fortlebe und geduldig harre, bis die schwarzen Vögel nicht mehr um den Berg fliegen, um dann aufzustehen, das Reich in seiner Herrlichkeit wieder herzustellen und der anmaßenden Geistlichkeit ihren wahren Beruf anzuweisen. Aus dem Umstand aber, daß, wie oben erwähnt, an das Fortleben jenes Großvaters, des Rotbarts, geglaubt worden, aber noch nicht in diesem kirchlich-politischen Sinne, ging die Verwechselung der beiden Friedriche hervor.

Während so alle Hoffnungen des Königs *Ludwig* auf Anklang seines Aufrufes im Abendland scheiterten und die maritimen Republiken Venedig, Genua und Pisa ihn sogar anfeindeten, weil er ihre Schiffe und vor allem die wichtige Handelsstadt Damiette verloren, angeblich auch von ihnen für ihn geworbene Mannschaft zurückgewiesen habe, ja, ihm den Krieg erklärten und den Franzosen das Meer sperrten, soweit sie konnten, hatte sich der unglückliche König zu Anfang des Jahres 1251 von Ptolemais nach *Cäsarea* begeben, um die zerstörten Befestigungen dieser Stadt wieder herzustellen. Ohne die Uneigennützigkeit und Aufopferung *Joinvilles*, welcher für das zweite Jahr seines Dienstes in Palästina nichts forderte, wäre Ludwig übel daran gewesen, obschon er die Reste des Königreichs Jerusalem, in denen während seiner Anwesenheit das Ansehen des Königs von Zypern völlig verschwindet, tatsächlich regierte und auch über die Orden der Templer und Johanniter alle Autorität ausübte.

Erst in dieser Zeit kamen die Gesandten zurück, die *Ludwig* zu den *Mongolen* gesandt hatte. Sie waren bis nach Karakorum in der östlichen Mongolei gelangt, bis wohin sie zu ihrer Reise ein volles Jahr gebraucht und wo sie dann erfahren hatten, daß das angebliche Christentum der Mongolen eine Lüge war und jene Barbaren den Zweck der Geschenke von einer Kapelle mit allem Zubehör gar nicht erkannten und selbe nur als schuldigen Tribut des Königs von Frankreich betrachteten. Die Gesandten gaben jedoch den Mongolen im Lügen nichts nach und erzählten dem König die abgeschmacktesten Geschichten von dem fabelhaften Reich des „Priesters Johannes" im östlichen Asien. Der gute *Ludwig* aber ließ sich in seinen Hoffnungen nicht irremachen und schickte zwei Jahre später an einen ebenfalls für christlich gehaltenen (wahrscheinlich buddhistischen) Mongolenkhan an der Wolga und selbst wieder nach Karakorum die Franziskaner *Ruysbroek* (Rubruquis) und *Bartholomäus von Cremona*, deren Berichte, wenn auch ebenfalls mit Auffschneidereien über den „Priester Johannes" und Wundergeschichten vermengt, ebenso interessant wie ihre Bekehrungsversuche fruchtlos waren. Ist auch nachgewiesen, daß zu jener Zeit mehrere Fürstinnen der Mongolen dem Christentum angehörten und daß die ketzerische Sekte der *Nestorianer* in Mittelasien stark verbreitet war, so läßt sich doch schwerlich bezweifeln, daß auch die mit den katholischen so sehr ähnlichen buddhistischen Gebräuche (denen sich die Mongolen des Ostens eben in jener Zeit, unter dem Großkhan *Kublai*, dem Eroberer Chinas zuwandten) die Abendländer veranlaßt haben, sich so argen Täuschungen hinzugeben.

Ludwigs Mannschaft in Palästina überstieg niemals 1400 Mann und alle seine Anstrengungen, sie zu vermehren, scheiterten an der herrschenden Gleichgültigkeit gegen die Sache des Heiligen Landes, obschon der letzteren damals die heftige Feindschaft und beständiger Krieg mit abwechselndem Glück zwischen den Mohammedanern Ägyptens und Asiens äußerst günstig gewesen wäre, indem diese beiden Parteien um die Gunst und das Bündnis der Christen buhlten und demnach die Furcht vor diesen, trotz ihrer Ohnmacht, noch nicht ganz verloren hatten. *Ludwig* begab sich, nachdem in Cäsarea zum Schutz der Stadt 1252 ein festes Schloß erbaut war, seinem Vertrag mit Ägypten gemäß nach *Joppe*, obschon seine Verbindung mit jener Macht bereits durch den Sultan von Damask gesperrt war, der Gaza besetzt hatte. Der Graf *Johann* von Joppe hatte zur Bewillkommnung des Königs jede Zinne der Mauer mit seinem Wappenschild und einem Fähnchen schmücken lassen. *Ludwig* betätigte sich hier durch Errichtung einer zweiten Burg, zu welcher er selbst in einem Tragkorb auf dem Rücken Steine herbeitrug. Ferner baute *Ludwig* in Joppe ein Minoritenkloster und versah es mit allen notwendigen Gerätschaften. Endlich vermittelte er hier einen Streit zwischen dem jungen Fürsten *Boemund VI.* von Antiochia und seiner Mutter und verschaffte ihm die Herrschaft in dieser Stadt, deren letzter christlicher Besitzer er sein sollte! In seinem Gefolge erregten vier armenische Musikanten und Gaukler großes Aufsehen.

Der Sultan von Damask gestattete damals dem König, obschon dieser sich gegen ihn erklärt hatte, den Besuch Jerusalems; aber die Barone trauten der Sache nicht und fürchteten eine Falle; die Wallfahrt des frommen Königs nach den heiligen Stätten unterblieb daher. Daß aber die Befürchtung der Barone nicht grundlos war, zeigte sich 1253, als die Sultane von Damask und Ägypten miteinander Frieden schlossen und das Heilige Land unter sich teilten, wobei der Jordan als Grenze angenommen wurde, was so viel hieß, als alle Ansprüche der Christen auf dasselbe für immer zu beseitigen. Denn jetzt hatten die Kreuzfahrer, wollten sie etwas unternehmen, wieder den gesamten Islam gegen sich. Bald darauf zogen die damaszenischen Truppen, 20 000 Türken und 10 000 Beduinen, von Gaza ab und an Joppe vorbei, wo sie den Meister der Armbrustschützen des Königs, der ihren Marsch beobachtete, einschlossen und von der Stadt und dem Lager abschnitten. *Joinville* eilte mit geringer Macht herbei, ihn zu befreien; aber die Sarazenen zogen nach kurzem Kampf ab, ohne die Kreuzfahrer weiter zu belästigen.

Einige Tage später kamen die Damaszener vor *Akkon* an und verlangten eine Brandschatzung von 50 000 Byzantinern. Als ihnen diese verweigert wurde, schickten sie sich an, die Gärten um die Stadt zu verwüsten und es entspann sich ein Kampf zwischen ihnen und den Leuten des Statthalters *Johann von Ibelin*, der aber nicht lange dauerte und mit dem Rückzug beider Parteien endete.

In *Sidon*, das während des Aufenthaltes *Ludwigs* in Ägypten von den Sarazenen zerstört worden, jetzt aber von Leuten des Königs wieder aufgebaut wurde, die sich bei dem Anmarsch der Damaszener in die Burg zurückzogen, drangen die letzteren in die offene Stadt ein, mordeten über zweitausend Christen, zerstörten, was noch zu zerstören war und nahmen große Beute nebst 400 Gefangenen mit. Als die Kreuzfahrer dies erfuhren, baten die syrischen Barone den König, Sidon wieder herzustellen, wozu er sich bereit erklärte. Als er auf dem Weg dahin vor Ptolemais gelagert war, erschienen armenische Pilger, die in Jerusalem gewesen, und wünschten den „heiligen König" zu sehen. Es ist charakteristisch für *Joinville*, der die Vermittlung dieses Wunsches übernahm, daß er mit Anspielung auf jene vorzeitige Bezeichnung der Heiligkeit zum König sagte: „Ich für meinen Teil möchte noch nicht eure Gebeine als Reliquen küssen", und ebenso für den König, daß er über diesen hübschen Scherz laut lachte.

Während der König vollends nach Sidon zog, unternahmen seine Ritter nebst *Joinville* sowie den Templern und Johannitern und einigen Deutschrittern von Tyros aus einen Zug nach *Banias* in der Nähe der Vereinigung zweier Bäche, die von da ab den Jordan bilden. Sie griffen die Stadt an, welche ihnen auch die Türken überließen, überzeugten sich aber von der Unmöglichkeit, die Burg zu nehmen, in welche sich jene zurückzogen, und gaben daher den Feldzug auf.

Unterdessen half Ludwig in Sidon selbst die ermordeten Christen bestatten und begann mit Eifer die Herstellung der Stadt und ihrer Festungswerke, welche letzteren noch 1253 vollendet wurden, worauf *Ludwig* zum Dank gegen Gott Bittfahrten in bloßen Füßen und Hemden anordnete. Auch die Königin kam während dieser Zeit von Joppe nach Sidon und es fiel *Joinville* auf, daß bei dieser Gelegenheit der König zum ersten Mal mit ihm von ihr und den Kindern sprach; dies ist auch der Grund, warum sie in seinem Buch seit der Geburt ihres Sohnes *Johann Tristan* in Damiette nicht erwähnt ist; seither hatte sie dem König im Heiligen Land bereits einen weiteren Sohn und eine Tochter geschenkt.

Da indessen der König *Ludwig* schlechterdings immer noch keine namhafte Mannschaft aus Frankreich hatte erhalten können, so dachte er endlich an seine Heimkehr, wenn auch mit Schmerz und Widerstreben. Seine Gefährten waren alle des unfruchtbaren Aufenthalts im Morgenland satt geworden und sehnten sich nach der Heimat. Am meisten aber wirkte auf den Entschluß des Königs zur Rückkehr die inzwischen angekommene Nachricht vom Tod seiner Mutter *Blanca* ein. Er sagte bei diesem Anlaß weinend zu *Joinville*: „Ach, Seneschall, ich habe meine Mutter verloren", worauf dieser freimütig erwiderte: ein kluger Mann müsse die Traurigkeit seines Herzens nicht durch das Gesicht verraten, indem er hierdurch seine Freunde betrüben und seine Feinde erfreuen würde. Der Königin aber, welche ebenfalls weinte, bemerkte er ebenso offen: es wundere ihn, daß sie über den Tod einer Frau weine, welche sie nie habe leiden können, worauf die Königin erwiderte: sie weine nicht über den Tod ihrer Schwiegermutter, sondern über den Schmerz des Königs und über die nunmehrige Verwaisung ihrer in Frankreich zurückgelassenen Tochter. Die Königin *Blanca* hatte nämlich ihre Schwiegertochter stets zurückgesetzt und schroff behandelt – wie eben die meisten Schwiegermütter, aber alle solche in dem Wahnwitz übertroffen, daß sie keinen Verkehr zwischen den Gatten dulden wollte, so daß sich diese heimlich treffen mußten!

Betrübt über den Weggang aus dem Heiligen Land war nur einer, der päpstliche Legat *Odo*, ausnahmsweise ein ehrlicher Mann. Es schmerzte ihn, wie er zu *Joinville* sagte, wieder „zu den schlechten Leuten am römischen Hof" zurückkehren zu sollen, und er entschloß sich daher, noch ein Jahr im Heiligen Land zu bleiben; so sittenlos auch die Bevölkerung von Ptolemais war, wollte er doch sein ganzes Vermögen zur Befestigung der Vorstadt verwenden, wie er bereits 30 000 Livres zum Burgbau in Joppe beigetragen hatte.

Am 24. April 1254 schiffte sich der König mit seiner Familie und seinen Getreuen in Ptolemais ein. Auf der ganzen Seereise wurde täglich Messe gelesen und wöchentlich drei Predigten gehalten und die Schiffsleute mußten möglichst oft beichten. Während eines starken Sturmes gelobte die Königin, dem Heiligen *Nikolaus* ein silbernes Schiff, mit Abbildung aller auf dem ihrigen befindlichen Personen aus Silber, im Werte von hundert Livres (etwa 1000 Mark Silberwert) zu weihen; *Joinville* aber gelobte, zu diesem Heiligen zu wallfahrten und ihm das Schiff zu bringen, worauf sich der Sturm gelegt haben soll. Joinville sah jenes silberne Schiff noch im Jahre 1301 zu St. Nikolaus in Lothringen. Nach einer Fahrt von zehn Wochen landeten die Heimkehrenden zu Hyères in der Provence und kamen wohlbehalten in Paris an.

FÜNFTER ABSCHNITT

Palästina und die Mongolen

Seit der Abreise *Ludwigs IX.* von Frankreich aus dem Heiligen Land war für letzteres jede Hoffnung, aus dem Abendland jemals wieder mit Kreuzzügen unterstützt zu werden, unwiederbringlich verloren. Es war unter den dortigen Christen, die schon vorher eine verkommene Bevölkerung bildeten, die förmliche Ohnmacht eingetreten, aus welcher sie nicht einmal die tiefste Zerrüttung der mohammedanischen Staaten in ihrer Nachbarschaft und deren wildeste Entzweiung unter sich retten konnte. Es ist zweifelhaft, ob unter diesen Umständen der Tod des Papstes *Innozenz IV.*, der im gleichen Jahr (1254) eintrat wie derjenige seines Feindes und Feindessohnes *Konrad* von Staufen und die Rückkehr *Ludwigs* des Heiligen nach unverrichteten Dingen – für das Heilige Land als ein Verlust betrachtet werden konnte; denn wie wir gesehen, hat dieser Inhaber des Heiligen Stuhles zwar wohl manchen Aufruf zu Kreuzzügen erlassen, aber jeden derselben selbst wieder unwirksam gemacht, indem er dem Kampf für den christlichen Glauben stets die falsche Wendung eines solchen für die angemaßten Rechte des Papsttums gab. Die Wirkung dieses Treibens ist bekannt, sie liegt klar vor – *Innozenz IV.* hat den Kreuzzügen nach dem Heiligen Land den entscheidenden Todesstoß versetzt. Die sogenannten großen Päpste sind der Sache des Christentums im Morgenland höchst verderblich und verhängnisvoll gewesen, und da es solche bis zur Zeit der Kirchentrennung nicht mehr gab, konnten die Nachfolger *Innozenz' IV.* dem Heiligen Land weder nützlich noch schädlich mehr sein.

Mit dem Sultan von Damask wurde im Jahr 1255 ein Waffenstillstand auf zehn Jahre geschlossen, aber ohne den Trümmern des Königreichs Jerusalem Ruhe zu bringen. Es folgte auf jenen Abschluß vielmehr ein innerer Kampf zwischen Christen, nämlich zwischen den gegenseitig auf ihre Vorteile in Handel und Verkehr auf einander eifersüchtigen italienischen Seestädten.

Dieser Kampf hatte im Heiligen Land zur Zeit Kaiser *Friedrichs II.* begonnen, welcher allerdings mit den alten Handelsvorrechten jener Stadtrepubliken nicht sehr glimpflich umsprang. *Pisa* erklärte sich für den Kaiser, *Genua* gegen ihn und für die aufständischen Feudalherren. *Gregor IX.* gewann 1238 auch das bisher neutrale Venedig für die letztere Partei und der Amtmann dieser Republik in Syrien, *Marsilio*, betrieb hauptsächlich die

Entfernung des Hauses Staufen vom Throne Jerusalems. Venedig handelte aber nur im großen Stil, während die hitzigeren Pisaner und Genuesen mehr ins Kleinliche eingingen und nicht selten, wie schon früher, sich auf blutige Weise in die Haare gerieten, wobei 1222 in Akkon sogar die Pisaner einen großen Brand herbeiführten, der den Genuesen großen Schaden verursachte. Der Kampf zwischen diesen feindlichen Brüdern wurde 1249 sogar 21 Tage lang mit Kriegswerkzeugen geführt und der Statthalter *Johann von Ibelin* mußte zwischen ihnen einen Waffenstillstand auf drei Jahre vermitteln. Noch weit umfangreicher aber wurde der bereits angedeutete Kampf im Jahr 1255; jetzt aber waren die Hauptparteien *Venedig* und *Genua*, deren bisheriges Bindemittel, der Haß gegen das Haus Staufen, gegenstandslos war, seitdem *Konrad IV.* ohne einen erwachsenen Erben dahingeschieden. Der Kolonienkrieg nahm seinen Ausgang von der Tötung eines Genuesen durch einen Venetianer in Akkon, worauf des ersteren Landsleute bewaffnet und rachedürstend in das Quartier der Gegner eindrangen. Einmal begonnene Rache hat aber kein Ende, und so ging es auch hier. Die Einfälle wiederholten sich, und nachdem die Genuesen alle venetianischen Schiffe im Hafen weggenommen, schlossen sich ihnen auch die Pisaner an, trieben mit ihnen die Venetianer 1256 beinahe aus der Stadt und bewirkten ihre Vertreibung aus Tyros. Da gewannen 1257 die so sehr in Nachteil geratenen Venetianer die Pisaner, daß sie zu ihnen übergingen und dann den Statthalter *Ibelin*, daß er ihre Partei ergriff, ebenso den Patriarchen von Jerusalem, die Templer, die Deutschritter usw., während die Johanniter natürlich wie immer, wenn die Templer sich zu einer Partei schlugen, auf die Seite der Gegenpartei traten. So war das ganze christliche Syrien in den Kampf hineingezogen. Aus Erbitterung über den Abfall der Pisaner zerstörten die Genuesen einen Turm derselben; aber die Venetianer fuhren auf die genuesische Flotte los und setzten sie in Flammen, und so auch ein genuesisches Fort, und nahmen einen großen Teil der Stadt ein. Nun schickte die Mutterstadt Genua eine neue Flotte nach Syrien, und Venedig tat dasselbe. Akkon war ein beständiger Kampfplatz; viele Häuser wurden zerstört und 1258 zählte man dort 20 000 Tote infolge dieses Krieges. Endlich vermittelte Papst Alexander IV. auf Bitten der syrischen Großen einen Frieden zwischen den drei Städten; aber ehe derselbe zustande kam, hatten die Venetianer bei Akkon am 24. Juni unter den Admiralen *Tiepolo* und *Zeno* und mit Hilfe der Pisaner und Provenzalen in einer furchtbaren Seeschlacht die Genuesen vollständig geschlagen; letztere verloren 1700 Tote und Gefangene. Infolge dieses Unglücks verließen sie Akkon freiwillig und zogen sich nach Tyros zurück, worauf die Sieger die verlassenen Quartiere unter sich teilten. Zu einem Frieden kam es vorläufig nicht mehr und Genua und Venedig, sowie Genua und Pisa bekämpften sich noch lange, wo immer sie konnten, mit kurzen Unterbrechungen, bis kurz vor dem Verlust des Heiligen Landes (1270) ein Waffenstillstand geschlossen und Venedig und Genua wieder in die verlorenen Quartiere von Tyros und Akkon eingesetzt, Pisas Seemacht aber von Genua 1284 bei Meloria und 1287 bei Akkon vernichtet wurde.

Auf diesen Krieg unter Christen im Heiligen Land folgte bald ein ebenso ärgerlicher daselbst, nämlich zwischen den Templern und den Johannitern. Letztere erschlugen 1259 in einem Handgemenge zu Akkon den größten Teil der dortigen Templer, so daß diese durch neue Sendungen aus Europa ergänzt werden mußten.

Nicht glücklicher fielen die Kämpfe gegen fremde Gegner aus. Die Ritterschaft der christlichen Besitzungen erlitt 1260 eine arge Niederlage durch die in Palästina eingedrungenen Turkmanen und sowohl *Johann von Ibelin*, als der Komtur der Templer fielen in die Gefangenschaft der Barbaren, aus der sie mit großen Summen ausgelöst werden mußten.

Es kam aber noch schlimmer, noch entsetzlicher. Die bereits wiederholt erwähnten Feinde der Islamiten und Christen zugleich, die damals noch schamanistischen *Mongolen*, welche aus Westasien nach des blutigen und brandigen Dschingis-Khan Tode etwas zurückgewichen waren, drangen wieder vorwärts in der Richtung nach dem Mittelmeer. Nach der Aussage des armenischen Mönchs und Geschichtsschreibers *Haithon* war es dessen Namens- und wirklicher Vetter, der damalige König von Armenien, welcher den nach seiner Ansicht hoffnungsvollen, in Wirklichkeit aber fürchterlichen Gedanken gefaßt hatte, die Mongolen, welche auch er, wenn nicht für Christen, doch für Freunde derselben hielt, zur Zerstörung der mohammedanischen Macht und zur Unterstützung der Christen in Vorderasien herbeizurufen. Verkleidet soll er bis nach Karakorum gereist sein und vom Khan Mangu die Zusage erhalten haben, daß sein Bruder *Hulagu* das Gewünschte vollführen werde. Der letztere wandte sich 1256 mit seinen gräßlichen, nichts schonenden Horden aus dem schon von seinem Vater *Tuli* eroberten Persien westwärts, warf sich zuerst auf die Mord- und Raubnester der persischen *Assassinen* oder Ismailiten, deren letzter entarteter Scheich, *Rokneddin*, sich ihm feige ergab, brach jene Burgen, hundert an der Zahl, plünderte sie aus und ließ die gesamte Mördersekte mit Weib und Kind ohne Gnade und Ausnahme, man sagt, zwölftausend Seelen, niedermetzeln, aber auch die höchst wichtige und unersetzliche Bibliothek ihrer antidogmatischen Werke den Flammen übergeben und ihre astronomischen und physikalischen Instrumente vernichten.

Nach dieser Tat, vielleicht der einzigen entschuldbaren, welche die Mongolen vollbracht, zog *Hulagu* gegen *Bagdad*, um dem letzten ärmlichen Rest des einst so glänzenden Kalifenreichs ein Ende zu machen. In diesem ärmlichen Rest war indessen noch alles konzentriert, was der Islam an Wissenschaft und Kunst aus seiner Blütezeit gerettet hatte. Über Bagdad allein war noch keine Zerstörung ergangen, wie über alle anderen Hauptsitze mohammedanischer Geistestätigkeit. Jetzt sollten auch hier die noch immer glänzenden Überbleibsel eines einst zauber- und märchenhaften Glanzes nach einem Bestand von einem halben Jahrtausend jenen entfesselten und entmenschten Reaktionen der Naturvölker gegen die höhere Kultur zum Opfer fallen, wie sie über tausend Jahre lang von den Hunnen bis zu den Osmanen, Mittelasien gegen die Kulturstaaten Ost-, Süd- und Westasiens und Europas losgelassen hat.

Die Sultanin Schedscher-Eddur.

Es ging hier, wie es bei den Vernichtungszügen der Mongolen, dieser Erdbeben, Stürme und Seuchen in Menschengestalt, immer ging. Die durch ihre rohe Kraft aufgeblasenen, gegen alle Bildung unempfindlichen Nomadenhorden, die eben damals den Gedanken gefaßt hatten, die vieltausendjährigen Fruchtfelder Chinas in Pferdeweiden zu verwandeln, was nur durch List ein kluger Minister zu hintertreiben wußte, und welche zu derselben Zeit die unschätzbare Bibliothek von Bochara vernichtet hatten, sandten an den letzten Kalifen Mostasem und forderten ihn zur Unterwerfung auf, was der letztere, weniger durch seine eigene Macht und seine Verdienste, als durch die Geschichte seiner Vorfahren berechtigt, in höhnender Weise beantwortete. Jetzt war der Untergang des Kalifates beschlossen. Am eifrigsten betrieb ihn der Astronom und Astrolog *Nasireddin*, der einst dem Kalifen ein Werk übersandt hatte, das dieser aber, weil die von ihm angesprochene Bezeichnung eines Stellvertreters Gottes auf Erden in der Widmung fehlte, in den Tigris werfen ließ. Aus Rachedurst hatte sich dann der verletzte Gelehrte in den Dienst der Assassinen begeben, aber, weil diese für seine Sache nichts unternahmen, sie an den Mongolenkhan verraten, in dessen Gefolge er nun den Vernichtungszug gegen seine Beleidiger mitmachte und beschleunigte. Zum Überfluß hatte aber auch der Kalif einen Verräter in seiner Nähe, den Dichter *Ibn Alkami*, der sein Wesir war und ihn aus Eifersucht zu der Beleidigung gegen *Nasireddin* angetrieben hatte, dem aber der Kalif zu wenig Ehre erwies; auch war er ein Schiit und durch die Maßregeln des Kalifen gegen diese Sekte erbittert; er lud daher den Mongolenkhan zum Sturz des Kalifates ein, bot ihm die Auslieferung der Hauptstadt an, bewirkte unter dem Vorwand der Sparsamkeit die Verminderung des Heeres und arbeitete so im Einverständnis mit dem, den er selbst zur Rache gezwungen hatte!

Hulagu, dessen Großvater Dschingis-Khan zweimal von Bagdad zurückgetrieben worden, traute dem Verräter nicht recht und fühlte sich erst sicher, nachdem ihm *Nasireddin* den Untergang Bagdads aus den Sternen herausgelesen hatte. So zogen denn 1258 die Mongolen der Kalifenstadt zu. Im ersten Anprall zurückgeschlagen, durchstachen sie die Dämme des Tigris und ersäuften hierdurch das Heer des Kalifen, das auf der Ebene bei Bagdad gelagert war, in einer grauenvollen Nacht. Ein zweites Heer vermochten sie nicht zu überwinden und belagerten nun die Stadt, während die Schiiten der Umgegend dem Khan huldigten und ihm zur Unterwerfung ihrer Glaubensfeinde behilflich waren. Nach vierzig Tagen der Belagerung machte der Kalif auf den verräterischen Rat *Ibn Alkamis* dem Khan Friedensvorschläge und trug ihm die gegenseitige Heirat ihrer Söhne und Töchter an. *Hulagu* schlug dieses Gesuch ab und nach dessen mehrmaliger Wiederholung immer wieder, verlangte die Auslieferung des obersten Feldherrn und der Minister des Kalifen und ließ sie, als dies geschehen, niedermachen, und so noch andere Große, denen er das Leben zugesichert hatte, zu Tausenden. Endlich, am fünfzigsten Tag der Belagerung, ging der Kalif selbst mit seinem Bruder, seinen Söhnen und dreitausend Geistlichen und Beamten in das Mongolenlager. Mit heuchlerischer Freundlichkeit bat der Khan den Kalifen, die Entwaffnung der Stadt und Öffnung ihrer Tore zu befehlen, und nachdem dies geschehen, begann am 4. Februar eine der entsetzlichsten Szenen der Weltgeschichte. Blut- und beutegierig stürzten sich die entmenschten Horden durch die offenen Tore hinein. Das noch immer prächtige Bagdad wurde ausgeplündert und ausgemordet; die herrlichen Paläste, Moscheen, Haine, Gräber, Bibliotheken ruchlos zerstört. Der Tigris floß, von Blut gerötet, angefüllt mit Leichen, Büchern (unersetzlichen Schätzen der arabischen und persischen Literatur) und allem, wessen die Habsucht der Eroberer nicht bedurfte, die dagegen mit kostbaren goldenen

Westportal der Kirche des heiligen Grabes (Eingang für Pilger).

Gefäßen, gestickten Teppichen und Kleidern, Kleinodien und Gold und arabischen Pferden übermütig umsprangen, ebenso mit den ihrer Schönheit wegen vom Schwert verschonten Jünglingen und Frauen Bagdads. Den Khan mußte der Kalif selbst in seine Schatzkammern führen, die er aus Geiz angefüllt hatte und die nun der Barbar verschleuderte, und wurde dann auf grausame Weise, in Säcke eingewickelt, mit Keulen totgeschlagen. Plünderung und Massenmord dauerten vierzig Tage lang. Der Verräter *Ibn Alkami*, von den Mongolen selbst verachtet, starb in Verborgenheit und alle Muslimen fluchten ihm bis auf den heutigen Tag.

Nun, da das Kalifat vernichtet war, zitterten alle die Sultane und Emire, welchen die Vernichtung des Werkes der Kreuzzüge kaum mehr der Mühe wert erschien, vor einer größeren Macht, welche beide bisherigen Gegner mit einem Schlag zertrümmern zu können schien. Sie wetteiferten, dem ungläubigen Eroberer kriecherische und schmeichlerische Botschaften um Erhaltung ihres Lebens und ihrer Throne zu senden. Nichts anders handelte aufs neue der christliche König von Armenien. *Hulagu* zeichnete aber in auffallendster Weise die Christen vor den Muslimen aus und nahm ein armenisches Heer zur Vernichtung des Islam in seine Dienste. Er selbst arbeitete in Mesopotamien weiter und sandte 1259 seinen Sohn *Samud* nach Syrien, das er natürlich grauenvoll verwüstete. Das Heer Malik an Nasirs, des Sultans von Haleb und Damask, löste sich durch die Untreue der Mameluken auf und der Sultan floh in die Burg der letzteren Stadt. Im folgenden Jahr, 1260, kam *Hulagu* selbst nach, eroberte mit leichter Mühe Haleb und ließ die Stadt plündern und ausmorden. Die Zitadelle ergab sich ebenfalls, dann fielen Hama, Sichem, Baalbek, Damask und fast alle Städte Syriens. Der entflohene *An Nasir* wurde von den Mongolen aufgegriffen und von *Hulagu* selbst als Zielscheibe zum Pfeilschießen verwendet. Die syrischen Christen wurden ausgezeichnet und verfielen dadurch, statt ihrem Glauben gemäß demütig und dankbar gegen Gott zu sein, in heillosen Übermut. Sie hielten in *Damask* öffentliche Umzüge, zwangen die Muslimen, vor dem Kreuz zu knieen, gossen aus Hohn Wein vor den Moscheen aus, begannen die Minaretts niederzureißen, und der mongolische Statthalter jagte die klagenden Mohammedaner verächtlich von sich.

Dem Fürsten *Boemund* von Antiochien gab *Hulagu* alle verlorenen Teile seines Fürstentums zurück. Im Begriff, Jerusalem einzunehmen, wurde er aber durch den Tod seines Bruders *Mangu* nach der Mongolei gerufen und ließ seinen Feldherrn *Ketboga* in Syrien zurück. Übermütige fränkische Ritter aber waren so kopflos, die Mongolen durch Fehden gegen Orte, die von denselben bereits erobert waren, zu beleidigen, worauf sich das Blatt wandte. *Ketboga* eroberte nun Sidon und wollte weiter vorgehen, als er am 3. September 1260 von den ihm entgegengezogenen Ägyptern bei Ain Dschalut nicht nur geschlagen, sondern selbst getötet und sein Heer vernichtet wurde. Einem zweiten mongolischen Heer erging es bei Emessa gleich. Die Zerstörung von Bagdad war gerächt und das Schicksal der Kreuzfahrer, die durch Verbindung mit den Mongolen nicht nur alle ihre Verluste einbringen, sondern weit mehr hätten erwerben können, war damit besiegelt. Der Tod *Hulagus* im Jahr 1265 vernichtete vollends alle Hoffnungen der Franken und Armenier, des Islam Meister zu werden.

Die *Ägypter*, welche diese Entscheidung herbeigeführt, lenken unsere Schritte nach dem Nilland. Hier hatte der Reichsverweser *Aseddin Aibek*, nachdem er einen von den Emiren erhobenen Schattensultan wieder beseitigt, im Jahr 1254 dem Haus der Eijubiden ein Ende gemacht und sich selbst zum Sultan aufgeworfen.

Um seinen Thron zu befestigen, heiratete er die ränkevolle Witwe Eijubs, *Schedscher-Eddur*. Aber kaum hatte er durch den Tod des Emirs Oktei und die Vertreibung der Mamelucken, die umsonst wieder ins Land einzudringen versuchten, eine weitere Sicherung zu erlangen geglaubt, und wollte eben durch die Vermählung mit einer Fürstentochter aus Mosul an Ansehen und Macht noch höher steigen, als die Eifersucht der dämonischen

Sultanin 1257 ihn im Bad ermorden ließ. Darauf trug sie ihre Hand und den Thron dem Emir *Seiffeddin* an. Wie die Überlieferung sagt, traf der Herbeigerufene die fürchterliche Braut auf dem Thron und den entseelten Leichnam des Ermordeten zu ihren Füßen und der wenig ermutigende Anblick machte ihn zurückbeben (Bild 84). Zwei weitere Emire, denen der nämliche Antrag gemacht wurde, flohen in gleichem Schrecken; Empörung über das Unweib bemächtigte sich der ganzen Bevölkerung Kairos; die Soldaten drangen in den Palast, ergriffen die Mörderin, bereiteten ihr das verdiente Schicksal und warfen ihren entkleideten Körper in den Festungsgraben. *Aseddins* Sohn wurde zum Sultan erhoben, aber schon 1259 von *Seifeddin Kotus* gestürzt. Unter seiner Regierung wurde der glänzende Sieg über die Mongolen erfochten, durch welchen auch Damask und Haleb unter die Herrschaft Ägyptens fielen. Aber nach kaum einem Jahr wurde Kotus von dem Anführer der vertriebenen, von ihm aber gegen die Mongolen wieder in Dienst genommenen *Mamelucken,* dem Mörder Turanschahs, dem schwarzbraunen *Bibars,* wegen Verweigerung einer Statthalterstelle an der Landesgrenze ermordet, und das Heer huldigte sofort dem Mörder als Sultan, dem sich bald auch das muslimische Syrien unterwarf. Der vom Sklaven so hoch Emporgestiegene, mit welchem die verhängnisvolle Herrschaft der Mamelucken in Ägypten begann, um bis zur Eroberung des Landes durch die Osmanen fortzudauern, war roh und grausam, aber an Tatkraft und Opfermut für sein Land und seinen Glauben kam er seinem großen Vorgänger *Salaheddin* wohl gleich. Er verbannte sofort den Wein, dem man koranwidrig gehuldigt hatte, aus seinem Reich, schaffte den größten Teil des Harems ab und zeigte sich gerecht auch gegen seine christlichen Untertanen; seine Lieblingsfrau war eine Christin. Trotzdem war die Vernichtung der christlichen Herrschaft in Syrien das Hauptziel seines Lebens, und er ließ die Nilmündung bei Damiette verstopfen, um jede fernere Landung der Christen dort zu verhindern. Dagegen nahm er keinen Anstand, mit christlichen Fürsten Europas freundschaftliche Verbindungen anzuknüpfen, so namentlich mit *Manfred,* König von Sizilien, einem Sohn Kaiser *Friedrichs II.*, dessen Duldsamkeit gegen die Muslimen und Haß gegen das Papsttum er geerbt hatte, und mit dessen Freunde, dem König *Jakob von Aragon*.

SECHSTER ABSCHNITT

Ende des lateinischen Kaisertums

Das infolge des Kreuzzugs nach Konstantinopel daselbst entstandene sogenannte lateinische Kaisertum, eine Schöpfung ohne Boden, Kraft, Halt und Zukunft, haben wir bei dem Tod seines ersten und letzten tüchtigen Kaisers, *Heinrich* von Flandern im Jahre 1216 verlassen und nur darauf hingewiesen, daß von päpstlicher Seite, namentlich von *Innozenz IV.* wiederholt zugunsten dieses Reiches die Kreuzpredigt angeordnet und der Kreuzfahrt dahin sogar der Vorzug vor einer solchen nach dem Heiligen Land gegeben wurde. Damals konnte weder die eine noch die andere mehr etwas fruchten; beide Unternehmungen waren bereits gründlich verderbt und ohne Rettung verloren, und noch vor dem Heiligen Land sollte den Abendländern Byzanz wieder verlorengehen.

Über vier Jahre lang wurde das lateinische Kaisertum ohne Kaiser durch Conon de *Bethune* als Reichsverweser verwaltet. Es ist bereits erwähnt, daß unter den Kandidaten für diese unsichere und vergängliche Krone dem König *Andreas* von Ungarn 1217 der Graf *Peter* von Courtenay und Auxerre, ein Abkömmling des königlichen Hauses von Frankreich, vorgezogen wurde, welchen zwar der Papst in Rom krönte, welcher aber seinen Reichssitz nicht erreichte. Nachdem er im Interesse Venedigs die Stadt Dyrrachion (Durazzo) zu belagern versucht, täuschte ihn der Despot *Theodor* von Epiros durch heuchlerisch-freundliches Benehmen, nahm ihn aber gefangen und ließ sein Heer größtenteils niedermetzeln. Seine Gattin *Jolanta*, die Schwester der Kaiser *Balduin* und *Heinrich*, hatte glücklicherweise (für sie) einen anderen Weg genommen und wurde in Konstantinopel, wo sie wohlbehalten ankam, Mutter des zweiten *Balduin*, des späteren letzten lateinischen Kaisers, während der Vater im Kerker starb. Der Mörder ging frei aus, weil er dem Papst Übertritt zur römischen Kirche – versprach. *Jolanta*, welche als Regentin den Kaiser *Theodor* Laskaris in Nikäa durch Vermählung mit ihrer Tochter fröhlich gestimmt, starb schon 1219 und nun verstand sich einer ihrer älteren Söhne, *Robert*, dazu, die Krone von Konstantinopel anzunehmen, mit der er 1221 gekrönt wurde. Dieser Regent ohne alle Fähigkeiten und mit allen Lastern legte den Grund zum Zerfall des Reiches. Unter ihm stürzte diejenige Schöpfung zusammen, auf welcher allein der Zusammenhang zwischen Konstantinopel und dem übrigen Reich beruhte, nämlich das Königreich Thessalonike, welches der verbrecherische Despot *Theodor* von Epiros 1222 eroberte, worauf er sich „Kaiser von Thessalonike" nannte und sich hierdurch nicht nur dem lateinischen, sondern auch dem griechischen Reich in Nikäa gegenüberstellte, gleich dem Beherrscher von Trapezunt, so daß das ehemalige oströmische Reich nicht weniger als vier Kaiser zugleich besaß. Die beiden Söhne des Königs *Bonifaz*, welche Thessalonike ansprachen und wiederholt zu erlangen suchten, *Wilhelm* und *Demetrios*, starben noch jung, nach wenigen Jahren.

Diesem tödlichen Schlag gegen das lateinische Kaisertum folgte noch im nämlichen Jahr ein neuer, indem nach dem Tod des *Theodor Laskaris* in Nikäa, dessen Sohn verdrängend, sein energischer und frankenfeindlicher Schwiegersohn *Johannes Vatatzes* sich die Krone anmaßte, aber ein äußerst tüchtiger Monarch wurde. Mit beiden griechischen Nachbarkaisern bekam *Robert* zu gleicher Zeit (1224) Krieg und von beiden wurden seine Soldaten geschlagen. Nun erhoben sich die Griechen in *Adrianopel* und riefen den Kaiser *Vatatzes* herbei, der bereits den Venetianern mehrere Inseln abgenommen hatte; aber zum Glück für die Lateiner gerieten jetzt die beiden Griechen hintereinander, *Theodor* verband sich mit den Bulgaren und machte dem Gegner Adrianopel streitig, der endlich abziehen mußte und mit *Robert* Frieden schloß, dessen trauriges Leben schon 1228 endete. Für den jetzt elfjährigen *Balduin II.* trat wieder eine Regentschaft ein; als aber diese nicht genügend erschien, um der Reichsleiche Leben einzuhauchen, berief man 1229 den ehemaligen König von Jerusalem, *Johann von Brienne*, der schon achtzig Jahre alt und nicht mehr sehr rüstig war, als Kaiser auf Lebenszeit, der 1231 mit seinem Heer von 5500 Mann nach Konstantinopel kam. Es nützte dem schwindsüchtigen Reich nichts, daß *Theodor* von Thessalonike in die Gefangenschaft der Bulgaren und diesen der größte Teil seines Reiches in die Hände fiel; denn nun verband sich *Johannes Vatatzes* mit den Bulgaren zur Vernichtung des lateinischen Reiches und die Verbündeten trafen 1235 in Gallipoli, welches *Vatatzes* erobert und ausgemordet hatte, zusammen, verschwägerten sich und nahmen ihrem Opfer fast alles unmittelbare Gebiet bis auf die Residenz weg. Mit Hilfe der italienischen Seestädte, welche diesmal zur Ausnahme einig waren, und des Fürsten von Achaja wurde der Sturm auf Konstantinopel für einmal abgeschlagen. Darauf trat *Balduin II.* seine Bettelreise nach dem Abendland an, um dieses zur Hilfe aufzurufen, wo nicht mehr zu helfen war; während seiner Abwesenheit starb *Johann* von Brienne und das nur aus der Hauptstadt bestehende Reich war verwaist und lebte allein noch von der mit Einigkeit abwechselnden Uneinigkeit zwischen Nikäa und Bulgarien, wozu noch kam, daß das Reich von Thessalonike unter dem aus der Gefangenschaft entlassenen *Theodor* wieder auflebte. Da kam 1240 *Balduin* mit Geld und Truppen zurück; aber *Vatatzes* beschloß, diese durch Frieden wehrlos zu machen und einstweilen das übrige byzantinische Reich zu vereinigen. Er unterwarf die Staaten von Thessalonike und Epiros und nahm den Bulgaren alles frühere griechische Gebiet weg. Sein Tod im Jahr 1254 hielt den Sturz der Lateiner noch für einige Jahre auf, aber auch sein Sohn *Theodor II.* schloß sein Leben 1258, ohne diese Aufgabe gelöst zu haben. Diese war dem General *Michael Paläologos* vorbehalten, welcher nacheinander zum Despoten, zum Mitkaiser und endlich zum Kaiser emporstieg, und mit ihm kam das letzte und unglücklichste Haus der byzantinischen Kaiser durch ein altbyzantinisches Verbrechen (indem er *Johann*, den Sohn *Theodors II.* verdrängte und blenden ließ) auf den unterhöhlten Thron. Zwar schien sich dieser jetzt wieder zur früheren Macht erheben zu wollen; das war aber nur der Fall, so lange es noch galt, die Abendländer aus dem Reich zu vertreiben.

Dieselben besaßen außer Konstantinopel noch fast ganz Griechenland unter dem Namen nach lehenspflichtigen, in Wirklichkeit aber unabhängigen Fürsten. Im schroffen Gegensatz zu dem hinsiechenden lateinischen Kaisertum stand das Fürstentum *Achaja*, welches fast die ganze Halbinsel Morea umfaßte, unter dem Hause *Villehardouin* in hoher Blüte. Selbst die griechischen Bewohner waren hier mit der fränkischen Herrschaft nicht unzufrieden, denn die Regierung war mild, achtete die Rechte und Eigentümlichkeiten der Untertanen und hielt streng auf öffentliche Ordnung und Sicherheit; auch Handel, Gewerbe und Ackerbau blühten. Das Land war ein Abbild im kleinen von Frankreich; ja die Söhne des Adels im Mutterland betrachteten allgemein das von der Blüte des Rittertums erfüllte Achaja und den Hof der Villehardouins als die hohe Schule des ritterlichen und höfischen Lebens; die elegante Sprache und seine Bildung standen derjenigen in Paris nicht nach. Fürst *Gottfried II.*, der Großneffe des Geschichtsschreibers *Villehardouin*, hatte an seinem Hof auf dem von ihm an der Westküste erbauten festen Schloß Chlemutzi und in der Hauptstadt Andravida beständig 80 Ritter mit goldenen Sporen, denen es an nichts, selbst an kriegerischen Taten nicht fehlte. Aus einem Vasallen des lateinischen Kaiserstums war *Gottfried* dessen Beschützer und Unterstützer geworden; mit dem im griechischen Meer so mächtigen Venedig und meist auch mit der Kirche stand er im Frieden. Unter seinem Bruder *Wilhelm*, der ihm um 1245 folgte, dauerte die Blüte des Staates noch eine Zeitlang fort, aber auch hier trat unter ihm der Anfang des Verfalles ein. Er eroberte die bis dahin noch griechische Stadt Monembasia und bändigte die slawischen Stämme im alten Gebiet Lakedämons durch Errichtung der Festungen Misithra und Maina. Als er aber venetianisches Gebiet auf der Insel Euböa ansprach, verband sich die Republik der Lagunen mit den übrigen Feudalherren in Griechenland gegen ihn, namentlich aber mit dem in Attika und Böotien herrschenden Haus *de la Roche*, das in seinem Gebiet einen ebenso erfreulichen Zustand begründet hatte wie die Villehardouins in Achaja. Es entstand daraus ein trauriger Krieg zwischen Fürst *Wilhelm*, dem die Genuesen beistanden, und dem von Venedig unterstützten *Guido*, Großherrn von Athen, welchen endlich der heimatliche Oberherr beider Fürsten, *Ludwig IX.* von Frankreich schlichtete, der auch an *Guido* den Herzogstitel verlieh. Als aber der ehrgeizige *Wilhelm* Verbindungen mit dem Despoten *Michael II.* von Epiros anknüpfte, der sich von Nikäa loszureißen suchte und auch mit König *Manfred* von Sizilien sich verbunden hatte, wandte sich der in seiner Macht bedrohte Paläologe *Michael VIII.* mit Kriegsmacht gegen seinen abtrünnigen Vasallen, dem seine Schwiegersöhne *Manfred* und *Wilhelm* beistanden. Mit echt byzantischer Schlauheit wußte der Kaiser von Nikäa unter seinen verbündeten Gegnern Zwietracht zu säen, um sie dann mit seinen meist türkischen Söldnern im Oktober 1259 bei *Pelagonia* in Makedonien zu erdrükken, indem die Türken die Pferde der Ritter erschossen und diese hierdurch zwangen, in ihren schweren Rüstungen ungewohnterweise zu Fuß zu kämpfen. So kam es, daß die deutschen Ritter *Manfreds* und die französischen *Wilhelms* beinahe sämtlich fielen; *Wilhelm* selbst geriet in Gefangenschaft. Und dieser Umstand erleichterte nun den letzten Schlag, den *Michael VIII.* zu tun hatte, um die alte Hauptstadt des byzantinischen Reiches wieder zu gewinnen. Das lateinische Kaisertum wurde vorzugsweise von der Republik *Venedig* gehalten, die es ja auch geschaffen hat; demgemäß wandte sich *Michael* an *Genua* und schloß einen Bund mit dieser Republik, welcher er den alleinigen Handel in seinem Reiche übertrug und weitere bedeutende Rechte gewährte.

Nun wurde eine augenblickliche Abwesenheit der venetianischen Flotte und fast aller Streitkräfte von Konstantinopel auf einem Streifzug nach dem Schwarzen Meer zu einem Handstreich benutzt, wie er selten gelungen ist. Angeblich geschah es ohne Wissen des Kaisers *Michael*, daß in der Nacht vom 24. zum 25. Juli 1261 sein Feldherr *Alexios Strategopulos*, der sich mit den griechischen Bewohnern in Einvernehmen gesetzt hatte, durch einen von diesen ihm verratenen unterirdischen Gang mit einer kleinen Truppe in Konstantinopel eindrang, worauf die Eingedrungenen dem nikäischen Heer die Tore öffneten. So sahen denn am Morgen die erstaunten Abendländer plötzlich ihre Hauptstadt in fremder Gewalt und wußten zuerst nicht, ob sie ein Blendwerk oder einen theatralischen Aufzug vor Augen hatten. Kaiser *Balduin II.*, der gerade wieder hier war, nachdem er die meiste Zeit seiner angeblichen Regierung auf Bettelreise zugebracht, floh nach dem Hafen und rettete sich auf eine venetianische Galeere, die ihn glücklich nach dem Abendland brachte. Die übrigen Lateiner wurden großenteils ermordet, soweit sie nicht rechtzeitig fliehen konnten, und ihre Häuser geplündert, und als die fränkischen und venetianischen Truppen zurückkamen und Miene machten, wieder in die Stadt einzudringen, sahen sie ihre am Ufer liegenden Quartiere von der Hand der Byzantiner in Flammen aufgehen, und sie mußten froh sein, mit den Siegern einen Waffenstillstand zu schließen, demgemäß sie abziehen konnten. Am 15. August hielt Kaiser *Michael III.* seinen Einzug in die Stadt Konstantins und die Früchte des sogenannten vierten Kreuzzuges waren nach 57 Jahren und drei Monaten verloren. Nur die Genuesen hatten den Löwenanteil und ihre Kolonie in Galata und Pera stieg zu hoher Blüte.

Das byzantinische Reich war für einige Zeit wiederhergestellt, allerdings mit Ausnahme Trapezunts und der fränkischen Besitzungen in Griechenland. *Michael* hatte die Abtretung derselben durch Verlängerung der Gefangenschaft *Wilhelms* erzwingen wollen, mußte ihn aber schließlich, da nichts anderes erhältlich war, gegen Herausgabe der drei Festungen Mitsithra und Maina und gegen seinen Lehnseid freigeben; doch hatten damit die

Byzantiner in Hellas wieder festen Fuß gefaßt und von wirklicher fränkischer Herrschaft in Griechenland war wenig mehr vorhanden. Wie in Palästina, so zerplatzten auch hier die überschwänglichen Hoffnungen der Abendländer und wie bezüglich des Heiligen Landes, so waren auch hier die gemachten Erfahrungen nicht geeignet, dem Abendland weitere Opfer zur Erneuerung der verlorenen Eroberungen abzulocken.

Indessen ging nicht alles so glatt ab, wie die Byzantiner erwartet hatten. *Wilhelm von Villehardouin* ließ sich vom Papst seines dem Kaiser *Michael* geschworenen Eides entbinden, verständigte und verband sich mit Venedig und befand sich bald wieder im Krieg mit den Byzantinern. Michael hatte nichts anderes gewünscht, um die französische Herrschaft in Griechenland gänzlich vernichten zu können, in welchem Streben die griechische Bevölkerung Morces, deren Patriotismus erwachte, mit ihm einig ging. Die Byzantiner hausten 1263 furchtbar dort und zerstörten namentlich das prachtvolle gotische Kloster und Münster Isova, wurden aber bei Prinitza von einer Minderzahl Franzosen vollständig geschlagen. Ein weiteres Unglück hatten sie im folgendem Jahr; ihre türkischen Söldner, die sie nicht bezahlen konnten, gingen zu den Franzosen über und plünderten nun die Griechen. Jetzt wandte sich Kaiser *Michael* mehr gegen Epiros und unterwarf dieses 1265 wirklich. Um die Franken dann zu zerteilen, verlieh er, seinem Vertrag mit Genua zuwider,Venedig dieselben Rechte wie der Gegnerin.

Indessen übte der vertriebene lateinische Kaiser *Balduin II.* einen Einfluß auf die Dinge in Griechenland, der weder seinen Fähigkeiten noch seiner Lage nach zu erwarten war. Er beschäftigte sich in seiner Verbannung mit Austeilung von Würden, über die er nicht zu verfügen hatte. Dem Herzog von Burgund verlieh er das Königreich Thessaloniki und *Karl von Anjou und Provence,* dem Bruder *Ludwigs* des Heiligen, die Oberhoheit über Griechenland; er selbst wollte mit Konstantinopel und den Inseln vorlieb nehmen – wenn er sie erhielte! Er starb aber schon 1273 und sein Sohn *Philipp* nahm den leeren Kaisertitel von Konstantinopel an.

Für *Karl von Anjou* aber war die Sache nicht so leer. Diesem königlichen Mord- und Raubgesellen, der zwar bedeutende Geistesanlagen besaß, aber so etwas wie Gewissen nicht kannte, sondern nur seinen Vorteil im Auge hatte, war von Papst *Urban IV.*, einem Franzosen, das Königreich beider Sizilien angeboten worden, für welches die Päpste seit der sogenannten Absetzung *Friedrichs II.* einen Inhaber ohne Skrupel suchten und das der fromme *Ludwig IX.* entschieden abgelehnt hatte, weil er sich nicht mit fremdem Gut beladen wollte. *Karl* war weniger bedenklich, nahm gern das Dargebotene an, war aber so wenig geneigt, die wucherischen Forderungen des Papstes zu bewilligen, daß der Schacher erst 1265 mit *Clemens IV.,* einem Provenzalen, also geborenen *Untertan Karls,* zustande kam. Der Unfug *Innozenz IV.* wurde erneuert; auch das Heer *Karls* zur Eroberung beider Sizilien erhielt Eigenschaft und Rechte eines *Kreuzheeres,* während es beinahe keinen Sold bekam und daher überall vom *Raub* lebte und die ärgsten Greuel verübte. Es zog zu Land und zu Meer in das Land des edlen und tapferen *Manfred,* welcher 1266 bei *Benevent,* ins wildeste Kampfgetümmel sich stürzend, erst 34 Jahre alt, durch die päpstlich-königliche Räuberbande Thron und Leben verlor. Die Neapolitaner hatten ihn feig verlassen; die Deutschen und Araber waren ihm treu geblieben. Als „Gebannter" wurde er ehrlos verscharrt; aber selbst diese Ruhestätte gönnte ihm geistlicher Haß nicht; er wurde auf päpstlichen Befehl wieder ausgegraben und seine Gebeine in einem düsteren Tal umhergeworfen. Seine Witwe erlitt lebenslängliche und seine Kinder beinahe so lange Kerkerhaft! In der Stadt *Benevent* aber hausten die sogenannten Kreuzfahrer wie wilde Tiere, mordeten, raubten und verwüsteten, verschonten nicht einmal Kirchen und Klöster und handelten ebenso mit *Karls* Erlaubnis in anderen Städten. Karl selbst aber stahl sowiel er konnte, eignete sich die Güter aller Ausgewanderten und aller politischen Gegner an, bereicherte damit seine hungrigen Raubritter, und ließ das Volk durch seine Beamten aussaugen, wie dies nie vorher geschehen war. Zu spät bereute der Papst das Geschehene, als er dessen Folgen erblickte. Die Unzufriedenen aber riefen 1268 den jungen *Konradin*, König *Konrads IV.* hoffnungsvollen Sohn, aus Deutschland herbei, seine ererbten Rechte geltend zu machen. Sein tragischer Untergang und sein schändlicher Justizmord durch den elenden *Karl* sind bekannt.

Was nun *Karls* von Anjou Verhältnis zu *Griechenland* betrifft, so müssen wir hier, des Zusammenhangs wegen, der Zeitfolge der Ereignisse etwas vorauseilen. Kaiser *Michael* erinnerte sich sehr wohl der beständigen Angriffe, welche einst sein Reich von den neapolitanischen Herrschern zu erleiden gehabt, und erschrak daher über die dem neuen König Siziliens, wenn auch von einem Verbannten erteilten Rechte, welche *Wilhelm Villehardouin*, sogar durch Sendung von Truppen gegen *Konradin* bereitwillig anerkannt hatte. Selbst eine Heirat zwischen den Kindern *Karls* und *Wilhelms* hatte das Verhältnis besiegelt, durch welches der König von Sizilien für Griechenland völlig an die Stelle des Kaisers trat. *Michael* glaubte nun der ihm von daher nicht nur drohenden, sondern bereits durch Truppensendungen nach Morea und Eroberung eines Teils von Albanien verwirklichten Gefahr am besten dadurch zu entgehen, daß er dem Papst *Gregor X.*, der versöhnlichen Sinnes und mit *Karls* Benehmen höchst unzufrieden war, vorspiegelte, als wollten er und sein Reich sich der römischen Kirche unterwerfen, was ihm natürlich nicht ernst war, obschon seine Gesandten 1274 am Konzil in Lyon es beschworen und er selbst zum Schein die Union mit Gewalt durchzuführen versuchte; aber weder seine Geistlichkeit, noch sein Volk wollten etwas davon wissen, was ihm bekannt sein mußte. Doch erreichte er damit, daß der getäuschte Papst den König *Karl* abhielt, seine angeblichen Rechte in Griechenland geltend zu machen. Papst *Martin IV.*, als Franzose ein Gönner Karls, merkte die Komödie, tat den Kaiser in den Bann und verband sich 1281 mit *Karl* und mit Venedig zum Angriff auf das byzantinische Reich. *Wilhelm Villehardouin* war 1278 gestorben, ohne Söhne zu hinterlassen, und Morea war seitdem von Neapel aus regiert worden, bot also jenem Bund eine bequeme Operationsbasis dar. Aber diesen Bund und seine hochfliegenden Kriegspläne sprengte 1282 die *sizilische Vesper*, welche der französischen Herrschaft auf der Insel Sizilien ein Ende machte, und an deren Vorbereitung der byzantinische Hof ohne Zweifel beteiligt war. *Karl* von Anjou, dem wir zwar noch einige Male in anderen seiner vielseitigen Beziehungen zu geschichtlichen Ereignissen seiner Zeit begegnen werden, überlebte den schweren Verlust der herrlichen Insel nicht lange; der blutbefleckte Despot und falsche Kreuzfahrer endete zu Anfang des Jahres 1285. Ihm war schon Ende 1282 *Michael VIII.* vorangegangen, und mit diesen beiden kräftigen Gegnern endete auch der Kampf um Hellas zwischen Christen, während gerade in denselben Jahren die Christenheit zum ersten Mal den Namen jener eben in Kleinasien angekommenen wilden Krieger nennen hörte, vor welchen einst, in Erwiderung der Kreuzzüge, nicht nur Hellas und Byzanz zum Opfer fallen, sondern sie selbst bis in ihre innersten Grundfesten erbeben sollte – der nachher speziell als „*Osmanen*" bezeichneten Türken!

SIEBENTER ABSCHNITT

Bedrängnis der Christen durch Sultan Bibars

Die Auflösung des lateinischen Kaisertums in Konstantinopel war für Sultan *Bibars* ein glückliches Vorzeichen der Erfüllung seiner heißesten Wünsche, der völligen Vertreibung christlicher Macht aus dem Morgenland. Er trat sofort mit dem siegreichen Kaiser *Michael Paläologos* in Verbindung und bewirkte bei ihm die Wiedereröffnung der auf Salaheddins Verwendung in Byzanz errichteten, von den Abendländern aber geschlossenen Moschee, welche er mit den nötigen Gerätschaften freigebig ausstattete. Daß der König von Zypern und Jerusalem, welche Kronen seit 1246 für immer vereinigt waren, Gesandte des Sultans nach Byzanz auffing und einkerkerte, erbitterte natürlich nur jenen und verschlimmerte die Aussichten der morgenländischen Christen. Aber was wollte man zu ihren Gunsten erwarten, wenn selbst derjenige Papst, welcher vermöge seiner früheren Stellung als Patriarch von Jerusalem den meisten Beruf gehabt hätte, sich ihrer anzunehmen, wenn selbst Urban IV. die Sorge für das Heilige Land nicht als eine so wichtige Angelegenheit betrachtete wie die Vernichtung der Staufer oder die Herstellung des verrotteten lateinischen Kaisertums oder wenigstens die Unterwerfung der Griechen unter seinen Primat? Für alle diese Pläne ließ *Urban IV.* das Kreuz predigen und bat *Ludwig* den Heiligen um seine Unterstützung; des Heiligen Landes aber, dessen Seelenhirt er doch gewesen, dachte er mit keinem Wort. *Ludwig* empfand dies auch gewiß schmerzlich, denn er verweigerte sowohl gegen die Staufer als gegen die Byzantiner rundweg jede Hilfe und sah den Raubzug seines Bruders nach Neapel und Sizilien ungern genug.

Und doch begann gerade damals der Todeskampf des Kreuzes in Syrien bitterer Ernst zu werden! Freilich unbefangen betrachtet, verdienten die damaligen sysrischen Christen nichts besseres. Es gab im Heiligen Land damals keine Treue und Redlichkeit; Waffenstillstände wurden nicht gehalten; was die Templer wollten, dem arbeiteten die Johanniter entgegen und umgekehrt, und ebenso verhielt es sich zwischen den Venetianern und Genuesen. Diese eigentümlichen Christen nahmen weder ihre gefangenen Glaubensgenossen, die ihnen *Bibars* ausliefern wollte, in Empfang, noch gaben sie die von ihnen gefangenen Muslimen heraus. Es war daher um die elenden Reste des Königreichs Jerusalem nicht schade, wenn sie verlorengingen; aber das kam bei dem damaligen Gesichtskreis der Christen und kommt gegenüber höheren Rücksichten noch heute nicht in Betracht. Diejenigen Mächte, welche die Kreuzzüge ins Leben gerufen, hatten, so lange sie dem Glauben huldigten, der dieses Streben bewirkte, auch die heilige Pflicht, dasselbe fortzusetzen und es nicht durch Ablenkung auf anderweitige Ziele zu fälschen!

So schritt das Verhängnis heran. – Da *Boemund* von Antiochia noch immer fortfuhr die Mongolen zum Einbruch in Syrien aufzufordern, wandte sich *Bibars* zuerst gegen ihn. Die Fürsten von Haleb, Hama und Emessa fielen 1262, von ihm beauftragt, in das Gebiet des Fürstentums ein, verwüsteten es bis vor die Mauern der Stadt und verbrannten die Schiffe im Hafen von Seleukia. Erst als der König von Armenien die Mongolen herbeirief, zogen sie sich zurück. Bibars selbst eröffnete 1263 seinen *ersten* Feldzug gegen die Christen Syriens. Er galt den Rittern von *Ptolemais*, welche den Waffenstillstand nicht gehalten hatten. Die Grafen *Ibelin* in Joppe und Arsuf, bei welchen das Gegenteil der Fall war, kamen ihm mit Geschenken entgegen und wurden gut aufgenommen, anders aber die Ptolemaiten, welche schimpflicherweise durch Gesandte um Frieden baten; überhaupt gibt es nichts erbärmlicheres als die Kriecherei jener Christen in ihrer letzten Zeit vor den Siegern, denen sie den kümmerlichen Rest ihres Daseins in der entwürdigendsten Weise abzuwinseln suchten. *Bibars* sagte ihnen, so wenig er, der mehrfache Mörder, dazu Ursache hatte, deutlich die Wahrheit, hielt ihnen alle ihre Wortbrüchigkeit und Zweizüngigkeit vor und schickte sie weg wie ungezogene Schuljungen. Er verwüstete das christliche Gebiet entsetzlich, zerstörte die Kirchen in Nazaret, auf dem Tabor und noch andere, die an Begebenheiten der Heiligen Geschichte erinnerten, schlug die Christen am 14. April bei Ptolemais und begann die Stadt zu belagern, wovon er indessen bald wieder abstand, angeblich weil die Genuesen und *Philipp* von Monfort, der Herr ihres Hafens Tyros, das Versprechen ihres Beistandes gegen ihre Feinde in Akkon ihm nicht gehalten hatten.

Diese Verwüstungen, in denen keine Partei hinter der anderen zurückblieb, riefen eine allgemeine Hungersnot hervor und diese wieder trieb zu zahllosen Verbrechen. Es ist aber bezeichnend, wie *Bibars*, der anderen so gut Moral zu predigen verstand, diesen Zustand zu seinem Vorteil nutzte. Er erließ damals ein Gesetz, nach welchem bei Mordtaten, die nach morgendländischem Recht mit Zahlungen an die Hinterlassenen abgemacht wurden, wenn kein Erbe vorhanden (d. h. die ganze Familie ausgerottet war), das Blutgeld in den Schatz des Sultans fließen sollte! Auch brachte er durch den Schrecken, den er den Christen einflößte, sehr viele derselben dahin, ihren Glauben zu verlassen und zu ihm überzulaufen, wofür er sie mit Pferden und Waffen zum Kampf gegen ihre früheren Genossen versah.

Als *Urban IV.* die letzten Ereignisse im Heiligen Land vernahm, sah er ein, daß er unrecht getan und suchte nun das Versäumte nachzuholen, indem er die abendländischen Fürsten eifrig zum Beistand aufrief und wieder das Kreuz zu Gunsten des Heiligen Landes predigen ließ. *Ludwig IX.* erhob

Siegel, Wappen und Handschrift Joinvilles.

für das letztere eine Steuer. Aber weder diese Steuer fand Anklang, noch viel weniger der Aufruf zum Kreuzzug. Am meisten aber kränkte es den Papst, daß gerade die Geistlichen sich am heftigsten über jene Steuer beklagten, und er erließ deshalb ein besonders energisches Mahnschreiben an sie.

Es ging indessen nicht lange, so reizten die syrischen Christen durch Verbindungen mit den Armeniern und Mongolen, die infolgedessen das muslimische Syrien bedrohten, den Sultan *Bibars* 1265 zu seinem *zweiten* Feldzug.

Nach äußerst geheimgehaltenen Vorbereitungen überraschte er seine Gegner plötzlich durch die Vornahme der Belagerung von *Cäsarea*, nahm die Stadt ohne viel Widerstand, die Burg aber mit großer Mühe, wobei er selbst so tapfer mitfocht, daß sein Schild von Pfeilen starrte, gewährte der Besatzung freien Abzug, half aber selbst die Stadt zerstören und das Werk *Ludwigs IX.* vernichten. Unmittelbar darauf, am 15. März, griff er *Arsuf* an und kämpfte wieder eifrig und tapfer selbst mit, bis die Johanniter, die damaligen Besitzer der Stadt und Burg, nachdem sie 90 Ritter verloren, sie übergaben. Tausend Gefangene wurden nach Ägypten geführt, die Beute an die Soldaten verteilt und die Stadt zerstört. *Bibars* hielt mit den Gefangenen und den erbeuteten, umgekehrt getragenen christlichen Fahnen, einen triumphierenden Einzug in Kairo.

Auf dieses neue Unglück hin richtete *Clemens IV.*, obschon er mit dem Raubzug *Karls* von Anjou und der Bettlerei *Balduins II.* genug zu schaffen hatte, neue Aufforderungen an die christlichen Könige und Fürsten und ließ durch Dominikaner und Franziskaner eifrig das Kreuz predigen. Aber da man auf der Linie von Brandenburg bis Kärnten mit Bekämpfung der Mongolen, an der Ostsee der Letten und Esten und in Spanien der Mauren beschäftigt war und in Mitteleuropa das gegen *Manfred*, wie später gegen *Konradin* zur Befriedigung dynastischen Eigennutzes gepredigte Kreuz diesem Symbol seinen Nimbus nahm, blieb wieder alles ohne Erfolg und im Jahr 1265 langten in allem 52 französische Ritter als Kreuzfahrer in Akkon an.

So konnte *Bibars* 1266 ungestört seinen *dritten* Feldzug anheben. Am 2. Juni erschien er vor Ptolemais, unternahm aber nichts, verwüstete nur alles Land der Küste entlang bis Tortosa und erbeutete soviel Vieh, daß sich nicht genug Käufer dafür fanden. Nachdem er so die Gegner über seine wahren Absichten getäuscht, griff er plötzlich am 14. Juni die Templerfestung *Safed* zwischen Ptolemais und dem See Genezareth an. Er half selbst die von Damask auf Kamelen hergebrachten Belagerungsmaschinen abladen und aufstellen, bestürmte die Stadt rastlos und versprach den ersten Ersteigern der Mauer große Belohnungen. Natürlich wurden die Templer von den Johannitern so wenig unterstützt, als sie diesen bei Arsuf geholfen hatten, und ebensowenig taten die übrigen Christen etwas für die ebenso unbeliebten wie hochfahrenden Templer. Diese boten daher einen Vertrag zur Übergabe an, welchen *Bibars*, wie seine Glaubensgenossen selbst berichten, von vornherein nicht zu halten gedachte. Er ließ den nicht zum Orden gehörigen Einwohnern von Safed sagen, er bekämpfe bloß die Templer, veranlaßte hierdurch einen Teil von ihnen, die Stadt zu verlassen, bewilligte dann den übrigen freien Abzug, ließ sie aber, 2000 an der Zahl, weil sie angeblich verborgene Waffen und Kleinode und gefangene Muslimen mit sich führten, niedermachen und verschonte nur zwei, einen weil er zum Islam übergetreten und den anderen, damit er den Christen der übrigen Städte das Schicksal von Safed melden könne.

Als nun die Christen von Akkon den blutigen Barbaren um Auslieferung der Leichen ihrer Brüder baten, welche ihnen als solche von Märtyrern zum Heile gereichen würden, zog er selbst vor jene Stadt, ließ alle Christen, die das Heer vor den Toren traf, ermorden und meldete dann den Bürgern, sie hätten nun die nötigen Märtyrer in der Nähe. Ein Rachezug, den die in Akkon angekommenen Kreuzfahrer nebst den drei geistlichen Ritterorden nach der Gegend von Safed unternahmen, endete mit der Vernichtung fast aller Ausgezogenen.

Hierauf wurde auf *Bibars* Befehl das armenische Kilikien verwüstet, wobei ein Sohn des Königs fiel und ein zweiter gefangen wurde. Ein Waffenstillstand schloß die Ereignisse einstweilen ab. *Bibars* aber büßte seine Grausamkeit einigermaßen durch einen Sturz vom Pferd bei Karak, wobei er die Hüfte brach, und mußte sich in jenem Schloß verpflegen lassen.

Auch diese letzten schweren Unfälle bewogen *Clemens IV.* wieder, das Kreuz predigen zu lassen. Der Erfolg war, daß *Karl* von Anjou, als wollte er seine europäischen Verbrechen büßen, eine Kreuzfahrt mit dreißig Schiffen unter Beihilfe des Papstes und Frankreichs beschloß, und der gute König *Ludwig IX.* 1267 ein Parlament versammelte, und auf demselben seine Vasallen zur Annahme des Kreuzes ermahnte, welches er selbst

Grausamkeit des Sultans Bibars.

sofort nahm. Seinem Beispiel folgten seine Söhne, der Thronfolger *Philipp*, der in Damiette geborene *Johann Tristan* und der in Ptolemais zur Welt gekommene *Pierre* von Alençon, sowie des Königs Bruder, der Graf von *Poitiers,* sein Neffe *Artois,* Sohn des bei Mansura Gefallenen, dann der König *Thibaut* von Navarra, Sohn des gleichnamigen kreuzfahrenden Sängers und Schwiegersohn des Königs. Der Seneschall *Joinville* aber, mehr klug als hingebend, verweigerte seine Beteiligung, weil während seines Aufenthalts im Morgenland, wo er so große Opfer von Gut und Blut gebracht, seine Besitzungen durch die Soldaten der Könige von Frankreich und Navarra großen Schaden erlitten hätten, und er glaube, fügte er offen hinzu, er könne Gott auf keine bessere Weise dienen, als wenn er im Land bliebe, seine Leute zu schützen. Auch fand er, wie er erzählt, daß der König *Ludwig* damals schon allzu schwach und hinfällig war, als daß nicht für sein Leben und damit für Frankreich zu fürchten wäre, womit er allerdings die Wahrheit getroffen hat. Die Begeisterung für das Kreuz war überhaupt schwer zu finden und die Geistlichkeit vieler Bistümer protestierte förmlich gegen ihre Besteuerung zu diesem Zweck.

Gerade das Gegenteil fand unter den Muslimen statt. Ihre Begeisterung für den Heiligen Krieg und für die Vertreibung der Fremden und Ungläubigen aus ihrem Land, ihre Opferwilligkeit für diesen Zweck und ihre Einigkeit untereinander machten großartige Fortschritte. Im Mai 1267 fand *Bibars,* welcher Safed zu einem unüberwindlichen Bollwerk umschuf, schon wieder vor Ptolemais, ließ die harmlosen Feldarbeiter vor der Stadt niedermachen und führte 500 Gefangene nach Safed, wo er dieselben ebenfalls niedermetzeln ließ. In der Verwüstung christlichen Landes vor den Mauern der Städte war er unermüdlich und hielt selbst dabei Wache und Aufsicht zu Pferd mit eingelegter Lanze. Im März 1268 begann er dann seinen *vierten* Feldzug. Um die Christen über seine Absichten im ungewissen zu lassen, strafte er an seinen Leuten streng jede Beschädigung solcher Christen, mit denen er nicht Krieg führte, überfiel dann aber ungeachtet seines mit dem Grafen von *Joppe* geschlossenen Friedens dessen Stadt und zerstörte ihre Burg. Dann zwang er das Templerschloß *Beaufort* zur Übergabe und eilte von da zur längst beschlossenen Züchtigung *Antiochias* für dessen Verkehr mit den Mongolen. Im Gebiet von Tripolis angekommen, ließ er alle Kirchen zerstören und alle angetroffenen Christen töten, aber die Stadt, in welcher sich der Fürst *Boemund* eben aufhielt, bei Seite liegen, und begann am 19. Mai nach vergeblichen Unterhandlungen die Bestürmung der Stadt Antiochia, die noch an demselben Tag, nach 170 Jahren christlichen Besitzes, zu ihrer Eroberung führte. Die in raschem Ansturm eingedrungenen Muslimen ermordeten alle Männer, die sie trafen, weltliche und geistliche, den Patriarchen, sowie viele Priester und Mönche an den Altären, wühlten die Gräber der Patriarchen auf, schändeten die Kirchen und ihre Heiligtümer, und die Häuptlinge bewachten die Tore, damit kein Opfer entrinne. Die Frauen konnten dort die abgehauenen Köpfe ihrer Männer und sonstigen Angehörigen aus dem grauenvollen Haufen hervorsuchen (Bild 85) und wurden dann mit ihren Kindern als Sklaven verkauft. Zuletzt ergab sich auch die Zitadelle, deren Besatzung gebunden fortgeführt wurde, und darauf zerstörten die barbarischen Sieger Burg und Stadt vollständig, was alles *Bibars,* mit grausamer Schilderung aller Einzelheiten, dem unglücklichen Fürsten, ihm zu seiner eigenen Rettung höhnisch Glück wünschend, nach Tripolis meldete, indem er ihm zugleich drohte, daß es letzterer Stadt ebenso ergehen werde.

Nach so schweren Verlusten hatte der arme Fürst keine andere Wahl, als zum Frieden zu bitten, den der in Damask mit seinen Gefangenen prunkend einziehende *Bibars* zum Schein gewährte, aber nicht zu halten gedachte. Er begab sich sogar selbst mit seinen die Antwort bringenden Gesandten, als ihr Stallmeister verkleidet, nach Tripolis, um die Verhältnisse der Stadt in Augenschein zu nehmen, und war unerkannt bei den Verhandlungen anwesend.

Auch dem König *Hugo III.*, mit welchem statt der in seinem Vorgänger *Hugo II.* erloschenen Lusignans, eine Nebenlinie der Fürsten von Antiochia und Tripolis, den Doppelthron von Zypern und Jerusalem bestieg, und der für seine Insel, nicht aber für das Festland Frieden suchte, bewilligte *Bibars* einen solchen, wobei aber seine Gesandten den König absichtlich beleidigten. Doch ließ sich *Hugo*, ungeachtet der traurigen Zustände des Landes, 1269 in Tyros als König von Jerusalem krönen. Kein Christ im Morgenland wagte mehr gegenüber dem Sultan zu mucken, geschweige ihm zu widersprechen oder gar sich seiner Willkür zu widersetzen; denn auf alles dies war Feuer und Schwert die einzige Antwort. Die Fürsten des Abendlandes, sowohl *Karl* von Neapel als dessen Gegner *Konradin* und der König von Aragon warben um seine Gunst und der letztere gab auf des Sultans Verlangen sofort ein gekapertes ägyptisches Schiff los. Darin aber hatte *Bibars* offenbar recht, daß er zu den Gesandten *Karls* von Anjou, die ihn um Schonung für die syrischen Christen baten, sagte, es hänge nicht von ihm ab, den Untergang derselben zu verhindern, da sie selbst ihr möglichstes täten, dieses herbeizuführen.

Aber nicht nur die Christen in Syrien fanden durch *Bibars* ihren langsamen Untergang, sondern auch jene eigentümliche Sekte, welche das Wagnis unternommen hatte, zwischen den beiden das Morgenland aufzehrenden scharfen Gegensätzen des *Kreuzes* und des *Halbmondes* unter dem Zeichen des *Dolches* hindurchzuschiffen und von beiden gleich unbehelligt zu bleiben, auch in der Tat in Syrien den Sturz ihrer persischen Glaubens- und Mordbrüder um 14 Jahre überdauerte. Es konnte aber nicht zweifelhaft sein, daß die Assassinen bei diesem Unterfangen doch zuletzt dem Sieger in jenem Vernichtungskampf erliegen würden. Ein *Bibars* konnte den „Häuptling des Gebirges“ nicht neben sich dulden. Er warf gegenüber dem Dolch den gewichtigeren Türkensäbel in die Waagschale der Geschicke Syriens und verstand es, die Meuchler, in deren Handwerk er ja selbst nicht unerfahren war, einzuschüchtern. Was sie bisher nie getan, taten sie jetzt, sie baten den Mächtigen um Schutz, und als er ihren langjährigen Wunsch, des lästigen Tributs, den sie bisher dem Tempel und dem Hospital entrichtet, ledig zu sein, mittels eines Vertrages mit den Johannitern (ohne die bei Safed vernichteten Templer zu fragen) erfüllte, sandten sie fortan ihr Geld dem Beherrscher von Kairo und Damask, dessen Sklaven sie sich nannten. Als aber schon 1269 der Scheich *Nedschmeddin* um Verminderung dieser Abgabe bat, nahm der Sultan ihm seine Würde und unterstellte die Sekte einem von ihm selbst aus ihrer Mitte gewählten Befehlshaber *Saremeddin* Mobarek und ließ ihre Hauptburg Massiat als sein Eigentum durch einen ägyptischen Emir verwalten. Massiat war aber noch im Besitz des neunzigjährigen Scheich *Nedschmeddin* und wurde nun von *Saremeddin* durch List, unter Niedermetzelung eines Teils der Bewohner eingenommen. Gegen Geiselstellung seines Sohnes und einen Tribut von 120 000 Drachmen durfte der letzte Scheich seinen Titel bis zu seinem Lebensende behalten.

Assassinen aber war nicht zu trauen, das hätte *Bibars* wissen können; *Saremeddin* suchte sich unabhängig zu machen und vertrieb den Statthalter des Sultans. Der letztere sandte Truppen gegen ihn, vor denen er aus Massiat floh, aber ergriffen und eingekerkert wurde. Der alte Scheich *Nedschmeddin* bot hierauf dem Sultan die Auslieferung seiner Burgen an und wollte sich in Ägypten zur Ruhe setzen; aber sein Sohn *Schemseddin*, der dort Geisel gewesen und nach jenen Burgen gesandt wurde, sie zur Übergabe aufzufordern, reizte dieselben vielmehr zum Widerstand auf, und die Assassinen sandten Mörder in das Lager des Sultans, um dessen Emire und wahrscheinlich auch ihn selbst nach ihren Bundesgrundsätzen zu behandeln. Der Plan wurde aber entdeckt und *Schemseddin* gefangen nach Ägypten geführt. Die Burgen der Assassinen kamen nach und nach teils freiwillig, teils gewaltsam in *Bibars* Hände und das Reich der Assassinen hatte auch in seinem letzten Rest in Syrien zu bestehen aufgehört. Doch verschmähten es *Bibars* und seine Nachfolger nicht, ihre Dolche im eigenen Interesse gegen gefährliche Feinde zu gebrauchen. Im übrigen spukte nur im geheimen die Mördersekte der Ismailiten noch fort, und zwar sowohl in Syrien als in Persien, und sie besteht noch heute als vom Staat geduldete mystische Sekte, wenn sie auch nicht mehr mit dem Dolch arbeitet.

ACHTER ABSCHNITT

Das Ende Ludwigs des Heiligen

Wenn es ein Ereignis gab, das mit eben der gebieterischen Stimme zu einem großen Kreuzzug herausforderte, wie der Verlust von Edessa zu dem sogenannten zweiten und derjenige von Jerusalem zu dem sogenannten dritten, so war dies der tief betrübende Verlust von *Antiochia*. Aber nachdem jene beiden Rachezüge so ohne allen nennenswerten Erfolg und mit so furchtbaren Opfern an Menschenleben gescheitert und nicht einmal der zweite Verlust Jerusalems eine bedeutendere Unternehmung als diejenige *Ludwigs* des Heiligen hervorgerufen, so konnte auch der Untergang der „Perle Syriens" unter den damaligen Verhältnissen nichts größeres bewirken, als den unglücklichen zweiten Kreuzzug *Ludwigs*, den letzten und für das Heilige Land erfolglosesten von allen! Immerhin hat der sittlich-reine und wahrhaft fromme, mit seiner Gewissenhaftigkeit unter den weltlichen und geistlichen Fürsten seiner Zeit so allein dastehende, wenn auch als Monarch schwache und als Feldherr unfähige *Ludwig* das unvergängliche Verdienst, allein unter allen Fürsten seiner Zeit und allein unter allen Kreuzfahrern mit vollkommen uneigennützigem und hingebendem Geist für die Sache des Heiligen Landes seine physischen und ökonomischen Kräfte und zuletzt sogar sein Leben geopfert zu haben.

Ludwig IX. ließ sich durch die bisherige Lauheit seiner Völker gegenüber der Kreuzzugsidee nicht abschrecken, dieselbe mit Eifer zu verfolgen, und im Jahre 1269 konnte er bereits mit Genugtuung bemerken, daß er einigen Erfolg erzielt und daß die Geistlichkeit ihren Widerstand gegen die Kreuzzugssteuer mit opferwilligem Sinn vertauscht hatte.

Bevor *Ludwig* zu seiner letzten Tat schritt, hatte er einen, wenn auch nicht bedeutenden Vorläufer. Es ist dies zugleich der einzige Fall, in welchem sich *Spanier* an den Unternehmungen gegen den Halbmond in Syrien beteiligt oder wenigstens zu beteiligen versucht haben. Denn die Söhne Iberiens hatten, wie bereits angedeutet wurde und wie noch ausführlicher dargelegt werden soll, ihre eigenen Kreuzzüge, nur daß sie bei diesen mit mehr Umsicht und Beharrlichkeit, freilich auch, da es ihr eigenes Land betraf, mit mehr Aussicht verfuhren und daher auch, wenn schon langsam, mehr Erfolg hatten als ihre abendländischen Brüder im Morgenland. König *Jacob* (Jayme) *I.* von Aragon, Sohn *Pedro's II.*, den wir im Albingenserkrieg fallen sahen, also schon seit 1213 regierend, der sein Reich im heißen Kampf gegen die Mauren um die Balearen, Valencia und einen Teil von Murcia vergrößert hatte, war durch Zusagen von seiten der Mongolen und des ersten Paläologen, ihn zu unterstützen, ermuntert worden, sein Glück auch im Osten zu versuchen. Aber selbst der im eigenen Land so glückliche Spanier fand dieses nicht; nachdem er im September 1269 sich in Barcelona mit einer Flotte von 42 größeren und vielen kleineren Fahrzeugen eingeschifft, zwang ihn bei den Balearen ein Sturm zur ruhmlosen Rückkehr nach Hause. Einige seiner Schiffe jedoch unter seinem natürlichen Sohn Don Pedro *Fernandez* kamen glücklich nach Akkon und die darin angelangten spanischen Ritter unternahmen im Dezember mit den dort anwesenden französischen und denen der drei Orden einen Streifzug in Richtung Safed. Es scheint jedoch, daß sie sich trennten, denn die Franzosen wurden von türkischer Übermacht unter *Bibars* überfallen und zusammengehauen, ohne daß die Spanier und die Ordensritter, welche es mit ansahen, ihnen zu Hilfe kamen. Nach diesem schmählichen Verhalten kehrten die unwürdigen Spanier in ihre Heimat zurück.

König *Ludwig* hatte indessen auch den englischen Prinzen *Eduard*, Sohn *Heinrichs III.* (den nachherigen König *Eduard I.)*, zur Teilnahme an seinem neuen Kreuzzug bewogen und ihm die Mittel dazu verschafft. *Eduard* bestimmte auch seinen Bruder, *Edmund* von Cloucester, und mehrere Barone, das Kreuz zu nehmen, ebenso auch ein Anzahl *Friesen. Ludwig* schied im April 1270 von seiner Gattin und traf in Aigues Mortes mit ziemlich zahlreichen Franzosen und Kataloniern zusammen, denen es aber an Schiffen fehlte, da Venedig und Genua in ihrem scheußlichen Bruderkrieg derselben nicht entbehren konnten. Das lange Warten auf die Schiffe, welche endlich Genua doch lieferte, führte zu einem höchst ärgerlichen Streit zwischen den Franzosen und den Kataloniern, der bis zu einem förmlichen Treffen und bedeutendem Blutvergießen ausartete, so daß der König die Urheber mit dem Galgen bestrafte.

Am 2. Juli fuhr die Flotte mit dem König, seinen drei Söhnen, der Gattin des Thronfolgers *Philipp*, dem Grafen von Artois und seiner Gemahlin und mit 10 000 Mann ab. Sie landete, nachdem sie einen Sturm überstanden, in *Cagliari* auf Sardinien, wo aber die dort herrschenden Pisaner, als Feinde der Genuesen, den Kreuzfahrern Wasser und Lebensmittel und Aufnahme der Kranken erst nach längerer Weigerung bewilligten. Hier kamen mehrere Schiffe mit dem König *Thibaut* von Navarra, seiner Königin, der Tochter *Ludwigs*, und dem Grafen von *Poitiers* nebst seiner Gemahlin nach, aber es erregte allgemeines Erstaunen, als der König und die Barone beschlossen, dem Kreuzzug zuerst die Richtung gegen – *Tunis* in Afrika zu geben. Es wurden allerlei Ausflüchte zur Begründung dieses seltsamen Entschlusses versucht; das wahrscheinlichste aber ist, daß des Königs Bruder, *Karl* von Sizilien, den natürlichen Wunsch aller Beherrscher Unteritaliens, im gegenüberliegenden Afrika Fuß zu fassen, auf bequeme und billige Weise durch des Bruders Geld und Waffen zu erreichen hoffte und daß er ihn *deshalb* zu dem Krieg gegen Tunis bewogen hatte und zwar unter dem Vorwand, der

Sultan von Tunis wäre geneigt, Christ zu werden und von dort aus könnte die Macht Ägyptens am leichtesten gebrochen werden.

Am 15. Juli segelten die Kreuzfahrer von Cagliari ab und kamen am 17. vor *Tunis* an, wo der als Kundschafter vorausgesandte Admiral Florent de *Varennes* durch einen geschickten Handstreich sich des Hafens bemächtigte, ohne dazu vom König Auftrag zu haben, worüber dieser sehr ungehalten

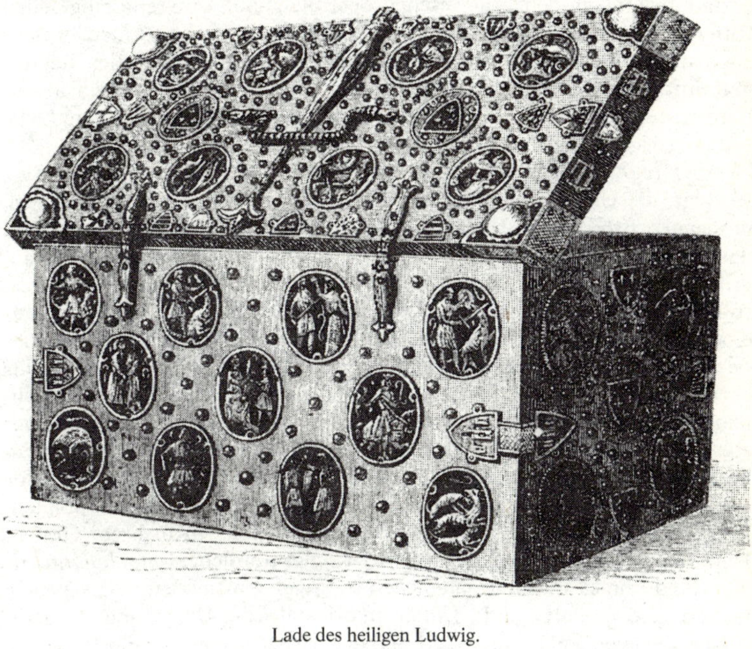

Lade des heiligen Ludwig.

war. Wirklich wurde der Admiral von einer Truppenabteilung zurückgeholt und so der errungene Vorteil aufgegeben, und hierdurch hatten die Tunesen Zeit gewonnen, sich am Ufer zu sammeln und die Landung zu erschweren. Sie zogen sich jedoch zurück, als das königliche Schiff heranfuhr, und die Landung fand ohne Widerstand statt. Es wurde auf der schmalen Landenge zwischen der Bai und dem See von Tunis ein Lager errichtet. Am folgenden Tag nahmen einige Franzosen einen Turm ein, wurden jedoch darin von den Sarazenen eingeschlossen, von ihren Landsleuten aber bald befreit und die Tunesen vertrieben. Die Franzosen behaupteten diesen Turm für die Dauer des Feldzuges, bezogen aber ein bequemeres Lager bei den Ruinen von *Karthago* in einem wasserreichen Talgrund.

Tunis befand sich damals in sehr traurigen Zuständen, es litt an Hunger und Seuchen und bot daher einer Eroberung durch einen *fähigen* Heerführer nicht besondere Schwierigkeiten dar. *Ludwig* aber wartete seltsamerweise mit kriegerischem Vorgehen auf die Ankunft seines Bruders *Karl*, in dessen Interesse der unglückliche Zug überhaupt unternommen war, und dies verschaffte dem Sultan von Tunis Gelegenheit, seine Kräfte zu verstärken und selbst dem Sultan *Bibars* Zeit, den bedrängten Glaubensgenossen zu Hilfe zu eilen und die Beduinen der Umgebung zum Kampf gegen die eingedrungenen Ungläubigen aufzurufen. Erst nach bedächtiger Beratung gestattete *Ludwig* den genuesischen Seeleuten, mit Unterstützung seiner Ritter und Armbrustschützen die Burg *Karthago* zu bestürmen, welche auch am 23. Juli erobert wurde. Die Besiegten erlitten zum großen Teil den Tod durch das Schwert und die Flüchtlinge in Höhlen, worin sie sich verborgen, den Tod durch Rauch, der sie erstickte. Die Burg wurde zum Lazarett eingerichtet und stark bewacht.

Aber *Ludwig*, der zu allen Unternehmungen gestoßen werden mußte, verfolgte diesen Vorteil nicht weiter. Er schickte nur Gesandte nach Neapel, um seinen Bruder zum schnellen Nachkommen zu veranlassen, während das Heer der Gegner sich stets vergrößerte und täglich die Kreuzfahrer angriff. In Tunis aber ließ der Herrscher, dessen christliche Gesinnungen gerühmt worden, alle Christen einkerkern und für den Fall des Vorrückens der Kreuzfahrer gegen Tunis mit dem Tod bedrohen, benutzte aber jenes falsche Gerücht dennoch zu seinem Vorteil. Es kamen mehrere Tunesen ins christliche Lager und verlangten die Taufe, aber während man sich mit ihnen besprach, wurde das Lager von ihren Landsleuten überfallen; nur mit starkem Verlust an Toten konnten sie zurückgetrieben werden. Trotzdem hoffte der gute König noch immer auf die Bekehrung des Sultans und verlor seine Zuversicht auch durch die vielen Unfälle nicht, die nun rasch folgten. Die Sommerhitze rief Krankheiten hervor, an welchen mehrere Grafen, Herren und Ritter starben und auch des Königs trefflicher Sohn *Johann Tristan* fand seinen Tod unter ähnlichen traurigen Umständen, wie sie seine Geburt gesehen hatte, und ebenfalls in orientalischer Umgebung. An demselben Tag aber, am 3. August, erkrankte auch der König, der sich, so wenig Einsicht er im Kriegswesen besaß, doch in den Wechselfällen des Krieges niemals schonte. Er war nicht zu retten, und unter anhaltender Tätigkeit für sein Heer sowohl als eifrigen Andachtsübungen endete er als wahrer Märtyrer seines Glaubens am 25. August in einer stillen Nacht sein vielbewegtes Leben. (Bild 86*)

Der nunmehrige *König Philipp III.* war bei seiner Jugend der Leitung des Unternehmens nicht gewachsen und dieselbe fiel daher tatsächlich seinem in der Todesstunde Ludwigs endlich angekommenen Oheim *Karl* zu, der mit seinen sizilischen Truppen ein Lager bezog, das eine Meile von dem der Franzosen entfernt lag. Indessen nahm die Seuche und nahmen die Todes-

---

* Der Leichnam des Dulders wurde an Ort und Stelle präpariert, die Eingeweide später in Monreale auf Sizilien und die Gebeine zuletzt in St. Denis beigesetzt.

Tod Ludwigs des Heiligen.

fälle sowohl als die Angriffe der Feinde, deren Lager nur durch den See von der Stadt getrennt war, stets zu. Mehrere Ritter wurden von den Tunesen umringt und erschlagen, was König *Karl* durch einen plötzlichen Überfall und eine empfindliche Niederlage der Sarazenen rächte, deren 3000 fielen oder bei der Flucht ins Meer stürzten.

Die beiden Könige beschlossen nun kräftigere Maßregeln und ließen Schiffe in den See von Tunis bringen, um die Verbindung des feindlichen

Lagers mit der Stadt abzuschneiden. In dieser Arbeit wurden die Christen durch einen neuen Überfall gestört, den sie jedoch durch einen neuen Sieg rächten, der den Feinden abermalige große Verluste brachte. Die Fahrzeuge der letzteren im See wurden genommen oder versenkt und der Zweck des Unternehmens glücklich erreicht.

Der Sultan von Tunis bot nun alle seine Streitkräfte auf und entfaltete sie bei Karthago. Die drei Könige von Frankreich, Sizilien und Navarra stellten ihre Truppen ebenfalls auf, während der Graf von Alençon das Lager bewachte. Das Ergebnis der nun gelieferten Schlacht war ein dritter glänzender Sieg der Christen, denen das tunesische Lager mit großer Beute in die Hände fiel, während die Feinde landeinwärts flohen. Das feindliche Lager wurde nach seiner Ausplünderung zerstört und es stand nun dem Vorrükken nach Tunis nichts im Wege, wenn König *Philipp* nicht erkrankt wäre. Er sehnte sich nach dem Abzug aus diesem Land, das keine der gehegten Erwartungen erfüllte, und auch die beiden anderen Könige erblickten in der Eroberung von Tunis keinen Vorteil; vielmehr lag es *Karl* mehr daran, den von Tunis früher an Sizilien entrichteten Tribut wieder herzustellen, als das unfruchtbare Land zu besitzen. Die Könige wußten nur keinen schicklichen Grund für den Abbruch des Krieges, bis ihnen der Sultan durch ein Friedensgesuch einen solchen verschaffte. Viele Ritter verlangten im Kriegsrat die Eroberung von Tunis, aber die drei Könige setzten ihre Meinung durch und schlossen am 30. Oktober mit dem Sultan einen Frieden auf fünfzehn Jahre, welcher gegenseitige Verkehrsvorteile, Abschaffung des Strandrechtes, Religionsfreiheit der beiderseitigen Angehörigen usw. festsetzte und Tunis eine Kriegskostenzahlung von 210 000 Unzen Gold, jede zum Wert von 50 französischen Solidi und einen verdoppelten Tribut an Sizilien mit Nachlieferung der Rückstände auferlegte.

Unter freundlichem Verkehr der bisherigen Feinde und unter Hilfeleistung von tunesischer Seite schifften sich nun die Christen ein; die Damen waren in den Schiffen zurückgeblieben. Am 20. November erfolgte die Abfahrt. Zu *Trapani* in Sizilien wollte man weitere Schritte beraten, aber nur die Könige mit ihrem Gefolge gelangten dahin; die übrigen Schiffe wurden von einem furchtbaren Sturm überfallen, wobei 14 größere Schiffe untergingen und gegen 4000 Kreuzfahrer ertranken. Da überdies *Philipp* und *Thibaut* krank waren, beschloß man den Kreuzzug um drei Jahre zu verschieben und die Könige und Barone schworen, sich nach dieser Zeit in einem noch zu bestimmenden Hafen wieder einzufinden.

Nach dem Heiligen Land gelangte von den Teilnehmern dieses Kreuzzuges nur eine Schar von etwa 500 Friesen, welche erst vor der letzten Schlacht bei Tunis angelangt waren und darin mitgekämpft hatten; in Palästina fanden sie hierzu um so weniger Anlaß, als die meisten von ihnen auf der Reise gestorben oder entflohen waren.

Es sollte den Königen nicht bestimmt sein, ihren Eid zu halten. *Thibaut* starb schon in Trapani am 8. Dezember; Philipps Gattin hatte zu Consenza infolge eines Sturzes mit dem Pferd dasselbe Schicksal; der Bruder *Ludwigs, Alfons von Poitiers* und seine Gattin starben in Toskana. In Viterbo

Ermordung Prinz Heinrichs von England.

aber war der heimkehrende König *Philipp* Zeuge einer schauderhaften Mordtat an einem seiner Verwandten und Gefährten. Es war *Guy von Montfort*, Sohn *Simons* und Enkel des Albigenser-Henkers, *Karls* Statthalter in Toskana, welcher die grausame Tat während der Messe vor dem Altar an dem Prinzen *Heinrich*, Sohn *Richards von Cornwall*, verübte (Bild 87), weil des Opfers Oheim an einem Kampf beteiligt gewesen, in welchem des

Mörders Vater fiel! Der ruchlose Täter schleppte selbst den Leichnam des schuldlos Ermordeten an den Haaren aus der Kirche. So weit führte wahnwitzige Blutrache noch damals unter Christen!

NEUNTER ABSCHNITT

Letzte Versuche zur Rettung des Heiligen Landes

B*ibars* war so erbittert über den schimpflichen Frieden, den der Sultan von Tunis eingegangen war, daß er dessen Geschenke für den geleisteten Beistand nicht annahm und ihm die heftigsten Vorwürfe machte, daß er den Tod *Ludwigs* nicht zur völligen Vernichtung des Kreuzheeres benutzt habe. „Ein Mensch wie du“, schrieb er ihm (der sich für einen Kalifen und *Bibars* weit übergeordnet hielt) „ist nicht würdig über Muslimen zu herrschen.“ In der Besorgnis, daß nun die Franken ihren Erfolg gegen ihn benutzen würden, zerstörte er die Mauern von *Askalon* und verschüttete den dortigen Hafen, und in der klugen Voraussicht, daß sich in solchem Fall die Franken mit den Mongolen gegen den Islam verbinden würden, schloß er ein Bündnis mit dem Mongolenkhan von Kaptschak (in Südrußland), welcher mit dem Khan *Abaga, Hulagus* Sohn, in Persien in Feindschaft lag, und versprach ihm zur Eroberung Persiens behilflich zu sein. Während er seine Wallfahrt nach Jerusalem unternahm, zerstörte er ein dortiges christliches Kloster, damit es den Franken keine Stütze biete, so sehr ihn auch die Mönche um Schonung baten.

Als aber *Bibars* vernahm, daß die Christen ihre Kreuzfahrt verschoben hatten, griff er 1271 sofort ihre schwachen und bedrängten syrischen Glaubensgenossen von neuem an und belagerte auf seinem *fünften* Feldzug das bei Tripolis liegende Schloß der Hospitaliter, damals das *Kurdenschloß*, auch *Karak* oder *Krak* genannt (und nicht mit dem Schloß des letzeren Namens in der Nähe des Toten Meeres zu verwechseln). Es wurde von den Ordensrittern tapfer verteidigt; aber nach zwei Wochen konnten sie es nicht mehr halten und übergaben es am 7. April, was *Bibars* mit furchtbarer Drohung dem Großmeister anzeigte, der sofort um Waffenstillstand bat und sich in diesem verpflichtete, das andere Schloß des Ordens, Markab, nicht neu zu befestigen, was auch die Templer bezüglich ihrer Burg Tortosa versprachen. Die Christen im Morgenland lebten nur noch von der Gnade des Sultans *Bibars*!

So vor den beiden Orden gesichert, wandte sich *Bibars* neuerdings gegen *Boemund*, den gewesenen Fürsten von Antiochia und nunmehr noch Grafen von Tripolis, um ihn für seine fortgesetzten Verbindungen mit den Mongolen zu strafen. Aus Furcht vor dem Sultan und vor den nun diesem unterworfenen Assassinen wagte *Boemund* nicht mehr Tripolis zu verlassen und auf die Jagd zu gehen, worauf ihm *Bibars* spottend in Schnee eingelegtes Wildbret sandte. Dann eroberte und zerstörte er die Burgen im Gebiet von Tripolis und antwortete dem Fürsten auf seine Frage nach den Ursachen dieses Friedensbruches: „Es geschieht, um auf eueren Feldern zu ernten und in eueren Weinbergen zu herbsten und ich denke jährlich wiederzukommen." Zuerst bat der erschrockene *Boemund* um Frieden; als aber *Bibars* übertriebene Forderungen stellte, nahm er eine entschlossenere Sprache an und bewirkte durch diese einen Waffenstillstand.

Nicht wenig hatte zu diesem Nachgeben des Sultans die Nachricht von der bevorstehenden Ankunft des englischen Prinzen *Eduard* beigetragen. Derselbe, der wie erwähnt, beabsichtigt hatte, die Kreuzfahrt König *Ludwigs* mitzumachen, war vor Tunis nach bereits abgeschlossenem Frieden angekommen und hatte sich umsonst bemüht, die drei Könige zur Wiederaufnahme des Krieges zu bereden. Er überwinterte in Sizilien und kam am 9. Mai, verstärkt durch mehrere französische Ritter, in Ptolemais an. Hier vereitelte er einen verräterischen Plan, die Stadt, deren Einwohnern nie zu trauen war, den Sarazenen zu überliefern, und züchtigte venezianische Kaufleute, welche den letzteren Waffen und Lebensmittel lieferten.

Bald darauf zog *Bibars*, nachdem er die dem deutschen Orden gehördende Burg *Montfort* oder *Korain* erobert und zerstört hatte, mit Heeresmacht gegen Ptolemais, besann sich aber plötzlich eines andern, kehrte nach Ägypten zurück und rüstete eine Flotte gegen *Zypern* aus, um den Christen diesen Stützpunkt zu nehmen. Seine, um die Christen zu täuschen, mit Kreuzen bezeichneten Schiffe scheiterten aber bei Limassol und wurden eine Beute der Zyprioten. König *Hugo* zeigte dies dem Sultan in denselben höhnenden Worten an, mit welchen dieser Unfälle der Christen ihnen zu melden pflegte, was *Bibars* mit Drohungen erwiderte, wobei er den königlichen Titel wegließ.

Während *Bibars* eine neue Flotte baute, kam König *Hugo* nach Ptolemais und verabredete mit Prinz *Eduard* einen Hilferuf an die Mongolen, welche auch sofort in Syrien eindrangen und die mohammedanischen Landschaften verheerten. Die Christen benutzten aber diesen Beistand nicht, und als *Bibars* in Syrien erschien, zogen sich die Mongolen erschreckt vor ihm zurück. Einen mit den letzteren einverstandenen Emir ließ der Sultan durch Assassinen ermorden.

Es war ein verspäteter, schwächlicher und verächtlicher Zug, als Prinz *Eduard*, sein Bruder *Edmund*, König *Hugo*, die drei Orden usw. gegen Cäsarea auszogen, dort gegen tausend wehrlose turkmenische Hirten erschlugen und ihr Vieh erbeuteten, ohne weitere Taten zu vollführen. Ja sie waren froh, von *Bibars*, welcher eben selbst auf der Schiffswerft in Kairo an der neuen, gegen Zypern bestimmten Flotte arbeiten half, 1272 durch sizilianische Gesandte einen Anstandsfrieden auf zehn Jahre, (nämlich arabische

Mondjahre), zehn Monate, zehn Tage und zehn Stunden (im ganzen zwei Wochen über zehn und ein halbes Sonnenjahr) zu erlangen.

Dieser Friede war jedoch auf die Straße zwischen Ptolemais und Nazareth beschränkt und der Prinz *Eduard* war darin nicht erwähnt, denn *Bibars* hatte seinen Tod beschlossen. Zu diesem Zweck mußte sich der Emir von Ramla in das Vertrauen des Prinzen einschleichen, dem er vorgab, Christ werden zu wollen, und verschaffte hierdurch, obschon der Großmeister der Templer *Eduard* warnte, zwei Assassinen Eingang bei letzterem. Am 16. Juni lag dieser auf seinem Ruhebett, nur leicht angekleidet, als einer der Meuchler eintrat und ihm einen Brief überreichte. Während *Eduard* diesen las, zog der Mörder den Dolch und führte seinen Stoß, den aber der Prinz glücklich abwehrte (Bild 88); einen zweiten Versuch vereitelte er, indem er den Mörder mit einem Fußtritt auf den Boden warf, worauf er ihm den Dolch entriß und ihn ihm selbst in den Leib stieß. Ein eben zur Hilfe herbeieilender Diener des Prinzen zerschlug mit einem Schemel den Schädel des Leichnams, daß das Gehirn herumspritzte, worüber der Prinz seine Unzufriedenheit nicht verbarg. Er hatte indessen bei dem Mordanfall selbst Wunden am Arm und im Gesicht erhalten, die jedoch sein Arzt bald heilte, obschon man den Dolch für vergiftet hielt. Daß *Bibars* dem Prinzen zu seiner Rettung Glück wünschte und dabei seine Unschuld an der Tat versicherte, spricht nur für seine Schuld. Bald nachher kehrte *Eduard* nach Hause zurück und bestieg noch in demselben Jahr den Thron Großbritanniens.

Während des zehnjährigen Waffenstillstandes erneuerten sowohl die syrischen und armenischen Christen als *Bibars* ihre Verbindungen mit den beiden feindlichen Parteien der Mongolen. *Bibars* schlug am *Euphrat* die christenfreundlichen Mongolen, die wieder in sein Reich einfallen wollten, und spielte völlig den Oberherrn der Christen; als ein Schiff aus Marseille eines seiner Schiffe und auf diesem den Gesandten seines Khans auffing und nach Ptolemais brachte, verlangte er dessen Auslieferung, und als ihm zur Antwort wurde, daß man in Syrien keine Macht über Marseille besitze, drohte er der letzteren Stadt selbst mit Sperrung seiner Häfen und bewirkte die Freilassung des Mongolen.

Die noch christliche Burg *Kossair* bei Antiochia gewann *Bibars* dadurch, daß er den Burgherrn durch eine Einladung herauslockte und mit seinem Sohn in Damask gefangenhielt, bis beide starben. Er wurde sogar ein Schutzherr christlicher Machthaber. Die Witwe des letzten Herrn von *Beirut* begab sich in seinen Schutz und als König Hugo dies nicht zugab und sie nach Zypern entführte, zwang ihn der Sultan zur Herausgabe der Dame. Um seinen Schutz bewarben sich sogar die Vormünder des minderjährigen *Boemund VII.* von Tripolis, dessen Vater 1275 starb, und er gewährte denselben gegen einen jährlichen Tribut von 200 000 Byzantinern. Unter solchen Umständen lähmte seine Macht die Christen, obschon damals bewaffnete Kreuzfahrer wieder in ziemlicher Anzahl anlangten, ebenso sehr wie dies ihre Uneinigkeit unter sich tat. Es waren damals, so barock dies klingt, die christenfreundlichen Mongolen, welche eine Erneuerung der Kreuzzüge am eifrigsten betrieben und sogar Gesandte an das 1274 in Lyon versanmelte Konzil schicken, die sich dort taufen ließen. Dennoch hielten sie dem Sultan *Bibars* nicht stand, der ihnen sogar Kappadokien wegnahm und bei diesem Anlaß das armenische Gebiet verwüstete. Aber dies war seine letzte Tat; am 19. Juni 1277 schloß er in Damask seine blutige Laufbahn, wahrscheinlich infolge einer Vergiftung; denn an Feinden fehlte es ihm auch in seinem eigenen, von ihn fürchterlich bedrückten Reich nicht, besonders in dem von ihm ausgebeuteten und mißhandelten Damask, dem er kurz nach seiner Rückkehr vom Mongolenkrieg 200 000 Silbermünzen, wie der umliegenden Landschaft 300 000, ihren Ortschaften ebensoviel und dem südlichen Syrien eine Million an Kriegssteuern auferlegt hatte, denen nun die Gepreßten durch seinen Tod entgingen.

Dem gewaltigen Toten folgte sein unfähiger Sohn *Malik as Said*, und es wäre dies für die Christen ein sehr glücklicher Umstand gewesen, wenn sie ihn zu benutzen verstanden hätten. Selbst der römische Hof hatte sich lange mit nichts weniger als dem Heiligen Land, sondern drei Jahre lang nach dem Tode *Clemens IV.* lediglich (1268–71) mit einer neuen Papstwahl beschäftigt, welche erst nach jenem Zwischenraum auf den schon erwähnten milden *Gregor X.* fiel. Der neue Papst, der selbst im Heiligen Land war, als er gewählt wurde, erweckte in diesem große Hoffnungen, und er erfüllte sie auch, so gut er konnte. Er mahnte den König *Philipp III.* von Frankreich an die Erfüllung seines Gelübdes, und der König bewilligte ihm aus der Kostenzahlung des Sultans von Tunis ein Anleihen von 25 000 Mark Silber und zeigte sich bereitwillig, den versprochenen Kreuzzug zu unternehmen. Weiter ersuchte der Papst die drei italienischen Seestädte und Marseille um Ausrüstung von Schiffen zu diesem Zweck und machte den Genuesen die ernstesten Vorwürfe, daß sie den Sarazenen Waffen lieferten, was er für die Zukunft allen Christen, und so auch jeden den Ungläubigen geleisteten Dienst, strengstens verbot, bei Strafe der Sklaverei, wenn die Schuldigen gefangen würden. Er berief dann auf das Jahr 1274 die bereits erwähnte Kirchenversammlung nach Lyon, welche sich neben der Vereinigung der griechischen Kirche mit Rom vorzüglich mit der Sache des Heiligen Landes befassen sollte. Es fand sich eine große Menge geistlicher und weltlicher Würdenträger ein; auch der griechische Patriarch von Konstantinopel war erschienen; aber sie ging nach zweimonatigen Verhandlungen wieder auseinander, ohne zugunsten des Heiligen Landes etwas getan, ja selbst ohne die Zeit für den Antritt eines neuen Kreuzzuges bestimmt zu haben. *Gregor X.* setzte zwar seine Bemühungen für das Zustandekommen eines solchen fort, namentlich bei König *Philipp*, ließ das Kreuz ohne Rast predigen und versprach den das Kreuz nehmenden alle möglichen Vorteile; ja er sandte auf eigene Kosten 500 Mann zu Pferd und zu Fuß nach Ptolemais und bewirkte bei seiner Zusammenkunft mit dem 1273 nach dem traurigen Zwischenreich zum deutschen König gewählten *Rudolf von Habsburg*, 1275 in Lausanne, daß derselbe, seine Gattin, die Herzöge von Bayern und Lothringen und 500 deutsche Ritter das Kreuz nahmen, daß die Könige *Philipp von Frankreich, Jakob von Aragon* und *Karl* von *Sizilien* ihre Gelübde er-

Mordanfall auf Eduard von England.

neuerten und König *Eduard I.* von England wiederholte, während König *Leo von Armenien* den Kreuzfahrern jede Unterstützung zusagte. Ja der Papst dachte unter so günstigen Aussichten daran, das erste Beispiel dieser Art, das Kreuzheer selbst zu begleiten, aber sein Tod, der schon im Januar 1276 eintrat, machte nicht nur diesen Gedanken, sondern die Vornahme eines Kreuzzuges überhaupt scheitern. Seine zwei nächsten Nachfolger starben nach wenig Monaten und der dritte Papst dieses Jahres, *Johann XX.* oder *XXI.*, mußte bei seinem Amtsantritt wahrnehmen, daß die Fürsten, welche *Gregor X.* so feierliche Versprechen gemacht, dieselben nicht zu halten dachten, sondern zum Teil vielmehr gegeneinander Kriege führten, und gab infolgedessen es auch selbst auf, sich weiter für eine Unternehmung zu bemühen, für welche keine Teilnehmer aufzubringen waren.

Zum Glück für die syrischen Christen, wenn man eine Galgenfrist von fünfzehn Jahren so nennen kann, befand sich das Reich des toten *Bibars* in einem Zustand vollständigster Zerrüttung. Gegen seinen Sohn, *Malik as Said*, der sich durch seine Unbeständigkeit nur Feinde machte, empörten sich 1279 seine Truppen und stürzten ihn, was er nicht lang überlebte, und bald darauf schwang sich der Emir *Kilawun* auf den Thron Ägyptens und der Emir *Sankor Alaschkar* auf denjenigen von Damask. So spaltete sich *Salaheddins* großes Reich abermals. Aber auch das winzige der syrischen Christen zerfiel in Parteien; in der Grafschaft *Tripolis* bekämpften sich eine einheimische unter dem Fürsten und dem Bischof von Tortosa und eine römische unter dem Bischof von Tripolis und den Templern, von denen die erstere gewalttätig gegen die Geistlichkeit verfuhr und daher durch Papst *Nikolaus III.*, der auf *Johann XXI.* folgte, in den Bann fiel. In *Ptolemais* aber entspann sich ein Streit zwischen der dortigen Bürgerschaft und dem König *Hugo III.* von Zypern und Jerusalem, der überdies sowohl mit den Templern als den Venezianern zerfallen war. Als nun *Hugo* in Rom gegen seine Feinde klagte, trat ihm dort seine Großtante Prinzessin *Maria*, entgegen, welche nähere Ansprüche auf die Krone von Jerusalem zu haben behauptete als er, diese aber 1277 dem König *Karl* von Sizilien abtrat. Dieser nahm die ihm angebotene, wenngleich arg verstümmelte Krone an und sandte einen Statthalter nach Ptolemais, wo sich die Templer und die Venezianer, und die seit geraumer Zeit von König *Philipp* dort unterhaltenen französischen Söldner für ihn erklärten und die Barone, sowie *Boemund* von Tripolis nachfolgten, während Tyros und Beirut dem König von Zypern treu blieben, und auch die Pullanen von Akkon und die Pisaner diese Partei ergriffen. Neun Jahre dauerte diese Zweiteilung des Reichsbruchstückes, bis König *Heinrich II.*, *Hugos* Bruder und zweiter Nachfolger, Ptolemais belagerte, zur Übergabe zwang, die sizialianischen Beamten vertrieb und sich in Tyros krönen ließ – nicht fünf Jahre vor dem Untergang der christlichen Herrschaft in Syrien! Es ist bezeichnend für die damalige Zeit, daß das kurze Königtum *Karls* in Syrien die französischen Ritter scheinbar für das Heilige Land begeisterte, indem sie außergewöhnlich zahlreiche Turniere abhielten, um, wie sie vorgaben, sich auf den Kreuzzug einzuüben (!); als aber der Papst wie alle seine Vorgänger dieses weltliche, gefährliche und kostspielige Vergnügen untersagte, verflog auch alles Feuer, welches jene Ritter für das Heilige Land gefaßt hatten!

Unterdessen hatten sich die neuen Sultane von Kairo und Damask bekriegt; *Kilawun* hatte seinen Gegner überwunden, dessen Reich 1280 mit dem seinigen vereinigt und ein Jahr später durch einen glänzenden Sieg Syrien für immer von den Mongolen befreit, welche letzteren bald darauf, obwohl *Abagas* Sohn getauft war, Mohammedaner wurden (wie ihre Stammesgenossen in Ostasien schon früher Buddhisten) und die Christen aus ihrem Gebiet vertrieben.* Seitdem hatten die syrischen Franken an *Kilawun* einen nicht viel weniger eifrigen und tüchtigen, wenn auch milderen Gegner als an *Bibars*. Er bewilligte 1282 und 1283 den Christen, welche ja weder von ihren Glaubensgenossen in Europa, noch von den Mongolen mehr etwas zu erwarten hatten, die Erneuerung des Waffenstillstandes, den sie während seines Kampfes mit den Mongolen gebrochen hatten, und zwar wieder auf 10 Jahre, 10 Monate, 10 Tage und 10 Stunden, und beide Teile beschworen denselben feierlich und riefen nach ihrer Religion die schwersten Bußen auf ihr Haupt herab, wenn sie ihn brechen sollten.

* Zwar wandten sie sich später noch einmal, unter dem Khan *Argun*, den Christen zu, was aber nicht von Dauer war und den letzteren nichts mehr nützte.

ZEHNTER ABSCHNITT

Gänzlicher Verlust des Heiligen Landes

Nachdem der kluge *Kilawun* durch Botschafter an allen europäischen Höfen über die dortige Stimmung Erkundigungen eingezogen und sich demgemäß überzeugt hatte, daß die syrischen Christen von dorther keine Unterstützung mehr erhalten würden, holte er zu dem letzten Streich gegen ihre noch übrigen Besitzungen aus. Und das war um so leichter, als die mit ihnen abgeschlossenen Verträge so verwickelt waren, daß ihr Bruch aus jedem beliebigen Vorfall gefolgert werden konnte. Die *Johanniter* übrigens bemühten sich gar nicht, die Verträge zu halten, ja beachteten sie gar nicht, und infolgedessen beschloß *Kilawun* 1285 die Belagerung ihres Schlosses *Markab* oder Margat am Meer nördlich bei Tortosa. Dasselbe war an Ausdehnung einer Stadt gleich und blickte von unersteiglichen Felsen herab, die von tiefen Abgründen umgeben waren. Der Sultan begann die Belagerung am 18. April; unter seinen Truppen befanden sich auch die des Fürsten von *Hama*, der mit seinem zwölfjährigen Sohn, dem späteren Geschichtsschreiber *Abulfida*, selbst anwesend war. Schon war ein Teil der Mauer untergraben und niedergeworfen, als ein einstürzender Turm die Bresche wieder ausfüllte. Am 25. Mai aber übergaben die Johanniter die Burg gegen freien Abzug, den der Sultan auch gestattete.

Das Schicksal von Markab traf bald darauf auch die dem Grafen von Tripolis gehörende, noch näher bei Tortosa auf einem dem Meer abgewonnenen Grund erbaute Burg *Marakia*, aber nicht durch die Waffen der Sarazenen, sondern durch die Furcht des Fürsten *Boemund*, welcher sie infolge einer Drohung *Kilawuns* selbst schleifen ließ! Gleiche Furcht erfüllte den König *Leo von Armenien*, der sich vom Sultan einen zehnjährigen Frieden durch einen jährlichen Tribut von einer Million Dirhams erkaufte und von da an alle noch so schimpflichen Forderungen *Kilawuns* erfüllte. Nicht rühmlicheren Bedingungen unterwarf sich *Margarete von Montfort*, die Witwe des letzten Herren von Tyros.

Im Jahre 1287 nahm Sultan *Kilawun* die Bahauptung, daß in Tripolis muslimische Kaufleute angehalten worden, zum Vorwand der Belagerung von *Laodikea*, und der damit beauftragte Emir *Husameddin* bewirkte in kurzer Zeit ihre Übergabe gegen freien Abzug der Christen. Und nun ging es an Tripolis, das den Muslimen längst ein Dorn im Auge war. *Kilawun* verschob zwar die Belagerung, weil 1288 sein bereits zum Mitregenten angenommener Sohn starb, aber schon im vorhergehenden Jahr war *Boemund VII.*, der letzte Fürst und der letzte seines Stammes, gestorben und seine Untertanen teilten sich die Parteien, von denen die eine der Mutter und die andere der Schwester des Verstorbenen das Recht der Nachfolge zuerkannte. Und weil nun der Verräter *Bartholomäus* von Gabala dem Sultan und der Republik Genua eine Teilung der Stadt vorschlug, seinen Antrag aber zurücknahm, als ihn *Lucia*, die Schwester des Fürsten, zu ihrem Statthalter ernannte, beschleunigte *Kiluwan* die Belagerung und begann sie am 25. März 1289.

Tripolis war beinahe eine Insel und hing nur durch eine schmale Zunge mit dem Land zusammen, bot daher wenig Raum zur Belagerung. Die Mauern waren so dick, daß darauf drei Mann zu Pferd nebeneinander reiten konnten. Handel und Gewerbe blühten unter der meist christlichen Bevölkerung. Sobald die Gefahr nahte, hörte der Streit der Parteien auf, es wurden treffliche Anstalten zur Verteidigung getroffen und Unterstüzungen an Mannschaft und Schiffen kamen von Zyperns König, von den Ritterorden, den Venezianern, Genuesen, Pisanern und den syrischen Baronen. Die Beschießung war aber furchtbar, und so heldenhaft die Verteidigung wurde, so wenig hielt sie das Schicksal der Stadt auf. Als die Sarazenen die Mauer auf der Landseite beherrschten, am 27. April, flohen die Christen, so viele konnten, zu Schiff nach Zypern, während der Rest von den Siegern niedergemetzelt wurde; siebentausend Christen waren im Kampf gefallen. Es gab natürlich eine ungeheuere Beute in der reichen Stadt, welche 180 Jahre ununterbrochen den Christen gehört hatte, also länger als irgendeine andere Stadt im Orient, und welche nun die barbarischen Sieger zerstörten wie Antiochia. Seit dem Ende der arabischen Geistesblüte gab es keinen Ort mehr, wo Muslimen den Fuß hinsetzten, ohne eine Wüste zurückzulassen.

Der König *Heinrich*, welcher nun auf dem Festland nur noch Ptolemais, Sidon, Tyros und Beirut sein nannte, erbat von *Kilawun* einen letzten Waffenstillstand auf zwei Jahre und machte einen letzten Versuch, das Abendland zur Hilfe zu rufen. Papst *Nikolaus IV.* ließ in Italien das Kreuz predigen – zum letzten Male – und bemühte sich noch in anderer Richtung vielfach; er mahnte die christlichen Könige zum unzähligsten Male und ließ selbst in Venedig Schiffe ausrüsten. Aber alles war ohne andern Erfolg, als Gleichgültigkeit, leere Ausflüchte und selbst Betrügereien, welche der Bischof von Tripolis bei Überführung der päpstlichen Flotte nach Ptolemais beging. Die Könige von Aragon und Sizilien (das seit der sizilianischen Vesper demselben Hause gehörte) schlossen zu derselben Zeit mit dem Sultan, der ihre christlichen Brüder hinmordete, Handelsverträge und übernahmen darin die Verpflichtung, alle christlichen Staaten von „Feindseligkeiten" gegen den Sultan abzuhalten, ja sogar ihn von „feindseligen" Absichten derselben zu unterrichten und ihm gegen seine Feinde mit Waffenmacht beizustehen, aber weder den europäischen, noch den syrischen Christen irgendwelchen Beistand zu leisten – d. h. also sich jedem künftigen Kreuzzug zu widersetzen – sie, deren Macht einzig und allein durch Kreuzzüge gegründet und geschaffen war! Und dafür erhielten sie nur unbedeutende Vorteile und das Recht, daß ihre Untertanen nach Jerusalem pilgern durften. Auch Genua schloß dem Handel zuliebe mit dem Sultan einen Vertrag, nach welchem es die reisenden Muslimen überall und mit allen Kräften gegen jeden Schaden zu schützen versprach.

Den letzten Waffenstillstand vor der Katastrophe brachen 1290 wahrscheinlich jene in *Akkon* angekommenen päpstlichen Söldner, ein verkommenes Volk, das in der Stadt schon Raub und Unzucht aller Art beging, die benachbarten sarazenischen Orte aber ungeachtet aller Abmahnungen der Ritter von Ptolemais plünderte und mordete. Als der Sultan dies vernahm, ließ er durch Gesandte von der Stadt Ptolemais die Auslieferung der Raubmörder verlangen, widrigenfalls er im nächsten Jahr die Stadt belagern würde. Die Forderung wurde abgewiesen, man wolle, hieß es, die Verbrecher selbst strafen. Und nun wurde der Krieg erklärt – der letzte im Heiligen Land zwischen Christen und Muslimen! Christliche Gesandte, welche den Sultan umzustimmen suchten, wurden eingekerkert. Das Schicksal Akkons und damit des Restes christlicher Herrschaft in Syrien war besiegelt. Die Bürgerschaft der bedrohten Stadt aber verzagte nicht und erklärte dem Patriarchen von Jerusalem, daß sie, bis die Christen des Abendlandes die erbetene Hilfe senden, ausharren und die Festungswerke der Stadt in besten Stand setzen wolle. „Als der Patriarch dies vernommen", erzählt der anonyme Geschichtsschreiber die Katastrophe, „erhob er sich von seinem Sitz, richtete seine Augen gen Himmel, faltete seine Hände über der Brust und dankte seinem Gott in einem inbrünstigen Gebet dafür, daß er den Bürgern von Ptolemais einen so einmütigen und trefflichen Beschluß eingeflößt hätte."

Es wurden nun Gesandte an den Papst und an die Fürsten des Abendlandes, an den König von Zypern und die Barone des Königreichs Jerusalem abgeordnet. Die nach Europa gerichteten Notschreie kamen ohnehin zu spät und bewirkten so wenig wie die früheren; König *Heinrich* und die Barone aber taten ihr möglichstes. Die Verteidiger der Stadt wurden in vier Scharen geteilt, welche unter der Leitung des Befehlshabers der französischen Miliz, des zyprischen Hauptmanns, des Großmeisters der Johanniter und desjenigen der Templer standen, und jede derselben hatte eine Anzahl Stunden bei Tag oder Nacht die Wachen zu übernehmen. Die bewaffnete Macht, die nun in der Stadt versammelt war, zählte zwei- bis dreitausend Ritter und 18 000 Mann zu Fuß.

Der Sultan bot den ganzen Orient gegen die unselige Stadt auf, starb aber plötzlich auf dem Marsch am 11. November 1290; doch gab dies keine Störung in dem Unternehmen, denn sein Sohn *Malik al Aschraf* führte seine Scharen weiter, und seit dem März 1291 sammelten sich die unabsehbaren Heere Ägyptens, Arabiens und Syriens, nach verschiedenen Angaben drei- bis sechshunderttausend Mann, zur dritten großen Belagerung von Ptolemais, gerade hundert Jahre nach dessen Wiedereroberung durch die Christen. Der Sultan selbst kam erst im April an, nachdem schon mehrere

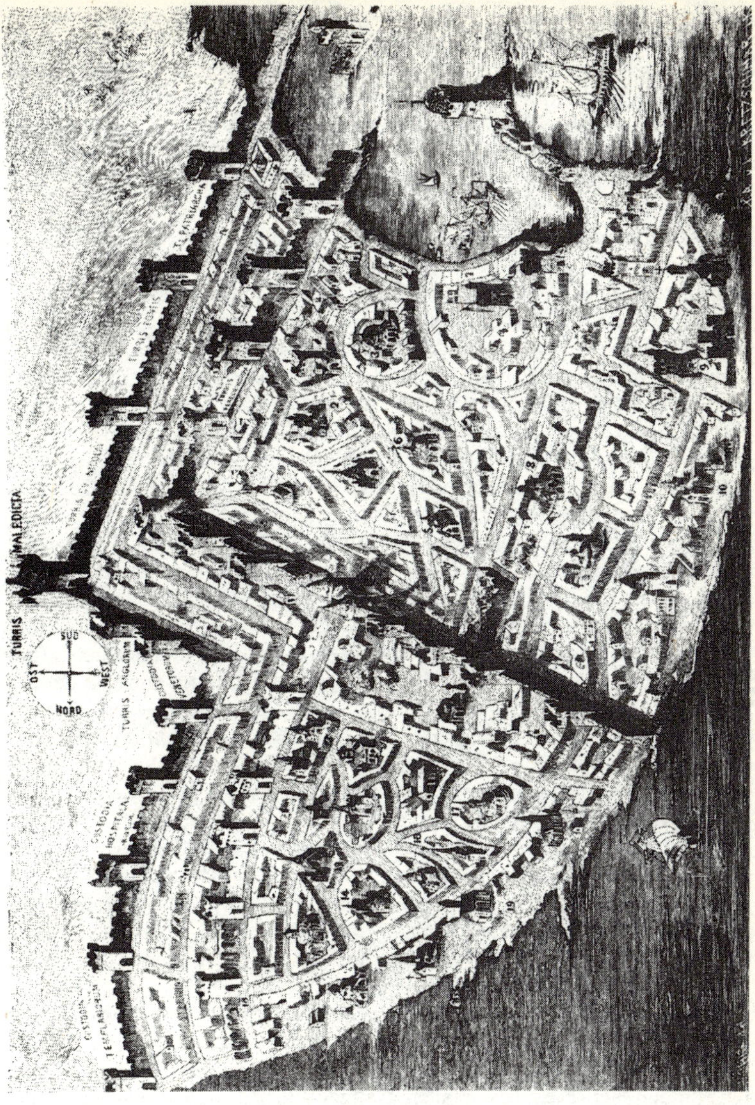

Ptolemais (Akkon) um 1290.

1. Turm der Deutschen. – 2. Haus der Deutschordensritter. – 3. Patriarchenpalast. – 4. Kastell. – 5. Marienkirche. – 6. Heiligkreuzkirche. – 7. Haus der Venetianer. – 8. Haus der Hospitaliter (Johanniter). – 9. Haus der Templer. – 10. Predigerkloster (Dominikaner). – 11. Minoritenkloster (Franziskaner). – 12. St. Antoniuskirche. – 13. Wohnung der Templer. – 14. Hospital der Johanniter. – 15. St. Aegidienkirche. – 16. St. Katharinenkirche. – 17. Quartier der Templer. – 18. St. Lazarustor. – 19. Karmeliterkloster.

Kämpfe mit wechselndem Glück stattgefunden, und begann am 5. desselben Monats die Einschließung der Stadt.

Nach den Berichten der Zeitgenossen übertraf Ptolemais damals alle christlichen Städte des Orients an Schönheit und Bequemlichkeit. Es war der Mittelpunkt des Verkehrs zwischen dem Abend- und Morgenland und es waren dort ungeheure Reichtümer aufgehäuft.

„Die Häuser waren von gleicher Höhe, aus gehauenen Steinen erbaut und mit gläsernen Fenstern und mancherlei Gemälden verziert; sie waren nach der Sitte des Landes oben flach, auf ihrer Höhe mit schönen Blumengärten, zum Teil selbst mit Lusthäusern geschmückt, und künstliche Leitungen führten in diese anmutigen Gärten erfrischendes Wasser. Prachtvolle Paläste, gleichwie Burgen mit Mauern und Gräben umgeben, welche an den äußeren Enden der Stadt von dem König von Jerusalem, dem Fürsten von Antiochia, dem Grafen von Joppe, dem Feldhauptmann des Königs von Frankreich, den Herren von Tyros, Arsuf, Cäsarea, Ibelin, und anderen christlichen Baronen erbaut waren, gaben den Teilen der Stadt, in denen sie standen, ein ebenso charakteristisches als stattliches Ansehen. In der Mitte der Stadt hatten die Kaufleute und Handwerker ihre Wohnungen, jedes Gewerbe in einer eigenen, nach demselben benannten Straße; die Kaufleute, welche aus verschiedenen Gegenden, nicht nur aus Venedig, Genua und Pisa, sondern auch aus Rom, Florenz, Paris, Konstantinopel, selbst aus Damask, Ägypten und dem nördlichen Afrika nach Ptolemais gekommen und daselbst sich angesiedelt, bewohnten bequeme und zierliche Häuser und ihre gefüllten Warenlager zeugten von ihrem Wohlstand und der Lebhaftigkeit ihres Handels. Die Straßen waren breit und geräumig und von der äußersten Reinlichkeit; über denselben wurden zum Schutz gegen die Sonnenhitze seidene oder andere zierliche Tücher ausgespannt. Aus der unübersehbaren Menge von Häusern ragten zahlreiche Kirchen mit ihren Kuppeln oder Türmen hervor, wie auch die Häuser der geistlichen Ritterorden mit ihren Türmen und Zinnen." Von solchen Orden waren außer den drei uns schon bekannten, die weniger genannten vom Schwert und vom Heiligen Geist, sowie der Heiligen Thomas und Lazarus vertreten. Befestigt war die Stadt „mit hohen und sehr starken Türmen, welche kaum auf Steinwurfsweite von einander entfernt lagen; jedes Stadttor lag zwischen zwei Türmen und die doppelten Mauern waren so breit, daß darauf ein Wagen einem anderen bequem ausweichen konnte."

„Keine andere Stadt bot eine solche Mannigfaltigkeit und Abwechslung der Unterhaltung und des Zeitvertreibs dar; täglich, vornehmlich in der Jahreszeit der offenen Schiffahrt und der gewöhnlichen jährlichen Meerfahrten, fanden sich Fremde aus allen Weltgegenden darselbst ein, Pilger aus allen christlichen Ländern in ihren eigentümlichen Trachten, fränkische und morgenländische Kaufleute, Reisende ritterlichen und bürgerlichen Standes, welche Neugier und Schaulust nach dieser üppigen Stadt zog; die verschiedensten Sprachen des Abend- und Morgenlandes wurden von diesen Fremdlingen geredet, und jeder Reisende fand daselbst einen in seiner Sprache gewandten Dolmetscher. Die zahlreiche in Ptolemais lebende Ritterschaft gewährte nicht minder manche Augenweide; bald sah man die syrischen Barone mit zahlreichem Gefolge von Rittern, Soldaten und Bedienten, in reicher Kleidung und trefflicher Rüstung mit blinkenden Waffen, auf stattlichen und prachtvoll gezierten Rossen durch die Straßen reiten, bald wurden Turniere, Lanzenstechen und andere ritterliche Spiele und Übungen gehalten." Ja der Glanz war so groß, daß die Sage entstand, die Fürsten und Barone in Ptolemais wären mit ihren goldenen Kronen auf den Häuptern nach königlicher Weise auf Straßen und Plätzen umhergeschritten.

Die Belagerer waren von der Schwierigkeit ihres Unternehmens so sehr überzeugt, daß sie vor der belagerten Stadt nicht weniger als 92 (meist früher von den Christen erbeutete) Wurfmaschinen aufstellten, deren größte von hundert mit Ochsen bespannten Wagen fortgeschafft werden mußte. Die Umgegend von Ptolemais wurde mit echt orientalischer Gründlichkeit verwüstet.

Die beim Anfang der Belagerung zu Tage getretene Einigkeit und Zuversicht der Belagerten wich leider bald den alten Parteiungen zwischen den Ritterorden, zwischen den italienischen Seestädten und zwischen den Franken und Pullanen, und an Sittenlosigkeit gaben die Fremden den Einheimischen wenig oder nichts nach. Da diese Zustände wenig Hoffnung auf einen gelungenen Widerstand aufkommen ließen, versuchte der Großmeister der Templer den Sultan noch einmal zu einem Waffenstillstand zu bewegen, den *Aschraf* auch gegen ein Lösegeld von einer venezianischen Zecchine für jeden christlichen Einwohner bewilligte. Die Bevölkerung aber wies diesen Antrag von sich und behandelte den Großmeister als Verräter, worauf er, um dem ihm gedrohten Tod zu entgehen, entfloh. Trotz aller Parteiungen herrschte nämliche eine unglaubliche Tollkühnheit, und man ließ in der ersten Zeit der Belagerung sogar die Tore offen, selbst bei Nacht, unternahm zahlreiche Ausfälle gegen die feindliche Übermacht und beschoß sogar in Schiffen vom Meer aus die Belagerer mit Pfeilen und Steinen. Bei einem Ausfall in das Lager der Feinde wurden aber viele Ritter erschlagen. Diese Tollkühnheit nahm aber ein Ende, als die ungemein eifrig und ohne Rast betriebenen Arbeiten der Belagerer die Stadt immer enger einschlossen und die Mauern immer mehr beschädigten. Vom 5. bis 15. Mai wurde die furchtbarste Beschießung mit Pfeilen, Wurfspießen, Steinen und griechischem Feuer gar nicht unterbrochen. Schon fingen die Bewohner an, ihre Frauen und Kinder, Waren und – Reliquien auf Schiffe zu bringen und nach Zypern zu senden; auch Krieger flohen in Menge, und es blieben nur noch 12 000 Söldner und 880 Ritter zurück. König *Heinrich,* der am 4. Mai in der Stadt angekommen war, hatte sich angelegentlich bemüht, Einigkeit und Mut hervorzurufen, entfernte sich aber in der Nacht vom 15. zum 16. Mai, als die Not auf das höchste gestiegen und keine Hoffnung auf Rettung mehr vorhanden war, mit allen seinen Soldaten und 3000 Bürgern nach seiner Insel, verfolgt von den Verwünschungen der Zurückbleibenden.

Es waren der letzteren noch siebentausend Mann, als am 16. Mai, nachdem schon einige Türme gefallen, ein großer Sturm unternommen wurde. Die Feind drangen hart an die Mauer heran, füllten den Graben und erstiegen die Zinnen, worauf die Eingedrungenen ihren Genossen eine weite Bresche öffneten. Jetzt drangen die Belagerer in großer Menge ein; es wurde mit furchtbarer Erbitterung gekämpft, aber schließlich mußten sich die Christen vor der ungeheuern Übermacht in die innere Stadt zurückziehen. Erst jetzt vernahmen die geistlichen Ritter das Vorgefallene, stürzten sich in den Kampf und erlegten viele Feinde, auch die Soldaten drangen wieder vor, durch dieses Beispiel angefeuert, und trieben in der Tat die Eingedrungenen, die an diesem Tage 20 000 Mann verloren haben sollen, wieder aus der Stadt hinaus und in ihr Lager zurück.

In der nächsten Nacht bauten die Christen eine Notmauer und stellten dahinter Wurfgeschütze auf. Viele vorsichtige Männer sahen zwar ein, daß die fortgesetzte Verteidigung zu nichts führen könne und rieten zur Räumung der Stadt, aber es waren im Hafen nur noch zwei kleine Schiffe vorhanden.

So blieb nichts mehr als der Kampf übrig, zu welchem der Patriarch mit feurigen Worten aufforderte. Die dem Untergang geweihten Krieger hörten die Messe, beichteten, nahmen von einander unter Umarmungen Abschied und versprachen sich treues Zusammenhalten, worauf sie gemeinsam das Abendmahl nahmen. So zum letzten Kampf gerüstet, sahen sie am 18. Mai den letzten Tag christlicher Macht im Orient anbrechen. Schon vor Tagesgrauen rückten die Feinde mit betäubendem Trommel- und Trompetenschall der hoch auf Kamelen sitzenden Spielleute dicht an die Mauer heran und berannten sie mit wildem barbarischem Geheul. Trotz tapferer Gegenwehr der Christen rissen sie die Notmauer nieder; dennoch wurden sie abermals in die Flucht geschlagen. Aber neue, vom Sultan selbst zusammengerufene Scharen drangen nun vor, unter ihnen zahlreiche Christen, denen der Sultan Abgabenfreiheit, im Fall der Weigerung aber doppelte Besteuerung in Aussicht gestellt, dann fanatische Renegaten, wild gestikulierende und rufende Derwische, Fakire und andere Fanatiker voran, und brachen, von einem dichten Nebel begünstigt, in die Stadt ein. Zu spät erst eilten die Templer und Johanniter ihren Glaubensgenossen zu Hilfe. Der Templermeister (über dessen Namen man nicht einig ist), fiel und von seinen Brüdern behielten nur zehn das Leben. Der Johannitermeister, *Johann von Villers*, wurde schwer verwundet, und von seinem Orden blieben nur sieben Ritter übrig, während der Marschall *Mathäus von Clermont*, wie ein Löwe unter den Feinden wütend, den Heldentod starb. Der Befehlshaber der Franzosen dagegen, *Johann von Grailly* und sein Adjutant, der Engländer *Grandison*, flohen nach den Schiffen, wohin der Patriarch von seinen Freunden mit Gewalt gebracht wurde; aber sein Fahrzeug war so mit Flüchtigen gefüllt, daß es untersank und alle Insassen bis auf einen ertranken.

Nachdem die Sarazenen von allen Seiten in die Stadt und in dieser vorgedrungen waren, zogen sich die noch übrigen etwa fünftausend christlichen Krieger in das nahe am Meer gelegene Templerhaus zurück. Die wenigen noch in der Stadt gebliebenen Wehrlosen wurden niedergemacht oder ertranken beim Versuch der Flucht.

Am 19. Mai wurde endlich das Templerhaus in Angriff genommen; aber

Ruinen von Tortosa.

der in der letzten Nacht eilig gewählte Großmeister bot, da eine Verteidigung ohne Aussicht war, die Übergabe gegen freien Abzug an. Der Sultan sandte ihnen als Zeichen seiner Zustimmung eine weiße Fahne; aber seine Soldaten drangen rasend ein, raubten, was sie konnten und mißhandelten, was ihnen begegnete. Als die Christen sich ihrer nicht anders erwehren konnten, machten sie sie nieder und warfen die weiße Fahne hinaus, und nun ließ der Sultan das Templerhaus den ganzen Tag hindurch beschiessen. In der nächsten Nacht zogen die Templer in aller Stille mit einigen anderen Christen ab und schifften sich nach Zypern ein. Die viertausend Zurückgelassenen baten am 20. Mai, nach anderen Angaben erst nach zehn- oder elftägigem Kampf, den Sultan um Gnade, öffneten das Gebäude, als ihnen diese zugesichert war, wurden aber sofort auf Befehl des Sultans zur Hälfte niedergemacht, zur Hälfte gefangen und die noch bei ihnen befindlichen Frauen und Kinder in das feindliche Lager geschleppt. Auch die Christen, welche sich noch in anderen Gebäuden der Stadt, namentlich in den Häusern der Johanniter und Deutschritter, der Venzianer und Pisaner befanden und sich dort zu verteidigen suchten, wurden, obschon ihnen freier Abzug zugesichert war, ermordet. Die Sarazenen entschuldigten ihre perfide

Handlungsweise als Rache für die *hundert* Jahre vorher von Richard Löwenherz abgeschlachteten Gefangenen, die *Salaheddin* nicht ausgelöst hatte, sowie die von ihren Opfern aus Notwehr erschlagenen Türken. Auch diese Stadt, bei deren Eroberung eine ungeheure, aber sehr verschieden angegebene Menge von Menschen das Leben verlor, wurde von Grund auf zerstört.

Jetzt gaben die übrigen Christen Syriens alle Hoffnung auf. Die Bewohner von *Tyros* verließen ihre Stadt freiwillig zu Schiff; *Sidon*, welches aus Akkon entflohene Templer zu halten versuchten, verließen sie wieder, als die Belagerung begann; den Christen von Beirut versprachen die Feinde freien Abzug, mordeten aber die ihnen vertrauensvoll entgegenkommenden teils, und teils entließ sie der Sultan aus Gnade; das Templerschloß der Pilger wurde ebenfalls von seinen Bewohnern verlassen, und zuletzt noch *Tortosa* am 3. August; – auch diese Orte alle wurden dem Erdboden gleichgemacht!

NEUNTES BUCH

Die Folgen der morgenländischen Kreuzzüge

(1291–1492)

ERSTER ABSCHNITT

Die Weltlage am Ende der morgenländischen Kreuzzüge

Mit der Eroberung von Ptolemais durch die Mohammedaner im Jahre 1291, der ihr folgenden Verödung der übrigen den Christen in Syrien noch gebliebenen Städte und der barbarischen Zerstörung aller dieser Orte waren wohl die Kreuzzüge nach dem Heiligen Land und das unmittelbar durch sie Angestrebte für immer beseitigt, aber deshalb waren weder alle Schöpfungen der Kreuzzüge, noch viel weniger aber war damit der Kampf zwischen Christentum und Islam, von welchem die Kreuzzüge ja nur eine Episode, wenn auch den Höhepunkt bilden, beendet, ja es war dies nicht einmal bezüglich aller Kreuzzüge der Fall. Von den Schöpfungen der morgenländischen Kreuzzüge waren im Unglücksjahre 1291 allerdings die zwei bedeutendsten, das Königreich Jerusalem und das lateinische Kaisertum in Konstantinopel (dieses schon dreißig Jahre früher) vernichtet, aber es bestanden noch die Königreiche Armenien und Zypern und die griechischen Fürstentümer Achaja und Athen, sowie die drei geistlichen Ritterorden der Templer, der Johanniter oder Hospitaliter und der deutschen Ritter, und es wurden noch an zwei Endpunkten des damals zivilisierten Europa Kreuzzüge weitergeführt, an der Ostsee gegen die heidnischen Stämme lettischer und finnischer Abkunft und in Spanien gegen die mohammedanischen Mauren. Sowohl das fernere Schicksal jener übrigbleibenden Schöpfungen der Kreuzzüge nach dem Heiligen Land, als den Verlauf der erwähnten Kreuzzüge in anderen Richtungen zu erzählen, ist noch unsere Aufgabe.

Von gleicher oder vielleicht noch höherer Bedeutung als diese noch zu erzählenden Ereignisse ist aber ohne Zweifel die Beantwortung der Frage, welchen Einfluß die morgenländischen Kreuzzüge auf Europa ausgeübt haben. Dabei muß man sich vor allem hüten, die Dinge einseitig zu betrachten und die Tatsache im Auge behalten, daß die Kreuzzüge nicht aus der Luft gefallen sind, sondern in die Geschichte des seit dem Ursprung des Islam bis heute ununterbrochen fortdauernden Kampfes zwischen diesem und dem Christentum gehören. Freundschaftliche Beziehungen zwischen einzelnen Personen und selbst Mächten beider Bekenntnisse und Kulturkreise sind durch das Anhaltende dieses Kampfes nicht ausgeschlossen und kamen selbst während seines Höhepunktes, eben der Kreuzzüge im engeren Sinn, nicht selten vor. Es sind aber auch die beiden Parteien, welche diesen Kampf gegeneinander führten, weder zu über- noch zu unterschätzen. Die Christen waren zur Zeit der Kreuzzüge weder mehr die Barbaren, welche sie zur Zeit der Völkerwanderung gewesen, noch befanden sich die Mohammedaner mehr auf der Höhe der arabischen Geisteskultur; beide Parteien standen sich an Kulturwert vielmehr ziemlich gleich, während nach den Kreuzzügen im engeren Sinn die Christen um so höher in ihrem geistigen Standpunkt stiegen, als die Mohammedaner tiefer sanken, so daß heute die ersteren unendlich höher über letzteren stehen, als dies vor den Kreuzzügen in umgekehrter Weise der Fall war. Der Grund davon ist ein doppelter. Der Mensch lernt nur etwas und entwickelt sich geistig höher, wenn er aus seinem ursprünglichen Gesichtskreis heraustritt und andere Kreise kennenlernt. Die Christen lernten zur Zeit der Kreuzzüge den Orient kennen, während die Mohammedaner in letzterem sitzen blieben; darum haben jene etwas gelernt und diese selbst das vergessen, was sie früher wußten. Die Araber haben ihre höchste Blüte in Spanien erreicht, weil sie dort in eine ihnen früher fremde Umgebung kamen, und haben jene Blüte zugleich mit Spanien verloren; die Türken dagegen, welche von Europa nur eine Gegend kennenlernten, die dem Orient ziemlich ähnlich ist, haben äußerst wenig Fortschritte gemacht. – Der zweite Grund des Emporsteigens der christlichen und des Sinkens der mohammedanischen Kultur ist aber der, daß infolge des Mißlingens der morgenländischen Kreuzzüge die christliche Gläubigkeit, welche sie gepredigt hatte, an Ansehen verlor, die des Islam aber, dessen Widerstand mit Sieg gekrönt war, erstarken mußte; mit der Erschütterung des Glaubens befestigt sich aber das Wissen und setzt sich an seine Stelle.

Es mußte auf die Phantasie der europäischen Christen einen mächtigen Eindruck hervorbringen, einen Einblick in die ihrem alten Gesichtskreis so fremdartigen Szenen und Sitten des Morgenlandes zu gewinnen, selbst dann, wenn sie solchen Einblick nicht selbst erlebten, sondern nur etwa wettergebräunte und wundenbedeckte Veteranen der Kreuzheere nach ihrer Heimkehr am trauten häuslichen Herd von ihren bunten Erlebnissen erzählen hörten (Bild 89). Infolge dieser beständigen Beschäftigung mit dem Orient seit zweihundert Jahren innerhalb welches Zeitraums es wohl kaum einen Abendländer gab, der nicht entweder selbst Kreuzzüge mitgemacht, oder wenigstens Verwandte oder Bekannte bei solchen beteiligt gesehen, wurde der Orient eigentlich Mode in Europa. Man begann, was während des Zeitraumes des Frauendienstes und der Minnedichtung äußerst selten gewesen, nach orientalischer Sitte den Bart wachsen zu lassen; man nahm orientalische Kleidungsstücke an – der Burnus, der Kaftan (unser „Schlafrock“), die Joppe sind arabische Trachten und Namen; ähnliches fand in der häuslichen Einrichtung statt, wie der „Diwan“, das „Sofa“, die „Matratze“, die „Karaffe“ usw. zeigen. Die arabischen Kunsthandwerke wurden Muster für die abendländischen, namentlich in der Silber- und Goldschmiedekunst, Juwelierarbeit, Waffenfabrikation, Weberei usw.; der Damast und die Da-

Der Veteran.

maszenerklingen, die Mousseline (von Mosul), die Kamelotte (von Kamelshaaren), der Taft (persisch), der Samt (arab. samit), der Satin (zetani), der Kattun (von Khotan in Mittelasien), der Teppich (von dem Quartier Atabya in Bagdad) und der Baldachin (von Baldach, dem europäischen Namen für Bagdad), die Farbennamen Karmoisin und Lila sind dafür Zeugen; in den Stickereien und architektonischen Verzierungen traten die „Arabesken" ihre Herrschaft an. Ein Zusammenhang zwischen dem arabischen oder maurischen und dem gotischen Baustil, welche beide den Spitzbogen, den Halbkreisbogen und andere Formen gemein haben, wird nicht ganz zu bestreiten sein. In der Belagerungskunst waren die Mohammedaner den Christen entschieden überlegen; jene sind, wie die Geschichte der Kreuzzüge wiederholt zeigt, z. B. bei Jerusalem, Ptolemais, Antiochia usw. stets viel schneller zum Ziel gelangt als diese. Darin wie im gesamten Kriegswesen nahmen die Abendländer von den Sarazenen vieles an, so z. B. den bequemen Kettenpanzer und den kleinen runden Schild (Tartsche, vom arab. daraka). Finanzielle Einrichtungen, wie die Douane (arab. ad-diwân), die Gabelle (arab. al-kabala), der Tarif (arab. ta-arif, Bekanntmachung), die Münzbenennung „Zecchine", die musikalischen Instrumente der Laute (arab. a'loud, nicht vom Deutschen „laut"), der Mandoline, die Wörter: Admiral (arab. emir-al), Arsenal, Magazin, Baracke usw. sind sämtlich arabischen Ursprungs. In der Mathematik deuten die Algebra, der Zenith und Nadir, in der Astronomie, zahllose technische Ausdrücke und noch mehr Sternnamen auf orientalische Heimat. Den Rosenkranz nahmen die Christen von den Mohammedanern an, die ihn selbst von den Buddhisten Indiens erhielten.

Die arabischen Philosophen *Averroes* und *Avicenna*, deren wir schon weiter oben gedachten, wurden Autoritäten für die der Kirche sich nicht blind unterordnenden Denker, die seitdem in bedeutendem Maße zunahmen und zum Teil, wie *Albertus Magnus* und *Wilhelm von Occam*, sehr kühne Systeme aufstellten, welche die damals herrschende Kirchenlehre untergruben und dem von der letzeren getragenen strenggläubigen *Thomas von Aquino* das Feld streitig machten. Nicht nur erhielt, wie wir genügend gezeigt haben, die europäische Ketzerei aus dem Orient fortwährend Nahrung – selbst in die rechtgläubigen Kreise nisteten sich muslimische Vorstellungen, z. B. vom unausweichlichen Schicksal ein. Gerade seit den Kreuzzügen sank in deutlicher Weise das Ansehen des *Papsttums*, dem dieses, sein wichtigstes Unternehmen, mißlungen war, und trat das diese Anstalt gründlich untergrabende Exil von Avignon ein, aus dem sich dann das Schisma und aus diesem wieder die Reformation entwickelte. Gerade seit jener Zeit war auch jede Aussicht auf Besserung des gesunkenen *Klosterwesens*, das sich selbst zum Gespött machte, geschwunden.

Auf allen Gebieten des europäischen Lebens, in Wissenschaft und Kunst, in Staat und Gemeinde, in Handel und Verkehr, zeigte sich seit den Kreuzzügen eine größere Lebendigkeit statt des früheren lethargischen geistigen Schlafes, eine größere Selbständigkeit gegenüber den vorher das Leben der Menschen regelnden Schablonen, was wir bezüglich der einzelnen Momente des Kulturlebens noch näher nachweisen werden. Fehlten nun allerdings diesem lebendigen und geschäftigen Treiben auch die Schattenseiten nicht, muß vielmehr leider auch gesagt werden, daß das Völkergewühl der Kreuzzüge eine Verschlimmerung der Sitten, eine Zunahme der Rauf- und Fehdelust und des Raubrittertums und den Höhepunkt der blutigen und brandigen Judenhetzen mit sich führte, wozu später noch ebenso arge Beirrungen kamen, so ist dagegen nicht zu vergessen, daß keine Bewegung anders kann, als neben den guten Neigungen auch die schlimmen Leidenschaften der Menschen wach rufen, und daß diese Schattenseiten wieder

Mosaik aus der Kirche zu Bethlehem.

vorübergegangen sind und allgemein verurteilt werden, während die günstigen Wirkungen der Kreuzzüge sich in späterer Zeit gesteigert haben und noch heute in ihrem Walten den Fortschritt der menschlichen Kultur mächtig anregen und befördern.

Und wie verhielt es sich dagegen im Morgenland? Welchen Einfluß übten dort die Kreuzzüge? Die Geschichte des Orients seit dieser geschichtlichen Erscheinung kann nur durch ein Wort gekennzeichnet werden, es heißt „Ruin“. Nicht die Kreuzzüge aber haben diesen verschuldet. Waren auch ihre Träger und Beförderer noch so wenig von Wohlwollen gegen alle Nichtchristen beseelt (allerdings mit Ausnahmen, wie Friedrich II.), so drangen sie doch zu wenig tief in Asien ein, um dasselbe zugrunde richten zu können. Die Wurzel und Quelle jenes Ruins ist lediglich in Mittelasien zu suchen, in dieser Brutstätte aller verheerender Völkerstürme. Die Hunnen, Awaren, Magyaren, Mongolen und Türken sind von dort aus losgelassen worden, um China, Indien, Persien, Mesopotanien, Syrien, Kleinasien und selbst einen Teil Europas zu verwüsten und zu verderben, um zu vernichten, was die Kultur in Jahrtausenden aufgebaut hatte. Aber China und Indien waren zu umfang- und volkreich und von zu üppiger Natur, um von jenen Horden gänzlich ausgesogen zu werden; das von ihnen ausgestreute Unheil hat sich daher vorzugsweise auf die weniger von der Natur begünstigten, weil an dem langen Wüstengürtel, der sich aus dem Inneren Afrikas bis nach der Mongolei hinzieht, liegenden Ländern Vorderasiens gewälzt, und die geringere Volksdichtigkeit hat hier eine zahlreichere Niederlassung von türkischen Stämmen gestattet; eine solche Niederlassung ist aber von vornherein gleichbedeutend mit dem Ruin. Allerdings hat sich in der letzten jener mittelasiatischen Raubhorden, in den osmanischen Türken, das Räubertum etwas gemildert und ist heute völlig harmlos geworden, aber dessenungeachtet waren sie die Ursache des Zerfalls aller Kultur in Vorderasien und Südosteuropa, wie wir im letzten Buch dieses Werkes näher zeigen werden.

Ehe aber neben dem gesamten übrigen Orient auch *Ägypten* und *Syrien*, die Schauplätze der morgenländischen Kreuzzüge, in die Gewalt der Osmanen fielen, hatten sie das wenig beneidenswerte Schicksal, von den *Mamelucken* unterdrückt und ausgebeutet zu werden, unter denen seit Aschraf keiner mehr ein Bibars oder auch nur ein Kilawun wurde, sondern alle elende Tyrannen, von der Gunst ihrer ehemaligen Mitsöldner abhängig, von denen sie nach Belieben ein- und abgesetzt wurden, während bald sie selbst, bald ihre Söldner oder Untertanen scheußliche Christenverfolgungen in Szene setzten. Neben ihnen vegetierten in Kairo, seit dem Fall Bagdads, wie früher schiitisch-fatimidische, so nun sunnitisch-abbasidische Kalifen, Nachkommen der in Bagdad von den Mogolen vernichteten Dynastie, mit bloß geistlichem Ansehen und ohne Macht. Gewonnen haben also Ägypten und Syrien durch die Vertreibung der Franken aus ihrem Gebiet nicht das mindeste; es war eine patriotisch-religiöse Aufwallung gewesen, welche die Küste Syriens von fränkisch-christlichen Kolonien säuberte, aber in wirtschaftlicher und vollends gar in kultureller Beziehung nicht nur keine erfreulichen, sondern die abschreckendsten und zerstörendsten Folgen hatte. Tyros, Cäsarea, Arsuf und Askalon blieben mit Absicht der Regierenden für immer in Trümmern (oder so gut wie dies) liegen; Antiochia, Tripolis, Beirut, Sidon, Akkon, Joppe und Jerusalem blieben es wenigstens längere Zeit und sind auch heute noch kaum wieder der Schatten von dem geworden, was sie zur Zeit der Kreuzzüge waren. Das war eben auch eine Art von Nemesis: das Glück der Mohammedaner in Syrien am Schluß der Kreuzzüge hat ihnen nur Unheil, das Unglück der Christen aber den letzteren im Ganzen großen Vorteil gebracht!

ZWEITER ABSCHNITT

Verspätete Kreuzzugsversuche

Darüber war man im Abendlande fast durchweg einig, als die Nachricht von dem Fall Akkons und der übrigen den Christen zuletzt noch gebliebenen Städte Syriens nach Europa kam, daß man die Schuld an diesem Unglück, welches man doch längst voraussehen konnte und welches abzuwenden man sich längst nicht mehr bemüht hatte, lediglich teils der Sittenlosigkeit der syrischen Christen, teils der Uneinigkeit sowohl zwischen den Templern und Johannitern, als zwischen den Genuesen, Pisanern und Venetianern schuld gab. Doch fehlte es auch nicht an Stimmen, welche freimütig den Papst und die übrige hohe Geistlichkeit, sowie die Könige und übrigen Fürsten und die Ritterschaft des Abendlandes für die von der Christenheit erlittene Katastrophe verantwortlich machten. Hatten auch die Päpste der ersten Hälfte des dreizehnten Jahrhunderts in der Tat hinsichtlich des Auslebens der Kreuzzüge eine große Schuld auf sich geladen, so sind mehrere ihrer Nachfolger frei davon, und namentlich dem zur Zeit der Katastrophe regierenden *Nikolaus IV.* ist kein Vorwurf zu machen. Derselbe bemühte sich vielmehr redlich, zu retten, was zu retten war, teilte die Nachricht von dem großen Unglück des Jahres 1291 schmerzerfüllt den europäischen Mächten und der Geistlichkeit mit und forderte sofort zu Rat und Tat auf. Er mahnte Venedig und Genua zur Aussöhnung, regte die schon 1274 vom Lyoner Konzil beabsichtigte Vereinigung der beiden feindlichen Ritterorden neuerdings an, forderte den seit 1285 in Frankreich regierenden *Philipp IV.* (den Schönen), des heiligen Ludwigs Enkel, und Eduard I. von England zum Kreuzzug auf, erhielt jedoch von ersterem nur leere Versprechungen, von letzterem aber, wie schon früher, nur eigennützige und weitgehende finanzielle Anforderungen an die päpstliche Opferwilligkeit und an die kirchlichen Einkünfte, deren Ergebnis er treuloserweise zum Krieg gegen Frankreich verwendete. Sogar an den mongolischen Khan Argun erließ jener Papst die doppelte Mahnung, die Taufe anzunehmen und seinem wiederholten Versprechen gemäß gemeinsam mit den Christen die Mohammedaner zu bekämpfen. Weitere Mahnungen ergingen an den byzantinischen Kaiser, wie an die christlichen Könige von Armenien, Iberien und Georgien. Endlich rüstete *Nikolaus IV.* auf eigene Kosten zwanzig Schiffe und sandte sie nach Zypern, von wo sie mit dortigen Schiffen nach Ägypten und Kleinasien fuhren, jedoch so wenig etwas ausrichteten als die Mahnungen des Papstes, welche überall erfolglos verhallten. Er starb zwar schon im nächsten Jahr nach dem Fall von Ptolemais, also in einer Zeit, innerhalb welcher seine Mahnungen nicht wohl schon Nachachtung finden konnten, allein auch nachher trugen dieselben keine Früchte.

Trotzdem war der Sinn für das Unternehmen der Kreuzzüge keineswegs völlig erloschen. Es war im letzten Jahre des dreizehnten Jahrhunderts, als die Eroberung von *Damask* durch den Mongolenkhan *Hasan*, mit dem sich der König von Zypern gegen Ägypten verbinden wollte, neun edle Damen Genuas in solchem Grade für das Heilige Land begeisterte, daß sie all ihren Schmuck verkauften, um auf ihre Kosten eine Flotte auszurüsten, mit welcher sowohl einige von ihnen, als weitere Mitbürgerinnen nach Osten fahren wollten; aber als sie 1301 dazu bereit waren, erfuhr man den Rückzug der Mongolen, der alle Hoffnungen wieder zerstörte und auch den bereits vor Tortosa angekommenen Bruder des zyprischen Königs und die Großmeister der Templer und Johanniter zur Umkehr bewog. Schon im nächsten Jahr indessen besetzten die Templer die kleine Insel *Arados* gegenüber Tortosa, errichteten einen Turm auf derselben und machten Streifzüge nach dem Festland, wurden aber von den Ägyptern mit Übermacht angegriffen, teils erschlagen, teils gefangen nach Kairo geschleppt und ihr Turm zerstört.

Bedeutender war die Bewegung, welche 1308 in mehreren Ländern Mitteleuropas, von Frankreich bis zur polnischen Grenze, die Bevölkerungen ergriff. Es waren durchweg arme und geringe Leute, welche, wie es heißt, etwa 40 000 Menschen stark, bettelten, raubten und die Juden niedermachten, mithin die Greuel der dem ersten Kreuzzug voranrasenden Horden, sowie der „Pastourellen“ unter *Ludwig dem Heiligen* (1251) erneuerten, und bis zum damaligen Papstsitz Avignon drangen, wo *Clemens V.* sie durch den Bann auseinander jagte. Dieser Papst brachte zwar 1312 auf dem Konzil in Vienne die Kreuzzugsidee wieder zur Sprache, und es verhießen ihm die Könige Deutschlands *(Heinrich VII.* von Luxemburg), Englands, Frankreichs und Navarras ihre Beteiligung; ja die drei letztgenannten und viele Barone und Ritter nahmen wirklich das Kreuz und der Titularpatriarch *Petrus* von Jerusalem traf als päpstlicher Legat in Paris ein, um die nötigen Anordnungen für den Kreuzzug zu treffen, der zu Pfingsten abgehen sollte; aber keiner der Bekreuzten hielt sein Gelübde, was freilich zu der Zeit des entsetzlichen Prozesses gegen die Templer ritterlichen Seelen nicht zu verdenken war. Wenn Papst und König einen Ritterorden vernichteten, der für das Heilige Land gekämpft – was konnten andere Ritter gutes für sich erwarten? Ebenso umsonst ließ auch *Innozenz VI.* in Ungarn und Venedig das Kreuz predigen; es war das letzte Beispiel dieser Art, bereits im Anfang der zweiten Hälfte des vierzehnten Jahrhunderts, als man in Europa nur noch das Vordringen der Türken nach Westen fürchtete und daher an nichts weniger als an einen Zug nach Osten zu denken wagte.

Außer den Päpsten waren es auch einige Gelehrte und Dichter, welche sich für die Wiederaufnahme des Gedankens der Kreuzzüge begeisterten.

Sanuto vor Papst Johann XXII.

Der spanische Scholastiker Raimund *Lullus* zu Anfang des 14. Jahrhunderts, übrigens nicht frei von Aberglauben und Sophisterei, schwärmte für die Vereinigung der geistlichen Ritterorden unter einem französischen Prinzen als Großmeister, der zugleich, nach vorangegangenem glücklichen Kreuzzug, König von Jerusalem werden sollte, und suchte hierdurch den König von Frankreich für sich zu gewinnen. Der unsterbliche Dichter *Francesco Petrarca* besang in einem seiner Sonette den „neuen Karl den Großen" (wahrscheinlich Kaiser Karl IV., der aber diesen Titel nichts weniger als verdiente), welcher, der bekannten Legende gemäß, dem großen Kaiser nachfolgen werde. Der venezianische Historiker und Geograph Marino *Sanuto* genannt Torsello, der den ganzen Orient durchreist hatte, legte am 24. September 1321 dem avignonschen Papst *Johann XXII.* ein Werk („Geheimnisse der Gläubigen des Kreuzes“) in zwei Bänden und mit vier Karten der Küstenländer des Mittelmeeres vor (Bild 90), worin er einen vollständigen Plan zur Wiedereroberung des Heiligen Landes niedergelegt hatte. Er dachte, dieses Unternehmen sollte mit der Eroberung Ägyptens beginnen, dabei die Fehler der zwei unglücklichen Feldzüge nach diesem Lande vermeiden, und sich dann nach Syrien wenden. Auch die Könige von Frankreich, Zypern und Armenien und andere, sowie den byzantinischen Kaiser, suchte der rührige Gelehrte zu gewinnen; allein keiner der Machthaber, an die er sich wandte, hatte mehr als ein flüchtiges Interesse an seinem Plan. Noch mehrere solche Pläne, nicht immer frei von Schwärmerei und vielleicht sogar Schwindel, tauchten damals auf und wurden bald wieder vergessen.

Als sich so keine Aussicht auf einen bewaffneten Kreuzzug zeigen wollte, kamen die Päpste auf den vom Standpunkt der damaligen Christenheit höchst zweckmäßigen Gedanken, den mohammedanischen Besitzern des Heiligen Landes durch Sperrung des Handels die Lebenskraft zu unterbinden. Der Handel nach dem Morgenland ging vorwiegend durch christliche Hände und schon oft war den christlichen Kaufleuten von den Päpsten aller Verkehr mit den Sarazenen verboten, dieses Verbot aber niemals gehalten worden. Ägypten bedurfte namentlich der Einfuhr von Sklaven, um sie statt der Eingeborenen, welche zum Kriegsdienst nicht taugten, zu letzterem zu verwenden, ferner des Eisens und des Holzes, die es nicht erzeugte, zum Bau seiner Schiffe. Aber auch im Frieden mußte es Sklaven und besonders Sklavinnen für die Harems und Holz und Eisen zu Bauten und Geräten haben. Wer ihm diese Artikel lieferte, verschaffte ihm die Mittel sowohl zum Widerstand gegen Angriffe, als zu friedlichen Bedürfnissen, und dies alles taten Christen aus Gewinnsucht fortwährend. Überdies bereicherten die hohen Zölle, welche Ägypten bezog, seinen Staatsschatz und der Ankauf seiner Gewürze seinen Wohlstand bedeutend. Auch der in Frankreich als Mönch lebende armenische Prinz *Haitho* und der König *Heinrich II.* von Zypern rieten lebhaft zur Erneuerung jener Verbote, welche auch mehrere Päpste ins Werk setzten. Aber es war auch jetzt keine Aussicht auf Gehorsam bei dem Handelsstand vorhanden, und man verfiel auf den Gedanken, durch kreuzende Kriegsschiffe die ungehorsamen Kaufleute an ihrem unchristlichen Treiben zu verhindern. Es wurde wirklich von dem römischen Stuhl, den Templern, den Johannitern und dem König von Zypern eine solche Flotte aufgestellt, erreichte aber ihren Zweck nicht und verfiel teils in Seeräuberei, teils scheiterte sie daran, daß die Kaufleute, namentlich Venedigs und Genuas, ungescheut türkische Hilfe gegen sie in Anspruch nahmen. Der römische Hof aber fiel, als der Kreuzeseifer nachließ, in seine alte Liebhaberei zurück und ließ sich Befreiungen von jenen wie von anderen Verboten um Geld abkaufen!

Länger als an die fruchtlosen Aufforderungen zu neuen Kreuzzügen dachte das geringere Volk an *Prophezeiungen,* die eine große Verbreitung fanden und von einem ausgezeichneten Kaiser oder König und einem ebenso trefflichen Papst der Zukunft weissagten, die einst das Heilige Land in Eintracht gewinnen würden. Nur schade, daß solche Monarchen und Päpste niemals erscheinen wollten!

DRITTER ABSCHNITT

Der Untergang des Templerordens

Diejenige Schöpfung der morgenländischen Kreuzzüge, welche nach dem Verlust des Heiligen Landes zuerst unterging, war der Orden der *Tempelritter*. Es gibt wenig tragischere, aber auch wenig in so hohem Maße selbstverschuldete Geschicke, wie das, welches diesem Orden zuteil wurde. Wir haben schon in der Geschichte der Kreuzzüge nach dem Heiligen Land manche Beispiele von dem Hochmut, der Habsucht, Unredlichkeit und Gewissenlosigkeit der Templer kennengelernt und gesehen, daß sie in beständigem Streit und Hader mit den Johannitern lebten, auch sonst sich gern an Parteiungen beteiligten und fast allgemein unbeliebt, ja meist verhaßt und in hohem Grade an dem Verlust des Heiligen Landes mitschuldig waren.

Wie dies bei vielen anderen Anstalten vorgekommen ist, so war auch bei den Templern der *Reichtum* des Ordens ihr Verderben. Sie scheuten kein Mittel, zu Glücksgütern zu gelangen und taten alles für das Gold. Schon im Jahre 1191 konnten sie dem König *Richard* für 100 000 Goldbyzantiner die Insel Zypern abkaufen und schalteten auf derselben in so drückender Weise, daß nach wenigen Monaten die Einwohner gegen den Orden aufstanden. Im Jahre 1307 zählte derselbe 20 000 Ritter und bezog jährlich eine Summe von wenigstens 60 Millionen Mark heutigen Geldes (der König von Frankreich damals nicht ganz zwei Millionen!). Die Templer trieben Handels- und Wechselgeschäfte, vermieteten ihre Flotte, liehen den Fürsten große Geldsummen und wagten Spekulationen aller Art. Und wie verwendeten sie das Zusammengescharrte? Nur zum eigenen Vorteil! Weder für wohltätige Zwecke, noch für Gastfreundschaft, ausgenommen gegen hohe Personen, die ihnen von Nutzen waren, noch, wenn sie nicht dazu gezwungen wurden, zugunsten des Heiligen Landes! So wurde Reichtum das einzige Streben des Ordens, das Gold sein wahrer Gott!

Die höchste Macht im Orden des Tempels übte der *Konvent* aus; er bestand aus dem Großmeister, zwei Assistenten desselben, den übrigen Würdenträgern, den anwesenden Provinzialmeistern und denjenigen Rittern, die der Großmeister zuzog. Durch weitere Zuziehungen aller angesehenen Templer vergrößerte sich der Konvent zum *General-Kapitel,* welches neue Gesetze und Verordnungen erließ. Ebenso gab es in jeder der 21 Provinzen einen Konvent unter dem Vorsitz des Provinzialmeisters und in jedem der 10 500 Ordenshäuser ein Hauskapitel, welchem auch die dienenden Brüder angehörten.

In all diesem hatte indessen der Tempelorden die größte Ähnlichkeit mit den übrigen geistlichen Ritterorden, teilweise sogar mit den Mönchsorden; daneben besaß er aber charakteristische Merkmale, welche ihn von allen übrigen Erscheinungen seiner Zeit unterschieden.

Der Tempelorden wurde nämlich im Morgenland zu teilweise geheimgehaltenen freigeistigen Ansichten geführt, die zum Teil solchen damaliger Sekten ähnlich sind, aber niemals vom gesamten Orden anerkannt wurden. Diese Aufklärung eines großen Teils der Templer war indessen für die nicht tiefer Gebildeten unter ihnen keine grundsätzliche, sondern eine modische; sie huldigten ihr, weil sie ihnen bequem war in ihrer Abneigung gegen ein geordnetes, pflichtgetreues Leben. Die Templer, welche weder fromm, noch gelehrt, aber größtenteils sehr frivol waren, setzten jene Aufklärung in Verbindung mit ihrem Interesse, das ihnen gebot, ihren zahlreichen Besitzungen im Abendland größere Sorgfalt zu schenken, als den wenigen in dem von den Mohammedanern bereits größtenteils wieder eroberten Königreich Jerusalem. Sie standen schon in der zweiten Hälfte des zwölften Jahrhunderts im Geruch der Ketzerei. Ihren Irrglauben hat *Innozenz III.* schon 1208 neben ihrem Geiz getadelt und Kaiser *Friedrich II.* ihnen vorgeworfen, daß sie mohammedanische Fürsten und Große in ihren Häusern aufnähmen und ihnen sogar die feierliche Begehung ihres Gottesdienstes gestatteten. Zu ihrem Abfall von ihrem Kirchenglauben bewog sie, wie mehr als einer ihrer Brüder und Freunde unter den Troubadours singt, das Unglück, welches die Kreuzzüge verfolgte und zu lehren schien, daß Gott selbst den Christen das Heilige Land nicht gönnen, sondern es den Ungläubigen überlassen wolle, so daß sie an der Wirksamkeit des christlichen Glaubens zu zweifeln anfingen. Die Templer wie die Troubadours ergriffen die Partei der Albigenser und erklärten sich gegen deren Unterdrückung durch die römische Kirche, also auch gegen das Papsttum, dem sie früher so eifrig angehangen hatten, dem sie aber nachher die Schuld am Scheitern der Kreuzzüge beimaßen. Indem sie daher aufgeklärte Ansichten annahmen, bahnten sie einem Aufgeben der nutzlosen Kreuzzüge und einer vollständigen Rückkehr nach Europa den Weg, wo sie von ihren, wenn auch ruhmgekrönten, doch mühevollen und undankbaren Waffentaten ausruhen und sich bei ihren Reichtümern in ihren prachtvollen, mit orientalischem Luxus ausgestatteten, von feenhaften Gärten umgebenen Ordenshäusern zugleich einem genußvollen Wohlleben, dem Spiel, der Jagd, der Liebe, dem Gesang und der Dichtkunst in die Arme werfen, und zugleich ihre hochfliegenden politischen Pläne verfolgen konnten. Sie ahnten die Unverträglichkeit dieser beiden Arten des Strebens nicht, sondern stürmten mit der Absicht einer Vereinigung derselben blindlings auf ihr Verderben los.

Das *geheime* Wesen und Treiben der Templer, wie es scheint namentlich der orientalischen und der französischen, bestand in einer geheimen Lehre und in einem auf diese gestützten geheimen *Kultus*. Diese Lehre war im wesentlichen derjenigen der Albigenser ähnlich; sie bestand hauptsächlich aus der Verwerfung alles Wunderbaren. Den Templern, soweit sie ihr huldigten, war Christus nicht Gottes Sohn, hatte keine Wunder getan, war weder auferstanden, noch in den Himmel gefahren. Die kirchliche Lehre von der Verwandlung der Hostie in der Messe war ihnen krasser Aberglaube, das Abendmahl bloß eine Erinnerungsfeier, die Beichte ein Priesterbetrug, die Dreieinigkeit eine menschliche Erfindung, die Verehrung des Kreuzes ein Götzendienst. Daß die Opposition gegen dies letztere sich bis zu dem Gebrauch habe hinreißen lassen, bei feierlichen Gelegenheiten das Kreuz zu verhöhnen, ja sogar zu bespeien, wird zwar in den Verhören der Templer vielfach ausgesagt, hat aber wahrscheinlich keinen wörtlichen, sondern nur einen symbolischen Sinn, welcher das Kreuz als etwas unwesentliches, gleichgültiges erscheinen lassen sollte, was es ja auch sein mußte, wenn Jesus daran nicht als Gottes Sohn, sondern nur als Mensch gestorben war. Es stimmte damit überein, daß die Templer unter sich das Kreuz auf ihrem Mantel nicht als solches, sonderns als ein doppeltes T, den Anfangsbuchstaben des Namens ihrer Gesellschaft betrachteten. An die Stelle Jesu setzten die Templer als Schutzpatron ihres Ordens und ihrer Lehren *Johannes den Täufer,* weil er weder darauf Anspruch gemacht, Wunder zu tun, noch sich für den Messias ausgegeben. Statt der Dreieinigkeit aber verehrten sie den einigen, allmächtigen Gott; ihre Religion war daher, gleich dem Judentum und Islam, reiner Monotheismus.

Da indessen an die Stelle des beseitigten Kirchenglaubens bei denjenigen, welche ihn nicht aus wissenschaftlichen Gründen verwerfen, sondern eigentlich nicht wissen warum, gewöhnlich der heidnische Aberglaube an die Wirkung lebloser Dinge auf lebende tritt, so ergaben sich auch die Templer diesem, und zwar besonders den zwei beliebtesten Afterlehren des Mittelalters, der *Astrologie* und der *Alchemie.*

Der *geheime Ritus* der Templer, welcher seit der Mitte des 13. Jahrhunderts aufkam, fand Anwendung bei ihrem eigentümlichen Gottesdienst und bei der Aufnahme. Während nämlich in den Kapellen der templerischen Ordenshäuser die katholische Messe mit allem Glanz und aller Pracht öffentlich gefeiert wurde, wobei jedoch die Priester in der Regel die Einweihungsworte der Transsubstantiation wegließen, hatten die eingeweihten Tempelbrüder in ihrem Kapitelsaal, oder sogar auch in der Kapelle selbst, vor Tagesanbruch einen geheimen Kultus. Derselbe bestand in der *Beichte* und dem *Abendmahl* nach templerischer Auffassung. Erstere betrachteten die Ordensbrüder lediglich als brüderliches Vertrauen von der einen, brüderlichen Rat von der anderen Seite. Ein Geistlicher war hierzu nicht erforderlich; man beichtete untereinander; die kirchliche Ohrenbeichte aber war den Ordensgliedern in der Regel geradezu verboten, und eine Absolution außerhalb des Ordens nicht von ihnen gesucht, da der Großmeister das Recht vollkommener Absolution in Anspruch genommen hatte und auch ausübte – und zwar wie man im Orden behauptete: aus Auftrag des Papstes. Sünden, die man sich aus Scham zu nennen scheute, wurden ungenannt vergeben. Das Abendmahl nahmen die Templer im Gegensatz zur Kirche, unter beiderlei Gestalt (Brot und Wein), und zwar nicht in dem Sinn eines Opfers oder einer Verwandlung, sondern lediglich als ein Zeichen brüderlicher Liebe. Verehrt wurde, nach den vorhandenen Aussagen, das Bild *Johannes* des Täufers – es vertrat die Opposition gegen den Kirchenglauben und brauchte doch, da diese Persönlichkeit auch zu den Heiligen der Kirche gehörte, nicht verheimlicht zu werden. Seine Attribute waren das Opferlamm, welches auf seinen Märtyrertod, und der Kelch, welcher auf die Schüssel hinwies, in welcher sein Haupt vorgewiesen wurde, beides zugleich Symbole des Johanneisischen Brudermahls. Ein anderes Bild, das die Templer verehrt haben sollen, und das als „Idol" bezeichnet wird, war angeblich aus Metall gebildet, meist aus vergoldetem Kupfer und stellte bald einen Totenschädel bald ein Greisenantlitz mit starkem Bart, bald einen schönen weiblichen Kopf, bald eine kleine ganze Figur dar; bald hatte es einen, bald zwei, bald drei Köpfe mit leuchtenden Augen, die aus eingesetzten Karfunkeln bestanden. Mehrere Zeugen nannten dieses Idol „Baffomet", welches Wort eine damals übliche Bezeichnung für ein Götzenbild war und nur irrtümlicherweise mit Mohammed in Verbindung gebracht wurde, während doch den Mohammedanern jede Abbildung und Verehrung lebender Wesen verboten ist, die Templer aber keine Ursache gehabt hätten, Mohammed, der ja auch Wundertäter war, höher zu verehren, als Christus. Aus den unglaubwürdigen Äußerungen von Templern geht hervor, daß von diesem Idol die Verleihung von Gesundheit, Reichtum, Vergnügen, Liebe der Vorgesetzten usw. erbeten und erwartet, daß seine Verehrung derjenigen des Kreuzes entgegengesetzt, daß er der „Heiland des Ordens" genannt wurde, d. h., wenn es wirklich exisitierte, was wir entschieden bezweifeln. Tatsächlich ist nirgends ein *einziges* Bild aufgefunden worden, das als Idol der Templer nachgewiesen wäre.

Der eigentümliche Ritus bei der *Aufnahme* der Templer zerfiel in den ursprünglichen einfachen, der bei jeder Aufnahme ohne Unterschied stattfand, und in den später hinzugekommenen, welcher nur bei der Aufnahme solcher Anwendung fand, die ihn ertragen konnten, bei anderen aber entweder weggelassen oder durch willkürliche Erklärungen und Auslegungen verdeckt wurde.

Bei dieser *geheimen Aufnahme*, welche nur nachts in abgelegenen, angeblich unterirdischen Räumen derjenigen Tempelhäuser stattfand, in denen die templerische Aufklärung durchgedrungen war, band man dem Aufgenommenen, nachdem er auf eine nicht zuverlässig bekannte Weise in den von der Kirchenlehre abweichenden Ordensgrundsätzen unterrichtet worden, eine weißwollene Schnur um, welche den Gürtel des Täufers bedeuten sollte, und er mußte dieselbe stets über dem Hemd tragen. Später deutete man diesen Gürtel als ein Zeichen der die Brüder umschlingenden Liebe, und betrachtete ihn wohl auch abergläubischerweise als einen Talisman. Damit endlich der Neuaufgenommene gleichsam durch Scham zur Verschwiegenheit gezwungen würde, soll ein Gebrauch bestanden haben, den wir hier nicht näher bezeichnen können – eine Zeremonie, welche der feinen ritterlichen Sitte ebenso stark widerspricht, wie das Bespeien des Kruzifixes, und daher gewiß eine Verleumdung ist. Daß Unanständigkeiten und Unsittlichkeiten im Orden vorkamen, ist sehr wahrscheinlich – nicht aber, daß sie einen Teil des Ritus ausmachten. – Dagegen war allerdings die Verschwiegenheit eine streng gebotene Pflicht der Templer; Kandidaten, auf die man sich nicht glaubte verlassen zu können, mußten vor der Aufnahme das Kapitel verlassen – Verräter wurden mit Gefängnis bestraft und jedem mit Kerker und Tod gedroht, der das durchgemachte Zeremoniell Nichttemplern mitteilen würde. Daß solche Drohungen Ausführungen fanden, ist behauptet, aber nicht bewiesen worden.

Die Templer wurden bereits 1265 von *Clemens IV.* vor einer kirchlichen Untersuchung gewarnt und 1272 wurde ihre Verschmelzung mit den Johannitern zu einem neuen, unter dem Papst stehenden Orden mit dem alleinigen Zweck des Kampfes für das fast ganz verlorene Heilige Land beabsichtigt und wiederholt von den Päpsten aufgenommen, aber nicht ernsthaft in Betracht gezogen. Auch schritt die römische Kurie gegen die allgemein bekannte Ketzerei des Ordens nicht ein, solange sie sich seiner bedienen konnte und daher fürchten mußte, durch Enthüllung seines geheimen Treibens sich selbst zu schaden. Nachdem die Kreuzzüge völlig mißlungen waren, das „Heilige Land“ sich wieder in der Gewalt der „Ungläubigen“ befand und damit der Zweck der geistlichen Ritterorden erfüllt war, dachten die Päpste auf Beseitigung des Übelstandes, daß jene zunächst ihnen untergebenen Vereine ohne Nutzen in der Welt daständen. Der Deutsche Ritterorden entging der weiteren Untersuchung dieser Frage schon früher durch die Wahl eines neuen Wirkungskreises an der Ostsee, die spanischen Orden durch den stets fortdauernden Kampf gegen die Mauren, der Johanniterorden endlich durch die Besetzung von Rhodos. Noch war also der Templerorden ohne eine seiner Bestimmung angemessene Beschäftigung, und dies war die erste Veranlassung zu seinem Untergang.

Die meisten Ritter brachten ihre Zeit mit Müßiggang und Vergnügen im Abendland zu. Der Großmeister Jakob von *Molay*, ein redlicher und sittenreiner Mann, befand sich in der seit dem Fall Akkons bezogenen Residenz des Ordens, Limissol auf der Insel Zypern. Im Jahre 1306 nun befahl Papst *Clemens V.*, welcher sich gleich seinen nächsten Vorgängern sehr viel mit der Bestimmung der geistlichen Ritterorden beschäftigte, den beiden Großmeistern der Johanniter und Templer, „so geheim als möglich mit einer kleinen Begleitung“ aus Zypern nach Frankreich zu kommen.

Diese Zitation hatte eine eigentümliche Veranlassung, und lautete nicht umsonst so dringend und geheimnisvoll. Sie fiel deshalb nicht allgemein auf, weil es bekannt war, daß die Päpste mit dem Gedanken eines neuen Kreuzzuges umgingen und daher die Vermutung nahe lag, daß ein derartiges Unternehmen mit den beiden Großmeistern besprochen werden sollte. Es lagen ihr jedoch ganz andere Motive zugrunde.

Der damalige König von *Frankreich, Philipp IV.*, der Schöne, stand wie schon erwähnt, mit den Päpsten seiner Zeit in heftigem Streit, bis er die Wahl eines Franzosen, eben jenes Clemens, durchgesetzt hatte, welcher den von seinem Vorgänger gegen den König erlassenen Bannfluch ungültig erklären mußte. In jenem Streit nun waren die Tempelritter allein unter allen Franzosen auf der Seite des Papstes gestanden, und der König brütete daher Rache gegen sie, und zwar um so mehr, als ihr großer Länderbesitz und ihr Reichtum, gegenüber seinem leeren Staatsschatz, der den mächtigen Rittern noch dazu eine halbe Million France schuldig war, ihn mit Neid und ihr Einfluß ihn mit Furcht vor ihrer Macht erfüllte. Er wartete daher nur auf eine günstige Gelegenheit, die Templer ins Verderben zu stürzen.

Diese bot sich ihm dar, als ein gewesener Komtur des Tempelordens, *Squin von Flexian*, welcher wegen schlechter Aufführung und Schandtaten aus dem Orden ausgestoßen und nachher wegen Aufruhrs in das königliche Gefängnis zu Toulouse gesperrt und zum Tode verurteilt war, einem Schicksalsgenossen, dem Florentiner *Noffodei*, allerlei Geschichten über das Treiben der Templer erzählte und von diesem aufgemuntert wurde, solches dem König zu entdecken, wofür leicht beide begnadigt werden könnten. Squin teilte dies dem Kerkermeister mit und wurde sogleich nach Paris zum König geführt, dem er unter Zusicherung des Lebens vorgab: Die Templer müßten schwören, das Beste des Ordens auf jede, gerechte und ungerechte Weise zu fördern, ständen in Verbindung mit den Sarazenen, hielten mehr auf deren Religion, als auf der christlichen, spieen das Bild Christi an, ermordeten die Novizen, welche sich ihrem Unglauben nicht anschließen, verachteten den Papst, die Kirche, die Sakramente, trieben schmähliche Unsittlichkeit und lehrten, daß das Schlechteste, zum Nutzen des Ordens unternommen, keine Sünde sei. Die beiden Gefangenen wurden nun zum Schein freigelassen, später aber – ungewiß ob durch die Templer ermordet oder auf königlichen Befehl – hingerichtet! Der König aber trieb sofort den von ihm abhängigen Papst zu der erwähnten Zitation, und der Papst tat, was von ihm verlangt wurde, doch nicht ohne den Hintergedanken, die beiden Orden gegen den König zu benutzen und mit ihrer Hilfe die Unabhängigkeit des Heiligen Stuhls wiederherzustellen. Von den beiden Großmeistern konnte nun der Johanniter dem Befehl des Papstes nicht Folge leisten, weil er eben in der Belagerung von Rhodos begriffen war; der Templer aber, *Jakob von Molay*, vereitelte die Absicht des Papstes, indem er, wider dessen Rat, nicht mit wenigen Rittern, sondern mit dem gesamten, aus 60 Templern bestehenden Konvent, sowie mit Schatz und Archiv nach Frankreich kam – vielleicht nicht ohne den geheimen Plan, dem Königtum gegenüber das Schwert des Ordens in die Waagschale zu werfen und zur Errichtung des templerischen Weltreichs den ersten Schritt zu tun. Dem Papst konnten solche Pläne nur gelegen sein, indem sie die Hierarchie stärkten und von der lästigen königlichen Vormundschaft befreiten; er wünschte daher die den Templern drohende Untersuchung in *seine Hände* zu bekommen, sie schnell abzumachen, ohne etwas Nachteiliges finden *zu wollen*, dann die beiden Orden zu vereinigen und mit ihnen einen neuen Kreuzzug zu veranstalten, was er auch angelegentlich mit Molay besprach. Ihre Unterhandlungen scheiterten jedoch an der runden Weigerung *Molays*, eine Vereinigung mit den Johannitern einzugehen, und der König benutzte seine Zeit zum Handeln. Der Schatz, den Molay nach Paris gebracht und im Tempelhaus, dem späteren Gefängnis des unglücklichen *Ludwig XVI.* und seiner Familie, niedergelegt hatte, im Betrag von 150 000 Goldgulden und zwölf Pferdeladungen Silbergroschen, reizte die Habsucht des geldarmen Monarchen; die Mahnung des seiner Macht sicheren Ordens an die königliche Schuld erbitterte ihn überdies, und das Schicksal der Templer war in seinem Inneren gesprochen. Für die Ausführung sorgte der Kanzler Nogaret. Auf den 12. Oktober 1307 mußten sich alle königlichen Vögte in ganz Frankreich in Waffen bereithalten und in der folgenden Nacht einen vorher versiegelt ihnen zugestellten Brief öffnen, welcher ihnen befahl, am Morgen früh alle Templer ihres Amtskreises zu verhaften. – Dieselben ahnten nicht das mindeste, und am Tag vorher verkehrte der falsche König noch freundlich mit Molay. Am bestimmten Tag aber geschah das Unerhörte (in ähnlicher Weise waren ein Jahr vorher die Juden zu demselben Zweck aufgehoben, nach ihrer Ausplünderung aber aus dem Land verjagt worden). Die Verhafteten wurden in verschiedenen Schlössern, Klöstern und Kerkern verwahrt und durch eine Proklamation dem Volk als Ketzer, Aufrührer und Bösewichter denunziert. Als die Theologen der Universität Paris den König darauf aufmerksam machten, daß gegen geistliche Ritter kein weltliches Gericht einschreiten dürfe, übertrug er die Untersuchung seinem Beichtvater, einem Dominikaner, welcher sofort die Inquisition seines Ordens unterrichtete, wie der Prozeß geführt werden müsse und ihnen gestattete, die *Folter anzuwenden*. Ungeachtet der Papst gegen diese Untersuchung, welche bloß der Kurie zustehe, protestierte und den französischen Großinquisitor entsetzte, hatte dieselbe ihren Fortgang, und zwar ohne daß die Anwendung der Folter gespart wurde. Wer nach der Tortur widerrief, wurde von neuem gefoltert und gestand dann, was die Feinde und – Erben des Ordens hören wollten.

Bei *Clemens*, dem der geschehene Eingriff in die geistliche Gerichtsbarkeit mißfiel, so sehr er mit der Sache an sich einverstanden war, stieß der König, der sich mit ihm völlig einig glaubte, auf unerwarteten Widerstand, und nur mit Mühe gelang es dem gekrönten Heuchler, den Papst für die Untersuchung zu gewinnen, indem er ihm vorstellte, daß es seine Pflicht sei, gegen Feinde der Kirche einzuschreiten. Der Papst konnte auf diese königliche Gewissensrede seine schwierige Stellung nicht länger behaupten, entschloß sich zur Teilnahme an der Untersuchung und erließ eine Bulle, durch welche die Verhaftung der Templer auch in allen übrigen Ländern anbefohlen wurde.

Fand auch, wie in den Akten steht, seit Anhandnahme der Sache durch den Papst keine Folter mehr statt, so waren doch die vorher durch die Folter erpreßten Geständnisse bereits protokolliert und ihre Bestätigung durch Drehung der Worte leicht zu erlangen. Es *mußte so* protokolliert werden, wie der König *wollte*, den der Papst fürchtete; denn das Geld der Templer *mußte* Philipp haben, um den französischen Staat vor dem *Bankrott* zu bewahren. Ja, der Papst mußte, um sich dem König gefällig zu beweisen, in allen Ländern Europas die Untersuchung gegen die Templer anordnen und verbieten, daß irgendeiner verborgen oder beschützt werde. Dabei wagte es der Papst jedoch nie, der Untersuchung persönlich beizuwohnen, weil er den von ihm treulos aufgeopferten Templern, den früheren Beschützern seines Stuhles, nie ins Angesicht hätte blicken dürfen, so daß um so mehr der König alles in der Hand behielt.

Wenn wir nun lesen, daß Ankläger und Verräter des Ordens ihre Aussagen, als durch Drohungen, Hunger und Folter erzwungen, wiederholt zurücknahmen, daß die Templer selbst, Molay voran, so oft sie sich von den Krallen ihrer Peiniger frei sahen, ihre Unschuld beteuerten, daß man diese Verteidigungen gar nicht berücksichtigte, daß die im Kerker sterbenden Templer mit dem letzten Hauch beschworen, der Orden sei unschuldig, daß Brüder durch königliche Freibriefe bestochen wurden, falsches Zeugnis abzulegen, daß ein Zeuge am Altar erklärte, er wolle zur Stunde von der Hölle verschlungen werden, wenn nicht alle Aussagen falsch seien, obschon er sie auf der Folter bekannt habe, und er hätte sich im Anblick der zum Tode geführten Templer auf Befragen sogar des *Todes Christi schuldig* erklärt, daß von den in England, Irland, Schottland und Deutschland verhafteten Templern teils nichts Glaubwürdiges, teils überhaupt nichts gestanden und von den gegen sie verhörten Zeugen nichts Nachteiliges gegen sie ausgesagt wurde, daß selbst in Spanien, sowie in Portugal und Oberitalien, ja sogar im Kirchenstaat, die Templer freigesprochen werden mußten, während der König von Neapel, als Vetter desjenigen von Frankreich, erfuhr, was dieser wünschte, daß in den den Orden anklagenden protokollierten Aussagen die krassesten Widersprüche enthalten sind, daß in den einzelnen Verhören abgeschmackte und unmögliche Dinge gestanden wurden wie: bei Aufnahmen sei der Teufel in Gestalt einer Frau oder einer Katze gegenwärtig gewesen, habe gesprochen und den Templern Gold und Güter verheißen, es seien dabei Dämonen erschienen, der „Baffomet" habe auf Fragen geantwortet, Kinder der Templer seien verbrannt und mit ihrem Blut und Fett das Idol eingeschmiert, es sei ein Kalb oder Ochse angebetet worden usw. So geht aus all diesem hervor, daß die oben von uns bezweifelten Angaben über den Orden wirklich faul und falsch sind. Die Templer waren allerdings einer mit Aberglauben vermischten Freigeisterei ergeben – dies läßt sich nicht leugnen, stellt sie jedoch nur auf *eine* Linie mit vielen ihrer Zeitgenossen – und wenn sie zugleich sich teilweise und oft einem sittenlosen Leben ergaben, so tat dies der einzelne für sich – nicht der Orden als solcher.

Während der Untersuchung gegen den Templerorden starben an der Folter und an Kerkerleiden 36 Ordensglieder zu Paris. Am 12. Mai 1310 wurden ihrer 54, welche ihre Brüder hatten verteidigen wollen und daher ohne Wissen und Willen der Untersuchungskommission vom geistlichen Gericht des Erzbischofs zum Feuertod verurteilt waren, *verbrannt*, nachher noch acht (im ganzen angeblich 113!) und in Reims neun, die alle im Tod ihre Unschuld beteuerten. Der längst vom König zur Aufhebung des Ordens gedrängte Papst beschleunigte nun diese, um die Templergüter nicht in weltliche Hände fallen zu lassen und sprach sie, mit Zustimmung des Konzils von Vienne, am 2. Mai 1312 aus, indem er sämtliche Rechte und Güter der Templer dem Johanniterorden schenkte. Der unglückliche Großmeister

Molay, welcher seinen engen Kerker, zu dessen Milderung ihm täglich nur vier Sous bewilligt worden waren, mit großer Standhaftigkeit ertrug, und sein Beamter Guido von Auvergne wurden, obschon sie ihre und des Ordens Schuld fest leugneten, auf eigenmächtigen Befehl am 18. März 1313 auf einer Insel der Seine an langsamem Feuer verbrannt. Es wird erzählt, daß Molay die beiden Mörder des Ordens, Philipp und Clemens, vor den Richterstuhl Gottes geladen habe. Beide starben, der eine an der Kolik acht, der andere infolge eines Sturzes vom Pferde dreizehn Monate nach ihm. Die Aufhebung des Ordens wurde in allen Ländern vollzogen, selbst da, wo die Mitglieder von den gegen sie erhobenen Klagen freigesprochen wurden, zum Teil, wie in Sachsen, mit blutiger Gewalt gegen die Ritter. Fortgedauert hat der Orden in Teilen Spaniens und in Portugal, wo er wohl von Ketzerei am entferntesten war, den Titel des „Ordens Jesu Christi" annahm, als solcher fortbestand und sein Großmeister, Prinz *Heinrich* der Seefahrer, hundert Jahre später die Reichtümer des Ordens zu hohen Zwecken der Kultur in Anspruch nahm. – In den übrigen Ländern irrten die Templer entweder flüchtig umher oder traten zu den Johannitern über. Der Besitzergreifung der französischen Tempelgüter durch den König stand die Aufhebungsbulle entgegen; Philipp nahm jedoch das Ordenshaus zu Paris und den darin verwahrten Schatz zu Händen. Das übrige plünderten Adel und Kirche; namentlich vergaß der Papst sich selbst keineswegs. Auch fielen noch manche kleinere Teile verschiedenen Fürsten, Herren, Orden, Kirchen und Klöstern in den Schoß.

Die in späterer Zeit, im 18. und 19. Jahrhundert entstandenen, in Großbritannien und Nordamerika noch heute bestehenden sogenannten Templerorden sind nichts als kindische Nachahmungen des wirklichen Ordens und haben mit diesem nicht den mindesten Zusammenhang, auch keine andere Tendenz, als der Eitelkeit zu frönen.

VIERTER ABSCHNITT

Die Johanniter auf Rhodos

Der „Orden vom Hospital des heiligen *Johannes* zu Jerusalem", dem wir wiederholt, namentlich in seinen Streitigkeiten mit den Templern begegnet sind, hinsichtlich dessen wir uns überzeugen mußten, daß er an dem Verlust des Heiligen Landes wohl ebenso große Schuld trug als die Templer, hatte eine sehr ähnliche Einrichtung wie dieser Orden und besaß zur Zeit des Ausgangs der Kreuzzüge sieben, später acht nach europäischen Ländern benannte Provinzen, deren jede einen der Hauptwürdenträger des Ordens an ihrer Spitze hatte. Wir sind genötigt anzunehmen, daß die Ritter des Hospitals nicht wesentlich sittlicher lebten als die des Tempels, wenn auch ihre Krankenpflege ihnen einen Vorzug vor diesen verlieh; dagegen ist von ihnen keine Ketzerei bekanntgeworden, welche den Machthabern der Christenheit einen Vorwand geboten hätte, sie ebenso zu verfolgen wie die Templer, wozu ohnehin ihr geringerer Reichtum nicht lockte.

Nach dem Fall Akkons 1291 siedelten die Johanniter gleich den Templern nach der Insel Zypern über, wo ihnen vom König die Stadt Limissol als Sitz eingeräumt wurde. In dem ersten dort gehaltenen Generalkapitel, dem besuchtesten, welches die Geschichte des Ordens kennt, wurde beschlossen, den Kampf gegen die Ungläubigen unentwegt fortzusetzen. Die Stadt wurde befestigt, die Verpflegung kranker Pilger in ihr fortgesetzt und Ordensschiffe führten die gesunden Pilger nach dem Heiligen Land. Ihre Flotte vermehrten die Johanniter durch häufige Wegnahme von Piraten- und anderen Sarazenenschiffen. Doch verlockte ihre reiche Beute sie bald zu einem üppigen Leben, das dem der Templer wohl wenig nachstand, aber, da sie im Spekulieren diesen nicht gleich kamen, sie nur in Schulden stürzte. Da sah sich der 1296 gewählte Großmeister *Wilhelm von Villaret,* ein Provenzale, genötigt, die alte Zucht des Ordens durch strenge Maßregeln herzustellen. Die Johanniter sowohl als König *Haitho II.* von Armenien waren mit dem Mongolenkhan Hasan verbündet, als derselbe gegen den Mamelukkensultan zog und Damask eroberte, aber sich unbeständigerweise wieder zurückzog. Nachdem König *Heinrich II.* von seinem Bruder *Amalrich* enthront und später wieder eingesetzt worden, argwöhnte er die Mitschuld der beiden auf der Insel niedergelassenen Orden an der Verschwörung und verlangte, um sie zu strafen, einen Tribut von ihnen. Diesem zu entgehen, sahen sich die Johanniter nach einem anderen und zudem nach einem unabhängigen Zufluchtsort um und wählten zu diesem Zweck die äußerst günstig gelegene, in üppiger Blumenfülle prangende Roseninsel, *Rhodos*. Der Großmeister starb aber, ehe er diesen Plan ausführen konnte, den dann sein Bruder und Nachfolger *Fulko von Villaret* verwirklichte.

Rhodos, im Altertum ein gefeierter Sitz der Kunst und Wissenschaft, befand sich damals in den Händen der Familie *Gualla* unter byzantinischer Oberhoheit und war zugleich ein gefährlicher Schlupfwinkel sarazenischer Seeräuber, denen häufig genug christliche Kaufleute, ihre Frauen und Kinder, ihr Hab und Gut zum Opfer fielen. Während *Philipp IV.* von Frankreich und Papst *Clemens V.* die Templer richteten, unterstützten sie die Johanniter, wahrscheinlich um Schritte von ihrer Seite zugunsten der früheren Nebenbuhler, deren Schicksal sie ja ebensowohl befürchten konnten, zu verhindern, mit Geld und Schiffen zur Eroberung von Rhodos, zu welcher, in dem Glauben, daß es sich um einen Kreuzzug handelte, eine ungeheure Menge von Rittern zusammenströmte. Umsonst versuchte *Villaret* zuerst, den Kaiser *Andronikos* zur gütlichen Überlassung der Insel zu bewegen. So wurde dann gegen Ende des Jahres 1309 eine sarazenische Flotte, die von einem byzantischen Heer unterstützt war, an den Küsten der Insel geschlagen und die feste Hauptstadt Rhodos genommen, deren Zinnen der Großmeister zuerst betrat; aber erst nach einem Kampf von vier Jahren konnte auch die übrige Insel erobert werden.

Die Johanniter, von jetzt an *Rodiser* genannt, nahmen in der Folge noch mehrere umliegende Inseln, deren bedeutenste *Kos* war, in Besitz. Ihr Inselreich, in welchem Griechen wie Lateiner kirchlicher Freiheit sich freuten und alle Handeltreibenden freien Zutritt hatten, gelangte zu hoher Blüte, und ihre Verhältnisse wurden glänzende; ihre Schiffe waren in allen Meeren gesehen und ein Schrecken der Türken.

Aber nicht gewitzigt durch das hochtragische Ende ihres Bruderordens, verleitete ihr Glück die Ritter des Hospitals zu Hochmut, Aufwand und Schwelgerei, die Krankenpflege hörte auf, und was das Betrübendste war, der Großmeister machte es nicht besser und gab seinen Brüdern kein gutes Beispiel. Nur seine Tapferkeit blieb dieselbe und er schlug 1312 gegen die Insel anstürmende Türken siegreich zurück.

Endlich aber verlangten die Brüder von dem untreuen Großmeister Rechenschaft über die verschleuderten Ordensgüter, welche derart war, daß der Orden im Jahre 1320 einem einzigen Handelshaus in Florenz, welches auf der Insel eigene Agenten hielt, um die Bedürfnisse der Ritter zu befriedigen, 575 900 Goldgulden schuldig war. Als er hierauf nur mit verächtlichen Reden antwortete, verschworen sich die Ritter gegen ihn, und als er in das Schloß Lindo floh und an den Papst appellieren wollte, setzte ihn die Mehrheit des Generalkapitels ab und wählte seinen Ankläger *Moritz von Pagnac* an seine Stelle. Eine Minderheit protestierte aber gegen dieses Verfahren, gelangte an den Papst und *Johann XXII.* stellte Gerhard von Pins bis zur Entscheidung über die Sache als Oberstatthalter auf. Die beiden Großmeister wurden nach Avignon berufen und *Villarets* bestechende Persönlichkeit, der Ruf seiner Tapferkeit und endlich der plötzliche Tod *Pagnacs* aus Schmerz über die bessere Aufnahme, die sein Gegner überall fand, bestimmten den Papst, ihn auf eine gewisse Zeit wieder einzusetzen. Er dankte jedoch nach Verfluß derselben (1323) ab und starb vier Jahre später in Languedoc.

Zwar wurde während dieser Wirren ein neuer Angriff der Türken, welche auf Rhodos eine Kolonie ihres Glaubens anlegen wollten und bereits mit Weibern und Kindern angesegelt kamen, siegreich zurückgeschlagen; allein die eingerissenen Unordnungen und Unsitten und die durch die erwähnte Verschwörung eingewurzelte Zwietracht trugen ihre verderblichen Früchte, und brachten die Insel und den Orden dem Verfall nahe, bis der neue Großmeister *Helion von Villeneuve,* der jedoch erst 1332 in Rhodos ankam, alles wieder in Ordnung und zur früheren Blüte brachte.

Zu gleicher Zeit aber wurden die Seeräubereien der Türken an der Küste Kleinasiens so arg, namentlich durch förmliche von Smyrna auslaufende Flotten, daß ein Bündnis zwischen Frankreich, Venedig, dem Papst, Byzanz, Zypern und dem Johanniterorden zustande kam, welches bereits 1334 eine Flotte gegen die Türken aussandte, die jedoch nicht viel ausrichtete. Besseren Erfolg hatte eine zweite, welche unter dem Oberbefehl des Genuesen *Martino Zaccaria* am 28. Oktober 1344 Smyrna eroberte und das Rüsthaus, sowie die Flotte des Seeräuberhäuptlings Omar zerstörte. Der Letztere suchte die Stadt vier Jahre später wieder einzunehmen, kam aber dabei ums Leben und Smyrna blieb in den Händen der Christen, welche es abwechselnd von Statthaltern der Verbündeten verwalten ließen, bis der blutige *Timur* sie im Jahre 1402 bezwang.

Auch eine ihnen eigene Niederlassung gründeten die Johanniter auf dem asiatischen Festland; der Großmeister *Philipp von Naillac* errichtete nämlich auf den Trümmern der Vaterstadt Herodots, Halikarnassos, 1399 die Festung San-Pietro (jetzt Budrun), welcher ein Zufluchtsort aller von Türken und Mongolen verfolgten Christen wurde und noch heute ihre starken Mauern und Türme zeigt.

Der nächste Großmeister *Dieudonné von Gozon* (1346–53) schwang sein Schwert so tapfer gegen die Türken, daß über ihn die Sage entstand, er habe als junger Ritter einen auf der Insel hausenden Drachen erlegt, welche mythische Tat Schiller in so ergreifenden Farben gemalt hat. Seine Nachfolger hatten dagegen mehr mit der ungeheuerlichen Zumutung des Papstes zu kämpfen, der den Orden gern von Rhodos weg näher nach dem Heiligen Land verlegt hätte, angeblich weil die Ritter auf ihrer Insel eines zu bequemen Lebens sich erfreuten – eine Zumutung, welche der Orden natürlich ablehnte. Der Großmeister *Raimund Berengar* (1365–74) entschied durch seine Tapferkeit die andernorts zu erzählende Einnahme von Alexandria in Ägypten in Gemeinschaft mit dem König *Peter I.* von Zypern, indem er, als letzterer bereits verzagte, rief: „Johanniter können nicht von Sarazenen geschlagen werden" und mit zermalmender Wucht sich und den Seinigen über die Mauern Bahn brach.

Von da an hatte der Orden eine Zeitlang eine tatenlose Geschichte, und nach deren Verlauf begannen jene Angriffe der osmanischen Türken auf Rhodos, welche schließlich zum Untergange der dortigen Herrschaft des Ordens führten, aber bereits einen Bestandteil der traurigen Geschichte des Vordringens der Türken nach Europa bilden, von der sie nicht zu trennen sind. Eine selbständige Rolle spielten die Johanniter nicht mehr.

Budrun (Halikarnaß).

FÜNFTER ABSCHNITT

Ende des Königreichs Armenien

Nach der Auflösung der christlichen Herrschaft in Syrien waren, wie erwähnt, noch zwei kleine Reiche im Orient und zwei solche in Griechenland am Leben, welche durch die morgenländischen Kreuzzüge ihren Ursprung erhalten hatten. Allerdings war eines derselben nicht durch Europäer gegründet, wohl aber durch sie zum einheitlichen Staat und zum Königreich erhoben und hatte sich in seinem ganzen Wesen, in Glauben, Sitten und Einrichtungen den übrigen im Morgenland damals bestehenden christlichen Staaten genähert und angepaßt, war vielfach mit den fränkischen Reichen Jerusalem, Antiochia und Zypern durch Heiraten verbunden und endete schließlich auch unter einem Herrscherhaus europäischen Ursprungs. Wir meinen das sogenannte Königreich *Armenien,* oder vielmehr das von Armenien begründete Reich in Kilikien, das wir wiederholt zu erwähnen Gelegenheit hatten. Es ist höchst merkwürdig, wie dieser kleine Staat, der doch von dem mohammedanischen Syrien und Kleinasien fast ringsum eingeschlossen war, sich bedeutend länger halten konnte als das weit freier liegende Königreich Jerusalem, läßt sich aber daraus erklären, daß seine Bewohner von altersher mit der Natur des Landes vertraut waren, von den Mohammedanern nicht in dem Grade als Fremde betrachtet wurden wie die Franken und dieselben auch nicht so hartnäckig bekämpften, wie diese. Freilich erkaufte „Kleinarmenien" sein langes Leben mit wiederholten Demütigungen; es war in der Mitte des dreizehnten Jahrhunderts von den Seldschuken in Ikonion abhängig, mußte ihnen im Kriege dienen und einmal im Jahr in seiner Hauptstadt den Islam verkündigen lassen. Später unterwarf es sich den Mongolen und wurde für diese Verbindung von Bibars empfindlich gestraft, es wurde zwar nicht unterworfen, blieb aber den ägyptisch-syrischen Mamelucken zinspflichtig und wurde von ihnen immer härter bedrängt und durch wiederholte Angriffe zu höheren Zahlungen gezwungen, welche Lage noch empfindlicher erschien, seitdem die Mongolen den Islam angenommen hatten und von ihnen daher kein Beistand mehr zu erwarten war wie früher. Innere nicht nur religiöse, sondern auch politische Parteiungen machten die Lage des Landes noch schlimmer; der König *Haitho II.* (1289–1305) wurde dreimal vom Thron gestürzt und wieder erhoben, bis er schließlich einem Mord zum Opfer fiel, zu welchem sich einheimische Verschwörer mit Mongolen verbunden hatten.

Konnten nun die Europäer, welche in Syrien so schwere Schicksalschläge erlitten hatten, den Armeniern keine bewaffnete Hilfe leisten, so unterstützen sie dieselben doch durch ihren Handel und Verkehr. Es ließen sich zahlreiche Franken im Lande nieder, das ihnen jetzt einen Ersatz für das verlorene Syrien und eine höchst vorteilhafte Straße nach dem inneren Asien darbot. Am innersten Teil der Bucht zwischen Kleinasien und Syrien lag die Handelsstadt *Lajazzo* in einer äußerst günstigen Umgebung. Der Fall von Akkon und Tyros war ihr sehr vorteilhaft und verschaffte ihr den ganzen Verkehr zwischen dem Westen und Osten, der früher durch Syrien gegangen war, noch zu ihrem bisherigen, ohnehin bedeutenden Handel. Genuesen und Venezianer lebten und verkehrten dort in Menge und handelten namentlich mit Gewürzen und mit Vieh, das sie aus dem inneren Asien, mit Wein und Öl, Korn und Tüchern, die sie aus Europa brachten. Das ungesunde Klima schreckte die Handelsleute nicht von ihrem höchst vorteilhaften Verkehr in Lajazzo ab, wennschon die dortige venezianische Kolonie im Jahre 1320 ihren Friedhof vergrößern mußte. Den Genuesen schenkte der König *Haitho II.* eine Warenhalle, welche 1297 ein venezianischer Kapitän zerstörte; denn bis hierher drang der traurige Krieg zwischen den beiden eifersüchtigen Seestädten. Auch Florentiner, Pisaner, Provenzalen trieben großen Handel in Lajazzo.

Aber diese Verbindung mit dem Abendland schützte Armenien nicht auf die Dauer gegen seinen von den Mohammedanern längst beschlossenen Untergang. Im Jahre 1323 betrug der an die Mamelucken zu entrichtende Tribut bereits 1 200 000 Dirham (zu 80 Pf.), und zugleich mußte die Hälfte der Zolleinnahmen und des Ertrags der Salzbergwerke den Bedrängern abgegeben werden. Dies zwang die armenischen Könige, die fremden Kaufleute stärker zu besteuern, wogegen sich diese nicht nur beschwerten, sondern was sie sogar zu Gewalttätigkeiten gegen die armenische Regierung bewog; die Venezianer erstürmten nämlich bald nach 1301 die Burg in Lajazzo und plünderten sie, wofür sie freilich nachher eine Entschädigung zahlen mußten. Der Druck auf die Fremden dauerte aber in demselben Maße fort wie jener der Mamelucken auf Armenien. Schon wiederholt war Lajazzo von diesen geplündert worden – 1322 aber wurde es von ihnen unter Anführung des Sultans *Nasir Mohammed* erobert und zerstört. Es folgte ein Friede und der Wiederaufbau mit Ausnahme des Meerkastells, welches der Sultan nicht neu zu bauen gestattete, so daß die fremden Kaufleute Angriffen von der See her ausgesetzt waren. Ein neuer ägyptischer Einfall 1337 zwang den letzten einheimischen König *Leo V.*, die Erstürmung der Stadt durch Schleifung ihrer übrigen Befestigungen abzuwenden und in andere feste Plätze seines Reiches mameluckische Besatzungen aufzunehmen. Unter seinem Schwester- oder Tochtersohn *Johann* (dem ersten armenischen König aus dem Hause *Lusignan*, das auf Zypern regierte, aber auf diesen Namen nur in weiblicher Linie Anspruch hatte und in Wahrheit ein Zweig des in Antiochia herrschend gewesenen Hauses Poitou war) wurde

Lajazzo 1347 von den Ägyptern nicht nur erobert, sondern auch behalten und 1367 umsonst von den vereinigten Zyprioten und Armeniern blockiert. Die Blüte der Stadt war damit vernichtet, die fremden Kaufleute zogen wahrscheinlich alle weg, und im Jahr 1374 machte der Sultan Aschraf, ein Namensvetter des Eroberers von Ptolemais, dem Königreich Armenien das längst gefürchtete Ende, indem er Kilikien völlig eroberte und verwüstete. Der letzte König *Leo VI.* wurde in dem Bergschloß Gaban, in das er sich geflüchtet, nach einer tapferen Verteidigung von neun Monaten zur Ergebung gezwungen und 1375 gefangen nach Ägypten gebracht, später aber entlassen und starb 1393 in Paris.

SECHSTER ABSCHNITT

Das Ende des Königreichs Zypern

Mit Armenien teilte sich, so lange es noch bestand, die Insel *Zypern* in die Erbschaft des christlichen Syrien; sie übernahm dieselbe dann nach dem Untergang jenes Landes sogar allein und blieb am längsten von allen Teilen Asiens unter christlicher Herrschaft. Vor Klein-Armenien hatte Zypern ein gesünderes Klima und eine gesicherte Lage voraus und war daher der Sitz der aus Syrien vertriebenen Barone, Ritterorden und Handelskolonien, bis dieselben andere Orte zur Niederlassung wählten.

Das Königreich Zypern war durchaus ein Abbild des ehemaligen Königreichs Jerusalem und daher gleich diesem wieder ein solches Frankreichs. Wie Jerusalem wurde es von steten Parteiungen zerrüttet, erst zwischen dem König und den Baronen und wieder zwischen verschiedenen Prinzen und Prätendenten, dann zwischen den Templern und Johannitern, und endlich zwischen den Genuesen und Venezianern. Als Gesetzbuch waren die „Assisen von Jerusalem" angenommen. Hauptstadt war *Nikosia* und bis zum Ende des Königreichs die französische Sprache die offizielle. Die Finanzen befanden sich in befriedigendem Zustand, da die Hilfsquellen der Insel reich und ihre Erzeugnisse, wie Zucker, Salz, Wein, Baumwolle usw. mannigfaltig und trefflich waren. Der griechische Ritus wurde von den herrschenden Lateinern geduldet, doch walteten häufige Streitigkeiten zwischen den Geistlichen beider Kirchen, da die Päpstlichen doch immerhin auf Unterwerfung der ganzen Bevölkerung unter Rom hinzielten. Die Franken waren auch, mit Einschluß der reicheren Eingeborenen, die allein vollberechtigte Klasse der Einwohner und die den Grundstock der Bevölkerung bildenden Griechen meist nur Steuerpflichtige oder gar Leibeigene.

Wie in Armenien, so spielten auch auf Zypern die Venezianer und Genuesen die größte Rolle unter den Kaufleuten; doch waren auch die übrigen europäischen Seestädte stark vertreten und mit Vorrechten ausgestattet, namentlich aber Pisa und Barcelona. Indem die Könige von Zypern aber das päpstliche Verbot des Handels mit den Sarazenen unterstützten und durchführten, wandten sie ihren eigenen Hafenstädten um so größeren Gewinn zu. Die bedeutendste derselben war *Famagusta*, dessen märchenhafte Pracht in Gedichten und Volksbüchern genügend geschildert ist. Den syrischen Seeplätzen und dem armenischen Lajazzo benachbart, erfreute es sich einer äußerst günstigen Lage. Ein deutscher Reisender, *Ludolf von Sutheim,* versicherte um die Mitte des 14. Jahrhunderts, in Famagusta wären die orientalischen Gewürze so gewöhnlich wie in Deutschland das Brot, Edelsteine und Goldbrokat aber noch häufiger zu finden; doch herrschen neben diesem großen Reichtum auch arger Aufwand und furchtbare Sittenlosigkeit, so daß Famagusta an die Stelle von Ptolemais getreten zu sein schien, während sich die üppigen Barone im übrigen Teil der Insel ausschließlich dem wilden Vergnügen der Jagd hingaben.

Zypern befand sich unter seinen Königen in einer Blüte wie weder vor- noch nachher. Es stand Stadt an Stadt, Burg an Burg, Kloster an Kloster. Der ebene Teil der Insel war bedeckt mit Wein-, Öl-, Baumwoll-, Johannisbrot-, und Farbkräuterpflanzungen, wie mit Seidenkultur, der ganze Boden reich an Bergwerken, die Küste an Häfen. Die Hauptstadt Nikosia soll an 250 Kirchen und Kapellen besessen haben. Im dreizehnten Jahrhundert zählte die Insel vierzehn Bistümer.

König *Heinrich II.*, welcher zur Zeit des Verlustes von Palästina regierte und Akkon so schmählich im Stich ließ, erregte durch seine Habgier und seinen Geiz vielen Widerwillen, so daß gegen ihn eine Verschwörung sich bildete, an deren Spitze sein Bruder *Amalrich* stand, der ihn mit Hilfe der Templer 1309 stürzte und gefangen nach Armenien brachte. Ein Diener des Verbannten tötete jedoch schon im folgenden Jahr den Usurpator und holte seinen Herrn zurück, der nun wieder den Thron bestieg und bis zu seinem Tode 1324 innehatte. Sein Neffe und Nachfolger *Hugo IV.* suchte vergebens die europäischen Fürsten zu einem Kreuzzug zu bewegen; vielleicht aus Schmerz hierüber dankte er schon 1352 ab und starb neun Jahre später in einem Kloster. Unter seinem Sohn *Peter I.* dem „Großen", hatte Zypern seine ruhmreiche Zeit. *Peter* war ein Kreuzesritter nicht nur mit dem Mund, sondern im Herzen und mit der Tat. Mit einem bloßen Schwert am Halse schwor er ewigen Krieg den Sarazenen und hielt auch seinen Schwur, indem er ausführte, was alle die mächtigen Kaiser und Könige Europas nicht mehr vermochten. Im Jahre 1361 eroberte er die Stadt *Attalia* oder Satalia an der Küste Kleinasiens, wo die europäischen Seestädte regen Handel trieben, aber sich durch die türkische Herrschaft sehr eingeengt fühlten, und in demselben Jahr noch die armenische Seestadt *Korykos,* welche der dortige König in seiner Schwäche nicht mehr gegen die Muslimen zu halten vermochte. Attalia blieb zwölf, Korykos aber sogar 87 Jahre unter zyprischer Herrschaft und beide hatten während dieser Zeit ihre höchste Blüte erreicht. Aber *Peter I.* unternahm noch größeres. Er bereiste vom nächsten Jahr an einen großen Teil von Europa und betrieb, unterstützt von Papst *Urban V.,* einen Kreuzzug. Bei den Kaisern und Königen richtete er nichts aus, aber Venedig ließ sich dazu herbei, mit ihm auf gemeinsame Kosten eine Flotte für 2000 Ritter auszurüsten, und selbst Genua, welches mit Zypern bereits in einem nachher zu erwähnenden Streit lag, steuerte drei Schiffe bei. Da aber die Ausführung des Planes sich aus Mangel an Unterstützung verzögerte, trat Venedig, das in dem Plan eine Schädigung seiner

Handelsinteressen fürchtete, von seiner Zusage zurück und überließ dem König eine einzige Galeere. Obschon *Peter* nun alles übrige zu bestreiten hatte, ging er mutig ans Werk, sammelte sein Heer auf Rhodos, wo sich die Johanniter ihm anschlossen, steuerte gerade auf *Alexandria* in Ägypten los, eroberte die Stadt am 10. Oktober 1365, einem Freitag, während die Mohammedaner in der Moschee waren, und ließ sie plündern, was auch die Venezianer traf, wobei die Genuesen wacker mithalfen, obschon sie sich am Sturm nicht beteiligt hatten. So einig waren sich damals die Christen! Aber *Peters* Macht war zu schwach, die Stadt zu halten, und nach einigen Tagen gab er das Unternehmen notgedrungen auf und kehrte nach Zypern zurück. Der ägyptische Sultan *Schaban* dürstete jedoch nach Rache, und da er diese nur noch an den christlichen Kaufleuten auslassen konnte, ließ er ihnen sagen, sie sollten sich nur ganz ruhig verhalten, worauf er alle einkerkern ließ. Die Folge war eine merkliche Verteuerung der Spezereien in Europa. Als später der Sultan mit Venedig und Genua über einen Frieden unterhandelte, und diese Städte auch dazu bereitwillig waren, protestierte der Papst, der darin nur einen Versuch erblickte, die Christen zu trennen, gegen jeden Frieden ohne Einschluß des Königs von Zypern und ermahnte daher, da die Seeleute auf einen Frieden drangen, *Peter I.* zur Einwilligung. Dieser aber hielt seinen Schwur und griff in den beiden Jahren nach dem Einfall in Ägypten wiederholt syrische Seestädte an, wie es scheint, ohne Erfolg. Im Jahre 1368 machte Peter eine zweite Kreuzzugsreise nach Europa und ließ sich während derselben vom Papst und den Seestädten zur Einwilligung in einen Frieden mit Ägypten bestimmen. Aber nun wollte der Sultan mit dem Eroberer Alexandrias keinen Frieden, behielt auch die Kaufleute im Kerker und gesellte ihnen noch viele Venezianer bei, weil er Venedig im Verdacht hatte, mit Zypern einverstanden zu sein. Ehe daher etwas geschah, wurde der tapfere *Peter I.* am 17. Januar 1369 infolge einer Verschwörung seiner Brüder ermordet. Erst am Ende des folgenden Jahres kam zwischen Ägypten, dessen Hauptfeind nun tot war, Genua, Venedig, Zypern und den Johannitern ein Friede zustande.

Als die Mörder *Peters I.* für seinen minderjährigen Sohn *Peter II.* die Regierung führten, bereitete sich der große Kampf zwischen Genua und Venedig um die Herrschaft Zyperns vor, welcher der Insel so verderblich geworden ist. Genua hatte schon mit den bisherigen Königen Zwistigkeiten gehabt, was Venedig zur Anknüpfung vorteilhafter Handelsverträge mit Zypern benutzte. Die Genuesen seeräuberten nun an den Küsten der Insel, so daß König *Heinrich II.* sie erst nach Nikosia im Innern der Insel eingrenzte, worauf ihre Mutterstadt sie aus derselben zurückrief, der König aber sie nicht ziehen ließ und ihre Waren mit Beschlag belegte. Genua machte dann wiederholte feindliche Angriffe auf die Insel und verschiedene Friedensschlüsse waren ohne Dauer, da die Forderungen Genuas stets anwuchsen. Selbst derjenige unter *Peter I.*, der den Genuesen alle möglichen Vorrechte und ihrem Podesta in Famagusta ausgedehnte Gerichtsbarkeit über sie einräumte, erregte nur die Eifersucht Venedigs, welches keine solche Vergünstigungen erlangte und blutige Streithändel zwischen den übermütigen Genuesen oder den neidischen Venezianern und den Eingeborenen, die sich von beiden nicht zuviel bieten lassen wollten, am meisten aber natürlich zwischen Venezianern und Genuesen selbst. Diese Händel erhielten den häßlichsten Ausdruck durch die wilde Szene am Krönungsfest *Peters II.*, am 12. Oktober 1372. Als der junge König aus der Kirche kam und zu Pferde stieg, ergriff der Vorstehener der Venezianer den rechten Zügel des Pferdes, was die Genuesen als ihr Vorrecht erklärten. Der darob entbrennende Streit wurde einstweilen dadurch geschlichtet, daß Zyprioten beide Zügel führten. Als aber am Festmahl im königlichen Palast den Genuesen rechts und den Venezianern links vom König gedeckt war, erhob sich bitterer Wortwechsel zwischen beiden Parteien; nach der Tafel griffen sie gar zu den Waffen, und andere Genuesen drangen von außen herein und stürzten auf die Venezianer los. Da warfen sich die königlichen Hofbeamten zwischen die streitenden Brüder und mehrere Genuesen wurden teils erstochen, teils über die Galerien hinaus auf die Straße geworfen. Das Volk aber stürmte das Lokal der Genuesen und plünderte ihre Magazine und Häuser. Bewaffnete Macht mußte Ruhe schaffen. Nach einigen Tagen verließen die Genuesen, welche man allgemein als die Hauptschuldigen erklärte, weil sie zuerst zu den Waffen gegriffen, sämtlich die Insel, kehrten nach der Heimat und riefen diese zur Rache an Zypern auf. Sofort rüstete die Republik einen Zug zu diesem Zweck und sandte im März 1373 sieben Galeeren aus, welche auf der Insel Eroberungen machten und plünderten und denen dann im August die Hauptflotte von 36 Galeeren folgte. Die im ganzen angekommenen 14 000 Mann Truppen sammelten sich vor Famagusta, und nahmen die Stadt nach wenigen Tagen, wenn auch durch Verrat; der König wurde gefangen und nur gegen Zusicherung einer Entschädigung von über zwei Millionen Goldgulden freigelassen, mußte drei Verwandte und mehrere Edelleute und hohe Beamte als Geiseln stellen und der Republik die Stadt Famagusta bis zur Tilgung der Schuld überlassen.

Nach einigen Jahren (1378) riefen die Genuesen, indem sie sich gegen die Venezianer Gewalttätigkeiten erlaubten, einen neuen Streit hervor. Venedig befahl seinen Bürgern, die Insel zu verlassen, und der König stellte sich, durch die ihm auferlegte Schmach gekränkt, auf die Seite Venedigs. Er belagerte Famagusta zu Land und die Venezianer taten es zur See. Die Belagerung war jedoch fruchtlos und Genua schloß den König, zur Strafe für seinen Vertragsbruch, von dem Frieden aus, den es mit Venedig schloß. Doch starb *Peter* (1382) ehe Genua zur Rache schreiten konnte.

Sein Nachfolger (und Oheim) *Jakob I.* befand sich, als ihm die Krone zufiel, noch in Genua als Geisel, und dies benutzte die Republik, indem sie sich von ihm *Famagusta* vollständig abtreten und als Pfand an dessen Stelle die Stadt Cerines geben ließ. Seitdem trat der genuesische Podesta in Famagusta wie ein Fürst auf und verkehrte mit dem König nur durch Gesandte. Die Vorsteherschaft der Venezianer wurde nach Nikosia verlegt. Der König aber, dem es wenig nützte, daß er 1393 nach dem Tod des letzten Königs von Armenien dessen Titel annahm, geriet in wachsende Abhängigkeit von

Genua, schon wegen der Schuld, die er hatte eingehen müssen, und dann weil *Johann II.*, genannt Janus (der Genuese, weil er in Genua geboren wurde, als sein Vater dort Geisel war) Famagusta wiederholt angriff, was die Genuesen 1403 bewog, eine zweite Kriegsfahrt nach Zypern zu unternehmen, so daß sich die Schuld vergrößerte und der Zyprische Hof in den Händen zweier Aktiengesellschaften stak, welche die Mittel zu den beiden Zügen aufgebracht hatten. So gab es ein ewiges Drängen, denn wenn der König nicht zahlen konnte, so entstand Not in Genua. Ja der König mußte sich verpflichten, keinen anderen Handelshafen neben Famagusta zu eröffnen.

Genua hatte zwar Vorteil von der Eroberung Famagustas, aber diese Stadt selbst verlor ihre Blüte durch den Mangel an Handelsfreiheit und durch den allmählichen Wegzug der Nichtgenuesen, die oft ungerecht behandelt wurden. Durch die Benachteiligung der Venezianer geriet der König auch mit diesen in Streit, und seine Lage wurde noch schlimmer, als 1426 der ägyptische Sultan *Barsebai* einen Einfall auf Zypern machte, die Insel plünderte und den König als Gefangenen nach Ägypten führte. *Johann II.* mußte sich durch ein Lösegeld von 200000 Dukaten freikaufen und kehrte im folgenden Jahr als ägyptischer Vasall und als armer Mann zurück. Er mußte sich durch drückende Steuern helfen, gegen welche sich namentlich Venedig beschwerte, während hinwieder durch Genuas Monopol Famagusta mehr und mehr verödete und verarmte. Nachdem *Johanns II.* schwacher Sohn *Johann III.* und nach diesem dessen Tochter *Charlotte* ein verwirrtes Regiment geführt, bemächtigte sich *Johanns III.* natürlicher Sohn, der kühne *Jakob II.*, des Thrones, und ihm gelang es mit ägyptischer Hilfe 1464, nach langer Belagerung Famagusta zu erobern und mit seinem Reich wieder zu vereinigen. Aber er war der letzte König von Zypern und vertauschte nur die unvollständige Herrschaft der einen Republik mit der vollständigen der anderen; denn er warf sich, um dem Reich aufzhelfen, *Venedig* in die Arme, vermehrte dessen Rechte und heiratete dessen Bürgerin *Katharina Cornaro*. Er starb aber schon im nächsten Jahr, sein einziger Sohn bald darauf als Kind, und die Witwe wurde 1480 von ihrer Vaterstadt gezwungen, ihr die Insel abzutreten und dahin zurückzukehren, wo sie 1510 starb.

SIEBENTER ABSCHNITT

Schlimme Folgen der morgenländischen Kreuzzüge

Von dem Osten wenden wir uns nun nach dem Westen, um zu sehen, welchen Einfluß die morgenländischen Kreuzzüge auf das Abendland ausgeübt haben. Gleichwie aber dieselben sowohl edle als verwerfliche Beweggründe hatten, nämlich Begeisterung für die höchsten Ideale der damaligen Menschheit auf der einen und religiösen Fanatismus neben Befriedigung der heftigsten Leidenschaften auf der anderen Seite, so mußten auch ihre Folgen das nämliche Doppelgesicht zeigen. Die menschlichen Leidenschaften sind ja immer dieselben; sobald sie daher nicht mehr im Dienst einer höheren Idee schalten und walten konnten oder wollten, so mußten sie eine andere Ableitung finden, und sie fanden dieselbe auch. Nur traten sie jetzt, nachdem der Deckmantel des Kampfes für das Heilige Land niedergefallen war, in ihrer nacktesten Rohheit als das hervor, was sie wirklich waren und noch sind, und dies geschah in sehr mannigfaltiger Weise, indem stets eine Verirrung wieder eine andere hervorrief, was ins endlose gehen mußte. Die Kreuzzüge nach dem Morgenland hatten den Verkehr und Handel in außerordentlicher Weise belebt, und diese Tatsache weckte vorerst die *Raublust*, namentlich die der sogenannten Raubritter. Das Rittertum war ohne eine anhaltende Beschäftigung, wie die der Kreuzzüge gewesen war, und verfiel daher in Verirrungen, die seinen schließlichen Zerfall vorbereiteten. Der durch den entwickelten Handel und Verkehr hervorgerufene Wohlstand führte sogleich zu Üppigkeiten aller Art, von denen wir hier nur die *Trunksucht* und *Völlerei* hervorheben können und andere mit Stillschweigen übergehen müssen. Diese Laster konnten nicht anders, als mit einer Zunahme der *Verbrechen* begleitet sein, auf welche auch die wilden Szenen der Schlachten und Belagerungen zur Zeit der Kreuzzüge herausfordernd einwirkten, und diese Zunahme der Verbrechen mußte auch die Mittel ihrer Unterdrückung verschärfen, nämlich die *Folter* und grausamere *Strafen* ins Leben rufen. Die anhaltenden Anhäufungen von Menschen auf der Reise nach dem Morgenland, im dortigen heißen Klima und auf der Rückreise mußten ferner *Seuchen* hervorrufen, welche das verzweifelte Volk zu Handlungen tollen *Glaubenswahns* verleiteten. Sie begünstigten aber auch die noch gefährlichere Seuche des *Aberglaubens*, der sich namentlich auf die der *Hexerei* verdächtigen Personen warf und sie in grausamer Weise verfolgte. Endlich wandte sich der durch die Kreuzzüge zum Bedürfnis gewordene Krieg gegen die sogenannten Ungläubigen, die man nicht mehr im Morgenland bekämpfen konnte, gegen diejenigen, die man im eigenen Lande fand, gegen die *Ketzer* und *Juden*.

Diese traurige Reihe von „Entschädigungen" für die aufgegebenen Kreuzzüge haben wir nun in ihren hervorstechendsten Eigenschaften zu skizzieren.

Die Entartung des *Rittertums* beginnt genau mit der Abnahme der Kreuzzüge. Seitdem die Ritter diesen Anlaß zu einer edleren Betätigung ihres Berufes nicht mehr hatten, für welche die häßlichen Kriege unter christlichen Mächten zu dem einzigen Zweck der Gebietswegnahme und Machtverstärkung keinen Ersatz bieten konnte, sanken viele Ritter, gleich den Athleten des griechischen Altertums in der Zeit ihrer Entartung, zu herumziehenden Klopffechtern um törichter Prahlerei willen, oder gar um Wetten und schnöden Lohn herab. Seit dieser Zeit vergaßen die Ritter überhaupt größtenteils ihren edlen Beruf und ergaben sich dem Spiel, dem Trunk und anderen Lastern, besonders aber dem verrufenen *Raubrittertum* an reisenden Kaufleuten und anderen harmlosen Reisenden, sowie der wahnwitzigsten und blutigsten *Fehdesucht*, die oft aus den geringfügigsten oder auch ohne alle Ursachen und nicht immer nach vorheriger „Absage" durch Fehdebrief, ihre beklagenswerten Opfer forderte, so daß in dieser scheußlichen Zeit des *Faustrechtes*, besonders im 14. und 15. Jahrhundert, die durch die Blüte des Adels zum Tummelplatz gewählten Länder zu blut- und brandbedeckten Wüsten wurden.

Die Gottesurteile, besonders die Zweikämpfe des Mittelalters zur Zeit der Kreuzzüge waren in ihrer Freiwilligkeit, Offenheit und Kühnheit jedenfalls weit menschlicher und menschenwürdiger als das gräßliche, was auf sie folgte, seitdem sie in Abnahme gerieten. Aus dem blutigen menschenopfernden Orient war das hohläugige Scheusal der Folter oder Tortur zu den Römern gedrungen, war seitdem der beständige Begleiter des römischen Rechts und schlich sich mit demselben im dreizehnten Jahrhundert auch in Deutschland ein, wo sie eine desto bedeutendere Rolle spielte, je geheimer und inquisitorischer das Strafverfahren sich gestaltete. Übereinstimmend mit der immer ausgedehnteren Anwendung der Folter nahm in der nächsten Zeit nach den Kreuzzügen unter den Strafen die *Todesstrafe* das Vorrecht der häufigsten Anwendung in Anspruch. Ihre mannigfaltigen Abarten waren: das *Hängen*, die gewöhnlichste von allen, und zwar vorzugsweise an Dieben, die mehr als drei Schillinge oder „den Wert eines Strickes" gestohlen hatten, das *Enthaupten* mit Schwert oder Beil, für schwerere Verbrechen, das *Rädern* für die schwersten Verbrechen, wie Mord, Mordbrand, Verrat usw., das *Verbrennen*, vorzugsweise an sogenannten Hexen, dann an Kirchenräubern, Grabschändern und anderen besonders verhaßten Verbrechen, das *Ertränken* mit einem Mühlstein am Halse oder in einen Sack genäht, besonders an Frauen für verschiedene Verbrechen, das *Lebendigbe-*

graben, für Ehebruch und ähnliches, das *Pfählen* an Kindesmörderinnen, das *Vierteilen* an Landesverrätern und so noch manche Ausgeburten erfinderischer entmenschter Grausamkeit.

Die *Selbstquälerei* aus religiösem Wahn hat ihre Heimat im Morgenland; bei Brahmanen und Buddhisten, wie bei den orientalischen Christen und den Mohammedanern hatte sie stets ihre zahlreichen Jünger. Im Abendland wurde sie erst durch die Kreuzzüge einheimisch; vorher kamen freiwillige Geißelungen aus Glaubenswahn nur selten vor. Es wurden seitdem von kirchlichen Organen Vorschriften erlassen, welche bestimmten, daß eine gewisse Zeit der Buße durch so und so viel Geld oder Geißelhiebe abgetan werden konnte. Die gräßlichen Züge und Ausschweifungen der sogenannten *Geißelbrüder* und Geißelschwestern im 13. und 14. Jahrhundert, namentlich zu den Zeiten der Pest, des „Schwarzen Todes", sind bekannt genug als eine der furchbarsten „Geistesepidemien" in der Kulturgeschichte der Menschheit.*

Alle die geschilderten schlimmen Folgen der Kreuzzüge kamen aber, wenigstens in dem ersten Jahrhundert nach dem Ausgang derselben, dem vierzehnten, an Wildheit, Ausschweifung und Grausamkeit nicht der Judenhetze gleich, welche damals ausbrach und heutigen Bestrebungen ähnlicher Art nicht genug als abschreckendes Beispiel vorgeführt werden kann.

Wie die christlichen Märtyrer der Vorzeit, wurden auch die in den Kreuzzügen Gefallenen durch mancherlei Legenden mit einem Heiligenschein gekrönt, der eine gewisse Zeit nach ihrem Tode über ihren Häuptern geschwebt haben sollte (Bild 91), und man glaubte wohl, sie an den Ungläubigen rächen zu müssen. Da man aber die Sarazenen, welche die Unglücklichen niedergemacht hatten, wenn auch in Verteidigung ihres Glaubens und Vaterlandes, nicht mehr treffen konnte, weil man weder die Macht, noch selbst die Lust mehr hatte, sie in ihrer Heimat aufzusuchen, ließ man an ihrer Statt die *Juden* büßen, welche ja auch Ungläubige waren und sogar den Heiland getötet hatten.

Schon im Anfang, wie im Verlauf der Kreuzzüge haben wir wiederholte Judenhetzen ihre Greuel entfalten gesehen; sie waren aber alle, an Stärke wie an Dauer, nichts im Vergleich mit denjenigen, welche in dem ersten Jahrhundert nach den Kreuzzügen Europa schändeten.

Am meisten vorgearbeitet hat dieser Schmach der bei aller Größe seiner Absichten doch so verderblich wirkende Papst *Innozenz III.* Er, der die Inquisition und die Kreuzzüge gegen Christen erfunden und damit die Kreuzzüge nach dem Heiligen Land auf entscheidende Weise untergraben hat, führte auch das sogenannte Judenzeichen zuerst auf christlichem Gebiet ein. Dieses Judenzeichen oder der „Judenflecken", bis auf ihn nur von den fanatischen maurischen Almohaden in Afrika und Spanien angeordnet, bestand in einem Stück Zeug von meist gelber, bisweilen auch roter Farbe und verschiedener Form, der von den Juden am Hut oder Oberkleid getragen

---

* Näheres über diese und andere Erscheinungen der menschlichen Torheit jener Zeit enthält der III. Band unserer „Allgemeinen Kulturgeschichte".

Die gefallenen Märthyrer.

werden mußte und daher den Pöbel geradezu aufforderte, die unglücklichen und unfreiwilligen Träger zu verhöhnen und zu mißhandeln, den letzteren aber alles Scham- und Ehrgefühl rauben mußte.

Nachdem die Inquisition von *Innozenz III.* eingeführt war, warf sie sich, wie auf die Ketzer, so auch auf die Juden, namentlich auf solche, die sich aus Furcht vor Verfolgung oder aus Zwang hatten taufen lassen und nachher wieder jüdische Gebräuche beobachteten, und arbeitete damit, so sehr die Päpste sich stets gegen Verfolgungen der Juden aussprachen, doch tatsächlich solchen Greueln in die Hände. Was wollte und konnte man aber von einer Zeit erwarten, in welcher der aufgeklärte Kaiser *Friedrich II.* die Juden ebensosehr verfolgte wie die Ketzer und ebenso eifrig, wie der strenggläubige *Ludwig der Heilige*! *Friedrich* war der erste Fürst, welcher die Juden (zu Palermo) in ein Ghetto einschloß, und *Ludwig* verbot ihnen das Zinsnehmen, obschon es damals schon christliche Wucherer gab, welche weit höhere Zinsen nahmen als die Juden. Papst *Gregor IX.* endlich reihte sich diesen Monarchen würdig an, indem er den Bischöfen befahl, den Juden alle Exemplare des Talmud wegzunehmen und den Bettelmönchen zu übergeben, und die Könige aufforderte, dieses fromme Verfahren zu unterstützen. Es wurden allerdings viele Tausende Talmude verbrannt, aber natürlich konnten ebensowenig alle aufgefunden, wie das Zinsenverbot aufrechterhalten werden.

Als die Mongolen in Europa einbrachen, wurden die Juden beschuldigt, sie herbeigerufen zu haben und so mußten sie fortan für jedes öffentliche Unglück, für Seuchen, Hungersnot, Erdbeben usw. herhalten, und zwar gewöhnlich unter der Beschuldigung der Brunnenvergiftung. Dazu trug namentlich der Umstand bei, daß die Juden an Seuchen weniger litten, weil sie bessere arzneiliche Kenntnisse hatten und mäßiger lebten als die Christen. Alle bedeutenden Ärzte jener Zeit, bei Mohammedanern wie bei Christen, waren Juden, und auch auf diesen Umstand warf sich die Glaubenswut und das Konzil von *Beziers* verbot 1246 die ärztliche Behandlung von Christen durch Juden, was aber ebensowenig fruchtete wie die vorher genannten Verbote, namentlich da fast alle Monarchen selbst jüdische Leibärzte hatten und sie nicht entbehren konnten.

An Papst *Innozenz III.*, welcher den Kreuzzügen, wie oben gezeigt, den Todesstoß gegeben, wandten sich die Juden unter Begleitung klingender Gründe um Schutz gegen Verleumdungen und Verfolgungen, die sich immer mehr gegen sie anhäuften, worauf er 1247 in einer Bulle die damals herrschende Sage, daß die Juden bei gewissen festlichen Anlässen Christenkinder mordeten und ihr Blut tränken, für eine boshafte Erfindung erklärte und alle Verfolgungen und Belästigungen der Juden des entschiedensten verdammte, ja ihre Urheber mit dem Bann bedrohte.

Auch dies fruchtete aber nichts, und die nächste Zeit nach den Kreuzzügen, besonders das 14. Jahrhundert, wurde durch die entsetzlichsten Judenverfolgungen geschändet, die jemals vorgekommen sind.*

Indessen waren die umfassenderen Judenhetzen im Jahre 1400, mit Ausnahme vereinzelter späterer Fälle, vorbei, und es kam mit dem fünfzehnten Jahrhundert eine Zeit, in welcher die erneuerte Beschäftigung mit dem klassischen Altertum, mit den Wissenschaften überhaupt und der aufsprossenden Literatur der neueren Sprachen den religiösen Fanatismus immer mehr in den Hintergrund drängte.

Schon seit dem Ende des zwölften Jahrhunderts, also gerade seitdem die Kreuzzüge ihren Höhepunkt erreicht hatten, begann man in Europa den zugleich dummen und gehässigen Verdacht des Bundes mit dem Teufel mit

* Man findet ihre nähere Darstellung in unserer „Kulturgeschichte des Judentums".

Vorliebe auf das weibliche Geschlecht zu werfen. Die erste Äußerung der verhängnisvollen Ansicht, daß die Weiber der Zauberei verdächtig und Hexen wären, wird seltsamerweise von dem heldenhaften aber unbeständigen *Richard Löwenherz* berichtet, welcher aus diesem Grunde dem weiblichen Geschlecht den Zutritt zu seiner Krönung verweigert haben soll.

Bald darauf, am Anfang des dreizehnten Jahrhunderts, war es, als die beiden dem Aberglauben unbedingt ergebenen Schriftsteller Gervasius von *Tilbury* und Cäsarius von *Heisterbach* mit vollem Ernst behaupteten, es würden Weiber von Dämonen verführt und flogen in Hexenversammlungen und es gäbe welche, die dies selbst erzählt hätten! Dieser Wahnsinn wurde so hartnäckig wiederholt, bis er in dem ungebildeten und fanatisierten Volk Wurzeln gefaßt hatte und selbst die in anderer Beziehung Gebildeten sich demselben nicht mehr verschlossen.

Gerade als die Inquisition in der Vertilgung der Albigenser, Waldenser und Stedinger ihre blutigen und feurigen Orgien feierte, d. h. also gerade als die Kreuzzüge durch päpstliche Bemühung gegen Christen gelenkt wurden, begannen die geistlichen und weltlichen Gerichte, welche durch jene furchtbaren Szenen und durch die fortschreitende Annahme des blutgierigen römischen Rechts immer mehr verhärtet wurden, ihr Augenmerk auch auf die angeblichen Hexen zu richten. Sie begannen mit der Entzündung des Scheiterhaufens gegen die Weiber als Hexen in gleicher Weise zu wüten, wie gegen die Männer als Ketzer. Die erste sicher beglaubigte Verbrennung einer Frau als Hexe fand 1275 in Toulouse, dem Leidensort des Albigenserkrieges, unter dem Richter *Hugo* von Beniol statt. Es war bei dieser Praxis äußerst bequem, diejenigen Personen, die man nicht als Ketzer verbrennen konnte, als Hexen zu vertilgen und sich so mit ihrem Vermögen zu bereichern. *Gregor IX.* heiligte diesen Wahn durch eine Bulle von 1233, in welcher er von der Verwandlung des Teufels in Kröten, Gänse und Katzen faselte und den erwähnten entsetzlichen Ketzerspürer *Konrad von Marburg* auch zum Einschreiten gegen die Hexen ermächtigte. Es waren auch hier namentlich die Dominikaner, welche unter dem Volk den neuen Wahn verbreiteten und den Gerichten sogenannte Hexen einlieferten. Auch Papst *Johann XXII.* nährte in zwei Bullen, 1307 und 1327, den Teufels- und Hexenwahn auf das eifrigste. Immer mehr unglückliche Weiber, alte und junge, häßliche und schöne, arme und reiche, wurden durch unablässige Verbreitung des Hexenglaubens und hierdurch erregte krankhafte Einbildungen, noch mehr aber durch die Folter dahingebracht, selbst zu bekennen, daß sie nächtlichen Versammlungen der Teufel und Hexen beigewohnt, mit Teufeln Liebschaften gehabt, den obersten Teufel in Bocksgestalt angebetet hätten usw.

Das waren aber alles leider nur Vorspiele der furchtbaren Hexenverfolgung, welche sonderbarerweise gerade damals in ihre scheußlichste Periode trat, als die Wissenschaften neu auflebten. Alles was bisher in dieser Richtung geschehen, war harmlos im Vergleich zu dem, was seit dem fünfzehnten Jahrhundert geschah, um die Wundersucht und den Zauberwahn der Menschen zu befriedigen. Noch 1398 hatte die theologische Fakultät in Paris, die ketzerfeindliche Sorbonne, unter dem Vorsitz des gelehrten *Johann Gerson,* sowohl die Zauberei selbst, als den Glauben an Wirkungen derselben als Irrtum, Aberglauben und Gotteslästerung verdammt; aber schon 1431 gab sie sich dazu her, auf Verlangen der Kirche und der Feinde ihres Vaterlandes jenes heldenmutige Mädchen, welches dieses Vaterland gerettet hatte, *Jeanne d'Arc,* als der Hexerei schuldig zu erklären und so es den Engländern möglich zu machen, daß sie ihre gefährlichste Feindin unter einem schicklichen Vorwand verbrennen konnten. Man verbrannte in jener Zeit Weiber (seltener Männer) als Hexen so häufig und so eilfertig, daß man oft Verbrannte hinterher für unschuldig erklären und die Richter strafen mußte. Auch dies aber hörte mit der Zeit auf und später wurden schlechterdings alle als Hexen angeklagte Personen verbrannt, es mochte für sie sprechen, was nur wollte; denn dies war eine Quelle der Bereicherung für Richter und Henker, denen alle Habe der Verbrannten zufiel.

Endlich aber setzte Papst *Innozenz VIII.* der Sache die Krone auf, indem er durch seine Bulle vom 5. Dezember 1484 die *Hexenprozesse* ausdrücklich billigte und in ein System brachte, das von seinen drei Hexenrichtern für Deutschland, den Dominikanern Krämer, Sprenger und Gremper, zu einem Werk, dem „Hexenhammer", einer der entsetzlichsten Ausgeburten des bewußten Wahnsinns, ausgearbeitet wurde. Darin ist namentlich nicht nur die Hexerei, sondern schon der Unglaube an dieselbe als Ketzerei erklärt, mithin eine neue solche und ein bequemes Mittel erfunden worden, auch die Ketzer- neben den Hexenbränden zu vermehren.

Damit war dem persönlichen Haß und Neid und der Rachsucht Tür und Tor geöffnet und der weiteste Spielraum gegeben. Man konnte nun seine Feinde sehr bequem loswerden, wenn man sie als Hexen oder Ketzer anzeigte; denn frei gesprochen wurde nie oder selten jemand. Nichts schützte mehr vor den gierigen Krallen der Hexen- und Ketzerrichter, in welche die Pfaffen stets neue Opfer lieferten; alle möglichen Eigenschaften galten als Merkmale eines mit dem Feuertod zu bestrafenden Verbrechens. Schönheit und Reichtum waren Geschenke des Teufels, Häßlichkeit und Armut zeichneten die Hexe als solche! So schaffte man sich die Armen mit ihren Klagen vom Halse und aus dem Nachlaß der Reichen füllten die Ungeheuer von Richtern ihre Taschen.

Das Nähere zur Begründung des Gesagten, sowie über die Zahl der nach Hunderttausenden, vielleicht Millionen zu schätzenden Opfer des Hexenwahns enthalten zahlreiche Werke. Bekanntlich dauerte dieser traurige Ersatz der Kreuzzüge bis in die zweite Hälfte des achtzehnten Jahrhunderts und spukt unter dem Volk abgelegener Gegenden sogar noch heute!

ACHTER ABSCHNITT

Erfreuliche Folgen der morgenländischen Kreuzzüge

Es erübrigt uns noch, die dem Fortschritt und dem Wohl der Menschheit günstigen Einwirkungen der morgenländischen Kreuzzüge auf das Abendland zu berühren. Allerdings stehen dieselbem dem Geist, der jene Kreuzzüge hervorrief, ferner als deren schlimme Folgen, welche zu ihrer Grundlage, gleich der Begeisterung für die Kreuzzüge, einen strengen Kirchenglauben hatten, während die dem Fortschritt günstigen Folgen derselben auf der Unabhängigkeit des Denkens und Glaubens beruhen. Doch ist die letztere durch den Verlauf der Kreuzzüge, wie wir wiederholt gezeigt haben, in hohem Grade begünstigt worden, wenn auch jener Verlauf nicht von ferne in der Absicht der ersten Kreuzfahrer lag. Es waren, wie wir hier zusammenfassend wiederholen, vorzüglich das Fehlschlagen der Kreuzzüge, dann die Beobachtung im Morgenland, daß auch Nichtchristen tugendhaft sein können und es oft in höherem Grade sind als Christen, und endlich das Gebaren mancher die Kreuzzugsbewegung gegen Christen ablenkenden Päpste – diese Erscheinungen waren es, welche den Zweifel an den Kirchenlehren nährten, und dieser Zweifel führte zu unabhängigem Fühlen und Denken, und dieses wieder zum Emporblühen der *Städte* und des *Bürgertums* an der Stelle des früher bevorzugten Priester- und Rittertums, zur Entwicklung der *Literatur* in den lebenden Volkssprachen, gegen welche das früher allein geltende Latein zurücktreten mußte, zum Wiederaufleben der Kenntnis des von den kirchlichen Kreisen vernachlässigten *klassischen Altertums* und seiner Kunst und *Wissenschaft*, zum Aufkeimen der *Naturwissenschaft* und neuer *Kunstrichtungen*, und endlich zum Streben nach *Verbesserung* und *Reinigung* der Kirche selbst und ihrer Organe.

In den Kreuzzügen nach dem Morgenland waren diejenigen zwei Stände die leitenden, welche bis auf neuere Zeiten als die obersten der menschlichen Gesellschaft und des Staates galten. Nachdem jene Kreuzzüge aber gescheitert und ihre Errungenschaften sämtlich vernichtet waren, wich auch der Nimbus, der bisher um die Häupter der Geistlichkeit und des Adels geglänzt hatte. Man staunte sie nicht mehr als etwas Höheres, beinahe Übermenschliches an wie bis dahin, man sah ein, daß ihre Glieder Menschen waren wie andere. Mit ihrem früher unbestrittenen Ansehen sank aber auch ihre Kraft, die physische wie die geistige. Die klösterlichen Gelehrten wie die adeligen Dichter und Sänger wurden immer seltener; das Selbstbewußtsein dieser Stände, die sich nicht mehr auszuzeichnen vermochten, schwand dahin, die Ritter wurden zu Raubrittern und die Mönche taten es ihnen nur zu oft gleich und schlugen sich im Harnisch und zu Roß, in Fehden herum, statt die Horen zu singen und Kodizes abzuschreiben.

An die Stelle der Herrschaft des Adels und der Geistlichkeit traten diejenige des *Fürstentums* und des freien *Bürgertums*. In dem gleichen Maße, wie sich die Fürsten, wenigstens in Deutschland, vom König oder Kaiser unabhängig machten, unterwarfen sie sich den niederen Adel, die Ritter, sowie die früher unabhängigen geistlichen Stiftungen. Die steigende Macht des Fürstentums ist so recht ein Kennzeichen der nächsten Zeit nach den morgenländischen Kreuzzügen, aber nicht das einzige. Das Fürstentum fand auch Widerstand; was der niedere Adel und die niedere Geistlichkeit nicht wagten, dazu ermannten sich die *Städte* und die freien *Bauerschaften*, nur daß erstere, mit Hilfe ihrer starken Mauern und Tore darin glücklicher waren, als die letzteren, welche schließlich dem Fürstentum überall unterlagen, ausgenommen im schweizerischen Alpenland, wo aber nur ein fester Bund mit Städten sie vor dem Untergang schützte. Der Kampf um das Dasein wurde daher seit dem Ende der Kreuzzüge vornehmlich zwischen dem Fürsten- und dem Bürgertum ausgefochten, und hier war es schließlich wiederum allein die Schweiz, wo das Bürgertum den Fürsten nicht unterlag oder wenigstens sich unterordnen mußte.

Was die Städte gegenüber dem Adel und der Geistlichkeit emporhob, das waren vorzugsweise *Handel* und *Gewerbe*, zu welchen die Kreuzzüge einen so mächtigen Anstoß gegeben haben. Die Bürger, welche früher meist unter der Herrschaft ihrer Bischöfe gestanden, entzweiten sich mit diesen durch den Kampf zwischen Papst- und Kaisertum, der sie auf verschiedenen Seiten fand. Durch den Handel und Gewerbe gelangten sie zu solchem Wohlstand, daß sie des Krummstabes nicht mehr bedurften. Ihre Städte wuchsen mehr und mehr; an und um die „Altstädte" erstanden „Neustädte". Jüngere Söhne der Edelleute, sowie Bauern und Hörige ließen sich in ihnen nieder, und sie alle lernten erkennen, daß es die eigene Arbeit war, welche sie vorwärts brachte. Die Innungen der Bürger sandten ihre wehrhaften Mannen dem deutschen König oder Kaiser zu Hilfe gegen seine fürstlichen und päpstlichen Feinde und der König dankte ihnen durch Verleihung von Rechten und Freiheiten. Schon *Friedrich I.*, der Rotbart, befreite sie von demütigenden Abgaben an Fürsten und Bischöfe, und von ebensolchen Dienstleistungen für dieselben. Die Städte erhielten eigene Gerichtsbarkeit und die früher leibeigenen Handwerker ihre Freiheit. Die ehemals bischöflichen Räte entwickelten sich zu unabhängigen „kleinen" und „großen" Räten der Städte. Gegen Ende des dreizehnten Jahrhunderts war der Sieg der Städte gegenüber geistlicher Obergewalt entschieden und sie wurden unter der Hoheit des Reichs selbständige Gemeinwesen, durch welche zwar die politische Zersplitterung des Reichs vergrößert, aber auch der Sinn für Freiheit genährt, die der Geistlichkeit abhanden gekommenen Bildung gepflegt und dem Handel wie den Gewerben blühende Heimstätten geschaffen wurden. Bis dies jedoch gelang, war in den Mauern der Städte manch harter Kampf auszufechten; denn an die Stelle der geistlichen Herrschaft war vielfach eine solche des Adels getreten. Wohl in den meisten deutschen Städten siegten während des vierzehnten Jahrhunderts die Zünfte der Handelsleute und Handwerker über die Patrizier, während in manchen das umgekehrte der Fall war. So entwickelte sich ein stolzes Bürgertum, das in seinen burgartigen Häusern jeder Macht der Welt Trotz bieten zu können glaubte.

Das meiste aber trugen zur Blüte der Städte die Bündnisse bei, welche sich im 13. und 14. Jahrhundert ausbildeten, zuerst die norddeutsche *Hanse*, ursprünglich zum Schutz gegen Seeraub und Strandrecht, deren Macht in ihrer Blütezeit, mit dem Mittelpunkt in Lübeck, von London bis Nowgorod reichte. Im Süden der deutschen Erde verbanden sich gegen das um sich greifende Fürstentum der *schwäbische Bund* und die *schweizerische Eidgenossenschaft*, in letzterer Städte- und Bauernschaften miteinander. Vorausgegangen war ihnen allen schon im elften Jahrhundert der *lombardische Bund*. Aber die Wildheit der Parteikämpfe brachte in Italien auch am frühesten die Städte unter fürstliche Herrschaft, welcher auf die Dauer nur das einzige *Venedig* entging, wo aber die Herrschaft der Geschlechter härter drückte als irgendwelches Fürstentum.

Ohne Zweifel ist der hervorragende Sinn für *Wohltätigkeit*, den wir im Mittelalter finden, zu großem Teil den Kreuzzügen zu verdanken, welche so vielen Anlaß zur Pflege Armer und Kranker darboten. Es wurde in dieser Beziehung so vieles freiwillig getan und gewirkt, daß weder der Staat noch die Gemeinde für Kirchen-, Schul- und Armenzwecke regelmäßige Ausgaben hatte. Nicht nur aber, was für die Kirche und die Armen, sondern auch was für weltliche Zwecke und solche des Staates geschah, betrachtete man im frommen Geist jener Zeit als ein Gott wohlgefälliges Werk. Diese Richtung geriet aber oft genug in ein Extrem, welches uns heute komisch vorkommt, damals aber heiliger Ernst war und zu den im Mittelalter so häufigen Merkmalen unabsichtlichen naiven Humors gehörte. Nicht selten z. B. vermachte man neben Beiträgen zu wohltätigen Zwecken auch solche zum Vertrinken durch Soldaten, Weinknechte und Zunftgenossen usw. Stifter von Kirchen nahmen keinen Anstand, auch närrische Gesellschaften zu gründen.

Die häufigsten wohltätigen Einrichtungen waren die *Spitäler* und die Bäder. In älterer Zeit wurden die Spitäler gewöhnlich von den Klöstern ins Leben gerufen; aber je mehr sich die Städte emporarbeiteten, in desto größerem Maße übernahmen sie die wohltätigen Bestrebungen der in Verfall geratenen Klöster. Namentlich in der Zeit der durch die Kreuzzüge so sehr beförderten furchtbaren Seuchen des dreizehnten und vierzehnten Jahrhunderts erhielten die Spitäler große Schenkungen und gründeten die Städte und gemeinnützigen Bürger neue solche. Die *Bäder* sind ohne Zweifel

Die Heldin.

durch das Beispiel des Orients mächtig gefördert worden. Familien und Korporationen, wie reiche Privatleute wetteiferten, Stiftungen zur unentgeltlichen Benutzung solcher Anstalten durch Arme zu machen, was aber nicht verhinderte, daß im 14. Jahrhundert dieselben zu groben Ausschweifungen mißbraucht wurden, die ihren Verfall herbeiführten.

Es ist bezeichnend, daß die Kreuzzüge stets für die *Handelswege* maßgebend waren. So lange sich die ersteren durch Ungarn nach Konstantinopel und weiter bewegten, nahm auch der Handel diesen Landweg, nachdem aber die Kreuzfahrer diesen aufgegeben, d. h. seit dem dreizehnten Jahrhundert, wählten auch die Kaufleute den Seeweg und die Deutschen, wie die nach Deutschland bestimmten Waren gingen über die Alpen nach und von den italienischen Seehäfen. Weiter nach Norden hatten die *Hansestädte* allen Handel in den Händen; selbst England spielte in dieser Beziehung damals noch keine Rolle und war ganz von Deutschland und den in hohem Grade blühenden Niederlanden abhängig.

Mit dem Handel mußten die Kreuzzüge nach dem Morgenland naturgemäß auch die *Gewerbe* und *Handwerke* befördern. Die Industrie des Orients, die man kennengelernt, erweiterte die einheimische Tätigkeit. Nicht unwahrscheinlich war es eine Einwirkung der Kreuzzüge, daß die französischen Handwerkerverbände ihre Gründung vom Tempelbau Salomos herleiteten. Mit ihnen hing wohl zusammen die Gesellschaft der *Brückenbrüder*, welche das südliche Frankreich zugunsten der Pilger nach dem Heiligen Land und der Reisenden überhaupt mit Brücken, Straßen und Gasthäusern versah und ihre erste bekannte Urkunde vom Papst *Clemens II.* 1189 erhalten hatte. Die Brückenbrüder trugen als Abzeichen einen Spitzhammer auf der Brust. Wir mögen überhaupt hinsehen, wo wir wollen, so finden wir im Abendland erst seit den Kreuzzügen ein bewegteres Leben und Treiben. Erfindungen und Verbesserungen in allen Gewerken tauchen seit dem zwölften Jahrhundert auf, vermehren sich im dreizehnten und treten im vierzehnten in ihre Blütezeit ein. Namentlich hat der Orient durch die Kreuzzüge eine bedeutendere Entwicklung der Gold- und Silberschmiedekunst, die richtigeren mathematischen, physikalischen, astronomischen und optischen Instrumente, und ganz besonders die damals und noch später für arabisch gehaltenen, weil bei den Arabern vorgefundenen indischen Zahlzeichen nach Europa gebracht.

Mit diesem lebhafteren Pulsieren des Weltgeistes in Europa hängt es ohne Zweifel auch zusammen, daß das Bedürfnis geordneter *Gesetzbücher* sich geltend machte; im dreizehnten Jahrhundert nahmen solche einen großen Aufschwung; der „Sachsenspiegel" entstand 1230 und aus ihm entwickelte sich der „Schwabenspiegel", dem 1320 das „kleine Kaiserrecht" und später ähnliche weitere Schöpfungen folgten.

Wie im öffentlichen Leben, so hatte auch im Gebiet der Wissenschaft die zur Zeit der Kreuzzüge Europa durchzitternde Bewegung bedeutende Folgen.

Besonders die *Geschichtsschreibung* nahm an diesen Fortschritten teil, wenn auch in langsamer Weise. Einerseits emanzipierte sie sich von dem Vorrecht der Geistlichkeit, sich mit ihr zu beschäftigen; denn die Geistlichen gingen damals durchschnittlich in der Bildung ebenso entschieden rückwärts, wie die Weltlichen vorwärts. Damit hing denn auch zusammen, daß die letzteren, denen die alte Sprache Roms nicht so geläufig war wie den Geistlichen, in ihrer Muttersprache schrieben, was zu der höheren Ausbildung dieser letzteren bedeutend beitrug. Allerdings zogen sich deshalb die Geistlichen noch nicht von der Schriftstellerei über weltliche Dinge zurück und auch das Latein hörte deshalb noch lange nicht auf; dagegen machten die historische Kritik, die Unparteilichkeit in der Geschichtsschreibung und eine höhere philosophische Auffassung der Ereignisse Fortschritte. Allerdings entschlug man sich der Aufnahme unverbürgter Erzählungen in die Geschichte nicht ganz, was ja nicht einmal von unserer heutigen Zeit gesagt werden kann; doch enthielt man sich mehr und mehr grober Unwahrscheinlichkeiten und märchenhafter Geschichten. Es hatte an sich nichts undenkbares, wenn man sich zur Zeit der Kreuzzüge *Peter* von Amiens als ersten Beförderer derselben dachte, geschieht dies ja heute noch allen Forschungen zum Trotz. Nichts unmögliches hatte die Geschichte von dem dänischen Prinzen *Swen,* der mit seiner burgundischen Braut *Florine* sich dem ersten Kreuzheer habe anschließen wollen, aber in Konstantinopel zu spät angekommen und dann auf dem unvorsichtigerweise durch Kleinasien unternommenen Zug, samt der Geliebten, beide heldenmütig fechtend, tückischen Angriffen der Türken erlegen sei (Bild 92), ein Ereignis, von dem keine historische Quelle etwas weiß.

Aber dieselben Geschichtsschreiber, welche sich bezüglich vergangener Zeiten noch von solchen Überlieferungen blenden ließen, schrieben über ihre eigene Zeit mit einer musterhaften Treue und bewundernswerten Vielseitigkeit, so z. B. der früher erwähnte Erzbischof *Wilhelm von Tyros,* der schätzbarste Erzähler der Zeit vom „zweiten“ Kreuzzug bis zum Verlust Jerusalems. Aber die Kreuzzüge waren es auch, welche das Fach der „Denkwürdigkeiten“ (Mémoires) in lebender Sprache in Aufnahme brachten. Die ersten Vertreter desselben, die französischen Kreuzfahrer *Villehardoin und Joinville,* haben wir sowohl in Konstantinopel und in Ägypten handeln gesehen, als nach ihren Erinnerungen die dortigen Kreuzzugsereignisse wiedererzählen können.

Naturgemäß mußten die Kreuzzüge wie die Pflege der Geschichte, so auch die der Erd- und Reisebeschreibung fördern, aus welchem Gebiet die Reisen des *Polos von Venedig,* besonders *Marcos,* und dessen merkwürdige Berichte allbekannt sind.

Den Aufschwung der *Dichtkunst* in den lebenden Sprachen der Provence, Frankreichs und Deutschlands während der Kreuzzüge haben wir bereits betrachtet. Denselben gesellte sich als Spätling, wenn auch großartiger und sie damals alle an Tiefe der Gedanken übertreffend, die liebliche *toskanische* Zunge bei. Der große *Dante* hat sie in der nächsten Zeit nach den Kreuzzügen zur Schriftsprache Italiens erhoben; seine Freunde und Nachfolger *Petrarca und Boccaccio* haben sie weiter zu ihrer wundersamen Schönheit ausgebildet.

Dante, Petrarca und Boccaccio stehen gleichsam mit einem Fuß, d. h. mit ihrer philosophischen und religiösen Denkart und mit den Gegenständen ihrer Dichtung – Religion, Minnedienst und Sittenverderbnis der Geistlichkeit und ihrer Schafe – im Mittelalter, mit dem andern aber, d. h. mit ihrem dichterischen Schwung, mit ihrer Begeisterung für das Schöne und mit ihrem schöpferischen Wirken für Wiedererweckung des schlummernden antiken Geistes, wie für Schöpfung einer Literatur ihrer Muttersprache, in der neuen Zeit, welche sie prophetisch verkündeten.

Wie der Fortschritt in allen Dingen, so fällt auch derjenige in der *Bau-*

kunst mit den Kreuzzügen zusammen. In der Mitte des zwölften Jahrhunderts sehen wir in Frankreich, am Ende desselben und im dreizehnten in Deutschland, und zwar überall zugleich mit dem Aufblühen der Städte, an die Stelle des *romanischen Baustils* den *gotischen* treten, dessen Anklänge an den orientalischen wir bereits erwähnten. Die Gotik schloß durch ihre ganze Art und Weise den Bilderdienst aus, während hinwieder die ihr huldigenden freisinnigen Steinmetzen es liebten, in Portalen und Fensternischen durch Reliefdarstellungen ketzerische und satirische Gedanken auszudrükken. Die gotische Baukunst ist eine der größten Taten des Mittelalters und wird noch in fernen Zeiten die Menscheit mit den Schattenseiten jener Periode versöhnen. Wie die Kreuzzüge in allen Beziehungen den Gesichtskreis der europäischen Menschheit erweiterten, so ist auch seit dem dreizehnten Jahrhundert, und zwar an den gotischen Domen, in der Darstellung der *menschlichen Gestalt* ein allmähliches Aufgeben der steifen und schweren mittelalterlich-christlichen Auffassung und eine Annäherung der Kunst an die Naturwahrheit wahrzunehmen.

Zeitgenossen Dantes, *Nicola Pisano* in der *Plastik* und *Giovanni Cimabue* in der *Malerei,* schufen in *Italien* eine erhabene Wiedergeburt der Kunst, während in *Deutschland* die gotische Baukunst, die eine Entwicklung der Farbenkunst nicht gestattete, deren Blüte in eine spätere Zeit hinausschob.

NEUNTER ABSCHNITT

Vorbereitung kirchlicher Reform

Kein Ereignis hat zu der großen und kühnen Umwälzung in der christlichen Kirche, welche als die *Reformation* bezeichnet wird, in so hohem Maße beigetragen, wie die Kreuzzüge, denn kein anderes nährte, wie wir wiederholt zu zeigen Anlaß hatten, so sehr das, was die Kirche Roms Ketzerei und Sektenbildung nannte, und keines legte in solchem Grade die selbstsüchtige Handlungsweise der Päpste und die Unwürdigkeit der damaligen Geistlichkeit dar. Erst seit den Kreuzzügen und gerade seit denselben, neben denen als ihre Karikatur die religiöse Verfolgung und politische Unterdrückung der Albigenser und Stedinger einhergegangen und denen die der Templer nachgefolgt war, alles nur um die Kirche und ihre Anhänger, oder die sie fürchtete, materiell zu bereichern, wurde der Ruf nach Reform der Kirche erhoben. Beachtung fand er aber erst – welche, werden wir sehen – am Anfang des 15. Jahrhunderts.

Freilich war die Sache höchst dringend geworden. Seit 1378 hatte die Kirche zwei Päpste ertragen, einen in Rom und einen in Avignon, zwischen welchen sie sich in Parteien teilte. Das Konzil in Pisa 1409 wollte die Einheit der Kirche herstellen, indem es beide Päpste absetzte und einen neuen wählte, gegen welche Maßregel die beiden bisherigen protestierten. So gab es denn drei Päpste, die einander gegenseitig verfluchten. Endlich ließ sich der Nachfolger des in Pisa gewählten, *Johann XXIII.*, dazu herbei, dem von allen Seiten erhobenen Verlangen einer allgemeinen Kirchenversammlung zu entsprechen und eine solche nach Konstanz auszuschreiben.

Es hatte sich in dieser Stadt eine glänzende und zugleich buntscheckige Bevölkerung eingefunden, wie sie noch nie in dieser Weise getroffen worden. Man zählte, nach einer gleichzeitigen Berechnung, 73 Erzbischöfe, 378 Bischöfe, 85 Weihbischöfe, 450 Gelehrte von 39 Hochschulen, 162 Fürstäbte, 484 andere Äbte, 2430 fremde Priester (darunter aus Griechenland, Rußland und Irland), den Hochmeister und acht Großkomture des Ordens von Rhodos, 13 Komture des Deutschen Ordens, die Generale des Dominikaner-, Augustiner- und Franziskanerordens mit 38 Meistern der Theologie aus denselben, 47 Herzoge, 25 Fürsten, 113 Grafen, 2025 Freiherren, Ritter und Edelknechte, 32 Herolde, über 500 Spielleute (Posauner, Trompeter, Pfeifer, Geiger, Sänger usw.), eine unzählbare Menge von

Handwerkern und Kaufleuten, worunter allein bei 70 Apotheker; endlich wurden nicht vergessen 700 öffentliche Dirnen, ohne die geheimen, zusammen etwa 133 000 Fremde.

Den Erwartungen der gesamten Christenheit gemäß hätte das Konzil vor allem die von sämtlichen denkenden Köpfen damaliger Zeit geforderten und bei den traurigen Zuständen der Kirche durchaus notwendigen Reformen in Behandlung nehmen sollen. Das aber, womit es sich vorzugsweise beschäftigte, hatte niemand erwartet. Es war dies die Verketzerung des böhmischen Magisters Johannes *Hus*. Derselbe kam, um sich zu verantworten, mit einem Brief des Kaisers *Sigismund* nach Konstanz und hatte kraft desselben den Anspruch auf freies und unbehelligtes Wohnen daselbst und unbehinderte Heimkehr. Trotzdem wurde *Hus* verhaftet, und dem sich darüber beschwerenden Kaiser bewiesen die Pfaffen, daß nach dem kanonischen Recht einem Ketzer keine Treue zu halten sei. Sein Schicksal (1415) und das seines Freundes *Hieronymus* von Prag (1416) sind allbekannt.

Das wahnwitzige Beginnen, durch den Scheiterhaufen einen bestimmten Glauben in die Herzen der Menschen zu pflanzen, machte den Eindruck begreiflich zunichte, den des Konzils Beschluß, daß es seine Autorität von Christus habe und auch der Papst ihm und einer Reformation der Kirche an Haupt und Gliedern unterworfen sei, sonst hervorgebracht hätte. Denn die Zeit sah diese Aufhebung des päpstlichen Absolutismus für einen ungeheueren Fortschritt an und begriff nicht, daß eine Versammlung so wenig Autorität in göttlichen Dingen haben kann wie ein einziger. Und das Konzil von Konstanz bewies auch keine solche Autorität; es brachte keine Reform zustande, weil die Italiener in seinem Schoß keine solche wollten, sondern begnügte sich mit Herstellung der kirchlichen Einheit und Glaubensdespotie, indem es alle drei Päpste absetzte und an ihre Stelle den Römer *Otto Colonna* als *Martin V.* auf den Stuhl Petri setzte, ließ aber im übrigen die Kirche im alten Zustand dahinsiechen.

Der feierliche Krönungszug des neuen Papstes, mit welchem das Konzil endete, verdeckte kaum notdürftig die schauderhaften Zustände, an welchen die Kirche krankte. Die Schandtat an Hus und Hieronymus rief eine blutige Rache hervor, welcher ein *neuer Kreuzzug* folgte – freilich nicht ein solcher nach dem Heiligen Land, oder gegen die rastlos vordringenden Türken. Es war vielmehr das Muster der Kreuzzüge gegen die romanischen Albigenser und die germanischen Stedinger, welches zweihundert Jahre später dem Kreuzzug gegen die slawischen Hussiten zugrunde lag.

Allerdings verdienten die *Hussiten*, welche nicht gleich den Beschützern der Albigenser und den Stedingern aus eigennützigen Beweggründen angegriffen wurden und sich nur abwehrend verhielten, sondern selbst angriffen und die entsetzlichsten Greuel in Deutschland verübten, das doch an dem Feuertod ihrer Landsleute sehr unschuldig war – eine exemplarische Züchtigung; dessen ungeachtet aber war ein *Kreuzzug* gegen sie, namentlich ein solcher, der mit einer neuen greulichen *Judenhetze* verbunden war, eine traurige Erscheinung. Man warf die Juden mit den Hussiten zusammen und beschuldigte sie, die letzteren zu begünstigen, weil diese eine alttestamentliche Sprache liebten, sich die Israeliten im Kampf gegen Ammoniten und Moabiten nannten, grimmige Feindschaft gegen alle katholischen Einrichtungen an den Tag legten, Kirchen und Klöster zerstörten usw. Dagegen verübten die sogenannten Kreuzfahrer nicht nur, sondern der ganze damalige Pöbel, soweit man die Hussiten nicht treffen konnte, entsetzliche Niedermetzelungen an den Juden und Zerstörungen ihrer Häuser und Tempel. Papst *Martin V.* eiferte gegen diese Greuel, aber dieselben waren geschehen, vollendeten den ökonomischen und moralischen Ruin der Juden und brachten dieselben zu dem verkommenen Zustand herab, an dem sie bis gegen Ende des achtzehnten Jahrhunderts litten.

Dies war die *letzte* Erscheinung, die man einen Kreuzzug nannte. Der Name war zum Fluch geworden und bezeichnete nur noch Mord und Brand. Das Verfahren gegen Hus und seine Freunde aber wirkte langsam, doch sicher fort und hat sicherlich viel dazu beigetragen, daß die kühnen Schritte des Mönchs von *Wittenberg* und des Pfarrers von *Zürich* den großen Erfolg hatten, dessen Nachwirkungen heute noch und noch lange hinaus im beschleunigten Fortschritt der Völker so deutlich wahrzunehmen sind.

ZEHNTES BUCH

Kreuzzüge außerhalb des heiligen Landes

ERSTER ABSCHNITT

Die Kreuzzüge an der Ostsee

Kaum würden die Kreuzzüge gegen die damals noch heidnischen Völker an der Ostsee mit denjenigen nach dem Heiligen Land in einem und demselben Buch erzählt werden dürfen, wenn nicht ein Ritterorden, der „Deutsche“, sich an beiden Zügen beteiligt hätte, dessen weitere Schicksale wir ebensowohl berücksichtigen müssen als die der Templer und der Johanniter, ja noch eher, weil er für deutsche Kultur kämpfte und uns daher weit näher steht als seine beiden Bruderorden. Durch ihn wurde eine Verbindung hergestellt zwischen den zauberischen Palmen am heißen Gestade der Purpurschnecken Syriens und den düsteren Fichten an dem nebeligen, kühlen Ufer des Bernsteins der Haffländer. Auch werden wir bei dieser Gelegenheit einen der Hauptgründe kennenlernen, aus welchen im dreizehnten Jahrhundert die Kreuzzüge nach dem Morgenland keine Zugkraft mehr hatten. Das nähere Preußen machte ihnen allzuviel und allzuoft Konkurrenz. Handelte es sich auch in beiderlei Kreuzzügen, wie in allen Unternehmungen, welche diesen Namen nicht fälschlich zu eigennützigen Zwecken erhielten, um Ausbreitung des Christentums und liefen sie auch beide im wesentlichen auf Eroberung hinaus, so waltete doch der merkwürdige Unterschied zwischen ihnen, daß gerade jene Kreuzzüge, welche ein Begeisterung erregendes Ziel in Aussicht stellten, scheiterten, jene aber, welche eines solchen Ziels entbehrten, der höheren menschlichen Kultur weite Gebiete auf die Dauer eroberten. So auffallend dies auf den ersten Blick erscheint, so leicht erklärlich ist es durch die einfache Tatsache, daß die Streiter für das Kreuz im Morgenland nicht nur gegen die Feinde ihres Glaubens zu kämpfen hatten, sondern auch gegen ein mörderisches Klima und gegen die Unmöglichkeit, sich in der Fremde verstärken zu können, während sie an der auch ihre gewohnte Heimat bespülenden Ostsee mit keiner sie verderblichen Atmosphäre rechnen mußten und sich bei der Nähe des Vaterlandes jederzeit in Bälde Hilfstruppen zu verschaffen imstande waren.

Den hauptsächlichsten Schauplatz der zu Kreuzzügen gestempelten Kämpfe von Christen gegen Heiden an der Ostsee bildete das Land an den Mündungen der Weichsel und der Memel, in älterer Zeit (wie noch jetzt eine seiner Landschaften) *Samland*, seit dem Anfang des esten Jahrhunderts aber *Preußen* genannt.

Die alten Preußen oder Pruzzen gehörten dem litauischen, also einem indoeuropäischen, der Sprache nach zwischen Germanen und Slawen, aber den letzteren näherstehenden Stamme an. Doch waren sie stark mit Goten vermischt, die ihre Sprache angenommen hatten. Man schildert sie als groß, stark und schlank, blond und blauäugig, von weißer Haut und starkem Bartwuchs, der nicht angetastet wurde. Die einzelnen Landschaften standen unter besonderen unabhängigen Fürsten (Reiks), welche hohe Würdenträger (Griwe) neben sich hatten, die als Oberrichter und Oberpriester walteten und hohes Ansehen genossen. Seitdem die ursprünglich friedlichen und harmlosen Preußen Krieg führen mußten, brachten sie es, so sehr sie auch noch lange der Kriegskunst entbehrten, auf ziemlich zahlreiche Heere; man zählte zuzeiten mehrere hunderttausend Mann; doch vereinigten sich niemals sämtliche Landschaften zu einem gemeinsamen Kriegszug. Die Waffen waren Keulen, Wurfkeulen, Schleudern, Wurfspieße, Streitäxte; von ihren Feinden nahmen die Preußen nach und nach Schwerter, Lanzen und Schilde an. Wollten oder mußten sie in den Krieg ziehen, so verschafften sie sich zuerst einen Gefangenen, banden ihn an einen Baum, erschossen ihn und schlossen aus dem schnellen oder langsamen Fließen des Blutes auf den glücklichen oder unglücklichen Ausgang des Feldzugs. Sie mieden die Schlachten gern und hielten das Fliehen nicht für schmählich; lieber verlegten sie sich auf das Auflauern und auf Hinterhalte, auf Raubzüge, Plünderungen und Verwüstungen. Zum Dank für einen Sieg opferten sie Kriegsgefangene, die ausgelost wurden, und zwar übergaben sie solche zu Pferde in ganzer Rüstung dem Feuer oder quälten sie auf andere Weise zu Tode.

Im Übrigen war der Kulturzustand der alten Preußen, sowohl was die sehr primitive Religion, als was die gänzliche Unbekanntschaft mit Kunst und Wissenschaft betrifft, noch ziemlich derjenige der heutigen Naturvölker Polynesiens oder etwa der alten Germanen vor der Völkerwanderung.

Die ersten Versuche zur Einführung des Christentums im alten Preußen gingen gegen Ende des zehnten Jahrhunderts von dem böhmischen Glaubensboten *Adalbert* (ursprünglich Woycech), Bischof von Prag, aus, welcher aber als Opfer seines Berufes im Jahr 997 von den heidnischen Preußen, als er einen ihrer heiligen Haine (Romove) betrat, erschlagen wurde. Das nämliche Schicksal ereilte 1008 seinen Nachfolger *Bruno* von Querfurt. Beide zu rächen, fiel der erste König von Polen, *Boleslaw* I. 1015 in Preußen ein und eröffnete damit die zahllosen und entsetzlichen Kriege der Christen gegen das altpreußische Heidentum. Längere Zeit schwankte das Glück, bald unterwarfen sich die Preußen den Polen, bald empörten sie sich wieder gegen dieselben. Die schließliche Unterwerfung der Preußen sollte aber nicht den Polen, welche damals in lange andauernde Anarchie versanken, sondern den *Deutschen* gelingen, welche schon damals ihre Waffen gegen die Slawen wendeten, die seit der Völkerwanderung den Osten des alten Germaniens besetzt hatten. Wir haben bei Anlaß der Rüstungen zum sogenannten zweiten Kreuzzug erwähnt, daß die sächsischen Kreuzfahrer es vorzogen, sich mit den näheren Feinden des Christentums, den Wenden, statt mit den entfernteren Sarazenen zu messen und daß sich ihnen dabei

Gebete für die Toten.

viele andere Deutsche zugesellten. Es war aber nicht bloß der Glaube, der sie dazu bewog, sondern wohl in gleichem Maße die Sicherheit ihres Landes gegen die Einfälle jener halbwilden Slawen und die Ausdehnung ihres eigenen Gebietes und damit auch des deutschen Reichs über dessen natürliches und altes Gebiet. Wie schon oben erwähnt, billigte der Prediger des Kreuzes, *Bernhard* von *Clairvaux*, diesen Kreuzzug gegen die Wenden und erließ ein Manifest, in welchem er, dem harten Geist der Zeit gemäß, den Teilnehmern unter der Bedingung Ablaß gewährte, daß sie in dem Kreuzzug ausharrten, bis alle Wenden entweder bekehrt oder ausgerottet wären! Das

Abzeichen der Kreuzfahrer war ein auf einem Kreis stehendes Kreuz, das die Welt mit dem über sie erhöhten Christenglauben bedeutete.

Die Resultate dieses Kreuzzuges, der im Jahre 1147 langsam aufbrach, waren jedoch nicht bedeutend. Eine Abteilung des Kreuzheeres kämpfte in Mecklenburg, die andere in Pommern, aber ohne etwas anderes ausgerichtet zu haben, als daß sie den Wenden Achtung vor den deutschen Waffen einflößten. Auch nahm seitdem sowohl das Christentum als deutsche Einwanderung in Pommern stark zu, und da dies Land damals bis zur Weichsel reichte, so war jener Umstand für die künftige Bekehrung und Unterwerfung der Preußen von großer Bedeutung. Dazu kam, daß auch in *Livland* seit der Mitte des zwölften Jahrhunderts deutsche Niederlassungen entstanden und so die Preußen auf zwei Seiten sich in ihrem alten Glauben und in ihrer Freiheit bedroht sahen. Als das Christentum in Livland anfangs wenig Glück hatte, bevollmächtigte der Papst im Jahre 1198 den Zisterziensermönch *Berthold* aus Sachsen, gegen die Heiden an der Ostsee als Bischof von Livland das *Kreuz* zu predigen. Es sammelte sich ein Kreuzheer, welches zwar an der Stelle der heutigen Stadt *Riga* eine Schlacht gewann, in welcher aber Berthold getötet wurde, und nach dem, wie damals stets gebräuchlich, allzuraschen Abzug der Kreuzfahrer fielen die unterworfenen und getauften Liven vom Christentum wieder ab. Da führte Bertholds Nachfolger, *Albert* von *Apeldern*, schon im folgenden Jahr ein neues Kreuzheer an die Düna, siegte und gründete *Riga*. Weil aber die sogenannten Kreuzfahrer immer wieder heimkehrten, sobald sie ihr Gelübde erfüllt zu haben glaubten, rief Bischof *Albert*, nach dem Muster der Christen im Morgenland, einen geistlichen Ritterorden ins Leben, welchem er die Regel der Templer und den Namen „Brüder des Ritterdienstes Christi“ und das Abzeichen eines roten Kreuzes und Schwertes auf weißem Mantel gab, wonach die Ordensbrüder gewöhnlich als „Schwertritter“ bezeichnet wurden. Durch den russischen Fürsten von Polozk, dem die Liven bis dahin zinspflichtig gewesen, erhielt der Bischof *Albert* Livland als tributfreie Besitzung; damit waren die Ostseeländer deutscher Kultur offen und dieselbe säumte auch nicht einzudringen und die Völker der Barbarei zu entreißen, die es ihr heute auf so eigentümliche Weise lohnen.

Inzwischen begann in *Preußen* der aus Freienwalde an der Oder stammende Mönch *Christian* aus dem 1170 gestifteten Kloster *Oliva* das Christentum zu verbreiten, und zwar mit mehr Erfolg als seine Vorgänger; er wurde 1214 von *Innozenz III.* zum Bischof von Preußen ernannt und erhielt 1217 die Erlaubnis, gegen die Heiden in diesem Lande, welche ihre bekehrten Landsleute mit Mord und Brand überfielen, das Kreuz zu predigen. Es zogen zwar Kreuzfahrer aus Deutschland, Böhmen, Polen und Ungarn nach Preußen, aber sie richteten wenig aus, und sobald sie dem Land den Rücken gewandt, beeilten sich die preußischen Heiden, alle dort mühsam geschaffene Kultur mit barbarischer Wildheit zu zerstören. Es waren bereits einige hundert Kirchen im Land gegründet worden, die alle der Vernichtung anheimfielen! Da verfiel auch *Christian* auf den Gedanken seines Amtsbruders *Albert* und stiftete 1225 im Verein mit dem polnischen Herzog

Konrad von Masovien, nach dem Muster und mit der Regel des Schwertordens, den „Orden der Ritter Christi", gewöhnlich von *Dobrin* (seiner Burg) genannt, dessen Brüder einen weißen Mantel mit rotem Schwert und Stern darauf trugen. Die Feigheit des Herzogs *Konrad* in der Schlacht bei *Straßburg* gegen die heidnischen Preußen überlieferte aber den neuen heldenmütig kämpfenden Orden dem frühen Untergang, und nun faßte *Christian* den großen Gedanken, den *Deutschen Ritterorden,* dessen edler Meister *Hermann* von *Salza* mit ihm befreundet war, zur Unterstützung des Christen-

Ansicht der Marienburg in der Altzeit.

tums und der deutschen Kultur nach Preußen zu rufen. Es war dies der folgenreichste Plan, der in der Geschichte der nordischen Kreuzzüge aufgetaucht ist, ja der fruchtbarste, den die gesamte Geschichte der Kreuzzüge aufzuweisen hat; denn die deutschen Ritter haben, was allen ihren Brüdern nicht gelang, ein Reich gegründet, und zwar dasjenige, welchem Deutschland seine heutige Einheit zu verdanken hat.

Der seit 1198 durch die Gunst Kaiser *Heinrichs* VI. den Templern und Johannitern gleichgestellte Deutsche Orden, der damals seinen Hauptsitz in Ptolemais hatte, war im nördlichen Europa kein Neuling. Der König *Andreas* von Ungarn hatte ihm bei Anlaß seines verfehlten Kreuzzuges das wüste „Burzenland" in Siebenbürgen geschenkt, und dort hatte der Orden im Kampf gegen die wilden Rumanen eine treffliche Vorschule für den Kampf gegen die ebenso wilden Preußen durchgemacht. *Hermann* von *Salza* nahm denn auch, in richtiger Voraussicht der großen Zukunft seines Ordens, den Ruf nach Preußen mit Zustimmung seines Freundes, Kaiser *Friedrich II.* und des Papstes *Honorius III.* 1226 an und sandte gleich eine Anzahl Ritter und Knechte nach Preußen, wo sie mit Glück die ihnen gestellte Aufgabe in Angriff nahmen. Der „deutsche Meister" *Hermann* von *Balk*, dem er dieselbe übertrug, erreichte durch seine Energie, daß der unzuverlässige Herzog *Konrad* und der auf seine geistliche Macht eifersüchtige Bischof *Christian* dem Orden das Kulmerland abtraten, welches die Grundlage zu dem künftigen preußischen Ordensstaat abgab. Die Versöhnung zwischen Kaiser und Papst in Som Germano war dem Orden ungemein günstig; Kreuzfahrer kamen ihm zu Hilfe, deutsche Ansiedler folgten ihnen, das deutsche und christliche Gebiet vergrößerte sich, es entstanden deutsche Städte, wie Thorn, Kulm, Marienwerder, und 1234 wurde durch die Schlacht an der *Sirgune* (jetzt Sorge) die Macht der Heiden vernichtet. Doch erlitten auch die Christen große Verluste, und viele Familien Deutschlands hatten ebensoviel Ursache, geliebte Tote zu beklagen, wie diejenigen, deren Väter oder Söhne im Heiligen Land oder auf dem Weg dahin geblutet. Man konnte daher die Gebete für die zum Ruhm des Glaubens Gefallenen und die Umzüge für ihr Seelenheil nun ebensosehr auf die beeisten Sümpfe an der Weichsel, wie auf die glühenden und sandigen Flächen am Jordan und Nil beziehen (Bild 93).

Aus Rache für ihre Niederlage überfielen die Preußen das Kloster *Oliva*, von welchem das verhaßte Christentum ausgegangen war, zerstörten es und marterten die Mönche zu Tode. Dagegen eroberten die Deutschen Ritter 1236 mit Hilfe eines Kreuzheeres unter Markgraf *Heinrich* dem Erlauchten von Meißen die Landschaften *Pomesanien* und *Pogesanien*, und damit das gesamte rechte Weichselufer, auf welchem *Elbing* gegründet wurde. Die unterworfenen Heiden, welche sich taufen ließen, wurden milde behandelt und das Land blühte durch den Fleiß der deutschen Ansiedler rasch auf.

Unterdessen hatte der *Schwertorden* ganz Livland und Estland gewonnen, wurde aber durch die auf seine wachsende Macht eifersüchtigen Dänen, Schweden, Russen und Litauer bedrängt, und dies bewog den Ordensmeister *Volquin*, dem Hochmeister *Hermann* von Salza die Vereinigung seines Ordens mit den *Deutschen Rittern* anzutragen. Er stieß damit auf mancherlei Bedenken; aber nachdem er selbst 1236 an der Spitze eines Kreuzheeres gegen die heidnischen und räuberischen Litauer gefallen, sahen der Papst und der Hochmeister die christliche Sache in Livland arg gefährdet und stimmten der Vereinigung bei. Die Schwertbrüder legten 1237 den weißen Mantel mit dem schwarzen Kreuz an und *Hermann* von *Balk* wurde Landmeister in Livland. Reval wurde an Dänemark abgetreten, welches nun dem Orden eifrigen Beistand leistete.

Der 1239 erfolgte Tod der zwei besten Männer des Ordens, *Salza* und *Balk*, wurde diesem zum größten Unheil. Sie hatten keine ihrer würdigen Nachfolger; sittlicher Verfall begann unter den Rittern, wie unter den Templern und Johannitern; an die Stelle der Milde gegen die Besiegten trat Härte, welche dieselben zum Aufstand reizte, während sie die Unbesiegten zu verstärktem Widerstand entflammte. In Niederwerfung des letzteren wurden mit Hilfe eines Kreuzheeres unter dem Herzog *Otto* (dem Kinde) von Braunschweig die Landschaften *Warmien* (Ermland), *Barthen* und *Natagen* erobert, Bartenstein, Braunsberg u. a. Städte gegründet. Aber im Jahre 1241, als die Mongolen gleich einer alles verwüstenden Lawine durch

Polen und Deutschland einbrachen, jedoch durch ihren sie selbst beinahe vernichtenden Sieg bei *Wahlstadt* zur Umkehr gezwungen wurden, als man sonach auch in Preußen ihren Einbruch befürchten mußte, da benutzten die Eingeborenen diese Besorgnis und begannen mit Mord und Brand gegen die Deutschen und ihre Schöpfungen zu wüten. Ja sie erhielten an dem slawisch-pommerschen Herzog *Suantepolk*, der, obschon Christ, auf die Macht des Ordens neidisch war, einen gefährlichen Bundesgenossen, der nicht weniger als viermal, von den Rittern besiegt, ihnen Frieden schwor, aber seinen Eid stets wieder brach und den Heiden das Ordensgebiet scheußlich verwüsten half, bis er 1248, mit Hilfe eines Kreuzheeres, bei *Christburg* geschlagen wurde, wo auch die gedemütigten Preußen sich dem Orden unterwarfen.

Nun gingen die Deutschen Ritter an das Werk der Eroberung des Restes von Preußen. Es wurde 1253 mit Hilfe eines neuen Kreuzheeres *Galindien* erobert. Um auch *Samland*, den Kern Preußens, zu gewinnen, wurde von Kurland her *Memel* an der Mündung des gleichnamigen Flusses gegründet, und es zog zu gleichem Zweck auch 1254 ein Kreuzheer unter König *Ottokar* von Böhmen heran, in dessen Gefolge sich Graf *Rudolf* von Habsburg befand und zu dem auch Markgraf *Otto* von Brandenburg stieß. Unter abscheulichen Verwüstungen, selbst gegen dem Orden ergebene Bewohner, drang das „Kreuzheer" im Samland ein, vernichtete den heiligen Hain, in dem einst *Adalbert* den Tod gefunden, den jetzt sein Landsmann rächte, und erreichte die Unterwerfung des Landes, in welchem *Ottokar* den Grund zu *Königsberg* legte. Aber die neue Erwerbung wurde so wenig gesichert, wie die Bekehrung der bloß flüchtig getauften Bewohner. Ungeachtet fortwährend Kreuzfahrer herangezogen, und zwar je mehr die Kreuzzüge nach Palästina in Verfall gerieten, desto häufiger und zahlreicher, was aber seit 1260 auch nachließ, erneuerten sich der Aufstand und Widerstand stetig, und zwar mit der mächtigen Hilfe der heidnischen Litauer. Es waren gerade die vom Orden auf deutschen Schulen ausgebildeten preußischen Jünglinge der unterworfenen Landschaften, welche, jetzt vertraut mit den Sitten und der Sprache der Unterdrücker des Vaterlandes, sich an die Spitze der Erhebung ihres Volkes stellten und für dessen Freiheit den blutigen Kampf unternahmen. Am 20. September 1261 brach der Aufstand in allen Provinzen auf ein gegebenes Zeichen aus; die Kirchen wurden zerstört, die Priester, sowie alle Christen und Deutsche, grausam ermordet oder als Sklaven fortgeschleppt. Trotz der Hilfe eines auf diese traurige Nachricht aus Deutschland angekommenen Kreuzheeres wurden die Deutschen bei *Pokarwen* von den Preußen unter dem tapferen, deutschgebildeten Natanger *Monte* geschlagen und ihre Gefangenen als Opfer der Götter verbrannt. Die Rebellen belagerten alle deutschen Städte und eroberten einen Teil derselben; die Lage des Ordensstaates war ganz trostlos und nach der neuen furchtbaren Niederlage bei *Löbau* schien die Sache des Ordens verloren zu sein, namentlich da nun auch nach Preußen der Kreuzeifer nachgelassen hatte und *Suantepolks* Söhne sich ebenso mit den Preußen verbanden wie einst ihr Vater. Der Kampf bis zur Vernichtung zwischen zwei gleich hohen und

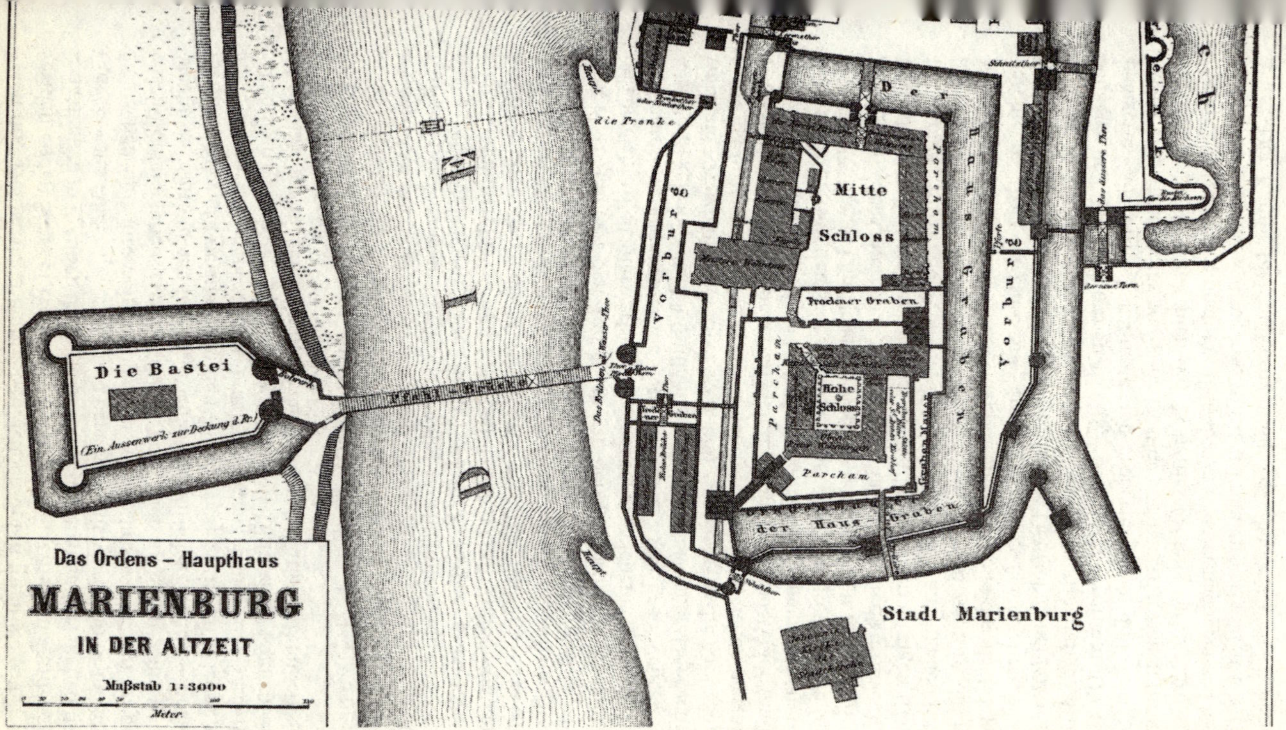

Das Ordens – Haupthaus
MARIENBURG
IN DER ALTZEIT
Maßstab 1:3000
Meter
Die Bastei
(Ein Aussenwerk zur Deckung d. Br.)
D
I
E
die Fronke
Vorburg
Mitte
Schloss
Trockner Graben
Parcham
Hohe
Schloss
Der Haus-Graben
der Haus Graben
Graben Mauer
Vorburg
Pforte
das äussere Thor
Stadt Marienburg

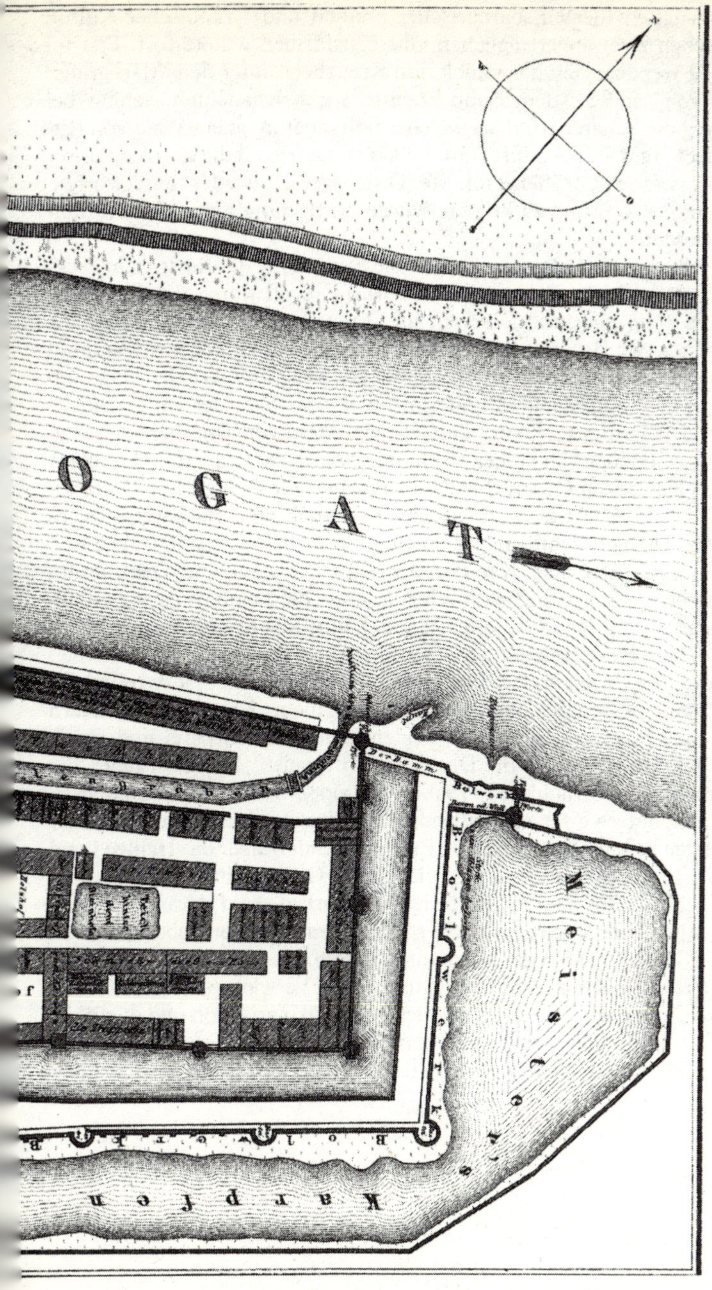
O G A T
Bolwerk

gleich entstellten Idealen, barbarischer Freiheit und tyrannischer Kultur, und zwischen zwei unverträglichen Glaubensformen wütete fort. Erst im Jahre 1272 wendete sich das Glück. Ein Kreuzheer unter dem Markgrafen *Dietrich* von Meißen, dem Sohn *Heinrichs* des Erlauchten, schlug bei *Braunsberg* die Scharen *Montes*, welcher floh, aber in einem Wald von Rittern entdeckt und aufgeknüpft wurde. Bald erlagen auch die übrigen Führer und 1273 war das früher eroberte Ordensgebiet wieder unterworfen. Gleichsam diesen Erfolg zu krönen, wurde die nachmals so stolze *Marienburg* gegründet.

Und jetzt ging die so lange aufgehaltene Erwerbung des Restes von Preußen für den Orden im Sturmschritt vorwärts. Noch waren die drei Gaue *Schalauen, Nadrauen* und *Sudanen* im Osten Preußens unabhängig. Die beiden ersten wurden mit wenig Mühe unterworfen; länger widerstand Sudauen unter dem tapferen und großherzigen *Skomand*, der sich aber endlich ergab, die Taufe annahm und ein treuer Anhänger der Ritter wurde. Doch erst 1283 unterwarf der Landmeister *Konrad* von Thierberg den letzten Rest der Sudauer. Ein halbes Jahrhundert hatte die Eroberung Preußens durch den Deutschen Orden (für die Kultur und für Deutschland!) gedauert; ein freies Volk war zwar unterjocht, aber auch seine Barbarei vernichtet, und das Land erreichte unter der neuen Herrschaft eine steigende Blüte.

Dessenungeachtet aber war Preußen dem Christen- und Deutschtum nicht gesichert, solange die heidnischen *Litauer*, die Stammverwandten der alten Preußen, an der Grenze des Landes ihre Macht ausübten. Es entbrannte daher sofort nach der Unterwerfung Preußens der Kampf zwischen dem Deutschen Orden und den Litauern mit unerbittlicher Notwendigkeit. Dieser Kampf, dessen Episoden man jetzt nicht mehr „Kreuzzüge", sondern „Kriegsreisen" nannte, wurde von beiden Seiten mit Barbarei und Grausamkeit geführt, und sooft die Deutschen in Litauen „heerten", fielen die Litauer rächend in Livland und Preußen ein und setzten die Mordbrennereien ihrer jetzt unterworfenen Verwandten fort, welche auch mitunter wieder Empörungen versuchten, aber ohne Erfolg. Nachdem aber das Heilige Land verloren war und infolgedessen der Deutsche Orden seinen Hochsitz erst nach Venedig, 1309 aber nach Marienburg verlegt, bald darauf auch *Pomerellen* (jetzt Westpreußen) erobert hatte, trat Preußen, obschon noch 1322, 1323 und 1328 wieder sogenannte Kreuzheere dahin zogen, aus dem Gesichtskreis der Kreuzzüge heraus und in die Verwickelung der Verhältnisse Osteuropas ein, welche schließlich seine Säkularisation und damit die Schöpfung des preußischen Staates herbeiführte, der in unseren Tagen endlich seine größte Tat, die Erneuerung des Deutschen Reiches, vollführt hat.

ZWEITER ABSCHNITT

Die Kreuzzüge auf der iberischen Halbinsel

Die Kreuzzüge des christlichen Abendlandes oder vielmehr der Mitteleuropäer nach dem Morgenland hatten ursprünglich einen idealen Zweck, wie wir gezeigt haben, und waren daher nicht so dringend geboten, beruhten nicht auf so klarer, notwendiger Grundlage, wie die zu gleicher Zeit, sowie geraume Zeit vor- und nachher geführten Kämpfe zwischen denselben Mächten: Christentum und Islam, europäischer und asiatisch-afrikanischer Menschheit, im Südwesten Europas. Dort war ein Fall vorhanden, der im Osten nicht vorlag: ein Teil Europas, ein vorher abendländischen Christen zugehörig gewesenes Land befand sich in den Händen der Fremden, der Ungläubigen. Auf Palästina hatte keine andere europäische Macht ein Recht des Besitzes als das byzantinische Reich, dem das Heilige Land wirklich gehört hatte, und gerade dieses Reich bemühte sich nicht ernstlich, die verlorene Provinz wiederzugewinnen, obschon es sie den Abendländern nicht gönnte und sein Möglichstes tat, dieselben von ihrer Eroberung abzuhalten. Auf der *iberischen Halbinsel* dagegen hatte der widerrechtlichste Einbruch der Asiaten und Afrikaner stattgefunden, welchem nur der spätere der Türken in die Balkanhalbinsel zu vergleichen ist, und die zunächst Beschädigten, welche sich in die Gebirge Asturiens zurückgezogen hatten, waren im unbestrittensten Recht, die Eindringlinge zurückzuweisen und die europäisch-christliche Herrschaft auf der Halbinsel, in ihrem Vaterland, wiederherzustellen. Dieser mit beispielloser Tatkraft und Ausdauer geführte, zugleich patriotische und religiöse Kampf dauerte beinahe achthundert Jahre und verhinderte die Spanier, an den Kreuzzügen im Osten teilzunehmen. Was kümmerte das Heilige Land sie, welche ihr Vaterland verloren und eine heilige Pflicht hatten, es wiederzugewinnen? Die früheren Unterschiede der Iberer, Römer und Goten nebst Sueven und Alanen waren geschwunden und die christlichen Bewohner der Halbinsel fühlten sich den Fremden gegenüber nur noch als Spanier und als Christen.

Den Anfang des Widerstandes der Christen Spaniens gegen die in diesem Lande eingedrungenen Mohammedaner rief das entsetzliche Blutbad hervor, welches die Machthaber der letzteren in der alten gotischen Königsstadt

Toledo im Jahre 807 unter den Vornehmsten der Christen anrichteten. Toledo war der Herd der Unzufriedenheit mit dem Joch der „Ungläubigen“ oder der Fremden, die ja kein Recht auf das Land hatten, und diese meinten jenen Herd zu ersticken, indem sie die christlichen Gemeindevorsteher in das Schloß einluden und dort ermordeten. Von da an häuften sich die Aufstände der Christen, mit denen auch zahlreiche Muslimen gemeinsame Sache machten, sogar Priester derselben aus Empörung über das üppige Leben des Hofes der Ommeijaden in Cordoba. Die unterdrückten Christen verbanden sich überdies mit ihren Glaubensgenossen, denen es im Norden der Halbinsel gelungen war, unabhängige Staaten zu gründen, und bei einem ihrer Aufstände wurde das Schloß von Toledo, in welchem die erwähnte Schandtat vorgefallen war, dem Boden gleich gemacht. Als Sultan *Hakam I.*, diese Selbsthilfe zu rächen, die Stadt einäschern ließ, rotteten sich die obdachlos gewordenen Christen zu Räuberbanden zusammen. Das wiedererbaute Toledo und viele andere Städte behaupteten lange Zeit ihre Unabhängigkeit, ja das ganze Land zwischen dem Duero und dem Wadi Ana (Guadiana) gehorchte schon damals den Herrschern von Cordoba nicht mehr, noch ohne von Kastiliens und Leons Königen erobert zu sein, und selbst in Andalusien, im Gebirge zwischen Cordoba und Malaga bildete der Renegat *Omar ibn Chafsun*, welcher später zum Christentum zurückkehrte, einen Rebellenstaat, der sich von 880 an nicht nur bis zu seinem Tode, 917, sondern bis zum Unterliegen seiner Söhne, 928, erhielt. Auch in Sevilla und Granada wüteten Kämpfe zwischen Christen und Muslimen oder Spaniern und Arabern, bei denen in letzterer Stadt die prächtige Alhambra in Trümmer fiel. Hat auch das Reich der Ommeijaden in Spanien später eine hohe Blüte erreicht, die aber vielfach übertrieben worden ist, so war doch damit ein fortschreitendes Abnehmen des Halbmondes in Westeuropa verbunden; denn die christlichen Reiche des Nordens wuchsen langsam, aber stetig und kräftig an, während zugleich von Afrika her die Sekte der Ismailiten (zu welcher ja auch die uns bekannten Assassinen gehörten, das orthodoxe Reich Andalusiens bedrohte, dessen größter Herrscher *Abderrachmân III.* 929 umsonst den Kalifentitel annahm. Denn sein Sohn, der gelehrte und milde *Hakam II.*, war bereits der letzte wirkliche Kalif Spaniens, indem seine unbedeutenden und ephemeren Nachfolger von ehrgeizigen Ministern beherrscht wurden. Der merkwürdigste unter diesen war *Abu-Amir-Mohammed*, bekannter unter dem Titel *Almasor* (der Siegreiche), der sich vom armen verspotteten Studenten durch Bestechungen, gewaltsame Beseitigung seiner Nebenbuhler und heuchlerische Frömmigkeit zum Beherrscher des mohammedanischen Spaniens emporschwang und dessen einziger Machthaber war, den die christlichen Spanier jemals fürchteten. Denn er wütete unter ihnen in fünfzig Kriegszügen mit Brand, Raub und Mord, wofür ihn Scharen bezahlter Dichter, die ihm nachzogen, überschwänglich lobpriesen. Er zerstörte Barcelona und Leon und krönte seine Untaten 997 durch Vernichtung des Wallfahrtsortes *Santiago de Compostela*, dessen Glocken er im Triumph nach Cordoba brachte und in der Moschee aufhängen ließ.

Doch – die Nemesis blieb nicht aus, und nach seinem Tode (1002) begann der Zerfall des arabischen Reiches in Spanien, das bereits ein halb barbarisches war und es bald ganz wurde. Schon im Jahre 1010 drangen christliche Heere bis vor Cordoba und die einander befehdenden Parteien der Mohammedaner, die Araber und die Berber, buhlten um die Gunst der verhaßten Feinde. Die rohen Berber vernichteten die Pracht Cordobas, 1031 wurde der letzte elende Kalif gestürzt und das muslimische Spanien zerfiel in eine Menge selbständiger Fürstentümer, deren bedeutendere von jüdischen Ministern regiert wurden, wie überhaupt die Juden in jener Zeit einen bedeutenden Einfluß bei beiden Parteien Spaniens ausübten und große Reichtümer besaßen.

Den folgenreichsten Schritt in ihrem Vordringen nach Süden vollbrachten die spanischen Christen 1085 durch die Eroberung Toledos unter *Alfonso VI.* von Kastilien, dem sämtliche mohammedanische Fürsten tributpflichtig wurden, ohne daß er Almansors Greuel irgendwie rächte. Die weiteren Fortschritte der Christen wurden indessen durch die *zweite* Invasion aufgehalten, welche Spanien aus Afrika erlitt, nämlich diejenige der *Morabithin* (Almoraviden d. h. Glaubenskämpfer), einer fanatischen und bildungslosen Berbersekte. Von den durch die Christen bedrängten Emiren Spaniens zu Hilfe gerufen, drang ihr Haupt, der Sultan *Jusuf ibn Teschufin* von Marokko, 1086 über die Meerenge von Gibraltar und schlug die allzu siegesgewissen Christen unter *Alfonso* bei *Sacralias* aufs Haupt. Der Sieger dachte indessen keineswegs umsonst zu helfen, sondern beraubte seine Schützlinge rücksichtslos und das muslimische Spanien wurde marokkanische Provinz. Die neuen Fremdherrscher hatten jedoch nicht so leichtes Spiel wie *Almansor*; die Christen waren mächtiger geworden und besaßen in der letzten Zeit vor dem Beginn der Kreuzzüge nach dem Morgenland einen Helden, dessen Kämpfe gegen den Halbmond zwar dichterisch schön gefärbt, aber dessenungeachtet wirksam genug geworden sind. Dieser Heros der christlichen Spanier, Rodrigo *Diaz* von Bivar, bei den Arabern der *Cid* (Said, Herr), bei den Spaniern *Campeador* (der Kämpe) genannt, lebte in einer Zeit, während welcher es in Spanien allgemein gebräuchlich war, daß aus politischen Gründen christliche Parteien gegeneinander islamitische Hilfe und mohammedanische Parteien christlichen Beistand in Anspruch nahmen, ohne daß deshalb er selbst und die übrigen Anhänger des Kreuzes dessen schließlichen Sieg aus dem Auge verloren. Durch schmählichen Undank des Kastiliers *Alfonso VI.* verbannt, diente auch der Cid zeitweise einer mohammedanischen Partei gegen die andere und sogar gegen mit der letztern verbündeten Christen. Doch kehrte er wieder zu dem bei Sacralias gebeugten *Alfonso* zurück und diente ihm, bis neuer Undank ihn zwang, auf eigene Faust zu fehden, und da vollführte er 1094 die wichtige Eroberung von *Valencia*, die, wenn auch später rückgängig gemacht, doch ihre weitgehenden Wirkungen hatte. Dort starb er im Jahre der Eroberung Jerusalems 1099. Die Niederlage der Christen 1108 bei *Uccles* wurde 1118 durch die Eroberung *Saragossas* gerächt, worauf das Reich *Aragon*, das bisher im Vordringen zurückgeblieben, endlich mit Kastilien wetteifern konnte. Dies gab der Herrschaft der Morabithin den Todesstoß; sie wurden durch eine ihnen feindliche Sekte, die *Mowahidin* (Almohaden, d. h. Vereinigten) gestürzt, welche die *dritte* afrikanische Invasion nach Spanien vollführten und die bereits zu Herren im nördlichen Andalusien gewordenen Christen wieder zurückdrängten.

Zu derselben Zeit aber geschah es, daß die Kämpfe zwischen Kreuz und Halbmond auf der iberischen Halbinsel mit den Kreuzzügen nach dem Morgenland in Zusammenhang kamen.

Zu den interessantesten Erscheinungen im großen Kampf zwischen Christentum und Islam gehören ohne Zweifel jene drei Fahrten, auf welchen norddeutsche und benachbarte kühne Schiffer den reinen Seeweg wählend, durch die Säulen des Herakles nach dem Lande Simsons gelangten und bei diesem Anlaß die beiden Hauptschauplätze jenes Kampfes miteinander verknüpften, indem sie sowohl die iberische Halbinsel, als das Heilige Land zu Zeugen ihrer Tapferkeit, teilweise leider auch ihrer noch vorherrschenden Rohheit machten.

Infolge der Kreuzpredigt *Bernhards* von Clairvaux waren im Jahre 1147 auch zahlreiche Kreuzfahrer vom *Niederrhein* und aus *Friesland* aufgebrochen und entgingen, indem sie sich dem ihnen wohlbekannten feuchten Element anvertrauten, dem traurigen Schicksal, welchem ihre den Landweg einschlagenden Volksgenossen in Kleinasien anheimfielen. Ihrer Verabredung gemäß trafen sich die einzelnen Schiffsgeschwader, zuammen 164 Fahrzeuge mit 13 000 Mann, in dem englischen Hafen *Dartmouth*; denn es schlossen sich ihnen zahlreiche Engländer an, ja, wie es scheint mehr als Festländer, denn unter den sechs Hauptleuten des Geschwaders waren vier über die Engländer, einer über die Flanderer und Boulogner und einer über die Deutschen gesetzt. Die Schiffsordnung, welche sie sich gaben, enthielt strenge Vorschriften über Beobachtung der religiösen Gebräuche, sittliches Verhalten und Vermeidung von Aufwand. Über je tausend Mann wurden zwei Richter gesetzt, um darüber zu wachen, daß jene Vorschriften Nachachtung fanden. Die Flotte fuhr am 23. Mai ab; sie wurde zwar jenseits der Bretagne von einem furchtbaren Sturm zerstreut; aber sie fand sich in der Nähe der spanischen Küste, wo ein Teil der Seefahrer eine Wallfahrt nach Santiago de Compostela unternahm, größtenteils wieder ohne Schaden zusammen und landete am 16. Juni in Porto, wo der Bischof die Schiffer freundlich empfing und sie gleich im Namen des ersten Königs von Portugal *Alfons I.* einlud, sich an der Belagerung des noch in den Händen der Sarazenen befindlichen *Lissabon* zu beteiligen. *Portugal,* nach Losreißung seines nördlichsten Teils vom arabischen Reich zu Kastilien gehörig, war 1095 von *Alfonso* VI. seinem Schwiegersohn *Heinrich* von Burgund als Grafschaft verliehen, später aber ein unabhängiges Land und unter der Regentschaft von *Heinrichs* Witwe, *Teresa,* 1115 ein Königreich geworden, das seine Würde im Krieg mit Kastilien behauptete und in *Heinrichs* Sohn *Alfonso* seinen ersten König erhielt, der seinen Thron aber von der herrschsüchtigen Mutter erkämpfen mußte und ihn 1129 durch den Sieg bei *Ourique* über die Mauren und 1147 durch die Einnahme von *Santarem* befestigte, worauf er seine Blicke auf Lissabon richtete.

Die Taufe.

Die Kreuzfahrer konnten eine entscheidende Antwort auf die Einladung des Königs noch nicht erteilen, da der Hauptmann der Deutschen, der Graf von *Arschot*, sich noch auf dem verschlagenen Teile der Flotte befand. Indessen wurde eine Versammlung der Kreuzfahrer, die kein Gebäude fassen konnte, in einem Friedhof auf einem Berg gehalten, wo der Bischof von Porto an die Menge eine lateinische Rede hielt, welche Dolmetscher ihr übersetzten und in welcher er die von den Muslimen verübten Räubereien und Verwüstungen schilderte und die Pilger um Hilfe bat. Charakteristisch ist, daß er im weiteren Verlauf der Rede das Töten der „Gottlosen" durch die Vertilgungsbefehle Jehovas im Alten Testament an Josua usw. rechtfertigte. Nachdem die noch fehlenden Kreuzfahrer dann angekommen, beschloß die Gesamtheit, der Einladung zu folgen. Sie fuhren ab und langten am 28. Juni vor *Lissabon* an.

Die deutschen Kreuzfahrer waren so ungestüm, daß sie noch am Tage ihrer Ankunft ein Stück Mauer niederrissen und von dem Oberbefehlshaber zur Ordnung gewiesen werden mußten. Am folgenden Tage unterhandelte dann der König mit ihnen, aber ein Teil der Engänder traute ihm nicht und wollte die Reise fortsetzen, während die Flanderer und Deutschen auf ihrem gegebenen Wort beharrten. Endlich fügten sich auch jene Widerspenstigen auf die Bitte ihrer gefügigeren Landsleute, und den Kreuzfahrern wurden für ihren Beistand steuer- und zollfreie Ländereien versprochen, worauf man sich gegenseitig Geiseln gab.

Ehe die Belagerung begann, wurden der Erzbischof von Braga und der Bischof von Porto an die Feinde abgesandt, um sie zur Übergabe aufzufordern. Natürlich wurde sie abgelehnt, aber schon am 30. Juni war die untere Stadt genommen und wurde auch behauptet. Die Besatzung der Zitadelle machte täglich Ausfälle, wurde aber immer zurückgeschlagen, worauf sie dann von der Mauer herab die Christen und ihren Glauben verhöhnte und Kruzifixe beschimpfte, was unter den Belagerern furchtbare Erbitterung hervorrief.

Während der sich in die Länge ziehenden Belagerung bauten die Engländer eine Kirche und die Flamen und Deutschen ebenfalls eine solche, welche beide noch heute stehen. Aber auch Belagerungstürme bauten sie, die indessen durch das griechische Feuer der Belagerten zerstört wurden. Fünfmal versuchten die Kölner und Flamen die Mauer zu untergraben, aber umsonst. Es kamen jedoch Überläufer aus der Burg, welche meldeten, daß dort arge Hungersnot herrsche. Diese, die fortgesetzten Minierarbeiten, ein neuer Belagerungsturm von 83 Fuß Höhe und zwei balearische Schleudermaschinen führten endlich, trotz tapferstem Widerstand der Belagerten, am 11. Oktober zur Erstürmung der Mauer. Da setzte es jedoch eine sehr häßliche Szene ab, indem die Kreuzfahrer die Geiseln, welche die Belagerten ihren Führern und diese dem König übergeben hatten, diesem entreißen wollten. Den Anführern gelang es nicht, den Aufruhr zu beschwichtigen; erst als die Meuterer abzuziehen drohten und der König ihnen ruhig sagte, er vermisse den Beistand so unverständiger Leute nicht, da schämten sie sich und blieben. Die obere Stadt wurde nun den Siegern übergeben; diese hielten einen feierlichen Einzug und ein Tedeum ab. Aber hier verfielen die Kreuzfahrer wieder in ihre Rohheit, plünderten gewaltam und mißhandelten die Einwohner, ja erschlugen sogar den Bischof, der ihnen wohl wehren wollte, obschon ohnehin die Stadt voll Leichen Verhungerter und an Krankheiten Gestorbener war. Die zahlreich in Lissabon gebliebenen Mohammedaner erhielten jedoch vom König Glaubensfreiheit. Ein Engländer wurde zum Bischof von Lissabon ernannt und die Kreuzfahrer blieben den Winter über noch in Portugal, wo sie Palmela und Cintra eroberten, und gelangten im Frühling 1148 nach Syrien, wo sie im Heer König *Konrads* an der Belagerung von Damask teilnahmen.

Nicht nur Kreuzfahrer, sondern auch durch die Kreuzzüge entstandene Ritterorden hatten bei den zuletzt erwähnten kriegerischen Erfolgen mitgewirkt. In keinem europäischen Land hatten die *Templer* so früh (1128) Aufnahme gefunden, als in Portugal, dessen erster König sich ihnen affiliierte und ihnen reiche Güter überwies und Vorrechte einräumte; die *Johanniter* folgten bald nach und später entstanden in Portugal sogar neue geistliche *Ritterorden* nach dem Vorbilde jener, 1162 der Orden von *Avis*, welcher 1166 das durch einen verbannten Ritter mit beispielloser Kühnheit eingenommene *Evora*, später aber Avis zum Sitze wählte, und der *Michaelsorden*, welcher 1171 nach dem glänzenden Sieg bei *Santarem* über die Mauren entstand. Nach dem zweiten ebenso ruhmvollen Sieg bei Santarem 1184 über die eingedrungenen Almohaden starb Alfonso und hinterließ seinem Sohne *Sancho* I. das ganze jetzige Portugal mit einziger Ausnahme von *Algarve*, auf das die Portugiesen jetzt ihre Blicke warfen.

Ganz ähnlich wie 1147 entschieden sich auch im Frühling 1189, während des sogenannten dritten Kreuzzuges, die niederrheinischen, friesischen und flandrischen Kreuzfahrer, so ungern dies auch Kaiser Friedrich I. sah, für den Seeweg und, wie 42 Jahre vorher ihre Vorgänger, retteten auch sie sich durch den gewählten Weg vor dem jammervollen Untergang ihrer Landsleute. Sie teilten sich in zwei Flotten. Die eine, über 50 Schiffe mit Kölnern, Dänen, Friesen und Flamen zählend, gelangte in zehn Tagen nach Santiago, wo die Kreuzfahrer den Wallfahrtsort besuchen wollten, aber von den Einwohnern, welche fürchteten, sie würden ihnen den Kopf des heiligen Jago rauben, mißhandelt und zurückgetrieben wurden. In Lissabon bat sie König *Sancho I.*, ihm die Festung *Alvor* bei Silves erobern zu helfen, was sie auch taten, wobei 5600 Mauren getötet wurden. Im Juni segelten sie weiter und kamen zur Belagerung von Akkon, nachdem sie erst seit drei Tagen begonnen hatte.

Die zweite Flotte, von nur elf Schiffen mit Kölnern und Flamen, wurde in Dartmouth durch viele weitere Kreuzfahrer verstärkt und kam, bald von Windstille, bald von Sturm heimgesucht, am 3. Juli nach Lissabon. Auch diese Seefahrer bat der König *Sancho* um ihren Beistand zu einer Waffentat, nämlich zur Eroberung der Stadt *Silves*. Sie sagten zu, und es fuhren am 16. Juli 37 Segel mit 3500 Mann nach jener algarvischen Stadt, welche eine Meile von ihrem ganz verlassenen Hafen entfernt lag und zwar sehr klein (sie hatte nur gegen 16 000 Einwohner), aber ungemein stark befestigt war. Die Stadt wurde schon nach wenigen Tagen genommen, aber die Festung leistete hartnäckigen Widerstand. Der König selbst verstärkte mit den Templern, Johannitern und Calatrava-Rittern die Belagerer; aber die Portugiesen verloren bald den Mut, während die Deutschen ausharrten. Man bekämpfte sich wütend in den gegenseitig gegrabenen Minen, aber endlich verrieten zahlreiche Überläufer die Not der Besatzung, die sich nun ergab. *Sancho* wollte den Besiegten Mitnahme ihrer Habe gestatten, die Kreuzfahrer aber protestierten dagegen und bewirkten, daß jedem nur ein Kleid gestattet werde. Am 3. September zogen sie ab, wurden aber trotzdem von den rohen Kreuzfahrern überfallen und ausgeplündert, so daß die menschlicheren Portugiesen Mühe hatten, arges Blutvergießen zu verhindern. Es war herzzerreißend, das Elend der von Hunger und Ermattung und nun auch noch von Mißhandlungen Gepeinigten mitanzusehen, deren viele an dem herben Los starben, in „christliche" Hände gefallen zu sein. Zu alledem kamen noch Streitigkeiten zwischen den Kreuzfahrern und den Portugiesen über die Beute, was den König tief empörte, der freilich selbst den Kreuzfahrern die ihnen gegebenen Versprechungen nicht hielt. Ein flämischer Priester wurde Bischof von Silves und am 31. September fuhren die Kreuzfahrer nach Cadiz, das noch maurisch war und wo sie, weil ihnen die erschreckten Einwohner zwölf gefangene Christen versprochen, aber nur vier herausgegeben hatten, Häuser und Pflanzungen zerstörten. Gegen Ende des Oktober langten sie in Ptolemais an und beteiligten sich, wie erwähnt, an der langen Belagerung dieser Stadt.

Den dritten Zug nordischer Seefahrer über Portugal und Spanien nach dem Heiligen Land traten am 4. und 5. Juni 1217 zwei rheinische und friesische Flotten unter den Grafen *Georg* von *Wied* und *Wilhelm* von *Holland* an, die sich in Dartmouth getroffen hatten. Am 14. Juli waren sie in Lissabon, wo sich die beiden Grafen vom Bischof bewegen ließen, mit 180 Schiffen zurückzubleiben und mit den Portugiesen die vor 26 Jahren verlorene Burg *Alcacer do Sal* zu belagern. Während dies unter harten Kämpfen geschah, zogen am 8. September die Emire von Cordoba, Jaen, Sevilla und Badajoz mit 40 000 Mann zum Entsatz herbei, griffen am 11. die Christen an, aber mußten vor den deutschen Hieben flüchten, wobei sie 14 000 Tote, darunter die zwei ersten der genannte Emire, 2000 Gefangene und ihr ganzes Lager mit reicher Beute zurückließen. Am 21. Oktober ergab sich die Festung, aber entgegen gegebenem Worte wurde die Besatzung in die Sklaverei verkauft, den Kommandanten ausgenommen, welcher sich nach drei Tagen mit hundert Mann in der Kathedrale zu Lissabon taufen ließ (Bild 94).

Die Kreuzfahrer blieben den Winter über unter Vergnügungen jeder Art in Lissabon. Ein längeres Bleiben, welches die Portugiesen wünschten, gestattete der Papst nicht; sie fuhren am 31. März 1218 ab und gelangten unter Stürmen im Mai nach Akkon.

Die übrigen 80 Schiffe, welche nicht mit der Hauptmacht und den beiden Grafen in Lissabon geblieben, hatten auf ihrer Fahrt im August 1217 bei der Stadt *Santa Maria* de Hairin in Andalusien mit einem Sturm zu kämpfen. „Es wurden Boote ausgesetzt und ein Teil der Pilger ging ans Land. Sie berieten sich, ob sie die Stadt belagern sollten, und man war noch nicht zu einem Entschluß gekommen, als gegen Abend plötzlich ein Haufe tollkühner Friesen unter Anrufung der Mutter Gottes sich auf die Stadt stürzte. Einem der Verwegenen, welcher einen Sarazenen an einem Seil an der Mauer heruntergleiten sehen und diesen sofort erschlagen hatte, gelang es, an demselben Seil die Mauer zu erklimmen, auf der Zinne der Bastion das Banner aufzupflanzen und seinen Kampfgenossen das Tor zu öffnen.

Schlacht bei Tolosa.

Ein fürchterliches Morden begann, die Stadt wurde den Flammen übergeben und die Friesen kehrten mit reicher Beute zu ihren Schiffen zurück. Wie erzählt wird, hätten die Kreuzfahrer in dieser Mordnacht das Bild der Mutter Gottes über der brennenden Stadt gesehen und diese Erscheinung als Zeichen ihrer besondern Huld und Dankbarkeit ausgelegt!" (Röhricht.) Sie fuhren am 1. August weiter und als sie zur Stadt *Rota* kamen, flohen die Einwohner vor den riesigen Fremden und überließen ihnen die Stadt zur

Plünderung. In *Cadiz* drangen sie ebenfalls siegreich ein, verwüsteten alles und zerstörten die schöne Moschee. Nach langer Fahrt erreichten sie im Oktober Civitavecchia, die Hafenstadt Roms, wurden vom Papst *Honorius III.* freundlich empfangen und verbrachten dort den Winter. Im Frühling 1218 langten auch sie endlich in Akkon an und beteiligten sich mit ihren schon erwähnten Landsleuten, wie bereits erzählt, an der Belagerung von Damiette.

Dem letzterwähnten Ereignis im Kampf gegen die Mauren um Portugal waren indessen in *Spanien* noch wichtigere und folgenreichere Taten vorangegangen, daher wir unsere Blicke wieder jenem Land zuwenden müssen. Während der nur einjährigen Regierung *Sanchos III.* von Kastilien entstand der erste jener der Halbinsel eigentümlichen, aber denen des Heiligen Landes nachgebildeten *Ritterorden,* deren wir schon in Portugal etwas später zwei haben entstehen sehen; es war der Orden von *Calatrava,* der sich seit 1158 die Verteidigung der 1148 eroberten Stadt dieses Namens am Guadiana zur Aufgabe machte. Um nicht zurückzubleiben, gründete *Fernando* von Leon kurz vor 1170 den zweiten spanischen Orden, den von *Santiago,* dem später ein dritter, der von *Alcántara* folgte.

Nachdem die Mowahidin sich im südlichen Spanien festgesetzt, begann man in Kastilien die Kämpfe gegen die jetzt meist als „Mauren" bezeichneten Mohammedaner „Kreuzzüge" zu nennen und gegen diese Feinde des christlichen Glaubens das Kreuz zu predigen. Lange wogte der Krieg ohne Ergebnis zwischen den Strömen Wadi Ana und Wadi al Kebir (Guadalquivir) hin und her, bis 1195 der Almohade *Jakub* dem von seinen christlichen „Brüdern" im Stich gelassenen Kastilier *Alfonso* VIII. bei *Alarcos* in der Sierra Morena eine furchtbare Niederlage beibrachte. Dieses Unglück führte nach und nach die uneinigen Christen zur Besinnung; aber Papst *Innozenz III.* übte auch hier, wie in dem Krieg gegen die provenzalischen Fürsten, einen unheilvollen Einfluß, indem er den König *Alfonso* von Leon zwang, sich von der geliebten Gattin, der Tochter *Alfonsos VIII.* von Kastilien, wegen Verwandtschaft zu trennen, und hierdurch die Einigkeit der christlichen Könige störte. Dem Infanten *Fernando* von Kastilien gelang es aber, zur Rache für Alarcos nicht nur ein zahlreiches spanisches Heer zusammenzubringen, sondern auch 60 000 Provenzalen zur Hilfe zu gewinnen, welche der Troubadour *Gavaudan* in feurigen Versen zum Kampf gegen die afrikanischen Barbaren aufgerufen hatte. Jetzt forderte auch der Papst zum Kreuzzug nach Spanien auf, wenn auch ziemlich lau, die Hauptsache aber taten die Spanier selbst. Obschon von den zügellosen und judenhetzenden Kreuzfahrern schmählich verlassen, erfochten sie am 16. Juli 1212 den glänzenden Sieg von *Navas de Tolosa* über den Almohaden *Mohammed en Nasir,* dessen Scharen, die er umsonst durch Ketten aneinander hatte fesseln lassen, in wilder Flucht von den Christen über die Ebene dahin gejagt (Bild 95), vier Meilen weit und bis in die Nacht hinein verfolgt wurden. Mohammed selbst entging mit wenigen Reitern dem Blutbad.

Dieser Sieg war entscheidend für die Zukunft Spaniens. Er ermöglichte die vollständige Eroberung Algarves durch Portugal, Andalusiens durch

Kastilien und Valencias und der Balearen durch Aragon. In die Geschichte der *Kreuzzüge* gehören diese Kämpfe nicht mehr und wir erwähnen nur noch des Zusammenhangs wegen, was sie bewirkten.

Im Jahre 1236 hatten die Mohammedaner ihre Hauptstadt *Cordoba* nach 525jährigem Besitz für immer verlassen, 1248 auch *Sevilla,* 1251 endlich *Xerez* und *Cadiz,* und seitdem besaßen sie in Spanien nichts mehr als das kleine Reich von *Granada,* und auch das nur als Vasallen der Christen, wennschon noch ein Vierteljahrtausend lang. Der einzige Erfolg der Christen in dieser Zeit war der Sieg am *Salado,* welchen die nach langer Zwietracht vereinigten Könige von Kastilien, Aragon und Portugal 1340 über die verbündeten Marokkaner und Granadiner erfochten, der aber, da die Portugiesen und Aragonesen nach der Schlacht sofort heimkehrten, nur die erst 1344 erzielte Einnahme von *Algeçiras* für Kastilien zur Folge hatte.

DRITTER ABSCHNITT

Die völlige Vertreibung der Mauren aus Spanien

Zu der Zeit, da die Kreuzzüge nach dem Heiligen Land ein so unglückliches Ende genommen, am Ausgang des dreizehnten Jahrhunderts, waren diejenigen der iberischen Halbinsel glücklich an der Pforte des Sieges angelangt; aber als beendet konnten sie erst nach Verdrängung jeder mohammedanischen Einrichtung aus dem so entsetzlich mit Kriegen und Verwüstungen heimgesuchten Land betrachtet werden. Freilich, in vollem Maße war dies nicht möglich, sondern nur dem Namen nach; denn die Christen Spaniens und Portugals haben von den so lange in ihren Ländern heimisch gewesenen Mohammedanern vieles angenommen, so namentlich eine zu Zeiten völlig orientalische Grausamkeit und offenbare Vielweiberei. Ärger war dies indessen kaum je als im vierzehnten Jahrhundert, in dessen Mitte die drei grausamen *Pedros* in Kastilien, Aragon und Portugal wüteten und die königlichen Nebenfrauen *Eleonore* de Guzman, *Maria* de Padilla und *Iñes* de Castro ihre tragischen Rollen spielten. Freilich, auch ihre guten Seiten hatte jene Zeit; in Kastilien blühten namentlich unter *Alfonso* X., dem Weisen, trotz seinem unglücklichen Wahn, den deutschen Kaiser zu spielen, die Wissenschaften in hohem Grade, in Aragon herrschten freie ständische Einrichtungen, die jede Tyrannei erschwerten, in Portugal blühten Landwirtschaft, Handel und Schiffahrt. Mit dem fünfzehnten Jahrhundert aber brach sich ein wirklich großer Geist in Spanien und Portugal Bahn. Kastilien ließ 1417 durch einen Normannen die kanarischen Inseln erobern; Portugal erwarb 1416, während noch ein Teil Europas maurisch war, die Nordwestspitze Afrikas mit *Ceuta*, nach und nach auch, trotz dem unglücklichen Kreuzzug des „standhaften Prinzen" *Fernando* (der 1437–1443 in entsetzlicher Gefangenschaft der Mauren langsam starb), das „überseeische Algarve", und bevölkerte diese Kolonie mit Christen. *Fernandos* dabei mitwirkender Bruder, der Infant *Heinrich* der Seefahrer, Haupt der in den „Christusorden" umgewandelten Templer, bahnte mit deren bereitwilliger Unterstützung den Europäern den Weg in den atlantischen Ozean hinein und über denselben hinüber. Porto Santo und Madeira wurden um 1420 entdeckt und bildeten den Ausgangspunkt für weitere Großtaten in Schöpfung eines Weltverkehrs.

Zwischen Kastilien und seinem maurischen Vasallenstaat Granada hatte langer Friede geherrscht und die beiderseitigen Bevölkerungen waren in freundlichem Verkehr gestanden; ebenso fleißig hatten beiderseitige Ritter die Turniere in Granada und in Toledo besucht, wie Kaufleute beider Völker die Märkte derselben – als plötzlich der schwache und üppige König *Heinrich* IV. seit 1454 Raubzüge gegen Granada begann, die 1462 zur Eroberung Gibraltars führten. Ernst wurde das Unternehmen erst, als *Heinrichs* Schwester *Isabella,* die Erbin Kastiliens, und *Fernando* von Aragon (1474) den Thron bestiegen hatten, besonders aber, als der junge Gatte (fünf Jahre später) auch die Krone seiner Heimat erbte, und in beiden nun personell vereinigten Reichen die moderne Monarchie an die Stelle mittelalterlichen Feudalwesens trat. Mit der nunmehrigen Einheit des spanischen Staates, dem bald auch noch das kleine *Navarra* durch Eroberung einverleibt wurde, war nach damaligen Begriffen auch die Einheit des Glaubens verbunden und damit dem maurischen Reich Granada das Todesurteil ebenso gesprochen wie den auf christlichem Gebiet lebenden Juden und Mohammedanern. Die damals neu organisierte spanische Inquisition sorgte für den Vollzug dieser drakonischen Grundsätze.

Wie die Mohammedaner Spaniens zuerst, unter den Ommeijaden, gegen die Christen Duldsamkeit geübt, nachher aber, unter den Almoraviden, sie blutig verfolgt hatten, so war auch das Verhältnis in umgekehrter Weise. Die ersten den Christen Unterworfenen behielten Glaubens- und Kultfreiheit; je weiter aber die Christen vorschritten, um somehr wurden die besiegten Muslimen unterdrückt, des gesetzlichen Schutzes beraubt, in allen Rechten verkümmert, und das nämliche Los wurde im Ganzen auch das der Juden. Es war die lange aufgespeicherte Erbitterung über die mehrhundertjährige Herrschaft der Ungläubigen auf altchristlichem Boden, welche sich desto mehr verstärkte, je länger jene Herrschaft dauerte und um so stärker sich äußerte, je mehr Macht die Christen gewannen, an den Juden aber rächte man zugleich die Begünstigung, welche sie dem ersten Eindringen des Islam hatten angedeihen lassen. Nun, da die christliche Macht auf das Höchste gestiegen war, ertrug der spanische Stolz nicht mehr das Bestehen eines auch noch so kleinen maurischen Staates in spanischem Lande und arbeitete sich immer mehr in den Plan hinein, mit allen nichtchristlichen Elementen auf der Halbinsel aufzuräumen.

Fernando und *Isabella* strebten aber nicht nur das letztere an, sondern sorgten auch eifrig für die Sicherheit des Landes, den Anbau desselben, die Entwicklung des Gewerbefleißes und Handels, die Befestigung des staatlichen Ansehens. Spanien brachte unter ihnen seine Flotte auf tausend Schiffe.

All dies schöne Streben wurde aber schon im Entstehen durch die 1481 in Kastilien eingeführte *Inquisition* untergraben, welche alles, was wir oben von ähnlichem Treiben in anderen Ländern berichteten, weit in den Schatten stellte. Der von wütenden Pfaffen geschürte Glaubenseifer ertötete in

Isabellas weichem Herzen die weiblichen Zartgefühle und *Fernando* ergriff jedes Mittel, die Macht und die Einnahmen des Staates zu mehren, der das Vermögen der Ketzer einzog. Daher wurde von ihm, der sich auch zum Großmeister aller drei spanischen Ritterorden machte, das furchtbare Glaubensgericht auch in Aragon ertrotzt; welchen Anklang es dort fand, zeigt die Ermordung des Inquisitors *Pedro Arbues* 1495. Die Geschichte der spanischen Inquisition ist bekannt und gehört nicht hierher; alle Schönfärberei aber beseitigt weder die Greuel ihrer *Autos de fé,* noch die Tatsache, daß das Papsttum sie in jeder Hinsicht beförderte. Der Name *Torquemada* ist zu einem Fluch für alle Zeiten geworden und der Kardinal *Ximenes* hat durch sein inquisitorisches Wirken seine hohen staatsmännischen und gelehrten Eigenschaften verdunkelt. Die Opfer waren zwar überwiegend getaufte Juden, welche der Rückkehr zum Glauben der Väter verdächtig waren *(Marranos);* doch wetteiferten mit ihnen in der Anzahl die im nämlichen Fall befindlichen Mauren *(Moriscos),* gegen welche aber, da sie selbst das Schwert führten, mehr mit diesem, als mit dem Scheiterhaufen eingeschritten wurde.

Das kleine Reich von *Granada* befand sich zur Zeit der Thronbesteigung *Fernandos* und *Isabellas,* der Katholischen, in einem blühenden Zustand. Die Zeiten der Ommeijaden waren hier zurückgekehrt, die der Almoraviden und Almohaden in Vergessenheit gekommen. Es hatte sich dort alles zusammengedrängt, was die christliche Eroberung an arabischer Ritterlichkeit, Bildung und Industrie verdrängt hatte. Die Hauptstadt zählte 200 000 Einwohner; die über die reichbebaute Vega und die fleißige Stadt emporragende, nach früherer Verwüstung durch Bürgerkriege wieder hergestellte *Alhambra* glänzte in märchenhaft orientalischer Pracht. Die bewaffnete Macht des kleinen Landes stieg auf 100 000 Mann.

Nun hatte aber der damalige Fürst oder König *Mulei Abul Hasan* den Tribut an Kastilien seit einiger Zeit nicht mehr entrichtet und der Königin *Isabella,* welche ihn forderte, prahlend antworten lassen, sein Land berge nicht Gold, sondern Eisen. Ja, der Verblendete wog die beiderseitigen Kräfte so wenig ab, daß er den Krieg 1482 selbst eröffnete, die Grenzstadt *Azahara* überfiel und deren Bewohner gefangen fortschleppte. Von christlicher Seite wurde Wiedervergeltung geübt und Don Rodrigo *Ponce de Leon* erstürmte *Alhama,* um welches umsonst maurische Lieder klagten; sie sollten bald noch mehr Ursache zum Jammer haben. Der Krieg wurde in Kastilien auf das eifrigste betrieben. Alles wurde aufgeboten; die Untertanen maurischer Abkunft mußten auf den Kopf einen Dukaten zum Krieg gegen ihre Stammesgenossen beitragen; die Geistlichkeit zahlte ein Drittel des Zehnten und zahlreiche freiwillige Beiträge eifriger Christen flossen in die Kriegskasse. Ja der Papst forderte die gesammte Christenheit zum Kreuzzug gegen Granada auf.

Und gegenüber dieser äußersten Gefahr brach zwischen verschiedenen Hofparteien Granadas der Bürgerkrieg aus! Die Königin selbst erhob sich gegen ihren Gatten, weil er ihr eine Sklavin vorzog, vertrieb ihn nach Malaga und erhob ihren unfähigen Sohn *Abu Abdallah* (bei den Christen Boab-

Der letzte König von Granada.

dil) zum Herrscher. Als nun die Ritter von Santiago bei Malaga durch den Bruder des bedrängten *Abul Hasan* eine furchtbare Niederlage erlitten, rächten sich die Christen am Xenil und nahmen *Abu Abdallah* gefangen, ließen ihn aber gegen demütigende Bedingungen frei. Die christlichen Rüstungen wurden verstärkt; sogar aus der Schweiz kamen Hilfstruppen gegen die Mauren. In Granada wurde *Abu Abdallah* durch seinen Oheim *Abdallah el Zagal*, den Sieger bei Malaga, vom Thron gestoßen und kam als Verbannter an den kastilischen Hof, wurde aber zurückgesandt, damit das feindliche Land von Parteien zerrissen bliebe.

Der Kampf brach 1487 mit erneuter Wut aus. *Fernando* zog selbst gegen Granada und entging mit Not dem Tod im Kampf; *El Zagal* mußte fliehen und *Fernando* wandte sich gegen *Malaga*, das sich ihm ergab und verchristlicht wurde. Die Mauren traf das Los der Sklaverei. Bald übergab *El Zagal* auch *Almeria* und zog nach Afrika hinüber. *Abu Abdallah* hatte dem katholischen Königspaar die Übergabe Granadas versprochen, sobald Almeria verloren wäre, wurde aber von seinem Volk daran verhindert. So zog sich der Krieg hinaus und aus dem christlichen Lager vor Granada wurde eine neue Stadt *Santa Fé*. Endlich kapitulierte der letzte maurische Herrscher Spaniens mit dem kastilischen Feldherrn Gonzalo de *Cordoba*, und am 2. Januar 1492 zogen die Christen in *Granada* ein. Als *Abu Abdallah* die Stadt verließ (Bild 96), von der Höhe herab noch einmal auf Granada zurückblickte und Tränen ihm das Auge netzten, sprach seine Mutter zu ihm: „Recht, daß du als Weib weinst, da du als Mann nicht streiten konntest." Noch ein Jahr blieb der Gestürzte im Lande und begab sich dann nach Afrika. 781 Jahre hatte mohammedanische Herrschaft in Spanien bestanden und es während dieser Zeit stufenweise und zuletzt ganz verloren.

Nicht lange nachher verordnete das katholische Königspaar von der eroberten Alhambra aus die vollständige Vertreibung der *Juden* aus ganz Spanien, und dessen italienischen Besitzungen (Sizilien und Sardinien), welchem Beispiel vier Jahre später Portugal folgte; die Maßregel wurde der „Glaubenseinheit" zulieb mit furchtbarer Strenge durchgeführt und die Vertriebenen, denen es in anderen europäischen Ländern nicht viel besser ging, fanden zuletzt ihre einzige sichere Zuflucht in den Ländern, die der Halbmond in Afrika und Asien behauptet und in Südosteuropa erobert hatte.

Die Spanier, stolz über ihre allerdings großen Erfolge, waren nicht zufrieden, ihr Vaterland wieder erobert, von der Fremdherrschaft befreit und ihrem Glauben wiedergegeben zu haben. Sie strebten weiter, womöglich nach der Weltherrschaft. *Afrika*, woher ihre mehrhundertjährigen Unterdrücker gekommen, war auf der einen, die Neue Welt, welche *Colombo* im Jahre der Einnahme Granadas für sie entdeckte, auf der anderen Seite das Ziel ihres zugleich ehrgeizigen, habsüchtigen und glaubenseifrigen Strebens. Doch mit wie ungleichem Erfolge! Die Überfälle von Oran, Bugia, Tlemsen, Aldschesair, Tunis und Tripolis durch Kardinal *Ximenes* und *Pedro Navarro* 1509 und 1510, und von Tunis durch *Karl V.* (in Spanien I.) 1535 waren Seifenblasen, die ohne Nutzen platzten. Welch glänzende Eroberungen aber machte Spanien auf seinen „Kreuzzügen" über das weite Meer nach Westen! Die eigentümliche und achtungswerte Kultur der Azteken und der Inkas sank vor Cortez' und Pizarros rohen Kriegern und fanatischen Mönchen dahin; die Indianer wurden Sklaven und nahezu ausgerottet; an die Stelle der mexikanischen Menschenopfer und des peruanischen Sonnendienstes traten Inquisition und Klöster.

Und was waren die Folgen? Das entsetzliche Wüten der Inquisition, das despotische Streben der spanischen Könige, der durch den Besitz der Neuen Welt genährte Goldtaumel neben der Vernachlässigung der Kolonien und ihrer Bewohner, die fortgesetzte Ausrottung und Vertreibung der Marranos und Moriscos, der fleißigsten Bürger des Landes (der spanischen Hugenotten), die sittliche Versunkenheit des Adels und die Unwissenheit der glaubensstolzen Geistlichkeit stürzten Spanien von seiner Höhe für immer herab; dasselbe Land, das in fortwährendem Krieg geblüht hatte, wurde im Frieden eine Stätte der Armut, der Verödung und der Zerrüttung; erst *jetzt* fangen Aufklärung und Fortschritt an, es in bescheidenem Maße wieder emporzuheben.

VIERTER ABSCHNITT

Der letzte (türkische) Angriff des Islam gegen das Christentum

Nach einer Abschweifung in zwei Endpunkte des im Mittelalter zivilisierten Europa, an welchen der Kampf für den christlichen Glauben und damit auch für die europäische Zivilisation, dort gegen rohe und wilde Heiden, hier gegen eine unserem Erdteil fremde und mit ihm unverträgliche Bildung in ebenso heftiger Weise wütete, wie zur Zeit der Kreuzzüge nach dem Heiligen Land, kehren wir auf den Schauplatz dieser letzteren zurück – wir betreten den *Orient* wieder. Keineswegs war hier mit dem Fehlschlagen und Ausklingen der Kreuzzüge im engern Sinn dieses Wortes der Kampf zu Ende, der in denselben gekämpft wurde, nämlich der alte und unversöhnliche Kampf zwischen Islam und Christentum, zwischen Morgen- und Abendland; im Gegenteil: er entbrannte in noch höherem Grade und in einer für Europa gefährlicheren Weise als vorher. Denn während die Festsetzung der Christen in Asien mißlungen war, gelang diejenige der Mohammedaner im Südosten Europas auf ebenso überraschende Weise wie einst im Südwesten, und gerade zu der Zeit, da sie hier ihrem Ende entgegenging.

Die *Türken*, welche in der Herrschaft über den Osten und Süden des Mittelmeeres an die Stelle der von ihrer Bildungshöhe in das Beduinentum zurückgekehrten Araber getreten sind und deren Stelle im Angriff auf Europa eingenommen haben, waren schon während der Kreuzzüge nach dem Heiligen Land die Gegner der Christen, und zwar der Abendländer sowohl als der Byzantiner und der Armenier, auf der gesamten Länderstrecke von Nikäa bis nach Kairo gewesen. Aber wie denn, sowohl im Abend- als im Morgenland, eine Familie oder ein Stamm niemals auf die Dauer Macht und Kraft bewahrt, so sind auch die türkischen *Seldschuken*, welche wir am Anfang der morgenländischen Kreuzzüge als die Beherrscher des gesamten Vorderasien kennenlernten, mit der Zeit von ihrer Machthöhe herabgestiegen, und in Kleinasien, wo sie sich noch am längsten hielten, war ihr Reich (das von Ikonion) am Ende jener Kreuzzüge bereits in eine Menge kleiner Staaten zersplittert, welche sowohl durch ihre innere Uneinigkeit, als durch die Schläge der welterobernden Mongolen ihrem Ausatmen entgegengingen, bis im Jahre 1307 ihr letzter Emir auf Befehl eines Khans der Mongolen sein Leben lassen mußte.

Damals nahmen etwa zehn kleine Staaten in Kleinasien die Stelle des früheren dortigen Seldschukenreiches ein, welche nach ihren türkischen Herrschern benannt waren. Einer derselben, damals noch der kleinste, etwa den Norden des alten Phrygien mit umliegenden Grenzlandschaften umfassend, stand unter dem Hause *Osman*, dessen höchstens 50 000 Seelen zählender Stamm im Laufe des dreizehnten Jahrhunderts vor den Mongolen aus Mittelasien allmählich über Korassan, Armenien, und Nordsyrien nach Kleinasien gelangt war, wo der Häuptling *Ertogrul* und sein Sohn *Osman* den Seldschuken von Koniah bis zu ihrem Untergang gegen die Mongolen Hilfe leisteten. Das angeführte Gebiet erkämpfte sich Ertogrul durch Siege über die Byzantiner und erhielt es vom Sultan der Seldschuken zu Lehen, woher es „Sultan *Öni*", d. h. des Sultans Vorderseite genannt wurde. Nach Ertogruls Tod, 1288, erweiterte Osman dessen Eroberungen, verwandelte überall, wo er obsiegte, die Kirchen in Moscheen, und erklärte sich noch vor dem völligen Untergang der Seldschuken zum unabhängigen Fürsten. Nach ihm eroberte sein Sohn *Urchan* Brusa, Nikomedia und Nikäa, welche Städte die Byzantiner in ihrer kopflosen Schwäche nicht mehr eifrig schützen zu sollen glaubten, seitdem sie Konstantinopel wieder besaßen, so daß sie in überaus kurzer Zeit das wenige, was ihnen in Asien noch geblieben, und damit das notwendige Verteidigungsgebiet ihrer Hauptstadt verloren und die Arbeit der Türken, die in Fanatismus, Raub, Mord und Verwüstung bestand, ungemein erleichterten. Was aber dort und seitdem „Türken" hieß, das war kein einheitlicher Volksstamm, sondern ein buntes Völkergemisch. Alle Reste der alten Phryger, Galater, Bithynier und anderer Völkerschaften, welche den Osmanen erlagen und ihren Glauben annahmen, dazu alle in der Aussicht auf Beute zu ihnen übergelaufenen Griechen usw. nannte man seitdem „Türken", und diese Mischung hat den ursprünglich mongolischen Typus der wahren Türken größtenteils verwischt.

Im Jahre 1308 hatten die Osmanen bereits das Marmara-Meer erreicht und eine Insel desselben besetzt und streiften und plünderten bis zum Bosporus, so daß die christlichen Bewohner Asiens überall flohen und durch ihre Anhäufung in Konstantinopel und Umgebung den Rest des Reiches in die bitterste Not brachten. Seit 1326 war das eroberte *Brusa* die Residenz des emporstrebenden Türkenreichs, das in Anwendung roher Gewalt, Unterdrückung aller Bildung und Fernhaltung aller höheren Kultur dem gewesenen großen Mongolenreich würdig nachfolgte. Und mit diesem Charakter des Reiches, dessen ganze Geschichte einer Rache für die Kreuzzüge gleichkam, wurde es seit dem Tode des schlichten, mäßigen und meist gerechten, wenn auch fanatischen und grausamen Reichsstifters *Osman* immer schlimmer. Verrat und heimtückischer Überfall, sogar von Leichenbegängnissen, spielte meist eine ebenso große Rolle bei der Einnahme von Städten, wie die türkische Tapferkeit. Das Gerede von der „frischen Kraft" der Türken, welche das altersschwache Byzanz habe ersetzen müssen, hat denn auch keinen Wert; denn diese „frische Kraft" hätte, wäre sie dem gewachsen gewesen, nicht nur das greise Byzanz, sondern sehr gern auch das ganze übrige Europa zum Feld ihrer rohen Ausbeutung für Diwans- und Haremszwecke gemacht. So weit sie aber zur Herrschaft kam, hat sie nur Verödung, Zerstörung alter Kultur und Verflechtung der Unterworfenen in den fortschrittlosen Gesichtskreis des Islam zur Folge gehabt.

Wir schreiben eine Geschichte des türkischen Reiches so wenig als wir in den drei vorhergehenden Abschnitten Geschichten Preußens oder Spaniens schrieben, sondern stellen lediglich den Fortgang des Kampfes zwischen Christentum und Islam in der Zeit nach den morgenländischen Kreuzzügen dar und beschäftigen uns daher nicht weiter mit den Eroberungen der Osmanen in Asien, welche hinlänglich bekannt sind.

Der Rest unseres Buches wird somit lediglich den Kampf der Türken gegen die Christen, diesen Rückschlag der Kreuzzüge gegen ihre Urheber, zunächst aber gegen ihr Hindernis, Byzanz, nicht ausführlich schildern, sondern bloß skizzieren. Und das Mittel, mit dem dieser Kampf vorzugsweise geführt wurde, war ein doppelt teuflisches. Die Untauglichkeit der damals noch nomadisch lebenden Türken zum regelmäßigen Kriegsdienst erzeugte den Gedanken, aus den Kindern der besiegten Christen, die man diesen raubte und gewaltsam zu Mohammedanern erzog, ein unbedingt dem Sultan ergebenes und beständig unter den Waffen stehendes Heer zu bilden, welches *Jeni Tscheri* (Janitscharen d. h. die neue Schar) genannt wurde; mit Christenkindern also bekämpfte man die Christen und verdrängte ihre alte Kultur durch eine neue Barbarei.

Schon vor den Osmanen hatten türkische Scharen zum Zweck von Plünderungen europäischen Boden betreten. Mehr als solches beabsichtigten gleich anfangs die Osmanen. Sultan *Urchan* rüstete schon 1337 zu einem Angriff auf Konstantinopel, in dessen Nähe die Türken mordeten und raubten, aber durch die sich ermannenden Byzantiner eine vernichtende Niederlage erlitten. Die Osmanen ließen sich jedoch durch dieses Unglück nicht von der Verfolgung ihres welterschütternden Planes abhalten und wiederholten ihre Einfälle in Europa, und die entarteten Byzantiner bahnten ihnen selbst den Weg dazu, indem jeweilen eine Partei derselben sich ihrer, sowie weiterer türkischer Völker gegen ihre Widersacher bediente. Ja es kam so weit, daß die eine Partei den Türken gestattete, ihre von derselben gefangenen Gegner nach der christlichen Hauptstadt zu bringen, sie dort zu mißhandeln und zu verkaufen, und daß der Gegenkaiser *Johannes Kantakuzenos* seine eigene Tochter dem bereits greisen *Urchan* zur Gattin anbot, um dessen Hilfe gegen die Kaiserin *Anna* zu erlangen (1346). Von da an nahmen die türkischen Einfälle immer mehr zu; denn unter dem Vorwand, ihren Bundesgenossen beizustehen, konnten die Osmanen sowohl, als andere Türken, welche verschiedenen byzantinischen Parteien dienten, die Christen Europas bequem ausplündern und als Sklaven wegführen. Das Land wurde wüst und der Schatz leer, und so war alles dazu reif, das osmanische Reich nach Europa auszudehnen. Im Jahre 1356 überrumpelte *Suleiman*, *Urchans* ältester Sohn, in einer Nacht die Festung *Tzympe* bei *Gallipolis*, welche letztere Stadt neben mehreren anderen festen Plätzen im nächsten

Jahr das gleiche Schicksal erfuhr. So hatten sich die Türken in Europa festgesetzt und sitzen noch heute da – wie lange noch?

Die Rache für die Kreuzzüge war eine feste Tatsache geworden. Das asiatische System der Beherrschung einheimischer Völker durch ein eingedrungenes fremdes wurde nun auch in Europa eingeführt. Die Türken verschmolzen nicht mit ihren Unterworfenen, etwa wie die Franken mit den Galliern, die Angelsachsen mit den Briten usw., zu einem neuen Volk; vielmehr wurden die sich zum Islam bekehrenden besiegten Thraker, Griechen usw. wundersamerweise in „Türken" verwandelt, die christlich bleibenden dagegen zu rechtloser Rajah heruntergedrückt. Umsonst protestierte der byzantinische Schattenkaiser *Johannes* Paläologos gegen das Geschehene; die Türken behielten hohnlachend, was sie erobert hatten und steuerten weiter auf ihr Ziel los. *Urchans* zweiter Sohn *Murad I.*, dessen Vater und Bruder fast gleichzeitig gestorben waren, nahm 1361 feierlich Besitz von der eroberten thrakischen Halbinsel und dem nördlich anstoßenden Land, das sich bereits bis nahe an Konstantinopel erstreckte. Bald war das Schwarze Meer erreicht und damit die Hauptstadt des Ostens zu einer Insel mitten zwischen türkischem Gebiet gemacht. *Adrianopel* und *Philippopel* fielen in türkische Gewalt. Von da an gab es kein byzantinisches Reich mehr.

Ja Konstantinopel regierte noch dem Namen nach über die Stadt und ein sehr kleines Gebiet ein sich den Türken wehrlos ergebender Vasall mit dem leeren Titel „Kaiser", und was im Süden des byzantinischen Reiches, in Griechenland, noch christlich war, fragte dem „Kaiser" nicht nach, selbst soweit es seinen Verwandten gehorchte. Die kleine Herrschaft Byzanz kam um so weniger mehr in ernstlichen Betracht, als Sultan *Murad* sofort nach der Eroberung Adrianopels seinen Sitz in Europa aufschlug (erst in Didymoteichon oder Dimotika, später in Adrianopel selbst) und damit deutlich genug ausdrückte, daß er nur auf gelegene Zeit warte, um seine wahre Hauptstadt zu beziehen.

Der früher mächtigste Feind der Türken war somit unschädlich gemacht, aber es waren ihnen inzwischen kräftigere Gegner erstanden; die noch frischen Völker des Nordens und Westens der Halbinsel, die Walachen, Bulgaren, Serben und Albanesen drohten der Ausbreitung türkischer Macht einen Damm entgegenzusetzen, wo nicht gar sie nach Asien zurückzutreiben. Aber bei ihrem Mangel an Bildung hatte ihnen bisher die Einsicht in ihre Lage, wie bei ihrem selbstsüchtigen Streben die Einheit gefehlt, welche beide Eigenschaften zu ihrer Rettung unumgänglich notwendig waren. Jetzt, in der Stunde der Gefahr, brachte sie der entflohene Befehlshaber von Philippopel zum Bewußtsein dessen, was ihnen zu tun oblag. Die Könige von Ungarn, Bosnien, Serbien und der Walachei schlossen einen Bund gegen die Türken und sandten 1363 ein Heer gegen Adrianopel. *Murad* befand sich eben in Asien, aber sein Oberfeldherr (Beglerbeg) *Lalaschahin*, welcher Adrianopel befehligte, sandte den Hauptmann Hadschi-Ilbeki aus, der die sorglosen Verbündeten schlug und vernichtete, ließ dann aber den Sieger, der seine Eifersucht erregt hatte, in echt türkischer Dankbarkeit – vergiften.

Wenige Jahre später hatte der nach Adrianopel zurückgekehrte und nun hier residierende Sultan, stets mit den üblichen türkischen Greueltaten, Mord und Brand, Ausplünderung der Städte und ihrer Bewohner, Wegschleppung aller schönen Jünglinge und Frauen nach Asien, ganz Thrakien und 1374 einen großen Teil von Makedonien erobert, fiel 1375 in *Serbien* ein, nahm das heldenmütig sich wehrende *Nissa*, empfing die Huldigung des serbischen Königs *Lazar* und sofort auch die des Bulgarenfürsten *Sisman*, der ihm seine Tochter gab, und beide mußten ihm Hilfstruppen liefern und seine Schlachten mitfechten. Der Rest Makedoniens bis auf Saloniki wurde 1381, Sofia 1382 erobert. Jetzt erst merkte der elende Schattenkaiser *Johannes* V., wo der Lauf der Dinge hinaus wollte; er reiste, um Hilfe nachsuchend, nach Westeuropa, dessen Mächte aber, Frnakreich und England, Venedig und Genua, unter sich im Krieg begriffen waren und ihm nicht helfen konnten noch wollten. Der Papst versprach ihm, gegen Ablegung des römischen Glaubensbekenntnisses, Geld, Schiffe und Truppen, sandte aber weder das eine noch das andere. Die Wucherer Venedigs aber, die ihm Geld vorgestreckt hatten, hielten ihn fest, als er sie nicht bezahlen konnte. Von seinem älteren Sohn *Johannes* im Stich gelassen, vom jüngeren, *Manuel*, aber losgekauft, fand er bei seiner Rückkehr den ersteren, im Bunde mit einem Sohn *Murads*, als Rebellen und die beiden Väter verbanden sich, der Byzantiner aber als völliges Geschöpf des Türken, miteinander gegen die Söhne, die sich endlich ergeben mußten und geblendet wurden. *Murad* ließ den seinigen und alle seine Anhänger hinrichten.

Entgegen der hündischen Unterwürfigkeit des Byzantiners suchten die Fürsten der *Serben* und *Bulgaren* ihre Fesseln zu brechen, sobald es ihnen möglich war. *Lazar* griff 1387 im Verein mit Bosnien zu den Waffen und errang nicht geringe Erfolge über die gegen ihn ziehenden Türken. Da bot *Murad* seine ganze Macht auf, namentlich da nun auch der Bulgare, obschon sein Schwiegervater, von ihm abfiel und zum Serben stand. *Murad* beschloß, die Feinde getrennt zu schlagen. Sein Feldherr *Ali Pascha* wandte sich nach Bulgarien und unterwarf es bis zur Donau. Zur Einnahme von *Nikopolis* jedoch, wo Sisman sich eingeschlossen, mußte *Murad* selbst herbeieilen. Der Bulgarenfürst unterlag schließlich, verlor sein Land an die Sieger und rettete nur sein Leben. Um *Lazar* aber scharten sich Bosnien, die Herzegowina, Albanien und die Walachen nebst Scharen von Ungarn und Bulgaren, und stellten mit ihm ein Heer von 200 000 Mann auf. Die türkische Macht war zwar nicht so stark, aber die Serben und ihre Verbündeten benahmen sich sorglos, und am 27. Juni 1389 entschied sich auf dem unseligen *Amselfeld* bei Pristina, nach furchtbar blutigem Kampfe, das herbe Schicksal Serbiens, das diesem Land und seinen Leidensgenossen eine halbtausendjährige Unterbrechung in seiner Kulturentwicklung brachte. *Lazar* selbst fiel tapfer fechtend; aber auch Sultan *Murad* fand den Tod durch einen schwer verwundeten heldenmütigen Serben, Milosch Kobilowitsch, der noch mehrere Leibwachen niedermachte, ehe er der türkischen Rache erlag. Der neue Sultan *Bajesid I.*, *Murads* Sohn, dessen Tapferkeit den Sieg entschieden hatte, Dschildrim (der Blitz) genannt, begann seine Regierung durch sofortige Ermordung seines jüngern Bruders *Jakub* und führte damit jene Praxis ein, welche im Osmanenreich den Brudermord zum Hausgesetz machte, angeblich um Bruderkriege zu vermeiden. *Stephan*, Lazars Sohn, erhielt als Vasall noch eine Galgenfrist scheinbaren Fortbestandes seines Fürstentums, gegen Tribut, Hilfsmannschaft und Ablieferung seiner schönen Schwester in den Harem! Die Länder der Verbündeten Serbiens wurden verwüstet und ausgeraubt.

FÜNFTER ABSCHNITT

Die Kreuzzüge gegen die Türken

Unter *Bajesid* stieg die Schmach der Byzantiner so weit, daß der Kaiser *Johannes* und sein Sohn *Manuel* dem Sultan die letzte ihnen in Asien gebliebene Stadt *Philadelphia* unterwerfen halfen, worauf dieselbe sofort unter dem Namen Alaschehr turkisiert wurde. Trotzdem waren diese Schwächlinge entschlossen, sich wenigstens in Konstantinopel zu halten und begannen die Stadt stärker zu befestigen, mußten aber auf drohenden Befehl des Sultans die errichteten Mauern wieder einreißen, was dem alten *Johannes* das Herz brach, während *Manuel* ein Gefangener der Türken war, jedoch entfliehen konnte, um den jämmerlichen Schattenthron einzunehmen. Durch Verheerung des Landes bis vor die Mauern der Residenz und völlige Absperrung derselben zwang ihn aber der Sultan zu immer weiteren Demütigungen. Ja, es kam in den nächsten Jahren dazu, daß in Konstantinopel, wo bereits zahlreiche Türken lebten, neben der schon vorhandenen Moschee weitere gebaut wurden, ein Kadi Recht sprach und türkische Münzen geprägt wurden!

Im Jahr 1391 wurde sogar der Fürst der fernen Walachei zum zinspflichtigen Vasallen der Türken gemacht, 1393 die wieder abgefallenen Teile Bulgariens unterworfen, die dortigen Christen dem Patriarchen von Konstantinopel untergeben und *Sisman* verscholl im Kerker oder Tod. Raubzüge nach Ungarn wurden dagegen zurückgewiesen. Ja, König *Sigismund* wagte mehr. Vom Kaiser *Manuel* aufgefordert, beschloß er den Krieg gegen die Türken; ihm schloß sich der gedemütigte Walachenfürst an; mehrere deutsche Fürsten, voran der Pfalzgraf und der Burggraf von Nürnberg aus dem Hause Zollern, König Karl VI. von Frankreich und die Johanniter sandten ihm Hilfstruppen. Es war ein förmlicher neuer *Kreuzzug* gegen die in Europa eingedrungenen Türken, den, als Ungarns Gesandte in Frankreich erschienen waren, vorzüglich der Marschall *Boucicault*, der den Orient und die Türken aus eigener Anschauung kannte, mit Eifer betrieben hatte. Die Anführung des 8000 Mann starken französischen Kreuzheeres übernahm *Johann* Graf von *Nevers*, Sohn des Herzogs von Burgund (Großvater *Karls* des Kühnen); dasselbe zog im Jahre 1396 durch Lothringen und Süddeutschland, also den Weg *Gottfrieds* von Bouillon, nach Ungarn, und wuchs durch die bald nachkommenden Deutschen und die Ungarn selbst auf 100 000 Mann an. Die Kreuzfahrer hielten den Sieg über die Türken für so selbstverständlich, daß sie schon von Eroberung Jerusalems und ganz Vorderasiens träumten, untergruben aber dies ihr Ziel, ähnlich früheren Kreuzzügen, durch liederliches Leben. Es war in der Mitte des Mai, als sie bei *Orsowa* über die Donau setzten und diese von den Türken besetzte Stadt nebst anderen Festen nahmen. Auch Widdin und Rachowa hatten dieses Los, und in der Mitte des September langte das Kreuzheer vor *Nikopolis* an, dessen Belagerung sofort begann, wozu aber die erforderlichen Maschinen fehlten. Da rückte *Bajesid* zum Ersatz heran und überraschte die sorglos schwelgenden und fortwährend prahlenden Christen, ehe sie sich dessen versahen, am 28. September. Nun hörte Schwelgen und Prahlen auf und man hatte kaum Zeit, sich in Schlachtordnung aufzustellen. Umsonst suchte *Sigismund* die Franzosen, welche das Vordertreffen in Anspruch nahmen, von dieser Tollkühnheit abzuhalten; wider seinen Befehl stürmten sie voraus und brachten wirklich die türkischen Reiter und die Janitscharen zum Weichen; bereits hielt der Sultan die Schlacht für verloren. Aber als die Franzosen, endlich erschöpft, auf die noch frischen türkischen Truppen des Hintertreffens stießen, flohen sie und wurden bei einbrechender Nacht heldenhaft fechtend, von den begeistert sie verfolgenden Türken beinahe vernichtet. *Nevers, Boucicault* und andere wurden gefangen. Dies wirkte entmutigend auf das übrige noch frische Christenheer. Nur eine schwache Zahl von Ungarn und Deutschen mit König *Sigismund* hielt Stand, wurde aber endlich auch teils hingemäht, teils in die Flucht geworfen. Dem König retteten seine ungarischen und deutschen Genossen mit Not das Leben, und er entkam mit ihnen auf der Donau ins Schwarze Meer und mit Schiffen Venedigs und der Johanniter um Griechenland herum nach Dalmatien. Alles Gepäck wurde Beute der Sieger und nur wenige Christen entrannen dem Blutbad, dem Hunger und den Strapazen des fremden Landes. Doch hatten auch die Türken angeblich 60 000 Mann verloren und selbst der Sultan entging mit Mühe und verwundet dem Schicksal seines Vaters, und ließ daher aus Rache mehr als 3000 gefangene Christen grausam und kaltblütig niedermetzeln. Nur die Vornehmsten retteten ihr Leben durch Aussicht auf reiches Lösegeld, das in Frankreich mit Mühe aufgebracht wurde.

Die Schlacht bei Nikopolis hat die türkische Herrschaft bis zur Donau für Jahrhunderte befestigt und hätte ihr sogar weiteren Weg gebahnt, wenn nicht *Bajesid* es vorgezogen hätte, dem byzantinischen Kaisertum ein Ende zu machen, ehe er seine Eroberungen weiter nach Norden schob, und wenn nicht bald darauf (1402) der zweite furchtbare mongolische Eroberer *Timur* bei *Angora* die Niederlage der Christen bei Nikopolis unabsichtlich gerächt und den stolzen Sultan in Gefangenschaft und Tod gebracht hätte.

Bajesid verlangte geradezu die Übergabe Konstantinopels; sie wurde jedoch verweigert, *Manuel* übertrug die Regierung für die Zeit seiner Abwesenheit 1399 seinem Neffen *Johannes* und ging auf eine Bettelfahrt nach Frankreich, welches schon einige Zeit früher, mit Unterstützung Genuas und Venedigs, sowie der Johanniter, eine Flotte mit Mannschaft unter der Anführung *Boucicaults* ausgerüstet und nach Konstantinopel gesandt, damit aber nichts ausgerichtet hatte. *Manuel* wurde in Paris glänzend empfangen und bewirtet, erhielt aber nur einen Jahrgehalt, eine Schutzwache und leere Versprechungen – in England und Deutschland gar nichts. Endlich kehrte er nach dreijähriger Abwesenheit heim, als er vernahm, der über den Sultan siegreiche *Timur* habe ihm Wiedererstattung des verlorenen Reichsgebiets zugesagt. Aber wie sehr täuschte sich der auf diese Sage Hoffnungen bauende Schattenkaiser! Der Verblendete bedachte oder wußte nicht, daß *Timur* in noch höherem Grade als sein Vorgänger *Dschingis-Khan* ein gedankenloser Mordbrenner, Verwüster und Zerstörer war, daß er, welcher Delhi, Bagdad, Damask und Smyrna ohne Zweck dem Boden gleich gemacht, überhaupt keine dauernden Schöpfungen beabsichtigte. Ohne sich um das greuelhaft verwüstete Kleinasien weiter zu bekümmern, verließ es der Wüterich schon 1403, gleich nach des gefangenen *Bajesid* Tod, und folgte ihm schon zwei Jahre später, im Begriff, seine Waffen nach China zu tragen, nach.

Daß das osmanische Reich, so viele Greuel auch mit seinem Emporkommen verbunden waren und so wenig Berechtigung und Beruf es hatte, in Europa einzudringen, doch einen tüchtigen Kern hatte und für gewisse Teile Vorderasiens ganz an seinem Platze war, bewies es, indem es sich nach der furchtbaren Demütigung durch *Timur*, wie nach den verderblichen zehnjährigen Bruderkriegen zwischen *Bajesids* vier Söhnen* wieder nicht nur zu dem Glanz und der Macht, die es vorher erreicht, sondern weit höher emporschwang. Dasselbe beweist auch der Umstand, daß die türkischen Sultane, von Urschan an, viele wohltätige Anstalten, wie Armenkosthäuser und Spitäler, sowie Schulen und Moscheen gründeten, wenn auch nur für ihre Glaubensgenossen, während die Mongolen lediglich zerstörend wirkten. Den besiegten Christen erwiesen freilich auch die Osmanen nichts gutes.

Im Jahre 1413 hatte endlich *Mohammed I.* durch Überwindung seiner Brüder die Einheit des Reiches hergestellt. Einer der besten türkischen Sultane, lebte er in Freundschaft mit Kaiser *Manuel* und überließ ihm Thessalien, das bereits *Bajesid* 1396 erobert hatte, die Halbinsel Morea, deren Eroberung damals mißlungen war, und mehrere feste Plätze am Marmara- und Schwarzen Meer, und versicherte, ihn wie seinen Vater zu ehren. So wurde *Griechenland* das zweifelhafte Glück zuteil, gleich Byzanz etwas weniges länger von der Türkenherrschaft verschont zu bleiben als die übrige Balkanhalbinsel.

Es ging indessen mit der Erfüllung der türkischen Wünsche nicht so rasch, als die Osmanen hofften. Ihre Einbrüche in Ungarn waren ohne Erfolg und ein solcher in Österreich endete sogar 1418 bei *Radkersburg* an der Mur in Steiermark mit einem glänzenden Sieg der Deutschen, welche, obwohl in Minderzahl, die Türken fast völlig vernichteten. Der Sultan *Mohammed I.* starb, ohne wesentliche Fortschritte gemacht zu haben, 1421 an einem Sturz vom Pferd auf der Jagd. Sein Sohn *Murad* II. begann eine Re-

* Ein fünfter wurde in Konstantinopel Christ und ein sechster ist verschollen.

gierung mit Feindseligkeiten gegen die Reichsleiche von *Byzanz*, weil Kaiser *Manuel* einen Prätendenten *Mustafa* unterstützt hatte. Die Stadt wurde belagert (1422), ihre ganze Umgebung verwüstet und die Bewohner der umliegenden Dörfer mißhandelt und weggeschleppt. Aber die Belagerung blieb ohne Erfolg und die Türken mußten fliehen. Nachdem jedoch der Kaiser einen zweiten *Mustafa, Murads* jüngeren Bruder, gegen letzteren unterstützt, mußte er 1424 einen schimpflichen Frieden schließen, fortan den Türken Tribut bezahlen und außer Konstantinopel und Morea alles abtreten, was er noch besaß. Die Regierung *Murads* II. war überhaupt besonders gehässig gegen die Christen; sobald dieselben nicht gehorchten, wurden in ihren Ländern, so in Bulgarien, Serbien, Bosnien, der Walachei usw. die Einwohner hinweggeschleppt, „Türken", d. h. Mohammedaner vermischter Abkunft wurden dort angesiedelt und die Kirchen in Moscheen verwandelt. Mit Venedig wurde ein hartnäckiger Krieg um die Herrschaft in Griechenland und Albanien und in deren Meeren geführt. Griechenland, sowohl das byzantinische als das venetianische, wurde grauenvoll verwüstet. Widerstand leisteten nur die dort zerstreut angesiedelten Albanesen, die aber zusammengehauen und deren Köpfe in Pyramiden aufgeschichtet wurden, wie es die Türken bei Timur gelernt hatten. Zur See aber behielt Venedig glücklich die Oberhand über die in der Schiffahrt noch ungeübten Osmanen. Um so mehr litt die Republik des Meeres durch türkische Überfälle und Verwüstungen ihrer Inseln und bahnte zugleich durch tyrannische Behandlung der Bevölkerung von *Saloniki* der Eroberung dieser Stadt durch die Türken (1430) den Weg, bei welchem Anlaß die Türken freilich in einem Tag weit ärger hausten, als die Venetianer in den sieben Jahren ihrer Herrschaft; auch *diese* Stadt wurde gewaltsam turkisiert. Noch im nämlichen Jahr eroberten die Türken auch *Jannina* und machten den bisherigen Herrn der Stadt für sein übriges Land, Epiros und Akarnanien, tributpflichtig. Auch Albanien plünderten sie bereits entsetzlich aus. Ein gleiches Schicksal erlitt 1437 Siebenbürgen, und die zinspflichtigen Fürsten Serbiens und der Walachei wurden in empörender Weise behandelt, ersterem auch ohne weiteres *Semendria* weggenommen und sein die Stadt befehligender Sohn nebst dessen Bruder nach Kleinasien geschleppt und dort geblendet!

Diese Schmach zu rächen, rückte 1438 eine ungarische Schar heran, wurde aber bei *Nikopolis* geschlagen und nun ganz Serbien zur unmittelbaren türkischen Provinz gemacht, Bosnien aber gegen Tribut noch als Königreich geduldet. Ungarn suchte nun Rettung vor dem gefürchteten Untergang in politischer Verbindung mit Polen, an dessen König *Wladislaw* es seine Krone übertrug. Der Bosnier und der vertriebene Serbe verbanden sich mit ihm: die hauptsächlichste Hoffnung der Christen aber ruhte auf dem Helden Johannes *Hunyades*, natürlichem Sohn König Sigismunds.

Die Türken, welche umsonst die Vereinigung Polens und Ungarns zu hintertreiben gesucht, zogen 1440 gegen das damals ungarische *Belgrad* heran, *Murad* selbst an ihrer Spitze, und begannen es zu belagern, mußten dies aber nach sieben Monaten wegen großer Verluste aufgeben. Die Ungarn aber rüsteten sich mit polnischer Hilfe unter Hunyads Anführung gegen die von Murads Seite zu erwartende Rache, dessen Horden auch bald Slawonien verwüsteten, aber überall, wo sie mit dem ungarischen Helden zusammentrafen, blutig geschlagen wurden, ausgenommen bei einem Überfall in Siebenbürgen, das sie ebenfalls verheerten, was aber siegreich gerächt wurde.

Nun folgte Sieg auf Sieg der Ungarn und ihrer Verbündeten über die Türken. *Hunyad* zog nach dem Sieg bei *Basap* (1442) triumphierend in Buda ein und wurde in der gesamten Christenheit gefeiert. Papst *Eugen IV.* freute sich besonders und sah seinen langgenährten Wunsch eines neuen *Kreuzzugs* der Erfüllung sich nähern. Längst hatte er ohne Erfolg das Kreuz predigen lassen; jetzt aber konnte er mit Hinweisung auf glorreiche Waffentaten von neuem die Geistlichkeit zur Betreibung des Heiligen Kriegs auffordern. Sein Legat in Ungarn, Kardinal *Julian*, wirkte rastlos in diesem Sinne bei König *Wladislaw*. Es wurde für das kommende Jahr ein Feldzug, zunächst nach Bulgarien beschlossen. Außerhalb Ungarns fand die Sache aber wenig Anklang. Es hatte niemand Lust, für das unfähige Byzanz die Kastanien aus dem Feuer zu holen, und der damalige elende Kaiser *Friedrich III.* fürchtete die wachsende Macht Polens. So war Ungarn auf die Hilfe Polens und der Walachen beschränkt, d. h. offiziell; auf eigene Faust erschienen auch Kreuzfahrer aus Deutschland und Frankreich. Im Juli 1443 brach das nur 20 bis 30 000 Mann starke vereinigte Heer von Buda auf, zog bei Semendria über die Donau und, ohne auf Widerstand zu stoßen, südwärts weiter. Den Vortrab führten *Hunyad* und *Georg* von Serbien, das Hauptheer der König und Kardinal *Julian*. Man gelangte bis *Sofia*, das man überfiel und in Brand steckte. Nach sechs Tagen hoffte man in Konstantinopel zu sein und das eroberte Land war Ungarn zugedacht. Nun erschienen aber, nachdem sich die Christen nach Serbien hin gewandt hatten, um das durchzogene Gebiet besser zu sichern, plötzlich die Türken, wichen jedoch einem Kampf aus, während die Christen *Nissa* überfielen und verbrannten. Da begannen die Türken anzugreifen, wurden aber am 3. November bei *Nissa* in einer nächtlichen Schlacht beinahe vernichtet. Hierdurch ermutigt und durch eine Menge christlicher Bulgaren, Serben und Albanesen verstärkt, auch reichlich mit Proviant versehen, wandten sich die Kreuzfahrer nach dem Balkan, den sie durch die trojanische Pforte überschreiten wollten. Gegen diese sandte nun aber auch Sultan *Murad* seine Hauptmacht, welche zuerst dort anlangte und den Paß stark befestigte. Die Christen aber wurden durch die unwegame Beschaffenheit des Balkan und die vorgerückte Jahreszeit entmutigt und litten bald Mangel an Lebensmitteln. Doch hielt *Hunyad* sie zusammen und man gelangte auf die Höhe, wo die Türken standen. Durch die Tapferkeit der Polen wurden die Türken in überraschender Weise zu Weihnachten geschlagen, und als ihr Führer *Mahmud Tschelebi*, *Murads* Schwager, gefangen wurde, lösten sie sich in allgemeiner Flucht auf, doch ohne die Gebirgshöhe zu verlassen, auf der sie sich in ihren Verschanzungen hielten. Ein weiterer Angriff auf beide war erfolglos und kein Weiterweg stand den Christen offen, welche daher den Rückzug antraten, nicht ohne manigfache Beunruhigung durch die sie verfolgenden Türken und nicht ohne vielfache Beschwerden in dem entweder eisbedeckten oder sumpfigen Gebirgsland. In großer Ermattung kehrte das Heer über Belgrad nach Buda zurück.

Die großen Verluste, die der Sultan erlitten, bewogen ihn zu Unterhandlungen, die 1444 zu dem Frieden von *Szegedin* führten, durch welchen der Fürst von Serbien sein Land wiedererhielt und sowohl die Türken als die Ungarn sich verpflichteten, die Donau nicht mehr zu überschreiten. Der Friede war jedoch nicht von Dauer; er konnte es auch nicht sein, da er mit den Zielen, welche sich beide ihn abschließenden Parteien vorgesetzt hatten, unvereinbar war. Kardinal *Julian* riet zuerst dazu, ihn zu brechen und dies bedurfte weder bei dem feurigen jungen König, noch bei dem tapferen *Hunyad* großer Überredung, um so weniger aber, als damals alle europäischen Mächte wetteiferten, dem König von Polen und Ungarn Hilfe an Geld, Mannschaft und Schiffen gegen die Türken zu versprechen.

Der Krieg wurde vom ungarischen Reichstag beschlossen und eine Türkensteuer ausgeschrieben. Aber die christlichen Mächte hielten ihre Zusagen aus Mangel an Geld und Überfluß an inneren Zwistigkeiten nicht; nur Venedig sandte auf Antrieb des Papstes und teilweise Kosten des Herzogs *Philipp* von Burgund eine Flotte nach dem Bosporus. Nicht einmal Byzanz und Serbien leisteten Hilfe; ja letzteres verweigerte sogar den bereitwilligen Albanesen den Durchzug durch sein Gebiet!

Am 20. September 1444 brach das christliche Heer, zwar verstärkt durch Kreuzfahrer, aber doch schwächer als im Vorjahr, von Szegedin auf. Am 3. Oktober überschritt es bei Orsowa die Donau. Den beschwerlichen Balkan beschloß man zu umgehen. Bei Nikopolis versuchte der walachische Fürst die Führer zur Rückkehr zu bewegen, da ihr Heer den Türken nicht gewachsen wäre, aber sie beachteten diese Warnung nicht, da man allgemein glaubte, der Sultan befinde sich in Asien, während er bereits wieder nach Europa zurückgekehrt war. In der ganzen Gegend wurden die von Türken besetzten Festungen genommen, und endlich bezogen die Christen bei *Warna* ein Lager. *Murad* rückte in Eilmärschen ebendahin und schlug noch an demselben Tag wie seine Feinde sein Lager auf. Am 10. November kam es zur Schlacht, in welcher zwar zuerst die Osmanen in die Flucht geschlagen wurden und *Murad* seine Sache bereits aufgeben wollte; aber als der tollkühne junge König *Wladislaw* im dichtesten Kampfgewühl verschwunden war, verloren die tapfer kämpfenden Christen den Mut und erlitten durch die unbesiegten Janitscharen eine furchtbare Niederlage; erst nach der Wendung des Schlachtenglücks war der König gefallen, den *Hunyad* umsonst zu retten gesucht, und letzterer wurde selbst von der wilden Flucht der Überlebenden mit fortgerissen. Auf nicht näher erklärte Weise fand auch Kardinal *Julian* während der Flucht sein Ende, das man als Strafe für den Friedensbruch betrachtete. Das ungarische Heer wurde gänzlich zersprengt; aber auch die Türken hatten den enormen Verlust von 30 000 Mann zu beklagen, einen größeren als die Christen; *Hunyad*, welcher im Siegesfalle König von Bulgarien hätte werden sollen, rettete sich mit Mühe durch die Walachei, wo er gefangengehalten, aber wieder freigelassen wurde, in die Heimat. Des Königs Kopf aber wurde nach Asien gesandt.

Rastlos arbeitete und rüstete der ungebeugte und unermüdliche, damals auch als Reichsverweser in Ungarn allmächtige *Hunyad* zu einem neuen Türkenkrieg. Von auswärts erhielt er jedoch keine Unterstützung, nicht einmal von seiten des Papstes; denn die Niederlage bei Warna hatte eine allgemeine Entmutigung gegenüber den Türken in Europa hervorgerufen. Ohne sich indessen hierdurch irremachen zu lassen, setzte *Hunyad* 1448 mit wenigstens 30 000 Mann, fast nur Ungarn, nebst einer walachischen Hilfsschar, über die Donau nach Serbien, dessen Fürst, zufrieden mit der Wiedererlangung seiner Würde auch sonst nicht *Hunyads* Freund, nicht nur nichts für die christliche Sache tat, sondern ihr sogar entgegenarbeitete und sie an *Murad* verriet, an dessen Gunst ihm nun alles lag. Die Kreuzfahrer, diesmal freilich ohne päpstlichen Segen und Ablaß, behandelten demzufolge Serbien wie Feindesland, plünderten und verheerten es. So gelangten sie am 17. Oktober nach *Kossowa*, wo auch die Osmanen angekommen waren, die aber 150 000 bis 200 000 Mann zählten. Es war dasselbe Schlachtfeld, das *Amselfeld*, wo einst Serbiens Freiheit untergegangen, auf welchem noch am Tage der Ankunft der heiße Kampf entbrannte, aber keiner von beiden Parteien Sieg oder Niederlage brachte. Am folgenden Tag wurde rasend weiter gestritten, und zuletzt unterlag die kleine Christenschar der sie auf zwei Seiten fassenden türkischen Übermacht um so eher, als die Walachen schmählicherweise zum Feind übergingen, dessen Rache sie fürchteten, seit das Glück den Christen den Rücken zuwendete. Zum Dank ließ der ihnen mißtrauende Sultan sie umzingeln und sämtlich niedermetzeln. Als die Ungarn dies gewahrten, ergriffen sie die Flucht; *Hunyad* trat mit wenig ihm Gebliebenen den Rückzug an, entging aber auch diesmal nicht der Gefangenschaft, die der treulose Serbenfürst über ihn verhängte und aus der er ihn nur gegen 100 000 Goldstücke entließ. Gerne hätte er die 17 000 Ungarn, die gegenüber 40 000 Türken bei Kossowa gefallen waren, baldigst gerächt; aber da er ohne alle Unterstützung blieb, mußte er 1451 mit *Murads* Nachfolger *Mohammed II.* einen Waffenstillstand schließen.

SECHSTER ABSCHNITT

Die Eroberung Konstantinopels durch die Türken

Beinahe zu gleicher Zeit wie im türkischen Reich war auch in dem traurigen Reste des byzantinischen ein bedeutsamer Thronwechsel vor sich gegangen. Dort trat der erste osmanische, hier der letzte griechische Herr von Konstantinopel auf die Schaubühne. Der letzte Paläologe, gleich dem Gründer des Reichs *Konstantin (XI.)* geheißen, folgte zu Anfang 1449 seinem Bruder *Johannes VIII.* Er war ein ganz anderer Mann als alle seine Vorgänger seit dem Fall des lateinischen Reiches. In Morea, dieser bisher fruchtlosen Vorschule für die Kaiser von Byzanz, hatte er durch Festigkeit und Klugheit das meiste dazu beigetragen, die Halbinsel unter *eine* Hand zu bringen, wozu nur noch die kleinen Besitzungen Venedigs fehlten, hatte sogar kühne Schritte getan, das übrige Griechenland mit seinem kleinen Reich zu vereinigen, indem er siegend nach Norden drang, Theben und Athen einnahm, hatte aber trotz tapferer Verteidigung der Halbinsel nicht verhindern können, daß die Türken Theben annektierten und Morea zinspflichtig machten. Er wäre der Mann gewesen, das sterbende Reich wiederzubeleben – wenn die Türken nicht gewesen wären.

Auch *Mohammed II.* begann, gleich *Bajesid I.*, seine Herrschaft mit Ermordung seines jüngeren Bruders *Achmed.* Das christliche Europa hielt den neuen Sultan für ungefährlich und unfähig, weil sein Vater ihn zweimal zur Regierung berufen und zweimal wieder davon entfernt hatte. Auf diese falsche Annahme gestützt, glaubte der gelehrte Francesco *Filelfo* bereits an einen Verfall des osmanischen Reiches und Hauses und richtete an den König *Karl VII.* von Frankreich, dem die Jungfrau von Orleans sein Reich gerettet und der es soeben von englischer Herrschaft säuberte, die Aufforderung, an der Spitze der Christenheit gegen die Türken vorzugehen, was nach seiner Ansicht gar keine Schwierigkeiten hatte. Aber an irgendwelche Taten in dieser Richtung dachte keine europäische Macht, nicht einmal der Papst mehr, denn keine traute der andern oder gönnte ihr irgendeinen Erfolg oder besaß die Mittel, die ein Türkenkrieg erforderte oder auch nur die geringste Neigung dazu.

Wie sehr täuschten sich aber sowohl die, welche einen Türkenkrieg für leicht hielten, als jene, welche ihn von sich wiesen! *Mohammed* hatte zwar bei seiner Thronbesteigung dem ihn beglückwünschenden Kaiser *Konstantin* feierlich versprochen, dessen Besitzungen niemals anzutasten, aber man wußte wohl, daß er das Gegenteil beabsichtigte. Sehr willkommen war es ihm daher, als der zwar kräftige, aber unkluge Kaiser von ihm die Zahlung nicht nur, sondern sogar die Verdoppelung einer Summe verlangte, welche vertragsmäßig für den Unterhalt und die Beaufsichtigung eines in Konstantinopel lebenden Prätendenten aus einer Seitenlinie des Hauses Osman zu bezahlen war. Schon zu Ende des Jahres 1451 begann *Mohammed* ohne weiteres die längst beschlossenen Vorbereitungen zur Belagerung *Konstantinopels*. Im März 1452 wurde der Bau einer Feste am europäischen Ufer des Bosporus in Angriff genommen. *Konstantin* konnte mit Mühe zurückgehalten werden, diesen Bau mit Waffengewalt zu verhindern, was ihm auch wenig oder nichts genügt hätte. Dann verlegte er sich auf Vorstellungen, aber umsonst. *Mohammed* drohte, jeden Überbringer weiterer Botschaften schinden zu lassen. Eine Schar Byzantiner, welche den Bau verhindern wollte, wurde niedergemacht. Es gab Handgemenge zwischen beiden Parteien und die Türken verwüsteten alles Land vor der Stadt. Die Tore wurden geschlossen und der Kaiser beschloß mannhafte Verteidigung. In drei Monaten war das neue türkische Schloß vollendet. Zugleich sandte der Sultan seinen Feldherrn *Turuchan* nach Morea, um die dort waltenden Brüder des Kaisers an dessen Unterstützung zu verhindern, wo er Korinth zerstörte und das ganze Land verwüstete. Botschafter *Konstantins*, welche das Abendland um Hilfe anflehten, fanden taube Ohren oder leere Phrasen; für die Byzantiner wollte nun einmal niemand mehr etwas tun, und dies auch nicht mit Unrecht. Umsonst zeigte sich der Kaiser bereit, der Kirche des Papstes zu huldigen; er erbitterte hierdurch nur seine Untertanen, welche in ihrem griechisch-katholischen Fanatismus offen erklärten, die Herrschaft der Türken derjenigen Roms vorzuziehen. Doch bewog der Papst infolge jener Unterwerfung Venedig und Neapel zur Stellung von Schiffen, welche Hilfe freilich sowohl zu geringfügig war, als zu spät kam und auch sonst nicht abgewendet hätte, was unvermeidlich geworden war. Der letzte Winter des byzantinischen Reiches sah eifrige Anstalten zur Verteidigung seiner Haupt- und einzigen Stadt; aber sie waren alle unzulänglich. Die bewaffnete Mannschaft zählte kaum 9000 Mann, darunter 3000 Fremde, meist Genuesen und Venetianer, und der Geldmangel war so stark, daß man die Kirchengeräte zu Münzen verarbeitete. Inzwischen wurden bereits die außerhalb der Mauern liegenden Vorstädte von den Türken ausgeplündert und entvölkert.

Mohammed zog um die Stadt alle verfügbare Truppenmacht zusammen, ließ Schiffe bauen und grobes Geschütz gießen, darunter eine ungeheure Kanone, welche 50 Paar Ochsen von Adrianopel herziehen mußten. Er selbst fand sich zu Anfang des April vor der bedrohten Weltstadt ein und hatte rings um dieselbe 258 000 Mann unter seinen Befehlen, alle Unbewaffneten nicht gerechnet. Priester und Mönche des Islam begleiteten das Heer mit ihren Gebeten. Die Flotte von 420 Schiffen war wohl ein wirksamerer Beistand.

Mohamed II. vor Konstantinopel.

Und was taten die Byzantiner, während die große und viele kleinere Kanonen der Türken gegen ihre Mauern donnerten und diese bereits zu zerbröckeln begannen? Sie frönten ihrer alten Liebhaberei für religiöse Streitigkeiten, die griechisch und römisch Gesinnten verdammten und verfluchten einander gegenseitig und gefielen sich in tumultuarischen Auftritten. Die Soldaten aber taten ihre Schuldigkeit, verteidigten die rastlos bestürmten Mauern äußerst tapfer und bauten stets in der Nacht wieder, was am Tage zerstört worden. Auch zu Wasser hatten die Türken einen harten

Stand und erlitten sogar eine Schlappe durch byzantinische Schiffe, über welche *Mohammed* so in Wut geriet, daß er auf seinem Streitroß in die Brandung hineinritt (Bild 97) und seine Leute mit Verwünschungen zur Sammlung und zum Widerstand aufforderte. Der Schiffsbefehlshaber entging nur auf dringende Bitten seiner Freunde der ihm von Sultan zugedachten Spießung.

Da der Hafen auch diesmal wieder, wie bei der Belagerung durch die Franken, mittels einer Kette gesperrt war, ließ *Mohammed* in seinem ruhelosen Eifer, die Sache zum Ende zu führen, in einer Nacht 70 bis 80 Schiffe über Land hinter Galata weg auf einer Bahn von talgbeschmierten Balken in den Hafen bringen. Die Genuesen in Galata verhinderten es nicht, da sie mit den Türken im Einverständnis waren und den völligen Fall der ihnen stets mißgünstigen Byzantiner nicht ungern sahen. Doch unterstützten sie im geheimen beide Parteien, so lange nicht gewiß war, welche von ihnen siegen würde. Zugleich war auch ein Genuese *Giustianiani* der eifrigste Verteidiger der belagerten Stadt an der Seite des Kaisers, mit ansehnlicher Mannschaft aus seiner Vaterstadt, die sich äußerst tapfer hielt. Als ein Angriff venetianischer Schiffe auf türkische zurückgeschlagen und ihre Mannschaft von den Türken getötet wurde, worauf die Byzantiner ihre türkischen Gefangenen im Angesicht der Belagerer hinrichten ließen, beschuldigte man die Genuesen in Galata, den Türken jenen Überfall verraten zu haben, und die Genuesen der Besatzung überhäuften hinwieder die Venetianer mit Vorwürfen über ihre Tollkühnheit.

Nach vierzig Tagen seit dem Beginn der Belagerung waren die Mauern der Stadt sowohl als die Stimmung der Bevölkerung in einem sehr üblen Zustand. Der Sultan, in dessen Lager sich ebenfalls Unzufriedenheit kundgab, bot am 24. Mai dem Kaiser freien Abzug mit Hofstaat und Schätzen und milde Behandlung des Volkes an. Die Übergabe wurde jedoch verweigert und nun am 27. vom Sultan der Sturm angeordnet. In der Nacht verkündeten diesen Wachfeuer im ganzen Lager und am 28. bereiteten sich die Türken durch Fasten, Waschungen und Gebet auf die Eroberung ihrer neuen Hauptstadt vor. *Mohammed* ermutigte sie durch die Aussicht auf Beute für die Überlebenden und das Paradies für die Gefallenen, und das ganze Heer antwortete mit dem Feldgeschrei: „Allah ist groß und *Mohammed* sein Prophet." Die Belagerten aber waren nicht nur bestürzt im höchsten Grade, sondern befehdeten sich auch gegenseitig wegen geringfügiger Umstände. *Giustiniani* jedoch erhielt so viel als möglich ihre Hoffnung aufrecht, während auf Anordnung des Kaisers das wehklagende Volk Bittgänge zur Abwehr des unvermeidlich gewordenen abhielt. Der Kaiser versammelte am Abend vor dem Sturm alle nicht bei der Bewachung beschäftigten bürgerlichen und kriegerischen Würdenträger in seinem Palast und hielt eine Anrede an sie, in welcher er sie mit tief bewegenden Worten zum Ausharren und Gottvertrauen ermahnte (Bild 98). Sie versprachen es ihm in gehobener Stimmung, und während er in der Sophienkirche, die zum letzten Mal dem Kreuze diente, das Abendmahl und von seinen Getreuen gerührt Abschied nahm, begab sich jeder auf seinen Posten.

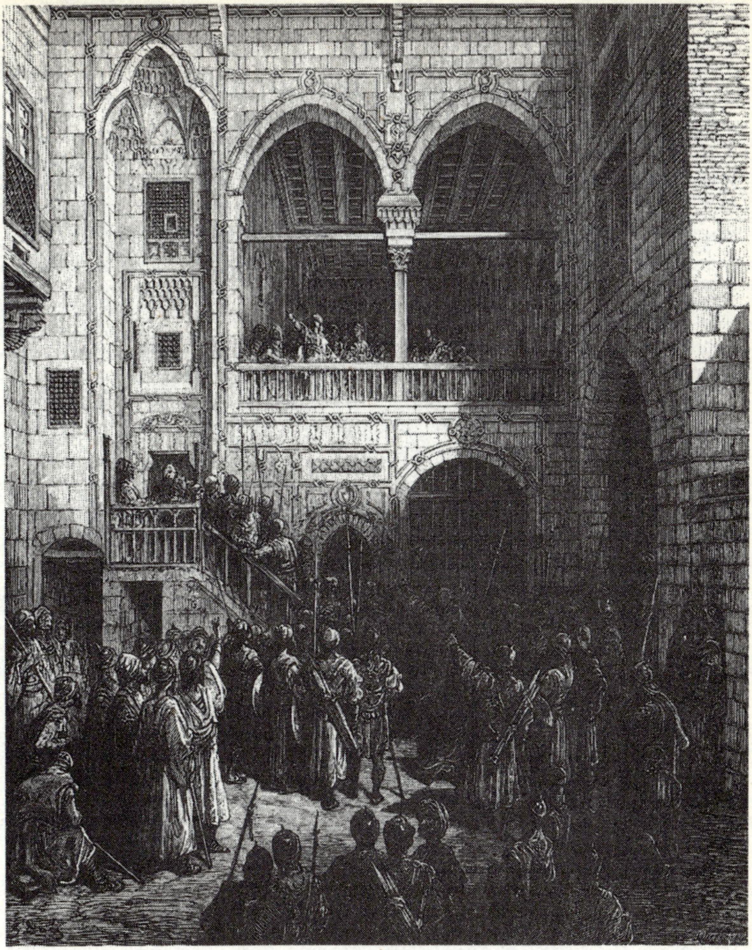

Konstantin Paläologus in Konstantinopel.

Endlich begann der verhängnisvolle 29. Mai und mit ihm der Sturm zu Land und Wasser. Die erste Reihe der Stürmenden, aus den schwächsten Truppen bestehend, wurde zurückgeworfen, aber bald ersetzt. Auch der zweite Sturm ward nach hartem Kampf und ungeheuren Verlusten abgeschlagen. *Mohammed* ließ die Zurückgeworfenen mit eisernen Ruten wieder vortreiben; aber als sie zum dritten Mal Mißgeschick hatten, verließ *Giustiniani*, auf dem die Hoffnung der Stadt beruhte, schwer verwundet die Kämpfer und antwortete dem ihn bestürzt fragenden Kaiser: er gehe dahin, wo Gott diese Türken selbst hinführen werde; er begab sich nach

Galata zu seinen Landsleuten. Nun waren die Belagerten größtenteils entmutigt; die Türken aber faßten neue Zuversicht und begannen die Mauern zu übersteigen, so tapfer auch ein Teil der Besatzung Widerstand leistete. Bald waren die Osmanen in der Stadt; *Konstantin* stürzte sich in das dichteste Kampfgewühl und focht wie ein Löwe, aber er fand keine Nachachtung mehr und fiel, von drei Jantischaren furchtbar verstümmelt, nicht viel über 40 Jahre alt. Die Türken metzelten in der ganzen Stadt mit kannibalischer Lust alles nieder, was sie fanden. Den in der Sophienkirche zusammengedrängten, verschonten Teil der Bevölkerung rissen die eindringenden Jantischaren heraus und schändeten das Gotteshaus in der entsetzlichsten Weise. Etwa 60 000 Männer und Frauen wurden als Sklaven weggeschleppt. Die Einwohner von Galata flohen großenteils auf die Schiffe und segelten davon; die keine mehr fanden, ergaben sich dem Sultan, der ihnen ihre Freiheiten bestätigte. Dann hielt derselbe seinen Einzug in die blutgetränkte neue Residenz. Am folgenden Tag ließ er die byzantinischen Würdenträger aus der Sklaverei ihrer „Herren" loskaufen, um sie niedermachen und ihre Frauen und Kinder seinem Harem einverleiben zu können. Eine Anzahl Abendländer durften sich mit schwerem Lösegeld loskaufen; *Giustiniani* starb aus Schmerz über das Geschehene in Chios. Die Schätze der Stadt wurden von den Türken leichtsinnig verschleudert, Bücher und Kunstwerke in vandalischer Weise vernichtet. Die Stadt war wie ausgestorben.

Und hier zeigte sich wieder die eigentümliche Tatkraft des osmanischen Geistes im Zeitalter seines aufgehenden Halbmondes. Die Mongolen zerstörten nur, ohne das Zerstörte zu ersetzen, die Osmanen zerstörten wohl, aber ersetzten das Zerstörte durch neue Schöpfungen nach *ihrer Art*; einer höheren Stufe der Bildung ist es eigen, aufzubauen ohne Zerstörung, höchstens auf dem Grunde überlebter Zustände. Das Wirken der Osmanen wäre daher in seiner Weise nicht verwerflich, ja sogar verdienstlich, wenn ihre vorangehenden Zerstörungen nicht so grauenhaft gewesen wären und nicht Kulturzustände vernichtet hätten, welche weit höher standen als die, deren sie fähig waren.

So war es denn auch eine angelegentliche Sorge *Mohammeds* II., eines zwar grausamen und rücksichtlosen, aber dabei geistreichen und in gewissem Grade gebildeten Herrschers, die langersehnte, nun gewonnene Hauptstadt seines Reiches, nachdem sie durch Kriege und innere Schwäche soviel gelitten, wieder zu Glanz und Ruhm zu erheben. Eine Zerstörung, wie sie *Dschingis-Khan* und *Timur* sicherlich vorgenommen hätten, war bei der Eroberung Konstantinopels durch die Osmanen nicht vorgefallen; *Mohammed* litt eine Verletzung „seines Eigentums" nicht. Die durch sein Machtgebot gerettete Sophienkirche ließ er sofort nach der Einnahme der Stadt als Moschee einweihen, und so auch die übrigen Kirchen bis auf eine einzige, welche er den Griechen überließ; die Klöster wurden in Derwischhäuser, gewöhnliche Wohnungen oder Werkstätten umgewandelt. Residenz des Sultans wurde Konstantinopel aber erst einige Jahre später, nachdem ihm daselbst ein neuer Palast gebaut und die entvölkerte Stadt nach türkischem System durch gepreßte neue Ansiedler aus Asien und dem geknebelten Serbien wieder gefüllt war, was nach Unterwerfung jedes weiteren Landes, nicht nur hier, sondern in jeder eroberten Stadt, seine Wiederholung fand, so daß die Bevölkerung des türkischen Reiches eine noch bunter untereinander gewürfelte wurde, als diejenige irgendeines anderen Landes. Doch kehrten auch in Menge geflohene Bewohner der Hauptstadt nach Wiederherstellung der Ruhe in ihre Heimat zurück, was der Sultan selbst begünstigte. Den Christen wurde Gewissensfreiheit bewilligt und die orthodoxen Griechen gewann *Mohammed* sogar, indem er sie von dem ihnen durch manche der letzten Kaiser auferlegten römischen Glaubenszwang erlöste und die Wahl des eifrigsten Gegners dieser unvolkstümlichen Maßregeln zum Patriarchen begünstigte. Allerdings mußten seitdem die Patriarchen unbedingt den Willen des Sultans tun, widrigenfalls sie schimpfliche Strafen erlitten; auch hatten sie ihm einen drückenden Tribut zu entrichten, der stetsfort erhöht wurde, während noch entwürdigende Bestechungen von seiten der Bewerber um das Amt hinzutraten. Dafür aber behielten die Patriarchen stets einen bedeutenden Einfluß im türkischen Reich.

Die Eroberung Konstantinopels verbreitete im ganzen noch christlichen Orient und in Europa namenlosen Schrecken. Der sogenannte Kaiser von Trapezunt, die Paläologen in Morea, *Thomas* und *Demetrios*, der Herzog von Athen, *Nerio Acciajuoli*, die kleinen Fürsten venetianischer und genuesischer Abkunft auf den Inseln des Archipels, der Fürst von Serbien usw. beeilten sich, zitternd vor Furcht, von dem gewaltigen Osmanensultan durch Versicherung ihrer Ergebenheit und Erhöhung ihres Tributs eine Galgenfrist zu erkaufen. Venedig selbst zog der Rache für Verletzung seiner Rechte in Konstantinopel ein gutes Einvernehmen mit dem Gefürchteten vor; Genua hatte bereits durch sein zweideutiges Verhalten sein Galata bis auf weiteres gerettet. Papst *Nikolaus V.* und Kaiser *Friedrich III.* waren wie niedergedonnert und des Handelns unfähig; aber es lebte ein Mann, der wenigstens sein möglichstes tat, sie aufzurütteln, das war Äneas Sylvius *Piccolomini*, Bischof von Siena. Infolge seiner Vorstellungen erließ der Papst eine Bulle an sämtliche Christen, die er zu einem *Kreuzzug* gegen die Türken aufforderte, dessen Teilnehmern er vollkommenen Ablaß verhieß. Aber die zu diesem Zweck verlangten Geldbeiträge waren dem Unternehmen ebenso hinderlich, wie die gleichzeitigen Bruderkriege zwischen den christlichen Mächten, abgesehen von der allgemeinen Abneigung gegen ein Eintreten zugunsten der schismatischen Griechen, so eifrig auch der Papst und alle Gebildeten jener Zeit sich in der Wertschätzung flüchtiger griechischer Gelehrten erwiesen und so eifrig sie nach literarischen Schätzen des alten Byzanz suchten, welche die Türken verschleppt hatten. Reichstage, zu welchen vom Kaiser alle europäischen Mächte eingeladen wurden, führten zu nichts und der enttäuschte *Äneas Sylvius* fand nicht Worte genug, um die Gleichgültigkeit und Zwietracht der Christen gegenüber der heiligen Sache zu geißeln und zu beklagen. Zwei Fürsten nur fanden sich, welche rege Teilnahme für einen Kreuzzug gegen die Ungläubigen an den Tag legten: Herzog *Philipp* der Gute von Burgund und König *Alfonso* V. von Aragon. Der einzige aber, welcher den Heiligen Krieg predigte, der Franziskanermönch

Johann von *Capistrano*, so vielen begeisterten Anhang er auch fand, beeinträchtigte sein Wirken dadurch, daß er, wie gegen die Türken, so auch gegen die Hussiten und die Juden das Volk aufrief und zu Gewalttaten gegen die letzteren verleitete. Papst *Calixtus III.* versprach 1455 bei seiner Thronbesteigung feierlich, alles zur Verwirklichung eines Kreuzzugs aufzubieten und ermächtigte Capistrano, das Kreuz überall gegen die Türken zu predigen; die Folgen dieses namentlich in Ungarn betriebenen Unternehmens werden uns bald vor Augen treten. Bedeutend konnten sie nicht sein, da *Karl VII.* von Frankreich die Kreuzpredigt, welche ihm Arme gegen die Engländer entzog, sogar verbot und *Alfonso*, statt gegen die Türken, seine Kräfte zur Erweiterung seiner Macht in Indien verwendete!

SIEBENTER ABSCHNITT

Vollständige Eroberung der Balkanhalbinsel durch die Türken

Beide Teile, die Türken und die Christen, betrachteten einander seit dem Vorgehen der ersteren gegen Europa mit Mißtrauen und hatten auch beide Grund dazu; denn jeder der beiden Gegner strebte nach Vernichtung des andern. Auf christlicher Seite aber hemmte die Zwietracht unter den einzelnen Mächten die Tatkraft derselben in ebenso entschiedener Weise, wie die trotzdem noch vorhandene Stärke derselben dem Vordringen der Türken nach Westen unübersteigliche Schranken entgegensetzte. So konnte damals schon, wenn die Leute überhaupt klar sehen *wollten*, eines klar sein, nämlich daß die Türken in Europa unfehlbar die Balkanhalbinsel und die meisten ihr angehörenden Inseln, aber ebenso sicher weiter nichts in dauerhafter Weise sich aneignen würden. Denn die abendländischen Mächte vermochten wohl, sich selbst zu schützen und bleibende Verluste von sich abzuwehren, aber für die Balkanhalbinsel taten sie schon aus dem Grunde nichts ernstliches, weil sie nicht für die schismatischen Griechen kämpfen mochten und doch nicht wußten, was sie an ihre Stelle setzen sollten, auch abgesehen von ihrem gänzlichen Mangel an Geld und Mannschaft für auswärtige Unternehmungen und von ihrem durchaus schlechten Verpflegungswesen im Krieg, dem gegenüber das der Türken ein ausgezeichnetes war.

Eine Ausnahme in diesem Verhalten machte der freilich zunächst beteiligte, weil allein unter allen Mächten Europas auf beträchtlicher Strecke von den türkischen Eroberungen bedrohte, nun schon greise Beherrscher Ungarns, der tapfere *Hunyades*. Und dies war dem Sultan wohlbekannt. Ungarns Niederwerfung war der Gedanke, der ihn ohne Rast erfüllte. War dieser verwirklicht, so hielt er und das mit gewissem Recht, sein Reich für unüberwindlich, wo nicht gar, doch dies mit weniger Fug, die Grundlage zur Eroberung von ganz Europa für gesichert. Ehe er aber ernstlich gegen Ungarn vorgehen konnte, mußte die Halbinsel des Balkan ihm vollständig angehören. Zunächst galt dies von *Serbien*, dem Eingangstor nach Ungarn. *Mohammed II*. verlangte im Jahre nach der Eroberung Konstantinopels von dem Fürsten *Georg* geradezu den Verzicht auf sein Land. *Georg* floh nach

Ungarn und der Sultan brach in Serbien ein. Sofort fühlte auch Ungarn, daß es an ihm sei zu handeln. Der Reichstag in Buda ernannte *Hunyades*, welcher kürzlich die Regierung dem volljährig gewordenen König *Ladislaus* aus dem Haus Habsburg übergeben hatte, zum Oberbefehlshaber und ordnete eine allgemeine Rüstung an. Ostrowicza, welches die Osmanen rasch nahmen, konnte *Hunyades* nicht mehr retten, aber von Semendria zwang er die Türken abzuziehen, worauf sie das übrige Serbien grauenvoll verwüsteten und 50 000 Einwohner gefangen fortschleppten. *Hunyades* folgte ihnen aber auf dem Fuß und bei *Krusovaz* jagte der bloße Anblick seiner Fahnen die Türken in die Flucht, auf welcher sie von seinen Truppen furchtbar zusammengehauen wurden. Dann nahm und zerstörte er *Widdin*.

Dies zu rächen, unternahm *Mohammed* im folgenden Jahr einen zweiten Feldzug, nahm *Nowoberdo* ein und wandte sich in einem dritten Feldzug gegen *Belgrad*, zu welchem Zweck er Geschütze von ungeheurer Zahl und Größe gießen ließ. Die Belagerung begann im Juni 1456 durch ein kolossales Heer zu Land und zu Wasser.

In dieser entsetzlichen Gefahr für Ungarn floh König *Ladislaus* nach Wien und nur ein kleines Häuflein Getreuer sammelte sich um den Helden *Hunyades*. Das notdürftig zusammengebrachte Kreuzheer bestand aus ungeübten und schlecht oder gar nicht bewaffneten Leuten zweifelhaften Charakters, das aber, unter *Hunyades* und dem begeisterten Kreuzprediger *Capistrano* zuversichtlich zum Ersatz des mit rasendem Eifer beschossenen *Belgrad* heranzog, ohne Verzug die Belagerer angriff und am 14. Juli über dieselben einen großen Sieg erfocht. „Drei osmanische Galeeren wurden (auf der Donau) mit ihrer ganzen Bemannung in den Grund gebohrt; vier andere fielen mit sämtlichem darauf befindlichem Rüstzeug in die Gewalt der Sieger; die übrigen, ganz zerschossen und fast nur noch mit Toten und Schwerverwundeten beladen, retteten sich durch die Flucht nach dem osmanischen Standlager." Die Donau war weithin in einen Blutstrom verwandelt. *Hunyades* und *Capistrano* drangen an der Spitze der Kreuzfahrer kühn (Bild 99) in die belagerte Festung ein. *Mohammed* stürmte wütend gegen dieselbe und hatte, unterstützt durch stete neue Zuzüge, manche Erfolge; aber auch die Kreuzfahrer erhielten Verstärkungen, machten am 21. und 22. Juli in einem neuen Sieg die in die Stadt eingedrungenen Janitscharen nieder, vernichteten die schon massenhaft in den Gräben befindlichen durch brennende Reisbündel, die sie auf dieselben warfen, und stürzten sich mit solcher Wucht auf die Belagerungslinien der Türken, daß der selbst löwenhaft im dichtesten Getümmel kämpfende *Mohammed*, schwer verwundet, sein Unternehmen verloren gab und mit Zurücklassung seiner Geschütze und 24 000 Toter den Rückzug antrat. Belgrad war durch einen Sieg entsetzt, der, mit besserer Mannschaft verfolgt, die türkische Macht hätte zerstören können, wenn nicht die bekannten Hindernisse dem entgegengestanden hätten. Aber *Hunyades* hatte damals kein besseres Heer zur Verfügung und mußte mit den durch Ausschweifungen und Krankheiten geschwächten Truppen nach Ungarn zurückkehren. Er überlebte seinen letzten Sieg nicht lange; noch in demselben Jahr starb der greise Held und weni-

Hunyades und Capistran.

ge Wochen später folgte ihm sein Mitkämpfer *Capistrano*. Mit diesem Doppeltod war der guten Sache des Kampfes gegen die rohen Feinde der aufstrebenden europäischen Kultur ein herber Schlag versetzt. Sie fanden keine Nachfolger und umsonst verhallten die Ermahnungen des Papstes *Calixtus III.* an die Tatkraft der Christen. Als dem letzteren 1458 der eifrige Beförderer des Türkenkriegs *Äneas Sylvius* unter dem Namen *Pius II.* folgte, konnte er bei der unter den Christen herrschenden Zwietracht und Gleichgültigkeit nicht verhindern, daß *Mohammed* noch in demselben Jahr die unerquicklichen Streitigkeiten unter den Erben des serbischen Fürsten

Georg benutzte, in dem unglücklichen Land aufs neue einfiel und teils durch Verrat, teils durch Gewalt das ganze *Serbien* eroberte, auf türkische Weise verwüstete, seine Bewohner großenteils wegschleppen und durch sogenannte Türken ersetzen ließ.

In dem grausen Schicksal folgte *Bosnien* zunächst nach. Der dem Sultan bereits tributpflichtige und würdelos vor ihm kriechende König *Stephan* wurde 1459 ermordet und sein gleichnamiger Sohn beteiligte sich an dem Verrat Serbiens, ermannte sich aber 1462 und kündigte dem Sultan den Tribut. Mit einem mächtigen Heer rückte dann *Mohammed* im nächsten Jahr gegen Bosnien. Die Festen des von den Christen gänzlich im Stich gelassenen Königs fielen eine nach der anderen, *Stephan* wurde gefangen und trotz seiner Unterwerfung wortbrüchigerweise hingerichtet; Bosnien nicht nur, sondern auch die *Herzegowina* und das freiheitsstolze *Montenegro* fielen in die Gewalt der Osmanen, die nach Kroatien und bis nach Steiermark drangen.

Der König Ungarns, *Mathias Corvinus*, des *Hunyades* würdiger Sohn, suchte das seiner Krone untergebene Bosnien zu retten und eroberte es 1463 leicht mit Hilfe der türkenfeindlichen Bewohner, verlor es aber im nächsten Jahr leider wieder an die Türken.

Nicht besser erging es der *Walachei*, wo unglücklicherweise der Woiwode *Wlad Drakul* durch seine scheußliche Tyrannei den Türken vorarbeitete; umsonst suchte sich der vom Sultan abgefallene Wüterich den eingedrungenen siegreichen *Mohammed* durch elendes Kriechen günstig zu stimmen; auch dieses Land wurde dem Zepter *Osmans* unterworfen.

Auch der klassische Boden von *Hellas* sollte endlich nicht mehr länger von seiner Schändung durch die rohen Horden der Osmanen verschont bleiben. Freilich waren seine damaligen Zustände nicht erfreulich; aber die türkische Herrschaft war doch weit schlimmer als dieselben. In Morea herrschten, unter sich selbst zerfallen, die beiden Brüder des letzten byzantinischen Kaisers, *Thomas* und *Demetrios*, die Paläologen. Nach der Eroberung Konstantinopels hatten sie für ihre elenden Würden von dem türkischen Sultan durch Tribut und Geschenke eine längere Frist erkauft; aber gegen ihr tyrannisches Regiment erhoben sich ihre albanesischen und viele ihrer griechischen Untertanen und belagerten sie in ihren Residenzen Patras und Misitra. Beide Parteien wandten sich an *Mohammed* und dieser fand es geraten, zugunsten der Byzantiner einzuschreiten und die Albanesen zu unterdrücken. Aber sowohl der Bruderzwist als die Aufstände dauerten fort; die Despoten konnten den Tribut nicht mehr erschwingen, worauf der Sultan sie aufforderte, ihm ihr Land abzutreten. Als dies nicht geschah, brach er 1458 nach Morea auf; *Korinth* wurde mit steinernen Kugeln beschossen, die man aus den Trümmern marmorner Tempel ausgehauen, fiel aber nur durch Verrat, und mit ihm Achaja, in die Hand der Barbaren, welches Schicksal im Jahre 1460 auch dem von den alten Kämpfen stetsfort zerrissenen Rest zuteil wurde. Ein winziges päpstliches Kreuzheer von 500 Mann hatte natürlich nichts gefruchtet. Die Verteidiger ihres Vaterlandes wurden von dem türkischen Wüterich niedergehauen, selbst wenn ihnen das Leben zugesichert war, sogar das Vieh wurde in blinder Wut erschlagen. Der gefangene *Demetrios* endete in einem Kloster zu Adrianopel; *Thomas* war nach Italien entkommen und starb in Rom nach vergeblichen Versuchen, die Christenheit zur Unterstützung Griechenlands gegen die Türken zu bewegen. Sein Sohn *Andreas* starb 1502 ebenfalls in Rom ohne Nachkommen; seine Ansprüche auf die byzantinische Krone hatte er überflüssigerweise an *Fernando* und *Isabella* von Spanien übertragen. Größere Bedeutung jedoch erhielt in der Folge der Umstand, daß seine Schwester Zoë den Großfürsten *Iwan III.* Wassiljewitsch von Rußland ehelichte. Auch in Asien fiel damals (1461) die letzte byzantinische Schöpfung, das jämmerliche, von Skandalen aller Art erfüllte „Kaisertum" *Trapezunt*, den türkischen Waffen zum Opfer.

In dem nämlichen Jahr, das den Byzantinern ihren letzten Rest von Landbesitz in Europa nahm, endete auch das letzte Überbleibsel der Schöpfungen des vierten Kreuzzugs, nämlich der letzte übrig gebliebene *fränkische* Besitz auf der Balkanhalbinsel, das Herzogtum *Athen*. Auch dieses war unter dem Hause *Acciajuoli* verkommen, wie die Despotate in Morea, richtete sich durch Familiengreuel aller Art selbst zugrunde, und der letzte Herzog *Franco* konnte das den Türken tributpflichtige und längst nur von ihrer Gnade lebende Schattenreich nicht mehr halten. Die Stadt des Themistokles und Perikles wurde 1456 eine Beute der Türken und die des Epaminondas und Pelopidas, wohin sich *Franco* zurückgezogen, erlitt dasselbe Schicksal, als die Barbaren den letzten christlichen Fürsten Griechenlands in ihr Lager lockten und treuloserweise ermordeten. Man weiß nicht, soll man es als Heuchelei oder als eines der Rätsel des Menschenherzens betrachten, daß Sultan *Mohammed*, der das Parthenon zu einer – Moschee machte, von dem Anblick der alten Bauwerke Athens und Thebens, die er durch Verrat, Blutvergießen und namenlose andere Greuel erworben, zur höchsten Verwunderung hingerissen war! Ganz Griechenland war nun türkisch bis auf die meist genuesischen oder venetianischen Inseln, die aber eine nach der andern dasselbe Los erdulden mußten. Obschon nun dies auf die Verhältnisse der Abendländer zum ehemals christlichen Morgenland nicht mehr von weittragenden Folgen sein konnte, war doch einerseits die Sorge vor dem Überhandnehmen der osmanischen Macht und anderseits der Einfluß der italienischen Seestädte so groß, daß der eifrigste Verteidiger der christlichen Sache, Papst *Pius II.*, sein Augenmerk besonders auf seine Inseln richtete und namentlich 1459 den Gedanken faßte, auf den bereits zwei Jahre vorher von den Türken eroberten, verwüsteten und entvölkerten Inseln Lemnos, Samothrake und Thasos nach dem Muster der Johanniter auf Rhodos einen neuen Ritterorden zu gründen, der dem weiteren Vordringen der Türken Einhalt tun sollte. Natürlich hatte dieser anachronistische Gedanke keine Folge, bedurften ja die Rhodiser selbst der dringenden Hilfe ihrer christlichen Brüder und fiel gleich darauf auch *Lesbos* in türkische Gewalt; der letzte Herzog, Nicolo *Gatelusio*, freilich ein Brudermörder, wurde nach türkischer Gewohnheit erdrosselt. Statt eines christlichen Bollwerks gegen die Türken entstanden aber damals die *Dardanellenschlös-*

ser als türkische Schutzwehr gegen christliches Vordringen nach dem für immer verlorenen Byzanz.

Um sein hohes Ziel der Befreiung des christlichen Orients zu befördern, berief *Pius II.*, der einzige, der unablässig dafür wirkte, ein Konzil sämtlicher europäischer Fürsten nach Mantua und ließ in allen an das türkische Gebiet grenzenden Gegenden das Kreuz predigen und den Kreuzfahrern Ablaß verkündigen. Aber das Konzil war trotz allem dabei entwickelten Glanz schwach besucht und ohne Begeisterung für die christliche Sache. Wohl bewirkte der zündende Antrieb des Papstes den Beschluß eines *Kreuzzugs* gegen die Türken und derselbe wurde auch näher besprochen. Ferner wurde festgesetzt, daß die Geistlichen den zehnten, die Juden den zwanzigsten und die christlichen Laien den dreißigsten Teil ihres Einkommens zum Kreuzzug beitragen sollten. Alles aber scheiterte an der Zwietracht der Mächte und namentlich an der zweideutigen Haltung Venedigs, welches von dem Türkenkrieg Gefahr für seinen Handel fürchtete. Frankreich und England aber wollten sich gar nicht beteiligen, weil sie selbst miteinander Krieg führten, und die Deutschen sowohl als die Italiener waren unter sich zerrissen. Die gegebenen Versprechungen von Geld, Mannschaft und Schiffen wurden daher nicht gehalten und dies brachte den Papst in eine so verzweifelte Stimmung, daß er 1461 auf den kurzsichtigen Gedanken verfiel, den Sultan durch ein besonderes Schreiben zur besten Lösung der „orientalischen Frage“ zu ermahnen, die mit „ein wenig Wasser“, d. h. mit der Taufe bewirkt werden könne. Man weiß wirklich nicht, ob der Papst eine zu geringe Meinung vom Christentum oder vom Islam an den Tag legte, als er um jenen Preis dem Sultan den Titel eines „Kaisers der Griechen und des Orients“ antrug. Natürlich sollte der Türke *römischer* Christ werden und die griechischen Schismatiker unterdrücken – das war ja von jeher der Zwiespalt, der alle Kreuzzüge scheitern machte!

Erst als Venedig eine seiner Inseln nach der andern unter den Halbmond fallen sah, begann es die Beschlüsse von Mantua zu vollziehen; aber nun arbeitete das auf die Lagunenrepublik eifersüchtige Florenz, das sogar in verräterischem Einvernehmen mit den Türken stand, gegen den beschlossenen Krieg, jedoch umsonst. Es kam 1463 ein Schutz- und Trutzbündnis zwischen dem Papst, Venedig, Ungarn und Burgund zustande; Ungarn lieferte das Heer, Venedig die Flotte, die anderen das Geld. *Pius* selbst wollte, obschon alt und krank, das Kreuz nehmen und in den Heiligen Krieg ziehen, ebenso der Doge von Venedig, Cristoforo *Moro*. Es strömten viele Kreuzfahrer, namentlich auch aus Deutschland, aber meist schlimmes Gesindel, am Sammelplatz *Ancona* zusammen; aber es löste sich bereits großenteils auf, ehe der schwächliche Papst in Ancona anlangte, und nun hatte man weder Geld, noch Mannschaft, noch Schiffe, denn die Venetianer ließen auf sich warten; sie waren aber kaum angekommen, als *Pius* von einem hitzigen Fieber am 13. August 1464 hingerafft wurde. Nun fiel alles auseinander, und es mußte sich jedermann überzeugen, daß die Zeit der Kreuzzüge vorüber war.

Zwar waren die Venetianer seit einem Jahr mit den Türken im Kampf um Morea begriffen, aber umsonst – das unglückliche Land verblieb unter dem Joch der Barbaren. Von allen anderen Christen im Stiche gelassen, gewann Venedig, dessen Segel bis nach Thrakien hin manche tapfere Erfolge erfochten, nicht nur nichts zurück, sondern verlor 1470 auch noch *Negroponte* durch Verrat und ein entsetzliches Blutbad, in dem auch die Türken große Verluste erlitten.

Nun war auf der Balkanhalbinsel *Albanien* allein noch nicht unter den Halbmond gebeugt. Dieses von jeher, ungeachtet aller darauf erhobenen Ansprüche, tatsächlich stets unabhängige Gebirgsland, das alte Illyrien erlebte schon 1383 den ersten Einfall der Osmanen. Seit etwa 1423 stand das Haus *Kastriota* an der Spitze des größten und wichtigsten Teils Albaniens, mußte aber gleich anderen Fürsten des Landes die türkische Oberherrschaft anerkennen, gegen welche indessen oft Aufstände erfolgten, denen die Osmanen wiederholt zu weichen gezwungen waren. Der südliche Teil des Landes fiel jedoch schließlich in türkische Gewalt, während der Norden seine Freiheit behauptete, und zwar unter der Leitung des *Georg Kastriota,* genannt *Skanderbeg,* der als Geisel am Sultanshof aufgewachsen und zwangsweise Muslim geworden war, ja selbst im türkischen Heer widerwillig als Offizier gedient, dann aber die Flucht nach der Heimat ergriffen hatte. *Kastriota* vergrößerte sein Gebiet und erfocht Sieg auf Sieg über die Türken. Hemmend war ihm die Eifersucht Venedigs, das seine Besitzungen an der Küste Albaniens gefährdet sah, bis er einen Frieden und Freundschaft mit der Republik schloß. Der Krieg mit der türkischen Übermacht dauerte ununterbrochen fort, und fast immer mit demselben Glück auf albanischer Seite, so daß *Kastriota* die Hoffnung des christlichen Europa wurde und Unterstützungen vom Papst, von Ungarn, Burgund, Neapel und Aragon erhielt. Dieselbe war jedoch nicht von Dauer, und so sehr man *Skanderbeg* feierte, ließ man ihn zuletzt doch im Stich, obschon er 1460 mit seinen besten Truppen dem König von Neapel gegen die Franzosen zuzog und sie schlug. Vom Papst erhielt er nur noch das leere Versprechen, ihn nach dem Sieg über die Türken zum König von Albanien, Makedonien und Romanien zu erheben (zu derselben Zeit, als derselbe Papst den Sultan gegen die Taufe zum griechischen Kaiser machen wollte!). Trotzdem fuhr *Kastriota* so glänzend zu siegen fort, daß sogar der blutige und stolze *Mohammed* II. 1461 einen Frieden suchte, in welchem er den Besitzstand Albaniens anerkannte. Der Papst bewog jedoch *Skanderbeg,* diesen Frieden zu brechen und gewissermaßen Bahnbrecher des von *Pius II.* herbeigesehnte *Kreuzzuges* zu werden. Er fiel daher 1463 in Thessalien und Makedonien ein und erfüllte diese Länder mit Schrecken. Seitdem begann *Kastriotas* Glück zu schwanken; er mußte heimlich nach Italien eilen, um vom Papst und von Venedig Hilfe zu erlangen. Von einem stärkeren osmanischen Heer als je, unter *Mohammed* selbst, wurde seine Hauptstadt *Kroja* angegriffen, jedoch abermals umsonst. *Skanderbeg* siegte neuerdings; aber nur zu bald, 1467, starb er, 63 Jahre alt, an einem Fieber. Damit war Albaniens Kraft gebrochen und seine Unabhängigkeit wurde nur noch kurze Zeit mit Hilfe Venedigs aufrechterhalten, das über seine Kräfte mit dem Seekrieg gegen die

Türken beschäftigt war und ihnen keine Erfolge abringen konnte. Die Venetianer zerstörten Smyrna und das Arsenal von Gallipoli, aber ohne Gewinn davon zu haben. Unterdessen brachen die Türken nordwärts Jahr für Jahr in Slawonien und Kroatien ein und wüteten bis nach Steiermark, Kärnten und Krain mit Feuer und Schwert, ohne daß die zerrissene und nach außen ohnmächtige Christenheit sie abzuwehren vermochte oder etwas anderes zustande brachte als verwirrte und fruchtlose Reichstage. Zu handeln vermochte nur König *Mathias* von Ungarn, welcher 1475 Sabatsch an der Save einnahm und 1476 die Türken bei Semendria schlug. Die letzteren aber, rein nicht zu schwächen, fielen 1477 wiederholt verheerend in Italien ein und bedrohten sogar Venedig. Dieses hatte inzwischen in Albanien Skutari und später Kroja gegen die Erbfeinde des Christentums geschützt und ersteres glücklich entsetzt; aber wie wollte es auf die Dauer standhalten, wenn König *Ferdinand* von Neapel, mit dem es zudem der elende Papst *Sixtus IV.*, der Begünstiger der spanischen Inquisition, hielt, mit den Türken einen förmlichen Bund gegen die Republik schloß? So konnte *Mohammed Kroja*, einst das Bollwerk *Skanderbegs*, 1478 erobern und belagerte zum zweiten Male *Skutari*. Obschon er es aber nicht nehmen konnte, mußte das erschöpfte Venedig 1479 mit ihm einen Frieden schließen, in welchem es ihm Skutari, Kroja, Lemnos usw. abtrat und dagegen Handelsvorteile erhielt. Albanien und damit die ganze Balkanhalbinsel befand sich in türkischer Gewalt.

ACHTER ABSCHNITT

Das Vordringen der Türken nach dem Herzen Europas und im Mittelmeer

Standen auch die Osmanen nicht auf ebenso tiefer Stufe blinder Vernichtungswut wie die Mongolen, so war doch ihr Vorgehen gegen das christliche und zivilisierte Europa ein durchaus kopfloses und wahnwitziges, abgesehen von ihrer grenzenlosen Anmaßung, einfach alles erobern zu wollen, gleichviel ob es zu ihrem ursprünglichen Reich paßte oder nicht. Die Türken hatten nie und haben noch heute nicht den geringsten historischen Sinn und Blick; nur *Ausbeutung* ist ihr ganzes Streben und wird es sein bis an das hoffentlich baldige Ende ihrer Laufbahn und Macht. Ihre Art und Weise war stets die: ein Land, das sie erobern wollten, vorher durch wiederholte Einfälle zu verwüsten, und wenn sie es besiegt hatten, die in ihre Gewalt gefallenen Führer zu ermorden und den Kern der Bevölkerung als Sklaven wegzuführen. Tapferkeit am Feind zu achten, dazu waren und sind sie unfähig; in ihrem grenzenlosen Wahnsinn hielten sie es stets für eine *Pflicht* aller Völker, den Türken zu gehorchen.

Durch den erwähnten Frieden mit Venedig fühlten sich die Türken ermutigt, auf doppeltem Weg ihr Ziel, die Eroberung des leider unter sich in politische und religiöse Parteien zerrissenen Europa zu erreichen. Es waren genau die beiden Wege der Kreuzfahrer des zwölften und dreizehnten Jahrhunderts, nur in umgekehrter Richtung: durch Ungarn und längs der Donau zu Lande und über Italien zur See. Ihr Vorgehen war mithin eine Wiederholung desjenigen der Araber im achten bis zehnten Jahrhundert, nur daß sie nicht wie jene ihren Weg durch Spanien nehmen konnten, das damals im Begriff war, die letzten Reste des Islam hinauszufegen. Wie das Vordringen der Araber ein Hauptgrund zu den Kreuzzügen, so war das der Türken eine Hauptfolge des Mißlingens derselben, eine Vergeltung für dieselben. Während Europa Spanien wiedergewann, mußte es die Balkanhalbinsel und zeitweise selbst den Hauptteil Ungarns verlieren, weil es sich den Orient nicht zu sichern vermocht hatte.

Schon 1479 verwüsteten die Türken auf jene Weise, welche sie in ihrer wilden Dummheit für die zweckmäßigste hielten, das blühende, damals im Besitz einer genuesischen Aktiengesellschaft (Maona) befindliche *Chios*, und im folgenden Jahr warfen sie sich in ihrer ganzen Tigerwut auf die Johanniterinsel *Rhodos*. Obschon aber ein türkisches Heer von über hunderttausend Mann zu Land und eine Flotte von 160 Schiffen zu Wasser gegen sie anstürmten, und obschon die Ritter aus Europa keine Unterstützung erhielten, waren doch die Barbaren der festen Stadt und der Tapferkeit der Ordensritter und ihres edlen Meisters Pierre *d'Aubusson* nicht gewachsen, mußten die Belagerung aufgeben, und eine Wiederholung derselben verhinderte 1481 *Mohammeds* Tod, der Europa offenbar von herben Äußerungen des Größenwahns dieses geistvollen und kräftigen, aber grausamen und sittenlosen Despoten befreite und in dem Vorgehen der *Türken*, welche kurz zuvor selbst in Italien Fuß gefaßt und *Otranto* erobert hatten, aber es nun wieder verloren, einen Stillstand herbeiführte.

Dieser Stillstand, welcher im wesentlichen während der ganzen Herrschaft des Sultans *Bajesid II.* dauerte, wurde nur wenig dadurch unterbrochen, daß die Venetianer Lepanto und Modon mit Koron an die Türken verloren, wofür sie sich zwar durch die Eroberung der bereits in türkische Hände gefallenen ionischen Inseln entschädigten; aber zu derselben Zeit begann durch die Entdeckung Amerikas und durch Mißgeschick in europäischen Streitigkeiten der Verfall der Republik.

Die Untätigkeit der Türken nahm ein Ende, nachdem 1512 und 1513 *Selim I.* durch den Mord seines Vaters, seiner zwei Brüder und seiner fünf Neffen auf echt türkische Weise den Thron errungen hatte. Durch ihn erhielt das osmanische Reich, dem er *Mesopotamien, Syrien* und *Ägypten*, also den ganzen Schauplatz der Kreuzzüge und noch mehr beifügte, seinen seitherigen Umfang in Asien und der Hauptsache nach in Afrika. Ehe er seine Waffen auch gegen Europa wenden konnte, starb er 1520, während König *Franz I.* von Frankreich, Kaiser *Maximilian I.* und Papst *Leo X.* mit Plänen umgingen, durch einen *neuen Kreuzzug* das türkische Reich zu vernichten und das *Heilige Land* wieder zu gewinnen. Nach *Leos* Plan sollten sämtliche europäische Fürsten, sowie die Venetianer und die Schweizer bewogen werden, ein großes Kreuzheer gegen die Türken zusammenzusteuern. Die meisten Fürsten zeigten sich dem Plan im allgemeinen geneigt, aber sie konnten sich weder über seine Ausführung, noch überhaupt einigen, und gerade damals begann die Richtung Platz zu greifen, daß sich die europäischen Mächte, immer eine auf Kosten der andern, mit dem bisherigen Erbfeind möglichst gut zu stellen suchten und sich zu diesem Zweck sogar Demütigungen von seiten der türkischen Barbaren gefallen ließen. Damals aber begann die Regierung des Sultans *Suleiman I.*, welche den Höhepunkt der osmanischen Macht und zugleich den Anfang ihres Rückgangs bezeichnet.

Der staatskluge und keineswegs grausame *Suleiman*, gewiß einer der größten Herrscher seines Jahrhunderts und darum auch den Christen besonders gefährlich, wandte sofort seine ganze Kraft daran, auf dem erwähnten Doppelweg gegen die Christen vorzugehen. Die ersten Bedingungen dazu waren die Einnahme von *Belgrad* und die Vernichtung des Ordensreiches von *Rhodos*. Das erste Ziel beschleunigte die unkluge Tötung

Szene aus der Belagerung von Rhodos.
(Aus Caorsini Stabilimenta Rhodiorum Militum. Privilegia. Obsidio Urbis.)

eines türkischen Gesandten, der Ungarn einen schimpflichen Friedensschluß anbot, die schwache Besatzung Belgrads und die Verlassenheit Ungarns von seiten der übrigen Mächte Europas; aber immerhin kostete die Eroberung Belgrads (am 29. August 1521) den Türken viele Mühe. Noch im gleichen Jahr ging es gegen Rhodos, dessen Ritter sich erlaubt hatten, mit türkischen Seeräubern, die der Sultan förmlich beschützte, kurzen Prozeß zu machen. Auch die Johanniter waren von Europa gänzlich verlassen, aber sie beantworteten das freche Verlangen des Sultans, ihm die Insel herauszugeben, mit stolzer Würde – Heer und Flotte der Osmanen setzten sich gegen die Insel in Bewegung und trotz der tapfersten Verteidigung, durch die sich der Großmeister *Philipp Billiers de l'Isle Adam* und seine Helden unsterblich machten, und großer Verluste der Türken fiel dieses in hohem Grade blühende Bollwerk der Christenheit nach sechsmonatiger Belagerung, durch Mangel und Not, vielleicht auch Verrat, am 21. Dezember 1522 in die Hände der Osmanen. *Suleiman* verhielt sich großmütig gegen diese ihm Ehrfurcht abnötigenden Feinde; die Ritter zogen laut der Kapitulation, welche die Türken wider des Sultans Willen gegenüber dem Volk durch namenlose Greuel brachen, bewaffnet ab und ließen sich in Italien nieder, bis ihnen 1530 in *Malta* Ersatz für Rhodos geboten wurde. Venedig, welches damals seinem Handel zuliebe vor dem Großtürken förmlich kroch, vergaß sich soweit, dem Barbaren zum Gewinn von Rhodos – Glück zu wünschen! Die beiden größten Monarchen Europas aber, Kaiser *Karl V.* und König *Franz I.* bekümmerten sich neben ihrem unseligen Kampf nicht um das Schicksal der östlichen Christen, und seltsamerweise waren es damals die Minoriten (Franziskaner), welche allein den Gedanken eines Krieges gegen die Erbfeinde faßten. Sie schlugen dem Papst vor, daß jedes Kloster einen Mann und aus jedem seiner Kirchspiele einen solchen zum Kreuzheer stellen solle, was beiläufig eine Armee von einer halben Million gegeben hätte. Aber der Papst beachtete den Vorschlag nicht und bald geschah noch Schlimmeres. Die Gefangennahme *Franz I.* bei Pavia war das Zeichen zum (vielleicht schon früher beabsichtigten) Abfall dieses ehrgeizigen Königs von der christlichen Sache. Seine Mutter wandte sich an den Sultan um Mitwirkung zu seiner Befreiung, und seitdem war Frankreich der treueste Bundesgenosse des Türken gegen die Christen, obschon die Gesandten der Mutter des Königs in Bosnien ermordet wurden und der Großwesir *Ibrahim* Pascha in frecher Weise den bei dieser Gelegenheit erbeuteten Ring des Königs offen zur Schau trug und damit vor den kaiserlichen Gesandten prahlte. Es wurde von *Franz* dem Sultan ein gemeinsamer Angriff auf *Karl* von verschiedenen Seiten vorgeschlagen; aber *Suleiman* wollte nach seinem eigenen Gutdünken handeln. Er setzte den Krieg gegen Ungarn, der mit der Einnahme Belgrads begonnen, fort, und während Deutschland vom Reformationsstreit erfüllt war und daher Ungarn im Stich ließ, drang *Suleiman* 1526 in dem unglücklichen Land ein, nahm Peterwardein und zog verheerend gegen die Hauptstadt der ganz ratlosen Magyaren. *Ludwig II.*, ihr letzter König (aus polnischem Hause), rückte ihm mit einem Heer, das kaum den zehnten Teil der Türken zählte, entgegen

Rhodos aus der Vogelschau.

A. Ausschiffung der Türken. – B. Berg St. Etienne. – C. Die ersten Batterien der Türken. – D. Kirche St. Antoine. – E. Turm St. Nikolas. – G. Palast des Großmeisters. – H. Auberge von Auvergne. – I. Posten von Italien. – K. Die Judenmauer. – L. Batterien der Türken.

und es kam am 29. August 1526 zur unseligen Schlacht bei *Mohacs*, welche dem Leben des Königs sowohl als der Unabhängigkeit des Landes ein Ende machte. Am 10. September kam der stolze Sieger vor *Ofen* (Buda) an, verließ aber bald wieder die von seinen zügellosen und desorganisierten Truppen eingeäscherte Hauptstadt, und seinen Rückweg bezeichneten nach Türkenart Blut und Brand. Ungarn verlor in jenem Jahre 200 000 Menschen! Um das von den Türken verlassene Land stritten sich eine einheimische und eine österreichische Partei, als ob es bei dem nur aufgeschobenen Untergang des Staates keine wichtigere Angelegenheit gäbe, und gruben damit dessen Grab. Johann *Zapolya* suchte die Hilfe der Türken gegen *Ferdinand* von Österreich, *Karls V.* Bruder und Stellvertreter, nach und mußte in Stambul hören, daß Ungarn dem Sultan gehöre, der es jedoch aus Gnade dem „König" überließ. *Ferdinands* Gesandte aber wurden dort barsch behandelt, ja auf Antrieb Venedigs sogar eingekerkert und erst nach fünf Monaten entlassen. Bald erfuhr man, daß *Suleiman* einen neuen Kriegszug nach Ungarn und selbst nach Deutschland rüste. In der Tat stand er am 3. September 1529 wieder vor *Ofen*, welches er nahm und dessen Besatzung er der Mordwut seiner Janitscharen überließ. Er setzte *Zapolya* zum König ein und zog sofort gegen *Wien*, zu dessen Schutz, doch allzu langsam, deutsche Truppen heranrückten. Vom 21. bis 26. September wurde die ganze Stadt von den Türken und ihren ungarischen Hilfstruppen umschlossen und es begann die Belagerung. Verteidigt wurde Wien von 22 000 Mann Reichstruppen unter tüchtigen, zum Teil fürstlichen Führern. Die Türken litten enorm durch die Kälte und durch Ausfälle und konnten nun, wenn sie dessen fähig waren, erkennen, daß sie das Gebiet, in welchem die Ausbreitung des Islam möglich war, bereits überschritten hatten. Sie verloren endlich den Mut, und nachdem sie die Umgegend in scheußlichster Weise verwüstet und ausgemordet, um ihrem Verdruß Luft zu machen, zogen sie am 15. Oktober ab, wurden von den Deutschen verfolgt und verloren in Ungarn fast alles Vieh und Gepäck.

Schon 1532 drohte indessen Wien ein zweiter Überfall, gelangte aber nur zur Belagerung des trefflich von *Nikolaus Jurischitsch* verteidigten ungarischen Städtchens *Günz*, welches freilich kapitulieren mußte; doch brannten und raubten die Barbaren bis nahe vor Wien, wurden aber zurückgeschlagen. Vergebens auch suchte *Suleiman* Graz zu bestürmen.

Karl V., der sich sonst blutwenig um den Lebenskampf Europas gegen die Türken kümmerte, so sehr auch ein Todeskampf daraus zu werden drohte, sandte doch seine Flotte unter dem genuesischen Seehelden *Andreas Doria* nach Griechenland, wo er 1532 Koron, Patras und die kleinen Dardanellen bei Lepanto einnahm und die Griechen sich gegen die Türken erhoben; aber diese Eroberungen gingen wieder verloren, Österreich mußte einen wenig ehrenvollen Frieden mit der Pforte schließen, mit der sich dagegen Frankreich enger und enger verband, während sie mit Venedig, dem sie nicht mehr traute, brach, zwar einen vergeblichen Angriff auf Korfu machte, aber durch den ihr dienenden furchtbaren Seeräuber und Renegaten *Chaireddin*, genannt Barbarossa, Ägina und andre Inseln barbarisch

Seeschlacht von Lepanto.

verwüsten und entvölkern ließ. Venedig mußte 1540 einen neuen schimpflichen Frieden schließen und verlor vollends die letzten Besitzungen auf dem griechischen Festland, Nauplia und Monembasia. *Chios* wurde 1566 erobert und „türkisch" behandelt, was keiner Erläuterung bedarf, und in demselben Jahr wurden auch die Kykladen annektiert, die einem bei dem Sultan hochstehenden portugiesischen Juden *Joseph Nafi* als Herzogtum übergeben wurden. Und es ging nicht lange, so versuchte *Suleiman* sich schon im westlichen Mittelmeer festzusetzen, um die spanischen Eroberungen in Nordafrika zu vernichten. *Malta* sollte das Schicksal von Rhodos erleben und 1565 wurde es von einer türkischen Riesenflotte mit Riesenkanonen beschossen. Aber die Johanniter bewährten sich auch in ihrer neuen Heimat, obschon sie starken Verlust erlitten und damals das erworbene Tripolis einbüßten, unter dem Großmeister *Johann Parisot de Lavalette* ebenso glorreich wie auf Rhodos und schlugen die Türken glänzend zurück.

Inzwischen hatte *Suleiman* 1538 die *Moldau* und *Bessarabien* erobert, 1541 aber, die inneren Zwistigkeiten in Ungarn benutzend, *Buda* und damit den größten Teil des Landes zu einem Paschalik gemacht, und 1547 mußte sich der Stellvertreter des deutschen Kaisers der Schmach bequemen, für den ihm verbleibenden kleinen Rest Ungarns dem Sultan – Tribut zu zahlen! Freilich – der Krieg brach oft wieder aus, doch abwechselnd mit Waffenstillständen, während welcher der Tribut, auch der rückständige, entrichtet wurde, und während eines neuen Kampfes starb der greise *Suleiman*, der die Scharte von Malta hatte auswetzen wollen, 1566 von *Szigeth*, das zwei Tage später durch *Zrinys* Heldentod nur als Ruine den Türken zuteil wurde.

Wie bereits angedeutet, begann mit *Suleimans* Tod der Rückgang der türkischen Macht. Zwar machten die Türken bald nachher noch eine wichtige Eroberung, aber nur um kurze Zeit darauf ihre erste große Schlappe zu erleiden.

Sultan *Selim II.*, der Nachfolger *Suleimans*, wurde von dem fürstlichen Juden *Joseph Nasi*, angeblich aus Neigung des letzteren zum zyprischen Wein, überredet, die Eroberung *Zyperns* zu unternehmen, die Insel ihm als Königreich zu übergeben und damit die *letzte* Errungenschaft der Kreuzzüge in Asien zu beseitigen. Er brach daher 1570 plötzlich den dreißigjährigen Frieden mit Venedig, indem er von der Republik einfach die Herausgabe der Insel verlangte. Ihrer Weigerung folgte der Angriff auf dieselbe, die sehr schwach verteidigt war und selbst von der Mutterstadt nur lässige und geringe, von Spanien zu spät Hilfe erhielt. Dieselbe konnte daher nicht verhindern, daß am 9. September Nikosia von den Türken genommen und acht Tage lang ausgemordet, zuletzt aber zerstört wurde. Famagusta hingegen, das einst so sehr bewunderte, fiel erst am 1. August 1571 durch die Kapitulation des Befehlshabers *Bragadino*, welche aber die Türken nach ihrer Gewohnheit brachen. *Bragadino* wurde mit unerhörter Grausamkeit mißhandelt, er wurde erst durch Beschimpfungen gereizt, dann ihm Ohren und Nase abgeschnitten, seine Begleitung niedergehauen, dann die Stadt zehn Tage lang ausgeraubt, ausgemordet und ausgeschändet. Erst dann erinnerte man sich des unseligen *Bragadino*, warf ihn ins Meer, fischte ihn wieder auf, ließ ihn für türkische Schanzen Erde tragen, dann wurde er lebendig geschunden, von dem türkischen Mörderhauptmann *Mustafa* verhöhnt und dann starb er endlich. Seine Haut wurde von dem türkischen Gesindel ausgestopft, zum Gespött auf einer Kuh einhergeführt und dann nach Konstantinopel gebracht. *Selim* lohnte die Mörder glänzend, aber *Joseph* erhielt Zypern nicht. – In der angegebenen Weise ehrten die Türken stets ihre tapferen Feinde, so oft sie es wagen durften; ja bei den Einwohnern von Lesbos, Negroporte und Otranto waren die heldenmütigen Verteidiger sogar –

entzwei gesägt worden! Und dieser tierischen Horde mußte alle Zivilisation des europäischen Südostens und asiatischen Westens zum Opfer fallen!

Die Nemesis ließ diesmal nicht lange auf sich warten! Die verbündeten Christen, unter denen natürlich das hugenottenmordende Frankreich aus warmer Freundschaft für die türkische Mörderbande fehlte, hatten eine Flotte zusammengebracht und in Messina gesammelt. Die 212 Schiffe gehörten Spanien, den Johannitern, Savoien, dem Papst und Venedig. Es galt, die 300 Fahrzeuge zählende osmanische Flotte aufzusuchen und man fand sie im Meerbusen von *Lepanto*, wo am 7. Oktober 1571 der edle Seeheld *Don Juan d'Austria*, Sohn Kaiser Karls V. und einer deutschen Bürgerstochter, die Türken endlich einmal glänzend schlug; die Erbfeinde Europas verloren 224 Schiffe und 30 000 Mann (Bild 100). Leider verfolgten die unter sich wie meistens uneinigen Christen ihren herrlichen Sieg nicht; Venedig mußte trotz alledem Zypern abtreten; aber doch hatte der freche Halbmond endlich begonnen abzunehmen.

NEUNTER ABSCHNITT

Die Türken im abnehmenden Mond

Seit dem jedes europäische Herz erhebenden Sieg von Lepanto bietet die Geschichte der osmanischen Usurpation in Europa, mit Ausnahme der zweiten Befreiung Wiens, wenig Interesse mehr dar. Es ist ein langsames Sterben des widernatürlichen Unternehmens, einer rohen asiatischen Horde und der geistlosen arabischen Religion die Herrschaft über das, wenn auch zerrissene und großenteils leider entsittlichte, doch hochzivilisierte und in der Geistesbildung immer höher steigende christliche Europa zu verschaffen. Die *Geschichte der Kreuzzüge* hat hier, selbst in ihren Nachwirkungen, ein Ende, und was wir noch zu berichten haben, ist lediglich eine kurze Vervollständigung der bisher erzählten Tatsachen. Von Unternehmungen zugunsten des Kreuzes als solchen gegen den Halbmond ist keine Rede mehr; es handelt sich nur noch um *politische* Verwicklungen und Kämpfe. Aber da wir das Ein- und Vordringen der Türken in Europa als Nachwirkung der Kreuzzüge, deren Gelingen es verhindert haben würde, berichtet haben, so erfordert die historische Gerechtigkeit, auch auf den verdienten und hoffentlich bald vollendeten Rückgang der türkischen Anmaßung einen übersichtlichen Blick zu werfen.

Seit der Niederlage der Türken bei Lepanto war in ihrem Reich eine bedeutende Veränderung vor sich gegangen. *Suleiman* war der letzte große Sultan gewesen; mit seinem Sohn *Selim* II. begann eine Reihe elender Schwächlinge, Wüstlinge und Wüteriche, welche, durch das Haremsleben abgeschwächt, von Weibern und Eunuchen geleitet wurden und oft als junge Greise ihrem Lasterleben erlagen, aber weder irgend etwas Großes bewirkten, noch überhaupt regierungsfähig waren. Die Herrschaft wurde tatsächlich abwechselnd von den Wesiren, wenn sie tüchtig waren, und wenn das Gegenteil der Fall war, von den *Janitscharen* geführt, welche letzteren seit dem Anfang des siebzehnten Jahrhunderts die ihnen mißliebigen Sultane abzusetzen und zu ermorden begannen und hierdurch, wenn auch wider Willen, ihrer christlichen Abstammung gemäß, die geeignetsten Werkzeuge wurden, um ihren Verwandten, den Christen, den schließlichen Sieg über ihre Verführer, die Türken, zu bahnen.

Die nächsten hundert Jahre nach der Schlacht bei Lepanto gingen in fast ununterbrochenen Kriegen der Türken mit den Österreichern im Nordwesten und mit den Persern im Südosten hin, doch ohne daß auf irgendeiner Seite ein dauernder Erfolg errungen wurde. Dazwischen fielen auch hin und wieder neue Kämpfe mit *Venedig*, dessen Flotte 1655 mehrere griechische Inseln wieder eroberte und mit Schiffen der Johanniter in die *Dardanellen* einlief, wo im folgenden Jahr *Marco Bembo* in einer glänzenden Seeschlacht die Osmanen auf das Haupt schlug. Auch wurden damals Tenedos und Lemnos erobert.

In dieser schlimmen Lage des osmanischen Reiches erstand demselben unvermutet für einige Zeit ein Retter. Der sofort nach jener Niederlage zum Großwesir ernannte, schon greise *Mohammed Köprili* entledigte sich der Venetianer, nahm ihnen ihre Eroberungen wieder ab und wußte, ohne in den Mitteln wählerisch zu sein, das gesunkene Reich wieder zu einiger Stärke emporzuheben; menschlicher als er verfuhr sein in seinem Sinne ihm nachfolgender Sohn *Achmed*, und unter ihm machten die Osmanen ihre letzte namhafte Eroberung, nämlich die der Insel Kreta, welche Venedig 1669 verlor. Damit war einerseits die *letzte* Eroberung der Kreuzzüge verscherzt und anderseits die *ganze* griechische *Nation* unter türkische Herrschaft gebeugt. Dieser Erfolg machte die Türken übermütig und verführte sie von neuem, in Händel einzugreifen, denen sie nicht gewachsen waren, nämlich in die polnisch-russischen, ja sogar bis in die Ukraine hinein Eroberungen zu machen, die aber bald verlorengingen. Damals, um 1680, fühlten die Türken zum ersten Mal den kräftigen Arm der Russen und lernten damit ihre später gefährlichsten Feinde kennen.

Für einmal aber sollten sie die empfindlichste Züchtigung, die sie jemals erlitten, von einer Seite empfangen, von welcher sie dieselbe wohl nicht erwartet hatten. Beschleunigt hat diese Katastrophe der von den Russen geschlagene unfähige Großwesir *Kara-Mustafa*, der Nachfolger des *Köprilis*. Wir meinen das glückliche Ende der türkischen Herrschaft in Ungarn und damit der osmanischen Gelüste auf Mitteleuropa. Daß diese Herrschaft überhaupt so lange (160 Jahre) dauern konnte, das haben nur die Wirren in dem freigebliebenen Teil Ungarns und in Siebenbürgen, zwischen der ungarischen und der österreichischen, wie zwischen der katholischen und protestantischen Partei verschuldet, welche die Türken unter Anleitung Frankreichs zuungunsten des damals jesuitischen und unduldsamen Hauses Habsburg auszubeuten suchten. Die Pforte machte 1683 einen letzten Versuch, in dem zerrütteten Ungarn, unterstützt von dem anti-österreichischen Adel und den verfolgten Protestanten, ein ihr ergebenes Reich unter Tököly, dem Haupt der Unzufriedenen, herzustellen und *Kara-Mustafa* unternahm in seinem Größenwahn den zweiten türkischen Zug gegen *Wien*, wo er, ohne auf dem Weg Widerstand zu finden, gräulich alles verwüstend und verbrennend, am 14. Juli ankam. Zwei- bis dreihunderttausend Türken mit ihren walachischen, serbischen u. a. Untertanen und ungarischen Bundesgenossen umlagerten die Stadt, welche mutlos war, aber durch den Grafen *Rüdiger von Starhemberg* in bessere Stimmung versetzt, heldenmütig und trefflich verteidigt wurde. Hilfe erwartete man aus Baiern, Sachsen und Polen. Nach sechs Wochen der Belagerung aber trat herbe Not ein, wurde jedoch bald durch frohe Hoffnung verdrängt, als endlich das Ersatzheer von 84000 Mann unter Herzog *Karl* von Lothringen, den Kurfürsten von Sachsen und Baiern, dem Fürsten von Waldeck und dem König *Johann Sobieski* von Polen herannahte. Am 12. September griffen voran die Deutschen, dann die Polen das türkische Heer an, schlugen es in heißem Kampf und erbeuteten das ganze Lager mit hunderttausend Zelten. Leider konnte sich Kaiser *Leopold I.* in seinem grenzenlosen Stolz nicht enthalten, die edlen Helfer in der Not mit schnödem Undank zu behandeln. *Sobieski* aber, hierdurch nicht abgeschreckt, der guten Sache zu dienen, begann selbst die Vertreibung der Türken aus Ungarn durch seinen Sieg bei *Parkeny* und die Einnahme von *Gran*, wozu nachgekommene Brandenburger mithalfen. *Kara-Mustafa* aber wurde zur Strafe für seine Niederlage in Belgrad hingerichtet.

Am Anfang des folgenden Jahres wurde zwischen dem Kaiser, Polen, Venedig und dem Papst der „heilige Bund" geschlossen, dessen einzige Aufgabe der Kampf gegen die Türken war, denen sofort der Krieg erklärt wurde. (Auf diesen Bund wurde eine Denkmünze geprägt mit der Umschrift: „Durch diesen Bund – der Türken-Hund – muß gehn zu Grund.") Der „Heilige Krieg" begann 1684 mit der Belagerung von *Ofen*, welcher die Einnahme von Waizen und Pest durch *Karl* von Lothringen voranging. Mehrere andere Städte in Nordungarn folgten nach; aber *Ofen* konnte nach großen Anstrengungen und Verlusten erst 1686 bezwungen und damit die Schmach türkischen Besitzes im Herzen von Europa gesühnt werden. Aber auch die unglückliche Schlacht bei *Mohacs*, welche 1526 Ungarn zu Grabe getragen, wurde 161 Jahre später an demselben Ort durch eine furchtbare Niederlage der Eindringlinge gesühnt. In kurzer Zeit war der größte Teil Ungarns und Slawoniens wieder in christlichem Besitz, Siebenbürgen aber seiner langen Zwitterstellung als Fürstentum von türkischen Gnaden entrissen. Ungarn wurde zum erblichen Königreich unter Erzherzog *Joseph* umgewandelt.

Nicht weniger Erfolg als zu Lande hatte der „heilige Bund" zur See. *Venedig* hatte sich vor dem Ende seiner Laufbahn noch einmal kräftig erhoben, es erfocht indessen seine Siege fast ausschließlich mit *deutschen* Soldaten, die es angeworben hatte. Ihr Führer *Francesco Morosini* warf sich 1685 auf *Morea*, eroberte die Halbinsel mit Hilfe der gegen die Türken aufstehenden Griechen in zwei Jahren vollständig und wandte sich dann gegen *Athen*, wo nun leider durch christliche Hände dieser Stadt der größte Schaden zugefügt wurde, den sie jemals erlitten hat. Die Stadt der größten Kunstwerke des Menschengeschlechts wurde von den deutschen Truppen unter dem schwedischen Feldmarschall Grafen *Königsmark* ohne Widerstand eingenommen; aber die Türken hatten sich in der Akropolis festgesetzt, welche nun belagert wurde, bei welcher Gelegenheit am 26. September 1687 das wundervolle Parthenon nach mehr als zweitausendjährigem beinahe unverletztem Bestand, während dessen es dem heidnischen, griechisch- und römisch-katholischen und mohammedanischen Kultus gedient hatte, jetzt aber zum Teil als Pulvermagazin verwendet war – durch eine Bombe in die Luft gesprengt wurde! Nach drei Tagen kapitulierten die Türken, nachdem sie unter den Trümmern der Werke des *Perikles* und *Phidias* einige hundert Mann verloren hatten. Und dieser Vandalismus war gänzlich nutzlos, denn schon im folgenden Jahr mußte Athen aufgegeben werden. Auch alle weiteren Versuche venetianischer Eroberungen in Griechenland schlugen fehl, während dagegen Morea behauptet und das Gebiet der Republik in Dalmatien vergrößert wurde. Auch *Johann Sobieski* hatte im weiteren türkischen Krieg weniger Glück als vor Wien und in Ungarn, und die Unternehmungen des nachträglich dem Bund beitretenden Zaren *Peter* von Rußland waren noch unbedeutend. Bei den Türken aber führte ihr Unglück keine Ermannung, sondern nur wilde Janitscharen-Aufstände, namenlose Greuel, Verwirrungen und Thronrevolutionen herbei. Thron, Schatz und Heer der Türken, Kopf, Herz und Arme ihres Gewaltstaates waren in unheilbare Zerrüttung verfallen und ihre elende Verwüstungs- und Ausbeutungspolitik hatte sich so furchtbar an ihnen gerächt, daß sie seitdem von der früheren hochgebietenden Stellung mächtiger Eroberer auf dieselbe tiefe Stufe des byzantinischen Reichs herabgesunken sind, auf welcher sie dasselbe vorgefunden, angegriffen und vernichtet hatten. Noch einmal zwar, unter *Mustafa Köprili*, dem Bruder *Achmeds*, gelang es, in Ungarn gegen die Deutschen einige Erfolge zu erringen, die aber durch die Siege des Markgrafen *Ludwig* von *Baden* bei Salankemen 1691 und des Prinzen *Eugen* von *Savoien* bei Zenta 1697, sowie durch die Einnahme *Asows* von seiten *Peters* des Großen 1696 zunichte gemacht wurden. Im Frieden von Karlowitz 1699 mußte die Pforte zum ersten Mal ihre Schwäche eingestehen, die Stelle des Unterworfenen einnehmen, Morea, fast ganz Ungarn und Siebenbürgen, Asow, Podolien und die Ukraine abtreten. Gelang es den Türken auch, Asow noch einmal den Russen und 1714 Morea den Venetianern zu nehmen, die sich den Griechen verhaßt gemacht hatten, so konnte dies ihren Verfall so wenig aufhalten, als die tolerante Regierung *Husseins*, des letzten Kopfes der *Köprilis* (er starb 1702) und der fortgesetzte freiwillige Übertritt ganzer Bevölkerungen vom Christentum zum Islam, woran sich der Adel Bosniens, die meisten Albanesen, sehr viele Thessalier und Kandioten usw. beteiligten, die seitdem ebenso künstliche „Türken“ waren, wie die Nachkommen der alten Thraker, Phryger usw. es schon früher geworden. Sie taten diesen Schritt aus Verzweiflung an der Zukunft ihres Christentums, und um an den Rechten des herrschenden Volkes teilzuhaben.

Daß die Pforte trotz alledem im Zurückweichen begriffen war, zeigte sich neuerdings, als der Krieg, den Österreich unternahm, um sie für die vertragswidrige Rückeroberung von Morea zu strafen, mittels der Siege des Prinzen *Eugen* 1716 bei *Peterwardein*, Temeswar und Belgrad, zum Frieden von *Possarowitz*, 1718 führte, in welchem die Pforte den Rest Ungarns und Teile von Serbien und Bosnien an Österreich abtrat. Die Russen nahmen Asow wieder, dann Teile Bessarabiens und der Moldau, aber nicht nur Österreich, das weniger glücklich gefochten, verlor im Frieden von *Belgrad* 1739 seine Eroberungen im Süden der Save und Donau wieder, sondern es operierte die französische Regierung zugunsten ihres türkischen Busenfreundes so geschickt, daß sie auch Rußland seine Eroberungen wieder weg eskamotierte. An die Stelle der alten türkischen Tapferkeit und Unbesiegbarkeit war die elende Ränke- und Eifersucht der europäischen Mächte getreten, und was den Türken ihre Arme nicht erhalten konnten, das erhielt ihnen stets ein christlicher „Bruder" auf Unkosten des andern.

Seit der Mitte des 18. Jahrhunderts war nicht mehr Österreich, sondern *Rußland* der standhafteste und furchtbarste Feind des türkischen Leichnams oder des zweiten „kranken Mannes" im europäischen Spital zu Byzanz. Die Seeschlacht von *Tscheschmé* bei den Dardanellen am 16. Juli 1770, dieses Gegenstück von Lepanto, das eine zweite türkische Flotte vernichtete, und ebenso große Siege zu Lande führten nach langem blutigen Kampf 1774 zum Frieden von *Kutschuk-Kainardschi* in Bulgarien, in welchem sich Rußland jede Einmischung anderer Mächte verbat, aber doch weniger Vorteile zog, als es im Stande gewesen wäre. Doch behauptete es die ganze Nordküste des Schwarzen Meeres mit Ausnahme der Krim, welche indessen die Türken auch räumen mußten, *Potemkin* der „Taurier" aber 1783 russisch machte. Damit waren die Türken im Nordosten für immer völlig gelähmt, namentlich da seit dem nächsten Jahr, infolge der Eroberung *Georgiens*, Rußland auch in *Asien* den Halbmond bedrohte. Noch in demselben Jahr aber tat die Pforte den verzweifelten Schritt, im Wahn, ihr Schicksal abwehren zu können, neuerdings, und zwar an Österreich und Rußland zugleich, den Krieg zu erklären. Und wieder waren ihr nicht die Waffen gegen die siegreichen Österreicher und Russen, sondern die Dazwischenkunft der auf beide Sieger eifersüchtigen Preußen und Engländer so günstig, daß sie 1791 und 1792 in den Friedensschlüssen von *Sistowa* und *Jassy* ihre letzten Verluste wieder zurückerhielt. Ebenso erging es 1812 im Frieden von *Bukarest*. Aber zu gleicher Zeit verloren die Osmanen durch Wiedererhebung eingeschlummert geglaubter tüchtiger Volkskraft *Serbien* und bald darauf *Griechenland*. Und dies lähmte die Pforte auch im Westen für immer! Durch den Sieg bei *Navarino* 1827, so schamlos ihn auch die Regierung einer der siegenden Mächte selbst schmähte, zum dritten Mal ihrer Flotte beraubt, mußte die Türkei im Frieden von Adrianopel 1829, von Rußland auch zu Lande völlig niedergeworfen, auf Hellas verzichten und damit einen mehrhundertjährigen Schandfleck des europäischen Namens abwaschen. Mit Recht hat die Erhebung des alten Landes der Freiheit, Weisheit und Schönheit damals in Europa allgemeine Begeisterung hervorgerufen und die Zuzüge der *Philhellenen* waren nicht weniger erhebend als einst die Kreuzzüge; mit Unrecht haben später altkluge Realpolitiker die Befreiung Griechenlands beklagt und darin eine Verstärkung Rußlands gewittert; sie hat sich nicht in diesem Sinne bewährt, wohl aber hat Neu-Hellas, obschon durch christliche Mißgunst arg beschnitten, in vier Jahrzehnten so große Fortschritte gemacht, daß sie die Rückschritte während der vier letzten Jahrhunderte in Schatten stellten, und so auch *Serbien* und das von türkischer Vormundschaft befreite *Rumänien*, während die türkisch gebliebenen Gegenden hartnäckig in demselben Schlendrian verharrten. Die blutige Komödie des *Krimkrieges*, deren Zwecke bekanntlich im Westen Europas lagen, hat mit dem kolossalen Apparat, den sie zur Eroberung des einzigen *Sebastopol* aufwendete, den ernsten Krieg von 1877 nicht verhindert, und nach diesem letzteren hat endlich der *Berliner* Vertrag von 1878 *prinzipiell* den von den Türken seit so langer Zeit schamlos unterdrückten Nationen andern Glaubens ihre heiligsten Rechte gewahrt. Unter sich aber denken die Türken, trotz aller scheinbaren Reformen, an keine gründliche Verbesserung ihrer Reichszustände; und es kann heute keinem Einsichtigen mehr verborgen sein, daß der im Rollen begriffene Stein da anlangen muß, wohin schon die *Kreuzzüge*, nur ohne gesunden, einheitlichen Plan, ohne Geschick und hinlängliche Kraft und mit zuviel religiöser Befangenheit zielten, nämlich bei der *Oberherrschaft des europäisch-christlichen Geistes und seiner Kulturerrungenschaften über die sämtlichen Uferländer des Mittelmeers*, weil dieser Zustand allein unser Europa vor neuem Eindringen von Barbaren schützen kann. Den *letzten Kreuzzug*, der dies hehre Ziel erreichen wird, mögen nach etwa hundert Jahren andere, Glücklichere schildern!

PALÄSTINA
zur Zeit der
KREUZZÜGE.
Maßstab 1:3.000.000.
Ikonium
Edessa
Haleb
(Aleppo)
Antiochia
Laodicea
Emissa
Tripolis
Baalbeck
Beyrut
Sidon
DAMASCUS
Tyrus
Ptolomais
Tiberias
Joppe
Ramla
JERUSALEM
Ascalon
Gaza